法治护航北斗

孙家栋

2021年3月23日

北斗卫星导航系统丛书　　卫星导航法治文库

顾　问｜杨长风

主　编｜杨君琳

中国卫星导航
政策法规汇编

中国卫星导航系统管理办公室／编

法律出版社
LAW PRESS · CHINA
北京

图书在版编目(CIP)数据

中国卫星导航政策法规汇编 / 中国卫星导航系统管理办公室编. -- 北京：法律出版社，2023
(卫星导航法治文库)
ISBN 978-7-5197-7967-2

Ⅰ. ①中… Ⅱ. ①中… Ⅲ. ①卫星导航-导航系统-法规-研究-中国 Ⅳ. ①D922.174

中国国家版本馆 CIP 数据核字(2023)第 125313 号

中国卫星导航政策法规汇编
ZHONGGUO WEIXING DAOHANG ZHENGCE FAGUI HUIBIAN

中国卫星导航系统管理办公室 编

责任编辑 慕雪丹 章 雯
装帧设计 汪奇峰 鲍龙卉

出版发行 法律出版社
编辑统筹 法商出版分社
责任校对 赵明霞
责任印制 胡晓雅
经　　销 新华书店

开本 710 毫米×1000 毫米 1/16
印张 70　**字数** 1368 千
版本 2023 年 12 月第 1 版
印次 2023 年 12 月第 1 次印刷
印刷 永清县金鑫印刷有限公司

地址：北京市丰台区莲花池西里 7 号(100073)
网址：www.lawpress.com.cn
投稿邮箱：info@lawpress.com.cn
举报盗版邮箱：jbwq@lawpress.com.cn

销售电话：010-83938349
客服电话：010-83938350
咨询电话：010-63939796

书号：ISBN 978-7-5197-7967-2
定价：280.00 元

凡购买本社图书，如有印装错误，我社负责退换。电话：010-83938349

序

“法者，治之端也”。一流的科技发展离不开一流的法治保障。卫星导航系统建设应用是一项庞大的复杂系统工程，涉及科技、国防、网络等诸多领域，关联国内国际两个大局，这为构建中国卫星导航法治体系赋予了大战略意义。

自1994年北斗系统立项启动以来，相关法规制度建设不断加强，特别是围绕《中华人民共和国卫星导航条例》的起草，北斗法治建设与理论研究从无到有，取得重大进展。但我们也要看到，北斗法治建设与科技进步相比，治理理念的嬗变、法规制度的健全、运维模式的变革则是一个更加漫长的过程。随着北斗迈入服务全球的新时代，迫切需要中国北斗人补足法治短板，推动北斗循法而行、依法而治，有效应对挑战、化解风险，促进北斗在法治轨道上向更高层次发展。

他山之石，可以攻玉。美、俄、欧制定了一系列规范卫星导航活动的法律法规。美国不仅有全球最早的卫星导航系统，而且早已配套建立了比较完善的卫星导航法律制度。俄罗斯格洛纳斯系统、欧盟伽利略系统，也有较为完备的政策制度体系支撑，并依据发展战略的调整不断更新。规则与技术同行，为促进美、俄、欧全球卫星导航系统安全建设、高效发展和全球推广，为维护卫星导航活动中的国家安全、公共利益和各类主体合法权益提供了不可替代的法律保障。借鉴国外卫星导航法律制度的成功经验，对于推动北斗系统更好地发展，进一步夯实法治北斗的制度之基，具有十分重要的意义。

呈现在读者面前的这套卫星导航法治文库，正是力图解决上述问题的有益探索。北京航空航天大学北斗政策法规研究中心杨君琳研究团队历时四年完成的这套文库是中国卫星导航法治领域的重要成果，对于推动法治实践和学术研究具有重要意义。该套文库顺应世界多极化、经济全球化趋势，通过对美、俄、欧盟卫星导航系统法规与政策的研究分析，为我们立足本国国情，更好地推动构建科学完备中国卫星导航法治体系具有重要的参考价值。

一方面，该套文库把握法治建设时代潮流，洞察卫星导航法律制度发展规律。我国卫星导航系统的发展既要坚持独立自主，又要在应用、技术、后续发展等方面积极开展对外合作，相关法治保障需求极大，也更加需要在把握卫星导航法律制度发展规律的基础上，形成有中国特色的卫星导航法治体系。该套文库资料翔实，系统研究了卫星导航的管理体制机制，建设运维、应用发展、国际合作、安全保护法律制度等，比较分析美、俄、欧盟卫星导航政策法规的各自特色，在此基础上探讨卫星导航未来立法工作的总体思路和工作要点，以期为构建科学合理的卫星导航法治体系提供理论支撑。

另一方面，该套文库坚持全球视野和开放思维，从战略层面把握卫星导航立法特点，为完善卫星导航国际规则提供中国方案。当前，百年变局与世纪疫情叠加，大国竞争日趋激烈，越来越体现为制度、规则、法律之争。从建设伊始，北斗系统就把向全球提供更好的服务作为追求目标。与之配套，我们应当也必然要为世界卫星导航规则的重塑和变革贡献中国智慧。目前，卫星导航国际规则尚不完善，卫星导航技术的快速发展和应用，与现行国际法规则之间存在一定脱节。该套文库为我们在构建人类命运共同体理念下提出卫星导航国际规则的中国方案，积极探索构建公正合理的卫星导航国际秩序提供了研究基础。

目前，国内关于卫星导航和法治两方面的研究成果均非常丰富，但是围绕卫星导航法治的研究却非常欠缺，研究成果甚少。自承担《中华人民共和国卫星导航条例》研究起草工作以来，杨君琳研究团队在中国卫星导航系统管理办公室的支持指导下，一直致力于卫星导航法律专题问题研究，不断开拓中国卫星导航法治研究的新领域。对他们积极倡导法治北斗、推动中国卫星导航法治建设所取得的成绩，我表示由衷赞赏。当下正是中国卫星导航产业转型的关键时期，政策制度研究任重道远。在此，我愿杨老师团队“情系北斗，胸怀家国”，在推动法治北斗的道路上不断前行、勇攀高峰。

是为序。

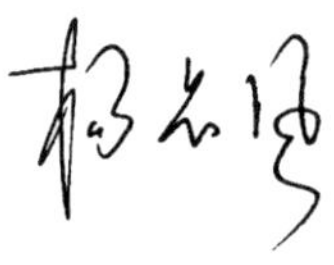

2022 年 6 月

编辑说明

卫星导航系统作为信息化时代重大基础设施，其建设和应用对国家安全、经济发展、科技创新、社会运行、大众生活等具有战略意义和深远影响。自1994年以来，我国北斗卫星导航系统按照三步走发展战略，走过了从无到有、从有到优、从区域到全球的光辉历程。近30年来，党中央、国务院、中央军委对北斗卫星导航系统建设发展高度重视，各行业各领域各省市围绕卫星导航产业发展和推广应用，相继出台了一系列政策法规，有力推动和促进了北斗卫星导航系统进入规模应用产业化、市场化、国际化新阶段。

为方便国家有关部门、各行业各领域各区域等主管部门（单位）和企事业单位，系统性、全景式查阅了解我国涉及卫星导航的有关政策法规，我们编撰《中国卫星导航政策法规汇编》，收录了2021年8月以前我国公开发布的涉及卫星导航的法律、行政法规、部门规章、国家政策性文件、部门政策性文件、地方性法规、地方规章、地方政策性文件等，共1004件。其中，法律7件，行政法规11件，部门规章46件，国家政策性文件58件，部门政策性文件179件，地方性法规96件，地方规章43件，地方政策性文件564件。每个部分按其发布主体和发文时间编排，其中发布主体以国务院组织机构排序、各省（自治区、直辖市）排序为依据。汇编类型包括全文收录和节选两种，与卫星导航密切相关的政策法规予以全文收录，其他政策法规节选相关部分予以收录。

编　者

2022年6月

目录
Contents

第一部分　涉及卫星导航的法律

第二部分　涉及卫星导航的行政法规

第三部分　涉及卫星导航的部门规章

第五部分　涉及卫星导航的部门政策性文件

第六部分　涉及卫星导航的地方法规

第七部分　涉及卫星导航的地方规章

山西省

内蒙古自治区

河南省

第一部分　涉及卫星导航的法律

中华人民共和国海上交通安全法(节选)

(1983 年 9 月 2 日第六届全国人民代表大会常务委员会第二次会议通过;根据 2016 年 11 月 7 日第十二届全国人民代表大会常务委员会第二十四次会议《关于修改〈中华人民共和国对外贸易法〉等十二部法律的决定》修正;2021 年 4 月 29 日第十三届全国人民代表大会常务委员会第二十八次会议修订;2021 年 4 月 29 日中华人民共和国主席令第 79 号公布;2021 年 9 月 1 日起施行)

第三章　海上交通条件和航行保障

第二十一条　国家建立完善船舶定位、导航、授时、通信和远程监测等海上交通支持服务系统,为船舶、海上设施提供信息服务。

第二十七条　任何单位、个人发现下列情形之一的,应当立即向海事管理机构报告;涉及航道管理机构职责或者专用航标的,海事管理机构应当及时通报航道管理机构或者专用航标的所有人:

(一)助航标志或者导航设施位移、损坏、灭失;

(二)有妨碍海上交通安全的沉没物、漂浮物、搁浅物或者其他碍航物;

(三)其他妨碍海上交通安全的异常情况。

中华人民共和国军事设施保护法(节选)

(1990 年 2 月 23 日第七届全国人民代表大会常务委员会第十二次会议通过;根据 2009 年 8 月 27 日第十一届全国人民代表大会常务委员会第十次会议《关于修改部分法律的决定》第一次修正;根据 2014 年 6 月 27 日第十二届全国人民代表大会常务委员会第九次会议《关于修改〈中华人民共和国军事设施保护法〉的决定》第二次修正;2021 年 6 月 10 日第十三届全国人民代表大会常务委员会第二十九次会议修订;2021 年 6 月 10 日中华人民共和国主席令第 87 号公布;2021 年 8 月 1 日起施行)

第一章　总　　则

第二条　本法所称军事设施,是指国家直接用于军事目的的下列建筑、场地和

设备:

(一)指挥机关,地上和地下的指挥工程、作战工程;

(二)军用机场、港口、码头;

(三)营区、训练场、试验场;

(四)军用洞库、仓库;

(五)军用信息基础设施,军用侦察、导航、观测台站,军用测量、导航、助航标志;

(六)军用公路、铁路专用线,军用输电线路,军用输油、输水、输气管道;

(七)边防、海防管控设施;

(八)国务院和中央军事委员会规定的其他军事设施。

前款规定的军事设施,包括军队为执行任务必需设置的临时设施。

第三章　军事禁区的保护

第十七条　禁止陆地、水域军事禁区管理单位以外的人员、车辆、船舶等进入军事禁区,禁止航空器在陆地、水域军事禁区上空进行低空飞行,禁止对军事禁区进行摄影、摄像、录音、勘察、测量、定位、描绘和记述。但是,经有关军事机关批准的除外。

禁止航空器进入空中军事禁区,但依照国家有关规定获得批准的除外。

使用军事禁区的摄影、摄像、录音、勘察、测量、定位、描绘和记述资料,应当经有关军事机关批准。

第四章　军事管理区的保护

第二十二条　军事管理区管理单位以外的人员、车辆、船舶等进入军事管理区,或者对军事管理区进行摄影、摄像、录音、勘察、测量、定位、描绘和记述,必须经军事管理区管理单位批准。

第五章　没有划入军事禁区、军事管理区的军事设施的保护

第二十八条　划定作战工程安全保护范围,不改变原土地及土地附着物的所有权。在作战工程安全保护范围内,当地居民可以照常生产生活,但是不得进行开山采石、采矿、爆破;从事修筑建筑物、构筑物、道路和进行农田水利基本建设、采伐林木等活动,不得危害作战工程安全和使用效能。

因划定作战工程安全保护范围影响不动产所有权人或者用益物权人行使权利的,依照有关法律、法规的规定予以补偿。

禁止私自开启封闭的作战工程,禁止破坏作战工程的伪装,禁止阻断进出作战工程的通道。未经作战工程管理单位师级以上的上级主管军事机关批准,不得对作战工

程进行摄影、摄像、录音、勘察、测量、定位、描绘和记述，不得在作战工程内存放非军用物资器材或者从事种植、养殖等生产活动。

第六章　管 理 职 责

第五十一条　违反本法规定，有下列情形之一的，军事设施管理单位的执勤人员应当予以制止：

（一）非法进入军事禁区、军事管理区或者在陆地、水域军事禁区上空低空飞行的；

（二）对军事禁区、军事管理区非法进行摄影、摄像、录音、勘察、测量、定位、描绘和记述的；

（三）进行破坏、危害军事设施的活动的。

第七章　法 律 责 任

第六十条　有下列行为之一的，适用《中华人民共和国治安管理处罚法》第二十三条的处罚规定：

（一）非法进入军事禁区、军事管理区或者驾驶、操控航空器在陆地、水域军事禁区上空低空飞行，不听制止的；

（二）在军事禁区外围安全控制范围内，或者在没有划入军事禁区、军事管理区的军事设施一定距离内，进行危害军事设施安全和使用效能的活动，不听制止的；

（三）在军用机场净空保护区域内，进行影响飞行安全和机场助航设施使用效能的活动，不听制止的；

（四）对军事禁区、军事管理区非法进行摄影、摄像、录音、勘察、测量、定位、描绘和记述，不听制止的；

（五）其他扰乱军事禁区、军事管理区管理秩序和危害军事设施安全的行为，情节轻微，尚不够刑事处罚的。

中华人民共和国民用航空法(节选)

(1995 年 10 月 30 日第八届全国人民代表大会常务委员会第十六次会议通过;根据 2009 年 8 月 27 日第十一届全国人民代表大会常务委员会第十次会议《关于修改部分法律的决定》第一次修正;根据 2015 年 4 月 24 日第十二届全国人民代表大会常务委员会第十四次会议《关于修改〈中华人民共和国计量法〉等五部法律的决定》第二次修正;根据 2016 年 11 月 7 日第十二届全国人民代表大会常务委员会第二十四次会议《关于修改〈中华人民共和国对外贸易法〉等十二部法律的决定》第三次修正;根据 2017 年 11 月 4 日第十二届全国人民代表大会常务委员会第三十次会议《关于修改〈中华人民共和国会计法〉等十一部法律的决定》第四次修正;根据 2018 年 12 月 29 日第十三届全国人民代表大会常务委员会第七次会议《关于修改〈中华人民共和国劳动法〉等七部法律的决定》第五次修正;根据 2021 年 4 月 29 日第十三届全国人民代表大会常务委员会第二十八次会议《关于修改〈中华人民共和国道路交通安全法〉等八部法律的决定》第六次修正;2021 年 4 月 29 日中华人民共和国主席令第 81 号公布;2021 年 4 月 29 日起施行)

第六章　民 用 机 场

第六十二条　国务院民用航空主管部门规定的对公众开放的民用机场应当取得机场使用许可证,方可开放使用。其他民用机场应当按照国务院民用航空主管部门的规定进行备案。

申请取得机场使用许可证,应当具备下列条件,并按照国家规定经验收合格:

(一)具备与其运营业务相适应的飞行区、航站区、工作区以及服务设施和人员;

(二)具备能够保障飞行安全的空中交通管制、通信导航、气象等设施和人员;

(三)具备符合国家规定的安全保卫条件;

(四)具备处理特殊情况的应急计划以及相应的设施和人员;

(五)具备国务院民用航空主管部门规定的其他条件。

国际机场还应当具备国际通航条件,设立海关和其他口岸检查机关。

第三节　飞 行 保 障

第八十四条　航路上应当设置必要的导航、通信、气象和地面监视设备。

中华人民共和国国防法(节选)

(1997 年 3 月 14 日第八届全国人民代表大会第五次会议通过;根据 2009 年 8 月 27 日第十一届全国人民代表大会常务委员会第十次会议《关于修改部分法律的决定》修正;2020 年 12 月 26 日第十三届全国人民代表大会常务委员会第二十四次会议修订;2020 年 12 月 26 日中华人民共和国主席令第 67 号公布;2021 年 1 月 1 日起施行)

第四章　边防、海防、空防和其他重大安全领域防卫

第三十二条　国家根据边防、海防、空防和其他重大安全领域防卫的需要,加强防卫力量建设,建设作战、指挥、通信、测控、导航、防护、交通、保障等国防设施。各级人民政府和军事机关应当依照法律、法规的规定,保障国防设施的建设,保护国防设施的安全。

中华人民共和国测绘法(节选)

(1992 年 12 月 28 日第七届全国人民代表大会常务委员会第二十九次会议通过;2002 年 8 月 29 日第九届全国人民代表大会常务委员会第二十九次会议第一次修订;2017 年 4 月 27 日第十二届全国人民代表大会常务委员会第二十七次会议第二次修订;2017 年 4 月 27 日中华人民共和国主席令第 67 号公布;2017 年 7 月 1 日起施行)

第二章　测绘基准和测绘系统

第十二条　国务院测绘地理信息主管部门和省、自治区、直辖市人民政府测绘地理信息主管部门应当会同本级人民政府其他有关部门,按照统筹建设、资源共享的原则,建立统一的卫星导航定位基准服务系统,提供导航定位基准信息公共服务。

第十三条　建设卫星导航定位基准站的,建设单位应当按照国家有关规定报国务院测绘地理信息主管部门或者省、自治区、直辖市人民政府测绘地理信息主管部门备案。国务院测绘地理信息主管部门应当汇总全国卫星导航定位基准站建设备案情况,并定期向军队测绘部门通报。

本法所称卫星导航定位基准站,是指对卫星导航信号进行长期连续观测,并通过

通信设施将观测数据实时或者定时传送至数据中心的地面固定观测站。

第十四条 卫星导航定位基准站的建设和运行维护应当符合国家标准和要求，不得危害国家安全。

卫星导航定位基准站的建设和运行维护单位应当建立数据安全保障制度，并遵守保密法律、行政法规的规定。

县级以上人民政府测绘地理信息主管部门应当会同本级人民政府其他有关部门，加强对卫星导航定位基准站建设和运行维护的规范和指导。

第四章 界线测绘和其他测绘

第二十五条 县级以上人民政府测绘地理信息主管部门应当根据突发事件应对工作需要，及时提供地图、基础地理信息数据等测绘成果，做好遥感监测、导航定位等应急测绘保障工作。

第九章 法律责任

第五十三条 违反本法规定，卫星导航定位基准站建设单位未报备案的，给予警告，责令限期改正；逾期不改正的，处十万元以上三十万元以下的罚款；对直接负责的主管人员和其他直接责任人员，依法给予处分。

第五十四条 违反本法规定，卫星导航定位基准站的建设和运行维护不符合国家标准、要求的，给予警告，责令限期改正，没收违法所得和测绘成果，并处三十万元以上五十万元以下的罚款；逾期不改正的，没收相关设备；对直接负责的主管人员和其他直接责任人员，依法给予处分；构成犯罪的，依法追究刑事责任。

中华人民共和国治安管理处罚法（节选）

（2005年8月28日第十届全国人民代表大会常务委员会第十七次会议通过；根据2012年10月26日第十一届全国人民代表大会常务委员会第二十九次会议《关于修改〈中华人民共和国治安管理处罚法〉的决定》修正；2012年10月26日中华人民共和国主席令第67号发布；2013年1月1日起施行）

第三章 违反治安管理的行为和处罚

第二节 妨害公共安全的行为和处罚

第三十四条 盗窃、损坏、擅自移动使用中的航空设施，或者强行进入航空器驾驶舱的，处十日以上十五日以下拘留。

在使用中的航空器上使用可能影响导航系统正常功能的器具、工具，不听劝阻的，处五日以下拘留或者五百元以下罚款。

中华人民共和国海岛保护法（节选）

（2009年12月26日第十一届全国人民代表大会常务委员会第十二次会议通过；2009年12月26日中华人民共和国主席令第22号公布；2010年3月1日起施行）

第三章　海岛的保护

第一节　一般规定

第二十二条　国家保护设置在海岛的军事设施，禁止破坏、危害军事设施的行为。

国家保护依法设置在海岛的助航导航、测量、气象观测、海洋监测和地震监测等公益设施，禁止损毁或者擅自移动，妨碍其正常使用。

第五章　法律责任

第五十二条　破坏、危害设置在海岛的军事设施，或者损毁、擅自移动设置在海岛的助航导航、测量、气象观测、海洋监测和地震监测等公益设施的，依照有关法律、行政法规的规定处罚。

第二部分　涉及卫星导航的行政法规

外国民用航空器飞行管理规则(节选)

(国务院批准;1979 年 2 月 23 日中国民用航空总局发布;根据 2019 年 3 月 2 日《国务院关于修改部分行政法规的决定》修订;2019 年 3 月 2 日中华人民共和国国务院令第 709 号公布;2019 年 3 月 2 日起施行)

第十六条 外国民用航空器在中华人民共和国境内飞行,如果与中国民用航空总局有关的空中交通管制部门的航空电台通信联络中断时,其空勤组应当设法与其他航空电台或者空中其他航空器沟通联络,传递飞行情报。如果仍然无法恢复联络,则该航空器应当按照下列规定飞行:

在目视气象条件下,应当继续保持在目视气象条件下飞行,飞往就近的机场(指起飞机场、预定的降落机场和中国民用航空总局事先指定的备降机场)降落。降落时,应当按照本规则附件一《辅助指挥、联络的符号和信号》的规定进行。

在仪表气象条件下或者在天气条件不允许在目视气象条件下飞往就近的机场降落时,应当严格按照现行飞行计划飞往预定的降落机场的导航台上空;根据现行飞行计划中预计到达时间开始下降,并且按照该导航设备的正常仪表进近程序,在预计到达时间之后三十分钟以内着陆。

失去通信联络的航空器,如果无线电发信机工作正常,应当盲目发送机长对于继续飞行的意图和飞行情况,随后,在预定时刻或者位置报告点盲目发送报告;如果无线电收信机工作正常,应当不间断地守听地面航空电台有关飞行的指示。

第二十四条 外国民用航空器在中华人民共和国境内飞行时,应当按照中国民用航空总局规定的无线电通信的方式和无线电频率,同中国民用航空总局有关的空中交通管制部门保持不间断地守听,以便及时地进行通信联络。

进行地空无线电联络,应当遵守下列规定:

(一)通报时使用国际 Q 简语;通话时使用汉语,或者使用中华人民共和国政府同意的其他语言;

(二)地理名称使用汉语现用名称或者用地名代码、地名代号、无线电导航设备识别讯号和经纬度表示;

民用机场管理条例(节选)

(2009年4月13日中华人民共和国国务院令第553号公布;根据2019年3月2日《国务院关于修改部分行政法规的决定》修订;2019年3月2日中华人民共和国国务院令第709号公布;2019年3月2日起施行)

第二章　民用机场的建设和使用

第十六条　运输机场投入使用应当具备下列条件:

(一)有健全的安全运营管理体系、组织机构和管理制度;

(二)有与其运营业务相适应的飞行区、航站区、工作区以及空中交通服务、航行情报、通信导航监视、气象等相关设施、设备和人员;

(三)使用空域已经批准;

(四)飞行程序和运行标准符合国务院民用航空主管部门的规定;

(五)符合国家规定的民用航空安全保卫条件;

(六)有处理突发事件的应急预案及相应的设施、设备。

第十八条　通用机场投入使用应当具备下列条件:

(一)有与运营业务相适应的飞行场地;

(二)有保证飞行安全的空中交通服务、通信导航监视等设施和设备;

(三)有健全的安全管理制度、符合国家规定的民用航空安全保卫条件以及处理突发事件的应急预案;

(四)配备必要的管理人员和专业技术人员。

中华人民共和国无线电管理条例(节选)

(1993年9月11日中华人民共和国国务院、中华人民共和国中央军事委员会令第128号发布;2016年11月11日中华人民共和国国务院、中华人民共和国中央军事委员会令第672号修订;2016年11月11日中华人民共和国国务院、中华人民共和国中央军事委员会令第672号公布;2016年12月1日起施行)

第三章　频 率 管 理

第十四条　使用无线电频率应当取得许可,但下列频率除外:

（一）业余无线电台、公众对讲机、制式无线电台使用的频率；

（二）国际安全与遇险系统，用于航空、水上移动业务和无线电导航业务的国际固定频率；

（三）国家无线电管理机构规定的微功率短距离无线电发射设备使用的频率。

第二十二条　国际电信联盟依照国际规则规划给我国使用的卫星无线电频率，由国家无线电管理机构统一分配给使用单位。

申请使用国际电信联盟非规划的卫星无线电频率，应当通过国家无线电管理机构统一提出申请。国家无线电管理机构应当及时组织有关单位进行必要的国内协调，并依照国际规则开展国际申报、协调、登记工作。

第二十三条　组建卫星通信网需要使用卫星无线电频率的，除应当符合本条例第十五条规定的条件外，还应当提供拟使用的空间无线电台、卫星轨道位置和卫星覆盖范围等信息，以及完成国内协调并开展必要国际协调的证明材料等。

第二十四条　使用其他国家、地区的卫星无线电频率开展业务，应当遵守我国卫星无线电频率管理的规定，并完成与我国申报的卫星无线电频率的协调。

第四章　无线电台（站）管理

第三十条　设置、使用有固定台址的无线电台（站），由无线电台（站）所在地的省、自治区、直辖市无线电管理机构实施许可。设置、使用没有固定台址的无线电台，由申请人住所地的省、自治区、直辖市无线电管理机构实施许可。

设置、使用空间无线电台、卫星测控（导航）站、卫星关口站、卫星国际专线地球站、15 瓦以上的短波无线电台（站）以及涉及国家主权、安全的其他重要无线电台（站），由国家无线电管理机构实施许可。

第七章　无线电监测和电波秩序维护

第六十二条　建设射电天文台、气象雷达站、卫星测控（导航）站、机场等需要电磁环境特殊保护的项目，项目建设单位应当在确定工程选址前对其选址进行电磁兼容分析和论证，并征求无线电管理机构的意见；未进行电磁兼容分析和论证，或者未征求、采纳无线电管理机构的意见的，不得向无线电管理机构提出排除有害干扰的要求。

第六十三条　在已建射电天文台、气象雷达站、卫星测控（导航）站、机场的周边区域，不得新建阻断无线电信号传输的高大建筑、设施，不得设置、使用干扰其正常使用的设施、设备。无线电管理机构应当会同城乡规划主管部门和其他有关部门制定具体的保护措施并向社会公布。

第六十四条　国家对船舶、航天器、航空器、铁路机车专用的无线电导航、遇险救助和安全通信等涉及人身安全的无线电频率予以特别保护。任何无线电发射设备和辐射无线电波的非无线电设备对其产生有害干扰的,应当立即消除有害干扰。

第八章 法律责任

第七十三条 违反本条例规定,使用无线电发射设备、辐射无线电波的非无线电设备干扰无线电业务正常进行的,由无线电管理机构责令改正,拒不改正的,没收产生有害干扰的设备,并处5万元以上20万元以下的罚款,吊销无线电台执照;对船舶、航天器、航空器、铁路机车专用无线电导航、遇险救助和安全通信等涉及人身安全的无线电频率产生有害干扰的,并处20万元以上50万元以下的罚款。

中华人民共和国电信条例(节选)

(2000年9月25日中华人民共和国国务院令第291号公布;根据2014年7月29日《国务院关于修改部分行政法规的决定》第一次修订;根据2016年2月6日《国务院关于修改部分行政法规的决定》第二次修订;2016年2月6日中华人民共和国国务院令第666号公布;2016年2月6日起施行)

第二章 电信市场

第四节 电信资源

第二十六条 国家对电信资源统一规划、集中管理、合理分配,实行有偿使用制度。

前款所称电信资源,是指无线电频率、卫星轨道位置、电信网码号等用于实现电信功能且有限的资源。

地图管理条例(节选)

(2015年11月11日国务院第111次常务会议通过;2015年12月26日中华人民共和国国务院令第664号公布;2016年1月1日起施行)

第五章 互联网地图服务

第三十三条 互联网地图服务单位向公众提供地理位置定位、地理信息上传标注和地图数据库开发等服务的,应当依法取得相应的测绘资质证书。

互联网地图服务单位从事互联网地图出版活动的,应当经国务院出版行政主管部门依法审核批准。

校车安全管理条例(节选)

(2012 年 3 月 28 日国务院第 197 次常务会议通过;2012 年 4 月 5 日中华人民共和国国务院令第 617 号公布;2012 年 4 月 5 日起施行)

第三章　校车使用许可

第二十一条　校车应当配备逃生锤、干粉灭火器、急救箱等安全设备。安全设备应当放置在便于取用的位置,并确保性能良好、有效适用。

校车应当按照规定配备具有行驶记录功能的卫星定位装置。

中华人民共和国测量标志保护条例(节选)

(1996 年 9 月 4 日中华人民共和国国务院令第 203 号发布;根据 2011 年 1 月 8 日《国务院关于废止和修改部分行政法规的决定》修订;2011 年 1 月 8 日中华人民共和国国务院令第 588 号公布;2011 年 1 月 8 日起施行)

第四条　本条例所称测量标志,是指:

(一)建设在地上、地下或者建筑物上的各种等级的三角点、基线点、导线点、军用控制点、重力点、天文点、水准点的木质觇标、钢质觇标和标石标志,全球卫星定位控制点,以及用于地形测图、工程测量和形变测量的固定标志和海底大地点设施等永久性测量标志;

(二)测量中正在使用的临时性测量标志。

中华人民共和国航标条例(节选)

(1995 年 12 月 3 日中华人民共和国国务院令第 187 号发布;根据 2011 年 1 月 8 日《国务院关于废止和修改部分行政法规的决定》修订;2011 年 1 月 8 日中华人民共和国国务院令第 588 号公布;2011 年 1 月 8 日起施行)

第二条　本条例适用于在中华人民共和国的领域及管辖的其他海域设置的航标。

本条例所称航标，是指供船舶定位、导航或者用于其他专用目的的助航设施，包括视觉航标、无线电导航设施和音响航标。

第十三条 在视觉航标的通视方向或者无线电导航设施的发射方向，不得构筑影响航标正常工作效能的建筑物、构筑物，不得种植影响航标正常工作效能的植物。

第十七条 禁止下列影响航标工作效能的行为：

（一）在航标周围20米内或者在埋有航标地下管道、线路的地面钻孔、挖坑、采掘土石、堆放物品或者进行明火作业；

（二）在航标周围150米内进行爆破作业；

（三）在航标周围500米内烧荒；

（四）在无线电导航设施附近设置、使用影响导航设施工作效能的高频电磁辐射装置、设备；

（五）在航标架空线路上附挂其他电力、通信线路；

（六）在航标周围抛锚、拖锚、捕鱼或者养殖水生物；

（七）影响航标工作效能的其他行为。

放射性物品运输安全管理条例（节选）

（2009年9月7日国务院第80次常务会议通过；2009年9月14日中华人民共和国国务院令第562号公布；2010年1月1日起施行）

第四章　放射性物品的运输

第三十二条 托运人和承运人应当对直接从事放射性物品运输的工作人员进行运输安全和应急响应知识的培训，并进行考核；考核不合格的，不得从事相关工作。

托运人和承运人应当按照国家放射性物品运输安全标准和国家有关规定，在放射性物品运输容器和运输工具上设置警示标志。

国家利用卫星定位系统对一类、二类放射性物品运输工具的运输过程实行在线监控。具体办法由国务院核安全监管部门会同国务院有关部门制定。

中华人民共和国测绘成果管理条例(节选)

(2006 年 5 月 17 日国务院第 136 次常务会议通过;2006 年 5 月 27 日
中华人民共和国国务院令第 469 号公布;2006 年 9 月 1 日起施行)

第二章　汇交与保管

第七条　测绘成果属于基础测绘成果的,应当汇交副本;属于非基础测绘成果的,应当汇交目录。测绘成果的副本和目录实行无偿汇交。

下列测绘成果为基础测绘成果:

(一)为建立全国统一的测绘基准和测绘系统进行的天文测量、三角测量、水准测量、卫星大地测量、重力测量所获取的数据、图件;

(二)基础航空摄影所获取的数据、影像资料;

(三)遥感卫星和其他航天飞行器对地观测所获取的基础地理信息遥感资料;

(四)国家基本比例尺地图、影像图及其数字化产品;

(五)基础地理信息系统的数据、信息等。

通用航空飞行管制条例(节选)

(2003 年 1 月 10 日中华人民共和国国务院、中华人民共和国
中央军事委员会令第 371 号公布;2003 年 5 月 1 日起施行)

第四章　飞 行 保 障

第二十条　通信、导航、雷达、气象、航行情报和其他飞行保障部门应当认真履行职责,密切协同,统筹兼顾,合理安排,提高飞行空域和时间的利用率,保障通用航空飞行顺利实施。

第二十一条　通信、导航、雷达、气象、航行情报和其他飞行保障部门对于紧急救护、抢险救灾、人工影响天气等突发性任务的飞行,应当优先安排。

第三部分　涉及卫星导航的部门规章

中华人民共和国国家发展和改革委员会

西部地区鼓励类产业目录(2020年本)(节选)

(2020年11月5日国家发展和改革委员会第11次委务会议审议通过;2021年1月18日国家发展改革委令第40号公布;2021年3月1日起施行)

二、西部地区新增鼓励类产业

(六)陕西省

22.北斗卫星导航及时空信息产业、遥感、通信、导航等卫星应用服务,雷达、通信、导航专用设备研制生产

海南自由贸易港外商投资准入特别管理措施(负面清单)(2020年版)(节选)

(2020年11月24日国家发展和改革委员会第12次委务会议审议通过和商务部审签,并经国务院批准;2020年12月31日中华人民共和国国家发展和改革委员会、中华人民共和国商务部令第39号公布;2021年2月1日起施行)

八、科学研究和技术服务业

17.禁止投资大地测量、海洋测绘、测绘航空摄影、地面移动测量、行政区域界线测绘,地形图、世界政区地图、全国政区地图、省级及以下政区地图、全国性教学地图、地方性教学地图、真三维地图和导航电子地图编制,区域性的地质填图、矿产地质、地球物理、地球化学、水文地质、环境地质、地质灾害、遥感地质等调查(矿业权人在其矿业权范围内开展工作不受此特别管理措施限制)。

鼓励外商投资产业目录(2020 年版)(节选)

(2020 年 11 月 5 日国家发展和改革委员会第 11 次委务会议审议通过和商务部审定并经党中央、国务院同意;2020 年 12 月 27 日发布;2021 年 1 月 27 日起施行)

三、制造业

(十八)专用设备制造业

204. 林业灾情监控设备制造:林区快速救援装备、高精度导航定位设备,无人机火情、灾情监测预警设备,灭火、除虫设备

外商投资准入特别管理措施(负面清单)(2020 年版)(节选)

(2020 年 6 月 23 日中华人民共和国国家发展和改革委员会、中华人民共和国商务部令第 32 号发布;2020 年 7 月 23 日起施行)

九、科学研究和技术服务业

23. 禁止投资大地测量、海洋测绘、测绘航空摄影、地面移动测量、行政区域界线测绘,地形图、世界政区地图、全国政区地图、省级及以下政区地图、全国性教学地图、地方性教学地图、真三维地图和导航电子地图编制,区域性的地质填图、矿产地质、地球物理、地球化学、水文地质、环境地质、地质灾害、遥感地质等调查(矿业权人在其矿业权范围内开展工作不受此特别管理措施限制)。

自由贸易试验区外商投资准入特别管理措施(负面清单)(2020 年版)(节选)

(2020 年 6 月 23 日中华人民共和国国家发展和改革委员会、中华人民共和国商务部令第 33 号发布;2020 年 7 月 23 日起施行)

八、租赁和商务服务业

20. 禁止投资大地测量、海洋测绘、测绘航空摄影、地面移动测量、行政区域界线测

绘，地形图、世界政区地图、全国政区地图、省级及以下政区地图、全国性教学地图、地方性教学地图、真三维地图和导航电子地图编制，区域性的地质填图、矿产地质、地球物理、地球化学、水文地质、环境地质、地质灾害、遥感地质等调查（矿业权人在其矿业权范围内开展工作不受此特别管理措施限制）。

产业结构调整指导目录（2019 年本）（节选）

（2019 年 8 月 27 日第 2 次委务会议审议通过；2019 年 10 月 30 日中华人民共和国国家发展和改革委员会令第 29 号发布；2020 年 1 月 1 日起施行）

第一类　鼓 励 类

十七、船舶

8. 智能环保型船用中低速柴油机及其关键零部件、大型甲板机械、船用锅炉、油水分离机、海水淡化装置、压载水处理系统、船舶使用岸电技术及设备、液化天然气船用双燃料发动机、吊舱推进器、直翼舵桨推进装置、大型高效喷水推进装置、大功率中高压发电机、船舶通讯导航及自动化系统、综合电力推进系统及关键设备、船舶尾气处理装置、余热回收系统、双金属气阀、大型船用垃圾焚烧炉、生活污水处理系统、货油系统等关键船用配套设备

二十二、城镇基础设施

1. 城市高精度导航、高精度遥感影像和三维数据生产及关键技术开发

二十六、航空运输

4. 空中交通管制和通信导航监视系统建设

二十八、信息产业

38. 卫星导航芯片、系统技术开发与设备制造

四十四、公共安全与应急产品

40. 基于北斗导航卫星的安全监测系统

外商投资产业指导目录(2017年修订)(节选)

(2017年6月28日中华人民共和国国家发展和改革委员会、
中华人民共和国商务部令2017年第4号发布;2017年7月28日起施行)

鼓励外商投资产业目录

三、制造业

(十九)汽车制造业

208. 汽车电子装置制造与研发:发动机和底盘电子控制系统及关键零部件,车载电子技术(汽车信息系统和导航系统),汽车电子总线网络技术,电子控制系统的输入(传感器和采样系统)输出(执行器)部件,电动助力转向系统电子控制器,嵌入式电子集成系统、电控式空气弹簧,电子控制式悬挂系统,电子气门系统装置,电子组合仪表,ABS/TCS/ESP系统,电路制动系统(BBW),变速器电控单元(TCU),轮胎气压监测系统(TPMS),车载故障诊断仪(OBD),发动机防盗系统,自动避撞系统,汽车、摩托车型试验及维修用检测系统

(二十)铁路、船舶、航空航天和其他运输设备制造业

225. 船舶通讯导航设备的设计

中华人民共和国工业和信息化部

中华人民共和国无线电频率划分规定

(2017年12月15日工业和信息化部第34次部务会议审议通过;2018年2月7日中华人民共和国工业和信息化部令第46号发布;2018年7月1日起施行)①

(全文略)

① 为合理获得和有效使用有限的卫星频率和轨道资源,最大限度地争取和维护我国的合法权益,无线电管理部门出台了相关无线电频率管理规定。但由于篇幅所限,本书未将《中华人民共和国无线电频率划分规定》全文收录,详情请登录工业和信息化部网站。

无线电频率使用许可管理办法

（2017 年6 月21 日工业和信息化部第31 次部务会议审议通过;2017 年7 月3 日中华人民共和国工业和信息化部令第40 号公布;2017 年9 月1 日起施行）

第一章　总　　则

第一条　为了加强无线电频率使用许可管理,规范无线电频率使用行为,有效利用无线电频谱资源,根据《中华人民共和国无线电管理条例》及其他法律、行政法规的规定,制定本办法。

第二条　向国家无线电管理机构和省、自治区、直辖市无线电管理机构（以下统称无线电管理机构）申请无线电频率使用许可,以及无线电管理机构实施无线电频率使用许可和监督管理,应当遵守本办法。

第三条　无线电频谱资源属于国家所有,实行有偿使用。

使用无线电频率应当按照国家有关规定缴纳无线电频率占用费。

第四条　使用无线电频率应当取得许可,但《中华人民共和国无线电管理条例》第十四条第一项至第三项所列的频率除外。

第二章　无线电频率使用许可的申请和审批

第五条　取得无线电频率使用许可,应当符合下列条件:

（一）所申请的无线电频率符合无线电频率划分和使用规定,有明确具体的用途;

（二）使用无线电频率的技术方案可行;

（三）有相应的专业技术人员;

（四）对依法使用的其他无线电频率不会产生有害干扰;

（五）法律、行政法规规定的其他条件。

使用卫星无线电频率,还应当符合空间无线电业务管理相关规定。

第六条　申请办理无线电频率使用许可,应当向无线电管理机构提交下列材料:

（一）使用无线电频率的书面申请及申请人身份证明材料;

（二）申请人基本情况,包括开展相关无线电业务的专业技术人员、技能和管理措施等;

（三）拟开展的无线电业务的情况说明,包括功能、用途、通信范围（距离）、服务对象和预测规模以及建设计划等;

（四）技术可行性研究报告，包括拟采用的通信技术体制和标准、系统配置情况、拟使用系统（设备）的频率特性、频率选用（组网）方案和使用率、主要使用区域的电波传播环境、干扰保护和控制措施，以及运行维护措施等；

（五）依法使用无线电频率的承诺书；

（六）法律、行政法规规定的其他材料。

无线电频率拟用于开展射电天文业务的，还应当提供具体的使用地点和有害干扰保护要求；用于开展空间无线电业务的，还应当提供拟使用的空间无线电台、卫星轨道位置、卫星覆盖范围、实际传输链路设计方案和计算等信息，以及关于可用的相关卫星无线电频率和完成国内协调并开展必要国际协调的证明材料。

无线电频率拟用于开展的无线电业务，依法需要取得有关部门批准的，还应当提供相应的批准文件。

第七条 国家无线电管理机构和省、自治区、直辖市无线电管理机构应当依据《中华人民共和国无线电管理条例》第十八条第一款规定的审批权限，实施无线电频率使用许可。

第八条 无线电管理机构应当对申请无线电频率使用许可的材料进行审查。申请材料齐全、符合法定形式的，应当予以受理，并向申请人出具受理申请通知书。申请材料不齐全或者不符合法定形式的，应当当场或者在 5 个工作日内一次性告知申请人需要补正的全部内容，逾期不告知的，自收到申请材料之日起即为受理。

第九条 无线电管理机构应当自受理申请之日起 20 个工作日内审查完毕，依照本办法第五条规定的条件，并综合考虑国家安全需要和可用频率的情况，作出准予许可或者不予许可的决定。20 个工作日内不能作出决定的，经无线电管理机构负责人批准可以延长 10 个工作日，并应当将延长期限的理由告知申请人。

无线电管理机构作出准予许可的决定的，应当自作出决定之日起 10 个工作日内向申请人颁发无线电频率使用许可证。不予许可的，应当出具不予许可决定书，向申请人说明理由，并告知申请人享有依法申请行政复议或者提起行政诉讼的权利。

无线电管理机构采取招标、拍卖的方式实施无线电频率使用许可的，应当遵守有关法律、行政法规规定的程序。

第十条 无线电管理机构对无线电频率使用许可申请进行审查时，可以组织专家评审、依法举行听证。专家评审和听证所需时间不计算在本办法第九条规定的许可期限内，但无线电管理机构应当将所需时间书面告知申请人。

实施无线电频率使用许可需要完成有关国内、国际协调或者履行国际规则规定程序的，进行协调以及履行程序的时间不计算在本办法第九条规定的许可期限内。

第十一条 无线电管理机构作出无线电频率使用许可的决定时，应当明确无线电频率使用许可的期限。

无线电频率使用许可的期限不得超过10年。临时使用无线电频率的,无线电频率使用许可的期限不超过12个月。

第十二条　无线电频率使用许可证由正文、特别规定事项、许可证使用须知、无线电频率使用人的权利义务等内容组成。

无线电频率使用许可证正文应当载明无线电频率使用人、使用频率、使用地域、业务用途、使用期限、使用率要求、许可证编号、发证机关及签发时间等事项。

无线电频率使用许可证的具体内容由国家无线电管理机构制定并公布。国家无线电管理机构可以根据实际情况调整无线电频率使用许可证的内容。

对于临时使用无线电频率、试验使用无线电频率和国家无线电管理机构确定的其他情形,无线电管理机构可以颁发无线电频率使用批准文件,并载明本条第二款规定的事项。无线电频率使用批准文件与无线电频率使用许可证具有同等效力。

第十三条　无线电频率使用许可证由无线电管理机构负责人签发,加盖发证机关印章。

第十四条　无线电频率使用许可证样式由国家无线电管理机构统一规定。

第三章　无线电频率的使用

第十五条　使用无线电频率,应当遵守国家无线电管理的有关规定和无线电频率使用许可证的要求,接受、配合无线电管理机构的监督管理。

第十六条　无线电频率使用许可证应当妥善保存。任何组织或者个人不得伪造、涂改、冒用无线电频率使用许可证。

第十七条　国家根据维护国家安全、保障国家重大任务、处置重大突发事件等需要依法实施无线电管制的,管制区域内的无线电频率使用人应当遵守有关管制规定。

第十八条　无线电频率使用人不得擅自转让无线电频率使用权,不得擅自扩大使用范围或者改变用途。

需要转让无线电频率使用权的,受让人应当符合本办法第五条规定的条件,提交双方转让协议和本办法第六条规定的材料,依照本办法第九条规定的程序报请无线电管理机构批准。

第十九条　依法使用的无线电频率受到有害干扰的,可以向无线电管理机构投诉,无线电管理机构应当及时协调处理,并将处理情况告知投诉人。

第二十条　无线电频率使用人拟变更无线电频率使用许可证所载事项的,应当向作出许可决定的无线电管理机构提出申请。符合法定条件的,无线电管理机构应当依法办理变更手续。

第二十一条　无线电频率使用期限届满需要继续使用的,应当在期限届满30个工作日前向作出许可决定的无线电管理机构提出延续申请。无线电管理机构应当依照本办法第五条、第九条的规定进行审查，作出是否准予延续的决定。

第四章 监督管理

第二十二条 无线电管理机构应当对无线电频率使用行为进行监督检查。

无线电管理机构根据需要可以组织开展无线电频率使用评估，对无线电频率使用情况、使用率等进行检查。

第二十三条 无线电频率使用人应当于每年第一季度末前，按照无线电频率使用许可证的要求，向作出许可决定的无线电管理机构报送上一年度的无线电频率使用报告，包括上一年度无线电频率使用情况、执行无线电管理规定的情况等。无线电频率使用人应当对报告的真实性负责。

第二十四条 任何组织或者个人对未经许可擅自使用无线电频率或者违法使用无线电频率的行为，有权向无线电管理机构举报，无线电管理机构应当及时核实、处理。

第二十五条 有下列情形之一的，作出许可决定的无线电管理机构或者国家无线电管理机构可以撤销无线电频率使用许可：

（一）无线电管理机构工作人员滥用职权、玩忽职守作出准予许可决定的；

（二）超越法定职权或者违反法定程序作出准予许可决定的；

（三）对不具备申请资格或者不符合法定条件的申请人作出准予许可决定的；

（四）除因不可抗力外，取得无线电频率使用许可后超过 2 年不使用或者使用率达不到无线电频率许可证规定要求的；

（五）依法可以撤销无线电频率使用许可的其他情形。

无线电频率使用人以欺骗、贿赂等不正当手段取得无线电频率使用许可的，应当予以撤销。

第二十六条 有下列情形之一的，无线电管理机构应当依法办理无线电频率使用许可的注销手续：

（一）无线电频率使用许可的期限届满未书面申请延续或者未准予延续的；

（二）无线电频率使用人在无线电频率使用期限内申请终止使用频率的；

（三）无线电频率使用许可被依法撤销、撤回，或者无线电频率使用许可证依法被吊销的；

（四）因不可抗力导致无线电频率使用许可事项无法实施的；

（五）取得无线电频率使用许可的自然人死亡、丧失行为能力或者法人、其他组织依法终止的；

（六）法律、法规规定的其他情形。

无线电管理机构注销无线电频率使用许可的，同时收回无线电频率。

第五章　法 律 责 任

第二十七条　申请人隐瞒有关情况或者提供虚假材料申请无线电频率使用许可的,无线电管理机构不予受理或者不予许可,并给予警告,申请人在一年内不得再次申请该许可。

以欺骗、贿赂等不正当手段取得无线电频率使用许可的,无线电管理机构给予警告,并视情节轻重处五千元以上三万元以下的罚款,申请人在三年内不得再次申请该许可。

第二十八条　未经许可擅自使用无线电频率、擅自转让无线电频率、未按照国家有关规定缴纳无线电频率占用费的,无线电管理机构应当分别依照《中华人民共和国无线电管理条例》第七十条、第七十一条、第七十四条的规定处理。

第二十九条　无线电频率使用人违反无线电频率使用许可证的要求使用频率,或者拒不接受、配合无线电管理机构依法实施的监督管理的,无线电管理机构应当责令改正,给予警告,可以并处五千元以上三万元以下的罚款。

第三十条　伪造、涂改、冒用无线电频率使用许可证的,无线电管理机构应当责令改正,给予警告或者处三万元以下的罚款。

第三十一条　无线电频率使用人在无线电频率使用许可的期限内,降低其申请取得无线电频率使用许可时所应当符合的条件的,无线电管理机构应当责令改正;拒不改正的,处三万元以下的罚款并将上述情况向社会公告。

第三十二条　无线电频率使用人对无线电管理机构作出的行政许可或者行政处罚决定不服的,可以依法申请行政复议或者提起行政诉讼。

第三十三条　无线电管理机构工作人员在实施无线电频率使用许可和监督管理工作中,滥用职权、玩忽职守、徇私舞弊的,依法给予处分。

第三十四条　违反本办法规定,构成犯罪的,依法追究刑事责任。

第六章　附　　则

第三十五条　无线电频率使用许可的涉外事宜,依照《中华人民共和国无线电管理条例》和其他相关法律、行政法规规定办理。

无线电频率使用人取得的相应使用许可中未确定频率使用期限的,如频率使用时间已超过 10 年并且需要继续使用,应当自本办法施行之日起 6 个月内办理延续手续。

第三十六条　本办法自 2017 年 9 月 1 日起施行。本办法施行前颁布的有关规定与本办法不一致的,按照本办法执行。

边境地区地面无线电业务频率国际协调规定(节选)

(2016 年 10 月 20 日工业和信息化部第 26 次部务会议审议通过;2016 年 12 月 6 日中华人民共和国工业和信息化部令第 38 号公布;2017 年 2 月 1 日起施行)

第六章　附　　则

第三十一条　本规定所称地面无线电业务,是指除空间无线电业务或者射电天文以外的任何无线电业务,包括固定业务、陆地移动业务、水上移动业务、港口操作业务、航空移动业务、广播业务、无线电定位业务、无线电导航业务、气象辅助业务、业余业务、安全业务等。

业余无线电台管理办法

(2012 年 10 月 17 日中华人民共和国工业和信息化部第 26 次部务会议审议通过;2012 年 11 月 5 日中华人民共和国工业和信息化部令第 22 号发布;2013 年 1 月 1 日起施行)

第一章　总　　则

第一条　为了加强对业余无线电台的管理,维护空中电波秩序,促进业余无线电活动的有序开展,根据《中华人民共和国无线电管理条例》,制定本办法。

第二条　在中华人民共和国境内设置、使用业余无线电台,对业余无线电台实施监督管理,适用本办法。

本办法所称业余无线电台,是指开展《中华人民共和国无线电频率划分规定》确定的业余业务和卫星业余业务所需的发信机、收信机或者发信机与收信机的组合(包括附属设备)。

第三条　国家无线电管理机构和省、自治区、直辖市无线电管理机构(以下简称地方无线电管理机构)依法对业余无线电台实施监督管理。

国家无线电管理机构和地方无线电管理机构统称无线电管理机构。

第四条　设置业余无线电台,应当按照本办法的规定办理审批手续,取得业余无线电台执照。

国家鼓励和支持业余无线电通信技术的研究、普及和突发重大自然灾害等紧急情况下的应急无线电通信活动。

依法设置的业余无线电台受国家法律保护。

第二章　业余无线电台设置审批

第五条　国家对业余无线电台实施分类管理。

业余无线电台分类管理规定由国家无线电管理机构另行制定。

第六条　申请设置业余无线电台，应当具备下列条件：

（一）熟悉无线电管理规定；

（二）具备国家无线电管理机构规定的操作技术能力；

（三）无线电发射设备符合国家相关技术标准；

（四）法律、行政法规规定的其他条件。

单位申请设置业余无线电台的，其业余无线电台负责人应当具备前款第一项规定的条件，技术负责人应当具备前款第一项和第二项规定的条件。

个人申请设置具有发信功能的业余无线电台的，应当年满十八周岁。

第七条　申请设置业余无线电台，应当向设台地地方无线电管理机构提交下列书面材料：

（一）《业余无线电台设置（变更）申请表》；

（二）《业余无线电台技术资料申报表》；

（三）个人身份证明或者设台单位证明材料的原件、复印件。申请人为单位的，还应当提交其业余无线电台负责人和技术负责人身份证明材料的原件、复印件；

（四）具备相应操作技术能力证明材料的原件、复印件。

地方无线电管理机构在验证前款第三项、第四项规定的证明材料的真实性后，应当及时将原件退还申请人。

第八条　设置在省、自治区、直辖市范围内通信的业余无线电台，由设台地地方无线电管理机构审批。

设置通信范围涉及两个以上的省、自治区、直辖市或者涉及境外的业余无线电台，由国家无线电管理机构审批。国家无线电管理机构可以委托设台地地方无线电管理机构负责除业余信标台、用于卫星业余业务的空间业余无线电台（“用于卫星业余业务的空间业余无线电台”以下简称“空间业余无线电台”）等特殊业余无线电台以外的业余无线电台的设置审批，核发业余无线电台执照。

第九条　设置空间业余无线电台，应当符合本办法和空间电台管理的相关规定。

第十条　业余中继台的设置和技术参数等应当符合国家以及设台地地方无线电管理机构的规定。

业余中继台应当设专人负责监控和管理工作，配备有效的遥控手段。

第十一条 业余无线电台无线电发射设备应当依法取得《中华人民共和国无线电发射设备型号核准证》。申请人可以使用符合国家相关技术标准的自制、改装、拼装的无线电发射设备办理审批手续。

对业余无线电台专用无线电发射设备进行型号核准，应当以《中华人民共和国无线电频率划分规定》中有关无线电发射设备技术指标的规定为依据。

业余无线电台专用无线电发射设备不得用于其他无线电业务，其发射频率应当在业余业务或者卫星业余业务频段内。

第十二条 申请材料不全、不符合法定形式的，无线电管理机构应当当场或者在五个工作日内一次告知申请人需要补正的全部内容。

申请材料齐全、符合法定形式和本办法规定的，无线电管理机构应当当场或者自受理申请之日起二十个工作日内，核发业余无线电台执照；不符合规定条件的，应当书面通知申请人不予核发业余无线电台执照并说明理由。

第十三条 业余无线电台执照由国家无线电管理机构统一印制。

业余无线电台执照的有效期不超过五年。业余无线电台执照有效期届满后需要继续使用的，应当在有效期届满前三十日以前向核发执照的无线电管理机构申请办理延续手续。

第十四条 业余无线电台执照应当载明所核定的技术参数和发射设备等信息；单位设置业余无线电台的，其执照还应当载明业余无线电台负责人和技术负责人。

业余无线电台的技术参数不得超出其业余无线电台执照所核定的范围。需要变更业余无线电台执照核定内容的，应当向核发执照的无线电管理机构申请办理变更手续，换发业余无线电台执照。

第十五条 终止使用业余无线电台的，应当向核发业余无线电台执照的无线电管理机构申请注销执照。

第十六条 禁止涂改、仿制、伪造、倒卖、出租或者出借业余无线电台执照。

第十七条 根据国家无线电管理机构的委托核发业余无线电台执照的地方无线电管理机构，应当自核发、换发、注销执照之日起二十个工作日内，将相关情况报国家无线电管理机构。

第三章 业余无线电台使用

第十八条 使用业余无线电台，应当具备下列条件：

（一）熟悉无线电管理规定；

（二）具备国家无线电管理机构规定的操作技术能力，取得相应操作技术能力证明。

第十九条 业余无线电台使用的频率应当符合《中华人民共和国无线电频率划分规定》。

业余业务、卫星业余业务作为次要业务使用频率或者与其他主要业务共同使用频率的,应当遵守无线电管理机构对该频率的使用规定。

业余无线电台在无线电管理机构核准其使用的频段内,享有平等的频率使用权。

国家对业余无线电台免收无线电频率占用费。

第二十条 业余无线电台的通信对象应当限于业余无线电台。在突发重大自然灾害等紧急情况下,业余无线电台可以和非业余无线电台通信,但应当及时向所在地地方无线电管理机构报告,其通信内容应当限于与抢险救灾直接相关的紧急事务或者应急救援相关部门交办的任务。

第二十一条 未经所在地地方无线电管理机构批准,业余无线电台不得以任何方式进行广播或者发射通播性质的信号。

第二十二条 业余无线电台在通信过程中应当使用明语及业余无线电领域公认的缩略语和简语,数据文件交换应当使用公开的方式。但是,卫星业余业务中地面控制电台和空间电台之间交换的控制信号可以除外。

业余无线电台试验新的编码、调制方式和数字通信协议等,应当事先公开并向所在地地方无线电管理机构提交相关技术信息。

第二十三条 业余无线电台设置人应当对无线电发射设备进行有效监控,确保正常工作,保证能够及时停止其造成的有害干扰。

第二十四条 业余中继台应当向其覆盖区域内的所有业余无线电台提供平等的服务,并将使用业余中继台所需的各项技术参数公开。

第二十五条 依法设置的通信范围涉及两个以上的省、自治区、直辖市或者涉及境外的业余无线电台,可以在设台地以外的地点进行异地发射操作,但应当遵守所在地地方无线电管理机构的相关规定。

第二十六条 在业余无线电台操作培训中,已接受无线电管理规定等培训的人员,可以在业余无线电台设置人或者技术负责人的现场辅导下,在业余无线电台执照核定范围和国家有关业余无线电台操作权限规定确定的范围内,进行发射操作实习。

第二十七条 业余无线电台通信不得发送、接收与业余业务和卫星业余业务无关的信号,不得传播、公布无意接收的非业余业务和卫星业余业务的信息。

第二十八条 业余无线电台供其设置人、使用人用于相互通信、技术研究和自我训练。

禁止利用业余无线电台从事下列活动:

(一)发布、传播违反法律或者公共道德的信息;

(二)从事商业或者其他与营利有关的活动;

（三）阻碍其他无线电台通信；

（四）法律、行政法规禁止的其他活动。

第二十九条 业余无线电台设置人、使用人应当加强自律，接受无线电管理机构或者其委托单位的指导、监督和检查。

第三十条 业余无线电台的通信时间、通信频率、通信模式和通信对象等内容应当记入电台日志。

电台日志应当保留两年，供无线电管理机构检查。

第四章 业余无线电台呼号

第三十一条 业余无线电台设置人、使用人应当正确使用业余无线电台呼号。

第三十二条 业余无线电台呼号由国家无线电管理机构编制和分配。

无线电管理机构核发业余无线电台执照，应当同时指配业余无线电台呼号。业余信标台和空间业余无线电台等特殊业余无线电台呼号由国家无线电管理机构指配，其他业余无线电台呼号由地方无线电管理机构指配。

核发业余无线电台执照的无线电管理机构已经为设置人指配业余无线电台呼号的，不另行为其指配其他业余无线电台呼号。

第三十三条 业余无线电台在每次通信建立及结束时，应当主动发送本台呼号；在发信过程中应当至少每十分钟发送本台呼号一次。

业余中继台应当周期性发送本台呼号，两次发送的时间间隔不得超过十分钟。

第三十四条 在他人设置的业余无线电台上进行发射操作或者由国家无线电管理机构审批的业余无线电台在设台地以外的地点进行异地发射操作的，应当按照本办法所附《业余无线电台呼号说明》的规定使用业余无线电台呼号。

第三十五条 禁止盗用、转让、私自编制或者违法使用业余无线电台呼号。

第三十六条 无线电管理机构依法注销业余无线电台执照的，应当同时注销业余无线电台呼号。业余无线电台呼号在注销五年后可以另行指配。

业余无线电台执照被依法注销后一年内，设置人又申请设置业余无线电台的，无线电管理机构应当指配原业余无线电台呼号。

业余无线电台执照被依法注销后一年内，设置人在其他省、自治区、直辖市申请设置业余无线电台的，可以申请使用原业余无线电台呼号，但应当事先征得指配原业余无线电台呼号的无线电管理机构的书面同意。设置人应当在取得业余无线电台执照后一个月内，向指配原业余无线电台呼号的无线电管理机构备案。

第五章 监督检查

第三十七条 无线电管理机构应当对业余无线电台实施监督检查。业余无线电台设置人、使用人应当配合。

第三十八条　有下列情形之一的，核发业余无线电台执照的无线电管理机构或者其上级无线电管理机构可以撤销执照：

（一）对不具备申请资格或者不符合申请条件的申请人核发执照的；

（二）以欺骗、贿赂等不正当手段取得执照的；

（三）依法可以撤销执照的其他情形。

第三十九条　有下列情形之一的，核发业余无线电台执照的无线电管理机构应当注销执照：

（一）设置业余无线电台的个人死亡或者丧失行为能力的；

（二）业余无线电台执照有效期届满未延续的；

（三）设置业余无线电台的单位依法终止的；

（四）业余无线电台执照依法被撤销、吊销的。

第六章　法律责任

第四十条　有下列行为之一的，由无线电管理机构依照《中华人民共和国无线电管理条例》第四十三条的规定处罚：

（一）擅自设置、使用业余无线电台的；

（二）干扰无线电业务的；

（三）随意变更核定项目，发送和接收与业余业务和卫星业余业务无关的信号的。

第四十一条　有下列情形之一的，无线电管理机构应当依据职权责令限期改正，可以处警告或者三万元以下的罚款：

（一）涂改、仿制、伪造业余无线电台执照，或者倒卖、出租、出借及以其他形式非法转让业余无线电台执照的；

（二）盗用、出租、出借、转让、私自编制或者违法使用业余无线电台呼号的；

（三）违法使用业余无线电台造成严重后果的；

（四）以不正当手段取得业余无线电台执照的；

（五）不再具备设置或者使用业余无线电台条件而继续使用业余无线电台的；

（六）向负责监督检查的无线电管理机构隐瞒有关情况、提供虚假材料或者拒绝提供反映其活动情况的真实材料的；

（七）超出核定范围使用频率或者有其他违反频率管理有关规定的行为的。

第七章　附　　则

第四十二条　中华人民共和国境外的组织或者个人在境内设置、使用业余无线电台，其所在的国家或者地区与中华人民共和国签订相关协议的，按照协议办理；未签订相关协议的，按照本办法的规定办理。

第四十三条 本办法自2013年1月1日起施行。本办法施行前颁布的有关规定与本办法不一致的，按照本办法执行。

建立卫星通信网和设置使用地球站管理规定

（2009年2月4日中华人民共和国工业和信息化部第6次部务会议审议通过并公布；2009年4月10日起施行）

第一章 总 则

第一条 为了规范建立卫星通信网和设置使用地球站的行为，避免和减少卫星网络之间、地球站与共用频段的其他无线电台之间的相互干扰，促进卫星通信事业健康发展，根据《中华人民共和国无线电管理条例》和相关行政法规，制定本规定。

第二条 在中华人民共和国境内建立卫星通信网和设置使用地球站，适用本规定。

本规定所称的卫星通信网，是指利用卫星空间电台进行通信的地球站组成的通信网。

本规定所称的地球站，是指设置在地球表面或者地球大气层主要部分以内的、与空间电台通信或者通过空间电台与同类电台进行通信的电台。

第三条 国家对建立卫星通信网实行许可制度。

建立卫星通信网的，应当经中华人民共和国工业和信息化部（以下称工业和信息化部）批准；未经批准，任何单位或者个人不得建立卫星通信网。

第四条 设置使用地球站的，应当按照本规定办理审批手续，取得工业和信息化部或者省、自治区、直辖市无线电管理机构颁发的无线电台执照。

设置使用单收地球站，不需要无线电管理机构对其信息接收提供电磁环境保护的，可以不按本规定办理审批手续；要求无线电管理机构保护其信息接收免受有害无线电干扰的，应当按照本规定办理审批手续并取得无线电台执照。

第二章 建立卫星通信网

第五条 建立卫星通信网的，应当具备下列条件：

（一）具有法人资格。

（二）拟使用的国内空间电台经工业和信息化部批准，并取得无线电台执照。

（三）拟使用的国外空间电台已完成与我国相关卫星网络空间电台和地面电台的

频率协调,其技术特性符合双方主管部门之间达成的协议的要求。

(四)无线电频率的使用符合国家无线电频率划分、规划和有关管理规定。

(五)有合理可行的技术方案。

(六)有与卫星通信网建设、运营相适应的资金和专业人员。

(七)有可利用的、由合法经营者提供的卫星频率资源。

(八)法律、行政法规规定的开展有关业务应当具备的其他条件。

建立涉及电信业务经营的卫星通信网的,还应当持有相应的电信业务经营许可证。

第六条　建立卫星通信网的,应当符合国家通信网建设的统筹规划,遵守国家建设管理规定。

第七条　申请建立卫星通信网的,应当向工业和信息化部提交书面申请和下列材料:

(一)法人资格证明。

(二)申请单位基本情况说明。

(三)包含本规定附录①所列基本资料的技术方案。

(四)可用资金证明材料。

(五)可使用相关卫星频率资源的证明材料。

(六)国家规定的开展有关业务应当提交的其他材料。

申请建立涉及电信业务经营的卫星通信网的,还应当提交相应的电信业务经营许可证复印件。

第八条　申请材料齐全、符合法定形式的,工业和信息化部应当受理,并向申请人出具书面受理通知;申请材料不齐全或者不符合法定形式的,工业和信息化部应当当场或者在5个工作日内一次告知申请人需要补正的全部内容;依法不予受理的,应当书面通知申请人。

第九条　工业和信息化部应自受理申请之日起20个工作日内作出审批决定。经审查合格的,出具批准建立卫星通信网证明,并书面通知网内地球站所在地的省、自治区、直辖市无线电管理机构。经审查不合格的,书面通知申请人不予批准并说明理由。

第十条　工业和信息化部批准建立卫星通信网时,应当确定其频率使用期限,该期限最长不超过10年。频率使用期限届满需要继续使用的,应当在期限届满30日前向工业和信息化部提出书面申请,由工业和信息化部在期限届满前作出是否准予继续使用的决定,并书面通知申请人。

---

① 附录为《卫星通信网技术方案应包含的基本资料》,包括网络的一般特性;工作频段和卫星空间电台特性;载波参数;地球站特性;传输链路计算,本书未收录。

第十一条 获准建立卫星通信网的,应当自批准之日起一年内将该卫星通信网投入使用。

不能在前款规定的期限内启用的,应当在该期限届满 30 日前书面告知工业和信息化部,说明理由和启用日期。

终止运行卫星通信网的,应当提前30 日向工业和信息化部申请办理注销手续。

获准建立卫星通信网的法人或者其他组织依法终止的,工业和信息化部应当注销对其建立卫星通信网的批准,并书面通知网内地球站所在地的省、自治区、直辖市无线电管理机构。

第十二条 需要变更卫星通信网使用的卫星、频率、极化、传输带宽或者通信覆盖范围的,应当提前30 日向工业和信息化部提出书面申请,并取得批准。

未经批准,不得改变卫星通信网使用的卫星、频率、极化、传输带宽或者通信覆盖范围。

获准建立卫星通信网的单位变更名称、法定代表人或者注册住所的,应当自变更发生之日起30 日内向工业和信息化部备案。

第十三条 获准建立卫星通信网的单位与卫星转发器经营者签署的转发器租赁协议,以及涉及租赁卫星、频率、极化、带宽和有效期变更的补充修改协议,应当自签署之日起30 日内向工业和信息化部备案。

第十四条 获准建立卫星通信网的单位设置网内地球站,应当按照本规定办理地球站设置审批手续并领取无线电台执照;由用户设置网内地球站的,获准建立卫星通信网的单位应当协助用户办理地球站设置审批手续。

获准建立卫星通信网的单位不得向未办理地球站设置审批手续的用户提供卫星信道,但是根据本规定第四条第二款的规定可以不办理审批手续的单收地球站除外。

第十五条 获准建立卫星通信网的单位应当在每年一月三十一日前向工业和信息化部书面报送上年度卫星通信网建设和运行的材料,包括:

(一)开通业务的城市或地区、业务种类。

(二)卫星频率资源使用情况,包括空间电台的名称和轨道经度、实际使用带宽、上下行频率范围和极化。

(三)网内用户名单、双向和发射地球站数量、单收地球站数量。

(四)已领取无线电台执照的地球站数量。

(五)工业和信息化部要求报送的其他材料。

上述材料应当同时送地球站所在地的省、自治区、直辖市无线电管理机构备案。

第十六条 获准建立卫星通信网的单位应当接受无线电管理机构的监督检查,配合无线电管理机构对网内地球站进行管理。

第三章　设置使用地球站

第十七条　设置使用下列地球站，应当经工业和信息化部审查批准：

（一）中央国家机关及其在京直属单位在北京地区设置使用的地球站。

（二）与国外或者港澳台地区通信的地球站。

（三）涉及与境外电台协调的地球站。

（四）各类空间无线电通信业务的馈线链路地球站、关口站或者测控站。

设置使用前款规定之外的地球站，由地球站所在地的省、自治区、直辖市无线电管理机构审查批准。

在北京以外的省、自治区、直辖市辖区内设置使用第一款第（二）项、第（三）项、第（四）项所列地球站的，工业和信息化部委托省、自治区、直辖市无线电管理机构负责对站址和电磁兼容情况进行初步审查，报工业和信息化部批准。

第十八条　设置国际通信地球站的，应当按照有关规定向工业和信息化部申请办理国际通信出入口审批手续。

第十九条　地球站的技术特性、站址选择应当符合国家规定的标准和有关规定。

在城市市区的限制区域内设置使用的发射地球站，其天线直径不应超过 4.5 米，实际发射功率不应超过 20 瓦。

设置地球站所使用的发射设备，应当通过国家无线电发射设备型号核准。

第二十条　申请设置使用属于某个卫星通信网的地球站的，应当按照本规定第十七条的规定，向工业和信息化部或者地球站所在地的省、自治区、直辖市无线电管理机构提交书面申请和下列材料：

（一）设置无线电台（站）申请表。

（二）地球站技术资料申报表。

（三）地球站站址电磁环境测试报告。

设置天线直径不超过 4.5 米的地球站，站址周围视距传播范围内不存在其他同频段无线电台的，可以不提交地球站站址电磁环境测试报告。

第二十一条　申请设置使用不属于某个卫星通信网的地球站的，除本规定第二十条所列申请材料外，还应当提交下列材料：

（一）法人资格证明。

（二）卫星传输链路计算材料。

（三）可使用相关卫星频率资源的证明材料。

（四）国家规定的开展有关业务所需提供的其他材料。

申请设置涉及电信业务经营的地球站的，还应当提交相应的电信业务经营许可证复印件。

第二十二条 申请材料齐全、符合法定形式的，工业和信息化部或者省、自治区、直辖市无线电管理机构应当受理，并向申请人出具书面受理通知；申请材料不齐全或者不符合法定形式的，应当当场或者在5个工作日内一次告知申请人需要补正的全部内容；依法不予受理的，应当书面通知申请人。

第二十三条 设置使用属于某个卫星通信网的地球站，应当符合下列条件：

（一）地球站所属卫星通信网已获得批准。

（二）所使用的空间电台、频率和极化与所属卫星通信网获得的批准文件一致。

（三）地球站的技术特性、站址选择符合本规定的相关要求。

（四）地球站与周围已建或者已受理申请的同频段其他无线电台之间不会相互产生有害干扰。

第二十四条 设置使用不属于某个卫星通信网的地球站，除应当符合本规定第二十三条第（三）项、第（四）项规定的条件外，还应当符合下列条件：

（一）拟使用的国内空间电台经工业和信息化部批准，并取得空间电台执照。

（二）拟使用的国外空间电台已完成与我国相关卫星网络空间电台和地面电台的频率协调，其技术特性符合双方主管部门之间达成的协议的要求。

（三）无线电频率的使用符合国家无线电频率划分、规划和有关管理规定。

（四）拟使用的卫星频率资源由合法经营者提供。

（五）法律、行政法规规定的开展有关业务应当具备的其他条件。

第二十五条 除本规定第十七条第三款所列的申请外，工业和信息化部或者省、自治区、直辖市无线电管理机构应当自受理申请之日起20个工作日内作出审批决定。经审查合格的，书面批准申请人设置使用地球站；经审查不合格的，书面通知申请人不予批准并说明理由。

无线电管理机构在审查期间，需要邀请专家进行干扰分析、测试验证的，所需时间不计算在上述期限内，但无线电管理机构应当将所需时间书面告知申请人。

第二十六条 省、自治区、直辖市无线电管理机构根据本规定第十七条第三款受理设置使用地球站申请的，应当自受理申请之日起15个工作日内完成初步审查，并将初审意见和全部申请材料报送工业和信息化部。

工业和信息化部应当自省、自治区、直辖市无线电管理机构受理申请之日起20个工作日内，作出批准或者不予批准的书面决定。

第二十七条 工业和信息化部或者省、自治区、直辖市无线电管理机构批准申请人设置使用不属于某个卫星通信网的地球站的，应当确定其频率使用期限，该期限最长不超过10年。频率使用期限届满需继续使用的，应当在该期限届满30日前向原审批机构提出书面申请，由原审批机构作出是否准予继续使用的决定，并书面通知申请人。

第二十八条 拟建地球站与已建或者已受理申请的同频段其他无线电台之间将产生有害干扰的，工业和信息化部或者省、自治区、直辖市无线电管理机构应当书面通知申请人不予批准，并告知将受其干扰影响者的情况。

申请人可以与将受其干扰影响者直接协商，寻求解决干扰问题的可行方案；或者提请工业和信息化部或者省、自治区、直辖市无线电管理机构组织技术专家和有关单位进行论证和协调。

在完成干扰协调后，申请人可以重新向工业和信息化部或者省、自治区、直辖市无线电管理机构提出设置使用该地球站的申请。

第二十九条 在沿海和与其他国家或者地区相邻的省、自治区、直辖市辖区内设置使用与其他无线电业务共用频段的大、中型地球站，并且该地球站的协调区覆盖其他国家或者地区的，受理申请的省、自治区、直辖市无线电管理机构应当在实质审查合格后，将有关情况书面告知申请人，并按照国际电信联盟《无线电规则》的有关规定，向工业和信息化部报送有关资料和审查意见。

工业和信息化部应当按照《无线电规则》的有关规定或者双边协议，与相关国家或者地区进行协调，协调时间为 4 至 6 个月。

在完成有关协调后，工业和信息化部应当作出予以批准或者不予批准的决定，书面通知申请人和受理申请的省、自治区、直辖市无线电管理机构。

第三十条 申请人应当自收到无线电管理机构批准设置使用地球站的文件之日起 15 日内，到工业和信息化部或者省、自治区、直辖市无线电管理机构办理设置使用无线电台手续，领取无线电台执照。

第三十一条 地球站应当按照核定的项目进行工作。变更地球站站址、频率、极化、发射功率、天线特性或所使用的卫星的，应当提前 30 日向原审批机构提出书面申请。

未经批准，不得改变地球站的站址、频率、极化、发射特性或所使用的卫星。

第三十二条 停止使用地球站的，应当在停止使用后 30 日内向原审批机构申请办理注销手续，交回无线电台执照，并采取拆除、封存或者销毁措施保证已停止使用的地球站终止发射信号。

未经批准，任何单位和个人不得重新启用已办理注销手续的地球站。

第三十三条 地球站的无线电台执照持照者应当按规定在指定期限内缴纳年度频率占用费，接受无线电管理机构对其无线电台执照的核验。

第三十四条 临时设置使用地球站的，应当根据本规定第十七条的规定，在启用日期 15 日前，向工业和信息化部或者省、自治区、直辖市无线电管理机构提交书面申请和相关申请材料。经审查批准后，办理临时设站手续。

临时设置使用的地球站，使用期限不超过 6 个月。

第四章　罚　　则

第三十五条　违反本规定第三条第二款、第四条第一款、第三十二条第二款规定的，由工业和信息化部或者省、自治区、直辖市无线电管理机构依据职责责令改正，并按照《中华人民共和国无线电管理条例》等行政法规的规定给予处罚。

第三十六条　违反本规定第十二条第二款、第三十一条第二款规定的，由工业和信息化部或者省、自治区、直辖市无线电管理机构责令限期改正；逾期不改的，按照《中华人民共和国无线电管理条例》等行政法规的规定给予处罚。

第三十七条　违反本规定第十四条第二款规定的，由工业和信息化部或者省、自治区、直辖市无线电管理机构依据职责责令限期改正，处5000元以上3万元以下的罚款。

第五章　附　　则

第三十八条　外国领导人访华、各国驻中华人民共和国使领馆和享有外交特权与豁免的国际组织驻中华人民共和国代表机构设置使用地球站，应当通过外交途径向工业和信息化部提出申请。

第三十九条　卫星移动业务涉及的终端地球站的使用管理规定，由工业和信息化部另行制定。

第四十条　本规定自2009年4月10日起施行。2002年6月21日公布的《建立卫星通信网和设置使用地球站管理规定》（中华人民共和国信息产业部令第21号）同时废止。

附录（略）

中华人民共和国国防科学技术工业委员会

民用航天发射项目许可证管理暂行办法（节选）

（2002年11月21日中华人民共和国国防科学技术工业委员会令第12号发布；2002年12月21日起施行）

第一章　总　　则

第二条　本办法所称民用航天发射项目是指非军事用途，在中国境内的卫星等航天器进入外层空间的行为，以及中华人民共和国自然人、法人或其他组织已拥有产权的或者通过在轨交付方式拥有产权的卫星等航天器在中国境外进入外层空间的行为。

第二章　申请与审批程序

第五条　项目总承包人是许可证申请人。若无国内的项目总承包人，卫星等航天器产权的最终所有人是许可证申请人。

第六条　申请人应当在项目预定发射月的9个月之前，向国防科工委提交下列文件（一式三份）：

（一）民用航天发射项目许可证申请书及许可证申请人资格审查材料。

（二）证明该项目符合国家环境保护法律、法规的有关材料。

（三）国内执行发射场工作阶段的项目，需提供项目预定发射时间，卫星、运载火箭、发射和测控通信系统之间的技术要求，运载火箭详细轨道参数及落区或回收场区的勘察报告，卫星详细轨道参数、频率资源使用情况的文件。

国外执行发射场工作阶段的项目，需提交运载火箭、卫星轨道参数等具有法律效力的文件副本，以及使用有关频率资源的许可文件副本。

我国的卫星发射者应当提供信息产业部颁发的该空间电台的《中华人民共和国无线电台执照》副本。

空间物体登记管理办法

（2001年2月8日中华人民共和国国防科工委、中华人民共和国外交部令第6号发布；2001年2月8日起施行）

第一条　为加强国家对空间活动的管理，建立我国的空间物体登记制度，维护我国作为空间物体发射国的合法权益，有效履行《关于登记射入外层空间物体的公约》（以下简称《登记公约》）缔约国的义务，制订本办法。

第二条　本办法所称空间物体是指进入外层空间的人造地球卫星、载人航天器、空间探测器、空间站、运载工具及其部件、以及其他人造物体。

短暂穿越外层空间的高空探测火箭和弹道导弹，不属于空间物体。

第三条　本办法适用于在我国境内发射的所有空间物体，以及我国作为共同发射国在境外发射的空间物体。

发射国是指发射或促使发射空间物体的国家，以及从其领土或设施发射空间物体的国家。

第四条　国家实行空间物体登记制度，所有从事发射或促成发射空间物体的政府部门、法人、其他组织和自然人均应依照本办法的规定履行登记义务。

第五条 国防科学技术工业委员会(以下简称国防科工委)负责空间物体的国内登记管理工作,日常事务由国防科工委国际合作司负责。

涉及其他共同发射国的国内登记,必要时由国防科工委商外交部确定登记者。

第六条 国家建立和保存空间物体国家登记册。国家登记册的主要内容包括:登记编号、登记者、空间物体所有者、空间物体名称、空间物体基本特性、空间物体发射者、运载器名称、发射日期、发射场名称、空间物体基本轨道参数、空间物体的发射及入轨情况等。

空间物体国家登记册登记表格式见附件。

第七条 除本办法第八条规定外,空间物体应由空间物体的所有者进行国内登记。有多个所有者的空间物体由该物体的主要所有者代表全体所有者进行登记。

空间物体发射者应对该物体的国内登记提供必要的协助。

第八条 在我国境内发射的空间物体的所有者为其他国家政府、法人、其他组织或自然人时,应由承担国际商业发射服务的公司进行国内登记。

第九条 第七条和第八条所述空间物体登记者应在空间物体进入空间轨道60天内,按照本办法第六条所规定的内容,向国防科工委提交登记资料,履行登记手续。

依本办法所登记的空间物体的状态有重大改变(如轨道变化、解体、停止工作、返回及再入大气层等)时,空间物体登记者应在空间物体状态改变后60天内进行变更登记。

第十条 在空间物体国家登记册中专设香港、澳门分册。香港特别行政区和澳门特别行政区拥有或发射的空间物体的具体登记办法另行制定。

第十一条 空间物体国家登记册由国防科工委保存。

经国防科工委同意,国内有关政府部门和经政府主管部门批准的法人、其他组织和自然人可向登记册保存机关申请查询。

第十二条 空间物体的国际登记,依照《登记公约》的有关规定,由国防科工委在空间物体国内登记后60天内,通过外交部向联合国秘书处进行登记。

第十三条 根据《登记公约》第四条第一款的规定,空间物体国际登记的主要内容包括:发射国国名、空间物体名称及登记号码、发射日期和地点、基本轨道参数、空间物体的一般功能等。

第十四条 我国作为共同发射国的空间物体的国际登记,由外交部根据《登记公约》的有关规定商有关国家确定登记国。

第十五条 本办法中涉及国内登记的有关规定由国防科工委负责解释;涉及《登记公约》条款及国际登记的有关规定由外交部负责解释。

第十六条 本办法自发布之日起施行。

附件(略)

中华人民共和国公安部

机动车登记规定(节选)

(2008年5月27日中华人民共和国公安部令第102号发布;根据2012年9月12日《公安部关于修改〈机动车登记规定〉的决定》修正;2012年9月12日中华人民共和国公安部令第124号公布;2012年9月12日起施行;2021年12月4日第8次部务会议审议通过;2021年12月17日中华人民共和国公安部令第164号公布;2022年5月1日起施行)

第四章　校车标牌核发

第五十九条　县级或者设区的市级公安机关交通管理部门应当自申请人交验机动车之日起二日内确认机动车,查验校车标志灯、停车指示标志、卫星定位装置以及逃生锤、干粉灭火器、急救箱等安全设备,审核行驶线路、开行时间和停靠站点。属于专用校车的,还应当查验校车外观标识。审查以下证明、凭证:

(一)机动车所有人的身份证明;

(二)机动车行驶证;

(三)校车安全技术检验合格证明;

(四)包括行驶线路、开行时间和停靠站点的校车运行方案;

(五)校车驾驶人的机动车驾驶证。

公安机关交通管理部门应当自收到教育行政部门征求意见材料之日起三日内向教育行政部门回复意见,但申请人未按规定交验机动车的除外。

道路交通事故处理程序规定(节选)

(2017年6月15日公安部部长办公会议通过;2017年7月22日中华人民共和国公安部令第146号发布;2018年5月1日起施行)

第六章　调　　查

第二节　现场处置和调查

第三十七条　因调查需要,公安机关交通管理部门可以向有关单位、个人调取汽车行驶记录仪、卫星定位装置、技术监控设备的记录资料以及其他与事故有关的证据材料。

中华人民共和国自然资源部

外国的组织或者个人来华测绘管理暂行办法(节选)

(2007 年 1 月 19 日国土资源部令第 38 号公布;根据 2011 年 4 月 27 日《国土资源部关于修改〈外国的组织或者个人来华测绘管理暂行办法〉的决定》第一次修正;根据 2019 年 7 月 16 日自然资源部第 2 次部务会议《自然资源部关于第一批废止和修改的部门规章的决定》第二次修正;2019 年 7 月 24 日中华人民共和国自然资源部令第 5 号发布;2019 年 7 月 24 日起施行)

第一章　总　　则

第七条　合资、合作测绘不得从事下列活动:

(一)大地测量;

(二)测绘航空摄影;

(三)行政区域界线测绘;

(四)海洋测绘;

(五)地形图、世界政区地图、全国政区地图、省级及以下政区地图、全国性教学地图、地方性教学地图和真三维地图的编制;

(六)导航电子地图编制;

(七)国务院自然资源主管部门规定的其他测绘活动。

地质灾害危险性评估单位资质管理办法(节选)

(2005年5月20日国土资源部令第29号公布;根据2015年5月6日国土资源部第2次部务会议《国土资源部关于修改〈地质灾害危险性评估单位资质管理办法〉等5部规章的决定》第一次修正;根据2019年7月16日自然资源部第2次部务会议《自然资源部关于第一批废止和修改的部门规章的决定》第二次修正;2019年7月24日中华人民共和国自然资源部令第5号发布;2019年7月24日起施行)

第二章　资质等级和业务范围

第七条　甲级地质灾害危险性评估单位资质,应当具备下列条件:

(一)具有工程地质、水文地质、环境地质、岩土工程等相关专业的技术人员不少于五十名,其中从事地质灾害调查或者地质灾害防治技术工作五年以上且具有高级技术职称的不少于十五名、中级技术职称的不少于三十名;

(二)近两年内独立承担过不少于十五项二级以上地质灾害危险性评估项目,有优良的工作业绩;

(三)具有配套的地质灾害野外调查、测量定位、监测、测试、物探、计算机成图等技术装备。

第八条　乙级地质灾害危险性评估单位资质,应当具备下列条件:

(一)具有工程地质、水文地质、环境地质和岩土工程等相关专业的技术人员不少于三十名,其中从事地质灾害调查或者地质灾害防治技术工作五年以上且具有高级技术职称的不少于八人、中级技术职称的不少于十五人;

(二)近两年内独立承担过十项以上地质灾害危险性评估项目,有良好的工作业绩;

(三)具有配套的地质灾害野外调查、测量定位、测试、物探、计算机成图等技术装备。

第九条　丙级地质灾害危险性评估单位资质,应当具备下列条件:

(一)具有工程地质、水文地质、环境地质和岩土工程等相关专业的技术人员不少于十名,其中从事地质灾害调查或者地质灾害防治技术工作五年以上且具有高级技术职称的不少于两名、中级技术职称的不少于五名;

(二)具有配套的地质灾害野外调查、测量定位、计算机成图等技术装备。

原中华人民共和国环境保护部

放射性物品运输安全监督管理办法(节选)

(2016年1月29日环境保护部部务会议审议通过;2016年3月14日中华人民共和国环境保护部令第38号公布;2016年5月1日起施行)

第四章 放射性物品运输活动的监督管理

第三十八条 放射性物品启运前的监督检查包括以下内容:

(一)运输容器及放射性内容物:检查运输容器的日常维修和维护记录、定期安全性能评价记录(限一类放射性物品运输容器)、编码(限一类、二类放射性物品运输容器)等,确保运输容器及内容物均符合设计的要求;

(二)托运人启运前辐射监测情况,以及随车辐射监测设备的配备;

(三)表面污染和辐射水平;

(四)标记、标志和标牌是否符合要求;

(五)运输说明书,包括特殊的装卸作业要求、安全防护指南、放射性物品的品名、数量、物理化学形态、危害风险以及必要的运输路线的指示等;

(六)核与辐射事故应急响应指南;

(七)核与辐射安全分析报告批准书、运输容器设计批准书等相关证书的持有情况;

(八)直接从事放射性物品运输的工作人员的运输安全、辐射防护和应急响应知识的培训和考核情况;

(九)直接从事放射性物品运输的工作人员的辐射防护管理情况。

对一类、二类放射性物品运输的监督检查,还应当包括卫星定位系统的配备情况。

对重要敏感的放射性物品运输活动,国务院核安全监管部门应当根据核与辐射安全分析报告及其批复的要求加强监督检查。

中华人民共和国交通运输部

民用航空通信导航监视设备飞行校验管理规则

（2021 年 6 月 30 日第 16 次部务会议通过；2021 年 7 月 5 日中华人民共和国交通运输部令 2021 年第 7 号公布；2021 年 10 月 1 日起施行）

第一章 总 则

第一条 为了规范民用航空通信导航监视设备飞行校验工作，根据《中华人民共和国民用航空法》《中华人民共和国飞行基本规则》等法律、行政法规，制定本规则。

第二条 本规则适用于对地面通信导航监视设备的飞行校验。

新技术应用中涉及通信导航监视设备的飞行验证和飞行测试工作参照本规则实施。

第三条 本规则所称飞行校验，是指为了保证飞行安全，使用装有专门校验设备的飞行校验航空器，按照飞行校验的有关标准、规范，检查、校准和分析通信、导航、监视设备（以下统称校验对象）的空间信号质量、容限及系统功能，并根据检查、校准和分析结果出具飞行校验报告的活动。

本规则所称通信设备，是指甚高频地空通信系统。

本规则所称导航设备，包括航向信标、下滑信标、全向信标、测距仪、无方向信标、指点信标、卫星导航增强系统地面设备。导航设备分为运输航空导航设备和通用航空导航设备。通用航空导航设备分为 N1、N2、N3、N4 四级。

本规则所称监视设备，包括一次监视雷达、二次监视雷达、多点相关定位系统、自动相关监视系统地面站、空中交通管制自动化系统。

第四条 飞行校验应当以充分验证校验对象性能指标为基本原则。

第五条 中国民用航空局（以下简称民航局）负责飞行校验工作的统一监督管理。

中国民用航空地区管理局（以下简称民航地区管理局）负责本辖区飞行校验工作的监督管理。

飞行校验工作由飞行校验机构（以下简称校验机构）和校验对象的运行管理单位具体实施。

第二章 飞行校验的基本要求

第一节 飞行校验的种类和优先次序

第六条 飞行校验分为投产校验、监视性校验、定期校验、特殊校验四类。

本规则所称投产校验，是指校验对象新建、迁建或者更新后，为了获取校验对象全部技术参数和信息而进行的飞行校验。

本规则所称监视性校验，是指投产校验后的符合性飞行校验。

本规则所称定期校验，是指为了确定校验对象是否符合技术标准和满足持续运行要求，按照规定的校验周期对运行中的校验对象所进行的飞行校验。

本规则所称特殊校验，是指校验对象出现本规则第八条规定的特殊情形时，对其受影响部分进行的有针对性校验。

第七条 通信设备和监视设备在投产使用前应当按照规定实施投产校验，投产使用后不进行监视性校验和定期校验，必要时进行特殊校验，本规则第六章另有规定的除外。

导航设备在投产使用前应当按照规定实施投产校验，投产使用后应当进行监视性校验和定期校验，必要时进行特殊校验，本规则第六章另有规定的除外。

第八条 出现下列特殊情形之一的，应当对校验对象受影响部分进行有针对性的特殊校验：

（一）飞行事故调查需要确认设备是否持续满足运行安全要求的；

（二）设备大修、重大调整或者重大功能升级，包括设备的工作频率、天线系统、场地保护区域、电磁环境等因素发生改变，或者设备主要参数发生变化、导航完好性监视信号基准发生改变以及其他可能导致系统运行风险增大并无法通过地面测试调整进行有效控制的；

（三）导航设备停机超过 3 个日历月后重新投入使用的；

（四）设备维护人员、管制人员、飞行人员等发现设备或者信号有不正常现象，不能提供正常服务的；

（五）民航局或者民航地区管理局因安全原因要求对校验对象进行特殊校验的；

（六）校验对象的运行管理单位认为有必要进行特殊校验的；

（七）其他需要特殊校验的情形。

第九条 飞行校验应当按照飞行校验种类的优先次序安排。飞行校验种类的优先次序由高至低依次为特殊校验、定期校验、监视性校验、投产校验。

第二节 飞行校验项目和校验时间

第十条 对于本规则第八条第一项、第二项、第四项至第七项所列的情形，校验机构和校验对象的运行管理单位应当根据具体情况制定相应的特殊校验方案，确定校验项目，以确保校验对象的安全运行。

对于本规则第八条第三项所列的情形，非设备、非场地原因造成设备停机少于 6 个日历月的，应当执行等同于定期校验的项目；超过 6 个日历月（含）的，应当执行等同于投产校验的项目。其他原因造成设备停机的，应当执行等同于投产校验的项目。

投产校验、监视性校验、定期校验的校验项目另行规定。

第十一条　定期校验时间由校验周期、校验周期起始日和时间窗口确定。

校验周期起始日一般是指导航设备投产校验的完成日期。

第十二条　除本规则第六章或者民航局另有规定外，导航设备的校验周期如下：

（一）仪表着陆系统（包括航向信标、下滑信标）定期校验周期为 6 个日历月；投产校验后 3 个日历月内执行一次监视性校验。

（二）全向信标、无方向信标、单独安装的测距仪和航向信标，在承担进近导航功能时，定期校验周期为 18 个日历月；投产校验后 9 个日历月内执行一次监视性校验。

（三）全向信标、无方向信标、单独安装的测距仪，在承担航路航线导航功能时，定期校验周期为 36 个日历月；投产校验后 18 个日历月内执行一次监视性校验。

（四）测距仪、指点信标与其他导航设备配合使用时，与该导航设备同周期校验。

（五）导航设备同时承担航路航线和进近功能时，其校验周期应当按照功能分别计算。

（六）在特殊校验中，执行等同于定期或者投产校验项目的导航设备，当次校验完成日期为新的校验周期起始日；未执行等同于定期或者投产校验项目的导航设备，当次特殊校验不影响原有的校验周期起始日。

（七）监视性校验不影响校验周期和校验周期起始日。

（八）在本条第二款规定的时间窗口内完成飞行校验的导航设备，其校验周期起始日不变；导航设备定期校验超出时间窗口执行飞行校验的，以实际完成飞行校验日期为新的校验周期起始日。

为了便于合理安排飞行校验计划和保障设备正常运行，在导航设备校验周期届满前后设置各 15 天的时间窗口。在遇到重大活动保障、恶劣天气、空域限制等情况，可以使用时间窗口。时间窗口期内的导航设备可以正常使用。

卫星导航增强系统地面设备的校验周期参照国际民航组织相关规定，或者根据应用情况由民航局另行规定。

第十三条　为了确保突发紧急状况下或者特殊环境条件下校验对象持续安全稳定运行，或者为了支持鼓励新技术、新设备和新工艺等推广应用，民航局可以根据国际民航组织有关要求、所采用的设备情况以及我国飞行校验的实际情况等，结合机场整体运行情况和需求，对特定的校验对象、校验周期和校验项目做出必要调整。

第三章　飞行校验的实施机构

第一节　校 验 机 构

第十四条　校验机构应当按照相关规定执行飞行校验任务，确保飞行校验顺利实施,并对出具的飞行校验数据和飞行校验结论负责。

第十五条 校验机构应当配备满足飞行校验任务要求的飞行校验人员和校验航空器。校验航空器应当配备适合执行飞行校验任务的飞行校验设备。

校验机构应当加强对飞行校验所使用的飞行校验系统、测试仪器、仪表及其备件的管理,确保其符合使用要求。

第十六条 校验机构应当按照相关规定,组织飞行校验人员培训和考核,确保满足飞行校验工作需要。

第十七条 校验机构应当制定完备的校验实施程序,并建立相关的校验技术档案。

第十八条 校验机构应当每年定期向民航局报告本年度飞行校验的执行情况和下一年度的飞行校验计划。

第二节 校验对象的运行管理单位

第十九条 校验对象的运行管理单位负责飞行校验任务的组织、保障和协调,调试地面设备,联系并配合相关单位协调飞行校验所需的空域,以确保校验对象具备校验条件。

第二十条 校验对象的运行管理单位应当安排人员积极配合校验机构共同完成飞行校验任务。

第二十一条 校验对象的运行管理单位应当针对飞行校验任务,协调各有关单位,明确协调程序和相关要求,共同保障飞行校验任务的顺利完成。

第二十二条 校验对象的运行管理单位应当向校验机构提供飞行校验所需的航空情报、设备、勘测、气象等资料,并确保其准确、有效。

第二十三条 校验对象的运行管理单位应当保持地面与飞行校验人员间的地空通信畅通,并且不得影响相关管制单位的正常通信。

第四章 飞行校验的实施

第二十四条 校验机构应当与校验对象的运行管理单位建立协调机制,共同采取必要的措施,保障航空运行效率,安全、高效完成飞行校验任务。

在需要实施夜间飞行校验的大型繁忙机场,校验机构应当会同校验对象的运行管理单位,针对夜间飞行校验制定安全保障措施。

第二十五条 校验对象进行投产校验前,应当已经具备相应的投产校验条件。

第二十六条 校验对象的运行管理单位应当在执行投产校验前至少 10 个工作日向校验机构提出校验需求,校验机构应当及时予以答复并合理安排投产校验。

第二十七条 校验机构应当按照校验周期和要求安排定期校验和监视性校验。

第二十八条　校验对象需进行特殊校验时，校验对象的运行管理单位应当及时向校验机构提出校验需求，校验机构应当及时予以答复。

第二十九条　校验机构应当在执行飞行校验前至少5个工作日将飞行计划和校验方案通知校验对象的运行管理单位。

第三十条　校验对象的运行管理单位应当在飞行校验实施前确保设备和场地满足飞行校验的要求，并组织召开由校验机构、相关管制单位和其他有关单位参加的协调会议，确定飞行校验实施细节，指定专人负责协调飞行校验的实施并及时通知校验机构。

第三十一条　校验对象在实施飞行校验期间不得提供使用，其运行管理单位应当及时通知相关运行单位采取相应措施，并通知所在地的航空情报服务机构发布航行通告。

第三十二条　飞行校验期间，空中和地面人员应当加强配合，提高效率。飞行校验人员应当及时通报飞行校验情况，校验对象的运行管理单位应当及时调整设备，使飞行校验数据达到最佳值。

第三十三条　校验机构应当依据有关民用航空通信导航监视设备飞行校验要求执行飞行校验，并确保飞行校验数据准确。

第三十四条　飞行校验期间，出现下列情形之一的，可以中断飞行校验：

（一）校验对象出现不正常情况且48小时内不能排除的；

（二）因校验航空器或者飞行校验系统故障且48小时内不能排除的；

（三）因重大活动保障、恶劣天气、空域限制等情况，造成飞行校验无法在48小时内继续进行的。

第三十五条　由于本规则第三十四条第一项规定的原因导致飞行校验中断的，校验对象的运行管理单位应当出具情况说明；由于第二项规定的原因导致飞行校验中断的，校验机构应当出具情况说明并尽快安排校验航空器继续飞行校验；由于第三项规定的原因导致飞行校验中断的，校验机构应当出具情况说明。

由于本规则第三十四条规定的原因导致飞行校验中断的，再次实施飞行校验时，若与上次中断的飞行校验间隔不超过1个日历月，校验对象的运行管理单位和校验机构根据校验设备调试情况，确认飞行校验中断前飞行校验数据的可用性，对不可用部分应当重新进行飞行校验；若与上次中断的飞行校验间隔超过1个日历月，中断前的飞行校验数据不可用。

第三十六条　由于本规则第三十四条第一项规定的原因导致飞行校验中断的，校验对象应当立即停止提供使用，直至下次飞行校验完成。

由于本规则第三十四条第二项或者第三项规定的原因导致飞行校验中断的，在校验对象没有超出定期校验周期情况下，校验对象的运行管理单位应当与校验机构对校验对象状况和未校验项目进行研究，如果双方认定校验对象的调整部分已经恢复正常，已校验项目数据正常，未调整部分数据正常，且地面设备导航完好性监视信号基准和告警门限正确，该校验对象可以在定期校验周期内继续提供使用。若校验对象不满足上述要求，该校验对象应当停止提供使用，直至下次飞行校验完成。

第三十七条 校验机构发现校验对象存在安全隐患的，应当立即向校验对象的运行管理单位和民航地区管理局报告隐患情况与原因。

第三十八条 校验机构应当积极采用新的校验技术，优化校验项目和校验程序，改进校验方式，提升校验数据挖掘能力，提高校验效率。

第五章 飞行校验结果管理

第三十九条 飞行校验记录数据和飞行校验报告是每次飞行校验结果的基本证明文件。

第四十条 校验对象为导航设备的，校验机构应当根据其种类、项目实施飞行校验，准确、如实记录每个测量参数的检查结果。

校验机构应当根据各参数记录的最终结果，结合其所对应的运行标准，分析飞行校验数据，明确飞行校验结论，提出飞行校验建议，在飞行校验完成后24小时内出具飞行校验报告。

第四十一条 校验对象为通信设备或者监视设备的，校验机构和校验对象的运行管理单位应当结合设备运行需求确定校验项目并实施飞行校验，出具飞行校验数据。校验对象的运行管理单位汇总分析数据，明确飞行校验结论，提出飞行校验建议，出具飞行校验报告。

校验机构和校验对象的运行管理单位分别对其出具的飞行校验数据及飞行校验结论的真实性和有效性负责。

第四十二条 飞行校验结论分为合格、限用和不合格。

本条第一款所称合格，是指校验对象的所有技术参数均符合有关民用航空通信导航监视设备飞行校验规定的标准值和容差。

本条第一款所称限用，是指校验对象的技术参数不能在标准覆盖区域内全部符合有关民用航空通信导航监视设备飞行校验规定的标准值和容差，但在飞行程序或者空域所要求的范围内符合上述规定的标准值和容差。

本条第一款所称不合格，是指校验对象的主要技术参数不符合有关民用航空通信导航监视设备飞行校验规定的标准值和容差，不能提供安全可靠的服务或者存在安全隐患，信号质量不可靠。

第四十三条 飞行校验结束后，飞行校验结论为限用或者不合格的，校验对象的运行管理单位应当及时通知相关运行单位，并依据飞行校验报告向所在地的航空情报服务机构通报;属于监视性校验且限用情况发生恶化或者参数发生恶化的,应当同时报告所在地的民航地区管理局。

校验对象的飞行校验结论为不合格的,不得投入使用。

第四十四条　校验机构和校验对象的运行管理单位应当妥善保存飞行校验记录数据和飞行校验报告,直至校验对象退出使用或者被撤除。

第六章　通用航空设备飞行校验的特别规定

第四十五条　通用机场设置N1级通用航空导航设备的,应当按照要求执行投产校验、定期校验和特殊校验。

第四十六条　通用机场设置N2级通用航空导航设备中仪表着陆系统的,应当按照要求执行投产校验、定期校验和特殊校验。

通用机场设置N2级通用航空导航设备中的其他设备或者N3级通用航空导航设备的,应当按照要求执行投产校验和特殊校验。

第四十七条　通用机场设置N4级通用航空导航设备的,由通用机场自行决定是否进行飞行校验。

第四十八条　通用机场设置通信设备和监视设备的,若不提供监视条件下的管制服务,可以不进行飞行校验。

第七章　监 督 检 查

第四十九条　民航局和民航地区管理局对校验机构、校验对象的运行管理单位飞行校验的执行情况进行监督检查。

第五十条　校验机构和校验对象的运行管理单位应当建立质量管理制度,分别对飞行校验过程和设备运行状况实施持续监控,对于发现的问题应当及时解决或者通报有关部门。

第五十一条　校验对象的运行管理单位有下列行为之一的,依法记入民航行业严重失信行为信用记录:

(一)隐瞒有关情况,提供虚假或者错误的飞行校验结果的;

(二)隐瞒有关情况,导致飞行校验结果出现错误的;

(三)将未经飞行校验的设备投入使用的;

(四)将飞行校验结论为不合格的设备投入使用的。

第五十二条　校验机构隐瞒有关情况,提供虚假或者错误的飞行校验结果的,依法记入民航行业严重失信行为信用记录。

第五十三条　任何单位和个人有权向民航局和民航地区管理局举报违反本规则的行为。

第八章 法律责任

第五十四条 校验对象的运行管理单位违反本规则第七条规定，将未经飞行校验的设备投入使用的，由民航地区管理局责令改正，处1万元以上3万元以下的罚款。

第五十五条 校验对象的运行管理单位违反本规则第八条规定，未按照要求进行特殊校验的，由民航地区管理局责令改正，处1万元以上3万元以下的罚款。

第五十六条 校验机构、校验对象的运行管理单位违反本规则第十条规定，未按照要求确定特殊校验项目的，由民航地区管理局责令改正，给予警告；情节严重的，处1万元以上3万元以下的罚款。

第五十七条 校验机构违反本规则第十五条，未配备满足飞行校验任务要求的飞行校验人员或者校验航空器，或者使用不符合要求的飞行校验系统、测试仪器、仪表的，由民航地区管理局责令改正，给予警告；情节严重的，处1万元以上3万元以下的罚款。

第五十八条 校验机构违反本规则第十六条，未组织飞行校验人员培训和考核的，由民航地区管理局责令改正，给予警告；情节严重的，处1万元以上3万元以下的罚款。

第五十九条 校验机构违反本规则第十七条、第十八条规定，未按照要求制定完备的校验实施程序并建立相关的校验技术档案，或者未按照要求向民航局报告飞行校验执行情况和飞行校验计划的，由民航地区管理局责令改正，给予警告；情节严重的，处1万元以上3万元以下的罚款。

第六十条 校验对象的运行管理单位违反本规则第二十条规定，未安排人员积极配合校验机构，导致飞行校验任务无法顺利实施的，由民航地区管理局责令改正，给予警告；情节严重的，处1万元以上3万元以下的罚款。

第六十一条 校验对象的运行管理单位违反本规则第二十一条规定，未协调各有关单位或者未明确协调程序和相关要求，导致飞行校验任务无法顺利实施的，由民航地区管理局责令改正，给予警告；情节严重的，处1万元以上3万元以下的罚款。

第六十二条 校验对象的运行管理单位违反本规则第二十二条规定，未向校验机构提供飞行校验所需的航空情报、设备、勘测、气象等资料，或者提供错误、无效资料的，由民航地区管理局责令改正，给予警告；情节严重的，处1万元以上3万元以下的罚款。

第六十三条 校验对象的运行管理单位违反本规则第二十三条规定，因自身原因未保持地面与飞行校验人员间的地空通信畅通，或者影响相关管制单位正常通信，导致飞行校验任务无法顺利实施的，由民航地区管理局责令改正，给予警告；情节严重的，处1万元以上3万元以下的罚款。

第六十四条　校验机构、校验对象的运行管理单位违反本规则第二十四条规定，未建立协调机制或者未采取必要的措施，或者未按照要求制定安全保障措施的，由民航地区管理局责令改正，给予警告；情节严重的，处1万元以上3万元以下的罚款。

第六十五条　校验机构违反本规则第二十七条规定，未按照校验周期和要求安排定期校验和监视性校验的，由民航地区管理局责令改正，给予警告；情节严重的，处1万元以上3万元以下的罚款。

第六十六条　校验机构违反本规则第二十九条规定，未在执行飞行校验前至少5个工作日将飞行计划和校验方案通知校验对象的运行管理单位，导致飞行校验任务无法顺利实施的，由民航地区管理局责令改正，给予警告；情节严重的，处1万元以上3万元以下的罚款。

第六十七条　校验对象的运行管理单位违反本规则第三十条规定，未确保设备和场地满足飞行校验要求，或者未组织召开协调会议并确定飞行校验实施细节，或者未指定专人负责协调飞行校验的实施并及时通知校验机构，导致飞行校验任务无法顺利实施的，由民航地区管理局责令改正，给予警告；情节严重的，处1万元以上3万元以下的罚款。

第六十八条　校验对象的运行管理单位违反本规则第三十一条规定，使用正在进行飞行校验的校验对象提供服务的，由民航地区管理局责令改正，处2万元以上3万元以下的罚款。

校验对象的运行管理单位违反本规则第三十一条规定，未及时通知航空情报服务机构发布航行通告的，由民航地区管理局责令改正，给予警告；逾期未改正或者造成严重后果的，处1万元以上2万元以下的罚款。

第六十九条　校验机构违反本规则第三十三条规定，未依据有关民用航空通信导航监视设备飞行校验要求执行飞行校验，导致飞行校验数据不准确、飞行校验结论错误的，由民航地区管理局责令改正，给予警告；情节严重的，处1万元以上3万元以下的罚款。

第七十条　校验机构、校验对象的运行管理单位违反本规则第三十五条、第三十六条规定，未按照要求出具说明、判断飞行校验数据可用性，或者未按照要求停止使用校验对象的，由民航地区管理局责令改正，给予警告；情节严重的，处1万元以上3万元以下的罚款。

第七十一条　校验机构违反本规则第三十七条规定，发现校验对象存在安全隐患未及时报告的，由民航地区管理局责令改正，给予警告；情节严重的，处1万元以上3万元以下的罚款。

第七十二条　校验机构违反本规则第四十条规定，出具虚假的飞行校验数据或者错误的飞行校验结论，或者未及时出具飞行校验报告的，由民航地区管理局责令改正，处 2 万元以上 3 万元以下的罚款。

第七十三条 校验机构、校验对象的运行管理单位违反本规则第四十一条规定，出具虚假的飞行校验数据或者错误的飞行校验结论的，由民航地区管理局责令改正，处 2 万元以上 3 万元以下的罚款。

第七十四条 校验对象的运行管理单位违反本规则第四十三条规定，未及时通知、通报、报告有关情况的，由民航地区管理局责令改正，给予警告；逾期未改正或者造成严重后果的，处 1 万元以上 2 万元以下的罚款。

第七十五条 校验机构、校验对象的运行管理单位违反本规则第四十四条规定，未妥善保存飞行校验记录数据和飞行校验报告的，由民航地区管理局责令改正，给予警告；逾期未改正或者造成严重后果的，处 1 万元以上 2 万元以下的罚款。

第七十六条 校验机构、校验对象的运行管理单位违反本规则第四十五条、第四十六条规定，未按照要求进行飞行校验的，由民航地区管理局责令改正，处 1 万元以上 3 万元以下的罚款。

第九章　附　　则

第七十七条 本规则自 2021 年 10 月 1 日起施行。交通运输部于 2016 年 3 月 28 日以交通运输部令 2016 年第 25 号公布的《民用航空通信导航监视设备飞行校验管理规则》同时废止。

巡游出租汽车经营服务管理规定(节选)

（2014 年 9 月 30 日交通运输部发布；根据 2016 年 8 月 26 日《交通运输部关于修改〈出租汽车经营服务管理规定〉的决定》第一次修正；根据 2021 年 8 月 11 日《交通运输部关于修改〈巡游出租汽车经营服务管理规定〉的决定》第二次修正；2021 年 8 月 11 日中华人民共和国交通运输部令 2021 年第 16 号公布；2021 年 8 月 11 日起施行）

第一章　总　　则

第七条 县级以上地方人民政府出租汽车行政主管部门应当根据经济社会发展和人民群众出行需要，按照巡游出租汽车功能定位，制定巡游出租汽车发展规划，并报经同级人民政府批准后实施。

民用航空导航设备开放与运行管理规定

（2021年2月24日第4次部务会议通过；2021年3月1日中华人民共和国交通运输部令2021年第2号公布；2021年7月1日起施行）

第一章　总　　则

第一条　为了加强对民用航空导航设备的运行管理，保障飞行安全，根据《中华人民共和国民用航空法》、《中华人民共和国飞行基本规则》、《中华人民共和国无线电管理条例》、《民用机场管理条例》等法律、行政法规，制定本规定。

第二条　本规定适用于民用航空导航设备的开放与运行管理。

第三条　本规定所称民用航空导航设备（以下简称导航设备），是指与民用航空飞行活动密切相关的，为航空器运行提供定位与导航服务的仪表着陆系统（包含航向信标、下滑信标）、全向信标、测距仪、无方向信标、指点信标、卫星导航增强系统地面设备等地面无线电设备。导航设备分为运输航空导航设备和通用航空导航设备。

运输航空导航设备，是指提供进近着陆的运输机场（包括军民合用机场民用部分）导航设备和提供航路、航线使用的导航设备。

通用航空导航设备，是指仅为通用航空飞行活动提供服务的导航设备，分为N1、N2、N3、N4四级。

第四条　导航设备的投产开放、特殊开放、定期开放和撤除，按照分级分类管理的原则实施行政许可或者备案管理。

第五条　中国民用航空局（以下简称民航局）依法对全国导航设备的开放、运行实行统一监督管理。

中国民用航空地区管理局（以下简称民航地区管理局）依法对辖区内导航设备的开放、运行实行监督管理。

第二章　运输航空导航设备开放运行

第一节　投产开放管理

第六条　新建、迁建或者更新的运输航空导航设备首次投入实际运行，应当进行投产校验，并取得投产开放许可。

第七条　申请投产开放许可的运输航空导航设备应当满足下列条件：

（一）设备台（站）设置与安装持续符合导航设施设计、施工、运行、电磁环境保护的有关要求；

（二）设备经飞行校验后持续符合导航设备相关的技术要求；

（三）设备试运行结果正常、稳定、可靠；

（四）设备的频率、识别已经批准；

（五）设备型号符合通信导航监视设备安全使用有关要求。

第八条 申请运输航空导航设备投产开放许可，应当向申请人所在地受民航局委托的民航地区管理局提交下列材料：

（一）按照本规定附件1填写的运输航空导航设备投产开放申请表和附件4填写的民航导航设备资料增改表；

（二）投产校验飞行校验报告；

（三）设备工程建设竣工验收报告；

（四）设备试运行用户报告和记录数据；

（五）涉及新技术应用的相关设施设备安全运行评估支撑材料。

第九条 民航地区管理局收到运输航空导航设备投产开放许可的申请材料后，对于申请材料齐全且符合要求的，应当当场受理；对于申请材料不齐全或者不符合要求的，应当当场或者在5个工作日内一次告知申请人需要补正的全部内容，逾期不告知的，自收到申请材料之日起即为受理。

第十条 民航地区管理局受理申请材料后，对申请材料进行初步审查，并将初步审查意见和申请材料一并报民航局。

第十一条 民航局应当自民航地区管理局受理申请之日起20个工作日内作出许可决定。符合条件的，应当在作出决定之日起10个工作日内，将许可证件送达申请人并通知申请人所在地的民航地区管理局。不符合条件的，不予许可，并将书面决定通知申请人和申请人所在地的民航地区管理局。

第二节 特殊开放管理

第十二条 运输航空导航设备出现下列情形之一的，运输航空通信导航监视运行保障单位（以下简称通信导航监视运行保障单位）应当关闭该设备并进行特殊校验：

（一）飞行事故调查需要确认设备是否持续满足运行安全要求的；

（二）设备大修、重大调整或者重大功能升级，包括设备的工作频率、天线系统、场地保护区域、电磁环境等因素发生改变，或者设备主要参数发生变化、导航完好性监视信号基准发生改变以及其他可能导致系统运行风险增大并无法通过地面测试调整进行有效控制的；

（三）导航设备停机超过3个日历月后重新投入使用的；

（四）设备维护人员、管制人员、飞行人员等发现设备或者信号有不正常现象，不能提供正常导航服务的；

（五）民航局或者民航地区管理局因安全原因要求对导航设备进行特殊校验的；

（六）通信导航监视运行保障单位认为有必要进行特殊校验的；

（七）其他需要特殊校验的情形。

第十三条 运输航空导航设备出现需要进行特殊校验情形的，通信导航监视运行保障单位应当主动向所在地的民航地区管理局报告。

第十四条 通信导航监视运行保障单位完成运输航空导航设备特殊校验后，应当报告所在地的民航地区管理局。

民航地区管理局应当对运输航空导航设备实施恢复运行检查。通信导航监视运行保障单位应当按要求配合检查。

第十五条 民航地区管理局对通信导航监视运行保障单位的下列资料进行检查：

（一）按照本规定附件 2 填写的运输航空导航设备特殊开放信息表和附件 4 填写的民航导航设备资料增改表；

（二）设备特殊开放的情况说明；

（三）特殊校验飞行校验报告；

（四）其他需要检查的资料。

第十六条 民航地区管理局接到通信导航监视运行保障单位完成特殊校验的报告后，应当在 15 个工作日内完成检查并出具书面意见，在 5 个工作日内将书面意见送达通信导航监视运行保障单位。

第十七条 民航地区管理局实施检查时发现存在安全隐患的，按照本规定第六十三条处理。

第三节 定期开放管理

第十八条 运输航空导航设备应当按照规定的飞行校验周期进行定期校验。

第十九条 通信导航监视运行保障单位应当根据定期校验结论，确定是否开放使用设备。

运输航空导航设备定期校验结论存在限用或者限用情况发生变化的，通信导航监视运行保障单位在开放使用该设备的同时，应当通知航空情报服务机构公布其限用范围。

运输航空导航设备定期校验结论存在限用情况影响范围扩大的，通信导航监视运行保障单位应当分析限用变化的原因，采取改善措施以保障运行安全。

第二十条 通信导航监视运行保障单位应当在定期校验结论作出之日起 5 个工作日内，将按照本规定附件 3 填写的运输航空导航设备定期开放备案表、定期校验飞行校验报告报所在地的民航地区管理局备案。

第四节 撤除管理

第二十一条 已获得投产开放许可的运输航空导航设备出现下列情形之一的，应当申请运输航空导航设备撤除：

（一）不再提供服务并退出服役的；

（二）导航设备功能被其他导航设备或者其他运行保障方式取代且无需保留原导航设备的。

第二十二条 申请运输航空导航设备撤除，应当向申请人所在地受民航局委托的民航地区管理局提交下列材料：

（一）设备撤除的原因说明；

（二）设备的功能替代方案。

撤除无方向信标和军民航共用导航设备的，还应当提供军队有关部门关于导航设备撤除的意见。

第二十三条 民航地区管理局收到运输航空导航设备撤除的申请材料后，对于申请材料齐全且符合要求的，应当当场受理；对于申请材料不齐全或者不符合要求的，应当当场或者在5个工作日内一次告知申请人需要补正的全部内容，逾期不告知的，自收到申请材料之日起即为受理。

第二十四条 民航地区管理局受理申请材料后，对申请材料进行初步审查，并将初步审查意见和申请材料一并报民航局。

第二十五条 民航局应当自民航地区管理局受理申请之日起20个工作日内作出许可决定。符合条件的，应当在作出决定之日起10个工作日内，将许可证件送达申请人并通知申请人所在地的民航地区管理局。不符合条件的，不予许可，并将书面决定通知申请人和申请人所在地的民航地区管理局。

第五节 运行管理

第二十六条 通信导航监视运行保障单位应当保证运输航空导航设备运行符合民用航空有关规定和技术标准，保证空间导航信号连续、稳定、可靠，保证运输航空导航设备的持续适用。

第二十七条 导航台（站）的电磁环境应当按照《中华人民共和国无线电管理条例》、《民用机场管理条例》的相关规定，依法进行保护。

第二十八条 航路、航线需要运输机场导航设备提供服务的，负责航路、航线划设与调整的空管运行单位应当征得该设备所属通信导航监视运行保障单位同意。

运输机场需要航路、航线导航设备提供服务的，机场运行管理单位应当征得该设备所属通信导航监视运行保障单位同意。

未经同意擅自变更导航设备用途的，通信导航监视运行保障单位有权拒绝由于用途变更而增加的导航设备运行保障要求。

第二十九条　通信导航监视运行保障单位应当充分考虑运输航空导航设备限用对于安全运行的影响，及时协调有关单位，采取积极有效的相关措施，确保运行安全。

第三十条　通信导航监视运行保障单位需要按照有关规定和技术标准对设备进行维护、检修的，应当提前制定维护、检修计划，缩短设备关闭时间。在征得相关运行单位同意后，可以临时关闭设备。

通信导航监视运行保障单位临时关闭导航设备前，应当评估其可能造成的影响，制定应急预案并且做好应急准备。

第三十一条　运输航空导航设备存在下列情形之一的，通信导航监视运行保障单位应当立即关闭该设备：

（一）导航设备不能提供正常服务的；

（二）导航设备不能提供准确、连续、可靠的引导信号的；

（三）导航设备未在规定的周期内完成定期校验的；

（四）导航设备飞行校验结论不合格的；

（五）导航设备电磁环境受到破坏造成导航设备不能正常提供服务的。

第三十二条　运输航空导航设备在实施飞行校验期间应当关闭。

第三十三条　本规定第三十条、第三十一条、第三十二条规定的关闭情形消失后，运输航空导航设备可以开放使用的，通信导航监视运行保障单位应当立即恢复设备开放使用。

第三十四条　运输航空导航设备存在下列情形之一的，通信导航监视运行保障单位应当及时通知相关运行单位采取相应措施，并通知航空情报服务机构发布航行通告：

（一）导航设备开放、关闭、中断、恢复工作或者工作不正常的；

（二）导航设备频率、识别、位置、工作时间或者信号覆盖范围发生改变的；

（三）导航设备处于飞行校验期间的；

（四）导航设备飞行校验结论限用的；

（五）其他影响飞行的定期维修活动。

第三十五条　通信导航监视运行保障单位应当按照《民用航空空中交通管理运行单位安全管理规则》建立安全评估机制，存在下列情形之一的，应当形成书面评估报告并报所在地的民航地区管理局备案，民航地区管理局应当就相关情形实施监督检查：

（一）导航设备投产校验时，存在地形、国境线、禁区等客观因素以外情况导致限用的；

（二）导航设备特殊校检、定期校验结论存在限用情况影响范围扩大的；

(三)导航设备运行过程中存在大量航班报告不正常,且无法通过飞行校验准确定位原因的;

(四)针对复杂地形机场,导航设备飞行校验数据满足容限要求,但航空器运行仍然存在安全风险的;

(五)新增障碍物可能影响导航设备信号或者电磁环境发生较大变化的;

(六)其他影响导航设备运行安全的问题。

第三章　通用航空导航设备开放运行

第一节　一 般 规 定

第三十六条　N1 级通用航空导航设备投产开放和撤除实行许可管理,特殊开放和定期开放实行备案管理。

第三十七条　N2 级通用航空导航设备中仪表着陆系统的投产开放和撤除实行许可管理,特殊开放和定期开放实行备案管理;N2 级通用航空导航设备中其他设备的投产开放、特殊开放和撤除实行备案管理。

第三十八条　N3 级通用航空导航设备投产开放、特殊开放和撤除实行备案管理。

第三十九条　N4 级通用航空导航设备由设置通用航空导航设备的通用机场自行决定校验和开放运行。

第四十条　民航地区管理局受民航局的委托,以民航局的名义实施辖区内通用航空导航设备的投产开放许可和撤除许可。

第二节　投产开放管理

第四十一条　申请投产开放许可的通用航空导航设备应当满足下列条件:

(一)设备台(站)设置与安装持续符合导航设施设计、施工、运行、电磁环境保护的有关要求;

(二)设备经飞行校验后持续符合导航设备相关的技术要求;

(三)设备的频率、识别已经批准。

第四十二条　申请通用航空导航设备投产开放许可,应当向申请人所在地受民航局委托的民航地区管理局提交下列材料:

(一)按照本规定附件 5 填写的通用航空导航设备投产开放申请表和附件 4 填写的民航导航设备资料增改表;

(二)投产校验飞行校验报告;

(三)设备工程建设竣工验收报告。

第四十三条　民航地区管理局收到通用航空导航设备投产开放许可的申请材料后,对于申请材料齐全且符合要求的,应当当场受理;对于申请材料不齐全或者不符合要求的，应当当场或者在5个工作日内一次告知申请人需要补正的全部内容，逾期不告知的，自收到申请材料之日起即为受理。

第四十四条　民航地区管理局受理申请后，应当在受理之日起20个工作日内对申请人的申请材料进行审核并作出许可决定。符合条件的，应当在作出决定之日起10个工作日内，将许可证件送达申请人。不符合条件的，不予许可，并将书面决定通知申请人。

第四十五条　通用航空导航设备需要进行投产开放备案的，应当在投产校验飞行校验报告出具之日起5个工作日内，向所在地的民航地区管理局提交下列资料备案：

（一）按照本规定附件6填写的通用航空导航设备备案表和附件4填写的民航导航设备资料增改表；

（二）投产校验飞行校验报告。

第三节　特殊开放管理

第四十六条　N1、N2、N3级通用航空导航设备出现下列情形之一的，设置通用航空导航设备的通用机场应当关闭该设备并进行特殊校验：

（一）飞行事故调查需要确认设备是否持续满足运行安全要求的；

（二）设备大修、重大调整或者重大功能升级，包括设备的工作频率、天线系统、场地保护区域、电磁环境等因素发生改变，或者设备主要参数发生变化、导航完好性监视信号基准发生改变以及其它可能导致系统运行风险增大并无法通过地面测试调整进行有效控制的；

（三）设备维护人员、管制人员、飞行人员等发现设备或者信号有不正常现象，不能提供正常导航服务的；

（四）民航局或者民航地区管理局因安全原因要求对导航设备进行特殊校验的；

（五）设置通用航空导航设备的通用机场认为有必要进行特殊校验的；

（六）N1、N2级通用航空导航设备停机超过1个日历年后重新投入使用的；

（七）其他需要特殊校验的情形。

第四十七条　通用航空导航设备出现需要进行特殊校验情形的，设置通用航空导航设备的通用机场应当主动向所在地的民航地区管理局报告。

第四十八条　设置通用航空导航设备的通用机场完成特殊校验后，应当在特殊校验结论作出之日起5个工作日内，向所在地的民航地区管理局提交下列资料备案，由所在地的民航地区管理局根据需要对设备是否符合开放条件实施特殊开放检查：

（一）按照本规定附件6填写的通用航空导航设备备案表；

（二）设备特殊校验的原因及处理情况说明；

（三）特殊校验飞行校验报告。

民航地区管理局实施特殊开放检查时发现存在安全隐患的,按照本规定第六十三条处理。

第四节 定期开放管理

第四十九条 通用航空导航设备需要进行定期开放备案的,应当在定期校验结论作出之日起5个工作日内,将按照本规定附件6填写的通用航空导航设备备案表、定期校验飞行校验报告报所在地的民航地区管理局备案。

第五节 撤除管理

第五十条 已获得投产开放许可的通用航空导航设备出现下列情形之一的,应当申请通用航空导航设备撤除:

(一)导航设备不再提供服务并退出服役的;

(二)导航设备功能被其他导航设备或者其他运行保障方式取代且无需保留原导航设备的。

第五十一条 申请通用航空导航设备撤除,应当向申请人所在地受民航局委托的民航地区管理局提交下列材料:

(一)设备撤除的原因说明;

(二)设备的功能替代方案。

撤除无方向信标和军民航共用导航设备的,还应当提供军队有关部门关于导航设备撤除的意见。

第五十二条 民航地区管理局收到通用航空导航设备撤除许可的申请材料后,对于申请材料齐全且符合要求的,应当当场受理;对于申请材料不齐全或者不符合要求的,应当当场或者在5个工作日内一次告知申请人需要补正的全部内容,逾期不告知的,自收到申请材料之日起即为受理。

第五十三条 民航地区管理局受理申请后,应当在受理之日起20个工作日内对申请人的申请材料进行审核并作出许可决定。符合条件的,应当在作出决定之日起10个工作日内,将许可证件送达申请人。不符合条件的,不予许可,并将书面决定通知申请人。

第五十四条 通用航空导航设备的撤除需要备案的,应当在设备撤除之日起5个工作日内,向所在地的民航地区管理局提交下列资料备案:

(一)按照本规定附件6填写的通用航空导航设备备案表;

(二)撤除导航设备的情况说明。

第六节 运行管理

第五十五条 设置通用航空导航设备的通用机场承担通用航空导航设备的运行

安全管理主体责任。

第五十六条　设置通用航空导航设备的通用机场应当保证通用航空导航设备运行符合民用航空有关规定和技术标准,保证空间导航信号连续、稳定、可靠。

第五十七条　设置通用航空导航设备的通用机场应当按照规定的导航频率、识别和功率限值开放使用,不得影响其它导航设备的正常运行。

第五十八条　设置通用航空导航设备的通用机场应当按照民用航空有关规定和通用航空导航设备使用手册定期对设备进行检查维护,保持设备完好、运行正常。

第五十九条　设置通用航空导航设备的通用机场应当妥善保存通用航空导航设备投产、运行、维护与维修记录和飞行校验报告。

第六十条　通用机场如需取得运输机场使用许可证的,其设置的导航设备开放应当按照运输航空导航设备开放进行管理。

第四章　监 督 检 查

第六十一条　民航局和民航地区管理局定期或者不定期对导航设备运行情况以及导航台(站)电磁环境对导航设备影响情况实施监督检查。

第六十二条　除本规定另有规定外,通信导航监视运行保障单位以及设置通用航空导航设备的通用机场应当持续提供导航设备的开放与运行服务。

第六十三条　民航地区管理局对检查中发现的安全隐患,应当责令通信导航监视运行保障单位以及设置通用航空导航设备的通用机场立即排除;重大安全隐患排除前或者排除过程中无法保证航空运行安全的,应当责令通信导航监视运行保障单位及设置通用航空导航设备的通用机场暂时停止使用该设备;重大安全隐患排除后,经审查同意,方可恢复使用。

第六十四条　通信导航监视运行保障单位和设置通用航空导航设备的通用机场有下列行为之一的,依法记入民航行业严重失信行为信用记录:

(一)通过隐瞒有关情况、提供虚假申请材料等不正当手段取得开放许可的;

(二)未经许可将不符合投产开放条件的设备擅自投入使用的;

(三)通信导航监视运行保障单位未经许可擅自撤除运输航空导航设备的;

(四)设置通用航空导航设备的通用机场未经许可擅自撤除实施行政许可管理的通用航空导航设备的。

第六十五条　任何单位和个人有权向民航局和民航地区管理局举报违反本规定的行为。

第五章　法 律 责 任

第六十六条　通信导航监视运行保障单位和设置通用航空导航设备的通用机场

以欺骗、贿赂等不正当手段取得开放许可的，由民航局予以撤销，由民航地区管理局处2万元以上3万元以下的罚款。

第六十七条 通信导航监视运行保障单位存在下列情形之一的，由民航地区管理局责令改正，处2万元以上3万元以下的罚款：

（一）违反本规定第十四条，完成运输航空导航设备特殊校验后未向所在地的民航地区管理局报告，或者未按要求配合检查的；

（二）违反本规定第十九条第一款，未按照定期校验结论开放使用设备的；

（三）违反本规定第三十一条，导航设备应当关闭未予关闭的；

（四）违反本规定第三十二条，导航设备在实施飞行校验期间开放使用的。

第六十八条 通信导航监视运行保障单位存在下列情形之一的，由民航地区管理局责令改正，给予警告；逾期未改正或者造成严重后果的，处1万元以上2万元以下的罚款：

（一）违反本规定第十九条第二款，未通知航空情报服务机构公布导航设备限用范围或者通知有误的；

（二）违反本规定第二十条，未将运输航空导航设备定期开放备案表、定期校验飞行校验报告报所在地民航地区管理局备案的；

（三）违反本规定第二十六条，未保持导航设备的持续适用的；

（四）违反本规定第二十九条，在导航设备限用影响安全运行时，未及时采取有效措施的；

（五）违反本规定第三十条，临时关闭设备前未征得相关运行单位同意或者未制定应急预案并做好应急准备的；

（六）违反本规定第三十四条，未及时通知航空情报服务机构的；

（七）违反本规定第三十五条，未按规定进行安全评估并形成书面评估报告的。

第六十九条 设置通用航空导航设备的通用机场存在下列情形之一的，由民航地区管理局责令改正，给予警告；逾期未改正或者造成严重后果的，处1万元以上2万元以下的罚款：

（一）违反本规定第四十五条，未按要求办理投产开放备案的；

（二）违反本规定第四十八条，未按要求办理特殊开放备案的；

（三）违反本规定第四十九条，未按要求办理定期开放备案的；

（四）违反本规定第五十六条，不能保证导航设备运行符合民用航空有关规定和技术标准，或者不能保证空间导航信号连续、稳定、可靠的；

（五）违反本规定第五十七条，对其他导航设备正常运行造成影响的；

（六）违反本规定第五十八条，未定期对设备进行检查维护，保持设备完好、运行正常的；

（七）违反本规定第五十九条，未对导航设备相关记录和报告进行妥善保存的。

第六章　附　　则

第七十条　本规定中所用部分术语的含义如下：

（一）导航设备的投产开放，是指新建、迁建或者更新的导航设备首次投入实际运行的开放使用。

（二）导航设备的特殊开放，是指导航设备经特殊校验后的重新开放使用。

（三）导航设备的定期开放，是指导航设备实际运行后按照规定的飞行校验周期完成校验后的开放使用。

（四）导航设备的关闭，是指导航设备不提供服务。

（五）导航设备的撤除，是指导航设备退出服役状态。

（六）N1 级通用航空导航设备，是指开展经营性载客飞行活动的通用机场设置的支持仪表飞行规则的导航设备。

（七）N2 级通用航空导航设备，是指开展经营性非载客飞行活动的通用机场设置的支持仪表飞行规则的导航设备。

（八）N3 级通用航空导航设备，是指开展非经营性飞行活动的通用机场设置的支持仪表飞行规则的导航设备。

（九）N4 级通用航空导航设备，是指通用机场设置的不支持仪表飞行规则的导航设备。

第七十一条　卫星导航空间信号的使用，以及卫星导航增强系统民用航空监测网络的运行管理，根据国家有关规定执行。

第七十二条　本规定所称“以上”、“以下”，包括本数。

第七十三条　本规定自 2021 年 7 月 1 日起施行。2016 年 3 月 28 日以交通运输部令 2016 年第 24 号公布的《民用航空导航设备开放与运行管理规定》同时废止。

附件：1. 运输航空导航设备投产开放申请表（略）

2. 运输航空导航设备特殊开放信息表（略）

3. 运输航空导航设备定期开放备案表（略）

4. 民航导航设备资料增改表（略）

5. 通用航空导航设备投产开放申请表（略）

6. 通用航空导航设备备案表（略）

道路旅客运输及客运站管理规定(节选)

(2020年7月2日第21次部务会议通过;2020年7月6日中华人民共和国交通运输部令2020年第17号公布;2020年9月1日起施行)

第六章 监督检查

第八十三条 县级以上道路运输管理机构应当每年对客运车辆进行一次审验。审验内容包括:

(一)车辆违法违章记录;

(二)车辆技术等级评定情况;

(三)车辆类型等级评定情况;

(四)按照规定安装、使用符合标准的具有行驶记录功能的卫星定位装置情况;

(五)客运经营者为客运车辆投保承运人责任险情况。

审验符合要求的,道路运输管理机构在《道路运输证》中注明;不符合要求的,应当责令限期改正或者办理变更手续。

民用航空器事件调查规定(节选)

(2019年12月30日第31次部务会议通过;2020年1月3日中华人民共和国交通运输部令2020年第2号公布;2020年4月1日起施行)

第五章 事件的调查

第二十六条 事发相关单位应当根据调查工作需要,立即封存并妥善保管与此次事件相关的下列资料:

(一)飞行日志、飞行计划、通信、导航、监视、气象、空中交通服务、雷达等有关资料;

(二)飞行人员的技术、训练、检查记录,飞行经历时间;

(三)航空卫生工作记录,飞行人员体检记录和登记表、门诊记录、飞行前体检记录和出勤健康证明书;

(四)航空器国籍登记证书、适航证书、无线电台执照、履历、有关维护工具和维护记录;

（五）为航空器加注各种油料、气体等的车辆、设备以及有关化验记录和样品；

（六）航空器使用的地面电源和气源设备；

（七）为航空器除、防冰的设备以及除冰液化验的记录和样品；

（八）旅客货物舱单、载重平衡表、货物监装记录、货物收运存放记录、危险品运输相关文件、旅客名单和舱位图；

（九）旅客、行李安全检查记录，货物邮件安全检查记录，监控记录，航空器监护和交接记录；

（十）有关影像资料；

（十一）其他需要封存的文件、工具和设备。

应当封存但不能停用的工具和设备，应当通过拍照、记录等方法详细记录其工作状态。

封存资料的单位应当指定封存负责人，封存负责人应当记录封存时间并签名。

所有封存的文件、样品、工具、设备、影像和技术资料等未经调查组批准，不得启封。

第二十九条　调查组到达现场后，应当立即开展现场调查工作并查明下列有关情况：

（一）事发现场勘查；

（二）航空器或者残骸；

（三）飞行过程；

（四）机组和其他机上人员；

（五）空中交通服务；

（六）运行控制；

（七）天气；

（八）飞行记录器；

（九）航空器维修记录；

（十）航空器载重情况及装载物；

（十一）通信、导航、监视、航行情报、气象、油料、场道、机场灯光等保障情况；

（十二）事发当事人、见证人、目击者和其他人员的陈述；

（十三）爆炸物破坏和非法干扰行为；

（十四）人员伤亡原因；

（十五）应急救援情况。

危险货物道路运输安全管理办法(节选)

(2019年7月10日第15次部务会议通过;2019年11月10日中华人民共和国交通运输部、中华人民共和国工业和信息化部、中华人民共和国公安部、中华人民共和国生态环境部、中华人民共和国应急管理部、国家市场监督管理总局令2019年第29号发布;2020年1月1日起施行)

第四章　危险货物承运

第二十五条　危险货物承运人在运输前,应当对运输车辆、罐式车辆罐体、可移动罐柜、罐式集装箱(以下简称罐箱)及相关设备的技术状况,以及卫星定位装置进行检查并做好记录,对驾驶人、押运人员进行运输安全告知。

第七章　危险货物运输车辆运行管理

第四十五条　危险货物承运人应当按照《中华人民共和国反恐怖主义法》和《道路运输车辆动态监督管理办法》要求,在车辆运行期间通过定位系统对车辆和驾驶人进行监控管理。

第九章　法律责任

第六十三条　交通运输主管部门对危险货物承运人违反本办法第四十五条,未按照要求对运营中的危险化学品、民用爆炸物品、核与放射性物品的运输车辆通过定位系统实行监控的,应当给予警告,并责令改正;拒不改正的,处10万元以下的罚款,并对其直接负责的主管人员和其他直接责任人员处1万元以下的罚款。

网络预约出租汽车经营服务管理暂行办法(节选)

(2016年7月27日交通运输部、工业和信息化部、公安部、商务部、工商总局、质检总局、国家网信办发布;根据2019年12月28日《交通运输部　工业和信息化部　公安部　商务部　市场监管总局　国家网信办关于修改〈网络预约出租汽车经营服务管理暂行办法〉的决定》修正;2019年12月28日中华人民共和国交通运输部令2019年第46号发布;2019年12月28日起施行)

第三章　网约车车辆和驾驶员

第十二条　拟从事网约车经营的车辆,应当符合以下条件:

(一)7座及以下乘用车;

(二)安装具有行驶记录功能的车辆卫星定位装置、应急报警装置;

(三)车辆技术性能符合运营安全相关标准要求。

车辆的具体标准和营运要求,由相应的出租汽车行政主管部门,按照高品质服务、差异化经营的发展原则,结合本地实际情况确定。

道路危险货物运输管理规定(节选)

(2013年1月23日交通运输部发布;根据2016年4月11日《交通运输部关于修改〈道路危险货物运输管理规定〉的决定》第一次修正;根据2019年11月28日《交通运输部关于修改〈道路危险货物运输管理规定〉的决定》第二次修正;2019年11月28日中华人民共和国交通运输部令2019年第42号公布;2019年11月28日起施行)

第二章　道路危险货物运输许可

第八条　申请从事道路危险货物运输经营,应当具备下列条件:

(一)有符合下列要求的专用车辆及设备:

1. 自有专用车辆(挂车除外)5辆以上;运输剧毒化学品、爆炸品的,自有专用车辆(挂车除外)10辆以上。

2. 专用车辆的技术要求应当符合《道路运输车辆技术管理规定》有关规定。

3. 配备有效的通讯工具。

4. 专用车辆应当安装具有行驶记录功能的卫星定位装置。

5. 运输剧毒化学品、爆炸品、易制爆危险化学品的，应当配备罐式、厢式专用车辆或者压力容器等专用容器。

6. 罐式专用车辆的罐体应当经质量检验部门检验合格，且罐体载货后总质量与专用车辆核定载质量相匹配。运输爆炸品、强腐蚀性危险货物的罐式专用车辆的罐体容积不得超过 20 立方米，运输剧毒化学品的罐式专用车辆的罐体容积不得超过 10 立方米，但符合国家有关标准的罐式集装箱除外。

7. 运输剧毒化学品、爆炸品、强腐蚀性危险货物的非罐式专用车辆，核定载质量不得超过 10 吨，但符合国家有关标准的集装箱运输专用车辆除外。

8. 配备与运输的危险货物性质相适应的安全防护、环境保护和消防设施设备。

第十条 申请从事道路危险货物运输经营的企业，应当依法向工商行政管理机关办理有关登记手续后，向所在地设区的市级道路运输管理机构提出申请，并提交以下材料：

（一）《道路危险货物运输经营申请表》，包括申请人基本信息、申请运输的危险货物范围（类别、项别或品名，如果为剧毒化学品应当标注“剧毒”）等内容。

（二）拟担任企业法定代表人的投资人或者负责人的身份证明及其复印件，经办人身份证明及其复印件和书面委托书。

（三）企业章程文本。

（四）证明专用车辆、设备情况的材料，包括：

1. 未购置专用车辆、设备的，应当提交拟投入专用车辆、设备承诺书。承诺书内容应当包括车辆数量、类型、技术等级、总质量、核定载质量、车轴数以及车辆外廓尺寸；通讯工具和卫星定位装置配备情况；罐式专用车辆的罐体容积；罐式专用车辆罐体载货后的总质量与车辆核定载质量相匹配情况；运输剧毒化学品、爆炸品、易制爆危险化学品的专用车辆核定载质量等有关情况。承诺期限不得超过 1 年。

2. 已购置专用车辆、设备的，应当提供车辆行驶证、车辆技术等级评定结论；通讯工具和卫星定位装置配备；罐式专用车辆的罐体检测合格证或者检测报告及复印件等有关材料。

（五）拟聘用专职安全管理人员、驾驶人员、装卸管理人员、押运人员的，应当提交拟聘用承诺书，承诺期限不得超过 1 年；已聘用的应当提交从业资格证及其复印件以及驾驶证及其复印件。

（六）停车场地的土地使用证、租借合同、场地平面图等材料。

（七）相关安全防护、环境保护、消防设施设备的配备情况清单。

（八）有关安全生产管理制度文本。

第三章　专用车辆、设备管理

第二十一条　设区的市级道路运输管理机构应当定期对专用车辆进行审验，每年审验一次。审验按照《道路运输车辆技术管理规定》进行，并增加以下审验项目：

（一）专用车辆投保危险货物承运人责任险情况；

（二）必需的应急处理器材、安全防护设施设备和专用车辆标志的配备情况；

（三）具有行驶记录功能的卫星定位装置的配备情况。

第四章　道路危险货物运输

第四十三条　道路危险货物运输企业或者单位应当通过卫星定位监控平台或者监控终端及时纠正和处理超速行驶、疲劳驾驶、不按规定线路行驶等违法违规驾驶行为。

监控数据应当至少保存 3 个月，违法驾驶信息及处理情况应当至少保存 3 年。

运输机场使用许可规定（节选）

（2018 年 8 月 31 日交通运输部发布；根据 2019 年 10 月 21 日《交通运输部关于修改〈运输机场使用许可规定〉的决定》修正；2019 年 10 月 21 日中华人民共和国交通运输部令 2019 年第 25 号发布；2020 年 1 月 1 日起施行）

第二章　机场使用许可

第一节　申　　请

第八条　申请机场使用许可证的机场应当具备下列条件：

（一）有健全的安全运营管理体系、组织机构和管理制度；

（二）机场管理机构的主要负责人、分管运行安全的负责人以及其他需要承担安全管理职责的高级管理人员具备与其运营业务相适应的资质和条件；

（三）有符合规定的与其运营业务相适应的飞行区、航站区、工作区以及运营、服务设施、设备及人员；

（四）有符合规定的能够保障飞行安全的空中交通服务、航空情报、通信导航监视、航空气象等设施、设备及人员；

（五）使用空域已经批准；

（六）飞行程序和运行标准符合民航局的规定；

（七）有符合规定的安全保卫设施、设备、人员及民用航空安全保卫方案；

（八）有符合规定的机场突发事件应急救援预案、应急救援设施、设备及人员；

（九）机场名称已在民航局备案。

第九条 申请机场使用许可证，应当报送下列文件资料：

（一）《运输机场使用许可证申请书》（附件1）。

（二）机场使用手册（以下简称手册）。

（三）机场管理机构的主要负责人、分管运行安全的负责人以及其他需要承担安全管理职责的高级管理人员的资质证明，与机场运行安全有关的人员情况一览表。

（四）机场建设的批准文件和行业验收的有关文件；机场产权和委托管理的证明文件。

（五）通信导航监视、气象等设施设备开放使用的批准或者备案文件。

（六）符合要求的机场使用细则、飞行程序、机场运行最低标准的材料。

（七）符合要求的民用航空安全保卫方案和人员配备、设施设备配备清单。

（八）机场突发事件应急救援预案。

（九）机场名称在民航局的备案文件。

（十）民航局、民航地区管理局要求报送的其他必要材料。

机场管理机构应当对申请机场使用许可证文件资料的真实性负责。

道路货物运输及站场管理规定（节选）

（2005年6月16日交通部发布；根据2008年7月23日《交通运输部关于修改〈道路货物运输及站场管理规定〉的决定》第一次修正；根据2009年4月20日《交通运输部关于修改〈道路货物运输及站场管理规定〉的决定》第二次修正；根据2012年3月14日《交通运输部关于修改〈道路货物运输及站场管理规定〉的决定》第三次修正；根据2016年4月11日《交通运输部关于修改〈道路货物运输及站场管理规定〉的决定》第四次修正；根据2019年6月20日《交通运输部关于修改〈道路货物运输及站场管理规定〉的决定》第五次修正；2019年6月20日中华人民共和国交通运输部令2019年第17号公布；2019年6月20日起施行）

第六章　法律责任

第六十五条 违反本规定，有下列行为之一的，由县级以上道路运输管理机构责令限期整改，整改不合格的，予以通报：

（一）没有按照国家有关规定在货运车辆上安装符合标准的具有行驶记录功能的

卫星定位装置的;

(二)大型物件运输车辆不按规定悬挂、标明运输标志的;

(三)发生公共突发性事件,不接受当地政府统一调度安排的;

(四)因配载造成超限、超载的;

(五)运输没有限运证明物资的;

(六)未查验禁运、限运物资证明,配载禁运、限运物资的。

运输机场建设管理规定(节选)

(2016 年 4 月 21 日交通运输部发布;根据 2018 年 11 月 16 日交通运输部《关于修改〈民用机场建设管理规定〉的决定》修正;2018 年 11 月 16 日中华人民共和国交通运输部令 2018 年第 32 号发布;2019 年 1 月 1 日起施行)

第二章　运输机场选址

第七条　运输机场选址报告应当由具有相应资质的单位编制。选址报告应当符合《民用机场选址报告编制内容及深度要求》。

第八条　运输机场场址应当符合下列基本条件:

(一)机场净空、空域及气象条件能够满足机场安全运行要求,与邻近机场无矛盾或能够协调解决,与城市距离适中,机场运行和发展与城乡规划发展相协调,飞机起落航线尽量避免穿越城市上空;

(二)场地能够满足机场近期建设和远期发展的需要,工程地质、水文地质、电磁环境条件良好,地形、地貌较简单,土石方量相对较少,满足机场工程的建设要求和安全运行要求;

(三)具备建设机场导航、供油、供电、供水、供气、通信、道路、排水等设施、系统的条件;

(四)满足文物保护、环境保护及水土保持等要求;

(五)节约集约用地,拆迁量和工程量相对较小,工程投资经济合理。

第九条　运输机场选址报告应当按照运输机场场址的基本条件提出两个或三个预选场址,并从中推荐一个场址。

第十条　预选场址应征求有关军事机关、地方人民政府城乡规划、市政交通、环保、气象、文物、国土资源、地震、无线电管理、供电、通信、水利等部门的书面意见。

第三章　运输机场总体规划

第十七条　运输机场总体规划应当符合下列基本要求:

（一）适应机场定位，满足机场发展需要；

（二）飞行区设施和净空条件符合安全运行要求。飞行区构型、平面布局合理，航站区位置适中，具备分期建设的条件；

（三）空域规划及飞行程序方案合理可行，目视助航、通信、导航、监视和气象设施布局合理、配置适当，塔台位置合理，满足运行及通视要求；

（四）航空器维修、货运、供油等辅助生产设施及消防、救援、安全保卫设施布局合理，直接为航空器运行、客货服务的设施靠近飞行区或站坪；

（五）供水、供电、供气、排水、通信、道路等公用设施与城市公用设施相衔接，各系统规模及路由能够满足机场发展要求；

（六）机场与城市间的交通连接顺畅、便捷；机场内供旅客、货运、航空器维修、供油等不同使用要求的道路设置合理，避免相互干扰；

（七）对机场周边地区的噪声影响小，并应编制机场噪声相容性规划。机场噪声相容性规划应当包括：针对该运输机场起降航空器机型组合、跑道使用方式、起降架次、飞行程序等提出控制机场噪声影响的比较方案和噪声暴露地图；对机场周边受机场噪声影响的建筑物提出处置方案，并对机场周边土地利用提出建议；

（八）结合场地、地形条件进行规划、布局和竖向设计；统筹考虑公用设施管线，建筑群相对集中，充分考虑节能、环保；在满足机场运行和发展需要的前提下，节约集约用地。

第十八条 运输机场建设项目法人（或机场管理机构）在组织编制运输机场总体规划时，应当征求有关军事机关的书面意见，并应当与地方人民政府有关部门、各驻场单位充分协商，征求意见。

各驻场单位应当积极配合，及时反映本单位的意见和要求，并提供有关资料。

第十九条 运输机场总体规划审批应当履行以下程序：

（一）机场飞行区指标为4E（含）以上、4D（含）以下的运输机场总体规划由运输机场建设项目法人（或机场管理机构）分别向民航局、所在地民航地区管理局提出申请，同时提交机场总体规划一式10份，向地方人民政府提交机场总体规划一式5份。

（二）民航局或民航地区管理局（以下统称民航管理部门）会同地方人民政府组织对机场总体规划进行联合审查。

机场总体规划应当由具有相应资质的评审单位进行专家评审。申请人应当与评审单位依法签订技术服务合同，明确双方的权利义务。申请人应当根据各方意见对总体规划进行修改和完善。评审单位在完成评审工作后应当提出评审报告。专家评审期间不计入审查期限。

（三）民航管理部门在收到评审报告后20日内作出许可决定，符合条件的，由民航管理部门在机场总体规划文本及图纸上加盖印章予以批准；不符合条件的，民航管理部门应当作出不予许可决定,并将总体规划及审查意见退回申请人。

(四)申请人应当自机场总体规划批准后10日内分别向民航局、所在地民航地区管理局、所在地民用航空安全监督管理局提交加盖印章的机场总体规划及其电子版本(光盘)各1份,向地方人民政府有关部门提交加盖印章的机场总体规划及其电子版本(光盘)一式5份。

第二十条 民航地区管理局负责所辖地区运输机场总体规划的监督管理。

第二十一条 运输机场建设项目法人(或机场管理机构)应当依据批准的机场总体规划组织编制机场近期建设详细规划,并报送所在地民航地区管理局备案。

第二十二条 运输机场内的建设项目应当符合运输机场总体规划。任何单位和个人不得在运输机场内擅自新建、改建、扩建建筑物或者构筑物。

运输机场建设项目法人(或机场管理机构)应当依据批准的机场总体规划对建设项目实施规划管理,并为各驻场单位提供公平服务。

第二十三条 运输机场范围内的建设项目,包括建设位置、高度等内容的建设方案应在预可行性研究报告报批前报民航地区管理局备案。

具体备案程序如下:

(一)属于驻场单位的建设项目,驻场单位应当就建设方案事先征求机场管理机构意见。机场管理机构依据批准的机场总体规划及机场近期建设详细规划对建设方案进行审核,在10日内提出书面意见。驻场单位应当将机场管理机构书面意见及建设方案一并报送所在地民航地区管理局备案;

(二)属于运输机场建设项目法人(或机场管理机构)的建设项目,运输机场建设项目法人(或机场管理机构)应当将建设方案报送所在地民航地区管理局备案;

(三)属于民航地区管理局的建设项目,其建设方案应当由民航地区管理局征求机场管理机构的意见后,报民航局备案;

(四)备案机关应当对备案材料进行审查。对于不符合机场总体规划的建设项目,应当在收到备案文件15日内责令改正。

第二十四条 运输机场建设项目法人(或机场管理机构)应当对机场总体规划的实施情况进行经常性复核,根据机场的实际发展状况,适时组织修编机场总体规划。

修编机场总体规划应当履行本规定第十九条规定的程序,经批准后方可实施。

第二十五条 运输机场所在地有关地方人民政府应当将运输机场总体规划纳入城乡规划,并根据运输机场的运营发展需要,对运输机场周边地区的土地利用和建设实行规划控制。

第二十六条 运输机场所在地有关地方人民政府在制定机场周边地区土地利用总体规划和城乡规划时,应当充分考虑航空器噪声对机场周边地区的影响,符合国家有关声环境质量标准。

第四章 运输机场工程初步设计

第二十七条 运输机场工程初步设计应当由运输机场建设项目法人委托具有相应资质的单位编制。

第二十八条 运输机场工程初步设计应当符合以下基本要求：

（一）建设方案符合经民航管理部门批准的机场总体规划；

（二）项目内容、规模及标准等符合经审批机关批准的可行性研究报告或经核准的项目申请报告；

（三）符合《民用机场工程初步设计文件编制内容及深度要求》等国家和行业现行的有关技术标准及规范；

（四）符合《民航建设工程概算编制办法》。

第二十九条 中央政府直接投资、资本金注入或以资金补助方式投资的运输机场工程，其初步设计概算不得超出批准的可行性研究报告总投资。

如实际情况确实需要部分超出的，必须说明超出原因并落实超出部分的资金来源；当超出幅度在10%以上时，应当按有关规定重新报批可行性研究报告。

第三十条 中央政府直接投资、资本金注入或以资金补助方式投资的运输机场工程初步设计审批应当履行以下程序：

（一）A类工程、B类工程的初步设计分别由运输机场建设项目法人向民航局、所在地民航地区管理局提出审批申请，并同时提交初步设计文件一式2至10份（视工程技术复杂程度由民航管理部门确定）和相应的电子版本（光盘）一式2份。

（二）民航管理部门组织对初步设计文件进行审查，并提出审查意见。

初步设计文件应当经过专家评审。技术复杂的工程项目应当由具有相应资质的评审单位进行专家评审。运输机场建设项目法人应当与具有相应资质的评审单位依法签订技术服务合同，明确双方的权利义务；技术简单的工程项目可以由民航管理部门选择专家征求评审意见。评审单位或者专家在完成评审工作后应当提出评审报告。申请人应当组织设计单位根据各方意见对初步设计进行修改、补充和完善，并向民航管理部门提交初步设计补充材料和相应的电子版本（光盘）一式2份。专家评审期间不计入审查期限。

（三）民航管理部门收到评审报告后20日内作出许可决定。符合条件的，民航管理部门应当作出准予许可的书面决定；不符合条件的，民航管理部门应当作出不予许可决定，并说明理由。

第三十一条 对于非中央政府直接投资、资本金注入或以资金补助方式投资的运输机场工程，如含有运输机场专业工程项目，其初步设计亦应当履行本规定第三十条规定的程序，由民航管理部门对运输机场专业工程初步设计出具行业意见。

第三十二条　运输机场工程的初步设计原则上一次报审，对于新建机场工程的初步设计可视情分两次报审。

第三十三条　运输机场建设项目法人报审运输机场工程初步设计时应当提交以下材料：

（一）审批申请文件；

（二）初步设计文件、资料清单、设计说明书（设计总说明书和各专业设计说明书）、设计图纸、主要工程量表、主要设备及材料表、工程概算书等；

（三）初步设计项目、规模及汇总概算与批准的可行性研究报告（或核准的项目申请报告）项目、规模及投资对照表及其说明，有关附件等；

（四）有关批准文件。包括：预可行性研究报告、可行性研究报告（或项目申请报告）、环境评价、土地预审、通信、导航、监视、气象台（站）址等的批准（或核准）文件；

（五）相应的工程勘察、地震评估、环境评价以及工程试验等报告书。

第三十四条　运输机场工程初步设计未按照本规定第三十条、第三十一条经过批准或者取得行业审查意见的，不得实施。

第三十五条　运输机场工程初步设计一经批准，应严格遵照执行，未经批准不得擅自修改、变更。

如确有必要对已批准的初步设计进行变更或调整概算，应严格执行《民航建设工程设计变更及概算调整管理办法》。

第五章　运输机场工程施工图设计

第三十六条　运输机场工程施工图设计应当由运输机场建设项目法人委托具有相应资质的单位编制。

第三十七条　运输机场工程施工图设计应当符合以下基本要求：

（一）符合经民航管理部门批准的初步设计；

（二）符合《民用机场工程施工图设计文件编制内容及深度要求》等国家和行业现行的有关技术标准及规范。

第三十八条　下列运输机场工程应由运输机场建设项目法人按照国家有关规定委托具有相应资质的单位进行施工图审查，并将审查报告报工程质量监督机构备案：

（一）飞行区土石方、地基处理、基础、道面、排水、桥梁、涵隧、消防管网、管沟（廊）等工程；

（二）航管楼、塔台、雷达塔的土建部分，以及机场通信、导航、气象工程中层数为 2 层及以上的其他建（构）筑物的土建部分；

（三）飞行区内地面设备加油站、机坪输油管线、机场油库、中转油库工程（不含土建工程）。

上述运输机场工程未经施工图审查合格的,不得实施。

第三十九条 运输机场工程施工图设计的审查内容主要包括:

(一)建筑物和构筑物的稳定性、安全性审查,包括地基基础和主体结构体系是否安全、可靠;

(二)是否满足飞行安全与正常运行的要求;

(三)是否符合国家和行业现行的有关强制性标准及规范;

(四)是否符合批准的初步设计文件;

(五)是否达到规定的施工图设计深度要求。

第四十条 施工图设计审查报告应当包括以下内容:

(一)审查工作概况;

(二)审查依据和采用的标准及规范;

(三)审查意见;

(四)与运输机场建设项目法人、设计单位协商的情况;

(五)有关问题及建议;

(六)审查结论意见。

第四十一条 其他运输机场工程施工图设计审查应当按国家有关规定执行。

第六章 运输机场建设实施

第四十二条 运输机场工程的建设实施应当执行国家规定的市场准入、招标投标、监理、质量监督等制度。

第四十三条 运输机场工程的招标活动按照国家有关法律、法规执行。

第四十四条 承担运输机场工程建设的施工单位应当具有相应的资质等级。

第四十五条 运输机场工程的监理单位应当具有相应的资质等级。

第四十六条 民航专业工程质量监督机构负责运输机场专业工程项目的质量监督工作。

属于运输机场专业工程的,运输机场建设项目法人应当在工程开工前向民航专业工程质量监督机构申报质量监督手续。

第四十七条 在机场内进行不停航施工,由机场管理机构负责统一向机场所在地民航地区管理局报批,未经批准不得在机场内进行不停航施工。

第七章 运输机场工程验收

第四十八条 运输机场工程竣工后,运输机场建设项目法人应当组织勘察、设计、施工、监理等有关单位进行竣工验收。

工程质量监督机构应当对竣工验收进行监督。

第四十九条　运输机场工程竣工验收应当具备下列条件：

（一）完成建设工程设计和合同约定的各项内容；

（二）有完整的技术档案和施工管理资料；

（三）有工程使用的主要建筑材料、建筑构配件和设备的进场试验报告；

（四）有勘察、设计、施工、监理等单位分别签署的质量合格文件；

（五）有施工单位签署的工程保修书。

第五十条　对于规定要求需进行飞行校验的通信、导航、监视、助航等设施设备，运输机场建设项目法人必须按有关规定办理飞行校验手续，并取得飞行校验结果报告。

第五十一条　对于规定要求需进行试飞的新建运输机场工程或飞行程序有重大变更的改建、扩建运输机场工程，在竣工验收和飞行校验合格后，运输机场建设项目法人必须按有关规定办理试飞手续，并取得试飞总结报告。

第五十二条　运输机场专业工程应当履行行业验收程序。

第五十三条　运输机场专业工程行业验收应当具备下列条件：

（一）竣工验收合格；

（二）已完成飞行校验；

（三）试飞合格；

（四）民航专业弱电系统经第三方检测符合设计要求；

（五）涉及机场安全及正常运行的项目存在的问题已整改完成；

（六）环保、消防等专项验收合格、准许使用或同意备案；

（七）民航专业工程质量监督机构已出具同意提交行业验收的工程质量监督报告。

第五十四条　运输机场建设项目法人在申请运输机场专业工程行业验收时，应当报送以下材料：

（一）竣工验收报告。内容包括：

1. 工程项目建设过程及竣工验收工作概况；

2. 工程项目内容、规模、技术方案和措施、完成的主要工程量和安装的设备等；

3. 资金到位及投资完成情况；

4. 竣工验收整改意见及整改工作完成情况；

5. 竣工验收结论；

6. 工程竣工项目一览表。

（二）飞行校验结果报告；

（三）试飞总结报告；

（四）运输机场专业工程设计、施工、监理、质监等单位的工作报告；

（五）环保、消防等主管部门的验收合格意见、准许使用意见或备案文件；

（六）运输机场专业工程有关项目的检测、联合试运转情况；

（七）有关批准文件。

第五十五条 运输机场专业工程行业验收应当履行以下程序：

（一）A 类工程、B 类工程的行业验收由运输机场建设项目法人向所在地民航地区管理局提出申请。

（二）对于具备行业验收条件的运输机场工程，民航管理部门在受理运输机场建设项目法人的申请后 20 日内组织完成行业验收工作，并出具行业验收意见。

第五十六条 运输机场专业工程行业验收的内容包括：

（一）工程项目是否符合批准的建设规模、标准；

（二）工程质量是否符合国家和行业现行的有关标准及规范；

（三）工程主要设备的安装、调试、检测及联合试运转情况；

（四）航站楼工艺流程是否符合有关规定、满足使用需要；

（五）工程是否满足机场运行安全和生产使用需要；

（六）运输机场工程档案收集、整理和归档情况；

（七）有中央政府直接投资、资本金注入或以资金补助方式投资的工程的概算执行情况。

第五十七条 非运输机场专业工程应当按国家有关规定履行验收程序。

第五十八条 运输机场建设项目法人应当按国家、民航及地方人民政府有关规定及时移交运输机场工程档案资料。

第五十九条 未经行业验收合格的运输机场专业工程，不得投入使用。

第六十条 运输机场建设项目法人应当在运输机场工程竣工后三个月内完成竣工财务决算的编制工作，并按有关规定及时上报。

第八章 运输机场工程建设信息

第六十一条 运输机场工程实行工程建设信息报告制度。新建运输机场工程建设信息报告期为自出具场址审查意见之日起，至投入使用止；改建、扩建运输机场工程建设信息报告期为自批准立项之日起，至投入使用止。

第六十二条 运输机场建设项目法人应当指定项目信息员对其实施工程的建设信息及时进行收集、统计和整理，形成电子文本。电子文本通过中国民用航空安全信息网民航建设项目管理系统，按照本规定第六十一条、第六十三条规定的时间报所在地民航地区管理局。

第六十三条 运输机场工程建设信息在开工建设前每季度报告一次，开工建设后每月报告一次。报告日期为次月的 5 日之前。

第六十四条 民航地区管理局负责审核本地区的运输机场工程建设信息，并将审核后的工程建设信息电子文本通过中国民用航空安全信息网民航建设项目管理系统，于每月 10 日前报民航局。

第六十五条　运输机场工程建设信息应当包括以下内容：

（一）项目概况，包括：项目基本信息、机场总体规划情况、项目审批情况、工程规模、主要建设内容和技术方案、资金来源、总体实施计划、建设单位基本信息、其他情况；

（二）当前动态，包括：形象进度、资金到位及投资完成情况、工程质量情况、配套工程进展情况、其他情况；

（三）存在的主要问题。

运输机场工程建设信息具体内容及格式应符合中国民用航空安全信息网民航建设项目管理系统的要求。

第六十六条　当发生工程质量事故和安全事故时，运输机场建设项目法人必须按国家有关规定及时上报。

第九章　空管工程建设管理

第六十七条　本章的规定适用于项目法人为民航局空管局、地区空管局或者空管分局（站）的空管建设工程。

第六十八条　空管工程预可行性研究、可行性研究应当按照国家及民航局的有关规定执行。

第六十九条　空管工程初步设计应当由项目法人委托具有相应资质的单位编制。

第七十条　空管工程初步设计应当符合以下基本要求：

（一）项目内容、规模及标准等符合经审批机关批准的可行性研究报告；

（二）符合《民航建设工程概算编制办法》等国家和行业现行的有关技术标准及规范。

第七十一条　空管工程在相应的通信、导航、监视、气象等的台（站）址得到批复后方可报审初步设计。

第七十二条　空管工程初步设计概算不得超出批准的可行性研究报告中的总投资。

如实际情况确实需要部分超出的，必须说明超出原因并落实超出部分的资金来源；当超出幅度在 10% 以上时，应当按有关规定重新报批可行性研究报告。

第七十三条　空管工程的初步设计应当按照有关法律、行政法规的规定进行审批。

第七十四条　空管工程初步设计的审批工作，按照民航局和民航地区管理局的有关规定执行。

第七十五条 项目法人报批空管工程初步设计时应当报送以下资料:

(一)审批申请文件;

(二)初步设计文件、资料清单、设计说明书(设计总说明书和各专业设计说明书)、设计图纸、主要工程量表、主要设备及材料表、工程概算书等;

(三)初步设计项目、规模及汇总概算与批准的可行性研究报告项目、规模及投资对照表及其说明,有关附件等;

(四)有关批准文件。包括:预可行性研究报告,可行性研究报告,环境评价,土地预审,通信、导航、监视、气象台(站)址等的批准文件;

(五)相应的工程勘察、地震评估、环境评价以及工程试验等报告书。

第七十六条 空管工程初步设计审批应当履行以下程序:

(一)空管工程初步设计由项目法人向民航管理部门提出审批申请,并同时提交初步设计文件一式 2 至 10 份(视工程技术复杂程度由民航管理部门确定)和相应的电子版本(光盘)一式 2 份。

(二)民航管理部门组织对初步设计文件进行审查,并提出审查意见。

初步设计文件应当经过专家评审。技术复杂的工程项目应当由具有相应资质的评审单位进行专家评审。空管工程项目法人应当与具有相应资质的评审单位依法签订技术服务合同,明确双方的权利义务;技术简单的工程项目可以由民航管理部门选择专家征求评审意见。评审单位或者专家在完成评审工作后应当提出评审报告。申请人应当组织设计单位根据各方意见对初步设计进行修改、补充和完善,并向民航管理部门提交初步设计补充材料和相应的电子版本(光盘)一式 2 份。专家评审期间不计入审查期限。

(三)民航管理部门在收到评审报告后 20 日内予以批准。

第七十七条 空管工程初步设计未经批准的,不得实施。

第七十八条 空管工程初步设计一经批准,应严格遵照执行,不得擅自修改、变更。

如确有必要对已批准的初步设计进行变更或概算调整,应严格执行《民航建设工程设计变更及概算调整管理办法》。

第七十九条 空管工程施工图设计应当由项目法人委托具有相应资质的单位编制。

第八十条 空管工程施工图设计应当符合以下基本要求:

(一)符合经民航管理部门批准的初步设计;

(二)符合国家和行业现行的有关技术标准和规范。

第八十一条 空管工程中的土建部分应由项目法人按照国家有关规定委托具有相应资质的单位进行施工图审查,并将审查报告报工程质量监督机构备案。

上述工程未经施工图审查合格的，不得实施。

第八十二条 空管工程施工图设计的审查内容主要包括：

（一）建筑物和构筑物的稳定性、安全性审查，包括地基基础和主体结构体系是否安全、可靠；

（二）是否满足安全与正常使用的要求；

（三）是否符合国家和行业现行的有关强制性标准、规范；

（四）是否符合批准的初步设计文件。

第八十三条 审查报告应当包括以下内容：

（一）审查工作概况；

（二）审查依据和采用的标准及规范；

（三）审查意见；

（四）与项目法人、设计单位协商的情况；

（五）有关问题及建议；

（六）审查结论意见。

第八十四条 空管工程的建设实施应当执行国家规定的市场准入、招标投标、监理、质量监督等制度。

第八十五条 空管工程的招标活动按照国家有关法律、法规执行。

第八十六条 承担空管工程建设的施工单位应当具有相应的资质等级。

第八十七条 空管工程的监理单位应当具有相应的资质等级。

第八十八条 空管工程项目法人应在工程开工前向工程质量监督机构申报质量监督手续。

第八十九条 机场工程配套的空管工程可与机场工程采用建设集中管理模式，统一组建工程建设指挥部，统一开展整体工程项目申报、用地预审、规划选址、环境影响评价、节能评估、征地拆迁、招投标等工作，统一组织工程建设。

第九十条 空管工程竣工后，项目法人应当组织勘察、设计、施工、监理等有关单位进行竣工验收。

工程质量监督机构应当对竣工验收进行监督。

第九十一条 空管工程竣工验收应当具备下列条件：

（一）完成建设工程设计和合同约定的各项内容；

（二）有完整的技术档案和施工管理资料；

（三）有工程使用的主要建筑材料、建筑构配件和设备的进场试验报告；

（四）有勘察、设计、施工、监理等单位分别签署的质量合格文件；

（五）有施工单位签署的工程保修书。

第九十二条 对于规定要求需进行飞行校验的通信、导航、监视等设施设备，项目法人必须按有关规定办理飞行校验手续,并取得飞行校验结果报告。

第九十三条 空管工程经过民航管理部门验收后,方可投入使用。

第九十四条 项目法人向民航管理部门申请验收空管工程应当具备下列条件:

(一)竣工验收合格;

(二)已完成飞行校验;

(三)主要工艺设备经检测符合设计要求;

(四)涉及安全及正常使用的项目存在的问题已整改完成;

(五)环保、消防等专项验收合格、准许使用或同意备案;

(六)工程质量监督机构已出具同意提交验收的工程质量监督报告。

第九十五条 项目法人向民航管理部门申请验收空管工程,应当报送以下材料:

(一)竣工验收报告。内容包括:

1. 工程项目建设过程及竣工验收工作概况;

2. 工程项目内容、规模、技术方案和措施、完成的主要工程量和安装设备等;

3. 资金到位及投资完成情况;

4. 竣工验收整改意见及整改工作完成情况;

5. 竣工验收结论;

6. 工程竣工项目一览表。

(二)飞行校验结果报告;

(三)空管工程设计、施工、监理、质监等单位的工作报告;

(四)环保、消防等主管部门的验收合格意见、准许使用意见或备案文件;

(五)主要工艺设备的检测情况;

(六)有关批准文件。

第九十六条 下列空管工程由民航局组织验收:

(一)民航局空管局为项目法人的建设工程;

(二)批准的可行性研究报告总投资2亿元(含)以上的民航地区空管局或空管分局(站)为项目法人的建设工程。

第九十七条 其他空管工程由所在地民航地区管理局组织验收。

第九十八条 民航管理部门验收空管工程应当履行以下程序:

(一)由项目法人向民航管理部门提出验收申请;

(二)对于具备验收条件的空管工程,民航管理部门在收到项目法人的申请后20日内组织完成验收工作,并出具验收意见。

第九十九条 民航管理部门验收空管工程的内容包括:

(一)工程项目是否符合批准的建设规模、标准;

(二)工程质量是否符合国家和行业现行的有关标准及规范;

（三）主要工艺设备的安装、调试、检测情况；

（四）工程是否满足运行安全和生产使用需要；

（五）工程档案收集、整理和归档情况；

（六）工程概算执行情况。

第一百条　项目法人应当按国家、民航有关规定及时移交空管工程档案资料。

第一百零一条　未经验收合格的空管工程，不得投入使用。

第一百零二条　空管工程项目法人应在空管工程竣工后三个月内完成竣工财务决算的编制工作，并上报主管部门。

第一百零三条　空管工程实行工程建设信息报告制度。工程建设信息报告期为自批准立项之日起，至投入使用止。

第一百零四条　项目法人应当指定项目信息员对其实施工程的建设信息及时进行收集、统计和整理，形成电子文本。

民航地区空管局、空管分局（站）的空管工程建设信息电子文本通过中国民用航空安全信息网民航建设项目管理系统，按照本规定第一百零三条、第一百零五条规定的时间报民航局空管局。

第一百零五条　空管工程建设信息在开工建设前每季度报告一次，开工建设后每月报告一次。报告日期为次月的5日之前。

第一百零六条　民航局空管局负责审核空管工程建设信息，并将审核后的工程建设信息电子文本通过中国民用航空安全信息网民航建设项目管理系统，于每月10日前报民航局。

第一百零七条　空管工程建设信息应当包括以下内容：

（一）项目概况，包括：项目基本信息、项目审批情况、工程规模、主要建设内容和技术方案、资金来源、总体实施计划、建设单位基本信息、其他情况；

（二）当前动态，包括：形象进度、资金到位及投资完成情况、工程质量情况、招标工作情况、配套工程进展情况、其他情况；

（三）存在的主要问题。

空管工程建设信息具体内容及格式应符合中国民用航空安全信息网民航建设项目管理系统的要求。

第一百零八条　当发生工程质量事故和安全事故时，项目法人必须按照国家有关规定及时上报。

第十章　法律责任

第一百零九条　违反本规定第七条、第十三条、第二十七条、第三十六条、第六十九条、第七十九条，将选址、总体规划、初步设计及施工图设计发包给不具有相应资质等级的单位承担的，由民航管理部门责令其改正，并处以警告；情节严重的，处以 1 万元以上 3 万元以下罚款。

第一百一十条 违反本规定第二十二条，任何单位在运输机场内进行不符合运输机场总体规划的建设活动的，由民航管理部门责令其改正，处以 10 万元以上 50 万元以下的罚款。

第一百一十一条 违反本规定第三十四条，运输机场专业工程初步设计未按照本规定要求经过批准，就擅自组织实施的，由民航管理部门责令其改正，并处以 10 万元以上 50 万元以下的罚款。

违反本规定第三十四条，运输机场工程初步设计未按照本规定要求获得行业意见，就擅自组织实施的，由民航管理部门责令其改正，并处以 1 万元以上 3 万元以下的罚款。

违反本规定第七十七条，空管工程初步设计未经批准、擅自组织实施的，由民航管理部门责令其改正，并处以 1 万元以上 3 万元以下的罚款。

第一百一十二条 违反本规定第四十四条、第四十五条、第八十六条、第八十七条，项目法人将运输机场工程或空管工程的施工和监理发包给不具有相应资质等级的单位承担的，由民航管理部门责令其改正，并处以 1 万元以上 3 万元以下的罚款。

第一百一十三条 违反本规定第四十七条，在运输机场开放使用的情况下，未经批准在飞行区及与飞行区临近的航站区内进行施工的，由民航管理部门责令其改正，并处以 10 万元以上 50 万元以下的罚款。

第一百一十四条 违反本规定第五十九条，运输机场专业工程未经行业验收合格投入使用的，由民航管理部门责令其改正，并处以 10 万元以上 50 万元以下的罚款。

第一百一十五条 违反本规定第六十一条、第六十二条、第六十三条、第一百零三条、第一百零四条、第一百零五条，项目法人未履行建设项目信息管理义务的，由民航管理部门责令其改正，并处以警告；情节严重的，处以 1 万元以上 3 万元以下的罚款。

第一百一十六条 违反本规定第九十三条，空管工程未经民航管理部门验收即投入使用的，由民航管理部门责令其改正，处以 1 万元以上 3 万元以下的罚款。

第一百一十七条 民航管理部门工作人员在运输机场建设管理工作中滥用职权、玩忽职守、徇私舞弊的，由有关行政主管部门给予行政处分；构成犯罪的，依法追究刑事责任。

第十一章　附　　则

第一百一十八条 本规定对运输机场和空管工程建设未作出明确要求的，均按国家有关建设管理规定执行。

第一百一十九条　本规定自2016年5月22日起施行。2004年颁布的《民用机场建设管理规定》(民航总局令第129号)同时废止。

民用航空通信导航监视工作规则

(2016年3月28日交通运输部发布;根据2018年10月22日交通运输部《关于修改〈民用航空通信导航监视工作规则〉的决定》修正;2018年10月22日中华人民共和国交通运输部令2018年第25号公布;2018年10月22日起施行)

第一章　总　　则

第一条　为了规范民用航空通信导航监视(以下简称通信导航监视)工作,保障民用航空活动的安全、正常和高效,依据《中华人民共和国民用航空法》、《中华人民共和国飞行基本规则》和《民用机场管理条例》,制定本规则。

第二条　本规则适用于在中华人民共和国领域内以及根据我国缔结或者参加的国际条约的规定,提供通信导航监视服务以及与通信导航监视服务有关的活动。

本规则是组织实施通信导航监视工作的依据。提供通信导航监视服务的单位以及其他与通信导航监视工作有关的单位和个人,应当遵守本规则。

第三条　中国民用航空局(以下简称民航局)负责统一管理全国通信导航监视工作,民航地区管理局(以下简称地区管理局)负责监督管理本地区通信导航监视工作。

第四条　通信导航监视工作的主要任务是通过配置和管理相应的人员及设施设备,为民用航空活动提供准确、及时、连续、可靠的通信导航监视服务。

第五条　组织与实施通信导航监视工作,贯彻安全第一、保障可靠、服务优质的方针,遵循科学配置、协调运行、集中统一、分工负责的原则。

第六条　民航局鼓励和支持通信导航监视领域的科学技术研究与应用、人才培养、国际合作与交流,不断提高通信导航监视服务水平。对通信导航监视工作做出突出贡献的单位和个人,给予奖励。

第七条　本规则所用术语的含义在本规则附件一《定义》中规定。

第二章　机构与人员

第一节　机　　构

第八条　通信导航监视服务由通信导航监视运行保障单位提供。通信导航监视运行保障单位应当在指定的职责范围内提供通信导航监视服务。

第九条 通信导航监视运行保障单位应当具备下列基本条件:

(一)具有健全的组织机构和管理制度;

(二)具有满足通信导航监视服务保障工作需要的,持有有效执照的民用航空电信人员;

(三)具有开展通信导航监视服务保障工作所需的设施设备,以及必备的仪器仪表、备件、器材和工具;

(四)具有必备的有关通信导航监视资料。

第十条 通信导航监视服务保障组织体系由全国、地区和机场通信导航监视运行保障单位等三级运行保障单位组成。

(一)全国通信导航监视运行保障单位负责全国通信导航监视服务及设施设备的运行与管理,以及全国范围内民航专用航空电信网络的运行保障、状态监控和应急处置等工作,负责统一组织协调并提供国家间的相应通信导航监视服务。

(二)地区通信导航监视运行保障单位提供本地区范围内的通信导航监视服务,负责本地区通信导航监视设施设备的运行与管理、应急处置和维护维修等运行保障工作。

(三)机场通信导航监视运行保障单位提供本单位所承担的通信导航监视服务,负责本单位通信导航监视设施设备的运行与管理、应急处置和维护维修等运行保障工作。

全国和地区通信导航监视运行保障单位由民航局设立或者批准设立。

民用运输机场应当设置通信导航监视运行保障单位,民用通用机场根据运行需要设置通信导航监视运行保障单位。民用机场设置通信导航监视运行保障单位的,应当按照《民用机场使用许可规定》的要求取得民用机场使用许可证后方可提供通信导航监视服务。

地区通信导航监视运行保障单位可以同时承担所在机场的通信导航监视运行保障单位的工作职责。

第十一条 各级通信导航监视运行保障单位根据工作职责,可以承担通信、导航、监视专业中的一项或者多项服务保障工作。

第十二条 空中交通管理单位、民用航空企业、机场以及其他与民用航空安全生产运行相关的单位应当按照民用航空有关法律、法规、规章和标准的要求,积极配合通信导航监视服务保障工作的实施。

第二节 人员执照

第十三条 从事通信导航监视服务保障工作的技术人员(以下简称航空电信人员)实行执照管理制度。航空电信人员执照由民航局统一管理。

第十四条　航空电信人员应当按照《民用航空电信人员执照管理规则》要求取得电信人员执照,并按照规定保持其有效。未持有有效执照的人员,不得独立从事通信导航监视服务保障工作。

第十五条　航空电信人员执照类别包括通信专业、导航专业和监视专业三类。

第十六条　航空电信人员执照的申请、颁发、管理和监督,按照《民用航空电信人员执照管理规则》执行。

第三节　人员培训

第十七条　航空电信人员应当按照规定接受岗位培训和考核。

通信导航监视运行保障单位应当按照民航局有关规定组织航空电信人员岗位培训和考核。

第十八条　航空电信人员岗位培训由通信导航监视运行保障单位或者培训机构实施。

第十九条　从事与执照申请和执照注册相关的航空电信人员培训机构,应当具备符合规定的管理制度、专职管理人员和教学人员、场地和教学设施、培训平台、教学计划和教材,以及开展航空电信人员相关专业知识或者技能培训的经历。

第二十条　通信导航监视运行保障单位应当每年组织通信导航监视从业人员进行专业培训,确保其专业知识更新。

专业培训考试(核)记录应当记入个人技术档案。

第三章　设施与设备

第一节　设备准入

第二十一条　使用直接关系民用航空飞行活动安全的通信导航监视设备,应当符合民航局有关规定。

第二十二条　购置和使用实行使用许可管理的通信导航监视设备,应当从民航局定期公布的《民用航空通信导航监视设备使用许可目录》中选取。

购置和使用不实行使用许可管理的通信导航监视设备,应当符合国家和民用航空有关法律、法规、规章、规范性文件和技术标准的要求,确保设备的安全性、可用性和可靠性。

第二节　规划与建设

第二十三条　通信导航监视的发展与建设由民航局组织制定相关规划。

第二十四条　通信导航监视发展与建设应当服从国家和民航发展总体规划,以运行需求为引导,坚持统一规划、科学合理、资源共享的原则,提高系统综合保障服务能力，确保飞行安全。

第二十五条 通信导航监视运行保障单位以及与通信导航监视服务有关的单位负责提出通信导航监视服务发展和建设相关规划的需求和建议。

通信导航监视运行保障单位负责通信导航监视发展和建设相关规划的组织实施。

第二十六条 新建、改建、扩建通信导航监视设施设备时，应当符合通信导航监视发展和建设的相关规划，并按有关规定建设防雷设施、安全保卫设施、消防设施以及环境监控和告警装置等设施设备。

第二十七条 民航局和地区管理局对通信导航监视工程的立项、可行性研究、初步设计、工程实施和验收实施管理。

第二十八条 通信导航监视工程的建设管理应当按照民航局有关规定执行。

第二十九条 新建、改建、扩建的通信导航监视设施设备投入使用后的评估按照民航局有关规定执行。

民航局或者地区管理局可以根据需要组织评估。

第三节 设施设备的设置

第三十条 通信导航监视运行保障单位应当根据运行需求和民航局相关规定，配置通信导航监视设施设备，并保证设施设备在规定使用周期内正常运行。

设施设备根据其使用年限和实际工作状况以及技术发展进行更新改造时，应当按照有关规定执行。

第三十一条 通信导航监视运行保障单位应当根据空中交通管制运行需求、空中航行服务需求及飞行程序设计方案要求设置或者迁移无线电通信导航监视台(站)。

第三十二条 用于提供应急服务或通用航空保障等非固定台(站)址的无线电通信导航监视台(站)应当在批准的范围内设置和使用。

第三十三条 无线电通信导航监视台(站)的选址工作由通信导航监视运行保障单位或者空管项目建设单位负责并自行或会同从事民航专业工程设计、咨询的单位组织实施。

第三十四条 通信导航监视运行保障单位设置或者迁移无线电通信导航监视台(站)址时，应当向所在地地区管理局提交台(站)址选址报告。

第三十五条 无线电通信导航监视台(站)的选址报告应当包括以下主要内容:

(一)编制依据;

(二)台(站)运行需求分析;

(三)电磁环境和地理环境分析;

(四)预选台(站)址的设备信号覆盖分析;

(五)新建台(站)条件(供电、通信等)分析;

（六）结论；

（七）附件。

第三十六条　无线电导航台（站）址应当同时满足导航台（站）场地设置规范、电磁环境要求和飞行程序设计方案。不能同时满足的，负责选址的单位应当与飞行程序设计单位会商，对飞行程序设计方案或者比选台（站）址进行调整，直至符合运行需求为止。

第三十七条　无线电通信导航监视台（站）或设备的频率、呼号、地址等代码资源由民航局统一规划和管理。

无线电通信导航监视台（站）无线电频率、呼号的指配和使用应当遵守《中国民用航空无线电管理规定》及其他有关规定。

其他代码资源的使用和指配应当遵守民航局有关规定。

第三十八条　通信导航监视运行保障单位需要撤销无线电通信导航监视台（站）时，应当向审批机关申请办理撤销手续。

第四节　新技术应用

第三十九条　通信导航监视新技术应用（以下简称新技术应用）政策、规划、规章和标准由民航局统一制定和发布。民航局负责统一组织指导和管理新技术应用活动，地区管理局负责监督管理本地区新技术应用活动。

通信导航监视新技术是指用于通信导航监视服务，支持一种或者多种新的运行概念、运行方式，所使用的技术、设备、系统以及它们的集成。

第四十条　通信导航监视运行保障单位实施新技术应用，应当贯彻和执行有关新技术应用的政策、规划、规章和标准。并建立相应的管理程序和制度。

第四十一条　新技术应用前，应当按照民航局相关规定进行验证。

未通过验证的新技术不得用于提供通信导航监视服务。

第四十二条　实施新技术应用的单位应当具备应用条件，制定安全保证措施，并对应用活动的安全负责。

第五节　设备开放与运行

第四十三条　用于民用航空导航设备的开放与运行管理，按照《民用航空导航设备开放与运行管理规定》执行。

用于民用航空通信和监视设备的开放与运行管理按照民航局有关规定执行。

第四十四条　通信导航监视运行保障单位应当执行国家和民用航空的有关规定，保证通信导航监视设备的开放、运行和关闭符合民航局的相关规定和标准，保持通信导航监视设备的持续适用。

第四十五条 通信导航监视运行保障单位应当会同航空情报服务机构保证开放运行的通信导航监视设备资料的完整性、准确性、及时性和一致性。

第六节 设施设备及其电磁环境保护

第四十六条 通信导航监视设施设备及其电磁环境的保护工作应当按照国家和民用航空的有关规定具体实施。

通信导航监视设备正常运行所需的场地和设施应当满足电磁环境保护要求。

第四十七条 任何单位或者个人不得侵占、破坏或者擅自移动通信导航监视设施设备。

禁止任何危害通信导航监视设施设备及无线电通信导航监视设施设备电磁环境的行为。

第四十八条 通信导航监视运行保障单位应当按照国家和民用航空有关法律、法规、规章和标准的要求,对通信导航监视设施设备及其电磁环境保护区域采取必要的防护措施。

第四十九条 通信导航监视运行保障单位应当向地方政府提出对有关无线电通信导航监视台(站)的电磁环境保护的范围和要求。

无线电通信导航监视台(站)的电磁环境保护工作应当由设施设备所在地地区管理局协调所在地地方政府按照国家和民用航空的有关规定和标准执行。

第五十条 通信导航监视设备的无线电频率受到有害干扰时,通信导航监视运行保障单位在进行自查后,应当及时报告所在地地方无线电管理机构和地区管理局,并配合所在地地方无线电管理机构排除有害干扰。

第五十一条 在民用航空无线电台(站)电磁环境保护区域内进行工程施工或者设置使用各类设施设备,应当按照国家和民用航空有关台(站)设置和电磁环境保护规定执行。

第四章 通信导航监视服务

第一节 一般规定

第五十二条 通信导航监视设施设备的系统配置、参数设置和运行,应该遵照国家和民用航空的相关规定和标准执行。

第五十三条 通信导航监视设备应当使用协调世界时,并使用统一的授时系统;独立设置的通信导航监视设施中的设备可以使用独立的授时系统,并定期校准。

第五十四条 通信导航监视运行保障单位应当确保通信导航监视服务的持续提供。因故无法提供服务时,通信导航监视运行保障单位应当及时通知相关运行单位,并按照航空情报服务相关规定,及时通知航空情报服务机构发布航行通告。

在指定时段内提供通信导航监视服务的设施设备,通信导航监视运行保障单位应当按照规定发布服务时间,需要变更服务时间的,应在变更前及时通知航空情报服务机构发布航行通告。

第五十五条　通信导航监视设备因维护、维修、检测、调试、飞行校验需要暂时停止提供相应服务的,通信导航监视运行保障单位应当:

(一)提前协调相关单位,确定暂停服务的时间周期;

(二)涉及空中交通服务运行模式和飞行方式调整的,事先通知有关单位;

(三)按照规定通知航空情报服务机构发布航行通告;

(四)会同有关单位制定相关保障措施和应急预案;

(五)暂停服务时间周期发生变更的,及时通知航空情报服务机构发布航行通告。

第五十六条　通信导航监视设备运行的正常率和完好率应当符合民航局有关规定。

第五十七条　未经授权的单位或者个人不得对通信导航监视设备进行本地或者远程操作。

第五十八条　通信导航监视服务应当使用规定的缩略语和代码。在服务中提供的含有非标准缩略语和代码的,应当对其所使用的缩略语和代码提供相应的解释和解码。

第二节　通　　信

第五十九条　通信的任务是利用通信网络或者通信终端传输、交换和处理民用航空生产信息,为民用航空活动提供语音或者数据通信,使其能够安全、高效运行。

第六十条　通信包括地空通信和地地通信。

第六十一条　地空通信主要包括空中交通服务通信、航务管理通信、站坪管理通信和对空气象广播等。

地地通信主要包括航空固定业务通信、民航专用电话通信、机场移动通信和管制中心间通信等。

第六十二条　按照不同的职责和业务类型,空中交通服务地空通信分为塔台地空通信、起飞线地空通信、地面放行通信、地面管制通信、进近或终端区地空通信、航路地空通信、搜寻救援通信、通用航空通信、航站情报通播等。

第六十三条　地空通信可使用无线电语音和数据通信等方式。

第六十四条　民用航空地地通信方式可使用民航专用通信网和公用通信网方式实现语音与数据的交换与传输。

第六十五条　通信导航监视运行保障单位应当根据飞行和空中交通管制运行的需求,及时提供和开放地空通信服务。

第六十六条 民用航空专用航空电信网络由民航局指定的通信导航监视运行保障单位统一管理。

第六十七条 通信设备发生故障时,通信导航监视运行保障单位应当及时采取措施,避免或者减少对相应通信服务的影响。

第六十八条 地空通信、管制中心间通信和安全运行所需的民航专用电话通信,应当配置语音和数据记录设备,并完整记录通信内容。记录内容的保存和重放应当符合《民用航空空中交通管理规则》和本规则第一百二十八条的规定。

第六十九条 通用航空飞行的通信服务,由从事通用航空活动的单位或者个人负责提供,并制定相应的服务保障措施。

第七十条 所有在中华人民共和国领域内活动的民用航空器,应当按照国家和民用航空的有关规定实施通信。

第三节 导 航

第七十一条 导航的任务是为航空器提供飞行引导信息,使其能够安全、正常飞行。

第七十二条 导航服务包括机场(终端区)导航服务和航路、航线导航服务。

第七十三条 机场(终端区)导航设施包括无方向信标台、指点信标台、全向信标台、测距台、仪表着陆系统、卫星导航地面设施以及其他导航设施等。

第七十四条 机场(终端区)导航设施的设置应当根据机场等级和运行标准、空域方案和飞行程序、机场区域的地理环境和场地条件等确定。

第七十五条 航路、航线导航设施包括全向信标台、测距台、无方向信标台、卫星导航地面设施等。

第七十六条 航路、航线导航设施的设置应当根据空域方案和飞行程序、当地地理环境和场地条件等确定。

第七十七条 导航设备发生故障或不能提供有效导航信号时,通信导航监视运行保障单位应当及时采取措施,同时通知相关单位,并按照规定发布航行通告,减少对航空器安全飞行的影响。

第七十八条 通用航空飞行的导航服务,由从事通用航空活动的单位或者相关通信导航监视运行保障单位负责提供,并制定相应的服务保障措施。

第七十九条 所有为航空器提供服务的各类型无线电导航设施设备,应当按照有关规定进行飞行校验或者验证。

第四节 监 视

第八十条 监视的任务是对航空器及其他目标进行可靠的探测,提供准确的航空器及其他探测目标的位置、状态和告警信息。

第八十一条　监视设备包括信息探测系统、信息处理与显示系统。

第八十二条　信息探测系统包括一次监视雷达、二次监视雷达、场面监视雷达、自动相关监视系统、多点相关定位系统等。

第八十三条　信息探测系统的设置和布局应当根据其覆盖范围、机场运行和空中交通服务需求等确定。

第八十四条　信息处理与显示系统包括空中交通管制自动化系统及其他自动化系统。

第八十五条　信息处理与显示系统的设置,应当根据机场运行和空中交通服务需求以及民航局的相关规定等确定。

第八十六条　信息处理与显示系统应当配置记录设备。记录内容的保存和重放应当符合《民用航空空中交通管理规则》和本规则第一百二十八条的规定。

第八十七条　监视设备发生故障时,通信导航监视运行保障单位应当及时采取措施,避免或者减少对空中交通服务和飞行的影响。

第八十八条　通用航空飞行的监视服务,由从事通用航空活动的单位或者相关通信导航监视运行保障单位负责提供,并制定相应的服务保障措施。

第五章　运 行 管 理

第一节　一 般 规 定

第八十九条　通信导航监视运行保障单位应当依据国家和民用航空有关规定建立质量管理体系。

第九十条　通信导航监视服务质量管理体系应当包括通信导航监视服务机构、设施设备、人员、技术标准、规范规程、工作制度、运行程序、质量考核及改进措施等。

第九十一条　通信导航监视服务质量管理体系应当保证通信导航监视服务的有效性、完整性、及时性和准确性符合国家和民用航空的有关规定,并能有效监控服务质量。

第九十二条　通信导航监视运行保障单位应当依据有关的民用航空法律、法规、规章、规范性文件、技术标准以及质量管理体系要求及时制定和修订运行手册,并保持运行手册的持续有效。

第九十三条　运行手册应当包括以下主要内容:

(一)服务范围和服务内容;

(二)岗位职责和工作规范;

(三)运行管理和工作程序;

(四)设备管理和操作程序;

（五）安全管理和应急处置；

（六）服务协议和工作资料等。

第九十四条 运行手册应当在相关的工作场所设置和保存，便于使用和查阅。

第二节 运行管理制度

第九十五条 通信导航监视运行保障单位应当制定运行管理制度。运行管理制度应当至少包括：

（一）岗位值班工作制度；

（二）机房管理制度；

（三）设备管理制度；

（四）备件管理制度；

（五）器材和工具管理制度；

（六）技术资料管理制度；

（七）设备和人员安全操作制度；

（八）运行检查制度。

第九十六条 岗位值班工作制度应当至少包括：

（一）值班要求；

（二）交接班程序；

（三）信息通报规定；

（四）设备机房巡视规定；

（五）设备现场维护规定；

（六）值班记录规定；

（七）资料管理规定；

（八）应急处置程序。

第九十七条 机房管理制度应当至少包括：

（一）机房安全保卫规定；

（二）机房设备管理规定；

（三）机房环境保持规定。

第九十八条 设备管理制度应当至少包括：

（一）设备登记统计规定；

（二）设备采购、使用和报废管理规定。

第九十九条 备件管理制度应当至少包括：

（一）备件登记统计规定；

（二）备件采购、使用和报废管理规定；

（三）备件保管规定；
（四）备件调配使用规定。
第一百条　器材和工具管理制度应当至少包括：
（一）器材和工具登记统计规定；
（二）器材和工具采购、使用和报废规定；
（三）器材和工具保管规定；
（四）仪器仪表等器材定期校准规定。
第一百零一条　技术资料管理制度应当至少包括：
（一）技术资料登记统计规定；
（二）技术资料保管与移交规定。
第一百零二条　设备和人员安全操作制度应当至少包括：
（一）设备使用安全操作程序；
（二）设备维护和维修安全操作程序；
（三）电信人员安全用电防护规定；
（四）设施设备和人员防雷保护规定。
第一百零三条　运行检查制度应当至少包括：
（一）运行检查内容、周期和程序的规定；
（二）运行检查记录管理规定。

第三节　维护和维修管理

第一百零四条　通信导航监视运行保障单位应当按照国家和民用航空有关规定建立通信导航监视设备维护和维修管理制度，组织实施设备维护和维修，保证设备安全正常运行。
第一百零五条　通信导航监视设备维护管理制度应当至少包括：
（一）设备维护内容、周期和程序的规定；
（二）设备维护记录管理规定。
第一百零六条　通信导航监视设备维修管理制度应当至少包括：
（一）设备维修内容和程序的规定；
（二）设备维修计划和实施程序；
（三）设备维修记录管理规定。
第一百零七条　通信导航监视设备维修由各级通信导航监视运行保障单位组织实施。
第一百零八条　通信导航监视运行保障单位组织实施设备维修应当具备下列基本条件：

（一）具有满足通信导航监视设备维修要求并持有电信人员执照的人员；

（二）具有开展通信导航监视设备维修工作所需的设施设备，以及必备的仪器仪表、备件、器材和工具；

（三）具有健全的维修管理制度；

（四）具有相关的通信导航监视设备维修技术资料。

第一百零九条 委托其他通信导航监视运行保障单位实施本单位通信导航监视设备维护和维修时，应当签署有关服务协议，并明确服务内容、责任、权利和义务。

第四节 运行监控

第一百一十条 通信导航监视运行保障单位应当具备通信导航监视设备运行监控手段，对设备运行进行实时有效的监控。

第一百一十一条 通信导航监视运行保障单位应当建立设备运行监控制度。设备运行监控制度应当至少包括：

（一）运行监控岗位工作职责；

（二）运行监控内容和工作程序；

（三）运行监控记录管理规定；

（四）应急处置和工作程序；

（五）安全和运行信息报告制度。

第一百一十二条 实行本地集中监控和异地设备运行监控的，应当建立可靠的通信联络，保障监控数据的安全可靠传输。

第五节 信息引接管理

第一百一十三条 通信导航监视信息引接管理主要是针对民用航空通信导航监视信息的提供和使用进行的管理。

本规则所称通信导航监视信息是指由通信导航监视设备产生、处理、传输和集成的信息。

第一百一十四条 通信导航监视运行保障单位应当建立通信导航监视信息引接管理制度。

第一百一十五条 通信导航监视运行保障单位应当满足空中交通管制单位、民用航空企业、机场等民航安全生产运行单位对必要的通信导航监视信息引接使用的要求，并根据需要签订信息引接使用协议，明确信息引接内容、使用期限以及双方的权利、责任和义务。

第一百一十六条 通信导航监视信息需要引接至社会公共机构、服务机构、研究机构使用的，不得影响通信导航监视保障的安全正常，并按照有关规定签订信息引接使用协议,明确信息内容、使用期限以及双方的权利、责任和义务。

第一百一十七条 通信导航监视运行保障单位应当采取措施保证通信导航监视信息引接的安全使用。

第一百一十八条 对外提供涉及保密要求的通信导航监视信息应当按照国家和民用航空的有关规定执行。

第六节 应 急 管 理

第一百一十九条 通信导航监视设备发生重大故障时,通信导航监视运行保障单位应当采取有力措施避免或减少对飞行安全的影响。

第一百二十条 通信导航监视运行保障单位应当建立设备重大故障应急管理机制,明确应急处置工作程序。

第一百二十一条 通信导航监视运行保障单位应当制定设备重大故障应急预案,并按规定向有关管理部门备案。

第一百二十二条 设备重大故障应急管理制度应当至少包括:

(一)应急预案;

(二)应急后评估工作规定;

(三)应急培训和演练规定。

第一百二十三条 设备重大故障应急预案应当至少包括:

(一)应急管理机构与职责分工;

(二)应急措施和应急处置程序;

(三)应急信息通报内容和程序。

第一百二十四条 通信导航监视运行保障单位处置设备重大故障时,应当加强与相关单位的协调配合,并按照应急预案的操作程序进行处置。

第一百二十五条 通信导航监视运行保障单位在完成设备重大故障处置,恢复正常通信导航监视服务后,应当及时分析评估本单位应急处置工作,总结经验教训,修订完善应急预案,并报民航局或地区管理局备案。

第一百二十六条 通信导航监视运行保障单位应当组织电信人员进行应急预案培训和模拟演练,定期配合运行单位实施应急综合演练,加强相关单位之间的协调配合。

第七节 运 行 记 录

第一百二十七条 通信导航监视运行保障单位应当设立工作日志,记录通信导航监视服务运行基本情况。工作日志应当至少记录如下内容:

(一)岗位人员值班与交接班情况;

（二）通信导航监视设备运行基本情况（开机与关机时间、运行数据等）；

（三）设备维护情况；

（四）设备故障与维修情况；

（五）有害干扰情况；

（六）设备应急处置情况；

（七）违反规章和运行手册的情况；

（八）与设备运行有关的其他情况。

第一百二十八条 通信导航监视设备运行数据和操作情况应当予以完整记录，记录至少保存30天。与事故、事故征候或者其他民用航空不安全事件调查有关的记录，应当按照有关要求保存。

第八节 不安全事件管理

第一百二十九条 通信导航监视服务不安全事件分为事故、事故征候和其他不安全事件。

第一百三十条 通信导航监视服务事故是指由于通信导航监视服务保障原因导致通信导航监视服务异常造成的民用航空器事故。

通信导航监视服务事故征候是指由于通信导航监视服务保障原因导致通信导航监视服务异常造成的民用航空器事故征候。

通信导航监视服务事故和事故征候按照国家和民用航空有关规定确定。

第一百三十一条 其他不安全事件是指通信导航监视服务异常出现下列情况之一的：

（一）造成空中交通管制运行方式和飞行方式改变，并且导致航班取消或者中断正常进近，但不构成民用航空器事故征候的；

（二）遗漏或丢失各种原始记录，直接影响事故或事故征候调查的。

第一百三十二条 通信导航监视运行保障单位应当建立不安全事件管理制度。

第一百三十三条 通信导航监视运行保障单位发生不安全事件时，应当根据事件的性质和影响，及时、如实报告。

第一百三十四条 通信导航监视运行保障单位发生不安全事件后，应当及时分析原因，制定整改措施，并按规定将有关情况上报。

第一百三十五条 通信导航监视运行保障单位应当配合事故、事故征候调查，如实反映相关情况，提供相关资料和数据。

第九节 安 全 保 卫

第一百三十六条 通信导航监视运行保障单位应当制定安全保卫制度和措施，保证人员和通信导航监视设施设备的安全。

第一百三十七条　安全保卫工作应当包括以下主要内容：

（一）采取有效措施，防止或者预防通信导航监视服务设施设备及人员遭受损害；

（二）协调地方政府加强通信导航监视设施设备的安全保卫工作；

（三）防止未经许可人员进入通信导航监视运行保障单位。

第六章　飞行校验与验证

第一百三十八条　通信导航监视设备应当按照有关规定进行飞行校验与验证。

第一百三十九条　飞行校验由民航局飞行校验机构和通信导航监视运行保障单位具体实施。通信导航监视设备验证工作由符合民航局规定条件的验证机构实施。

第一百四十条　通信导航监视设备的飞行校验管理按照《民用航空通信导航监视设备飞行校验管理规则》执行。

第一百四十一条　通信导航监视设备验证工作按照民用航空的有关规定执行。

第七章　资 料 管 理

第一百四十二条　通信导航监视资料是指与提供通信导航监视服务以及其他与通信导航监视工作有关的资料，应当包括以下主要内容：

（一）电信人员基本情况、培训考核记录、持照情况等技术档案；

（二）运行手册、应急管理方案、设备技术说明书、设备操作手册、设备图纸等技术资料；

（三）设备运行记录、人员操作记录、维护维修记录、仪器仪表档案、器材和工具档案、备件保管和使用记录等资料；

（四）服务协议；

（五）与通信导航监视工程建设有关的文件、资料、图纸等工程档案；

（六）民航局颁发的通信导航监视资料；

（七）其他与通信导航监视工作有关的资料。

第一百四十三条　通信导航监视运行保障单位应当建立资料管理制度，实施分层、分类管理并定期清点校对。

第一百四十四条　通信导航监视运行保障单位应当按照民航局要求定期将设备统计资料报地区管理局备案。

第一百四十五条　通信导航监视运行保障单位应当指定专人负责资料的管理，并配备必要的设备。

第一百四十六条　通信导航监视资料的保密和保存期限按照国家和民用航空的有关规定执行。

第八章 监督检查

第一百四十七条 民航局和地区管理局依据职责对通信导航监视服务有关的单位实施监督检查,以确保其符合:

(一)本规则的规定;

(二)本单位通信导航监视工作的规定;

(三)其他有关通信导航监视工作的规定。

第一百四十八条 通信导航监视运行保障单位应当对民航局和地区管理局执法人员的监督检查给予积极配合,不得向执法人员隐瞒情况或者提供虚假情况。

第一百四十九条 任何单位和个人有权向民航局或者地区管理局举报违反本规则的行为。

第九章 法律责任

第一百五十条 通信导航监视运行保障单位违反本规则第八条规定,超越指定的职责范围提供通信导航监视服务的,由地区管理局责令限期改正,给予警告;逾期未改正或者造成严重后果的,对单位处以1万元以上3万元以下罚款。

第一百五十一条 民用机场违反本规则第九条和第十条规定,未按要求设置通信导航监视运行保障单位,或者未按要求取得机场使用许可而提供通信导航监视服务的,由地区管理局责令限期改正,给予警告;逾期未改正或者造成严重后果的,对单位处以1万元以上3万元以下罚款。

第一百五十二条 通信导航监视运行保障单位违反本规则第十七条规定,未按要求组织开展相应的培训,由地区管理局责令限期改正,给予警告;逾期未改正的,对单位处以5000元以上1万元以下罚款。

第一百五十三条 通信导航监视运行保障单位违反本规则第二十二条规定,未按要求购置和使用通信导航监视设备的,由地区管理局责令限期改正,给予警告;逾期未改正的,对单位处以1万元以上3万元以下罚款。

第一百五十四条 通信导航监视运行保障单位违反本规则第二十六条规定,未按要求配备防雷设施、安全保卫设施、消防设施以及环境监控和告警装置等设施设备的,地区管理局应当责令限期改正,给予警告;逾期未改正或者造成严重后果的,对单位处以1万元以上3万元以下罚款。

第一百五十五条 通信导航监视运行保障单位违反本规则第三十条规定,未按要求配备通信导航监视设施设备或者未能保证设施设备正常运行的,地区管理局应当责令限期改正,给予警告;逾期未改正或者造成严重后果的,对单位处以1万元以上3万元以下罚款。

第一百五十六条　通信导航监视运行保障单位违反本规则第四十条规定，实施新技术应用时未按要求建立相应的管理程序和制度的，由地区管理局责令限期改正，给予警告；逾期未改正或者造成严重后果的，对单位处以 1 万元以上 3 万元以下罚款。

第一百五十七条　通信导航监视运行保障单位违反本规则第四十一条规定，未经验证实施新技术应用的，由地区管理局责令改正，给予警告；未改正或者造成严重后果的，对单位处以 1 万元以上 3 万元以下罚款。

第一百五十八条　违反本规则第四十七条规定，危害通信导航监视设施设备的单位和个人，由地区管理局责令立即停止危害行为或者限期改正，给予警告；逾期未改正或者情节严重的，对单位处以 1 万元以上 3 万元以下罚款，对个人处以 200 元以上 1000 元以下罚款。

第一百五十九条　通信导航监视运行保障单位违反本规则第四十八条规定，未按要求对通信导航监视设施设备及其电磁环境采取必要防护措施的，由地区管理局责令改正，给予警告；情节严重的，对单位处以 1 万元以上 3 万元以下罚款。

第一百六十条　通信导航监视运行保障单位违反本规则第四章的规定，有下列情形之一的，由地区管理局责令改正，给予警告；未改正或者造成严重后果的，对单位处以 1 万元以上 3 万元以下罚款：

（一）未按相关规定和标准进行系统配置、参数设置和运行的；

（二）未按要求使用授时系统的，或者未按要求对授时系统进行校准的；

（三）未能持续提供通信导航监视服务的，或者因故无法提供服务，未能采取有效措施的；

（四）未经授权对通信导航监视设备进行本地或者远程操作的；

（五）未按要求使用缩略语与代码的。

第一百六十一条　通信导航监视运行保障单位违反本规则第五章的规定，有下列情形之一的，由地区管理局责令改正，给予警告；未改正或者造成严重后果的，对单位处以 1 万元以上 3 万元以下罚款：

（一）未按要求建立质量管理体系的；

（二）未按要求建立运行管理制度的；

（三）未按要求建立设备维护和维修管理制度的；

（四）未按要求建立设备运行监控制度或者实施监控的；

（五）未按要求建立信息引接制度或者违规进行信息引接的；

（六）未按要求建立应急管理制度的；

（七）未按要求建立运行记录并保存的；

（八）未按要求建立不安全事件管理制度的；

（九）未按要求建立安全保卫制度的。

第一百六十二条 通信导航监视服务保障单位违反本规则第一百四十三条规定，未按要求建立资料管理制度或者未按要求保存相应资料的，由地区管理局责令改正，给予警告；逾期未改正的，对单位处以5000元以上1万元以下罚款。

第一百六十三条 通信导航监视运行保障单位违反本规则第一百四十八条的规定，不接受民航局和地区管理局监督检查的，或在监督检查过程中向执法人员隐瞒情况或者提供虚假情况的，由地区管理局责令改正，给予警告；情节严重的，对单位处以1万元以下罚款。

第十章 附 则

第一百六十四条 本规则自2016年4月28日起实施。1990年5月26日发布，1990年11月1日起施行的《中国民用航空通信导航雷达工作规则》（中国民航总局令第5号，CCAR115TM）同时废止。

附件

定 义

本规则中所用部分术语的含义如下：

通信台（站）：设置于地面固定点用于提供航空固定通信服务的电台（站），以及设置于地面、民用航空器上、船上或海洋平台上用于提供航空移动通信服务的移动电台（站）。

航空器电台：设置于民用航空器上用于提供航空移动通信服务的移动电台。

地空通信：民用航空地空通信台（站）与航空器电台或航空器电台之间的双向通信。

地地通信：民用航空地面固定通信台（站）之间或地面移动通信台（站）之间的双向通信。

航空固定业务通信：在民航各地面通信台（站）之间传递飞行计划与预报、飞行动态、航空情报、气象、运输生产以及其他保障民用航空生产运行信息的通信。

民航专用电话通信：民航各运行单位之间、运行单位与外部有关单位之间通过民航有线通信网或卫星通信网建立的、用于民用航空运行管理的电话通信。

机场移动通信：民用机场范围内的有关单位、人员和民用航空专用流动车辆之间建立的，用于传递保障飞行以及其他运输生产信息的无线通信。

管制中心间通信：民用航空空中交通服务单位之间、境内民用航空空中交通服务单位与境外空中交通服务单位之间、民用航空空中交通服务单位与其它有关单位之间建立的，用于有关空中交通服务信息交换的语音或者数据通信。

空中交通服务地空通信：空中交通服务单位与航空器之间或者航空器之间建立的，用于空中交通服务、飞行情报服务、告警服务、搜寻援救服务等业务的通信。

航务管理地空通信：民用航空企业运行管理部门与航空器之间建立的，用于飞行签派等航务管理业务的通信。

站坪管理地空通信：机场运行管理部门与航空器之间建立的、用于机场站坪服务等业务的通信。

对空气象广播通信：气象服务机构为飞行中的航空器提供例行广播的通信。

长江三峡水利枢纽过闸船舶安全检查暂行办法（节选）

（2017 年 12 月 27 日第 25 次部务会议通过；2018 年 1 月 11 日中华人民共和国交通运输部令 2018 年第 1 号公布；2018 年 6 月 1 日起施行）

第二章　过闸船舶安全自查

第七条　过闸船舶应当自查下列设施设备已经按照标准配置到位并处于正常状态：

（一）机电和应急设备，主要包括：主机、辅机、操舵装置、应急电源、应急操舵装置等；

（二）航行和通信设备，主要包括：甚高频（VHF）电话、船舶自动识别系统（AIS）、卫星导航系统、雷达、罗经、长江电子航道图系统等；

（三）消防设施设备，主要包括：火灾自动报警系统、固定灭火系统等消防设施，移动灭火器材，消防应急照明、船舶防火控制图和消防安全标志、疏散指示标志；

（四）救生设备，主要包括：救生艇筏、救生器材等。

民用航空空中交通管理规则（节选）

（2017 年 9 月 20 日第 16 次部务会议通过；2017 年 9 月 29 日中华人民共和国交通运输部令 2017 年第 30 号公布；2018 年 5 月 1 日起施行）

第十二章　复杂气象条件和特殊情况下的空中交通管制

第七节　迷航或不明的航空器

第四百八十七条　收到航空器驾驶员报告迷航时，管制员应当采取如下措施：

（一）了解航空器的续航能力，根据该航空器发出的所有位置报告，推算出航空器的概略位置并采用一切可用手段确定航空器的位置；

（二）开放有关导航设备，使用雷达搜索，向航空器提供引导，指挥其他航空器避让；

（三）根据航空器所处条件，及时发出如下管制指令：

1. 当航空器低空飞行时，指令其上升到有利的高度，便于扩大视野和雷达观测；

2. 当航空器在山区飞行时，指令其改向平坦地区飞行；

3. 当航空器在国境附近时，指令其改向国境内侧飞行。

（四）根据航空器的概略位置，引导航空器飞向导航台或者铁路、湖泊、江河、城市等显著地标后，通知航空器位置。根据航空器驾驶员飞往着陆机场或者就近机场的决定，通知应飞航向和提供飞行情报；

（五）按照需要将关于该航空器的有关资料以及发给该航空器的指令，通知有关的管制单位和飞行管制部门。

第四百八十八条 迷航航空器驾驶员采取一切措施后仍不能复航，并决定在发现的机场着陆或者选择场地迫降时，管制员应当记录航空器最后所知的位置和时间，尽可能了解迫降情况和地点，并按照搜寻和援救的程序实施工作。

第四百八十九条 为了提供空中交通管制的需要或按有关飞行管制部门的要求，管制单位发现有不明的航空器在本区域内飞行，应当向军民航有关部门报告，尽力识别该航空器，并采取下列措施：

（一）设法与该航空器建立双向通信联络；

（二）询问其他管制单位关于该航空器的情况，并请求其设法与该航空器建立双向通信联络；

（三）设法从区域内的其他航空器得到情报；

（四）向区域内其他航空器通报。

第四百九十条 管制单位在查清不明航空器的情况后，应当及时将航空器的情况通知军民航有关部门。

第八节 空中失火

第四百九十一条 收到航空器驾驶员报告航空器空中失火时，管制员应当采取如下措施：

（一）了解着火部位和航空器驾驶员所采取的措施；

（二）允许航空器下降到最低安全高度，调配其他航空器避让；

（三）向失火航空器提供各种便利和优先着陆许可，避免其复飞；

（四）必要时，询问机上是否有危险货物、机上人数以及剩余油量；

（五）通知有关保障单位和机场管理机构做好航空器着陆和援救的准备工作；

（六）航空器驾驶员决定飞往就近机场着陆或者选择场地迫降时，管制员应当记录航空器最后所知位置和时间，尽可能了解迫降情况和地点，并按照搜寻和援救的程序实施工作。

第十七章　空中交通管制容量和空中交通流量管理

第一节　空中交通管制容量

第六百零八条　空中交通管制容量（以下简称容量）取决于多种因素，包括空中交通服务空域和航路的结构、管制方式和设备、使用该空域的航空器的导航精度、与天气有关的诸种因素以及管制员的工作量等。

容量通常以指定空域或机场在一特定时间内最多能够接受的航空器数量表示。

第六百零九条　容量评估应当考虑下列因素：

（一）提供空中交通服务的水平和种类；

（二）管制区、管制扇区或者有关机场空域结构的复杂性；

（三）管制员工作负荷，包括应当履行的管制和协调任务；

（四）使用的通信、导航和监视系统的种类，其技术可靠性和有效性，以及备用系统或者程序的有效性；

（五）管制员所使用的系统辅助支持和告警功能的有效性；

（六）可接受的延误水平；

（七）航空器性能、机型组合、飞机进离场比例及军航活动；

（八）其他任何可能与管制员工作负荷相关的因素。

民用机场飞行程序和运行最低标准管理规定（节选）

（2016年8月31日第19次部务会议通过；2016年9月2日中华人民共和国交通运输部令2016年第75号发布；2017年1月1日起施行）

第一章　总　　则

第三条　本规定中的飞行程序，是指为航空器在机场区域运行所规定的、按顺序进行的一系列机动飞行的要求，如飞行区域、航迹、高度、速度的规定和限制等，一般包括起飞离场程序、进场程序、进近程序、复飞程序和等待程序等，分为仪表飞行程序和目视飞行程序两类。仪表飞行程序包括传统导航飞行程序和基于性能导航（PBN）飞行程序。

机场运行最低标准，是指机场可用于起飞和进近着陆的运行限制，包括能见度（VIS）、跑道视程（RVR）、最低下降高度/高（MDA/H）、决断高度/高（DA/H）、云底高等。

第二章　飞行程序设计和运行最低标准拟定

第二节　新建、改建、扩建运输机场飞行程序设计和运行最低标准拟定

第十五条　“飞行程序预先研究”是在运输机场选址或者项目建议书（预可行性研究）阶段，根据飞行运行环境的基本要素，对备选场址或方案进行飞行程序方面的综合分析和比选论证，推选对航空器运行和空中交通管理较为有利的场址或方案。主要内容包括：

（一）净空条件；

（二）空域状况；

（三）气象因素；

（四）跑道基本构型和运行方式；

（五）导航设施基本方案；

（六）航线和进离场基本方案；

（七）对城市规划和环境保护的影响；

（八）对于地形和空域复杂的场址，还应当包括对起飞、最后进近的具体计算和说明，以及其他论证所需材料；

（九）军民航协调意见。

第十六条　“飞行程序方案研究”是在运输机场建设可行性研究阶段和机场总体规划阶段，根据确定的场址和预可行性研究结论，或者根据机场的总体规划方案，确定飞行程序基本方案。主要内容包括：

（一）跑道构型和位置；

（二）空域规划方案；

（三）航线和进离场方案；

（四）导航设施布局和目视助航设施；

（五）起飞、最后进近程序及运行最低标准；

（六）净空控制的基本要求和净空处理方案；

（七）军民航飞行程序协调情况和结论。

第十七条　“飞行程序初步设计”是在运输机场工程可行性研究获得批准后，根据批准的建设规模和总体规划以及净空处理方案、空域协调方案和导航台址预选情况，提出飞行程序的具体设计方案。主要内容包括：

（一）导航设施的类型和位置的需求；
（二）航线划设具体方案；
（三）飞行程序详细设计及论证结论；
（四）最低超障高度/高及运行最低标准；
（五）高度表拨正程序；
（六）机场净空处理和保护方案；
（七）根据机场运行需求征求航空器运营人和空中交通管制部门等单位意见的情况。

第十八条 “飞行程序正式设计”是在运输机场建设竣工阶段，根据实际的跑道、导航设施、目视助航设施、障碍物等以及空域限制，确定正式使用的飞行程序。主要内容包括：
（一）飞行程序设计详细过程和结论；
（二）最低超障高度/高及运行最低标准；
（三）高度表拨正程序；
（四）标准仪表进场程序；
（五）标准仪表离场程序；
（六）仪表进近程序；
（七）目视飞行程序（如需要）；
（八）征求航空器运营人和空中交通管制部门等单位意见的情况；
（九）其他有关航行资料。

第三节 运输机场飞行程序和运行最低标准的修改和优化

第二十条 出现下列情况时，运输机场管理机构应当根据需要对飞行程序和运行最低标准进行评估，必要时进行修改和优化：
（一）空域或者航路、航线调整以及管制、运行方法的改变；
（二）导航设施和目视助航设施的改变以及航行新技术的使用；
（三）运行的航空器类别发生变化；
（四）障碍物情况改变；
（五）跑道情况改变；
（六）飞行程序设计规范和运行最低标准制定准则发生改变；
（七）机场运行需求发生显著变化；
（八）其他可能影响飞行程序执行和正常使用的情况。

第四章 飞行程序和运行最低标准的使用和维护

第三十三条 出现导航设施、目视助航设施或气象探测设施故障或者其他影响安全运行的紧急情况，需要立即临时改变飞行程序和提高运行最低标准时，机场管理机构应当以航行通告等形式立即修改并通知有关运行单位和人员，但事后应当及时向地区管理局报告并获得批准。紧急情况消除后，应当及时恢复原飞行程序和运行最低标准，并报告地区管理局。

如导航设施和气象探测设施隶属于空中交通管理部门，在该设施出现故障或者其他影响安全运行的紧急情况时，空中交通管理部门应当及时通报机场管理机构。

放射性物品道路运输管理规定（节选）

（2010年10月27日交通运输部发布；根据2016年9月2日《交通运输部关于修改〈放射性物品道路运输管理规定〉的决定》修正；2016年9月2日交通运输部令2016年第71号公布；2016年9月2日起施行）

第二章　运输资质许可

第七条　申请从事放射性物品道路运输经营的，应当具备下列条件：

（一）有符合要求的专用车辆和设备。

1. 专用车辆要求。

（1）专用车辆的技术要求应当符合《道路运输车辆技术管理规定》有关规定；

（2）车辆为企业自有，且数量为5辆以上；

（3）核定载质量在1吨及以下的车辆为厢式或者封闭货车；

（4）车辆配备满足在线监控要求，且具有行驶记录仪功能的卫星定位系统。

道路运输车辆动态监督管理办法（节选）

（2014年1月28日交通运输部、公安部、国家安全生产监督管理总局发布；根据2016年4月20日《交通运输部、公安部、国家安全生产监督管理总局关于修改〈道路运输车辆动态监督管理办法〉的决定》修正；2016年4月20日交通运输部令2016年第55号公布；2016年4月20日起施行）

第一章　总　　则

第二条　道路运输车辆安装、使用具有行驶记录功能的卫星定位装置（以下简称卫星定位装置）以及相关安全监督管理活动，适用本办法。

第二章　系统建设

第六条　道路运输车辆卫星定位系统平台应当符合以下标准要求：

（一）《道路运输车辆卫星定位系统平台技术要求》（JT/T 796）；

（二）《道路运输车辆卫星定位系统终端通讯协议及数据格式》（JT/T 808）；

（三）《道路运输车辆卫星定位系统平台数据交换》（JT/T 809）。

第七条　在道路运输车辆上安装的卫星定位装置应符合以下标准要求：

（一）《道路运输车辆卫星定位系统车载终端技术要求》（JT/T 794）；

（二）《道路运输车辆卫星定位系统终端通讯协议及数据格式》（JT/T 808）；

（三）《机动车运行安全技术条件》（GB 7258）；

（四）《汽车行驶记录仪》（GB/T 19056）。

第八条　道路运输车辆卫星定位系统平台和车载终端应当通过有关专业机构的标准符合性技术审查。对通过标准符合性技术审查的系统平台和车载终端，由交通运输部发布公告。

第九条　道路旅客运输企业、道路危险货物运输企业和拥有50辆及以上重型载货汽车或者牵引车的道路货物运输企业应当按照标准建设道路运输车辆动态监控平台，或者使用符合条件的社会化卫星定位系统监控平台（以下统称监控平台），对所属道路运输车辆和驾驶员运行过程进行实时监控和管理。

第十二条　旅游客车、包车客车、三类以上班线客车和危险货物运输车辆在出厂前应当安装符合标准的卫星定位装置。重型载货汽车和半挂牵引车在出厂前应当安装符合标准的卫星定位装置，并接入全国道路货运车辆公共监管与服务平台（以下简称道路货运车辆公共平台）。

车辆制造企业为道路运输车辆安装符合标准的卫星定位装置后，应当随车附带相关安装证明材料。

第十三条　道路运输经营者应当选购安装符合标准的卫星定位装置的车辆，并接入符合要求的监控平台。

第十六条　道路运输管理机构在办理营运手续时，应当对道路运输车辆安装卫星定位装置及接入系统平台的情况进行审核。

第十七条　对新出厂车辆已安装的卫星定位装置，任何单位和个人不得随意拆卸。除危险货物运输车辆接入联网联控系统监控平台时按照有关标准要求进行相应设置以外，不得改变货运车辆车载终端监控中心的域名设置。

第二十条　任何单位、个人不得擅自泄露、删除、篡改卫星定位系统平台的历史和实时动态数据。

第三章　车 辆 监 控

第二十七条　道路运输经营者应当确保卫星定位装置正常使用，保持车辆运行实时在线。

卫星定位装置出现故障不能保持在线的道路运输车辆，道路运输经营者不得安排其从事道路运输经营活动。

第二十八条　任何单位和个人不得破坏卫星定位装置以及恶意人为干扰、屏蔽卫星定位装置信号，不得篡改卫星定位装置数据。

第二十九条　卫星定位系统平台应当提供持续、可靠的技术服务，保证车辆动态监控数据真实、准确，确保提供监控服务的系统平台安全、稳定运行。

第四章　监 督 检 查

第三十四条　鼓励各地利用卫星定位装置，对营运驾驶员安全行驶里程进行统计分析，开展安全行车驾驶员竞赛活动。

第五章　法 律 责 任

第三十五条　道路运输管理机构对未按照要求安装卫星定位装置，或者已安装卫星定位装置但未能在联网联控系统（重型载货汽车和半挂牵引车未能在道路货运车辆公共平台）正常显示的车辆，不予发放或者审验《道路运输证》。

第三十七条　违反本办法的规定，道路运输经营者使用卫星定位装置出现故障不能保持在线的运输车辆从事经营活动的，由县级以上道路运输管理机构责令改正。拒不改正的，处800元罚款。

第三十八条　违反本办法的规定，有下列情形之一的，由县级以上道路运输管理机构责令改正，处2000元以上5000元以下罚款：

（一）破坏卫星定位装置以及恶意人为干扰、屏蔽卫星定位装置信号的；

（二）伪造、篡改、删除车辆动态监控数据的。

第六章　附　　则

第四十一条　在本办法实施前已经进入运输市场的重型载货汽车和半挂牵引车，应当于2015年12月31日前全部安装、使用卫星定位装置，并接入道路货运车辆公共平台。

农村客运车辆动态监督管理可参照本办法执行。

运输类飞机适航标准(节选)

(2016 年 3 月 11 日交通运输部第 5 次部务会议通过;2016 年 3 月 17 日中华人民共和国交通运输部令 2016 年第 19 号公布;2016 年 4 月 17 日起施行)

F 分部设备

总　　则

第 25.1303 条　飞行和导航仪表

(a)下列飞行和导航仪表的安装必须使每一驾驶员从其工作位置都能看到该仪表:

(1)大气静温表,或可将其指示换算为大气静温的大气温度表;

(2)带秒针的或数字式的显示时、分、秒的时钟;

(3)航向指示器(无陀螺稳定的磁罗盘)。

(b)每一驾驶员工作位置处必须安装下列飞行和导航仪表:

(1)空速表。如果空速限制随高度变化,则该表必须指示随高度变化的最大允许空速 VMO;

(2)高度表(灵敏型);

(3)升降速度表(垂直速度);

(4)带有侧滑指示器(转弯倾斜仪)的陀螺转弯仪,但按有关营运条例装有在 360 度俯仰和滚转姿态中均可工作的第三套姿态仪表系统的大型飞机,只需有侧滑指示器;

(5)倾斜俯仰指示器(陀螺稳定的);

(6)航向指示器(陀螺稳定的磁罗盘或非磁罗盘)。

(c)飞机应根据下列规定的情况安装相应的飞行和导航仪表:

(1)涡轮发动机飞机和 VMO/MMO 大于 0.8VDF/MDF 或 0.8VD/MD 的飞机,需有速度警告装置。当速度超过 VMO +6 节或 MMO +0.01 时,速度警告装置必须向驾驶员发出有效的音响警告(要与其它用途的音响警告有明显区别)。该警告装置的制造允差的上限不得超过规定的警告速度;

(2)有压缩性限制而本条(b)(1)要求的空速指示系统未向驾驶员指示 MMO 的飞机,在每一驾驶员工作位置处需有马赫数表。

第 25.1307 条　其它设备

所需的其它设备规定如下:

(a)[备用]

(b)两个或两个以上独立的电源;

(c)本部规定的电气保护装置;

(d)两套双向无线电通信系统,每套系统的控制装置可从每个驾驶员的工作位置进行操作,其设计和安装需保证一套系统失效时不影响另一套系统工作。允许使用公共的天线系统,只要表明使用后仍具有足够的可靠性;

(e)两套无线电导航系统,每套系统的控制装置可从每个驾驶员的工作位置进行操作,其设计和安装需保证一套系统失效时不影响另一套系统工作。允许使用公共的天线系统,只要表明使用后仍具有足够的可靠性;

第 25.1321 条 布局和可见度

(a)必须使任一驾驶员在其工作位置沿飞行航迹向前观察时,尽可能少偏移正常姿势和视线,即可看清供他使用的每个飞行、导航和动力装置仪表。

第 25.1331 条 使用能源的仪表

(a)对于第 25.1303(b)条要求的使用能源的每个仪表,采用下列规定:

(1)每个仪表都必须具有与仪表构成一体的目视指示装置,在供能不足以维持仪表正常性能时发出指示。能源必须在进入仪表处或其附近测量。对电气仪表,当电压在批准的范围内时,即认为电源满足要求;

(2)每个仪表在一个能源一旦失效时,必须由另一能源供能,此转换可以自动或手动完成;

(3)如果提供导航数据的仪表是从该仪表外部的来源接受信息的,并且丧失这些信息就会使所提供的数据不可靠,则该仪表必须具有目视指示装置,当信息丧失时向机组发出警告,不应再信赖所提供的数据。

(b)本条所用"仪表"一词,包括装在一个设备内的装置,以及由多个实体上分开但彼此相连的设备或部件所组成的装置(以远读陀螺航向指示器为例,它由磁感应传感器、陀螺装置、放大器和指示器相连而成)。

第 25.1457 条 驾驶舱录音机

(a)中国民用航空规章营运规则所要求的每台驾驶舱录音机必须经过批准,并且其安装必须能够记录下列信息:

(1)通过无线电在飞机上发出或收到的通话;

(2)驾驶舱内飞行机组成员的对话;

(3)驾驶舱内飞行机组成员使用飞机内话系统时的通话;

(4)进入耳机或扬声器中的导航或进场设备的通话或音频识别信号;

民用航空空中交通管理运行单位安全管理规则(节选)

(2016年3月11日第5次部务会议通过;2016年3月17日中华人民共和国交通运输部令2016年第17号公布;2016年4月17日起施行)

第一章　总　　则

第二条　在中华人民共和国领域内从事民用航空空中交通服务、航空情报服务、通信导航监视服务、航空气象服务的单位(以下简称民航空管运行单位)和个人,应当遵守本规则。

本规则所指的民航空管运行单位包括中国民用航空局空中交通管理局及其所属的地区空中交通管理局、空中交通管理分局、空中交通管理站和机场管理机构及其下属的民航空管运行部门。

第三章　民航空管安全管理

第二十四条　民航空管运行单位应当按照民航安全目标,确立民航空管运行安全指标。民航空管运行安全指标应当包括:

(一)民航空管原因航空器事故征候和严重事故征候的事件数量和万架次率;

(二)民航空管通信、导航、监视、航空气象和航空情报等设备的运行正常率和完好率;

(三)民航空管设施设备故障等原因影响民航空管运行的不正常事件以及其持续时间、影响范围和程度;

(四)重要天气预报准确率和气象地面观测错情率;

(五)航空情报资料发布以及更新的准确率;

(六)其他可能影响实现民航安全目标的工作指标。

原中国民用航空总局

民用航空空中交通通信导航监视设备使用许可管理办法

（2002 年 7 月 2 日中国民航总局令第 111 号公布；
2002 年 8 月 1 日起施行）

第一章　总　　则

第一条　为保障飞行安全，加强对民用航空空中交通通信导航监视设备的管理，根据《中华人民共和国民用航空法》第三条、第八十四条和第八十七条，制定本办法。

第二条　民用航空空中交通通信导航监视设备（以下简称通信导航监视设备或者设备）生产厂家申办民用航空空中交通通信导航监视设备临时使用许可证（以下简称临时使用许可证）和民用航空空中交通通信导航监视设备使用许可证（以下简称使用许可证），适用本办法。

购置或者使用通信导航监视设备提供民用航空空中交通通信导航监视服务的，应当遵守本办法。

第三条　本办法所称通信导航监视设备是指提供民用航空空中交通通信导航监视服务的设备，包括甚高频通信、高频通信、集群通信、卫星通信导航监视、话音交换、记录仪、数据通信、自动转报、电传终端、无线电监测、全向信标、测距仪、无方向信标、指点信标、航管一次雷达、航管二次雷达、场面监视雷达、精密进近雷达设备和仪表着陆系统、空中交通管制自动化系统以及中国民用航空总局空中交通管理局（以下简称民航总局空管局）指定的提供民用航空空中交通通信导航监视服务的其他设备。

本条前款所称提供民用航空空中交通通信导航监视服务的其他设备由民航总局空管局定期公布。

第四条　民航总局空管局对通信导航监视设备的使用许可实施统一管理。

临时使用许可证和使用许可证的颁发和注销由民航总局空管局定期公布。

第五条　中国境内提供民用航空空中交通通信导航监视服务的单位不得使用未取得临时使用许可证或者使用许可证的设备提供民用航空空中交通通信导航监视服务。

第二章　临时使用许可证的申请与颁发

第六条　通信导航监视设备生产厂家申请临时使用许可证，应当具备以下基本条件：

（一）设备的技术指标符合中华人民共和国相关国家标准、国际民用航空组织颁布的相关技术标准和中国民用航空相关行业标准、规章；

（二）设备生产厂家持有设备生产国批准生产或者销售的证明文件和有关部门核发的技术鉴定文件，同时持有ISO9001和ISO9002的认证书；

（三）设备生产厂家具有技术支持能力。

第七条　设备生产厂家或者其授权的代理机构申请临时使用许可证的，应当向民航总局空管局提出书面申请，填写本办法附件一《民用航空空中交通通信导航监视设备许可证申请表》，并提供附件一规定的相关技术附件和本办法第六条规定的相关文件、材料。

第八条　民航总局空管局在收到设备生产厂家申请之日起6个月内完成对本办法第六条规定的基本条件的审查和对设备的测试。基本条件审查合格并且设备测试合格的，由民航总局空管局按本办法附件二颁发《民用航空空中交通通信导航监视设备临时使用许可证》。

设备生产厂家可以指定设备测试地点。

第九条　临时使用许可证有效期为2年。

临时使用许可证有效期内，设备生产厂家或者其授权的代理机构不得为同一型号的设备再次申办临时使用许可证。

第十条　在临时使用许可证有效期内，设备生产厂家可以向中国境内从事民用航空空中交通通信导航监视服务单位提供不多于一套的具备临时使用许可证的设备。

第三章　使用许可证的申请与颁发

第十一条　设备生产厂家申请使用许可证，应当出具下列基本文件：

（一）同一型号设备的临时使用许可证；

（二）在中国境内从事民用航空空中交通通信导航监视服务单位与设备生产厂家签订的设备购销合同或者协议；

（三）设备安装调试竣工报告。

第十二条　设备生产厂家或者其授权的代理机构申请使用许可证的，应当向民航总局空管局提出书面申请，按本办法附件一填写申请表并提供附件一规定的相关技术附件和本办法第十一条规定的相关文件。

第十三条　使用许可证依照下列程序取得：

（一）民航总局空管局在收到设备生产厂家或者其授权的代理机构申请之日起3个月内完成对设备的现场测试；

（二）现场测试合格的设备进行试运行。试运行期视设备复杂程度为3至12个月。设备在民用航空空中交通通信导航监视服务领域内投产使用经历不足1年的，试

运行期延长12至24个月。设备试运行期超过2年的,临时使用许可证视为继续有效;

(三)试运行期满后,民航总局空管局根据第六条第一项的要求和试运行期间设备的运行状况对设备进行试运行评审。试运行评审合格的,由民航总局空管局按本办法附件三颁发《民用航空空中交通通信导航监视设备使用许可证》,同时注销临时使用许可证;

(四)现场测试或者试运行评审不合格的,经设备购置单位与设备生产厂家协商一致后重新提出现场测试或者试运行评审的申请。现场测试或者试运行评审程序依照本条第(一)、(二)、(三)项的相应规定进行。

第十四条 使用许可证有效期为5年。

第十五条 使用许可证颁发后,设备生产厂家应当按照民航总局空管局的要求,及时、准确地提供有关生产情况、设备质量和售后服务等方面的信息。

第四章 临时使用许可证和使用许可证的注销

第十六条 出现下列情形之一的,由民航总局空管局注销临时使用许可证或者使用许可证:

(一)设备存在设计缺陷或者质量问题,经使用或者测试证明达不到标准;

(二)设备售后服务不佳,责令限期改正逾期未改;

(三)未经民航总局空管局认可,擅自变更设备标准;

(四)设备生产厂家所有权发生变化或者生产状况发生重大变化,足以影响设备的生产或者使用,未按规定申请复审;

(五)民航总局空管局决定对设备进行淘汰或者更新;

(六)民航总局空管局认为应当注销的其他情形。

第十七条 自临时使用许可证或者使用许可证注销之日起一年后,设备生产厂家或者其授权的代理机构可以按本办法重新提出申请。对于重新提出申请的,由民航总局空管局根据本办法第二章或者第三章的规定以及注销原因,进行相应的审查或者测试。审查或者测试合格的,由民航总局空管局颁发临时使用许可证或者使用许可证。

第十八条 除本办法第十六条第(一)项的情形外,已投入开放使用的设备,其临时使用许可证或者使用许可证被注销的,经民航总局空管局批准,该设备可以继续使用。

第五章 临时使用许可证和使用许可证的复审

第十九条 设备生产厂家或者其授权的代理机构认为临时使用许可证或者使用许可证有效期届满后需要延期的,应当在有效期届满6个月前提出延期申请。

民航总局空管局在收到设备生产厂家或者其授权的代理机构申请之日起6个月

内按照本办法第六条的规定完成复审。

复审合格的，由民航总局空管局颁发新的临时使用许可证或者使用许可证。

第二十条　设备生产厂家所有权发生变化或者生产状况发生重大变化，足以影响设备的生产或者使用，设备生产厂家或者其授权的代理机构应当提出复审申请。

民航总局空管局在收到设备生产厂家或者其授权的代理机构申请之日起6个月内按照本办法第八条的规定完成相应的审查或者测试。

在复审期间，设备生产厂家或者其授权的代理机构不得向中国境内民用航空空中交通通信导航监视服务单位提供与复审相关的同一型号的设备。

复审合格的，由民航总局空管局颁发新的临时使用许可证或者使用许可证。

第六章　罚　　则

第二十一条　中国境内提供民用航空空中交通通信导航监视服务的单位，违反本办法第五条规定，使用未取得临时使用许可证或者使用许可证设备的，由民航总局空管局责令限期改正、处以警告并可以向其主管单位提出给予该单位主要责任人行政处分的建议。

第七章　附　　则

第二十二条　设备生产厂家申请办理临时使用许可证或者使用许可证时，应当交纳临时使用许可或者使用许可收费。具体收费项目和收费标准按国家有关规定执行。

第二十三条　对于本办法施行之日前已经使用的通信导航监视设备，在本办法施行之日后6个月内设备生产厂家或者其授权的代理机构提出申请办理使用许可证的，由民航总局空管局直接办理；逾期申请办理使用许可证的，按本办法第二章、第三章的规定办理；逾期未申请办理使用许可证的，但设备已经民航总局空管局批准使用的，该设备可以继续使用。

第二十四条　本办法自二○○二年八月一日起施行。

中国民用航空飞行签派员执照管理规则（节选）

（1999年10月15日中国民用航空总局令第89号发布；
1999年10月15日起施行）

第四章　执照申请人应当具备的知识、经历和技能

第二十三条　飞行签派员执照申请人应当具备下列知识并通过相关内容的笔试：

（一）航空法规，有关飞机运行的规章、规则及相应的空中交通服务措施和程序；

（二）航空器一般知识，航空器动力装置、系统和仪表的操作原理，航空器和动力装置的使用限制，最低设备清单；

（三）飞行性能计算与计划程序，装载及重量分布对飞机性能、飞行特性的影响，重量和平衡计算，运行飞行计划，燃油消耗与航程计算，备降机场的选择程序，航路巡航控制，延伸航程运行，空中交通服务飞行计划的准备与申报，计算机辅助计划系统的基本原理；

（四）航空气象学，气压系统的移动，锋面结构和影响起飞、航路和着陆条件的重要天气现象的起源和特征，航空气象报告、图表和预测的判读及应用，代码和简字，气象资料的使用以及获取气象资料的程序；

（五）导航设备、设施的工作原理、性能和使用；

（六）运行程序，航行文件的使用，与飞行事故和事件相关的程序，应急飞行程序，与非法干扰及破坏航空器有关的程序，与相应的航空器类别有关的飞行原理；

（七）无线电通话，与飞机及相关地面站通信的程序；

（八）专业英语。

原中华人民共和国铁道部

铁路主要技术政策（节选）

（2012 年 10 月 22 日铁道部部长办公会议通过；2013 年 1 月 9 日
中华人民共和国铁道部令第 34 号公布；2013 年 2 月 1 日起施行）

第六章　铁路信息化

第二十七条　推进运输调度指挥、运输生产组织、客货营销服务、运力资源配置、经营资源管理、行车安全监控、铁路建设和政务管理等信息化，强化系统整合，促进业务流程再造和资源优化配置，深入开发和综合利用信息资源，充分发挥信息化整体效益。

积极发展应用物联网、云计算、地理信息、卫星导航、下一代互联网等现代信息技术。

原中华人民共和国农业部

渔业航标管理办法(节选)

(2008 年 4 月 3 日农业部第 4 次常务会议审议通过;2008 年 4 月 10 日
中华人民共和国农业部令第 13 号发布;2008 年 6 月 1 日起施行)

第二条　渔业航标的规划、设置、维护和管理,适用本办法。

本办法所称渔业航标,是指在渔港、进出港航道和渔业水域主要供渔业船舶定位、导航或者用于其他专用目的的助航设施,包括视觉渔业航标、无线电导航设施和音响渔业航标。

第十八条　在视觉渔业航标的通视方向或者无线电导航设施的发射方向,不得构筑影响渔业航标正常工作效能的建筑物、构筑物,不得种植影响渔业航标正常工作效能的植物。

第十九条　因航道改变、被遮挡、背景等原因影响渔业航标导航功能的,渔业航标管理机关应当及时清除影响,必要时应当撤销另设,以保证其正常导航功能。

第二十五条　禁止下列影响渔业航标工作效能的行为:

(一)在渔业航标周围 20 米内或者在埋有渔业航标地下管道、线路的地面钻孔、挖坑、采掘土石、堆放物品或者进行明火作业;

(二)在渔业航标周围 150 米内进行爆破作业;

(三)在渔业航标周围 500 米内烧荒;

(四)在无线电导航设施附近设置、使用影响导航设施工作效能的高频电磁幅射装置、设备;

(五)在渔业航标架空线路上附挂其他电力、通信线路;

(六)在渔业航标周围抛锚、拖锚、捕鱼或者养殖水生生物;

(七)影响渔业航标工作效能的其他行为。

中韩渔业协定暂定措施水域和过渡水域管理办法(节选)

(2001 年 2 月 16 日农业部令第 47 号公布;根据 2004 年 7 月 1 日《农业部关于修订农业行政许可规章和规范性文件的决定》修订;2004 年 7 月 1 日农业部令第 38 号发布;2004 年 7 月 1 日起施行)

第六条　申请进入暂定措施水域和过渡水域从事渔业活动的渔船必须具备下列

条件：

1. 持有有效的渔业捕捞许可证书、船舶检验证书、船舶登记证书（或船舶国籍证书）、电台执照及其他必备证书；

2. 适航航区在Ⅱ类以上，并处于适航状态，装备有全球卫星定位仪（GPS）；

3. 按规定配齐船员，职务船员应持有有效的职务船员证书。

中华人民共和国商务部

中国禁止出口限制出口技术目录（节选）

（2008年9月16日中华人民共和国商务部、中华人民共和国科技部令2008年第12号修订；2020年8月28日中华人民共和国商务部、中华人民共和国科学技术部公告2020年第38号发布；2020年8月28日起施行）

中国禁止出口限制出口技术目录

（禁止出口部分）

编号：053701J

技术名称：航天器测控技术

控制要点：我国使用的卫星及其运载无线电遥控遥测编码和加密技术

编号：056002J

技术名称：空间数据传输技术

控制要点：涉及下列其中之一的卫星数据加密技术

1. 保密原理、方案及线路设计技术

2. 加密与解密的软件、硬件

编号：056003J

技术名称：卫星应用技术

控制要点：北斗卫星导航系统信息传输加密技术

专业技术服务业

编号：057601J

技术名称：大地测量技术

控制要点：1. 直接输出我国大地坐标的卫星定位技术

2. 我国大地、卫星、重力、高程数据库及其开发应用技术

3. 我国地球重力场模型

中国禁止出口限制出口技术目录

（限制出口部分）

编号:056004X

技术名称:卫星应用技术

控制要点:1. 涉及下列内容之一的北斗卫星导航定位系统

(1)入站信号实时捕获单元的信号格式、器件结构和制造工艺

(2)出站信号快速捕获单元的信号捕获方法、电路结构和专用芯片

(3)系统的信息传输体制、调制方式、帧结构

中华人民共和国海关总署

中华人民共和国海关关于境内公路承运海关监管货物的运输企业及其车辆的管理办法(节选)

(2001 年 9 月 27 日海关总署令第 88 号发布;根据 2004 年 11 月 30 日海关总署令第 121 号《海关总署关于修改〈中华人民共和国海关关于境内公路承运海关监管货物的运输企业及其车辆、驾驶员的管理办法〉的决定》第一次修正;根据 2015 年 4 月 28 日海关总署令第 227 号《海关总署关于修改部分规章的决定》第二次修正;根据 2017 年 12 月 20 日海关总署令第 235 号《海关总署关于修改部分规章的决定》第三次修正;根据 2018 年 5 月 29 日海关总署令第 240 号《海关总署关于修改部分规章的决定》第四次修正;2018 年 5 月 29 日中华人民共和国海关总署令第 240 号发布;2018 年 7 月 1 日起施行)

第三章　海 关 监 管

第十七条　实施卫星定位管理的车辆,卫星定位管理系统配套使用的身份证(IC)卡与汽车载货登记簿具有同等效力。

中华人民共和国国家统计局

知识产权(专利)密集型产业统计分类(节选)

(2019年3月13日国家统计局第4次常务会议通过;2019年4月1日国家统计局令第25号发布;2019年4月1日起施行)

七、知识产权(专利)密集型产业统计分类表

03　新装备制造业

0306　仪器仪表设备制造

4023　导航、测绘、气象及海洋专用仪器制造

第四部分　涉及卫星导航的国家政策性文件

国务院关于建设现代综合交通运输体系有关工作情况的报告(节选)

（2021 年 6 月 7 日第十三届全国人民代表大会常务委员会第二十九次会议通过）

一、现代综合交通运输体系建设主要进展和成效

（三）综合交通运输创新能力显著提升，发展质量持续提高。一是科技创新能力大幅跃升。跨海桥隧、深水航道、自动化码头等成套技术跻身世界前列，港珠澳大桥、京张高铁、上海洋山港自动化码头等一批超级工程建成，油船、散货船、集装箱船三大主流船型的智能示范船交付运营，复兴号系列动车组上线运行，C919 大型客机全面开展试验试飞，ARJ21 支线客机进入规模化运营阶段。二是智慧交通发展步伐加快。多种智能交通方式建设有序推进，无人机、智能船舶、智能网联汽车、无人仓加快应用，北斗系统在交通运输领域深入推广，共享单车、网约车、无人机投递、网络货运等新业态新模式蓬勃发展。三是节能降碳和污染治理取得实效。严格实施能源消费总量和强度双控制度，推广应用新能源和清洁能源运输装备，城市公交、出租车和货运配送成为新能源汽车应用的主要领域，使用量超过 120 万辆，新能源公交车占城市公交的比例超过 60%，铁路电气化率达 72.8%，电力机车完成的牵引工作量接近 90%，“十三五”时期交通运输碳排放强度下降率达 7.5%。坚决打好交通运输领域污染防治攻坚战，加快淘汰老旧和高排放装备，设立船舶大气污染物排放控制区，抓好长江经济带船舶和港口污染突出问题整治，打赢民航蓝天保卫战，推进快递包装绿色转型。全面开展运输结构调整三年行动，与 2017 年相比，2020 年铁路货运增量 8.63 亿吨、水路货运增量 9.38 亿吨，沿海港口大宗货物公路运输量减少 3.7 亿吨。

三、下一步工作考虑

（四）着力提高综合交通运输发展质量效益。一是提升安全发展水平。强化底线思维，切实加强交通运输各领域安全生产管理，坚决防止重特大事故的发生。深入推进交通运输重点领域安全整治，提高交通运输网络抗风险能力。构建综合交通运输应急管理体制机制，提高应急保障能力，切实维护道路运输、水上运输、交通运输新业态等行业稳定。二是提升智慧发展水平。推动既有设施智能化改造升级和交通新型基础设施建设，健全完善信息共享机制。稳步推进北斗系统推广应用和强化自动驾驶等关键核心技术研发，夯实创新发展基础。三是提升绿色发展水平。健全交通运输碳排放控制政策体系，优化调整运输结构，大力发展绿色出行，积极推广应用新能源

和清洁能源运输装备,加快建设铁路专用线,建立健全长江经济带船舶和港口污染防治长效机制,加快推进快递包装绿色转型,推动交通运输碳达峰、碳中和目标如期实现。

中华人民共和国国民经济和社会发展第十四个五年规划和2035年远景目标纲要(节选)

(2021年3月11日第十三届全国人民代表大会第四次会议批准)

第三篇　加快发展现代产业体系　巩固壮大实体经济根基

第九章　发展壮大战略性新兴产业

第一节　构筑产业体系新支柱

聚焦新一代信息技术、生物技术、新能源、新材料、高端装备、新能源汽车、绿色环保以及航空航天、海洋装备等战略性新兴产业,加快关键核心技术创新应用,增强要素保障能力,培育壮大产业发展新动能。推动生物技术和信息技术融合创新,加快发展生物医药、生物育种、生物材料、生物能源等产业,做大做强生物经济。深化北斗系统推广应用,推动北斗产业高质量发展。深入推进国家战略性新兴产业集群发展工程,健全产业集群组织管理和专业化推进机制,建设创新和公共服务综合体,构建一批各具特色、优势互补、结构合理的战略性新兴产业增长引擎。鼓励技术创新和企业兼并重组,防止低水平重复建设。发挥产业投资基金引导作用,加大融资担保和风险补偿力度。

第十四章　加快培育完整内需体系

第二节　拓展投资空间

优化投资结构,提高投资效率,保持投资合理增长。加快补齐基础设施、市政工程、农业农村、公共安全、生态环保、公共卫生、物资储备、防灾减灾、民生保障等领域短板,推动企业设备更新和技术改造,扩大战略性新兴产业投资。推进既促消费惠民生又调结构增后劲的新型基础设施、新型城镇化、交通水利等重大工程建设。面向服务国家重大战略,实施川藏铁路、西部陆海新通道、国家水网、雅鲁藏布江下游水电开发、星际探测、北斗产业化等重大工程,推进重大科研设施、重大生态系统保护修复、公共卫生应急保障、重大引调水、防洪减灾、送电输气、沿边沿江沿海交通等一批强基础、增功能、利长远的重大项目建设。深化投融资体制改革,发挥政府投资撬动作用,激发民间投资活力,形成市场主导的投资内生增长机制。健全项目谋划、储备、推进机制,加大资金、用地等要素保障力度,加快投资项目落地见效。规范有序推进政府和社会资本合作(PPP),推动基础设施领域不动产投资信托基金(REITs)健康发展,有效盘活存量资产,形成存量资产和新增投资的良性循环。

第十三届全国人民代表大会第四次会议关于2020年国民经济和社会发展计划执行情况与2021年国民经济和社会发展计划的决议(节选)

(2021年3月11日第十三届全国人民代表大会第四次会议通过)

一、2020年国民经济和社会发展计划执行情况

(四)深入推进创新驱动发展,科技实力进一步提升。创新在我国现代化建设全局中的核心地位不断增强,全国研究与试验发展经费投入强度为2.4%,科技进步贡献率提高至60%以上。

一是创新能力建设进一步加强。重大科技成果持续涌现,“嫦娥五号”任务首次实现我国地外天体采样返回,我国首次火星探测任务“天问一号”探测器成功发射,500米口径球面射电望远镜(FAST)正式开放运行,“北斗三号”全球卫星导航系统正式开通,量子计算原型系统“九章”成功研制,全海深载人潜水器“奋斗者”号完成万米深潜。国家实验室相继挂牌,新一代人工智能、量子通信与量子计算机、脑科学和类脑研究等“科技创新2030－重大项目”加快部署实施,深度参与热核聚变实验堆计划等国际大科学计划。创新平台建设加速推进,在新一代信息技术、生物医药、新能源等战略性领域高水平建设一批国家产业创新中心、工程研究中心、技术创新中心、制造业创新中心和企业技术中心,高能同步辐射光源、硬X射线自由电子激光、未来网络试验设施等国家重大科技基础设施加快建设。

三、2021年国民经济和社会发展计划的主要任务

(二)加快科技自立自强,推进产业基础高级化、产业链现代化。强化国家战略科技力量,继续加强基础研究、应用研究和科技成果转移转化,进一步提高我国产业核心竞争力。全社会研发经费投入增长7%以上。

二是着力振兴和发展实体经济。实施新一轮制造业核心竞争力提升五年行动计划,开展先进制造业集群发展专项行动,创建国家制造业高质量发展试验区。对先进制造业企业按月全额退还增值税增量留抵税额,提高制造业贷款比重,扩大制造业设备更新和技术改造投资。加快重点行业结构调整和绿色化改造,持续推进国家战略性新兴产业集群发展工程,强化技术创新和公共服务。落实新时期促进集成电路产业和软件产业高质量发展的若干政策。加强产业管理,促进新能源汽车健康有序发展,加快构建智能汽车基础设施、产业生态等支撑体系。加快壮大新能源等产业,提升新能源消纳和存储能力。培育壮大生物经济,推动生物技术融合发展。加快临床急需用药和高端医疗装备开发及产业化。推动北斗大规模应用及产业化发展。稳步提升航空产业链现代化和国际化水平。继续推动先进制造业和现代服务业融合试点。依托工业互联网、工业软件等新一代信息技术,加快制造服务业发展。进一步完善废旧家电回收处理体系,畅通家电生产、消费、回收、处理全链条。实施中华老字号保护发展工程。办好 2021 年中国品牌日活动。

中华人民共和国国民经济和社会发展第十三个五年规划纲要(节选)

(2016 年 3 月 16 日第十二届全国人民代表大会第四次会议批准)

第五篇 优化现代产业体系

第二十三章 支持战略性新兴产业发展

第四节 完善新兴产业发展环境

发挥产业政策导向和促进竞争功能,构建有利于新技术、新产品、新业态、新模式发展的准入条件、监管规则和标准体系。鼓励民生和基础设施重大工程采用创新产品和服务。设立国家战略性产业发展基金,充分发挥新兴产业创业投资引导基金作用,重点支持新兴产业领域初创期创新型企业。

专栏 8 战略性新兴产业发展行动

(三)空间信息智能感知

加快构建以多模遥感、宽带移动通信、全球北斗导航卫星为核心的国家民用空间基础设施,形成服务于全球通信、减灾防灾、资源调查监管、城市管理、气象与环境监测、位置服务等领域系统性技术支撑和产业化应用能力。加速北斗、遥感卫星商业化应用。

中华人民共和国国民经济和社会发展第十二个五年规划纲要(节选)

(2011 年 3 月 14 日第十一届全国人民代表大会第四次会议批准)

第十章　培育发展战略性新兴产业

第二节　实施产业创新发展工程

专栏5　战略性新兴产业创新发展工程

04　高端装备制造产业

建设新型国产干支线飞机、通用飞机、直升机产业化平台,建设导航、遥感、通信等卫星组成的空间基础设施框架,发展智能控制系统、高档数控机床、高速列车及城市轨道交通装备等。

中华人民共和国国民经济和社会发展第十一个五年规划纲要(节选)

(2006 年 3 月 14 日第十届全国人民代表大会第四次会议批准)

第三篇　推进工业结构优化升级

第十章　加快发展高技术产业

第三节　推进航空航天产业

坚持远近结合、军民结合、自主开发与国际合作结合,发展新支线飞机、大型飞机、直升机和先进发动机、机载设备,扩大转包生产,推进产业化;推进航天产业由试验应用型向业务服务型转变,发展通信、导航、遥感等卫星及其应用,形成空间、地面与终端产品制造、运营服务的航天产业链。

专栏5　高技术产业工程重大专项

卫星应用→研制新型气象、海洋、资源、通信等卫星,开发无毒无污染大推力运载火箭。建设对地观测和导航定位卫星系统、民用卫星地面系统设施及应用示范工程。

中华人民共和国国民经济和社会发展
第十个五年计划纲要(节选)

(2001年3月15日第九届全国人民代表大会第四次会议批准)

第二篇　经济结构

第四章　优化工业结构,增强国际竞争力

第二节　发展高技术产业

抓住世界科技革命迅猛发展的机遇,有重点地发展高技术产业,实现局部领域的突破和跨越式发展,逐步形成我国高技术产业的群体优势。建设一批重大高技术工程,主要是高速宽带信息网、深亚微米集成电路、生物技术工程、新型涡扇喷气支线客机、新型运载火箭等。促进数字化电子产品、新型显示器件、光电子材料与器件、现代中药、卫星应用等高技术的产业化,支持各行业发展高技术产品。完善风险投资机制,建立创业板股票市场,鼓励发展多种所有制的创新型中小企业。

中华人民共和国国民经济和社会发展
“九五”计划和2010年远景目标纲要(节选)

(1996年3月17日第八届全国人民代表大会第四次会议批准)

一、“八五”计划完成情况

8.国防建设在调整中发展,和平利用军工技术取得显著成效。为了保卫国家安全,坚决贯彻积极防御的战略方针,国防实力不断增强,国防现代化取得新进展。军民结合、平战结合的方针继续得到较好的实施,国防科研水平进一步提高,国防工业的结构和布局得到进一步调整,重点专项工程的研制取得重大突破。军转民在核电、民用卫星、民用船舶、民用飞机制造和卫星发射等方面取得重大进展,开拓了国内市场,进入了国际市场,对国民经济发展起了重要作用。

四、保持国民经济持续快速健康发展

(二)继续加强基础设施和基础工业

3.邮电通信

继续加强长途干线网的建设,重点建设全国联网的光缆干线。对现有微波干线进

行数字化改造，建设和完善以程控交换机为主的城乡电话网。加快移动通信网建设并实现全国联网漫游，扩建和完善卫星通信网，发展数据通信网。以进一步提高邮政网运行效率为重点，提高机械化和自动化水平。建立航空、铁路、公路相结合的快速邮运干线网。

（五）加强国防现代化建设

加快运用军工高技术开发民用产品的步伐。主要是发展大型船舶和高技术、高附加值船舶，扩大大中型船舶的修造能力，增加出口。采用国际合作方式，提高飞机设计、试验和制造能力，扩大国外民用飞机转包生产。加速发展国民经济急需的实用、高效卫星及地面应用系统，积极开展国外卫星发射业务，提高卫星和运载火箭制造技术水平，实现标准化、通用化、系列化。大力推进核技术的和平利用，重点发展核电，配套建设核燃料循环体系。

国家综合立体交通网规划纲要（节选）

（2021 年 2 月 8 日中共中央、国务院）

五、推进综合交通高质量发展

（二）推进智慧发展

提升智慧发展水平。加快提升交通运输科技创新能力，推进交通基础设施数字化、网联化。推动卫星通信技术、新一代通信技术、高分遥感卫星、人工智能等行业应用，打造全覆盖、可替代、保安全的行业北斗高精度基础服务网，推动行业北斗终端规模化应用。构建高精度交通地理信息平台，加快各领域建筑信息模型技术自主创新应用。全方位布局交通感知系统，与交通基础设施同步规划建设，部署关键部位主动预警设施，提升多维监测、精准管控、协同服务能力。加强智能化载运工具和关键专用装备研发，推进智能网联汽车（智能汽车、自动驾驶、车路协同）、智能化通用航空器应用。鼓励物流园区、港口、机场、货运场站广泛应用物联网、自动化等技术，推广应用自动化立体仓库、引导运输车、智能输送分拣和装卸设备。构建综合交通大数据中心体系，完善综合交通运输信息平台。完善科技资源开放共享机制，建设一批具有国际影响力的创新平台。

专栏一：2035 年发展目标

智能先进。基本实现国家综合立体交通网基础设施全要素全周期数字化。基本建成泛在先进的交通信息基础设施，实现北斗时空信息服务、交通运输感知全覆盖。智能列车、智能网联汽车（智能汽车、自动驾驶、车路协同）、智能化通用航空器、智能船舶及邮政快递设施的技术达到世界先进水平。

长江三角洲区域一体化发展规划纲要（节选）

（2019年12月1日中共中央、国务院）

第五章 提升基础设施互联互通水平

第二节 共同打造数字长三角

协同建设新一代信息基础设施。加快构建新一代信息基础设施，推动信息基础设施达到世界先进水平，建设高速泛在信息网络，共同打造数字长三角。加快推进5G网络建设，支持电信运营、制造、IT等行业龙头企业协同开展技术、设备、产品研发、服务创新及综合应用示范。深入推进IPv6规模部署，加快网络和应用升级改造，打造下一代互联网产业生态。统筹规划长三角数据中心，推进区域信息枢纽港建设，实现数据中心和存算资源协同布局。加快量子通信产业发展，统筹布局和规划建设量子保密通信干线网，实现与国家广域量子保密通信骨干网络无缝对接，开展量子通信应用试点。加强长三角现代化测绘基准体系建设，实现卫星导航定位基准服务系统互联互通。

共同推动重点领域智慧应用。大力发展基于物联网、大数据、人工智能的专业化服务，提升各领域融合发展、信息化协同和精细化管理水平。围绕城市公共管理、公共服务、公共安全等领域，支持有条件的城市建设基于人工智能和5G物联的城市大脑集群。加快长三角政务数据资源共享共用，提高政府公共服务水平。支持北斗导航系统率先应用，建设南京位置服务数据中心。推进一体化智能化交通管理，深化重要客货运输领域协同监管、信息交换共享、大数据分析等管理合作。积极开展车联网和车路协同技术创新试点，筹划建设长三角智慧交通示范项目，率先推进杭绍甬智慧高速公路建设。全面推行长三角地区联网售票一网通、交通一卡通，提升区域内居民畅行长三角的感受度和体验度。加强长三角数字流域和智能水网建设。推动智慧广电建设，加快广播电视技术革新与体系重构。加强智慧邮政建设，支持快递服务数字化转型。

交通强国建设纲要（节选）

（2019年9月19日中共中央、国务院）

五、科技创新富有活力、智慧引领

（二）大力发展智慧交通。推动大数据、互联网、人工智能、区块链、超级计算等新技术与交通行业深度融合。推进数据资源赋能交通发展,加速交通基础设施网、运输服务网、能源网与信息网络融合发展,构建泛在先进的交通信息基础设施。构建综合交通大数据中心体系,深化交通公共服务和电子政务发展。推进北斗卫星导航系统应用。

粤港澳大湾区发展规划纲要(节选)

(2019 年 2 月 18 日中共中央、国务院)

第六章　构建具有国际竞争力的现代产业体系

第二节　培育壮大战略性新兴产业

依托香港、澳门、广州、深圳等中心城市的科研资源优势和高新技术产业基础,充分发挥国家级新区、国家自主创新示范区、国家高新区等高端要素集聚平台作用,联合打造一批产业链条完善、辐射带动力强、具有国际竞争力的战略性新兴产业集群,增强经济发展新动能。推动新一代信息技术、生物技术、高端装备制造、新材料等发展壮大为新支柱产业,在新型显示、新一代通信技术、5G 和移动互联网、蛋白类等生物医药、高端医学诊疗设备、基因检测、现代中药、智能机器人、3D 打印、北斗卫星应用等重点领域培育一批重大产业项目。围绕信息消费、新型健康技术、海洋工程装备、高技术服务业、高性能集成电路等重点领域及其关键环节,实施一批战略性新兴产业重大工程。培育壮大新能源、节能环保、新能源汽车等产业,形成以节能环保技术研发和总部基地为核心的产业集聚带。发挥龙头企业带动作用,积极发展数字经济和共享经济,促进经济转型升级和社会发展。促进地区间动漫游戏、网络文化、数字文化装备、数字艺术展示等数字创意产业合作,推动数字创意在会展、电子商务、医疗卫生、教育服务、旅游休闲等领域应用。

中共中央、国务院关于支持海南全面深化改革开放的指导意见(节选)

(2018 年 4 月 11 日)

三、建设现代化经济体系

(五)深化供给侧结构性改革。坚持把实体经济作为发展经济的着力点,紧紧围绕提高供给体系质量，支持海南传统产业优化升级，加快发展现代服务业，培育新动能。推动旅游业转型升级，加快构建以观光旅游为基础、休闲度假为重点、文体旅游和健康旅游为特色的旅游产业体系，推进全域旅游发展。瞄准国际先进水平，大力发展现代服务业，加快服务贸易创新发展。统筹实施网络强国战略、大数据战略、“互联网＋”行动，大力推进新一代信息技术产业发展，推动互联网、物联网、大数据、卫星导航、人工智能和实体经济深度融合。鼓励发展虚拟现实技术，大力发展数字创意产业。高起点发展海洋经济，积极推进南海天然气水合物、海底矿物商业化开采，鼓励民营企业参与南海资源开发，加快培育海洋生物、海水淡化与综合利用、海洋可再生能源、海洋工程装备研发与应用等新兴产业，支持建设现代化海洋牧场。实施乡村振兴战略，做强做优热带特色高效农业，打造国家热带现代农业基地，支持创设海南特色农产品期货品种，加快推进农业农村现代化。

国家创新驱动发展战略纲要（节选）

（2016 年 5 月 19 日中共中央、国务院）

四、战略任务

6. 发展海洋和空间先进适用技术，培育海洋经济和空间经济。开发海洋资源高效可持续利用适用技术，加快发展海洋工程装备，构建立体同步的海洋观测体系，推进我国海洋战略实施和蓝色经济发展。大力提升空间进入、利用的技术能力，完善空间基础设施，推进卫星遥感、卫星通信、导航和位置服务等技术开发应用，完善卫星应用创新链和产业链。

数字乡村发展战略纲要（节选）

（2019 年 5 月 16 日中共中央办公厅、国务院办公厅）

三、重点任务

（二）发展农村数字经济

夯实数字农业基础。完善自然资源遥感监测“一张图”和综合监管平台，对永久基本农田实行动态监测。建设农业农村遥感卫星等天基设施，大力推进北斗卫星导航系统、高分辨率对地观测系统在农业生产中的应用。推进农业农村大数据中心和重要农产品全产业链大数据建设，推动农业农村基础数据整合共享。

国家信息化发展战略纲要（节选）

（2016 年 7 月 27 日中共中央办公厅、国务院办公厅）

三、大力增强信息化发展能力

（二）夯实基础设施，强化普遍服务

7. 增强空间设施能力。围绕通信、导航、遥感等应用卫星领域，建立持续稳定、安全可控的国家空间基础设施。科学规划和利用卫星频率和轨道资源。建设天地一体化信息网络，增强接入服务能力，推动空间与地面设施互联互通。统筹北斗卫星导航系统建设和应用，推进北斗产业化和走出去进程。加强陆地、大气、海洋遥感监测，提升对我国资源环境、生态保护、应急减灾、大众消费以及全球观测的服务保障能力。

国务院关于新时代支持革命老区振兴发展的意见（节选）

（国发〔2021〕3 号）

三、促进实体经济发展，增强革命老区发展活力

（八）提升创新驱动发展能力。支持革命老区重点高校、重点学科和重点实验室建设，加大对口支援革命老区重点高校工作力度，鼓励“双一流”建设高校、中国特色高水平高职学校与革命老区开展合作共建。完善东中西部科技合作机制，促进中西部革命老区与东部地区加强科技合作。鼓励科研院所、高校与革命老区合作，共建中科院赣江创新研究院、国家钨与稀土产业计量测试中心等创新平台，研究建设稀土绿色高效利用等重大创新平台，支持有条件的地区组建专业化技术转移机构，创建国家科技成果转移转化示范区。支持在革命老区建设创新型城市和创新型县（市），布局建设一批国家级高新区、创新研发基地等创新载体。支持地方完善人才政策和激励机制，加大人才培养和引进力度，在科技特派员制度创新等方面先行先试，深入推进大众创业、万众创新。强化企业创新主体地位，鼓励企业加大研发投入。鼓励革命老区完善第五代移动通信（5G）网络、工业互联网、物联网等新一代信息基础设施，因地制宜促进数字经济发展，鼓励有条件的地区开展北斗系统应用。

国务院关于支持中国(浙江)自由贸易试验区油气全产业链开放发展若干措施的批复(节选)

(国函〔2020〕32号)

十、加强信息互联互通

(二十五)构建国际海事服务网络电子商务平台,推动北斗系统应用,建设跨境电子商务线上综合服务平台,打造海事服务互联网生态圈。

国务院关于印发6个新设自由贸易试验区总体方案的通知(节选)

(国发〔2019〕16号)

三、主要任务和措施

(六)构建面向东盟的国际陆海贸易新通道。

14. 打造对东盟合作先行先试示范区。依托现有交易场所依法依规开展面向东盟的大宗特色商品交易。支持在中国—马来西亚"两国双园"间形成更加高效便利的国际产业链合作关系。推动中国—马来西亚全球电子商务平台落户自贸试验区。加强与东盟国家在通关、认证认可、标准计量等方面合作,大力推进"经认证的经营者(AEO)"互认合作。支持发展面向东盟的临港石化产业,延伸产业链,提升产业精细化水平。支持在自贸试验区内发展新能源汽车产业,加强与东盟国家在汽车产业的国际合作,符合条件的新能源汽车投资项目按照《汽车产业投资管理规定》办理。支持发展以东盟国家中草药为原料的医药产业。支持自贸试验区内医疗机构与东盟国家依法同步开展重大疾病新药临床试验。自贸试验区内医疗机构可根据自身的技术能力,按照有关规定开展干细胞临床前沿医疗技术研究项目。加快推进中国—东盟信息港建设。与东盟国家加强北斗导航、大数据、人工智能等产业合作。支持中国—东盟博览会服务区域从中国—东盟向"一带一路"沿线国家(地区)延伸。在国际会展检验检疫监管模式下,支持博览会扩大原产于东盟国家农产品的展示。支持中西部地区在自贸试验区设立面向东盟的开放型园区。

国务院关于印发中国(湖北)自由贸易试验区总体方案的通知(节选)

(国发〔2017〕18号)

三、主要任务和措施

(六)促进中部地区和长江经济带产业转型升级。

18.促进区域产业转型升级和绿色发展。发挥自贸试验区作为开放高地的综合优势,支持非公企业进入电力、铁路、民航、电信等特许经营领域,支持军民融合深度发展,推动各类要素有序自由流动和优化配置。支持自贸试验区发展总部经济。充分利用长江经济带产业基金等跨区域的产业转移引导基金,推动中部地区和长江经济带产业合理布局、协同发展。全面整合老工业基地调整改造等产业政策资源,推进传统优势产业的跨区域兼并重组、技术改造和转型升级。创新推进战略性新兴产业集聚发展的体制机制,支持建立符合发展需求的制造业创新中心,大力发展股权投资基金等新型投融资模式,鼓励信息技术、智能制造、新能源汽车、生物医药、海工装备、航空航天、北斗、轨道交通装备等高端产业向自贸试验区集聚,推进与提升新型工业化产业示范基地建设,在重点领域培育打造长江经济带世界级产业集群。支持建立"互联网+制造"融合发展的标准、认证、安全管理等体制机制。促进"设计+"、"旅游+"、"物流+"、"养老+"、"商业+"等新型服务业态发展。统筹研究部分国家旅游团入境免签政策,打造国际文化旅游目的地。允许在自贸试验区内注册的符合条件的中外合资旅行社,从事除台湾地区以外的出境旅游业务。按照全国主体功能区规划要求,探索在自贸试验区内建立生态环境硬约束机制,明确环境质量要求,促进中部地区和长江经济带绿色发展。支持建立环评会商、联合执法、信息共享、预警应急联动机制。探索建立环境保护、绿色发展指标体系。

国务院关于印发"十三五"现代综合交通运输体系发展规划的通知(节选)

(国发〔2017〕11号)

一、总体要求

(四)主要目标。

智能技术广泛应用。交通基础设施、运载装备、经营业户和从业人员等基本要素信息全面实现数字化，各种交通方式信息交换取得突破。全国交通枢纽站点无线接入网络广泛覆盖。铁路信息化水平大幅提升，货运业务实现网上办理，客运网上售票比例明显提高。基本实现重点城市群内交通一卡通互通，车辆安装使用ETC比例大幅提升。交通运输行业北斗卫星导航系统前装率和使用率显著提高。

五、提升交通发展智能化水平

（五）加强交通发展智能化建设。

专栏9　交通运输智能化发展重点工程

（六）北斗卫星导航系统推广工程

加快推动北斗系统在通用航空、飞行运行监视、海上应急救援和机载导航等方面的应用。加强全天候、全天时、高精度的定位、导航、授时等服务对车联网、船联网以及自动驾驶等的基础支撑作用。鼓励汽车厂商前装北斗用户端产品，推动北斗模块成为车载导航设备和智能手机的标准配置，拓宽在列车运行控制、港口运营、车辆监管、船舶监管等方面的应用。

“十三五”国家信息化规划（节选）

（国发〔2016〕73号）

一、发展现状与形势

（一）发展成就。

信息基础设施建设实现跨越式发展，宽带网络建设明显加速。截至2015年底，我国网民数达到6.88亿，互联网普及率达到50.3%，互联网用户、宽带接入用户规模位居全球第一。第三代移动通信网络（3G）覆盖全国所有乡镇，第四代移动通信网络（4G）商用全面铺开，第五代移动通信网络（5G）研发步入全球领先梯队，网络提速降费行动加快推进。三网融合在更大范围推广，宽带广播电视和有线无线卫星融合一体化建设稳步推进。北斗卫星导航系统覆盖亚太地区。

（三）发展目标。

信息基础设施达到全球领先水平。“宽带中国”战略目标全面实现，建成高速、移动、安全、泛在的新一代信息基础设施。固定宽带家庭普及率达到中等发达国家水平，城镇地区提供1000兆比特/秒（Mbps）以上接入服务能力，大中城市家庭用户带宽实现100Mbps以上灵活选择；98%的行政村实现光纤通达，有条件的地区提供100Mbps以上接入服务能力，半数以上农村家庭用户带宽实现50Mbps以上灵活选择；4G网络覆盖城乡，网络提速降费取得显著成效。云计算数据中心和内容分发网络实现优化布局。国际网络布局能力显著增强，互联网国际出口带宽达到20太比特/秒（Tbps），通达全球主要国家和地区的高速信息网络基本建成，建成中国—东盟信息港、中国—阿拉伯国家等网上丝绸之路。北斗导航系统覆盖全球。有线、无线、卫星广播电视传输覆盖能力进一步增强，基本实现广播电视户户通。

四、重大任务和重点工程

（二）建设泛在先进的信息基础设施体系。

建设陆海空天一体化信息基础设施。建立国家网络空间基础设施统筹协调机制，推动信息基础设施建设、应用和管理。加快空间互联网部署，整合基于卫星的天基网络、基于海底光缆的海洋网络和传统的陆地网络，实施天基组网、地网跨代，推动空间与地面设施互联互通，构建覆盖全球、无缝连接的天地空间信息系统和服务能力。持续推进北斗系统建设和应用，加快构建和完善北斗导航定位基准站网。积极布局浮空平台、低轨卫星通信、空间互联网等前沿网络技术。加快海上和水下通信技术的研发和推广，增强海洋信息通信能力、综合感知能力、信息分析处理能力、综合管控运维能力、智慧服务能力，推动智慧海洋工程建设。

专栏 3　陆海空天一体化信息网络工程

空天网络设施建设。综合利用北斗导航、卫星、浮空平台和飞机遥感遥测系统，积极推进地面配套设施协调建设和军民融合发展，尽快形成全球服务能力。加快高轨和低轨宽带卫星研发和部署，积极开展卫星空间组网示范，构建覆盖全球的天基信息网络。

（四）构筑融合创新的信息经济体系。

专栏 8　农业农村信息化工程

发展智慧农业。推进智能传感器、卫星导航、遥感、空间地理信息等技术应用，增强对农业生产环境的精准监测能力。组织实施农业物联网区域试验，开展农作物大田种植、设施农业、畜牧水产规模养殖等领域物联网技术应用试点。推进农机精准作业示范和北斗导航技术在农业生产中的应用。

五、优先行动

（二）北斗系统建设应用行动。

行动目标。到 2018 年，面向“一带一路”沿线及周边国家提供基本服务；到 2020 年，建成由 35 颗卫星组成的北斗全球卫星导航系统，为全球用户提供服务。

统筹推进北斗建设应用。进一步完善北斗卫星导航产业的领导协调机制，持续推进北斗系统规划、建设、产业、应用等各层面发展。加快地基增强系统建设，搭建北斗高精度位置服务平台，积极开展应用示范。

加强北斗核心技术突破。加大研发支持力度，整合产业资源，完善型谱规划，综合提升北斗导航芯片的性能、功耗、成本等指标，鼓励与通信、计算、传感等芯片的集成发展，推动北斗卫星导航系统及其兼容产品在政府部门的应用，提高产业竞争力。

加快北斗产业化进程。开展行业应用示范,推动北斗系统在国家核心业务系统和交通、通信、广电、水利、电力、公安、测绘、住房城乡建设、旅游等重点领域应用部署。推动北斗导航产业链的发展和完善,促进高精度芯片、终端制造和位置服务产业综合发展。

开拓卫星导航服务国际市场。服务共建“一带一路”倡议,实施卫星导航产业国际化发展综合服务工程,加快海外北斗卫星导航地基增强系统建设,推进北斗在亚太的区域性基站和位置服务平台建设,加快建立国际化的产业技术联盟和专利池。

附件:重点任务分工方案

序号 41　组织实施北斗系统建设应用行动,统筹推进北斗建设应用,加强北斗核心技术突破,加快北斗产业化进程,开拓卫星导航服务国际市场。

国务院关于印发“十三五”旅游业发展规划的通知(节选)

(国发〔2016〕70 号)

五、加快发展自驾车旅居车旅游

专栏 4　自驾车旅居车旅游推进计划

(二)完善公共服务体系。将营地标识纳入公共交通标识体系。鼓励服务商利用北斗卫星导航系统智能服务平台提供自驾游线路导航、交通联系、安全救援和汽车维修保养等配套服务。完善自驾游服务体系。

国务院关于印发“十三五”国家战略性新兴产业发展规划的通知(节选)

(国发〔2016〕67 号)

二、推动信息技术产业跨越发展,拓展网络经济新空间

(三)做大做强卫星及应用产业。建设自主开放、安全可靠、长期稳定运行的国家民用空间基础设施,加速卫星应用与基础设施融合发展。到 2020 年,基本建成主体功能完备的国家民用空间基础设施,满足我国各领域主要业务需求,基本实现空间信息应用自主保障,形成较为完善的卫星及应用产业链。

加快卫星及应用基础设施建设。构建星座和专题卫星组成的遥感卫星系统,形成“高中低”分辨率合理配置、空天地一体多层观测的全球数据获取能力;加强地面系统建设，汇集高精度、全要素、体系化的地球观测信息，构建“大数据地球”。打造国产高分辨率商业遥感卫星运营服务平台。发展固定通信广播、移动通信广播和数据中继三个卫星系列，形成覆盖全球主要地区的卫星通信广播系统。实施第二代卫星导航系统国家科技重大专项，加快建设卫星导航空间系统和地面系统，建成北斗全球卫星导航系统，形成高精度全球服务能力。采用政府和社会资本合作（PPP）模式推进遥感卫星等建设。

提升卫星性能和技术水平。掌握长寿命、高稳定性、高定位精度、大承载量和强敏捷能力的卫星应用平台技术，突破高分辨率、高精度、高可靠性及综合探测等有效载荷技术。优先发展遥感卫星数据处理技术和业务应用技术。提升宽带通信卫星、移动多媒体广播卫星等技术性能。加强卫星平台型谱化建设，有序推进中小微卫星发展。

推进卫星全面应用。统筹军民空间基础设施，完善卫星数据共用共享机制，加强卫星大众化、区域化、国际化应用，加快卫星遥感、通信与导航融合化应用，利用物联网、移动互联网等新技术，创新“卫星＋”应用模式。面向防灾减灾、应急、海洋等领域需求，开展典型区域综合应用示范。面向政府部门业务管理和社会服务需求，开展现代农业、新型城镇化、智慧城市、智慧海洋、边远地区等的卫星综合应用示范。围绕国家区域发展总体战略，推动“互联网＋天基信息应用”深入发展，打造空间信息消费全新产业链和商业模式。推进商业卫星发展和卫星商业化应用。积极布局海外市场，建立“一带一路”空间信息走廊。

专栏8　空间信息智能感知工程

加快构建以遥感、通信、导航卫星为核心的国家空间基础设施，加强跨领域资源共享与信息综合服务能力建设，积极推进空间信息全面应用，为资源环境动态监测预警、防灾减灾与应急指挥等提供及时准确的空间信息服务，加强面向全球提供综合信息服务能力建设，大力拓展国际市场。

国务院关于印发上海系统推进全面创新改革试验加快建设具有全球影响力科技创新中心方案的通知（节选）

（国发〔2016〕23号）

三、主要任务

（二）建设关键共性技术研发和转化平台。

1. 关键共性技术研发平台。

在高端装备领域，发挥中国航空研究院上海分院及相关工程研究中心等的技术优势，建立面向全国的燃气轮机与航空发动机研发平台，形成重型燃气轮机和民用航空发动机设计、关键系统部件研制、总装集成的能力；建设智能型新能源汽车协同创新中心，提升新能源汽车及动力系统国家工程实验室技术服务能级，打造磁浮交通、轨道交通等领域关键共性技术研发平台。突破智能汽车所需的定位导航、辅助驾驶、语音识别等共性技术，开发新能源汽车整车及动力系统集成与匹配、控制等关键技术；开展大型商用压水堆和第四代核电研发及工程设计研究，开发钍基熔盐堆材料、装备、部件等制造技术，以及仿真装置和实验装置工程设计技术。建设微小卫星创新平台。开展海上小型核能海水淡化和供电平台研究。加强机器人产品整机开发和关键零部件研制，提升机器人检测和评定服务水平，形成机器人整机和关键零部件设计、制造和检测服务能力。建设嵌入式控制系统开发服务平台，提升工业智能控制系统技术水平和开发效率。

（三）实施引领产业发展的重大战略项目和基础工程。

在高端装备领域，完成窄体客机发动机验证机研制，开展宽体客机发动机关键技术研究；突破重型燃机关键技术，建设燃气轮机试验电站。突破干支线飞机、机载设备、航空标准件、航空材料等关键制造技术，实现 ARJ21 支线飞机成系列化发展，开展 C919 大型客机试飞验证工作。开展北斗高精度芯片/主板/天线/模块/软件/解决方案的开发，打造北斗卫星同步授时产业。建设高新船舶与深海开发装备协同创新中心，提升深远海海底资源（特别是油气资源）海洋工程装备的总包建造能力、产品自主研制能力和核心配套能力。

中国对阿拉伯国家政策文件（节选）

（2016 年 1 月）

第三部分　全面加强中阿合作

（二）投资贸易领域

6. 基础设施建设

鼓励和支持中国企业和金融机构扩大参与同阿拉伯国家在铁路、公路、港口、航空、电力、通信、北斗卫星导航、卫星地面站等基础设施建设领域的合作，逐步扩大项目运营合作。根据阿拉伯国家发展的优先领域和需求，在阿拉伯国家积极开展重大项目合作，不断提高阿拉伯国家基础设施水平。

7. 航天合作

进一步发展中阿航天合作，积极探讨在空间技术、卫星及其应用、空间教育、培训等领域开展联合项目，加快推进北斗卫星导航系统落地阿拉伯国家，积极推动中阿载人航天领域交流与合作，提升双方航天合作水平。

国务院关于积极推进“互联网+”行动的指导意见（节选）

（国发〔2015〕40号）

三、保障支撑

（一）夯实发展基础。

1. 巩固网络基础。加快实施“宽带中国”战略，组织实施国家新一代信息基础设施建设工程，推进宽带网络光纤化改造，加快提升移动通信网络服务能力，促进网间互联互通，大幅提高网络访问速率，有效降低网络资费，完善电信普遍服务补偿机制，支持农村及偏远地区宽带建设和运行维护，使互联网下沉为各行业、各领域、各区域都能使用，人、机、物泛在互联的基础设施。增强北斗卫星全球服务能力，构建天地一体化互联网络。加快下一代互联网商用部署，加强互联网协议第6版（IPv6）地址管理、标识管理与解析，构建未来网络创新试验平台。研究工业互联网网络架构体系，构建开放式国家创新试验验证平台。（发展改革委、工业和信息化部、财政部、国资委、网信办等负责）

国务院关于印发《中国制造2025》的通知（节选）

（国发〔2015〕28号）

一、发展形势和环境

（三）建设制造强国任务艰巨而紧迫。

经过几十年的快速发展，我国制造业规模跃居世界第一位，建立起门类齐全、独立完整的制造体系，成为支撑我国经济社会发展的重要基石和促进世界经济发展的重要力量。持续的技术创新，大大提高了我国制造业的综合竞争力。载人航天、载人深潜、大型飞机、北斗卫星导航、超级计算机、高铁装备、百万千瓦级发电装备、万米深海石油钻探设备等一批重大技术装备取得突破，形成了若干具有国际竞争力的优势产业和骨干企业，我国已具备了建设工业强国的基础和条件。

三、战略任务和重点

（六）大力推动重点领域突破发展。

3. 航空航天装备。

航天装备。发展新一代运载火箭、重型运载器,提升进入空间能力。加快推进国家民用空间基础设施建设,发展新型卫星等空间平台与有效载荷、空天地宽带互联网系统,形成长期持续稳定的卫星遥感、通信、导航等空间信息服务能力。推动载人航天、月球探测工程,适度发展深空探测。推进航天技术转化与空间技术应用。

国务院关于创新重点领域投融资机制鼓励社会投资的指导意见(节选)

(国发〔2014〕60 号)

七、推进信息和民用空间基础设施投资主体多元化

(二十四)鼓励民间资本参与国家民用空间基础设施建设。完善民用遥感卫星数据政策,加强政府采购服务,鼓励民间资本研制、发射和运营商业遥感卫星,提供市场化、专业化服务。引导民间资本参与卫星导航地面应用系统建设。

国务院关于印发物流业发展中长期规划(2014—2020 年)的通知(节选)

(国发〔2014〕42 号)

四、主要任务

(二)进一步加强物流信息化建设。

加强北斗导航、物联网、云计算、大数据、移动互联等先进信息技术在物流领域的应用。加快企业物流信息系统建设,发挥核心物流企业整合能力,打通物流信息链,实现物流信息全程可追踪。加快物流公共信息平台建设,积极推进全社会物流信息资源的开发利用,支持运输配载、跟踪追溯、库存监控等有实际需求、具备可持续发展前景的物流信息平台发展,鼓励各类平台创新运营服务模式。进一步推进交通运输物流公共信息平台发展,整合铁路、公路、水路、民航、邮政、海关、检验检疫等信息资源,促进物流信息与公共服务信息有效对接,鼓励区域间和行业内的物流平台信息共享,实现互联互通。

五、重点工程

(十)物流新技术开发应用工程。

支持货物跟踪定位、无线射频识别、可视化技术、移动信息服务、智能交通和位置服务等关键技术攻关，研发推广高性能货物搬运设备和快速分拣技术，加强沿海和内河船型、商用车运输等重要运输技术的研发应用。完善物品编码体系，推动条码和智能标签等标识技术、自动识别技术以及电子数据交换技术的广泛应用。推广物流信息编码、物流信息采集、物流载体跟踪、自动化控制、管理决策支持、信息交换与共享等领域的物流信息技术。鼓励新一代移动通信、道路交通信息通讯系统、自动导引车辆、不停车收费系统以及托盘等集装单元化技术普及。推动北斗导航、物联网、云计算、大数据、移动互联等技术在产品可追溯、在线调度管理、全自动物流配送、智能配货等领域的应用。

国务院关于加快发展生产性服务业促进产业结构调整升级的指导意见（节选）

（国发〔2014〕26 号）

三、主要任务

（二）第三方物流。

优化物流企业供应链管理服务，提高物流企业配送的信息化、智能化、精准化水平，推广企业零库存管理等现代企业管理模式。加强核心技术开发，发展连锁配送等现代经营方式，重点推进云计算、物联网、北斗导航及地理信息等技术在物流智能化管理方面的应用。引导企业剥离物流业务，积极发展专业化、社会化的大型物流企业。完善物流建设和服务标准，引导物流设施资源集聚集约发展，培育一批具有较强服务能力的生产服务型物流园区和配送中心。加强综合性、专业性物流公共信息平台和货物配载中心建设，衔接货物信息，匹配运载工具，提高物流企业运输工具利用效率，降低运输车辆空驶率。提高物流行业标准化设施、设备和器具应用水平以及托盘标准化水平。继续推进制造业与物流业联动发展示范工作和快递服务制造业工作，加强仓储、冷链物流服务。大力发展铁水联运、江海直达、滚装运输、道路货物甩挂运输等运输方式，推进货运汽车（挂车）、列车标准国际化。优化城市配送网络，鼓励统一配送和共同配送。推动城市配送车辆标准化、标识化，建立健全配送车辆运力调控机制，完善配送车辆便利通行措施。在关系民生的农产品、药品、快速消费品等重点领域开展标准化托盘循环共用示范试点。完善农村物流服务体系，加强产销衔接，扩大农超对接规模，加快农产品批发和零售市场改造升级，拓展农产品加工服务。

国务院关于促进信息消费扩大内需的若干意见(节选)

(国发〔2013〕32 号)

四、培育信息消费需求

(十)拓展新兴信息服务业态。发展移动互联网产业,鼓励企业设立移动应用开发创新基金,推进网络信息技术与服务模式融合创新。积极推动云计算服务商业化运营,支持云计算服务创新和商业模式创新。面向重点行业和重点民生领域,开展物联网重大应用示范,提升物联网公共服务能力。加快推动北斗导航核心技术研发和产业化,推动北斗导航与移动通信、地理信息、卫星遥感、移动互联网等融合发展,支持位置信息服务(LBS)市场拓展。完善北斗导航基础设施,推进北斗导航服务模式和产品创新,在重点区域和交通、减灾、电信、能源、金融等重点领域开展示范应用,逐步推进北斗导航和授时的规模化应用。大力发展地理信息产业,拓宽地理信息服务市场。

附件

促进信息消费扩大内需重点任务分工及时间进度

三、培育信息消费需求

24. 工作任务:实施北斗导航基础设施工程,形成完整的卫星导航综合应用基础支撑体系

负责部门:发展改革委、财政部会同有关部门

时间进度:2013 年年底前启动

25. 工作任务:实施北斗导航大众工程,融合交通、气象、地理等信息服务,推动北斗导航功能成为车载导航、智能手机等终端的基础功能

负责部门:发展改革委、财政部、工业和信息化部等会同有关部门

时间进度:2013 年年底前启动

26. 工作任务:实施北斗导航安全工程,在金融、电力、电信、公安等国家安全重要行业和领域的时频系统,分阶段推行北斗及其兼容产品的应用

负责部门:发展改革委、财政部、工业和信息化部、国防科工局、能源局、银监会、公安部等部门

时间进度:2013 年研究,2014 年启动

国务院关于印发国家重大科技基础设施建设中长期规划(2012—2030年)的通知(节选)

(国发〔2013〕8号)

三、总体部署

(七)工程技术科学领域。

信息技术方面。建设未来网络研究设施,解决未来网络和信息系统发展的科学技术问题,为未来网络技术发展提供试验验证支撑;适时启动新一代授时系统建设,支撑超精密时间频率技术开发,逐步形成高精度卫星授时系统和高精度地基授时系统共同发展的格局。

国务院关于加强道路交通安全工作的意见(节选)

(国发〔2012〕30号)

二、强化道路运输企业安全管理

(六)加强运输车辆动态监管。抓紧制定道路运输车辆动态监督管理办法,规范卫星定位装置安装、使用行为。旅游包车、三类以上班线客车、危险品运输车和校车应严格按规定安装使用具有行驶记录功能的卫星定位装置,卧铺客车应同时安装车载视频装置,鼓励农村客运车辆安装使用卫星定位装置。重型载货汽车和半挂牵引车应在出厂前安装卫星定位装置,并接入道路货运车辆公共监管与服务平台。运输企业要落实安全监控主体责任,切实加强对所属车辆和驾驶人的动态监管,确保车载卫星定位装置工作正常、监控有效。对不按规定使用或故意损坏卫星定位装置的,要追究相关责任人和企业负责人的责任。

“十二五”国家战略性新兴产业发展规划(节选)

(国发〔2012〕28号)

三、重点发展方向和主要任务

(四)高端装备制造产业。

2. 卫星及应用产业。紧密围绕经济社会发展的重大需求,与国家科技重大专项相结合,以建立我国自主、安全可靠、长期连续稳定运行的空间基础设施及其信息应用服务体系为核心,加强航天运输系统、应用卫星系统、地面与应用天地一体化系统建设,推进临近空间资源开发,促进卫星在气象、海洋、国土、测绘、农业、林业、水利、交通、城乡建设、环境减灾、广播电视、导航定位等方面的应用,建立健全卫星制造、发射服务、地面设备制造、运营服务产业链。推进极地空间资源开发。

专栏 12　卫星及应用产业发展路线图

重大行动:

关键技术开发:突破卫星长寿命高可靠、先进卫星平台、新型卫星有效载荷、卫星遥感定量化应用、高精度卫星导航、宽带卫星通信、重型运载火箭、空间信息综合应用等关键技术,发展综合业务卫星系统;促进平流层飞艇、空间天气预报等关键技术攻关。

重大工程:结合高分辨率对地观测系统、北斗导航等科技重大专项,实施国家空间基础设施建设重大创新发展工程,构建天基卫星系统、地面标校系统和增强系统、数据接收和信息处理系统、运营服务系统在内的一体化运行设施。

产业化与推广应用:完善运载火箭系列型谱,提高国产地面设备市场竞争力,发展北斗兼容型导航终端以及数字化综合应用终端等产品;大力推进卫星遥感、通信广播、导航定位等空间信息资源产业化应用,提高国产卫星的应用范围与效益。促进航天技术在信息、新材料、新能源、节能环保和生物等领域的应用。

国务院关于促进民航业发展的若干意见(节选)

(国发〔2012〕24 号)

三、政策措施

(十七)强化科教和人才支撑。将民航科技创新纳入国家科技计划体系,建立相应的国家级民航重点实验室。加强空管核心技术、适航审定、航行新技术的研发和推广,推动北斗卫星系统在民航领域的应用。加快航空运输系统核心信息平台的升级换代,保障基础信息网络和重要信息系统安全,增强民航装备国产化的实验验证能力。实施重大人才工程,加大飞行、机务、空管等紧缺专业人才培养力度。强化民航院校行业特色,鼓励有条件的非民航直属院校和教育机构培养民航专业人才。对民航行政机构专业技术人员薪酬待遇等实行倾斜政策,稳定民航专业人才队伍。

国务院关于加快培育和发展战略性新兴产业的决定(节选)

(国发〔2010〕32号)

三、立足国情,努力实现重点领域快速健康发展

(四)高端装备制造产业。重点发展以干支线飞机和通用飞机为主的航空装备,做大做强航空产业。积极推进空间基础设施建设,促进卫星及其应用产业发展。依托客运专线和城市轨道交通等重点工程建设,大力发展轨道交通装备。面向海洋资源开发,大力发展海洋工程装备。强化基础配套能力,积极发展以数字化、柔性化及系统集成技术为核心的智能制造装备。

国务院关于进一步加强企业安全生产工作的通知(节选)

(国发〔2010〕23号)

三、建设坚实的技术保障体系

9.强制推行先进适用的技术装备。煤矿、非煤矿山要制定和实施生产技术装备标准,安装监测监控系统、井下人员定位系统、紧急避险系统、压风自救系统、供水施救系统和通信联络系统等技术装备,并于3年之内完成。逾期未安装的,依法暂扣安全生产许可证、生产许可证。运输危险化学品、烟花爆竹、民用爆炸物品的道路专用车辆,旅游包车和三类以上的班线客车要安装使用具有行驶记录功能的卫星定位装置,于2年之内全部完成;鼓励有条件的渔船安装防撞自动识别系统,在大型尾矿库安装全过程在线监控系统,大型起重机械要安装安全监控管理系统;积极推进信息化建设,努力提高企业安全防护水平。

国务院关于加强测绘工作的意见(节选)

(国发〔2007〕30号)

二、切实提高测绘保障能力和服务水平

(四)加快基础地理信息资源建设。加大基础测绘工作力度,加强基础测绘规划和年度计划的衔接,按照统一设计、分级负责的原则,全面推进数字中国地理空间框架建设。"十一五"期间,开展卫星定位连续运行参考站网建设,改建或扩建大地控制网、高程控制网和重力基本网，加快形成覆盖全部国土、陆海统一的高精度现代测绘基准体系。大力提高基础航空摄影能力和国产高分辨率卫星影像获取能力，实现高分辨率航空航天遥感影像对陆地国土的定期覆盖和局部地区的动态覆盖。到2010年，全面完成陆地国土1∶5万地形图测绘；科学合理确定覆盖范围和更新周期，基本完成1∶1万地形图的必要覆盖和城镇地区1∶2000及更大比例尺地形图测绘。加快各级基础地理信息数据库建设。积极开展海洋基础测绘、海岛（礁）测绘和极地测绘工作。建立健全定期更新和动态更新相结合的更新机制，切实提高基础地理信息的现势性，实现基础地理信息资源数量增加、质量提高和结构优化。

（八）促进地理信息产业发展。统筹规划地理信息产业优先发展领域，尽快研究制定地理信息产业发展政策和促进健康快速发展的财政、金融、税收等政策。培育具有自主创新能力的地理信息骨干企业，尽快掌握产业核心技术，形成一批具有自主知识产权的先进技术装备，增强我国地理信息产业的整体实力和国际竞争力。引导社会资金投入，推动地理信息的社会化利用，提高测绘对经济增长的贡献率。通过政府采购和项目带动等方式，引导和鼓励企业开展地理信息开发利用和增值服务，促进智能交通、现代物流、车载导航、手机定位等新兴服务业的发展。妥善处理地理信息保密与利用的关系，修订测绘管理工作国家秘密范围的规定，制定涉密地理信息使用管理办法。

三、加快测绘科技进步与创新

（十一）加强现代化测绘装备建设。在充分利用国内外卫星资源的基础上，加快自主研制发射满足测绘需求的应用卫星，加强卫星应用系统建设。大力加强现代测绘基准体系基础设施建设，积极发展卫星导航定位综合服务系统。加快基础测绘生产基地的装备和设施更新，提高野外测绘高新技术装备水平。加强应急测绘装备建设。改善各级基础地理信息存储管理与服务机构的装备条件。建立和完善国家、省、市级之间互联互通的全国基础地理信息网络体系。

国家中长期科学和技术发展规划纲要（2006—2020年）（节选）

（国发〔2005〕44号）

三、重点领域及其优先主题

10. 公共安全

(57)国家公共安全应急信息平台

重点研究全方位无障碍危险源探测监测、精确定位和信息获取技术，多尺度动态信息分析处理和优化决策技术,国家一体化公共安全应急决策指挥平台集成技术等,构建国家公共安全早期监测、快速预警与高效处置一体化应急决策指挥平台。

国务院办公厅关于印发新能源汽车产业发展规划(2021—2035 年)的通知(节选)

(国办发〔2020〕39 号)

第六章　完善基础设施体系

第二节　协调推动智能路网设施建设

推进新一代无线通信网络建设,加快基于蜂窝通信技术的车辆与车外其他设备间的无线通信(C - V2X)标准制定和技术升级。推进交通标志标识等道路基础设施数字化改造升级,加强交通信号灯、交通标志标线、通信设施、智能路侧设备、车载终端之间的智能互联,推进城市道路基础设施智能化建设改造相关标准制定和管理平台建设。加快差分基站建设,推动北斗等卫星导航系统在高精度定位领域应用。

国务院办公厅关于印发自然资源领域中央与地方财政事权和支出责任划分改革方案的通知(节选)

(国办发〔2020〕19 号)

二、主要内容

(一)自然资源调查监测。

将全国性自然资源调查监测的组织实施,海域海岛调查,海洋生态预警监测,全国卫星导航定位基准服务系统建设与运行维护、安全监管等事项,确认为中央与地方共同财政事权,由中央与地方共同承担支出责任。

国务院办公厅关于印发国家突发事件应急体系建设“十三五”规划的通知(节选)

（国办发〔2017〕2 号）

2 指导思想、基本原则和建设目标

2.3 建设目标

2.3.2 分类目标

——社会协同应对能力明显改善。专业性应急志愿者队伍快速发展，应急产业产值大幅增长，物联网、大数据、北斗导航等新技术在应急领域广泛应用。

3 主要任务

3.4 加强社会协同应对能力建设

3.4.4 大力推进应急产业健康发展

3.4.4.4 制定应急产业发展培育计划。支持首台(套)应急专用设备研发生产和推广应用；组织重大应急产品和服务推广示范，大力推动北斗导航系统在监测预警、应急救援等方面的应用；在化解过剩产能中积极引导企业发展应急产业；建设一批国家应急产业示范基地，支持应急产业大型企业集团“安全谷”建设，形成区域性应急产业链，引领国家应急技术装备研发、应急产品生产制造和应急服务聚集发展。

国务院办公厅关于转发国家发展改革委营造良好市场环境推动交通物流融合发展实施方案的通知(节选)

（国办发〔2016〕43 号）

四、创建协同联动的交通物流新模式

(十一)发展广泛覆盖的智能物流配送。

强化“物联网 + 全程监管”。充分利用无线射频、卫星导航、视频监控等技术手段，开展重点领域全程监管。规划建设危险品、冷链等专业化物流设施设备，建立和完善危险品物流全过程监管体系和应急救援系统，完善冷链运输服务规范，实现全程不断链。

国务院办公厅关于促进通用航空业发展的指导意见(节选)

(国办发〔2016〕38号)

四、促进产业转型升级

(十一)提升制造水平。构建国家通用航空业研发创新体系,鼓励建立通用航空业创新平台,提高关键技术和部件的自主研发生产能力,加快提升国产化水平,发展具有自主知识产权、质优价廉的通用航空产品。支持大型水陆两栖飞机、新能源飞机、轻型公务机、民用直升机、多用途固定翼飞机、专业级无人机以及配套发动机、机载系统等研制应用。推广应用北斗导航、广播式自动监视等新技术,研发适用我国低空空域通信、导航、监视、气象与空中交通服务需求的核心装备,开展重大适航审定实验室等建设,提升行业运行、服务、安全的管理和技术水平。

国务院办公厅关于印发国务院2016年立法工作计划的通知(节选)

(国办发〔2016〕16号)

四、研究项目

(五)有关实施国家安全战略,维护国家安全的立法项目。(25件)

航天法(国防科工局起草),航空法(中央军委联合参谋部、交通运输部、民航局起草),防扩散法(外交部起草),人民武装警察法(修订)(武警总部起草),外国航空器临时进出中华人民共和国领空管理规定(中央军委联合参谋部起草),卫星导航条例(中央军委装备发展部起草),低空空域使用管理规定(中央军委联合参谋部起草),无人驾驶飞行器管理规定(中央军委联合参谋部起草),涉及国家安全事项的建设项目管理规定(安全部起草),国防科技创新基地管理条例(国防科工局起草),军工科研管理条例(国防科工局起草),宇航产品与技术出口管理条例(国防科工局起草),国防科技工业安全保密条例(国防科工局起草),国防科技工业武器装备科研生产设施保护条例(国防科工局起草),军工涉密业务服务管理条例(国防科工局起草),国防科技工业对外资开放管理办法(国防科工局起草),核安保条例(国防科工局起草),核电厂核事故应急管理条例(修订)(国防科工局起草),中国人民解放军实施《中华人民共和国职业病防治法》办法(中央军委后勤保障部起草),军用标准化管理条例(中央军委装备发展部起草），军人抚恤优待条例（修订）（民政部起草），边防治安管理条例（公安部起草），国防专利条例（修订）（中央军委装备发展部、工业和信息化部、国防科工局起草），民用航空安全保卫条例（修订）（交通运输部、民航局起草），关键信息基础设施安全保护条例（网信办起草）。

国务院办公厅关于印发国家标准化体系建设发展规划（2016—2020年）的通知（节选）

（国办发〔2015〕89号）

三、重点领域

（一）加强经济建设标准化，支撑转型升级。

专栏2　工业标准化重点

电子信息制造与软件

加强集成电路、传感器与智能控制、智能终端、北斗导航设备与系统、高端服务器、新型显示、太阳能光伏、锂离子电池、LED、应用电子产品、软件、信息技术服务等标准化工作，服务和引领产业发展。

四、重大工程

（五）新一代信息技术标准化工程。编制新一代信息技术标准体系规划，建立面向未来、服务产业、重点突出、统筹兼顾的标准体系，支撑信息产业创新发展，推动各行业信息化水平全面提升，保障网络安全和信息安全自主可控。

围绕集成电路、高性能电子元器件、半导体照明、新型显示、新型便携式电源、智能终端、卫星导航、操作系统、人机交互、分布式存储、物联网、云计算、大数据、智慧城市、数字家庭、电子商务、电子政务、新一代移动通信、超宽带通信、个人信息保护、网络安全审查等领域，研究制定关键技术和共性基础标准，制定相关标准1000项以上，推动50项以上优势标准转化为国际标准，提升国际竞争力。搭建国产软硬件互操作、数据共享与服务、软件产品与系统检测、信息技术服务、云服务安全、办公系统安全、国家信息安全标准化公共服务平台。建立国家网络安全审查技术标准体系并试点应用。发布实施信息技术服务标准化工作行动计划，创建20个信息技术服务标准化示范城市（区）。开展标准化创新服务机制研究，推动“科技、专利、标准”同步研发的新模式，助力企业实现创新发展。

国务院办公厅关于加快应急产业发展的意见(节选)

(国办发〔2014〕63号)

三、重点方向

(十)应急服务。围绕提高突发事件防范处置的社会化服务水平,创新应急服务业态。在事前预防方面,发展风险评估、隐患排查、消防安全、安防工程、应急管理市场咨询等应急服务;在社会化救援方面,发展紧急医疗救援、交通救援、应急物流、工程抢险、安全生产、航空救援、海洋生态损害应急处置、网络与信息安全等应急服务;在其他应急服务方面,发展灾害保险、北斗导航应急服务等。

国务院办公厅关于促进地理信息产业发展的意见(节选)

(国办发〔2014〕2号)

三、推动重点领域快速发展

(十一)发展地理信息与导航定位融合服务。加快推进现代测绘基准的广泛使用,结合北斗卫星导航产业的发展,提升导航电子地图、互联网地图等基于位置的服务能力,积极发展推动国民经济建设和方便群众日常生活的移动位置服务产品,培育新的经济增长点。

国务院办公厅关于印发国家卫星导航产业中长期发展规划的通知

(国办发〔2013〕97号)

各省、自治区、直辖市人民政府,国务院各部委、各直属机构:

《国家卫星导航产业中长期发展规划》已经国务院同意,现印发给你们,请结合实际认真贯彻执行。

国务院办公厅

2013年9月26日

国家卫星导航产业中长期发展规划

国家卫星导航产业中长期发展规划卫星导航产业是由卫星定位导航授时系统和用户终端系统制造产业、卫星定位系统运营维护和导航信息服务等方面组成的新兴高技术产业。大力发展卫星导航产业,对推动产业结构调整、提高社会生产效率、改善人民生活质量、提升国家核心竞争力具有重要的现实意义和长远的战略意义。为促进我国卫星导航产业快速健康发展,推动北斗卫星导航系统规模化应用,根据《中华人民共和国国民经济和社会发展第十二个五年规划纲要》和《“十二五”国家战略性新兴产业发展规划》,结合实施第二代卫星导航系统重大专项,制定本规划。

一、现状和形势

(一)国际上卫星导航产业发展迅猛,对经济社会发展产生深刻影响。目前,国际卫星导航产业已形成较为完备的产业体系,导航服务性能不断提升,应用范围不断扩大,市场规模快速增长。卫星导航技术应用已成为发达国家经济社会发展必不可少的重要手段,对资源利用、环境保护、公共服务等方面的科学发展产生了深刻影响。

(二)全球竞相建设卫星导航系统,产业融合发展加速演进。在我国建设北斗卫星导航系统的同时,美国进一步强化完善全球定位系统(GPS),俄罗斯、欧盟、日本和印度等自主研发的卫星导航系统也竞相发展。同时,全球卫星导航产业呈现出从单一GPS应用向多系统兼容应用转变,从以导航应用为主向导航与移动通信、互联网等融合应用转变,从终端应用为主向产品与服务并重转变三大发展趋势。竞争与合作并存的国际格局以及产业融合发展的趋势,必将促进卫星导航技术在更广泛领域深度应用,推动卫星导航及相关产业全面发展。

(三)我国北斗卫星导航系统建设取得突破性进展,卫星导航产业发展取得长足进步。我国卫星导航应用理论研究和技术研发发展迅速,导航芯片、天线等关键技术取得重大突破并实现了产品化。北斗卫星导航系统已具备区域服务能力,在交通运输、海洋渔业等诸多领域发挥了重要作用,目前正在稳步推进全球系统建设。随着卫星导航与交通运输、智能终端和移动互联网的融合发展,应用技术水平显著提高,产品制造和服务能力快速提升,我国已成为车载导航终端产品的主要出口国。

(四)我国卫星导航产业具有广阔的市场空间,但面临系统建设滞后于产业发展需求、核心技术受制于人和产业发展环境亟待优化等多重压力。随着现代信息社会快速发展,社会公众对创新性和综合性的时空信息服务需求日益强烈,未来基于短报文通信等特色优势的北斗卫星导航系统,在国民经济关键领域、行业、公共服务及大众市场的应用将得到极大拓展,融合移动通信、互联网技术的位置服务应用,将有力推动卫星导航应用产业结构升级,释放出更加广阔的市场空间。但是,在全球卫星导航多系统并存竞争和产业快速发展的背景下，我国卫星导航产业仍面临突出问题：一是我国卫星导航系统建设滞后于产业发展需求，应用主要依赖国外系统；二是缺乏统筹规划，地面应用基础设施整体能力不足与重复建设并存；三是自主创新能力不足，不掌握核心技术，集成应用能力薄弱，相关产品和解决方案与国际先进水平差距较大，北斗卫星导航系统应用市场空间被严重挤压；四是相关政策、法规、标准尚不健全，产业集中度低，缺少龙头企业，产业发展环境亟待优化。因此，需要加快我国全球卫星导航系统建设，推动民用应用系统向北斗卫星导航系统的转移，促进我国卫星导航产业健康可持续发展。

二、指导思想、基本原则和发展目标

（一）指导思想。

深入贯彻落实科学发展观，紧紧抓住和用好卫星导航产业发展的战略机遇，以未来经济社会工业化、信息化、城镇化、农业现代化发展的重大需求为导向，以企业为主体，以掌握核心关键技术、培育服务新业态、扩大市场应用、提升国际竞争力为核心，构建产业体系，夯实产业基础，完善政策环境，创新发展模式，推动我国卫星导航产业快速发展，为经济社会可持续发展提供支撑。

（二）基本原则。

1. 统筹规划，协调发展。强化产业发展规划，理清产业发展优先次序和关键环节，明确发展方向和重点。加强部门间的协调配合，推动军民融合发展，优化区域布局，做好与国家相关科技重大专项和规划的衔接，引导形成良好的卫星导航产业协调发展格局，避免盲目发展和重复建设。

2. 市场主导，政策推动。以市场需求为导向，充分发挥市场配置资源的基础性作用，调动企业主体积极性。完善应用服务政策，着力营造良好的市场环境。加强政策引导，履行国际义务，维护国家安全，促进北斗卫星导航系统在国防安全、经济建设、社会发展等关键领域的应用。

3. 夯实基础，强化创新。加强重大基础设施建设、计量标准体系建设、知识产权保护利用和人才培养，夯实产业发展基础。加强技术与应用、商业模式与产业组织创新，推动形成融合发展的新模式。

4. 开放兼容，合作共进。实施更加积极主动的开放战略，推行长期稳定、开放兼容的国际服务政策，不断提升北斗卫星导航系统全球应用服务能力，培育国际合作与竞争优势，积极利用国内国际两种资源、两个市场，实现国际化与产业化的协同发展。

（三）发展目标。

到 2020 年，我国卫星导航产业创新发展格局基本形成，产业应用规模和国际化水平大幅提升，产业规模超过 4000 亿元，北斗卫星导航系统及其兼容产品在国民经济重要行业和关键领域得到广泛应用，在大众消费市场逐步推广普及，对国内卫星导航应用市场的贡献率达到60%，重要应用领域达到80%以上，在全球市场具有较强的国际竞争力。

——产业体系优化升级。国家卫星导航产业基础设施建设进一步完善，形成竞争力较强的导航与位置、时间服务产业链，形成一批卫星导航产业聚集区，培育一批行业骨干企业和创新型中小企业，建设一批覆盖面广、支撑力强的公共服务平台，初步形成门类齐全、布局合理、结构优化的产业体系。

——创新能力明显增强。研究与开发经费投入逐步提升，在统筹考虑科研布局的基础上，充分整合利用现有科技资源，推动卫星导航应用技术重点实验室、工程（技术）研究中心、企业技术中心等创新平台建设，增强持续创新能力。突破芯片、嵌入式软件等领域的一批关键核心技术，形成一批具有知识产权的专利和技术标准，支撑行业技术进步和应用模式创新。

——应用规模和水平明显提升。卫星导航技术在经济和社会各领域广泛应用，基本满足经济社会发展需求。在能源（电力）、金融、通信等重要领域，全面应用北斗等卫星导航系统；在重点行业和个人消费市场以及社会公共服务领域，实现北斗等卫星导航系统规模化应用。

——基本具备开放兼容的全球服务能力。北斗卫星导航系统服务性能进一步提升，实现与其他卫星导航系统的兼容与互操作，北斗应用的国际竞争力显著提升，应用范围更加广泛。

三、重点发展方向和主要任务

以市场需求为牵引，围绕产业发展的重点领域和薄弱环节，夯实产业发展基础，着力关键技术研发和市场培育，提升产业发展整体水平和国际竞争力。

（一）完善导航基础设施。

围绕国家战略需要和重点领域应用需求，以提升卫星导航服务性能为目标，加快建设统一、协调、完整、开放的卫星导航基础设施体系。重点建设多模连续运行参考站网等重大地面基础设施，促进数据共享，提高资源使用效率，创新服务模式，夯实产业发展基础，提升产业持续发展能力。

专栏1　导航定位基础设施建设

时间节点：

2020年

发展目标：

基本实现北斗卫星导航系统全球覆盖，具备为全球用户提供导航定位服务能力；加强地面基础设施建设，为中国及周边大部分地区提供面向行业和大众应用的实时分米级和事后厘米级定位服务，以及为重点区域和特定场所实现室内外无缝定位服务覆盖提供基础支撑。

主要任务：

北斗卫星导航系统建设：建成由30余颗卫星及地面运行控制系统组成的全球卫星导航系统，具备全球服务能力；同时，建成卫星导航信号监测和评估系统、导航信号干扰检测与削弱系统，保障系统安全可靠运行。

多模连续运行参考站网建设：统筹建设国家统一的多模连续运行参考站网，为各类用户导航增强服务提供支撑，同时通过数据共享，为信号监测与评估、科学研究等提供基础数据。

位置数据综合服务系统建设：基于多模连续运行参考站网，形成门类齐全、互联互通的位置服务基础平台，为地区、行业和大众共享应用提供支撑服务。

组合导航系统建设：融合多种技术，解决重点区域和特定场所导航定位授时服务覆盖等问题，提升城市、峡谷和室内外无缝导航服务能力。

• 重大工程：基础工程——增强卫星导航性能。

重大政策：

• 制定保护卫星导航服务应用免受有害干扰的相关规定，建立打击非法生产、销售、使用卫星导航干扰器，非法干扰卫星导航服务和破坏服务基础设施等行为的机制。

• 建立多模连续运行参考站网和位置数据综合服务系统信息共享机制。

（二）突破核心关键技术。

进一步提升卫星导航芯片、北斗卫星导航系统与其他卫星导航系统兼容应用等技术水平，突破卫星导航与移动通信、互联网、遥感等领域的融合应用技术，推动核心基础产品升级，促进高性价比的导航、授时、精密测量、测姿定向等通用产品规模化生产。支持骨干企业和科研院所创新能力建设，加强工程实验平台和成果转化平台能力建设，形成产学研用相结合的技术创新体系。

专栏2　核心技术创新与通用产品产业化

时间节点：

2020年

发展目标：

形成一批具有知识产权和核心竞争力的技术创新成果，卫星导航核心部器件设计与制造技术达到国际先进水平；形成一批高性价比、具有知识产权和国际竞争力的通用产品。

主要任务：

核心技术：突破核心芯片、软件和高端产品的发展瓶颈，着力提升芯片设计水平和制造工艺，提高芯片集成度，降低能耗；重点支持卫星导航应用技术创新，突破高精度定位技术、室内外无缝定位技术、卫星导航脆弱性监测评估与减缓技术、智能服务技术以及基于多模组合导航的关键技术。

核心部器件:大力创新发展导航、通信等多模融合芯片和天线,以及导航传感一体化核心部器件等产品。

通用产品:研发导航、授时、精密测量、测姿定向等行业应用产品,以及集成定位和导航功能的智能手机、平板电脑、车载导航等终端电子产品;全面提高产品性价比和成熟度,实现产品标准化并与国际接轨,推动产业化发展,进入国际市场。

创新能力建设:支持若干面向基础研究的重点实验室,支持一批面向行业、领域、区域的工程(技术)研究中心,形成若干个技术创新、应用创新基地。

• 重大工程:创新工程——提升核心技术能力。

重大政策:

• 推动北斗卫星导航系统及其兼容产品纳入鼓励推广和出口的相关政策。

• 制定鼓励企业开展卫星导航系统核心关键技术研发的政策。

(三)推行应用时频保障。

将北斗时间溯源到国家时间频率计量基准,为国家安全和国民经济重要领域提供时频保障,出台国家标准和相关政策措施,加强资金支持力度,结合涉及国家安全重点领域基础设施的升级换代,着力推进北斗卫星导航系统及其兼容导航授时技术与产品在能源(电力)、通信、金融、公安等重要领域的深入应用,并在其他国民经济安全领域逐步推进,为国民经济稳定安全运行提供重要保障。

专栏3　重要产品应用

时间节点:

2020年

发展目标:

在涉及国家安全和国民经济发展的重要行业及领域实现北斗授时装备应用。

主要任务:

推行重要领域应用:在能源(电力)、通信、金融、公安等行业及领域推行北斗卫星导航系统及其兼容导航授时技术与产品的应用,在其他领域鼓励北斗卫星导航系统及其兼容产品的应用。

• 重大工程:安全工程——推进重要领域应用。

重大政策:

• 制定既满足国家安全需要,又符合行业特点和发展阶段的应用标准和政策。

(四)促进行业创新应用。

适应重点行业及领域的应用需求,充分发挥北斗卫星导航系统短报文通信等特色优势,结合新一代信息技术发展,创新应用服务模式,加强卫星导航与国民经济社会发展重要行业的深度融合,大力推进卫星导航产品和服务在公共安全、交通运输、防灾减灾、农林水利、气象、国土资源、环境保护、公安警务、测绘勘探、应急救援等重要行业及领域的规模化应用,推进卫星导航与物联网、移动互联、三网融合等广泛融合与联动,积极鼓励开拓新的应用领域。推动形成行业综合应用解决方案,提升行业运行效率,促进相关产业转型升级。

专栏4　重点行业及领域应用

时间节点:

2020年

发展目标:

在公共安全、交通运输、防灾减灾、农林水利、气象、国土资源、环境保护、公安警务、测绘勘探、应急救援等重要行业及领域,实现卫星导航产品和服务规模化应用。

主要任务:

行业综合应用解决方案:依托国家卫星导航基础设施,创新应用服务模式,建设针对行业及领域应用需求的综合应用服务平台,形成行业综合应用的系统性解决方案。

行业规模化应用:结合行业发展规划,解决行业应用关键共性技术,开发系列专用装备,促进导航与行业深度融合发展,促进相关产业转型升级。

重大政策:

- 由相关主管部门制定符合行业特点的应用引导政策,持续深化行业应用。

(五)扩大大众应用规模。

适应车辆、个人应用领域的卫星导航大众市场需求,以位置服务为主线,创新商业和服务模式,构建位置信息综合服务体系。重点推动卫星导航功能成为车载导航和智能手机终端的标准配置,促进其在社会服务、旅游出行、弱势群体关爱、智慧城市等方面的多元化应用,推动大众应用规模化发展。

专栏5　大众应用

时间节点:

2020年

发展目标:

形成丰富的位置服务产品和成熟的商业及服务模式,打造一批有规模、有影响的企业,形成规模应用效益。

主要任务:

车辆信息服务:推动车辆位置服务体系发展完善,促进车辆监控、导航以及综合信息服务的规模化应用。

个人位置服务:推动个人位置服务体系发展完善,促进在社会服务、旅游出行、弱势群体关爱、智慧城市等领域的规模化应用。

- 重大工程:大众工程——推动产业规模发展。

重大政策:

• 制定用户位置上报管理和隐私保护政策。

（六）推进海外市场开拓。

加强国际合作战略研究，积极参与卫星导航领域多种形式的国际合作，联合开展国际标准研究制定，加快北斗卫星导航系统及其应用产业国际化进程；加大智力和技术合作力度，提高北斗卫星导航系统服务能力和产业应用水平；积极实施“走出去”战略，加大北斗卫星导航系统境外应用推广力度，鼓励有条件的企业在境外建立研发中心和营销服务网络，大力开拓国际市场，同时鼓励国外企业开发利用北斗卫星导航系统；构建完善产业国际化发展支撑体系，提升全球化发展服务保障能力。

专栏6　国际化发展

时间节点：

2020年

发展目标：

建设若干海外应用示范工程，在周边区域树立和推广北斗卫星导航系统品牌，形成完备的营销和运营服务网络，构建国际化支撑保障体系。

主要任务：

海外示范工程建设：适应国际用户广泛关注的应急救援、综合减灾、船舶/车辆监控与指挥调度等应用需求，建设若干海外应用示范工程，推动产业国际化发展。

全球市场营销和服务网络建设：加强海外市场布局，建立海外开拓和推广中心，构建国际营销网络，建立全球运营服务体系。

国际化发展服务体系建设：面向政府和企业，提供国际卫星导航应用的政策、市场、法律、金融等领域的研究和咨询服务，全面提升对全球及区域市场开拓支持和综合服务能力，开展智力和技术合作相关工作，为产业国际化发展提供支撑。

• 重大工程：国际化工程——开拓全球应用市场。

重大政策：

• 落实和完善鼓励企业“走出去”的财税金融服务政策。

四、重大工程

围绕产业发展的总体目标和主要任务，组织实施一批重大工程，以加快培育和发展卫星导航产业，带动产业基础能力提升、重点领域技术创新、规模化应用推广和国际化发展。

（一）基础工程——增强卫星导航性能。

统筹制定国家多模连续运行参考站网建设规划，统一标准，整合国内连续运行参考站网资源，通过优选、改造、升级和补充，形成统一管理的参考站网，增强导航性能，提升系统精度；综合集成地图与地理信息、遥感数据信息、交通信息、气象信息、环境信息等基础信息，建立全国性的位置数据综合服务系统；加快建设辅助定位系统，推进室内外无缝定位技术在重点区域和特定场所的应用。通过该工程实施,形成完整的卫星导航综合应用基础支撑体系,具有实时分米级和事后厘米级应用服务能力,有效增强卫星导航系统性能和服务能力,为扩大应用规模奠定良好基础。通过五年左右的时间,实现资源基本整合,初步构建应用基础支撑体系。

(二)创新工程——提升核心技术能力。

针对导航产业“有机无芯”的瓶颈制约,着力加强北斗芯片和终端产品的研发和应用,加快提升产品成熟度和核心竞争力;适应应用需求,重点突破融合芯片、组合导航、应用集成、室内外无缝定位等一批基础前沿和共性关键技术,开发一批高性能低成本的导航器件与产品,大力提升创新能力;整合现有科技资源,推动卫星导航应用技术重点实验室、工程(技术)研究中心、企业技术中心等建设和发展,构建我国卫星导航产业技术创新体系。

(三)安全工程——推进重要领域应用。

推进标准法规建设,提升卫星导航应用技术水平和产品质量。在能源(电力)、通信、金融、公安等系统,分阶段推行北斗卫星导航系统及其兼容产品的应用;加强政策引导,推动在公共安全、交通运输、防灾减灾、农林水利、气象、国土资源、环境保护、公安警务、测绘勘探、应急救援等领域的规模化应用,促进相关产业转型升级。

(四)大众工程——推动产业规模发展。

面向大众市场需求,融合交通、气象、地理等动态时空信息,结合新一代信息技术发展,以汽车制造业和移动通信业快速发展为契机,以公众出行信息服务需求为引导,重点推动北斗兼容卫星导航功能成为车载导航、智能手机的标准配置,促进在社会服务、旅游出行、弱势群体关爱、智慧城市等方面的多元化应用。创新商业和服务模式,推动北斗卫星导航系统产品的产业化,形成终端产品规模应用效益。

(五)国际化工程——开拓全球应用市场。

适应国际用户广泛关注的应急救援、综合减灾、船舶/车辆监控与指挥调度等应用需求,加大北斗卫星导航系统应用推广力度,建设若干海外应用示范工程,开拓国际市场。积极推进北斗卫星导航系统进入国际民航组织和国际海事组织,促进其在民用航空和远洋船舶等方面的应用。构建覆盖亚太地区的卫星导航增强系统和统一时空基准系统,建设卫星导航产业国际化发展的基础工程和综合服务工程,开展国际卫星导航应用的政策、市场、法律、金融等领域的研究和咨询服务,提升国际化综合服务能力。

五、保障措施

为全面实施本规划,切实落实各项重点任务,营造良好的产业发展环境,要加强组织协调,采取强有力的保障措施。

(一)加强统筹协调,形成发展合力。

加快建立完善国家卫星导航产业发展协调机制,加强军民之间、部门之间的沟通协调,统筹中央、地方和其他社会资源,统筹规划卫星导航基础设施的建设和应用,研究制定产业化促进政策,引导产业布局优化。建立完善的市场监督管理机制,加强市场信息监测与预警,并根据发展形势,实施动态调整。充分发挥行业协会等专业机构的行业引导、协调、服务作用,强化行业和企业自律制度,构建卫星导航产业发展的良性竞争环境。

(二)发布国家政策,推广应用服务。

定期发布北斗卫星导航系统白皮书,介绍其发展的宗旨、原则、政策及相关协议标准,提供的免费开放、安全可靠的民用服务等,以及系统建设进展和运行服务情况,引导社会应用北斗卫星导航系统,促进北斗卫星导航产业发展。充分发挥市场主体的积极性,大力开展市场培育与应用示范,鼓励应用服务和商业模式创新,加大实施有关重大工程的力度,推动北斗卫星导航系统的规模化应用。

(三)完善政策法规,优化发展环境。

制定在涉及国家安全和国民经济重要领域中推行使用北斗卫星导航系统的政策,推动北斗卫星导航系统及其兼容产品在能源(电力)、通信、金融等领域的应用。研究制定有关市场准入、位置安全等管理制度,建立健全卫星导航产品质量检测认证体系及质量监管机制,整合现有资源,推动卫星导航产品质量检测中心建设,规范卫星导航应用服务和运营,提高骨干企业和创新型企业的参与积极性。加大知识产权保护力度,支持有条件的企业申请国外专利。完善鼓励卫星导航产业技术创新、引导投资和消费的金融政策。

(四)加强标准建设,提升发展水平。

加快建立并完善支撑卫星导航产业健康发展的标准体系,鼓励产学研用各方联合研制技术标准。推动卫星导航军民标准通用化和资源共享,促进卫星导航与物联网、移动通信等的融合发展。鼓励骨干企业和研发机构参与国际相关标准的制定,促进北斗与其他卫星导航系统的兼容发展。加大标准宣传力度,完善标准信息服务、认证、检测体系,做好标准实施的监督工作,推动合格评定与产品认证服务的发展及国际合作,促进北斗卫星导航系统全球化应用。

(五)加大公共投入,鼓励产业创新。

在现有政策和财政资金渠道中加大支持力度,组织实施重大工程,引导多元化资金投入,促进卫星导航产业加快发展。加大对关键基础设施建设、关键技术研发和典型示范应用的支持力度,提升核心技术、核心产品的创新发展能力;加强专业化人才队伍建设,提高知识产权的创造、利用和保护能力;扶持优势企业做强做大,鼓励通过建立产业联盟、实施兼并重组等方式,提高产业集中度和竞争力。

国务院办公厅关于印发国家综合防灾减灾规划(2011—2015年)的通知(节选)

(国办发〔2011〕55号)

一、现状与形势

(一)“十一五”期间防灾减灾工作取得显著成效。

五是科学技术的支撑作用明显增强。对自然灾害发生、发展机理和演变规律的研究进一步深入,灾害监测预警、风险评估、应急处置等技术水平不断提高,遥感、卫星导航与通信广播等技术在重特大自然灾害应对过程中发挥了重要作用,有关防灾减灾科研机构相继成立,科技支撑平台逐步形成。

三、主要任务

(二)加强防灾减灾信息管理与服务能力建设。

加强防灾减灾信息共享能力,论证建设国家综合减灾与风险管理信息平台,提高防灾减灾信息集成、智能处理和服务水平,加强各级相关部门防灾减灾信息互联互通、交换共享与协同服务。充分利用卫星通信、广播电视、互联网、导航定位等技术和移动信息终端等装备,提高信息获取、远程会商、公众服务和应急保障能力,推进“数字减灾”工程建设。

(七)加强防灾减灾科技支撑能力建设。

加强遥感、地理信息系统、导航定位、三网融合、物联网和数字地球等关键技术在防灾减灾领域的应用研究,推进防灾减灾科技成果的集成转化与应用示范。开展防灾减灾新材料、新产品和新装备研发。建设防灾减灾技术标准体系,提高防灾减灾的标准化水平。

国务院办公厅转发测绘局等部门关于整顿和规范地理信息市场秩序意见的通知(节选)

(国办发〔2009〕4号)

二、主要任务

(三)防范和制止涉军非法测绘活动。任何单位或者个人未经军队测绘主管部门批准,不得在军事禁区、军事管理区进行摄影、摄像、测量等测绘活动。对违反规定的,要依法进行处罚,情节严重的,要依法追究刑事责任。各级测绘行政主管部门要组织对导航电子地图制作企业开展检查,依法严厉查处擅自扩大数据采集覆盖范围等行为,防止泄露军事设施秘密。测绘行政主管部门要加强与军队测绘主管部门的沟通,及时通报涉军测绘有关情况,配合查处涉军非法测绘案件。县级以上地方人民政府在组织编制本行政区域涉军基础测绘规划时,应当符合军事设施安全保密要求,在报送审批前,应征求军队测绘主管部门的意见。

《中国北斗卫星导航系统》白皮书

(国务院新闻办公室于2016年6月16日发表)

前言

北斗卫星导航系统(以下简称北斗系统)是中国着眼于国家安全和经济社会发展需要,自主建设、独立运行的卫星导航系统,是为全球用户提供全天候、全天时、高精度的定位、导航和授时服务的国家重要空间基础设施。

20世纪后期,中国开始探索适合国情的卫星导航系统发展道路,逐步形成了三步走发展战略:2000年年底,建成北斗一号系统,向中国提供服务;2012年年底,建成北斗二号系统,向亚太地区提供服务;计划在2020年前后,建成北斗全球系统,向全球提供服务。

随着北斗系统建设和服务能力的发展,相关产品已广泛应用于交通运输、海洋渔业、水文监测、气象预报、测绘地理信息、森林防火、通信时统、电力调度、救灾减灾、应急搜救等领域,逐步渗透到人类社会生产和人们生活的方方面面,为全球经济和社会发展注入新的活力。

卫星导航系统是全球性公共资源,多系统兼容与互操作已成为发展趋势。中国始终秉持和践行“中国的北斗,世界的北斗”的发展理念,服务“一带一路”建设发展,积极推进北斗系统国际合作。与其他卫星导航系统携手,与各个国家、地区和国际组织一起,共同推动全球卫星导航事业发展,让北斗系统更好地服务全球、造福人类。

一、发展目标与原则

中国高度重视北斗系统建设,将北斗系统列为国家科技重大专项,支撑国家创新发展战略。

(一)发展目标

建设世界一流的卫星导航系统,满足国家安全与经济社会发展需求,为全球用户提供连续、稳定、可靠的服务;发展北斗产业,服务经济社会发展和民生改善;深化国际合作,共享卫星导航发展成果,提高全球卫星导航系统的综合应用效益。

（二）发展原则

中国坚持“自主、开放、兼容、渐进”的原则建设和发展北斗系统。

——自主。坚持自主建设、发展和运行北斗系统，具备向全球用户独立提供卫星导航服务的能力。

——开放。免费提供公开的卫星导航服务，鼓励开展全方位、多层次、高水平的国际合作与交流。

——兼容。提倡与其他卫星导航系统开展兼容与互操作，鼓励国际合作与交流，致力于为用户提供更好的服务。

渐进。分步骤推进北斗系统建设发展，持续提升北斗系统服务性能，不断推动卫星导航产业全面、协调和可持续发展。

二、持续建设和发展北斗系统

中国始终立足于国情国力，坚持自主创新、分步建设、不断完善北斗系统。

（一）实施“三步走”发展战略

——第一步，建设北斗一号系统（也称北斗卫星导航试验系统）。1994 年，启动北斗一号系统工程建设；2000 年，发射 2 颗地球静止轨道卫星，建成系统并投入使用，采用有源定位体制，为中国用户提供定位、授时、广域差分和短报文通信服务；2003 年，发射第三颗地球静止轨道卫星，进一步增强系统性能。

——第二步，建设北斗二号系统。2004 年，启动北斗二号系统工程建设；2012 年年底，完成 14 颗卫星（5 颗地球静止轨道卫星、5 颗倾斜地球同步轨道卫星和 4 颗中圆地球轨道卫星）发射组网。北斗二号系统在兼容北斗一号技术体制基础上，增加无源定位体制，为亚太地区用户提供定位、测速、授时、广域差分和短报文通信服务。

——第三步，建设北斗全球系统。2009 年，启动北斗全球系统建设，继承北斗有源服务和无源服务两种技术体制；计划 2018 年，面向“一带一路”沿线及周边国家提供基本服务；2020 年前后，完成 35 颗卫星发射组网，为全球用户提供服务。

（二）北斗系统的基本组成

北斗系统由空间段、地面段和用户段三部分组成。

——空间段。北斗系统空间段由若干地球静止轨道卫星、倾斜地球同步轨道卫星和中圆地球轨道卫星三种轨道卫星组成混合导航星座。

——地面段。北斗系统地面段包括主控站、时间同步/注入站和监测站等若干地面站。

——用户段。北斗系统用户段包括北斗兼容其他卫星导航系统的芯片、模块、天线等基础产品，以及终端产品、应用系统与应用服务等。

（三）北斗系统的发展特色

北斗系统的建设实践，实现了在区域快速形成服务能力、逐步扩展为全球服务的发展路径,丰富了世界卫星导航事业的发展模式。

北斗系统具有以下特点:一是北斗系统空间段采用三种轨道卫星组成的混合星座,与其他卫星导航系统相比高轨卫星更多,抗遮挡能力强,尤其低纬度地区性能特点更为明显。二是北斗系统提供多个频点的导航信号,能够通过多频信号组合使用等方式提高服务精度。三是北斗系统创新融合了导航与通信能力,具有实时导航、快速定位、精确授时、位置报告和短报文通信服务五大功能。

(四)持续提升北斗系统性能

为满足日益增长的用户需求,北斗系统将加强卫星、原子钟、信号体制等方面的技术研发,探索发展新一代导航定位授时技术,持续提升服务性能。

——提供全球服务。发射新一代导航卫星,研制更高性能的星载原子钟,进一步提高卫星性能与寿命,构建稳定可靠的星间链路;增发更多的导航信号,加强与其他卫星导航系统的兼容与互操作,为全球用户提供更好的服务。

——增强服务能力。大力建设地面试验验证系统,实现星地设备全覆盖测试验证;持续建设完善星基和地基增强系统,大幅提高系统服务精度和可靠性;优化位置报告及短报文通信技术体制,扩大用户容量,拓展服务区域。

——保持时空基准。北斗系统时间基准(北斗时),溯源于协调世界时,时差信息在导航电文中发播;推动与其他卫星导航系统开展时差监测,提高兼容与互操作。发展基于北斗系统的全球位置标识体系,推动北斗系统坐标框架与其他卫星导航系统的互操作,并不断精化参考框架。

三、提供可靠安全的卫星导航服务

中国承诺采取多项措施保障系统安全稳定运行,为用户免费提供连续、稳定、可靠的公开服务。

(一)保障北斗系统安全稳定运行

——完善运行管理机制。完善北斗系统空间段、地面段、用户段的多方联动的常态化机制,不断提高大型星座系统的运行管理保障能力。

——建立监测评估网络。建设全球连续监测评估系统,积极开展国际合作,广泛利用国际资源,对北斗系统星座状态、信号精度、信号质量和系统服务性能等进行全方位的监测和评估,为用户应用提供参考。

——采取冗余备份手段。采用卫星在轨、地面备份策略,避免和降低卫星突发在轨故障对系统服务性能的影响;采用地面设施的冗余备份设计,着力消除薄弱环节,增强系统可靠性。

(二)提供免费的公开服务

目前,正在运行的北斗二号系统发播 B1I 和 B2I 公开服务信号,免费向亚太地区提供公开服务。服务区为南北纬 55 度、东经 55 度到 180 度区域,定位精度优于 10 米,测速精度优于0.2米/秒，授时精度优于50纳秒。

（三）及时发布系统信息

——发布北斗系统公开服务信号文件，为全球研发北斗应用产品提供输入。目前，已发布B1I、B2I信号接口控制文件，定义了北斗二号系统卫星与用户终端之间的接口关系，规范了信号结构、基本特性、测距码、导航电文等内容；已发布公开服务性能规范，定义了北斗二号系统服务覆盖范围、精度、连续性、可用性等性能指标。后续，将结合北斗系统建设发展持续更新和发布。

——建立多渠道信息发布机制。适时召开新闻发布会，权威发布北斗系统发展重要信息；通过北斗官方网站（网址 www. beidou. gov. cn），及时更新系统建设、运行、应用、国际合作等方面最新动态；在采取可能影响用户服务的计划之前，向国际社会提前发布通告。

（四）保护卫星导航频谱使用

——依法保护卫星导航频谱。根据国家无线电频谱保护法律法规，保护北斗系统频谱使用，保障北斗系统运行和用户使用安全。

——坚决抵制有害干扰。严禁生产、销售或使用卫星导航非法干扰设备，依法查处任何影响系统运行和服务的恶意干扰行为。

四、推动北斗系统应用与产业化发展

中国积极培育北斗系统的应用开发，打造由基础产品、应用终端、应用系统和运营服务构成的北斗产业链，持续加强北斗产业保障、推进和创新体系，不断改善产业环境，扩大应用规模，实现融合发展，提升卫星导航产业的经济和社会效益。

（一）构建产业保障体系

——出台有关产业政策。中国已制定了卫星导航产业发展规划，对卫星导航产业中长期发展进行了总体部署，鼓励国家部门与地方政府出台支持北斗应用与产业化发展的有关政策。

——营造公平的市场环境。努力建立竞争有序的导航产业发展环境，提高资源配置效益和效率；鼓励并支持国内外科研机构、企业、高等院校和社会团体等组织，积极开展北斗应用开发，充分释放市场活力。

——加强标准化建设。2014年，成立了全国北斗卫星导航标准化技术委员会，建立并完善北斗卫星导航标准体系，推动标准验证与实施，着力推进基础、共性、急需标准的制（修）订，全面提升卫星导航标准化发展的整体质量效益。

——构建产品质量体系。着力建立健全卫星导航产品质量保障公共服务平台，积极推进涉及安全领域的北斗基础产品及重点领域应用产品的第三方质量检测、定型及认证，规范卫星导航应用服务和运营，培育北斗品牌。逐步建立卫星导航产品检测和认证机构，强化产品采信力度，促进北斗导航产品核心竞争力的全面提升，推动北斗导航应用与国际接轨。

——建设位置数据综合服务体系。基于北斗增强系统,鼓励采取商业模式,形成门类齐全、互联互通的位置服务基础平台,为地区、行业和大众共享应用提供支撑服务。

(二)构建产业应用推进体系

——推行国家关键领域应用。在涉及国家安全和国民经济发展的关键领域,着力推进北斗系统及兼容其他卫星导航系统的技术与产品的应用,为国民经济稳定安全运行提供重要保障。

——推进行业/区域应用。推动卫星导航与国民经济各行业的深度融合,开展北斗行业示范,形成行业综合应用解决方案,促进交通运输、国土资源、防灾减灾、农林水利、测绘勘探、应急救援等行业转型升级。鼓励结合“京津冀协同发展”“长江经济带”以及智慧城市发展等国家区域发展战略需求,开展北斗区域示范,推进北斗系统市场化、规模化应用,促进北斗产业和区域经济社会发展。

——引导大众应用。面向智能手机、车载终端、穿戴式设备等大众市场,实现北斗产品小型化、低功耗、高集成,重点推动北斗兼容其他卫星导航系统的定位功能成为车载导航、智能导航的标准配置,促进在社会服务、旅游出行、弱势群体关爱、智慧城市等方面的多元化应用。

(三)构建产业创新体系

——加强基础产品研发。突破核心关键技术,开发北斗兼容其他卫星导航系统的芯片、模块、天线等基础产品,培育自主的北斗产业链。

——鼓励创新体系建设。鼓励支持卫星导航应用技术重点实验室、工程(技术)研究中心、企业技术中心等创新载体的建设和发展,加强工程实验平台和成果转化平台能力建设,扶持企业发展,加大知识产权保护力度,形成以企业为主体、产学研用相结合的技术创新体系。

——促进产业融合发展。鼓励北斗与互联网+、大数据、云计算等融合发展,支持卫星导航与移动通信、无线局域网、伪卫星、超宽带、自组织网络等信号的融合定位及创新应用,推进卫星导航与物联网、地理信息、卫星遥感/通信、移动互联网等新兴产业融合发展,推动大众创业、万众创新,大力提升产业创新能力。

五、积极促进国际合作与交流

中国将持续推动北斗系统国际化发展,积极务实开展国际合作与交流,服务“一带一路”建设,促进全球卫星导航事业发展,让北斗系统更好地服务全球、造福人类。

(一)加强与其他卫星导航系统的兼容共用

积极推动北斗系统与其他卫星导航系统在系统建设、应用等各领域开展全方位合作与交流,加强兼容与互操作,实现资源共享、优势互补、技术进步,共同提高卫星导航系统服务水平，为用户提供更加优质多样、安全可靠的服务。

（二）按照国际规则合法使用频率轨位资源

频率轨位资源是有限的、宝贵的自然资源，是卫星导航系统发展的重要基础。中国按照国际电信联盟规则，通过友好协商开展北斗系统频率轨位协调，积极参与国际电信联盟规则的研究制定及有关活动，并与有关国家合作拓展卫星导航频率资源。2000 年以来，先后与 20 余个国家、地区和国际组织，300 余个卫星网络进行了有效协调。

（三）持续推动北斗系统进入国际标准

进入国际标准是北斗系统融入国际体系的重要标志。中国高度重视并持续推动北斗系统进入国际标准化组织、行业和专业应用等国际组织。目前，积极推动北斗系统进入国际民用航空组织、国际海事组织、移动通信国际标准组织等，并鼓励企业、科研院所和高校参与卫星导航终端和应用标准的制定。2014 年 11 月，北斗系统获得国际海事组织认可。

（四）积极参与国际卫星导航领域多边事务

北斗系统作为全球卫星导航系统核心系统之一，中国积极参与卫星导航国际事务，参加联合国全球卫星导航系统国际委员会（ICG）以及有关国际组织活动，促进学术交流与合作，贡献北斗力量，推动卫星导航应用。中国高度重视并积极参加联合国工作，2012 年成功主办 ICG 第七届大会，发起国际监测与评估、应用演示与用户体验活动等倡议，促成各卫星导航系统联合发布服务世界的共同宣言；每年举办中国卫星导航学术年会，为世界卫星导航技术与应用发展发挥积极作用。

（五）大力推动卫星导航国际化应用

——加强宣传普及。持续开展“北斗行”系列宣传推广活动，推动建立北斗中心，让用户更好地了解北斗、感知北斗，已与多个国家合作建立北斗中心。成立北斗国际交流培训中心，搭建卫星导航教育培训演示平台，持续开展学历教育、暑期学校、短期培训班和研讨会等国际教育培训活动。

——推动实施国际化工程。鼓励开展国际卫星导航应用的政策、市场、法律、金融等领域的研究和咨询服务，提升国际化综合服务能力。服务“一带一路”建设，与全球有意愿的国家一起，共同建设卫星导航增强系统，提供高精度卫星导航、定位、授时服务，提升北斗系统海外服务性能，促进导航技术的国际化应用。通过构建高精度卫星导航、定位、授时服务运营服务平台，开展交通运输、大众旅游、海上应用、减灾救灾、精密农业等领域应用示范，带动大规模应用推广。

结束语

卫星导航系统是人类发展的共同财富，是提供全天候精确时空信息的空间基础设施，推动了知识技术密集、成长潜力大、综合效益好的新兴产业集群发展，成为国家安全和经济社会发展的重要支撑,日益改变着人类生产生活方式。

中国将坚定不移地实施北斗系统建设,不断提升系统性能,履行服务承诺。坚持开放合作,加强推广普及,着力促进卫星导航在全球的广泛应用,让卫星导航更好地惠及民生福祉、服务人类发展进步。

《中国交通运输发展》白皮书(节选)

(国务院新闻办公室于 2016 年 12 月 29 日发表)

二、综合交通运输体系建设

(三)科技创新和应用

信息化智能化技术广泛应用。大数据、云计算、物联网、移动互联网等信息通信技术在交通运输领域广泛应用,线上线下结合的商业模式蓬勃发展。铁路建成了客运联网售票系统,实现了运输生产调度指挥信息化。高速公路电子不停车收费系统(ETC)基本实现了全国联网。港口电子数据交换系统(EDI)、船舶交通管理系统(VTS)、船舶自动识别系统(AIS)在水运管理中广泛应用,开发了长江干线电子航道图技术。民航商务信息系统处于世界先进水平。邮政建立国家、省、市三级联动视频监控体系。无线射频识别技术(RFID)、全球卫星导航系统(GNSS)等现代导航信息技术在民航运输、物流配送中广泛应用。北斗导航系统成为第三个面向国际航海应用的全球卫星导航系统。

《2016 中国的航天》白皮书(节选)

(国务院新闻办公室于 2016 年 12 月 27 日发表)

二、2011 年以来的主要进展

2011 年以来,中国航天事业持续快速发展,自主创新能力显著增强,进入空间能力大幅提升,空间基础设施不断完善,载人航天、月球探测、北斗卫星导航系统、高分辨率对地观测系统等重大工程建设顺利推进,空间科学、空间技术、空间应用取得丰硕成果。

(二)人造地球卫星

3. 导航卫星。北斗二号系统全面建成,完成 14 颗北斗导航卫星发射组网,正式向亚太地区用户提供定位、测速、授时、广域差分和短报文通信服务。北斗全球系统建设正在顺利推进。

（七）空间应用

3. 导航卫星应用。北斗系统服务精度和可靠性大幅提高，构建形成自主可控、完整成熟的北斗产业链以及北斗产业保障、应用推进和创新三大体系，广泛应用于交通运输、海洋渔业、水文监测、气象预报、测绘地理信息、森林防火、通信时统、电力调度、救灾减灾、应急搜救等领域，逐步渗透到人类社会生产和人们生活的方方面面，为全球经济和社会发展注入新的活力。

三、未来五年的主要任务

未来五年，中国将加快航天强国建设步伐，持续提升航天工业基础能力，加强关键技术攻关和前沿技术研究，继续实施载人航天、月球探测、北斗卫星导航系统、高分辨率对地观测系统、新一代运载火箭等重大工程，启动实施一批新的重大科技项目和重大工程，基本建成空间基础设施体系，拓展空间应用深度和广度，深入开展空间科学研究，推动空间科学、空间技术、空间应用全面发展。

（二）空间基础设施

3. 卫星导航系统。持续提升北斗二号系统服务性能。继续开展北斗全球系统建设，计划于 2018 年面向“一带一路”沿线及周边国家提供基本服务；2020 年前后，完成 35 颗卫星发射组网，为全球用户提供服务；持续统筹推进北斗地基、星基增强系统建设，为各类用户提供更高精度、更为可靠的服务。

五、国际交流与合作

（二）2011 年以来的主要活动

2. 多边合作

——中国积极参与全球卫星导航系统国际委员会活动，成功举办第 7 届全球卫星导航系统国际委员会大会，积极推动北斗系统与其他卫星导航系统兼容与互操作，推广普及卫星导航技术，与多个国家和地区开展卫星导航应用合作。

《中国的军事战略》白皮书（节选）

（国务院新闻办公室于 2015 年 5 月 26 日发表）

四、军事力量建设发展

军民融合深度发展

加快重点建设领域军民融合式发展。加大政策扶持力度，全面推进基础领域、重点技术领域和主要行业标准军民通用，探索完善依托国家教育体系培养军队人才、依托国防工业体系发展武器装备、依托社会保障体系推进后勤社会化保障的方法路子。

广泛开展军民合建共用基础设施，推动军地海洋、太空、空域、测绘、导航、气象、频谱等资源合理开发和合作使用，促进军地资源互通互补互用。

《中国武装力量的多样化运用》白皮书（节选）

（国务院新闻办公室于2013年4月16日发表）

四、保障国家经济社会发展

维护海洋权益

海军结合日常战备为国家海上执法、渔业生产和油气开发等活动提供安全保障，分别与海监、渔政等执法部门建立协调配合机制，建立完善军警民联防机制。协同地方有关部门开展海洋测绘与科学调查，建设海洋气象监测、卫星导航、无线电导航及助航标志系统，及时发布气象和船舶航行等相关信息，建立和完善管辖海域内的航行安全保障体系。

《2006中国的航天》白皮书（节选）

（国务院新闻办公室于2006年10月12日发表）

二、过去五年的进展

空间技术

1. 人造地球卫星。过去五年，自主研制并发射22颗不同类型的人造地球卫星，整体水平明显提高。在已初步形成的四个卫星系列的基础上，发展形成六个卫星系列——返回式遥感卫星系列、“东方红”通信广播卫星系列、“风云”气象卫星系列、“实践”科学探测与技术试验卫星系列、“资源”地球资源卫星系列和“北斗”导航定位卫星系列。此外，海洋卫星系列即将形成，构建“环境与灾害监测预报小卫星星座”计划正在加紧实施。一批新型高性能卫星有效载荷研制成功。各种应用卫星初步投入业务运行，其中“风云一号”和“风云二号”气象卫星已被世界气象组织列入国际业务气象卫星系列。地球静止轨道大型卫星公用平台的各项关键技术取得重要突破。大容量通信广播卫星研制取得阶段性成果。微小卫星研制及应用工作取得重要进展。

空间应用

3. 卫星导航定位。通过“卫星导航应用产业化”等重大工程项目的实施，利用国内外导航定位卫星，在卫星导航定位技术的开发、应用与服务方面取得长足进步。卫星导航定位的应用范围和行业不断扩展，全国卫星导航应用市场规模以每两年翻一番的速度快速增长。卫星导航定位技术已广泛应用于交通运输、基础测绘、工程勘测、资源调查、地震监测、气象探测和海洋勘测等领域。

三、未来五年的发展目标与主要任务

发展目标

运载火箭进入空间能力和可靠性水平明显提高；建立长期稳定运行的卫星对地观测体系、协调配套的全国卫星遥感应用体系；建立较完善的卫星通信广播系统，卫星通信广播产业规模和效益显著提高；分步建立满足应用需求的卫星导航定位系统，初步形成卫星导航定位应用产业；初步实现应用卫星和卫星应用由试验应用型向业务服务型转变。

主要任务

——完善“北斗”导航试验卫星系统，启动并实施“北斗”卫星导航系统计划。发展卫星导航、定位与授时的自主应用技术和产品，建立规范的、与卫星导航定位相关的位置服务支撑系统、大众化应用系列终端，扩展应用领域和市场。

四、发展政策与措施

中国政府以科学发展观为指导，统筹规划空间技术、空间应用和空间科学三个领域，推动航天科技自主创新，促进航天活动发挥更大的经济和社会效益，保证航天活动有序、规范、健康发展，实现既定的发展目标。

当前及今后一个时期中国发展航天事业的主要政策与措施包括：

——加强空间应用，推进航天产业化进程。加强空间应用技术的开发，推进资源共享，扩大业务应用。以通信卫星和卫星通信、卫星遥感、卫星导航、运载火箭为重点，积极构建卫星制造、发射服务、地面设备制造、运营服务的航天产业链。加强空间技术的推广转移和二次开发，改造和提升传统产业。

——鼓励社会各界参与航天活动。鼓励工业企业、科研机构、商业企业、高等院校和社会团体在国家航天政策指导下，发挥各自优势，积极参与航天活动，参与空间领域的国际交流与合作。鼓励卫星经营企业和应用部门优先选用国产卫星和卫星应用产品。

五、国际交流与合作

优先领域

——卫星通信、卫星遥感和卫星导航定位的地面设备及关键部件的制造。

——卫星通信广播在远程教育、远程医疗等方面的应用，卫星广播电视应用范围的扩大，卫星导航定位相关服务。

第五部分　涉及卫星导航的部门政策性文件

中央网络安全和信息化委员会办公室

“十三五”信息化标准工作指南(节选)

(2017年5月中央网信办、国家质检总局、国家标准委联合印发)

四、推动重点领域标准化建设

(十)核心信息技术。开展操作系统、高端芯片、高端服务器、集成开发平台等基础通用性技术标准的制定,通过标准提升产品服务质量。加快推动量子信息、未来互联网、虚拟现实、人工智能等前沿性和颠覆性技术的标准研究,开展专利导航与布局,培育运营高价值专利和知识产权,抢占技术制高点。开展信息领域非对称、“杀手锏”技术标准研究,推动核心信息技术创新成果转化,拓展国际标准新领域。

七、加强组织实施和保障

(二十五)开展信息化标准试点示范工作。遴选一批对产业发展有重大作用、在国际上有重大影响力的产品和技术标准,开展试点示范工作。依托研发设计、技术服务、基础建设等境外合作项目,综合利用对外援助、优惠贷款等多种手段,积极推动在信息通信、网络基础设施、广播电视、卫星导航、物联网、云计算、大数据、智慧城市、互联网金融等重点领域建立我国技术和标准在海外标准化示范基地。

数字中国建设发展报告(2017年)(节选)

(2018年4月22日国家互联网信息办公室发布)

一、数字中国开启我国信息化发展新征程

(二)数字中国建设取得重大成就

各地区、各部门坚决贯彻党中央、国务院决策部署,扎实工作,开拓创新,推动数字中国建设取得历史性成就,发生历史性变革。这五年,信息领域部分核心技术创新突破。集成电路、操作系统等基础通用技术加速追赶,人工智能、大数据、云计算、物联网等前沿技术研究加快,量子通信、高性能计算等取得重大突破。这五年,新一代信息基础设施实现跨越式发展。移动通信在2G跟随、3G突破、4G赶超的基础上,有望实现5G引领,建成了全球最大的固定光纤网络、4G网络,IPv6规模部署提速,天地一体化信息网络加快构建。这五年,数字经济拓展经济发展新空间。“互联网+”行动深入推进,新技术新业态新模式不断涌现,分享经济蓬勃发展,网络零售、移动支付交易规模位居全球第一,数字经济规模位居全球第二。互联网、大数据、人工智能与实体经济深度融合,有力推动制造业等实体经济转型升级、提质增效,促进供给侧结构性改革。这五年,网信军民融合发展向纵深推进。网络强国和信息强军一体设计、统筹推进,一批重大任务落地实施,一批事关全局和长远的重大工程加快研究部署。北斗卫星导航系统核心技术、产业发展、导航定位精度得到大幅提升。这五年,人民群众获得感显著增强。我国网民数量达到7.72亿,网络提速降费力度持续加大,人民群众用得上用得起用得好的网络和信息服务日益增多。“互联网+政务服务”让信息多跑路、群众少跑腿,持续优化营商环境。网络扶贫行动加快弥合数字鸿沟,不断增强贫困地区和贫困人口自我发展的内生动力。这五年,我国在推动全球互联网发展中发挥更加积极作用。连续成功举办四届世界互联网大会,习近平总书记提出的“四项原则”、“五点主张”特别是网络主权、网络空间命运共同体等治网理念日益成为国际社会广泛共识。倡导发起《二十国集团数字经济发展与合作倡议》、《“一带一路”数字经济国际合作倡议》,推动共建共享数字丝绸之路,欢迎世界各国搭乘中国数字经济发展的快车,为全球互联网发展提供了中国经验、中国方案。

二、数字中国重大任务重点工程扎实推进

(七)网信军民深度融合发展迈出坚实步伐

网信军民融合发展工作力度加大。印发实施《关于经济建设和国防建设融合发展的意见》及相关规划,军地有关部门抓紧论证实施一批关系全局和长远的网信军民融合重大示范工程。军民技术双向转化加速推进。推动军民共建国家重点实验室联合建设管理,强化军民两用技术研发。《国防科技工业知识产权转化目录(第三批)》发布了400项国防科技工业知识产权信息,促进国防科技工业知识产权转化运用。实施“军民标准通用化工程”,遴选出100余项军民通用国家标准制定项目,围绕半导体集成电路、北斗卫星导航等重点领域,下达41项军民通用国家标准制定计划。信息基础设施和基础资源合建共用扎实推进。加快推进高分卫星应用,基本形成涵盖不同空间分辨率、不同覆盖宽度、不同谱段、不同重访周期的高分数据体系,部署实施了20个行业应用示范和30个省域产业化示范,加快构建商业卫星遥感体系。印发《交通运输行业北斗系统应用专项规划》,推动实施一批示范工程。北斗应用与产业化已初步形成了完整产业链,北斗芯片累计销量突破5000万片,高精度OEM板和接收机天线已分别占国内市场份额30%和90%。

三、数字中国优先行动不断增强人民群众获得感

人民对美好生活的向往,就是数字中国建设的优先行动方向。五年来,各地区、各部门聚焦补齐短板和布局前沿,推动实施新一代信息网络技术超前部署行动、北斗系统建设应用行动、应用基础设施建设行动、数据资源共享开放行动、“互联网+政务服务”行动、美丽中国信息化专项行动、网络扶贫行动、新型智慧城市建设行动、网上丝绸

之路建设行动、繁荣网络文化行动、在线教育普惠行动、健康中国信息服务行动等12项优先行动，加快现代基础设施建设，有效助力农村人口脱贫，推动社会事业发展，加强生态环境保护，不断增强人民群众的获得感、幸福感、安全感。

（二）北斗系统建设应用取得重大进展

统筹推进北斗建设应用工作机制进一步健全。军地有关部门共同研究制定推进北斗系统建设应用的政策举措，稳步推进北斗系统建设发展应用，以应用促进北斗新发展。核心技术自主创新能力显著增强。北斗三号在星载原子钟、大功率放大器、通道开关等重要元器件的核心技术上取得突破，研制出天稳定度达到10－14量级的星载原子钟。北斗产业化加快发展。已形成由芯片模块、应用终端、运行服务构成的完整产业链。北斗与互联网、云计算、大数据融合，建成高精度时空信息云服务平台，推出全球首个支持北斗的加速辅助定位系统，服务覆盖200余个国家和地区，用户突破1亿，日服务达2亿次。国家北斗精准服务网已经进入全国400多座城市，广泛应用在城市燃气、城镇供热、电力电网、供水排水、智能交通、智能养老等领域。加快拓展国际市场。北斗产品已经开始面向“一带一路”沿线及周边国家提供服务，如巴基斯坦的交通运输、港口管理，缅甸的土地规划、河运监管，老挝的精细农业、病虫灾害监管，印尼的海上集成应用等。北斗三号系统建设加速推进，2017年11月，2018年1月、2月，连续3次以“一箭双星”发射六颗组网卫星，开启了北斗卫星导航系统全球组网新征程。

四、各地区信息化发展加快推进

（一）10省市信息化发展水平位于全国前列

结合信息化发展评价指标体系，对我国31个省、自治区、直辖市的信息化发展评价指数进行测算。主要结果如下：

北京、广东、江苏、浙江、上海、福建、天津、重庆、四川、湖北等10个省（市）综合指数在65以上，信息化发展水平位于全国前列。上述地区高度重视信息化工作，均出台本地区“十三五”信息化规划或智慧城市规划，超前布局新一代信息基础设施，积极推动信息技术产业创新，数字经济发展迅速，信息服务普惠高效，数字红利加快释放，信息化对区域协调发展的辐射带动作用明显。

主要成效和亮点如下：北京加快建设国际一流信息化之都，全面推进大数据、物联网、云计算等新一代信息技术在民生服务、城市治理、产业升级等重点领域的深度融合应用，强化人工智能技术研发与产业应用。广东大力发展智能制造、工业互联网，推进新一代信息技术与传统产业深度融合发展，拓展制造业发展新空间，推进产业集群发展，助推实体经济行稳致远。积极探索建设“数字政府”。江苏加快建设网络强省、数据强省、智造强省，高水平建设智慧江苏，积极打造物联网技术创新先导区、产业集聚区和应用示范先行区，大力推进互联网、大数据、人工智能与实体经济融合发展，信息化与工业化融合水平全国第一。浙江全面推进“最多跑一次”改革，大力推进“1253”公共数据共享技术体系建设,建设专用平台实现“一网通办”,持续优化营商环境。全力打造国家信息经济示范区。上海全面推进面向未来的新型智慧城市建设,城市治理和公共服务的泛在化、融合化、智敏化水平显著提升,信息惠民便民效果日益显现。推动数字经济与实体经济深度融合,促进产业高端发展,不断健全网络安全保障体系。福建坚持“数字福建”一张蓝图绘到底,建设集应急防灾、网上行政审批、行政执法、便民服务为一体的公共信息管理平台,推动龙头企业和产业园区研发创新,不断拓展信息技术产业链的聚集倍增效应,数字福建建设取得明显成效。天津全面推进智能制造,发展大规模个性化定制,打造双创平台,加快构建融合创新的数字经济体系。积极推动全市高速移动安全泛在的新一代信息基础设施建设。重庆大力推进公共信息资源整合与应用,深入实施网络扶贫行动,公共服务领域信息化水平明显提升。加快构建现代信息技术与产业体系,产业数字化能力不断增强。四川聚力核心技术超越工程,加快信息安全、云计算与大数据、光通信与移动互联网、北斗卫星导航等相关产业聚集,推进关键技术突破,做大做强核心产业。湖北加强信息基础设施集约化建设,加快推进“宽带湖北”建设,加快推动网络安全产业、电子信息产业和软件服务业发展,数字产业化水平明显提升,网络信息安全保障逐步加强。

六、数字中国建设面临的形势和努力方向

(一)创新引领,加快突破信息领域核心技术

下定决心、保持恒心、找准重心,加速推动信息领域核心技术突破。加快基础性技术、通用性技术攻关突破,体系化推进高端芯片、核心器件、操作系统、数据库、高端服务器等关键软硬件的研发应用。强化战略性前沿技术超前布局,加强量子通信、未来网络、类脑计算、人工智能、全息显示、虚拟现实、大数据认知分析、无人驾驶、区块链、基因编辑等新技术基础研发和前沿布局,促进网络信息技术与垂直行业技术深度融合。遵循技术发展规律,做好体系化技术布局,优中选优、重点突破,抓好产业体系建设。支持集成电路、移动智能终端、信息通信设备、智能工控系统、智能装备、工业机器人等核心产业,加快发展物联网、云计算和大数据、移动互联网等新一代信息技术产业,加速北斗、遥感卫星商业化应用,积极推动虚拟现实(VR)、网络文化产业等新兴产业发展。强化基础研究,统筹推进基础研究、技术创新、产业发展、市场应用、标准制定各环节联动协调发展,强化创新链整合协同、产业链协调互动和价值链高效衔接,打通基础研究和技术创新衔接的绿色通道。培育一批核心技术能力突出、集成创新能力强、引领重要产业发展的创新型企业。

(二)多措并举,推动信息基础设施优化升级

进一步提升网络供给能力,加快百兆宽带普及,推进千兆城市建设,不断减少移动互联网覆盖盲区。加大网络提速降费力度,实现高速宽带城乡全覆盖,扩大公共场所免费上网范围,明显降低家庭宽带、企业宽带和专线使用费。实施数字乡村战略,做好

整体规划设计,加快农村地区宽带网络和第四代移动通信网络覆盖步伐,开发适应“三农”特点的信息技术、产品、应用和服务,推动远程医疗、远程教育等应用普及,弥合城乡数字鸿沟。完善电信普遍服务机制,加快推进行政村光纤宽带建设和升级改造,完善电信普遍服务长效补偿机制。加强数据中心集约化建设,统筹规划全国数据中心、云平台建设布局,推动政府部门信息基础设施共建共享和优化升级。加快新一代网络技术超前部署,组织实施5G规模组网建设及应用示范工程,推进产业链主要环节达到商用水平。加快实施IPv6规模部署行动计划,加快推进网络服务和应用全面支持IPv6。强化北斗卫星导航系统建设,持续推进全球卫星组网,形成全球服务能力。积极推进物联网发展,加快工业互联网、能源互联网、空间互联网等新型网络设施建设,发展物联网开环应用。推进下一代广播电视网建设和有线无线卫星融合一体化建设。

国务院安全生产委员会办公室

国务院安委会办公室关于实施遏制重特大事故工作指南全面加强安全生产源头管控和安全准入工作的指导意见(节选)

(安委办〔2017〕7号)

四、强化生产工艺、技术、设备和材料安全准入

(十一)提升交通运输和渔业船舶安全技术标准。提高大型客车、旅游客车和危险货物运输车辆制造安全技术标准及安全配置标准,强力推动企业采取防碰撞、防油料泄漏新技术,强化动态监控系统应用管理。提高客船建造、逃生等相关安全技术标准,严禁在客船改造中降低标准。严格渔船初次检验、营运检验和船用产品检验制度,推进渔船标准化改造工作,推动海洋渔船(含远洋渔船)配备防碰撞自动识别系统、北斗设备终端等安全通导设备。

中华人民共和国国家发展和改革委员会

关于印发促进工业经济平稳增长的若干政策的通知(节选)

(发改产业〔2022〕273 号)

四、关于投资和外贸外资政策

13. 加快新型基础设施重大项目建设,引导电信运营商加快 5G 建设进度,支持工业企业加快数字化改造升级,推进制造业数字化转型;启动实施北斗产业化重大工程,推动重大战略区域北斗规模化应用;加快实施大数据中心建设专项行动,实施“东数西算”工程,加快长三角、京津冀、粤港澳大湾区等 8 个国家级数据中心枢纽节点建设。推动基础设施领域不动产投资信托基金(REITs)健康发展,有效盘活存量资产,形成存量资产和新增投资的良性循环。

国家发展改革委、中央网信办、科技部等关于印发《智能汽车创新发展战略》的通知(节选)

(发改产业〔2020〕202 号)

一、发展态势

(三)我国拥有智能汽车发展的战略优势。

中国特色社会主义制度和国家治理体系能够集中力量办大事,国家制度优势显著。我国汽车产业体系完善,品牌质量逐步提升,关键技术不断突破,发展基础较为扎实。互联网、信息通信等领域涌现一批知名企业,网络通信实力雄厚。路网规模、5G 通信、北斗卫星导航定位系统水平国际领先,基础设施保障有力。汽车销量位居世界首位,新型城镇化建设快速推进,市场需求前景广阔。

三、主要任务

(二)构建跨界融合的智能汽车产业生态体系。

7. 推动新技术转化应用。开展军民联合攻关,加快北斗卫星导航定位系统、高分辨率对地观测系统在智能汽车相关领域的应用,促进车辆电子控制、高性能芯片、激光/毫米波雷达、微机电系统、惯性导航系统等自主知识产权军用技术的转化应用,加强自动驾驶系统、云控基础平台等在国防军工领域的开发应用。

（三）构建先进完备的智能汽车基础设施体系。

10. 建设覆盖全国的车用高精度时空基准服务能力。充分利用已有北斗卫星导航定位基准站网，推动全国统一的高精度时空基准服务能力建设。加强导航系统和通信系统融合，建设多源导航平台。推动北斗通信服务和移动通信双网互通，建立车用应急系统。完善辅助北斗系统，提供快速辅助定位服务。

（六）构建全面高效的智能汽车网络安全体系。

19. 提升网络安全防护能力。搭建多层纵深防御、软硬件结合的安全防护体系，加强车载芯片、操作系统、应用软件等安全可靠性设计，开展车载信息系统、服务平台及关键电子零部件安全检测，强化远程软件更新、监控服务等安全管理。实施统一身份权限认证管理。建立北斗系统抗干扰和防欺骗安全防护体系。按照国家网络安全等级保护相关标准规范，建设智能汽车网络安全态势感知平台，提升应急处置能力。

国家发展改革委、交通运输部关于印发《加快推进高速公路电子不停车快捷收费应用服务实施方案》的通知（节选）

（发改基础〔2019〕935 号）

五、创新体制机制

（一）完善联网收费管理体系。建立健全交通运输部门与公安部门间有关交通管理信息共享机制，从源头杜绝“大车小标、大车小签”等行为。依托北斗卫星定位、视频识别、大数据分析等技术手段，开展联网收费稽查体系建设，加强对恶意偷逃通行费的车辆监管与稽查。（交通运输部、公安部、人民银行）

六、加强组织保障

（二）加强技术创新。充分发挥我国自主北斗导航技术在高速公路收费站快速通行、智能驾驶等方面的技术优势，依托基于北斗卫星定位、现代通信技术的前沿收费技术和车路协同技术等开发成果，加快推进成果转化，鼓励地方先行先试，促进系统优化升级，推动管理服务创新发展。（交通运输部，各省级人民政府）

国家发展改革委关于印发哈尔滨市与深圳市对口合作实施方案的通知(节选)

(发改振兴〔2018〕438 号)

四、重点任务

(二)强化产业合作发展,促进两市产业结构转型升级。

6. 装备制造业等优势产业。按照“中国制造 2025”总体要求,推动两市制造业优势互补,开展合作。发挥两地智能制造试点的示范带动作用,推动两市装备和智能制造业深化合作。引导企业与央企及国家有关机构合作,参与国家北斗项目的应用和推广,合作搭建北斗应用平台,抢占北斗应用市场。

国家发展和改革委员会、国家粮食和物资储备局、科技部关于“科技兴粮”的实施意见(节选)

(国粮发〔2018〕100 号)

四、统筹协同推进,提高科技水平

(十三)推进高效物流科技创新,促进粮食物流现代化。研发有关移动粮仓的配套设施和技术,应用物联网、北斗等信息技术,支撑智慧物流发展。开发自动化、智能化的粮食物流装备和出入库设备,提升粮食物流设施设备标准衔接水平。优化多式联运衔接和物流管控一体化技术。利用物联网技术、大数据技术,提升粮食流通管理的数据获取能力。

国家发展改革委办公厅关于印发《增强制造业核心竞争力三年行动计划（2018—2020年）》重点领域关键技术产业化实施方案的通知（节选）

（发改办产业〔2017〕2063号）

附件2

高端船舶和海洋工程装备关键技术产业化

三、重点工程

（四）海洋资源开发装备工程

海上平台拆解装备，由行业骨干企业组织建造。开发多类型平台灵活组合拆解、实时精确定位等技术，采用具有自主知识产权的吊机、北斗导航、SCR脱硝、全自动升降式栈桥等设备和系统，建成最大起重能力30000吨以上、最大运输能力50000吨以上、适用所有类型海洋平台的拆解装备。

附件4

智能汽车关键技术产业化实施方案

二、主要任务

（四）提升智能汽车关键软硬件水平

聚焦智能汽车产业链薄弱领域和关键环节，整合国内外优势资源，采用开放合作、联合研发等多种方式，补短板、强弱项，重点加强传感器、车载芯片、中央处理器、车载操作系统、无线通信设备、以及北斗高精度定位装置等产品开发与产业化。加强自适应巡航、车道偏离预警、防碰撞预警、车道保持辅助、自动紧急制动、智能人机交互等辅助智能驾驶系统在整车上批量化、集成化示范应用。

（九）推进智能汽车军民融合发展

建立军民融合创新中心，实施军民融合重点专项，开展军民联合攻关，推动科技成果相互转化。加快北斗定位导航系统、高分辨率对地观测系统在智能汽车相关领域的应用，促进车辆电子控制、高性能芯片、计算平台、激光/毫米波雷达、夜视装备、微机电系统等自主知识产权军用技术的转化应用，加强无人驾驶系统、网络信息、基础云控平台、人工智能等在军用车辆、作战平台的开发应用。

三、重点工程

（一）智能汽车平台技术能力提升工程

1. 高精度位置服务平台。由北斗位置服务龙头企业组织建设，能够提供厘米级的高精度实时精密定位，并发在线服务能力达到汽车千万辆级别，具备车辆行驶状态、违规行为实时监控与告警能力。

附件5

现代农业机械关键技术产业化实施方案

三、重点工程

（三）核心零部件升级工程

3. 农机自动驾驶导航系统。由高新技术企业组织实施，利用北斗定位定向技术，建设北斗前装农机自动导航系统研发实验室、生产基地和产品检测平台，研制农机用自动导航系统。装配自动导航系统的农机能够在多种复杂土壤条件下自动驾驶，实现直线、圆圈、对角线等多种作业模式。

国家发展改革委关于印发《增强制造业核心竞争力三年行动计划（2018—2020年）》的通知（节选）

（发改产业〔2017〕2000号）

三、重点领域

（四）智能汽车关键技术产业化

3. 提升智能汽车关键软硬件水平。聚焦智能汽车产业链薄弱领域和关键环节，重点加强传感器、车载芯片与中央处理器、车载操作系统、无线通信设备、以及北斗高精度定位装置等产品开发与产业化。加强辅助智能驾驶系统在整车上批量化、集成化示范应用。提升动力系统技术水平，开展新型车用动力电池材料、单体及系统研发及产业化，加强先进动力电池生产线示范应用，开发动力电池单体、系统等拆解先进工艺及专用设备。推动新型电动直驱系统研发和规模化应用。

5. 推进智能汽车军民融合发展。建立军民融合创新中心，实施军民融合重点专项，开展军民联合攻关，推动科技成果相互转化。加快北斗定位导航系统、高分辨率对地观测系统在智能汽车相关领域的应用，促进车辆电子控制、高性能芯片、计算平台、雷达、夜视装备、微机电系统等自主知识产权军用技术的转化应用，加强无人驾驶系统、网络信息、基础云控平台、人工智能等在军用车辆、作战平台的开发应用。

国家发展改革委、国家海洋局关于印发“一带一路”建设海上合作设想的通知（节选）

（发改西部〔2017〕1026 号）

四、合作重点

（三）共筑安全保障之路

加强海洋公共服务合作。中国政府倡议发起 21 世纪海上丝绸之路海洋公共服务共建共享计划，倡导沿线国共建共享海洋观测监测网和海洋环境综合调查测量成果，加大对沿线发展中国家海洋观测监测基础设施的技术和设备援助。中国政府愿加强北斗卫星导航和遥感卫星系统在海洋领域应用的国际合作，为沿线国提供卫星定位和遥感信息应用与服务。

战略性新兴产业重点产品和服务指导目录（节选）

（于 2018 年 1 月 1 日起废止）

（国家发展和改革委员会公告 2017 年第 1 号）

1　新一代信息技术产业

1.1　下一代信息网络产业

1.1.1　网络设备

下一代广播电视网设备。包括下一代广播电视网宽带接入设备、接收设备、骨干网交换和传输设备、融合媒体分发网设备。宽带接入设备支持光纤、同轴电缆等传输介质，可提供吉比特每秒的高速数据接入和数字电视节目接收；骨干网交换和传输设备，支持广播节目和宽带数据的两个平面数据流量的高速传输、交换和服务质量要求，支持 IPv6、多播 VPN 等协议；有线无线融合传输和分发设备，支持广播电视频段的有线无线协同传输与覆盖，实现融合媒体协同分发；融合媒体分发网支持融合媒体业务的跨域分发，确保业务的用户体验。地面数字电视及移动多媒体广播发射、接收设备、直播卫星地面接收设备等。

1.1.2 信息终端设备

卫星移动通信、导航终端。包括移动卫星通信终端,利用地球静止轨道卫星或中、低轨道卫星作为中继站,实现区域乃至全球范围的移动通信的终端。包括车载、舰载、机载终端和手持机。卫星导航定位接收机,接收北斗等卫星导航定位系统的广播导航信号,用于导航定位功能的接收机设备。

1.1.3 网络运营服务

下一代广播电视网运营服务。包括基于有线、无线和卫星的下一代广播电视网网络建设、组网,实现运营商网络和业务的互联互通。下一代广播电视网音视频服务,指依托下一代广播电视网,为电视终端、移动终端等提供的音视频服务,如高清、4K、8K数字电视和交互电视服务等;下一代广播电视网数据及信息服务,指依托下一代广播电视网,提供的数据及互联网信息服务;下一代广播电视网语音业务,指依托下一代广播电视网,提供的IP语音服务;卫星直播电视业务,指基于卫星广播传输技术的电视业务。

卫星通信运营服务。指基于移动、宽带等卫星通信系统的运营服务,基于北斗卫星导航系统、北斗地基增强系统的导航定位、高精度网络同步和授时运营服务等。

2 高端装备制造产业

2.3 卫星及应用产业

2.3.1 空间基础设施

航天器系统(包括各类应用卫星),先进卫星平台及有效载荷,先进卫星分系统部组件产品。运载火箭,火箭发动机,先进运载火箭部组件。航天器测控地面站、移动测控设备。基于自主数据源的高速全交换式卫星遥感地面接收系统,基于网格架构的卫星遥感数据处理、存储系统,面向服务的卫星遥感数据分发系统,遥感卫星地面标校系统和增强系统。遥感卫星地面真实性检验场网与实验室仿真试验设施和综合测试与评价系统。卫星通信上行站、关口站。导航卫星地面监测站、导航信号增强系统等。

2.3.2 卫星通信应用系统

通信卫星地面用户终端、便携式多媒体终端以及采用卫星通信新技术(新协议)的高性价比地面通信系统,低轨数据采集卫星应用终端,应急减灾卫星通信应用系统,宽带/高频/激光卫星通信应用系统。与卫星固定通信业务、卫星移动通信业务、电视卫星直播业务(卫星数字音频广播)和互联网宽带接入等四大业务相关的地面终端设备及其关键配套件。移动中卫星通信设备。卫星搜救系统地面站(MEOLUT)与用户信标。基于卫星直播技术的数字内容投递服务、天地一体化信息网络服务。适应于卫星通信应用系统的芯片产品、天线产品等。

2.3.3　卫星导航应用服务系统

卫星导航多模增强应用服务系统(含连续观测网络、实时通信网络、数据处理中心和公共服务平台),导航信息行业应用(含各部门及区域的应用,如高精度形变监测、交通安全、应急服务等),基于北斗兼容型多模卫星导航芯片、个人移动信息终端 SOC 芯片,RNSS 授时接收机,基于位置信息的综合服务系统及其应用服务终端(与无线通信网络结合的全球导航卫星系统技术和室内定位技术)、具有导航、通信、视听等多种功能的车辆、船舶信息系统、个人导航信息终端,兼容型卫星导航接收机,卫星导航用芯片和嵌入式软件,基于 BD－2 的气象测风终端、高现实性导航电子地图。卫星导航高精度测地应用平台,精确授时设备,卫星导航产品专用测试设备,卫星导航应用系统集成产品等。

2.3.4　卫星遥感应用系统

卫星遥感系统综合应用平台,遥感数据标准产品,遥感数据增值产品。卫星遥感在国土测绘与监测、气象观测与服务、资源考察、城市规划管理与监测、交通运输、农林水利监测、地质勘探、海洋监测、地震、环保监测、防灾减灾、地球系统科学与数字地球等领域的应用系统,卫星遥感区域应用系统,城市空间信息服务。遥感应用支撑数据库、软件,遥感试验观测关键设备和仪器,数字化综合应用(3S＋C)终端。航空遥感应用系统。

2.3.5　卫星技术综合应用系统

遥感、卫星通信、卫星导航综合信息服务平台,多元数据管理规模化信息处理系统,业务化、标准化信息终端,农业、海洋、林业、水利、资源城市管理、环境保护、防灾减灾、应急救援等领域及石化、能源等重点行业的应用系统,基于位置信息网络、宽带通信网络和高分辨率遥感数据服务的商业消费产品终端、可穿戴电子设备等产品。

2.5　海洋工程装备产业

2.5.1　海洋工程平台装备

物探船、工程勘察船、大型海洋(极地)科学考察船、海洋调查船、海底资源调查船、水文测量船、极地破冰船、落管抛石船、自升式钻井平台、自升式修井作业平台、半潜式钻井平台半潜式生产平台、半潜式支持平台、钻井船,浮式生产储卸装置(FPSO)、半潜运输船、起重铺管船、铺缆船、风车安装船、多用途工作船、平台供应船、大型起重船、潜水作业支持船、平台守护船、环保/救援船、ROV 支持船、多功能动力定位船、液化天然气浮式生产储卸装置(LNG－FPSO)、液化石油气浮式生产储卸装置(LPG－FPSO)、深吃水立柱式平台(SPAR)、张力腿平台(TLP)、浮式钻井生产储卸装置(FDPSO)、自升式生产储卸油平台、多金属结核、天然气水合物等深海资源开采设备,海水提锂等海洋化学资源开发装备等。海底支持维护船、饱和潜水船、海洋工程支持居住船、海底管道巡检船、自升式/半潜式生活平台、半潜式修井平台、经济型深水钻井平台、极区(冰区)

钻井平台、浮式液化天然气生产储卸装置(FLNG)、浮式液化天然气存储再气化装置(LNG－FSRU)、深海可燃冰勘探装备、海底矿产开采平台(船)、海洋核动力平台、岛礁浮动平台、深海空间站。海上机场、海上卫星发射场等空间资源开发装备等。

国家发展和改革委员会、交通运输部关于印发《推进“互联网＋”便捷交通促进智能交通发展的实施方案》的通知(节选)

(发改基础〔2016〕1681 号)

附件

推进“互联网＋”便捷交通促进智能交通发展的实施方案

二、完善智能运输服务系统

(七)推广北斗卫星导航系统。推动各种全球卫星导航系统在交通运输行业兼容与互操作。加强全天候、全天时、高精度的定位、导航、授时等服务对车联网、船联网以及自动驾驶等的基础支撑作用。鼓励汽车厂商前装北斗用户端产品,推动北斗模块成为车载导航设备和智能手机的标准配置,拓宽在列车运行控制、车辆监管、船舶监管等方面的应用,更好服务于旅客出行、现代物流和旅游休闲等。

三、构建智能运行管理系统

(九)完善交通管理控制系统。全面提升铁路调度指挥和运输管理智能化水平。推进新一代国家交通控制网、智慧公路建设,增强道路网运行控制管理能力。建设智慧港口,提高港口管理水平与服务效率;建设智慧航道,提升内河高等级航道运行状态在线监测能力;建设智慧海事,基于国家北斗地基增强系统和星基船舶自动识别系统,建设重点船舶全程跟踪和协同监管平台;推动 E 航海示范工程建设,为船舶提供辅助导航服务。完善现代空管系统,加强航空公司运行控制体系建设。推广应用城市轨道交通基于无线通信的列车控制系统。优化城市交通需求管理,完善集指挥调度、信号控制、交通监控、交通执法、车辆管理、信息发布于一体的城市智能交通管理系统。推进部门间、运输方式间的交通管理联网联控。

国家发展改革委、交通运输部、住房城乡建设部、国土资源部关于加强干线公路与城市道路有效衔接的指导意见(失效)(节选)

(发改基础〔2016〕1290 号)

三、主要任务

(七)加强智能管理和信息引导

以加强干线公路、城市道路和交通枢纽有效衔接为重点,推广应用新型智能交通技术,提高路网和车辆运行效率。推进高速公路 ETC 与城市"一卡通"支付系统融合应用,方便公众换乘出行。逐步探索北斗系统车载应用,研究开发利用北斗卫星定位技术,推动实现无障碍通行支付。

国家发展改革委、工业和信息化部关于实施制造业升级改造重大工程包的通知(节选)

(发改产业〔2016〕1055 号)

二、重大工程实施安排

(三)重大工程

6. 航天航空能力建设工程

(4)导航基准站升级改造工程。开展导航定位基准站的升级改造,推动政府涉及精密定位应用的基准站逐步过渡到北斗或北斗兼容系统,采用基于国产核心芯片的接收机和国产软件系统,并针对导航定位基准站建设、数据存储、信息传输存在安全隐患等问题,实施安全防护改造,保障国家地理信息安全。

国家发展改革委、供销合作总社、财政部等关于加快棉花现代物流发展的指导意见(节选)

(发改经贸〔2016〕567号)

五、积极推进棉花物流信息化、标准化和装备现代化建设

(十)提升棉花物流信息化水平。加强北斗导航、物联网、云计算、大数据等先进信息技术在棉花物流领域的创新应用。加强企业物流信息系统建设,鼓励仓储管理、库存控制、运输管理、交易管理、质量追溯、精准配棉、棉包信息化标识等软件系统开发利用,提升企业信息化管理水平。鼓励骨干企业建设智能物流信息平台,促进货源、车源和物流服务等信息的高效匹配,降低货车空驶率。加强棉花第三方监管网络和体系建设,完善不同信息系统数据交换标准体系,促进互联互通,支持构建集信息采集、库存监管、物流配送、货权登记、质量追溯、诚信管理等为一体的全国棉花物流公共信息服务体系,为企业提供供应链管理、供应链金融以及信息查询等集成服务。

国家发展和改革委员会办公厅关于实施新兴产业重大工程包信息消费工程空间技术应用专项的通知(节选)

(发改办高技〔2015〕2769号)

二、专项支持的重点内容

(一)空间信息应用服务基础设施建设。为打通空间基础设施面向各类用户的服务通道,提高卫星数据的应用开发能力和市场服务能力,重点支持建立遥感卫星应用综合服务网络平台和A-北斗位置服务示范平台建设,加快形成有利于自主卫星综合应用的网络体系。

附件1

空间技术应用专项重点领域指南

一、空间信息应用服务基础设施建设

为打通空间基础设施面向各类用户的服务通道,提高卫星数据的应用开发能力和市场服务能力，重点支持遥感卫星应用综合服务网络平台和A－北斗位置服务示范平台建设，加快形成有利于自主卫星综合应用的网络体系。

（二）A－北斗位置服务示范平台建设

为改善用户体验度，促进北斗系统在通信领域的规模化应用，支持建设A－北斗位置服务示范平台，并制定手机服务行业标准，实现手机等移动终端通过A－北斗实现快速定位，提高北斗导航定位服务性能。

主要要求：示范平台具备支持2000万台以上北斗手机终端的定位处理能力，支持不同品牌手机等移动终端使用。平台定位请求平均响应时间优于100ms，示范应用终端不低于500万台手机。

二、京津冀协同发展卫星综合应用示范

（一）京津冀交通一体化卫星综合应用示范

为提升京津冀交通运输组织和现代化服务水平，按照网络化布局、智能化管理和一体化服务的要求，支持利用卫星遥感、卫星通信、卫星导航等技术手段，开展空间信息技术在交通设施建设、交通一体化运行服务、交通节能减排等领域的应用示范，通过构建京津冀交通设施规划建设监测评价卫星应用平台、高铁运行服务卫星应用平台、智慧交通运行管理服务平台、停车引导卫星应用服务平台、车辆保险服务卫星应用平台，并开展示范应用，提升交通智能化管理水平，提升区域一体化运输服务水平，促进安全绿色可持续交通发展。

主要要求：要求跨京津冀2个以上行政区。交通设施规划建设监测评价卫星应用平台要求重点监测数据更新周期不超过1个月，数据分辨率优于1米，具备重大事件实时监测能力。高铁运行服务平台可对列车运行进行实时监控并提供卫星宽带服务，在京津冀地区开展不少于200组高铁列车、每组列车不少于30Mbps的示范应用。智慧交通运行管理服务示范平台基于北斗导航、RFID等技术，提供拥堵收费、高速公路不停车收费、公众出行诱导等服务。停车引导服务平台覆盖京津冀3个以上城市停车场，可为用户提供米级室内外定位精度的停车管理与引导服务。车辆保险服务卫星应用平台在京津冀地区配置具备室内外定位导航能力的终端，示范车总体减排20%以上。

三、“一带一路”卫星综合应用示范

（三）沿线国家空间信息应用拓展。加强海外基础服务能力，支持有序推进北斗卫星导航海外增强系统建设，支持国内企业利用我国及沿线国家的卫星遥感、导航、通信系统，开发空间信息服务平台和产品，为“一带一路”沿线国家提供防灾减灾、交通运输、公共管理、精准农业、国土资源、城乡建设、海洋渔业、物流交通、跨境监管等领域的空间信息服务，促进空间信息互联互通，提升我国空间信息应用的国际化服务能力，提高沿线国家空间信息应用水平。

四、长江经济带卫星综合应用示范

（一）长江黄金水道建设卫星应用示范。支持利用卫星遥感、北斗导航等技术，建设长江航运综合信息服务平台，在航道疏浚、货运物流等领域开展综合示范应用，促进长江航道系统治理，优化航道运力，降低物流成本，提高流通效率。

国家民用空间基础设施中长期发展规划（2015—2025年）（节选）

（发改高技〔2015〕2429号）

一、现状与形势

（二）我国空间基础设施正处于转型发展关键期。

经过五十多年的建设，我国空间基础设施发展已基本建成完整配套的航天工业体系，卫星研制与发射能力步入世界先进行列，资源、海洋、气象、环境减灾等遥感卫星已具备一定的业务化服务能力，固定通信广播等卫星通信基本保障体系已建成，北斗卫星导航系统已提供区域服务，卫星应用成为国家创新管理、保护资源环境、提升减灾能力、提供普遍信息服务以及培育新兴产业不可或缺的手段。同时，我国空间基础设施正处于转型发展关键期，技术能力从追赶世界先进技术为主向自主创新为主转变，服务模式从试验应用型为主向业务服务型为主转变，行业应用从主要依靠国外数据和手段向主要依靠自主数据转变，发展机制从政府投资为主向多元化、商业化发展转变。把握转型发展机遇，加快民用空间基础设施建设，是适应发展需要、促进转型升级、培育高端产业的重大战略举措。

四、构建卫星遥感、通信广播和导航定位三大系统

（三）卫星导航定位系统。

卫星导航空间系统和地面系统建设已纳入中国第二代卫星导航系统国家科技重大专项统一规划和组织实施。到2020年，建成由35颗卫星组成的北斗全球卫星导航系统，形成优于10米定位精度、20纳秒授时精度的全球服务能力。

根据《国家卫星导航产业中长期发展规划》所确定的发展目标和任务，结合中国第二代卫星导航系统国家科技重大专项，积极提高北斗系统地面应用服务能力。统筹部署北斗卫星导航地基增强系统，整合已有的多模连续运行参考站网资源，建设国家级多模连续运行参考站网，提升系统增强服务性能，具备我国及周边区域实时米级/分米级、专业厘米级、事后毫米级的定位服务能力。综合集成地理信息、遥感数据、建筑、交通、防灾减灾、水利、气象、环境、区域界线等基础信息，建立全国性、高精度的位置数据综合服务系统。建设辅助定位系统,实现重点区域和特定场所室内外无缝定位。

六、积极推进重大应用

(七)国际化服务与应用。

服务我国“走出去”和“一带一路”战略,构建集卫星遥感、卫星通信广播、卫星导航与地理信息技术于一体的全球综合信息服务平台,为全球测绘、全球海洋观测、全球资产管理、粮食安全与主要农产品生产监测、环境监测、林业与矿产资源监测、水资源监测、物流管理、安全与应急管理等提供服务。通过广泛开展国际合作,构建北斗全球广域增强系统,提高系统服务性能,提升北斗国际竞争力。面向综合减灾、应急救援、资源管理、智能交通等国际化应用,合作开发空间基础设施应用产品和服务,大力拓展国际市场,积极支持在地球观测组织框架内,推动卫星遥感数据的国际共享与服务。

七、政策措施

(一)完善政策体系。

研究制定规范国家民用空间基础设施管理、建设、运行、应用的相关政策和国家卫星遥感数据政策,建立和完善政府购买商业卫星遥感数据及服务的政策措施,逐步开放空间分辨率优于0.5米级的民用卫星遥感数据,促进卫星数据开放共享和高效利用。完善直播卫星电视产业化政策。制定应用北斗卫星导航系统及其兼容技术与产品的政策和标准。建立民用卫星频率和轨道资源统筹申请和储备机制。

国家发展和改革委员会关于实施新兴产业重大工程包的通知(节选)

(发改高技〔2015〕1303号)

一、信息消费工程

从民生信息服务、空间技术应用和信息安全三方面入手,加快破解当前体制机制和传统环境下民生服务的突出难题和政策瓶颈、突破一批关键技术,促进新技术和新商业模式的应用。一是开展重点领域民生服务示范应用,创新公共服务供给模式,增强民生服务供给能力,释放民生信息消费需求、有效提升公共服务均等普惠水平。二是推进卫星遥感、卫星通信、卫星导航的综合应用以及卫星与其他信息技术和服务的融合应用,发挥我国空间基础设施辐射带动作用,推动卫星应用产业自主创新发展和市场化、规模化发展,为经济社会创新发展提供有力支撑。三是开展重点领域信息安全示范应用,提高我国关键基础设施网络安全综合保障能力和水平,提升重要信息系统安全可控能力。

国家发展改革委、中央综治办、科技部等关于加强公共安全视频监控建设联网应用工作的若干意见(节选)

(发改高技〔2015〕996 号)

五、加强科技创新,提升技术支撑能力

(十三)推动集成应用。运用数据挖掘、人像比对、车牌识别、智能预警、无线射频、地理信息、北斗导航等现代技术,在充分考虑技术成熟度的基础上,加大在公共安全视频监控系统中的集成应用力度,提高视频图像信息的综合应用水平。逐步建立国家级和省级公共安全视频图像数据处理分析中心,深化视频图像信息预测预警、实时监控、轨迹追踪、快速检索等应用。推动视频监控系统与综治视联网系统对接。

国家发展和改革委员会、工业和信息化部、科学技术部等八部门关于印发促进智慧城市健康发展的指导意见的通知(节选)

(发改高技〔2014〕1770 号)

二、科学制定智慧城市建设顶层设计

(九)加快建设智能化基础设施。加快构建城乡一体的宽带网络,推进下一代互联网和广播电视网建设,全面推广三网融合。推动城市公用设施、建筑等智能化改造,完善建筑数据库、房屋管理等信息系统和服务平台。加快智能电网建设。健全防灾减灾预报预警信息平台,建设全过程智能水务管理系统和饮用水安全电子监控系统。建设交通诱导、出行信息服务、公共交通、综合客运枢纽、综合运行协调指挥等智能系统,推进北斗导航卫星地基增强系统建设,发展差异化交通信息增值服务。建设智能物流信息平台和仓储式物流平台枢纽,加强港口、航运、陆运等物流信息的开发共享和社会化应用。

四、积极运用新技术新业态

(十四)推动信息技术集成应用。面向公众实际需要,重点在交通运输联程联运、城市共同配送、灾害防范与应急处置、家居智能管理、居家看护与健康管理、集中养老与远程医疗、智能建筑与智慧社区、室内外统一位置服务、旅游娱乐消费等领域,加强移动互联网、遥感遥测、北斗导航、地理信息等技术的集成应用，创新服务模式，为城市居民提供方便、实用的新型服务。

发展改革委、测绘地信局关于印发国家地理信息产业发展规划(2014—2020年)的通知(节选)

(发改地区〔2014〕1654号)

一、发展形势

(一)取得的成绩

产业基础设施日益完善。北斗卫星导航系统加快建设，服务范围已覆盖亚太地区。自主航天遥感对地观测体系初步形成，高分辨率遥感测图卫星实现了从无到有的跨越，地面接收、处理、分发、应用体系基本形成。现代测绘基准体系进一步完善。地理信息资源共享和服务设施日臻完善，国家自然资源和地理空间基础信息库一期工程建成并投入试运行，国家地理信息公共服务平台“天地图”正式为政府和社会提供服务。

三、重点领域和主要任务

(四)地理信息与导航定位融合服务

发展地理信息位置服务。根据国家关于卫星导航产业发展规划安排，加快推进地理信息与北斗卫星导航定位的融合，面向交通管理、物流、渔业、农业等领域提供服务。依托现代化测绘基准体系基础设施，积极发展在环境监测、水资源调查、气象、航空航天、工程建设、车辆导航、城市规划、个人位置服务等领域的测绘基准信息服务。

发展导航电子地图和互联网地图服务。从覆盖范围、信息含量、精确程度和表现形式等方面不断提高导航电子地图的质量，积极发展附带门址信息的三维导航电子地图。进一步创新导航电子地图产品服务在交通出行等领域的服务模式，积极发展以移动通信网络、互联网和车联网为支撑，融合实时交通信息、移动通信基站信息等的综合导航定位动态服务。不断创新互联网地图服务，丰富产品种类，充实信息内容，增加服务功能，优化表现形式。积极探索将地理信息服务与社会管理、城市管理等工作相结合的途径和方式，推出更多种类的服务。积极发展网络地图增值服务业务。

推进地理信息与导航定位融合服务类企业的兼并重组，形成差别化的竞争优势，促进产业链各环节均衡发展，提高产业的整体竞争能力。

关于组织开展北斗卫星导航产业重大应用示范发展专项的通知

（发改办高技〔2014〕1285号）

各省、自治区、直辖市及计划单列市、新疆生产建设兵团发展改革委、财政厅（局），国务院有关部门办公厅（室），有关中央企业：

为贯彻落实《“十二五”国家战略性新兴产业发展规划》《国务院关于促进信息消费扩大内需的若干意见》和《国家卫星导航产业中长期发展规划》，加快推动北斗卫星导航产业核心技术与产品的产业化和规模化应用，促进我国北斗卫星导航产业快速健康发展，经研究，国家发展改革委、财政部决定于2014－2016年组织北斗卫星导航产业重大应用示范发展专项。现将有关事项通知如下：

一、专项实施的目标

通过专项实施，推动建立以应用为导向、用户为龙头、企业为主体的北斗卫星导航产业发展模式，推动技术创新、产品创新、服务模式创新和商业模式创新，着力促进北斗卫星导航产品与服务的市场化、规模化应用，到2016年实现北斗卫星导航及其兼容产品应用总量突破3000万台套，重要领域智能化应用水平显著提升，大众消费市场初具规模，我国北斗卫星导航产业自主化发展能力显著增强。

（一）推动规模化应用。围绕经济建设、公共服务和大众消费领域重大应用需求，推动要素整合和技术集成，促进北斗卫星导航系统在重点行业、重点区域、重点民生领域的示范应用，逐步实现北斗导航成为电力、金融、公安、大众消费电子等行业的标准配置，显著提升应用水平和应用规模。

（二）推动技术和产品创新。推动核心关键领域的创新，促进卫星导航与卫星遥感、卫星通信、地理信息、物联网等融合应用创新，提高北斗芯片和终端的产品成熟度，提升用户端导航定位性能，增强自主北斗卫星导航技术和产品的核心竞争力。

（三）推动商业模式创新。以实现规模化应用为目标，充分发挥市场主体的积极性，支持企业建设运营服务平台并积极开展服务模式创新，提供专业服务和增值服务，鼓励行业部门和地方政府向应用服务企业购买服务。

二、专项支持的重点内容以提升基础设施服务保障能力、扩大应用规模为目标，重点支持北斗室内外位置服务基础平台建设、重点行业和重点区域的重大示范应用

（一）北斗室内外位置服务基础平台建设和应用示范。为提升北斗卫星导航地面系统服务能力，夯实产业发展基础，重点支持北斗室内外位置服务基础平台建设，形成覆盖若干城市的室内外无缝定位服务能力，为消防救援、民生关爱、城市物流配送、市政精细管理等领域位置服务需求提供基础支撑。

（二）行业重大应用示范。为推进北斗卫星导航在经济社会重要领域的安全应用，注重与相关行业部门业务管理的深度结合，促进行业提质增效升级，重点支持电力授时、公安警务、建筑安全监测、海关物流监管、保险综合应用、海洋开发利用、林业生态保护、消费电子等 8 个行业领域的示范应用，开发行业综合应用解决方案，实现规模化应用，有效提升行业运行安全和效率。

（三）区域重大应用示范。为推进北斗卫星导航与区域经济社会发展紧密结合，破解城镇化进程中的突出问题，更好地服务于工业化、信息化、城镇化、农业现代化发展的重大需求，重点支持有关省市结合本地发展需要开展城市综合应用示范，在消防救援、智能公共交通、民生关爱、城市物流配送、市政精细管理、地下管网安全、精准农业、智慧旅游等 8 个领域，推进北斗卫星导航系统多元化、市场化、规模化应用。

三、专项支持原则

（一）突出重点，服务经济社会发展。围绕行业发展和区域经济社会发展重大需求，重点支持需求迫切、社会效益明显、示范意义大、带动效应强的项目，特别是对于保障经济社会安全，改善民生，实现建设生态文明和美丽中国、建设海洋强国等国家战略有重大意义的应用项目。

（二）统筹资源，形成产业发展合力。鼓励行业和地区将北斗卫星导航应用纳入其相关发展规划和行动计划，积极发挥政府推进北斗导航应用的导向性作用，优先支持应用基础较好、资源有效整合、发展目标明确、配套政策到位、组织保障可行、资金等条件落实的项目，特别是作为政策采购服务的项目。

（三）融合创新，推动市场规模应用。充分发挥市场配置资源的决定性作用，鼓励各类市场主体积极培育发展有利于扩大市场求的新型服务业态，支持北斗导航技术与卫星遥感、卫星通信及相关信息技术的融合创新发展，支持综合应用服务平台建设和服务模式、商业模式创新，为政府、企业、公众提供更多更好的专业服务和增值服务。

四、申报要求

（一）申报单位。北斗室内外位置服务基础平台建设与应用示范类项目由国务院有关部门、各地、中央企业负责组织申报。行业示范应用类项目由国务院有关部门或中央企业负责申报总体方案，如涉及非本部门直属单位的应用示范内容，由相关地方发展改革委、财政厅（局）或中央企业同时申报具体项目实施方案作为支撑。区域示范应用类项目由各地发展改革委、财政厅（局）（以下简称各地）负责组织申报。

（二）申报材料。北斗室内外位置服务基础平台建设与应用示范类项目由项目主管部门组织项目单位编写项目实施方案。行业示范应用类项目，由申报部门（单位）组织编写本行业应用示范总体实施方案，并附具体项目实施方案。区域示范应用类项目由各地发展改革委和财政厅组织编写依托城市的应用示范实施方案。所申报项目不得与国家有关部门已批复项目重复。项目主管部门和项目申报单位应对申报项目内容的真实性负责。

（三）申报数量。北斗室内外位置服务基础平台建设与应用示范类项目，每个主管部门组织申报1个项目的实施方案。行业示范应用类项目，每个部门（单位）组织申报本行业应用的总体方案，并附不超过5个具体项目的细化实施方案。区域示范应用类项目，每个地方申报不超过2个应用示范实施方案，每个方案应以城市为依托，选择不超过2个区域应用领域开展示范。

（四）其他要求。所申报项目应具有自主知识产权，支持北斗及其兼容产品的应用。项目实施周期原则上为1－3年。

五、实施程序

（一）项目申报。请项目主管部门根据本通知要求，结合本部门（单位）、本地区实际情况，组织编写项目实施方案，对其符合性、真实性予以审查确认后，将项目实施方案一式八份报送国家发展改革委（高技术产业司）和财政部（经建司）。本专项实施时间为2014－2016年。2014年项目申报截止时间为2014年5月31日（待定），其他年度申报要求及时间另行通知。

（二）审核批复。国家发展改革委、财政部将按照公平、公正的原则，组织对项目主管部门报送的项目实施方案进行评审（或评估），在对通过评审（评估）项目进行公示的基础上，予以批复。原则上，北斗室内外位置服务基础平台建设与应用示范类项目支持1个；区域示范应用类项目支持10个。

（三）组织实施。实施方案批复后，项目主管部门按照批复内容组织实施，积极推进体制机制创新，协调落实有关政策措施和配套条件，确保按期完成项目建设和示范应用，并在此基础上不断拓展应用领域。

国家发展改革委、中国科学院关于印发科技助推西部地区转型发展行动计划（2013—2020年）的通知（节选）

（发改西部〔2013〕1280号）

四、重点专项

（七）基于物联网技术的现代物流

2．特种物品物流管理中的物联网技术示范应用

开发超高频射频识别系统、智能温控电子标签、远距离读写器等物品信息感知技

术,以及运输车辆车载北斗导航终端,建设特种物品、危险物品自动跟踪多方预警信息综合服务平台,实现对生产、运输、流通全过程的动态安全管理。

国家发展改革委办公厅、财政部办公厅关于组织实施卫星及应用产业发展专项的通知(节选)

(发改办高技〔2012〕895 号)

一、专项实施的目标

(一)推动卫星应用规模化发展。围绕经济建设和公共服务领域重大应用需求,积极培育应用市场,推动要素整合和技术集成,促进卫星移动通信、卫星导航高端服务、卫星遥感综合应用等领域的重点突破,显著提升应用水平和应用规模,发挥卫星产品与服务在重点领域和行业的支撑作用。

二、专项支持的重点内容

(二)卫星导航应用。为加快我国北斗卫星导航应用产业链的协同发展,突破卫星导航领域系统性、整体性应用的制约,重点支持北斗兼容型导航终端及其核心组件开发应用;基于智能位置服务、室内外定位融合服务、高精度位移测量服务的技术和系统集成,推动北斗导航系统在智能交通、医疗救助、煤矿安全生产、重要设施安全监测等重点领域的深度应用以及公共领域的规模化应用。

附件 1:

卫星及应用产业发展专项重点领域指南

二、卫星导航应用

4. 兼容型北斗导航终端及其组件

基于自主研制的北斗兼容型芯片、模块、高精度天线等核心组件,开发和推广应用北斗兼容型的导航型应用终端、高精度测量型终端、低成本组合导航终端、高精度授时终端,满足车载导航、高精度测量、高精度时间频率同步等典型领域应用需要。

主要技术参数:导航型应用终端:定位精度优于 10m,测速精度优于 0.2m/s,应用规模超过 5 万台;高精度测量型终端:RTK 定位精度水平方向 2cm ± 1ppm、高程方向 3cm ± 1ppm;低成本组合导航终端:定位精度优于 10m,测速精度优于 0.2m/s;高精度授时终端:授时精度优于 50ns;配套核心组件满足相应终端产品规模化应用需要。

5. 智能位置服务应用

针对物流、智能交通、林业生态、城市管理、船舶安全、环境保护、减灾救灾等重点行业以及大众应用，研制基于北斗兼容系统的智能位置服务平台及其终端设备，具有导航定位应用系统标准化接入、自动数据交换、综合应用可视化显示和综合应用效能分析等功能系统，面向国内外市场开展应用示范。

主要技术参数：水平定位精度优于10m，平台具备相关行业的智能管理功能。

6. 室内外无缝定位融合服务应用

融合北斗导航、无线通信和广播等技术，建立天地一体化的广域室内外无缝定位系统，研发基于北斗的室内外定位融合服务平台及终端设备，在灾害救援、煤矿安全生产、物资运输等公共安全领域以及大众应用领域进行示范应用。

主要技术参数：室外定位精度水平方向优于5米，高程方向优于2米；广域室内定位精度水平方向优于5米，高程方向优于2米。

7. 高精度位移监测应用

应用北斗兼容型高精度位移监测技术，研发远程无人值守实时监测预警应用网络系统，在水利、电力、大型建筑、铁路桥梁等设施的安全监测，以及矿区安全监测、地震监测等重要领域开展监测预警应用示范。

主要技术参数：北斗/GPS系统双模式；基于北斗的位移实时测量精度：水平方向3mm，高程方向6mm。

国家发展改革委关于印发中关村国家自主创新示范区发展规划纲要（2011—2020年）的通知（节选）

（发改高技〔2011〕367号）

四、搭建产业创新发展平台

（三）打造具有国际竞争力的产业集群

7. 培育航空航天产业集群。以发动机、系统控制和航空技术为核心，规划建设国际航空航天创新园等专业集聚区，加快发展航空科技产业；促进产品、系统应用、运营服务一体的民用航天产业规模化发展；大力发展北斗卫星导航系统，加快发展面向应用需求的卫星遥感产业集群。

国家发展改革委办公厅关于请组织申报卫星应用高技术产业化专项的通知（节选）

（发改办高技〔2008〕123号）

各省、自治区、直辖市、计划单列市及新疆生产建设兵团发展改革委，国务院有关部门、直属机构办公厅，有关中央管理企业，有关单位：

根据《国民经济和社会发展第十一个五年规划纲要》的有关要求，为贯彻落实《关于促进卫星应用产业发展的若干意见》，满足国民经济和社会发展对卫星应用的迫切需求，加速推进卫星应用由试验应用型向业务服务型的转变，促进民用卫星应用产业发展，国家发展改革委决定于2008－2009年组织实施卫星应用高技术产业化专项。现将有关事项通知如下：

一、专项的主要内容

卫星应用专项主要包括卫星通信广播、导航、卫星遥感应用等三大领域。根据我卫星应用产业发展特点，产业技术基础和发展现状，以满足国民经济发展、公共安全重点领域迫切需求和具有巨大市场前景的应用为重点，以经济发展为目标，坚持突出重点、有限目标的原则，选择具有产业化前景的重大应用示范，重点扶持自主创新技术及产品，突破核心技术与关键产品制约，开展重大标准研究，实现卫星应用产业化规模化发展。

（一）卫星通信广播应用领域

支持卫星固定通信系统、设备国产化和卫星直播终端产业化内容，包括：C和Ku频段卫星通信自主地面系统产业化；直播星信源识别、数字电影传输与接收技术及系统产业化。

（二）卫星导航应用领域

1. 开展基于北斗/GPS/GLONASS/伽利略卫星导航系统兼容的终端模块化、小型化、低功耗技术及系统应用开发与产业化，重点促进车载前装、双频测量、高灵敏度、GNSS与蜂窝电话融合等重大产品产业化。

2. 开展导航电子地图增量更新与应用服务及产业化。

3. 开展重大示范应用工程。包括：北斗高精度授时在移动通信领域的示范；兼容型卫星导航系统在公路、铁路客货运车辆安全保障、渔业生产安全保障与信息服务、特殊人群与个人监护服务领域的应用示范。

（三）卫星遥感应用领域。

1. 开展重大示范应用工程。鼓励重点部门和地区推动自主卫星数据在国土资源调查与管理、生态环境遥感监测、城乡规划与管理监测评价、重大自然灾害与应急监测、全球粮食估产与增值服务领域的示范应用;支持低成本、多功能遥感小卫星及微小卫星的研制及其应用;

2. 开展重大技术标准的制定。研究制定自主遥感卫星原始数据(0 级数据产品)标准,高级遥感数据产品标准,数据模型、格式和交换的接口协议。

二、专项的目标

通过 3 年左右的时间,加快卫星应用技术成果的产业化,提高自主卫星应用于政府公益性服务中的产品、服务应用比例;形成一批具有自主知识产权,有重大市场前景的新产品,扭转卫星应用主要产品和服务依赖进口的局面,促进自主产品的技术和标准的产业化,满足国民经济建设和公共安全的迫切需求。

三、专项实施原则

为确保专项实施能够取得应有的效果,在专项的组织实施过程中,重点把握以下原则:

(一)坚持重点突出、有限目标的原则。选择在全国具有比较优势的重点项目,集中国家有限资源,取得市场突破,实现产业化,并起到带动和示范作用。

(二)坚持研制、开发符合市场要求的、具有竞争力且具有自主知识产权的卫星应用产品或服务。

(三)坚持以经济发展为目标,追求投入产出效益最大化和项目的商业成功。

(四)促进产学研联合。重点支持合作关系清晰、合作实体明确、合作任务落实的产学研合作项目。

国家发展改革委、国防科工委印发关于促进卫星应用产业发展的若干意见的通知

(发改高技〔2007〕3057 号)

科技部、民政部、国土资源部、交通部、信息产业部、水利部、农业部、环保总局、广电总局、林业局、中科院、气象局、海洋局、测绘局,中国航天科技集团、中国航天科工集团,各省、自治区、直辖市及计划单列市发展改革委、国防科工委(办),有关单位:

为贯彻落实《国民经济和社会发展第十一个五年规划纲要》、《国家中长期科学和技术发展规划纲要(2006－2020 年)》、《高技术产业发展“十一五”规划》和《航天发展“十一五”规划》,大力推进我国卫星应用产业的发展,提升卫星应用自主创新能力,更好地为国民经济和社会发展服务,国家发展改革委、国防科工委联合制定了《关于促进

卫星应用产业发展的若干意见》，现印发你们，请结合本地区、本部门的实际做好相关工作。

附件：《关于促进卫星应用产业发展的若干意见》

国家发展改革委

国防科工委

二〇〇七年十一月十六日

关于促进卫星应用产业发展的若干意见

卫星应用产业是国家战略性高技术产业。应用卫星研制生产已形成系列化，正在从试验应用型向业务服务型转变，卫星应用已成为经济建设、社会发展和政府决策的重要支撑。根据《国民经济和社会发展第十一个五年规划纲要》和《国家中长期科学和技术发展规划纲要（2006－2020年）》，为贯彻落实《高技术产业发展"十一五"规划》和《航天发展"十一五"规划》，加速以卫星通信广播、卫星导航、卫星遥感应用为核心的卫星应用产业发展，建立完整的卫星运营服务、地面设备与用户终端制造、系统集成及信息综合服务产业链，促使卫星应用产业为经济社会发展更好服务，特提出以下意见。

一、加快卫星应用产业发展的指导思想。贯彻落实科学发展观，坚持远近结合、军民结合、自主研制与国际合作相结合的原则，以国民经济、社会发展和公共安全重大需求为牵引，以业务化和规模化发展为目标，以强化自主创新能力和公共服务能力建设、推进卫星应用公共资源的共享、培育卫星应用企业集群和产业链为重点，以体制机制创新和开放式发展为途径，以加强卫星应用和培育卫星应用市场为突破口，加强国家对卫星应用产业的宏观管理和政策引导，统筹规划与建设卫星及其应用系统，加大对卫星应用产业扶持力度，促使卫星应用产业成为加强与改善政府宏观管理和科学决策的重要手段，不断提高卫星应用业务化运行能力，形成具有国内外市场竞争力的新兴产业。

二、卫星应用产业发展的主要目标。到2020年，完成应用卫星从试验应用型向业务服务型转变，地面设备国产化率达80%，建立比较完善的卫星应用产业体系，促进卫星应用综合业务的发展，形成卫星通信广播和卫星导航规模化发展、卫星遥感业务化服务的产业局面；使卫星应用产业产值年均增速达到25%以上，成为高技术产业新的增长点。

三、推进卫星通信广播产业集约化发展。发挥卫星通信和卫星广播作为国家重要信息基础设施不可替代的作用，积极发展卫星通信广播综合业务，扶持发展灾害应急通信、远程教育、远程医疗等公益性卫星通信事业。

（一）进一步完善卫星通信广播的管理政策、体制、机制，合理有效整合国内卫星通信企业，推动卫星通信广播与其他行业应用相结合的综合业务的发展。

（二）进一步提高国产通信广播卫星在容量、寿命、精度、安全和可靠性等方面的性能，积极发展新型移动通信、宽带接入、移动多媒体广播、卫星直播等业务卫星。

（三）不断提高符合国家信息安全管理规定的卫星通信广播终端、地面系统及设备的核心技术开发和生产制造水平，大力扶持具有自主知识产权创新成果产业化，提高地面设备的国产化程度和应用比例。

（四）以政策推动和市场需求为导向，积极推动卫星通信、卫星广播制造业产业化发展，形成具有产业规模、国际市场竞争力的卫星通信广播制造和服务企业。

四、促进卫星导航产业规模化快速发展。加速建立自主卫星定位导航系统，提高卫星导航应用的基础保障能力，大力促进卫星导航终端设备的产业化，推进卫星导航运营关联产业的发展。

（一）加快形成建立以北斗卫星导航系统为核心的民用导航产业体制。建立统筹协调机制，研究制定北斗卫星导航系统民用应用政策，促进北斗卫星导航系统的产业化应用；对于涉及国家经济、公共安全的重要行业领域须逐步过渡到采用北斗卫星导航兼容其它卫星导航系统的服务体制，鼓励其他行业和领域采用北斗卫星导航兼容其它卫星导航系统的服务体制。

（二）加强卫星导航应用的基础保障体系建设。加快北斗卫星导航系统的建设；统筹规划国家级高精度卫星导航增强系统的建设，提高导航定位精度和完好性及其服务能力；建立健全卫星导航终端产品检测平台和公信力测评机制，不断提高导航终端产品的质量。

（三）促进卫星导航运营企业和卫星导航终端设备的产业化发展。大力推动卫星导航运营业的规模化、规范化发展；鼓励自主知识产权卫星导航接收芯片、关键元器件、电子地图、用户终端等产品的标准化和产业化。

五、着力建立业务化、一体化的自主遥感卫星应用和服务体系。以建立国家高分辨率对地观测系统为契机，提高卫星遥感应用和服务的能力和水平，推动卫星遥感数据资源共享和有效利用，促进卫星遥感应用产业的形成。

（一）促进我国遥感卫星数据的开发利用和开放共享。加强卫星遥感服务与应用体系建设，加快资源整合，逐步建成国家统一的陆地观测、气象、海洋卫星遥感数据接收和处理地面系统，基于国家自然资源和地理空间基础信息库，构建国家卫星遥感数据平台；制定统一的对地观测遥感数据标准与政策；在保证国家安全的前提下，形成卫星遥感数据开放和共享机制，促进我国自主卫星遥感数据的公益性服务、商业服务和国际市场服务。

（二）加强卫星遥感数据在重要行业和地区发展中的应用。加快应用技术研发和应用系统建设，促进遥感数据在国土资源、农业、林业、水利、气象、海洋、环境、减灾、测绘、交通、教育等领域和区域开发、城乡管理以及重大工程中的应用，实施应用示范工程，培育遥感服务企业，拓展卫星遥感应用服务产业链。

（三）全面提升我国遥感卫星数据源的自主保障能力。提高我国遥感卫星研制、运行和管理水平，加快国家高分辨率对地观测系统和业务遥感卫星系统的建设，形成连续、稳定、及时、高质的业务数据服务能力；完善遥感定标试验场等卫星遥感数据应用与产业化技术支撑体系，促进卫星遥感数据产品及公共应用平台的开发和应用。

六、加强国家对卫星应用的统筹规划和宏观管理。建立政府部门的协调机制，研究制定相关政策，统筹规划卫星、卫星应用及其相关基础设施的发展，协调空间资源、重点基础设施等重大项目的建设；各级地方政府和有关部门在积极落实国家有关总体规划的同时，应结合实际，积极推动卫星应用区域和行业的综合应用和典型示范。

七、强化自主知识产权卫星数据、产品和系统推广应用。涉及国家安全及国民经济命脉的应用领域和政府投资项目，应优先使用或采购自主知识产权卫星数据、产品和系统；在涉及卫星应用各领域政府投资项目评审中，相关评审机构要增加对应用国产卫星数据与产品的可行性评价。各级政府主管部门和行业主管部门应加紧研究卫星数据知识产权有关政策，把知识产权工作纳入到卫星应用项目的评定和管理活动中，把知识产权保护工作作为管理的重要内容。

八、加强我国卫星应用标准体系建设。加速卫星应用标准的顶层设计和重要基础性标准的研究制定，加强各行业与卫星应用领域相结合的关键技术标准的制定与推广；积极参与卫星应用标准化领域的国际合作。

九、加大对卫星应用产业基础条件建设的支持力度。加大政府对卫星应用业务系统的重要基础设施建设的投入，推动卫星应用产业基础能力建设，加强对轨道、频率等资源的规划与协调，加速形成卫星应用产业发展的基础条件。

十、加强卫星应用及产业化相关科学技术和研发投入的支持力度。加强卫星应用创新能力建设，建立若干卫星应用国家工程中心、工程实验室和重点实验室，发挥科研机构和高等院校的优势，形成企业为主体的、产学研用相结合的卫星应用技术创新体系；加大力度支持卫星应用共性、关键技术开发和工程化系统集成与重大应用工程建设。

十一、鼓励社会投资和企业参与卫星应用。国家和各级地方政府对具有产业化前景，且列入国家发展规划、以企业投资为主的重大卫星应用项目，给予投资补助或贷款贴息。通过政策环境建设，积极引导社会投资发展卫星应用产业，推进投资主体多元化。

十二、加速成果转化，推进卫星应用的产业化。鼓励各行业主管部门、科研单位等要及时发布卫星应用技术成果，促进卫星应用最新成果的转化与推广应用；组织实施卫星应用产业化专项、应用示范工程和产业发展基地，推广应用成果和经验；积极培育和发展中介机构,逐步建立卫星应用系统产品的测评和认证机制,为促进卫星应用技术和产品推广应用提供服务。

十三、扩大卫星应用产业的对外开放和国际合作。积极开展国际合作,提高应用的整体技术水平;支持企业开拓海外市场,推动卫星应用产品和服务的出口。

十四、加大人才培养、培训和宣传普及工作力度。加强专业与应用相结合的教育培训体系建设,加速卫星应用人才培养,积极开展多层次的卫星应用技术在职培训,大力宣传、普及卫星应用知识。

国家发展改革委关于印发高技术产业发展“十一五”规划的通知(节选)

(发改高技〔2007〕911 号)

一、现状与形势

(一)发展现状

关键领域取得重大突破。“十五”期间,高技术产业的自主发展能力有所增强。在集成电路、软件、通信、生物医药等领域,研究开发了 32 位 CPU、TD - SCDMA、WAPI、基因药物等一批拥有自主知识产权的技术和标准,基于 IPv6 的下一代互联网试验取得重大突破;实现载人航天标志着我国航天技术进入国际先进行列;数字电视、卫星导航、光伏技术、抗虫棉等重大科技成果实现产业化,形成了一批新兴产业群。产业技术装备水平明显提高。

三、产业发展重点

(三)航空航天产业

提高卫星研发制造水平。以应用为主导,大力提升高可靠、长寿命、高性能、大容量卫星研发能力。加快新一代广播和通信卫星研制。突破兼容系统导航卫星关键技术,发展导航定位应用卫星系统。实现气象、海洋、资源、减灾与环境等遥感卫星和低成本、多功能小卫星及微小卫星的系列化生产。加快卫星载荷的研制,提高关键零部件自主配套能力,大力促进整星出口。研制新一代运载火箭。

着力发展卫星应用产业。坚持天地统筹,充分利用空间卫星资源,整合完善地面支撑系统、综合应用系统,构建和完善通信广播电视、导航定位和遥感三大卫星应用体系,积极推进航天产业由试验应用型向业务服务型转变。采用遥感卫星技术,加强土地资源、矿产资源、农作物和森林覆盖、生物质资源等的监测和评估,深化在城市规划、灾害和环境监测领域的应用。提高卫星数据加工处理及服务能力,建立信息共享机制，基本形成对地观测业务系统。加速卫星定位导航在国民经济和社会发展各领域的规模化应用。整合和开发通信卫星资源，积极发展卫星直播业务。

原中华人民共和国国家发展计划委员会

国家计委关于组织实施卫星导航应用产业化专项的公告（节选）

（2002年2月11日原国家发展计划委员会）

为贯彻落实“十五”高技术产业发展规划重大专项，加快卫星应用产业发展，推动国民经济信息化进程，带动相关产业结构调整、升级，经研究，国家计委将在“十五”期间组织实施卫星导航应用产业化专项（以下简称专项），现将有关情况公告如下：

卫星导航应用指利用卫星导航系统提供的位置、速度及时间信息对各种目标进行定位、导航及监管。其产业主要由终端产品制造及相关的运营服务系统构成。由于卫星导航具有能够全能性（陆地、海洋、航空和航天）、全球性、全天候、连续性和实时性提供导航、定位和定时的特点，因此，在信息、交通、安全防卫、农业、渔业、防灾救灾、环境监测等建设方面具有其他手段无法替代的重要作用，发展前景十分广阔。卫星导航应用产业已成为国际八大无线产业之一，也是全球发展最快的三大信息产业之一。随着卫星导航应用产业的迅速发展，卫星导航技术与通信、遥感和电子消费产品不断融合，将会创造出更多新产品和新服务，市场前景更为看好。

卫星导航技术于20世纪80年代末被引入我国，迄今已在大地测量（测绘、勘探）、海洋运输及渔用、车辆定位监控等领域得到一定程度的应用。同时也已有相当一批企业介入到相关制造及运营服务业，并可望在近期形成一个上百亿元规模的新兴高技术产业。

一、专项的目标

基本构建起产品研发制造、系统标准规范和信息综合服务三大体系，为卫星导航应用产业发展创造良好的环境；突破若干核心技术，加快应用产品的产业化，为卫星导航应用产业发展提供技术支撑及物质基础；建设一批卫星导航应用示范工程，在技术和应用水平上接近国际先进国家，初步形成卫星导航应用的产业规模。

1. 形成一个市场规模超过百亿元的新产业

到“十五”末期，卫星导航应用产品的总产值量达到80亿元，导航运营服务产值超过20亿元,形成一个市场规模超过100亿元的新兴高技术产业领域。……并通过卫星导航应用示范工程的建设,推动卫星导航技术在国民经济领域和人民生活中的广泛应用。

2. 建设卫星导航应用技术创新和产业化发展的基础支撑体系

加强创新能力和规范标准建设,鼓励企业与高等院校、科研机构有机结合,形成技术创新、体制创新的应用研究与产业化平台,解决卫星导航应用的共性和关键技术问题,为产业发展和成果转化提供技术基础、技术支撑和技术服务;初步形成较为完整的卫星导航标准体系。

3. 培育具有市场竞争力的骨干企业

培育一批具有持续发展能力和一定国际竞争力的高技术企业,形成卫星导航应用产业的骨干力量。增强企业的技术创新能力、系统集成能力、产业化能力,并以骨干企业为依托,形成若干卫星导航应用领域产业化基地。

4. 创造一批具有中国特色的主导产品

以市场为导向,形成并推广应用一批技术先进、经济实用、质量可靠的国产卫星导航应用产品及应用系统,特别是具有自主知识产权的IC芯片组和嵌入式软件系统,多星座多频率兼容机,车辆监控与导航合一的车辆信息系统,以及信息增值服务产品等。同时,部分产品进入国际市场,出口产品占国内总产量的10%左右。

二、专项的主要内容

以市场需求为导向,国家通过政策和资金引导,以卫星导航应用示范为龙头,优先支持和发展市场急需、技术先进性、产业化基础较好的技术与产品,逐步构建起支撑产业发展的标准规范和技术创新体系。专项重点支持以下内容:

1. 卫星导航应用示范工程

具有典型示范带动意义的卫星导航应用示范工程,特别是跨区域、跨领域、充分利用共享资源的卫星导航应用运营系统,及与卫星导航相关的综合信息增值服务系统。包括:重大工程中卫星导航综合应用,城市信息化建设中的卫星导航综合应用,区域性或全国性的卫星导航安防应用系统,物流管理系统中的卫星导航应用,公安、消防、急救、金融、海关、危险品运输等特种车辆管理应用系统,以及其它车船和移动体管理领域中卫星导航应用系统等。

2. 关键技术及应用产品的开发、产业化

卫星导航应用产业关键技术及产品的开发:具有自主知识产权的IC芯片组、主机板,以及相关应用软件等。应用产品及扩展系统的产业化:卫星导航应用终端产品,卫星导航应用系统产品(如车辆监控调度系统、车辆信息服务系统、高精度时间频率供给系统、GPS差分基准系统等),与卫星导航应用相关的配套产品等。

3. 产业发展支撑条件

建立卫星导航应用标准规范体系。从现有研究机构中择优扶持，建设卫星导航应用系统设计与集成、卫星导航应用支撑系统（电子地图等）等国家工程研究中心。

国家能源局

国家能源局、国家矿山安全监察局关于印发《煤矿智能化建设指南（2021年版）》的通知（节选）

（国能发煤炭规〔2021〕29号）

三、煤矿智能化建设内容

（一）井工煤矿智能化建设内容

1. 智能化系统基本建设内容

（3）智能掘进系统

根据矿井掘进地质条件与工艺要求，因地制宜确定合理的掘进技术与装备，配套高效的辅助作业系统，逐步实现掘支平行作业；鼓励应用智能探测、自动定向及导航、巷道断面自动截割成形、自动锚护、高效除尘等先进技术与装备，使掘进工作面生产系统具有智能感知、自主决策和自动控制的功能，实现掘进迎头少人或无人、系统高效协同运行。

专栏2：智能掘进系统

掘进设备导航和定位截割系统：掘进设备具有自适应截割、自动截割与遥控操作功能，能够实现记忆截割。鼓励采用掘进设备精准导航和位姿监测系统，根据位置、姿态变化进行自主调整和纠偏，适应巷道断面变化及底板起伏等地质条件，实现自主定位截割。

多机协同控制系统：采用掘进工作面设备群和人员精确定位系统，实现设备间相对位置的精确监测和安全防护，不同设备之间实现智能协同控制。

（4）智能采煤系统

专栏3：智能采煤系统

采煤机智能截割系统：采煤机具备启停、牵引速度和运行方向的远程控制，实现运行工况及姿态检测、机载无线遥控、精准定位、记忆截割、“三角煤”机架协同控制割煤、远程控制、故障诊断和环境安全联动控制，鼓励利用机载视频、无线通信、直线度检测、智能调高、防碰撞检测、煤流平衡控制等技术，实现采煤机智能控制。

(6)智能辅助运输系统

煤矿智能辅助运输系统应建设以车辆精确定位信息为基础,以车载智能终端为核心,辅助井下信号灯控制系统、智能调度系统、语音调度系统和地理信息系统,实现车辆监控、指令下达、运输任务调配、失速保护、报警管理、应急响应等功能,优化作业流程,实现辅助运输业务信息化全覆盖。鼓励斜井轨道运输利用精确定位、智能视频等技术,实现行人不行车、行车不行人,自动道岔变换等功能。

鼓励具备条件的矿井探索应用无人驾驶相关技术,研发应用地面远程遥控驾驶和智能化自动驾驶技术,采用环境感知、定位导航、路径规划等技术,实现车辆自动启停、自主避让、自动跟车等功能。鼓励开展井下辅助作业的机器人替代。

(7)智能通风系统

专栏4:智能通风系统

智能通风软件系统:将地理信息系统与风机、风门、风窗监控系统、安全环境监测、瓦斯抽采监测系统、采掘工作面位置及状态监测系统以及人员和车辆定位系统进行集成,实现自然分风解算、通风网络实时解算及灾变状态下风流模拟仿真,能够进行通风系统优化、风速传感器和调节设施的优化布置以及可控性评价,实现通风系统状态识别和故障诊断、用风点需风量预测及灾变状态下的调风、控风的智能控制。在授权状态下,正常状态矿井风流、风量按照安全高效原则远程调节,灾变时期按照控制灾变及有利救援原则智能控风、调风,并实现三维动态可视化。

(9)智能安全监控系统

根据矿井地质条件和生产条件,建设井下融合通信系统及配套装备,实现煤矿安全监控系统、人员定位管理系统、通信联络系统、智能视频分析系统、智能通风系统、供电监控系统、冲击地压监测系统、水文监测系统等系统的统一承载、共网传输,进行人、机、环的安全检测与防护,提高安全监控、人员定位、通风、供电、应急广播等系统的抗电磁干扰水平;建设具备水、火、瓦斯、顶板、粉尘等灾害监测与防治的综合防控系统,具备重大安全事件的应急处置管理能力,可依据灾变发展趋势,自动触发排水、灭火与除尘等系统;建设基于综合监测的灾害防治平台,具备灾害风险监测预警、智能分析模拟、应急救援辅助指挥、事故原因分析、矿井灾变状态下避灾路线智能规划等功能。

专栏5:智能安全监控系统

智能融合安全监控系统:建设基于“一网一站”的智能融合安全监控系统,实现井下环境监控、人员定位、无线通信系统、应急广播、有线调度系统、通风监控、水文监测、供电监测、视频监测等多功能的一站式高度集成、统一承载,系统数据通过“一网”接入高速环网传输通道,实现多个子系统的井下融合联动。

动目标精确定位系统:采用精确定位技术,实现井下人、车等目标的精确定位、人员状态分析、考勤、调度管理,满足井下复杂巷道的全覆盖需求,具备轨迹数据展示及分析功能。

2. 分类重点建设内容

(1)建设基础条件较好的智能化煤矿重点建设内容

对于煤层赋存条件相对较简单、智能化建设基础条件较好的矿井,应全面开展智能化建设。建设智能化综合管控平台,实现煤矿各主要业务系统的数据融合共享、网络互连互通与协同联动控制;建设大数据中心,实现数据的分类存储、关联分析、深度挖掘与利用;建设高速高可靠数据传输网络;建设完善的井下精准定位系统,满足井下人员、设备定位精度要求;建设完善的视频监控系统,实现基于机器视觉的多场景应用;建设 GIS + BIM 系统,实现地质信息、工程信息的有效融合及高精度建模;建设智能快速掘进系统,煤层巷道月进尺大于 1000m,实现巷道掘进过程的远程智能控制;建设智能化采煤工作面,薄及中厚煤层工作面实现常态化无人开采,厚及特厚煤层综采工作面实现常态化少人开采(每班作业人员不超过 5 人),综放工作面实现智能化放顶煤(每班作业人员不超过 7 人);主煤流运输系统实现智能无人操控,机器人巡检作业;探索应用无轨胶轮车、单轨吊实现辅助驾驶、智能调度,物料供应实现连续化运输;通风、排水、供电等固定作业岗位全部实现无人值守、机器人巡检作业,建设完善的煤矿灾害智能监测预警平台与应急管理平台,实现危险源、危险场景的智能分析、预测、预警;建设煤矿智能经营管理系统,实现产、供、销全流程的智能决策与精益管理。

(2)建设基础条件一般的智能化煤矿重点建设内容

对于具有一定智能化建设基础条件的矿井,应建设智能化综合管控平台,建设高速高可靠数据传输网络,实现煤矿各主要业务系统的数据融合共享、网络互连互通与协同联动控制;建设完善的井下精准定位系统,满足井下人员、设备定位精度要求,建设地质信息与工程信息时空大数据库,为各业务系统提供统一的地理信息服务;建设智能快速掘进系统,煤层巷道月进尺大于 500m,巷道掘进过程部分实现智能控制;建设智能化采煤工作面,薄及中厚煤层工作面实现常态化少人开采(每班作业人员不超过 3 人),厚及特厚煤层综采工作面每班作业人员不超过 7 人,综放工作面每班作业人员不超过 7 人;主煤流运输系统实现远程操控;无轨胶轮车实现辅助驾驶,单轨吊、机车实现精准定位、连续运输;通风、排水、供电等固定作业岗位实现无人值守;建设完善的煤矿灾害智能监测预警平台与应急管理平台,实现危险源、危险场景的智能分析、预测、预警;建设煤矿智能经营管理系统,实现产、供、销全流程的智能决策与精益管理。

(二)露天煤矿智能化建设内容

1. 智能化系统基本建设内容

(1)信息基础设施

①智能感知

鼓励矿山企业加快部署环境感知终端、智能传感器、智能摄像机、无线通信终端、无线定位终端等数字化工具和设备,融合图像识别、振动感知、声音感知、射频识别、电磁感应等技术,实现矿山环境数据、采矿装备状态信息、工况参数、移动巡检数据等的全面采集。

2. 分类重点建设内容

(2)智能穿爆系统

鼓励应用智能钻机、智能装药车等进行穿孔、爆破作业;智能钻机具备实时监测控制功能,实现智能定位、智能穿孔;智能装药车具备自主寻孔、自主装药等功能。爆破工作应能通过终端设备获得警戒范围内人员和设备的位置信息,实现远程操控。

(3)单斗—卡车间断工艺智能化系统

专栏9:单斗—卡车间断工艺智能化系统

多机协同操作系统:建设挖掘机、卡车和人员精确定位系统,实现设备间相对位置的精确监测、人员警报和安全防护,为挖掘机、卡车配合装车过程提供协同信号,通过各自提示系统协同完成采装工作。

智能卡车调度管理系统:实现挖掘机、卡车及辅助设备实时精准定位技术、自动计量功能,卡车调度系统数据及业务的互联互通,实现卡车的智能调度管理。

(6)智能辅助生产系统

专栏12:智能辅助生产系统

供配电系统:设置电力监控与调度系统,对变电站、线路等变输配系统和设备的在线参数检测,实现调度中心对供电设备的遥测、遥调和遥控。鼓励有条件的矿山企业实时监控各个开关柜的电压、电流、功率等参数及开停状态,实现故障自动检测、定位、预警,通过加装烟感和电缆温度检测系统提高安全生产水平,各级变配电站应实现无人值守,系统宜实现智能配电功能。

通讯、调度系统:露天矿行政通讯、调度通讯、无线通讯系统之间互联互通,优先建设5G通讯网络,搭建矿山物联网平台,提升网络的布局布点与覆盖范围;实现对采、运、排生产系统的调度指挥、远程监控功能,实现安全生产、调度管理等信息的显示、报警、记录,实现车辆实时定位、行车管理、配矿、车辆调度、信息发布、运输计量、违规违章监测、轨迹查询、统计报表等功能。

(7)智能安全监控系统

专栏13:智能安全监控系统

人员安全监控系统:人员装备应具备无线语音通话功能;条件适宜的煤矿应具备实时视频采集、上传及调看远程视频的功能;应具备精准定位功能;采掘及运输设备应具备作业过程中实现人员非法进入和违规误入危险区域自动预警。

环境安全监控系统:建设由信息采集、数据传输及监控平台组成的生态环境保护管理智能感知系统,利用智能监控手段、定位技术和物流系统,实时跟踪监控矿山生产作业过程中的废水废气排放情况及固体废物环境管理情况，实时采集三废产生量及废水废气中的污染物监测等数据，对潜在的突发环境事件及时分析预警，利用无人机巡航及时监控矿山生态破坏和修复情况，实现矿山生产作业过程中生态环境保护的数字化、智能化管理。

中华人民共和国科学技术部

科技部印发《关于加强科技创新促进新时代西部大开发形成新格局的实施意见》的通知（节选）

（国科发区〔2020〕336 号）

四、实施西部地区现代农业与民生保障科技创新行动

（八）开展西部地区科技惠民行动。聚焦重大民生问题，支持开展西部地区常见慢性病地方病发病规律与诊疗方法研究，低成本诊断仪器、特种治疗装备研发与示范推广，加大对先进技术在西部地区公共卫生系统推广应用的支持力度。支持云南、贵州、西藏等地区开展道地中药材种质资源保护、繁育、种植和民族医药等相关研究，促进民族医药产业发展。支持“智慧边防”关键技术研发与示范，加强大数据、遥感、北斗导航等技术推广应用。支持敦煌等地开展文物保护与修复关键技术研究与示范应用。

科技部、国资委印发《关于进一步推进中央企业创新发展的意见》的通知（节选）

（国科发资〔2018〕19 号）

二、重点任务

（十）支持中央企业参与北京、上海科技创新中心建设。

引导中央企业整合创新资源，积极投入北京、上海科技创新中心建设。会同两地政府，在资金投入、重大工程以及项目安排、平台建设、人才引进等方面加强与中央企业合作。推动中央企业围绕新一代信息技术、北斗导航、高端处理器芯片、大飞机、智能制造与机器人、深远海洋工程装备、生物医药、能源、新能源汽车、节能环保、新材料、轨道交通、人工智能等产业领域,在两地组织实施重点示范项目,加快中央企业科技成果在两地转化落地。

科技部、交通运输部关于印发“十三五”交通领域科技创新专项规划的通知(节选)

(国科发高〔2017〕121 号)

三、发展重点

(一)轨道交通

4. 营运管理

(5)多模式轨道交通运输组织与协调

突破枢纽多源交通信息互操作、基于北斗卫星导航系统的轨道交通系统运营调度等关键技术,开展轨道交通中转枢纽基础设施及运输组织智能监管服务、多模式轨道交通运行组织匹配技术研究,构建虚拟现实全网轨道交通运输组织仿真平台,建设大型智能铁路枢纽示范工程。

(二)道路交通

2. 基础设施

(2)交通基础设施快速检监测和预警技术

围绕复杂环境下交通基础设施服役状态快速检测、监测和预警的需求,重点研究快速移动无线传感、机器人、可穿戴设备、增强虚拟现实、机器视觉、3D 激光扫描、非线性和非接触及无线超声导波、长周期光纤光栅传感、生物眼和民用雷达、遥感和北斗卫星等检监测技术,形成系列高精度、自动化、智能化、可视化、可移动的交通基础设施快速检测装备。发展我国交通基础设施服役性能保持和提升的先进检监测和预警技术与装备。

(三)水运交通

3. 营运管理

(3)航运风险防控与应急处置技术

研究水上交通安全监管与服务技术,基于北斗的全球卫星导航技术,船舶与港口污染防控技术,危化品运输船舶、大型客船船舶事故机理、风险评估、预警与应急处置技术,大深度饱和潜水技术,海道测量技术,海上人命安全保障与搜救技术。

4. 创新能力

(3)深远海船舶交通监管与指挥控制集成实验评估平台

突破船舶航行数据、机舱数据、船载货物状态(特别是危险货物状态)数据以及船舶关键设备运行状态数据的全方面立体感知手段的集成技术,研究基于北斗的远洋运输应急监管系统的功能测试方法,形成恶劣海况下遇险目标快速搜寻与精确定位技术及系统的集成与实验评估能力。

(四)空中交通

2. 基础设施

(1)填海机场跑道致灾机制及减灾技术

随着沿海城市的不断发展,建造机场等特大型基础设施的用地十分紧缺,"向海要地"已逐渐成为解决该问题的一个方向。针对填海机场的沉降致灾问题,研究填土在各种荷载(例如飞机冲击荷载、海浪荷载、时间荷载)条件下的沉降发展规律,揭示填海机场跑道沉降致灾的条件,突破长期工后沉降的实用预测和优化设计控制技术,研发以北斗导航控制的压实施工技术等,实现对填海机场的沉降致灾预防和控制。

关于印发"十三五"国家基础研究专项规划的通知(节选)

(国科发基〔2017〕162 号)

三、发展重点与主要任务

(二)组织实施重大科技项目

1. 量子通信与量子计算机

量子精密测量研究利用量子通信和量子计算所发展的量子探测、测量和操纵技术,实现对重力、时间、位置等的超高灵敏度测量,大幅提升卫星导航、潜艇定位、医学检测、引力波探测等的准确性和精确性。

科技部、发展改革委、教育部等关于印发"十三五"国家技术创新工程规划的通知(节选)

(国科发创〔2017〕104 号)

一、发展形势

(一)进展与成效

突破产业核心关键技术。紧紧围绕提高重点产业创新能力,突破了一批制约产业发展的核心关键技术,产业技术含量和核心竞争力不断提升,企业在一些重要领域实现从跟踪为主向跟踪和并跑、领跑并存跃升。在高速铁路、核电、第四代移动通信、特高压输变电、北斗导航、电动汽车、杂交水稻等方面突破一批重大关键技术，形成一批重大装备和战略产品，有力促进了战略性新兴产业培育和发展，带动产品和装备走向世界。实施工业强基等示范工程，突破制约传统产业升级改造的一批核心技术。攻克了食品质量安全控制、农产品安全等一批关键技术，新药注册数量大幅度增加。

科技部关于印发《“十三五”公共安全科技创新专项规划》的通知（节选）

（国科发社〔2017〕102 号）

四、重点任务

（三）着力成果转化，支撑引领发展

2. 引领安全与应急产业发展

专栏 10　安全与应急产业

4. 应急服务产品。围绕提高突发事件防范处置的社会化服务水平，创新应急服务业态。在事前预防方面，重点研发风险评估、隐患排查、消防安全、安防工程等应急服务；在社会化救援方面，重点研发、交通救援、工程抢险、安全生产、航空救援应急处置、网络与信息安全、北斗导航等应急服务。

科技部关于印发《“十三五”现代服务业科技创新专项规划》的通知（节选）

（国科发高〔2017〕91 号）

四、推动生产性服务业向价值链高端延伸

（二）现代物流

构建智能、绿色、高效的现代物流服务体系。应用北斗导航、物联网、云计算、大数据、移动互联等技术，突破异构信息集成和交换技术，完善物流指挥系统、产品质量认证及追溯系统。利用新技术优化逆向物流网点布局，推动“互联网＋回收”模式创新，推动物流仓储配送与包装的绿色化发展。针对网络购物对物流的需求，整合物流相关集货与分拣中心、服务网点、物流配送等资源，研究提出面向共享经济的物流综合服务模式及解决方案，开展物流资源共享服务应用示范。

科技部、财政部、国家税务总局关于修订印发《高新技术企业认定管理办法》的通知（节选）

（国科发火〔2016〕32 号）

附件：

国家重点支持的高新技术领域

一、电子信息

（四）通信技术

1. 通信网络技术

光传送网络、宽带无线移动通信网络、宽带卫星通信网络、微波通信网络、IP 承载网络的组网与规划、控制管理、交换、测试、节能等技术；三网融合通信技术；光网络核心节点和边缘节点及其关键模块/器件设计与制造技术；核心路由器和边缘路由器及其关键模块/器件设计与制造技术；软交换技术；SDN 技术；IPv6 技术等。

6. 卫星通信系统技术

卫星通信转发器及其控制管理与电源技术；卫星地面站系统及其控制管理技术；卫星通信天线馈线、发射接收、信道终端、测试、应用等技术；卫星通信应用终端技术；卫星定位与导航应用技术；卫星遥感数据共享与应用技术；卫星通信关键模块/器件设计与制造技术等。

（五）广播影视技术

4. 无线传输与覆盖系统技术

地面数字电视传输系统技术；用于数字声音广播传输系统技术；调频/调幅同步广播系统技术；应急广播系统技术；智能接收天线和多业务融合终端技术；无线传输与覆盖频率规划、系统集成、发射台站自动化管理、电磁防护和测试评估技术；用于广播电视卫星传输系统的编码复用加扰系统技术、调制上变频及高功放系统、天馈线系统技术等；卫星直播内容分发系统和用户管理系统技术；广播电视专业卫星综合接收解码技术及测试评估技术等。

5. 广播电视监测监管、安全运行与维护系统技术

中短波广播、调频广播、有线数字电视、地面数字电视、数字声音广播、卫星直播系统等广播电视业务技术、频谱监测设备技术；IPTV、手机电视、互联网电视、互联网音视

频等视听新媒体内容监管设备和内容甄别分析软件技术；广播电视节目安全播出技术服务系统及信息安全测评技术；新媒体视听节目的监测、监控、监管技术等。

（七）信息安全技术

4. 网络与通信安全技术

网络与通信攻击检测及防护技术；网络边界安全防护技术；恶意代码分析与防护技术；网络监测/监控技术；网络安全审计技术；网络与通信安全预警技术；网络与通信安全协议技术；安全接入技术；网络内容安全管理技术；移动通信安全技术；宽带无线安全技术；卫星通信安全技术；物联网安全技术；RFID 安全技术等。

三、航空航天

（一）航空技术

5. 空中管制技术

通信、导航、监视及航空交通管理系统（CNS/ATM）管制工作站系统技术；CNS/ATM 网关系统技术；飞行流量管理系统和自动化管制系统等技术；数字化放行（PDC）系统技术；自动终端信息服务（D－ATIS）系统技术；空中交通进离港排序辅助决策系统技术；空管监视数据融合处理系统技术；飞行计划集成系统技术；卫星导航地面增强系统技术等。

（二）航天技术

1. 卫星总体技术

卫星总体设计、大型试验设计和实施技术，以及结构、热控、综合电子等技术。

2. 运载火箭技术

运载火箭总体优化设计技术；运载火箭系统冗余、高空风双向补偿减载、飞行振动抑制、火箭起飞滚转定向、一箭多星发射、MEO 卫星发射轨道设计、主动章动控制的自旋稳定、全箭振动试验动特性获取、空射火箭动基座对准等技术。

3. 卫星平台技术

大型、高姿态稳定度、大轨道机动能力、长寿命和高可靠性卫星平台技术；小型化/微型化卫星、多功能复合结构设计、卫星热控设计、卫星电源和新型推进、卫星综合电子、空间碎片防护、空间环境安全保障等技术。

4. 卫星有效载荷技术

通信有效载荷技术：大容量转发器、频率复用、毫米波/激光星间链路、大功率行波管放大器、大型可展开天线、星上交换处理、综合抗干扰、卫星自主生存等技术。

导航有效载荷技术：高稳定星载原子钟、星间链路、自主导航、先进的导航信号调制、导航信号自主完好性监测、时空域抗干扰、区域增强天线、高精度测距、上行注入抗干扰、高精度时间同步和传递等技术。

遥感有效载荷技术：甚高分辨率可见光相机，高分辨率红外相机，集成大焦面电子学及信息处理、高光谱/超光谱成像、辐射定标与光谱定标、毫米波/亚毫米波辐射计、综合孔径微波辐射计、全极化微波辐射计、合成孔径雷达、测云/降雨雷达等技术。

空间科学有效载荷技术：低功耗、高分辨率探测器技术、小型化及载荷集成、大型光学系统、紫外探测仪、激光测距仪等技术。

5. 航天测控技术

地球轨道卫星测控技术；航天信息传输技术等。

7. 先进航天动力设计技术

火箭发动机总体技术；火箭发动机涡轮泵及阀门技术；固体主发动机过载下内绝热技术；吸气式组合循环发动机方案与验证技术；电推进及特种发动机关键技术；先进试验技术；先进推进剂技术等。

8. 卫星应用技术

遥感全链路成像机理、应用仿真及多源遥感数据的高频次、高精度、高时效辐射定标技术；大气探测激光雷达、陆地生态系统、重力场测量等新型载荷数据处理及应用技术；星地一体化多网接入组网仿真、宽窄带通信业务一体化应用技术；基于卫星通信、导航、遥感的天地一体化综合应急反应服务技术；卫星与物联网、云计算、大数据等融合应用技术等。

五、高技术服务

（四）高技术专业化服务

基于先进技术，为第三方提供专业化服务的关键技术。包括：为可再生能源、能量转换与储能装置及高效节能工艺技术、产品、设备提供检测、维护及系统管理服务的技术；环境监理、监测与检测、风险与损害评价、应急和预警服务技术；污水处理设施运营优化系统技术；卫星遥感服务、导航与位置服务和航空遥感服务的关键支撑技术；新材料检测、表征、评价、在线自动监测等服务的支撑技术；集成电路设计、测试与芯片制造服务的支撑技术；为企业提供的生物医药研发、食品质量安全标准品制备及检测、疾病预警预测和健康管理等服务的关键技术；智能制造和云制造服务的关键技术等。

国家高新区互联网跨界融合创新中关村示范工程（2015—2020年）（节选）

（国科火字〔2015〕50号）

三、实施十大中关村“互联网+”产业创新工程

（五）智慧交通创新工程

——推动船舶导航、数据记录、操舵控制、电子海图、雷达通信、远程监控等船舶电子装备的智能化，扩大北斗卫星导航系统在海洋渔业、远洋运输、港口管理通信中的应用，促进海、天、地一体化的船舶与海洋作业定位导航、通信、应急处置等管理服务解决方案应用。

科技部关于发布2013年科技型中小企业技术创新基金项目指南的通知（节选）

（国科发计〔2013〕458号）

第二部分　优先支持技术领域

一、电子信息

（三）计算机及网络产品

3. 空间信息获取及综合应用集成系统

此类系统是指通过遥感、卫星定位等技术获取空间信息，并与各行业应用紧密集成的综合应用系统。其主要技术特征是信息获取技术、通信技术和计算机技术的紧密结合，系统数据、软件和硬件部件的高度集成，应用综合等。

（2）“北斗”卫星导航定位系统的主动/被动的导航、定位设备及公众服务等；

科技部关于印发导航与位置服务科技发展“十二五”专项规划的通知

（国科发高〔2012〕901号）

各省、自治区、直辖市、计划单列市科技厅（委、局），新疆生产建设兵团科技局，各有关单位：

为进一步贯彻落实《国家中长期科学和技术发展规划纲要（2006－2020年）》、《国家“十二五”科学和技术发展规划》和《国务院关于加快培育和发展战略性新兴产业的决定》，推进导航与位置服务技术创新和产业发展，科技部组织编制了《导航与位置服务科技发展“十二五”专项规划》。现印发你们，请结合本地区、本行业实际情况，做好落实工作。

特此通知。

附件：导航与位置服务科技发展“十二五”专项规划

科技部

2012 年 8 月 22 日

导航与位置服务科技发展“十二五”专项规划

导航与位置服务是指基于导航定位、移动通信、数字地图等技术，建立人、事、物、地在统一时空基准下的位置与时间标签及其关联，为政府、企业、行业及公众用户提供随时获知所关注目标的位置及位置关联信息的服务。

“十二五”期间是我国全面建设小康社会的关键时期，是提高自主创新能力、培育战略性新兴产业、建设创新型国家的重要阶段。卫星导航系统是服务经济建设、社会发展和公共安全的战略性基础设施。大力发展以自主卫星导航系统为基础的导航与位置服务产业，推进资源共建共享，对于提升公众生活质量、培育战略性新兴产业和保持经济平稳较快发展具有十分重要的意义。

为加快推进北斗卫星导航系统的应用与产业化，增强我国导航与位置服务产业自主创新能力，按照《国家中长期科学和技术发展规划纲要(2006－2020 年)》、《中华人民共和国国民经济和社会发展第十二个五年规划纲要》和《国务院关于加快培育和发展战略性新兴产业的决定》等相关要求，特制定导航与位置服务科技发展“十二五”专项规划。

一、形势与需求

（一）保障经济社会发展的关键基础设施

卫星导航是提供用户导航与位置服务的主要手段。目前，世界大国竞相发展各自的卫星导航及增强服务系统，保障其导航与位置服务产业的优势和竞争力。位置相关信息是位置服务的基础要素，正成为各国导航与位置服务产业力争的战略资源。通过科技专项实施，建立面向行业和公众的位置信息服务系统，形成自主可控的位置服务能力，可有力推动我国北斗应用产业化进程，提升我国相关产业的核心竞争力。

（二）带动相关产业转型升级的有效途径

导航与位置服务产业在国际上已成为继互联网、移动通信之后的发展最快的新兴信息产业之一，近年来持续保持 50% 以上的年增长势头，具有十分巨大的市场潜力。由于其具有广泛的产业关联性、普适，应用与服务的大众化、全球化特征，以及与通信产业和互联网产业良好的互补性、融合性等优势，对带动农业、现代服务业、交通运输业、电子制造业、移动通信业等多个产业升级改造具有重要的促进作用，是带动传统产业升级改造的有效途径。

（三）建立产业技术创新体系的有力支撑

目前我国导航与位置服务的核心技术尚不完备，制约了该产业的健康快速发展。

在定位方面,不能满足室内外高精度、全覆盖需求;在地图方面,缺少室内地图,位置信息迭加协议不统一,内容信息不足;在服务方面,不能满足海量用户智能化、个性化位置服务需求。通过科技专项的实施,打造创新环境、搭建创新平台、培养人才队伍等,形成完善的技术创新体系。

(四)打造导航与位置服务产业链的必由之路

导航与位置服务产业链由定位信号提供商、地图提供商、内容提供商、位置信息集成商、应用服务提供商、终端制造商和各类用户组成。其中,位置信息集成商将定位信息、地图信息和位置关联信息进行综合集成处理,形成由全信息构成的全息导航地图,由位置服务提供商发布给各类用户,是产业链的关键环节。通过实施导航与位置服务专项可以从顶层牵引上述产业链中各环节的协调发展,是建立各环节之间紧密联系的必须途径。

二、指导思想与发展原则

(一)指导思想

深入贯彻落实科学发展观,按照《国家中长期科学和技术发展规划纲要(2006－2020年)》确定的发展重点和《国务院关于加快培育和发展战略性新兴产业的决定》,紧密围绕建立自主定位导航授时体系和产业的战略需求,以技术创新、应用创新带动导航与位置服务产业创新发展为着力点,积极探索市场机制下的优化组织模式,加快推进导航与位置服务产业的关键技术、核心部件和重大产品创新,支撑我国导航与位置服务产业及应用健康可持续发展。

(二)发展原则

创新引领、跨越发展。创新技术研发、系统建设和应用发展的模式,超前部署创新技术和应用,加快推动新技术新应用产业化进程,不断提升北斗系统服务性能和水平,稳步推进国家定位导航授时体系建设,促进自主导航与位置服务产业跨越式发展。

统筹部署、协调发展。加强导航与位置服务技术研发、系统建设、应用创新、产业推广等各环节的协同,统筹北斗系统建设和国家科技计划资源,加强芯片、终端、地图、应用等全产业链部署,努力攻克关键技术和产品,持续提升北斗系统服务性能和质量,逐步建立和完善导航与位置服务产业发展所需的人才队伍、政策措施、产业化环境、标准规范、测试认证等支撑体系,促进导航与位置服务产业与北斗系统建设同步协调发展。

服务民生、深化应用。以人为本,切实贯彻科技便民、科技惠民的根本宗旨,大力推进与移动通信、互联网等技术融合创新,促进业务模式创新和信息服务创新,不断深化行业应用,提升北斗系统应用能力和服务水平。

自主可控、安全可靠。大力推进北斗卫星导航系统应用,建立和完善自主室内外无缝导航定位和授时体系,着力解决位置服务所需地图的国产化和精细化问题,逐步依托自主技术建设安全可控的导航定位与授时基础设施。

三、发展目标

（一）总体目标

面向培育导航与位置服务产业和构建国家定位导航授时体系的重大需求，与北斗卫星导航系统建设协同攻关，加强创新能力和技术支撑体系建设；研发自主的核心系统，突破制约产业发展的核心关键技术；加快科技成果转化，拓宽导航与位置服务应用领域；促进北斗导航系统应用与产业化，完善自主的导航与位置服务产业链；形成自主可控的导航与位置服务能力，全面提升我国导航与位置服务产业核心竞争力。

（二）具体目标

（1）突破三大核心技术：泛在精确定位，全息导航地图，智能位置服务；

（2）开展三类应用示范：研制导航与位置服务应用系统，开展公众、行业及区域应用示范，为政府、企业、公众用户随时提供所需内容丰富的位置信息服务；

（3）构建一个体系框架：面向未来导航与位置服务需求，构建国家定位导航授时体系框架，开展技术实验和验证；

（4）建立三个创新平台：实施导航与位置服务科技创新工程，建立人才创新平台、技术创新平台、产业创新平台，提升自主创新能力。

（三）指标体系

类别	序号	指　　标	属性
科技	1	完成一批关键技术、设备和系统	约束性
	2	为国家定位导航授时体系建设提供技术支撑	
	3	申请300项专利	
经济	4	直接形成1000亿以上的规模产业	预期性
社会	5	初步建立5个高新技术产业化基地	约束性
	6	培育30家创新型企业	
	7	形成10个左右的示范和试验应用	

四、重点任务

（一）基础理论与共性支撑技术研究

重点研究组合导航技术、天地一体的定位导航与授时融合理论体系、新型导航定位原理与方法、高稳定度星载原子钟、全球空间大地测量基准动态维持及服务、国家定位导航授时（PNT）体系研究及验证等。

（二）关键技术突破

重点解决制约我国导航与位置服务产业发展所需的瓶颈技术问题，突破以北斗为核心的多系统兼容互用、室内外协同实时精密定位(Cooperative Real - time Precise Positioning, CRP)、全息导航地图获取融合与更新、位置信息挖掘与智能服务、高性能组合导航、位置服务系统及终端性能的测试监测与评估等关键技术。

(三)系统平台研发

集成泛在精确定位、全息导航地图、智能位置服务等成果,研制导航与位置服务系统,构建导航与位置服务网。研究导航与位置服务终端入网标准、空间信息基础数据和专题数据的迭加协议、位置服务的信息安全等关键问题,建立导航与位置服务网络和运营管理示范系统与平台,逐步形成我国导航与位置服务的综合体系,促进导航与位置服务战略性新兴产业的形成。

(四)典型应用示范

重点开展在我国交通、国土、农业、林业等行业位置服务应用示范,公众出行、社会网络、旅游娱乐等公众位置服务应用示范,智能搜救、灾害救援等区域位置服务应用示范。

(五)人才和技术创新体系建设

培养和造就一批具有国际水平的位置服务与卫星导航领域专业人才队伍,形成多个技术水平高、科研能力强、产业贡献大、国内领先、国际一流的科研机构和科研团队,引导社会资源尤其是民营资本参与,建立若干产业化基地,开展国际导航科技合作和以北斗为主的导航技术培训活动,强化北斗系统在区域和全球的应用广度和深度,提升我国在导航与位置服务领域的国际影响力和话语权。

五、保障措施

(一)强化自主创新机制

以企业为主体,加大国家科技引导投入,统筹多渠道资源,多种资助模式相结合;以产业需求为导向,加强部门联合、军民结合、科技计划与北斗系统建设的协同攻关,持续推动以北斗应用为核心的导航与位置服务技术研究和产品开发。

(二)加强产业化环境建设

调动相关行业、部门、地方的积极性,充分发挥国家高新技术产业开发区、国家级高新技术产业化基地的作用,调动产业技术创新战略联盟、大学科技园等资源,优化导航与位置服务产业结构,完善产业政策和产业链条,推动国家导航与位置服务技术标准体系建设,促进产业集群的形成和创新发展。

(三)深化国际交流合作机制

建立国际合作渠道,积极参与国际交流,促进多模卫星导航系统的技术合作与应用,提高我国导航与位置服务领域的整体技术水平。

科技部、总装备部、财政部关于印发《国家高技术研究发展计划(863计划)管理办法》的通知(节选)

(国科发计字〔2011〕632号)

第一章　总　　则

第三条　863计划选择信息技术、生物和医药技术、新材料技术、先进制造技术、先进能源技术、资源环境技术、航天航空技术、先进防御技术、海洋技术、现代农业技术、现代交通技术、地球观测与导航技术等高技术领域作为发展重点,由科技部牵头负责并与总装备部按照分工分头组织实施。

科学技术部、财政部、国家税务总局关于完善中关村国家自主创新示范区高新技术企业认定管理试点工作的通知(节选)

(国科发火〔2011〕90号)

附件:

国家重点支持的高新技术领域(中关村示范区试行)

一、电子信息技术

(一)软件

12. 物联网应用系统

基于RFID等电子传感技术,应用于管理信息系统的软件技术平台和软件产品。基于GPS和北斗卫星导航系统的技术平台,应用管理信息系统的软件产品和应用系统。

国家“十一五”科学技术发展规划(节选)

(2006年10月27日科技部发布)

三、重点任务

高分辨率对地观测系统。重点发展基于卫星、飞机和平流层飞艇的高分辨率先进观测系统;形成时空协调、全天候、全天时的对地观测系统;建立对地观测数据中心等地面支撑和运行系统,提高我国空间数据自给率,形成空间信息产业链。

2. 面向紧迫需求,攻克关键技术

(2)加强产业关键共性技术攻关

专栏8:交通领域的重大项目

新一代空中交通管理系统。重点开展基于性能的航空导航,基于数据链与精确定位的航空综合监视,空管运行协同控制,民航空管新型服务平台等四大关键技术族的研究;建立先进航空卫星导航、通信、监视及空管运行协同控制核心系统;建立和完善配套的管治方法、运行标准和程序;实施新一代空管系统运行技术验证工程。高速磁悬浮交通。自主研发并掌握高速(500km/h)磁浮交通系统的车辆悬浮导向与车载控制技术、牵引供电控制技术、运行控制技术和系统集成等核心技术,建设磁浮列车高速试验运行环境(30公里试验线)。

抢占信息产业发展的战略制高点,大幅度提高现代服务业的技术含量。在信息领域,重点研究开发高性能CPU和面向网络通信、信息家电、信息安全和工业控制的系统芯片;研究新一代网络与通信关键技术、传感器网络与智能信息处理技术以及新型开放式架构核心路由器、服务器和低成本网络信息终端;发展以中文为主的多语言信息处理技术、国家重要信息系统集成关键技术、空间信息处理和应用技术及多模兼容导航定位终端。在现代服务业领域,重点研究开发现代服务业共性技术与领域应用重大关键技术,形成具有自主知识产权的现代服务标准、规范和模式,在商务平台服务、空间信息服务、现代物流平台、数字媒体服务、数字教育服务、协同医疗服务、数字城市、文物保护、新闻出版、旅游服务、就业培训和社会保障等有代表性的应用领域,开发一批应用支撑的共性关键技术。组织实施现代服务业关键技术及应用示范、国家电子政务关键技术及应用示范等重大项目。

3. 把握未来发展,超前部署前沿技术和基础研究

(1)超前部署前沿技术研究

“十一五”期间,以国家战略需求为导向,以提升自主创新能力为重点,选择生物和医药技术、信息技术、新材料技术、先进制造技术、先进能源技术、海洋技术、资源环境

技术、现代农业技术、现代交通技术、地球观测与导航技术等作为超前部署的重点，坚持战略性、前沿性和前瞻性，力求突破核心技术，引领高技术产业与新兴产业发展。

地球观测与导航技术。围绕国家综合地球观测系统、自主卫星导航系统、月球探测、载人航天等重大工程以及行业重大应用需求，突破一批核心技术，建立若干国家级应用节点的地球观测网格体系，形成若干重大应用示范系统，大幅度提高国产空间信息处理软件和导航定位终端产品的市场占有率。重点研究新型遥感器、地球空间信息系统技术、高精度无缝导航定位技术。

关于印发《我国应掌握自主知识产权的关键技术和产品目录》的通知（节选）

（国科发计字〔2006〕540 号）

一、信息技术

（七）地球观测与导航技术

17. 定位导航系统开发应用技术。卫星导航系统性能提升关键技术，网络化、集成化精密导航定位及综合应用技术，导航信息网格技术和标准。

中华人民共和国工业和信息化部

2021 年工业和信息化标准工作要点（节选）

（2021 年工业和信息化部）

二、扎实做好基础和重点领域标准研制

6. 推进新技术新产业新基建标准制定。大力开展 5G 及下一代移动通信、“IPv6 +”及下一代互联网、域名服务和管理、高速宽带、未来网络、互联互通、移动物联网、云计算、大数据、数据中心、区块链、量子信息、卫星通信及导航定位、网络和数据安全、关键信息基础设施安全保护、个人信息保护和智能终端未成年人保护、信息技术服务、人机交互和信息无障碍、无线电新技术和电磁兼容、无线电发射设备、电动汽车和充换电系统、燃料电池汽车、增材制造、无人机、集成电路、先进计算、新型显示、人才培养等标准的研究与制定。稳步推进车联网（智能网联汽车）、超高清视频新应用场景、智慧城市、智慧家庭、智慧健康养老、5G+医疗健康、信息消费等融合创新标准制定。

关于进一步规范微功率短距离无线电发射设备生产、进口、销售和使用等有关事项的公告（节选）

（中华人民共和国工业和信息化部公告2019年第52号）

五、在航空器内和依据法律法规、国家有关规定、标准划设的射电天文台、气象雷达站、卫星地球站（含测控、测距、接收、导航站）等军民用无线电台（站）、机场等的电磁环境保护区域内使用微功率设备，应当遵守电磁环境保护及相关行业主管部门的规定。未经批准，不得在航空和军事管制区使用模型无线电遥控设备。

工业和信息化部关于印发《无线电发射设备销售备案实施办法（暂行）》的通知

（工信部无〔2018〕285号）

各省、自治区、直辖市无线电管理机构：

《无线电发射设备销售备案实施办法（暂行）》已经工业和信息化部2018年第20次部长办公会审议通过，现印发给你们，请认真贯彻执行。

工业和信息化部

2018年12月26日

无线电发射设备销售备案实施办法（暂行）

第一条 为加强无线电发射设备管理，规范无线电发射设备销售备案的实施及监督管理，切实维护空中电波秩序，根据《中华人民共和国无线电管理条例》和相关法律法规，制定本办法。

第二条 在中华人民共和国境内进行无线电发射设备销售备案，以及对无线电发射设备销售备案的监督管理，适用本办法。

本办法所称无线电发射设备，是指依照《中华人民共和国无线电管理条例》第四十四条规定，应当取得型号核准的无线电发射设备。

第三条 国家无线电管理机构对全国无线电发射设备销售备案工作进行监督指

导,建立全国统一的无线电发射设备销售备案信息平台(以下简称信息平台),推进销售备案的网上办理及备案信息的管理、公示、查询等工作。

省、自治区、直辖市无线电管理机构(以下统称省级无线电管理机构)负责本行政区域内的无线电发射设备销售备案的实施及监督管理,依法查处违法行为。

第四条 省级无线电管理机构在实施无线电发射设备销售备案管理过程中应当遵循公开、高效、便民的原则。

第五条 销售无线电发射设备的,应当在开始销售之日起 10 个工作日内通过信息平台向其注册地的省级无线电管理机构办理销售备案手续,并对备案信息的真实性负责,接受有关部门依法实施的监督管理。

第六条 备案信息应当包括经营主体信息和销售设备信息。

经营主体信息应包括经营主体名称、统一社会信用代码、联系人及联系方式、实体经营场所地址或网络销售平台名称和网址以及相关证件等。

销售设备信息应包括设备类型、生产厂商名称、设备型号、型号核准代码等。

地方法规规章对其他备案信息有明确规定的,依照地方法规规章执行。

第七条 经营主体首次申请备案,省级无线电管理机构在收到备案材料后,对材料齐全、符合法定形式的,应当在 5 个工作日内通过信息平台向其发放备案主体编号(编码规则见附件)和所对应的二维码。

第八条 销售无线电发射设备应当在实体经营场所或网络销售平台标明备案主体编号或所对应的二维码。

第九条 经营主体联系人及联系方式、实体经营场所地址或网络销售平台名称和网址等信息发生变更的,应当在变更之日起 10 个工作日内通过信息平台办理变更手续。

增加所销售无线电发射设备型号数量的,应当在新增设备开始销售之日起 10 个工作日内办理变更手续。终止销售部分型号无线电发射设备的,应当及时办理变更手续。

第十条 有下列情形之一的,经营主体应当及时通过信息平台办理备案注销:

(一)终止无线电发射设备销售业务的;

(二)营业有效期届满的;

(三)营业执照被依法吊销或企业法人已办理注销登记的;

(四)法律、法规、规章规定的其他情形。

第十一条 无线电发射设备销售备案经营主体名称、统一社会信用代码、设备信息等有关情况应当通过信息平台向社会公众公开。

第十二条 销售应当取得型号核准的无线电发射设备未办理销售备案的,省级无线电管理机构应当依据《中华人民共和国无线电管理条例》第七十七条规定责令改正,拒不改正的,处 1 万元以上 3 万元以下的罚款。

第十三条 省级无线电管理机构应当加强对无线电发射设备销售备案情况的监督检查,建立和完善以随机抽查为重点的日常监督检查制度,随机抽取被检查对象,随机选派检查人员,及时向社会公布抽查情况和检查结果。

在监督检查中发现有提供虚假备案材料行为的,省级无线电管理机构应当责令限期改正;拒不改正或逾期未改正的,由省级无线电管理机构通过信息平台向社会公布有关情况。

第十四条 无线电管理机构及其工作人员对涉及商业秘密和公民个人隐私的信息有保密的义务。

第十五条 本办法自 2019 年 3 月 1 日起施行。

附件:无线电发射设备销售备案主体编号编码规则(略)

工业和信息化部关于加强智能网联汽车生产企业及产品准入管理的意见(节选)

(工信部通装〔2021〕103 号)

四、加强产品管理

(八)确保可靠的时空信息服务。企业应当确保汽车产品具有安全、可靠的卫星定位及授时功能,可有效提供位置、速度、时间等信息,并应满足相关要求,鼓励支持接受北斗卫星导航系统信号。

工业和信息化部、中央网络安全和信息化委员会办公室、国家发展和改革委员会等关于印发《5G 应用“扬帆”行动计划(2021—2023 年)》的通知(节选)

(工信部联通信〔2021〕77 号)

二、突破 5G 应用关键环节

(一)5G 应用标准体系构建行动

专栏 1:5G 应用标准体系构建及推广工程

构建 5G 应用标准体系。加快研制芯片/模组、网络、平台、安全体系架构、应用需求、术语定义等基础共性标准。开展 5G 确定性网络、增强上行速率、高精度定位、抗电磁干扰等面向行业需求的增强技术标准研究,加快创新技术和应用向标准转化。加快重点行业融合应用标准制定,推进行业融合终端、网络建设标准研制。推广重点行业5G应用标准,选择医疗、工业、媒体等重点领域,率先推动5G应用标准落地。提升5G应用标准公共服务能力。开展行业5G应用标准测试评估认证,推进创新技术成果向标准转化。

到2023年底,形成基础共性和重点行业5G应用标准体系,完成30项以上重点行业关键标准研制。

(二)5G产业基础强化行动

专栏2:面向行业需求的5G产品攻坚工程

增强5G基站行业适配能力。针对高温、高湿、防爆等特殊场景,研制适配各行业需求的专用5G基站。加大适配大上行、低时延、大连接、高精度定位等需求的新型基站研发,满足5G行业应用需求。推动5G模组规模化商用。构建模组分级分类产业化体系,指导行业面向差异化场景需求开展精准化产品研发,持续提升模组的环境适应性,不断降低规模化应用门槛。建设行业终端产品体系。丰富面向行业的终端产品形态,真正实现5G行业终端到现场、到产线、到园区。加快推动基于5G模组的高清摄像头、工业级路由器/网关、车载联网设备、自动导引车(AGV)等各类行业终端的研发和迭代演进。推进行业高端装备加快在研发和生产中预置5G能力并开放接口。到2023年底,满足行业需求的5G基站、模组供给能力显著增强,5G行业终端产品、高端装备逐步成熟。

三、赋能5G应用重点领域

(二)行业融合应用深化行动

12. 5G+智慧港口。研制适用于港口集装箱环境的5G辅助定位产品,加快自动化码头、堆场库场数字化改造和建设。推动港口建设和养护运行全过程、全周期数字化,加快智慧港口基础设施建设,推广5G在无人巡检、远程塔吊、自动导引运输、集卡自动驾驶、智能理货等场景的应用,助力港口智能化。

17. 5G+智慧水利。推进5G技术与水利行业的深度融合,应用5G、物联网、遥感、边缘计算等新技术,提高水利要素感知水平。结合北斗定位、人工智能等技术,针对水利工程施工场景,研究人工智能施工系统顶层设计和模型算法实现,在5G人机协同应用方面实现突破。

四、提升5G应用支撑能力

(一)5G网络能力强基行动

23. 加强面向行业的5G网络供给能力。加快提升端到端网络切片、边缘计算、高精度室内定位等关键技术支撑能力,推进面向行业的自贸区、工业园区、企业厂区、医卫机构等重点区域5G覆盖。支持各地结合区域需求,建设5G行业虚拟专网,探索建网新模式,形成区域先导效应。

（二）5G 应用生态融通行动

28. 强化 5G 应用共性技术平台支撑。面向工业制造、交通、医疗等重点领域的关键共性技术需求，依托行业龙头企业、高等院校、科研院所开展 5G 行业应用关键技术联合攻关，建设重点行业共性技术平台，解决制约行业应用复制推广的技术瓶颈。重点支持建设与 5G 结合的室外北斗高精度定位、室内 5G 蜂窝独立定位、人工智能、超高清视频、增强现实/虚拟现实（AR/VR）等共性技术平台，提供跨行业的 5G 应用基础能力。

工业和信息化部关于印发《车联网（智能网联汽车）产业发展行动计划》的通知（节选）

（工信部科〔2018〕283 号）

附件：

车联网（智能网联汽车）产业发展行动计划

四、合作共建，推动完善车联网产业基础设施

（三）构建智能道路基础设施

促进网络通信技术、人工智能技术与道路交通基础设施的深度融合，为车联网、自动驾驶等新技术应用提供必要条件。面向典型场景和热点区域部署边缘计算能力，构建低时延、大带宽、高算力的车路协同环境。支持北斗卫星导航系统和差分基站等设施建设，提升车用高精度时空服务的规模化应用水平，满足车辆的高精度定位导航需求。在部分高速公路和部分城市主要道路，支持构建集感知、通信、计算等能力为一体的智能基础设施环境。

工业和信息化部关于工业通信业标准化工作服务于“一带一路”建设的实施意见（节选）

（工信部科〔2018〕231 号）

三、聚焦重点领域，深化国际合作

（四）推进信息通信领域标准化合作

——北斗卫星导航领域，推动终端模块化、低功耗、高集成度芯片设计标准的制定与实施；深化中俄北斗/格洛纳斯双模车载卫星导航终端研发合作与澜湄流域北斗卫星定位导航服务系统建设及民生领域应用合作，推动北斗应用终端标准“走出去”。

四、推动标准联通共建，拓展产业发展空间

（八）推进标准的海外应用

围绕家用电器、车联网、太阳能光伏、北斗卫星导航、新一代移动通信等领域，推动领军企业在“一带一路”沿线国家开展标准海外应用示范。围绕起重机、挖掘机、农业机械、水泥装备、超级电容器等重要装备，在白俄罗斯、印度、巴西、乌兹别克斯坦、蒙古国及马来西亚等国家开展先进标准海外应用示范。推进中国数字电视技术标准在巴基斯坦、老挝、柬埔寨等国家开展海外应用。

工业和信息化部关于印发《无线电干扰投诉和查处工作实施细则》的通知（节选）

（工信部无〔2018〕192 号）

第三章　无线电干扰排查任务执行

第七条　国家无线电监测中心接到国家无线电管理机构下达的短波、卫星业务的无线电干扰监测和定位任务后，应根据所属监测站负责区域以及投诉的疑似干扰源位置确定牵头监测站，由牵头监测站组织实施干扰源的监测定位工作（国家无线电监测中心所属监测站负责区域见附件 2）。

第八条　国家无线电监测中心应定期开展境外短波、卫星业务信号的监测工作，查找违反《无线电规则》、GE75 协议和相关双边协议进行发射的境外信号，填写违章报告（《无线电规则》附录 9）或有害干扰报告（《无线电规则》附录 10），报国家无线电管理机构。

第十条　国家无线电监测中心应在无线电干扰投诉排查任务单规定时间内完成所有短波、卫星业务无线电干扰的监测定位工作，并将无线电干扰投诉排查任务回执单报国家无线电管理机构。对于未能在规定时间内完成定位的情况，需将具体原因及监测工作进展及时报国家无线电管理机构；对于干扰信号消失的情况，需向国家无线电管理机构申请监测延期，监测延期时限为 7 天。

国家无线电管理机构收到国家无线电监测中心无线电干扰投诉排查任务回执单后，应将定位结果告知投诉人并及时向干扰所在省、自治区、直辖市无线电管理机构下达干扰查处任务。

第十二条　各省、自治区、直辖市无线电管理机构及其监测站应配备必要的覆盖短波、卫星频段的监测设备和干扰逼近查找设备。监测人员应具备短波、卫星干扰查找的基本技能。

第十三条 各省、自治区、直辖市无线电管理机构及其监测站应准确掌握区域内大功率短波发射台及卫星地球站的台站位置及工作频率，便于短波、卫星干扰查找工作的实施。

第十四条 各省、自治区、直辖市无线电管理机构及其监测站在逼近查找过程中，如需国家无线电监测中心进行短波、卫星干扰定位配合，可与国家无线电监测中心联系（联系方式见附件3）。

第十五条 各省、自治区、直辖市无线电管理机构及其监测站如因缺乏技术储备等原因，未能在规定的时间内完成短波及卫星业务无线电干扰排查任务，确需国家无线电监测中心派出人员以及设备协助进行干扰逼近查找，可向国家无线电监测中心发送协查函（见附件4），同时抄送国家无线电管理机构。国家无线电监测中心收到干扰协查函后，应立即安排所属监测站与相关无线电管理机构及其监测站取得联系并及时开展协查工作。

工业和信息化部、发展改革委、科技部等关于印发《海洋工程装备制造业持续健康发展行动计划（2017—2020年）》的通知（节选）

（工信部联装〔2017〕298号）

二、重点任务

（一）深化改革促创新

强化基础共性技术研究。以满足工程项目实际需要为目标，系统开展深海浮式设施水动力性能预报、恶劣海况下结构动力响应及安全性评估、超深水系泊定位分析、长效防腐及防护、极地冰载荷预报等深远海和极地装备关键技术；突破海洋工程装备智能化技术、风险控制、绿色环保、海上试验、水下安装定位、新材料应用等共性技术研究；积极开展海洋环境、目标观测与监测技术、海上组网通信、北斗导航与信息服务技术、海底观测网络技术等海洋基础技术研究；加大相关标准规范制修订，促进海洋工程装备专用设计软件的开发与应用。

工业和信息化部关于印发《工业电子商务发展三年行动计划》的通知（节选）

（工信部信软〔2017〕227号）

二、主要行动

（五）工业电子商务支撑服务体系建设行动

2. 行动内容

提升网络基础设施水平。继续实施“宽带中国”战略，构建新一代信息通信基础设施，推动高速光纤网络跨越发展，加快建设先进泛在的无线宽带网，优化网络结构布局。完善互联网和物联网应用基础设施，推进电信基础设施共建共享、互联互通，引导云计算数据中心优化布局，推动数据中心向规模化、集约化、绿色化发展。加强移动互联网、物联网、云计算、大数据、移动智能终端、智能硬件、北斗导航等技术研发和综合应用，提升安全可靠水平，推进核心技术成果转化和产业化。

工业和信息化部、发展改革委、科技部关于印发《汽车产业中长期发展规划》的通知（节选）

（工信部联装〔2017〕53号）

一、发展现状与面临形势

（三）建设汽车强国具备较好基础和有利条件。

新能源汽车和智能网联汽车有望成为抢占先机、赶超发展的突破口。当前，我国新能源汽车技术水平大幅提升，产业规模快速扩大，产业链日趋完善。支撑汽车智能化、网联化发展的信息技术产业实力不断增强，互联网产业在全球占有一定优势，信息通信领域技术和标准的国际话语权大幅提高，北斗卫星导航系统即将实现全球组网。

三、重点任务

（三）突破重点领域，引领产业转型升级。

2. 智能网联汽车

专栏4　智能网联汽车推进工程

推进智能网联汽车技术创新，着力推动关键零部件研发，重点支持传感器、控制芯片、北斗高精度定位、车载终端、操作系统等核心技术研发及产业化。组织开展应用试点和示范，完善测试评价体系、法律法规体系建设。到2020年，汽车DA（驾驶辅助）、PA（部分自动驾驶）、CA（有条件自动驾驶）系统新车装配率超过50%，网联式驾驶辅助系统装配率达到10%，满足智慧交通城市建设需求。到2025年，汽车DA、PA、CA新车装配率达80%，其中PA、CA级新车装配率达25%，高度和完全自动驾驶汽车开始进入市场。

工业和信息化部、农业部、发展改革委关于印发《农机装备发展行动方案（2016—2025）》的通知（节选）

（工信部联装〔2016〕413号）

附件2：

农机关键零部件重点发展目录

序号：9

项目名称：农业机械导航与智能化控制作业装置

技术关键点：开展基于北斗的农机定位与导航、农机变量作业技术与装置研究和农机作业与运维智能管理技术系统研究。

主要技术指标：突破光机电液多源融合智能调控策略、基于北斗的农机作业复杂工况定位与导航调控等共性技术；开发机电液多源融合智能调控策略与作业导航控制等新系统，应用于耕整地、播种、插秧、灌溉、植保、收获等作业，导航精度厘米级。

发展目标：提高农机装备智能作业、信息化管理水平，为智慧农业生产奠定技术基础。

工业和信息化部关于印发软件和信息技术服务业发展规划（2016—2020年）的通知（节选）

（工信部规〔2016〕425号）

四、重点任务和重大工程

（二）积极培育壮大新兴业态

3. 深化移动互联网、物联网等领域软件创新应用

加快发展移动互联网应用软件和服务，面向新兴媒体、医疗健康、文化教育、交通出行、金融服务、商贸流通等领域创新发展需求，鼓励建立分享经济平台，支持发展基

于软件和移动互联网的移动化、社交化、个性化信息服务，积极培育新型网络经济模式。加强物联网运行支撑软件平台、应用开发环境等研发应用，进一步深化物联网软件技术在智能制造、智慧农业、交通运输等领域的融合应用。加快发展车联网、北斗导航等新型应用，支持智能网联汽车、北斗导航软件技术及应用平台发展。

工业和信息化部关于印发信息通信行业发展规划(2016—2020年)的通知(节选)

(工信部规〔2016〕424号)

附件2：

信息通信行业发展规划物联网分册(2016—2020年)

一、发展回顾及面临形势

(一)"十二五"发展回顾

创新成果不断涌现。在芯片、传感器、智能终端、中间件、架构、标准制定等领域取得一大批研究成果。光纤传感器、红外传感器技术达到国际先进水平，超高频智能卡、微波无源无线射频识别(RFID)、北斗芯片技术水平大幅提升，微机电系统(MEMS)传感器实现批量生产，物联网中间件平台、多功能便捷式智能终端研发取得突破。一批实验室、工程中心和大学科技园等创新载体已经建成并发挥良好的支撑作用。物联网标准体系加快建立，已完成200多项物联网基础共性和重点应用国家标准立项。我国主导完成多项物联网国际标准，国际标准制定话语权明显提升。

工业和信息化部、国家发展和改革委员会关于印发《智能硬件产业创新发展专项行动(2016—2018年)》的通知(节选)

(工信部联电子〔2016〕302号)

四、重点任务

(一)提升高端智能硬件产品有效供给

2.智能车载设备。支持企业加强跨界合作，面向司乘人员的交通出行需求，发展智能车载雷达、智能后视镜、智能记录仪、智能车载导航等设备，提升产品安全性、便捷性、实用性。推进智能操作系统、北斗导航、宽带移动通信、大数据等新一代信息技术在车载设备中的集成应用,丰富行车服务、车辆健康管理、紧急救助等车辆联网信息服务。发展芯片、元器件及整机设备的车规级检测认证能力,完善配套供应体系。

工业和信息化部、发展改革委、财政部等关于印发《船舶工业深化结构调整加快转型升级行动计划(2016—2020年)》的通知(节选)

(工信部联装〔2016〕447号)

二、重点任务

(五)推动军民深度融合发展

14.推进军民资源共享。进一步加强船舶领域研发设计、试验验证设施、生产及配套资源的共享共用。支持统筹开展军民通用的水池、海洋环境、通信导航等综合性试验设施和重大军民结合型产业化项目建设,推进北斗导航应用,提高资源配置效率。建立军民品协作配套体系。加快推进船舶工业军民通用标准建设,推动若干领域军用标准、规范与民用相统一。

工业和信息化部关于印发《船舶配套产业能力提升行动计划(2016—2020)》的通知(节选)

(2015年12月30日)

三、重点任务

(三)大力推动示范应用

专栏3　船用设备示范应用工程

重点推进大功率吊舱式推进器、液货装卸产品及系统、安全环保舱室设备、通导与智能系统及设备的工程化和商品化技术研究,开展示范应用。大功率吊舱式推进器:开展低压690V、3MW级吊舱推进器工程化研制与示范应用;中压3300V、7MW级吊舱式推进器样机研制与示范应用。液货装卸产品及系统:开展单泵排量为$500m^3/h \sim 6000m^3/h$,额定扬程为120mlc~150mlc,满足30万吨级及以下原油船、原油/成品油船要求的货油泵系统研制与示范应用;开展单泵排量为$50m^3/h \sim 2000m^3/h$,额定扬程为100mlc~150mlc,满足各类成品/化学品船要求的电动深井泵、液压潜液泵系统的研制与示范应用。安全环保舱室设备:开展污水除磷脱氮技术、中水回用技术及水质监控技术研究;开展海水淡化装备、消防灭火装置、油水分离器、生活污水处理及回用装置、压载水处理装置、尾气处理装置、新型垃圾焚烧系统质量和可靠性技术研究及样机示范应用。通导与智能系统及设备:开展导航雷达、罗经、计程仪、北斗用户机、电子海图系统、综合导航系统等主要通导系统设备关键技术研究,形成集成打包能力,实现批量装船应用;在基础通导设备基础上,开展智能化航行管理相关设备及技术研究并推动示范应用:(1)构建船舶智能综合管理系统,开展船舶动态信息保障与智能航行辅助决策技术、船舶设备状态评估和健康管理技术、面向服务的分布式异构数据集成技术、基于大数据的智能应用和增值服务技术、全船智能化操控和管理技术、智能化船舶配套设备开发技术等研究;(2)构建海洋环境信息数据平台、卫星船舶自动识别系统和船载海洋观测、检测和探测系统;(3)构建 E - 航海应用服务平台;(4)提供高性价比无人导航船通导解决方案,实现船舶无人导航,智能执行各种任务。

工业和信息化部关于印发信息化和工业化深度融合专项行动计划(2013—2018 年)的通知(节选)

(工信部信〔2013〕317 号)

附件 1:

专项行动计划任务分工及进度安排

行动名称:行动八:信息产业支撑服务能力提升行动

任务名称:增强电子信息产业支撑服务能力

时间节点:2013 - 2015

工作进度安排:加快"核高基"重大专项、电子发展基金、技术改造资金、战略性新兴产业创新发展专项等项目的组织实施,组织实施基础电子产业跃升工程和整机价值链提升工程,加快面向工业领域的量大面广芯片研发设计。

阶段性目标:突破集成电路、关键电子元器件、平板显示、基础软件、智能语音等关键技术和先进工艺,显示面板行业实现关键材料、重大装备本土化配套,TD - LTE 终端、北斗民用终端实现产业化,夯实产业发展基础。

实施主体:行业协会、研究机构、信息技术服务企业、电子制造企业等

负责单位:电子信息司、软件服务业司、科技司、规划司、通信保障局;各地工信主管部门;各地通信管理局

产业转移指导目录(2012年本)(节选)

(工业和信息化部公告2012年第31号)

第一章 全国区域工业发展总体导向

(二)东部地区

东部地区包括北京、天津、河北、上海、江苏、浙江、福建、山东、广东和海南七省三市。东部地区区位条件优越,面向国际、辐射中西部,是全国工业经济发展的重要引擎。重点承接发展的产业方向:

原材料工业:推进长三角地区钢铁工业集约发展,加快高端钢铁产品的开发和生产。推动河北和山东钢铁产业兼并重组,减量调整区域内产业布局,提升产品档次和质量。加快建设湛江钢铁精品基地和福建宁德钢铁基地。开发高附加值有色金属新材料,引导铜加工提升装备水平。发展壮大再生铜、再生铝基地。依托沿海口岸优势,打造镇海、惠州世界级炼化一体化基地,建设曹妃甸、古雷、连云港等石化基地,在天津、青岛、秦皇岛、湄洲湾、湛江、茂名、洋浦等地适当发展大运量的临海临港重化工业。提升精细化工和化工新材料产业的竞争优势。着力推进高端建材和新型建材产业发展。加快资源型传统化工产业、建筑卫生陶瓷产业逐步向中西部地区转移。

装备制造业:大力发展高档数控机床、电力装备、工程机械、环保装备等产业,建设一批重大成套和技术装备制造业基地。以上海、南京、常州为重点,做强轨道交通装备产业。全面提升汽车产品研发和技术创新能力,积极开展汽车零部件再制造,壮大汽车零部件产业集群。做强一批乘用车、大中型客车生产基地。以上海、南通、舟山等为重点,打造世界级高技术船舶、海洋工程装备及配套产品产业集群。以天津、青岛、广州、深圳、珠海为中心,建设高技术船舶和海洋工程装备制造业聚集区。壮大北京、天津航空航天产业规模,加快发展卫星导航系统、遥感、飞机总装及零部件制造等产业。

消费品工业:积极发展医药产业,做优家用电器、纺织服装、食品、造纸等优势传统产业,建设行业共性技术开发平台,推动传统制造业加快向产品研发、设计等环节延伸,加工制造环节向中西部地区转移发展。积极发展现代纺织业,以提升档次和打造品牌为重点,建设国际纺织及服装设计制造中心,形成一批现代纺织产业集群和总部基地。壮大海南国际旅游岛特色食品等产业,建设中国—东盟热带农产品加工物流中心。加快北京、石家庄、上海、泰州、杭州国家生物产业基地建设,壮大一批医药产业集群,重点发展创新药物、生物医药、现代中药。以广州、上海临港新城、盐城、宁波、舟山为重点,加快海洋生物产业发展。电子信息产业:重点发展集成电路、软件、平板显示、微电子、光电子、新型电子元器件、下一代互联网及高端通信设备、半导体照明(LED)、数字视听、信息安全等产业。以珠三角和长三角为研发设计与生产中心,建设世界级电子信息产业基地。重点建设中关村国家自主创新示范园区,加快建设天津国家电子信息产业基地、青岛家用电子产品基地、福厦沿海电子信息产业基地。

第三章 东部地区

第二节 东部地区优先承接发展的产业

北京市

一、电子信息

8. 智能终端操作系统、导航与定位服务系统、应用软件产品与服务

11. 卫星导航设备与系统

天津市

一、航空航天

5. 通信、导航、监控、气象等空管设备

二、电子信息

1. 导航系统终端、3G/4G 移动通信手机及系统设备、通信交换设备

河北省

六、电子信息

1. 3G/4G 移动通信系统与终端设备、卫星通信及导航定位系统、多媒体通信系统

上海市

六、船舶及海洋工程装备

6. 船舶通信导航及自动化系统等配套设备

山东省

六、船舶及海洋工程装备

6. 船用动力设备、电气设备、通信导航设备、压载水处理系统

江西省

十、电子信息

1. 卫星通信及导航设备、光同步传输系统设备、数字微波传输设备、数字集群通信系统及网络终端设备

河南省

二、电子信息

1. 卫星通信及导航设备、移动通信系统、网络终端设备、通信测试设备、数字接收终端产品及零部件

湖北省

八、船舶及海洋工程装备

3. 船用曲轴、船用辅机、船舶导航系统、舱室自动化系统等关键配套设备

第四章 中部地区

第二节 中部地区优先承接发展的产业

湖南省

三、航空航天

3. 直升机减速传动系统、刹车系统、导航系统、遥测遥感系统

内蒙古自治区

八、航空航天

6. 卫星通信及导航设备、微波传输设备、雷达设备、光纤传输系统设备、移动通信系统、网络终端设备、通信测试设备、数字接收终端产品及零部件

广西壮族自治区

十二、船舶及海洋工程装备

4. 船用通信、导航、自动化系统产品

四川省

三、航空航天

7. 卫星民用导航终端、卫星导航定位应用系统及关键元器件

贵州省

十三、电子信息

1. 卫星通信及导航设备、移动通信系统设备、数字程控交换设备、数字集群通信系统及网络终端设备

高端装备制造业“十二五”发展规划(失效)(节选)

(工业和信息化部 2012 年 5 月)

一、发展现状与面临形势

高端装备主要包括传统产业转型升级和战略性新兴产业发展所需的高技术高附加值装备。按照《国务院关于加快培育和发展战略性新兴产业的决定》明确的重点领域和方向,现阶段高端装备制造业发展的重点方向主要包括航空装备、卫星及应用、轨道交通装备、海洋工程装备、智能制造装备。

近10年来,我国高端装备制造业已形成一定的产业规模。2010年,高端装备制造业实现约1.6万亿元销售收入,约占装备制造业销售收入的8%左右。整体技术水平持续提升,围绕国民经济各行业的迫切要求,开发出了一大批具有知识产权的高端装备,如百万千瓦级超超临界火电发电机组、百万千瓦级先进压水堆核电站成套设备、1000KV特高压交流输变电设备、±800KV直流输变电成套设备、百万吨乙烯装置所需的关键装备、超重型数控卧式镗车床、精密高速加工中心、2000吨履带起重机、ARJ21新型支线飞机、"和谐号"动车组、3000米深水半潜式钻井平台等,气象卫星率先实现业务化运行,已初步形成了高端装备制造产业格局。

三、发展重点和方向

培育发展高端装备制造业是关系国家综合实力、技术水平和工业基础的一项长期的重点任务。"十二五"期间,航空装备、卫星及应用、轨道交通装备、海洋工程装备和智能制造装备的重点任务是:

(一)航空装备

——航空设备。大力发展航空机载、任务、空管和地面设备及系统,促进专业化、系列化、货架化和规模化发展,按照"系统、设备和器件"三个层次建立产业配套体系。以现有能力为核心,重点加快发展航电、通讯导航、液压、燃油、环控、电源、起落架、二次动力、生活设施、防火、照明、健康监控等系统供应商,逐步发展多个系统的集成供应商。大力发展低成本通用飞机的系统和设备。

(二)卫星及应用

紧密围绕国民经济和社会发展的重大需求,与国家重大科技专项相结合,以建立我国安全可靠、长期连续稳定运行的空间基础设施及其应用服务体系为核心,加强航天运输系统、应用卫星系统、地面与应用天地一体化系统建设,推进临近空间资源开发,促进卫星在农业、林业、水利、国土、城乡建设、环保、应急、交通、气象、海洋、远程教育、远程医疗等行业、区域发展以及公众生活中的应用,形成航天器制造、发射服务、应用设备制造和卫星运营服务构成的完整产业链。

——航天运输系统。继续实施重大工程,完善现役运载火箭系列型谱,积极开展更大推力运载火箭关键技术攻关。

——应用卫星系统。统筹发展气象、海洋、资源、环境减灾卫星,构建完整体系,满足多方面需求。积极发展新型通信广播卫星。

——卫星地面系统。完善现有气象、海洋卫星地面系统数据接收站,组建国家陆地观测卫星数据中心;建设和完善通信广播卫星地面系统、卫星地球站/地面关口站;建设和完善卫星导航基准站、卫星运行管理、卫星数据处理等地面配套设施。加强导航接收机、通信终端芯片等关键元器件和卫星地面设备的研制和产业化。

——卫星应用系统。实施遥感应用示范工程,提高我国空间数据的自给率,大力推进行业和区域应用。大力推进卫星通信在远程教育、远程医疗、应急通信等公共服务中的应用,积极支持直播卫星的应用服务。推进卫星导航在金融、电力、通信、交通、信息、农业、渔业等国家重点行业的应用,加强卫星导航应用技术研究、产品开发和标准体系建设。

(四)海洋工程装备

——其他海洋资源开发装备。以海上浮式石油储备基地、海上后勤补给基地等装备为重点,加快关键设计、建造技术的研究和攻关;积极开展海上机场、海上卫星发射场等装备的前期研究,为工程研制奠定技术基础。

四、重大工程与区域发展重点

(一)重大工程

2. 空间基础设施建设工程。建设时空协调、全天候、天地一体的地面配套设施;完善我国全球导航定位系统;启动由大容量宽带多媒体卫星、全球移动通信卫星等系统组成的空间信息高速公路建设。开展先进卫星平台、新型卫星有效载荷、卫星遥感定量化应用等关键技术研发,推进重点行业和领域的卫星系统应用示范,进一步提升卫星通信、卫星遥感和卫星导航定位应用产业化水平。到2015年,形成长期连续稳定运行、系统功能优化的国家空间基础设施骨干架构,大幅提升我国卫星提供经济社会发展需求空间信息的能力。

(二)区域发展重点

3. 产业区域发展重点。依托航空装备、卫星及应用、轨道交通装备、海洋工程装备、智能制造装备等现有产业基础,建设优势特色产业链,促进形成设计、制造、集成、关键系统及部件配套、维护检修、技术服务等能力。

软件和信息技术服务业“十二五”发展规划(失效)(节选)

(工业和信息化部2012年4月)

四、发展重点

(九)新兴信息技术服务

依托新一代移动通信、下一代互联网、数字广播电视网、卫星导航通信系统等信息基础设施,大力发展数字互动娱乐、数字媒体、数字出版、移动支付、位置服务、社交网络服务等基于网络的信息服务。加快培育下一代互联网、移动互联网、物联网等环境下的新兴服务业态,着力推进云计算等业务创新和服务模式创新。

发展电子商务服务。鼓励电子商务企业与相关企业加强合作,促进信息服务、交易服务和物流、支付、信用、融资、保险、检测和认证等服务协同发展。鼓励集交易、电子认证、在线支付、物流、信用评估等服务于一体的第三方电子商务综合服务平台建设，培育一批骨干电子商务服务企业。

当前优先发展的高技术产业化重点领域指南（2011 年度）（失效）（节选）

（中华人民共和国国家发展和改革委员会、中华人民共和国科学技术部、中华人民共和国工业和信息化部、中华人民共和国商务部、中华人民共和国国家知识产权局公告 2011 年第 10 号）

三、航空航天

34、空中交通管理系统

民用航空卫星通信、导航、监视及航空交通管理系统（CNS/ATM）管制工作站系统、CNS/ATM 网关系统、飞行流量管理系统和自动化管制系统等在内的成套空中交通管理设备，空域设计与评估系统，航空电信网（ATN）处理系统，自动终端信息服务（D－ATIS）系统，空中交通进离港排序辅助决策系统，空管监视数据融合处理系统，飞行计划集成系统，卫星导航地面增强系统，场面监视系统，自动相关监视系统和多点相关定位系统，空域预警光电搜索跟踪系统，远程大范围视频智能监控系统。

37、卫星导航应用服务系统

卫星导航多模增强应用服务系统（含连续观测网络、实时通信网络、数据处理中心和公共服务平台），基于北斗兼容型多模卫星导航芯片、个人移动信息终端 SOC 芯片、RNSS 授时接收机，基于位置信息的综合服务系统及其应用服务终端（与无线通信网络结合的全球导航卫星系统技术和室内定位技术），具有导航、通信、视听等多种功能车辆、船舶信息系统、个人导航信息终端，兼容型卫星导航接收机，卫星导航用芯片和嵌入式软件，基于 BD－2 的气象测风终端、高现势性导航电子地图，卫星导航时间频率原子钟；卫星导航高精度测地应用平台，导航、位置（三维地理信息）与授时综合信息服务；卫星导航应用产业化标准体系。

工业和信息化部2011年标准化重点工作(节选)

(2011年5月9日)

附件:

2011年工业和通信业各行业(领域)标准制定重要领域

电子行业:高性能计算机、RFID、卫星导航、数字家庭、3D电视、面向三网融合的视听终端、家电售后维修服务、太阳能光伏、动力电池、半导体照明、电子设备安全与电磁兼容、平板显示、电子新材料、新型电子元件、汽车电子、医疗电子、电子文件管理装备、云计算、物联网、信息技术服务、SOA、基础软件、中文办公软件格式、版式文档、游戏游艺机、电子文件存储与交换格式。

原中华人民共和国信息产业部

信息产业科技发展"十一五"规划和 2020年中长期规划纲要(节选)

(2006年5月信息产业部发布)

二、发展重点

(十五)导航、遥测、遥控、遥感技术

重点发展卫星导航地面系统及接收机、用户终端,航空、航天测控系统,TDRSS测控网及民用终端,导航、测控基础性电子产品系列。

重点技术:

——新一代导航技术和产品的关键技术

——跟踪与数据中继卫星系统技术和产品的关键技术

——导航、测控基础性产品的关键技术

——导航、测控技术与其他专业技术融合的关键技术

——深空测控网系统的关键技术

——遥感产品的关键技术

三、重大项目

4. 高清晰度数字电视

开展具有一定自主知识产权的高清晰度数字音视频编码技术研究和标准制定，开发相应的编解码芯片；研究开发地面—卫星—有线数字电视传输方案，进行卫星、有线、地面和移动信道接收芯片自主设计和应用；开展数字版权管理技术和数字音视频接口技术的研究和产品开发，进行条件接收的机卡分离、接收机内容保护、接收机中间件等技术开发；支持 TFT－LCD、PDP、OLED 等平板显示的技术研究和产品开发。形成具有自主知识产权的高清晰度数字电视技术和标准，建立相应的一致性测试认证系统，实现产业化发展。

6. 下一代网络

——智能信息处理及无处不在通信网络研发与产业化

进行智能信息处理和无处不在通信网络技术的研发与产业化。重点研究以车载通信（包括汽车、船舶等）为代表的智能信息处理和物与物（M2M）通信技术，解决其中的移动通信与网络、定位、多媒体通信、导航关键技术问题；研究 RFID 和传感器网络等无处不在网络技术，研究 RFID、传感器网络与信息通信网络的无缝结合和应用；形成一大批有示范效应的应用范例，形成国际一流的产品能力和较为完善的产业链。

国家国防科技工业局

国家国防科技工业局、中央军委装备发展部关于促进微小卫星有序发展和加强安全管理的通知（节选）

（科工一司〔2021〕466 号）

一、总体要求

（二）本通知涉及的微小卫星是指质量 1000 公斤及以下，在轨（含亚轨道）开展通信、导航、遥感、空间科学、技术试验及其他特定任务的航天器，既包括我国自然人、法人或其他组织已拥有所有权或通过在轨交付等其他方式拥有所有权的微小卫星，也包括由我国设计、生产及在我国境内或利用我国设施发射的其他国家自然人、法人或其他组织拥有所有权的微小卫星。

国防科工局、发展改革委关于加快推进“一带一路”空间信息走廊建设与应用的指导意见（节选）

（科工一司〔2016〕1199 号）

三、主要任务

（一）提升“一带一路”空间信息覆盖能力

5. 构建空间信息共享服务网络。鼓励企业参与投资建设和合作运营北斗卫星导航增强系统、通信卫星电信港、遥感卫星接收站网、分发服务网络和区域云数据中心，构建多级在线空间信息共享交换和协同工作平台，提供在线影像地图与基于位置的信息服务，具备面向社会公众、企业的空间信息服务扩展能力。

（四）带动空间信息装备与服务出口

3. 鼓励运营服务及应用系统出口。鼓励企业开展“一带一路”通信卫星电信港和陆地卫星接收处理站网的投资、建设和运营，大力推广气象卫星数据广播、海洋卫星信息服务和卫星测绘地理信息产品与服务。加强基于北斗系统的位置、导航和授时的商业化服务，支持使用北斗系统的移动通信终端产品出口，积极发挥我国空间信息技术对“一带一路”沿线国家经济发展支撑作用。

（五）加强区域空间信息产业合作

1. 加强中亚、西亚、北非等区域空间信息产业合作。加快新疆维吾尔自治区高分辨率对地观测系统应用示范区、北斗导航应用示范项目、反恐维稳空间信息综合服务系统建设，打造空间信息服务研发基地，加强与中亚国家合作。支持宁夏回族自治区充分利用中国—阿拉伯合作平台，依托中关村西部云基地，构建“一带一路”区域数据中心和云计算平台，促进与阿拉伯国家空间信息产业合作，探索建设国际空间信息港，拓展当地的空间信息消费市场，带动我国空间信息产能输出。构建统一标准的空间信息服务体系，促进区域内空间信息设施共建、共用和共享。

2. 加强21 世纪海上丝绸之路空间信息产业合作。结合福建省自身发展需求，探索建立卫星海洋应用研发基地，开展海洋生态环境保护、海洋资源开发、海岸带经济发展相关卫星应用产品研发，拓展东盟及南亚沿海国家空间信息服务市场。推动中国—马来西亚钦州卫星应用产业园区、巴基斯坦电信港和中国—东盟信息港建设与合作。支持相关企业在泰国、老挝、印度尼西亚、柬埔寨等东盟国家合作建设北斗地基增强系统及基于北斗的室内外位置服务系统，促进北斗卫星导航系统在东盟地区的应用。

航天发展“十一五”规划(节选)

(国防科工2007年10月18日)

二、发展目标

(二)具体目标。

——重大科技工程。载人航天工程、月球探测工程、高分辨率对地观测系统、北斗卫星导航系统、新一代运载火箭工程等重大科技工程相继启动或继续实施,攻克一批具有全局性、带动性的关键技术和核心技术,培育具有自主知识产权的高技术产业群。

三、主要任务

(二)启动并实施重大科技工程,带动科技跨越发展。

4.北斗卫星导航系统。

在2010年前,通过对北斗导航试验系统进行完善,满足我国及周边地区用户对卫星导航系统的需求,并进行全球系统组网和试验工作,逐步扩展为全球卫星导航系统。同时,推动卫星导航系统在空中交通管理、城市智能交通和通信等领域的应用。

(四)加快空间技术发展,提高业务服务能力。

1.大力发展应用卫星。

提高各类应用卫星的性能和业务服务能力,加强试验卫星与业务卫星的有机衔接,确保卫星应用的连续性。

对地观测卫星。增加现有静止轨道气象业务卫星的数量,提高其性能与可靠性;研制、发射新一代极轨气象卫星和新一代静止轨道气象卫星,海洋水色卫星和海洋动力环境卫星,中巴地球资源卫星和高分辨率立体测图卫星;初步建成环境与灾害监测预报小卫星星座;开展新型地球资源卫星、新型气象卫星、新型海洋卫星、干涉合成孔径雷达卫星、重力场探测卫星、电磁地震监测卫星研究。加强对地观测卫星领域的顶层统筹规划和综合利用,初步形成全球、全天候、全天时、多谱段、不同分辨率、稳定运行的卫星对地观测体系。

通信广播卫星。进一步推动我国广播电视卫星直播系统工程,完成大容量地球静止轨道公用平台飞行验证,并进一步提高可靠性和产业化能力。进一步完善我国通信广播卫星平台系列。开展我国用于远程教育、远程医疗、应急移动通信的公益性卫星,宽带多媒体卫星,音频视频卫星的研究。

导航定位卫星。完善北斗导航试验系统,建成满足我国及周边地区用户需求的卫星导航系统,建立业务服务系统。

空间“育种”卫星。继续推进空间“育种”卫星工程,促进空间技术与农业育种技术的结合,扩大空间技术在农业科技领域的应用。

(五)积极拓展空间应用,提高航天产业发展能力。

4.深入开展卫星导航定位应用。

全面完成我国北斗卫星导航系统应用产业化专项,在共享平台与支撑体系、关键技术与基础产品、典型应用与示范工程等方面取得重要进展;开展我国卫星导航定位系统与国际卫星导航定位系统综合利用研究,深入开展我国卫星导航定位系统应用推广工作,扩大应用的广度和深度。扩大卫星导航定位应用产业规模,以综合大型应用系统建设为重点,突破多导航系统兼容与互操作等关键技术,促进卫星导航与移动通信等其他应用系统的集成,建设跨行业、跨领域的卫星导航通信服务平台,高精度广域差分系统服务平台,地图与地理信息在线服务平台。卫星导航定位应用产业产值年均增长超过35%。

中华人民共和国公安部

公安部、交通运输部关于加强道路运输零担货物受理环节安全管理工作的通知(节选)

(公通字〔2015〕11号)

四、加强能力建设,提升防范水平

(十二)强化信息化管理。道路货运企业应加大北斗卫星导航、GPS定位、云计算、移动互联网等先进信息技术在物流领域的应用,加快实现货物全程跟踪与实时查询,确保货物来源可追溯、责任能倒查、违法受查究,提高对运输违禁物品和瞒报危险物品的发现与查处能力。

公安部关于印发《交警系统执法记录仪使用管理规定》的通知（节选）

（公交管〔2013〕460号）

附件：

交警系统执法记录仪设备性能和后台管理系统设计参考要点

一、执法记录仪设备性能参考要点

6. 其他（不作硬性要求）。建议执法记录仪具备可见光定位功能，便于对准摄录对象，灯光开启关闭和闪烁间隔可自定义；具备自动锁、夜视开关自定义功能，提高操作便捷度；具备镜头防抖或数码防抖功能，提高摄录质量；具备镜头加热功能，便于雨天、冬季去除镜头水雾；具备一键切换录音与录像、低分辨率与高分辨率音视频摄录功能，便于民警更好地记录关键内容；具备无线传输功能，便于实时传输数据；具备 GPS 或北斗定位功能，便于开展勤务考核；具有连接对讲机，为对讲机提供拾音器和扬声器功能；具备重点视音频手动标记功能；具备无缝切换电源功能，即连接第二电源时，可以在不影响摄录情况下，更换第一电源电池；配备手持遥控器，可对主要功能进行遥控操作。

中华人民共和国自然资源部

自然资源部关于加强地质勘查和测绘行业安全生产管理的指导意见（节选）

（自然资发〔2021〕47号）

六、提升野外安全保障能力

（一）做好野外通讯保障。要为野外人员、车辆、船舶和飞机配置北斗终端等报位设备,在西部高原、无人区等通讯信号未覆盖地区,要配备卫星电话,保障安全信息播发与接收、预险报警、搜救指挥等通信畅通。

自然资源部办公厅关于加强测量标志保护工作的通知(节选)

(自然资办发〔2020〕52 号)

附件:

国家级测量标志分类保护方案

一、测量标志保护分类

对仍在使用的、涉及我国测绘基准安全的各类控制点,以及具备较高文化价值的测量标志实施重点保护;对未纳入重点保护类的测量标志实施一般保护。

(一)重点保护类

将下列测量标志纳入重点保护范围:

3. 国家级卫星导航定位基准站;

4. 仍在使用的国家 B 级卫星大地控制点;

国家级测量标志重点保护类型与数量详见下表:

分类	等级	采用基准	覆盖范围	数量(座)	建设时间
国家级卫星导航定位基准站	A 级	2000 国家大地坐标系	全国	410	2012 - 2016 年
现代测绘基准工程卫星大地控制点	B 级	2000 国家大地坐标系	全国	4500	2012 - 2016 年

自然资源部办公厅关于印发《2020 年自然资源部网络安全与信息化工作要点》的通知(节选)

(自然资办函〔2020〕962 号)

四、促进自然资源调查监测数字化

4. 优化测绘基础地理信息服务。推进地理信息公共服务平台(天地图)一体化建设，建立卫星导航基准站社会化服务新模式，推动北斗系统在地理信息领域中的应用。

关于深化科技体制改革提升科技创新效能的实施意见（节选）

（自然资党发〔2018〕31号）

一、重塑科技创新格局

（三）促进科技创新成果转化应用

转化应用一批先进适用技术。加快自然资源卫星遥感、北斗导航定位、海域天然气水合物勘查开发、深地矿产资源勘查开发、自然资源智慧监管大数据平台等先进适用技术和装备的应用推广，支撑服务自然资源调查、监测、评价、规划等工作。

原中华人民共和国国土资源部

国土资源部关于印发国土资源“十三五”科技创新发展规划的通知（节选）

（国土资发〔2016〕100号）

第三章　向地球深部进军

四、强化地质灾害防治和地质环境保护

（三）推进地质灾害成灾机理与防治研究

专栏11：山区城镇地质灾害综合减灾和应急服务研究

融合北斗、GPS、移动通讯基站、超宽带无线测距和惯性导航等多种技术手段，利用遥感技术采集大比例尺、多尺度地理空间信息数据，研发运动目标检测与跟踪系统、监控平台系统、移动应急指挥装备系统、山区城镇地质灾害综合减灾和应急一体化智能服务系统，并在5个典型地质灾害区域开展系统验证与技术示范应用。

第五章　推进深空对地观测

一、构建全球地理信息资源开发关键技术

（二）拓展全球地理信息资源开发利用技术

围绕高精度多源全球地理空间信息获取、处理、生产、更新服务和地理空间信息安全，开展基于多种空间大地测量技术的测绘基准自主更新维持方法研究，构建基于北斗的空天地海一体化、时空统一的现代大地基准服务系统。开展全球高精度无控制测图的基础理论方法研究和顾及文本、图像与几何特征的敏感内容识别技术研究。研制多时相、多尺度、多分辨率全球地理空间数据产品，建成自主可控的国家全球地理信息资源时空云平台，为国家经济建设和国防建设、“一带一路”等重大战略提供地理信息服务支撑。

国土资源部关于印发《国土资源“十一五”规划纲要》的通知（节选）

（国土资发〔2006〕79号）

四、发展测绘与地理信息科学理论和应用技术

加强测绘基础理论研究和原创性、战略性测绘科技攻关，加快卫星导航定位、卫星遥感应用、数字航空遥感、空间信息网络、极地测绘、地理信息应用等方面的关键技术研究。

国家林业和草原局

国家林业和草原局关于进一步加强网络安全和信息化工作的意见（节选）

（林信发〔2018〕89号）

四、践行新发展理念，推动高质量发展

（一）实施重大工程，共筑智慧林业和草原大平台。践行“没有信息化就没有现代化”理念,加快实施“金林工程”、生态大数据、北斗示范、“互联网 + ”林业等林业和草原信息化重大工程,以及各地林业和草原信息化重大工程,努力构建涵盖林业和草原各项业务、互联互通、业务协同、资源共享的智慧林业和草原统一应用平台,支撑引领新时期林业和草原改革发展,提升林业和草原治理现代化水平。

原中华人民共和国国家林业局

国家林业局关于印发《中国智慧林业发展指导意见》的通知(节选)

(林信发〔2013〕131 号)

第一章　智慧林业内涵与重要意义

四、智慧林业关键技术应用

(六)3S 及北斗导航技术。3S 是 RS(遥感)、GPS(卫星导航定位系统)、GIS(地理信息系统)这 3 项相互独立而在应用上又密切关联的高新技术的总称,是空间技术、传感器技术、卫星定位导航技术和计算机技术、通讯技术相结合,多学科高度集成的对空间信息进行采集、处理、管理、分析、表达、传播和应用的现代信息技术。北斗卫星导航系统是中国正在实施的自主研发、独立运行的全球卫星导航系统,是继美国全球定位系统(GPS)和俄罗斯 GLONASS 之后第三个成熟的卫星导航系统。北斗卫星导航系统可在全球范围内全天候、全天时为各类用户提供高精度、高可靠定位、导航、授时服务,并具短报文通信能力,已经初步具备区域导航、定位和授时能力,定位精度优于 20m,授时精度优于 100ns。北斗卫星导航系统在林业方面具有广阔的应用空间,为林业资源监测及安全管理等提供重要支撑作用。北斗系统可以同时提供定位和通信功能,具有终端设备小型化、集成度高、低功耗和操作简单等特点。

第二章　智慧林业总体发展思路

五、智慧林业总体架构

(一)设施层。设施层是智慧林业的基础,主要进行林业信息采集、简单处理及数据传输,为智慧林业的高效运营提供基础信息及高速通道,实现人与林、林与林之间的相互感知。设施层中的感知体系主要是利用 3S 及北斗导航技术、自动识别技术、多媒体视频技术、物联网、移动互联网等技术建立感应层,通过立体的“四维”感应,实现对林业全面感知、深度感知。智慧林业的感知范围包括：各种林业资源，如森林、湿地、沙地、野生动植物；林业基础设施，如道路、桥梁、水网、电网等；林业服务实体，如林场厂房、住宅、林业站、林防站、林业检查站等；林业环境，如地表、地质、河流、山丘、天气、土壤等。

中华人民共和国住房和城乡建设部

住房城乡建设部办公厅关于印发抗震防灾 2015 年工作总结和 2016 年工作要点的通知（节选）

（建办质函〔2016〕177 号）

一、2015 年主要工作

（六）不断强化科技支撑作用。

一是组织国家科技支撑计划“城镇要害系统综合防灾关键技术研究与示范”项目立项和“重要大型建筑结构功能提升关键技术研究与示范”项目实施工作。二是研究提出“十三五”期间住房城乡建设领域有关抗震防灾方面的重点研发任务建议，已纳入科技部“公共安全风险防控与应急技术装备”等重点专项实施方案，并参与实施方案编制工作。三是继续组织实施北斗卫星导航产业重大应用示范发展专项“基于北斗高精度定位的建筑安全监测应用服务平台”项目。四是在智慧城市试点中开展地下管线安全专项试点评审并指导试点建设工作。五是在住房城乡建设行业“十三五”科技发展规划中，将提高城乡建设防灾减灾保障水平列为重要内容。

二、2016 年工作要点

（四）加强抗震防灾科技支撑。

做好国家科技支撑计划“重要大型建筑结构功能提升关键技术研究与示范”项目的课题验收和成果推广，继续组织实施“城镇要害系统综合防灾关键技术研究与示范”项目。继续组织做好“基于北斗高精度定位的建筑安全监测应用服务平台”项目实施、应用示范和技术交流。做好“十三五”国家重点专项既有公共建筑抗震防灾能力提升改造、新型结构体系防灾减灾、市政管网安全运行、城镇安全风险评估与应急保障等方面项目的推荐申报工作。

中华人民共和国交通运输部

交通运输部、科学技术部关于科技创新驱动加快建设交通强国的意见(节选)

(交科技发〔2021〕80号)

四、促进新技术与交通运输融合发展

(十二)促进新一代信息技术与交通运输融合发展。推动大数据、人工智能、区块链、物联网、云计算和新一代无线通信、北斗导航、卫星通信、高分遥感卫星等技术与交通运输深度融合,开发新一代智能交通系统,促进自动驾驶、智能航运等加快应用,突破综合交通网运营服务、危险货物管控等关键技术,健全部门间协同监管、数据共享、系统互联机制,构建"陆海空天"一体化交通运输安全保障与监管服务体系。

交通运输部、公安部、财政部等关于推动农村客运高质量发展的指导意见(节选)

(交运发〔2021〕73号)

二、主要任务

(七)健全安全可靠的运营管理体系。落实农村客运企业安全生产主体责任,建立健全安全生产责任制和安全生产管理制度。推广具有行驶记录功能的卫星定位装置安装应用,鼓励有条件的地区在农村客运车辆上应用驾驶辅助系统(ADAS)和智能视频监控报警装置,探索通过视频信息共享统筹开展路况巡查等工作。加强延伸到农村的城市公交车辆安全监管,原则上不得使用设置乘客站立区的客车;确需使用的,应报地市级人民政府同意;直辖市辖区范围内的,应报直辖市人民政府同意。加强事前事中事后监管,强化农村客运安全风险摸排辨识,落实好农村客运班线联合审批机制。加强农村客运从业人员安全培训,提高驾驶技能、职业素养和应急处置能力。统筹"两站两员"、农村公路护路员、乡村农机安全监理和协管员等力量,强化日常巡查,加强交通安全宣传提示,及时劝导纠正农村客运车辆超员、不系安全带和货车、拖拉机、三轮摩托车违法载人等交通违法行为。

交通运输部办公厅关于印发《加强和规范交通运输事中事后监管三年行动方案(2021—2023年)》的通知(节选)

(交办法〔2021〕18号)

附件3:

道路运输领域事中事后监管三年行动工作任务

五、加强重点营运车辆动态监管

加快推进重点营运车辆使用北斗车载定位装置,加强对“两客一危”车辆、12吨及以上重型货车等重点营运车辆动态监控。(部运输服务司负责,2023年完成)加快修订《全国重点营运车辆联网联控系统考核管理办法》,建立完善动态监控抽查制度,完善抽查结果及时通报和信息共享机制,督促企业落实动态监控主体责任。(部运输服务司负责,2022年完成)创新监管方式方法,充分发挥信息化监管作用,加强对车辆和驾驶员的动态监管,对疑似严重超速、疲劳驾驶、轨迹完整率较低的车辆及所属运输企业实施重点监管。强化部门协同监管,会同公安、应急管理等部门对安全管理不规范、驾驶员违法行为突出的运输企业实施联合监管,切实形成监管合力。(省级交通运输主管部门负责,持续推进)

交通运输部关于促进道路交通自动驾驶技术发展和应用的指导意见(节选)

(交科技发〔2020〕124号)

三、主要任务

(二)提升道路基础设施智能化水平。

6.有序推进基础设施智能化建设。鼓励结合载运工具应用水平和应用场景实际需求,按照技术可行、经济合理的原则,统筹数字化交通工程设施、路侧感知系统、车用无线通信网络、定位和导航设施、路侧计算设施、交通云控平台等部署建设,推动道路基础设施、载运工具、运输管理和服务、交通管控系统等互联互通。

交通运输部关于厦门市开展综合交通枢纽辐射能力提升等交通强国建设试点工作的意见(节选)

(交规划函〔2020〕788 号)

附件

交通强国建设厦门市试点任务要点

二、公共交通车路协同应用

(二)试点内容及实施路径。

1. 快速公交(BRT) – 车路协同系统应用。探索推动实时车路协同、超视距防碰撞、智能车速策略、安全精准停靠等技术应用,促进 BRT 系统与车路协同系统融合发展。研究推动北斗导航在安全、效率、节能等城市公共交通重点领域应用。以车用无线通信技术(C – V2X)为基础,加快推动部分 BRT 路段试行自动驾驶,完善 BRT 应用场景。

交通运输部关于广东省开展交通基础设施高质量发展等交通强国建设试点工作的意见(节选)

(交规划函〔2020〕694 号)

附件

交通强国建设广东省试点任务要点

三、智慧交通建设

(二)试点内容及实施路径。

2. 提升设施智慧化水平。推动建设南沙自动驾驶测试基地、庆盛片区自动驾驶测试区等,建立高速公路网一体化智慧运营管理模式及控制平台,推动南沙城市道路网与高速公路网融合发展。研发以 ETC 技术为核心的车路协同系统,推动 ETC 和 5G 高效融合。打造智慧航道体系，推广北斗卫星导航系统应用，建设航道大数据中心，构建物联感知网络、无缝通信网络，打造电子航道图支撑平台、航道综合运行监测平台、航道通一体化服务平台，推进建设、管理、养护、运行、调度、服务等应用场景建设。

交通运输部关于深圳市开展高品质创新型国际航空枢纽建设等交通强国建设试点工作的意见（节选）

（交规划函〔2020〕585 号）

三、统筹推进、突出重点，力争在机场体制机制改革和四型机场建设，都市圈站城一体化规划、建设、运营，内陆港体系建设，高速公路立体复合改扩建技术及自由流收费体系，智能网联汽车及北斗高精度定位技术在交通行业的应用等方面取得突破性进展，形成一批先进经验和典型成果，充分发挥示范引领作用，为交通强国建设提供经验借鉴。

交通运输部关于河北雄安新区开展智能出行城市等交通强国建设试点工作的意见（节选）

（交规划函〔2020〕410 号）

附件

交通强国建设河北雄安新区试点任务要点

四、智慧高速公路建设运营

（二）试点内容及实施路径。

以京雄高速公路等项目为依托，建设数字化智能交通基础设施，推广应用北斗导航、高速无线通信、先进传感、移动互联、智能控制等新技术，探索电动汽车无线充电，打造适应自动驾驶、车联网技术的智慧高速公路，实现车车、车路协同和区域路网协同管理，满足全天候快速通行需求。

交通运输部关于贵州省开展交通运输投融资模式创新等交通强国建设试点工作的意见(节选)

(交规划函〔2020〕291号)

附件

交通强国建设贵州省试点任务要点

二、智慧交通建设

(三)预期成果。

通过3-5年,建成智慧高速公路工程,即构建一张智慧高速车路信息感知交互网,构建一套智慧高速大数据支撑平台,构建分别面向管控决策、出行服务、建设养护、车路协同的智慧高速公路应用系统;编制贵州智慧高速公路设计、建设、运营、养护技术标准体系,推动云计算、物联网、大数据、人工智能、车路协同和北斗定位等新技术与高速公路治理深度融合,全面提升高速公路安全、效率、效益及服务水平,为全国智慧高速公路建设提供可借鉴的范本。

交通运输部关于印发《水运工程建设标准管理办法》的通知(节选)

(交水规〔2020〕12号)

第二章　标准制定

第十二条　水运工程建设行业标准编制包括标准制定、修订、局部修订和翻译。标准制定、修订、局部修订应符合下列要求:

(一)贯彻执行国家有关法律法规和技术政策,服务国家重大战略,适应水运工程技术发展的要求,体现安全可靠、耐久适用、技术先进、节能环保和经济合理的原则;

(二)与国家现行有关标准相协调;

(三)积极采用国内外新技术、新工艺、新设备和新材料等科技创新成果,推动5G、大数据、物联网、北斗卫星导航系统等新一代信息技术应用;

(四)标准中涉及的关键技术或拟纳入标准的新技术成果,应进行专题研究和测试验证;采用新的设计理论和方法,应组织试设计验证;专题研究、测试验证和试设计验证成果应经专家审定;

(五)修订的标准应保持标准的延续性,标准章节的结构和名称应保持相对稳定;

(六)标准的条文应严谨明确、文字简练,应符合现行水运工程建设行业标准编写的有关要求。

交通运输部关于深化改革推进船舶检验高质量发展的指导意见(节选)

(交海法〔2020〕84号)

二、主要任务

(二)健全船舶检验法规规范。

8.强化前沿和关键技术创新。聚焦新一代智能航运、新材料、新能源等科技前沿,加强对可能引发海洋装备制造业、航运业变革的前瞻性、颠覆性技术研究,适应行业创新发展需求。开展大型液化天然气船、邮轮、极地航行船、大型溢油回收船、大型深远海多功能救助船等船型技术及相关技术法规研究。推进北斗卫星导航系统的技术应用。

交通运输部关于推进海事服务粤港澳大湾区发展的意见(节选)

(交海发〔2020〕57号)

三、加强水上交通安全保障能力建设

(十一)提升粤港澳大湾区航海保障科技水平。深化北斗卫星导航系统应用,鼓励大湾区内航行船舶安装使用北斗终端,推动北斗高精度导航定位服务应用。推动建立志愿船水深监测机制,推进多功能航标建设,加强水文气象信息共享,构建全面覆盖大湾区的通航环境信息综合监测体系。优化遇险紧急与安全通信协调等方面的信息通报、协同联动机制,推动大湾区甚高频数据交换系统(VDES)、高频数字通信、水上无线宽带等水上数字通信网络建设,形成多重覆盖的水上专业数字通信服务。协同制定大湾区 E 航海服务标准,推动智能航道、智能助航等应用,共同推进大湾区 E 航海策略的实施。推进航海保障服务智能航运示范区建设。

交通运输部办公厅、广东省人民政府办公厅、广西壮族自治区人民政府办公厅等关于珠江水运助力粤港澳大湾区建设的实施意见(节选)

(交办水〔2020〕29 号)

一、建设互联互通的水运基础设施,促进大湾区基础设施建设

(四)加快水运信息化建设。贯彻落实《交通运输部　中央网信办　国家发展改革委　教育部　科技部　工业和信息化部　财政部关于印发〈智能航运发展指导意见〉的通知》(交海发〔2019〕66 号),推进粤港澳智慧港口、智慧航道、智能船舶和智慧海事建设。加快推进智慧港口工程建设,推进西江干线数字航道建设,推进粤港澳智能航运研发和应用示范,促进北斗导航系统、物联网、云计算、大数据等信息技术在水运领域的集成应用,推进基于区块链的全球航运服务网络平台研究应用。建设完成珠江水运综合信息服务系统拓展工程。

交通运输部关于印发《内河航运发展纲要》的通知(节选)

(交规划发〔2020〕54 号)

二、主要任务

(五)构筑功能完善能力充分的航运安全体系。

提升安全监管与应急救助能力。建立健全内河航运应急救助指挥体系,完善水上交通安全监管与救助系统布局规划建设,加强无人机、水下机器人等新装备、新技术推广应用,强化水上交通动态感知预警、人命快速有效救助、船舶溢油与危化品处置等核心能力建设。加快长江干线、西江航运干线北斗导航系统的常态化应用,逐步向全国内河覆盖。升级完善各级水路交通应急指挥系统,加强对“四类”重点船舶和重点水域、重点航道实施有效监控。

(六)强化创新引领技术先进的航运科技保障。

实现智能综合信息高效便捷服务。推动基于云网交互的电子航道图、船舶过闸调度、港航基础设施运养等综合信息服务平台建设。运用大数据、区块链等信息技术,构建多资源要素融合的港口经济生态圈。在重点水域、通航建筑物及港口加快新一代移动通信、卫星通信(北斗)等部署。

交通运输部、财政部贯彻落实《国务院办公厅关于深化农村公路管理养护体制改革的意见》的通知(节选)

(交公路发〔2020〕26 号)

三、坚决落实改革重点任务

(三)创新机制,促进农村公路转型发展。

坚持智慧发展,推动运用新技术、新手段赋能农村公路管理养护工作。加强5G、北斗、互联网、物联网、大数据、卫星遥感等新技术的应用,不断提升农村公路管理效能和养护水平。

交通运输部、发展改革委、工业和信息化部等关于大力推进海运业高质量发展的指导意见(节选)

(交水发〔2020〕18 号)

二、主要任务

(三)绿色低碳发展、智慧创新引领。

9. 增强创新驱动能力。构建产学研用协同创新平台,加快北斗终端设备在船舶和应急装备上的应用,大力推广应用移动互联网、人工智能、大数据、区块链等新技术。推进基于区块链的全球航运服务网络平台研究应用。推动清洁能源发动机制造、大深度饱和潜水作业和大吨位沉船整体打捞等技术攻关。大力促进智能航运发展,加快智能船舶自动驾驶和船岸协同技术攻关,推进智能船舶技术试验验证及应用,建立健全智能航运法规标准体系,加快构建智能航运服务和安全监管、航海保障的示范环境,形成智能航运发展的基础环境,突破一批制约智能航运发展的关键技术。

交通运输部关于推动交通运输领域新型基础设施建设的指导意见（节选）

（交规划发〔2020〕75 号）

一、总体要求

（三）发展目标。

到 2035 年，交通运输领域新型基础设施建设取得显著成效。先进信息技术深度赋能交通基础设施，精准感知、精确分析、精细管理和精心服务能力全面提升，成为加快建设交通强国的有力支撑。基础设施建设运营能耗水平有效控制。泛在感知设施、先进传输网络、北斗时空信息服务在交通运输行业深度覆盖，行业数据中心和网络安全体系基本建立，智能列车、自动驾驶汽车、智能船舶等逐步应用。科技创新支撑能力显著提升，前瞻性技术应用水平居世界前列。

二、主要任务

（二）助力信息基础设施建设。

10. 北斗系统和遥感卫星行业应用。提升交通运输行业北斗系统高精度导航与位置服务能力，推动卫星定位增强基准站资源共建共享，提供高精度、高可靠的服务。推动在特长隧道及干线航道的信号盲区布设北斗系统信号增强站，率先在长江航运实现北斗系统信号高质量全覆盖。建设行业北斗系统高精度地理信息地图，整合行业北斗系统时空数据，为综合交通规划、决策、服务等提供基础支撑。推进北斗系统短报文特色功能在船舶监管、应急通信等领域应用。探索推动北斗系统与车路协同、ETC 等技术融合应用，研究北斗自由流收费技术。鼓励在道路运输及运输服务新业态、航运等领域拓展应用。推动北斗系统在航标遥测遥控终端等领域应用。推进铁路行业北斗系统综合应用示范，搭建铁路基础设施全资产、全数据信息化平台，建设铁路北斗系统地基增强网，推动在工程测量、智慧工地等领域应用。推动高分辨率对地观测系统在基础设施建设、运行维护等领域应用。

三、组织实施

（三）完善标准规范。

构建适应交通运输领域新型基础设施建设的标准体系，加强重点领域标准供给，分类制定关键性、基础性标准，及时将试点成果转化为标准，指导工程建设。加快完善通信网络、北斗系统、环境感知、交通诱导与管理、BIM、数据融合等标准规范，推进建立适应自动驾驶、自动化码头、无人配送的基础设施规范体系。建立标准国际化、政企共建和动态调整机制。

交通运输部关于实施自由贸易试验区交通运输“证照分离”改革全覆盖试点工作方案的通知(节选)

(交法规〔2019〕18号)

附件:

自由贸易试验区交通运输“证照分离”改革全覆盖试点工作具体措施

36　事项名称:国际道路旅客运输许可

实施机关:省级交通运输部门

改革方式:优化审批服务

具体改革举措:将审批时限由20个工作日压减至15个工作日。

加强事中事后监管措施:

1.强化部门间信息共享和联合监管,通过信息化手段对国际道路旅客运输企业、从业人员、运输车辆进行监督管理。

2.依托北斗卫星导航系统车载终端,加强对有关车辆的动态监管。

3.依法及时处理投诉举报。

交通运输部、发展改革委、财政部等关于建设世界一流港口的指导意见(节选)

(交水发〔2019〕141号)

二、重点任务

(三)加快智慧港口建设

7.建设智能化港口系统。加强自主创新、集成创新,加大港作机械等装备关键技术、自动化集装箱码头操作系统、远程作业操控技术研发与推广应用,积极推进新一代自动化码头、堆场建设改造。建设基于5G、北斗、物联网等技术的信息基础设施,推动港区内部集卡和特殊场景集疏运通道集卡自动驾驶示范，深化港区联动。到2025年，部分沿海集装箱枢纽港初步形成全面感知、泛在互联、港车协同的智能化系统。到2035年，集装箱枢纽港基本建成智能化系统。

附件

港口发展指标体系

智慧绿色

4　指标名称：码头新技术应用及自主可控水平

指标内涵：反映码头自动化程度和5G、北斗、区块链等新技术在港口设计、建设、运营中的应用水平及相关核心技术自主可控程度。

评价说明：对码头设计、建设、运营领域新技术应用程度、自动化设备设施数量和比例、设施设备在线实时监控数量和比例，以及相关技术自主可控程度等情况综合评价。

交通运输部关于印发《数字交通发展规划纲要》的通知（节选）

（交规划发〔2019〕89号）

三、发展目标

到2025年，交通运输基础设施和运载装备全要素、全周期的数字化升级迈出新步伐，数字化采集体系和网络化传输体系基本形成。交通运输成为北斗导航的民用主行业，第五代移动通信（5G）等公网和新一代卫星通信系统初步实现行业应用。交通运输大数据应用水平大幅提升，出行信息服务全程覆盖，物流服务平台化和一体化进入新阶段，行业治理和公共服务能力显著提升。交通与汽车、电子、软件、通信、互联网服务等产业深度融合，新业态和新技术应用水平保持世界先进。

（二）布局重要节点的全方位交通感知网络。

推动铁路、公路、水路领域的重点路段、航段，以及隧道、桥梁、互通枢纽、船闸等重要节点的交通感知网络覆盖。推动交通感知网络与交通基础设施同步规划建设，深化高速公路ETC门架等路侧智能终端应用，建立云端互联的感知网络，让“哑设施”具备多维监测、智能网联、精准管控、协同服务能力。注重众包、手机信令等社会数据融合应用。构建载运工具、基础设施、通行环境互联的交通控制网基础云平台。加快北斗导航在自由流收费、自动驾驶、车路协同、海上搜救、港口自动化作业和集疏运调度等领域应用。

七、培育产业生态体系

聚焦基础设施和载运工具数字化的关键环节与核心技术,鼓励优势企业整合电子、软件、通信、卫星、装备制造、信息服务等领域资源,构建强强联合、优势互补、高效适配的协同创新体系。加强测试、检测、认证综合能力建设,促进新技术成果转化。加快北斗导航、卫星通信、高分辨率对地观测等技术行业应用。鼓励建立协同创新产业联盟,积极开展产业化应用示范,促进各类主体合作,打造具有国际竞争力的产业生态体系。

交通运输部关于推进长江航运高质量发展的意见(节选)

(交水发〔2019〕87号)

四、强化动能转换,促进航运创新发展

(十二)推进航运技术创新。

构建产学研深度融合的技术创新体系,加快发展智能航运。推进北斗导航、人工智能、5G等在航运领域的创新应用,推广自主可控的码头自动化技术,开展老港区堆场自动化改造。推进复杂条件下航道整治、隧道通航、智能船舶等关键技术研发。提升长江电子航道图服务功能,拓展覆盖范围。积极支持长三角智能航运发展先行先试。到2025年,突破一批制约智能航运发展的关键技术。到2035年,全面掌握智能航运核心技术,长江智能航运取得重大进展。

交通运输部等十二部门和单位关于印发绿色出行行动计划(2019—2022年)的通知(节选)

(交运发〔2019〕70号)

五、推进实施差别化交通需求管理

(十二)实施精细化交通管理。加强对交通出行状况的监测、分析和预判,鼓励在有条件的道路设置单行道、可变车道、潮汐车道、合乘车道等设施,推进城市道路交通信号灯配时智能化,提高城市道路通行效率。完善集指挥调度、信号控制、交通监控、交通执法、车辆管理、信息发布于一体的城市智能交通管理系统。推进部门间、运输方式间的交通管理信息、出行信息等互联互通和交换共享。依托北斗卫星导航技术,在高速公路领域试点开展自由流收费应用。

交通运输部、中央网信办、国家发展改革委、教育部、科技部、工业和信息化部、财政部关于印发《智能航运发展指导意见》的通知(节选)

(交海发〔2019〕66 号)

二、主要任务

(五)加快船舶智能航行保障体系建设。

针对内河、近海和远洋不同的导航需求和特点,推动北斗导航系统专项应用,推进陆基备份定位系统和增强系统建设,提高船舶定位可靠性、可用性和完好性;加快电子海图和内河电子航道图标准化步伐,扩大覆盖范围,提高数据精度;加快传统导航设施数字化改造,推进虚拟航标应用。

交通运输部办公厅关于加快推进新一代国家交通控制网和智慧公路试点的通知(节选)

(交办规划函〔2018〕265 号)

一、试点主题

(三)北斗高精度定位综合应用。建设北斗高精度基础设施,实现北斗信号在示范路段(含隧道)的全覆盖,在灾害频发路段实施长期可靠的监测与预警;探索开展基于北斗高精度定位的高速公路通行费收费应用研究,强化技术储备。构建基于北斗的高速公路应急救援一体化管理系统,实现车辆人员的迅速定位与救援力量的动态调度和区域协同。江西、河北、广东重点实施。

北斗卫星导航系统交通运输行业应用专项规划(公开版)

(交通运输部、中央军委装备发展部 2017 年 11 月)

前　言

北斗卫星导航系统(以下简称北斗系统)是我国着眼于国家安全和经济社会发展需要,自主建设、独立运行的卫星导航系统,是国家重要空间基础设施。交通运输行业是北斗系统重要的行业用户,北斗系统提供的定位、导航、授时服务能够对行业转型升级发展起到重要支撑作用,在行业推广应用北斗系统,将有效推动北斗系统产业化、国际化发展进程,是落实国家安全战略、促进军民融合深度发展和经济社会发展的重要举措,也是新常态下推动现代综合交通运输发展的迫切需求。

"十二五"至"十三五"期,国家相继印发《国家卫星导航产业中长期发展规划》《"十三五"现代综合交通运输体系发展规划》《关于经济建设和国防建设融合发展的意见》等重要文件,大力推动北斗系统应用,并将交通运输行业作为北斗系统应用的重要领域,对行业北斗系统应用工作提出了新的要求。《北斗卫星导航系统交通运输行业应用专项规划(公开版)》(以下简称《规划》)是北斗系统行业应用中长期专项规划,《规划》深入贯彻党中央、国务院关于北斗系统建设应用相关文件精神,提出北斗系统在交通运输全领域应用工作的发展目标、主要任务和保障措施。《规划》是"十三五"至"十四五"期推进北斗系统在行业应用的指导性文件,同时也是交通运输部安排相关建设项目的重要依据。

一、现状与形势

(一)发展基础。

国家稳步推进北斗系统建设,2012 年底北斗系统已向亚太区域提供服务,目前正在全面推进北斗三号全球系统建设,计划 2018 年面向"一带一路"沿线及周边国家提供基本服务,2020 年前后完成 35 颗卫星发射组网,向全球提供服务。

交通运输行业是北斗系统应用的重要领域,交通运输部先后开展了多项测试验证和示范推广工作,截至 2016 年底,道路营运车辆配置北斗兼容终端 460 余万台,沿海建成支持北斗系统的差分定位基准站 26 座,有力推进了北斗系统民用化和产业化进程。颁布了《交通运输部关于在行业推广应用北斗卫星导航系统的指导意见》等政策文件,制定了《道路运输车辆卫星定位系统北斗兼容车载终端技术规范》等行业规范。推动北斗系统取得了面向海事领域应用的国际合法地位和面向民航领域应用的初步策略认可。

虽然行业北斗系统应用取得了一定的成效,并具有良好的发展前景,但仍存在以下问题。一是国外卫星导航系统先发优势明显,行业内北斗终端应用普及率偏低。二是国产北斗芯片和模块等产品的可靠性和成熟度仍需通过规模应用予以提升,北斗短报文通信服务功能未能得到充分发挥,应用规模偏低。三是虽然国家已建成一定规模的北斗地基增强基准站,但尚无明确的应用服务政策和数据共享交换机制,无法完全满足行业对高精度定位导航的需求。四是现有行业政策对北斗系统推广应用支撑不足,缺乏行业统筹应用规划,行业应用系统性、整体性考虑有待加强。五是缺乏完善的标准体系,行业各领域北斗系统应用相关技术标准不健全,现有各标准衔接有待加强。因此,需要进一步加大北斗系统在交通运输行业应用推广力度。

(二)形势要求。

1. 是服务国家战略实施的需要。

《国家卫星导航产业中长期发展规划》中提出,到 2020 年,北斗卫星导航系统及其兼容产品在国民经济重要行业和关键领域得到广泛应用。交通运输是国民经济中基础性、先导性、战略性产业,是推进“一带一路”建设、京津冀协同发展和长江经济带发展的重要领域。大力推动行业北斗系统应用,推进北斗系统产业化和国际化,是落实党中央、国务院相关文件精神的具体举措,也是服务国家重要战略实施的有力措施。

2. 是支持现代综合交通运输体系发展的需要。

交通运输具有点多、线长和面广的特点,涉及时空基准信息实时性强、数据量大、精度及可靠性要求高。北斗系统能提供实时导航、快速定位、精确授时、位置报告和短报文通信服务功能,与交通运输行业需求高度契合。当前,交通运输行业正处于转型发展的黄金时期,为实现《“十三五”现代综合交通运输体系发展规划》提出的到 2020 年基本建成安全、便捷、高效、绿色的现代综合交通运输体系的发展目标,应充分发挥北斗系统自主可控、功能全面的特点,推动北斗系统与交通运输行业有机融合,支持“四个交通”发展。

3. 是促进军民融合发展的需要。

交通运输是维护国家安全和国防安全的重要保障,是贯彻落实军民融合发展国家战略的重点领域。北斗系统具有军民融合的典型属性,通过行业应用北斗系统,能够有效促进交通运输保障国防建设能力整体提升,同时以行业应用成果作为验证手段,为北斗系统提供实际应用状况反馈,支持北斗系统建设,推动经济建设和国防建设在更广范围、更高层次、更深程度上融合发展,切实支持国家军民融合发展。

二、总体思路

(一)指导思想。

全面贯彻党的十九大精神,深入贯彻习近平新时代中国特色社会主义思想,认真落实党中央、国务院关于北斗系统建设与应用相关决策部署,紧密围绕国家北斗系统发展和行业发展战略，把握北斗应用发展机遇，以提高行业时空信息服务水平和安全保障能力为主线，着力完善基础设施、优化发展环境、拓展应用领域、创新应用模式、加强示范引领，切实推动北斗系统在交通运输各领域广泛应用。

（二）规划原则。

强化基础，保障应用。依托国家和地方现有和拟建的空基与地基资源，按照事权划分，从行业特色和自身需求出发，合理布局行业基础设施，提升行业应用保障能力。

政府引导，规范应用。发挥政府引导和带动作用，强化顶层设计，营造良好的体制机制和政策标准环境。做好与北斗卫星导航系统重大专项和相关国家规划的衔接，加强行业内外协调配合，规范行业北斗系统应用工作。

市场驱动，创新应用。强化企业技术创新主体地位，培育行业新模式新业态新需求，激发创新活力，促进北斗系统与各类新兴技术融合，引领行业转型升级，推动北斗系统在交通运输行业的创新应用。

分步实施，有序应用。按照国家北斗系统发展总体部署，结合行业内各领域发展水平，在不同领域以示范工程为抓手，先重点，后全面，分步有序推进行业应用工作。

（三）规划目标。

2020 年规划目标：

到 2020 年，建成保障能力明显增强、应用环境趋于完善、应用领域更加广泛、创新能力显著提升的北斗系统交通运输行业服务体系，在铁路、公路、水路、民航、邮政等交通运输全领域实现北斗系统应用，其中重点和关键领域率先实现卫星导航系统自主可控。

——保障能力明显增强。满足行业需求的地基增强系统应用服务覆盖长江干线和沿海港口等区域，搜救能力全面提升，初步实现对北斗系统和地基增强系统行业服务性能的监测、验证，各类交通时空信息有效汇聚。

——应用环境趋于完善。综合交通北斗应用管理架构基本形成，行业标准规范基本完备，各领域应用政策更加健全，军地联系更加紧密。

——应用领域更加广泛。在行业关键领域应用国产北斗终端，实现卫星导航服务自主可控，重点运输车辆北斗兼容终端应用率不低于 80%，国内“四类重点船舶”北斗兼容终端应用率不低于 80%，城市地面公共交通北斗兼容终端应用率不低于 80%，推动民航低空空域监视北斗定位信息应用率达到 100%，铁路列车调度北斗授时应用率达到 100%，行业在售终端全部支持北斗定位模式，建成相应的应用管理与服务平台。

——创新能力显著提升。行业北斗系统“产学研用”创新体系基本形成，市场驱动作用明显，企业创新主体地位进一步提升，行业创新应用不断涌现，行业终端产品种类更加丰富、质量明显提升、成本大幅下降，技术成果各方共享共用。

2025 年规划目标：

到2025年,建成服务于综合交通的定位、导航和授时(PNT)体系,形成完备、规范、精准、安全的北斗系统交通运输行业应用格局,为国家综合PNT体系建设提供有力支持。

三、主要任务

(一)加强行业应用基础设施建设。

发挥政府公共管理和安全保障作用,重点加强北斗系统交通运输行业应用基础能力建设,依托已建成的北斗地基增强系统,按照全国“一张网”总体部署,结合行业需求,补充建设长江干线和沿海北斗地基增强系统、交通运输北斗高精度导航与位置服务信息资源中心,推动形成行业高精度位置服务体系,建设交通运输行业卫星导航基准站数据处理分级保护系统工程,实现交通运输行业基准站数据的安全接入、处理和分发。推动北斗卫星加入全球卫星搜救系统,在北斗系统中轨卫星上搭载搜救载荷,以促进北斗全球化应用,改扩建我国现有搜救卫星地面系统,提升我国应急搜救反应能力。依托交通运输行业全球资源优势,建立北斗全球系统组网民用应用验证平台,开展北斗全球系统功能性能验证工作,及时向全球用户公布民用应用性能评估结果。

专栏一 行业应用基础设施重点工程

1. 长江干线北斗地基增强系统工程。

依托北斗地基增强系统,结合行业需求,补充建设覆盖长江干线的带状地基增强网络,并将相关数据接入交通运输北斗高精度导航与位置服务信息资源中心,综合应用多种手段向用户提供高精度定位导航和授时服务,提升长江航运的公共服务能力和应急处置能力。

2. 沿海北斗卫星导航差分基准站升级改造工程。

结合北斗地基增强系统工程建设,在沿海重点水域开展北斗区域增强站建设,补充建设其他区域北斗地基增强站点,并将相关数据接入交通运输北斗高精度导航与位置服务信息资源中心。完善全海区数据监测中心和北海、东海、南海海区数据处理服务中心,向社会提供沿海区域厘米级定位和导航服务。

3. 交通运输北斗高精度导航与位置服务信息资源中心工程。

统筹交通运输行业北斗地基增强等高精度导航定位信息资源,建设卫星导航增强信息和高精度用户综合服务系统,实现交通运输行业内外北斗卫星导航基准站数据信息的接入、汇聚和共享共用,形成针对行业用户的增强信息接收、处理、交换、管控和播发等能力,提供稳定、安全、分级和自主可控的高精度位置服务。

4. 交通运输行业卫星导航基准站数据处理分级保护系统工程。

按照《中华人民共和国测绘法》和国家相关保密规定,建成满足分级保护要求,具备数据隔离、身份鉴别、访问控制、密码保护、电磁泄露防护、安全审计与监控、边界防护与控制等功能的卫星导航基准站数据处理分级保护系统,实现交通运输行业基准站数据的安全接入、处理和分发,为卫星导航高精度应用提供基础支撑环境。

5.基于北斗中轨卫星的全球搜救系统工程。

推动北斗卫星加入全球卫星搜救系统,在北斗中轨卫星上搭载搜救载荷,建设地面验证系统,改扩建我国现有搜救卫星地面系统,建设报警确认信息返向链路管控系统,提升北斗系统在全球海上人命救助领域的作用。

6.北斗全球系统组网工程民用应用验证系统工程。

建立北斗全球系统组网工程民用应用验证平台,充分利用行业资源,选取部分车、船及跨国运输线路开展北斗全球系统功能性能验证工作,推动建立客观、公正的验证评估体系,提供全球范围内的民用应用性能评估结果,推动北斗系统全球化应用。

(二)完善行业应用发展环境。

完善行业北斗应用工作相关法规。在国际海事组织(IMO)、国际民航组织(ICAO)、国际电工委员会(IEC)等国际组织框架下,持续开展北斗系统应用相关国际合作工作,加强与相关国际公约的对接,推动北斗系统接入全球海上遇险与安全系统(GMDSS)。积极参与《中华人民共和国卫星导航条例》等国家卫星导航相关法律法规研究制定工作。完善运输过程监管及服务、路网运行监测、交通基础设施建设及安全健康监测、安全应急搜救、物流调度管理、高精度位置服务等领域相关管理办法,支持北斗系统应用。推动交通运输行业公务执法车辆、执法船舶和执法"单兵"装备配置北斗终端,制定船载北斗终端配备鼓励政策,推动"四类重点船舶"安装使用北斗终端,引导商船安装配置北斗终端,扩大使用范围。按照《中华人民共和国测绘法》相关要求,加强行业卫星导航基准站和公共服务平台管理。强化相关保密制度,提升安全保密意识,确保卫星导航相关涉密信息严格保密,杜绝失泄密事件发生。规范北斗短报文通信在交通安全应急领域的应用。

研究行业北斗应用相关标准。持续推动北斗系统标准化"走出去"。在相关国际组织的工作框架下,继续推进标准、指南等文件的制定和修订工作。建立行业北斗系统应用标准规范体系,纳入交通运输标准化体系。结合行业应用实际,以问题为导向,及时制修订交通运输行业与卫星导航系统相关的标准规范,如《基于北斗卫星导航的增强系统民航应用性能要求》《沿海无线电指向标—差分全球导航》。加强对北斗系统相关产品的质量监督管理,提高行业北斗系统应用产品质量。

(三)全面拓展行业应用领域。

推动北斗系统在铁路领域的应用。建立基于北斗系统的全国统一的列车运行授时与调度指挥系统,加强列车运行监控和管理。

推动北斗系统在民航领域的应用。加快推进北斗区域系统、全球系统及相关增强系统在运输及通用航空定位、导航、授时及监视领域的应用,鼓励国产大飞机及通用航空器应用北斗系统。

推动北斗系统在邮政领域的应用。鼓励在邮件快件运输、收投车辆上配置北斗终端，利用北斗系统加强对以上车辆的实时跟踪和有效监控，全面提升安全管理能力和服务水平。

开展北斗系统在交通运输基础设施测量和安全监测中的应用。在铁路、公路、桥梁、隧道、航道、码头等基础设施建设和安全健康监测中广泛应用北斗技术手段，并在公众网无法覆盖区域使用北斗短报文功能回传监测数据。

加强北斗系统在运输过程监管领域的应用。在原相关示范工程基础上，推动重点营运车辆安装北斗兼容终端比率稳步提升，借力北斗地基增强系统，推动实现全国运输车辆车道级动态监控和监控终端时间同步，助益车辆违章监管和事故调查。

推动北斗系统融入“智慧高速”。结合高速公路周边增强基准站布局情况，在沿线适当补充站点，并接入交通运输北斗高精度导航与位置服务信息资源中心，提高车路协同信息服务能力，为辅助驾驶等高精度应用提供支持。

推动北斗系统服务公众出行。发挥北斗高精度优势，辅助多源信息融合导航定位技术和室内定位技术，鼓励在城市公交车、出租汽车和轨道交通上应用北斗系统，多渠道服务公众出行。鼓励驾驶员培训机构使用增强数据资源，实现培训过程精准管理。推动北斗系统在车联网、自动驾驶领域的应用。

推动北斗系统在水路领域的应用。发挥北斗系统在航标遥测遥控中的作用，推动航标使用北斗定位和短报文通信功能。做好基于北斗的中国海上搜救信息系统示范工程建设成果的应用。加快推进北斗终端设备在船舶和应急装备上的应用，推动国内船舶和大型应急装备逐步安装使用北斗船载终端，完善数据格式和接口协议，形成稳定可靠的数据传输保障体系，提高北斗短报文遇险报警能力，在现有海上安全监管平台中接入北斗系统相关信息，与海事共享数据库融合，拓展智慧海事的感知手段和应用功能。结合智慧港口建设，推动各港口在货物搬运、甩挂运输、场站管理、港区调度、车船货匹配、货物跟踪、多式联运等方面应用北斗系统，提高港区运输调度和运营效率。

推动北斗系统助力综合运输发展。适时启动综合运输北斗卫星导航时空信息服务系统建设，汇聚各类交通运输方式动静态空间信息数据。鼓励通过使用北斗系统促进各类运输方式有机衔接，发挥综合效益，推动在重要的综合运输枢纽和节点使用北斗系统，促进实现各类运输方式统一授时和精准换乘。

（四）积极鼓励行业应用创新。

支持北斗与其他技术融合应用。充分利用北斗系统高精度时空基准信息，结合信息技术发展趋势，促进北斗系统与移动通信、互联网、地理信息、高分遥感、大数据、云计算、智能终端等技术融合，充分突出各类技术特色、发挥各类技术优势，创新应用服务模式，共同服务行业发展，鼓励行业各领域开展多种技术融合应用专题研究。

推动北斗相关技术成果转化。推动建立交通运输行业北斗系统技术研究成果转化机制，促进政府机构、军队、科研院所、企业等主体间北斗系统相关技术成果共享共用，鼓励研究成果在工程中的示范应用，支持各类技术在实际业务中的创新应用，组织交通运输行业各领域北斗系统应用专家，指导和服务行业北斗系统技术成果转化和创新应用工作。

发挥企业创新主体地位作用。建立产学研用相结合的技术创新体系，支持行业内研究机构和企业联合，持续创新北斗系统应用新模式。鼓励社会资本参与或主导行业北斗系统应用新产品的研发、研制和推广。加快创新成果孵化，促进科技成果转化，实现行业北斗系统应用产品的市场化和产业化。依托交通运输行业现有科技资源共享平台，开展北斗系统应用技术交流、成果推介和政策宣传等活动。

（五）深入推进军民融合应用。

北斗系统应用是推进交通运输军民融合深度发展的重点领域，交通运输行业需增强先行意识，发挥先锋作用，全力推进北斗系统军民融合应用工作，提升行业军民融合发展水平和战备保障能力。

（六）开展行业应用示范工程建设。

结合行业北斗系统应用重点方向，发挥示范引领作用，开展一批应用示范工程建设，以示范应用带动全面应用和国际化应用。推动北斗系统服务“一带一路”建设、长江经济带发展，结合“一带一路”规划明确的“稳步推进北斗导航系统走出去”任务整体布局和实施方案，特别是中俄国际道路运输中，利用北斗/格洛纳斯系统服务两国国际道路运输，促进交通运输与北斗系统国际化发展联动。建设交通运输单北斗系统应用示范工程，率先推动在行业公务执法、应急救援及航海保障等领域实现卫星导航系统自主可控。建设基于北斗的国际道路运输服务信息系统工程和全球海上航运示范工程，持续推动北斗系统国际化进程。建设基于北斗的内河船舶航行运输服务监管示范工程，提升内河航运信息化水平和安全保障能力。建设基于北斗的铁路网和列车统一授时与调度指挥系统工程、通用航空应用示范系统工程，推动北斗系统在铁路和民航领域的应用。

专栏二　行业应用示范工程

1. 交通运输单北斗系统应用示范工程。

在交通运输行业部分公务车船、物流车辆、救助飞行器及航标等航海保障设施上推广应用单北斗定位模式终端，对原有 GPS 设备进行替代，建设配套监控管理系统或对原有系统进行升级改造，推动实现公务执法、应急救援及航海保障等领域定位、导航、通信自主可控，同时对单北斗系统行业服务能力进行实际验证。

2. 基于北斗的国际道路运输服务信息系统工程。

建设基于北斗的国际道路运输服务信息系统工程，并在中俄等国际道路运输领域开展先行验证，实现国际道路运输行车许可证管理、出入境运输车辆运行状态实时监管、口岸现场查验等业务数字化管理，完善汽车出入境证件网上申请、跨境综合信息服务、跨境应急救援等服务功能，全面提升国际道路运输便利化水平。

3. 基于北斗的内河船舶航行运输服务监管示范工程。

充分利用海事共享数据库整合的水路运输资源，融合北斗信息，发挥北斗短报文功能，完善智慧海事监管和服务平台，拓展对船舶航行动态信息、遇险报警信息的感知和接收手段，提升对船舶的动态监管、应急救助和信息服务能力。

4. 基于北斗的通用航空应用示范系统工程。

用北斗/GPS 替换典型通用航空机型综合航电系统中的 GPS，实现自主可控的航空器空中导航。使用北斗系统完成空中位置下传与空—地应急通信，实现对航空器的独立追踪与监控，提高通用航空安全运行保障能力，为北斗系统在运输航空领域的应用奠定基础。

5. 基于北斗的铁路网和列车统一授时与调度指挥系统工程。

采用北斗系统实现全国铁路网和列车的时钟同步，融合轨道电路、多普勒雷达、累计车轮旋转数加应答器等多种技术，实现列车精准定位，提高铁路网和列车综合调度指挥能力。

6. 全球海上航运示范工程。

开展北斗系统在远洋船队管理、航线监视、港口生产和物流领域的示范应用，以北斗系统应用助力智慧港口建设，推动北斗系统在国际海事领域的应用，提高我国港航企业海外业务开拓能力和国际竞争力。

四、保障措施

（一）完善工作体制机制。

在交通运输部北斗卫星导航系统应用工作领导小组框架下，增加国家铁路局、中国民用航空局、国家邮政局代表，基本形成综合交通北斗应用管理架构。切实加强行业北斗系统应用的组织领导和统筹协调，发挥部在顶层设计方面的统筹作用。利用北斗卫星导航系统重大专项领导小组等平台，完善与中央军委装备发展部的协同工作机制，加强与军地部门的交流合作。探索建立行业北斗系统检验检测中心、应用推广中心、技术研发中心。鼓励各级交通运输管理机构建立符合各地实际的北斗系统应用管理模式，进一步完善政企合作机制，构建多元主体参与的北斗系统应用推广机制。

（二）拓宽资金筹措渠道。

积极争取中央财政资金支持，吸纳社会资本参与，加大对行业北斗系统应用的投入，结合行业发展需求，根据资金落实情况，分期分批推进实施。各级交通运输管理部门应积极与相关部门沟通，争取各级政府财政性资金和专项资金的支持，用于北斗系统应用推广。

（三）加强人才队伍建设。

充分发挥人才力量在行业北斗系统应用方面的带动作用，以北斗系统交通运输行业应用需求为导向，对从业人员开展北斗系统相关理论知识培训，增强从业人员对北斗系统的认识程度，培养复合型人才队伍。

（四）加强宣传和交流。

在各类国际交通运输展览、国际学术会议等场合，积极宣传行业北斗系统应用经验和成果，将北斗系统应用相关技术成果向外推介。依托双边或多边政府间合作交流机制，加强与国外交通运输管理机构在卫星导航系统应用领域的对接与协作，让世界感知北斗、接受北斗、应用北斗，提高北斗国际地位。

交通运输部关于推进长江经济带绿色航运发展的指导意见（节选）

（交水发〔2017〕114号）

二、主要任务

（七）创新节能高效的绿色航运组织体系。

8.进一步提升运输组织效率。

利用移动互联、大数据、云计算等先进技术，积极推进“互联网+”水运融合发展。加快建设数字航道，推广使用长江电子航道图、水上ETC和北斗定位系统。推进长江航运物流公共信息平台和国家交通运输物流公共信息平台建设，促进信息交换共享。优化船闸调度运行管理，推动长江上游及支流水库群、梯级船闸联合调度，完善运行调度机制和枢纽水库调度规程，进一步提升船舶过闸效率。加强三峡船闸和升船机运行维护管理，统筹协调、科学安排三峡和葛洲坝船闸检修，加强检修期间的通航保障工作，充分发挥三峡升船机运能。

交通运输部关于下达2017年交通运输标准化计划的通知(节选)

(交科技函〔2017〕412号)

附件:

2017年交通运输标准化计划制修订项目表

二、行业标准

计划编号:JT 2017 - 19

项目名称:基于北斗系统的船舶遇险示位信标技术要求

范围和主要技术内容:本标准规定了基于北斗系统的船舶遇险示位信标(EPIRB)的一般要求、功能要求、性能要求、安装要求以及测试方法及预期结果。

本标准适用于我国生产和使用的安装在船舶上带北斗定位模块的遇险示位信标。

制修订:制定

完成时间:2018

技术归口单位:交通运输信息通信及导航标准化技术委员会

起草单位:中国交通通信信息中心

备注:安全应急

计划编号:JT 2017 - 96

项目名称:沿海无线电指向标——差分全球卫星导航系统(DBDS + DGPS)播发标准

范围和主要技术内容:本标准规定了中国沿海无线电指向标 - 差分全球卫星导航系统[简称RBN - (DBDS + DGPS)]的台站组成、信号格式、发射特性、系统性能、覆盖要求、台站识别码的分配和信号使用的方法。

本标准适用于RBN - (DBDS + DGPS)台站的建设、管理和使用等。

主要修订内容:信号格式中增加了适用于北斗伪距系统差分的电文。

制修订:修订

代替标准:JT 377 - 1998

完成时间:2018

技术归口单位:交通运输航测标准化技术委员会

起草单位：北海航海保障中心
备注：信息技术

交通运输部关于开展智慧港口示范工程的通知（节选）

（交水函〔2017〕101号）

二、工作任务

（一）推进港口智慧物流建设。

1. 创新港口物流运作模式。

建立全程"一单制"服务方式，推动港口作业无纸化，提高港口物流运作效率；完善港口智能感知和数据采集系统，实现进出闸口等港口作业智能化管理；加快货运信息采集交换、货物状态监控、作业自动化等领域的技术创新与应用，逐步实现货物实时追踪、全程监控和在线查询；推动"互联网+"港口应用，探索电子运单、网上结算等互联网服务新模式；推动北斗系统在港口生产和物流中的应用；发挥各地的积极性和能动性，鼓励在港口物流上下游产业链有机结合、信息与技术业务融合等方面开展多种形式的港口智慧物流创新。

交通运输部关于印发全国航道管理与养护发展纲要（2016—2020年）的通知（节选）

（交水发〔2016〕208号）

三、主要任务

（五）转型升级，推动安全绿色创新发展。

17. 加大航道管养新技术应用。一是深化数字航道技术研究，积极推进长江干线、西江航运干线、京杭运河等数字航道建设，推动信息资源整合，研究建立水上综合信息服务平台。二是大力推广应用航标遥测遥控、水位遥测遥报、通航建筑物快速检修等技术，积极开展浅水河床扫测等新型设备研发，加大新材料、新能源推广应用力度。三是加大物联网、大数据、移动互联网、视频监控、北斗、AIS等信息技术应用，提升航道要素、通航建筑物、航标等导助航设施的运行状态监测能力，探索利用无人机辅助航道执法和巡查。

交通运输部关于下达2016年交通运输标准化计划的通知(节选)

(交科技函〔2016〕506号)

附件:

2016年交通运输标准化计划制修订项目表

一、国家标准

序号:25

计划编号:20160752－T－348

项目名称:差分全球导航卫星系统(DGNSS)技术要求

范围和主要技术内容:本标准规定了差分全球导航卫星系统(DGNSS)的基本构成、播发台址、技术要求、电文内容与信号格式、电文播发进程、和沿海无线电邻村的发射特性。本标准适用于水上DGPS/DGLONASS播发台和接收台的设计、研制和使用,对其他DGPS/DGLONASS播发业务也适用。修订内容:在DGPS和DGLONASS技术要求基础上,增加了差分北斗系统的技术要求。

性质:推荐

制修订:修订

代替标准:GB/T 17424－2009

完成时间:2017

技术归口单位:交通运输信息通信及导航标准化技术委员会

起草单位:中国交通通信信息中心

备注:信息技术

二、行业标准

计划编号:JT 2016－94

项目名称:北斗卫星导航系统船舶监测终端技术要求

范围和主要技术内容:本标准规定了北斗卫星导航系统船舶监测终端的技术要求,包括一般要求、结构要求、功能要求、性能要求、环境条件及安装、使用、维护要求等,适用于北斗卫星导航系统船舶监测终端的研制、生产和使用,也可作为产品研制、生产和质量检验依据。

制修订:修订

代替标准:JT/T 766－2009

完成时间:2017

技术归口单位:交通运输信息通信及导航标准化技术委员会

起草单位:中国交通通信信息中心

备注:信息技术

计划编号:JT 2016－95

项目名称:北斗卫星导航系统船舶监测终端数据交换协议

范围和主要技术内容:本标准规定了北斗卫星导航系统船舶监测终端数据交换协议,包括接口信号连接、电文格式及其说明,适用于北斗卫星导航系统船舶监测终端的研制、生产和使用。

制修订:修订

代替标准:JT/T 767－2009

完成时间:2017

技术归口单位:交通运输信息通信及导航标准化技术委员会

起草单位:中国交通通信信息中心

备注:信息技术

交通运输部办公厅关于印发《京津冀交通一体化发展的标准化任务落实方案》的通知(节选)

(交办科技〔2015〕172 号)

二、主要任务和目标

(三)推动区域计量机构建设,加强质量监督,提升区域标准化基础能力。

一是完成国家水运工程检测设备计量站验收,支持国家水运工程计量站的建设发展;二是加强地方专业计量检定机构建设;三是完成公路、水运工程计量标准“路面渗水仪”“声速剖面仪”及有关计量检定规程的制定;四是组织开展电子不停车收费(ETC)设备、道路运输车辆北斗导航车载终端、护栏等重点产品质量监督抽查。

交通运输部、质检总局关于提升交通运输行业卫星导航产品及服务质量的意见

（交科技发〔2015〕27 号）

一、总体思路

深入贯彻党的十八大和十八届三中、四中全会精神和国务院决策部署，聚焦交通运输行业卫星导航产品及服务质量存在的突出问题，强化企业主体责任，加强政府监管，转变政府职能，创新监管方式，建立健全产品及服务质量控制体系和质量监管体系，促进北斗卫星导航系统在交通运输行业健康有序发展。

二、建立健全产品及服务质量控制体系

（一）提升产品质量。

加大对卫星导航产业的支持力度，健全企业技术创新激励机制及市场导向机制，不断提高卫星定位模块等核心部件产品的技术成熟度，增强产品的核心竞争力。卫星定位模块、终端等产品生产企业承担质量主体责任，切实履行产品质量的法律责任和社会义务，提升自主研发能力，建立健全企业内部质量控制体系，加强出厂检测，严格按照相关标准进行产品的生产、销售、安装和服务。

（二）提升应用系统平台服务质量。

道路运输车辆卫星定位系统平台（简称“系统平台”）运营商等服务企业应认真履行系统平台建设和运维的主体责任，严格按照“道路运输车辆卫星定位系统”系列标准和《道路运输车辆动态监督管理办法》（交通运输部　公安部　国家安全生产监督管理总局 2014 年第 5 号令）（简称“第 5 号部令”）的要求建设、管理和维护系统平台，做好系统平台与终端产品的衔接，并进一步提高数据管理和应用服务水平，提高终端接入数据的质量。

（三）推动卫星导航终端成为营运车辆标准配置。

推动旅游客车、包车客车、三类以上班线客车、危险货物运输车辆、重型载货汽车和半挂牵引车在出厂前安装符合标准的卫星定位装置（简称“前装”），加快制定执行方案，加大第 5 号部令等政策法规及标准规范的宣传力度，切实推动车辆生产企业落实前装政策，提高车载终端同营运车辆的环境兼容性，增强安装使用可靠度。

（四）完善标准规范。

完善交通运输行业卫星导航应用产品及服务标准体系。加快标准的制修订工作，

明确卫星定位模块、系统平台等功能要求，加快制定车载终端前装技术标准，规范前装检测认证流程，制定终端产品和系统平台检测技术及管理规范。

三、建立健全产品及服务质量监管体系

（五）完善产品及服务质量监管机制。

建立涵盖卫星定位模块、终端及系统平台等重点产品的多部门联合抽查机制，加强检用一致性检查，在生产、流通、安装、使用、服务环节加强产品及服务质量监督，构建“全链条”监管长效机制，严厉打击“以次充好”。进一步建立健全产品及服务质量信用评价体系，建立质量失信退出机制和黑名单制度。完善系统平台数据质量考核监督及评价办法，加强对车辆前装政策执行情况的评估与监督。

（六）规范产品检测认证体系。

进一步规范卫星导航车载终端及系统平台标准符合性技术审查流程，完善产品标准符合性技术审查办法。明确系统平台备案有关要求，避免对通过标准符合性技术审查的产品进行二次筛选。积极推进卫星导航车载终端及系统平台认证工作，鼓励选用获证产品。建立检测认证机构竞争性选择机制，加强监督检查。建立健全检测认证机构技术能力及服务水平评价体系，科学合理地设定检测流程和收费标准，增强检测认证机构服务意识。

（七）创造公平有序的市场环境。

消除各类市场壁垒，减少政府行政干预，营造统一开放、竞争有序的市场环境。公布监督投诉电话，畅通申诉渠道，接受社会公众和新闻媒体对产品与服务质量，以及检测与抽查工作的监督。加大信息公开力度，提高政策措施透明度，积极宣传改进和加强产品及服务质量监管的做法和成效，加大对不诚信行为的曝光力度。

四、保障措施

（八）加强组织领导。

充分发挥各级政府的领导协调作用，发挥各级交通运输、质检等部门的行业指导作用，密切沟通协作，构建涵盖生产、流通、安装、使用、服务的“全链条”监管长效机制，进一步强化监管效力，为提升交通运输行业卫星导航产品及服务质量提供组织保障。

（九）落实工作经费。

积极争取各级政府财政支持，落实标准制修订、质量监督抽查、企业信用评价体系建设，以及检测机构服务监督等方面财政经费，确保专款专用，保障质量监督工作长期有效进行。

（十）强化队伍建设。

加强对产品研发、生产、服务，以及检测、监督抽查、信用评价等各方面从业人员的教育、培训与管理，加强检测机构能力建设，切实提高从业人员的专业素质和能力水平。

中华人民共和国交通运输部（章）
中华人民共和国国家质量监督检验检疫总局（章）
2015 年 2 月 17 日

交通运输部关于全面深化交通运输改革的意见（节选）

（交政研发〔2014〕242 号）

十、完善交通运输转型升级体制机制

（34）完善智慧交通体制机制。研究制定智慧交通发展框架。加快推进交通运输信息化、智能化，促进基础设施、信息系统等互联互通，实现 ETC、公共交通一卡通等全国联网。推动交通运输行业数据的开放共享和安全应用，充分利用社会力量和市场机制推进智慧交通建设。完善交通运输科技创新体制机制，强化行业重大科技攻关和成果转化，推进新一代互联网、物联网、大数据、“北斗”卫星导航等技术装备在交通运输领域的应用。完善对基础性、战略性、前沿性科学研究和共性技术研究的支持机制，培育建设一批国家级、省部级协同创新中心、重点实验室、工程中心和研发中心。建立健全交通运输领域科研设施和仪器设备开放运行机制。

交通运输部关于印发公路水路交通运输主要技术政策的通知（节选）

（交科技发〔2014〕165 号）

五、安全应急

（十六）水路。

49. 鼓励应用先进救助打捞技术，提高深水救助打捞能力。支持发展基于北斗卫星导航系统的水上立体搜救体系。支持发展水上搜救远程视频监控和指挥通讯技术、搜救船舶舰载直升机应用技术。支持发展侧扫声纳、多波束扫测系统、深拖设备、深水航行观察器（AOV）和无人潜水器（ROV）等深海扫测定位和搜寻打捞装备的研发和配备。鼓励应用无人飞机、无人艇等智能搜救设备。鼓励应用大深度饱和潜水成套技术、深水作业技术、夜间及复杂气象条件搜救模拟训练技术。鼓励发展深水机器人作业技术、大深度大吨位沉船打捞技术、深水沉船水下抽油(化学品)技术、深水探寻技术。发展具有自航运输能力和浮式装卸能力的海上多功能综合维修保障平台建设技术。

七、信息化

(二十二)运输组织与管理。

65. 鼓励应用自动跟踪、识别和移动互联网技术,提高运输组织与行业监管的智能化水平。积极推广应用北斗卫星定位系统。推广应用二维码、射频识别(RFID)和集成电路(IC)卡,实现集装箱、重点货物、载运工具、票证的自动识别与管理。推广应用内河电子签证和内河航运电子报文,提高内河运输效率。鼓励应用放射性成像、扫描和字符识别等集装箱安全监测技术,加强集装箱运输安全管理。

(二十四)车(船)联网和主动安全。

67. 大力发展车(船)联网和主动安全技术,提升交通运输安全水平。发展车(船)之间、车路(船岸)之间的通信技术,提高运输协同组织和安全保障水平。鼓励应用北斗卫星定位终端、行驶记录仪、客流采集器、油耗监测、载荷监测等车(船)载一体化智能终端技术,推广应用车(船)在线故障诊断技术,发展驾驶员安全状态检测与督导技术,提高车(船)主动安全水平。

交通运输部办公厅关于印发城市公共交通智能化应用示范工程建设指南的通知(节选)

(厅运字〔2014〕105号)

四、终端系统

本工程建设涉及的终端主要有两大类:公共汽电车车载终端、场站终端。各城市在工程建设中应根据实际情况确定建设规模,明确各类终端设备的新装、换装部件组成、数量和布设方案等。同时应加大对安全视频监控类、客流信息采集终端设备的安装建设力度。有条件的城市可建设公共交通信号优先系统,以提高BRT系统车辆运营速度和运营可靠性。鼓励采用基于北斗卫星导航等国产技术的车载终端产品。

交通运输部关于开展交通运输行业重点实验室认定工作的通知(节选)

(交函科技〔2014〕329号)

附件1:

交通运输行业重点实验室认定研究方向及重点研究内容

3. 水上智能交通

重点研究内容:空天船岸多传感器系统信息监测和实时获取技术;基于4S技术空间决策支持系统;基于北斗的船载综合PNT技术;船舶导航核心自主技术研发。

交通运输部办公厅关于推进交通运输信息化智能化发展的指导意见(节选)

(厅科技字〔2013〕257号)

三、主要任务

(四)加强重点应用领域信息系统建设。

加快推动安全应急、出行服务、市场信用、经济运行等交通运输信息化重大工程建设,加快推进物流公共信息服务示范工程、交通运输领域国家物联网应用示范工程、国家高分辨率对地观测系统应用示范工程和国家下一代互联网应用示范工程的建设。推进北斗卫星导航系统、海事卫星系统在交通运输领域中的广泛应用,加快推进全国高速公路光纤通信网络的建设和开发利用,大力推进道路货运车辆监管服务和数字航道等管理系统建设,推动综合办公业务、综合执法监督管理、廉政风险防控和政府网站等电子政务系统建设。

交通运输部关于科技创新推动交通运输转型升级的指导意见(节选)

(交科技发〔2013〕540号)

三、重点任务

(八)大力推动信息化智能化发展。

完善统筹协调、开放有序的信息化管理机制。加强商业模式创新,增强信息化发展的市场驱动力。积极促进物联网技术、云计算技术、大数据处理技术在交通运输领域的深度应用,加快北斗卫星导航系统的应用,加快城市交通智能化、路网运行与监测、数字航道等信息化工程建设,提高信息采集的广度和深度,提高数据质量,加强信息安全保障体系建设,加强信息资源交换共享,使行业信息化、智能化水平与信息技术发展同步,引领交通运输现代化。

交通运输部关于加快推进"重点运输过程监控管理服务示范系统工程"实施工作的通知(节选)

(交运发〔2012〕798号)

河北、江苏、安徽、山东、湖南、贵州、宁夏、陕西省(自治区)交通运输厅,天津市交通运输和港口管理局,部通信信息中心:

"重点运输过程监控管理服务示范系统工程"(以下简称示范工程)实施以来,各单位按照示范工程领导小组的统一部署,稳步推进各项工作,完成了总体需求、信息共享技术方案、各子系统的技术规格说明书评审,以及北斗/GPS双模车载终端招评标工作,示范工程取得了阶段性成果。目前,北斗卫星导航系统建设取得重大进展,具备了为亚太地区提供全功能服务的技术基础。为进一步加快示范工程实施进度,确保按时完成各项任务,现将有关事项通知如下:

一、进一步提高认识,切实加强组织领导

北斗卫星导航系统是我国自主建设的战略性系统工程,对保障国家安全和经济社会发展具有十分重大的战略意义。做好应用推广工作是北斗导航系统可持续发展的根本保障。道路运输是卫星导航系统应用的重要领域,在道路运输行业成功开展北斗应用示范,不仅有利于增强行业安全监管和应急处置的能力,提升现代化管理水平,而且对北斗卫星导航系统产业化和可持续发展意义重大。

本示范工程是北斗专项首个批准启动实施的示范项目，既是北斗应用的试验田，也是军民融合的试验田，是“示范中的示范”。按照交通运输部《关于重点运输过程监控管理服务示范系统工程初步设计的批复》（交水发〔2011〕471 号）和“中国第二代卫星导航系统重大项目合同”的要求，示范工程应于2013 年4 月底前完成所有建设任务。目前，示范工程实施工作虽然取得了阶段性成果，但与总体进度要求相比仍然存在较大差距，特别是终端安装进度明显滞后。为此，各有关单位务必要高度重视，充分认识北斗示范工程的重要性和特殊性，要把实施好示范工程作为当前一项重要的政治任务，进一步加强组织领导，进一步落实责任，细化和分解任务，制定切实可行的方案，把各项任务落实到人，落实到岗位，加快推进工程实施工作，确保按时完成示范工程各项任务。

三、切实加快北斗双模车载终端安装进度

为确保北斗兼容车载终端安装进度，进一步支持国家北斗导航战略，自 2013 年 1 月 1 日起，各示范省份在用的“两客一危”车辆（旅游包车、三类以上班线客车和危险品运输车）需要更新车载终端的，应安装北斗兼容车载终端；所有新进入运输市场的重型载货汽车和半挂牵引车应加装北斗兼容车载终端，并接入全国道路货运车辆公共监管与服务平台；鼓励农村客运车辆安装北斗兼容车载终端。自 2013 年 6 月 1 日起，所有新进入示范省份运输市场的“两客一危”车辆及重型载货汽车和半挂牵引车，在车辆出厂前应安装北斗兼容车载终端，重型载货汽车和半挂牵引车应接入全国道路货运车辆公共监管与服务平台。凡未按规定安装或加装北斗兼容车载终端的车辆，不予核发或审验道路运输证。

各示范省份要高度重视车载终端安装工作，采取切实有效的措施，确保在 2013 年 3 月底前完成本省 80% 以上北斗兼容车载终端安装任务。同时，各示范省份的终端安装任务不受指标限制，鼓励有条件的示范省份超额完成安装任务。各示范省份要制定北斗终端安装计划，并每半个月向部书面报告终端安装进度情况。

“两客一危”车辆生产企业和重型载货汽车、半挂牵引车生产企业应选择符合北斗兼容车载终端技术规范并通过标准符合性审查的终端。

交通运输部关于印发公路水路交通运输信息化“十二五”发展规划的通知(节选)

(交规划发〔2011〕192号)

一、“十一五”公路水路交通信息化发展回顾

(一)加强公路水路交通基础设施运行管理系统建设,通行效率明显提高。

——全国初步建设了52个重点水域船舶交通管理系统,实现了所辖水域内船舶的跟踪监控;结合卫星定位系统开发的船闸过坝管理系统,实现了船舶合理编队,提高了船闸通过能力。

(四)加强交通安全监管和应急系统建设,保障能力明显提高。

运用船舶自动识别、船舶交通管理、全球卫星定位、低极轨道搜救卫星、高频、甚高频、卫星通信、视频监控等多种技术,加强了对公路水路基础设施和运输装备的监测监控,交通运输安全监管与应急反应能力显著增强。

——覆盖全国沿海和重要内河水域的船舶自动识别岸基网络系统基本建成,包括132座基站和22个中心,实现了300总吨以上船舶的有效监控;基本实现全国沿海和长江干线多种安全和遇险通信方式的连续覆盖;建成了52个船舶交通管理中心、202个雷达站;沿海重要港口进港航道、重点码头和内河重点航段的视频监控系统基本建立;整合了雷达、船舶自动识别、卫星定位、视频监控、海岸电台和卫星通信等监控和通信手段,提高了船舶日常监管和应急处置能力。

四、建设重点

(一)实施交通运输行业信息化重大工程。

2. 公路水路交通出行信息服务系统建设工程

——在地市级以上城市加快建设覆盖城乡的公共交通信息服务系统。积极推进开展动态车载导航系统的研发与产业化应用试点。鼓励开展汽车租赁网络化信息服务系统建设。

(二)开展重点领域示范试点工程建设。

2. 区域物流公共信息服务示范工程

——政企联合试点推进区域物流公共信息服务平台建设,以物流信息服务需求为导向,以标准规范建设为基础,整合物流领域政企相关信息资源,提供货运物流企业和从业人员资质和资格认证、信用等政府公共信息,物流采购招投标、物流设施设备供求、车货交易、船舶交易、船员劳务服务、订舱等物流交易信息,卫星定位与货物追踪、车船维修救援等物流保障信息，金融、保险等增值信息，以及物流应用软件系统托管等服务。积极探索不同地区、不同特点的平台运作模式，加强跨区域物流信息的交换与共享，优化资源配置，显著改善物流系统的运作效率，降低物流成本。

（三）继续深化信息化业务系统应用。

1. 深化各业务领域的管理应用，完善发展基础。

——积极推进我国第二代卫星导航系统在交通安全、船舶航行、交通基础设施监测监控、公路运输和公众出行等领域的民用化应用建设。

（四）进一步完善信息化发展条件。

1. 完善行业信息基础设施，提升通信信息网络支撑能力。

——完善应急指挥通信系统，充分利用并整合海事卫星、甚小孔径卫星地球站（VSAT）、我国第二代卫星导航、海岸电台、公共通信等手段，建立应急联合通信保障机制，提升交通应急指挥通信保障能力。

五、保障措施

（四）注重新技术在行业应用的研究。

应紧密跟踪现代新兴信息技术发展趋势，围绕感知识别、网络传输、智能处理和数据挖掘等关键环节，开展在交通运输领域的应用攻关。在信息化重大工程和示范试点工程实施中，加强对物联网、云计算、海量存储、高速传输、我国第二代卫星导航、遥感遥测等新技术的一体化应用研究，力争在拓展应用领域、创新应用模式、提升应用水平等方面取得重要突破，并加快成果转化和推广，提升行业信息化技术水平。

交通运输部、公安部、安全生产监督总局、工业和信息化部关于加强道路运输车辆动态监管工作的通知

（交运发〔2011〕80号）

各省、自治区、直辖市、新疆生产建设兵团交通运输厅（局、委）、公安厅（局）、安全生产监督管理局、工业和信息化主管部门：

为认真贯彻落实《国务院关于进一步加强企业安全生产工作的通知》（国发〔2010〕23号，以下简称国务院《通知》）精神，切实加强道路运输车辆动态监管工作，预防和减少道路交通运输事故，确保2011年12月31日前所有旅游包车、三类以上班线客车和运输危险化学品、烟花爆竹、民用爆炸物品的道路专用车辆（以下简称“两客一危”车辆），安装使用具有行驶记录功能的卫星定位装置（以下简称卫星定位装置）工作全部完成，现就有关事项通知如下：

一、加强领导，建立协调机制

利用运输车辆卫星定位系统，加强道路运输安全管理，实时监控运输车辆驾驶人超速行驶、疲劳驾驶等违法行为，是有效遏制重特大事故、实现道路运输科学发展、安全发展的有效手段。各级交通运输、公安、安全监管、工业和信息化部门要把加强动态监管工作作为一项重要任务，思想上高度重视，工作上精心组织，结合各地实际，制定切实可行的工作方案，细化各项工作措施，建立协调合作机制，加强部门协作，形成监管合力，确保按时完成国务院《通知》明确的任务。

二、各司其职，严把市场准入关

运输企业要按照国务院《通知》要求，必须为“两客一危”车辆安装符合《道路运输车辆卫星定位系统车载终端技术要求》（JT/T 794 - 2011）的卫星定位装置，并接入全国重点营运车辆联网联控系统，保证车辆监控数据准确、实时、完整地传输，确保车载卫星定位装置工作正常、数据准确、监控有效。

自2011年8月1日起，新出厂的“两客一危”车辆，在车辆出厂前应安装符合《道路运输车辆卫星定位系统车载终端技术要求》（JT/T 794 - 2011）的卫星定位装置。对于不符合规定的车辆，工业和信息化部不予上车辆产品公告；道路运输管理部门在为车辆办理道路运输证时，要检查车辆卫星定位装置的安装和工作情况。凡未按规定安装卫星定位装置的新增车辆，交通运输部门不予核发道路运输证。

对于已经取得道路运输证但尚未安装卫星定位装置的营运车辆，道路运输管理部门要督促运输企业按照规定加装卫星定位装置，并接入全国重点营运车辆联网联控系统。从2012年1月1日起，没有按照规定安装卫星定位装置或未接入全国联网联控系统的运输车辆，道路运输管理部门应暂停营运车辆资格审验。公安部门要逐步将“两客一危”车辆是否安装使用卫星定位装置纳入检验范围。

三、加强监管，落实运输企业监控主体责任

道路运输企业要进一步落实安全生产主体责任，切实加强对所属车辆的动态监控。企业主要负责人对本单位所属车辆的动态监控工作全面负责。要按规定为其所属车辆安装符合标准的卫星定位装置，接入符合《道路运输车辆卫星定位系统平台技术要求》（JT/T 796 - 2011）标准的监控平台（或监控端）；制定和完善卫星定位装置安装使用规定，建立动态监控工作台账，根据车辆行经道路的实际情况，设置相应的车辆行驶速度限速标准；配备专职人员负责监控车辆行驶动态，分析处理动态信息；充分运用卫星定位监控手段加强对所属车辆和驾驶员的日常监督，按照有关规定及时纠正和处理超速、疲劳驾驶等违法驾驶行为，对多次有违法驾驶行为的要按照有关规定加重处理，对违法驾驶信息要留存在案，至少保存1年时间；定期检查车载卫星定位装置使用情况，确保车辆在线时间。对不按规定使用、故意损坏卫星定位装置的单位和个人，以及不严格监控车辆行驶动态的值守人员，要依照相关规定给予处理；造成严重后果的，依法追究企业负责人和相关责任人的法律责任。

四、协同联动，加强联合监管力度

交通运输、公安、安全监管部门要充分利用全国重点营运车辆联网联控系统提供的监管手段，依据法定职责，实施联合监管。交通运输部门负责建立营运车辆动态信息公共服务平台，实现与全国重点营运车辆联网联控系统的联网，利用动态监控手段加强对运输市场秩序管理，并向公安、安全监管等有关部门开放数据传送，为政府有关部门和运输企业加强动态监控提供有效技术手段；公安部门根据符合标准的卫星定位装置采集的监控记录资料，严格依法查处超速行驶、疲劳驾驶等道路交通安全违法行为；安全监管部门利用动态监督手段，做好应急指挥及事故调查处理工作。

五、落实经费，建立长效运行机制

各级交通运输部门要进一步完善全国重点营运车辆联网联控系统的各项功能，加强对营运车辆动态信息公共服务平台的维护，制定平台长期稳定运行的保障机制。要落实专项经费，保证公共服务平台长期稳定运行，并将其纳入部门和地方的年度预算。要加强考核，建立逐级考核和通报制度，定期对下级管理机构和运输企业进行考核，并将考核情况报送上级管理部门。

六、加强督导，定期通报卫星定位装置安装情况

各省级交通运输主管部门每季度要向交通运输部报送本地区“两客一危”车辆安装卫星定位装置的情况，交通运输部、公安部、安全监管总局、工业和信息化部将定期通报各地区工作进展情况，并对各地区“两客一危”车辆安装卫星定位装置的情况进行督导。

交通运输部

公安部

安全生产监督总局

工业和信息化部

二〇一一年三月十九日

关于发布长江电子航道图制作规范等13项交通运输行业标准的公告（节选）

（交通运输部公告2009年第57号）

《长江电子航道图制作规范》等13项交通运输行业标准业经审查通过，现予发布，自2010年4月1日起实施。

13 项交通运输行业标准编号和名称是：

6. JT/T 766－2009　北斗卫星导航系统船舶监测终端技术要求

7. JT/T 767－2009　北斗卫星导航系统船舶监测终端数据交换协议

8. JT/T 768－2009　北斗卫星导航系统船舶遇险报警终端技术要求

交通部关于发布《交通通信导航设备管理规则》的批复

（〔90〕交政法字 222 号）

第一章　总　　则

第一条　为加强交通系统通信导航设备管理，促进我国交通通信导航事业的发展，根据国务院《全民所有制工业交通企业设备管理条例》和交通部第四号令《全民所有制交通企业设备管理办法》的规定，制定本规则。

第二条　本规则适用于交通系统企、事业全民所有制单位，构成固定资产的通信导航设备及其辅助性设备（以下简称通信导航设备）的管理。

通信导航设备系指有线通信设备、无线通信设备、船舶无线电导航及电航设备（不含各类岸基无线电导航设施）自动化监控通信设备等。

第三条　各级通信导航管理部门应贯彻安全第一预防为主的方针，坚持全程全网的统一组织管理，实行预防与整治相结合，维修与计划检修相结合，修理改造和更新相结合，专业管理与群众管理相结合，技术管理与经济管理相结合的原则。

第四条　通信导航设备管理主要任务是：通过技术和经济管理措施，对设备进行综合管理，保持设备的技术状况处于良好状态，不断改善和提高技术性能和装备素质，延长设备使用寿命，取得良好的投资效益。

第五条　交通系统通信导航设备管理，实行“统一领导，分级管理”的原则。中国交通通信中心对全国交通系统的通信导航设备管理工作进行业务指导和监督检查。

第六条　在通信导航设备管理中，应广泛采用国内外先进的设备管理方法和维修技术，逐步实现以设备状态监测技术为基础的设备维修方法，不断提高设备管理和维护技术的现代化水平。

第七条　通信导航设备管理部门有责任保护通信导航设备不受损害。

第二章　设备的管理机构与职责

第八条　中国交通通信中心在交通系统通信导航设备管理工作中的主要职责是：

（一）贯彻执行国家有关设备管理的方针、政策、法规，制定全国交通系统的通信导航设备管理的规划、规章制度和设备标准并组织实施；

（二）负责对全国交通系统的通信导航设备管理工作进行监督检查和协调服务；

（三）组织交流和推广通信导航设备管理的先进经验，负责通信导航设备管理优秀单位的评选奖励；

（四）收集发布国际、国内有关通信导航设备新规定、新动向的信息，开展管理现代化和维修新技术的科研工作，组织培训设备管理和维修人员，为企业的设备管理提供咨询和服务；

（五）负责审批部直属一级单位重要通信导航设备的报废；

（六）组织或参加特大通信设备事故的调查处理；

（七）负责审查部直属一级单位和双重领导的港务局以及省厅重点通信导航基建工程的设备选型和重要通信导航设备的购置和引进，通信导航新设备研究项目和技术方案；

（八）负责与国家无线电管理委员会等有关部门进行业务协调工作。

第九条　省、自治区、直辖市交通厅（局）在通信导航设备管理工作中的主要职责是：

（一）贯彻执行国家和上级有关设备管理的方针、政策、法规，根据分级管理原则，制定本地区的通信导航设备管理办法、规章制度和工作计划，并组织实施；

（二）组织协调和监督检查本地区的通信导航设备管理和行业维修专业化工作；

（三）组织交流和推广通信导航设备管理的先进经验和维修新技术，负责本地区通信导航设备管理优秀单位、优秀工作者的评选工作；

（四）收集发布通信导航设备管理与维修信息，组织培训设备管理和维修人员，为企业的设备管理提供技术咨询和服务；

（五）审批有关的通信导航设备报废工作；

（六）组织或参加本地区特大和重大通信导航设备事故的调查处理；

（七）负责审查本系统内通信导航基建工程的设备选型、购置和引进；

（八）指导本系统各企业的闲置通信导航设备及备件的调剂、租赁和配件的商品化工作；

（九）汇总上报通信导航设备工作情况及有关报表。

第十条　交通企事业经理（局长）和通信导航设备管理部门在设备管理工作中的主要职责是：

（一）经理（局长）的职责：

全面负责本企事业的通信导航设备管理工作，组织贯彻上级有关设备管理的方针、政策、法规、制度和标准，对本企业的通信导航设备管理方针目标作出决策，正确处理企业生产、科研与设备维修的关系。

（二）通信导航设备管理部门的职责：

(1)负责编制或审查通信导航设备的更新计划和改造方案。编制通信导航设备维修和运行计划，维修备件需要计划，下达经济技术指标，并定期检查考核；

(2)监督检查和协调本单位的通信导航设备管理工作，组织指导通信导航设备维修专业化协作工作；

(3)定期组织开展通信导航设备检查和竞赛评比活动，总结推广先进经验，表彰奖励设备管理优秀单位和先进个人；

(4)负责推广以状态监测技术为基础的设备现代化管理方法；

(5)按照管理权限，负责处理通信导航设备登记、编号、发证、建帐、填卡、建档、封存、启用、调拨、报废、处理等事项；

(6)组织重大、一般通信导航设备事故的调查处理，参加特大设备事故的调查处理，制定防范措施；

(7)负责或参与基建和重大技术改造工程的工艺规划及新增通信导航设备的选型、设计审查、谈判、购置、监造、验收等工作；

(8)按期上报通信导航设备管理工作有关报表；

(9)制定通信导航设备管理工作规划和综合管理过程中各个环节的职能部门职责，以及各级人员（包括车、船通信导航设备使用人员）的岗位职责与工作标准；

(10)组织或参与通信导航设备管理使用和维修人员的业务技术培训；

(11)负责掌握并按国家有关规定正确使用通信导航设备的折旧基金和大修理基金，并根据本单位的生产需要和承受能力，适时提出变更通信导航设备折旧基金和大修理基金提成比例的意见，报经批准后实行。

第三章　通信导航设备的规划、选购及安装调试

第十一条　通信导航设备应按其在生产活动中所处的地位，划分为重要设备和一般设备，实行分类管理。

重要设备系指长途干线的机线设备、长途干支线共用的机线设备、遥控监控机线设备、地区通信枢纽设备、移动通信基地电台设备、5 千瓦及其以上发信机、大型天线等。一般设备系指不属于重要设备的其它通信导航设备。

第十二条　各单位应根据国际和国内的有关规定，考虑到通信导航全程全网通达的特点和需要，制定通信导航设备的近期和长期发展规划。

第十三条　购置重要通信导航设备，必须经过经济技术论证，建立和实行严格的项目责任制，把好选型、安装和质量验收关，为搞好设备的后期管理工作奠定基础。

第十四条　进口通信导航设备的技术性能，经济性、适用性、可靠性、可维性、接口电路的配套性、备品配件、维修人员培训、安装调试所需技术资料等方面的要求，由设

备管理部门负责提出,并按有关规定上报审批。

第十五条　新购设备应认真做好安装、调试和验收工作,并及时接入使用。凡安装在船舶上的通信导航设备,均应经船舶检验部门检验。设备管理部门要将新设备使用初期在质量、效率、运行中存在问题、故障情况等方面的信息,及时向有关上级单位、船舶检验部门(船用设备)和制造单位反馈,对于存在问题应在保修期内解决,凡属进口设备,必须在索赔期内做好上述有关工作。

第四章　通信导航设备的使用、维护和检修

第十六条　应当建立健全通信导航设备的操作、使用、维护保养规程,岗位责任制和交接班制度,并应视设备特点和生产需要实行定人、定机、凭证操作等设备使用操作制度。

生产指挥、设备操作和维修人员,必须严格遵守设备操作、使用、维护保养规程和制度,凡未经培训或经考核不合格以及证机不符的人员,一律不得上岗或独立操作。严禁超规范、超负荷使用,对违章指挥和违章操作者,应追究其责任。

第十七条　设备的使用人员应做到:

(一)能熟练地按照操作规程或技术说明书正确使用机线设备;

(二)在操作或使用设备时,应随时监视设备的电气性能是否符合指标,发现问题应立即开启备用机线设备,并详细记录故障情况及时汇报;

(三)认真做好分工设备的日常维护工作;

(四)认真填写值机日志及其他规定的原始记录。

第十八条　通信导航设备必须严格实行日常保养和定期保养制度,特别是应急设备、备用设备、不常用仪器应作好维护保养工作,应定人、定机、定期开机试验,以保证急用时安全可靠。

第十九条　在保证通信导航设备检修质量的前提下,积极采用维修新技术、新工艺和修复利用旧件,并根据通信导航设备的特点,对设备采用状态维修和计划维修相结合的方式。状态维修是对机线设备进行预防性的定期测试工作,可排除一般性故障或隐患。凡通过状态维修达不到应有质量标准的,应列入计划维修。

维修后应作好记录,特别对变动部分要在有关技术资料上作详实记载。

船舶开航前,其通信导航设备应符合国家标准《船舶安全开航技术要求——通信与导航》的要求。

第二十条　应执行国家和有关部门制定的各类计量、技术标准,逐步过渡到使用、维护检修标准化、规范化。

第二十一条　提取和使用通信导航设备大修理基金,必须遵守国家有关规定,做到专款专用,接受财政和审计部门监督。当结合大修理对设备进行改造时,大修理基

金、折旧基金和生产发展基金可合并使用。

第二十二条 应合理储备通信导航设备所需备品配件，采用科学管理方法，做好备件的计划、采购、验收、入库、生产及供应工作。编制备件储备定额，保证经济合理储备，做好余缺调剂工作，杜绝因积压、丢失、腐蚀、霉烂等造成的经济损失。

进口设备所需的备件，应提倡以国产件代用。

第五章 通信导航设备的改造与更新

第二十三条 根据国际发展动向及国内外有关规定，结合通信导航设备技术状况和生产发展的实际需要，编制通信导航设备改造和更新的年度计划及中、长期计划，并组织实施。

第二十四条 一般通信导航设备的改造和更新，由各单位自行审理，重要设备的改造和更新按有关规定上报审批。

第二十五条 通信导航设备的固定资产折旧资金，应按国家有关规定提取，并主要用于设备的改造和更新。企事业可根据各自的需要和承受能力，从多种渠道筹集资金用于设备改造和更新，改变企事业技术装备素质。

第二十六条 通信导航设备的技术改造宜结合大修理进行，改造所需资金不超过所改造设备大修理费用的30%时，可列入大修理费用开支，若超出时，应将改造内容列入技措技改计划，所需费用从折旧基金或技术改造资金安排解决，为节约能源设备进行改造的费用从节能费用资金中安排解决。

设备改造后新增的价值，属大修理基金开支的不办增值，属折旧基金等开支的应办理增值。

第二十七条 属于下列情况之一的通信导航设备，应当报废更新：

（一）经过预测若大修理后技术性能仍不能满足工艺要求和保证产品质量的；

（二）因事故造成设备严重损坏，无法修复使用的；

（三）经大修理后虽能恢复技术性能，但不如更新经济的；

（四）已超过规定使用年限的，其技术性能已达不到国家规范和规程要求，危及安全的；

（五）技术性能差、能耗高、效率低、经济效益差的；

（六）危害人身健康、严重污染环境，进行修理改造又不经济的；

（七）自制的非标准设备，经生产验证不能使用但无法改造的；

（八）国家或有关部门规定淘汰的设备。

第二十八条 通信导航设备改造更新时，要采取有效措施，不得影响正常工作。

第二十九条 通信导航设备报废必须经过技术鉴定和经济分析评价，并按有关规定和程序办理审批手续，设备报废所得残值收入必须用于设备的改造和更新。

第三十条 对连续停用三个月以上的设备可以封存,连续停用一年以上的或新购进二年以上不能投产的设备,应列为闲置设备。按分级管理原则,可将管辖下的闲置设备对外有偿出租或转让。

第六章 通信导航设备管理的基础工作

第三十一条 应当建立健全设备卡片、台帐和技术档案。做到帐、卡、物相符,技术资料齐全,原始记录准确完整,并定期检查,发现问题及时纠正。

第三十二条 应建立健全通信导航设备管理的各种标准、计量、定额和技术、经济考核制度。

第三十三条 应做好通信导航设备的技术基础工作,实行科学管理。技术基础工作主要包括:

(一)编制各种设备的操作和维护,修理规程等技术文件;

(二)翻译和复制进口设备使用与维修说明书、备件目录;

(三)收集设备安装、调试、验收数据、线路图、维护资料等并编制成册;

(四)编写通信导航设备操作和维修人员的技术业务培训教材;

(五)编写技术安全细则。

第三十四条 应认真做好有关通信导航设备管理的主要技术经济指标统计分析工作,正确填写各种报表并及时上报。

第七章 事故的分类与处理

第三十五条 各级领导要经常对职工进行安全生产教育,定期组织通信导航设备安全检查,各类设备都应有可靠的安全装置和防护设施,保证设备安全运行。

第三十六条 各类生产设备凡因工作责任心不强、违反操作规程及其他人为原因或自然界不可抗拒力造成设备损坏、停机或性能下降、停机修理影响生产、直接损失费用达到或超过规定标准的,均称为设备事故。

直接损失费用系指修复所耗人工和材料费用,或因事故报废的设备价值。

第三十七条 设备事故分为一般事故、重大事故和特大事故。

(一)一般事故:

直接损失费用在1000元及以上,或直接损失虽小但造成一定后果。

(二)重大事故:

直接损失费用在1万元及以上,或直接损失虽小但造成严重后果。

(三)特大事故:

直接损失费用在10万元及以上,或直接损失虽小但造成恶劣后果。

第三十八条 通信导航设备事故必须按分级管理权限和规定,及时上报,并组织力量抢修,努力减少事故损失,尽快恢复生产。

对通信导航设备事故,必须查明原因,总结教训,制定预防措施,防止类似情况发生。

第三十九条 对于责任事故应视其性质和情节轻重,追究当事人和领导者的责任,严肃处理。

对隐瞒事故不报、弄虚作假的单位和个人,应加重处罚,并追究领导责任。

第八章 教育与培训

第四十条 当今电子技术迅速发展,加强通信导航部门人员的教育培训工作尤为重要,因此各级领导部门应将设备管理、维修与操作人员的培训纳入工作议程,并在时间、物资、资金和待遇方面给予保证,不断提高各级设备管理人员及维修、操作人员的素质。

第四十一条 培训计划由各单位的通信导航设备管理部门会同职工教育部门制定,并有步骤地开展分层次、多渠道的培训工作,特别应注意对在职干部、职工进行新技术(如数字技术、程控技术、卫通技术、光纤技术及微机应用等)和外语的培训工作。

第四十二条 未经专业培训或经考核不合格的人员不得担任设备管理或设备维修工作,培训和考核的成绩应记入个人档案。

第四十三条 通信导航设备管理工作负责人,一般应由具有中专以上文化水平,并有二年以上实践经验的人员担任。

第九章 奖励与惩罚

第四十四条 各单位应每年组织一次对通信导航设备的检查,从而评选出设备管理优秀单位,先进集体,先进个人。中国交通通信中心每两年组织一次通信导航设备管理优秀单位评选活动并报部审批。

奖励基金由单位留用的奖励基金中支付。

奖励标准由各单位自行决定。

第四十五条 从事设备管理与维修工作人员的奖励不低于相应工作条件的生产人员,在管理、维修中有显著成效的项目,应纳入科技成果奖进行评奖。

第四十六条 对因通信导航设备管理混乱、设备严重失修失养而影响生产的单位,设备主管部门应令其限期整顿,并根据情节轻重,追究单位领导人和有关责任人员的责任。

第四十七条 对玩忽职守、违章指挥、违章操作造成设备事故和经济损失的人员,由其所在单位根据情节轻重分别追究经济责任,对构成刑事犯罪的人员,由司法部门依法追究刑事责任。

第十章　附　　则

第四十八条　各省、自治区、直辖市交通厅(局)、部直属一级单位和双重领导的港务局可依据本规则制定实施细则。

第四十九条　交通系统集体所有制企业的通信导航设备管理,可参照本规则执行。

第五十条　本规则由交通部中国交通通信中心负责解释。

第五十一条　本规则自发布之日起施行。

中国民用航空局

中国民航北斗卫星导航系统应用实施路线图

(民航发〔2019〕77 号)

序

北斗卫星导航系统(以下简称北斗系统)是中国着眼于国家安全保障和经济社会发展的需要,自主建设、独立运行的卫星导航系统,是国家重要空间基础设施,为全球用户提供全天候、全天时、高精度的定位、导航和授时服务,是全球卫星导航系统(GNSS)的核心星座之一。

推动北斗系统民航应用,实现我国自主知识产权导航技术在中国民航落地生根,是民航行业高质量发展的有力保障和民航强国建设的重要技术支撑,能够有效促进国际民航卫星导航技术进步。

推动北斗系统民航应用,实现卫星、机载及地面各种自主知识产权定位、导航与授时技术的结合,为航空器提供飞行引导信息,为空中交通服务提供定位监视信息,为空中航行服务提供授时信息,是现代民用航空安全高效运行的基础。合理利用以北斗为核心的 GNSS 技术,提供更加精确可靠、安全高效的定位、导航与授时手段,能有效提高空中交通安全水平、空域容量与运行效率。

民航局已经发布了新时代民航强国建设行动纲要。未来 15 - 30 年,将是完成从陆基导航向星基导航转化,实现平稳过渡的关键时期。从陆基导航向星基导航转化是一项复杂的系统工程,推动北斗系统民航应用是其中最核心任务。推动北斗系统民航应用点多面广线长,应统一规划,整体实施,加强管理,协同推进。

本路线图依据中国民航总体发展战略与规划,根据空中航行服务需要,立足中国民航导航技术现状与发展需求，按照《北斗卫星导航系统交通运输行业应用专项规划》要求，参照北斗系统建设与发展计划，结合国际民航组织《全球空中航行计划》与《航空系统组块升级》的要求编制，是指导中国民航北斗系统应用与发展的纲领性文件。路线图明确了中国民航北斗系统应用的基本原则、总体目标与应用策略，旨在为民航系统各专业领域应用北斗提供指南，推动以北斗为核心的 GNSS 系统协同发展和全面应用，促进民航高质量发展。

一、民航现状和要求

（一）现状

1. 国际应用

（1）ASBU 和卫星导航

国际民航组织（ICAO）在 2016 年发布了第 5 版全球空中航行计划（GANP），明确提出了现代空中航行系统的具体实施路线——航空系统组块升级（ASBU）。其中指出，全球卫星导航系统（GNSS）是现代空中航行系统的重要基础，是 PBN、ADS－B 运行的核心技术，是提升全球空中航行安全水平和服务质量的重要手段。

美国全球定位系统（GPS）和俄罗斯全球导航卫星系统（GLONASS）作为写入国际民航组织标准与建议措施（ICAO SARPs）的 GNSS 核心星座已经运行了二十余年。GPS 已在航空运输中获得广泛应用。美国在 2016 年前完成了所有机场跑道的基于 GNSS 的 PBN 进场程序。GPS 和 GLONASS 正在升级，以提供多个导航频率的服务。其他核心星座，即中国北斗卫星导航系统（BDS）和欧洲伽利略卫星导航系统（Galileo）正在建设中。

GNSS 星基增强系统（SBAS）已在北美（WAAS）、欧洲（EGNOS）、日本（MSAS）、印度（GAGAN）和俄罗斯联邦（SDCM）等多个国家应用。全球已公布了数千个基于 SBAS 的飞行程序，支持 LPV（包括 APV Ⅰ/Ⅱ）或 NPA 进近。支持Ⅰ类精密进近（CATI）的 GNSS 地基增强系统（GBAS）已经应用于美国、欧洲和澳大利亚等国，CAT III GBAS 的 SARPs 已经编制完成。

（2）双频多星座卫星导航

现有的 GPS 和 GLONASS 以及正在建设中的 BDS 和 Galileo 都计划为民用航空用户提供双频导航信号。双频多星座卫星导航系统（DFMCGNSS）可有效缓解电离层的影响，具有明显的技术优势，将有效提升航空运输系统安全水平与运行效率。

DFMC GNSS 将提高定位、导航和授时的可用性，提高空域用户的运行连续性；能够提供全球的垂直引导，减少可控飞行撞地（CFIT），降低空中航行系统的风险。

2. 国内应用

（1）GPS 应用

中国民航于 2009 年发布了《中国民航基于性能的导航实施路线图》，大力推广基于GPS的PBN运行。GPS作为PBN主要的导航源,在我国已广泛应用于航路、终端区的PBN运行;基于机载GPS接收机定位的ADS-B监视已在我国民航分阶段开始运行;CAT I GBAS使用许可已完成合格审定,飞行验证工作正在开展。

(2)北斗及其应用

我国北斗系统正在建设中,2018年12月已启动全球服务。北斗系统将为航空用户提供B1I、B1C和B2a信号,其中B1C和B2a信号与GPS L1C和L5、Galileo E1和E5信号兼容。中国北斗星基增强系统(BDSBAS)正在建设中,于2017年被ICAO接纳为SBAS服务供应商。BDSBAS计划提供双频业务,增强BDS和GPS,未来将考虑增强GLONASS和Galileo。

北斗系统的定位、短报文和授时功能已经应用于机场场面监视、通用航空的监视和定位等领域。

(二)要求

1.服务航空安全体系建设大局

推进北斗系统应用,建立以北斗系统定位信息为核心的航空器追踪、监视及导航能力,是贯彻国务院关于促进民航业发展若干意见的重要举措,是落实党和国家领导人对航空安全体系建设重要批示的关键措施。

2.服务国家空管体制改革大局

推进北斗系统应用,增强国家空域系统特别是低空空域监视服务能力,解决低空空域“看不见”的问题,是促进低空空域开放,推动空管体制改革进程的重要举措。

3.服务民航行业国际竞争力提升大局

北斗系统已经成为ICAO的GNSS核心星座之一,国际民航标准化工作正在积极推进。推进北斗系统应用,提升中国民航在ICAO及相关航空工业的国际竞争力,为新时代民航强国战略奠定基础。

4.服务北斗系统全球应用价值

推进北斗系统在民航这一全球化程度最高的行业应用,是其作为全球卫星导航系统的价值体现,是推动北斗系统全球应用的重要环节。

二、总体思路

(一)指导思想

坚持以习近平新时代中国特色社会主义思想为指导,紧紧围绕统筹推进“五位一体”的总体布局和协调推进“四个全面”的战略布局,坚持以人民为中心的发展思想,以新发展理念为引领,坚持稳中求进工作总基调,深入贯彻落实《新时代民航强国建设行动纲要》,凝心聚力、锐意创新,突破瓶颈制约,推动中国民航卫星导航应用由量的累积向质的跃升,助力民航实现高质量发展,更好地服务国家发展战略、更好地满足广大人民群众对美好生活的需要。

（二）基本原则

服务国家战略，全面开放合作。充分发挥民航服务国家重大战略的重要作用，深化北斗系统在中国民航的监视、定位、导航、授时等应用层的全面应用；推动形成北斗系统参与全球航空运输领域应用的竞争格局；强化国际合作，提升中国民航在卫星导航领域的国际贡献，形成以北斗为重要组成的双频多星座卫星应用体系，构建全球供应商竞争参与北斗系统民航应用新格局。

坚持以人为本，保证安全第一。牢固树立“安全是民航业的生命线”的思想，正确处理安全与发展、安全与效益关系，确保北斗系统民航应用以满足运行需求为导向，以做好技术质量为根本、以符合安全运用为准绳，稳中求进。

明确目标任务，兼顾稳健创新。要统一目标，强化多方信息共商共建共享，坚持稳中求进；要统一行动，产、学、研、用、政五位一体，紧密联系，协同创新；要统一认识，从完善标准体系入手，在实践应用上下功夫，抓好数据驱动，在技术、组织、管理和制度方面加大创新；要找准定位，开拓视野，立足区域，面向全球，主动适应，适度超前；要夯实基础，推动北斗系统在民航的基础和应用研究，鼓励各方投入，特别是技术研究和技术工具的研发投入，增强核心竞争力。

（三）总体目标

中国民航大力推进北斗系统应用，积极构建以北斗为核心的 GNSS 技术应用体系，积极推动以星基定位、导航与授时技术为核心的新一代空中航行系统建设与运行。按照“从易到难，从便携到机载，从监视到导航，通用运输统筹推进”的总体实施路径，助力运输和通用航空业发展，到 2021 年底，基本实现北斗系统通用航空低空空域定位及监视应用，完成北斗系统运输航空器追踪监控及授时应用典型示范，推动民航业高质量发展；到 2025 年底，全面实现北斗系统通用航空定位、导航与监视应用，基本完成北斗星基增强系统运输航空定位导航应用，全面推动北斗系统运输航空导航及监视应用，实现大型无人机混合空域运行典型场景应用，积极支持“一带一路”国家民航应用北斗；到 2035 年底，构建以北斗系统为核心的，与 GPS 等其他星座兼容互操作的双频多星座 GNSS 技术应用体系，逐步实现北斗系统民航行业应用“全覆盖、可替代”，为运输、通用航空及无人驾驶航空器飞行提供精确完好、安全可靠的导航服务，为空中交通提供全空域监视服务，全面提升民航安全水平、空域容量、运行效率和服务能力，为新时代民航强国发展提供强大技术支撑；进一步推动北斗全球民航应用。

三、任务及分工

（一）主要任务

1. 国际标准制定

（1）建立北斗卫星导航系统应用国际合作工作机制，在 ICAO 的统一框架下推进北斗国际民航组织标准化工作。

完成北斗 B1I、B1C 和 B2a 信号的 ICAO SARPs 修订。

推进兼容北斗的双频多星座星基增强系统（SBAS）和地基增强系统（GBAS）的 ICAO SARPs 修订。

（2）推动国内产业界与国际航空工业标准化组织的沟通和协调，参与起草、修订 RTCA、EUROCAE 相关工业标准，推动兼容北斗系统的机载接收机和地面设备技术标准的制定。

2. 民航法规标准体系建设

研究制定北斗系统民航应用的相关政策、法规和技术标准，包括应用验证和监测评估、航电设备和航空器适航审定、地面设备、人员培训、运行程序、监督检查等各方面。

3. 基础能力建设

（1）依据民航行业应用需求，建设完成北斗系统及北斗星基增强系统，并完成相关系统的民航应用验证评估工作。

（2）发布与国际民航标准兼容的北斗信号接口控制文件及相关性能服务规范。

（3）建设部署兼容北斗系统的民航地基增强系统（GBAS）。

（4）建设兼容北斗系统的中国民航 GNSS 监测与评估系统，开展 GNSS 实时监测和评估，向行业管理单位和运行单位提供相应信息服务。

（5）完成符合国际民航标准、兼容北斗系统的双频多星座卫星导航航电和地面设备的研发、验证和制造，完成航电设备的适航和运行批准及地面设备的使用和运行批准。

4. 航空器运营人北斗运行能力建设

航空器运营人负责按照相关法规要求开展北斗运行能力建设，包括制定相关政策、流程和工作程序，改造升级航电和地面设施设备，开展相关人员培训，获得相应适航与运行批准等工作。

5. 空中航行服务能力建设

空管和机场运行单位负责开展北斗相关配套能力建设，制定相关规则、流程和工作程序，建设或升级改造相关地面通信、导航、监视、航行服务等设施设备，开展相关人员培训，获得相应运行和设施设备开放许可。

6. 航空器定位信息共享

整合运输、通用航空器及无人驾驶航空器北斗定位信息，制定数据管理与分发规则，形成基于航空器定位数据的信息交换机制，向航空公司、机场、科研单位与社会公众等提供信息服务。

7. 建立协同合作工作机制

构建多元主体参与、分工协同、合作协商的民航北斗系统建设和应用推广工作体制和机制。

(1)建立健全民航与北斗系统管理方和服务方的协同工作机制，加强北斗系统建设运行与民航应用要求的协调沟通，完善北斗系统民航应用国际标准，构建适应民航需求的北斗系统运行服务保障体系。

(2)联合部委和产业界等机构，在自主知识产权资源利用、北斗国际标准化、设备制造、北斗应用产品开发等方面深入合作，推进北斗航电和地面设备技术发展，促进军民航融合。

(3)加强与其他国家、地区民航当局协同与合作，推进国家、地区间适航与运行批准的互认，推进北斗系统和北斗星基增强系统获得其他国家、地区的许可、适航和运行批准。

(4)与国外运营人和相关组织沟通，共享中国民航北斗系统应用的经验，鼓励使用北斗系统和北斗星基增强系统。

8. 宣传与培训

在北斗系统民航应用实施进程中，各参与单位应加强宣传与培训工作，培训对象包括局方、机场、空管、航空器运营人、产业界及科研院校等单位与人员。

(二)职责与分工

1. 北斗卫星导航系统建设和运营管理部门负责北斗系统及北斗星基增强系统的规划和建设工作，发布信号接口控制文件和服务性能规范，提供北斗 ICAO 标准制定和完善需要的相关技术文件，确保北斗系统及北斗星基增强系统标准与国际民航标准的一致性，按照 ICAO SARPs 和服务定义文件，运行并维护北斗系统及北斗星基增强系统，确保达到所承诺的服务水平和性能，定期发布性能报告。

2. 北斗资源调配主管单位负责民用航空所需短报文通信资源的分配和管理。

3. 中国民用航空局组织推进以北斗为核心的双频多星座卫星导航系统在民用航空领域的应用推广；组织开展针对北斗系统及北斗星基增强系统的民航应用验证评估工作，批准并发布中国境内民航使用的 GNSS 要素，组织建设北斗系统民航规章标准体系，推进北斗 ICAO 标准的制定和完善工作，协调北斗星基增强系统与地基增强系统标准与国际民航标准的一致性，开展北斗星基增强系统民航应用的评估认证，支持产业界研发和生产兼容北斗的航电和地面设备，组织开展相关航电设备适航审定和地面设备准入审定；研究制定运输及通用航空北斗航电设备加改装的鼓励政策。

4. 国内产业界开展兼容北斗的航电设备和民航应用产品的研发、制造、试验、验证工作；参与国际航空工业标准化组织北斗相关航电和地面设备的标准制定工作。

5. 国产商用飞机制造商开展兼容北斗航电设备的加改装和适航取证工作。

6. 运输航空运营人参与北斗系统民航应用相关试验、验证工作，按照局方规划完成北斗航电设备加改装，并取得适航和运行批准，负责机组能力建设，推动北斗在本航空公司运行监控系统的应用。

7. 通用航空运营人根据要求完成北斗航电设备加改装,并取得适航和运行批准,鼓励其参加相关试验、验证工作,负责机组运行能力建设。

8. 无人驾驶航空器运营人根据民航局要求和自身业务需求加改装北斗航电设备,鼓励其参加相关试验、验证工作。

9. 空管和机场运行单位负责建设、运行和维护北斗地基增强系统(GBAS),联合产业界开展民航北斗应用领域研究和试验,扩展行业应用。空管局负责建设、运行和维护 GNSS 性能监测与评估系统,对许可的 GNSS 要素性能进行持续监测评估,定期发布监测报告,提供相关服务,对北斗系统及其增强系统提供相应的监测数据和运行建议。

四、实施计划

中国民航北斗卫星导航系统应用实施分为三个阶段,即近期(2019 年 - 2021 年)、中期(2022 年 - 2025 年)和远期(2026 年 - 2035 年)。

(一)近期(2019 年 - 2021 年)

1. 目标

低空空域通用航空运行基本实现北斗定位 + 短报文的监视服务;完成基于北斗定位及短报文通信的运输航空器追踪监控典型示范,鼓励运输航空器加装北斗航电满足航空器追踪监控要求;开展国产大飞机北斗导航应用典型示范;初步建成包含北斗系统在内的 GNSS 空管授时系统;基本实现对包括北斗系统在内的 GNSS 信号连续监测,满足民航应用安全需要;研究制定中国民航使用卫星导航服务的相关法规,开展北斗系统航电及地面设备标准体系研究。

(1)通用航空

鼓励通用航空运营人加改装北斗系统航电设备,使用固定式或便携式终端实现位置报告。2021 年底前实现 90% 的通用航空器使用北斗系统终端设备。

民航局制定数据管理与分发规则,形成基于航空器定位数据的信息交换机制,初步实现基于北斗的通用航空器飞行动态实时监控;支持科研单位建设北斗通航技术实验验证平台,实现北斗通航技术试验验证与应用服务研究;向航空公司、机场、科研单位与社会公众等提供服务。

(2)运输航空

运输航空器追踪监控

民航局组织运输航空运营人等相关单位,到 2020 年底前完成基于北斗定位和短报文通信的 20 架运输航空器追踪监控典型示范,并制定全行业运输航空器基于北斗的追踪监控终端设备加改装计划及配套要求。

运输航空导航

积极推进中欧、中美在双频多星座地基增强系统(DFMC GBAS)技术研究、设备研制与应用领域的合作。产业界开展兼容北斗系统的 DFMC GBAS 地面设备标准研究和演示验证。

机场场面滑行引导

空管和机场运行单位开展以北斗及其增强系统为位置源的场面监视与航空器滑行引导典型应用示范。

空中交通管理

鼓励空管、航空公司和机场在运行控制系统中采用兼容北斗的多模 GNSS 授时系统,到 2021 年底,完成 2 - 3 个地区授时系统由单 GPS 授时源升级为包括北斗在内的多模 GNSS 统一授时系统。

空管局初步建成 GNSS 性能监测评估系统,实现对全国范围 GPS、BDS 及 BDSBAS 的性能监测,实时向运营人发布监测产品。

(3)国产商用飞机

国产商用飞机制造商与运输航空运营人开展国产商用飞机北斗导航应用典型示范,完成两架国产商用飞机北斗导航接收机加改装,开展应用北斗实现航空导航的应用示范。

(4)无人驾驶航空器

支持并鼓励无人驾驶航空器制造商、运营人等开展北斗及其增强系统在无人驾驶航空器高精度定位和监视领域的产品研发、试验和论证。

2. 实施条件

为实现近期目标,应具备的条件包括:

北斗系统:运行持续稳定可靠,达到承诺的精度、可用性等相关性能要求;

北斗星基增强系统:系统建设完成,信号连续正常播发,具备 GPS 增强能力,满足航空导航运行要求;

北斗短报文:北斗短报文信号连续正常播发,具备中国及周边地区全天候短报文通信服务能力;

北斗相关接口控制文件及性能服务规范完备并公开;确保北斗系统与其他卫星导航系统能够兼容共用。

(二)中期(2022 年 - 2025 年)

1. 目标

低空空域通用航空运行基本实现以北斗定位为核心,兼容多种监视技术的监视体系;运输航空机队全部实现基于北斗定位的全球航空器追踪监控,部分机队实现包括北斗在内的 GNSS 多模导航;机场、空管、航空公司相关运行系统全部实现以北斗为核心的多模 GNSS 授时;国产商用客机实现以北斗为核心的多模式接收机(MMR)原位替换安装并通过适航审定和运行批准;北斗星基增强系统作为 PBN、ADS - B 运行的重要导航源;初步建立北斗系统航电及地面设备标准体系。

(1)通用航空

2025 年底前所有通用航空器完成机载多模式综合监视终端加改装,以包括北斗的 GNSS 为定位源,综合集成 ADS－B、移动通信及短报文等多种数据通信链路实现地空监视数据传输,根据监视需求实现 ADS－BIN 通航应用。

(2)运输航空

运输航空器追踪监控

到 2022 年 6 月,50% 运输航空器完成北斗终端设备加改装,实现基于北斗定位的追踪监控;2023 年 6 月,所有运输航空器完成北斗终端设备加改装;到 2025 年底前所有运输航空器使用北斗定位及相关通信手段实现追踪监控。

运输航空导航

自 2025 年起,新进运输航空器应装备兼容北斗系统及北斗星基增强系统的机载多模式接收机。完成兼容北斗系统的双频多星座地基增强系统(DFMCGBAS)的典型示范。到 2025 年底前,完成国内 2－4 个机场部署兼容北斗系统的双频多星座地基增强系统(DFMCGBAS)地面站。

运输航空监视

北斗系统与北斗星基增强系统成为 ADS－B 运行的关键导航源。鼓励亚太地区其他国家使用包括北斗在内的多模 GNSS 作为 ADS－B 运行导航源。

机场场面滑行引导

实现以北斗在内的 GNSS 及其增强系统作为位置源的场面监视与航空器滑行引导技术推广应用,到 2025 年底前在年旅客吞吐量 2000 万人次以上大型机场及典型中小型机场实现基于 GNSS 的场面监视与航空器滑行引导应用。

空中交通管理

到 2025 年底前,完成所有地区空管授时系统由单 GPS 授时源升级为以北斗为核心的多模 GNSS 统一授时系统。所有航空公司、机场运行控制系统采用以北斗为核心的多模 GNSS 统一授时系统。

空管局建成功能完善的 GNSS 性能监测评估系统。

(3)国产商用飞机

国产商用飞机实现以北斗为核心的多模式接收机(MMR)原位替换安装并通过适航审定和运行批准;所有新交付飞机均作为标准配置。

(4)无人驾驶航空器

所有空域运行的无人驾驶航空器,具备包含北斗在内的多模 GNSS 定位导航能力,采用安全可靠的通信链路实现控制与监视。

2. 实施条件

为实现中期目标，北斗应具备的条件包括：

北斗系统：运行持续稳定可靠，达到 ICAO 规定的精度、完好性和可用性性能要求，成为 ICAO 标准。

北斗星基增强系统（BDSBAS）：完成系统建设、信号连续、正常播发，具备单频 GPS 增强和双频 GPS + BDS 增强能力，满足 ICAO 标准要求，通过民航验证评估。

北斗短报文：完成系统建设，基本实现全球范围覆盖。

北斗航电设备：完成北斗航电设备工业标准的制定，完成兼容北斗的多模式接收机（MMR）的适航审定与运行批准。

（三）远期（2026 年 – 2035 年）

北斗为核心的双频多星座 GNSS 及其增强系统性能满足作为本土航路和终端区主用导航源及机场 I 类精密进近运行的主用或辅助导航源的性能要求。

全面推广北斗在运输航空和通用航空的应用。所有运输及通用航空器均装备兼容北斗的机载多模式接收机，具备北斗导航功能。推动北斗定位及短报文纳入 ICAO 全球航班追踪技术标准。实现以北斗为核心的多模 GNSS 作为 PBN、ADS – B 运行的主要导航源，推动兼容北斗的地基增强系统（GBAS）在运输机场部署，提升机场精密进近效率及低能见度运行保障能力。

利用我国北斗卫星星座资源，积极支持“一带一路”国家民航应用北斗，为双频多星座卫星导航系统国际民航应用做出贡献。

五、路线图的修订和管理

本路线图根据 ICAO 的建议措施和地区发展规划，结合中国民航和北斗系统的现状和发展需要而制定。鉴于路线图制定所依据的环境可能发生变化，包括 ICAO 的建议措施和地区发展规划出现大的调整、中国民航的应用需求发生变化、北斗系统出现大的调整等。当出现上述变化时，将依据这些变化及时修订本路线图。

缩略语

ADS – B Automatic Dependent Surveillance – Broadcast（广播式自动相关监视）

APV Approach procedure with vertical guidance（垂直引导进近）

ASBU Aviation System Block Upgrades（航空系统组块升级）

BDS BeiDou Navigation Satellite System（北斗卫星导航系统）

BDSBAS BeiDou Satellite – Based Augmentation System（北斗星基增强系统）

CFIT Controlled Flight Into Terrain（可控飞行撞地）

DFMC Dual – Frequency Multi – Constellation（双频多星座）

EGNOS European Geostationary Navigation Overlay Service（欧洲地球静止轨道卫星导航重叠服务）

EUROCAE European Organization for Civil Aviation Equipment(欧洲民用航空设备组织)

GAGAN GPS Aided GEO Augmented Navigation(GPS 辅助型静地轨道增强导航系统)

GBAS Ground - based Regional Augmentation System(地基区域增强系统)

GLONASS Globalnaya Navigatsionnaya Sputnikovaya Sistema(全球导航卫星系统)

GPS Global Position System (全球定位系统)

ICAO International Civil Aviation Organization(国际民用航空组织)

MMR Multi - Mode Receiver(多模式接收机)

MSAS Multi - Functional Satellite Augmentation System(多功能卫星增强系统)

PBN Performance Based Navigation(基于性能的导航)

RTCA Radio Technical Commission for Aeronautics(航空无线电技术委员会)

SARPs Standards and Recommended Practices(标准和建议措施)

SBAS Satellite - Based Augmentation System(星基增强系统)

SDCM System of Differential Correction and Monitoring(差分校正和监测系统)

WAAS Wide Area Augmentation System(广域增强系统)

术语

全球卫星导航系统(GNSS):全球定位和授时系统,包括一个或多个卫星星座,机载接收机以及必要完好性监视和增强系统,能为运行提供所需的导航服务。

全球定位系统(GPS):由美国拥有和运行的卫星导航系统。

全球导航卫星系统(GLONASS):由俄罗斯拥有和运行的卫星导航系统。

北斗卫星导航系统(BDS):由中国拥有和运行的卫星导航系统。

伽利略卫星导航系统(Galileo):由欧盟拥有和运行的卫星导航系统。

空基增强系统(ABAS):用户利用来自机载导航设备信息进行增强的系统。

星基增强系统(SBAS):用户从星基发射机接收增强信息的广域覆盖增强系统。

地基增强系统(GBAS):用户直接从地基发射机接收增强信息的系统。

民航局关于印发新时代民航强国建设行动纲要的通知(节选)

(民航发〔2018〕120 号)

三、主要任务和举措

(十)构筑功能完善的通用航空体系。

强化基础保障体系。建立飞行流程全服务、国土空间全覆盖、能力服务高质量的基础保障体系。建设通用航空低空飞行服务保障体系，建成区域及国家通航飞行服务中心，建成功能完善的飞行服务站(FSS)服务体系，实现国内通用航空器兼容 ADS－B 等各种监视技术的北斗导航系统全覆盖。完善固定基地运营服务商(FBO)体系，打造具有国际影响力的 FBO 品牌。完善航油航材供应体系，建设功能全面的维修保障基地(MRO)。

(十一)增强制定国际民航规则标准的主导权和话语权。

全面深化国际合作。构建合作共赢、平等互利的合作机制，打造跨企业、跨行业、跨区域的合作链条。全面创新战略合作平台与机制，提升我国航空运输企业在国际航空组织、联盟中的影响力。支持和推进北斗导航、国产大飞机、技术标准、技术服务等中国民航相关产品服务“走出去”。推进全球航空运输服务便利化，为世界民航发展注入“中国动力”。

(十二)培育引领国际民航业发展的创新能力。

实施科技创新引领战略。深化创新体制改革，强化企业创新主体地位，以航空运输服务链为导向部署创新链、资金链，形成产学研深度融合的技术创新机制。开展应用基础研究和前沿技术创新，组织实施国家科技计划重点项目，开展机场建设、空域管理、节能减排等重大技术创新研究，实现核心技术和瓶颈技术的重大突破，推动成果应用。建设智慧空管，推进航空系统组块升级计划实施，加大北斗卫星导航系统等具有自主知识产权的新技术、新装备、新系统在空管、航空器运行等领域的研发和应用，形成空、天、地全方位的新航行技术应用体系。着力推动民航与互联网、人工智能、大数据等新技术的深度融合。实现从“跟跑者”向“并行者”、“领跑者”转变。

中华人民共和国国家邮政局

国家邮政局、国家发展改革委、交通运输部、商务部、海关总署关于促进粤港澳大湾区邮政业发展的实施意见(节选)

(国邮发〔2020〕78 号)

四、推动创新驱动转型发展

支持产业数字化转型和数字产业化发展，加快邮政快递业扩容增效，发展供应链服务、冷链快递、即时递送和仓递一体等新业态新模式。依托广深港、广珠澳科技创新走廊建设,促进邮政业创新要素自由流动和区域融通。推进大数据、云计算、人工智能、物联网、北斗导航、区块链、5G 通信等信息技术与邮政业深度融合,推广应用智能化装备设施和新型通用寄递地址编码。探索建立政产学研企联合的大湾区邮政业科技创新战略联盟,打造粤港澳邮政业科技交流合作平台。支持行业内企业、机构申报设立国家重点实验室、国家工程研究中心和行业技术研发中心,鼓励三地建设联合实验室。

中华人民共和国水利部

水利部、公安部、交通运输部关于建立长江河道采砂管理合作机制的通知(节选)

(水河湖〔2020〕37 号)

三、合作领域

(二)加强涉砂船舶管理。进一步完善和落实长江河道砂石采运管理单制度、采砂船舶汛期集中停靠制度。建立完善涉砂船舶台账和从业人员动态数据库。建设长江采运砂船舶联合监管信息平台,实现涉砂船舶信息共享,推动涉砂船舶安装北斗终端,力争实现对此类船舶的 24 小时全程监控。依法查处证照不齐全的采运砂船舶、非法改装的"隐形"采砂船舶、非法码头以及违法运输砂石等行为,依法对航道内涉砂碍航船舶进行检查和查处。

水利部办公厅关于印发 2020 年水利网信工作要点的通知(节选)

(办信息〔2020〕22 号)

一、补水利网信短板

(二)补水利信息化短板

7. 提升水利通信保障能力。加强水利卫星通信网络运行管理,开展卫星小站核查清理,组织应急通信演练和技能培训。查找水利通信薄弱环节,探索自建、共建等模式解决通信“盲区”问题。积极推进北斗卫星导航系统、5G技术在水利工程安全监测预警等工作中的应用。加强水利无线电频率资源管理。

水利部办公厅关于印发2019年水利网信工作要点的通知（节选）

（办信息〔2019〕59号）

四、加快补信息化能力短板

21. 提升水利通信保障能力。加强水利卫星通信网络建设，研究拓宽卫星通信带宽资源，探索新型通信卫星网络在水利行业应用，加强5G技术、北斗三号卫星、新型遥感卫星在水利工程安全监测预警中应用研究。加强无线电站点登记管理，协调解决部分流域无线频谱使用授权。组织应急通信演练。

中华人民共和国农业农村部

农业农村部关于加快发展农业社会化服务的指导意见（节选）

（农经发〔2021〕2号）

三、主要任务

（五）提升科技水平。充分发挥农业社会化服务在集成推广应用绿色优质新品种、先进适用技术和现代物质装备中的重要作用，促进服务与科技深度融合，着力解决农业科技落地的“最后一公里”问题。鼓励服务主体充分利用互联网、大数据、云计算、区块链、人工智能等信息技术和手段，推广应用遥感、航拍、定位系统、视频监控等成熟的智能化设备和数据平台，对农牧业生产过程、生产环境、服务质量等进行精准监测，提升农业的信息化、智能化水平。鼓励服务主体与高等院校、职业学校、科研院所等加强合作，开展服务行业重大关键技术和装备研发，解决服务主体普遍面临的技术、装备、人才等难题。

农业农村部、财政部关于做好2021年农业生产发展等项目实施工作的通知(节选)

(农计财发〔2021〕8号)

二、重点任务

(三)加强农业现代化设施装备建设。完善优化农机购置补贴,加大对粮食生产薄弱环节、丘陵山区特色农业生产急需机具以及高端、复式、智能农机产品补贴力度。推广应用北斗导航智能终端。加快推进农产品产地冷藏保鲜设施建设,开展整县推进试点,促进解决鲜活农产品流通出村进城“最先一公里”问题。

四、大力培育新型农业经营主体

(二)加快推进农业生产社会化服务。支持符合条件的农村集体经济组织、农民合作社、农业服务专业户和服务类企业面向小农户开展社会化服务,重点解决小农户在粮棉油糖等重要农产品生产中关键和薄弱环节的机械化、专业化服务需求。加大对南方早稻主产省、丘陵地区发展粮食生产等社会化服务支持力度。坚持市场化手段,通过以奖代补、作业补贴等多种方式,支持各类服务主体集中连片开展统防统治、代耕代种代收等机械化、专业化社会化服务。支持安装使用机械作业监测传感器和北斗导航终端的服务主体,集中连片开展农业生产社会化服务。各地要根据当地小农户和农业生产需求,因地制宜发展多种服务模式,提升农业社会化服务的市场化、专业化、规模化、信息化水平,推动服务型规模经营,加快转变农业生产方式和经营方式,引领小农户和现代农业有机衔接。

农业农村部、中央网络安全和信息化委员会办公室关于印发《数字农业农村发展规划(2019—2025年)》的通知(节选)

(农规发〔2019〕33号)

一、发展形势

(一)发展成效

科技创新能力不断提升。数字农业领域国家工程技术研究中心、农业信息技术和农业遥感学科群、国家智慧农业创新联盟相继建成,智慧农业实验室、数字农业创新中心加快建设,农业物联网、数据科学、人工智能等相关专业在高等院校普遍设立。数字农业标准体系加快建设，农业物联网应用服务、感知数据描述和传感设备基础规范等一批国家和行业标准陆续出台。具有自主知识产权的传感器、无人机、农业机器人等技术研发应用，集成应用卫星遥感、航空遥感、地面物联网的农情信息获取技术日臻成熟，基于北斗自动导航的农机作业监测技术取得重要突破，广泛应用于小麦跨区机收。

四、加快生产经营数字化改造

（三）渔业智慧化

推进智慧水产养殖，构建基于物联网的水产养殖生产和管理系统，推进水体环境实时监控、饵料精准投喂、病害监测预警、循环水装备控制、网箱自动升降控制、无人机巡航等数字技术装备普及应用，发展数字渔场。以国家级海洋牧场示范区为重点，推进海洋牧场可视化、智能化、信息化系统建设。大力推进北斗导航技术、天通通信卫星在海洋捕捞中的应用，加快数字化通信基站建设，升级改造渔船卫星通信、定位导航、防碰撞等船用终端和数字化捕捞装备。加强远洋渔业数字技术基础研究，提升远洋渔业资源开发利用的信息采集分析能力，推进远洋渔船视频监控的应用。发展渔业船联网，推进渔船智能化航行、作业与控制，建设涵盖渔政执法、渔船进出港报告、电子捕捞日志、渔获物可追溯、渔船动态监控、渔港视频监控的渔港综合管理系统。

农业部、国家发展改革委、财政部关于加快发展农业生产性服务业的指导意见（节选）

（农经发〔2017〕6号）

三、积极拓展服务领域

（十二）农机作业及维修服务。推进农机服务领域从粮棉油糖作物向特色作物、养殖业生产配套拓展，服务环节从耕种收为主向专业化植保、秸秆处理、产地烘干等农业生产全过程延伸，形成总量适宜、布局合理、经济便捷、专业高效的农机服务新局面。鼓励服务主体利用全国“农机直通车”信息平台提高跨区作业服务效率，加快推广应用基于北斗系统的作业监测、远程调度、维修诊断等大中型农机物联网技术。鼓励开展农机融资（金融）租赁业务。打造区域农机安全应急救援中心和维修中心，以农机合作社维修间和农机企业“三包”服务网点为重点，推动专业维修网点转型升级。在适宜地区支持农机服务主体以及农村集体经济组织等建设集中育秧、集中烘干、农机具存放等设施。在粮棉油糖作物主产区，依托农机服务主体探索建设一批“全程机械化+综合农事”服务中心，为农户提供“一站式”田间服务。

农业部关于印发《“十三五”农业科技发展规划》的通知(节选)

(农科教发〔2017〕4号)

三、农业科技创新

(一)重点领域

2. 农业机械化

技术开发:突破保护性耕作、水稻种植、水肥药一体化、玉米籽粒直收、橡胶收割、棉花采摘、甘蔗收割、马铃薯种植与收获、牧草收获与加工、秸秆综合利用、畜禽水产高效养殖等机械化瓶颈技术;突破无极变速、智能化精准作业和动植物对象识别与监控系统等为代表的关键零部件效能提升和可靠性技术;创制新型高效拖拉机及其配套农机具、经济高效智能化割胶设备等机械化栽种装备、精量水肥药施用机械、植保无人机等高效植保机械、高效自走式联合收获机械、畜禽粪便和秸秆等农业废弃物资源化利用装备、田间育种与种子加工成套设备等装备,以及畜禽水产高效养殖装备与设施、饲料散装运输、储存和自动饲喂装备;探索北斗卫星精准定位、自动导航等在农机装备上应用。强化农机农艺融合研究,建立适合不同地域的农业装备系统和机械化、标准化生产技术规范。

农业部关于印发《“十三五”全国农业农村信息化发展规划》的通知(节选)

(农市发〔2016〕5号)

三、主要任务

(一)加强信息技术与农业生产融合应用

4. 推动渔业信息技术广泛应用

加快渔业物联网示范应用,在水产养殖重点区域推广应用水体环境实时监控、饵料自动精准投喂、水产类病害监测预警、循环水装备控制、网箱升降控制等信息技术和装备,加强陆基工厂、网箱、工程化池塘养殖的信息技术应用,开展深远海养殖平台的研发与应用,努力实现水产养殖装备工程化、技术精准化、生产集约化和管理智能化。大力推广北斗导航技术在渔船监测调度和远洋捕捞中的应用,为海洋渔船配备卫星通信、定位、导航、防碰撞等渔船用终端,升级改造渔业通信基站,完善全国海洋渔船渔港动态监控管理系统，升级改造中国渔政管理指挥信息平台，提高渔业生产信息服务水平，保障渔业生产安全。

农业部办公厅关于印发《海洋渔政船通信设备配备规范（试行）》的通知（节选）

（农办渔〔2012〕121号）

2　规范性引用文件

凡是注日期的引用文件，仅所注日期的版本适用于本文件。凡是不注日期的引用文件，其最新版本（包括所有的修改单）适用于本文件。

SC/T 6070　渔业船舶船载北斗卫星导航系统终端技术要求

3　术语和定义

3.2　渔政船北斗报务通信系统

能通过北斗卫星导航系统全时段在线收、发通信报文，具有收发记录、存储、导出、编辑、打印、通信目标管理等功能的通信系统。

3.3　渔政船北斗移动监控指挥系统

基于北斗卫星信道，可在船上实时接收海上北斗船载终端用户上报的位置、航向、航速等信息，直接监控海上北斗船载终端用户，具有系统管理、海图操作、海图显示、导航设置、轨迹回放、报警管理等功能的移动监控指挥平台。

农业部办公厅关于南太平洋区域渔业管理组织有关管理措施的通知（节选）

（农办渔〔2013〕27号）

附件1：

关于数据收集、报告、核实和交换的养护和管理措施

4、船舶监测系统数据

（2）其他情况下应至少每4小时报告一次船位。

（ⅲ）在正常卫星导航运行状态下，报告的船位数据应准确到500〔3〕米范围之内。

农业部办公厅关于印发《全国海洋渔业安全通信网CDMA通信系统规范》的通知(节选)

(农办渔〔2007〕42号)

第一章　系 统 概 述

1.1　背景

本系统为全国海洋渔业安全通信网组成部分。系统是基于CDMA公众通信网,结合GPS高精度卫星定位与现代GIS地理信息技术,所建立的一套集船位监控、遇险救助、通讯指挥于一体的海洋渔船安全生产综合信息管理系统。

1.2　规范适用范围

本规范规定了全国海洋渔业安全通信网CDMA通信系统规范(以下简称"系统")的基本架构和功能。

本规范适用于采用CDMA公众通信网,结合GPS高精度卫星定位与现代GIS地理信息技术所开发的海洋渔船安全生产综合信息管理系统。

本规范作为统一规范,可作为系统的设计依据。

本系统为依赖无线公众通信网路,结合GPS高精度卫星定位与现代GIS地理信息技术,所建立的一套集渔船海上定位、遇抢救助、通讯指挥于一体的海上渔业安全生产综合信息管理系统。

1.4　术语和定义

1.4.1　海洋渔业安全信息服务系统(ocean fish culture safety information service system,OCSISS)

本系统系采用卫星定位和无线公众移动通信技术,所建立起来的海洋渔船海上安全生产监控信息处理系统。系统由渔业安全信息服务中心、通信网路及定位终端等部分组成,功能上以提供海上渔船终端的实时监控为特征。

1.4.13　电子海图显示与信息系统(electronic chart display and information system, ECDIS)

是一种航海信息系统,它备有足够的备用装置,符合1974 SOLAS条约第V/20条规则有关对海图现势性的要求,由一个系统电子航海图(SENC)显示所需信息。SENC具有来自导航传感器的位置信息,以辅助航海人员设计航线、进行航路监视,并可显示与航海相关的其他信息(参见《IEC 61174:海上导航和无线通信设备与系统—电子海图显示与信息系统(ECDIS)——性能要求、测试方法和要求的测试结果》第4.2.1)。

电子海图显示与信息系统可作为船用终端的组成部分,其硬件部分可以是独立的设备,与船用终端通过通信线路相连。此时,其互相之间的通信需符合《IEC 61162(所有部分),海上导航和无线电通信设备与系统—数字接口》的相关要求。

电子海图显示与信息系统可作为船用终端的组成部分,与船用终端构成一体化设备。

当作为船用终端的扩展组成部分时,电子海图显示与信息系统的导航传感器即为船用终端的卫星定位接收机(SPR)。

1.4.15　卫星定位接收机(satellite positioning receiver,SPR)

实现船舶定位信息接收的功能模块,是卫星定位系统的用户终端设备。

1.4.19　定位信息接入参考点(positioning information access reference)

船用终端内主控处理机与卫星定位接收机之间的功能和通信接口。

1.4.23　定位信息接收空中接口(positioning information receive wireless interface)

船用终端与卫星定位系统之间的空中通信接口,由卫星定位接收机实现。

1.4.28　定位资料(position data)

由卫星定位接收机处理的包含船舶的经纬度、速度、方向及时间等卫星定位的原始信息。

1.4.36　定速度方式(velocity mode)

船用终端位置信息刷新方式之一,表示按规定的卫星定位船舶速度刷新船舶位置信息。

第三章　系统结构和功能定义

3.1　系统体系结构

3.1.2　基本组成

3.1.2.2　ST 组成

ST 由主控处理机、卫星定位接收机及通信收发信机三部分组成,ECDIS 可作为其扩展部分。ST 应能获得船舶位置信息,提供人机操作、信息处理,实现本地和远程监控调度。ST 是船舶信息服务的执行主体,通过主控处理机实现对船舶的各种管理、监控及服务。若其包含 ECDIS 系统作为其功能扩展,则除应满足本规范的功能要求之外,还应符合 IHO S－52 和 IEC 61174 标准的有关功能要求。

3.2　基础技术

系统应充分应用卫星定位系统、移动通信网路、计算机及通信系统、数据库管理系统、地理信息系统和信息安全处理。系统汉字信息的传输编码应采用 GB 2312－80。

3.2.1　卫星定位系统

通过集成在 ST 中的卫星定位接收机,可以获得如报警、定位、调度、导航及其他信息服务所必需的船舶定位数据,如经纬度、速度、时间和方向等。

卫星定位系统覆盖范围应大于船舶信息服务系统确定的有效服务区域，确保区域内的卫星定位接收机全天（除电波的直视受阻外）无定位盲区，且船舶航行时不出现中断现象。

卫星定位系统提供的定位服务经接收机解算后，不仅应满足系统要求的定位精度，而且应提供满足误差范围的导航信息。

第四章　船用终端通用规范

本标准规定了 GPSONE 和 GPS/CDMA 卫星导航船舶信息服务系统船用终端（以下简称终端）的要求，测试方法和要求的测试结果，检验规则、标志、包装及储存。

本标准适用于 GPSONE 和 GPS/CDMA 卫星导航船舶服务系统船用终端的研制和生产，也是制定具体终端产品标准和检验产品质量的依据。

中华人民共和国商务部

商务发展第十三个五年规划纲要（节选）

（商综发〔2016〕224 号）

第四章　提高流通信息化、标准化、集约化水平

第一节　提高流通信息化水平

鼓励流通企业加强信息系统改造，扩大射频识别、传感器、卫星导航、智能投递等先进技术应用，推广应用大数据分析、供应链管理、企业资源计划、客户关系管理等现代管理技术。

商务部等六部门关于印发《全国电子商务物流发展专项规划（2016—2020 年）》的通知（节选）

（商流通发〔2016〕85 号）

四、重大工程

（八）电商物流创新工程。

支持科研机构、大专院校建立电商物流领域创新平台或研究机构，着力解决电商物流发展的重大技术瓶颈。鼓励构建产学研用创新联盟，创新体制与模式，重点开展电商物流机器人、云计算、北斗导航、模块集成、信息采集与管理、数据交换等基础技术的研发；推动电子合同、电子结算、物流跟踪、信息安全、顾客行为分析等技术应用。推动电商物流企业管理创新、服务创新和商业模式创新。

商务部办公厅关于智慧物流配送体系建设实施方案的通知（节选）

（商办流通函〔2015〕548 号）

二、主要任务

（四）建立科学有序的智慧化物流分拨调配系统。

提高分拨效率，促进物流园区、仓储中心、配送中心货物信息的精准对接，加强人员、货源、车源和物流服务信息的有效匹配。优化配送路线，利用大数据技术采集路况信息，建立交通状况模型，与智能交通系统对接，依据实时路况动态调整配送路线。实现自动调配，鼓励运用北斗等导航定位技术，实时记录配送车辆位置及状态信息，利用云计算技术，做好供应商、配送车辆、门店、用户等各环节的精准对接。加强流程控制，运用信息技术，加强对物流配送车辆、人员、环境及安全、温控等要素的实时监控和反馈。

中华人民共和国文化和旅游部

文化和旅游部、国家发展改革委、教育部、工业和信息化部、公安部、财政部、交通运输部、农业农村部、商务部、市场监管总局关于深化“互联网＋旅游”推动旅游业高质量发展的意见（节选）

（文旅资源发〔2020〕81 号）

四、重点任务

（五）加强旅游监管服务。通过大数据采集分析加强旅游安全监测，提升旅游领域突发事件预警和应急处置能力。推动北斗系统等导航定位、可穿戴设备、电子围栏、遥感卫星等技术和设备在自助旅游、特种旅游中的运用。完善全国旅游监管服务平台，健全中央—地方旅游监管服务平台体系，形成旅游市场信息化、智能化监管服务格局。鼓励各地区建设基于大数据的旅游市场经济运行监测体系，实时监测区域旅游消费趋势，建立数据导向的政策调整机制。

原中华人民共和国国家旅游局

国家旅游局、国家发展改革委、工业和信息化部、公安部、财政部、国土资源部、环境保护部、住房城乡建设部、交通运输部、国家工商总局、国家体育总局关于促进自驾车旅居车旅游发展的若干意见（节选）

（旅发〔2016〕148 号）

四、主要任务

（二）完善公共服务体系。加快建设交通主干道、重点景区与营地的连接道路，推进高速公路服务区改造升级。围绕自驾游道路交通网络，完善旅游交通和营地标识。鼓励国内汽车生产商和自驾游服务商利用北斗卫星导航系统进行智能服务平台相关产品和设备的深度开发，提供自驾游线路导航、交通联系、安全救援和汽车维修保养等配套服务。制定出台《自驾游目的地基础设施和公共服务导则》，引导各地完善自驾游设施和服务体系，支持重点自驾车旅居车旅游目的地建设完善自驾游服务中心、加油站、维修站、停车场、旅游厕所、观景平台等服务体系。

国家标准化管理委员会

国家标准化管理委员会关于印发《2015 年全国标准化工作要点》的通知(节选)

(2015 年 4 月 21 日)

二、紧贴要求,加强重点领域标准制定

15. 促进军民标准融合,加强北斗卫星导航军民通用标准制定,建设军民共用标准化技术组织,推动形成军民融合的长效工作机制。

国家标准化管理委员会、国家发展和改革委员会、工业和信息化部关于贯彻落实十大重点产业调整和振兴规划进一步加强标准化工作的意见(节选)

(国标委工一联〔2009〕38 号)

九、电子信息产业

核心电子器件、通用芯片、电子材料及专用设备大规模集成电路制造技术及成套工艺;软件、信息技术服务;宽带无线移动通信、高性能计算机及网络设备、下一代网络;数字电视、网络电视、移动多媒体;高清光盘、平板显示、家庭网络、智能终端、无线射频识别和传感器网络;“北斗”卫星应用;国家基础信息网络和重要信息系统的开发和建设;网络和信息安全;电子元器件节能降耗、半导体照明、绿色电池;数字版权保护。

国家测绘地理信息局

国家测绘地理信息局关于印发2018年测绘地理信息工作要点的通知(节选)

(国测发〔2018〕2号)

三、开辟测绘地理信息保障服务新境界

(二)全面服务国防和军队现代化建设。履行中央军民融合发展委员会成员单位职责,尽快出台测绘地理信息领域军民融合的指导意见,加快构建全方位、多层次、高效率的军民融合发展新格局。加强军地协调、需求对接,建立并完善规划计划、法规政策、资源共享、科技创新、通用标准、人才培养、应急测绘、国防动员等方面的融合机制。统筹测绘基础设施共建共用,积极推动军民融合重大项目的立项,全力组织实施好军民融合空间基准项目,合作开展海岛礁测绘,推进北斗导航卫星系统的产业化应用和军民测绘卫星的全面融合。推进军民标准化深度融合,组织实施好军民标准通用化专项。

国家测绘地理信息局关于印发《测绘地理信息领域重要信息系统商用密码应用规划(2016—2020年)》的通知(节选)

(国测办发〔2016〕18号)

一、规划背景

(一)规划依据

中办、国办在关于加强重要领域密码应用的有关文件中,对加强和规范测绘地理信息领域重要信息系统密码应用工作提出了明确要求。按照中央关于加强基准站建设和应用管理,进一步促进基准站应用服务的要求,国家测绘地理信息局会同有关部门研究,印发了《关于规范卫星导航定位基准站数据密级划分和管理的通知》(国测成发〔2016〕1号)和《卫星导航定位基准站建设备案办法(试行)》(国测法发〔2016〕4号),对基准站观测数据、数据中心数据、服务数据等受控管理和数据采集服务作出具体规定,提出了“普通基准站观测数据采用专网或商用密码手段加密保护后向数据中心进行传输”的要求。《测绘地理信息事业“十三五”规划》对加强关键网络基础设施和重要信息系统安全保障提出了明确要求。

（二）现状与需求

卫星导航定位基准站（以下简称基准站）是重要的国家空间基础设施。基准站的广泛应用，可以有效提高卫星导航定位精度，对于促进国土、测绘、交通、海洋、气象、地震等行业转型升级具有重要意义。我国基准站在迅速发展的同时，也带来一些安全隐患，例如采用互联网进行基准站的传输数据存在泄露风险、互联网服务用户身份验证不规范等，商用密码应用尚未规范，信息安全难以保障。

三、主要任务

（一）推进基准站网商用密码应用

3. 商用密码应用试点示范和推广应用。根据基准站投资建设主体多元化实际，分步开展应用试点示范。选择测绘地理信息及相关部门建设的基准站，开展商用密码应用改造试点工作。在取得示范经验基础上，再从各级各类基准站建设部门中扩大试点范围，成熟之后推广应用到全国卫星导航定位基准站。

四、时间安排

2016 年 4 月，启动卫星导航定位基准站商用密码应用情况梳理工作，2017 年 8 月前完成。

2016 年 11 月，启动卫星导航定位基准站密码应用标准体系研究，2018 年 12 月前编制形成商用密码应用标准。

2017 年 1 月，启动面向社会服务的测绘地理信息政务信息系统商用密码应用研究，结合新政务信息系统开发建设，明确商用密码应用需求，调研商用密码应用产品。

2017 年 6 月，启动卫星导航定位基准站、面向社会服务的政务信息系统商用密码应用试点示范建设工作，2018 年 6 月前完成。

2018 年 6 月前，建立第一批商用密码设备和产品采购目录。

2018 年 12 月前，完成卫星导航定位基准站、面向社会服务的政务信息系统商用密码应用或升级改造实施方案制定。

2019 年 10 月前，启动检测评估工作。

2020 年，全面完成商用密码应用建设或升级改造。

国家测绘地理信息局关于印发《卫星测绘“十三五”发展规划》的通知（节选）

（国测科发〔2016〕7号）

一、总体思路

（二）基本原则

3. 支撑产业，共享发展

紧扣地理信息产业对卫星测绘应用的迫切需求，加快发展高分辨率光学遥感卫星、干涉雷达卫星、激光测高卫星、重力卫星等测绘卫星，推进北斗卫星民用化进程，抢占国产测绘卫星在产业发展中的市场份额，坚持共享发展，服务于地理信息产业的发展壮大。

（三）发展目标

以国产高分辨率测绘遥感卫星、北斗卫星为主，推进相关商业遥感卫星发展，大力加强卫星测绘能力建设，构建1∶5万－1∶1万比例尺多类型多型号自主卫星测绘对地观测体系，形成以0.7米－2米分辨率为主的立体测绘能力，使高分辨率遥感影像自给率达到80%；建立集测绘卫星总体设计、仿真、检校、数据处理、服务和质量控制于一体的卫星测绘技术、产品和标准体系，生产1∶5万－1∶1万比例尺卫星影像产品和基础地理信息产品；推进商业遥感卫星测绘能力建设，形成多分辨率、多比例尺的地理信息产品生产和应用服务能力，支撑“五大业务”和地理信息产业发展。

二、重点任务

（一）完善卫星测绘政策标准体系

3. 加强卫星测绘应用标准体系建设

逐步建立完善光学、雷达、激光等多类测绘卫星几何检校、数据处理、产品生产、质量监督检验、产品分发服务的系列标准规范，制定专题应用、信息提取、变化检测等增值产品及其技术标准。制定国产测绘遥感卫星数据获取和技术服务的标准化流程及规范。将北斗应用标准体系建设纳入测绘地理信息标准化建设规划，研究建立北斗应用标准体系框架，着力推进行业应用急需、共性和基础性标准的制修订。

（三）完善卫星测绘应用技术体系

4. 完善测绘卫星数据产品监管和质量监督检验技术

开展高分辨率光学、干涉雷达、激光测高、重力等各类卫星测绘数据和产品的质量监督检验技术攻关，实现快速、准确及高度自动化的测绘卫星数据质量检查与评价能力，研究构建卫星测绘产品质量认证体系。加强卫星连续运行参考站建设监管、北斗导航与定位服务产品质量检测与监管技术研究，建立权威的地图导航定位产品质量综合测评体系。

5. 加强测绘遥感卫星和北斗导航卫星应用技术研究

开展基于高分辨率测绘遥感的应用技术研究，拓展测绘遥感卫星数据在农林、水利、土地、地矿、环保等领域的应用能力。积极支持开展多领域、跨学科、基于位置的大数据及物联网科技创新和技术攻关。开展基于北斗的动态时空基准构建、动态高精度定位、局域/广域差分定位等技术研究。加快推进高精度高动态时空基准信息应用服务、室内外无缝定位服务和智能位置服务等应用研究。

（五）构建卫星测绘服务体系

1. 推进国产测绘卫星为重大战略和重大工程服务

综合利用多类型测绘遥感卫星数据资源，实现多源遥感信息的持续获取和综合应用，为“一带一路”、生态文明建设等国家重大战略实施，经济社会发展和“五大业务”提供卫星影像以及综合信息服务，推进卫星测绘数据应用。结合“一带一路”沿线国家和地区的实际需求，深度挖掘和推广北斗卫星应用。

5. 提高北斗地面应用服务能力

加快推进现有国家卫星导航连续运行基准站网改造，开展“一带一路”沿线国家和地区的北斗导航卫星地面站建设，增强北斗应用和全球化服务能力。研发全国性、高精度的位置数据综合服务系统，为各类用户提供综合性的位置数据综合服务。开展卫星导航领域的国际合作，鼓励在境外合作建立北斗卫星导航研发中心和服务网络，鼓励国外企业开发利用北斗卫星系统，大力开拓国际市场。

关于印发《测绘地理信息标准化“十三五”规划》的通知（节选）

（国测科发〔2016〕6 号）

一、工作回顾

（一）“十二五”期间工作进展

标准制修订工作卓有成效。围绕技术进步、需求变化以及事业快速发展需要，制修订并发布了 27 项国家标准、60 项行业标准、6 项计量检定规程、30 余项地方标准。基础地理信息数据和地图产品等数据资源类标准不断丰富，三维地图模型、地下空间测绘和地理信息系统软件与接口等新技术应用类标准相继涌现，测绘地理信息质量检验、仪器检定类标准更加完善，卫星导航定位基准站等一批新领域新技术标准完成立项。初步形成了由114项国家标准、140项行业标准、6项计量检定规程、50余项地方标准等组成的较为完善的测绘地理信息标准体系。

保障支撑作用显著提升。基础地理信息地形要素数据规范、地理信息公共平台基本规定、地理空间框架基本规定和地理国情监测内容框架等多个工程建设亟需标准相继制定，为各类测绘地理信息工程实施提供了有力的标准化支撑，确保了测绘地理信息重大工程的顺利开展。数字表面模型、公开地图产品、导航与位置服务、地下空间测绘、卫星测绘等一批实用型标准成功研制，大幅推动了地理信息资源的市场化开发利用，有力促进了地理信息产业的快速发展。

四、重点任务

（二）统筹推进重要急需标准制修订

1. 基础通用领域

术语定义，包括地理国情监测、卫星导航定位基准站、地下空间测绘、多规合一、不动产测绘、海洋测绘、时空政务地理信息等术语标准的制定，以及测绘基本术语、地理信息术语等基础术语定义的修订。

2. 重点工程领域

现代测绘基准体系建设，包括卫星导航定位基准站建设、运维、管理、服务及应用以及航空重力测量等方面标准的制修订。

航空航天遥感测绘，包括低空（无人机）遥感测绘、倾斜摄影测量、卫星立体测绘、航空航天遥感测绘等标准的制修订。

4. 管理类标准

安全管理，包括测绘设备安全、从业单位及人员安全、卫星导航定位基准站网安全以及各类测绘地理信息成果与服务安全等标准的制定。

五、保障措施

（二）加强统筹协调

加强与国土、建设、水利、交通、农业、统计、环保、海洋、林业、质检等部门及相关标准化技术委员会的互动协调，推动重点领域跨行业标准制修订与实施。加强与计算机信息系统、通信网络及新兴产业技术创新联盟等的沟通协调，促进测绘地理信息跨行业、跨领域的深度融合和共享合作。加强与军队有关部门的沟通合作，协调开展测绘地理信息领域军民标准通用化相关研究，推动卫星导航定位、时空基准等重点领域的军民通用标准制定。促进测绘地理信息标准化与科技创新、重大工程、产业发展的有机衔接，将标准测试、配套软硬件研发等标准化科研内容纳入科技创新支持范围，将标准化成果作为科研项目和重大工程项目考核的重要技术指标，促进生产、科研产出的共性技术成果加速向标准转化，使标准化成为科技创新同经济对接、创新成果同产业对接、创新项目同现实生产力对接的桥梁和纽带。

关于印发《测绘地理信息科技发展“十三五”规划》的通知(节选)

(国测科发〔2016〕5 号)

一、形势与需求

(一)现状和趋势

1. 国际测绘地理信息科技发展现状和趋势

大地测量与导航定位方面。GPS、北斗(BDS)、格洛纳斯(GLONASS)和伽利略(Galileo)等全球卫星导航定位系统(GNSS)都在加快建设和完善进程,区域卫星导航定位系统建设加速推进。GNSS 数据处理由离线向在线转变,美国等提供了高精度在线 GNSS 数据处理服务。国际地球参考框架点坐标精度达到毫米级,年变化率的精度优于 1 毫米/年。全球大地测量观测系统(GGOS)正致力于整合各类大地测量数据,形成一致、可靠的大地测量数据产品。重力测量卫星 CHAMP、GRACE 和 GOCE 的成功升空以及 GRACE 后续星的即将发射昭示着人类将迎来一个前所未有的卫星重力测量时代。室内外无缝导航定位技术发展迅速,形成了无线局域网(WiFi)、超声波、射频识别(RFID)、蓝牙等多手段互为补充的室内导航定位技术体系。英国国防科学与技术实验室正在研制量子导航定位系统,能精确跟踪人体移动的位置,可在水下精确导航定位。

2. 我国测绘地理信息科技发展现状

(2)科技自主创新能力显著提升

大力推动核心与关键技术攻关,形成了一批重要创新成果,信息化测绘技术体系基本建成。资源三号 01、02 星成功发射,开启了我国自主航天测绘的新时代。成功研制了北斗卫星导航定位芯片,结束了我国高精度卫星导航定位产品“有机无芯”的历史。北斗导航卫星建立了星间链路,标志着我国掌握了全球导航卫星星座自主运行核心技术。研制了国内首套机载雷达测图系统,达到国际先进水平。自主研发了大规模集群化遥感数据处理系统,生产效率提高 5 ~ 10 倍。基础地理信息大范围快速更新技术实现突破,首次完成了全国范围 1∶5 万基础地理信息数据库年度更新。在国际上率先开展了地理国情普查与监测,成功打造了自主知识产权的国家地理信息公共服务平台,数字城市地理空间框架向智慧城市时空信息云平台升级。与互联网、云计算、大数据等新技术融合,测绘地理信息正成为大众创业、万众创新的重要领域。自主研发了航空数码相机、倾斜相机、无人飞行器航摄系统、应急监测系统、移动测量系统等一大批技术装备,实现了基于中央处理器、操作系统、数据库的新一代地理信息平台软件的全面国产化,部分性能指标优于国外同类产品。据不完全统计,“十二五”期间,共开展科研项目 4300 余项,其中国家级科技项目 300 余项、省部级科技项目 800 余项,形成科技成果近 1000 项,在生产中转化应用 600 余项。多项科技成果获得国家科技进步奖、国家自然科学奖、国家发明奖和国际奖项,获国家创新团队奖 1 项。

(3)关键技术研发取得重要突破

大地测量与导航定位方面。现代测绘基准关键技术取得突破,基本具备涵盖全部陆海国土、高精度、三维、动态的能力。统筹建成 2200 多个站组成的全国卫星导航定位基准站(CORS)网,正在加快推进 CORS 网的北斗升级改造。GNSS 多系统组合精密定位理论、方法以及软件研制等方面取得了丰硕成果,实现了精密单点定位(PPP)技术与网络实时动态定位(RTK)技术的统一。研制了中国大陆 1°×1°格网速度场模型。国产航空重力仪研制取得突破性进展,开展了系列试验。研制了中国陆地 2′×2′重力似大地水准面模型(CNGG2013),精度达到 10 厘米。自主设计了具备室外亚米级、室内优于 3 米的室内外无缝导航定位系统。卫星导航与智能终端、互联网融合发展,应用技术水平显著提高,具备了区域服务能力并稳步向全球推进。

三、重点任务

(二)重点科技任务

3. 全球地理信息资源开发利用关键技术研究

开展全球高精度无控制测图理论与方法研究,解决无控制卫星影像高精度几何定标与跨国境空三区域网平差、基于低轨卫星的北斗全球广域差分增强等问题,形成全球观测能力。研究基于国产高分辨率卫星影像的高精度测图、多源地理信息快速融合、基于在线协同的全球地理信息快速生产与动态更新、全球时空大数据挖掘与知识服务、基于视频卫星的地理世情信息实时与准实时监测、面向全球非均衡并发访问的服务支撑等技术,研制多时相、多尺度、多分辨率全球地理信息数据产品。建立我国全球高精度立体测图基准框架,构建全球地理信息资源建设与更新技术体系,制定我国全球地理信息资源建设与更新技术标准。支持全球多尺度地理信息资源快速采集与动态更新、全球亚米级和重点区域厘米级定位服务、全球高精度地理信息综合服务等。

4. 新型多传感器数据采集与融合处理技术研究

突破传感器内部高精度自标定和多类传感器间的集成检校配准等关键技术,研制高精度的倾斜、大幅面、SAR、LiDAR、多光谱、高光谱等系列航空摄影装备。研制新一代通用型中低空民用无人机遥感系统,增强无人机平台不同传感器载荷的适应性。开展基于北斗/GPRS/3G 航空多平台一体化空管监控、飞行监控、组网和综合管理等技术研究,逐步建立航空遥感局域网络飞控和监管技术体系。开展新型传感器在大规模生产中的应用技术研究,通过应用示范提升新型传感器的产业化应用水平。构建融合多类传感器数据的基础地理信息数据生产体系,逐步形成中低空遥感平台的新型多传感器数据采集、融合处理的生产服务系统。

国家测绘地理信息局关于印发《卫星导航定位基准站建设备案办法(试行)》的通知

(国测法发〔2016〕4号)

各省、自治区、直辖市测绘地理信息行政主管部门,新疆生产建设兵团测绘地理信息主管部门,有关中央企业:

为规范卫星导航定位基准站建设行为,保障国家地理信息安全,促进卫星导航定位事业健康有序发展,按照中央有关要求,我局组织制定了《卫星导航定位基准站建设备案办法(试行)》,现予印发,请遵照执行。

2016年4月9日

卫星导航定位基准站建设备案办法(试行)

第一章 总 则

第一条 为规范卫星导航定位基准站建设备案工作,保障国家地理信息安全,促进卫星导航定位事业有序发展,根据《中华人民共和国测绘法》及有关规定,制定本办法。

第二条 在中华人民共和国境内建设卫星导航定位基准站的,应当按照本办法进行备案。本办法所称卫星导航定位基准站,是指对卫星导航信号进行长期连续观测,获取观测数据,并通过通信设施将观测数据实时或者定时传送至数据中心的地面固定观测站。

第三条 国家测绘地理信息局和省、自治区、直辖市人民政府测绘地理信息行政主管部门负责卫星导航定位基准站建设的备案工作。

第四条 卫星导航定位基准站建设应当确保地理信息安全,符合国家有关法律法规、发展规划、标准规范和保密规定,避免重复建设。

第五条 卫星导航定位基准站建设备案工作应当坚持保障安全、分级备案、信息共享、高效便捷的原则。

第二章 备案程序和要求

第六条 国务院相关部门、中央单位建设卫星导航定位基准站以及跨省、自治区、直辖市范围建设卫星导航定位基准站的，应当向国家测绘地理信息局备案。

其他建设卫星导航定位基准站的，应当向卫星导航定位基准站所在地的省、自治区、直辖市人民政府测绘地理信息行政主管部门备案。

第七条　卫星导航定位基准站的建设单位是卫星导航定位基准站建设备案的义务人。

第八条　卫星导航定位基准站建设实行全国联网备案。备案信息涉密的除外。

国家测绘地理信息局设立卫星导航定位基准站建设备案管理信息系统，方便备案人及时提交备案信息。

第九条　国家测绘地理信息局及省、自治区、直辖市人民政府测绘地理信息行政主管部门应当将卫星导航定位基准站建设备案的程序以及备案表格、填写范例等材料在其办公场所或者网站公示。

第十条　卫星导航定位基准站的建设单位（以下简称"备案人"）应当在开工建设30日前，通过卫星导航定位基准站建设备案管理信息系统向测绘地理信息行政主管部门进行备案。

第十一条　备案人应当认真填写卫星导航定位基准站建设备案表（见附件），提交卫星导航定位基准站建设单位、运营维护单位的主要情况，以及卫星导航定位基准站的建设数量、布点位置、主要用途、覆盖范围、数据传输方式、数据安全保护措施、软硬件设备性能指标、是否经审批向境外开放等内容。

备案人应当按照本办法规定提交规范完整的备案表，并对备案内容的真实性负责。

提交备案后，备案内容有变化的，备案人应当自变化之日起7日内向备案机关重新提交备案，相关卫星导航定位基准站的开工建设时间顺延。

第十二条　备案人提交的备案信息不齐全的，备案机关应当一次性告知备案人补齐相关信息。备案人应当在备案机关告知之日起7日内提交补充备案信息。

第十三条　备案人提交的备案信息齐全的，备案机关应当提供备案号，并出具加盖印章的备案文件。

第十四条　备案人应当严格按照备案信息进行建设，确保地理信息安全，并积极配合测绘地理信息行政主管部门开展相关的监督检查工作。

第十五条　省、自治区、直辖市人民政府测绘地理信息行政主管部门应当在每季度前10日内，将本地区上一季度卫星导航定位基准站建设备案情况通过信息系统上报国家测绘地理信息局，国家测绘地理信息局汇总后通报军队测绘导航主管部门。

第十六条　国家财政投资建设的卫星导航定位基准站，国家测绘地理信息局及省、自治区、直辖市人民政府测绘地理信息行政主管部门应当及时将相关建设备案情况向社会公布，避免重复建设，促进充分利用。

国家规定需要保密的情形除外。

第十七条 测绘地理信息行政主管部门开展卫星导航定位基准站建设备案工作，不得收取任何费用，不得加重或者变相加重备案人的负担。

第三章 监督管理

第十八条 国家测绘地理信息局及省、自治区、直辖市人民政府测绘地理信息行政主管部门应当在卫星导航定位基准站建设期间，及时对建设备案信息进行核查。

国家测绘地理信息局及省、自治区、直辖市人民政府测绘地理信息行政主管部门应当根据国家有关法律法规、发展规划、标准规范及保密规定，对备案人做好说明和指导工作。

第十九条 测绘地理信息行政主管部门应当加强对卫星导航定位基准站建设情况的监督检查，重点检查是否履行备案手续、是否按照备案信息进行建设、是否落实相关安全保密措施等内容，并可以委托专业测绘地理信息技术服务机构采取书面审查、随机抽查、实地核查等方式提供技术支持。

第二十条 省级以上人民政府测绘地理信息行政主管部门应当会同军队有关部门对卫星导航定位基准站建设进行安全风险评估，并及时反馈备案人。

第二十一条 卫星导航定位基准站建设前未按照本办法规定备案的，测绘地理信息行政主管部门应当责成有关单位停止建设活动，并要求备案人按照本办法规定进行备案。

未按备案信息进行卫星导航定位基准站建设的，测绘地理信息行政主管部门应当责成有关单位停止建设活动，限期整改。

第二十二条 任何单位或者个人对卫星导航定位基准站建设和备案工作中发生的违法违规行为，有权向测绘地理信息行政主管部门举报，测绘地理信息行政主管部门应当及时核实处理。

第四章 附则

第二十三条 本办法施行前已经开始建设或者已经完成建设的卫星导航定位基准站，参照本办法规定进行备案。

第二十四条 本办法由国家测绘地理信息局负责解释。

第二十五条 本办法自印发之日起施行。

附件：1. 卫星导航定位基准站建设站网信息备案表（略）

2. 卫星导航定位基准站建设站点信息备案表（略）

国家测绘地理信息局关于印发《贯彻落实〈关于加强测绘地理信息科技创新的意见〉任务分工方案》的通知(节选)

(国测科发〔2016〕3 号)

13. 瞄准测绘地理信息事业发展目标,梳理核心关键技术创新链,统筹优势科技力量,开展新型基础测绘、地理国情监测、全球地理信息资源建设、应急测绘、海洋测绘、智慧城市等方面的重大关键技术攻关,加强水下测绘、地下空间测绘、地理信息社会化应用等方面的共性技术研究,加强北斗卫星导航系统应用、资源三号卫星后续星和系列测绘卫星等方面的研究,强化地理信息安全保密技术研究,加强测绘地理信息技术与物联网、云计算、大数据等技术的交叉融合研究。

责任单位:科技与国际合作司、规划财务司、国土测绘司、地理信息与地图司

完成时限:2020 年

关于规范卫星导航定位基准站数据密级划分和管理的通知(节选)

(国测成发〔2016〕1 号)

国务院有关部门、直属机构办公厅(室),各省、自治区、直辖市测绘地理信息行政主管部门,新疆生产建设兵团测绘地理信息主管部门,有关中央企业:

按照中央关于加强卫星导航定位基准站(以下简称基准站)安全管理,进一步促进基准站应用服务的要求,根据相关职责分工,国家测绘地理信息局会同军队测绘主管部门研究论证,现将基准站数据密级划分及管理要求通知如下:

一、基准站数据的分类

基准站是对卫星导航信号进行长期连续观测,并由通信设施将观测数据实时或定时传送至数据中心的地面固定观测站。基准站数据包括观测数据、数据中心数据和服务数据,具体分为:

(一)观测数据包括伪距、载波相位观测数据、多普勒观测数据;

(二)数据中心数据包括基准站坐标、基准站网观测数据、起算点坐标(用于基准站成果计算的控制点坐标成果)、区域坐标转换模型、区域似大地水准面高程异常值、基准站站点信息(含点名、点号、类别、等级、所在图幅、精确到分的站点概略位置、所在地

乡镇、建站日期、接收机型号、存档观测数据量、选点埋石和委托保管单位)；

(三)服务数据包括实时差分服务数据、精密后处理服务数据(精密星历、钟差、电离层、对流层等)、普通基准站观测数据。

普通基准站是指建在军事禁区外的基准站。

三、基准站有关管理要求

(五)军事部门卫星导航定位基准站的建设、管理和应用服务，按照军队测绘主管部门有关要求执行。

附件：

卫星导航定位基准站数据密级划分表

<table>
<tr><th colspan="2">数据内容</th><th>基准站类型</th><th>密级划分</th><th>管理措施</th></tr>
<tr><td rowspan="3">观测数据</td><td rowspan="3">伪距、载波相位观测数据、多普勒观测数据</td><td>作战指挥工程和重要军事设施区域内的基准站</td><td>机密</td><td rowspan="2">按照国家保密要求进行传输和管理。</td></tr>
<tr><td>其他军事禁区内的基准站</td><td>秘密</td></tr>
<tr><td>普通基准站</td><td></td><td>受控管理。
采用专网或商用密码手段加密保护后向数据中心进行传输。</td></tr>
<tr><td rowspan="5">数据中心数据</td><td rowspan="2">基准站坐标、基准站网观测数据</td><td>军事禁区内的基准站</td><td>机密</td><td rowspan="2">按照国家保密要求进行传输和管理。</td></tr>
<tr><td>普通基准站</td><td>秘密</td></tr>
<tr><td>起算点坐标、区域坐标转换模型、区域似大地水准面高程异常值</td><td>所有基准站</td><td>按照《测绘管理工作国家秘密范围的规定》执行。</td><td>按照国家保密要求进行传输和管理。</td></tr>
<tr><td rowspan="2">基准站站点信息</td><td>军事禁区内的基准站</td><td>机密</td><td>按照国家保密要求进行传输和管理。</td></tr>
<tr><td>普通基准站</td><td></td><td>受控管理。
采取用户审核注册的方式提供服务。</td></tr>
</table>

续表

数据内容		基准站类型	密级划分	管理措施
服务数据	实时差分服务数据	所有基准站		受控管理。采取用户审核注册的方式提供服务。其中提供优于1米精度服务的，基准站数据中心管理部门审核注册后应向省级以上测绘地理信息行政主管部门报备用户及使用目的等信息。
	观测数据	普通基准站		
	精密后处理服务数据	所有基准站		可公开

国家测绘地理信息局关于加强测绘地理信息科技创新的意见（节选）

（国测科发〔2015〕4号）

三、明确科技创新重点

（九）加强核心关键技术攻关。瞄准测绘地理信息事业发展目标，梳理核心关键技术创新链，统筹优势科技力量，开展新型基础测绘、地理国情监测、海洋测绘、智慧城市、应急测绘等方面的重大关键技术攻关，加强水下地下测绘、全球测图与地理信息社会化应用等方面的共性技术研究，加强北斗卫星导航系统应用、资源三号卫星后续星和系列测绘卫星等方面的研究，强化地理信息安全保密技术研究，加强测绘地理信息技术与物联网、云计算、大数据等技术的交叉融合研究。

国家测绘地理信息局关于做好2015年天地图建设与应用工作的通知（节选）

（国测信发〔2015〕3号）

二、打造天地图核心竞争力

充分发挥天地图发展的机制优势。天地图由各级测绘地理信息行政主管部门主导建设,实行分级管理,是测绘地理信息服务的主要出口。各地要将天地图作为空间地理基础信息库的主要载体和共享平台,推动其分别部署在当地电子政务内网和电子政务外网,并作为政府部门使用的唯一、权威地理信息公共服务平台。要充分利用基础测绘保障机制,将天地图建设经费常态化纳入基础测绘项目,探索建立基础测绘生产与天地图建设的联动更新机制和数据标准的一致性,切实提升天地图数据的获取能力和更新速度。要结合"北斗"产业发展,整合卫星导航定位服务系统,提供综合性的位置服务,打好"组合拳"。要加强统筹协调,推动天地图市级节点与"数字城市"、"智慧城市"项目同步设计、同步建设、同步推进,增强工作合力。

国家测绘地理信息局关于印发《国家测绘地理信息局立法规划(2015—2020 年)》的通知(节选)

(国测法发〔2015〕2 号)

三、主要任务

(二)加强基础测绘方面

制定《全国卫星导航定位连续运行基准站网管理办法》,加强对全国卫星导航定位连续运行基准站网的统筹管理和安全监管。制定《测绘地理信息质量管理规定》,修订《测绘计量管理暂行办法》,完善测绘地理信息质量、计量管理体系。(国土测绘司)

国家测绘地理信息局关于印发《2015 年测绘地理信息工作要点》的通知(节选)

(国测办发〔2015〕4 号)

二、优化布局,不断夯实事业发展基础

(六)推进重点工程实施。全面完成国家现代测绘基准体系基础设施建设一期工程,加强对全球卫星导航定位连续运行跟踪站的统筹和升级改造,建成全国卫星导航定位基准服务系统,加快形成全国统一的现代测绘基准服务"一个网"并向社会提供导航与位置服务。与有关部门和单位合作建设北斗地基增强系统,加快我国北斗南极基准站建设和应用。加快推广 2000 国家大地坐标系。抓好国家测绘成果存储与服务设施项目建设。完成资源三号卫星应用系统建设,形成数据获取、处理、推广、应用的业务能力。完成 2015 年度 1∶5 万基础地理信息数据库更新及 2014 版成果入库和发布,推动1∶5万与1∶1万基础地理信息数据库联动更新。做好航空航天遥感影像数据源保障和项目绩效评估。（国土测绘司、规划财务司、地理信息与地图司、科技与国际合作司）

五、勇于创新，努力开创应用服务新局面

（二十七）加强国际交流合作。推动测绘遥感卫星、北斗、“天地图”及其他自主技术和产品“走出去”。引进国际先进经验和技术，实质性提高我国测绘地理信息科技和管理能力。推动联合国—中国地理信息合作中心建设，启动实施与部分发展中国家的测绘地理信息国际合作项目。办好2015国际地图年系列活动。（科技与国际合作司）

六、落实《意见》，促进地理信息产业发展

（三十）着力推动北斗产业化应用。在重大专项中带头应用和自觉使用北斗系统，实施好北斗“百城百联百用行动计划”，支持北斗芯片和终端产品研发与应用，规范北斗导航定位产业市场行为。（国土测绘司、地理信息与地图司、科技与国际合作司、法规与行业管理司）

国家测绘地理信息局关于印发测绘资质管理规定和测绘资质分级标准的通知（节选）

（国测管发〔2014〕31号）

一、专业范围及专业子项

1. 大地测量

全球导航卫星系统连续运行基准站网位置数据服务是指通过若干全球导航卫星系统连续运行基准站、数据中心及数据通信网络等组成的系统提供位置数据服务的活动。全球导航卫星系统（GNSS）包括北斗卫星导航系统、GPS、GLONASS、GALILEO等。

国家测绘地理信息局关于北斗卫星导航系统推广应用的若干意见

（国测办发〔2014〕8号）

各省、自治区、直辖市、计划单列市测绘地理信息行政主管部门，新疆生产建设兵团测绘地理信息主管部门，局所属各单位，局机关各司（室）：

为贯彻落实党中央国务院关于融合发展的重大战略决策和《国务院办公厅关于促

进地理信息产业发展的意见》与《国家卫星导航产业中长期发展规划》，切实发挥测绘地理信息部门的优势，履行监管与服务职责，加快北斗卫星导航系统（以下简称“北斗”）在民用领域的推广应用和产业化发展，维护国家安全和利益，提出以下意见。

一、充分认识“北斗”推广应用的重要意义

（一）“北斗”是我国自主研制的卫星导航定位系统，是服务经济建设、社会发展和公共安全的重要空间基础设施。“北斗”填补了我国在卫星导航定位领域的空白，是我国测绘地理信息基础设施的重要组成部分，对推进地理国情监测、数字城市建设和“天地图”建设将带来新的活力，对促进我国测绘地理信息的发展、带动“走出去”战略的实施、加快测绘强国建设意义重大。

（二）大力推动“北斗”规模化应用，对于推动科学技术创新、促进产业结构调整、提高社会生产效率、改善人民生活质量、提升国家核心竞争力、维护国家安全等具有重要的作用。

（三）“北斗”开启了我国导航与位置服务产业的新纪元，将进一步推动我国地理信息产业的发展。基于“北斗”的公众应用激增，政府公共事务管理、城市管理以及军事、应急救援等政务应用也在大幅增长，“北斗”产业化呈现出广阔发展空间。为进一步推动我国自主知识产权的卫星导航系统应用，需要强化政府对自主“北斗”导航与定位产品和位置服务的政府扶持、市场培育和应用推广，在维护国家安全的前提下，积极推进“北斗”的广泛应用，促进地理信息产业的发展。

二、着力加强“北斗”推广应用的统筹协调

（四）充分发挥测绘地理信息部门的作用。“北斗”是我国地理信息产业的重要支撑。在推动“北斗”产业化过程中，各级测绘地理信息行政主管部门在市场准入、安全监管、产品认证和质量检测等方面担负着重要职责。各地测绘地理信息部门要在国家测绘地理信息局的统一指导和部署下，认真履行职责，在推动“北斗”应用产业化中发挥好行业主管部门的作用。

（五）建立“北斗”推广应用统筹机制。在“北斗”地面基础设施建设、科技创新等方面，测绘地理信息部门具备独特优势，要积极主动与发展改革、财政、科技等部门沟通协调，发挥中央、地方和其他社会组织的优势，统筹规划卫星导航基础设施的建设和应用，加强科技创新，大力促进“北斗”产业化应用。同时，要加强位置服务的数据安全监管，健全市场监督管理机制。

三、着力加快“北斗”地面基础设施建设

（六）加强“北斗”地基增强系统建设。加快推进现有国家卫星导航连续运行基准站网络改造，实现对“北斗”的兼容。统筹指导各地开展“北斗”地基增强系统建设，统一部署，分步实施，全面推进“北斗”地基增强系统建设。加快推进现代测绘基准的广泛使用，为用户提供更高精度的“北斗”导航与定位服务。

(七)全面提升位置数据综合服务平台建设水平。充分利用“天地图”等优势资源,加快现代大地基准建设,推进位置服务体系建设。综合地图与地理信息、遥感数据信息、交通信息、气象信息、环境信息等信息资源,采用云计算等技术,为各类用户提供综合性的位置数据综合服务。

四、着力加强“北斗”应用科技创新

(八)加强“北斗”应用创新能力建设。整合现有行业科技资源,推动面向行业应用的工程(技术)研究中心、企业研发中心等创新平台建设,支持科研院所和高等院校建立产、学、研、用相结合的“北斗”应用技术创新体系,开展多领域、跨学科科技攻关和技术研发,积极支持基于位置的大数据及物联网科技创新和应用服务,增强关键技术和共性技术持续攻关能力。

(九)突破“北斗”应用关键技术。开展基于“北斗”的实时动态高精度定位技术研究,研制多功能的精密单点定位软件系统,研究基于“北斗”的单基准站差分、多基准站局部区域差分和广域差分技术,提高定位结果的可靠性与精度。加强星载北斗接收机及星载多模接收机的研制,促进“北斗”在卫星测绘领域的应用。开展“北斗”相兼容多系统联合应用技术及“北斗”在各行业应用的独立支撑技术研究。加快推进高精度高动态时空基准信息应用服务、室内外无缝衔接定位服务和智能位置服务等应用技术创新,拓展“北斗”应用的深度和广度。

(十)加强“北斗”应用标准体系建设。将“北斗”应用标准体系建设纳入测绘地理信息标准化建设规划,研究建立“北斗”应用标准体系框架。以测绘地理信息基准建设、数据采集与加工处理、导航定位与位置服务、应急保障服务等方面为重点,着力推进行业应用急需、共性和基础性标准的制修订,促进“北斗”在测绘地理信息领域的推广应用。促进“北斗”应用标准的通用化和国际化。加强“北斗”应用标准体系的宣贯工作。

五、着力支持“北斗”相关企业发展

(十一)充分发挥行业协会作用。中国卫星导航定位协会要发挥好引导、协调、服务作用,积极推动“北斗”社会化应用、科技创新、教育培训和行业自律,要定期发布“北斗”白皮书,引导社会应用“北斗”,促进“北斗”产业发展。

(十二)引导企业集聚发展。国家和地方的地理信息科技产业园要通过税收、金融、股权激励、高新技术企业认定等方面的优惠政策,吸引更多“北斗”相关企业入驻,充分发挥地理信息产业园的集聚作用。

(十三)大力支持企业“走出去”。鼓励有条件的企事业单位在境外合作建立“北斗”卫星导航研发中心和营销服务网络,大力开拓国际市场。利用与联合国合作的“中国及其他发展中国家地理信息管理能力开发”项目平台,开展卫星导航领域的国际合作,鼓励国外企业开发利用北斗系统。

（十四）支持企业申报“北斗”产业化示范项目。组织有条件的卫星导航企业，积极申报发展改革委和财政部支持的国家卫星及应用产业发展项目。与相关部门合作，共同设立“北斗”测绘地理信息应用示范项目。

六、着力推动“北斗”行业应用

（十五）加强“北斗”在测绘地理信息行业的应用。在重大工程、重点计划、重要领域积极研究推进使用“北斗”。在工程测绘、不动产测绘、环境监测等工程中，积极研究推进使用“北斗”。要将实时动态空间基准——“国家现代测绘基准体系基础设施”作为重大工程，加快利用“北斗”升级改造并推广应用。

（十六）促进“北斗”在其他重点行业的应用。通过提供技术支持、共同开发应用系统等多种方式，与公共安全、交通运输、防灾减灾、农林水利、气象、国土资源、环境保护、公安警务等部门积极合作，大力推进“北斗”产品和服务在这些行业及领域的规模化应用。

七、着力优化“北斗”应用市场环境

（十七）加强位置服务的安全监管。在《测绘管理工作国家秘密范围的规定》等保密政策修订过程中，加强导航与位置服务相关数据保密范畴的研究，科学确定基于“北斗”的测绘地理信息成果安全保密的内容。协调、联合有关部门，制定“北斗”导航与位置服务的数据安全管理制度，加强对导航与位置服务平台及用户位置上报行为的监管，在发挥“北斗”定位精度优势的同时保障国家安全和利益。严格执行地理信息保密管理各项制度，切实为“北斗”产业化应用提供安全有序的市场环境。

（十八）加强“北斗”导航与定位服务产品质量检测与监管。积极推进相关部门合作建立“北斗”导航与位置服务产品质量检测工作机制，切实加强对“北斗”导航与位置服务软硬件产品的质量检测和监督管理。开展基于“北斗”的测绘装备测试定型及产品认证工作，促进自主创新成果转化。建立权威地图导航定位产品质量综合测评体系，以《车载导航电子地图产品规范》和《导航电子地图检测规范》为基础，进一步强化地图导航产品的检验测评工作。

国家测绘地理信息局
2014 年 3 月 6 日

国家测绘地理信息局关于印发《测绘地理信息科技发展"十二五"规划》的通知(节选)

(国测科发〔2012〕2号)

一、形势分析

(一)现状和趋势

1. 国际测绘地理信息科技发展现状和趋势

大地测量从静态到动态、从地基到天基、从区域到全球迅速发展,定位精度显著提高,应用领域不断拓宽。重力卫星的发射使得地球重力场观测正在由地基向天基转变,精度和覆盖率不断提高,为统一全球高程基准创造了条件。全球导航卫星系统(GNSS)飞速发展,美国正在实施全球定位系统(GPS)现代化计划,俄罗斯正在着手格洛纳斯(GLONASS)补星完善,欧盟的伽利略系统(Galileo)预计在2013年初步组网,我国北斗卫星导航系统目前已经具备向我国大部分地区提供定位、导航以及通信服务的能力。多系统兼容互操作成为GNSS应用主流。基于多种大地测量观测手段的全球大地测量观测系统(GGOS)建设成为新的发展方向。

三、重点任务

(一)重大科技任务

8. 测绘装备国产化关键技术研究

按照数据获取实时化、处理自动化、服务网络化和应用社会化的要求,特别是开展地理国情监测的需要,针对国内测绘仪器自主研发相对薄弱的现状,以国内条件成熟且信息化测绘急需国产化的测绘装备为切入点,以联合制造、电子和信息等行业的方式,消化吸收各行业先进技术,集中研发急需的、新型的、具有自主知识产权的测绘仪器装备,实现先进测量设备的国产化。重点研制移动地面激光雷达系统、航测相机/倾斜相机和LiDAR集成系统、机载激光雷达和高光谱成像仪组合系统以及远程光声浅海地形测量系统,突破多传感器集成的系统检校、高精度时间同步、多源数据的配准与融合、基于激光点云与影像的智能化空间信息提取、基于北斗二代卫星导航系统/GPS与IMU的多源组合导航等关键技术,并研发高效、高精度数据处理软件系统,在基础测绘、林业以及铁路勘察等领域进行示范应用。

(三)前沿与关键技术

1. 现代化测绘基准关键技术

(4)无缝导航与位置服务技术

开展导航与位置服务技术研究,突破GPS/北斗系统双系统高精度软硬件接收机关键技术，通过与电子罗盘、惯性导航与地图匹配技术相融合，研制城市道路和高遮挡地区不间断定位和导航的软硬件系统；以无线 WIFI、蓝牙、空气声学定位、惯性导航和环境场匹配技术为基础，通过多传感器集成和数据融合算法的研究，实现米级精度的室内定位原型系统开发；研究基于影像的三维导航定位技术；突破 GNSS 技术与地面移动通信网、无线互联网、地面物联网、室内地下导航定位系统之间高可靠性通讯技术和方法，实现室内外、地上地下无缝、高精度、高可用性的空间定位。

国家测绘局关于加强测绘基础研究和能力建设的意见（节选）

（国测国字〔2008〕27 号）

二、切实加强测绘基础研究

（三）加强基础理论研究，促进科技原始创新。瞄准国际测绘科学前沿，加强基础研究、应用基础研究以及相关交叉学科研究，在测绘基础理论方面不断取得新的突破。着力推进现代大地测量及其应用理论创新，研究建立全球统一的物理和几何基准理论、全球高阶地球重力场模型、快速高精度多模导航定位方法；推进摄影测量与遥感学理论创新，研究合成孔径雷达和激光雷达等新型传感器成像机理与测图理论、高精度影像数据模型理论、遥感影像智能解译理论与方法；推进地图学与地理信息系统理论创新，研究地理信息数据综合、信息同化、综合认知与自主服务理论，发展地理信息网格和多维动态地理信息系统理论与方法等。

（四）加强前沿技术研究，推动行业技术进步。开展重大关键和前沿技术攻关，加快构建信息化测绘技术体系。加强地理信息获取技术创新，研究多模卫星导航系统快速定位、高分辨率立体测图卫星数据获取、多传感器数字航空摄影、微波雷达和激光雷达测图等技术；加强地理信息处理和管理技术创新，研究大规模参考站数据处理、高分辨率光学遥感数据处理、合成孔径雷达和激光雷达数据处理、遥感数据智能解译、地理空间虚拟仿真、地理信息数据分布式管理等技术；加强地理信息服务技术创新，研究网络化地理信息分发服务、地理信息共享与互操作、地理数据挖掘与知识发现、基于位置服务等技术；加强地理信息应用技术创新，研究多源地理信息集成、地理信息统计分析、信息安全保密、测绘应急服务以及地理信息公共产品开发等技术。

三、切实加强测绘能力建设

（六）加强高新技术成果转化、综合集成和技术装备建设，提升地理信息获取、处理和服务能力。加快遥感、地理信息系统、全球定位系统、网络通讯技术成果转化和综合集成,加快多种导航卫星综合应用与服务系统、高分辨率立体测图卫星应用系统、先进航空遥感平台建设,组建卫星测绘应用中心,提高野外测绘作业装备水平,形成多平台、多传感器、全天候的地理信息快速获取体系。加快地理信息处理技术装备研发、建设与更新,形成具有自主知识产权的高新技术产品,提升地理信息快速处理能力。加快测绘成果档案存储与网络化分发服务设施建设,建立地理信息交换中心,形成覆盖全国的中国测绘网络系统,实现国家级、省级、市级基础地理信息服务网络互联互通,提高地理信息共享和网络化服务能力。

(七)加强基础测绘建设,提升基础地理信息资源保障能力。加快卫星定位连续运行参考站网建设,改造或扩建大地控制网、高程控制网和重力基本网,精化陆海大地水准面,建立现代化测绘基准体系。组织实施国务院批准的 2000 国家大地坐标系,形成 2000 国家大地坐标系成果。做好基础航空摄影、高分辨率卫星遥感影像获取工作。积极推进西部 1∶50000 地形图空白区测图和海岛(礁)测绘,全面更新 1∶50000 基础地理信息数据库,建设海岛(礁)基础地理信息数据库。加快推进省级 1∶10000、城镇地区 1∶2000 及更大比例尺地形图测绘和基础地理信息数据库建设。

(九)加强地理信息公共平台建设和公共产品开发,提升测绘公共服务能力。各地测绘部门要根据地方政府的需求,构建综合减灾和风险管理、导航定位、电子政务和社会经济信息统计等方面的地理信息公共平台。加快推出新一代国家基本比例尺地形图和公众版测绘成果。建设测绘成果汇交信息系统和分发服务系统、测量标志档案数据库与标志保护信息系统。做好地表覆盖与重要地理信息统计分析和信息发布工作。提升测绘服务于管理决策、城乡建设、防灾减灾、土地资源调查、主体功能区规划、生态环境保护、极地科考等方面的能力和水平。

国家测绘局、国家标准化管理委员会关于印发《国家地理信息标准化“十一五”规划》的通知(节选)

(国测国字〔2006〕44 号)

二、发展趋势与需求分析

(二)需求分析

2. 高新技术成果快速转化为生产力的要求

地理信息高新技术标准是实现地理信息技术转化为生产力的重要环节,是实现地球观测与导航技术、计算机技术、网络技术以及通讯技术等高新技术成果集成应用和产业化的桥梁和纽带。要实现科技创新,推动地理信息应用与产业化发展,加紧制订地理信息技术标准显得越来越迫切。

4. 实现技术支撑和服务公众的需求

据统计，我国全球卫星导航系统（GNSS）车辆跟踪导航的产值已达到 80－100 亿元，基于电子地图的个人移动定位、地理信息查询等服务，已开始走入千家万户，具有巨大的市场潜力。随着我国地理信息技术、产品和服务的不断成熟，以引导、规范和推动地理信息产业发展为目标，制定符合我国国情和技术发展现状的地理信息标准显得尤为重要。

四、主要任务

（二）面向重点领域，制修订一批急需适用的标准

地理信息应用服务和产业领域：优先进行基于位置服务、导航电子地图应用服务、地理信息公共产品开发、信息安全等系列标准的制修订。主要包括：

——地理信息服务模式标准

——基于位置的导航电子地图服务标准

——社会公众版地图产品系列标准

——地理信息数据安全处理标准

——地理信息产品注册标准

——地理信息服务质量标准等。

六、地理信息 专题应用类

标准类名称：地理信息－基于位置服务/导航

主要内容：导航和基于位置服务中涉及地理信息的标准

方法：修订、制定、预研

时间进度："十一五"期间

中国气象局

粤港澳大湾区气象发展规划（2020—2035 年）（节选）

（中国气象局 2020 年 4 月 28 日）

五、突破核心技术，打造气象科技创新高地建立一网多能立体观测。

研究建设大湾区灾害性天气国家野外科学观测研究站，探索在国家基本站、典型生态功能区、生态安全屏障区、生态环境敏感区和脆弱区布设高精度新型自动气候站 30－50 个。大湾区各城市分别建设 1－2 个综合遥感超级站，组合布设风廓线雷达、微

波辐射计、激光雷达、北斗卫星水汽观测站等设备。加强气象卫星遥感应用技术研究，发展极轨气象卫星反演大气温湿廓线、晨昏轨道卫星垂直探测、静止气象卫星垂直探测等技术，提高卫星云量、云状、气溶胶、水汽、云导风等观测精度。持续运作香港飞行服务队台风侦测飞行，探索发展长巡时、高性能气象无人机，形成远海下投探空和机载遥感探测能力。

中国气象局关于加强气象防灾减灾救灾工作的意见(节选)

(气发〔2017〕89 号)

四、实施气象防灾减灾救灾七大行动

(五)实施突发事件预警信息发布能力提升行动

强化预警信息汇集与发布。打造新一代国家突发事件预警信息发布系统，实现预警信息、应急防御与提示信息、科普信息的采集和发布。推进国家突发事件预警信息发布系统多部门、多灾种信息汇集与部门共享应用，建设综合风险分析与预警决策支持系统。推进预警信息发布系统向基层延伸，预警信息服务重心向基层下移。强化预警信息传播与应用。面向政府与应急责任人实现预警信息快速、准确送达。面向应急救灾及企事业单位开展基于影响的预报预警，支撑各级政府组织防灾救灾的决策指挥过程。面向基层乡村确保预警全覆盖，针对偏远农村、牧区、山区、海区等，依托风云卫星、北斗卫星等先进通信技术，解决预警信息传播“最后一公里”难题。强化预警信息发布综合管理。建立突发事件预警信息发布全业务、全流程的监控与可视化展示系统。建设预警信息发布效果评估系统，健全预警信息发布标准规范体系，制订预警系统平台技术类标准、应用对接类标准、安全管理类规范。

中国气象局关于印发综合气象观测系统发展规划(2010—2015 年)的通知(节选)

(气发〔2009〕463 号)

二、主要任务

(二)国家天气观测网

6. 移动气象观测

根据重要观测设施应急备份和加密观测需要，建设移动观测设施。根据应急服务需要,各地适度开展移动气象观测系统建设。完善移动观测系统技术规范,提升移动气象观测系统业务服务能力。

工程建设项目计划(二):天气观测

GPS/MET 观测:完成 2100 个左右 GPS/MET 站资料获取,其中 50 个左右可兼容接收北斗、GPS 等卫星系统信号。

(七)技术研发及平台建设

1. 技术研发

(2)实施进度

2010 年:开展气压和湿度传感器、云和天气现象自动观测仪器、电线积冰、农业气象自动化观测仪器、微波辐射计、浊度计等研制,开展站网布局、风廓线雷达数据处理方法、天气雷达升级关键技术等研究。

2011—2012 年:开展智能传感器、通用采集器、高精度辐射传感器研制。开展气溶胶质量浓度监测仪和基于北斗卫星导航技术的探空系统研制。开展空气湿度、高精度辐射观测以及农业、交通、电力气象自动观测方法研究。

2013—2015 年:开展冻土、日照等人工器测项目自动观测仪器、毫米波雷达、气象计量标准器具、机载气象观测设备研制,开展火箭探空系统的观测试验、GPS 水汽层析测量技术、微波辐射计业务化关键技术、多源观测数据的融合技术、综合气象观测数据质量控制、分析评估技术研究。开展相控阵天气雷达、高精度温室气体和化学反应性气体等相关星载遥感观测仪器预研。

国家认证认可监督管理委员会

北斗卫星导航检测认证 2020 行动计划

(国家认监委公告 2017 年第 30 号)

为深入贯彻军民融合发展重大战略思想,加快推进北斗卫星导航检测认证体系建设,进一步提升北斗卫星导航产品整体质量水平,增强北斗卫星导航核心竞争力,保障北斗系统运行安全、应用推广及产业发展,国家认证认可监督管理委员会(以下简称认监委)和中央军委联合参谋部战场环境保障局(以下简称联参战保局)经协商,制定本行动计划。

一、背景情况

北斗卫星导航系统是军民共用的国家重要空间基础设施,是中国着眼于国家安全和经济社会发展需要，自主建设、独立运行的卫星导航系统，可以为全球用户提供全天候、全天时、高精度的定位、导航和授时服务，属于全球性公共资源。

目前北斗卫星导航技术已经广泛应用于交通运输、测量测绘、电力调度、海洋渔业、气象预报、应急搜救等诸多国民经济重要领域，并逐步向大众消费市场推广，为全球经济和社会发展注入新的活力。未来北斗与 GPS、GLONASS、Galileo 等卫星导航系统之间的兼容与互操作已成为发展趋势，并将借助与“军民融合”、“一带一路”、“中国制造 2025”等战略的深度融合，实现更加快速的发展。到 2020 年，北斗全球系统将全面建成，届时北斗将真正的走出国门，服务世界。

北斗卫星导航系统建设和产业发展的顺利推进，与国家的高度重视、行业和地方的大力支持密不可分。近年来，国家发布了《国家卫星导航产业中长期发展规划》、《“十三五”国家战略性新兴产业发展规划》、《军民融合“十三五”规划》、《中国北斗卫星导航系统》白皮书等多项与北斗相关的政策规划，意在加快北斗系统建设、突破核心技术、提高质量水平、促进行业应用、推进国际互认。各行业主管部门也相继出台了相关领域北斗应用与产业化政策，在国家力量助推的同时，为北斗更好地深入各行业提供了政策指导与保障。地方政府更是把北斗作为调整经济结构、促进产业升级的重要抓手，高度重视产业化推广和应用，多个省市都结合当地的实际情况相继出台了一系列政策和指导意见，对其北斗产业发展做出了更为细致的规划。

伴随着行业应用快速推进，如何对北斗卫星导航相关产品进行全面、科学、准确的质量水平评估已成为广泛而迫切的需求。产品质量已经成为关系我国卫星导航产业健康发展、应用市场形成规模的重要因素之一。检测认证是国际通用的一种质量提升手段，通过建设完善的北斗卫星导航检测认证体系，为北斗设计、研发、生产、运营、销售等相关单位提供一站式服务，对维护广大用户和消费者权益，加强政府行业管理决策，促进国际贸易，保障标准的贯彻执行，引领产业健康发展都有着十分重要的意义。

二、现状分析

（一）制度体系初步建立

制度体系建设是北斗卫星导航检测认证体系建设的基础和保障，军地双方管理机构都高度重视，在国家认监委的指导下，联参战保局结合相关职能，先后制定实施了《北斗卫星导航产品质量检测机构授权管理办法》、《北斗卫星导航产品质量检测机构能力要求（试行）》、《北斗卫星导航产品质量检测机构审查办法（试行）》、《北斗卫星导航产品质量检测机构能力要求（1.0 版）》、《北斗卫星导航产品质量检测机构审查实施细则（1.0 版）》等一系列管理和技术文件，北斗卫星导航检测认证制度体系已初步建立，北斗卫星导航产品检测、认证体系建设的制度基础基本形成。

（二）检测体系初具规模

截至目前，根据国家质检中心规划建设需要，国家认监委会同联参战保局完成了

“国家通信导航与北斗卫星应用产品质量监督检验中心、国家卫星导航与定位服务产品质量监督检验中心和国家卫星导航与应用产品质量监督检验中心”等3个国家级北斗卫星导航产品质检中心的规划、论证和授权工作；根据北斗导航检测服务的需要，联参战保局开展了北斗卫星导航产品2101、2201、2301、2401、2501、2502、2601等7个区域级检测中心和信息通信产品（电信终端）中心和信息通信产品（无线电发射设备）中心等2个行业检测中心的规划筹建工作，并已经完成了其中5个区域级检测中心的验收。目前，北斗卫星导航产品检测体系已初具规模，并开始向全国各类用户提供优质、高效的综合技术服务。

（三）服务体系初显成效

随着各级北斗卫星导航产品质量检测中心的验收和正式对外提供检验、试验、标准制修订及验证、综合分析、培训、咨询等技术服务，我国北斗产业在高水平检测机构的服务支撑下发展迅速。近四年，北斗相关国家质检中心、区域级检测中心共为4000余家军地单位提供了服务，测试北斗产品型号10000多个，测试样品30000余件，涵盖交通、电力、测绘等涉及国计民生的重要领域，获得广泛认可和好评。相关检测服务有效降低了相关单位在北斗技术和产品研发方面的成本，同时又促进了卫星导航产品质量和企业管理水平的提升，为我国北斗产业升级发展奠定了良好的基础。

（四）检测认证标准体系有待完善

检测认证标准决定着市场的制高点和话语权，检测认证标准缺失将严重影响北斗导航规模化应用和产业化发展。近年来，国家陆续出台了一部分北斗技术和应用检测认证标准，并在北斗标准国际化工作上取得了积极进展，但检测认证标准体系建设总体上依然滞后，不能满足北斗产业快速发展需要。例如，我国卫星导航检测认证标准体系的总体规划还未形成，有待设计完善；北斗相关检测认证标准指标描述、测试方法、数据统计方式的科学性、准确性和一致性有待统一；各检测认证标准制定的一致性、专业性和互通性还较差，亟待解决；北斗卫星导航标准的宣贯培训和国际化交流需进一步加强等。需遵循需求牵引、系统布局、包容开放、协调一致的原则，开展北斗卫星导航检测认证标准体系建设，夯实我国卫星导航产业健康发展的质量基础。

（五）认证体系急需建立

认证是国际通行的一种针对产品、过程或者服务质量进行评价、监督和管理的有效手段。在北斗卫星导航领域建立完善认证体系，有助于保护消费者权益、保障北斗系统安全、提升企业质量管理水平，有助于利用市场和技术的力量，打造“北斗”民族品牌。随着北斗卫星导航产业的快速发展和“一带一路”倡议的深入推进，社会各界对北斗卫星导航认证体系建设的需求愈加迫切。目前，我国在北斗领域尚未建立相关认证制度，缺少专门的认证机构开展相关认证业务，认证需求尚未得到满足，认证体系急需得以建立完善。

三、发展原则与目标

（一）发展原则

1. 顶层设计、协同推进

发挥国家认监委、联参战保局两部门在军地双方的职能优势，深入开展总体规划和顶层设计，加强统筹协调，充分调动各方资源，综合考虑资源环境、产业基础、消费需求、国际贸易等因素，统一谋划、统一部署、统一推进、统一实施，做到协调一致、齐头并进，形成政府、军队、联盟、企业、社会合力推进北斗卫星导航检测认证健康发展的格局。

2. 需求为先、创新为本

坚持以需求为导向，针对各方对检测认证等服务的需求，加紧完善北斗卫星导航产品检测认证体系和标准体系，加强基础研究，突破检测认证关键技术，不断探索技术创新、模式创新、业态创新等模式，促进北斗卫星导航产业健康有序发展。

3. 深化应用、共建共享

把握产业快速发展和应用领域不断拓展的机遇，发挥各行业主管部门的职能作用，营造和完善北斗卫星导航检测认证体系发展所需的法规环境、政策环境和资金环境，建立健全行业采信、质量监控、信息发布等机制，促进北斗卫星导航技术与各行业进一步融合。

4. 开放融合，国际合作

对北斗卫星导航检测认证实施更加主动的开放战略，深化双边、多边、区域合作机制，增强国际合作交流，提高国际合作质量与水平。积极开展国际标准化工作，维护我国在卫星导航领域的发展权和话语权，促进我国卫星导航标准、认证、标识的国际接轨、互认，便利国际贸易和合作交往。

（二）发展目标

通过开展北斗卫星导航检测体系升级、北斗卫星导航认证体系建设、北斗卫星导航标准体系完善、公共服务开展、检测能力提升、检测技术突破、北斗卫星导航检测认证联盟设立等重点任务，全力协调构建一个“制度配套、标准统一、布局合理、军民融合”的北斗卫星导航检测认证体系。

到 2020 年，实现以下几个具体目标：

北斗卫星导航检测认证行业自律和发展机制形成：成立中国北斗卫星导航产品检测认证联盟；

北斗卫星导航检测体系基本健全：建成一个至少由 3 个国家级质检中心、8 个区域级中心和 6 个行业级中心组成的北斗卫星导航检测体系；

北斗卫星导航认证体系发挥作用：建成一个至少由 2 家认证机构和 17 家检测机构组成的北斗卫星导航认证体系。

北斗卫星导航检测认证体系服务能力大幅提升：具备每年为5万家以上北斗相关单位提供检测、认证、培训、咨询等服务的能力，具备每年为100万台北斗卫星导航产品提供检测、认证、试验等服务的能力，为北斗卫星导航产业发展和质量品牌提升提供强有力的支撑保障。

四、重点任务

（一）结合军民融合，加快体系布局

任务1：升级北斗卫星导航检测体系

在现有北斗卫星导航检测体系的基础上，增加覆盖区域、拓展服务行业，首先，完成2个区域中心和2个行业中心的验收，实现第一阶段3个国家级中心、7个区域级中心和2个行业级中心的实际运行和对外服务。其次，在全国范围内增加4-6家行业级中心和2-3家区域级中心，提升北斗卫星导航检测体系在全国范围内的检测服务能力。

任务2：建设北斗卫星导航认证体系

开展北斗卫星导航认证体系顶层设计和规划，制定完善北斗卫星导航认证相关制度文件，设计发布认证标识，基于标准及相关技术依据，梳理确定北斗卫星导航产品认证目录，编制认证实施细则。确定北斗导航产品认证机构能力要求，在全国范围内培育不低于2家认证机构开展北斗导航产品认证工作。视发展需要，研究推进北斗服务认证。

（二）强化能力建设，开展技术创新

任务3：开展北斗导航检测机构能力比对

组织开展涵盖国家级、区域级和行业级的北斗卫星导航产品质量检测机构能力比对测试工作，提升测试结果的准确性、一致性和可靠性，解决目前北斗卫星导航产品测试系统无法全部溯源的问题，并逐步形成北斗卫星导航检测的量值传递体系，从而确保检测结果的准确性和科学性。

任务4：升级北斗全球系统检测能力

结合北斗全球系统建设进度和各级北斗导航产品质量检测机构现状，根据全球系统信号体制，积极开展检测平台全球化升级，确保具备提供北斗全球系统产品的检测认证服务能力。

任务5：增加辅助卫星定位检测能力

研究移动通信体制下北斗辅助定位的测试技术，完善相关测试手段，具备A-北斗产品检测能力，为进一步促进终端北斗卫星导航技术在大众消费领域的应用提供质量保障。

任务6：增加安全性检测能力

随着卫星导航系统应用的广泛，其安全风险日益突出，急需加强产品安全性检测能力建设。安全性测试包括抗干扰测试和完好性测试。需进一步完善抗干扰测试的种类，增加连续波、窄带扫频、宽带噪声、宽带脉冲、转发、欺骗及组合型等多种干扰制式，增加系统完好性和自主完好性测试手段，不断提升对北斗卫星导航产品安全性技术水平进行有效评估的能力。

任务 7：增强基础类产品检测能力

加强芯片、模块、天线等基础产品测试能力。建立针对射频基带一体化（或 SOC）芯片的电性能和导航功能综合测试能力。以基础类产品检测需求为出发点，针对测试技术和方法进行研究，完成测试系统升级，提升检测服务能力。

任务 8：创新检测认证服务模式

借鉴移动互联网、大数据、物联网、人工智能等新一代信息技术手段和发展思路，采取"分级定制，云端服务"的服务策略，提升各级用户的服务体验，优化检测认证模式，提高检测认证服务效率；积极帮扶企业进行新产品开发，尽可能为企业提供高效、节约、特色的定制服务，起到行业孵化推动作用，实现互利互赢、协同发展。

任务 9：完善北斗检测认证标准体系

对北斗卫星导航产品检测认证技术、评估和数据处理方法进行系统研究和科学定义，研究制订科学完整的北斗标准体系表；根据北斗检测认证工作需要，制（修）订相关标准和认证实施细则；探索建立认证认可行业标准与军队测绘导航行业标准融合并行的联动机制；初步构建具有鲜明特色和应用价值的北斗标准体系。

（三）打造北斗品牌，推广行业服务

任务 10：成立中国北斗卫星导航产品检测认证联盟

以"整合资源、协同创新、国际合作、发展共赢"为宗旨，通过集聚北斗产业链各环节的优势资源、产业链的有效联动，成立中国北斗卫星导航产品检测认证联盟，由国家认监委和联参战保局进行指导，推动我国北斗产业的持续协调健康发展。联盟成立后，可为行业提供检测、认证、咨询、鉴定、技术培训以及数据支撑等公共技术服务；可组织开展测试方法的研究、测试系统和软件的开发等工作，还可为政府部门规范北斗产业发展提供协助和支撑。

任务 11：打造北斗检测认证公共服务平台

整合现有平台，打造一个具有权威性、开放性和公益性的"北斗行业型"检测认证公共服务平台，向社会提供北斗相关科技资源共享、先进技术推广、公益性检测认证等服务。向军、地各方推荐使用获得北斗卫星导航检测认证的基础产品。此外，通过对北斗卫星导航产品质量信息的收集、分析和总结，为军地管理部门推进行业发展、提升产品质量、优化产业布局提供政策建议。

任务 12：拓展行业服务领域

积极拓展北斗行业服务领域，结合行业发展规划，解决行业应用关键共性技术，促进北斗导航与行业深度融合发展,促进相关产业转型升级。重点结合测绘、交通、电力、通信、金融、安防、航空等领域特点,开发系列专用检测设备,提供优质的检测认证服务。计划到2020年终端检测认证普及率达到10%,芯片检测认证普及率达到20%,天线检测认证普及率达到30%。

任务13:推进行业技术培训与交流

以北斗卫星导航检测认证联盟为载体,大力开展面向行业、面向全国范围的北斗检测认证技术培训与交流活动,在普及北斗卫星导航相关技术知识的同时,实现行业内信息的及时沟通和交换。开展北斗导航产品技术文件宣贯,帮助各相关生产和使用企业更好地理解及应用相关标准、要求、规范等文件,提高其北斗导航终端产品研发、生产、服务等能力。

(四)加强国际合作,实现融合发展

任务14:助推北斗导航产品进入"一带一路"沿线市场

围绕"一带一路"倡议,搭建国际发展交流合作平台,开展沿线国家和地区北斗卫星导航产品有关技术、标准培训和测试能力建设工作,促进北斗导航产品质量技术体系衔接,推动北斗导航产品检测结果、认证结果的国际互认,逐步实现"一次测试、一张证书、国际互认"。

任务15:加强检测认证标准化工作

推动北斗相关技术和管理检测认证标准的国际化,推动国家在认证认可、检测、量值传递等领域与国际全面合作,开展国际性北斗卫星导航检测认证标准比对分析和实验室能力验证,积极参与制定检测认证国际标准和合格评定规则,提高检测认证标准一致性。

五、保障措施

(一)国家认监委会同联参战保局出台相关政策,促进北斗卫星导航检测、认证结果获得政府及行业用户采信,推荐通过检测、认证的北斗卫星导航产品列入政府采购目录及主要用户采购优选清单,落实对北斗卫星导航检测、认证机构能力建设、资质申请、技术研究、标准制(修)订等方面的政策和资金方面的支持。

(二)联参战保局组织对全国已经获得北斗终端级资质的企业进行北斗卫星导航终端产品研产一致性检查。通过检查,了解北斗企业质量体系运行情况,对北斗产品质量水平进行分析与统计,对检查不合格的企业采取相应处理,从而实现扶优治劣、引导消费,提升产品质量整体水平,促进行业良性发展的目的。

(三)国家认监委和联参战保局进一步加强统筹规划和军地联动,推动建立北斗卫星导航检测认证军地联动和部际协调机制,联合发改、工信、财政、环保、交通、水利、农业等有关部门,统筹协调北斗卫星导航检测认证相关政策措施,形成工作合力。

(四)加强北斗卫星导航检测认证宣传推广。通过官方网站以及各类新闻媒体,大力开展北斗卫星导航检测认证相关政策解读和宣传推广，充分展现北斗卫星导航检测认证体系的服务能力及成果，增进北斗卫星导航的社会认知和普及程度。

（五）加强人才队伍建设。组织实施北斗卫星导航检测认证人才培养计划，加快培养北斗检测认证行业急需的质量管理、技术研究、检测、认证、培训等各类人才。

北斗卫星导航检测认证体系

北斗卫星导航检测认证体系由组织体系和制度文件体系组成，其中组织体系包括管理部门、联盟、认证机构、检测机构、用户产品、报告证书六个部分。制度文件体系包括检测认证相关国家法律法规、北斗卫星导航产品检测认证相关规章制度、北斗卫星导航产品检测认证相关标准及实施细则、检测认证机构相关文件四个层级。

（1）管理部门：联参战保局、国家认监委。国家认监委和联参战保局协同负责北斗卫星导航检测认证体系规划及顶层设计，负责检测及认证机构的授权、管理、日常监督工作，负责成立北斗检测认证技术专家委员会，负责研究制定北斗卫星导航产品检测认证相关政策等。

（2）联盟：中国北斗卫星导航产品检测认证联盟由检测机构、认证机构、企业代表等组成，在联参战保局和国家认监委的指导下，组织实施各类技术交流、标准制（修）订、能力验证、培训等活动，负责北斗检测认证体系的宣传推广及国际互认。

（3）检测机构：是北斗卫星导航产品检测工作的具体执行单位，同时负责研究北斗卫星导航产品测试方法、测试技术；负责制定北斗卫星导航产品相关标准；负责研制及开发北斗卫星导航产品测试系统等。

（4）认证机构：是北斗卫星导航产品认证工作的具体执行单位，同时在管理部门的指导下，负责制定北斗卫星导航产品认证目录；负责制定各类北斗卫星导航产品认证实施细则；负责研究北斗卫星导航产品认证技术；负责设计北斗卫星导航产品认证证书及标志等。

（1）第一层级：检测认证相关国家法律法规。如《产品质量法》、《计量法》、《标准化法》、《认证认可条例》等。

（2）第二层级：北斗卫星导航检测认证相关规章制度。如《北斗卫星导航产品质量检测机构授权管理办法》、《北斗卫星导航产品质量检测机构能力要求》、《北斗卫星导航产品质量检测机构审查实施细则》、《北斗卫星导航产品认证管理办法》等。

（3）第三层级：北斗卫星导航检测认证相关标准及实施细则。如 CHB 5.6 - 2009《北斗用户设备检定规程》、GJB 5407 - 2005《导航定位接收机通用规范》、《北斗卫星导航系统导航型终端认证实施细则》等。

（4）第四层级：检测认证机构制定的质量管理体系相关文件。如各机构为开展北斗卫星导航产品检测、认证业务制定的质量手册、程序文件以及相关检验细则、操作规程等文件。

国家认监委办公室关于委托中国汽车工业协会牵头开展汽车联网检测认证调研及论证等工作的函(节选)

(认办证函〔2015〕188 号)

随着新一代信息技术在汽车领域的逐步应用,汽车互联网化和智能化呈加速发展趋势,应抓住此时机,大力推进我国自主的北斗导航和移动通信技术在汽车领域的应用,汽车联网相关产品的检测认证工作也应及时跟进,充分发挥其提高产品质量、促进产业发展的作用,从而支持民族品牌,提升中国制造实力。

国家市场监督管理总局

市场监管总局关于印发《全国重点工业产品质量安全监管目录(2021 年版)》的通知(节选)

(国市监质监发〔2021〕15 号)

附件:

全国重点工业产品质量安全监管目录(2021 年版)

107　交通用具及相关产品　车载卫星导航

原中华人民共和国国家质量监督检验检疫总局

国家质检总局关于印发《中国特色质检技术体系建设纲要》的通知(节选)

(国质检科〔2014〕469 号)

三、现状和挑战

(一)发展现状

2. 技术创新能力大幅提高。改革开放以来,已累计获国家科技奖励 84 项,与国际先进水平差距日益缩小,实现从基本“跟跑”到基本“并行”、个别“领先”的跨越式发展。在计量领域,部分量子自然基准成果已经接近或超过国际最好水平,铯原子时间频率基准准确度已达 2 × 10 － 15(1500 万年不差 1 秒),为北斗定位系统提供技术保障;应对国际单位制重大变革的普朗克常数、阿伏伽德罗常数和波尔兹曼常数测量关键技术及相应的量子计量基准研究取得国际认可的可喜成果,大幅提升在国际单位制变革中的话语权,我国已具有国际互认的校准测量能力(CMC)1248 项,上升为国际第四位,亚洲第一位,基本形成了国际一致、满足我国经济社会国防各领域准确测量需要的计量基标准和溯源体系。在标准化领域,标准化理论与方法基础更加扎实,标准化科技基础设施逐步完善,实验验证能力初露端倪,基础信息服务能力稳步提升,标准化与科技结合日益紧密,技术水平明显提高,高端装备制造、第四代移动通信等方面国际标准研制不断取得突破,中国标准正随着高速铁路、特高压输变电、大飞机等走出国门,国际标准化地位和能力显著提升。在认证认可领域,突破高级别生物安全实验室认可、电子电气产品有害物质检测评价、风电认证、能源管理体系认证、碳排放与碳减排认证认可等关键技术,创建了一批国际领先的认证认可制度,亚太实验室认可合作组织(APLAC)32% 的检测能力验证计划由我国牵头承担,彰显我国在能力验证领域的领先地位。在检验检测检疫领域,出入境检验检疫风险评估技术、污染物溯源技术、动植物源性成分鉴别技术、转基因产品检测技术不断积累发展,高通量检验检疫安全监控技术取得突破,快速、便携、灵敏的检验检疫设备的研发和集成有新成效;食品安全检测技术、风险评估、监测预警、食品质量安全控制技术基本与国际接轨。特种设备材料试验、结构分析、检验检测与评价方法、仪器设备和法规标准不断发展,基于风险的检验(RBI)技术、埋地管道安全检测与评价技术、机电类特种设备物联网监管监测技术,提升了我国特种设备检验检测能力和水平。质检科技以每年累积 2000 项科技成果、700 项发明专利、4000 篇科技论文的速度不断扩展,取得重大经济社会效益。

中国卫星导航系统管理办公室

北斗卫星导航系统在非十大应用场景

（中国卫星导航系统管理办公室2021年11月）

场景一：北斗道路运输车辆管理应用

1. 场景概述

面向旅游大巴车、危险品运输车及重型载货运输车等车辆，利用北斗定位导航服务，结合互联网通信技术，实现车辆安全驾驶管理与调度，有效降低道路事故发生风险，提升道路运输管理水平及车辆调度能力。

2. 解决方案

在车辆上安装北斗车载终端，获取车辆实时位置信息、运行状态等关键行车数据，通过互联网通信技术实时回传至车辆安全管理系统。车辆安全管理系统利用终端获取的车辆位置数据，实现对车辆动态位置数据的实时查看和管理、车辆历史轨迹查询、车辆编队调度管理等功能。通过系统—终端联动报警功能，对出现超速驾驶、疲劳驾驶等违规行为进行告警。

3. 应用案例

案例一：中国重点营运车辆监管

已在中国范围内推广安装超过700万台车载终端，实现了对境内所有跨省旅游巴士、危险品运输车辆及12吨以上重型载货运输车辆的管理。据统计，自2012年投入使用以来，中国道路运输重特大事故发生数及死伤亡人数均呈现明显下降趋势。

案例二：车队调度管理

2018年，中俄开展了中俄国际道路运输试运行活动。在国际道路运输客车及货车上安装北斗/GLONASS车载终端，实现了试运行车队调度管理和有序运行。

案例三：南非运输公司跨境运输车辆监控

南非BRISK FAST公司采用“北斗高精度定位终端+车辆定位监控系统 + 国际物联卡”解决方案，实现了对往返于刚果（金）→赞比亚→博茨瓦纳→南非→津巴布韦（博茨瓦纳）→赞比亚→刚果（金）的车辆全程定位监控、实时调度等综合信息管理，有效提高车辆管理能力和管理效率。

案例四：赞比亚危险品运输车辆安全监控

赞比亚Wideway是一家专业从事硫酸运输的公司。针对客户严控危险品运输风险的需求，采用了以北斗高精度定位技术为基础，扩展远程拍照、违规驾驶语音提示等功能的监控系统，对运输车辆、驾驶员及危险品三者的状态进行实时跟踪和监控，结合安全管理制度，有效地防控了车队危险品运输的风险。

4. 合作构想

为非洲交通管理部门提供道路运输车辆安全管理技术和解决方案；为非洲运输企业提供车辆编队管理、安全跟踪技术解决方案。

5. 案例提供单位

中国交通通信信息中心（Email：jiangyulong55@ sina. com）

万邦易联（北京）科技有限公司（Email：chenmz@ eartheyes. com. cn）

场景二：北斗铁路行业应用

1. 场景概述

铁路勘察设计、建造施工及运营维护各个阶段均对卫星定位导航授时功能有需求，北斗系统能在铁路基础设施建设及养护维修、时间同步、客货运输调度、形变监测、作业人员安全防护、列车运行控制等领域提供解决方案，为铁路降本提质增效保安全带来切实效益。

2. 解决方案

北斗已经在铁路工程建设、运输调度、行车安全等业务领域形成成熟解决方案：一是面向铁路勘察设计需求的精密工程测量、地质调查，提供高精度位置基准，提高铁路勘察设计效率和质量；二是面向建造施工需求提供基于北斗的地质灾害监测、铁路轨道测量及平顺性检测等解决方案，降低施工安全作业风险，提高施工精细化管理水平；三是面向铁路运营维护需求，提供基于北斗的列车接近预警防护、营运线上道作业人员安全防护、列车控制等解决方案推动铁路运营组织和运输服务领域科技创新。

3. 应用案例

案例一：对京沈高铁轨道测量

基于北斗高精度定位技术，在京沈高铁上利用北斗轨道测量仪，开展铁路轨道几何形状位置的快速移动精密测量，工作效率提高了数 10 倍，大大降低了铁路线上作业安全风险。

案例二：中国平煤集团煤矿铁路专用线列车接近预警防护

利用北斗高精准定位等技术，在平煤集团煤矿铁路专用线开展列车接近预警防护应用，实时跟踪车辆、施工作业人员的位置信息，实现对施工作业人员和车辆接近预警防护，有效提升了作业人员安全保障能力。

4. 合作构想

为亚吉铁路等非洲铁路提供基于北斗的轨道测量、基础结构形变监测、列车接近预警等解决方案。

5. 案例提供单位

中铁第五勘察设计院集团有限公司(Email:raoxiong. wy@ crcc. cn)

场景三:北斗精准农业应用

1. 场景概述

北斗在精准农业领域主要有三类规模化应用场景:一是农机自动驾驶应用,提高农机作业精度,实现节本节能增效;二是农机远程运维应用,提升企业服务能力,改进农机产品质量;三是农机大数据应用,掌握农机作业效率,优化农机发展政策。

2. 解决方案

(1)北斗/GNSS 农机自动驾驶系统

直接驱动农机转向系统替代驾驶员操作方向盘,实现农机自动驾驶或无人驾驶。该系统已广泛应用于播种、打药、耙地、犁地、中耕、收获、插秧、开沟和起垄等作业,在风沙天和黑夜等能见度较低的情况下也可正常作业。

(2)北斗/GNSS 农机远程运维系统

应用北斗定位、物联网和移动通信等技术,采集并回传农机的位置、作业与工况等数据,开展农机故障预警,调度售后服务网络,提供精准高效的包修、包换及包退的“三包”服务,改进农机产品质量。

3. 应用案例

案例一:中非莫桑比克北斗无人机植保及农机应用

项目位于莫桑比克加扎省赛赛市,占地两万公顷,是莫桑比克乃至非洲最大的水稻合作种植项目。采用基于北斗的植保无人机,大幅提升了植保农药喷洒作业效率;在各种大中型拖拉机上使用北斗自动驾驶系统,应用于整个农业的耕、种、管、收环节上,提高了农机作业效率。

案例二:北斗/GNSS 农机自动驾驶系统棉花播种应用

北斗/GNSS 农机自动驾驶技术的接行误差小于 ±2. 5cm,不仅能满足采棉机对播种接行的精度要求,而且可以替代熟练机手,实现节本增效、提高土地利用和延长作业时间。

案例三:北斗/GNSS 农机远程运维应用

北斗/GNSS 远程运维系统实现了农业耕种管收全过程作业数据管理,可为用户提供精准的农机定位与计亩服务,支持企业实现准确高效的“三包”服务和持续改进产品质量。

案例四:全国农机作业大数据服务

建设了中国农机作业北斗大数据中心,汇集了 32 个企业 28 万余台农机动态数据,实现了国家级大范围农机数据共享和大数据应用服务。

4. 合作构想

为非洲农业管理部门和农业合作社，提供基于北斗的精准农业技术与装备解决方案。

5. 案例提供单位

中国农业大学（Email：wucc@ cau. edu. cn）

场景四：北斗国际搜救应用

1. 场景概述

全球卫星搜救系统是全球范围的公益性卫星遇险报警系统，旨在提供准确、及时和可靠的遇险报警和定位服务，帮助搜救机构获取遇险信息，提高遇险船只、航空器和人员的搜救成功率。北斗国际搜救系统具备提供符合全球卫星搜救系统要求的卫星搜救服务能力，并具备北斗特色返向链路服务能力。

2. 解决方案

当船只、航空器、人员遇险时，可通过手动或自动触发搜救信标发出报警信息，报警信息通过北斗卫星上搭载的搜救载荷转发，并被国际搜救地面系统接收处理，报警信息将按照遇险区域和信标国家码将转发至相应的搜救协调中心，最后由搜救协调中心组织救援力量开展救援。如果搜救信标支持北斗返向链路功能，还可以通过北斗返向链路服务向遇险用户发送确认信息，增强遇险人员信心，更好的保障人命财产安全。

3. 应用案例

自北斗国际搜救服务于 2020 年 7 月 31 日开通以来，北斗搜救载荷运行稳定，国际搜救服务和北斗特色返向链路服务运行正常，截止到 2021 年 10 月共收到 1352 个信标报警测试信号 67085 条，并成功应用于 2021 年 9 月中国首次海上无脚本搜救演习。

4. 合作构想

一是为非洲海上搜救管理部门提供支持北斗返向链路服务的信标技术解决方案，提高遇险救助成功率；二是合作开展中轨搜救地面段的建设，完善全球搜救卫星系统地面网络；三是联合开展北斗返向链路的全球测试验证，引领国际搜救返向链路系统建设。

5. 案例提供单位

中国交通通信信息中心（Email：luhongyang@ cttic. cn）

场景五：北斗国土测绘应用

1. 场景概述

利用北斗/GNSS 地基增强系统（也称连续运行卫星定位服务综合服务系统，CORS）高精度定位技术，结合互联网通信技术，满足不同用户对定位精度、实时性和抗干扰等性能的要求，服务城市规划、国土测绘、地籍管理、城乡建设、环境监测、防灾减灾、交通监控，矿山测量等多种应用场景。

2. 解决方案

北斗/GNSS 基准站接收机连续跟踪所有可见卫星，并通过通讯系统向移动站（用户）发送差分改正数据，移动站（用户）接收机内部进行解算，从而实时得到移动站（用户）的高精度位置信息。其测绘结果较传统测绘技术更加精确，测绘工作更加简便，受外界干扰影响较小。

3. 应用案例

案例一：布基纳法索医院建设高精度快速测量

2021 年 4 月，布基纳法索政府利用北斗/GNSS 高精度技术为医院建设提供基础测量数据，在 6 天内完成了地形测量工作，比预定的项目时间至少节省了一半，为快速建成医院，对抗包括 COVID－19 在内的传染病发挥了重要作用。

案例二：乌干达地基增强网建设应用

已在全国范围内建成 30 座北斗/GNSS 基准站，提供全天候高精度位置服务，较好地满足了当地国土测绘需求。

案例三：沙特阿拉伯施工测量应用

2020 年 8 月，沙特阿拉伯首都利雅得利用北斗/GNSS 高精度技术，服务轻轨施工勘测、地形测量和供水系统勘测，极大地提高了作业效率，受到用户高度赞扬和认可。

案例四：黎巴嫩港口码头重建项目应用

2020 年 6 月，北斗/GNSS 高精度技术成功应用于黎巴嫩贝鲁特港口码头施工海洋测量项目，对港口及附近的水域进行精确海底地形测量，为实施快速、高效、高精度的海洋测量作业提供了新的技术途径，获得用户的一致好评。

4. 合作构想

为非洲各国政府国土、地籍、自然资源管理部门提供北斗/GNSS 地基增强系统建设和高精度定位技术解决方案；为非洲建筑施工企业提供北斗/GNSS 高精度定位解决方案。

5. 案例提供单位

上海司南卫星导航技术股份有限公司（Email：colar_wen@comnavtech.com）

场景六：北斗数字施工应用

1. 场景概述

基于北斗定位、物联网、通信等技术，实现全方位、立体化、多层次、精细化监管，实现施工过程的科学控制和管理，降低人工和材料成本投入，有效提高安全系数，从而大幅提升公路等基础设施建设施工的效率和质量，实现建设工程全过程管理信息化。

2. 解决方案

在作业机械车辆上安装北斗/GNSS 接收机，结合其他传感器组成一体化集成系统，对施工机械进行智能控制和远程监测。该项技术已经在铁路路基、公路施工、水利开挖、大坝填筑、机场建设等基础设施施工中得到广泛应用。

3. 应用案例

案例一：塞内加尔捷斯图巴高速公路建设

运用基于北斗/GNSS 高精度定位技术参与路面施工全流程管控，从拌合料运输、沥青摊铺，到路面碾压，进行实时监管和数据回传，有效提高路面施工质量。

案例二：中国吉林双洮高速数字化施工应用

采用基于北斗高精度定位数据的 BIM 技术与现场施工的智能压路机、智能摊铺机、智能搅拌站等“物联网”设备结合，有效提高碾压质量。保留 100% 的碾压数据，实现高速公路建设的数字化、可视化、智能化。

案例三：博世试车场 3D 智能摊铺

位于中国江苏省连云港市的德国博世夏季汽车试验场对沥青混凝土面层摊铺平整度要求为 ±2 毫米，精度要求非常罕见，采用基于北斗/GNSS 的 3D 智能摊铺系统取得圆满效果。

4. 合作构想

为非洲国家路桥建设工程，机场、港口、水利电力大坝建设以及城市大型建筑施工，提供基于北斗/GNSS 定位技术的先进数字化施工管理系统应用解决方案。

5. 案例提供单位

上海华测导航技术股份有限公司（Email：lowe_zo@ chcnav. com）

场景七：北斗智慧矿区应用

1. 场景概述

基于北斗/GNSS 高精度定位技术构建矿山监测系统、人员保障系统、资产监管系统，完成对矿山从开采—仓储—运输—销售的全流程监管。

2. 解决方案

利用北斗/GNSS 高精度定位和高精度地图等技术手段，联通车辆终端、手持终端，构建“云 - 网 - 端”体系架构的矿山一体化智能监管平台，形成矿山三维实景构建、矿山安全监测、运输车辆调度管理以及矿山资产监控等能力，实现矿产从开采到运输、通关、仓储和销售的全流程时空数据集中监管。

3. 应用案例

中蒙经济走廊矿山一体化开发项目为位于蒙古南戈壁省的塔温陶勒盖煤矿，引入北斗短报文和北斗高精度服务的智慧矿区全流程监管解决方案，一期计划安装 100 套北斗高精度定位设备，提供煤矿开采、蒙古境内公路运输、双边口岸通关、仓储物流、焦煤出口销售等矿山一体化服务。

4. 合作构想

为非洲矿区提供基于北斗/GNSS 高精度技术的智慧矿区全流程监管方案。目前已在与刚果(金)与苏丹多个矿区进行合作对接。

5. 案例提供单位

北方装备有限责任公司

北方国际合作股份有限公司(Email:ycc@ norinco – e. cn)

场景八:北斗公共安全应用

1. 场景概述

基于北斗/GNSS 的可视化指挥调度系统,结合前端北斗智能终端实现统一指挥调度。在发生突发事件时,可以将现场位置以及视频信息在第一时间回传指挥中心,使指挥中心能够及时获得现场信息,提高决策的准确性和及时性,提升精准调度和高效指挥。

2. 解决方案

可视化指挥调度系统具备北斗/GNSS 实时定位、语音对讲、一键视频上传、音视频通话、高清录像等功能。指挥人员可以在短时间内对突发性危机事件做出快速反应并提供妥善的应对措施预案;同时前端和指挥中心形成多级联动、数据共享,最大程度上减少突发性危机事件带来的影响和损失。

3. 应用案例

目前已在中国广东、四川、浙江等省市实现执法人员北斗实时定位、轨迹回放、实时音视频传输以及语音对讲等功能,形成信息综合汇聚、位置动态监管、态势实时上报以及任务及时调度。

4. 合作构想

为非洲公共安全、城市安保等提供基于北斗的可视化指挥调度管理系统的解决方案,解决人员精准统一管控和应急指挥调度等需求。

5. 案例提供单位

北方电子研究院有限公司

深圳市中兵康佳科技有限公司(Email:wangym206@ 163. com)

场景九:北斗野生动物保护应用

1. 场景概述

利用北斗定位 + 移动通信技术,开展珍稀野生动物栖息地调查和野生动物的追踪监测等应用。

2. 解决方案

利用北斗定位标识器实时采集动物的位置、生理状态信息(如体温、脉搏)、运动状态等信息,定时回传至处理平台,通过跟踪分析研究野生动物的生活习性等,为野生动物保护和科学研究提供重要支撑。

3. 应用案例

案例:东北虎“完达山 1 号”放归监测

2021 年 5 月,东北虎“完达山 1 号”回归自然。北斗跟踪项圈每隔一小时回传一次位置信息,开展了对东北虎生活习性等跟踪研究。

4. 合作构想

为非洲各国野生动物管理部门提供野生动物跟踪、动植物监测、巡护调查等解决方案。

5. 案例提供单位

中国林业科学研究院森林生态环境与保护研究所(Email:lidiq@ qq. com)

中国林业科学研究院资源信息研究所(Email:tangxm@ ifrit. ac. cn)

场景十:北斗精准时空智慧城市应用

1. 场景概述

通过统一的时空基准,将现实世界中的各类数据进行汇聚和融合,映射成高精度、实时、动态、全要素的数字孪生世界,驱动大量智能设备感知城市,赋能智慧应用创造和升级,助力城市精细化管理。

2. 解决方案

聚焦城市治理方向,以高精度时空共性服务系统为支撑,落地交通运营、安全监测、绿色城管等场景应用,将精准时空能力广泛应用于城市管理,汇聚各类时空相关数据,提升时空数据智能化应用水平。

3. 应用案例

案例一:中国浙江德清“城市大脑”

通过绘制德清县覆盖主城区的高精度地图,与“ET 城市大脑”的数据资源平台、AI 算法服务平台融合,提供覆盖交通、交管、旅游、城管及工业企业大数据等领域的创新应用场景,成为德清智慧城市建设的新基础设施。

案例二:中国重庆长寿高精度位置管理共性服务系统

通过北斗智能终端在精准交通运营管理、安全监测、绿色城管、智慧化水域巡检中的应用,感知城市运行的动态变化,支撑在城市治理方向开展各类智能化创新应用,实现城市运行中时空相关数据的互联互通。

4. 合作构想

为非洲城市建设提供北斗精准时空智慧城市建设整体解决方案。

5. 案例提供单位

千寻位置网络有限公司(Email:zhanxiong. xiang@ wz - inc. com)

北斗卫星导航系统法治建设报告

（中国卫星导航系统管理办公室2021年5月）

北斗卫星导航系统（以下简称北斗系统）是国家关键基础设施，是大国重器。党和国家高度重视北斗系统法治建设（以下简称北斗法治建设），将厉行法治作为北斗系统长远发展的基本保障。北斗法治建设是北斗系统可持续发展的内在要求，是卫星导航领域深入贯彻全面依法治国基本方略的重要举措。北斗法治建设立足北斗系统发展全局，按照良法善治要求，坚持开放兼容、创新驱动、统筹推进、合作共享、注重效益、确保安全的发展原则，着力构建符合北斗系统发展规律的法律制度体系，并使其充分发挥引导、规范和保障北斗系统发展的作用，确保北斗系统在法治轨道上协调发展、融合发展、安全发展，建成世界一流卫星导航系统，满足国家安全与经济社会发展需要，为全球用户提供连续、稳定、可靠服务。

国运兴则法治兴。2020年11月，中央全面依法治国工作会议首次提出并系统阐述了习近平法治思想，确立了其在全面依法治国中的指导地位。以习近平法治思想为指导，系统总结北斗法治建设的做法成效和经验启示，深度展望北斗法治建设的发展前景，对于坚定法治信念、凝聚法治力量，在新的起点上加快推进北斗法治建设，开创北斗法治建设新局面，具有重要现实意义。

一、建设成效

北斗法治建设，在国家启动北斗重大专项中应运而生，在保障北斗系统“三步走”发展战略中磨砺而成。伴随着北斗系统的快速发展，北斗法治建设也取得了明显进步。以国家宏观政策为主导、以行业和地方政策法规为主体的北斗法律制度体系已基本形成，法治实施工作深入推进，法治环境氛围日渐浓厚，法治建设对北斗系统发展的促进和保障作用日益显现。

（一）注重谋篇布局，保障系统建设

——重视战略规划设计。国家确立了北斗系统建设发展战略，为系统建设提供了宏观政策指引。2005年《国家中长期科学和技术发展规划纲要（2006－2020年）》将北斗系统列为科技重大专项之一，明确了发展北斗系统的战略目标，填补了国家战略空白。北斗系统发展相继纳入国家国防建设与经济建设协调发展战略、信息化发展战略、对外开放总体战略、区域发展战略、乡村振兴战略等重大战略部署，明确了北斗系统建设在国家安全和发展战略布局中的重要地位，为北斗系统发展提供了根本保障。国家战略性新兴产业发展规划、国家民用空间基础设施中长期发展规划、国家卫星导航产业中长期发展规划等宏观政策提出了北斗系统建设各阶段的目标任务，为北斗系

统发展提供了方向和路径引领。

——初步建立管理体制机制。构建了由国家 20 余个部门组建的国家重大专项领导机构、牵头组织单位、责任主体部门、实施执行机构和任务承担单位构成的组织体系，以中国卫星导航系统管理办公室为核心的总体管理团队，以及由总设计师系统、专家咨询机构和技术支撑机构构成的决策咨询与技术保障体系。在国家重大专项领导机构的统一领导下，中国卫星导航系统管理办公室和各有关部门单位分工负责，形成运行顺畅、协调高效、规范有序的管理工作机制，将政产研学等多维力量有效整合，实现了管理 - 工程 - 技术的有机融合，确保了资源、要素的优化配置和工作的顺利推进。

——推进管理规范体系建设。北斗系统建设遵循国家科技重大专项建设的基本规律和北斗系统建设的特殊规律，积极推进具有北斗特色的项目管理、质量管理、技术管理、运行管理、保密管理、经费管理、知识产权管理、国际合作与交流管理、标准化管理等制度规范的建设，形成了覆盖北斗系统建设全过程、全要素的管理规范体系，确保北斗系统建设工作依法依规有序开展，保障系统工程建设任务提前圆满完成。

（二）完善制度机制，确保安全运行

——健全运行维护机制。根据北斗系统运行维护需要，成立北斗系统安全稳定运行的组织机构，建立多方联动保障机制，完善工作责任制，压实各方责任，健全日常监管、风险管控、监测评估、精稳提升、平稳过渡等方面的制度规范，着力消除薄弱环节，增强系统可靠性，保障北斗系统安全稳定运行，持续提供优质服务，推动建设具有中国特色的北斗系统运行维护体系。

——强化安全保护规范。北斗系统是国家关键基础设施，我国有关法律法规对国家关键基础设施及相关配套设施的应用安全保护作出了原则性规定，在一些领域为卫星导航相关设备设施及应用安全，卫星导航系统基准站的建设运行、数据安全，卫星导航信号保护等事项提供了法律依据，为北斗系统稳定运行和用户使用安全提供了基本保障。承担北斗系统运行维护任务的单位依据相关法律法规，结合运行维护工作实际，细化相关标准规范，依法将安全运行维护工作落到实处。

——建立信息公开制度。建立北斗系统新闻发言人制度，举办新闻发布会，设立北斗卫星导航系统政府官方网站，及时公开发布北斗系统运行状态、服务性能等信息，并逐步健全用户反馈机制。及时发布北斗系统公开服务性能规范、接口控制文件、系统发展报告、应用服务体系等规范性文件，为全球用户高效获取北斗系统服务信息提供便利。

（三）综合联动施策，推动产业发展

——顶层设计产业发展。自北斗系统发展进入建用并举阶段以来，在国家国民经济和社会发展的五年规划和相关产业化推进的战略性文件中，对加快推进北斗系统产业化进程作出了明确部署。特别是 2013 年颁布的《国家卫星导航产业中长期发展规划》，对我国卫星导航产业的发展目标、主要任务、重大举措作出了全面系统的安排。2021年，全国人民代表大会批准《中华人民共和国国民经济和社会发展第十四个五年规划和2035年远景目标纲要》进一步提出实施北斗产业化重大工程，“深化北斗系统推广应用，推动北斗产业高质量发展”，为新时代全面推进北斗系统产业化发展指明了方向。

——行业出台配套措施。为落实国家关于北斗系统产业化发展的规划部署，国家各有关部门结合行业和领域发展特点，在交通运输、农林渔业、水文监测、气象测报、通信授时、电力调度、救灾减灾、公共安全等行业和领域相继出台了一大批促进北斗系统产业化应用推广的政策法规，使北斗系统得到广泛的普及应用，产生了显著的经济和社会效益。截止2021年4月，在交通运输行业，国家有关部门出台涉及北斗系统产业化应用推广的政策法规共计85件，使交通运输行业成为我国推进北斗系统产业化应用发展最快的行业之一；在测绘地理信息领域，国家有关部门出台涉及北斗系统产业化应用推广的政策法规共计27件，显著提升了测绘地理信息领域北斗系统产业化应用推广的水平。

——地方推出落地举措。为促进北斗系统在地方的落地应用，各省、自治区、直辖市结合本地区位优势和区域发展战略，出台了大量涉及北斗系统应用的政策法规，据初步统计，截止2021年4月，各地出台的地方性政策法规达到871件。各地政策定位准确，特色鲜明，京津冀地区依托首都资源优势，发挥政策示范功能；长三角地区利用资金与市场优势，推动一体化发展；珠三角地区发挥区位市场优势，产值居于前列；华中鄂豫湘地区发挥科研和人才优势，形成了产业集聚效应；西部川陕渝地区，依托航空航天工业基础雄厚的优势，促进了高新技术的创新发展。

（四）加强涉外法治，促进全球合作

——对外发布政策主张。2016年，中国政府发布《中国北斗卫星导航系统》白皮书，介绍了北斗系统建设历程、发展目标与原则，阐释了中国政府持续建设和发展北斗系统、提供可靠安全服务的政策主张，展示了北斗系统的阶段进展成就和广阔发展前景，回应了国际社会的广泛关切。白皮书的发布，体现了党和国家对北斗系统的高度重视，向国际社会表明了中国政府发展建设北斗系统的决心和信心，展示了北斗系统公开、透明、开放的自信形象，表达了北斗系统愿与世界其他卫星导航系统并肩携手，共同服务全球、造福人类的积极意愿，为构建人类命运共同体发挥重要作用。积极承担卫星导航大国责任，分别于2012年、2018年举办联合国全球卫星导航系统国际委员会（ICG）大会并倡导建立卫星导航领域公正合理的国际规则；于2019年在第14届ICG大会上介绍中国卫星导航法制建设主要做法，讲好中国故事、贡献中国方案、发出中国声音，倡导各国加强卫星导航法治合作，共同研究法律问题，得到各方积极响应，为中国积极参与卫星导航国际规则制定工作，探索积累了经验。

——推动兼容合作共享。我国分别同美国、俄罗斯就北斗系统与GPS、格洛纳斯系统（GLONASS）的系统间兼容与互操作签订双边协议，与欧盟持续推动北斗系统与伽利略系统（Galileo）的兼容与互操作协调，实现资源共享、优势互补、技术进步，共同提高卫星导航系统服务水平，为用户提供更加优质多样、安全可靠的定位导航授时服务。推动与其他国家和地区共享北斗系统发展成果，签署中俄、中阿（盟）、中阿（根廷）、中巴、中沙、中伊（拉克）等合作协定协议，建立中俄卫星导航重大战略合作项目委员会、中阿北斗合作论坛等常态化合作机制。

——加快进入国际标准体系。中国高度重视并持续推动北斗系统进入国际民用航空组织（ICAO）、国际海事组织（IMO）、国际搜救卫星组织（COSPAS—SARSAT）、移动通信国际标准组织（3GPP）、国际电工委员会（IEC）等行业和专业应用国际组织标准体系，获得国际组织认可，解决北斗系统在全球应用的标准规则问题。目前，多项支持北斗系统发展的国际标准发布。国际民航领域，北斗三号系统189项性能指标技术验证全部通过，进入国际民航组织标准工作的最核心和最主要任务圆满完成；国际海事领域，北斗系统成功加入世界无线电卫星导航系统，获得海事领域应用的国际合法地位。

（五）推动北斗专项立法，提升法治整体水平

——积极稳妥推进北斗专项立法。2016年，《中华人民共和国卫星导航条例》列入国务院立法工作计划。在条例起草部门的统一组织下，条例起草工作稳步有序推进，共修改草案40余稿，组织召开院士座谈会、法律专家座谈会等各类会议100余次，征求各部门单位、社会各方意见建议500余条，吸收采纳470余条，研究相关国外法律法规百余部、国内政策法规千余部。《中华人民共和国卫星导航条例》将确立系统建设、运行服务、应用推广、安全保障、国际合作等方面的基本制度，彰显了中国以法治来保障北斗系统可持续发展的信心和决心。

——不断提升法治综合保障能力。北斗专项立法深入推进，有力带动了各项法治保障工作。有组织有计划地开展法治研究工作，针对卫星导航领导管理体制、短报文服务、高精度应用及产业化发展、应用安全保护、国际化发展等一系列重大涉法问题进行专题研究，取得了一批重要研究成果。积极回应社会和群众对北斗系统的重大关切，调查研究发展中出现的产业盲目发展、滥用北斗名称、短报文服务管理滞后等现象，从法理上释疑解惑，提出加强法治工作的建议，推动了重大现实问题的解决。多名全国人大代表、全国政协委员关注北斗法治建设，积极为国家加强北斗法治建设献言献策。通过主流媒体介绍北斗法治工作的做法、经验，展示北斗法治建设的成果，关心关注北斗法治建设的社会氛围逐渐形成。

——推动构建中国特色北斗法治体系。根据北斗系统的实际需要和发展需求，全方位、多角度推进北斗法律制度建设。推进嵌入式立法，交通、测绘等多个领域涉及卫

星导航的法律逐步更新。涉及卫星导航的法规和规章陆续颁布。其中涉及卫星导航的行政法规 12 件,地方性法规 97 件,集中于道路交通、民航、测绘地理等行业和无线电管理方面。国务院有关部门发布涉及卫星导航的规章 49 件,其中交通运输部发布的规章数量最多。全国共 22 个省市、自治区共发布涉及卫星导航的规章 44 件,上海、山东、广东发布数量最多。在着力加强北斗法律制度体系建设的同时,积极推进北斗法治实施体系、法治监督体系、法治保障体系,全方位构建中国特色北斗法治体系。

二、发展启示

2020 年 7 月 31 日,习近平总书记亲自宣布北斗三号全球卫星导航系统正式开通,北斗迈进全球服务新时代。北斗系统“三步走”发展战略的圆满完成,得益于党的集中统一领导,得益于新型举国体制巨大优势,得益于中国特色社会主义制度的根本保障,得益于北斗法治建设的不断推进。北斗法治建设成绩来之不易,启示弥足珍贵。

(一)坚持发挥举国之力建设北斗制度优势

北斗系统是国家重大科技工程,推进这项工程,需要调集各方力量、汇集各类资源、合力攻坚克难。只有充分发挥我国社会主义制度集中力量办大事的政治优势,坚持以法治为重要依托,在战略规划、宏观政策、法律规范和领导管理体制机制上对北斗系统发展作出制度性设计和安排,才能最大限度地凝聚各方共识、协调各方行动、统配各类资源,将制度优势转换为奋斗伟力,战胜前进道路上的一切困难,高效率、高质量完成北斗系统各阶段发展任务,实现北斗系统服务世界、造福人类的伟业。

(二)坚持从党和国家事业全局体系化推进

北斗系统是国家关键基础设施,涉及国家安全关乎国计民生,体现综合国力,北斗法治建设应当前瞻谋划、整体设计,在国家战略的统筹下体系化推进。既要坚持站在党和国家事业发展全局的高度,加强北斗法治建设的顶层设计,加快推进《中华人民共和国卫星导航条例》出台,充分发挥法律的引导、规范和保障作用,确保北斗系统稳定运行、推动北斗系统产业化发展、坚定全球用户使用北斗的信心;又要注重完善配套制度,抓好落地实施。既要建立健全法律制度体系,促进体系建设高质量发展;又要下大力做好法律制度的实施、监督和保障工作。

(三)坚持服务于北斗系统建设发展的需要

北斗是庞大复杂的系统工程,北斗法治建设必须遵循北斗系统建设发展规律和特点,发挥对北斗系统发展的引导、规范和保障作用。在北斗法律制度建设上,突出创新导向,激励创新、保护创新,采取特殊政策推动北斗系统关键核心技术产品的创新突破;促进融合发展,建立多部门共建、共管、共享的协调机制,推动“北斗+”与“+北斗”的融合,形成和完善北斗应用新业态;加强安全监管保障,以制度筑牢安全底线、防范安全风险。遵循北斗系统工作布局,在制度设计上,既强化布局各工作版块的专项功能,又确保提升布局发展的总体效能,形成了“总分结合、功能互补、整体联动”的政策法规制度模式。

（四）坚持统筹行业地方着眼特色联合推进

北斗应用与产业化迅速发展，较为快速地形成了基础产品、应用终端、应用系统和运营服务构成的产业链。这得益于坚持统筹行业部门和地方政府，以服务国家总体战略为目标，在北斗应用示范项目的带动下，立足行业特色和地区优势，发布卫星导航相关政策法规，联合组织推动北斗应用推广和产业发展，使行业部门和地方政府的力量得以充分发挥，形成制度合力。

（五）坚持国内规则与国际规则的相互协调

北斗系统是中国贡献给世界的全球公共服务产品。北斗法治建设需要坚持统筹推进国内法治和涉外法治，在涉及卫星导航相关法律法规制定、修订过程中，始终坚持与国际规则的有效衔接，为全球卫星导航系统的兼容发展提供公平的法治环境。坚持运用法治方式处理卫星导航国际事务，积极主动地参与卫星导航国际规则制定，与世界各国共享北斗系统建设发展成果。

（六）坚持破解难题开辟北斗法治新境界

北斗法治建设是在不断破解北斗系统发展面临的矛盾和问题中开辟前进道路。特别是在重大难点问题上的突破，不仅有力地促进北斗系统的发展，而且会使北斗法治建设别开生面、充满活力。我国涉及卫星导航的法律法规规章200余件，但缺少一部专门规范北斗系统的基本法规，这是制约北斗法治建设的突出问题，北斗法治建设将《中华人民共和国卫星导航条例》的制定作为重要抓手，在解决体制性障碍、结构性矛盾、政策性问题上推出了一系列举措，条例草案修改完善并趋于成熟的过程，是对北斗法治建设规律认识不断深化的过程，也是促进北斗法治的各项工作创新发展的过程，更为北斗法治建设开辟了更为广阔的发展前景。

三、前景展望

奉法者强则国强。坚持以习近平法治思想为指导，立足北斗系统发展全局，体系化推进北斗法治建设，保障北斗系统在法治轨道上长远健康发展，谱写新时代北斗法治建设新篇章。一流北斗必然是法治北斗，北斗法治必将护航中国北斗走向世界。

（一）进一步推动北斗法治理念深入人心

随着习近平法治思想在全社会的深入贯彻落实，随着全面依法治国基本方略的不断推进，北斗法治建设跨入新时代、开启新征程，依法建设北斗、发展北斗、保障北斗的法治北斗理念将贯穿北斗系统建设发展的全过程，将融入到北斗系统工作的方方面面。

（二）进一步健全北斗法律制度体系

北斗系统越向前发展，越是现代化产业化国际化，越是要法治化。北斗系统发展迈入综合定位导航授时体系建设的新阶段，新形势、新需求对北斗法律制度建设提出了新要求。全面推进法治中国建设将加快国家安全领域、新兴领域、涉外领域、信息技术领域等重点领域立法工作，对北斗法律制度建设提出了新任务。随着北斗法律制度建设在各位阶、各领域、各环节的有序展开，将逐步形成以国家综合定位导航授时法、卫星导航条例为主导，结构合理、要素齐全、内容完备的中国特色北斗法律制度体系。

（三）进一步强化北斗产业化的法治保障

随着“双循环”新发展格局、“新基建”等重点战略的全面推进，将有利促进北斗产业与其他产业的深度融合和市场拓展，北斗产业发展面临前所未有的机遇。北斗系统的法治建设将适应北斗产业化转型发展的需要，着力规范公平竞争的市场秩序和营商环境，增加各类主体参与和发展北斗产业的信心和活力，加快建立符合市场规则的产业发展模式和企业运营模式，积极培育产业发展的新动能、新业态，提升北斗产业核心竞争力，在更广范围、更深程度、更高层次上发挥法律制度对北斗产业转型的保障作用。

（四）进一步营造卫星导航国际法治环境

北斗系统全球服务的开通，将有利促进北斗系统与其他卫星导航系统之间的兼容发展，推动在相关国际领域开展全方位的合作与交流，在全球更多国家和地区广泛应用，我国在参与全球卫星导航治理中扮演更加重要的角色。北斗法治建设将发挥更大的作用，重点在建设和运用国际双边多边机制、推动北斗系统全面进入国际标准、运用国际规则使用频率轨位等资源、开展国际卫星导航法治交流与合作等方面展示和体现法治力量，构建公平公正公开的卫星导航国际秩序，营造有利于北斗国际化发展的法治环境，让北斗系统更好地服务人类发展进步。

（五）进一步提升北斗法治建设能力

随着北斗系统建设法治化的进程加快推进，北斗法治理论创新能力、实践开拓能力将显著提升。运用法治思维和法治方式引导、规范和保障北斗系统发展的能力明显增强，北斗系统的治理能力将进一步提升，从而不断满足北斗系统建设的新需求，不断解决北斗系统发展中遇到的新问题，不断应对北斗系统发展中的新挑战，全面彰显北斗法治保障的新成效。

北斗卫星导航系统发展报告(4.0 版)

（中国卫星导航系统管理办公室 2019 年 12 月）

引言

北斗卫星导航系统（以下简称北斗系统）是中国着眼于国家安全和经济社会发展需要，自主建设运行的全球卫星导航系统，是为全球用户提供全天候、全天时、高精度定位、导航和授时服务的国家重要时空基础设施。

中国高度重视北斗系统建设发展,20 世纪 80 年代开始探索适合国情的卫星导航系统发展道路,形成了“三步走”发展战略:2000 年,建成北斗一号系统,向中国提供服务;2012 年,建成北斗二号系统,向亚太地区提供服务;2020 年,将建成北斗三号系统,向全球提供服务。计划 2035 年,以北斗系统为核心,建设完善更加泛在、更加融合、更加智能的国家综合定位导航授时体系。

北斗系统的建设、运行和应用管理工作由中国多个部门共同参与。有关部门联合成立了中国卫星导航系统委员会及中国卫星导航系统管理办公室,归口管理北斗系统建设、应用和国际合作等有关工作。同时,成立专家委员会和专家组,充分发挥专家智库咨询作用,实施科学、民主决策。

北斗系统秉承“中国的北斗、世界的北斗、一流的北斗”发展理念,践行“自主创新、团结协作、攻坚克难、追求卓越”的北斗精神,为经济社会发展提供重要时空信息保障,是中国实施改革开放 40 余年来取得的重要成就之一,是新中国成立 70 年来重大科技成就之一,是中国贡献给世界的全球公共服务产品。中国愿与世界各国共享北斗系统建设发展成果,促进全球卫星导航事业蓬勃发展,为服务全球、造福人类贡献中国智慧和力量。

一、系统概述

中国始终立足于国情国力,坚持“自主、开放、兼容、渐进”的原则,稳步推进北斗系统建设发展。

(一)发展目标

建设世界一流的卫星导航系统,满足国家安全与经济社会发展需要,为全球用户提供连续、稳定、可靠服务;发展卫星导航产业,服务经济社会发展和民生改善;深化国际合作,共享卫星导航发展成果,提高全球卫星导航系统的综合应用效益。

(二)发展原则

——自主。坚持自主建设、发展和运行北斗系统,具备向全球用户独立提供卫星导航服务能力。

——开放。免费提供卫星导航公开服务,鼓励开展全方位、多层次、高水平的国际交流与合作。

——兼容。提倡与其他卫星导航系统兼容与互操作,鼓励国际交流与合作,致力于为全球用户提供更好的服务。

——渐进。分步推进北斗系统建设,持续提升北斗系统服务性能,不断推动卫星导航产业健康、快速、持续发展。

(三)基本组成

北斗系统由空间段、地面段和用户段三部分组成。

——空间段由若干颗地球静止轨道卫星、倾斜地球同步轨道卫星和中圆地球轨道卫星等组成。

——地面段包括主控站、时间同步/注入站和监测站等若干地面站，以及星间链路运行管理设施。

——用户段包括北斗及兼容其他卫星导航系统的芯片、模块、天线等基础产品，以及终端设备、应用系统与应用服务等。

（四）发展步骤

——第一步，建设北斗一号系统。1994 年，启动北斗一号系统工程建设；2000 年，发射 2 颗地球静止轨道卫星，建成系统并投入使用，采用有源定位体制，为中国用户提供定位、授时、广域差分和短报文通信服务；2003 年，发射第 3 颗地球静止轨道卫星，进一步增强系统性能。

——第二步，建设北斗二号系统。2004 年，启动北斗二号系统工程建设；2012 年，完成 14 颗卫星（5 颗地球静止轨道卫星、5 颗倾斜地球同步轨道卫星和 4 颗中圆地球轨道卫星）发射组网。北斗二号系统在兼容北斗一号系统技术体制基础上，增加无源定位体制，为亚太地区用户提供定位、测速、授时和短报文通信服务。

——第三步，建设北斗三号系统。2009 年，启动北斗三号系统建设；2020 年将完成 30 颗卫星发射组网，全面建成北斗三号系统。北斗三号系统继承有源服务和无源服务两种技术体制，为全球用户提供定位导航授时、全球短报文通信和国际搜救服务，同时可为中国及周边地区用户提供星基增强、地基增强、精密单点定位和区域短报文通信等服务。

（五）发展特色

北斗系统的建设实践，走出了在区域快速形成服务能力、逐步扩展为全球服务的中国特色发展路径，丰富了世界卫星导航事业的发展模式。

二、建设进展

2019 年年底，完成 24 颗中圆地球轨道北斗三号卫星发射，标志着北斗三号系统全球服务核心星座部署完成，系统服务性能和用户体验全面提升，世界各地均可享受到北斗系统服务。

（一）工程建设

——空间段全球组网进展顺利。截至 2019 年 12 月底，已成功发射了 28 颗北斗三号卫星（其中，1 颗地球静止轨道卫星、24 颗中圆地球轨道卫星、3 颗倾斜地球同步轨道卫星）；构建了稳定可靠的星间链路，实现星间星地联合组网。

——地面段实施了升级改造。北斗三号系统建立了高精度时间和空间基准，增加了星间链路运行管理设施，实现了基于星地和星间链路联合观测的卫星轨道和钟差测定，具备定位导航授时服务能力；同时，开展了短报文通信、国际搜救、星基增强、地基增强、精密单点定位等服务的地面设施建设。

(二)系统运行

——健全稳定运行责任体系。完善北斗系统空间段、地面段、用户段多方联动的常态化机制,完善卫星自主健康管理和故障处置能力,不断提高大型星座系统的运行管理保障能力,推动系统稳定运行工作向智能化发展。

——实现系统服务平稳接续。北斗三号系统向前兼容北斗二号系统,能够向用户提供连续、稳定、可靠服务。

——创新风险防控管理措施。采用卫星在轨、地面备份策略,避免和降低卫星突发在轨故障对系统服务性能的影响;采用地面设施的冗余设计,着力消除薄弱环节,增强系统可靠性。

——保持高精度时空基准,推动与其他卫星导航系统时间坐标框架的互操作。北斗系统时间基准(北斗时),溯源于协调世界时,采用国际单位制(SI)秒为基本单位连续累计,不闰秒,起始历元为 2006 年 1 月 1 日协调世界时(UTC)00 时 00 分 00 秒。北斗时通过中国科学院国家授时中心保持的 UTC,即 UTC(NTSC)与国际 UTC 建立联系,与 UTC 的偏差保持在 50 纳秒以内(模 1 秒),北斗时与 UTC 之间的跳秒信息在导航电文中发播。北斗系统采用北斗坐标系(BDCS),坐标系定义符合国际地球自转服务组织(IERS)规范,采用 2000 中国大地坐标系(CGCS2000)的参考椭球参数,对准于最新的国际地球参考框架(ITRF),每年更新一次。

——建设全球连续监测评估系统。统筹国内外资源,建成监测评估站网,以及数据中心、分析中心、监测评估中心、产品综合与服务中心、运行管理中心等,实时监测评估包括北斗系统在内的各大卫星导航系统星座状态、信号精度、信号质量和系统服务性能等,提供监测评估原始数据、基础产品和信息服务,为用户应用提供参考。

(三)服务性能

北斗系统定位导航授时服务性能指标如下:

服务区域:全球;

定位精度:水平 10 米、高程 10 米(95%);

测速精度:0.2 米每秒(95%);

授时精度:20 纳秒(95%);

服务可用性:优于 95%;

其中,在亚太地区,定位精度水平 5 米、高程 5 米(95%)。实测结果表明,北斗系统服务能力全面达到并优于上述指标。

(四)后续发展

2020 年 6 月底前,还将发射 2 颗地球静止轨道北斗三号卫星。未来,北斗系统将持续提升服务性能,扩展服务功能,保障连续稳定运行,进一步提升全球定位导航授时和区域短报文通信服务能力，并提供星基增强、地基增强、精密单点定位、全球短报文通信和国际搜救等服务。2020 年，北斗系统计划提供如下服务。

表　2020 年北斗系统计划提供的服务类型

服务类型		信号/频段	播发手段
全球范围	定位导航授时	B1I、B3I	3GEO + 3IGSO + 24MEO
		B1C、B2a、B2b	3IGSO + 24MEO
	全球短报文通信	上行：L 下行：GSMC - B2b	上行：14MEO 下行：3IGSO + 24MEO
	国际搜救	上行：UHF 下行：SAR - B2b	上行：6MEO 下行：3IGSO + 24MEO
中国及周边地区	星基增强	BDSBAS - B1C、 BDSBAS B2a	3GEO
	地基增强	2G、3G、4G、5G	移动通信网络 互联网络
	精密单点定位	PPP - B2b	3GEO
	区域短报文通信	上行：L 下行：S	3GEO
注： （1）中国及周边地区即东经 75 度至 135 度，北纬 10 度至 55 度。 （2）GEO - 地球同步静止轨道，IGSO - 倾斜地球同步轨道，MEO - 中圆地球轨道。			

——定位导航授时服务。为全球用户提供服务，空间信号精度优于 0.5 米；全球定位精度优于 10 米，测速精度优于 0.2 米/秒，授时精度优于 20 纳秒；亚太地区定位精度优于 5 米，测速精度优于 0.1 米/秒，授时精度优于 10 纳秒，整体性能大幅提升。

——短报文通信服务。区域短报文通信服务，服务容量提高到 1000 万次/小时，接收机发射功率降低到 1 - 3 瓦，单次通信能力 1000 汉字（14000 比特）；全球短报文通信服务，单次通信能力 40 汉字（560 比特）。

——星基增强服务。按照国际民航组织标准，服务中国及周边地区用户，支持单频及双频多星座两种增强服务模式，满足国际民航组织相关性能要求。

——地基增强服务。利用移动通信网络或互联网络，向北斗基准站网覆盖区内的用户提供米级、分米级、厘米级、毫米级高精度定位服务。

——精密单点定位服务。服务中国及周边地区用户，提供动态分米级、静态厘米级的精密定位服务。

——国际搜救服务。按照国际搜救卫星系统组织相关标准，与其他卫星导航系统共同组成全球中轨搜救系统,服务全球用户。同时提供返向链路,极大提升搜救效率和服务能力。

三、应用与产业化

中国积极发展卫星导航应用产业,构建由基础产品、应用终端、应用系统和运营服务构成的产业链,持续加强北斗产业保障、推进和创新体系建设,不断改善产业环境,扩大应用规模,实现融合发展,提升卫星导航产业的综合效益。

(一)基础产品及设施

——北斗/GNSS 基础产品已实现大众应用,技术达到国际先进水平。支持北斗三号系统信号的 28 纳米芯片已在物联网和消费电子领域得到广泛应用。22 纳米双频定位芯片已具备市场化应用条件,全频一体化高精度芯片已经投产,北斗芯片性能再上新台阶。截至 2019 年年底,国产北斗导航型芯片模块出货量已超 1 亿片,季度出货量突破 1000 万片。北斗导航型芯片、模块、高精度板卡和天线已输出到 100 余个国家和地区。

——北斗地基增强系统,自 2017 年 7 月提供基本服务以来,在系统服务区内提供实时米级、分米级、厘米级和后处理毫米级增强定位服务,已在交通、地震、气象、测绘、国土、科教等行业领域进行了应用推广。截至 2019 年年底,已在中国范围内建设 155 个框架网基准站和 2200 余个区域网基准站。

(二)行业及区域应用

北斗系统提供服务以来,已在交通运输、农林渔业、水文监测、气象测报、通信授时、电力调度、救灾减灾、公共安全等领域得到广泛应用,服务国家重要基础设施,产生了显著的经济效益和社会效益。

——交通运输方面。北斗系统广泛应用于重点运输过程监控、公路基础设施安全监控、港口高精度实时调度监控等领域。截至 2019 年 12 月,国内超过 650 万辆营运车辆、4 万辆邮政和快递车辆,36 个中心城市约 8 万辆公交车、3200 余座内河导航设施、2900 余座海上导航设施已应用北斗系统,建成全球最大的营运车辆动态监管系统,正向铁路运输、内河航运、远洋航海、航空运输及交通基础设施建设管理方面纵深推进,提升了我国综合交通管理效率和运输安全水平。近年来中国道路运输重特大事故发生起数和死亡失踪人数均下降 50%。

——农林渔业方面。农业领域,基于北斗系统的农机自动驾驶系统超过 2 万台套,节约 50% 的用工成本;基于北斗系统的农机作业监管平台和物联网平台为 10 万余台套农机设备提供服务,极大提高了作业管理效率。林业领域,北斗系统定位与短报文通信功能广泛应用于森林防火、天然林保护、森林自然调查、病虫害防治等。渔业领域,为渔业管理部门和渔船提供船位监控、紧急救援、信息发布、渔船出入港管理等服务,全国 7 万余只渔船和执法船安装北斗终端,累计救助 1 万余人。

——水文监测方面。北斗系统成功应用于多山地域水文测报信息的实时传输，提高灾情预报的准确性，为制定防洪抗旱调度方案提供重要支持。

——气象测报方面。研制一系列气象测报型北斗终端设备，形成系统应用解决方案，提高了国内高空气象探空系统的观测精度、自动化水平和应急观测能力。

——通信授时方面。突破光纤拉远等关键技术，研制出一体化卫星授时系统，北斗系统单双向授时得到成功应用。

——电力调度方面。基于北斗系统的电力时间同步应用，为在电力事故分析、电力预警系统、保护系统等高精度时间应用创造了条件。

——救灾减灾方面。基于北斗系统的导航、定位、短报文通信功能，提供实时救灾指挥调度、应急通信、灾情信息快速上报与共享等服务，显著提高了灾害应急救援的快速反应能力和决策能力。已建成部、省、市（县）三级平台，实现六级业务应用，推广北斗终端超过 4.5 万台。利用北斗/GNSS 高精度技术实现地质灾害监测，多次成功提前预警甘肃黄土滑坡，时间精确到秒，移动范围精确到毫米。

——公共安全方面。构建了部、省、市（县）三级北斗公安应用体系框架，全国 40 余万部北斗警用终端联入警用位置服务平台；通过北斗警用授时，统一了公安信息网时间基准。北斗系统在亚太经济合作组织会议、二十国集团峰会等重大活动安保中发挥了重要作用。

（三）大众应用

北斗系统大众服务发展前景广阔。基于北斗的导航服务已被电子商务、移动智能终端制造、位置服务等厂商采用，广泛进入中国大众消费、共享经济和民生领域，随着 5G 商用时代的到来，北斗正在与新一代移动通信、区块链、人工智能等新技术加速融合，北斗应用的新模式、新业态、新经济不断涌现，深刻改变着人们的生产生活方式。

——电子商务领域。国内多家电子商务企业的物流货车及配送员，应用北斗车载终端和手环，实现了车、人、货信息的实时调度。

——智能手机领域。国内外主流芯片厂商均推出兼容北斗的通导一体化芯片。截至 2019 年第三季度，在中国市场申请入网的手机有 400 余款具有定位功能，其中支持北斗定位近 300 款。

——智能穿戴领域。多款支持北斗系统的手表、手环等智能穿戴设备，以及学生卡、老人卡等特殊人群关爱产品不断涌现，得到广泛应用。

（四）政策保障与产业发展

——国家持续推进卫星导航法治建设。中国政府高度重视并全面推进国家卫星导航法治建设，积极推进《中华人民共和国卫星导航条例》立法进程，保障卫星导航产业健康、快速、持续发展。

——国家层面政策规划先后部署。2013 年，发布《国家卫星导航产业中长期发展规划》,从国家层面对卫星导航产业长期发展进行总体部署,提供国家宏观政策指导。2016 年,发布《中国北斗卫星导航系统》政府白皮书,宣示北斗发展理念与政策主张。

——行业领域及区域应用指导性文件相继出台。国家发展和改革委员会、科学技术部、工业和信息化部、公安部、交通运输部、农业农村部等主管部门,以及国内 30 多个省(自治区、直辖市)和地区出台了一系列推动北斗系统应用的政策文件和具体举措。

——知识产权和标准化建设工作取得阶段成果。国家重视北斗知识产权的创造、运用、管理和保护。近年来,国内卫星导航专利申请量快速增长,截至 2019 年年底,申请累计 7 万件,位居全球第一。成立全国北斗卫星导航标准化技术委员会。北斗国家标准和专项标准陆续发布,北斗应用产业保障环境逐步完善。

——卫星导航是战略性新兴产业发展的重要领域,国家将进一步推动北斗与移动通信、云计算、物联网、工业互联网、大数据和区块链等技术的融合发展,促进卫星导航产业与高端制造业、先进软件业、综合数据业和现代服务业的融合发展,持续推进北斗应用与产业化发展,服务国家现代化建设和百姓日常生活,为全球科技、经济和社会发展做出贡献。

四、国际交流与合作

北斗系统作为全球卫星导航系统四大核心供应商之一,坚持开放合作、资源共享的发展思路,积极务实开展国际交流与合作,促进全球卫星导航事业发展。

(一)系统间协调与合作

持续与其他卫星导航系统开展协调合作,推动系统间兼容与互操作,共同为全球用户提供更加优质的服务。

——中俄卫星导航合作。在中俄总理定期会晤委员会框架下,成立了中俄卫星导航重大战略合作项目委员会;签署了中俄政府间《关于和平使用北斗和格洛纳斯全球卫星导航系统的合作协定》《中国北斗和俄罗斯格洛纳斯系统兼容与互操作联合声明》,以及《和平利用北斗系统和格洛纳斯系统开展导航技术应用合作的联合声明》等成果文件,并均已生效;围绕兼容与互操作、增强系统与建站、监测评估、联合应用等领域设立联合工作组,开展务实合作,推进 10 个标志性合作项目并取得阶段进展,完成中俄卫星导航监测评估服务平台建设并开通运行,促进两系统优势互补、融合发展。

——中美卫星导航合作。建立中美卫星导航合作对话机制,签署了系统间《中美卫星导航系统(民用)合作声明》《北斗与 GPS 信号兼容与互操作联合声明》,标志着两系统实现了射频兼容,北斗系统 B1C 信号与 GPS 系统 L1C 信号达成互操作;在兼容与互操作、增强系统、民用服务等领域设立联合工作组,推动合作交流。

——中欧卫星导航合作。成立了中欧兼容与互操作工作组,开展多轮会谈;持续推进频率协调;在中欧空间科技合作对话机制下开展广泛交流。

（二）卫星导航多边合作

中国积极参加联合国等国际组织和相关多边机制框架下的国际活动。

——在国际电信联盟框架下，根据北斗系统建设规划和进展申报卫星网络资料，并开展国际协调。积极参与世界无线电通信大会以及国际电信联盟研究组、工作组会议。积极推动S频段无线电卫星测定业务全球扩展，并与各国共同将S频段（2483.5～2500MHz）推动成为新的卫星导航频段。

——中国作为联合国全球卫星导航系统国际委员会（ICG）及其供应商论坛成员，积极参加联合国外空委系列会议，以及联合国外空司举办的专题研讨会。北斗专家担任ICG多个工作组、子工作组及任务组联合主席，推动机制改革，发起国际倡议，提出中国方案，贡献北斗智慧。2012年成功举办ICG第七届大会，首次发表全球卫星导航系统共同宣言。2018年成功举办ICG第十三届大会，中国国家主席习近平向大会致贺信，表示中国愿同各国共享北斗系统建设发展成果，共促全球卫星导航事业蓬勃发展。大会发布了全球卫星导航系统空间服务域互操作手册，形成了共同发展卫星导航的西安倡议。2019年6月第62届联合国外空委大会期间，在维也纳国际中心举行以“从指南针到北斗”为主题的中国古代导航展。

——连续举办中国卫星导航年会，年度参会人数逾3000人，积极与美、俄、欧导航会议构建互动机制，参与、组织和承办卫星导航国际学术交流活动。

——在亚太空间合作组织框架下，实施监测评估、北斗/GNSS兼容减灾终端、北斗/GNSS软件接收机、卫星导航教育培训等合作项目。

（三）北斗国际标准推进

持续推动北斗系统进入民航、海事、移动通信、搜救卫星、电工委员会等国际组织相关标准，获得国际组织认可。

——国际民航领域。积极推进北斗在国际民航组织下的标准制定工作，已基本完成北斗全球信号技术指标验证，计划明年进入国际民航组织标准和建议措施。

——国际海事领域。在国际海事组织框架下成功推动北斗系统加入世界无线电导航系统，获得北斗海事领域应用合法地位；正在推进国际航标协会星基增强系统标准制修订工作。

——移动通信领域。完成26项北斗B1I信号国际移动通信标准的制定，包括独立定位和网络辅助定位功能系列相关测试标准；正在开展支持北斗高精度应用的移动通信标准制定工作；支持北斗B1C信号的首项5G标准完成立项，计划明年发布。

——国际搜救领域。推动将北斗搜救载荷相关技术参数和指标信息写入国际搜救卫星组织有关文件，完成第一批搜救载荷研制和在轨测试，正在按程序开展入网测试。

——国际电工委员会领域。首个北斗船载接收机检测标准在国际电工委员会审议通过，计划明年发布。

——接收机通用数据格式领域。支持北斗高精度定位应用的接收机数据自主交换协议、差分数据协议和定位结果输出协议已正式发布。

（四）北斗国际应用推广

北斗系统相关产品已输出到100余个国家，为用户提供了多样化的选择和更好的应用体验。基于北斗的土地确权、精准农业、数字施工、车辆船舶监管、智慧港口解决方案在东盟、南亚、东欧、西亚、非洲等得到成功应用。

——举办卫星导航培训等活动，推动北斗国际应用落地。

——与阿盟、东盟、南亚、中亚、非洲等地区国家和国际组织开展卫星导航合作与交流，建立合作机制，签署合作文件，实施合作项目。

——在中国—中亚合作论坛框架下举办中国—中亚北斗合作论坛，签署合作文件，推动北斗系统服务中亚国家。

——举办中阿北斗合作论坛，举行卫星导航研讨会，建成中阿北斗/GNSS中心，推动北斗系统服务阿拉伯国家建设。

——建立北斗国际交流培训中心，支持建设联合国附属空间科技教育区域中心，助力合作国培养卫星导航领域专业人才。

——开展北斗全球用户体验评价活动。欢迎全球用户和设备供应商体验系统服务、评价系统性能，并为北斗系统优化升级提供输入。

结束语

北斗卫星导航系统的建设与发展，得益于中国改革开放以来综合国力显著增强、经济持续稳定发展和科技创新能力大幅提升。中国将一如既往地推动卫星导航系统建设和产业发展，鼓励运用卫星导航新技术，不断拓展应用领域，满足人们日益增长的多样化需求；积极推动国际交流与合作，实现与世界其他卫星导航系统的兼容与互操作，为全球用户提供更高性能、更加可靠和更加丰富的服务。

北斗卫星导航系统应用服务体系（1.0版）

（中国卫星导航系统管理办公室2019年12月）

1. 概述

北斗卫星导航系统（简称北斗系统）按照“三步走”战略建设发展。北斗一号系统1994年启动建设，2000年投入使用，采用有源定位体制，为中国用户提供定位、授时、广域差分和短报文通信服务。北斗二号系统2004年启动建设，2012年投入使用，在兼容北斗一号系统技术体制基础上，增加无源定位体制，为亚太地区用户提供定位、测速、授时和短报文通信服务。北斗三号系统 2009 年启动建设,在北斗二号系统的基础上,进一步提升性能、扩展功能,完成 30 颗卫星组网发射,2020 年全面建成北斗三号系统,为全球用户提供导航定位和通信数传于一体的高品质服务。

2018 年至今,北斗三号系统建设快速推进。2018 年 12 月,完成包括 18 颗 MEO 卫星的基本系统建设和 1 颗 GEO 卫星发射,并开通全球服务;2019 年 12 月,又完成 6 颗 MEO 卫星和 3 颗 IGSO 卫星发射,完成核心星座部署,系统服务能力进一步提升;2020 年再发射 2 颗 GEO 卫星,将完成全系统建设,实现满星座运行服务。目前,北斗系统服务由北斗二号系统和北斗三号系统共同提供,2020 年后将平稳过渡为北斗三号系统为主提供。

为方便全球用户更好地了解北斗、认识北斗、使用北斗,让北斗系统高品质服务更好地造福世界,本文从北斗系统服务规划和服务保障两方面,体系化介绍北斗系统的服务类型和指标,以及服务文件、信息发布与反馈等内容。后续,随着北斗系统的建设发展,北斗系统应用服务体系将进一步优化,服务保障能力进一步提升,全球用户将不断享受新时代北斗系统的一流服务。

2. 服务规划

2.1 服务类型

北斗系统具备导航定位和通信数传两大功能,提供七种服务。具体包括:面向全球范围,提供定位导航授时(RNSS)、全球短报文通信(GSMC)和国际搜救(SAR)三种服务;在中国及周边地区,提供星基增强(SBAS)、地基增强(GAS)、精密单点定位(PPP)和区域短报文通信(RSMC)四种服务(详见表 1)。其中,2018 年 12 月 RNSS 服务已向全球开通,2019 年 12 月 GSMC、SAR 和 GAS 服务已具备能力,2020 年 SBAS、PPP 和 RSMC 服务将形成能力。

表 1 北斗系统服务规划

<table>
<tr><th colspan="2">服务类型</th><th>信号/频段</th><th>播发手段</th></tr>
<tr><td rowspan="4">全球范围</td><td rowspan="2">定位导航授时(RNSS)</td><td>B1I、B3I</td><td>3GEO + 3IGSO + 24MEO</td></tr>
<tr><td>B1C、B2a、B2b</td><td>3IGSO + 24MEO</td></tr>
<tr><td>全球短报文通信(GSMC)</td><td>上行:L
下行:GSMC - B2b</td><td>上行:14MEO
下行:3IGSO + 24MEO</td></tr>
<tr><td>国际搜救(SAR)</td><td>上行:UHF
下行:SAR - B2b</td><td>上行:6MEO
下行:3IGSO + 24MEO</td></tr>
</table>

续表

服务类型		信号/频段	播发手段
中国及周边地区	星基增强（SBAS）	BDSBAS-B1C、BDSBAS-B2a	3GEO
	地基增强（GAS）	2G、3G、4G、5G	移动通信网络 互联网络
	精密单点定位（PPP）	PPP-B2b	3GEO
	区域短报文通信（RSMC）	上行：L 下行：S	3GEO
注：中国及周边地区即东经75度至135度，北纬10度至55度。			

2.2　性能指标

（1）RNSS服务性能指标

北斗系统利用3颗GEO卫星、3颗IGSO卫星、24颗MEO卫星，向位于地表及其以上1000千米空间的全球用户提供RNSS免费服务。主要性能详见表2。

表2　北斗系统RNSS服务主要性能指标

性能特征		性能指标
服务精度（95%）	定位精度	水平≤10米，高程≤10米
	授时精度	≤20纳秒
	测速精度	≤0.2米/秒
服务可用性	≥99%	

（2）SBAS服务性能指标

北斗系统利用GEO卫星，向中国及周边地区用户提供符合国际民航组织标准的单频增强和双频多星座增强免费服务，旨在实现一类垂直引导进近（APV-I）指标和一类精密进近（CAT-I）指标。

（3）GAS服务性能指标

北斗系统利用移动通信网络或互联网络，向北斗基准站网覆盖区内的用户提供米级、分米级、厘米级、毫米级高精度定位服务。主要性能详见表3。

表 3　北斗系统 GAS 服务主要性能指标

性能特征	性能指标				
	单频伪距增强服务	单频载波相位增强服务	双频载波相位增强服务	双频载波相位增强服务(网络 RTK)	后处理毫米级相对基线测量
支持系统	BDS	BDS	BDS	BDS/GNSS	BDS/GNSS
定位精度	水平≤2 米 高程≤3 米 (95%)	水平≤1.2 米 高程≤2 米 (95%)	水平≤0.5 米 高程≤1 米 (95%)	水平≤5 厘米 高程≤10 厘米 (RMS)	水平≤5 毫米 $+1\times10^{-6}\times D$ 高程≤10 毫米 $+2\times10^{-6}\times D$ (RMS)
初始化时间	秒级	≤20 分钟	≤40 分钟	≤60 秒	—
注:D 为基线长度,单位千米。					

(4)PPP 服务性能指标

北斗系统利用 GEO 卫星,向中国及周边地区用户提供高精度定位免费服务。主要性能详见表 4。

表 4　北斗系统 PPP 服务主要性能指标

性能特征	性能指标	
	第一阶段(2020 年)	第二阶段(2020 年后)
播发速率	500 比特/秒	扩展为增强多个全球卫星导航系统,提升播发速率,视情拓展服务区域,提高定位精度、缩短收敛时间。
定位精度(95%)	水平≤0.3 米,高程≤0.6 米	
收敛时间	≤30 分钟	

(5)RSMC 服务性能指标

北斗系统利用 GEO 卫星,向中国及周边地区用户提供区域短报文通信服务。主要性能详见表 5。

表 5　北斗系统 RSMC 服务主要性能指标

性能特征	性能指标
服务成功率	≥95%
服务频度	一般 1 次/30 秒,最高 1 次/1 秒。
响应时延	≤1 秒
终端发射功率	≤3 瓦

续表

性能特征		性能指标
服务容量	上行	1200 万次/小时
	下行	600 万次/小时
单次报文最大长度		14000 比特(约相当于 1000 个汉字)
定位精度（95%）	RDSS	水平 20 米,高程 20 米
	广义 RDSS	水平 10 米,高程 10 米
双向授时精度(95%)		10 纳秒
使用约束及说明		若用户相对卫星径向速度大于 1000 千米/小时,需进行自适应多普勒补偿。

(6)GSMC 服务性能指标

北斗系统利用 MEO 卫星,向位于地表及其以上 1000 千米空间的特许用户提供全球短报文通信服务。主要性能详见表 6。

表 6　北斗系统 GSMC 服务主要性能指标

性能特征		性能指标
服务成功率		≥95%
响应时延		一般优于 1 分钟
终端发射功率		≤10 瓦
服务容量	上行	30 万次/小时
	下行	20 万次/小时
单次报文最大长度		560 比特(约相当于 40 个汉字)
使用约束及说明		用户需进行自适应多普勒补偿,且补偿后上行信号到达卫星频偏需小于 1000 赫兹。

(7)SAR 服务性能指标

北斗系统利用 MEO 卫星,按照国际搜救卫星组织标准,与其他搜救卫星系统联合向全球航海、航空和陆地用户提供免费遇险报警服务,并具备返向链路确认服务能力。主要性能详见表 7。

表 7　北斗系统 SAR 服务主要性能指标

性能特征	性能指标
检测概率	≥99%

续表

性能特征	性能指标
独立定位概率	≥98%
独立定位精度(95%)	≤5 千米
地面接收误码率	$\leq 5\times10^{-5}$
可用性	≥99.5%

3. 服务保障

3.1　服务文件

服务文件是指用于研发用户终端、介绍系统服务性能、方便用户使用系统的相关技术性和指导性文件。具体包括接口控制文件、接口控制文件使用指南、服务性能规范和用户指导手册等。

3.1.1　接口控制文件

接口控制文件主要明确信号特征、测距码特征、电文结构、电文参数和算法等,并根据系统建设发展同步升级。

(1)RNSS 服务

区分不同信号分别发布接口控制文件,详见表 8。

表 8　北斗系统 RNSS 服务接口控制文件

序号	名　　称	信号	发布时间
1	北斗卫星导航系统空间信号接口控制文件公开服务信号 B1C(1.0 版)	B1C	2017.12
2	北斗卫星导航系统空间信号接口控制文件公开服务信号 B2a(1.0 版)	B2a	2017.12
3	北斗卫星导航系统空间信号接口控制文件公开服务信号 B3I(1.0 版)	B3I	2018.02
4	北斗卫星导航系统空间信号接口控制文件公开服务信号 B1I(3.0 版)	B1I	2019.02
5	北斗卫星导航系统空间信号接口控制文件公开服务信号 B2b(测试版)	B2b	2019.12

(2)SBAS 服务

区分不同信号分别发布接口控制文件,详见表 9。用户也可在国际民航组织官网(www.icao.org)查阅相关信息。

表 9　北斗系统 SBAS 服务接口控制文件

序号	名　　称	信号	拟发布时间
1	北斗卫星导航系统空间信号接口控制文件星基增强服务信号 BDSBAS – B1C(测试版)	BDSBAS – B1C	2020.06
2	北斗卫星导航系统空间信号接口控制文件星基增强服务信号 BDSBAS – B2a(测试版)	BDSBAS – B2a	2020.06

(3)PPP 服务

区分不同信号分别发布接口控制文件,详见表 10。

表 10　北斗系统 PPP 服务接口控制文件

序号	名　　称	信号	发布时间
1	北斗卫星导航系统空间信号接口控制文件精密单点定位服务信号 PPP – B2b(测试版)	PPP – B2b	2019.12

(4)RSMC 服务

按照服务类型发布接口控制文件,详见表 11。

表 11　北斗系统 RSMC 服务接口控制文件

序号	名　　称	拟发布时间
1	北斗卫星导航系统区域短报文通信服务空间信号接口控制文件(测试版)	2020.06

(5)GSMC 服务

按照服务类型发布接口控制文件,详见表 12。

表 12　北斗系统 GSMC 服务接口控制文件

序号	名　　称	拟发布时间
1	北斗卫星导航系统全球短报文通信服务空间信号接口控制文件(测试版)	2020.06

(6)SAR 服务

按照服务类型发布接口控制文件(含返向链路),详见表 13。用户也可在国际搜救卫星组织官网(http://cospas – sarsat. int/en/)查阅相关信息。

表 13　北斗系统 SAR 服务接口控制文件

序号	名　　称	拟发布时间
1	北斗卫星导航系统国际搜救服务空间信号接口控制文件(测试版)	2020.06

3.1.2 接口控制文件使用指南

接口控制文件使用指南(详见表14)是对RNSS、SBAS和PPP服务接口控制文件的解读说明,帮助用户更好地理解和使用接口控制文件,并随之同步升级。

表14 北斗系统接口控制文件使用指南

序号	名　称	信号	拟发布时间
1	北斗卫星导航系统公开服务空间信号接口控制文件使用指南(1.0版)	B1C、B2a、B1I、B3I、B2b	2020.06
2	北斗卫星导航系统星基增强服务空间信号接口控制文件使用指南(1.0版)	BDSBAS_B1C BDSBAS_B2a	2020.06
3	北斗卫星导航系统精密单点定位服务空间信号接口控制文件使用指南(1.0版)	PPP-B2b	2020.06

3.1.3 服务性能规范

服务性能规范(详见表15)主要明确系统各类服务的服务性能特征、性能指标等,并根据系统建设发展同步升级。

表15 北斗系统服务性能规范文件

序号	服务	名　称	发布时间/拟发布时间
1	RNSS	北斗卫星导航系统公开服务性能规范(1.0版)	2013.12
2		北斗卫星导航系统公开服务性能规范(2.0版)	2018.12
3		北斗卫星导航系统公开服务性能规范(3.0版)	2020.12
4	SBAS	北斗卫星导航系统星基增强服务性能规范(1.0版)	2020.12
5	GAS	北斗地基增强系统服务性能规范(1.0版)	2017.07
6		北斗卫星导航系统地基增强服务性能规范(2.0版)	2020.12
7	PPP	北斗卫星导航系统精密单点定位服务性能规范(1.0版)	2020.12
8	RSMC	北斗卫星导航系统区域短报文通信服务性能规范(1.0版)	2020.12
9	GSMC	北斗卫星导航系统全球短报文通信服务性能规范(1.0版)	2020.12
10	SAR	北斗卫星导航系统国际搜救服务性能规范(1.0版)	2020.12

3.1.4 用户指导手册

用户指导手册(详见表16)主要用于帮助用户了解RSMC和GSMC服务的使用程序,指导用户完成服务的申请、注册和使用,并根据系统建设发展同步升级。

表 16　北斗系统服务用户指导手册

序号	服务	名　　称	拟发布时间
1	RSMC	北斗卫星导航系统区域短报文通信服务用户指导手册(1.0 版)	2020.12
2	GSMC	北斗卫星导航系统全球短报文通信服务用户指导手册(1.0 版)	2020.12

3.1.5　系统其他重要信息

根据系统建设发展和实际运行情况,适时发布系统建设发展规划、系统星座状态、高精度应用所需参数等,及时通报在轨卫星计划和非计划中断情况等有关信息。

3.2　信息发布

北斗系统接口控制文件、接口控制文件使用指南、服务性能规范、用户指导手册,以及系统其他重要信息等,均将在北斗系统官方网站(www.beidou.gov.cn)及时发布。

3.3　反馈机制

建立北斗系统服务用户反馈机制,在北斗系统官方网站开设专门邮箱(BDServices@beidou.gov.cn),以便全球用户反馈信息和意见建议。北斗系统将及时回应全球用户需求,持续优化提升服务能力和用户响应机制,为全球用户提供最佳北斗应用服务体验。

附件:

缩　略　语

APV - I	Approach and Landing Operations with Vertical Guidance I	具有垂直引导能力的一类进近
BDS	BeiDou Navigation Satellite System	北斗卫星导航系统
CAT - I	Category I Precision Approach	一类精密进近
GAS	Ground Augmentation System	地基增强系统
GEO	Geostationary Earth Orbit	地球同步静止轨道
GNSS	Global Navigation Satellite System	全球卫星导航系统
GSMC	Global Short Message Communication	全球短报文通信
IGSO	Inclined Geosynchronous Orbit	倾斜地球同步轨道
MEO	Medium Earth Orbit	中圆地球轨道
PPP	Precise Point Positioning	精密单点定位
RDSS	Radio Determination Satellite Service	卫星无线电定位业务
RNSS	Radio Navigation Satellite Service	定位导航授时

RSMC	Regional Short Message Communication	区域短报文通信
RTK	Real - time Kinematic	实时动态
SAR	Search And Rescue	国际搜救
SBAS	Satellite - Based Augmentation System	星基增强系统

北斗卫星导航系统应用案例

（2018 年 12 月）

前言

北斗卫星导航系统(以下简称北斗系统)是中国着眼于国家安全和经济社会发展需要,自主建设、独立运行的卫星导航系统,是为全球用户提供全天候、全天时、高精度的定位、导航和授时服务的国家重要空间基础设施。20 世纪后期,中国开始探索适合国情的卫星导航系统发展道路,逐步形成了“三步走”发展战略:2000 年底,建成北斗一号系统,向中国提供服务。2012 年底,建成北斗二号系统,向亚太地区提供服务。目前正在实施第三步建设,2018 年底,建成北斗三号基本系统,提供全球导航服务;2020 年前后,全面建成北斗三号系统,达到世界一流水平。

北斗系统秉承“中国的北斗、世界的北斗”的发展理念,坚持“自主、开放、兼容、渐进”的发展原则,是联合国全球卫星导航系统国际委员会确定的四大全球卫星导航系统核心供应商之一,是中国实施改革开放 40 年来取得的重要成就之一。中国政府高度重视北斗系统,持续推动系统建设,大力倡导系统应用,在国家各部门、省(自治区、直辖市)和企事业单位的共同努力下,伴随系统服务能力提升,北斗应用推广取得长足发展,基础产品日益丰富,产业链日臻完善,应用日新月异,经济和社会效益不断显现,北斗正融入生产生活的方方面面,广泛应用于我国大众消费、智慧城市、交通运输、公共安全、减灾救灾、农业渔业、精准机控、气象探测、通信、电力和金融授时等众多领域,服务国家现代化建设和百姓日常生活。同时,北斗已经走出国门,在俄罗斯、巴基斯坦、泰国、缅甸、新加坡、印度尼西亚等国得到应用和推广。随着北斗系统提供全球服务,北斗将以更丰富的功能、更优异的性能服务世界,为全球经济和社会发展注入新活力。

根据近年来北斗应用推广的实际情况,我们在推荐的众多应用中遴选了部分有代表性的案例,整理形成了《北斗卫星导航系统应用案例》,限于篇幅,很多应用案例未能收录,后续还将根据北斗应用创新和国际化发展情况适时更新丰富,以方便国内外用户更好地了解北斗、应用北斗,让中国的北斗服务全球、造福人类。

一、北斗基础产品

(一)基本情况

卫星导航应用产业链通常分为基础产品、应用终端、系统应用和运营服务四部分。其中,基础产品主要包括芯片、模块、板卡和天线等,是产业链的上游和发展基础。

在北斗卫星导航系统重大专项牵引和带动下,自 2011 年起,国内各卫星导航企事业单位积极参与,推出了一系列高性能、低成本、小型化的北斗应用基础产品,形成了"应用一代、研发一代、论证一代"的良好局面和发展态势。

截止 2018 年 11 月,北斗导航芯片、模块、天线等核心产品性价比与国际主流产品相当,导航型芯片(模块)总销售量突破 7000 万片;高精度板卡和天线产品分别占国内 30% 和 90% 的市场份额。北斗基础产品已输出到 90 余个国家和地区,包括 30 余个"一带一路"国家和地区。

(二)北斗基础产品及推荐单位

1. 多模导航型基带芯片

和芯星通科技(北京)有限公司

泰斗微电子科技有限公司

杭州中科微电子有限公司

西安航天华迅科技有限公司

武汉梦芯科技有限公司

2. 多模导航型射频芯片

广州润芯信息技术有限公司

重庆西南集成电路设计有限责任公司

杭州中科微电子有限公司

西安航天华迅科技有限公司

3. 射频基带一体化集成芯片

和芯星通科技(北京)有限公司

武汉梦芯科技有限公司

深圳华大北斗科技有限公司

杭州中科微电子有限公司

泰斗微电子科技有限公司

4. 多模多频高精度 OEM 板

和芯星通科技(北京)有限公司

上海司南卫星导航技术股份有限公司

5. 多模导航型天线

嘉兴佳利电子有限公司

陕西海通天线有限责任公司

上海海积信息科技有限公司

安徽四创电子股份有限公司

6. 多模多频高精度天线

深圳市华信天线技术有限公司

北京遥测技术研究所

北京华力创通科技股份有限公司

深圳市华颖泰科电子技术有限公司

湖南航天环宇通信科技股份有限公司

二、大众应用

(一)北斗智能手机应用

1. 基本情况

智能手机是卫星导航系统最大的大众消费领域。北斗在以智能手机为代表的消费电子市场具有非常广阔的应用前景。2018 年 1 月,工业和信息化部电子信息司组织完成北斗在智能手机中的应用推广。突破了北斗服务及芯片在手机领域大规模应用的瓶颈问题,并通过了千万级应用的检验。

2. 当前进展和前景展望

该项目共计完成支持北斗功能的商用智能手机 2770.45 万台,带动海思、展讯等国内芯片制造商研制了集成北斗功能的移动通信芯片组;形成了智能手机北斗定位相关技术标准体系,建立了完整的支持北斗智能手机产品的测试验证平台和配套的质量检测方法。据企业自声明数据统计,2018 年前三季度在中国市场销售的智能手机约 470 款有定位功能,其中支持北斗定位的有 298 款,北斗定位支持率达到 63% 以上。

3. 主要承担单位

中国信息通信研究院、国家无线电监测中心检测中心、华为终端有限公司、中兴通讯股份有限公司、宇龙计算机通信科技(深圳)有限公司。

4. 推荐单位

工业和信息化部电子信息司。

(二)北斗乘用车前装导航应用

1. 基本情况

随着我国经济和人民生活水平的不断提升,我国居民汽车保有量增长迅速,同时具有前装导航功能的智能车载终端已经越来越普及,并成为卫星导航在车辆应用的最大领域。据统计每年我国乘用车辆出货量超过 2000 万辆,其中越来越多的车辆将卫星导航作为前装功能。北斗系统提供的导航定位服务和其他卫星导航系统组合使用后,可以大幅度提升车辆在城市复杂路段的导航性能。

2013 年,北斗/GNSS 的乘用车前装智能车载终端研制与产业化项目启动建设,面向我国自主北斗芯片及模组在前装智能车载终端的应用。建设内容包括设计研制符合前装规范的北斗/GNSS 组合芯片以及模组、与北斗应用匹配的前装智能车载终端并实现批量生产,研制开发并发布首个国产搭载北斗导航的乘用车车型,截至 2016 年该项目完成,相关车型销量超过 50000 辆。

2. 当前进展和前景展望

在该项目推动下,北斗/GNSS 兼容乘用车前装智能车载终端推广近 200 万台,在国内 10 多个汽车生产企业 30 多个车型实现了批量应用。随着汽车对智能化要求的不断提升,车载北斗终端的前装比例将不断提升,尤其在新能源汽车、辅助和自动驾驶汽车中,北斗/GNSS 定位服务将成为标准配置,具有广阔的应用前景。

3. 主要承担单位

重庆长安汽车股份有限公司、北京远特科技有限公司、和芯星通科技(北京)有限公司。

4. 推荐单位

北京市经济和信息化局。

三、智慧城市应用

(一)北斗环卫保障车辆在线监管应用

1. 基本情况

伴随着环卫作业机械化程度的不断提升,对作业车辆运营管理、业务运行状况、成本精细管理及科学评估等提出更高要求。2016 年,北京环卫集团建设了北斗环卫保障车辆监控平台,形成了完整的环卫保障车辆在线监管体系,实现了环卫车辆业务的高效化管理转型。

该平台基于北斗系统,结合车联网、移动通讯等先进技术,采用云平台系统架构,具备环卫作业车辆动态位置实时监控、调度控制、双向通信、历史数据回放、车内外视频监控、行车记录、路线规划、统计分析等功能,实现多业务领域、多作业车辆一体化排班调度,已在集团下属多个公司推广使用。

北斗环卫保障车辆监控平台将环卫作业车辆管理以及业务管理提高到一个全新的层次,实现人工管理到信息管理、粗放管理到精细化管理。为构建城市环卫精细管理体系、优化城市环境卫生管理理念、提升环卫管理与公共服务水平提供一个以现代信息技术为基础的支撑平台。

2. 当前进展和前景展望

目前,北京环卫集团已完成 1147 台北斗车载终端的配置,覆盖了该集团用于北京市内作业的主要业务车辆。同时,该平台推广应用于多家京外单位。平台的投入使用,从根本上提高了集团环卫作业车辆的调度管理能力,实现了运营状况实时掌握,应变能力、管理效率、作业质量均大幅提升。据统计，平台上线后，节省人力成本 400 万元，节约燃油消耗成本 1000 万元，经济效益明显；同时，平台在安全生产方面也发挥了重要作用，实现了集团下属公司 2016 年、2017 年“零死亡事故”安全生产指标，社会效益显著。

未来，随着北斗系统定位精度提升，北斗终端小型化和电池续航能力提高，以及物联网技术商用模式日臻成熟，集团还将继续挖掘北斗应用技术在环卫业务领域的各种应用，持续推进传统环卫业务运营向数字化、信息化和智能化升级。

3. 主要承担单位

北京环境卫生工程集团有限公司。

4. 推荐单位

北京市经济和信息化局。

（二）北斗实时公交综合信息发布应用

1. 基本情况

公交优先已经成为城市交通的发展战略，但现实公交系统整体服务水平仍然较低，还存在整体承载率不足、吸引力低下等问题，公交系统提供的服务与人们出行需求仍存在一定差距。

围绕公交优先发展战略，按照上海市建设智慧城市、公交都市的目标，上海市将北斗卫星导航高精度应用融合到地面公交领域，建设北斗智能车载终端系统、公交实时信息发布系统、电子站牌终端系统和智慧评价服务系统。将北斗卫星定位导航技术与 3G/4G 无线通讯技术、地理信息系统技术、大数据分析、云计算、自动控制等先进技术相结合，针对公交车辆的运行特点，打造基于北斗的综合公交信息发布系统。

综合公交信息发布系统支持万级电子站牌终端接入和实时状态监控、支持各主流智能手机平台大规模并发访问，满足特大城市公交电子站牌基础设施广泛接入，使公交实时预报准确率达到 95%，极大的方便了市民公交出行。

2. 当前进展和前景展望

上海市兼顾不同人群多样化出行需求，加强数据采集和汇集，在信息发布方式和载体上形成新模式，方便公众及时获取出行信息；在信息服务内容上，实现公交站级和时间预报并举。

目前，系统已覆盖浦东地区 449 条线路，4367 辆公交车辆，公交电子站牌达到 5000 多个，服务人群达到 1000 多万次/天，让广大市民充分感受科技公交、智慧城市所带来的出行便利。

3. 主要承担单位

上海产业技术研究院。

4. 推荐单位

上海市科学技术委员会。

（三）北斗公务车管理应用

1. 基本情况

为贯彻落实中央关于公务用车改革的重要指示，根据中办、国办印发《关于全面推进公务用车制度改革的指导意见》和《中央和国家机关公务用车制度改革方案》等文件要求，公车改造采用北斗定位监控、身份识别、数据分析等技术，按照“保障公务、公私分明、运行公开”的思路，建设了公务车辆信息化管理监督系统。该系统实现了国家机关公务用车身份标识、牌照防伪、车辆管理、区域限行、应急调度等功能，满足公务用车管理需求，有效杜绝公务用车管理漏洞，为国家机关公务用车管理提供了高效、安全、可靠的信息化手段。

公务车辆信息化管理监督系统利用北斗定位技术，实现车辆的实时定位，并通过4G 网络将车辆信息发送到车辆信息管理平台，实现车辆的实时监控。

2. 当前进展和前景展望

2018 年，北京市 8 万余辆公务用车分 4 期全部安装北斗定位终端；广东省累计完成 3 万台终端的安装。

通过大数据挖掘，开展包括车辆使用、车辆维修、用车事由、车辆燃油、车辆保险、违规实时告警等多维度数统计分析，对车辆运行成本进行分析核算，为公车管理规则决策提供了技术支撑和依据。

3. 承担单位基本信息

广州海格通信集团股份有限公司、北京华力创通科技股份有限公司。

4. 推荐单位

广东省工业和信息化厅、北京市经济和信息化局。

（四）北斗 120 急救指挥调度应用

1. 基本情况

基于北斗的 120 急救指挥调度平台，实现对车辆和急救人员的统一调度管理，以就急就近为原则合理分配急救资源。平台运用北斗导航技术和互联网通信技术，实现实时位置定位、急救车辆行驶轨迹监控、急救资源调度、视频监控等功能。

该平台还为重点特殊人员提供了个人急救终端，可实时主动收集佩戴者的位置、脉搏、血压等数据，变被动急救为主动急救，一旦出现意外，患者只需按下紧急呼救键，无需语音报送位置信息，方便年老体弱和语音不便的老人。同时，监控中心也可根据病人数据的变化状况，主动为佩戴者提供医疗服务。

2. 当前进展和前景展望

基于北斗的 120 急救指挥调度平台已在延安市建设部署，涉及该市 18 个急救站，

74 台急救车辆。2017 年累计接警 16473 次,出车 18752 次,处理重大事故 30 次。

随着北斗相关技术的发展,陕西省在延安部署的北斗 120 急救指挥调度平台的基础上,将建立省、市、站三级综合急救平台,实现统一指挥、统一规划、统一调度、信息共享、实时机动的急救工作智能调度。

3. 主要承担单位

北斗金控技术有限公司。

4. 推荐单位

陕西省工业和信息化厅。

(五)北斗燃气行业应用

1. 基本情况

城镇燃气是基础性能源,管网规模不断扩大。截至 2017 年底,燃气管网总长度达到 76 万公里,安全问题面临巨大挑战,据统计,有 50% 以上的燃气管网事故因为缺少精准位置信息而受到第三方破坏,急需精确位置信息加强管控。

在北斗精准位置服务的基础上,将地理信息系统、互联网、物联网、大数据等技术与燃气管网业务相融合,利用北斗精准时空数据,在管网建设及运行过程中实现施工管理、智能巡检、防腐检测、泄漏检测、应急开挖等精准管控,达到及时发现管网设备和管理流程中的安全隐患,预防管网安全事故发生的目的。

2. 当前进展和前景展望

2013 年,北斗精准位置服务率先在北京燃气集团取得良好应用成效,截至目前,已在全国 24 个省(市、自治区)超过 500 座城镇实现应用推广,为事故抢修赢得“黄金半小时”,使燃气泄漏主动发现率由 70% 提高到 90% 。北斗精准位置服务在燃气行业的应用仍在不断创新,并正在扩展到城镇供热、自来水、排水等市政管网领域,北斗在市政管网领域应用前景广阔。

3. 主要承担单位

北京市燃气集团有限责任公司、北京讯腾智慧科技股份有限公司。

4. 推荐单位

北京市经济和信息化局、中国卫星导航定位协会、中国城市燃气协会。

四、交通运输应用

(一)重点运输过程监控管理服务应用

1. 基本情况

交通运输行业是北斗系统最大的民用行业之一,其自身点多、线长、面广的特点对位置服务提出了巨大需求。据统计,每年中国道路运输客运量达百亿人次,公路货物周转量达万亿吨。针对道路事故频发、道路拥堵等问题,北斗系统提供的导航定位服务可以为交通运输管理部门提供准确的车辆位置信息,结合网络传输等技术,将有效提升道路运输的监管水平，提高治理拥堵、降低事故、应急救援的能力，保障人民生命财产安全。

2011 年，重点运输过程监控管理服务示范系统工程启动建设，面向道路运输领域大规模推广应用北斗系统。建设内容包括重点运营车辆日常运营规范性监管、道路货运公共安全监管与服务等应用系统，以及视频交换服务、车载移动信息服务、区域及线路报警等应用平台。通过交通运输部、示范省两级系统建设，实现部、省、企业三级管理模式，在天津、河北、江苏、安徽、山东、湖南、贵州、宁夏、陕西等九省市完成 79000 套北斗终端应用推广。

2. 当前进展和前景展望

目前，在重点运输过程监控管理服务示范系统工程的引领带动下，北斗兼容车载终端应用推广超过 600 万台套（其中，货运车辆约 500 多万），覆盖中国大陆各个省份，带动了北斗终端进入道路运输领域，已创造产值数亿元，有效带动了北斗终端的规模化生产及应用，促进了北斗终端及芯片价格大幅下降，为北斗系统在民用领域的广泛应用创造了有力基础。另外，该应用完善了中国道路运输动态监管工作机制，形成了包括终端、平台、标准、政策等在内的一整套体系，显著提升了道路运输监管能力，有效降低了道路运输事故发生率。据统计，自 2011 年至 2017 年，中国道路运输重特大事故发生起数和死亡失踪人数均下降 50%。

3. 主要承担单位

中国交通通信信息中心、北京中交兴路信息科技有限公司。

4. 推荐单位

交通运输部综合规划司。

（二）北斗邮政物流应用

1. 基本情况

北斗邮政物流应用以对邮政网路运输车辆的监控调度管理为切入点，以北斗定位导航授时服务为基础，综合利用新一代信息通信技术，通过安装北斗智能车载终端实现对邮政生产作业车辆、人员以及货物的全程监管，实现位置与信息的完美结合，解决邮政车辆、揽投人员和邮件信息化、规范化管理的难题。主要实现三个方面的功能：一是对邮政网路运输车辆实现了全程位置跟踪、在途监管和车辆调度；二是实现了邮路、站点的信息化、精细化管理，准确掌握邮路出班、到达时间，邮路到站预报、线路偏离报警等相关信息；三是实现了网路运行质量分析统计和辅助决策，如车辆的报警、准班准点率、卸车延滞时长、车辆行程明细、车辆里程利用率、车辆使用成本等相关统计分析。

2. 当前进展和前景展望

目前已完成中国邮政北斗信息管理系统平台建设，实现了超过 3 万台北斗终端的装车与平台系统接入，已覆盖 31 个省、直辖市干线邮路车辆。

后续将全面推广北斗系统在邮政系统的应用，实现从邮政车辆到 30 万揽投人员的定位调度管理，最终达到北斗与无线射频技术（RFID）结合实现邮件全程可跟踪控制、可视化管理，在中国现代物流领域带动北斗系统的快速应用推广。

3. 主要承担单位

湖南湘邮科技股份有限公司。

4. 推荐单位

湖南省经济和信息化厅。

（三）京东集团北斗物流应用

1. 基本情况

京东集团以北斗系统应用技术为核心，综合利用无线通信技术、现代物流配送规划技术等，研发基于北斗的电子商务云物流信息系统，实现对物流过程、交易产品、运载车辆的全面管理，确保交易安全，降低物流成本，提高物流配送效率，实现 100 分钟内顾客订单的送达，提升行业整体服务运营水平，带动物流行业的升级转型。该系统由基于北斗的京东物流配送管理系统、智能车载终端和智能手持终端等组成。

2. 当前进展和前景展望

京东集团已经建成基于北斗的电子商务物流信息系统，为 1500 辆物流车辆、20000 名物流配送员安装配备了基于北斗的电子商务智能车载和手持终端，提升了物流配送管理能力，极大地节约了人力、物力、财力成本，实现了基于北斗的物流智能位置服务功能。

基于北斗的电子商务物流服务应用前景广阔。京东物流大件网络和中小件网络已实现中国大陆全部行政区县 100% 覆盖，建立了 30 多万个末端站点，物流服务人员超 500 万人，未来北斗应用市场空间巨大。随着京东自主研发的配送无人车、配送无人机、配送机器人等逐步投入运营，将引领北斗在物流领域的创新应用。

3. 主要承担单位

北京京东尚科信息技术有限公司。

4. 推荐单位

北京市经济和信息化局。

（四）洞庭湖船舶北斗监控管理应用

1. 基本情况

岳阳市水域主要包括 265 万亩洞庭湖、163 公里长江岳阳段、100 多公里湘江岳阳段水域的水面，共有捕捞渔民、采砂民工 5500 多户近 2 万人，每天 4000 多条船在这片水域上进行捕鱼或采砂作业。

岳阳市渔政管理部门建设洞庭湖船舶北斗监控管理系统，重点解决环洞庭湖船舶管理的突出问题，为作业船舶等提供全天候实时定位、导航等服务以及各类综合服务。

该系统可接入 AIS、雷达、视频等系统数据，实现各种水上移动目标监控手段的整合及互补，满足渔政管理部门对水域的全方位、全天候、无盲区、无漏洞的动态监控指挥需求，对保障执法安全、提升执法效率和加强执法监督有着重要意义。

2. 当前进展和前景展望

目前，洞庭湖船舶北斗监控管理系统已接入岳阳市水域的渔船、执法船、游船、采砂船等多类型船舶 4000 多艘，全面提升了岳阳市公共服务水平和社会管理能力，后续还将稳步推进在湖南省湖域管理领域的深度应用。

3. 主要承担单位

国信军创(岳阳)六九零六科技有限公司。

4. 推荐单位

湖南省工业和信息化厅。

(五)北斗智能船闸运行调度应用

1. 基本情况

针对西江流域梯级船闸相互协调不畅、通行效率低等问题，基于北斗技术研发了智能过闸系统，实现西江流域船舶过闸时“一次报闸、连续过闸、不上岸报到、不停船缴费”，为船主提供高效、优质的过闸服务。该系统具有远程联合调度、数据共享互通等功能特点，改变了西江流域各船闸长期以来形成的数据孤岛局面。

2. 当前进展和前景展望

北斗智能过闸系统目前完成了船闸联合调度、船舶监控云平台、船闸和船舶数据库、导航终端等系统的建设和试运营，实现了 1634 艘船舶的“智能过闸”、“智能航行”应用，智能过闸累计 7.7 万次。

未来将加强北斗技术在船闸联合调度、船闸基础设施监测以及多式联运领域的推广应用，形成一批应用成效显著的北斗船联网解决方案，将广西乃至全国的内河航运推向更高的智能化水平。

3. 主要承担单位

广西西江开发投资集团有限公司。

4. 推荐单位

广西壮族自治区工业和信息化厅。

(六)北斗桥梁健康在线智能监测应用

1. 基本情况

桥梁作为公共交通的重要载体，对区域交通通畅运行、社会经济发展至关重要。特别是随着大跨度、高架桥的出现，对桥梁稳定性、刚度和强度的要求愈加提高，加强桥梁建设期和运营期的健康监测愈发重要。

北斗桥梁健康在线智能监测系统，以北斗高精度定位技术为基础，综合利用多元化传感器技术、桥梁结构分析技术、互联网等技术，具有选点灵活、精度高、无人值守、全天候获取实时数据的优点。实时监测桥梁的健康状况，为桥梁养护提供状态评价、性能预测和养护决策等支撑，提高桥梁养护的智能化、数字化水平，同时能够辅助桥梁养护部门科学制定养护计划，加强病危桥梁看护，及时采取应对措施，避免安全事故。

2. 当前进展和前景展望

北斗桥梁健康在线智能监测系统，目前已在山西忻保高速东川河二号大桥、昆明广福立交桥、北川筲箕湾大桥和沪通大桥等20余座桥梁投入使用。该系统可服务于高速桥梁、市政桥梁、公路桥梁、铁路桥梁等各种桥梁和应用场景，为桥梁施工、管理、养护部门提供了桥梁的全生命周期不间断监测手段。该系统可向桥梁建设期的施工单位提供现场数据采集，向桥梁使用期的主管和业主单位提供日常监测、辅助养护规划，向桥梁老化期的主管和业主单位提供预警、辅助决策信息。

北斗桥梁健康在线智能监测系统的应用，可促进公路“建管养服”并重和养护管理可持续发展，推动构建更畅通、更安全、更智慧、更绿色的公路交通网络，助力实现“预防为主，安全第一”的智慧交通。

3. 主要承担单位

北京华力创通科技股份有限公司。

4. 推荐单位

北京市经济和信息化局。

五、公共安全应用

（一）北斗公安应急通信指挥应用

1. 基本情况

北斗在公安应急通信指挥领域发挥着重要作用。公安机关通过部署北斗警用位置服务系统及北斗公安应急短报文服务系统，利用北斗系统精确定位及短报文通信功能，为公安实战提供可视化的警力资源调度及常规通信手段失效情况下的应急通信保障，成为提升公安机关应急处突战斗力的有效手段。

北斗警用位置服务系统实现了位置信息的接收、汇聚、共享，构建了“部－省－市”三级联网运行体系，实现各级公安机关之间的位置数据共享，支撑跨区域、跨警种的应急实战联合调度与指挥。

北斗公安应急短报文服务系统利用北斗系统的短报文通信功能，提供在偏远地区、地形复杂地区移动通信网、公安通信专网失效情况下的应急通信服务，可及时将一线情况回传至后方指挥部，为应急指挥提供全天候、全时段的通信保障服务。

2. 当前进展和前景展望

目前，北斗警用位置服务系统及北斗公安应急短报文服务系统已投入使用，初步建成全国位置一张图、短信一张网的公安应用体系，形成纵向扁平化指挥调度，横向跨区域跨警种联动的综合位置资源服务能力。随着北斗导航与天通卫星、动态视频识别、快速视频检索等其他新技术的融合应用,将进一步提升公安应急通信保障水平。

3. 主要承担单位

中国安全防伪证件研制中心(原中国机动车辆安全鉴定检测中心)、北京星桥恒远导航科技股份有限公司。

4. 推荐单位

公安部科技信息化局。

(二)北斗警用授时服务应用

1. 基本情况

在交通违法处理、案件证据链追溯与案件侦破等公安工作中,大量应用监控摄像机、硬盘录像机、数据服务器等设备,统一时间基准是面临的关键问题。利用北斗授时功能,在“部－省”两级公安信息通信网以及视频网内开展北斗警用授时服务,提供可视化、标准化的时间同步与监管服务,可有效提高公安工作的可靠性与精准度。

北斗警用授时服务依托中国公安信息通信网建设部署的北斗警用授时服务系统开展服务。该服务能够在公安信息通信网内分级实现百万台终端的授时与监管,并能够通过 NTP 服务,在全网开展精度达到 100ms 级的授时服务。

2. 当前进展和前景展望

目前,北斗警用授时服务系统已在“部－省”两级公安信息通信网及部分视频网内提供服务,超过 11 万余台公安网设备实现了时频统一的服务与监管,为基础信息的采集、情报分析和视频侦查等公安工作提供了有效的时空基准,提升了公安实战精准度。下一步,我们将依托国家综合 PNT 服务体系的建设,深化北斗警用授时服务应用深度和广度,为公安工作提供综合时空一体化服务。

3. 主要承担单位

中国安全防伪证件研制中心(原中国机动车辆安全鉴定检测中心)、北京泰福特电子科技有限公司。

4. 推荐单位

公安部科技信息化局。

(三)北斗网格化巡防管控应用

1. 基本情况

北斗网格化巡防管控系统,采用网格化管理理念与高精度北斗定位、物联网感知等信息技术,解决城市风险源分布情况、巡防人员位置、突发事件等位置信息采集相关问题,辅助建立起网格化巡防体系和城市风险点防控体系,提高了街道社区对巡防力量管理的工作效率,提升违法犯罪精准打击力度。该系统主要包括数据管理、人员管理、巡防管理、风险管理、事件管理五大功能。

2. 当前进展和前景展望

目前北斗网格化巡防管控系统已应用于南京市浦口区、栖霞区和江北新区，各街道利用该系统培养了专业的巡防队伍，街道各类风险源得到了有效控制，产生了良好的社会效益。网格化管理是有效解决传统城市管理体制弊端的创新实践。北斗网格化巡防管控系统，为城市网格化管理提供了有效解决方案，满足了我国城市多元化、集成化发展的管理需求，将带动北斗系统在城市综合治理领域的广泛应用。

3. 主要承担单位

江苏北斗卫星应用产业研究院有限公司。

4. 推荐单位

江苏省经济和信息化厅。

（四）北斗电动自行车防盗应用

1. 基本情况

针对电动自行车盗窃案件侦破难题，武汉市黄陂区通过推广北斗电动自行车防盗应用，对电动自行车辆实现 24 小时监控，实现“人、车”无缝联动，确保车辆安全。该应用利用北斗定位和通信基站定位，实时上报车辆状态、位置、速度等信息到监管系统，同时接入市公安局 110 报警联动平台，为百姓电动自行车防盗提供新的解决方案。

2. 当前进展和前景展望

目前，黄陂公安分局已注册备案电动自行车 3000 余辆。此次安装的北斗电动自行车智能防盗系统，结合大数据、智能安防等先进技术，能够更好协助公安机关侦办电动自行车被盗案件，提供被盗车辆实时状态和位置信息，形成集事前管理、事中预警、事后处置为一体的电动自行车智能安全管理新模式。自从安装北斗电动自行车智能防盗系统以来，已破获多起盗窃案件，并在短时间内为车主找到丢失车辆。

3. 主要承担单位

中国移动通信集团湖北有限公司。

4. 推荐单位

湖北省自然资源厅（原湖北省测绘地理信息局）。

（五）北斗禁毒作战指挥应用

1. 基本情况

北斗禁毒“云 + 端”作战指挥系统，利用北斗定位和短报文通信服务，结合移动通信技术、视频技术和警用地理信息技术，应用于毒品案件的线索采集、案件侦查、情报研判和最终行动收网等阶段，实现了公安禁毒侦查指挥车实时定位和回传、现场警力的综合部署和指挥调度等功能，全面提升了打击涉毒涉恐“整体发现、堵源截流、精确打击和防范管控”的能力。

2. 当前进展和前景展望

已在广西壮族自治区开展禁毒应用，建设了以禁毒业务流程为导向，具备从情报线索采集、分析、流转到预警布控、实施抓捕的一体化情报实战平台。凭祥市凭借该系统屡破要案，取得了显著的禁毒成效，应用推广前景广阔。

3. 主要承担单位

北京合众思壮科技股份有限公司。

4. 推荐单位

北京市经济和信息化局。

六、减灾救灾应用

（一）基于北斗的国家综合减灾救灾应用

1. 基本情况

针对重大自然灾害灾区地面互联网络中断或没有任何地面移动通信网络情况下，灾情信息无法第一时间及时上报问题，依据中国现行的灾害行政管理体制，国家减灾中心协同地方示范省级灾害管理部门建设部署了北斗综合减灾救灾应用系统。该系统综合集成北斗短报文与手机短信、微信的互联互通等功能，对各级救灾人员与车辆的当前位置、运行状态、应急活动情况等信息进行全国“一张图”有效动态远程监控，解决了灾后第一时间灾情快速上报及对现场应急救援活动的远程全天候监控。

北斗综合减灾救灾应用系统按照“部－省－现场”3 级应用平台设计部署，横向面向全国32 个省级分布式应用分节点、纵向贯穿“部－省－地（市）－县（区）－乡（镇）－城乡社区”6 级灾情直报与监控业务应用，实现全国范围救灾资源的“一张图”位置监控。

2. 当前进展和前景展望

北斗综合减灾救灾应用系统已在天津、辽宁、上海、江苏、山东、湖北、陕西、甘肃、青海、宁夏等 10 个省（自治区、直辖市）开展规模化建设应用，按照“1＋32”分布式体系架构建设成立了北斗综合减灾运营服务中心、部署建成 10 个省级北斗综合减灾应用分节点平台、装备部署 4.5 万台北斗减灾信息专用终端，初步建立了利用北斗减灾业务系统开展灾情直报、现场核查、现场应急救援、人员应急搜救、灾害信息发布服务等业务应用的全国推广技术体系，系统总体运行稳定、规模化应用效果显著。

3. 主要承担单位

北斗天汇（北京）科技有限公司。

4. 推荐单位

应急管理部国家减灾中心。

（二）北斗海上遇险报警管理和搜救指挥应用

1. 基本情况

针对我国多数海上作业船舶和遇险个体缺乏遇险报警与定位技术手段，导致遇险搜救效率低、救助力量协同能力不足等问题，交通运输部于 2015 年启动北斗海上遇险报警管理和搜救指挥系统建设。该系统利用北斗定位、导航、短报文通信等功能，结合卫星通信及移动通信等通信手段，综合集成报警核查、险情持续跟踪、搜救计划制定与模拟、搜救力量管理与智能调派等全生命周期管理能力，实现部、省、市三级接警管理与督办。

2. 当前进展和前景展望

目前，交通运输部已在中国海上搜救中心、各省级海上搜救中心、救助局、打捞局等相关业务部门开展应用部署，在参与搜救的海事、救助船舶上安装了北斗短报文智能船载终端，面向涉海用户推广了 40 余万套北斗报警设备。该系统的使用显著提高了海上遇险对象搜寻效率，减少了海上遇险伤亡人数，保障了海上作业的人身和财产安全。

随着北斗全球系统的建设以及各类技术的不断发展，本系统服务区域将从中国海域扩展到全球，支持更多报警信息接入，带动海上用户普及使用基于北斗的海上遇险报警设备，推动北斗在海事搜救领域的广泛应用。

3. 主要承担单位

上海埃威航空电子有限公司、北斗天汇（北京）科技有限公司、泰斗微电子科技有限公司。

4. 推荐单位

中国交通通信信息中心。

（三）北斗水电站大坝形变监测应用

1. 基本情况

我国目前已建成的水库大坝约 8 万座，北斗水电站大坝形变监测系统利用北斗多频高精度载波相位差分处理技术，可以不间断提供水电站边坡毫米级精度监测数据，实现动态监测数据的自动获取、分析、解算与存储；在极大程度减轻外业强度的同时，能够迅速采集高精度三维点位监测数据，及时监测发现大坝的安全隐患情况。

2. 当前进展和前期展望

北斗水电站形变监测系统已在世界第三、中国第二大水电站溪洛渡水电站，以及长河坝水电站等多个水电站开展了成功应用。其中上述两个典型水电站监测点数量就超过 150 个，相关监测信息可以为各类水电站的项目设计、现场施工、运营监控、长期维护等阶段工作提供决策数据支撑，为安全生产运营、智慧工地及信息化建设提供技术保障。目前，北斗大坝形变监测系统的应用场景已成功扩展至包括桥梁、滑坡、高层建筑物在内的多个领域，应用前景广阔。

3. 主要承担单位

上海司南卫星导航技术股份有限公司。

4. 推荐单位

上海市科学技术委员会。

七、农业渔业应用

（一）北斗农机自动驾驶应用

1. 基本情况

为提升我国农机机械化水平，提高作业效率，降低生产成本，开展基于北斗系统的农机自动驾驶应用。该应用在各种大中型拖拉机上以及各种收获机械、水田作业机械（如插秧机）等农机上使用，集北斗系统、大扭矩电机精确控制、农业机械转向控制技术于一体，应用于整个农业的耕、种、管、收环节上，比如耙地、旋耕、起陇、播种、喷药、收割、开沟、插秧、精量施肥等农业作业中。基于北斗双天线定位定向和高精度差分技术，实时提供农机等车辆的姿态信息，坐标信息，航向信息等，通过控制方向盘转动，从而控制农机自动驾驶行走，并将农机行走作业精度控制在 ±2.5cm 以内。

2. 当前进展和前景展望

北斗农机自动驾驶系统已在新疆、内蒙、黑龙江、广西、河北、山东、陕西、湖北、安徽等省市实现规模应用，农业机械种类涵盖 30－350 马力段拖拉机，多种插秧机以及多种收割机和打药机等。

3. 主要承担单位

上海司南卫星导航股份有限公司、上海联适导航技术有限公司、北京合众思壮科技股份有限公司。

4. 推荐单位

上海市科学技术委员会、北京市经济和信息化局。

（二）北斗农机作业监管服务应用

1. 基本情况

基于北斗的农机作业监管平台集成北斗定位、物联网、信息融合等技术，通过整合多源农机实时作业状态信息和生产大数据，提供农机物联网、安全监管、信息化管理综合解决方案，实现农机管理数字化、可视化、智能化、精准化，并可通过手机 APP 应用及微信公众号完成实时监管。应用作业类型包括旋耕、插秧、稻麦收割、深松整地、植保、播种、翻耕、深翻、打捆、免耕播种、灭茬、秸秆还田、甘蔗收割、甘蔗种植、统防统治、中耕培土、造肥、耙地、烘干等。

基于北斗的农机全程机械化云服务平台，针对省、市、县、合作社多层级用户，围绕耕－种－管－收等作业核心环节，以农机为核心开展农机全程作业智能监测与调度，集农机的定位跟踪、作业监管、远程调度、运维管理、大数据分析、补贴结算、信息发布、合作社管理等功能于一体，服务于全国大农机、大农业的发展。

2. 当前进展和前景展望

目前，基于北斗的农机作业监管平台已在江苏、湖北、浙江、辽宁、四川、山西、新疆、宁夏、内蒙、四川等全国大部分地区进行了大面积产品推广，服务农机设备超过 5 万台。基于北斗的农业全程机械化云服务平台，在吉林、内蒙、山东、广东、云南等 22 省开通，入网终端数已累计超过 1.2 万台套。具体安装深松电子远程监测设备 7680 台，马铃薯播种远程监测设备 380 台，马铃薯收获远程监测设备 462 台，玉米收获远程监测设备 578 台，秸秆打捆远程监测设备 1800 台，高效植保远程监测终端 1300 台、累计完成作业面积 2380 万亩，培训机手及农机管理人员 2 万余人，监管财政作业补贴 4.8 亿元。

上述平台应用最大限度地提高了农机作业质量和管理效率，降低农业对劳动力的需求和劳动强度，已成为北斗应用的新领域，应用前景广阔。

3. 主要承担单位

中国机械工业集团有限公司、中国农业机械化科学研究院、江苏北斗卫星应用产业研究院有限责任公司、湖北省农业机械化技术推广总站。

4. 推荐单位

国务院国有资产监督委员会、江苏省经济与信息化委员会、湖北省自然资源厅。

（三）北斗糖业全生命周期管理应用

1. 基本情况

针对甘蔗制糖产业信息化、智能化水平低下造成的甘蔗种植、采砍、运输、糖业生产之间信息流通性差、砍运各环节衔接失衡、管理缺失等问题，研发基于北斗的农务地块与砍运一体化系统，结合地理信息技术，关联糖业管理部门、糖厂，以及蔗农、蔗管员、运输司机等各业务环节，实现甘蔗从种植到加工的全生命周期溯源管理。该应用有助于规范运蔗车辆的行为，规范糖料蔗市场收购秩序，降低企业生产和管理成本，有效提升糖业信息化、智能化管理水平。

2. 当前进展和前景展望

目前，该系统已在广西粤桂广业控股股份有限公司、广西宁明东亚糖业有限公司、广西崇左东亚糖业有限公司、广西驮卢东亚糖业有限公司得到应用，推广 546 台（套）北斗高精度移动采集终端，用于甘蔗地块面积精准测量和精准化管理。随着甘蔗农业种植信息化的提升，该系统将在甘蔗生产过程服务、运输监管与服务、糖业政务监管等方面得到规模应用推广。

3. 主要承担单位

广西润桂科技有限公司、广西卡西亚科技有限公司。

4. 推荐单位

广西壮族自治区经济和信息化厅。

（四）北斗海洋渔业综合服务应用

1. 基本情况

北斗海洋渔业综合信息服务系统融合北斗短报文、手机短信、互联网等多种通信信息技术手段，实现北斗短报文与手机短信的互联互通，具有遇险报警、搜救协调通信、现场寻位、海上安全信息播放、常规公众业务通信等功能。系统可向远海渔业生产作业者和关联者提供船、岸间的多种数字报文互通服务；向渔业管理部门提供渔业管理、船位监控、紧急救援信息服务；向渔业经营者提供渔业交易信息服务以及物流运输信息服务；向海洋渔业船只提供定位导航、航海通告、遇险求救、增值信息服务，例如天气、海浪、渔场、鱼汛、渔市等信息交流服务。

2. 当前进展和前景展望

目前，我国东南沿海 50 海里以外的中远海船舶安装了基于北斗的海上通信设备，为各渔业管理部门建立超过 1300 个船位监控系统，建成海、天、地一体化的船舶集中监控管理体系。已发展入网用户近 7 万个，伴随手机用户约 15 万个，日均位置数据 800 万条，日均短信 6 万余条。近三年系统救助渔船 210 余艘，旅游船 3 艘，外国渔船 4 艘，伤病人员 30 余人，渔民 1500 余人，挽回经济损失超过 10 亿元。

3. 主要承担单位

北京北斗星通导航技术股份有限公司、北京星桥恒远导航科技股份有限公司。

4. 推荐单位

农村农业部渔业渔政管理局。

八、精准机控应用

（一）基于北斗的驾驶人考训应用

1. 基本情况

针对驾驶人考训设备不统一、信息不共享、考试效率低、重复投资大、考试不透明、设备故障多等问题，以北斗高精度定位定向技术为核心，建设新一代驾驶人考训系统，实现驾驶人考试、训练全过程数字化和可视化，显著提升驾驶人考试、训练的效率和科学性。

基于北斗的驾驶人考训系统由三维可视化监控系统、车载分系统、考试监控平台、无线网络、测绘分系统等组成，采用高精度 RTK 技术、卫星导航与惯性导航融合技术，准确测定车辆的运动姿态，使得系统能够在考训全过程中及时、准确、完整地掌握驾驶人、车辆、考场的动态信息，并通过网络实现信息联通共享、综合研判、全过程可追溯、可监管等功能。

2. 当前进展和前景展望

基于北斗的驾驶人考训系统已在京津冀多家驾校和培训机构应用，于 2016 年 8 月完成首批 5000 辆考试车和 3000 辆训练车安装应用，在此基础上进行全国推广，目前销量已达5万台左右,具备了年服务考试360万人次、培训108万人次的服务能力。该系统确保了驾驶人足够有效的学习时间,实现了机动车驾驶人资格考试的公平公正。使用该系统能提高机动车驾驶人技术,降低交通事故的发生率,保障交通安全,提升国内道路安全环境。下一步将沿着自主定位、自动成图及自动控制解决方案的方向,重点研发新一代智能驾考训练系统终端软件、驾考训练系统中心端服务管理平台、安全防护主动刹车系统和人工智能辅助训练系统。

3. 主要承担单位

北京星网宇达科技股份有限公司、上海司南卫星导航技术股份有限公司。

4. 推荐单位

北京市经济和信息化局、上海市科学技术委员会。

(二)基于北斗的工程机械应用

1. 基本情况

工程机械是为国民经济建设提供技术装备的战略产业。如何预测、预警故障,变被动维修为主动维护,变粗放型施工为精细化施工,大幅降低关键施工期内的故障发生率,延长设备健康使用寿命,提高故障诊断及维护的快速性和准确性,创新租赁模式,成为目前亟待解决的问题。

针对工程机械智能化发展的需求,基于北斗定位导航应用技术,工程机械终端含有定位、通讯等多个功能,集控制、显示、通信等功能为一体,突破了高精度信号处理与保护、面向远程智能监控的无线传输、状态监测与故障诊断等关键技术,能实时获取工程机械工况,为故障诊断及预警提供基础数据;能实时的获取工程机械作业环境参数,为精细化施工的进行提供技术支撑;能实时跟踪工程机械位置,为工程机械行业融资租赁模式的开展提供技术保障,提高了工程机械行业智能化和信息化水平。

2. 当前进展和前景展望

基于北斗的工程机械终端已广泛应用于工程机械行业,截止到2018年,北斗综合显控终端在工程机械领域的装载量已突破5万台,分别应用于混凝土泵车、汽车起重机、混凝土搅拌车、高空作业车等几乎全部的工程机械产品。

因工程机械车辆常年户外作业,时常遭遇烟雾、粉尘等恶劣环境条件,基于北斗的工程机械终端使用北斗/GNSS定位,采用可靠性设计、智能防盗设计、远程智能监控技术及远程故障诊断技术,定位精度高,性能稳定,其控制速度快、响应及时、CAN总线通信稳定可靠,远程通信及远程故障诊断等方面满足要求,在恶劣工程环境下有效的解决了产品在远程作业过程中的安全监控问题。下一步将在提升产品的定位精度、功能方面进行研发提升,扩大产品应用领域。

3. 主要承担单位

长城信息产业股份有限公司、三一汽车制造有限公司。

4. 推荐单位

湖南省工业和信息化厅(湖南省国防科技工业局)。

九、气象探测应用

(一)北斗高空气象探测应用

1. 基本情况

2013 年,中国气象局启动“基于北斗导航卫星的大气海洋和空间监测预警工程”建设,采用真空镀铝技术的温度传感器、新一代湿敏电容湿度传感器、硅压阻式气压传感器和北斗/GNSS 接收模块,研制了国产北斗探空系统,显著提高了我国高空气象探空系统的观测精度、自动化水平和应急观测能力。

2. 当前进展和前景展望

目前,北斗高空气象探测系统已在北京、锡林浩特、武汉、阳江和海口建设并开展业务应用。根据中国气象局气象探测中心的试验评估,该系统探测性能指标全面超越原有业务探空仪水平,总体与国际先进探空系统持平。

3. 主要承担单位

中国气象局气象探测中心、北京无线电研究所、南京大桥机器有限公司、上海长望科技有限公司、北京华云天仪科技有限公司。

4. 推荐单位

中国气象局。

(二)北斗水汽电离层探测应用

1. 基本情况

为解决卫星轨道、卫星时钟参数获取等水汽电离层处理中的关键问题,保证水汽电离层观测系统的稳定可靠运行,中国气象局搭建北斗水汽电离层探测系统,包括北斗基准站网系统、数据收集中心和处理中心。该系统应用北斗/GNSS 高精度接收机,获取高时间分辨率的水汽和电离层电子密度资料,实现对水汽观测时间密度由过去的每日 2 次提高到每日 24 次以上,增强现有电离层监测的业务稳定性,为提高天气预报水平、改善突发性灾害天气和空间天气的预警预报服务提供重要参考。

2. 当前进展和前景展望

依托中国气象局气象信息网络,已在湖北和广东建成 12 个台站组成的北斗基准站网和 2 个综合性的数据收集处理中心,并投入使用。实现对大气中水汽的高时空密度观测,有效捕捉水汽变化状况,明显提高 24 小时以内暴雨等强降水短时天气预报准确率。

后续,中国气象局计划采用北斗/GNSS 高精度接收机,对现有 GNSS 气象站网进行升级改造,以获取高时间分辨率的水汽和电离层电子密度资料,全面提升我国导航卫星气象观测水平,为气象预报提供高精度、高时间分辨率、高可靠性的观测资料。

3. 主要承担单位

中国气象局气象探测中心、和芯星通科技(北京)有限公司。

4. 推荐单位

中国气象局。

十、授时服务应用

(一)北斗通信授时服务应用

1. 基本情况

面对即将到来的5G移动通信,其应用场景日益多元化,对时间同步的各项指标也提出了极高的要求。目前4G网络时间同步需求为±1.5μs,而未来5G网络时间同步的需求为±130ns,频率同步需求为1E-13;网络PRTC设备的时间同步要求为±30ns,长期频率准确度为1E-13量级,这些都给5G通信系统的正常运行和各类增值服务带来了巨大挑战。

依托国家标准时间,应用北斗卫星,将国家标准时间引入通信系统,建立纳秒级时间服务网络,为通信同步网内所有的节点提供分级授时服务,满足不同终端的时间同步需求,使全网任意节点间的时间同步精度优于30ns,并能通过中心或区域节点,监控全网节点的时间同步性能,为5G通信提供时间同步综合解决方案。

2. 当前进展和前景展望

目前,基于北斗的4G通信基站时间同步设备,已成功应用于中国移动通信集团新疆有限公司、河南省电信公司的现网中;基于北斗的5G通信基站时间同步设备,已在中国移动通信集团上海有限公司的现网中通过了入网测试,为其应用到5G同步网中拿到了入网通行证,并将伴随着5G的正式商用而进行规模化的部署。

下一步,我们将依托国家综合PNT服务体系建设,深化标准时间纳秒级远程服务的应用深度和广度,为通信领域提供更高精度、更可靠的授时服务,助力我国时间频率"一张网"的形成。

3. 主要承担单位

中国科学院国家授时中心、中国信息通信研究院、中兴通讯股份有限公司、中国移动通信集团上海有限公司。

4. 推荐单位

中国科学院。

(二)北斗电力授时服务应用

1. 基本情况

随着我国电力行业迅速发展,电网运行的智能化程度越来越高,电力系统的安全稳定运行对时间同步精度有了极大的提高,诸如时间顺序记录、继电保护、故障录波、电能计费、实时信息采集等等都需要有一个统一的、高精度的时间基准,也是现代化智能电网必要的支撑手段。

2009 年 9 月,国家正式确立“天地互备,以北斗为主的电力授时体系”。国家授时中心通过北斗卫星共视将国家引入到智能电网中,一方面,通过溯源比对系统为电网系统建立统一的时间基准和高精度的时间同步,另一方面,通过电力时间应用评估系统实现对电力应用时间的评估,保障中国标准时间在电力时间的可靠运行。

2. 当前进展和前景展望

基于北斗共视的智能电网时间同步系统,现已成功应用于国家电网西北网调中心、北京电力科学研究院、华东电网有限公司、中国南方电网有限责任公司、贵州电网公司、广东电网公司、云南电网公司、山西省电力工业局、上海徐家汇电力调度所、国家电网陕西省调中心、葛洲坝电厂、青铜峡电厂、大亚湾核电站、广东红海湾热电厂、陕西省渭河电厂、陕西省宝鸡第二电厂等上百家电网用户中,已部署各类时统终端产品及板卡 1300 余套。

下一步,电力试点单位将依靠北斗卫星导航系统把电力设备的时间统一至中国标准时间,为电网广域分析的准确性、电力事件的可追溯性、电能计费的合理性提供技术保障,为中国标准时间在电力行业的全覆盖奠定技术基础。

3. 主要承担单位

中国科学院国家授时中心、中国电力科学研究院、华东电网有限公司、中国南方电网有限责任公司等。

4. 推荐单位

中国科学院。

(三)北斗金融授时服务应用

1. 基本情况

在金融领域,银行、保险、财政、证券、期货交易等诸多机构中,都存在大量实时的交易数据、电子回单、电子对帐单等电子化交易凭证,而此类电子文件要求具有唯一性、确定性和不可篡改性,而只有可信时间戳服务能够为其提供安全、可靠、有效的技术保障。

把金融系统时间融入到国家时间频率体系中,利用北斗授时系统,采用一个标准时间,真正实现时间信息的安全和高精度授时的自主化,将促进国家北斗产业基础设施建设进一步完善,形成竞争力较强的时间服务产业链。

2. 当前进展和前景展望

现已完成中国建设银行总行、中国建设银行武汉数据中心、北京市财政局、广东省财政厅、河北省财政厅等金融机构现用系统时间向中国标准时间的溯源,在金融领域已部署各类授时终端产品 800 余套,已实现了上述金融机构用时的安全可靠和自主可控。

下一步，将继续大力推广北斗金融授时应用，将对中国标准时间在我国金融行业的推广应用具有重要示范意义和推广价值。

3. 主要承担单位

中国科学院国家授时中心、中国建设银行总行、中国建设银行武汉数据中心、广东省财政厅、河北省财政厅、云南省财政厅、上海证券交易所等。

4. 推荐单位

中国科学院。

十一、海外应用

（一）印度尼西亚土地确权应用

1. 基本情况

2018 年，印度尼西亚国土资源部利用基于北斗的高精度 GNSS 接收机，开展土地确权项目，包括印度尼西亚国土、公路、铁路、水利工程的勘测和施工。该应用使用基于北斗的高精度 GNSS 接收机 1046 台，得到印度尼西亚国土资源部的高度赞扬和认可。后续，还将为印度尼西亚基础设施建设与测绘工作提供重要支撑。

2. 主要承担单位

上海司南卫星导航技术股份有限公司。

3. 推荐单位

上海市科学技术委员会。

（二）科威特建筑施工形变监测应用

1. 基本情况

2015 年，基于北斗的高精度接收机应用于科威特国家银行总部 300 米高摩天大楼建设。该应用利用北斗/GNSS 高精度接收机实现地面控制点监测，通过接收北斗信号，极大增加了遮挡环境下的可视卫星数据，保证了施工过程中垂直方向毫米级测量误差要求，这也是北斗卫星导航技术在海外首次应用于高层建筑监测。

2. 主要承担单位

上海司南卫星导航技术股份有限公司。

3. 推荐单位

上海市科学技术委员会。

（三）乌干达国土测绘应用

1. 基本情况

北斗/GNSS 高精度接收机于 2015 年开始进入非洲市场，以其可靠、稳定的性能服务，深受非洲客户的信赖。乌干达国土测绘部门已经利用北斗/GNSS 高精度接收机建成 15 座基准站，覆盖了其国内主要的城镇、经济文化中心，其所提供的高精度位置服务不仅可以满足乌干达国土测绘需求，还拓展到水利、交通、农业、林业等多个领域。

2. 主要承担单位

上海司南卫星导航技术股份有限公司。

3. 推荐单位

上海市科学技术委员会。

（四）缅甸农业应用

1. 基本情况

2013 年开始，北斗/GNSS 接收机应用于缅甸各地农业数据采集统计、土地管理，获得缅甸官员和专业测量人员的认可，是北斗高精度产品在缅甸等东南亚国家首次批量应用。

2. 主要承担单位

上海华测导航技术股份有限公司。

3. 推荐单位

上海市科学技术委员会。

（五）马尔代夫海上打桩应用

1. 基本情况

基于北斗/GNSS 的桩机智能引导控制系统应用于马尔代夫阿拉赫岛高精度打桩项目。该系统具有全天候、高精度、易管理等优势。通过软件系统操控和实时处理和显示，可大幅减少现场测量人员的数量，减轻现场作业人员的劳动强度。该系统可为用户实时定位作业提供切实可行的解决方案，真正做到无需预先作业，还可缩短施工工期，节省施工成本，实现海上打桩智能化监控、可视化作业、高精度施工。

2. 主要承担单位

上海司南卫星导航技术股份有限公司。

3. 推荐单位

上海市科学技术委员会。

（六）新加坡施工打桩应用

1. 基本情况

基于北斗的静音打桩系统在新加坡应用。该系统可进行桩点管理，作业人员只需要眼盯屏幕，根据导航提示进行左右移动，自动导航至桩点，配合液压打桩机使用，可快速找到钻点位置，每个打桩点的精度都到达厘米级，减少了打桩误差。该系统大幅提高了钻机的钻孔速度，节约了油料，减少了安全隐患，同时有效减少了当地的噪音污染，提高了工作效率，具有广阔的应用前景。

2. 主要承担单位

上海华测导航技术股份有限公司。

3. 推荐单位

上海市科学技术委员会。

（七）老挝土地确权应用

1. 基本情况

在老挝，北斗/GNSS 接收机成功应用于全国性的土地确权项目。该应用使得老挝市场逐渐摒弃了传统全站仪作业的方法，为工程放样、地形测图等各种控制测量提供新的方法和手段，极大地提高了外业作业效率。同时该应用也为老挝地籍调查，土地管理以及相关法律法规的制定提供了原始依据和科学基础。该应用在老挝全国范围内普及推广，获得行业内的一致好评。

2. 主要承担单位

上海华测导航技术股份有限公司、上海司南卫星导航技术股份有限公司。

3. 推荐单位

上海市科学技术委员会。

（八）柬埔寨无人机应用

1. 基本情况

2016 年，基于北斗/GNSS 的无人机在柬埔寨得以应用。该应用作业范围广、成图效率高，为柬埔寨政府部门综合规划、国土整治监控、基础设施建设、生态环境监控等提供了完整的基础信息资料，为柬埔寨政府部门进行科学决策提供了依据。此外，北斗系统还应用于柬埔寨测绘测量、机械控制、GIS 数据采集等，已成为政府基础设施建设不可或缺的一项重要技术手段。

2. 主要承担单位

上海华测导航技术股份有限公司。

3. 推荐单位

上海市科学技术委员会。

（九）泰国仓储物流应用

1. 基本情况

泰国邮政和电子商务平台项目应用北斗导航服务开发了物流管理服务系统以及物流综合终端，与仓库管理系统、企业资源计划系统配合使用，帮助客户解决内场的收发信息记录，以及场外派送环节的信息实时获取和上传下载，并为快递人员提供扫码管理、路线追踪、定位和导航服务，深受客户欢迎。

2. 主要承担单位

北京北斗星通导航技术股份有限公司。

3. 推荐单位

北京市经济和信息化局。

（十）巴基斯坦机场信息系统授时应用

1. 基本情况

2017 年，巴基斯坦新伊斯兰堡国际机场信息集成系统开始建设，该系统使用北斗系统提供稳定、可靠的时间，确保了信息系统的高精度时间同步，实现了应用系统和各子系统高可靠、高效率的协同运行。新伊斯兰堡新机场于 2018 年 10 月开通运行。该应用未来将在东南亚及非洲部分机场进行推广。

2. 主要承担单位

北京合众思壮科技股份有限公司。

3. 推荐单位

北京市经济和信息化局。

（十一）俄罗斯电力巡检应用

1. 基本情况

2017 年，北斗/GNSS 定位终端在俄罗斯西伯利亚电力巡线中开始应用。通过北斗/GNSS 移动终端，随时了解巡线人员的位置，搜索巡线人员周围的电力杆塔，与管理中心进行双向互动，掌握线路运行状况及周围环境变化，及时发现设备缺陷和危及线路安全的隐患，从而保证输配电线路安全和电力系统稳定。未来将在俄罗斯电力系统持续推广。

2. 主要承担单位

北京合众思壮科技股份有限公司。

3. 推荐单位

北京市经济和信息化局。

十二、北斗地基增强应用

（一）北斗地基增强系统

1. 基本情况

北斗地基增强系统是中国卫星导航系统管理办公室组织，交通运输部、原国土资源部、教育部、原国家测绘地理信息局、原中国气象局、原中国地震局、中国科学院等国家相关单位支持，在现有监测站点基础上，按照“统一规划、统一标准、共建共享”的原则建设的国家级地基增强系统。

北斗地基增强系统主要包括基准站、通信网络系统、国家数据综合处理系统、行业数据处理系统、数据播发系统、应用终端六个分系统。

2. 当前进展和前景展望

截止到 2018 年 11 月，已建成基准站数量超过 2200 个，成为全球基站数量最多、覆盖范围最广，稳定运行的地基增强系统。

该系统具备在全国陆地范围内，提供实时米级、分米级、厘米级，后处理毫米级高精度定位基本服务能力。

建成国家北斗数据综合处理中心，初步实现了跨行业的互联互通。数据中心具备支持北斗、GPS、GLONASS 三系统、大于 120 颗卫星、大于 2200 个基准站的数据存储和处理能力。作为北斗产业生态核心，初步具备基础资源管理、数据存储与挖掘、高精度服务产品生产、时空服务技术验证、北斗服务性能评估等基本能力。

3. 主要承担单位

中国兵器工业集团有限公司

站网建设：

交通运输通信信息集团有限公司

国家基础地理信息中心

中国气象局气象探测中心

中国地震台网中心

中国国土资源航空物探遥感中心

中科院国家授时中心

武汉大学

千寻位置网络有限公司

北斗高精度接收机：

和芯星通科技（北京）有限公司

上海司南卫星导航技术股份有限公司

上海华测导航技术股份有限公司

广州中海达卫星导航技术股份有限公司

武汉导航与位置服务工业技术研究院有限责任公司

4. 推荐单位

中国卫星导航系统管理办公室。

（二）北斗高精度位置服务平台

1. 基本情况

着眼于把北斗高精度定位能力变成公共服务，致力于打造物联网时代的新时空基础设施，基于国家北斗地基增强系统，采用市场化运作，建设了北斗高精度位置服务平台，构建北斗高精度位置服务生态圈。

2. 当前进展和前景展望

北斗高精度位置服务平台是连接北斗/GNSS 与互联网的重要桥梁。该平台是以“互联网 + 位置（北斗）”为基础，基于云计算和大数据技术，构建的空天一体高精度北斗位置开放服务系统，以满足国家、行业、大众市场对精准位置服务的需求，并致力于将北斗/GNSS 高精度服务推向全球。平台突破新一代网络 RTK 高精度多模组合定位算法、星基增强关键技术、多模多频卫星导航组合定位算法、多传感器融合定位算法、"北斗/GNSS + 人工智能"融合定位技术、AGNSS 加速定位技术等多项关键技术，并相继攻克情景感知智能化判别、海量数据接入和存储、大规模分布式计算、高并发实时处理、安全服务策略及机制等一系列核心技术。两年多来，共申请相关发明专利超过 340 项，形成了全球领先面向 AIoT（人工智能 + 物联网）的北斗/GNSS 精准时空服务能力。北斗高精度位置服务平台正在开启 AIoT 大门，将成为 AIoT 时代新的时空基础设施。

平台开展北斗高精度增值服务商业运营，面向全国提供千寻跬步（米级）、知寸（厘米级）、见微（毫米级）、云踪、优航、A－北斗等高精度位置服务产品，已在危房监测、铁路应用、精准农业、共享单车、自动驾驶、智能手机、物流监控等领域得到应用，推动了北斗高精度服务能力向公共服务产品的转化，促进形成北斗产业自主创新生态圈。

依托北斗地基增强系统及高精度位置服务平台，自主研发了全球首个"A－北斗"快速辅助定位系统，大幅提高了北斗卫星导航首次定位时间和定位精度。北斗高精度位置服务平台构成图如下：

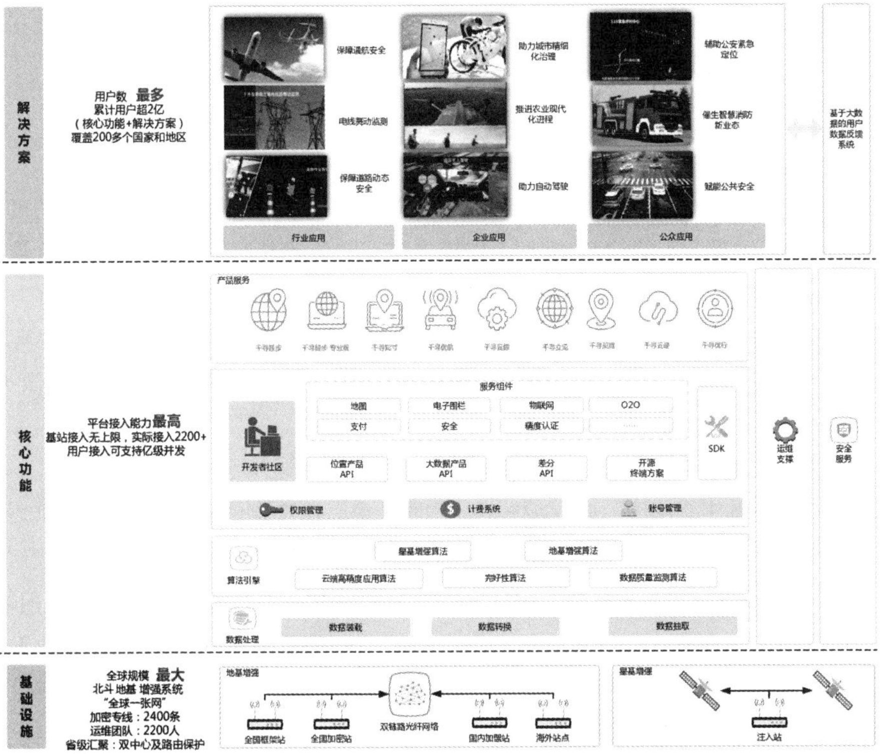

3. 主要承担单位

千寻位置网络有限公司。

4. 推荐单位

中国卫星导航系统管理办公室。

（三）北斗地基增强系统高精度应用

自北斗地基增强系统建设完成以来，不断推出基于北斗高精度的各种高性能服务和一系列帮助解决行业痛点的创新解决方案，并在电网、通航、农业、消防、铁路、公安、住建、国土等关乎国计民生的重要行业领域发挥作用。

1. 交通行业应用

交通运输通信信息集团有限公司开发了交通行业应用软件和服务测试评估子系统，采集和制作了 30km 公路高精度车道级导航数据，车道线特征点坐标精度小于 20cm，具有监视非法连续并线违章等行为的能力。

通过对符合 JT/T 794 和 JT/T 808 标准的车载终端改造升级，利用北斗地基增强系统提供的高精度定位服务，支持车道级导航应用。

2. 国土资源行业应用

中国国土资源航空物探遥感中心利用北斗地基增强系统，结合已部署的地质调查工作，在四川乐山、雅安开展了野外导航、位置信息采集、地质体测量等应用。利用北斗地基增强系统的广域增强单频伪距高精度定位，可满足示范区 1∶15 万～1∶25 万野外地质调查工作需求。

3. 智慧城市应用

千寻位置基于高精度定位模组“千寻魔方”，千寻位置赋予监控摄像头高精度授时和定位能力，为摄像头的管理、维护工作提供精准的位置和时间信息，可满足机器智能处理海量视频信息时对视频帧的高精度要求，为“城市大脑”的计算提供强有力的支持，推动平安城市和交通管理向着智慧城市、智慧交通方向发展。

千寻位置与海康威视、大华股份合作研发了基于千寻魔方的精准时空摄像头，并于今年 11 月，在浙江德清投入使用。

4. 无人机植保应用

千寻位置基于全国统一时空基准的动态厘米级高精度定位能力，可为无人机农业植保客户提供精准飞行自主作业服务，并整合飞行控制系统、RTK 硬件终端、通讯模组等多项关键技术，实现植保无人机标准化自主精准作业，大幅提升作业效率，降低作业门槛。

千寻位置正联合大疆等无人机厂商在全国范围内推广基于北斗高精度的无人机自动农药喷洒。除了农药喷洒，基于千寻北斗高精度服务的农机自动驾驶导航、变量施肥、农业精细化管理等的优势正在逐渐凸显，必将在我国农业现代化的进程中发挥越来越重要的作用。

5. 无人机巡检应用

千寻位置研发了无人机电力巡检解决方案，为电力行业客户提供基于全国统一时空基准的动态厘米级差分定位服务,通过赋予无人机精准飞行能力,实现全国范围内的自主飞行无人机电力巡检的标准化作业,大幅提升巡检效率。

该方案已在南方电网推广使用。基于北斗高精度的无人机巡线平均每小时作业里程可达50km,而北斗高精度无人机巡塔每天平均可完成超过60个塔的巡检。

6. 通航安全应用

千寻位置通过北斗卫星差分算法的工程化实施,融合城市增强、情景识别等技术,研发了基于北斗高精度位置数据服务平台及云技术构建无人机监管与服务平台。该平台基于互联网开放平台模式,从建立平台,运营平台,过渡到形成生态,完善生态,最终形成以无人机在时空位置中的精准位置跟踪及管理为核心的监管平台。

该平台已经在浙江地区试运营,通过对空域的明细划分信息,建立不同无人机的适飞区域,让无人机"有道可行"的同时,避免无人机飞入禁飞区或者限飞区,保障无人机及飞控立体空间区域内的安全性,同时推进无人机与监管平台之间的信息联通。无人机监管与服务云平台采用互联网开放平台模式,充分发挥互联网对信息快速联通的作用,推动各类要素资源集聚、开放和共享。推动无人机产业生态的形成和发展。

7. 地质灾害监测预警应用

千寻位置依托遍布全国的卫星定位地基增强站,云端一体化监测终端,及后处理的高精度定位差分算法,形成监测数据智能采集、及时发送和自动分析的监测预警系统,可实现对山体地表位移、沉降等安全指标进行7×24小时的毫米级自动化监控,并连续获得地质灾害大数据,形成科学的预判,为国家防灾减灾提供技术保障。

西安铁路局安康路段的防灾监测系统通过接入千寻服务,修正卫星定位误差,对安康路段滑坡位移的监测达到毫米级。

8. 智能驾驶应用

千寻位置突破了汽车行业对于高精度绝对定位高稳定性、高可靠性和高安全性的产品壁垒,开发出基于北斗星地融合一张网的智能汽车高精度位置感知方案,以网络RTK形式播发数据至车载ECU端,为自动驾驶汽车客户提供覆盖全国的实时高精度位置解算服务。同时,千寻位置星基增强系统方案可进一步实现双链路数据的播发,满足未来自动驾驶的冗余度要求。

该方案已经跟上汽集团等国内外主流车企和一级汽车零部件供应商展开深入合作,能够为用户提供AR导航、园区自主泊车和高速公路自动驾驶等多方位的智能驾驶体验。基于该服务的量产汽车计划于2019年上市。

9. 智慧消防应用

千寻位置已与国内众多合作伙伴一道,探索精准定位、室内外一体化、消防地理信息系统等技术在智慧消防中的应用趋势,以北斗高精度定位为基础,结合大数据、云计算、物联网等技术,通过对消防工作智能化升级,为智慧消防研发了一套基于千寻服务的北斗高精度智慧消防解决方案。可以实现对消火栓、水源、取水口、重点单位、消防通道等高精度数据采集，为用户提供精准的消防地理信息数据。

千寻智慧消防解决方案集成千寻位置的末段导航服务，结合移动指挥场景，解决消防最后几百米的导航盲区问题，将消防人员精准引导到消防拴、水源取水口等目标物1米左右的范围内，节约了宝贵的救援时间，提高了消防救援效率。

10. 智慧锥桶应用

因道路施工引起的交通事故时有发生，为实现施工信息与地图数据的实时共享与对接，千寻位置联合高德地图推出“道路安全物联网解决方案”。

千寻位置联合高德地图推出“道路安全物联网解决方案”。该方案通过“道路作业智能设备——智慧锥桶”的合理布设，进行“道路施工、事故等动态高质量数据”的实时采集，并与高德地图 APP 数据平台无缝对接，实现自动化信息发布，从而引导车辆减速避让，在全面提升用户出行效率同时，更保障了道路作业方、行人与车主的出行安全，大大减少了因此产生的城市管理问题。

北斗卫星导航标准体系(2.0版)

（中国卫星导航系统管理办公室2022年2月）

前言

为加强顶层设计，全面推动北斗领域标准制修订工作，支撑北斗系统稳定运行和应用推广工作，中国卫星导航系统管理办公室制定了《北斗卫星导航标准体系(2.0版)》。

北斗系统是我国重要的空间基础设施，目前北斗全球系统已建成开通，进入全球化服务、规模化应用、产业化发展新阶段，北斗系统在交通、电力、通信、测绘、农业等行业领域深入应用。为进一步推动北斗标准化工作高质量发展，中国卫星导航系统管理办公室对《北斗卫星导航标准体系(1.0版)》进行更新升级，为北斗领域标准制修订工作提供参考依据，满足未来三到五年我国卫星导航领域对标准化工作的需求。

一、总体要求

(一)指导思想

坚持以习近平新时代中国特色社会主义思想为指导，深入贯彻落实党的十九大和十九届二中、三中、四中、五中、六中全会精神，以支撑北斗系统稳定运行为出发点，充分体现北斗系统特色，统筹考虑基础、管理、研制、生产、运行、应用等各方面对标准化的需求，发挥标准在应用推广与产业化发展中的引领和规范作用，在《北斗卫星导航标准体系(1.0版)》的基础上进行更新升级，建立健全满足北斗系统工程建设、稳定运行和应用的标准体系,加强标准顶层设计与宏观指导,加快创新技术和应用向标准转化,促进创新成果与产业深度融合。

(二)基本原则

面向需求。面向北斗产业发展,加强顶层设计,充分考虑应用推广需求,以及星基增强、短报文通信、低轨增强、国际搜救等新领域对标准的需求。

精简易行。在确保标准体系实用性、完整性和可操作性的基础上,规划做到精而简,既避免标准缺失,又避免内容扩大造成重复。

相对稳定。标准体系在一定时期内保持相对稳定,作为一段时间内开展标准化工作的依据,整体稳步推进,并随着卫星导航应用模式创新、需求发展变化,保持体系构架与技术发展同步。

国际接轨。标准体系论证充分与国际接轨,以北斗全球系统为基础,兼容其他全球卫星导航系统,规划的标准明细既与国际已有的标准相协调,也充分考虑北斗国际标准化工作需求。

(三)建设目标

以应用为牵引,充分论证北斗系统基础、工程建设、运行维护和应用等方面对标准化的需求,注重体系的精而简,建成系统科学、技术先进、开放兼容、完整协调、循序渐进的标准体系,实现在标准制定上的统一规划、统一组织、统一部署和统一协调,规范工程管理、指导工程建设、引领应用推广、开拓国际市场,为北斗系统发展提供全面的标准化支撑。

二、建设思路

(一)编制依据

北斗卫星导航标准体系的编制紧紧围绕《国家标准化发展纲要》《国家卫星导航产业中长期发展规划》,并遵循以下文件和标准:

(1)《中华人民共和国标准化法》,2017 年 11 月;

(2)《标准体系表编制原则和要求》,GB/T 13016 - 2018。

(二)体系结构

标准体系基本架构,包括基础标准、工程建设标准、运行维护标准和应用标准四个一级分支。

第一分支:基础标准。为卫星导航技术、工程和应用建立统一的基准和概念,收录了卫星导航技术及应用中具有广泛适用范围的相关标准,划分为术语、时空基准及项目管理三个二级分支。

第二分支:工程建设标准。

第三分支:运行维护标准。

第四分支:应用标准。为满足北斗产业规模化发展需求,划分了通用服务与接口、通用产品、专题应用和行业应用四个二级分支。

北斗卫星导航标准体系(2.0版)框架见图1。

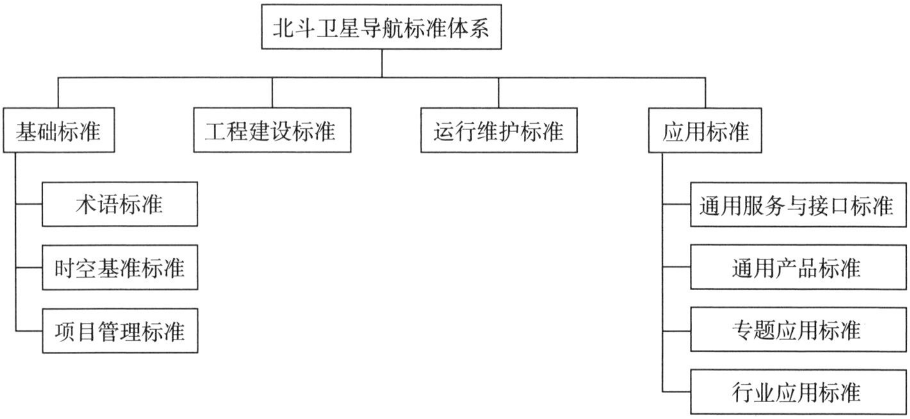

图1　北斗卫星导航标准体系(2.0版)框架

三、主要内容

(一)基础标准

基础标准主要包括具有广泛适用范围的卫星导航基本概念、基本理论和管理标准,可为北斗相关领域提供统一基准、统一概念和管理要求。基础标准分支框架见图2。

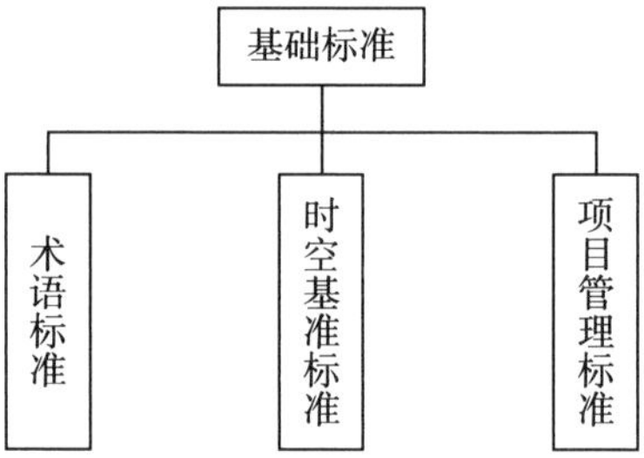

图2　北斗卫星导航标准体系(2.0版)基础标准分支框架

1. 术语标准。主要包括为统一北斗系统工程建设和应用过程中各技术领域的基本概念而规划的术语标准,共收录国家标准2项。

2. 时空基准标准。主要包括为统一北斗系统的空间坐标和时间基准而制定的标准,共收录9项,其中国家标准8项,行业标准1项。

3. 项目管理标准。主要包括为规范和指导北斗系统建设过程中项目管理和技术管理而制定的标准。共收录3项,其中国家标准1项,北斗专项标准2项。

(二)工程建设标准

略。

（三）运行维护标准

略。

（四）应用标准

应用标准主要包括北斗系统应用推广过程中涉及的相关标准，围绕卫星导航产业发展和产业链建设需要，综合考虑卫星导航应用需求、产品、服务、推广等关键环节，可支撑构建完备的卫星导航应用产业体系。应用标准分支框架见图3。

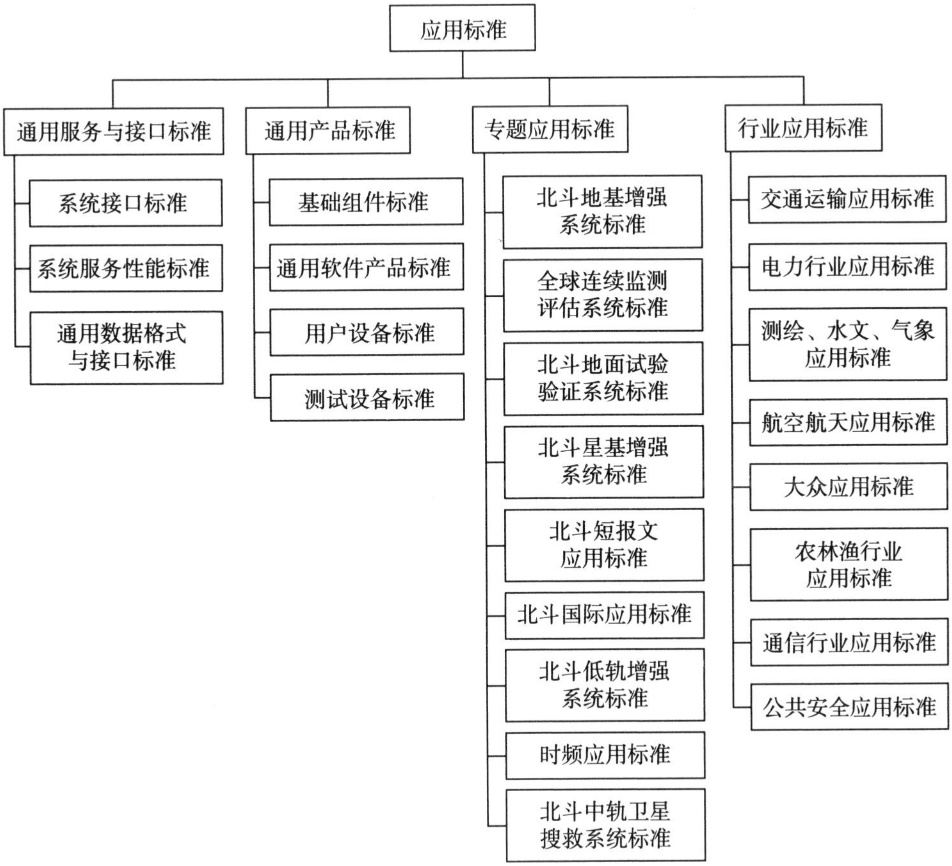

图3　北斗卫星导航标准体系（2.0版）应用标准分支框架

1. 通用服务与接口标准。主要包括为用户应用北斗系统提供基础输入条件和服务承诺而制定的标准，规划了系统接口、系统服务性能、通用数据格式与接口三个三级分支。

2. 通用产品标准。主要包括规范北斗系统应用相关软硬件产品的设计、生产、研制、测试和使用等工作而制定的标准，规划了基础组件、通用软件产品、用户设备、测试设备四个三级分支。其中，基础组件分支包括芯片、天线、模块单元三个四级分支；通用软件产品分支包括数据、信息传输、软件产品规范等相关标准;用户设备分支包括接收机终端产品规范、性能要求、测试方法等相关标准;测试设备分支包括采集回放仪、模拟器等相关标准。

3. 专题应用标准。主要包括在北斗系统建设和应用推广中可以自成体系的标准,充分考虑北斗系统面向国际应用的属性,体现其特色服务。规划了北斗地基增强系统、全球连续监测评估系统、北斗地面试验验证系统、北斗星基增强系统、北斗短报文应用、北斗国际应用、北斗低轨增强系统、时频应用、北斗中轨卫星搜救系统九个三级分支。

4. 行业应用标准。主要包括各行业应用北斗系统而制定的相关标准,主要由收录的国家和行业标准构成,规划了交通运输应用,电力行业应用,测绘、水文、气象应用,航空航天应用,大众应用,农林渔行业应用,通信行业应用,公共安全应用八个三级分支。

(五)标准体系明细表说明

标准体系明细表结构包含体系编码、标准名称、标准号、主要内容、参考标准、级别、关系、状态等内容。"体系编码"统一采用数字编码,基础标准、工程建设标准、运行维护标准、应用标准分支编码分别为10000、20000、30000、40000系列,二级和三级分支编码见表1。在体系编码的数字后,加".",标准项目按自然数字排列方式编排。例如:10000.1代表10000系列标准中的第1个标准项目,依此类推。

表1 各级分支体系编码列表

序号	体系编码	标准体系各级分支名称
1	10000	基础标准
2	11000	术语标准
3	12000	时空基准标准
4	13000	项目管理标准
5	20000	工程建设标准
6	30000	运行维护标准
7	40000	应用标准
8	41000	通用服务与接口标准
9	41100	系统接口标准
10	41200	系统服务性能标准
11	41300	通用数据格式与接口标准
12	42000	通用产品标准

续表

序号	体系编码	标准体系各级分支名称
13	42100	基础组件标准
14	42200	通用软件产品标准
15	42300	用户设备标准
16	42400	测试设备标准
17	43000	专题应用标准
18	43100	北斗地基增强系统标准
19	43200	全球连续监测评估系统标准
20	43300	北斗地面试验验证系统标准
21	43400	北斗星基增强系统标准
22	43500	北斗短报文应用标准
23	43600	北斗国际应用标准
24	43700	北斗低轨增强系统标准
25	43800	时频应用标准
26	43900	北斗中轨卫星搜救系统标准
27	44000	行业应用标准
28	44100	交通运输应用标准
29	44200	电力行业应用标准
30	44300	测绘、水文、气象应用标准
31	44400	航空航天应用标准
32	44500	大众应用标准
33	44600	农林渔行业应用标准
34	44700	通信行业应用标准
35	44800	公共安全应用标准

“标准号”中对于收录的已发布标准，填写其标准号；对于收录的制定中标准，填写其计划号；对于规划的拟制定标准，不填写内容。

“主要内容”中填写标准规定的主要内容。

“参考标准”中填写与该标准内容相关的已发布标准的标准号。

“级别”中填写 GB（国家标准）、BD（北斗专项标准）及行业标准代号等。

“关系”中对于规划新制定的标准填写“制定”；对于已发布或已列入计划的标准

填写“收录”；对于拟修订的标准填写“修订”。

“状态”中相对北斗卫星导航标准体系（1.0版）信息未调整的标准填写“保留”、信息有调整的标准填写“更新”、增加的标准填写“新增”。

北斗卫星导航标准体系（2.0版）明细表共包括292项标准，其中收录153项，占52.4%，制定139项，占47.6%。

北斗卫星导航标准体系（2.0版）－明细表

序号	体系编码	标准名称	标准号	主要内容	参考标准	级别	关系	状态
	10000	基础标准						
	11000	术语标准						
1	11000.1	北斗卫星导航术语	GB/T 39267－2020	规定了北斗卫星导航通用基础、工程建设、运行管理和应用等方面的术语和定义。	BD 110001－2015	GB	收录	更新
2	11000.2	导航术语	GB/T 9390－2017	规定了导航常用的术语、定义和缩略语。		GB	收录	新增
	12000	时空基准标准						
3	12000.1	空间和时间的量和单位	GB 3102.1－1993	规定了用于所有科学技术领域的空间和时间的量和单位的名称与符号，并给出了换算因数。		GB	收录	保留
4	12000.2	数据元和交换格式　信息交换　日期和时间表示法	GB/T 7408－2005	规定了公历日期和时间以及时间间隔的表示法。		GB	收录	保留
5	12000.3	北斗卫星导航系统时间	20174068－T－801	规定了北斗卫星导航系统时间的起始历元、计数方法、闰秒信息、修正参数、播报方式、基本性能、与UTC关系等。	BDJ 120004－2019	GB	收录	更新
6	12000.4	地理点位置的纬度、经度和高程的标准表示法	GB/T 16831－1997	规定了一种可变长度的格式，用于数据交换中表示纬度、经度和高程。		GB	收录	保留
7	12000.5	卫星导航定位系统的时间系统	GB/T 29842－2013	规定了与卫星导航定位应用有关的时间系统术语和定义、标记方法，以及时间系统的建立、系统时间换算方法和应用中的技术方法。		GB	收录	保留

续表

序号	体系编码	标准名称	标准号	主要内容	参考标准	级别	关系	状态
8	12000.6	卫星导航定位坐标系	GB/T 30288－2013	规定了卫星导航坐标系的定义、要求和转换方法。	GB	收录	保留	
9	12000.7	航天飞行器常用坐标系	GB/T 32296－2015	规定了航天飞行器的常用坐标系、定义、一般要求及变换公式。		GB	收录	新增
10	12000.8	北斗卫星导航系统坐标系	GB/T 39787－2021	规定了北斗卫星导航系统坐标系定义、北斗坐标系实现、北斗坐标系维持、北斗坐标系与其他坐标系的转换等。		GB	收录	更新
11	12000.9	世界大地测量系统－1984(WGS－84)民用航空应用规范	MH/T 4015－2013	规定了世界大地测量系统－1984(WGS－84)坐标系民用航空应用的要求。		MH	收录	保留
	13000	项目管理标准						
12	13000.1	风险管理术语	GB/T 23694－2013	规定了涉及风险管理的过程和框架时统一使用的术语及定义。		GB	收录	保留
13	13000.2	专项标准编写指南	BD 130002－2017	规定了北斗专项标准的结构和编写规则,及其标准编制说明和意见汇总处理表的编写要求。		BD	收录	保留
14	13000.3	专项标准格式与出版印刷规定	BD 130003－2017	规定了北斗专项标准的格式编排和出版印刷的要求。		BD	收录	保留
	20000	工程建设标准						
	30000	运行维护标准						
	40000	应用标准						
	41000	通用服务与接口标准						
	41100	系统接口标准						
15	41100.1	北斗卫星导航系统空间信号接口规范 第5部分:公开服务信号B2b		规定了北斗卫星导航系统公开服务信号B2b的射频信号特征、数据传输格式和具体信息帧格式等。		GB	制定	新增

续表

序号	体系编码	标准名称	标准号	主要内容	参考标准	级别	关系	状态
16	41100.2	北斗卫星导航系统空间信号接口控制文件星基增强服务信号 BDSBAS－B1C		规定了北斗卫星导航系统星基增强服务信号 BDSBAS－B1C 的接口类型、协议及数据格式等。		GB	制定	更新
17	41100.3	北斗卫星导航系统空间信号接口控制文件星基增强服务信号 BDSBAS－B2a		规定了北斗卫星导航系统星基增强服务信号 BDSBAS－B2a 的接口类型、协议及数据格式等。		GB	制定	新增
18	41100.4	北斗卫星导航系统国际搜救服务空间信号接口控制文件		规定了北斗卫星导航系统国际搜救服务信号特征、数据传输格式和具体信息帧格式等。		GB	制定	新增
19	41100.5	北斗卫星导航系统空间信号接口控制文件精密单点定位服务信号 PPP－B2b		规定了北斗卫星导航系统精密单点定位服务信号特征、数据传输格式和具体信息帧格式等。		GB	制定	新增
20	41100.6	北斗卫星导航系统空间信号接口规范　第1部分：公开服务信号 B1C	GB/T 39414.1－2020	规定了北斗卫星导航系统空间星座和用户终端之间公开服务信号 B1C 的信号特性、导航电文结构及用户算法等。		GB	收录	更新
21	41100.7	北斗卫星导航系统空间信号接口规范　第2部分：公开服务信号 B2a	GB/T 39414.2－2020	规定了北斗卫星导航系统空间星座和用户终端之间公开服务信号 B2a 的信号特性、导航电文结构及用户算法等。		GB	收录	新增
22	41100.8	北斗卫星导航系统空间信号接口规范　第3部分：公开服务信号 B1I	GB/T 39414.3－2020	规定了北斗卫星导航系统空间星座和用户终端之间公开服务信号 B1I 的信号特性、导航电文结构及用户算法等。		GB	收录	新增
23	41100.9	北斗卫星导航系统空间信号接口规范　第4部分：公开服务信号 B3I	GB/T 39414.4－2020	规定了北斗卫星导航系统空间星座和用户终端之间公开服务信号 B3I 的信号特性、导航电文结构及用户算法等。		GB	收录	新增
	41200	系统服务性能标准						

续表

序号	体系编码	标准名称	标准号	主要内容	参考标准	级别	关系	状态
24	41200.1	北斗/全球卫星导航系统（GNSS）公开服务性能规范编写指南		规定了北斗/全球卫星导航系统（GNSS）公开服务性能规范文件的结构，以及北斗/全球卫星导航系统RNSS公开服务特征描述、参数定义等。		GB	制定	新增
25	41200.2	北斗卫星导航系统公开服务性能规范	GB/T 39473-2020	规定了北斗系统全球标称空间星座提供的导航定位授时、区域短报文通信、精密单点定位、星基增强、国际搜救、地基增强等公开服务的性能。		GB	收录	更新
	41300	通用数据格式与接口标准						
26	41300.1	卫星导航增强信息互联网传输 第1部分：播发体制	GB/T 34966.1-2017	规定了卫星导航增强信息互联网传输中，播发网络的性能、增强信息及其封装流程、网络实体及信息交互方式以及安全机制等方面的要求。		GB	收录	新增
27	41300.2	卫星导航增强信息互联网传输 第2部分：接口要求	GB/T 34966.2-2017	规定了基于网络的卫星导航增强信息数据传输的接口要求，包括网络结构、基于HTTP的接口要求、基于RTSP的接口要求、基于RTP的接口要求、源信息表等方面内容。		GB	收录	新增
28	41300.3	卫星导航增强信息互联网传输 第3部分：数据传输格式	GB/T 34966.3-2017	规定了基于互联网传输的卫星导航增强信息所采用的数据传输格式与内容。		GB	收录	新增
29	41300.4	GNSS接收机导航定位数据输出格式	20151496-T-339	规定了北斗/全球卫星导航系统接收机导航定位数据传输方式、数据格式、数据内容、通用语句的格式等。	GB/T20512-2006；SJ/T11429-2010；BD 410004-2015	GB	收录	保留

续表

序号	体系编码	标准名称	标准号	主要内容	参考标准	级别	关系	状态
30	41300.5	GNSS 兼容接收机数据自主交换格式	GB/T 27606－2020	规定了北斗/全球卫星导航系统（GNSS）接收机数据自主交换格式文件的类型、结构和文件名定义等。	BD 410001－2015	GB	收录	更新
31	41300.6	北斗网格位置码	GB/T 39409－2020	规定了北斗网格位置码的网格选择和编码规则。		GB	收录	新增
32	41300.7	北斗精密服务产品规范	GB/T 39467－2020	规定了北斗卫星导航系统精密服务产品及其衍生产品的类型、内容与数据格式。		GB	收录	新增
33	41300.8	北斗卫星导航系统接收机差分数据格式（一）	BD 410002－202X	规定了北斗/全球卫星导航系统（GNSS）接收机差分数据（对应 RTCM 10402.4）的内容和格式。	SJ/T11440－2012；BD 410002－2015	BD	收录	更新
34	41300.9	北斗卫星导航系统接收机差分数据格式（二）	BD 410003－202X	规定了北斗/全球卫星导航系统（GNSS）接收机差分数据（对应 RTCM 10403.2）的内容和格式。	SJ/T11440－2012；BD 410003－2015	BD	收录	更新
35	41300.10	北斗/全球卫星导航系统（GNSS）卫星高精度应用参数定义及描述	202003807－T－801	规定了北斗/全球卫星导航系统（GNSS）高精度应用中卫星参数的定义及描述和文件格式等。	BD 420025－2019	GB	收录	新增
36	41300.11	北斗剖分时间码	202003805－T－801	规定了北斗剖分时间码的输入形式和编码方法等内容。		GB	收录	新增
	42000	通用产品标准						
	42100	基础组件标准						
	42110	芯片标准						
37	42110.1	北斗/全球卫星导航系统（GNSS）接收机射频集成电路通用规范		规定了北斗/全球卫星导航系统（GNSS）接收机射频集成电路的结构、功能及性能要求、环境适应性、测试方法等内容。	BD 420001－2015	GB	制定	保留

续表

序号	体系编码	标准名称	标准号	主要内容	参考标准	级别	关系	状态
38	42110.2	北斗卫星导航系统民用全球信号RNSS射频基带一体化芯片技术要求和测试方法		规定了北斗卫星导航系统民用全球信号RNSS射频基带一体化芯片的结构、功能及性能要求、环境适应性、测试方法等内容。	20182295 – T – 339	GB	制定	保留
39	42110.3	北斗卫星导航系统民用全球信号RDSS基带芯片技术要求和测试方法		规定了北斗卫星导航系统民用全球信号RDSS基带芯片的结构、功能及性能要求、环境适应性、测试方法等内容。		GB	制定	新增
40	42110.4	北斗/GNSS高精度系统级SoC芯片技术要求及测试方法	20204857 – T – 801	规定了北斗/全球卫星导航系统（GNSS）高精度系统级SoC芯片的结构、功能及性能要求、环境适应性、测试方法等内容。		GB	收录	新增
41	42110.5	北斗卫星导航系统民用全球信号多频多系统导航型SoC性能要求与测试方法	BD XXXXXX – 202X	规定了北斗卫星导航系统民用全球信号多频多系统导航型SoC的结构、功能及性能要求、环境适应性、测试方法等内容。		BD	收录	新增
42	42110.6	北斗卫星导航系统民用全球信号多模多频宽带射频芯片技术要求和测试方法	BD XXXXXX – 202X	规定了北斗/全球卫星导航系统（GNSS）高精度多模多频宽带射频芯片功能性能要求、环境适应性及测试方法等内容。		BD	收录	新增
	42120	天线标准						
43	42120.1	北斗卫星导航系统民用全球信号多模多频小型化高精度天线技术要求和测试方法		规定了北斗卫星导航系统民用全球信号基础产品多模多频小型化高精度的结构、功能及性能要求、环境适应性、测试方法等内容。		GB	制定	新增
44	42120.2	全球卫星导航系统（GNSS）测量型天线性能要求和测试方法	20182296 – T – 339	规定了北斗/全球卫星导航系统（GNSS）测量型天线的结构、功能及性能要求、环境适应性、测试方法等内容。	BD 420003 – 2015	GB	制定	更新

续表

序号	体系编码	标准名称	标准号	主要内容	参考标准	级别	关系	状态
45	42120.3	全球卫星导航系统（GNSS）导航型天线性能要求和测试方法	20182297－T－339	规定了北斗/全球卫星导航系统（GNSS）导航型天线的结构、功能及性能要求、供电特性、环境适应性、测试方法等内容。	BD 420004－2015	GB	制定	更新
	42130	模块单元标准						
46	42130.1	北斗卫星导航系统导航单元性能要求及测试方法		规定了北斗/全球卫星导航系统（GNSS）导航单元的结构、功能及性能要求、环境适应性、测试方法等内容。	BD 420005－2015	GB	制定	更新
47	42130.2	北斗卫星导航系统定时单元性能要求及测试方法		规定了北斗/全球卫星导航系统（GNSS）定时单元的结构、功能及性能要求、数据接口协议、输出接口、环境适应性、测试方法等内容。	BD 420006－2015	GB	制定	更新
48	42130.3	北斗用户终端RDSS单元性能要求及测试方法		规定了北斗用户终端RDSS单元的结构、功能及性能要求、环境适应性、测试方法等内容。	BD 420007－2015	GB	制定	更新
49	42130.4	北斗卫星导航系统民用全球信号多模多频高精度板卡技术要求和测试方法		规定了北斗卫星导航系统民用全球信号多模多频高精度板卡的结构、功能和性能要求、验收规则、标志、包装、运输及贮存等内容。	BD 420002－2015	GB	制定	更新
50	42130.5	北斗卫星导航系统民用全球信号多模多频导航模块技术要求和测试方法		规定了北斗卫星导航系统民用全球信号多模多频导航模块的结构、功能和性能要求、验收规则、标志、包装、运输及贮存等内容。		GB	制定	新增
51	42130.6	北斗双模型OEM板性能要求及测试方法	20204858－T－801	规定了北斗双模型OEM板的功能性能要求、环境适应性、测试方法等内容。		GB	收录	新增
	42200	通用软件产品标准						

续表

序号	体系编码	标准名称	标准号	主要内容	参考标准	级别	关系	状态
52	42200.1	北斗卫星导航系统基线处理及网平差软件产品技术规范		规定了北斗/全球卫星导航系统（GNSS）基线处理及网平差软件产品的功能及性能要求、测试条件、测试方法等内容。	BD 420020－2019	GB	制定	更新
53	42200.2	北斗卫星导航系统网络RTK中心数据处理软件产品技术规范		规定了北斗/全球卫星导航系统（GNSS）网络RTK中心管理软件产品的功能及性能要求、测试条件、测试方法等内容。	BD 420021－2019	GB	制定	更新
54	42200.3	卫星导航应用软件分类指南		规定了北斗卫星导航应用软件分类指南、分类方式等内容。		GB	制定	新增
55	42200.4	卫星导航应用软件测试指南		规定了不同类型的卫星导航应用软件测试纲目及测试内容。		GB	制定	新增
56	42200.5	北斗时空信息存储与管理技术要求		规定了北斗位置服务应用中时空信息的管理、交换、查询、检索和访问的性能要求、测试条件、测试方法等内容。		GB	制定	新增
57	42200.6	北斗卫星导航系统导航电子地图应用开发中间件接口规范	GB/T 39584－2020	规定了北斗/全球卫星导航系统（GNSS）导航电子地图应用开发中间件（包括服务器端和移动终端两部分）应提供的功能要求、性能要求以及应用编程接口。	BD 420008－2015	GB	收录	更新
58	42200.7	导航应用软件基本功能及技术要求	GB/T 39774－2021	规定了基于导航电子地图的导航应用软件基本要求、功能和性能要求、质量检测与质量评定等内容。		GB	收录	新增
59	42200.8	北斗导航卫星系统仿真软件设计要求	BD XXXXXX－202X	规定了导航卫星系统仿真软件设计方法、设计程序等要求。		BD	收录	新增
	42300	用户设备标准						

续表

序号	体系编码	标准名称	标准号	主要内容	参考标准	级别	关系	状态
60	42300.1	北斗卫星导航系统车载定位设备通用规范		规定了车辆使用的北斗/全球卫星导航系统（GNSS）定位设备的结构、功能及性能要求、环境适应性、测试方法、验收规则以及标志、包装、运输、贮存等内容。	BD 420011－2015	GB	制定	更新
61	42300.2	北斗卫星导航系统导航设备通用规范		规定了北斗/全球卫星导航系统（GNSS）车载和便携式导航设备（PND）的结构、功能及性能要求、环境适应性、测试方法、验收规则以及标志、包装、运输、贮存等内容。	BD 420010－2015	GB	制定	更新
62	42300.3	北斗卫星导航系统高精度RTK接收机通用规范		规定了北斗高精度RTK接收机的结构、功能及性能要求、环境适应性、测试方法等内容。	BD 420023－2019	GB	制定	更新
63	42300.4	北斗卫星导航系统地理信息采集高精度接收机规范		规定了用于地理信息采集的北斗高精度手持设备的结构、功能及性能要求、环境适应性、测试方法等内容。	BD 420024－2019	GB	制定	更新
64	42300.5	北斗卫星导航系统测量型接收机检定规程		规定了北斗测量型接收机检定内容、检定项目、检定流程、检定条件、检定方法等。	CH 8016－1995、JJF 1118－2004	GB	制定	保留
65	42300.6	北斗/INS组合导航系统通用规范		规定了北斗/INS组合导航系统的组成、通用功能和性能要求、环境适应性以及标志、包装、运输及贮存等内容。		GB	制定	新增
66	42300.7	北斗卫星导航系统民用全球信号基础产品北斗返向链路导航模块技术要求和测试方法		规定了支持北斗卫星导航系统全球信号的北斗返向链路导航模块结构、功能及性能要求、环境适应性、测试方法等内容。		GB	制定	新增

续表

序号	体系编码	标准名称	标准号	主要内容	参考标准	级别	关系	状态
67	42300.8	北斗卫星导航系统民用全球信号基础产品北斗返向链路信标技术要求和测试方法		规定了支持北斗卫星导航系统全球信号的北斗返向链路信标结构、功能及性能要求、环境适应性、测试方法等内容。		GB	制定	新增
68	42300.9	北斗卫星导航系统测量型接收机通用规范	GB/T 39399－2020	规定了北斗/全球卫星导航系统（GNSS）测量型接收机的结构、功能及性能要求、环境适应性、测试方法、验收规则以及标志、包装、运输、贮存等内容。	BD 420009－2015	GB	收录	更新
69	42300.10	全球卫星导航系统测量型接收机观测数据检验规范	20174059－T－466	规定了北斗兼容测量型接收机观测数据检验的方法。		GB	收录	新增
70	42300.11	北斗卫星导航系统测量型接收机观测数据质量评估方法	BD 420022－2019	规定了北斗兼容测量型接收机观测数据质量评估和建模方法等内容。		BD	收录	更新
71	42300.12	全球卫星导航系统（GNSS）导航型接收终端性能要求及测试方法	20182294－T－339	规定了北斗/全球卫星导航系统（GNSS）定向型接收终端的设备组成、捕获灵敏度、跟踪灵敏度、定位精度、测向精度、测试方法等内容。		GB	收录	新增
72	42300.13	全球卫星导航系统（GNSS）定向型接收终端性能要求及测试方法	20182293－T－339	规定了北斗/全球卫星导航系统（GNSS）导航型接收终端的设备组成、首次定位时间、重新捕获时间、捕获灵敏度、跟踪灵敏度、环境适应性、测试方法等内容。		GB	收录	新增
	42400	测试设备标准						
73	42400.1	北斗卫星导航系统采集回放仪性能要求及测试方法	GB/T 39472－2020	规定了北斗/全球卫星导航系统（GNSS）采集回放仪的结构、功能及性能要求、环境适应性、测试方法等内容。		GB	收录	更新

续表

序号	体系编码	标准名称	标准号	主要内容	参考标准	级别	关系	状态
74	42400.2	北斗卫星导航系统信号模拟器性能要求及测试方法	GB/T 39413－2020	规定了北斗/全球卫星导航系统（GNSS）信号模拟器的结构、功能及性能要求、环境适应性、测试方法、验收规则以及标志、包装、运输、贮存等内容。	BD 420012－2015	GB	收录	更新
	43000	专题应用标准						
	43100	北斗地基增强系统标准						
	43110	北斗地基增强系统工程建设标准						
75	43110.1	卫星导航定位基准站网服务规范	GB/T 35769－2017	规定了卫星导航定位基准站网服务的基本要求、内容、服务设施和人员、方式、办理流程和质量评价等。		GB	收录	新增
76	43110.2	卫星导航定位基准站网服务管理系统规范	GB/T 35768－2017	规定了卫星导航定位基准站网服务管理系统的基本要求、功能要求、配置要求和系统测试等内容。		GB	收录	新增
77	43110.3	卫星导航定位基准站网基本产品规范	GB/T 35767－2017	规定了卫星导航定位基准站网基本产品的基本要求，以及分类、内容和要求等内容。		GB	收录	新增
78	43110.4	卫星导航地基增强系统数据处理中心数据接口规范	GB/T 37018－2018	规定了卫星导航地基增强系统数据处理中心与基准站、监测站、数据播发系统之间，数据处理中心之间的数据接口关系、传输内容及要求，接口协议，数据产品的分类、封装、格式、数据字段及说明等内容。	BD 440015－2017	GB	收录	更新
79	43110.5	北斗地基增强系统通信网络系统技术规范	GB/T 39723－2020	规定了北斗地基增强系统基准站与数据处理中心、数据处理中心与行业/区域数据中心、数据处理中心与播发分系统之间的通信网络技术要求、性能指标、测试方法等内容。		GB	收录	更新

续表

序号	体系编码	标准名称	标准号	主要内容	参考标准	级别	关系	状态
80	43110.6	北斗地基增强系统数据处理中心技术要求	GB/T 39783－2021	规定了北斗地基增强系统数据处理中心的组成及各部分功能要求、性能要求、机房建设要求、环境要求、通信要求、安全要求、设备安装调试等内容。		GB	收录	更新
81	43110.7	北斗地基增强系统基准站建设和验收技术规范 第1部分:建设规范	GB/T 39772.1－2021	规定了北斗地基增强系统基准站的组成、功能及性能要求、设计要求、土建工程、设备工程、数据通信要求、基准站安装与测试、验收要求等内容。	BD 440013－2017	GB	收录	更新
82	43110.8	北斗地基增强系统基准站建设和验收技术规范 第2部分:验收规范	GB/T 39772.2－2021	规定了北斗地基增强系统基准站验收要求、测试项目、测试内容、测试条件、测试方法、合格判定、验收流程等内容。		GB	收录	更新
83	43110.9	卫星导航定位基准站网检查与验收	CH/T 1041－2018	规定了卫星导航定位基准站网检查验收与质量评定的方法和要求,包括建设成果与系统试运行维护两部分内容。		CH	收录	新增
84	43110.10	北斗地基增强系统基准站数据存储和输出要求	BD 440017－2017	规定了北斗地基增强系统基准站站点观测数据、卫星星历、气象数据以及原子钟等数据存储、输出的数据内容、数据格式、传输频度等要求。		BD	收录	更新
	43120	北斗地基增强系统运行维护标准						
85	43120.1	北斗地基增强系统基准站入网技术要求	GB/T 39721－2021	规定了北斗地基增强系统基准站的入网申请、入网要求、入网测试要求、入网评定要求等内容。	BD 440016－2017	GB	收录	更新

续表

序号	体系编码	标准名称	标准号	主要内容	参考标准	级别	关系	状态
86	43120.2	北斗地基增强系统基准站运行维护规程	BD 440014－2017	规定了北斗地基增强系统基准站运行维护内容、流程、设备护理保养、备品备件要求、环境保障、应急故障处理、日常运维记录、责任划分等内容。		BD	收录	更新
	43130	北斗地基增强系统应用服务标准						
87	43130.1	卫星导航增强系统播发接口规范 第1部分：移动通信网	GB/T 37019.1－2018	规定了北斗地基增强系统数据产品基于移动通信网（2G、3G、4G）播发的信号频点、调制方式、传输协议、校验方式、数据格式及相关用户算法等内容。	BD 440018－2017	GB	收录	新增
88	43130.2	卫星导航增强系统播发接口规范 第2部分：中国移动对媒体广播	GB/T 37019.2－2018	规定了北斗地基增强系统数据产品基于中国移动多媒体广播播发的信号频点、调制方式、传输协议、校验方式、数据格式及相关用户算法等。	BD 440019－2017	GB	收录	新增
89	43130.3	卫星导航增强系统播发接口规范 第3部分：数字调频广播	GB/T 37019.3－2018	规定了北斗地基增强系统数据产品基于中国数字广播播发的射频信号特性、编码格式、校验方法、播发数据格式、数据内容、用户算法等与用户的接口要求等。		GB	收录	新增
	43200	全球连续监测评估系统标准						
	43210	全球连续监测评估系统总体标准						
90	43210.1	全球卫星导航系统连续运行基准站网技术规范	GB/T 28588－2012	规定了全球卫星导航系统（GNSS）连续运行基准站、数据中心及数据通信网络等建设、运行及服务的基本技术要求。		GB	收录	保留

续表

序号	体系编码	标准名称	标准号	主要内容	参考标准	级别	关系	状态
91	43210.2	全球连续监测评估系统(iGMAS)质量要求 第1部分:观测数据	GB/T 39396.1 – 2020	规定了全球连续监测评估系统跟踪站GNSS观测数据的质量要求和评定方法等内容。		GB	收录	更新
92	43210.3	全球连续监测评估系统(iGMAS)质量要求 第2部分:产品	GB/T 39396.2 – 2020	规定了全球连续监测评估系统(iGMAS)产品质量要求和评定方法。		GB	收录	更新
93	43210.4	全球卫星导航系统监测评估参数	GB/T 39398 – 2020	规定了全球连续监测评估系统对全球卫星导航系统(GNSS)运行状态、服务性能进行监测和评估所涉及的参数分类、定义与算法。		GB	收录	更新
	43220	全球连续监测评估系统数据及产品格式标准						
94	43220.1	全球连续监测评估系统(iGMAS)实时服务 第1部分:数据流格式		规定了全球连续监测评估系统实时传输的帧数据格式以及实时轨道、钟差等产品的格式。		GB	制定	保留
95	43220.2	全球连续监测评估系统(iGMAS)实时服务 第2部分:产品格式		规定了全球连续监测评估系统实时传输的轨道、钟差等产品的格式。		GB	制定	保留
96	43220.3	全球连续监测评估系统(iGMAS)文件格式 第1部分:观测数据	GB/T 39397.1 – 2020	规定了全球连续监测评估系统跟踪站采集、传输,以及对外提供的原始观测数据记录和存储格式。		GB	收录	更新
97	43220.4	全球连续监测评估系统(iGMAS)文件格式 第2部分:产品	GB/T 39397.2 – 2020	规定了全球连续监测评估系统卫星轨道、卫星钟差、站坐标、地球自转参数、对流层延迟、电离层延迟、频间偏差等产品的输出、存储的文件格式及命名方式。		GB	收录	更新
	43230	全球连续监测评估系统工程建设标准						

续表

序号	体系编码	标准名称	标准号	主要内容	参考标准	级别	关系	状态
98	43230.1	全球连续监测评估系统接入技术要求　第1部分：跟踪站	BD 440027.1－2021	规定了加入全球连续监测评估系统的跟踪站应达到的观测环境、观测数据的类型和质量、通信接口和协议等技术要求。		BD	收录	更新
99	43230.2	全球连续监测评估系统接入技术要求　第2部分：数据中心	BD 440027.2－2021	规定了加入全球连续监测评估系统的数据中心应具备的数据获取能力、存储容量、备份能力、服务能力、通信接口和协议等技术要求。		BD	收录	更新
100	43230.3	全球连续监测评估系统接入技术要求　第3部分：分析中心	BD 440027.3－2021	规定了加入全球连续监测评估系统的分析中心所生成的产品类型、精度、时效性、通信接口和协议等技术要求。		BD	收录	更新
101	43230.4	全球连续监测评估系统接入技术要求　第4部分：监测评估中心	BD 440027.4－2021	规定了加入全球连续监测评估系统的监测评估中心所评估的参数、精度、时效性、通信接口和协议等技术要求。		BD	收录	更新
	43300	北斗地面试验验证系统标准						
	43310	地面试验验证系统总体						
102	43310.1	地面试验验证系统服务接口	BD 440032－2021	规定了地面试验验证系统各分系统间的物理接口、传输协议、传输内容、传输的数据格式、传输约定等。		BD	收录	新增
	43320	地面试验验证系统工程建设						
103	43320.1	射频信号远程传输系统通用要求	BD 440031－2021	规定了射频信号远程传输系统的一般性要求、典型系统组成、射频信号的采集和恢复要求、时频信号的采集和恢复要求、数字化传输要求、时频同步要求、传输时延的确定方法和要求等内容。		BD	收录	新增

续表

序号	体系编码	标准名称	标准号	主要内容	参考标准	级别	关系	状态
	43400	北斗星基增强系统标准						
	43410	北斗星基增强系统总体标准						
104	43410.1	北斗星基增强系统规范		规定了北斗星基增强系统（BDSBAS）系统定义、系统构成、时间系统、坐标系统等内容。		GB	制定	新增
105	43410.2	北斗星基增强系统空间信号接口规范：增强信号L5		规定了北斗星基增强系统（BDSBAS）L5增强信号的信号特性、电文结构和处理算法等内容。		GB	制定	新增
106	43410.3	北斗星基增强系统内部接口要求		规定了北斗星基增强系统（BDSBAS）内部接口定义、协议等要求。		GB	制定	新增
107	43410.4	北斗星基增强系统空间信号接口规范：增强信号L1	20203804－T－801	规定了北斗星基增强系统（BDSBAS）L1增强信号的信号特性、电文结构和处理算法等内容。		GB	制定	新增
	43420	北斗星基增强系统工程建设标准						
108	43420.1	北斗星基增强系统监测站技术要求与测试方法		规定了北斗星基增强系统（BDSBAS）监测站的组成、功能性能要求、测试依据、准备事项、测试设备、测试项目、测试方法及数据处理要求等内容。		GB	制定	新增
109	43420.2	北斗星基增强系统监测接收机技术要求与测试方法		规定了北斗星基增强系统（BDSBAS）监测接收机的架构、功能性能要求、测试依据、准备事项、测试设备、测试项目、测试方法及数据处理要求等内容。		GB	制定	新增

续表

序号	体系编码	标准名称	标准号	主要内容	参考标准	级别	关系	状态
110	43420.3	北斗星基增强系统数据处理中心技术要求与测试方法		规定了北斗星基增强系统（BDSBAS）数据处理中心各分系统的组成、功能性能要求、测试依据、准备事项、测试设备、测试项目、测试方法及数据处理要求等内容。		GB	制定	新增
111	43420.4	北斗星基增强系统监测站数据接口要求		规定了北斗星基增强系统（BDSBAS）监测站数据流程、外部数据接口要求等内容。		GB	制定	新增
112	43420.5	北斗星基增强系统监测接收机数据接口要求		规定了北斗星基增强系统（BDSBAS）监测接收机数据流程、外部数据接口要求等内容。		GB	制定	新增
113	43420.6	北斗星基增强系统数据处理中心数据接口要求		规定了北斗星基增强系统（BDSBAS）数据处理中心数据流程、外部数据接口要求等内容。		GB	制定	新增
	43430	北斗星基增强系统运行维护标准						
114	43430.1	北斗星基增强系统监测站运行维护规范		规定了北斗星基增强系统（BDSBAS）监测站运行维护内容、流程、设备护理保养、备品备件要求、应急故障处理、日常运维记录等内容。		GB	制定	新增
115	43430.2	北斗星基增强系统数据处理中心运行维护规范		规定了北斗星基增强系统（BDSBAS）数据处理中心运行维护内容、流程、设备护理保养、备品备件要求、应急故障处理、日常运维记录等内容。		GB	制定	新增
	43440	北斗星基增强系统应用服务标准						

续表

序号	体系编码	标准名称	标准号	主要内容	参考标准	级别	关系	状态
116	43440.1	北斗星基增强系统性能监测规范		规定了北斗星基增强系统（BDSBAS）性能监测、电文监测、完好性验证、非广播数据监测、报告和通知、分析和数据归档等内容。		GB	制定	新增
117	43440.2	北斗星基增强系统L5增强信号航空用户设备性能规范		规定了北斗星基增强系统（BDSBAS）L5增强信号航空用户设备的设计要求、电文处理算法等内容。		GB	制定	新增
118	43440.3	北斗星基增强系统B2a增强信号航空用户设备最小性能规范		规定了北斗星基增强系统（BDSBAS）B2a增强信号航空用户设备的设计要求、电文处理算法等内容。		GB	制定	新增
119	43440.4	北斗星基增强系统L1航空用户设备最小性能规范	20204856－T－801	规定了北斗星基增强系统（BDSBAS）L1增强信号航空用户设备的设计要求、电文处理算法等内容。		GB	收录	新增
	43500	北斗短报文应用标准						
	43510	通用服务与接口标准						
120	43510.1	北斗短报文服务技术规范		规定了北斗短报文服务的基本规范、应用范围、服务能力和性能指标等服务关键要素。		GB	制定	新增
121	43510.2	北斗短报文平台网络服务技术规范		规定了民用短报文平台与用户间通过地面网络提供信息服务的技术要求。		GB	制定	新增
122	43510.3	北斗短报文应用软件接口技术规范		规定了民用短报文平台与用户间通过地面网络进行信息交换规程、帧格式等软件接口规范内容。		GB	制定	新增

续表

序号	体系编码	标准名称	标准号	主要内容	参考标准	级别	关系	状态
123	43510.4	北斗三号区域短报文通信用户进网接口技术要求与测试方法		规定了北斗三号系统区域短报文通信用户终端的基本功能、性能,以及进网测试的测试项目、方法和评定标准等要求。		GB	制定	新增
124	43510.5	支持北斗短报文功能的终端无线射频和电磁兼容技术要求及测试方法		规定了支持北斗短报文的移动通信终端的电磁兼容(EMC)性要求,包括试验条件、限值、性能判据和测试方法等。		GB	制定	新增
125	43510.6	北斗三号区域短报文通信用户终端信息接口　第1部分:用户管理模块信息接口		规定了北斗三号区域短报文通信用户终端用户管理模块的物理接口、传输协议、指令格式、指令集和应用场景等内容。		GB	制定	新增
126	43510.7	北斗三号区域短报文通信用户终端信息接口　第2部分:通用数据接口		规定了北斗三号区域短报文设备和用户终端设备之间的传输协议、传输信息类型和输入输出信息内容及格式等内容。		GB	制定	新增
127	43510.8	北斗三号短报文通信中Polar信道编码规范		规定了统一的北斗三号短报文系统出站、入站信号的Polar信道编码要求。		GB	制定	新增
128	43510.9	北斗三号区域短报文通用应用业务平台与合作伙伴接口技术规范		规定了统一的北斗短报文网络服务平台接口规范和数据传输协议。		GB	制定	新增
129	43510.10	基于北斗的智能手机高精度定位服务技术要求		规定了基于智能手机应用功能及常见场景应用高精度定位服务的性能指标、接入方式、环境、技术要求、环境约束、使用场景、测试与评价方法、不同场景的定位精度等内容。		GB	制定	新增
130	43510.11	北斗语音图像编码与传输标准		规定了北斗短报文链路语音、图像编码与传输要求。		GB	制定	新增

续表

序号	体系编码	标准名称	标准号	主要内容	参考标准	级别	关系	状态
	43520	用户设备标准						
131	43520.1	北斗卫星导航系统短报文终端通用规范		规定了北斗卫星导航系统短报文终端的一般要求、功能要求、性能要求、环境适应性要求、试验方法、检验规则、以及包装、运输和储存等内容。		GB	制定	新增
132	43520.2	北斗短报文功能5G融合终端通用规范		规定了具备北斗短报文功能的5G融合终端的一般要求、功能要求、性能要求、环境适应性要求、试验方法、检验规则、以及包装、运输和储存等内容。		GB	制定	新增
133	43520.3	全球卫星导航系统（GNSS）位置报告/短报文型终端性能要求及测试方法	20193128－T－339	规定了全球卫星导航系统（GNSS）位置报告/短报文型终端设备的组成、外观、接口、功能要求、性能要求，环境适应性、电磁兼容性、可靠性以及相应的测试方法。		GB	收录	新增
	43600	北斗国际应用标准						
	43610	国际民航标准						
134	43610.1	国际民航组织标准和建议措施北斗 B1I/B1C/B2a 标准		规定了为民用航空提供服务的北斗系统 B1I、B1C 和 B2a 信号单频公开服务以及 B1C－B2a 双频公开服务的性能，以及 B1I、B1C 和 B2a 信号的射频特性、电文结构、电文内容、用户协议、机载要素要求、射频干扰门限和伪距跟踪精度。	ICAO 附件 10 卷 I	国际标准	制定	新增
135	43610.2	国际民航组织全球卫星导航系统手册		规定了实现 GNSS 运行的必要信息，用于帮助各国引入基于 GNSS 的服务。	ICAO Doc 9849	国际标准	制定	新增

续表

序号	体系编码	标准名称	标准号	主要内容	参考标准	级别	关系	状态
136	43610.3	国际民航组织无线电导航系统测试		规定了无线电导航设备的地面和飞行测试,以及相关测试和监视设备的规范,为统一国际民用航空无线电导航设备的导航信号和系统性能提供指导。	ICAO Doc 8071	国际标准	制定	新增
137	43610.4	双频多星座地基增强系统最低航空系统性能标准		规定了 DFMC GBAS 应用的目的与范围、导航系统要求、系统要求的分配方法、导航系统性能的确认等内容。为用户精密进近和着陆、完好性监测和可用性评估指南。	RTCA DO 245A	GB	制定	新增
138	43610.5	双频多星座地基增强系统机载设备的最低运行性能标准		规定了 DFMC GBAS 机载设备的性能需求、性能环境条件和测试程序等内容。为用户提供主导航显示、告警和咨询、自动驾驶、进近数据库等指南。	RTCA DO 253D	GB	制定	新增
139	43610.6	双频多星座地基增强系统空间信号接口控制文件		规定了 DFMC GBAS 数据广播定义、射频发射特性、广播电文格式等内容。为用户提供接口控制、循环校验、电文和帧同步等指南。	RTCA DO 246E	GB	制定	新增
140	43610.7	双频 GNSS 机载有源天线的最低运行性能标准		规定了有源集成 L1/B1C 和 L5/B2a 双频北斗/GNSS 航空天线在各飞行阶段的性能要求、测试程序、安装性能、运行特点等内容。		GB	制定	新增
141	43610.8	北斗/GNSS 机载设备最低运行性能标准		规定了 B1C 频段北斗/GNSS 机载设备在各飞行阶段的性能要求、测试程序、安装性能、运行特点等内容。		国际标准	制定	新增

续表

序号	体系编码	标准名称	标准号	主要内容	参考标准	级别	关系	状态
142	43610.9	GNSS 机载有源天线最低运行性能标准		规定了有源 L1/B1C 单频北斗航空天线在各飞行阶段的性能要求、测试程序、安装性能、运行特点等内容。		GB	制定	新增
143	43610.10	具备机载增强功能的北斗机载设备最低运行性能标准		规定了具备机载增强功能的单频北斗机载设备的设备分类、性能要求、测试程序、安装性能、运行特点等内容。		GB	制定	新增
144	43610.11	北斗 B2a 频段射频干扰评估标准		规定了北斗 B2a 频段射频干扰和干扰场景分类、各干扰场景下的干扰影响分析、抗干扰技术。		GB	制定	新增
145	43610.12	北斗 B1C 频段射频干扰评估标准		规定了北斗 B1C 频段射频干扰和干扰场景分类、各干扰场景下的干扰影响分析、抗干扰技术等内容。		GB	制定	新增
	43620	国际海事标准						
146	43600.1	船载北斗差分和星基增强接收设备性能要求和测试方法		规定了差分北斗差分信标、北斗星基增强的船载接收设备的性能要求和测试方法等内容。	JT/T 766.2－2019	GB	制定	新增
147	43600.2	船载北斗短报文 GMDSS 设备性能要求和测试方法		规定了北斗短报文通信服务用于海上遇险与安全系统的工作性能要求和测试方法等内容。		GB	制定	新增
148	43600.3	船载北斗接收设备性能要求和测试方法	IEC 61108－5	规定了船载北斗接收设备性能要求和测试方法。	JT/T 766.1－2019	IEC	收录	新增
	43700	北斗低轨增强系统标准						
	43710	北斗低轨导航增强系统总体标准						
149	43710.1	北斗低轨导航增强系统术语		规定了北斗低轨导航增强系统通用基础术语、工程建设术语、应用术语等。		GB	制定	新增

续表

序号	体系编码	标准名称	标准号	主要内容	参考标准	级别	关系	状态
150	43710.2	北斗低轨导航增强系统技术规范		规定了北斗低轨导航增强系统总体技术要求，包括服务类型、性能指标、工作模式等内容。		GB	制定	新增
151	43710.3	北斗低轨导航增强系统集成联试规范		规定了北斗低轨导航增强系统集成联试要求，联试阶段划分，各阶段联试项目、联试方法、评判准则等内容。		GB	制定	新增
152	43710.4	北斗低轨导航增强系统运行操作规范		规定了北斗低轨导航增强系统运行模式定义，各模式对应的判断条件、操作流程、岗位分工等内容。		GB	制定	新增
153	43710.5	北斗低轨导航增强系统接口规范		规定了北斗低轨导航增强系统与所有外部系统间的接口方式，通信协议，信息内容，信息流程定义等内容。		GB	制定	新增
154	43710.6	北斗低轨导航增强系统内部接口要求		规定了北斗低轨导航增强系统内部各系统间的接口方式，通信协议，信息内容，信息流程定义等内容。		GB	制定	新增
155	43710.7	低轨通导融合系统技术规范		规定了低轨通导融合系统总体技术要求，包括服务类型、性能指标、工作模式等内容。		GB	制定	新增
156	43710.8	低轨通导融合系统测试评估规范		规定了系统主要服务与性能指标的测试评估，包括测试项目、测试方法和评价准则等。		GB	制定	新增
157	43710.9	低轨通导融合系统与外部支持系统接口规范		规定了低轨通导融合系统系统与所有外部系统间的接口方式、通信协议、信息内容、信息流程定义等内容。		GB	制定	新增
158	43710.10	低轨通导融合系统内部系统间接口规范		规定了低轨通导融合系统内部各系统间的接口方式、通信协议、信息内容、信息流程定义等内容。		GB	制定	新增

续表

序号	体系编码	标准名称	标准号	主要内容	参考标准	级别	关系	状态
159	43710.11	低轨导航增强载荷与通信载荷接口标准		规定了低轨导航空间段增强载荷与通信载荷之间的接口定义等内容。		GB	制定	新增
	43720	北斗低轨导航增强系统服务及信号格式标准						
160	43720.1	北斗低轨导航增强系统高精度与完好性增强信号格式		规定了北斗低轨导航增强系统高精度与完好性增强信号格式,包括信号频点、调制方式、编码方式、数据帧格式、参数定义、算法设计等。		GB	制定	新增
161	43720.2	北斗低轨导航增强系统抗干扰增强信号格式		规定了北斗低轨导航增强系统抗干扰增强信号格式包括信号频点、调制方式、编码方式、数据帧格式、参数定义、算法设计等。		GB	制定	新增
162	43720.3	低轨天基监测数据及产品格式		规定了低轨天基监测数据及产品格式,包括监测信号类型、数据格式、信息流程等。		GB	制定	新增
163	43720.4	低轨通导融合信号格式		规定了低轨通导融合信号格式,包括信号类型、频点与带宽、调制、电平、伪码、电文等。		GB	制定	新增
	43730	北斗低轨导航增强系统工程建设						
164	43730.1	北斗低轨导航增强系统卫星系统通用要求		规定了北斗低轨导航增强系统卫星系统姿轨控、电源、热控、重量、信号功率、接收灵敏度、测量精度、通道时延等各类功能和指标要求等技术要求。		GB	制定	新增
165	43730.2	北斗低轨导航增强系统地面运行管理系统通用要求		规定了北斗低轨导航增强系统地面运行管理系统处理精度、处理时延、运行管理能力等各类功能和指标要求等技术要求。		GB	制定	新增

续表

序号	体系编码	标准名称	标准号	主要内容	参考标准	级别	关系	状态
166	43730.3	北斗低轨导航增强系统用户终端通用要求		规定了北斗低轨导航增强系统用户终端天线相位中心、通道时延、测量精度、计算精度等功能和指标要求。		GB	制定	新增
167	43730.4	北斗低轨导航增强系统抗干扰增强用户终端通用要求		规定了北斗低轨导航增强系统抗干扰增强用户终端天线相位中心、通道时延、测量精度、计算精度等功能和指标要求。		GB	制定	新增
168	43730.5	低轨通导融合卫星系统通用要求		规定了低轨通导融合对卫星平台的通用要求，包括电源、姿轨控、安装面、视场等要求等内容。		GB	制定	新增
169	43730.6	低轨通导融合导航增强载荷通用要求		规定了低轨通导融合导航增强载荷的通用要求，包括功能与性能、重量与功耗等内容。		GB	制定	新增
170	43730.7	低轨通导融合系统地面运行管理系统通用要求		规定了低轨通导融合系统地面运行管理系统处理精度、处理时延、运行管理能力等功能和指标要求。		GB	制定	新增
171	43730.8	低轨通导融合系统用户终端通用要求		规定了低轨通导融合系统用户终端天线相位中心、通道时延、测量精度、计算精度等功能和指标要求		GB	制定	新增
	43800	时频应用标准						
172	43800.1	中国标准时间元数据规范		规定了中国标准时间守时实验室中关于时间频率信息的数据结构、数据类型、数据质量、映射关系、约束条件、编码规范等内容。		GB	制定	新增
173	43800.2	中国标准时间(纸面时)产生技术规范		规定了参与中国标准时间计算的原子钟数据处理方法、比对链路时差数据处理方法以及核心处理流程等内容。		GB	制定	新增

续表

序号	体系编码	标准名称	标准号	主要内容	参考标准	级别	关系	状态
174	43800.3	中国标准时间频率基准(秒长)溯源通用技术要求		规定了制定时间频率信号向中国标准时间溯源的技术要求、不确定度评估方法、评估结果的表示方法等内容。		GB	制定	新增
175	43800.4	多模通用时统终端技术要求及测试方法		规定了北斗/长波/短波/网络多模时统终端的组成结构、功能、性能、环境适应性、测试设备、测试环境、功能和性能测试方法等。		GB	制定	新增
176	43800.5	时间频率应用监测系统接口规范		规定了时频应用监测系统及设备的技术要求、功能要求、性能要求、环境适应性、电磁兼容性、可靠性、功能检验方法、性能检验方法、标志、包装、存储、运输和使用说明等。		GB	制定	新增
177	43800.6	喷泉钟参与中国标准时间驾驭技术要求		规定了参与中国标准时间驾驭的喷泉钟的技术指标要求、测试条件、原始数据等内容。		GB	制定	新增
178	43800.7	中国标准时间公报技术规范		规定了中国标准时间公报中各守时实验室物理时标与中国标准时间的偏差及不确定度,各参与中国标准时间计算的原子钟的相对权重、三种比对链路技术指标及其它技术要求。		GB	制定	新增
179	43800.8	中国标准时间守时实验室通用要求		规定了中国标准时间守时实验室的软件、硬件配置的基本要求、环境要求、守时性能监测与检验方法要求、设备操作及人员值守要求等内容。		GB	制定	新增
180	43800.9	长波授时信号监测技术要求		规定了长波授时系统建设中长波授时信号监测目标及监测对象、功能要求及性能要求、监测评估方法等内容。		GB	制定	新增

续表

序号	体系编码	标准名称	标准号	主要内容	参考标准	级别	关系	状态
181	43800.10	低频时码定时接收机通用技术要求		规定了低频时码定时接收机的技术要求、试验方法和检验规则以及标志、包装、运输、存储等内容。		GB	制定	新增
182	43800.11	网络授时监测设备通用规范		规定了网络授时监测设备的技术要求、功能要求、性能要求、环境适应性、电磁兼容性、可靠性、功能检验方法、性能检验方法、标志、包装、储存和运输和使用说明等内容。		GB	制定	新增
183	43800.12	数字卫星电视授时监测接收机通用技术要求		规定了数字卫星电视授时监测的时延测量方法,主要技术用语,数字卫星电视授时监测接收机的组成、测试试验方法、性能要求等内容。		GB	制定	新增
184	43800.13	北斗卫星导航系统授时型接收机规范		规定了北斗兼容授时型接收机的结构、功能及性能要求、环境适应性、测试方法等内容。		GB	制定	保留
185	43800.14	国家标准时间发播要求		规定了国家标准时间频率发播系统的基本组成、时频基准与溯源、发播控制与检测、电磁保护与防护等相关要求。		GB	制定	新增
186	43800.15	北斗授时增强服务系统技术标准		规定了北斗授时增强服务系统的相关术语、系统架构、主要功能、技术指标、测试方法、应用场景和运行方式等内容。		GB	制定	新增
187	43800.16	纳秒级北斗授时接收机技术要求及测试方法		规定了在北斗授时增强服务系统支持下的授时接收机的功能、结构、技术指标、物理接口、信号类型,安装要求及测试方法等内容。		GB	制定	新增

续表

序号	体系编码	标准名称	标准号	主要内容	参考标准	级别	关系	状态
188	43800.17	卫星互联网增强服务播发接口		规定了基于卫星互联网的北斗增强信号播发频率、调制方式、编码格式、数据内容及用户接口等内容。		GB	制定	新增
189	43800.18	北斗卫星共视时间传递技术要求	GB/T 39411 - 2020	规定了北斗卫星共视时间传递设备的功能、性能、接口、安装、观测操作、数据记录及处理等技术要求以及性能测试方法等。		GB	收录	新增
190	43800.19	北斗卫星授时终端技术要求	GB/T 37937 - 2019	规定了北斗卫星授时终端的功能、性能、接口、环境适应性、电磁兼容性及可靠性等内容。		GB	收录	新增
191	43800.20	北斗卫星授时终端测试方法	GB/T 37943 - 2019	规定了北斗卫星授时终端的分类、测试条件和测试方法等内容。		GB	收录	新增
	43900	北斗中轨卫星搜救系统标准						
192	43900.1	北斗中轨卫星搜救系统术语		规定了北斗中轨卫星搜救系统的定义、操作和技术文件的专业术语。	C/S G.004 Cospas - Sars at	GB	制定	新增
193	43900.2	北斗中轨卫星搜救系统总体规范		规定了北斗中轨卫星搜救系统的系统组成、总体运行描述、服务性能、组织机构、频率要求。	C/S G.003 Cospas - Sars at;C/S T.014 Cospas - Sars at	GB	制定	新增
194	43900.3	北斗中轨卫星搜救系统空间段技术规范		规定了北斗中轨卫星搜救系统空间段的功能、性能参数、调试方法等内容。	C/S T. 016 Cospas - Sars at	GB	制定	新增
195	43900.4	北斗中轨卫星搜救系统地面段技术规范		规定了北斗中轨卫星搜救系统地面段的功能、性能参数、调试方法等内容。	C/ST.019 Cospas - Sars at;C/S T.020 Cospas - Sars at;C/S A.005;C/S A.001 Cospas - Sars at	GB	制定	新增

续表

序号	体系编码	标准名称	标准号	主要内容	参考标准	级别	关系	状态
196	43900.5	北斗中轨卫星搜救系统用户段技术规范		规定了北斗中轨卫星搜救系统用户段的性能要求、数字信息结构、环境及运行要求、设备主体结构性能等内容。	C/S T.018	GB	制定	新增
197	43900.6	北斗中轨卫星搜救系统运行监控技术规范		规定了运行监控的对象和内容、监测周期频度、设备组成、测试方法、指标要求、兼容一致性要求等内容。	C/S T.017 Cospas - Sarsat	GB	制定	新增
198	43900.7	北斗中轨卫星搜救系统返向链路技术规范		规定了北斗返向链路的定义、原理描述、架构组成、功能及性能技术参数、消息内容定义、卫星信标接口。	C/S R.012 Cospas - Sarsat	GB	制定	新增
	44000	行业应用标准						
	44100	交通运输应用标准						
199	44100.1	卫星定位船舶信息服务系统　第1部分:功能描述	GB/T 30287.1 - 2013	规定了卫星定位船舶信息服务系统的体系结构和功能描述等内容。		GB	收录	保留
200	44100.2	卫星定位船舶信息服务系统　第2部分:船用终端与服务中心信息交换协议	GB/T 30287.2 - 2013	规定了船舶信息服务系统船用终端与信息服务中心之间信息交换规程及帧格式等内容。		GB	收录	保留
201	44100.3	卫星定位船舶信息服务系统　第3部分:信息安全规范	GB/T 30287.3 - 2013	规定了卫星定位船舶信息服务系统的信息安全模型、密钥分配、设备认证、访问控制、数据机密性及数据完整性保护等安全保密机制。		GB	收录	保留
202	44100.4	卫星定位船舶信息服务系统　第4部分:船用终端通用规范	GB/T 30287.4 - 2013	规定了卫星定位船舶信息服务系统船用终端的技术要求、试验方法、检验规则、包装、运输及贮存等内容。		GB	收录	保留

续表

序号	体系编码	标准名称	标准号	主要内容	参考标准	级别	关系	状态
203	44100.5	车载卫星导航设备通用规范	GB/T 19392－2013	规定了车载卫星导航设备(以下简称设备)的要求、试验方法、检验规则、标志、包装、运输及贮存等内容。		GB	收录	新增
204	44100.6	卫星定位车辆信息服务系统　第1部分:功能描述	GB/T 30290.1－2013	规定了卫星定位车辆信息服务系统的体系结构和功能描述等内容。		GB	收录	新增
205	44100.7	卫星定位车辆信息服务系统　第2部分:车载终端与服务中心信息交换协议	GB/T 30290.2－2013	规定了卫星定位车辆信息服务系统车载终端与信息服务中心之间信息交换规程及帧格式等内容。		GB	收录	新增
206	44100.8	卫星定位车辆信息服务系统　第3部分:信息安全规范	GB/T 30290.3－2013	规定了卫星定位车辆信息服务系统的信息安全模型、密钥分配、设备认证、访问控制、数据机密性及数据完整性保护等安全保密机制。		GB	收录	新增
207	44100.9	卫星定位车辆信息服务系统　第4部分:车载终端通用规范	GB/T 30290.4－2013	规定了卫星定位车辆信息服务系统中车载终端的基本组成、要求、测试方法、检验规则、包装、运输及贮存等内容。		GB	收录	新增
208	44100.10	道路运输车辆卫星定位系统 平台技术要求	GB/T 35658－2017	规定了道路运输车辆定位系统架构,以及道路运输车辆卫星定位系统中政府监管平台和企业监控平台的功能要求、平台性能与其他要求等内容。		GB	收录	新增
209	44100.11	卫星定位车辆信息服务系统　第5部分:记录仪性能要求和测试方法	20182292－T－339	规定了卫星定位车辆信息服务系统中记录仪的通用要求、专用要求、功能和性能要求、测试方法等内容。		GB	收录	新增
210	44100.12	卫星定位车辆信息服务系统　第6部分:紧急救援终端性能要求和测试方法	20182301－T－339	规定了紧急救援终端的通用要求、专用要求、功能和性能要求、测试方法等内容。		GB	收录	新增

续表

序号	体系编码	标准名称	标准号	主要内容	参考标准	级别	关系	状态
211	44100.13	全球卫星导航系统（GNSS）船舶应急定位信息服务系统　第1部分:功能描述	20182300 - T - 339	规定了全球卫星导航系统(GNSS)船舶应急定位信息服务系统的基本模型、工作机制、基本功能、扩展功能等内容。		GB	收录	新增
212	44100.14	全球卫星导航系统（GNSS）船舶应急定位信息服务系统　第2部分:应急无线电示位标与应急救援中心信息交换协议	20182299 - T - 339	规定了全球卫星导航系统(GNSS)船舶应急定位信息服务系认的信息交换接口、交换规程、数据约定等内容。		GB	收录	新增
213	44100.15	全球卫星导航系统（GNSS）船舶应急定位信息服务系统　第3部分:应急无线电示位标的性能要求及测试方法	20182298 - T - 339	规定了全球卫星导航系统(GNSS)船舶应急定位信息服务系统的工作条件、RNSS 和 RDSS 性能指标、测试方法等内容。		GB	收录	新增
214	44100.16	交通运输卫星导航增强应用系统第1部分:信息数据元	JT/T 1160.1 - 2017	规定了交通运输卫星导航增强应用系统信息数据元格式等内容。		JT	收录	新增
215	44100.17	交通运输卫星导航增强应用系统第2部分:差分数据电文	JT/T 1160.2 - 2017	规定了交通运输卫星导航增强应用系统差分数据电文等内容。		JT	收录	新增
216	44100.18	交通运输卫星导航增强应用系统第3部分:位置信息交换与共享	JT/T 1160.3 - 2017	规定了交通运输卫星导航增强应用系统位置信息交换与共享要求等内容。		JT	收录	新增
217	44100.19	交通运输卫星导航增强应用系统第4部分:基于数字广播的差分信息播发技术要求	JT/T 1160.4 - 2017	规定了交通运输卫星导航增强应用系统基于数字广播的差分信息播发技术要求等内容。		JT	收录	新增
218	44100.20	交通运输卫星导航增强应用系统第5部分:基于移动通信的差分信息播发技术要求	JT/T 1160.5 - 2017	规定了交通运输卫星导航增强应用系统基于移动通信的差分信息播发技术要求等内容。		JT	收录	新增

续表

序号	体系编码	标准名称	标准号	主要内容	参考标准	级别	关系	状态
219	44100.21	交通运输卫星导航增强应用系统第7部分:接口技术要求	JT/T 1160.7－2017	规定了交通运输卫星导航增强应用系统接口技术要求等内容。		JT	收录	新增
220	44100.22	道路运输车辆卫星定位系统　北斗兼容卫星定位模块第1部分:技术要求	JT/T 1159.1－2017	规定了道路运输车辆卫星定位系统北斗兼容卫星定位模块的基本要求、功能要求及性能要求等内容。		JT	收录	新增
221	44100.23	道路运输车辆卫星定位系统　北斗兼容卫星定位模块　第2部分:通讯协议	JT/T 1159.2－2017	规定了道路运输车辆卫星定位系统北斗兼容卫星定位模块的通信协议,包括通信方式、数据格式、错误检测和处理、数据内容及固件升级功能等内容。		JT	收录	新增
222	44100.24	北斗船用应急无线电示位标技术要求及测试方法	JT/T 1300－2019	规定了北斗船用应急无线电示位标的功能要求、性能要求及测试方法等内容。		JT	收录	新增
223	44100.25	民用航空空中交通管理管理信息系统技术规范第4部分:GNSS完好性监测数据接口	MH/T4018.4－2007	规定了民用航空空中交通管理信息系统中GNSS完好性监测数据接口要求等内容。		MH	收录	保留
224	44100.26	使用全球定位系统(GPS)进行航路和终端区IFR飞行以及非精密进近的运行指南	AC－91－FS－01	规定了批准航空营运人使用GPS机载导航设备作为主要导航方式的指导性规范。		AC	收录	保留
225	44100.27	在终端区实施区域导航的适航和运行批准	AC－121FS－13	规定了批准营运人在终端区实施区域导航(RNAV)的指导性规范。		AC	收录	保留
226	44100.28	特殊航空器和机组(SAAAR)实施所需导航性能(RNP)程序的适航与运行批准准则	AC－91－02	规定了特殊RNP SAAAR的运行批准程序,强调了实施RNP的特殊航空器和机组授权要求,该批准程序类似于目前仪表着陆系统(ILS)II/III类的批准。		AC	收录	保留

续表

序号	体系编码	标准名称	标准号	主要内容	参考标准	级别	关系	状态
227	44100.29	北斗船载电子海图显示与信息系统（ECDIS） 第1部分：性能要求	BD XXXXXX－202X	规定了北斗船载电子海图显示与信息系统（ECDIS）集成应用标准功能、性能要求等内容。		BD	收录	新增
228	44100.30	北斗船载电子海图显示与信息系统（ECDIS） 第2部分：测试方法	BD XXXXXX－202X	规定了北斗船载电子海图显示与信息系统（ECDIS）集成应用标准测试方法和试验结果要求等内容。		BD	收录	新增
229	44100.31	北斗短报文民用航空运输地空数据编码规范	MH XXXX－202X	规定了北斗短报文在民用航空运输地空数据通信中的通讯要求、传输方式、编码格式等内容。		MH	收录	新增
230	44100.32	渔业船舶船载北斗卫星导航系统终端技术要求	SC/T 6070－2011	规定了渔业船舶船载北斗卫星导航系统终端的技术要求，包括基本要求、结构要求、功能要求、性能要求和其他要求等内容。		SC	收录	新增
231	44100.33	铁路工程卫星定位测量规程	TB/T 3283－2015	规定了铁路时间同步网的网络结构和组成、网络功能及性能、设备功能及性能、设备接口、网络管理、环境适应性要求等内容。		TB	收录	新增
	44200	电力行业应用标准						
232	44200.1	电力系统北斗卫星授时应用接口规范 第1部分：技术规范	GB/T 37911.1－2019	规定了电力系统北斗卫星授时应用接口的组成，以及采用北斗卫星授时的时间同步装置的技术要求等内容。		GB	收录	新增
233	44200.2	电力系统北斗卫星授时应用接口规范 第2部分：检验规范	GB/T 37911.2－2019	规定了电力系统北斗卫星授时应用接口及北斗卫星授时时间同步装置的组成、检测要求、测试方法等内容。		GB	收录	新增
234	44200.3	电力系统时间同步基本规定	GB/T 36050－2018	规定了电力系统时间同步系统相关的术语和定义、总体原则、建设要求、运行管理规定等内容。		GB	收录	新增

续表

序号	体系编码	标准名称	标准号	主要内容	参考标准	级别	关系	状态
235	44200.4	电力系统的时间同步系统　第1部分:技术规范	DL/T 1100.1－2009	规定了电力系统时间同步系统的基本组成、配置及组网的一般原则,以及电力系统时间同步系统的术语和定义、功能、要求以及时间信号传输介质的应用条件。		DL	收录	新增
236	44200.5	电力系统的时间同步系统　第5部分:防欺骗和抗干扰技术要求	DL/T 1100.5－2019	规定了电力系统时间同步系统中导航卫星授时防欺骗及欺骗告警,抗干扰及干扰告警技术要求等内容。		DL	收录	新增
237	44200.6	电力系统卫星通信运行管理规程	DL/T 798－2002	规定了电力系统卫星通信网的管理体制与职责分工、技术管理、运行管理、安全管理、地球站入网与验收、设备维护与检测、运行统计与评价等内容。		DL	收录	新增
238	44200.7	北斗卫星导航系统电力通用接收机　第1部分技术规范	DL XXXX－202X	规定了北斗卫星导航系统电力通用接收机的结构、功能、性能、环境适应性等内容。		DL	收录	新增
239	44200.8	北斗卫星导航系统电力通用接收机　第2部分测试方法	DL XXXX－202X	规定了北斗卫星导航系统电力通用接收机的测试原理、测试条件、测试方法等内容。		DL	收录	新增
	44300	测绘、水文、气象应用标准						
240	44300.1	北斗/GNSS水汽观测站建站规范		规定了北斗/GNSS水汽观测站的设计、建设、质量保证等内容。		GB	制定	新增
241	44300.2	北斗/GNSS水汽观测站观测环境调查评估方法		规定了北斗/GNSS观测环境调查评估方法,为观测站网动态管理提供科学依据。		GB	制定	新增
242	44300.3	北斗/GNSS积雪观测规范		规定了北斗/GNSS积雪观测要求、观测方法等内容。		GB	制定	新增

续表

序号	体系编码	标准名称	标准号	主要内容	参考标准	级别	关系	状态
243	44300.4	北斗/GNSS高精度分布式实时水汽观测规范		规定了北斗/GNSS高精度分布式实时分钟级水汽产品解算方法等内容。		GB	制定	新增
244	44300.5	差分全球卫星导航系统(DGNSS)技术要求	GB/T 17424－2019	规定了差分全球卫星导航系统(DGNSS)的基本构成、播发台选址、技术要求、电文内容与信号格式、电文播发进程和沿海无线电信标DGPS的发射特性等内容。	RTCM 10402.4	GB	收录	保留
245	44300.6	地基导航卫星遥感水汽观测规范	GB/T 33700－2017	规定了地基导航卫星遥感水汽观测要求、值班要求、数据中心运行监控要求等内容。		GB	收录	新增
246	44300.7	全球定位系统实时动态测量(RTK)技术规范	CH/T 2009－2010	规定了利用全球定位系统实时动态测量(RTK)技术,实施平面控制测量和高程控制测量、地形测量的技术要求等内容。		CH	收录	保留
247	44300.8	全球卫星导航系统(GNSS)测量型接收机RTK检定规程	CH/T 8018－2009	规定了全球卫星导航系统(GNSS)测量型接收机实时动态(RTK)测量功能的检定项目、技术要求和检定方法等内容。		CH	收录	保留
248	44300.9	地基导航卫星遥感水汽观测规范	GB/T 33700－2017	规定了地基导航卫星遥感水汽观测方法,流程,记录和运行维护。		GB	收录	新增
249	44300.10	北斗卫星导航系统气象信息传输规范	QX/T 417－2018	规定了使用北斗卫星导航系统短报文服务传输气象应急信息和气象观数据的传输信息分类、传输信息处理过程和数据重发机制。		QX	收录	新增
250	44300.11	气象灾害预警信息编码规范	QX/T 342－2016	规定了气象灾害预警信息的文件类型及文件名、文件内容的编码规则。		QX	收录	新增

续表

序号	体系编码	标准名称	标准号	主要内容	参考标准	级别	关系	状态
251	44300.12	地基导航卫星遥感气象观测系统数据格式	QX/T 564－2020	规定了地基导航卫星遥感气象观测系统的数据格式等要求。		QX	收录	新增
252	44300.13	地基导航卫星遥感水汽探测系统	QX XXXX－202X	规定了地基导航卫星遥感水汽探测系统的组成、功能、性能指标、试验方法、检验规则以及标志、包装、运输、存储等要求。		QX	收录	新增
253	44300.14	GNSS/MET 水汽数据产品 NetCDF 格式	QX XXXX－202X	规定了 GNSS/MET 水汽数据产品 NetCDF 文件的生成、使用和传输要求。		QX	收录	新增
254	44300.15	地基导航卫星遥感水汽产品格式	QX XXXX－202X	规定了地基导航卫星遥感水汽产品文件的生成、使用和传输要求。	QX	收录	新增	
	44400	航空航天应用标准						
255	44400.1	低轨星载 GNSS 测量型接收机通用规范	GB/T 39410－2020	规定了北斗低轨星载测量型终端的结构、功能及性能要求、环境适应性、电磁兼容性、试验方法等内容。		GB	收录	更新
256	44400.2	低轨星载 GNSS 导航型接收机通用规范	GB/T 39268－2020	规定了北斗低轨星载导航型终端的结构、功能及性能要求、环境适应性、电磁兼容性、试验方法等内容。		GB	收录	新增
257	44400.3	北斗兼容 ADS－B 机载设备要求和测试方法规范	BD 450030－2021	规定了北斗兼容 ADS－B 设备的系统组成、接口要求、功能要求、性能要求、环境适应性、测试方法等内容。		BD	收录	新增
258	44400.4	航空辅助监视北斗机载设备规范	BD 450029－2021	规定了航空辅助监视北斗 RDSS 机载设备的定义、技术要求、测试方法、检验规则、标志、包装、运输、贮存和交货准备等。		BD	收录	新增
	44500	大众应用标准						

续表

序号	体系编码	标准名称	标准号	主要内容	参考标准	级别	关系	状态
259	44500.1	车用外接式亚米级北斗定位模块通用规范	BD 440026－2021	规定了外接式一体化高精度北斗车联网模块的组成、功能和性能要求、测试方法、质量评定方法、标志、安装、运输及贮存等内容。		BD	收录	新增
260	44500.2	卫星定位个人位置信息服务系统 第1部分：功能描述	GB/T 29841.1－2013	规定了卫星定位个人位置信息服务系统的体系结构和功能描述等内容。		GB	收录	新增
261	44500.3	卫星定位个人位置信息服务系统 第2部分：终端与服务中心信息交换协议	GB/T 29841.2－2013	规定了卫星定位个人位置信息服务系统终端与服务中心之间信息交换规程及帧格式等内容。		GB	收录	新增
262	44500.4	卫星定位个人位置信息服务系统 第3部分：信息安全规范	GB/T 29841.3－2013	规定了卫星定位个人位置信息服务系统中信息安全系统的参考模型、运行机制、接口规程及报文定义等内容。		GB	收录	新增
263	44500.5	卫星定位个人位置信息服务系统 第4部分：终端通用规范	GB/T 29841.4－2013	规定了卫星定位个人位置信息服务系统终端的要求、测试方法等内容。		GB	收录	新增
	44600	农林渔行业应用标准						
264	44600.1	基于北斗/GNSS的农林拖拉机无人驾驶作业系统通用技术要求		规定了面向农林拖拉机的无人驾驶控制系统的基本组成、相关术语和定义、作业要求及评价标准、试验方法，检验规则、标志等内容。		GB	制定	新增
265	44600.2	基于北斗/GNSS农林拖拉机机耕道无人驾驶安全规程		规定了基于北斗/GNSS农林拖拉机在道路运输过程中所必须遵守的安全要求。		GB	制定	新增
266	44600.3	基于北斗/GNSS农林拖拉机无人驾驶作业导航电子地图规范		规定了面向农林拖拉机无人驾驶与自主作业的农田高精度导航电子地图规范、包括数据采集、存储、制作流程、性能要求及实验方法。		GB	制定	新增

续表

序号	体系编码	标准名称	标准号	主要内容	参考标准	级别	关系	状态
	44700	通信行业应用标准						
267	44700.1	支持通信应用的北斗授时设备技术要求	YD/T 3199－2016	规定了支持通信应用的北斗授时设备的定义与功能结构，以及功能、性能、可靠性和环境等要求。		YD	收录	新增
268	44700.2	支持通信应用的北斗授时设备测试方法	YD/T 3330－2018	规定了支持通信应用的北斗授时设备的测试方法，包括北斗卫星接收功能测试、同步输入功能测试、时钟功能测试、授时输出功能测试、监控管理功能测试、卫星接收机灵敏度测试、卫星接收机捕获时间测试、定位精度测试以及频率和时间输出性能测试等。		YD	收录	新增
269	44700.3	基于LTE控制面的定位系统总体技术要求	YD/T 3298－2017	规定了对支持LTE控制平面定位业务的网络架构、功能实体、协议接口、业务功能要求。		YD	收录	新增
270	44700.4	基于用户面的定位业务技术要求（第二阶段）终端	YD/T 3586－2019	规定了基于用户平面的移动定位业务（SUPL）系统的体系结构、用户平面移动定位平台（SLP）和定位终端（SET）在实现定位业务时需要支持的功能、业务流程等方面的技术要求。		YD	收录	新增
271	44700.5	基于用户面的定位业务测试方法（第二阶段）终端	YD/T 3587－2019	规定了支持SUPL 2.0协议的终端一致性测试用例，包括：网络发起、终端发起、通用三类。		YD	收录	新增
272	44700.6	基于用户面的定位业务技术要求（第二阶段）平台	YD/T 3299－2017	规定了基于用户面的定位业务平台（第二阶段）的功能要求、定位终端在实现定位业务时需要支持的消息流程、接口信令、协议、安全策略等技术要求。		YD	收录	新增

续表

序号	体系编码	标准名称	标准号	主要内容	参考标准	级别	关系	状态
273	44700.7	基于用户面的定位业务平台（第二阶段）测试方法	YD/T 3300－2017	规定了基于用户面的定位业务平台（第二阶段）的测试方法，包括定位业务平台的定位方式测试、认证鉴权测试、定位精度测试、通知功能测试、版本协商测试等内容；覆盖网络始发定位测试和终端始发定位测试。		YD	收录	新增
274	44700.8	支持通信应用的北斗授时设备测试方法	YD/T 3330－2018	规定了支持通信应用的北斗授时设备的测试方法，包括北斗卫星接收功能测试、同步输入功能测试、时钟功能测试、授时输出功能测试、监控管理功能测试、卫星接收机灵敏度测试、卫星接收机捕获时间测试、定位精度测试以及频率和时间输出性能测试等。		YD	收录	新增
275	44700.9	支持北斗的移动终端无线射频和电磁兼容技术要求及测量方法 第1部分：电磁兼容	T/CCSA 238.1－2018	规定了支持北斗的移动通信终端的电磁兼容（EMC）性要求，包括试验条件、限值、性能判据和测试方法等。		CCSA	收录	新增
276	44700.10	基于LTE控制面的定位系统设备技术要求	YD/T 3526－2019	规定了基于LTE控制平面定位业务的定位相关技术、支持基于LTE控制面定位业务的设备功能及相关接口协议，包含：系统结构、核心网功能要求、设备功能要求、终端功能要求、消息流程、接口协议要求等。		YD	收录	新增
277	44700.11	基于LTE控制面的定位系统设备测试方法	YD/T 3527－2019	规定了基于LTE控制面的定位系统设备测试方法，包括测试环境、功能测试和接口测试。		YD	收录	新增

续表

序号	体系编码	标准名称	标准号	主要内容	参考标准	级别	关系	状态
278	44700.12	LTE 移动通信终端支持北斗定位的技术要求		规定了移动通信终端支持基于 LTE 控制面北斗定位的技术要求，包括协议要求、业务功能要求和定位性能要求等内容。		GB	制定	新增
279	44700.13	LTE 移动通信终端支持北斗定位的测试方法	YD XXXX－202X	规定了移动通信终端支持基于 LTE 控制面北斗定位的测试方法，包括射频性能和协议一致性测试方法。		YD	收录	新增
280	44700.14	车载移动通信终端导航定位射频性能技术要求和测试方法		规定了车载移动通信终端的导航定位射频性能技术要求和测试方法，包括北斗/GPS 独立定位模式和网络辅助 A－BDS/AGPS 定位模式。		YD	制定	新增
281	44700.15	用户面定位业务平台与卫星导航定位基准站网数据接口技术要求及测试方法		规定了基于北斗/全球卫星导航系统（GNSS）的基准站网与用户面定位业务平台间数据格式及数据接口测试方法等。		GB	制定	新增
282	44700.16	用于定位的纳秒级同步技术要求和测试方法		规定了室内定位服务的高精度同步技术要求及测试方法等内容。		CCSA	制定	新增
283	44700.17	纳秒级 GNSS 相对授时技术要求和测试方法		规定了支撑室内外高精度定位基站纳秒级高精度授时的功能、性能要求及测试方法等内容。		YD	制定	新增
284	44700.18	面向互联网租赁自行车电子围栏的设备技术要求及测试方法		规定了基于北斗/全球卫星导航系统（GNSS）定位的共享单车定位模块技术要求、电子围栏划定技术要求、数据传输技术要求、电子围栏系统测试方法等。		YD	制定	新增
285	44700.19	面向物联网的基于用户面的 A－GNSS 定位技术要求和测试方法		规定了针对物联网的用户面辅助定位协议要求，定制相关支持功能。		YD	制定	新增

续表

序号	体系编码	标准名称	标准号	主要内容	参考标准	级别	关系	状态
286	44700.20	低速无人系统导航定位通用指标及测试方法		规定了低速无人系统测试场与服务支撑环境、通用指标及测试方法等内容。		YD	制定	新增
287	44700.21	移动通信网高精度定位总体技术要求		规定了基于通信网定位的带内定位技术、共频带定位技术在内的基础定位技术等内容。		YD	制定	新增
288	44700.22	移动通信网中高精度卫星定位辅助信息播发体系技术要求和测试方法(第一阶段)		规定了基于4G移动通信网络播发体系网络设备、终端设备的技术要求和测试方法等内容。		YD	制定	新增
	44800	公共安全应用标准						
289	44800.1	北斗警用终端技术要求		规定了北斗警用RNSS终端、RDSS终端、警用授时服务器等六大类终端的功能与性能参数。		GA	制定	新增
290	44800.2	北斗/全球卫星导航系统公安应用 第2部分:终端定位技术要求	GA/T 1481.2-2018	规定了北斗警用终端定位精度、启动速度、时间精度等通用定位导航技术指标。		GA	收录	新增
291	44800.3	北斗/全球卫星导航系统公安应用 第5部分:车载定位终端	GA/T 1481.5-2018	规定了车载北斗警用终端的定位性能、环境适应性能、机械性能等内容。		GA	收录	新增
292	44800.4	北斗/全球卫星导航系统公安应用 第6部分:定位信息通信协议及数据格式	GA/T 1481.6-2018	规定了北斗警用装备通过网络或其他信道回传的导航定位信息的格式、系统之间的接口协议等内容。		GA	收录	新增

注:AC——航空咨询通告;BD——北斗专项标准;CCSA——中国通信标准化协会;CH——测绘行业标准;DL——电力行业标准;GA——公共安全行业标准;GB——国家标准;ICAO——国际民用航空组织;IEC——国际电工委员会;JJF——国家计量技术规范;JT——交通行业标准;MH——民用航空行业标准;QX——气象行业标准;RTCA——航空无线电技术委员会;SC——水产行业标准;SJ——电子行业标准;TB——铁道行业标准;YD——通信行业标准

第六部分　涉及卫星导航的地方法规

北京市

北京市危险废物污染环境防治条例(节选)

(2020 年 6 月 5 日北京市第十五届人民代表大会常务委员会第二十二次会议通过;2020 年 6 月 5 日北京市人民代表大会常务委员会公告〔十五届〕第 31 号公布;2020 年 9 月 1 日起施行)

第二章　一般规定

第二十条　危险废物运输单位应当依法取得道路危险货物运输许可,在运输危险废物的车辆上安装卫星定位装置并确保其正常运行,不得在运输途中抛撒、泄漏、丢弃、倾倒危险废物。

运输的危险废物符合国家有关例外数量和有限数量危险货物要求的,可以依国家规定按照普通货物运输。

市、区交通主管部门应当公开本市具有危险废物运输许可的单位和车辆的信息。

第四章　法律责任

第三十九条　违反本条例第二十条第一款规定,运输危险废物的车辆上安装的卫星定位装置未正常运行的,由交通主管部门按照国家有关危险货物运输管理的规定处罚;在运输途中抛撒、泄漏、丢弃、倾倒危险废物的,由区生态环境主管部门责令改正,处所需处置费用三倍以上五倍以下罚款,所需处置费用不足二十万元的,按二十万元计算,没收违法所得;情节严重的,报经有批准权的人民政府批准,可以责令停业或者关闭。

北京市大气污染防治条例(节选)

(2014 年 1 月 22 日北京市第十四届人民代表大会第二次会议通过;根据 2018 年 3 月 30 日北京市第十五届人民代表大会常务委员会第三次会议通过的《关于修改〈北京市大气污染防治条例〉等七部地方性法规的决定》修正;2018 年 3 月 30 日北京市人民代表大会常务委员会公告〔十五届〕第 2 号发布;2018 年 3 月 30 日起施行)

第六章　扬尘污染防治

第八十三条　运输垃圾、渣土、砂石、土方、灰浆等散装、流体物料的,应当依法使用符合条件的车辆,安装卫星定位系统,密闭运输。

北京市旅游条例(节选)

(2017 年 5 月 26 日北京市第十四届人民代表大会常务委员会第三十八次会议通过;2017 年 5 月 26 日北京市人民代表大会常务委员会公告〔十四届〕第 34 号公布;2017 年 8 月 1 日起施行)

第四章　旅 游 经 营

第三节　旅 游 客 运

第四十条　旅游客运经营者应当按照法律、法规规定在旅游客运车辆显著位置明示旅游客运经营的相关信息,配备卫星定位装置和内部监控设施,并保障正常使用。

旅行社应当使用具有旅游客运资质的车辆为团队旅游提供交通服务。

第六章　法 律 责 任

第七十三条　违反本条例第四十条第一款规定,从事旅游客运的车辆未配备卫星定位装置和内部监控设施,或者未保障正常使用的,由交通行政部门对旅游客运经营者处以 2000 元罚款,并责令限期改正;逾期未改正的,处以 1 万元罚款。

旅行社违反本条例第四十条第二款规定,使用不具有旅游客运资质的车辆为团队旅游服务的,由旅游行政部门按照《中华人民共和国旅游法》第九十七条规定处罚。

天津市

天津市农业机械化促进条例(节选)

(2019 年 12 月 11 日天津市第十七届人民代表大会常务委员会第十五次会议通过;2019 年 12 月 11 日天津市人民代表大会常务委员会公告第 39 号公布;2020 年 1 月 1 日起施行)

第二章　科研开发与推广应用

第十四条　本市鼓励物联网、大数据、移动互联网、智能控制、卫星定位等信息技术在农业机械装备和农业机械作业上的应用,推进信息化与农业机械化融合,实现农业机械作业智能管理与服务,发展智慧农业。

天津市无线电管理条例(节选)

(2012 年 12 月 24 日天津市第十五届人民代表大会常务委员会第三十七次会议通过;2012 年 12 月 24 日天津市人民代表大会常务委员会公告第 48 号发布; 2013 年 3 月 1 日起施行)

第五章　无线电安全

第三十二条　任何单位或者个人使用无线电发射设备和其他辐射无线电波设备时,不得对航空导航、高速铁路、救灾和抢险救援等涉及公共安全和人民生命财产安全的无线电频率产生有害干扰。

第三十三条　本市对下列重点无线电台(站)的电磁环境实行重点保护:

(一)民用航空地面无线电导航台(站);

(二)水上、港口交通管理调度台(站);

(三)高速铁路指挥控制台(站);

(四)无线电监测台(站);

(五)列入重点保护的其他无线电台(站)。

市无线电行政主管部门应当根据国家有关规定划定重点无线电台(站)的保护区域,并制定保护措施,经市人民政府批准后实施。

第七章　法 律 责 任

第四十五条　违反本条例规定,使用无线电发射设备和其他辐射无线电波设备,对航空导航、高速铁路、救灾和抢险救援等涉及公共安全和人民生命财产安全的无线电频率产生有害干扰的,由市无线电行政主管部门责令有关单位或者个人立即停止有关设备的使用;拒不停止使用的,由市无线电行政主管部门查封设备;情节严重的,没收设备,可并处二万元以上十万元以下罚款。

河北省

河北省道路运输条例(节选)

(2017 年 7 月 28 日河北省第十二届人民代表大会常务委员会第三十一次会议通过;2017 年 7 月 28 日河北省第十二届人民代表大会常务委员会公告第 116 号发布;2017 年 11 月 1 日起施行)

第二章　道路运输经营

第一节　一 般 规 定

第十三条　道路运输经营者应当建立健全道路运输经营管理制度,并遵守下列规定:

(一)履行道路运输安全生产主体责任;

(二)依法为其所属道路运输经营车辆向有关道路运输管理机构申领道路运输证件,并随车携带;

(三)按照国家规定和标准,对道路运输经营车辆进行定期维护检测,确保车辆技术状况良好、排放符合国家和本省环保标准;

(四)按照国家规定和标准,为道路运输经营车辆安装电子标识和卫星定位终端设备,不得擅自移除电子标识、关闭卫星定位终端设备、屏蔽卫星定位终端设备信号;

(五)建立和完善各类台账和档案,并按照有关规定向道路运输管理机构如实报送有关资料和信息。

河北省城乡规划条例（节选）

（2016年5月25日河北省第十二届人民代表大会常务委员会第二十一次会议修订通过；2016年5月25日河北省第十二届人民代表大会常务委员会公告第87号发布；2016年5月25日起施行）

第六章 监督检查

第七十四条 县级以上人民政府城乡规划主管部门应当会同同级有关部门，统筹城乡规划与国民经济和社会发展、土地利用、环境保护、旅游资源等基础信息，建立城乡规划空间信息系统。

省人民政府城乡规划主管部门应当利用卫星遥感图像和其他技术手段对城乡规划实施情况进行动态监测，并将监测情况通报下级人民政府及其有关部门。

山西省

山西省大数据发展应用促进条例（节选）

（2020年5月15日山西省第十三届人民代表大会常务委员会第十八次会议通过；2020年5月15日山西省人民代表大会常务委员会公告第43号发布；2020年7月1日起施行）

第十七条 县级以上人民政府应当围绕研发设计、终端制造、平台构建、应用服务等大数据产业链关键环节，制定优惠政策，培育、引进大数据企业，加快推进大数据产业集聚区建设。

支持企业开展基于大数据的第三方数据分析发掘服务、技术外包服务和知识流程外包服务，培育大数据解决方案供应商；支持推动大数据与云计算、卫星导航、人工智能、区块链等信息技术的融合，培育大数据产业新技术和新业态。

山西省道路运输条例(节选)

(2010 年 9 月 29 日山西省第十一届人民代表大会常务委员会第十九次会议通过;根据 2011 年 12 月 1 日山西省第十一届人民代表大会常务委员会第二十六次会议关于修改部分地方性法规的决定第一次修正;根据 2019 年 5 月 30 日山西省第十三届人民代表大会常务委员会第十一次会议关于修改《山西省建设工程勘察设计管理条例》等四部地方性法规的决定第二次修正;2019 年 5 月 30 日山西省人民代表大会常务委员会公告第 20 号发布;2019 年 5 月 30 日起施行)

第四章 道路运输安全

第四十八条 道路运输经营者应当为客运车辆、危险货物运输车辆安装符合国家标准的卫星定位终端设备,并实时监控,与道路运输监控平台实时连通。

鼓励道路运输经营者为其他营运车辆安装符合国家标准的卫星定位终端设备。

第七章 法律责任

第七十一条 违反本条例规定,有下列情形之一的,由县级以上道路运输管理机构责令改正,并处一千元以上五千元以下罚款;情节严重的,暂扣道路运输经营许可证、车辆营运证或者从业资格证:

(一)班线客运经营者擅自暂停、终止班线运输或者转让经营许可的;

(二)机动车综合性能检测机构对营运车辆的检测项目缺检、漏检的;

(三)机动车驾驶员培训机构在未经核定的教学场地或者利用非教练车辆从事驾驶培训经营活动的;

(四)机动车驾驶员培训机构擅自设立分支机构、培训点或者将学员转入其他培训机构牟取利益的;

(五)汽车租赁经营者使用非自有车辆或者未取得车辆营运证的车辆用于租赁的;

(六)道路运输经营者未按规定安装卫星定位终端设备、未实时监控或者未与道路运输监控平台实时连通的;

(七)道路运输经营者使用未经年审或者年审不合格的车辆从事道路运输的;

(八)道路运输经营者使用未经安全例检或者经安全例检不符合要求的车辆从事道路运输的;

(九)道路运输经营者使用未取得从业资格证的人员或者与所驾车型不符的从业人员驾驶营运车辆的。

山西省安全生产条例(节选)

(2007年12月20日山西省第十届人民代表大会常务委员会第三十四次会议通过;根据2016年1月20日山西省第十二届人民代表大会常务委员会第二十四次会议《关于修改〈山西省安全生产条例〉和〈山西省煤炭管理条例〉的决定》修正;2016年12月8日山西省第十二届人民代表大会常务委员会第三十二次会议修订;2016年12月8日山西省人民代表大会常务委员会公告第40号发布;2017年3月1日起施行)

第二章　生产经营单位的安全生产保障

第二节　特别规定

第四十二条　道路旅游客运、包车客运、三类以上班线客运生产经营单位、道路危险货物运输生产经营单位和拥有五十辆以上重型载货汽车或者牵引车的道路运输生产经营单位,应当按照国家标准建设道路运输车辆动态监控平台,或者使用符合条件的社会化卫星定位系统监控平台,对所属道路运输车辆和驾驶员运行过程进行实时监控和管理。公安机关交通管理部门、安全生产监督管理部门根据需要可以通过道路运输车辆动态信息公共服务平台,随时或者定期调取系统数据。监控数据应当保存六个月以上。

山西省涉及国家安全事项建设项目管理条例(节选)

(2010年9月29日山西省第十一届人民代表大会常务委员会第十九次会议通过;根据2014年11月28日山西省第十二届人民代表大会常务委员会第十六次会议关于修改部分地方性法规的决定修正并发布;2014年11月28日起施行)

第七条　国家安全机关应当对涉及国家安全事项的建设项目的下列内容进行审查:

(一)选址和用途;

(二)国家安全技术防范设施的规划设计;

(三)智能化集成系统和境外卫星地面接收设施的设计方案;

(四)国家规定的应当进行涉及国家安全事项审查的其他内容。

山西省测绘管理条例(节选)

(1994年7月21日山西省第八届人民代表大会常务委员会第十次会议通过;根据1997年7月30日山西省第八届人民代表大会常务委员会第二十九次会议关于修改《山西省测绘管理条例》的决定第一次修正;2003年7月26日山西省第十届人民代表大会常务委员会第五次会议修订;根据2008年5月16日山西省第十一届人民代表大会常务委员会第二次会议关于修改《山西省测绘管理条例》的决定第二次修正;2008年5月16日起施行)

第二章 基础测绘

第八条 基础测绘实行分级管理制度。

省级基础测绘包括:

(一)全省统一的四等以上平面控制网、高程控制网和空间定位网的建立与复测;

(二)1:10000基本比例尺地图、影像图和数字化产品的测制和相应的基础地理信息数据的采集与更新;

(三)省级基础地理信息系统的建立与更新;

(四)用于全省公共服务的基础航空摄影与航空、航天遥感测绘;

(五)编制普通地图和专题地图的本省基础地理底图;

(六)国务院测绘行政主管部门确定的其他基础测绘项目。

市、县级基础测绘包括:

(一)本行政区域内平面控制网、高程控制网和空间定位网的建立与复测;

(二)本行政区域内1:2000、1:1000和1:500基本比例尺地图、影像图和数字化产品的测制和相应的基础地理信息数据的采集与更新;

(三)本行政区域内基础地理信息系统的建立与更新;

(四)省管理测绘工作的部门确定的其他基础测绘项目。

第十一条 省管理测绘工作的部门应当加强对基础测绘、基础地理信息数据和基础性测量标志的建设和管理,会同有关部门编制全省卫星遥感资料购置与航空摄影计划,并组织实施。

使用政府资金购置卫星遥感资料和进行航空摄影的,省人民政府可以委托省管理测绘工作的部门统一组织实施。

内蒙古自治区

内蒙古自治区测绘管理条例(节选)

(1998年4月16日内蒙古自治区第九届人民代表大会常务委员会第二次会议通过;2005年7月29日内蒙古自治区第十届人民代表大会常务委员会第十七次会议修订;根据2020年7月23日内蒙古自治区第十三届人民代表大会常务委员会第二十一次会议关于修改《内蒙古自治区公共安全技术防范管理条例》等4件地方性法规的决定修正;2020年7月23日内蒙古自治区第十三届人民代表大会常务委员会公告第36号发布;2020年7月23日起施行)

第三章　基础测绘

第十条　基础测绘是公益性事业。自治区对基础测绘实行分级管理。

自治区级基础测绘包括:

(一)自治区统一的三、四等平面控制网、高程控制网和空间定位网的建立与复测;

(二)1∶10000基本比例尺地形图、影像图和数字化产品的测制及相应的基础地理信息数据的采集与更新;

(三)自治区级基础地理信息系统的建立与更新;

(四)获取基础地理信息的航空摄影与遥感;

(五)编制普通地图和专题地图的自治区基础地理底图;

(六)国务院测绘行政主管部门确定的其他基础测绘项目。

盟市级以下基础测绘包括:

(一)本行政区域内平面控制网、高程控制网和空间定位网的建立与复测;

(二)本行政区域内1∶5000、1∶2000、1∶1000和1∶500基本比例尺地形图、影像图和数字化产品的测制及相应的基础地理信息数据的采集与更新;

(三)本行政区域内基础地理信息系统的建立与更新;

(四)自治区人民政府测绘行政主管部门规定的其他基础测绘项目。

第五章　测绘资质资格与测绘项目

第二十七条　进行以测绘为目的的航空摄影与遥感,应当向自治区人民政府测绘行政主管部门提出申请,经审核并报有关部门审查批准后方可实施。

利用空间定位技术、地理信息系统技术、航空航天遥感技术、计算机和网络通讯技术等手段采集、处理和提供地理信息数据,应当按照国家有关规定执行。

内蒙古自治区道路运输条例(节选)

(2007年11月30日内蒙古自治区第十届人民代表大会常务委员会第三十一次会议通过;根据2010年12月2日内蒙古自治区第十一届人民代表大会常务委员会第十九次会议《关于修改部分地方性法规的决定(四)》修正;2010年12月3日起施行)

第二章 道路运输经营

第十条 用于道路运输经营的载客汽车和危险货物运输的专用车辆应当安装、使用符合国家标准的全球卫星定位系统(GPS)。重型载货汽车、半挂牵引车应当安装、使用符合国家标准的全球卫星定位系统(GPS)或者汽车行驶记录仪。

任何单位和个人不得强制或者变相强制道路运输经营者购买指定的全球卫星定位系统(GPS)和汽车行驶记录仪。

辽宁省

辽宁省医疗废物管理条例(节选)

(2021年7月27日辽宁省第十三届人民代表大会常务委员会第二十七次会议通过;2021年7月28日辽宁省人民代表大会常务委员会公告〔十三届〕第77号发布;2021年10月1日起施行)

第十七条 省、市、县人民政府应当统筹规划,加大医疗废物智能化管理的投入,推动人工智能等新一代信息技术在医疗废物收集、运送、贮存、处置等全流程的应用。

省卫生健康主管部门应当会同省生态环境等有关部门和单位,建立全省统一的医疗废物监管信息化平台,实现信息互通共享,实时掌握医疗卫生机构、医疗废物暂时贮存点和医疗废物集中处置单位医疗废物产生量、集中处置量、集中处置设施工作负荷以及应急处置需求等信息,实现医疗废物全流程智能化监管和信息化追溯。市、县级监管信息化平台应当与省级平台对接。

医疗卫生机构和医疗废物集中处置单位应当利用卫星定位系统、电子标签、二维码等信息化技术手段，逐步实现医疗废物全流程智能跟踪和计量监控，并将数据实时上传监管信息化平台。具备条件的医疗卫生机构和医疗废物集中处置单位应当配备具有数据采集、识别等功能的医疗废物智能化周转箱、暂时贮存设施和处理处置设备。

政府有关部门应当在各自职责范围内建立健全医疗废物监管执法结果定期通报、监管资源信息共享、联合监管执法机制等，提升医疗废物规范管理水平。

辽宁省海洋渔业船舶导航安全设备使用暂行规定

（2021年5月27日辽宁省第十三届人民代表大会常务委员会第二十六次会议通过；2021年5月27日辽宁省人民代表大会常务委员会公告〔十三届〕第72号发布；2021年7月15日起施行）

第一条　为了加强海洋渔业生产安全管理，维护渔业生产秩序，保护渔民生命财产安全，本省从事海洋渔业生产的机动船舶以及直接为海洋渔业生产服务的机动船舶（以下简称海洋渔业船舶）应当按照规定配备和使用导航安全设备，并遵守本规定。

第二条　海洋渔业船舶出航前，船长应当对导航安全设备进行检查，确保性能完好。未配备导航安全设备或者导航安全设备不符合要求的，不准出航。

第三条　海洋渔业船舶不得擅自关闭、屏蔽、拆卸、损毁导航安全设备。

海洋渔业船舶违反前款规定的，渔业行政主管部门可禁止其离港，责令限期改正，对船长处二万元罚款；情节严重的，并处暂扣或者吊销船长职务船员证书。一年内两次违反规定的，由渔业行政主管部门处十万元以上五十万元以下罚款。

第四条　渔业行政主管部门应当加强全省渔船渔港动态监控系统建设，将导航安全设备接入全省渔船渔港动态监控系统，并及时进行系统更新，为海洋渔业船舶提供全天候安全生产服务；发现海况不宜作业影响渔业生产安全，或者进入违规作业区域的，应当及时告知海洋渔业船舶船长，及时防范和规避生产安全风险。

第五条　海洋渔业船舶船长应当经常检查导航安全设备，发现导航安全设备出现故障或者异常的，主动及时报告渔业行政主管部门；发现后超过三小时不报告的，视为擅自关闭导航安全设备。

正在航行或者作业的海洋渔业船舶导航安全设备出现故障或者异常的，接到渔业行政主管部门通知后应当立即检查维护，及时返港检修；拒不返港检修的，由渔业行政主管部门处五万元罚款。

海洋渔业船舶越界捕捞的，由渔业行政主管部门处二十万元以上一百万元以下罚款；情节严重的，并处吊销捕捞许可证。

第六条　沿海市、县（含县级市、区，下同）人民政府应当落实属地监管责任，加强对海洋渔业船舶导航安全设备使用管理工作的领导,完善监管制度,健全部门协作和联合服务机制,建立责任追究制度。

渔业行政主管部门应当依法履行海洋渔业船舶导航安全设备使用管理的主体责任,加强与公安、交通运输、海警等部门的协作配合,相互通报信息,共同处置应急事件,为海洋渔业船舶提供救助等服务。相关部门收到救助信息,应当按照有关规定及时采取救助措施。

对海洋渔业船舶导航安全设备使用管理不力、海洋渔业安全生产事故频发多发、主管部门失职渎职的市、县人民政府,由上级人民政府给予通报批评,对负有领导责任、直接责任的人员依法依规给予处分。

渔业行政主管部门及有关部门的工作人员在海洋渔业船舶导航安全设备使用管理中,滥用职权、徇私舞弊、玩忽职守的,依法依规给予处分;涉嫌犯罪的,依法追究刑事责任。

第七条 海洋渔业船舶违反海上交通安全法、海警法、治安管理处罚法等法律、行政法规的,从其规定。

第八条 本规定自2021年7月15日起施行。在本规定施行前公布的地方性法规与本规定不一致的,适用本规定。

辽宁省测绘地理信息条例(节选)

(2020年9月25日辽宁省第十三届人民代表大会常务委员会第二十二次会议通过;2020年9月27日辽宁省人民代表大会常务委员会公告〔十三届〕第59号发布;2020年12月1日起施行)

第七条 省自然资源主管部门应当会同有关部门建立全省统一的卫星导航定位基准服务系统,并免费向社会提供导航定位基准信息公共服务。

第八条 建设卫星导航定位基准站依法向省自然资源主管部门备案的,建设单位应当提交下列材料:

(一)备案表;

(二)建设、运行维护和服务方案;

(三)数据安全保障措施。

第九条 自然资源主管部门应当向有关部门提供已建的永久性测量标志、卫星导航定位基准站、测绘专用仪器计量检定场的分布信息。

建设电力、广播电视、通信设施等电磁波发射装置系统的,应当避让已建的永久性测量标志、卫星导航定位基准站、测绘专用仪器计量检定场,避让距离应当大于二百米。

第三十五条　自然资源主管部门应当会同保密、国家安全等有关部门，加强对卫星导航定位基准站建设和运行维护的规范和指导，并依法对卫星导航定位基准站的备案信息进行核查。

辽宁省客运出租汽车管理条例（节选）

（2016年11月11日辽宁省第十二届人民代表大会常务委员会第二十九次会议通过；2016年11月11日辽宁省人民代表大会常务委员会公告第58号发布；2017年3月1日起施行）

第二章　经营资质管理

第十三条　从事巡游车运营服务的车辆，应当具备下列条件：

（一）七座及以下乘用车；

（二）车辆符合运营安全相关标准要求；

（三）安装顶灯、待租和计程计价设备等营运设施、标志；

（四）设置营运标志，在显著位置标明收费标准、经营者名称、监督电话等内容；

（五）市、县人民政府规定的其他条件。

从事网约车运营服务的车辆，应当具备下列条件：

（一）七座及以下乘用车；

（二）车辆符合运营安全相关标准要求；

（三）安装具有行驶记录功能的车辆卫星定位装置、应急报警装置；

（四）市、县人民政府规定的其他条件。

第五章　汽车租赁服务管理

第三十七条　从事汽车租赁服务的车辆，应当符合下列规定：

（一）行驶牌证齐全有效且为汽车租赁服务经营者所有；

（二）按照国家规定办理相应的保险；

（三）安装车辆定位装置；

（四）技术性能良好，符合安全行驶条件；

（五）车内配备有效的车用灭火器、故障车警示标志牌和必要的维修工具等。

从事汽车租赁服务的车辆，不得设置顶灯、待租、计程计价设备、线路牌等出租汽车、班车或者包车营运设施、标志。

吉林省

吉林省测绘地理信息条例(节选)

(2018 年 9 月 21 日吉林省第十三届人民代表大会常务委员会第六次会议通过;2018 年 9 月 21 日吉林省第十三届人民代表大会常务委员会公告第 7 号发布;2019 年 1 月 1 日起施行)

第二章　基础测绘和地理国情监测

第九条　县级以上人民政府测绘地理信息主管部门负责组织实施本行政区域内的基础测绘项目,基础测绘成果按照下列规定定期更新:

(一)全省统一布设的平面控制网、高程控制网和空间定位

网复测改造周期不超过 10 年;其他省级基础测绘成果更新周期不超过 3 年;

(二)市、州和县级基础测绘成果更新周期不超过 2 年,其中城市建成区基础测绘成果更新周期不超过 1 年,行政区划、道路等核心要素应当及时更新;

(三)基础地理信息应当及时补充现势性资料。

第三章　测绘地理信息公共服务

第十六条　县级以上人民政府测绘地理信息主管部门应当做好应急测绘保障工作,建立应急测绘保障机制,制定应急测绘保障预案。

应急测绘需要遥感监测、导航定位和测绘地理信息数据的,县级以上人民政府测绘地理信息主管部门应当即时组织保障。

第六章　测绘地理信息基础设施建设

第三十三条　省人民政府测绘地理信息主管部门应当编制全省测绘地理信息基础设施发展规划,报省人民政府批准后实施。

测绘地理信息基础设施主要包括:

(一) 永久性测量标志;

(二) 卫星导航定位基准站;

(三) 测绘专用仪器计量检定场;

(四) 地理空间信息基础框架;

(五) 地理信息公共服务平台;

(六) 法律、法规规定的其他测绘地理信息基础设施。

第三十四条　省人民政府测绘地理信息主管部门应当会同本级人民政府其他有关部门，按照统筹建设、资源共享的原则，建设全省统一的卫星导航定位基准服务系统，加强北斗卫星导航定位系统配套建设，提供导航定位基准信息公共服务。

卫星导航定位基准服务系统应当符合国家有关标准、要求和规范。卫星导航定位基准站的建设和运行维护以及使用导航定位技术的单位，应当遵守保密法律、法规的规定，不得危害国家安全，不得泄露个人位置信息以及非法提供个人隐私信息。

第三十五条　在本省行政区域内建设卫星导航定位基准站的，建设单位应当按照国家有关规定，报省人民政府测绘地理信息主管部门备案，并纳入全省卫星导航定位基准服务系统。

卫星导航定位基准站建设备案，应当按照国家有关规定提交下列资料：

（一）卫星导航定位基准站建设站网信息；

（二）卫星导航定位基准站建设站点信息；

（三）法律、法规和规章规定的其他资料。

第三十六条　县级以上人民政府有关部门需要永久性测量标志、卫星导航定位基准站和测绘专用仪器计量检定场等信息的，测绘地理信息主管部门应当依法提供。

县级以上人民政府测绘地理信息主管部门应当通过地理空间信息框架、地理信息公共服务平台，依法向社会提供地理信息浏览、查询等在线服务。

吉林省气象设施和气象探测环境保护条例（节选）

（2015 年 11 月 20 日吉林省第十二届人民代表大会常务委员会第二十一次会议通过；根据 2017 年 12 月 1 日吉林省第十二届人民代表大会常务委员会第三十八次会议《吉林省人民代表大会常务委员会关于修改和废止〈吉林省森林管理条例〉等 9 部地方性法规的决定》修改；2017 年 12 月 1 日吉林省第十二届人民代表大会常务委员会公告第 97 号发布；2017 年 12 月 1 日起施行）

第十三条　下列气象设施和气象探测环境应当依法予以保护：

（一）国家基准气候站、国家基本气象站、国家一般气象站、区域气象观测站、太阳辐射观测站、农业气象观测站、生态气象观测站的气象设施和气象探测环境；

（二）高空气象探测站（包括风廓线仪、声雷达、激光雷达等）、天气雷达站的气象设施和气象探测环境；

（三）气象卫星地面接收站（含静止气象卫星地面接收站、极轨气象卫星地面接收站）、卫星测控站、卫星测距站、遥感卫星辐射校正场的气象设施和气象探测环境；

（四）大气本底站、酸雨监测站、沙尘暴监测站、大气成分观测站等环境气象监测站的气象设施和气象探测环境；

（五）雷电监测站、全球定位系统气象观测站的气象设施和气象探测环境；

（六）自动土壤水分观测站、地下水位观测站、土壤墒情监测站、农田小气候观测站、森林防火自动监测站、交通气象观测站的气象设施和气象探测环境；

（七）气象专用频道、频率、线路、网络及其设施；

（八）其他需要保护的气象设施和气象探测环境。

吉林省城市公共客运管理条例（节选）

（2009年9月25日吉林省第十一届人民代表大会常务委员会第十四次会议通过；根据2017年3月24日吉林省第十二届人民代表大会常务委员会第三十三次会议《吉林省人民代表大会常务委员会关于修改和废止〈吉林省农业机械管理条例〉等21件地方性法规的决定》修改；2017年3月24日吉林省第十二届人民代表大会常务委员会公告第77号公布；2017年3月24日起施行）

第四章　出租汽车客运

第四十三条　逐步推广使用出租汽车专用号段牌照，鼓励采用卫星定位系统、税控计价器、电子识别系统等先进技术，加强出租汽车运营管理。

鼓励出租汽车经营者采取预约服务、统一调度等方式提供出租汽车服务，减少车辆空驶，提高里程利用率。

吉林省无线电管理条例（节选）

（2014年3月28日吉林省第十二届人民代表大会常务委员会第七次会议通过；2014年3月28日吉林省第十二届人民代表大会常务委员会公告第17号发布；2014年7月1日起施行）

第三章　无线电台（站）设置与使用

第十六条　中、省直单位以及覆盖和服务于两个以上市、州行政区域的无线电台（站）的设置、使用，由省无线电管理机构审批。

雷达、导航、卫星通信地球站、微波站、短波无线电台(站)、广播、电视发射台(含差转台)等需要在全省统筹布局的无线电台(站)的设置、使用,由省无线电管理机构审批。

其他设置、使用无线电台(站)的,由所在市、州无线电管理机构审批。

第五章　无线电安全

第三十一条　对依法设置、使用的无线电台(站),无线电管理机构应当保护其使用的频率免受有害干扰,并对专用的无线电导航、遇险救助和安全通信等涉及国家安全、公共安全的无线电频率给予重点保护。

黑龙江省

黑龙江省道路运输条例(节选)

(2016年6月17日黑龙江省第十二届人民代表大会常务委员会第二十六次会议通过;根据2018年4月26日黑龙江省第十三届人民代表大会常务委员会第三次会议《黑龙江省人民代表大会常务委员会关于废止和修改〈黑龙江省统计监督处罚条例〉等72部地方性法规的决定》第一次修正;根据2020年6月18日黑龙江省第十三届人民代表大会常务委员会第十九次会议《黑龙江省人民代表大会常务委员会关于修改和废止〈黑龙江省体育发展条例〉等15部地方性法规的决定》第二次修正;2020年6月18日黑龙江省第十三届人民代表大会常务委员会公告第23号发布;2020年6月18日起施行)

第五章　道路运输安全

第五十八条　客货营运车辆应当按照国家有关规定安装具有行车记录仪功能的卫星定位装置,并确保正常使用。

道路运输经营者应当按照有关规定建立或者接入卫星定位系统监控平台,制定卫星定位系统动态监控管理制度,配备专(兼)职人员对车辆实时监控,及时向驾驶人员发送提示信息,监督、纠正营运车辆超员、超速、疲劳驾驶等违法行为,并做好记录。

第七章　法 律 责 任

第八十三条　违反本条例规定,道路运输和道路运输相关业务经营者有下列情形之一的，由县级以上道路运输管理机构按照下列规定予以处罚：

（一）道路运输经营者不能保证具有行车记录仪功能的卫星定位装置正常使用的，责令改正，拒不改正的，处以八百元罚款；

（二）道路运输经营者未建立或者未接入卫星定位系统监控平台的，责令限期改正，逾期不改的，处以五千元罚款；

（三）道路客运、道路货运、道路运输站（场）、机动车驾驶员培训机构、汽车租赁经营者未建立道路运输车辆安全检查制度的，责令改正，处以一千元罚款；

（四）在发车前，班线客运、旅游客运驾驶人员以及乘务员未向乘客告知乘车安全规定和常识，驾驶人员、乘务员、站务员未督促旅客系好安全带的，责令改正，处以二百元罚款。

黑龙江省大气污染防治条例（节选）

（2017 年 1 月 20 日黑龙江省第十二届人民代表大会第六次会议通过；根据 2018 年 12 月 27 日黑龙江省第十三届人民代表大会常务委员会第八次会议《黑龙江省人民代表大会常务委员会关于修改〈黑龙江省大气污染防治条例〉的决定》修正；2018 年 12 月 27 日黑龙江省第十三届人民代表大会常务委员会公告第 15 号发布；2018 年 12 月 27 日起施行）

第四章　重点区域大气污染防治

第六十九条　重点区域内运输煤炭、垃圾、渣土、砂石、土方、灰浆等散装、流体物料的车辆应当安装卫星定位装置，接入所在地城市管理公共平台，并保持正常运行，但途经重点区域的运输车辆除外。

第六章　法 律 责 任

第九十条　违反本条例规定，重点区域内运输煤炭、垃圾、渣土、砂石、土方、灰浆等散装、流体物料的车辆，未安装卫星定位装置、未接入所在地城市管理公共平台，或者不保持卫星定位装置正常运行的，由县级以上人民政府确定的监督管理部门责令改正，并对车辆所有者处每辆车三千元的罚款。

黑龙江省测绘管理条例(节选)

(2004年4月9日黑龙江省第十届人民代表大会常务委员会第八次会议通过;根据2015年4月17日黑龙江省第十二届人民代表大会常务委员会第十九次会议《关于废止和修改〈黑龙江省文化市场管理条例〉等五十部地方性法规的决定》第一次修正;根据2018年6月28日黑龙江省第十三届人民代表大会常务委员会第四次会议《黑龙江省人民代表大会常务委员会关于废止和修改〈黑龙江省农作物种子管理条例〉等63部地方性法规的决定》第二次修正;2018年6月28日黑龙江省第十三届人民代表大会常务委员会公告第7号发布;2018年6月28日起施行)

第二条　在本省行政区域内从事大地测量(含卫星大地测量)、测绘航空摄影、摄影测量与遥感、工程测量、地图编制、地籍测绘、房产测量、行政区域界线测绘、海洋测绘、地理信息系统工程以及军事测绘单位从事非军事测绘活动,应当遵守本条例。

黑龙江省道路交通安全条例(节选)

(2007年4月13日黑龙江省第十届人民代表大会常务委员会第二十六次会议通过;2014年12月17日黑龙江省第十二届人民代表大会常务委员会第十六次会议修订;根据2018年4月26日黑龙江省第十三届人民代表大会常务委员会第三次会议《黑龙江省人民代表大会常务委员会关于废止和修改〈黑龙江省统计监督处罚条例〉等72部地方性法规的决定》修正;2018年4月26日黑龙江省第十三届人民代表大会常务委员会公告第1号发布;2018年4月26日起施行)

第三章　车辆和驾驶人

第一节　机 动 车

第二十九条　公路营运的载客汽车、危险货物运输车辆、半挂牵引车、重型载货汽车和校车应当安装、使用符合国家标准的具有行驶记录功能的卫星定位装置,卧铺客车应当同时安装车载视频监控装置,并保持功能完好、有效使用、数据完整。

道路运输经营者可以自主选购、安装符合国家相关标准的具有行驶记录功能的卫星定位装置,并接入符合要求的监控平台。

公安机关交通管理部门、交通运输部门和安全生产监督管理部门应当通过共享信息,实行动态监管。

黑龙江省辐射污染防治条例(节选)

(2011年6月10日黑龙江省第十一届人民代表大会常务委员会第二十五次会议通过;根据2018年4月26日黑龙江省第十三届人民代表大会常务委员会第三次会议《黑龙江省人民代表大会常务委员会关于废止和修改〈黑龙江省统计监督处罚条例〉等72部地方性法规的决定》修正;2018年4月26日黑龙江省第十三届人民代表大会常务委员会公告第1号发布;2018年4月26日起施行)

第二章　放射性污染防治

第二十三条　在室外、野外使用放射源和射线装置的单位应当按照国家有关规定进行作业,每日检查和记录放射源和射线装置的使用情况、安全防护情况,并每月向使用地市级环境保护行政主管部门报告检查情况。

可移动的放射源需要在野外贮存的,应当贮存在相对封闭的场所内。贮存场所应当由专人看管,并采取防盗、防射线泄漏等安全防护措施。

在室外、野外使用放射源的单位应当按照有关规定,对放射源实行实时定位监控。

市(地)、县(市、区)环境保护行政主管部门应当加强对室外、野外使用放射源和射线装置作业现场的监督管理。

第三章　电磁辐射污染防治

第三十六条　新建、改建、扩建伴有电磁辐射影响的建设项目,或者在广播电视发射台(站)、雷达、微波通信站、卫星地球站等电磁辐射设施周围新建、改建、扩建的建设项目,建设单位在向环境保护行政主管部门报送的环境影响评价文件中,应当包含专项辐射环境影响报告书(表)或者登记表。

上海市

上海市旅游条例(节选)

(2003 年 12 月 31 日上海市第十二届人民代表大会常务委员会第九次会议通过;根据 2009 年 10 月 22 日上海市第十三届人民代表大会常务委员会第十四次会议《关于修改〈上海市旅游条例〉的决定》第一次修正;根据 2014 年 12 月 25 日上海市第十四届人民代表大会常务委员会第十七次会议《关于修改〈上海市旅游条例〉的决定》第二次修正;根据 2018 年 11 月 22 日上海市第十五届人民代表大会常务委员会第七次会议《关于修改本市部分地方性法规的决定》第三次修正;根据 2020 年 5 月 14 日上海市第十五届人民代表大会常务委员会第二十一次会议《关于修改本市部分地方性法规的决定》第四次修正;2020 年 5 月 14 日上海市人民代表大会常务委员会公告第 37 号发布;2020 年 5 月 15 日起施行)

第四章　权益保护与经营规范

第五十三条　旅行社需要租用客运车辆、船舶的,应当选择具有相应资质的运输企业和已投保法定强制保险的车辆、船舶。

旅行社与运输企业签订的旅游运输合同,应当明确运行计划,约定运输路线、运输价格、车辆和船舶的要求以及违约责任等事项。

承担旅游运输的车辆、船舶,应当配备具有相应资质的驾驶员、船员和具有行驶记录功能的卫星定位装置、座位安全带、消防、救生等安全设施设备,并保持安全设施设备正常使用。驾驶员、船员、乘务员及导游人员应当提醒乘客安全注意事项。乘客应当提高安全意识,遵守安全警示规定,按要求使用座位安全带等安全设施设备。

承担旅游运输的车辆、船舶,不得超过核定载客定额载运旅客;车辆、船舶的驾驶员、船员,不得超速、超时、疲劳驾驶。

上海市道路交通管理条例(节选)

(1997年7月10日上海市第十届人民代表大会常务委员会第三十七次会议通过;根据1999年7月12日上海市第十一届人民代表大会常务委员会第十一次会议《关于修改〈上海市道路交通管理条例〉的决定》第一次修正;根据2000年4月10日上海市第十一届人民代表大会常务委员会第十七次会议《关于修改〈上海市道路交通管理条例〉的决定》第二次修正;根据2001年5月24日上海市第十一届人民代表大会常务委员会第二十八次会议《关于修改〈上海市道路交通管理条例〉的决定》第三次修正;2016年12月29日上海市第十四届人民代表大会常务委员会第三十四次会议修订;2016年12月29日上海市人民代表大会常务委员会公告第49号发布;2017年3月25日起施行)

第二章　交通规划与设施

第八条　本市实施公共交通优先发展战略。市交通行政管理部门应当会同市公安机关,根据公共交通客运需求和道路通行情况,编制本市公交专用道专业规划,构建适应超大型城市特点和符合优先发展公共交通战略的公交专用道体系。

设置公交专用道,应当综合道路功能定位、交通流量、客流需求等因素,并根据实际情况予以调整。公交专用道上应当设置专用标志、标线,明示通行时间。

在公交专用道上设置的公交站点,可以利用信息化手段公布公交线路、车辆、班次到站时间等信息。

第六章　综合治理

第五十九条　机关、企业、事业单位、社会组织应当加强对所属车辆和驾驶人的交通安全管理,并履行下列义务:

(一)组织制定本单位的交通安全制度,落实交通安全责任制目标,开展职工交通安全宣传教育活动;

(二)定期进行车辆安全检查,及时排除车辆故障,保障车辆安全性能,制止不符合运行安全技术条件的车辆上道路行驶;

(三)建立对所属车辆驾驶人的交通安全教育学习制度,督促车辆驾驶人遵守道路交通安全法律、法规以及相关规定;专业运输单位和机动车较多的非专业运输单位,每月应当对所属驾驶人开展不少于一次的交通安全教育;

（四）专业运输单位和车辆较多的非专业运输单位应当配备交通安全专职人员，并加强车辆营运安全管理和营运场所秩序管理；

（五）法律、法规规定的其他交通安全管理义务。

客运车辆、危险化学品运输车辆和专门为工程建设服务的车辆应当按照有关规定安装、使用符合国家标准的行驶记录仪、车载卫星定位终端或者转向可视系统，并接入相关政府部门的动态监控系统。

运输建筑垃圾、工程渣土的车辆应当按照核定的路线、时间运输建筑垃圾、工程渣土。

公安机关应当对机关、企业、事业单位、社会组织所属车辆和驾驶人交通安全管理加强指导和宣传。交通行政管理部门应当对专业运输单位安全运输加强监督管理。市交通行政管理部门、市公安机关应当建立信息交换机制，共享营运车辆、营运驾驶员及其交通安全违法、事故责任承担情况等信息。

上海市测绘管理条例（节选）

（1995年12月29日上海市第十届人民代表大会常务委员会第二十四次会议通过；根据1997年5月27日上海市第十届人民代表大会常务委员会第三十六次会议《关于修改〈上海市测绘管理条例〉的决定》第一次修正；根据2002年2月1日上海市第十一届人民代表大会常务委员会第三十六次会议《关于修改〈上海市测绘管理条例〉的决定》第二次修正；根据2010年9月17日上海市第十三届人民代表大会常务委员会第二十一次会议《关于修改本市部分地方性法规的决定》第三次修正；2010年9月17日起施行）

第一章　总　　则

第三条　本条例所称测绘活动，是指天文测量、大地测量、重力测量、界线测量、工程测量、地形测绘、地籍测绘、地下管线测绘、航道、海洋与滩涂测绘以及卫星测量、摄影与遥感测绘、数字化测绘等；建立与各种地图相应的地理信息系统；编制地下综合管线图和各种地图；使用和管理测绘成果；设置、使用和维护测量标志；进行测绘管理等与测绘有关的活动。

第三章　测绘成果管理

第二十三条　测绘单位完成的测绘成果，应当向市测绘管理部门汇交测绘成果目录，天文测量、大地测量、重力测量、卫星测量的数据和图件以及正式印制的地图应当汇交副本。

市测绘管理部门应当组织编制地形、地籍合一的地形图，地形测绘和地籍测绘单位应当提供有关图件。

市测绘管理部门定期编制本市测绘成果目录，并向有关使用单位提供。

江苏省

江苏省农村公路条例（节选）

（2020年3月3日江苏省第十三届人民代表大会常务委员会第十五次会议通过；2020年3月3日江苏省人大常委会公告第34号发布；2020年6月1日起施行）

第五章　运　　营

第四十八条　县级以上地方人民政府交通运输、文化和旅游、气象等部门应当将农村公路名称、编号以及桥梁限载等信息、中断交通的养护施工信息、景区景点信息、气象信息等依法向社会公开。

鼓励取得导航电子地图资质的单位向社会提供农村公路导航服务。

江苏省渔业港口和渔业船舶管理条例（节选）

（2010年9月29日江苏省第十一届人民代表大会常务委员会第十七次会议通过；根据2018年3月28日江苏省第十三届人民代表大会常务委员会第二次会议《关于修改〈江苏省大气污染防治条例〉等十六件地方性法规的决定》第一次修正；根据2020年7月31日江苏省第十三届人民代表大会常务委员会第十七次会议《关于修改〈江苏省矿产资源管理条例〉等十一件地方性法规的决定》第二次修正；2020年7月31日江苏省人民代表大会常务委员会公告第42号发布；2011年1月1日起施行）

第五章　渔业船舶安全生产与救助

第三十八条　渔业船舶应当按照规定配备、使用渔业无线电设备。海洋渔业船舶应当按照规定安装具有定位功能的海洋渔业安全生产信息系统通信终端设备,并保证设备的正常运行。

对海洋渔业船舶安装具有定位功能的海洋渔业安全生产信息系统通信终端设备的,应当给予财政补贴。具体办法由省人民政府规定。

第六章　法 律 责 任

第五十条　违反本条例第三十八条第一款规定,海洋渔业船舶未按照规定安装或者使用具有定位功能的海洋渔业安全生产信息系统通信终端设备的,由县级以上地方人民政府渔业行政主管部门责令改正;拒不改正的,处以一千元以上五千元以下罚款。

第七章　附　　则

第五十二条　本条例下列用语的含义是:

(一)渔业港口布局规划,是指根据渔业生产情况确定的全省渔业港口分布规划。

(二)渔业港口总体规划,是指一个渔业港口在一定时期的具体规划,包括渔业港口的水域和陆域范围、港区划分和到港船型、渔业港口的性质和功能、水域和陆域使用、渔业港口设施建设岸线使用、建设用地配置以及分期建设序列等内容。

(三)总量控制指标,是指根据养殖面积确定的养殖渔业船舶的数量及其主机功率数的最高限额。

(四)船用产品,是指用于渔业船舶的有关航行、作业和人身财产安全以及防止污染环境的重要设备、部件和材料。

(五)具有定位功能的海洋渔业安全生产信息系统通信终端设备,是指具有定位功能的移动终端、超短波电台、短波电台、AIS 船载终端设备和卫星通信终端设备。

江苏省测绘地理信息条例(节选)

(2018 年 1 月 24 日江苏省第十二届人民代表大会常务委员会第三十四次会议通过;2018 年 1 月 24 日江苏省人民代表大会常务委员会公告第 70 号发布;2018 年 5 月 1 日起施行)

第二章　基础测绘和其他测绘

第十三条　测绘地理信息主管部门应当根据突发事件应对工作需要,制定应急测绘保障预案,建立应急测绘保障机制,组织开展遥感监测、导航定位和地理信息数据申请、调取、传输等相关工作。

第五章 地理信息服务

第三十八条 任何单位和个人不得在互联网和未采取保密措施的公共信息网络上传输涉及国家秘密的地理信息。

使用地理信息不得危害国家安全和公共利益。提供卫星导航定位技术服务的,不得泄露个人位置信息。

第六章 基础设施

第三十九条 测绘地理信息基础设施包括下列用于测绘地理信息活动的标志、场地和平台:

(一)永久性测量标志;

(二)卫星导航定位基准站;

(三)测绘专用仪器计量检定场;

(四)地理空间信息基础框架;

(五)地理信息公共服务平台;

(六)法律、法规规定的其他测绘地理信息基础设施。

第四十一条 省测绘地理信息主管部门应当会同有关部门建立统一的全省卫星导航定位基准服务系统,并向社会提供服务。

卫星导航定位基准服务系统应当符合国家标准和规范。

第四十二条 建设卫星导航定位基准站的,建设单位应当按照国家有关规定,报测绘地理信息主管部门备案,并纳入全省卫星导航定位基准服务系统。

卫星导航定位基准站建设备案,应当提交卫星导航定位基准站建设站网、站点信息备案表等材料。

第四十三条 县级以上地方人民政府应当将测绘地理信息基础设施建设、维护和保管经费纳入本级财政预算。对永久性测量标志保管实行津贴制度。

测绘地理信息主管部门应当建立健全永久性测量标志、卫星导航定位基准站、测绘专用仪器计量检定场档案,定期进行检查和维护,并负责指派单位或者专人保管;乡镇人民政府和街道办事处应当做好本区域内永久性测量标志、卫星导航定位基准站、测绘专用仪器计量检定场的保护工作。

第四十四条 永久性测量标志、卫星导航定位基准站、测绘专用仪器计量检定场应当科学布点、合理设置。

设置永久性测量标志、卫星导航定位基准站、测绘专用仪器计量检定场,需要使用土地的,设置单位应当依法办理用地手续;占用建筑物的,设置单位应当给予适当补偿。

第四十五条　测绘地理信息主管部门应当向有关部门提供已建的永久性测量标志、卫星导航定位基准站、测绘专用仪器计量检定场的分布信息。

有关部门在审批可能影响已建的永久性测量标志、卫星导航定位基准站、测绘专用仪器计量检定场使用土地和使用效能的项目前，应当征求同级测绘地理信息主管部门的意见。

建设电力、广播电视、通信设施等电磁波发射装置系统的，应当避让已建的永久性测量标志、卫星导航定位基准站、测绘专用仪器计量检定场，避免受电磁波发射干扰的安全控制距离不少于二百米。

第四十六条　本省行政区域内已有的国家一、二等和省级基础测绘设置的永久性测量标志以及A、B、C级卫星导航定位点，由省测绘地理信息主管部门组织维护；国家三、四等和由市、县级基础测绘设置的永久性测量标志以及D、E级卫星导航定位点，由设区的市、县测绘地理信息主管部门组织维护。

江苏省道路运输条例(节选)

(2012年11月29日江苏省第十一届人民代表大会常务委员会第三十一次会议通过；根据2017年6月3日江苏省第十二届人民代表大会常务委员会第三十次会议《关于修改〈江苏省固体废物污染环境防治条例〉等二十六件地方性法规的决定》修正；2017年6月3日江苏省人民代表大会常务委员会第58号发布；2017年7月1日起施行)

第二章　一 般 规 定

第十四条　道路运输管理机构应当加强道路运输公共信息服务，建立管理信息系统，实现与相关服务系统的互联互通，并定期向社会发布有关运输信息。

道路运输以及相关业务经营者应当按照国家和省有关规定，建立健全经营管理、安全管理、统计和档案制度，及时向道路运输管理机构以及相关部门报送相关信息。

配备卫星定位行车安全信息设备的相关道路运输经营者以及从事公路客运联网售票、城市公共交通卡等经营活动的相关经营者应当按照国家和省有关规定，及时向道路运输管理机构以及相关部门提供相关数据。

第三章　道路运输安全

第二十一条　客运车辆、危险货物运输车辆、重型载货车辆、半挂牵引车辆应当安装并正常使用符合国家标准的卫星定位行车安全信息设备。相关道路运输经营者应当对其车辆运行情况进行实时监控，并保证其信息监控系统与道路运输管理机构的管理信息系统实时连通。

鼓励其他道路运输车辆安装符合国家标准的卫星定位行车安全信息设备。

第四章 客货运输

第四十三条 客运经营者应当按照省交通运输主管部门制定的营运规范经营，提供安全、便捷、优质的运输服务，不得侵害旅(乘)客合法权益。

班车、包车、旅游客运经营不得有下列行为：

(一)超定员载客；

(二)中途将旅客交给他人运输、擅自变更车辆运输或者甩客；

(三)班车客运经营者在站点外上下旅客、装卸行包；

(四)不安装、使用卫星定位行车安全信息设备；

(五)违反法律、法规的其他行为。

城市公共汽车客运经营不得有下列行为：

(一)不按照确定的线路、站点、班次和时间营运；

(二)不按照规定进站、出站，争道、抢道；

(三)无故拒载乘客、中途逐客、滞站揽客、到站不停；

(四)不按照规定放置服务监督卡、线路走向示意图、监督投诉电话号码；

(五)违反法律、法规的其他行为。

出租汽车客运经营不得有下列行为：

(一)不按照规定设置和使用标志牌、标志灯、计价器、卫星定位装置、IC卡刷卡器以及信息化管理设施；

(二)不按照规定喷涂车身颜色、标明经营者名称、监督投诉电话号码，放置服务监督卡；

(三)不按照合理线路或者乘客要求的线路行驶，未经乘客同意绕道行驶；

(四)不按照规定主动向乘客出具合法有效的票据；

(五)无故中断运输、倒客、甩客、拒载、未经乘客同意搭载其他乘客；

(六)异地经营、从事或者变相从事班线客运经营；

(七)违反法律、法规的其他行为。

出租汽车客运经营者不按照规定使用计价器、不主动出具发票、不接受IC卡付费、无故绕行、无故中断运输、倒客、甩客、未经乘客同意搭载其他乘客的，乘客有权拒付车费。

第七章 法律责任

第六十八条 有下列情形之一的，由县级以上道路运输管理机构责令限期改正，

处以一千元以上三千元以下罚款;情节严重的,可以并处吊销相应的道路运输经营许可证件、道路运输证件或者核减相应的经营范围:

(一)未按照规定参加年度审验的;

(二)未按照规定安装卫星定位行车安全信息设备,或者未按照规定报送信息的;

(三)客运车辆未按照规定使用标志牌,未按照批准的线路、班次、经营区域、类型等级营运或者不按照核定的站点停靠的;

(四)道路运输经营者不按照规定维护、检测运输车辆的;

(五)聘用无相应从业资格的人员从事经营活动的;

(六)包车、旅游客运运行线路起、讫点均不在车籍所在地,或者旅游客运运行线路起、讫点均不在旅游景区(点)的;

(七)客运经营者不按照规定放置服务监督卡、线路走向示意图、公布监督投诉电话号码或者受理投诉部门的;

(八)出租汽车客运经营者异地经营,从事或者变相从事班线客运经营的;

(九)出租汽车客运经营者不按照规定设置标志牌、标志灯、计价器、IC卡刷卡器或者信息化管理设施的;

(十)机动车维修经营者未执行配件登记制度的;

(十一)交通物流、货运代理、货运信息服务等经营者不按照核定载客、载货限额进行配载,或者将受理的运输业务交由不具备相应资质的经营者承运的。

第六十九条　有下列情形之一的,由县级以上道路运输管理机构责令改正,处以二百元以上一千元以下罚款;逾期不改正的,可以处以暂扣从业资格证件十日以下处罚:

(一)道路运输驾驶员不按照规定使用卫星定位行车安全信息设备的;

(二)公共汽车驾驶员不按照确定的线路、站点、班次和时间营运,或者到站不停的;

(三)出租汽车驾驶员不按照合理路线或者乘客要求的线路行驶,未经乘客同意绕道行驶,不按照规定使用标志牌、标志灯、计价器、IC卡刷卡器以及有关信息化管理设施,不按照规定主动向乘客出具合法有效的票据,拒载或者未经乘客同意搭载其他乘客的。

江苏省旅游条例(节选)

(2015年12月4日江苏省第十二届人民代表大会常务委员会第十九次会议通过;2016年3月1日起施行)

第四章 旅游经营与服务

第四十八条 旅行社租用客运车辆、船舶的,应当选择具备相应资质的承运人和已投保法定强制保险的车辆、船舶。

旅行社与承运人签订的旅游运输合同,应当明确运输计划,约定运输线路、运输价格、车辆和船舶的要求、导游或者领队的座位要求以及违约责任等事项。

承担旅游运输的客运车辆、船舶,应当符合保障人身、财产安全的要求,配备具有相应资质的驾驶员、船员和具有行驶记录功能的卫星定位装置、座位安全带、消防、救生等安全设施设备,并保持安全设施设备正常使用。

江苏省无线电管理条例(节选)

(2005年9月23日江苏省第十届人民代表大会常务委员会第十八次会议通过;2005年9月26日江苏省第十届人民代表大会常务委员会公告第104号发布;2005年12月1日起施行)

第三章 无线电台(站)的设置使用和保护

第十四条 依法设置的卫星地面单收站要求电磁环境保护的,可以向省无线电管理机构申领无线电台执照。

浙江省

浙江省港口管理条例(节选)

(2007 年 5 月 25 日浙江省第十届人民代表大会常务委员会第三十二次会议通过;根据 2020 年 11 月 27 日浙江省第十三届人民代表大会常务委员会第二十五次会议《关于修改〈浙江省港口管理条例〉等七件地方性法规的决定》修正;2020 年 11 月 27 日浙江省第十三届人民代表大会常务委员会公告第 39 号发布;2020 年 11 月 27 日起施行)

第五章　港口安全与监督

第三十八条　港口经营人应当加强对其作业区范围内助航标志和导航设施的保护;发现助航标志和导航设施损坏的,应当及时向海事管理机构、航道主管部门报告。

浙江省测绘地理信息条例(节选)

(2019 年 3 月 28 日浙江省第十三届人民代表大会常务委员会第十一次会议通过;2019 年 3 月 28 日浙江省第十三届人民代表大会常务委员会公告第 10 号发布;2019 年 5 月 1 日起施行)

第二章　测绘基准和测绘系统

第七条　省测绘地理信息主管部门应当会同有关部门,按照省市县统筹、保障安全的原则,建立全省统一的卫星导航定位基准服务系统。

省测绘地理信息主管部门通过省卫星导航定位基准服务系统,免费向社会提供实时导航定位基础性服务。

第五章　成果管理和地理信息安全

第二十七条　卫星导航定位基准站建设和运行维护单位应当建立数据安全保障制度,确保国家安全。

测绘航空摄影的底片、数据,应当按照国家和省有关规定经保密审查和保密技术处理后方可使用。

使用无人驾驶航空器进行测绘航空摄影的,应当遵守国家和省无人驾驶航空器管理和航空飞行管制的有关规定。

第七章　地 图 管 理

第三十六条　地图表示内容应当符合国家和省有关规定。

编制行政区地图不得进行地理要素的有偿标载。

编制导航电子地图和公开发行的交通图、旅游图等其他地图的,应当根据地图载负量标载国家机关和医疗机构、学校、图书馆、体育馆等公共服务机构及设施,并不得收取标载费用。

浙江省道路运输条例(节选)

(2012 年 3 月 31 日浙江省第十一届人民代表大会常务委员会第三十二次会议通过;2012 年 3 月 31 日浙江省人民代表大会常务委员会公告第 77 号发布;2012 年 7 月 1 日起施行)

第二章　道路运输经营

第五节　共 同 规 定

第三十八条　包车客运车辆、三类以上客运班线车辆、客运出租汽车和危险货物运输车辆应当安装具有行驶记录功能的卫星定位终端设备。

驾驶人员应当按照规定使用卫星定位终端设备,保持完好并及时检定,不得擅自关闭。车辆所属单位应当加强对车辆安全行驶情况的动态监控。

公安机关交通管理等部门应当依法加强散装水泥运输车、混凝土搅拌车和自卸式重型砂土车等车辆的交通运输安全的管理。

第五章　法 律 责 任

第七十五条　违反本条例规定,有下列情形之一的,由县级以上道路运输管理机构责令改正,处三百元以上三千元以下罚款,可以并处暂扣三十日以下车辆营运证、从业资格证;情节严重的,由原许可机关吊销车辆营运证、从业资格证、经营许可证或者取消相应客运班线营运权:

(一)包车客运经营者招揽包车合同以外的旅客乘车的;

(二)班车客运经营者途中甩客、站外揽客的;

(三)公共汽车客运经营者有违反本条例第十四条规定行为的;

（四）出租汽车客运经营者有违反本条例第二十一条规定行为的；

（五）客运出租汽车驾驶人员有违反本条例第二十三条规定行为的；

（六）包车客运车辆、三类以上客运班线车辆、客运出租汽车和危险货物运输车辆的经营者和驾驶人员，未按规定安装和使用具有行驶记录功能的卫星定位终端设备的；

（七）机动车驾驶员培训教练员有违反本条例第五十三条规定行为的；

（八）道路运输和道路运输相关业务经营者未按规定实施安全生产管理制度，或者未按规定期限报告道路运输安全情况或者隐瞒、拖延不报、谎报道路运输安全事故的。

安徽省

安徽省无线电管理条例（节选）

（2012年8月17日安徽省第十一届人民代表大会常务委员会第三十五次会议通过；2021年7月23日安徽省第十三届人民代表大会常务委员会第二十八次会议修订；2021年7月23日安徽省人民代表大会常务委员会公告第48号发布；2021年9月1日起施行）

第七章　法律责任

第四十九条　违反本条例第三十五条规定，工业设备、科研设备、信息技术设备、医疗设备、电气化运输系统、高压电力线、机动车（船）点火装置以及其他电器装置产生的无线电波辐射，干扰无线电业务正常进行的，由无线电管理机构责令改正，拒不改正的，没收产生有害干扰的设备，并处五万元以上二十万元以下的罚款；对船舶、航天器、航空器、铁路机车专用无线电导航、遇险救助和安全通信等涉及人身安全的无线电频率产生有害干扰的，并处二十万元以上五十万元以下的罚款。

安徽省大气污染防治条例(节选)

(2015 年 1 月 31 日安徽省第十二届人民代表大会第四次会议通过;根据 2018 年 9 月 29 日安徽省第十三届人民代表大会常务委员会第五次会议《关于修改〈安徽省大气污染防治条例〉等地方性法规的决定》修正;2018 年 9 月 30 日安徽省人民代表大会常务委员会公告第 6 号发布;2018 年 11 月 1 日起施行)

第六章 扬尘污染防治

第六十四条 装卸和运输煤炭、水泥、砂土、粉煤灰、煤矸石、垃圾等易产生扬尘的作业,应当采取遮盖、封闭、喷淋、围挡等措施,防止抛洒、扬尘。

运输垃圾、渣土、砂石、土方、灰浆等散装、流体物料的,应当使用符合条件的车辆,并安装卫星定位系统。

建筑土方、工程渣土、建筑垃圾应当及时运输到指定场所进行处置;在场地内堆存的,应当有效覆盖。

福建省

福建省大气污染防治条例(节选)

(2018 年 11 月 23 日福建省第十三届人民代表大会常务委员会第七次会议通过;2018 年 11 月 23 日福建省人民代表大会常务委员会公告〔十三届〕第 14 号发布; 2019 年 1 月 1 日起施行)

第四章 防治措施

第三节 扬尘污染防治

第五十二条 设区的市、县(市、区)人民政府应当规划、建设专用的建筑垃圾和工程渣土处置场,推进资源综合利用,规范处置行为,减少二次扬尘污染。

设区的市、县(市、区)人民政府市容环境卫生主管部门应当推行道路机械化清扫保洁，按照作业规范要求，合理安排作业时间，适时增加作业频次，提高作业质量。

运输和装卸煤炭、垃圾、渣土、砂石、土方、水泥、混凝土、砂浆等散装、流体物料应当使用符合条件的车辆，配备卫星定位系统，按照规定路线和时间行驶，采取密闭或者其他措施，防止抛撒滴漏造成扬尘污染。设区的市、县（市、区）人民政府有关部门应当按照各自职责加强对运输和装卸散装、流体物料车辆的监管，依法查处抛撒滴漏行为。

福建省道路运输条例（节选）

（2013 年 11 月 29 日福建省第十二届人民代表大会
常务委员会第六次会议通过；2014 年 1 月 1 日起施行）

第四章　道路运输安全

第五十六条　道路运输经营者应当按照国家和本省规定为营运车辆安装、使用符合国家规定标准的卫星定位车载终端，并实时监控，与道路运输监控平台实时连通。

鼓励汽车租赁经营者、机动车驾驶员培训机构为汽车租赁车辆、机动车驾驶员培训教学车辆安装符合国家规定标准的卫星定位车载终端。

第六章　法 律 责 任

第六十五条　违反本条例的规定，道路运输经营者有下列情形之一的，由县级以上道路运输管理机构责令改正，按照下列规定处罚：

（一）包车客运经营者未持有包车票、包车合同、包车客运标志牌，或者不按照约定的时间、起讫地和线路运营，或者招揽包车合同外的旅客乘车的，处一千元以上三千元以下罚款；

（二）班车客运、包车客运和旅游客运经营者及其驾驶人员无正当理由拒载旅客，或者在高速公路上上下旅客、装卸行包的，处一千元以上三千元以下罚款；

（三）货运经营者使用非集装箱专用卡车运送集装箱的，处一千元以上三千元以下罚款；

（四）货运经营者使用移动罐体（罐式集装箱除外）从事危险货物运输，或者使用罐式专用车辆以及运输有毒、腐蚀、放射性危险货物的专用车辆运输普通货物的，处三千元以上一万元以下罚款；

（五）道路运输经营者未按照规定安装、使用符合国家规定标准的卫星定位车载终端的，处三千元以上五千元以下罚款。

江西省

江西省旅游者权益保护条例(节选)

(2019年11月27日江西省第十三届人民代表大会常务委员会第十六次会议通过;2019年11月27日江西省第十三届人民代表大会常务委员会公告第46号发布;2020年1月1日起施行)

第三章　旅游经营者的义务

第二十六条　从事旅游交通运输的营运企业应当具备相应资质。承担旅游运输的客运车辆、船舶,应当投保法定的强制保险,符合保障人身、财产安全的要求,配备具有相应资质的驾驶员、船员和具有行驶记录功能的卫星定位装置、座位安全带、消防、救生等安全设施设备,并在醒目位置设置旅游咨询和投诉电话的中外文标识。

江西省渔业条例(节选)

(2012年5月25日江西省第十一届人民代表大会常务委员会第三十一次会议通过;2013年11月29日江西省第十二届人民代表大会常务委员会第七次会议第一次修正;2019年9月28日江西省第十三届人民代表大会常务委员会第十五次会议第二次修正;2019年9月28日江西省第十三届人民代表大会常务委员会公告第44号发布;2012年7月1日起施行)

第三章　捕　捞　业

第二十四条　县级以上人民政府应当加强渔港及渔港公用的航道和航标、导航、通信预警等安全设施建设和日常维护管理,维护渔港的正常秩序。鼓励单位和个人投资渔港建设。

江西省大气污染防治条例(节选)

(2016 年 12 月 1 日江西省第十二届人民代表大会常务委员会第二十九次会议通过;2016 年 12 月 1 日江西省第十二届人民代表大会常务委员会公告第 119 号发布;2017 年 3 月 1 日起施行)

第三章　扬尘污染防治

第三十二条　装卸和运输煤炭、水泥、砂土、垃圾等易产生扬尘的作业,应当采取遮盖、封闭、喷淋、围挡等措施,防止抛洒、扬尘。运输垃圾、渣土、砂石、土方、灰浆等散装、流体物料的,应当使用符合条件的车辆,并安装卫星定位系统。

江西省旅游条例(节选)

(2015 年 7 月 30 日江西省第十二届人民代表大会常务委员会第十九次会议通过;2015 年 10 月 1 日起施行)

第六章　旅 游 安 全

第五十七条　旅行社需要租用客运车辆、船舶的,应当选择具有相应资质的运输企业和已投保法定强制保险及经安全技术检验合格的车辆、船舶。

承担旅游运输的车辆、船舶,应当配备具有相应资质的驾驶员、船员和具有行驶记录功能的卫星定位装置、座位安全带、消防、救生等安全设施设备,并保持安全设施设备正常使用。驾驶员、船员、乘务员及导游人员应当提醒乘客安全注意事项。乘客应当提高安全意识,遵守安全警示规定,按要求使用座位安全带等安全设施设备。

承担旅游运输的车辆、船舶,不得超载、超速、超时驾驶。

山东省

山东省道路运输条例(节选)

(2010 年 11 月 25 日山东省第十一届人民代表大会常务委员会第二十次会议通过;根据 2015 年 7 月 24 日山东省第十二届人民代表大会常务委员会第十五次会议《关于修改〈山东省农村可再生能源条例〉等十二件地方性法规的决定》第一次修正;根据 2018 年 1 月 23 日山东省第十二届人民代表大会常务委员会第三十五次会议《关于修改〈山东省机动车排气污染防治条例〉等十四件地方性法规的决定》第二次修正;根据 2018 年 9 月 21 日山东省第十三届人民代表大会常务委员会第五次会议《关于修改〈山东省民用建筑节能条例〉等十件地方性法规的决定》第三次修正;根据 2020 年 11 月 27 日山东省第十三届人民代表大会常务委员会第二十四次会议《关于修改〈山东省清洁生产促进条例〉等六件地方性法规的决定》第四次修正;2020 年 11 月 27 日山东省人民代表大会常务委员会公告第 137 号发布;2020 年 11 月 27 日起施行)

第四章　道路运输安全

第四十八条　道路运输和道路运输相关业务经营者应当对本单位的安全生产负责,遵守安全生产法律法规,建立健全安全生产责任制,制定并落实安全生产管理制度和突发事件应急预案,定期对道路运输从业人员进行安全教育,提高交通安全意识。

道路运输和道路运输相关业务经营者及其从业人员应当遵守道路运输安全生产制度和操作规程,不得违章作业和超限超载运输,不得违章指挥作业。

客运班车、包车、旅游客车、出租汽车、危险货物运输车辆应当安装和使用符合相关标准的卫星定位车载终端等行车安全和信息化设施,并保证其正常运行。

第六章　法 律 责 任

第六十六条　违反本条例规定,有下列行为之一的,由县级以上交通运输行政主管部门责令改正,处二千元以上五千元以下罚款,有违法所得的,没收违法所得:

(一)机动车维修经营者在人员密集区域内从事危险货物运输车辆维修的;

(二)汽车租赁经营者将车辆租赁给不具备与租赁车辆相适应的驾驶资格的人员驾驶或者向承租人提供驾驶劳务的;

(三)客运班车、包车、旅游客车、出租汽车、危险货物运输车辆未按照规定安装、使用卫星定位车载终端的;

（四）道路客运车辆未按照规定随车配备两名以上驾驶员的；

（五）城市公共汽（电）车客运经营者未按照规定设置安全警示标识和安全应急装置的。

山东省无线电管理条例（节选）

（2018年7月27日山东省第十三届人民代表大会常务委员会第四次会议通过；根据2020年7月24日山东省第十三届人民代表大会常务委员会第二十二次会议《关于修改〈山东省农民专业合作社条例〉等十二件地方性法规的决定》修正；2020年7月24日山东省人民代表大会常务委员会公告第119号发布；2020年7月24日起施行）

第五章　电波秩序维护

第三十三条　省无线电管理机构应当根据国家有关标准和技术规范，对需要特殊保护的射电天文台、雷达站、卫星测控（导航）站、航空通信导航台、交通指挥枢纽、无线电监测设施，以及用于遇险救助和安全通信的海岸电台等涉及公共安全的重要无线电设施，划定无线电电磁环境保护区域，制定保护措施，并向社会公告。

第三十五条　在已建射电天文台、雷达站、卫星测控（导航）站、航空通信导航台、交通指挥枢纽、无线电监测设施，以及用于遇险救助和安全通信的海岸电台的周边区域，不得新建阻断无线电信号传输的高大建筑、设施，不得设置、使用干扰其正常使用的设施、设备。所在地无线电管理机构应当会同城乡规划主管部门和其他有关部门制定保护措施，并向社会公布。

山东省测绘地理信息条例（节选）

（2019年11月29日山东省第十三届人民代表大会常务委员会第十五次会议通过；2019年11月29日山东省人民代表大会常务委员会公告第82号发布；2020年3月1日起施行）

第二章　测绘系统与测量标志

第八条　省自然资源主管部门应当会同有关部门，按照统筹建设、资源共享的原则，建立全省统一的卫星导航定位基准服务系统，免费向社会提供实时卫星导航定位基础性服务。

第九条 建设卫星导航定位基准站的,建设单位应当按照国家规定报国务院自然资源主管部门或者省自然资源主管部门备案。向省自然资源主管部门备案的,建设单位应当提交下列材料:

(一)备案表;

(二)建设、运行维护和服务方案;

(三)数据安全保障措施。

卫星导航定位基准站的建设、运行维护和服务,应当符合国家标准和保密规定,不得危害国家安全。

第三章 基础测绘与其他测绘

第十四条 省自然资源主管部门负责下列基础测绘项目:

(一)全省统一的平面控制网、高程控制网和空间定位网的建设与维护;

(二)全省陆域(含水域水下)以及近海(含滩涂及岛礁)1∶10000 至 1∶5000 基本比例尺地图、影像图、数字化产品的测绘、制作与更新;

(三)全省时空信息数据库、地理信息公共服务平台的建设、维护与更新;

(四)地理国情监测、地面沉降监测及其数据库更新维护;

(五)卫星导航定位基准站、测量标志等省级测绘基础设施建设、管理与运行维护;

(六)全省航天航空遥感数据统筹获取和处理分发,实景三维模型建设与更新;

(七)省级基础地理底图与地图集(册)、标准地图等公益性地图的编制;

(八)国家和省确定的其他基础测绘项目。

第七章 地 图 管 理

第四十四条 地图内容表示,应当符合国家和省有关规定。

编制行政区划地图标载地理要素的,不得收取标载费用。

编制导航电子地图和公开发行的交通图、旅游图等地图的,应当标载国家机关、医疗机构、学校、图书馆等公共地理信息,但不得收取标载费用。

任何单位和个人不得通过互联网上传标注含有按照国家有关规定在地图上不得表示的内容。

第八章 监 督 管 理

第四十八条 县级以上人民政府自然资源主管部门应当会同保密、国家安全、公安等有关部门,加强对卫星导航定位基准站建设和运行维护的监督管理,并对卫星导航定位基准站的备案信息进行核查。

山东省长岛海洋生态保护条例(节选)

(2019 年 7 月 26 日山东省第十三届人民代表大会常务委员会第十三次会议通过;2019 年 7 月 26 日山东省人民代表大会常务委员会公告第 66 号发布;2019 年 10 月 1 日起施行)

第七章 附 则

第六十条 长岛试验区内无居民海岛、特殊用途海岛和划定为自然保护地的区域,依照有关法律、法规实施管理;长岛试验区内军事设施和助航导航、气象观测等公共设施的保护,依照有关法律、法规的规定执行。

山东省大气污染防治条例(节选)

(2016 年 7 月 22 日山东省第十二届人民代表大会常务委员会第二十二次会议通过;根据 2018 年 11 月 30 日山东省第十三届人民代表大会常务委员会第七次会议《关于修改〈山东省大气污染防治条例〉等四件地方性法规的决定》修正;2018 年 11 月 30 日山东省人民代表大会常务委员会公告第 47 号发布;2018 年 11 月 30 日起施行)

第三章 大气污染防治措施

第四节 扬尘污染防治

第五十五条 运输渣土、土方、砂石、垃圾、灰浆、煤炭等散装、流体物料的车辆,应当采取密闭措施,按照规定安装卫星定位装置,并按照规定的路线、时间行驶,在运输过程中不得遗撒、泄漏物料。

运输车辆冲洗干净后,方可驶出作业场所。

第四章 法 律 责 任

第七十六条 违反本条例规定,运输渣土、土方、砂石、垃圾、灰浆、煤炭等散装、流体物料的车辆有下列行为之一的,由县级以上人民政府城市管理部门或者当地人民政府确定的监督管理部门责令限期改正,处二千元以上二万元以下的罚款;拒不改正的,不得上道路行驶:

（一）未按照规定采取密闭措施的；
（二）未按照规定安装卫星定位装置的；
（三）未按照规定的路线、时间行驶的；
（四）在运输过程中遗撒、泄漏物料的。

山东省高速公路交通安全条例（节选）

（2006年9月29日山东省第十届人民代表大会常务委员会第二十三次会议通过；2014年5月30日山东省第十二届人民代表大会常务委员会第八次会议修订；2014年5月30日山东省人民代表大会常务委员会公告第46号发布；2014年8月1日起施行）

第二章 通行规定

第二十六条 机动车在高速公路上行驶，驾驶人不得有下列行为：
（一）倒车、逆行、穿越中央隔离带掉头或者在车道内停车；
（二）进行试车和学习驾驶机动车；
（三）骑、轧行车道分界线或者在路肩上行驶；
（四）在匝道、加速车道和减速车道上超车；
（五）非紧急情形驶入应急车道或者停车；
（六）使用移动电话或者其他通讯工具；
（七）调试导航装置；
（八）观看影视录像；
（九）其他妨碍安全驾驶的行为。

第五章 法律责任

第五十条 违反本条例规定，机动车驾驶人有下列行为之一的，由公安机关交通管理部门处警告或者一百五十元罚款：
（一）未放置安全和环保检验合格标志、保险标志的；
（二）未随车携带机动车行驶证或者驾驶证的；
（三）实习期内上高速公路无陪驾的；
（四）机动车从匝道驶入或者驶出高速公路时未按照规定行驶的；
（五）驾驶时使用移动电话或者其他通讯工具的；
（六）驾驶时观看影视录像或者调试导航装置的。

河南省

郑洛新国家自主创新示范区条例(节选)

(2020年7月31日河南省第十三届人民代表大会常务委员会第十九次会议通过;2020年8月3日河南省第十三届人民代表大会常务委员会公告第42号发布;2020年9月1日起施行)

第二章　规划建设

第十一条　自主创新示范区应当坚持新发展理念,着力构建长效、创新、包容、高效的发展环境,制定产业发展规划,统筹产业布局;优先发展大数据、云计算、人工智能、区块链、北斗应用、高端装备制造、新能源及新能源汽车、新材料、生物医药、生物育种等具有比较优势、前沿引领作用的战略性新兴产业和高新技术产业;调整优化现有产业,禁止发展高能耗、高污染和高环境风险的产业项目,延长产业链、发展创新链、提升价值链、完善供应链,培育形成优势互补、集聚集约、低碳循环、具有国际竞争力的产业新格局。

河南省测绘管理条例(节选)

(1995年9月6日河南省第八届人民代表大会常务委员会第十次会议通过;根据1997年4月4日河南省第八届人民代表大会常务委员会第二十五次会议关于修改《河南省测绘管理条例》的决定修正;2004年11月26日河南省第十届人民代表大会常务委员会第十二次会议修订;2004年11月26日河南省人民代表大会常务委员会公告第20号发布;2005年3月1日起施行)

第二章　基础测绘

第七条　基础测绘是公益性事业。全省基础测绘实行分级管理。

省级基础测绘包括:

(一)全省统一的三、四等平面控制网、高程控制网和空间定位同的建立、维护与更新;

(二)万分之一、五千分之一基本比例尺地形图、影像图以及数字化产品的测制和相应的基础地理信息数据的采集与更新;

（三）省级国民经济与社会信息化地理空间基础框架和基础地理信息系统的建设、维护与更新；

（四）用于全省公共服务的基础航空摄影与航空、航天遥感测绘；

（五）编制全省基础地理底图和基本地图（册）；

（六）国务院测绘行政主管部门规定的其他基础测绘项目。

省辖市、县（市、区）基础测绘包括：

（一）本行政区域内平面控制网、高程控制网和空间定位网的加密、维护与更新；

（二）本行政区域内等于或者大于二千分之一基本比例尺地形图、影像图以及数字化产品的测制和相应的基础地理信息数据的采集与更新；省辖市、县（市、区）国民经济与社会信息化地理空间基础框架和基础地理信息系统的建设、维护与更新；

（三）省测绘主管部门规定的其他基础测绘项目。

第九条 省测绘主管部门会同有关部门编制全省用于基础测绘的卫星遥感资料购置与航空摄影计划。使用政府资金购置用于基础测绘的卫星遥感资料和进行基础航空摄影的，由省测绘主管部门统一组织实施。

在本省行政区域内从事以基础测绘为目的的航空摄影与遥感活动。应当事先向省测绘主管部门提出申请，经审核并报有关部门审查批准后方可实施。

湖北省

湖北省安全生产条例（节选）

（2006 年 3 月 31 日湖北省第十届人民代表大会常务委员会第二十次会议通过；根据 2014 年 9 月 25 日湖北省第十二届人民代表大会常务委员会第十一次会议《关于集中修改、废止部分省本级地方性法规的决定》修正；2017 年 5 月 24 日湖北省第十二届人民代表大会常务委员会第二十八次会议修订；2017 年 9 月 1 日起施行）

第二章 生产经营单位的安全生产保障

第二节 特别规定

第三十七条 危险化学品运输单位应当通过卫星定位系统，对危险化学品运输车辆、船舶进行全程监控，并与负有安全生产监督管理职责的部门联网。

未经公安机关批准，运输危险化学品的车辆不得进入限制通行的路段、区域和停放地点。限制通行的路段、区域和停放地点由县级人民政府公安机关划定，并设置明显的标志。

危险化学品运输车辆途中确需较长时间停车的，驾驶人员和押运人员应当采取相应的安全防护措施；运输剧毒物品或者易燃易爆危险化学品的，还应当向当地公安机关报告。

危险化学品生产经营单位应当建立并实施发货和装载查验制度，在装载危险化学品前查验承运单位车辆资质、驾驶人员和押运人员从业资格，检查车辆及罐体、警示灯具和标志的完好性，严禁超载、混装。

湖南省

湖南省治理货物运输车辆超限超载条例（节选）

（2021 年 7 月 30 日湖南省第十三届人民代表大会常务委员会第二十五次会议通过；2021 年 7 月 30 日湖南省第十三届人民代表大会常务委员会公告第 76 号发布；2021 年 10 月 1 日起施行）

第二章　源 头 管 控

第十六条　县级以上人民政府应当采取简化行政审批手续，严格执行超限超载认定标准和公路超限检测站联合执法工作流程，严厉打击车匪路霸、欺行霸市行为，加强城市配送车辆停靠接卸场地建设，降低公路通行成本，规范货运车辆定位信息服务收费行为，发展网络货运新业态，对货运源头单位配置监控设备给予适当补贴等措施降低货运成本。

县级以上人民政府交通运输主管部门应当发挥行业协会作用，加强道路货物运输成本价格信息监测和发布，引导运输价格合理形成、运力合理配置和利用，维护道路运输市场正常竞争秩序。

广东省

广东省数字经济促进条例(节选)

(2021 年 7 月 30 日广东省第十三届人民代表大会常务委员会第三十三次会议通过;2021 年 7 月 30 日广东省第十三届人民代表大会常务委员会公告第 85 号发布;2021 年 9 月 1 日起施行)

第八章　数字基础设施建设

第五十八条　省人民政府自然资源主管部门应当统筹建设本省卫星导航定位基准服务系统和配套基础设施,提供卫星导航定位基准信息公共服务。

鼓励符合法定条件的组织参与卫星互联网基础设施建设,构建通信、导航、遥感空间基础设施体系。

广东省渔港和渔业船舶管理条例(节选)

(2011 年 9 月 29 日广东省第十一届人民代表大会常务委员会第二十八次会议通过;根据 2019 年 1 月 16 日广东省第十三届人民代表大会常务委员会第九次会议《关于修改〈广东省林地保护管理条例〉等两项地方性法规的决定》第一次修正;根据 2020 年 9 月 29 日广东省第十三届人民代表大会常务委员会第二十五次会议《关于修改〈广东省林地保护管理条例〉等十六项地方性法规的决定》第二次修正;2020 年 9 月 29 日广东省第十三届人民代表大会常务委员会公告第 66 号发布;2020 年 9 月 29 日起施行)

第二章　渔港规划与建设

第八条　渔港航道和航标、导航、通信预警、消防等安全设施和环境保护设施,应当与渔港主体工程同时设计、同时施工、同时投入使用。

第三章　渔港管理与服务

第二十条　任何单位和个人不得侵占、损坏助航、导航、通信、消防以及防波堤、护岸等渔港设施;造成渔港设施损坏的,应当及时向渔政监督管理机构报告,并依法承担赔偿责任。

广东省旅游条例（节选）

（2017年7月27日广东省第十二届人民代表大会常务委员会第三十四次会议通过；根据2020年9月29日广东省第十三届人民代表大会常务委员会第二十五次会议《关于修改〈广东省林地保护管理条例〉等十六项地方性法规的决定》修正；2020年9月29日广东省第十三届人民代表大会常务委员会公告第66号发布；2020年9月29日起施行）

第四章　旅游安全、公共服务与监督管理

第四十条　旅游经营者应当制定紧急事件和安全事故应急救援预案，加强对旅游场所、设施设备的日常维护保养，对具有危险性的旅游场所、路段、设施设备和游览项目设置明显的安全警示标志，就可能危及旅游者人身、财产安全的事宜，以明示的方式事先向旅游者作出说明或者警示。

旅游突发事件发生后，旅游经营者及其现场人员应当立即采取措施救助受害旅游者，控制事态发展，并依法履行报告义务，积极参加所在地人民政府组织的应急救援和善后处置工作。

旅行社租用客运车辆、船舶的，应当选择具备相应资质的承运人和已投保法定强制保险的车辆、船舶，并签订旅游运输合同。承担旅游运输的客运车辆、船舶，应当符合保障人身、财产安全的要求，配备具有相应资质的驾驶员、船员和具有行驶记录功能的卫星定位装置、座位安全带、消防、救生等安全设施设备；承担旅游运输的客运车辆应当设有导游专座。

广东省无线电管理条例（节选）

（2010年12月1日广东省第十一届人民代表大会常务委员会第二十二次会议通过；根据2014年9月25日广东省第十二届人民代表大会常务委员会第十一次会议《关于修改〈广东省商品房预售管理条例〉等二十七项地方性法规的决定》修正；2019年3月28日广东省第十三届人民代表大会常务委员会第十一次会议修订；2019年3月28日广东省第十三届人民代表大会常务委员会公告第32号发布；2019年7月1日起施行）

第十五条　设置、使用无线电台（站）的单位或者个人应当遵守国家和省有关环境

保护的规定，采取必要措施防止无线电波发射产生的电磁辐射污染环境。

设置、使用广播电视台（站）、雷达、卫星地球上行站等无线电台（站）的，还应当依法开展环境影响评价，并对无线电发射设备的电磁辐射进行监测，确保符合电磁环境控制限值的要求。

生态环境部门应当加强对电磁辐射的监测和监督检查，依法查处违法行为，保障公众健康。

广东省大气污染防治条例（节选）

（2018 年 11 月 29 日广东省第十三届人民代表大会常务委员会第七次会议通过；2018 年 11 月 29 日广东省第十三届人民代表大会常务委员会公告第 20 号发布；2019 年 3 月 1 日起施行）

第六章　扬尘污染和其他污染防治

第一节　扬尘污染防治

第五十七条　运输煤炭、垃圾、渣土、土方、砂石和灰浆等散装、流体物料的车辆应当密闭运输，配备卫星定位装置，并按照规定的时间、路线行驶。

对未实现密闭运输或者未配备卫星定位装置的车辆，县级以上人民政府相关主管部门不予运输及处置核准。

第八章　法 律 责 任

第八十四条　违反本条例第五十七条第一款规定，运输煤炭、垃圾、渣土、土方、砂石和灰浆等散装、流体物料的车辆未采取密闭运输、未配备卫星定位装置、或者未按照规定的时间、路线要求行驶的，由县级以上人民政府确定的监督管理部门责令改正，处五千元以上二万元以下的罚款；拒不改正的，车辆不得上道路行驶。

广东省道路交通安全条例(节选)

(2006年1月18日广东省第十届人民代表大会常务委员会第二十二次会议通过;2011年3月30日广东省第十一届人民代表大会常务委员会第二十五次会议修订;根据2014年9月25日广东省第十二届人民代表大会常务委员会第十一次会议《关于修改〈广东省商品房预售管理条例〉等二十七项地方性法规的决定》修正;2014年9月25日起施行)

第二章 车辆和驾驶人

第八条 下列机动车应当安装、使用符合国家和省有关标准的卫星定位汽车行驶记录仪,并保持完好、有效运行:

(一)在本省注册登记的重型载货汽车、半挂牵引车、危险货物运输车辆、建设施工单位散装物料车、校车、教练车、从事道路营运的载客汽车;

(二)不在本省注册登记但在本省作业的建设施工单位散装物料车。

机动车所有人或者驾驶人可以自行选择购买、安装符合国家和省有关标准的卫星定位汽车行驶记录仪。

第七章 法律责任

第六十条 行为人有下列情形之一的,处五百元罚款:

(一)公路客运车辆载客超过额定乘员的;

(二)货运机动车超过核定载质量的;

(三)总质量大于三千五百千克的货车和挂车未按照国家标准在其侧面及后下部安装防护装置的;

(四)未按照规定安装、使用卫星定位汽车行驶记录仪的;

(五)擅自更改、删除或者伪造卫星定位汽车行驶记录仪信息资料的;

(六)非机动车违反交通管制的规定强行通行,不听劝阻的。

行为人有前款规定第一项、第二项情形之一的,应当扣留机动车至违法状态消除;有前款规定第三项、第四项、第五项情形之一的,应当责令改正。

第八章 附　　则

第七十一条 对道路交通安全违法行为的罚款处罚,可以实行异地缴纳罚款制度,具体办法由省人民政府自本条例施行之日起一年内制定。

卫星定位汽车行驶记录仪的安装、使用、监管办法，道路交通事故社会救助基金实施办法，电动自行车等安装有动力装置的非机动车的检验办法由省人民政府自本条例施行之日起一年内制定。

广东省道路运输条例(节选)

(2013 年 11 月 21 日广东省第十二届人民代表大会常务委员会第五次会议通过;2013 年 11 月 21 日广东省第十二届人民代表大会常务委员会公告第 7 号公布;2014 年 5 月 1 日起施行)

第四章　道路运输相关业务

第四节　汽车租赁及客(货)运相关服务

第四十条　汽车租赁经营者应当使用自有车辆从事租赁经营，租赁汽车应当为十二座以下小型客车，车辆行驶证件齐全有效，并装备符合标准的卫星定位汽车行驶记录仪。

汽车租赁经营者应当在经营场所公布租赁车辆的车牌号码、厂牌型号、首次注册登记日期信息。

汽车租赁经营者不得从事或者变相从事道路运输经营活动。

第五章　道路运输安全

第四十九条　道路运输经营者及相关业务经营者应当在客运班车、客运包车、危险货物运输专用车辆、重型货车和教学车辆驾驶室显著位置安装、使用符合国家和省有关标准的卫星定位汽车行驶记录仪，保持有效运行，并向交通运输主管部门实时传送相关数据。

第六章　监 督 检 查

第五十九条　交通运输主管部门可以依据交通监控视频资料、汽车行驶记录仪或者卫星定位系统所记录的资料，认定违法事实。

第七章　法 律 责 任

第六十四条　违反本条例规定，有下列情形之一的，由县级以上人民政府交通运输主管部门责令改正，并处一千元以上三千元以下的罚款;情节严重的，由原许可机关吊销道路运输经营许可证或者相应的经营许可:

（一）客运经营者未按照规定为运输车辆配备驾驶员的或者在运行途中强迫、诱骗旅客下车的；

（二）班车客运经营者、直通港澳班车客运经营者未按照规定的线路、口岸、班次或者停靠站点经营的；

（三）包车客运经营者、直通港澳包车客运经营者未核实包车的真实性或者招揽包车合同外的旅客乘车的；

（四）包车客运经营者、直通港澳包车客运经营者不能提供有效包车合同的；

（五）客运包车线路两端均不在车籍所在地的；

（六）直通港澳运输车辆从事境内区间的道路运输经营的；

（七）未按照规定使用卫星定位汽车行驶记录仪实时传送相关数据的；

（八）机动车维修经营者编造维修理由误导消费或者虚列维修项目的。

广西壮族自治区

广西壮族自治区促进散装水泥发展和应用条例（节选）

（2014 年 11 月 28 日广西壮族自治区第十二届人民代表大会常务委员会第十三次会议通过；根据 2021 年 5 月 26 日广西壮族自治区第十三届人民代表大会常务委员会第二十三次会议《关于修改〈广西壮族自治区实施《中华人民共和国水法》办法〉等四件地方性法规和废止〈广西壮族自治区木材运输管理条例〉的决定》修正；2021 年 5 月 26 日广西壮族自治区人民代表大会常务委员会公告〔十三届〕第 47 号发布；2021 年 5 月 26 日起施行）

第二章　促进措施

第十二条　散装水泥、预拌混凝土和预拌砂浆的运输，应当使用符合国家标准的专用车辆，并安装具有行驶记录功能的卫星定位装置。车辆在运行过程中应当遵守道路交通安全、运输和环境保护的规定，防止抛撒、滴漏，保持车辆清洁。

对确需在限制或者禁止路段通行、停靠的散装水泥、预拌混凝土和预拌砂浆专用车辆，车辆所有人或者管理人应当按照规定向当地县级以上人民政府公安机关交通管理部门申请办理通行手续，公安机关交通管理部门应当及时办理，提供通行便利。获准通行的专用车辆应当按照公安机关交通管理部门指定的时间、路线以及限定的速度通行，并在指定的地点、区域停靠。

中国(广西)自由贸易试验区条例(节选)

(2020年9月22日广西壮族自治区第十三届人民代表大会常务委员会第十八次会议通过;2020年9月22日广西壮族自治区人民代表大会常务委员会公告〔十三届〕第35号发布;2020年9月22日起施行)

第六章　面向东盟开放合作和"一带一路"建设

第四十二条　自贸试验区应当加强与中国—东盟信息港建设联动,构建与东盟国家通信基础设施和技术服务互联互通合作网络,深度融合信息技术与贸易服务,建设中国—东盟信息化服务平台。支持信息化企业开展北斗导航、大数据、人工智能等相关领域的国际合作。拓展区域联动信息交流渠道,建立信息共享机制。

广西壮族自治区测绘管理条例(节选)

(1995年3月29日广西壮族自治区第八届人民代表大会常务委员会第十四次会议通过;根据1997年12月4日广西壮族自治区第八届人民代表大会常务委员会第三十一次会议《关于修改〈广西壮族自治区测绘管理条例〉的决定》第一次修正;2003年9月26日广西壮族自治区第十届人民代表大会常务委员会第四次会议第一次修订;根据2016年11月30日广西壮族自治区第十二届人民代表大会常务委员会第二十六次会议《关于废止和修改部分地方性法规的决定》第二次修正;2019年7月25日广西壮族自治区第十三届人民代表大会常务委员会第十次会议第二次修订;2019年7月25日广西壮族自治区人民代表大会常务委员会公告〔十三届〕第19号发布;2019年10月1日起施行)

第二章　基础测绘和地理国情监测

第八条　基础测绘实行分级管理制度。

自治区级基础测绘包括:

(一)自治区统一的平面控制网、高程控制网和现代空间定位基础框架的建立、复测与维护;

(二)1∶5000、1∶10000基本比例尺地图、影像图、数字化产品的测制和更新;

（三）自治区级基础地理信息数据库和系统的建设、维护和更新；

（四）自治区级基础测绘的设施建设；

（五）获取地方基础地理信息的航空摄影与遥感；

（六）编制自治区基础地理底图和基本地图集（册）；

（七）国务院测绘地理信息主管部门和自治区人民政府确定的其他基础测绘项目。

设区的市、县级基础测绘包括：

（一）本行政区域内平面控制网、高程控制网和现代空间定位基础框架的加密、复测与维护；

（二）本行政区域内1∶500、1∶1000、1∶2000基本比例尺地图、影像图、数字化产品的测制和更新；

（三）本行政区域内基础地理信息数据库和系统的建设、维护和更新；

（四）自治区人民政府测绘地理信息主管部门和本级人民政府确定的其他基础测绘项目。

第二款、第三款所称现代空间定位基础框架，包括卫星导航定位连续运行基准站网、卫星大地测量控制网、区域似大地水准面精化模型等现代卫星大地测量基础设施。

第三章　界线测绘和其他测绘

第十六条　县级以上人民政府测绘地理信息主管部门负责本行政区域内突发事件应急测绘保障工作，建立应急测绘保障机制，制定应急测绘保障预案。

应急测绘需要遥感监测、导航定位和测绘地理信息数据的，县级以上人民政府测绘地理信息主管部门应当即时组织，提供保障。

第六章　测绘地理信息基础设施

第三十六条　测绘地理信息基础设施包括下列用于测绘地理信息活动的标志、场地和平台：

（一）永久性测量标志；

（二）卫星导航定位基准服务系统；

（三）测绘技术装备计量检定场；

（四）地理空间信息基础框架；

（五）地理信息公共服务平台；

（六）法律、法规规定的其他测绘地理信息基础设施。

第三十九条　自治区人民政府测绘地理信息主管部门应当会同本级人民政府其他有关部门，按照统筹建设、资源共享的原则，建设全区统一的卫星导航定位基准服务系统,加强北斗卫星导航定位系统配套建设,提供导航定位基准信息公共服务。

卫星导航定位基准服务系统应当符合国家有关标准、要求和规范。

第四十条 建设卫星导航定位基准站的,建设单位应当按照国家有关规定报测绘地理信息主管部门备案。

卫星导航定位基准站建设备案,应当提交卫星导航定位基准站建设站网、站点信息备案表等材料。

第四十一条 任何单位和个人不得损毁、破坏测绘地理信息基础设施,不得从事危害测绘地理信息基础设施安全和使用效能的活动。

设置测绘地理信息基础设施,需要使用土地的,设置单位应当依法办理用地手续;占用建筑物的,设置单位应当给予公平合理补偿。

有关部门在规划、审批可能影响已建的永久性测量标志、卫星导航定位基准站、测绘技术装备计量检定场使用土地和使用效能的项目前,应当征求自治区人民政府测绘地理信息主管部门的意见。

建设电力、广播电视、通信设施等电磁波发射装置系统的,应当避让已建的永久性测量标志、卫星导航定位基准站、测绘技术装备计量检定场,避免受电磁波发射干扰的安全控制距离不少于两百米。

第四十三条 县级以上人民政府测绘地理信息主管部门应当按照规定组织检查、维护本行政区域内的永久性测量标志、卫星导航定位基准服务系统、测绘技术装备计量检定场等测绘地理信息基础设施,建立健全其档案,并指派单位或者专人保管。

自治区人民政府测绘地理信息主管部门负责组织维护国家及自治区设置的测绘地理信息基础设施;设区的市、县级人民政府测绘地理信息主管部门负责组织维护本级设置的测绘地理信息基础设施。

乡镇人民政府和街道办事处应当做好本区域内永久性测量标志、卫星导航定位基准站、测绘技术装备计量检定场等测绘地理信息基础设施的保护工作。

广西壮族自治区大气污染防治条例(节选)

(2018年11月28日广西壮族自治区第十三届人民代表大会常务委员会第六次会议通过;2018年11月28日广西壮族自治区人民代表大会常务委员会公告〔十三届〕第12号发布;2019年1月1日起施行)

第五章 扬尘污染防治

第七十一条 装卸和运输煤炭、水泥、砂土、垃圾等易产生扬尘的作业,应当采取遮盖、封闭、喷淋、围挡等措施,防止抛撒、扬尘。运输垃圾、渣土、砂石、土方、灰浆等散装、流体物料的,应当采取密闭运输或者其他措施防止物料遗撒,并安装卫星定位系统,按照规定路线行驶。

广西壮族自治区饮用水水源保护条例(节选)

(2017 年 1 月 18 日广西壮族自治区第十二届人民代表大会第六次会议通过;2017 年 1 月 18 日广西壮族自治区第十二届人民代表大会公告第 14 号发布;2017 年 5 月 1 日起施行)

第三章　保 护 措 施

第三十九条　县级以上人民政府公安机关划定、调整危险化学品陆路运输通行区域,应当避开饮用水水源保护区;无法避开的,公路交通管理部门应当在相关路段加强道路安全防护设施建设,公安交通管理部门应当在进入保护区域前的路段设置预警标识、限速标志和实时监控系统。危险品运输工具应当安装卫星定位装置,并根据运输物品的危险性采取相应的安全防护措施,配备必要的防护用品和应急救援器材。

海南省

海南自由贸易港三亚崖州湾科技城条例(节选)

(2020 年 12 月 2 日海南省第六届人民代表大会常务委员会第二十四次会议通过;2020 年 12 月 2 日海南省人民代表大会常务委员会公告第 70 号发布;2021 年 1 月 1 日起施行)

第四章　产 业 促 进

第二十六条　支持科技城发展卫星导航、测绘和相关产业及服务,建设卫星遥感信息产业园区。

海南省大数据开发应用条例(节选)

(2019年9月27日海南省第六届人民代表大会常务委员会第十四次会议通过;2019年9月27日海南省人民代表大会常务委员会公告第37号发布;2019年11月1日起施行)

第三章 大数据应用与产业促进

第三十八条 推动大数据与云计算、移动互联网、物联网、卫星导航、人工智能、区块链等信息技术的融合,培育大数据服务新技术、新业态,促进数字经济创新发展。

海南省无线电管理条例(节选)

(2011年11月30日海南省第四届人民代表大会常务委员会第二十六次会议通过;根据2019年7月29日海南省第六届人民代表大会常务委员会第十三次会议《关于修改〈海南省无线电管理条例〉的决定》修正;2019年7月29日海南省人民代表大会常务委员会公告第32号发布;2019年9月1日起施行)

第四章 电磁环境管理

第三十八条 省人民政府无线电主管部门应当对遇险救助和抢险救灾专用电台、民航和水上无线电导航台、水上交通管理和调度台(站)、广播电视发射台(站)、航天测控中心、气象观测台、大型卫星地球站、射电天文、无线电监测和测向台等涉及重大公共安全和公共利益的无线电台(站)予以重点保护。

省人民政府无线电主管部门可以根据需要,会同生态环境、规划等主管部门根据国家和本省有关标准和规定,组织专家论证后,对前款规定的重要无线电台(站)划定电磁环境保护区,并报省人民政府批准后予以公告。

在电磁环境保护区内不得设置、使用被保护台(站)以外的其他无线电台(站);确需设置、使用的,应当经电磁兼容分析并组织专家论证后,报省人民政府无线电主管部门批准。

海南省测绘地理信息条例(节选)

(2019 年 7 月 29 日海南省第六届人民代表大会常务委员会第十三次会议通过;2019 年 7 月 29 日海南省人民代表大会常务委员会公告第 30 号发布;2019 年 9 月 1 日起施行)

第九条　卫星导航定位基准站应当科学布点、合理设置。需要使用土地的,设置单位应当依法办理用地手续;占用建筑物的,设置单位应当给予适当补偿。

建设电力、广播电视、通信设施等电磁波发射装置系统的,应当按照国家有关标准合理避让已建卫星导航定位基准站。

海南省实施《中华人民共和国道路交通安全法》办法(节选)

(2014 年 1 月 17 日海南省第五届人民代表大会常务委员会第六次会议通过;2014 年 1 月 17 日海南省人民代表大会常务委员会公告第 20 号发布;2014 年 3 月 1 日起施行)

第二章　车辆和驾驶人

第十三条　用于公路营运的载客汽车、旅游客车、重型载货汽车、半挂牵引车、危险品运输车和校车应当按照规定安装、使用符合国家标准的具有卫星定位功能的行驶记录仪,并保持其正常运行。

重庆市

重庆市大气污染防治条例(节选)

(2017年3月29日重庆市第四届人民代表大会常务委员会第三十五次会议通过;根据2018年7月26日重庆市第五届人民代表大会常务委员会第四次会议《关于修改〈重庆市城市房地产开发经营管理条例〉等二十五件地方性法规的决定》第一次修正;根据2021年5月27日重庆市第五届人民代表大会常务委员会第二十六次会议《关于废止和修改部分地方性法规的决定》第二次修正;2021年5月27日重庆市人民代表大会常务委员会公告〔五届〕第132号发布;2021年5月27日起施行)

第五章　扬尘污染防治

第五十七条　运输煤炭、水泥、垃圾、渣土、砂石、泥浆等易撒漏扬散物质的,应当使用符合国家和本市有关技术规定的密闭运输车辆,并安装卫星定位系统,按照规定的时间、区域和线路行驶。

城市管理、交通部门应当按照各自职责对相关运输车辆扬尘控制情况实施监督检查,公安机关交通管理部门应当予以协助。

重庆市水上交通安全管理条例(节选)

(1998年3月28日重庆市第一届人民代表大会常务委员会第八次会议通过;根据2001年5月25日重庆市第一届人民代表大会常务委员会第三十二次会议《关于修改〈重庆市水上交通安全管理条例〉的决定》第一次修正;根据2010年7月23日重庆市第三届人民代表大会常务委员会第十八次会议《关于修改部分地方性法规的决定》第二次修正;2011年11月25日重庆市第三届人民代表大会常务委员会第二十八次会议修订;2011年11月25日重庆市人民代表大会常务委员会公告〔2011〕42号发布;2012年1月1日起施行)

第三章　航行、停泊和作业

第十七条　船舶航行应当具备以下条件:

(一)持有有效的船舶检验证书和船舶登记证书;

（二）配备符合国务院交通行政主管部门规定的船员；

（三）依照规定标明船名、船籍港、载重线；

（四）船舶主机、舵机、锚机等机器和船体完好，消防、救生等设施设备齐全有效，依照规定配备、使用甚高频无线电话（VHF）、全球卫星定位系统（GPS）、船舶自动识别系统（AIS）等通讯、助航设备和视频设施，以及相关安全保卫设施；

（五）配备必要的航行资料。

按照国家规定必须取得船舶污染损害责任、沉船打捞责任保险文书或者财务保证书的船舶，应当随船携带其副本。

浮动设施从事有关活动，应当具备本条第一款第一项、第二项规定的条件。

第六章　法律责任

第四十条　违反本条例规定，有下列情形之一的，对负有责任的船舶所有人或者经营人处一千元以上五千元以下的罚款。对负有责任的船员处二百元以上一千元以下罚款；情节严重的，暂扣其船员适任证书或者其他适任证件三个月至六个月；情节特别严重的，吊销责任船员船员适任证书或者其他适任证件：

（一）船舶主机、舵机、锚机等机器和船体坏损，消防、救生等设施设备失效、不全航行的；

（二）按规定应当配备、使用而未配备、使用甚高频无线电话（VHF）、全球卫星定位系统（GPS）、船舶自动识别系统（AIS）等通讯、助航设备和视频设施，以及相关安全保卫设施的。

四川省

四川省测绘管理条例（节选）

（2005年9月23日四川省第十届人民代表大会常务委员会第十七次会议通过；根据2012年7月27日四川省第十一届人民代表大会常务委员会第三十一次会议《关于修改部分地方性法规的决定》修正；2020年6月12日四川省第十三届人民代表大会常务委员会第十九次会议修订；2020年6月12日四川省第十三届人民代表大会常务委员会公告第57号发布；2020年8月1日起施行）

第二章　测绘基准与测绘系统

第六条　卫星导航定位基准服务系统应当符合国家有关标准、规范和要求。

省人民政府测绘地理信息主管部门应当会同其他有关部门，建立全省统一的卫星导航定位基准服务系统，并向社会提供公共服务。

第七条 建设卫星导航定位基准站的，建设单位应当按照国家有关规定报省人民政府测绘地理信息主管部门备案，并纳入全省卫星导航定位基准服务系统。

第八条 卫星导航定位基准站的建设和运行维护应当符合国家标准和要求，不得危害国家安全。

卫星导航定位基准站的建设和运行维护单位应当建立数据安全保障制度，并遵守保密法律、行政法规的规定。

第九条 县级以上地方人民政府应当做好本级卫星导航定位基准站的保护工作，确定单位或者指派专人定期进行检查和维护。

县级以上地方人民政府测绘地理信息主管部门应当建立健全卫星导航定位基准站管理制度，做好相关档案管理工作，保障卫星导航定位基准站的安全运行。

县级以上地方人民政府测绘地理信息主管部门负责维护的卫星导航定位基准站的运行维护费用纳入本级预算。

第十三条 县级以上地方人民政府测绘地理信息主管部门应当通过地理信息公共服务平台发布已建的永久性测量标志、卫星导航定位基准站、测绘仪器计量检定场的分布信息。

第十四条 任何单位和个人不得侵占、损毁、拆除或者擅自移动卫星导航定位基准站、测绘仪器计量检定场、地理信息公共服务平台等基础测绘设施，或者从事危害基础测绘设施安全和使用效能的活动。基础测绘设施遭受破坏的，县级以上地方人民政府测绘地理信息主管部门应当及时采取措施，组织力量修复或者重建，确保基础测绘设施的使用效能。单位和个人对基础测绘设施造成损害的，应当依法承担赔偿责任。

负责管理基础测绘设施的单位和个人以及其他人员，发现侵占、损毁、拆除或者擅自移动基础测绘设施或者危害基础测绘设施安全的行为，有权制止并及时报告设施所在地乡（镇）人民政府、街道办事处或者测绘地理信息主管部门。

四川省道路运输条例(节选)

(2014 年 7 月 30 日四川省第十二届人民代表大会常务委员会第十次会议通过;2014 年 7 月 30 日四川省第十二届人民代表大会常务委员会公告第 23 号发布;2014 年 11 月 1 日起施行)

第二章　道路运输经营

第三节　共 同 规 定

第三十一条　客货运输车辆应当按照规定安装和使用符合国家标准的具有行驶记录功能的卫星定位装置,任何单位和个人不得指定卫星定位装置的品牌及安装等事项。

客货运输经营者应当建立卫星定位系统使用和管理制度,保障其正常运行,对车辆和驾驶员进行实时监管。

客货运输车辆的驾驶员应当按规定使用卫星定位系统,保障其正常运行。

第五章　法 律 责 任

第六十二条　违反本条例规定,有下列行为之一的,由县级以上道路运输管理机构责令改正,并处以二千元以上五千元以下的罚款;情节严重的,由原许可机关依法吊销相关经营许可和从业资格证件:

(一)客运经营者坑骗旅客、拒载旅客、站外揽客、途中甩客、擅自加价、恶意压价、堵站罢运的;

(二)运输有毒、感染性、腐蚀性危险货物的车辆和运输危险货物的罐式专用车辆运输普通货物的;

(三)道路运输经营者聘用无相应从业资格证件的人员从事道路运输经营行为的;

(四)客货运输车辆的技术等级和客运车辆的类型等级不符合国家有关规定的;

(五)客货运输经营者未按规定安装卫星定位装置的;

(六)客货运输经营者、驾驶员未按规定使用卫星定位系统的;

(七)未经安全检查、安全检查不合格的客运包车载客运行的;

(八)机动车驾驶培训经营者未使用符合规定条件的教练员和教练车,未按照规定的教学大纲和培训教材进行培训的;

(九)机动车驾驶培训经营者、教练员不按规定使用国家规定的监督教学活动设备的；

（十）从事客车租赁经营未向道路运输管理机构备案的。

贵州省

贵州省城市公共交通条例（节选）

（2012年11月29日贵州省第十一届人民代表大会常务委员会第三十一次会议通过；根据2021年3月26日贵州省第十三届人民代表大会常务委员会第二十四次会议通过的《贵州省人民代表大会常务委员会关于修改〈贵州省城市公共交通条例〉〈贵州省殡葬管理条例〉个别条款的决定》修正；2021年3月26日贵州省人民代表大会常务委员会公告〔2021〕第4号发布；2021年3月27日起施行）

第五章　运营服务

第三十八条　城市公共交通经营者应当遵守下列规定：

（一）保持车辆整洁，服务和安全设施、应急装置齐全完好；

（二）在公共汽车车厢内显著位置张贴线路站点示意图、投诉举报电话、运营价格标准，设置儿童免费乘车标尺、禁烟标志和老、幼、病、残、孕专用座位，车身前、后设置线路牌，车身右侧设置站点示意图；

（三）出租汽车使用规定的车身识别色、安装“出租”和“TAXI”字样的顶灯，并在显著位置标明经营单位名称、运营价格标准、投诉举报电话、禁烟标志；

（四）出租汽车装置检定合格的计价器；

（五）按照国家或者省的规定安装卫星定位监控系统或者视频监控系统；

（六）遇有抢险救灾、突发公共事件等特殊情况，服从当地人民政府的应急指挥调度；

（七）城市公共交通的其他有关标准和服务规范。

贵州省无线电管理条例(节选)

(2019年3月29日贵州省第十三届人民代表大会常务委员会第九次会议通过;2019年3月29日贵州省人民代表大会常务委员会公告〔2019〕第3号发布;2019年5月1日起施行)

第四章　无线电安全

第三十三条　派出机构应当将已建射电望远镜、卫星地球站、无线电导航台、气象雷达站等重要无线电台(站)和无线电管理技术设施的电磁环境保护要求,报送所在地市州人民政府有关部门,并由所在地市州人民政府列入信息基础设施安全保护范围。

云南省

云南省测绘条例(节选)

(2020年3月30日云南省第十三届人民代表大会常务委员会第十六次会议通过;2020年3月30日云南省人民代表大会常务委员会公告〔十三届〕第31号发布;2020年5月1日起施行)

第二章　测绘基准和测绘系统

第七条　省人民政府测绘地理信息主管部门应当会同本级人民政府其他有关部门,按照统筹建设、资源共享的原则,建立全省统一的卫星导航定位基准服务系统,并向社会提供服务。

第八条　在本省行政区域内建设卫星导航定位基准站的,建设单位应当依法向省人民政府测绘地理信息主管部门备案。

第九条　卫星导航定位基准站的建设和运行维护应当符合国家标准和要求,不得危害国家安全。

卫星导航定位基准站的建设和运行维护单位应当建立数据安全保障制度,并遵守保密法律、行政法规的规定。

县级以上人民政府测绘地理信息主管部门应当会同本级人民政府其他有关部门,加强对卫星导航定位基准站建设、运行维护的规范和指导。

第五章 测绘成果和应用

第三十条 编制普通地图，应当表示水系、地貌、交通、居民地、行政区划、境界线等要素，不得进行地理要素的有偿标载，不得刊登广告。

编制导航电子地图和公开发行的交通图、旅游图的，应当标载重要的国家机关、公立医疗机构、应急避难场所、旅游服务设施、高等院校、图书馆等公共地理信息。其他专题地图可以标载公共地理信息。标载公共地理信息不得收取任何费用。

第六章 测绘基础设施保护

第三十一条 任何单位和个人不得损毁、破坏测绘基础设施，不得从事危害测绘基础设施安全和使用效能的活动。

测绘基础设施主要包括：

（一）永久性测量标志；

（二）卫星导航定位基准站；

（三）测绘专用仪器计量检定场；

（四）地理空间信息基础框架；

（五）地理信息公共服务平台；

（六）法律、法规规定的其他测绘基础设施。

第三十二条 永久性测量标志、卫星导航定位基准站、测绘专用仪器计量检定场应当科学布点、合理设置，并修建防护设施，设立保护警示标识。

云南省道路运输条例（节选）

（2009年5月27日云南省第十一届人民代表大会常务委员会第十一次会议通过；根据2012年3月31日云南省第十一届人民代表大会常务委员会第三十次会议《云南省人民代表大会常务委员会关于修改25件涉及行政强制的地方性法规的决定》第一次修正；根据2014年7月27日云南省第十二届人民代表大会常务委员会第十次会议《云南省人民代表大会常务委员会关于修改部分地方性法规的决定》第二次修正；根据2018年11月29日云南省第十三届人民代表大会常务委员会第七次会议《云南省人民代表大会常务委员会关于废止和修改部分地方性法规的决定》第三次修正；2018年11月29日云南省第十三届人民代表大会常务委员会公告第13号发布；2018年11月29日起施行）

第二章 道路运输一般规定

第十二条 9座以上的营运客车和危险货物运输车辆应当安装卫星定位车载终

端,并纳入卫星定位监控系统;经营者应当建立卫星定位车载终端的使用和管理制度,落实监管主体的责任。经营者和驾驶人员应当保证卫星定位车载终端的正常运行。

第十章 法律责任

第四十八条 违反本条例规定,有下列行为之一的,由县级以上道路运输管理机构处1000元以上3000元以下罚款;有违法所得的,没收违法所得:

(一)伪造、涂改道路运输证件或者标志、标识的;

(二)道路运输相关业务经营者不按照本条例第七条的规定备案,经县级以上道路运输管理机构责令限期改正,逾期不改的;

(三)道路运输经营者、道路运输相关业务经营者不按照本条例第十一条规定制定相关应急预案,经县级以上道路运输管理机构责令限期改正,逾期不改的;

(四)客货运输经营者未按照规定安装和使用卫星定位车载终端的;

(五)包车客运经营者不按照规定对客运车辆进行发车前安全检查的;

(六)营运客货车辆不按照规定参加年审的;

(七)营运客车和危险货物运输车辆不按照规定到具备相应维修条件的维修企业进行日常维修的;

(八)营运客车、危险货物运输车辆未按照规定悬挂、放置、张贴统一式样标志、标牌的;

(九)托运人委托无道路危险货物运输资质的经营者承运危险货物的;

(十)无相应从业资格证的人员从事危险货物运输的;

(十一)教练员在工作中饮酒,服用国家管制的精神药品、麻醉药品的;

(十二)机动车维修经营者违法占道或者未经批准占用公共场所进行维修作业的;

(十三)客运站经营者不按照规定售票的;

(十四)客运站经营者不执行客票退票有关规定的;

(十五)客运经营者及从业人员坑骗旅客、非法拒载、站外揽客、途中甩客、擅自加价、恶意压价、堵站罢运的;

(十六)客运经营者及从业人员降低车辆类型等级未向旅客退还相应票款的;

(十七)包车客运经营者沿途或者回程擅自揽客的;

(十八)班车客运经营者擅自停止班车运输或者擅自改变许可内容的;

(十九)货运经营者违反本条例第二十五条规定运输危险货物或者普通货物的;

(二十)国际道路运输经营者不按照批准的国际道路运输线路、站点、班次运输或者未经原许可机关同意终止国际道路旅客运输经营的;

(二十一)机动车驾驶员培训机构不按照规定填写驾驶培训记录或者不按照规定

核发结业证的；

（二十二）机动车驾驶员培训机构不按照规定给教练车安装培训学时里程记录仪的；

（二十三）教练车不按照规定参加年审的；

（二十四）教练车未按照规定悬挂、张贴统一式样标志的；

（二十五）客运站经营者违反规定向进站经营者收取费用的；

（二十六）客运站经营者允许进站客车私自揽客或者改变日发班次、发车时间的；

（二十七）伪造、倒卖、转借机动车维修合格证的。

有前款第十五项至第二十七项的行为，情节严重的，由原许可机关吊销其经营许可；有前款第一项、第二十七项行为的，由县级以上道路运输管理机构收缴有关证件、标志、标识和维修合格证；对前款第二十项行为的罚款，可以由口岸国际道路运输管理机构作出。

云南省道路交通安全条例（节选）

（2008 年 3 月 28 日云南省第十一届人民代表大会常务委员会第二次会议通过；根据 2014 年 3 月 28 日云南省第十二届人民代表大会常务委员会第八次会议《关于修改〈云南省道路交通安全条例〉的决定》修正；2014 年 3 月 28 日云南省第十二届人民代表大会常务委员会公告第 15 号发布；2014 年 7 月 1 日起施行）

第二章　车辆和驾驶人

第三节　客运交通一般规定

第十九条　旅游客运车、三类以上班线客车、危险品运输车和校车的所有人应当给车辆安装和使用符合标准的具有行驶记录功能的卫星定位装置，并接入交通运输、公安机关交通管理等部门的监控平台和所属单位的公共监管与服务平台。卧铺客车还应当同时安装车载视频监控装置。公安机关交通管理部门可以调取使用监控平台和监管平台的行驶记录信息，行驶记录信息可以作为处理交通违法行为的证据材料。

营业性道路客运车辆以及核定载人数 9 人以上非营业性道路客运车辆，应当在车身明显位置漆喷核定载人数和严禁超员的字样。鼓励核定载人数 9 人以上非营业性道路客运车辆投保司乘人员人身意外伤害保险。

第六章　法 律 责 任

第九十条　旅游客运车、三类以上班线客车、危险品运输车和校车，未按规定使用卫星定位装置和车载视频监控装置的，由公安机关交通管理部门处200元罚款。

云南省无线电电磁环境保护条例(节选)

(2008年3月28日云南省第十一届人民代表大会常务委员会第二次会议通过;2008年3月28日云南省人民代表大会常务委员会公告第3号发布;2008年6月1日起施行)

第四章　治　　理

第三十五条　无线电管理机构在收到干扰投诉后，应当在5日内进行干扰排查，并将排查情况告知投诉人。在干扰排除前，无线电管理机构可以采取反干扰措施。

对航空导航等涉及人民生命财产安全的无线电台(站)造成干扰的，无线电管理机构应当立即进行排查。

无线电管理机构应当对干扰的原因、性质、程度、范围和后果等进行调查，并依法处理。

陕西省

陕西省测绘条例(节选)

(2004年9月29日陕西省第十届人民代表大会常务委员会第十三次会议通过;2019年9月27日陕西省第十三届人民代表大会常务委员会第十三次会议修订;2019年9月27日陕西省人民代表大会常务委员会公告〔十三届〕第20号发布;2019年12月1日起施行)

第一章　总　　则

第四条　县级以上测绘地理信息主管部门主要履行下列职责:

(一)宣传和贯彻执行测绘法律、法规;

（二）组织编制和实施基础测绘规划，协调有关部门编制和实施年度计划；

（三）管理监督测绘活动和测绘资质；

（四）做好突发事件应急测绘保障工作；

（五）组织测绘成果的汇交、储存、信息服务和监督管理；

（六）管理监督地图编制及其相关活动；

（七）管理和维护测量标志；

（八）规范和指导卫星导航定位基准站建设和运行维护；

（九）开展地理国情监测；

（十）依法查处测绘违法案件；

（十一）法律、法规规定的其他职责。

第二章　测绘基准和测绘系统

第八条　省测绘地理信息主管部门应当会同本级其他有关部门，按照统筹建设、资源共享的原则，建立统一的卫星导航定位基准服务系统，提供导航定位基准信息公共服务。

第九条　在本省行政区域内建设卫星导航定位基准站的，建设单位应当按照国家有关规定报省测绘地理信息主管部门备案。省测绘地理信息主管部门应当将卫星导航定位基准站建设备案情况报国务院测绘地理信息主管部门。

第十条　卫星导航定位基准站的建设和运行维护应当符合国家标准和要求，不得危害国家安全。

卫星导航定位基准站的建设和运行维护单位应当建立数据安全保障制度，并遵守保密法律、法规的规定。

第十一条　县级以上人民政府应当做好本级卫星导航定位基准站的保护工作，指派单位或者专人定期进行检查和维护。

县级以上测绘地理信息主管部门应当建立健全卫星导航定位基准站管理制度，做好相关档案管理工作，保障卫星导航定位基准站的安全运行。

县级以上人民政府应当将本级财政资金为主体投入建设的卫星导航定位基准站的运行维护费用纳入财政预算，予以保障。其他资金投资建设的卫星导航定位基准站由其自行维护，并接受当地测绘地理信息主管部门的监督管理。

陕西省固体废物污染环境防治条例(节选)

(2015 年 11 月 19 日陕西省第十二届人民代表大会常务委员会第二十三次会议通过;根据 2019 年 7 月 31 日陕西省第十三届人民代表大会常务委员会第十二次会议《关于修改〈陕西省产品质量监督管理条例〉等二十七部地方性法规的决定》修正并发布;2019 年 7 月 31 日起施行)

第六章　危险废物污染环境的防治

第一节　危险废物的特殊规定

第三十八条　危险废物转移实行电子联单制度。运输危险废物的专用车辆应当安装卫星定位装置,并保证安全正常运行。

陕西省实施《中华人民共和国道路交通安全法》办法(节选)

(2005 年 7 月 30 日陕西省第十届人民代表大会常务委员会第二十次会议通过;2013 年 11 月 29 日陕西省第十二届人民代表大会常务委员会第六次会议修订;2013 年 11 月 29 日陕西省人民代表大会常务委员会公告〔十二届〕第 6 号发布;2014 年 5 月 1 日起施行)

第二章　车辆和驾驶人

第一节　机动车和驾驶人

第十二条　县级以上人民政府交通运输、市容环境卫生、建设、公安机关交通管理和城市综合执法部门应当加强建筑垃圾清运车的监督管理。从事建筑垃圾清运的单位为建筑垃圾清运车加装统一的顶灯标识、限速装置和卫星定位系统,安装车厢下部两侧安全防护网,加强对驾驶人的管理和教育。

第八章　法 律 责 任

第九十七条　违反本办法规定,驾驶未安装顶灯标识、限速装置、卫星定位系统、车厢两侧安全防护网的建筑垃圾清运车上道路行驶的,由县级以上公安机关交通管理部门对驾驶人处一千元罚款；县级以上交通运输部门应当责令建筑垃圾清运单位限期改正；逾期不改正的，处一万元罚款，可以并处吊销车辆道路运输经营许可证。

甘肃省

甘肃省旅游条例(节选)

(2011年9月29日甘肃省第十一届人民代表大会常务委员会第二十三次会议通过；2021年7月28日甘肃省第十三届人民代表大会常务委员会第二十五次会议修订；2021年7月28日甘肃省人民代表大会常务委员会公告第69号发布；2021年10月1日起施行)

第六章 旅游安全

第五十一条 旅游经营者及旅游从业人员租用客运车辆、船舶的，应当选择具有相应资质的运输企业和已投保法定强制保险及经安全技术检验合格的车辆、船舶。

承担旅游运输的车辆、船舶，应当配备具有相应资质的驾驶员、船员和具有行驶记录功能的卫星定位装置、座位安全带、消防、救生等安全设施设备，并保持安全设施设备正常使用。驾驶员、船员、乘务员及导游人员应当提醒乘客安全注意事项。乘客应当提高安全意识，遵守安全警示规定，按照要求使用座位安全带等安全设施设备。

甘肃省辐射污染防治条例(节选)

(2020年12月3日甘肃省第十三届人民代表大会常务委员会第二十次会议通过；2020年12月3日甘肃省人民代表大会常务委员会公告第50号发布；2021年1月1日起施行)

第二十条 广播电视发射台(站)、雷达、微波通信站、卫星通信地球站、移动通信基站、高压输变电设施等电磁辐射设施的选址应当符合国土空间规划和电磁辐射污染防治的要求。

甘肃省道路交通安全条例(节选)

(2011年11月24日甘肃省第十一届人民代表大会常务委员会第二十四次会议通过;2020年4月1日甘肃省第十三届人民代表大会常务委员会第十五次会议修订通过;2020年4月1日甘肃省人民代表大会常务委员会公告第33号发布;2020年5月1日起施行)

第二章　车辆和驾驶人

第二十七条　公路营运性载客汽车、旅游客车、危险品运输车、重型载货汽车、半挂牵引车,应当安装、使用符合国家标准的行驶记录仪,并保持行驶记录仪正常运行。公路营运性载客汽车、旅游客车、危险品运输车等车辆安装的行驶记录仪应当具有卫星定位功能。

交通警察可以对行驶记录仪记录的机动车行驶速度、连续驾驶时间等行驶状态信息进行检查。

第五章　道路交通事故处理

第九十六条　因调查交通事故需要,公安机关交通管理部门可以依法向有关单位、个人调取汽车行驶记录仪、卫星装置、技术监控设备的记录资料以及其他与事故有关的证据材料。有关单位和个人应当如实提供,不得伪造、隐匿、毁灭。

甘肃省道路运输条例(节选)

(2014年3月26日甘肃省第十二届人民代表大会常务委员会第八次会议通过;2014年3月26日甘肃省人民代表大会常务委员会公告第11号公布;2014年5月1日起施行)

第二章　共同规定

第十六条　从事道路运输的车辆应当符合国家机动车安全技术标准、国家和本省规定的污染物排放标准和燃料消耗量限值,按照国家规定的行驶里程或者时间间隔进行检验和维护。

道路运输经营者应当按照国家规定为班车客运、包车客运、危险货物运输等车辆安装符合国家标准的具有行驶记录功能的卫星定位装置,并对车辆运行情况进行实时监控。

第八章　法 律 责 任

第五十九条　道路运输及相关业务经营者有下列情形之一的,由县级以上道路运输管理机构责令改正,处一千元以上三千元以下罚款;情节严重的,吊销道路运输证、道路运输经营许可证:

(一)聘用未取得相应从业资格的人员从事道路运输经营活动的;

(二)从事道路运输及相关业务经营的车辆未按照规定进行维护和检测的;

(三)未按照规定安装符合国家标准的具有行驶记录功能的卫星定位装置的;

(四)班车客运经营者、包车客运经营者伪造、涂改、转让、租借客运标志牌的;

(五)班车客运经营者未按照批准的线路、停靠站点、营运方式和班次从事经营的;

(六)包车客运经营者未按照约定的车辆、时间、起讫地和线路运行或者沿途招揽包车合同以外的旅客乘车的;

(七)道路运输站(场)经营者超过车辆核定的载客载货限额进行配载的;

(八)包车客运经营者运营起讫地均不在车籍所在地的;

(九)道路运输站(场)经营者擅自改变道路运输站(场)的用途和服务功能的;

(十)机动车维修经营者未执行配件登记制度的;

(十一)汽车租赁经营者未经许可从事或者变相从事班车客运、包车客运等道路运输经营活动的。

青海省

青海省大气污染防治条例(节选)

(2018 年 11 月 28 日青海省第十三届人民代表大会常务委员会第七次会议通过;根据 2020 年 7 月 22 日青海省第十三届人民代表大会常务委员会第十八次会议《关于修改〈青海省预算管理条例〉等五十四部地方性法规的决定》修正;2020 年 7 月 22 日青海省人民代表大会常务委员会公告第 28 号发布;2019 年 2 月 1 日起施行)

第三章　防 治 措 施

第三十八条　运输、装卸、贮存散发有毒有害气体或者粉尘物质和散装物料,应当采取密闭、覆盖或者喷淋等有效防护措施,防止有毒有害气体和粉尘散发、泄漏。

运输煤炭、水泥、垃圾、渣土、砂石、泥浆等易撒漏扬散物质的,应当使用符合国家和本省有关技术规定的密闭运输车辆,并按照规定的时间、区域和线路行驶。运输渣土的车辆应当按照规定安装卫星定位系统。

青海省民用机场管理条例(节选)

(2019 年 5 月 30 日青海省第十三届人民代表大会常务委员会第十次会议通过;2019 年 5 月 30 日青海省人民代表大会常务委员会公告第 16 号发布;2019 年 8 月 1 日起施行)

第三章　安全运营与服务

第十九条　机场管理机构对运输机场的安全运营实施统一协调管理,组织制定安全运营制度,督促检查安全运营工作,维护运输机场的安全运行。

空中交通管理部门应当按照职责为运输机场提供空中交通管制、通信导航监视等服务,并做好民用航空器起降过程中的安全保障工作。

航空运输企业以及其他驻场单位发生影响运输机场安全运营情况的,应当立即报告机场管理机构。

第六章　附　　则

第五十四条　本条例下列用语的含义:

(一)民用机场,是指供民用航空器起飞、降落、滑行、停放以及进行其他活动使用的划定区域,包括附属的建筑物、装置和设施。

(二)运输机场,是指为从事旅客、货物运输等公共航空运输活动的民用航空器提供起飞、降落等服务的机场。

(三)通用机场,是指为从事工业、农业、林业、渔业和建筑业的作业飞行,以及医疗卫生、抢险救灾、气象探测、海洋监测、科学实验、教育训练、文化体育等飞行活动的民用航空器提供起飞、降落等服务的机场。

(四)民用航空管理部门,是指国务院民用航空主管部门设立的地区民用航空管理部门及其派出机构。

(五)空中交通管理部门,是指国务院民用航空主管部门设立的管理空中交通服务、民用航空通信导航监视、航空气象、航行情报的职能机构。

(六)机场管理机构,是指依法组建的或者受委托负责机场安全和运营管理的机构。

（七）驻场单位，是指除机场管理机构以外，工作场所设在机场内的机关、团体、企业事业单位以及其他组织。

（八）机场净空保护区域，是指为保障民用航空器起飞和降落安全，依据机场净空障碍物限制图的要求划定的机场跑道中心线两侧各十公里、跑道两端各二十公里围合组成的矩形区域范围。

（九）航空无线电台（站）电磁环境保护区域，是指按照国家有关规定、标准或者技术规范划定的地域和空间范围。

（十）机场飞行区电磁环境保护区域，是指影响民用航空器运行安全的机场电磁环境区域，即民用机场管制地带内从地表面向上的空间范围。

（十一）机场控制区，是指出于民航安全需要，在机场内划定的、进出受到限制的区域，包括候机隔离区、行李分检装卸区、航空器活动区、航空器维修区和货物存放区等。

（十二）噪声敏感建筑物，是指医院、学校、机关、科研单位、住宅等需要保持安静的建筑物。

青海省地震安全性评价管理条例（节选）

（1999 年 9 月 24 日青海省第九届人民代表大会常务委员会第十一次会议通过；2012 年 9 月 27 日青海省第十一届人民代表大会常务委员会第三十二次会议修订；根据 2018 年 3 月 30 日青海省第十三届人民代表大会常务委员会第二次会议《关于修改〈青海省实施《中华人民共和国节约能源法》办法〉等十部地方性法规的决定》第一次修正；根据 2020 年 7 月 22 日青海省第十三届人民代表大会常务委员会第十八次会议《关于修改〈青海省预算管理条例〉等五十四部地方性法规的决定》第二次修正；2020 年 7 月 22 日青海省人民代表大会常务委员会公告第 28 号发布；2020 年 7 月 22 日起施行）

附：

地震安全性评价建设工程范围

一、重大建设工程

（一）交通工程

1. 高速公路、一级二级干线公路，地下铁路、长度大于三十千米的铁路；

2. 铁路、公路上长度大于五百米的多孔桥梁或者单孔跨度大于一百米的桥梁，长度大于一千米的隧道，城市道路中长以上桥梁、高架桥，城市隧道、轻轨地下隧道；

3. 建筑面积八千平方米以上的铁路枢纽工程和大中城市的火车站、一级汽车客运站候车楼，机场。

（二）通信工程

1. 国际通信工程、国际卫星地面站；

2. 州（市）以上广播电视中心主体工程、广播电视发射塔、通信枢纽工程；

3. 规划人口五十万以上的城市邮政枢纽。

青海省旅游条例（节选）

（2003 年 5 月 30 日青海省第十届人民代表大会常务委员会第二次会议通过；2010 年 9 月 30 日青海省第十一届人民代表大会常务委员会第十八次会议第一次修订；2016 年 11 月 25 日青海省第十二届人民代表大会常务委员会第三十次会议第二次修订；根据 2020 年 7 月 22 日青海省第十三届人民代表大会常务委员会第十八次会议《关于修改〈青海省预算管理条例〉等五十四部地方性法规的决定》修正；2020 年 7 月 22 日青海省人民代表大会常务委员会公告第 28 号发布；2020 年 7 月 22 日起施行）

第五章　旅 游 安 全

第四十一条　旅行社开展旅游活动租用客运车辆、船舶的，应当选择具有相应资质的运输经营者并签订书面运输合同，明确运输路线、运输价格、运输工具的要求以及违约责任等事项。

承担旅游运输的车辆、船舶，应当配备具有相应资质的驾驶员、船员和具有行驶记录功能的卫星定位装置、座位安全带、消防、救生等安全设施设备，并保持安全设施设备正常使用。

车辆、船舶工作人员及导游应当明确告知乘客在旅游和乘座交通运输工具过程中需要注意的安全事项。乘客应当提高安全意识，遵守安全警示规定，按要求使用安全带等安全设施设备。

宁夏回族自治区

宁夏回族自治区道路交通安全条例(节选)

(2006年3月31日宁夏回族自治区第九届人民代表大会常务委员会第二十一次会议通过;2013年11月27日宁夏回族自治区第十一届人民代表大会常务委员会第七次会议修订;2013年11月27日宁夏回族自治区人民代表大会常务委员会公告第4号发布;2014年1月1日起施行)

第三章　车辆和驾驶人

第一节　机　动　车

第十四条　自治区行政区域内注册登记的机动车,上道路行驶的,应当符合下列规定:

(一)在机动车前后的规定位置,使用专用固封装置各安装一面号牌,不得倒置或者反向安装,不得使用可翻转、拆卸的号牌架;

(二)在前窗右上角粘贴机动车安全技术检验合格标志、保险标志;无驾驶室机动车的安全技术检验合格标志、保险标志由驾驶人随车携带;

(三)校车应当依法取得校车使用许可,校车驾驶人应当依法取得校车驾驶资格,并严格遵守《校车安全管理条例》等有关规定;

(四)公路营运载客汽车、校车、旅游客车、危险物品运输车辆应当按照规定安装使用符合国家标准、具有行驶记录功能的卫星定位装置;

(五)大、中型客运机动车应当按照规定配备逃生锤等破窗设备,驾驶室两侧喷涂准乘人数;从事运营的,还应当喷涂经营单位名称;

(六)货运机动车及挂车车厢后部喷涂放大的本车号牌;

(七)总质量在三千五百千克以上的货运汽车、挂车,按照规定安装侧面、后下部防护装置;

(八)配备有效的灭火器具、符合国家标准的反光故障车警示标志;

(九)车身两侧的车窗和前后窗,不得粘贴、喷涂妨碍驾驶视线的文字、图案,不得使用镜面反光遮阳膜;

(十)车体不得粘贴、喷涂影响机动车特征、号牌识别及安全行驶的文字、图案;

(十一)不得安装、使用妨碍交通安全的光电设备、高音喇叭、大功率音响或者影响交通管理设施功能和其他车辆安全通行的装置;

（十二）不得违反规定在机动车上加装搭载人员的设备；

（十三）道路施工养护、环卫清扫、交通设施维修及绿化等专业作业车辆，应当符合国家道路作业车辆安全标准。

第八章　法 律 责 任

第九十条　驾驶机动车有下列行为之一的，处二百元罚款：

（一）逆向行驶的；

（二）在红灯、红色叉形灯或者红色箭头灯亮时继续通行的；

（三）违反规定超车的；

（四）驾驶安全设施不全或者机件不符合技术标准等具有安全隐患的机动车的；

（五）驾驶未悬挂机动车号牌、未放置检验合格标志或者保险标志的机动车上道路行驶的；

（六）驾驶未经检验或者检验不合格的机动车的；

（七）故意遮挡、污损或者不按规定安装机动车号牌的；

（八）驾驶证丢失、损毁、超过有效期或者被依法扣留期间以及记分达到十二分驾驶机动车的；

（九）临时通行牌证超过有效期上道路行驶的；

（十）服用国家管制的精神药品或者麻醉药品、患有妨碍安全驾驶疾病驾驶机动车的；

（十一）运载危险物品未经批准的；

（十二）运载超限物品或者危险物品时，不按规定的时间、路线、速度行驶的；

（十三）在实习期内驾驶公共汽车、营运客车或者执行任务的警车、消防车、救护车、工程救险车以及载有危险物品的机动车或者驾驶机动车牵引挂车的；

（十四）公路载客汽车在载客人数已满的情况下，按照规定免票的儿童超过核定载客人数百分之十的；

（十五）不服从交通警察指挥通行的；

（十六）拖拉机驶入高速公路、大中城市中心城区内道路或者其他禁止通行道路的；

（十七）变更车身颜色、更换发动机或者车身车架，未依法申请变更登记的；

（十八）在机动车上安装、使用妨碍交通安全的光电设备、高音喇叭、大功率音响或者影响交通管理设施功能和其他车辆安全通行装置的；

（十九）违反规定在机动车上加装搭载人员的设备的；

（二十）总质量在三千五百千克以上的货运汽车、挂车未按规定安装侧、后防护装置的；

（二十一）教练车未按指定的线路、时间学习驾驶或者乘坐无关人员或者作为驾校通勤车使用的；

（二十二）教练车未悬挂教练车号牌的；

（二十三）公路营运载客汽车、校车、旅游客车、危险物品运输车辆未按照规定安装使用符合国家标准、具有行驶记录功能的卫星定位装置的；

（二十四）在低温易结冰情况下，将水遗洒至路面，影响道路安全通行的。

有前款第（十八）项行为的，应当收缴非法设备或者装置。

第七部分　涉及卫星导航的地方规章

内蒙古自治区

内蒙古自治区气象设施和气象探测环境保护办法(节选)

(2019 年 11 月 28 日自治区人民政府第 24 次常务会议审议;2019 年 12 月 17 日内蒙古自治区人民政府令第 242 号发布;2020 年 2 月 1 日起施行)

第十三条　禁止实施下列危害高空气象观测站探测环境的行为:

(一)在距观测场放球点 50 米范围内,设置影响气球施放的障碍物;

(二)在制氢室、储(用)氢室周边 25 米防火间距范围内修建民用建筑物、构筑物和铁路、道路,在 50 米范围内修建重要建筑物、构筑物和设置火源;

(三)在制氢室、储(用)氢室周围架设与制氢室、储(用)氢室防火间距小于 1.5 倍电杆高度的架空电力线;

(四)在使用卫星导航系统的高空气象观测站的地面接收设备四周 100 米范围内,设置对电磁波反射强烈的物体和修建水库、人工湖(河)等水体;

(五)在采用定向天线探测系统(雷达、无线电经纬仪)的高空气象观测站周围,在其高空盛行风下风方向 ±60°方位范围内,设置对探测系统天线形成遮挡仰角大于 2°的障碍物;在其他方位设置对探测系统的天线形成遮挡仰角大于 5°的障碍物;

(六)在使用卫星导航系统的高空气象观测站周围,设置对卫星导航系统接收天线形成遮挡仰角大于 10°的障碍物。

辽宁省

辽宁省测量标志保护办法(节选)

(2015 年 4 月 16 日辽宁省第十二届人民政府第 40 次常务会议审议通过;2015 年 4 月 20 日辽宁省人民政府令第 293 号发布;2015 年 6 月 1 日起施行)

第十四条　省测绘地理信息行政主管部门负责组织全省四等以上三角点、水准点和 D 级以上全球卫星定位控制点(站)等测量标志的普查维修;市、县测绘地理信息行政主管部门负责组织实施本行政区域内其他测量标志的普查维修。普查周期为5年。

其他部门设置的专用测量标志由设置部门组织普查维修。

上海市

上海市无线电管理办法(节选)

(2018年10月22日市政府第29次常务会议通过;2018年10月29日上海市人民政府令第12号公布;2018年12月1日起施行)

第三章　无线电台(站)管理

第十四条　(重点台站规划)

市无线电管理部门应当根据本市城市总体规划以及重点无线电台(站)电磁环境保护的要求,组织编制重点无线电台(站)布局规划,经市规划国土资源部门综合平衡后,纳入相应的城乡规划。

前款所称的重点无线电台(站),是指对电磁环境有特殊保护要求的广播电视发射台(站)、天气雷达站、大型卫星地球站、射电天文台、无线电监测和测向台(站)、水上遇险和安全保障台(站)以及航空无线电导航、监视、通信台(站)等涉及公共安全和公共利益的固定无线电台(站)。

第四章　电波秩序维护

第十九条　(干扰排除)

市无线电管理部门发现有害干扰源的,应当责令设备所有者或者使用者采取措施消除有害干扰。

对航空器、航天器、船舶、铁路机车、城市轨道交通、无人驾驶汽车专用的无线电导航、遇险救助和安全通信等涉及人身安全的无线电频率产生有害干扰的,市无线电管理部门应当责令有关单位和个人立即停止发射或者采取其他有效措施消除有害干扰。

上海市网络预约出租汽车经营服务管理若干规定(节选)

(2016 年 10 月 31 日市政府第 131 次常务会议通过;2016 年 12 月 21 日
上海市人民政府令第 48 号公布;2016 年 12 月 21 日起施行)

第八条　(网约车车辆条件)

在本市从事网约车经营服务的车辆,除符合《办法》规定的条件外,还应当符合下列条件:

(一)在本市注册登记;

(二)达到本市规定的可予以注册登记的机动车排放标准;

(三)车辆轴距达到 2600 毫米以上;

(四)通过营业性车辆环保和安全性能检测;

(五)投保营业性交强险、营业性第三者责任险和乘客意外伤害险;

(六)安装符合标准的固定式车载卫星定位装置,数据信息接入行业监管平台;

(七)安装能向公安机关发送应急信息的应急报警装置。

第十七条　(经营服务规范)

网约车平台公司应当遵守下列规定:

(一)按照规定维护车载卫星定位装置、应急报警装置;

(二)不得发布机场、火车站巡游车营业站区域内的召车信息。

网约车驾驶员应当遵守下列规定:

(一)不得拆除、损坏或者屏蔽车载卫星定位装置;

(二)不得安装巡游车计价器、顶灯等专用设施、设备;

(三)不得巡游揽客,不得在机场、火车站巡游车营业站区域内揽客;

(四)不得将车辆交于他人从事网约车经营服务;

(五)张贴《网络预约出租汽车运输证》;

(六)配合交通执法人员开展执法检查。

第二十一条　(对网约车平台的处罚)

网约车平台公司违反本规定,有下列行为之一的,由市交通行政管理部门责令改正,处以 5000 元以上 30000 元以下罚款:

(一)违反第十七条第一款第一项规定,未按照规定维护车载卫星定位装置或者应急报警装置的;

(二)违反第十七条第一款第二项规定,发布机场、火车站巡游车营业站区域内的召车信息的;

（三）违反第十八条规定，未建立或者执行车辆和驾驶员管理制度的。

网约车平台公司违反法律、法规、规章规定，情节严重的，由市交通行政管理部门责令其限期整改，并可以暂停受理其新增车辆和驾驶员注册业务。

第二十二条 （对网约车驾驶员的处罚）

网约车驾驶员违反本规定，有下列情形之一的，由市交通行政管理部门责令改正，处以1000元以上5000元以下罚款，并计入驾驶员和网约车平台公司信用记录：

（一）违反第十七条第二款第一项规定，拆除、损坏或者屏蔽车载卫星定位装置的；

（二）违反第十七条第二款第二项规定，安装巡游车计价器、顶灯等专用设施、设备的；

（三）违反第十七条第二款第三项规定，驾驶网约车巡游揽客，或者在机场、火车站巡游车营业站区域内揽客的；

（四）违反第十七条第二款第四项规定，将车辆交于他人从事网约车经营服务的；

（五）违反第十七条第二款第五项规定，车辆未张贴《网络预约出租汽车运输证》的；

（六）违反第十七条第二款第六项规定，拒绝配合交通执法人员开展执法检查的。

上海市危险化学品安全管理办法（节选）

（2016年8月29日市政府第124次常务会议通过；2016年9月5日上海市人民政府令第44号公布；2017年1月1日起施行）

第四章　危险化学品的运输

第三十一条 （运输工具）

危险化学品道路运输企业应当具备符合相关技术标准的专用车辆，配置安全防护、环境保护和消防等设施、设备，并按照规定悬挂或者喷涂警示标志。

危险化学品运输专用车辆应当配置车载卫星定位系统，并接入全国和本市重点营运车辆联网联控平台。

危险化学品水路运输企业应当具备符合国家规定的运力、安全技术和设备等要求的船舶。

在本市通航水域航行、停泊、作业的危险化学品运输船舶，应当配备船载卫星定位系统和船舶自动识别系统。

本条规定的卫星定位系统、船舶自动识别系统等设备，应当符合交通、海事部门规定的配备要求，并纳入专用车辆和船舶定期审验的范围。

第三十四条　（运输监控）

危险化学品道路、水路运输企业应当通过卫星定位系统或者船舶自动识别系统，对危险化学品运输车辆、船舶进行运输全程监控，保证车辆、船舶按照规定的时间、路线运输。

交通、海事部门应当按照各自职责，对危险化学品运输企业全程监控危险化学品运输的情况进行监督检查。

第七章　法 律 责 任

第六十六条　（违反从业变更登记和运输监控规定的处罚）

危险化学品道路、水路运输企业违反本办法第三十三条第二款规定，未按规定为更换从业单位的运输专业人员办理变更手续的，由交通、海事部门按照职责分工，责令改正，处以1000元以上5000元以下的罚款。

危险化学品道路、水路运输企业违反本办法第三十四条规定，未配置卫星定位系统、船舶自动识别系统，对危险化学品运输车辆或者船舶进行运输全程监控的，由交通、海事部门按照职责分工，责令改正，处以2万元以上20万元以下的罚款。

附件：

上海市危险化学品安全管理相关部门职责分工

三、上海市交通委员会

（二）负责危险化学品道路运输活动的监督管理。

组织制定危险化学品道路运输企业的安全管理规范；制定和实施危险化学品道路运输企业和车辆安全防护设备的相关技术规范；对危险化学品运输车辆及其车载卫星定位系统和安全防护设备进行定期审验；对危险化学品道路运输企业通过卫星定位系统实施运输全程监控的情况进行监督检查；负责在高速公路的收费、检查站设置危险化学品运输车辆的专用或者指定通道，并在指定道口对危险化学品运输车辆和运输专业人员的相关证件进行查验，并会同有关部门对违反规定的车辆依法处理；对危险化学品道路运输企业的重大事故隐患整改情况进行监督检查；为外省市驻沪、来沪从事危险化学品运输的企业办理备案、车辆查验等手续。

（七）负责所辖水域危险化学品运输活动的监督管理。

对危险化学品运输船舶实行总量控制；对危险化学品水路运输企业通过卫星定位系统实施运输全程监控的情况进行监督检查；对油轮等载运危险化学品的船舶实施导

航或者护航;发布油轮和载运易燃易爆化学品的散装货轮在灾害性天气等条件下禁止或者限制航行的公告;对危险化学品水路运输企业的重大事故隐患整改情况进行监督检查。

四、上海海事局

(二)负责所辖水域危险化学品运输活动的监督管理。

对危险化学品运输船舶实行总量控制;对危险化学品运输船舶进行监控和检查;对油轮等载运危险化学品的船舶实施导航或者护航;发布油轮和载运易燃易爆化学品的散装货轮在灾害性天气等条件下禁止或者限制航行的公告;对危险化学品运输船舶的重大事故隐患整改情况进行监督检查。对危险化学品水路运输企业配置卫星定位系统、船舶自动识别系统,并实施运输全程监控的情况进行监督检查。

上海市放射性污染防治若干规定(节选)

(2009 年 12 月 9 日上海市人民政府令第 23 号公布;根据 2015 年 5 月 22 日上海市人民政府令第 30 号公布的《上海市人民政府关于修改〈上海市盐业管理若干规定〉等 19 件市政府规章的决定》修正;2015 年 5 月 22 日起施行)

第八条 (含放射源探伤装置的日常监管)

使用含放射源探伤装置的单位应当每日检查并记录探伤装置的使用情况以及使用的安全防护情况,并每月向所在地区、县环保部门报告检查情况。所在地区、县环保部门应当对使用含放射源探伤装置的单位进行安全防护情况抽查。

含放射源探伤装置的使用单位应当按照市环保部门的规定,逐步实行实时定位监控。

第十一条 (放射源和含放射源射线装置运输管理)

放射源和含放射源的射线装置应当由具有危险货物运输资质的单位运输。无危险货物运输资质的单位,不得从事放射源和含放射源的射线装置的运输活动。

禁止利用公共交通工具运输放射源和含放射源的射线装置。禁止将放射源或者含放射源的射线装置与其他物质混合运输。

利用道路运输Ⅰ类、Ⅱ类、Ⅲ类放射源和非密封性放射性同位素的,应当使用放射性物质运输专用车辆。专用车辆应当按照《放射性物质安全运输规程》的要求,配备防护设施,安装卫星定位系统,保持卫星定位系统的正常运行,并在显著位置设置明显的放射性标志。

公安交通管理部门在道路车辆检查时,发现装载放射源和含放射源的射线装置的车辆有异常情况的,应当及时向环保部门通报。

第十六条　（违反含放射源探伤装置日常监管规定的处罚）

违反本规定第八条规定，未按规定检查、记录、上报探伤装置的使用和安全防护情况或者未按规定实行定位监控的，由有管辖权的环保部门责令改正，并可处以1万元以上3万元以下的罚款。

第十九条　（违反放射性物质道路运输管理规定的处罚）

违反本规定第十一条第三款规定，含放射源探伤装置未按规定使用专用车辆，或者车辆未配备防护设施，安装卫星定位系统并保持正常运行的，由环保部门责令改正，并处以1万元以上3万元以下的罚款。

江苏省

江苏省气象设施和气象探测环境保护办法(节选)

（2016年12月27日省人民政府第99次常务会议讨论通过；
2017年1月4日江苏省人民政府令第113号公布；2017年3月1日起施行）

第十二条　禁止实施下列危害高空气象观测站探测环境的行为：

（一）在距观测场放球点50米范围内，设置影响气球施放的障碍物；

（二）在制氢室、储（用）氢室的周边25米防火间距范围内修建民用建筑物、构筑物和铁路、道路，在50米防火间距范围内修建重要建筑物、构筑物和设置火源；

（三）在制氢室、储（用）氢室的周围架设防火间距小于1.5倍电杆高度的架空电力线；

（四）在使用卫星导航系统的高空气象观测站的地面接收设备四周100米距离内，设置对电磁波反射强烈的物体和大型水体；

（五）在采用定向天线探测系统（雷达、无线电经纬仪）的高空气象观测站周围，设置对探测系统天线形成遮挡仰角大于5°的障碍物；在其高空盛行风下风方向±60°方位范围内，设置对探测系统的天线形成遮挡仰角大于2°的障碍物；

（六）在使用卫星导航系统的高空气象观测站的周围，设置对卫星导航系统接收天线形成遮挡仰角大于10°的障碍物。

江苏省测绘地理信息基础设施管理规定（节选）

（2015 年 12 月 22 日省人民政府第 76 次常务会议讨论通过；
2015 年 12 月 28 日江苏省人民政府令第 107 号发布；2016 年 2 月 1 日起施行）

第一章　总　　则

第三条　本规定所称测绘地理信息基础设施包括下列用于测绘地理信息活动的标志、场地和平台：

（一）永久性测量标志；

（二）卫星导航定位基准站；

（三）测绘专用仪器计量检定场；

（四）地理空间信息基础框架；

（五）地理信息公共服务平台；

（六）法律法规规章规定的其他测绘地理信息基础设施。

第二章　规划与建设

第十条　使用财政资金的测绘地理信息项目和使用财政资金的建设工程测绘地理信息项目，应当利用已有测绘地理信息基础设施，不得重复建设。

需要建立卫星导航定位基准站的，应当符合全省测绘地理信息基础设施发展规划，并且纳入全省卫星导航定位基准服务系统。

第十二条　建设永久性测量标志、卫星导航定位基准站、测绘专用仪器计量检定场，应当设立警示标识，修建防护设施。

第十三条　使用财政资金建设的永久性测量标志、卫星导航定位基准站、测绘专用仪器计量检定场，占用国有土地的，应当依法办理国有土地划拨手续；占用集体土地的，应当与土地所有权人或者使用权人签订占用协议。

出让、划拨建设用地或者发包、调整承包农用地的，应当扣除已建的测绘地理信息基础设施使用的土地面积。

第十四条　建设永久性测量标志、卫星导航定位基准站、测绘专用仪器计量检定场，应当根据实际需要合理确定使用土地范围。其中永久性测量标志占用土地范围不少于 6 平方米。

第十五条　新建电力、广播电视、通信设施等电磁波发射装置系统的，应当避让已建的永久性测量标志、卫星导航定位基准站、测绘专用仪器计量检定场，避免受电磁波发射干扰的安全控制距离不少于200米。

第十六条　测绘行政主管部门应当向有关部门提供已建的永久性测量标志、卫星导航定位基准站、测绘专用仪器计量检定场的分布信息。

有关部门在审批可能影响已建的永久性测量标志、卫星导航定位基准站、测绘专用仪器计量检定场使用土地和使用效能的项目前,应当征求同级测绘行政主管部门的意见。

第三章　使用与维护

第十七条　永久性测量标志实行分级管理。

卫星导航定位基准站、测绘专用仪器计量检定场、地理空间信息基础框架、地理信息公共服务平台由建设单位负责运营维护,接受所在地测绘行政主管部门监督管理。

第十八条　省测绘行政主管部门建立统一的测绘地理信息基础设施管理系统,及时公布永久性测量标志、卫星导航定位基准站、测绘专用仪器计量检定场等测绘地理信息基础设施的名称和位置。

第二十条　测绘地理信息基础设施无偿用于国家机关决策和社会公益性事业管理。

除前款规定外,卫星导航定位基准站提供导航定位基准信息服务,按照规定收取技术服务费,用于基准站运行维护。

浙江省

浙江省测绘成果管理办法(节选)

(2008年7月28日浙江省人民政府令第251号公布;根据2015年12月28日浙江省人民政府令第341号公布的《浙江省人民政府关于修改〈浙江省烟草专卖管理办法〉等23件规章的决定》第一次修正;根据2018年12月29日浙江省人民政府令第374号公布的《浙江省人民政府关于修改〈浙江省国家安全技术保卫办法〉等14件规章的决定》第二次修正;2018年12月29日起施行)

第三章　汇交与保管

第十条　应当汇交的测绘成果副本或者目录包括:

(一)等级以上天文测量、三角测量、水准测量、卫星大地测量、重力测量获取的数据和图件;

(二)以测绘为目的的航空摄影数据、影像等资料,以及获取地理信息的遥感资料;

（三）国家基本比例尺地图、影像图及其数字化产品；

（四）地籍图测绘、房产图测绘、行政区域界线测绘、海洋测绘获取的数据和图件；

（五）工程测量中的控制网测量成果和地形图；

（六）基础地理信息系统和城市地下管线信息系统的地理信息数据及有关资料；

（七）城市及区域性地面沉降监测测绘成果资料；

（八）公开出版的地图；

（九）法律、法规、规章规定的其他测绘成果资料。

福建省

福建省实施《校车安全管理条例》办法（节选）

（2013 年 10 月 16 日省人民政府第 11 次常务会议通过；2013 年 10 月 16 日福建省人民政府令第 126 号发布；2013 年 10 月 17 日起施行）

第二十条 对依法取得校车标牌的车辆，学校或者校车服务提供者应当按照规定在车辆上安装、使用具有视频监控和行驶记录功能的卫星定位装置，实行动态管理；接入当地公安或者交通运输部门监控平台，以实行实时监控。

市、县（区）人民政府教育行政部门应当指导、监督学校对其配备的校车按照前款规定实行动态管理，并纳入当地公安或者交通运输部门的监控范畴。

山东省

山东省实施道路交通安全责任制规定（节选）

（2018 年 2 月 24 日省政府第 2 次常务会议通过；2018 年 3 月 18 日山东省人民政府令第 315 号公布；2018 年 5 月 1 日起施行）

第三章　部门职责

第十三条 县级以上人民政府交通运输主管部门履行下列道路交通安全工作

职责：

（一）加强公路交通安全隐患排查整治，完善公路安全防护设施，对临水临崖、连续下坡、急弯陡坡等事故易发路段严格按照规定安装隔离栅、防护栏等安全设施并设置标志标线；

（二）督促公路施工单位严格执行公路施工许可制度，并按照安全操作规程布设施工作业区，公路施工影响交通安全的，应当会同公安机关交通管理部门采取必要措施；

（三）建立道路运输企业安全质量管理体系，规范道路运输企业生产经营行为，在作出道路运输经营许可时，严格审查运输经营者的安全生产条件、车辆技术状况、驾驶人从业资格，依法查处非法道路运输经营行为；

（四）加强对汽车维修市场和车站（场）的监督管理，依法查处违法改装和承修报废机动车的行为，督促汽车客货运站（场）经营管理者履行安全检查职责；

（五）执行机动车驾驶人培训机构市场准入制度，加强资格管理和监督检查，会同公安机关定期向社会公开机动车驾驶人培训机构培训质量、考试合格率以及学员取得驾驶证一年内交通违法率和事故发生率等事项；

（六）会同公安机关建立道路运输车辆动态监控、公路视频监控、收费站过往车辆信息等共享机制，对旅游包车、三类以上班线客车、危险品运输车、半挂牵引车以及重型载货汽车安装使用卫星定位装置的情况进行监督检查；

（七）加强长途客运和旅游客运安全管理，严格控制1000公里以上跨省长途客运班线以及夜间运行时间，会同有关部门监督旅游客运企业按照规定配备包车驾驶人。

第四章　车辆所属单位职责

第二十四条　车辆所属单位的法定代表人或者主要负责人是本单位的道路交通安全责任人，应当履行下列职责：

（一）组织贯彻执行道路交通安全法律、法规和规章；

（二）建立并组织实施本单位的道路交通安全制度和操作规程；

（三）统筹安排道路交通安全工作与本单位的生产、科研、经营等活动；

（四）对本单位所属的公路营运载客汽车、旅游客车、危险品运输车、半挂牵引车、重型载货汽车、校车，组织安装具有行驶记录功能的卫星定位装置，并保持正常运行；

（五）对本单位道路交通安全检查中发现的隐患进行督促整改；

（六）对交通违法、事故多发的驾驶人予以调整岗位。

第二十六条　道路旅客运输企业、危险品运输企业、拥有50辆及以上重型载货汽车或者牵引车的运输企业以及提供校车服务的企业和单位等道路运输经营者，应当按照标准建设道路运输车辆动态监控平台，或者使用符合条件的社会化卫星定位系统监控平台，对所属道路运输车辆和驾驶人运行过程进行实时监控和管理。

道路运输经营者应当确保卫星定位装置正常使用,保持车辆运行实时在线。卫星定位装置出现故障不能保持在线的道路运输车辆,道路运输经营者不得安排其从事道路运输经营活动。

山东省校车安全管理办法(节选)

(2015年12月31日省政府第69次常务会议通过;2016年1月12日山东省人民政府令第295号公布;2016年3月1日起施行)

第二章　校车管理机制

第十七条　校车服务提供者和配备校车的学校应当履行下列义务:

(一)制定校车安全接送方案,按照规定签订校车安全管理责任书,与学生监护人签订安全接送合同,明确各自的安全管理责任,落实校车运行安全管理措施;

(二)办理学生乘车交接手续,指派照管人员随车全程照管乘车学生;

(三)负责学生乘坐校车期间的安全管理;

(四)建立校车档案,配备安全管理人员,定期对校车驾驶人、随车照管人员进行安全教育,组织校车驾驶人、随车照管人员学习道路交通安全法律、法规以及安全防范、应急处置和应急救援知识;

(五)按照国家规定做好校车的安全维护,建立安全维护档案,保证校车处于良好技术状态,对不符合安全技术条件的校车,应当停运维修,消除安全隐患。

提供校车服务的企业和单位,应当建立卫星定位系统监控平台,并保持监控平台设施和终端设备完好。

第四章　校车使用许可

第二十六条　公安机关交通管理部门收到征求意见材料后,应当通知申请人交验机动车,查验校车标志灯、停车指示标志、卫星定位装置以及逃生锤、干粉灭火器、急救箱等安全设备,审查机动车所有人的身份证明、机动车行驶证、机动车安全技术检验合格证明、校车运行方案、签注准许驾驶校车的机动车驾驶证。

交通运输部门收到征求意见材料后,应当对校车运行方案进行审查。

公安机关交通管理部门和交通运输部门应当自收到征求意见材料之日起三个工作日内向教育行政部门回复意见。

山东省地震应急与救援办法(节选)

(2009 年 11 月 24 日省政府第 57 次常务会议通过;2009 年 12 月 8 日
山东省人民政府令第 217 号公布;2010 年 1 月 1 日起施行)

第二章　应 急 准 备

第十八条　县级以上人民政府应当建设抗震救灾现场应急指挥系统,配置卫星定位与通信、自备电源与照明、信息采集与实时传输、便携式电子办公等设备和越野交通、野外生活等装备。

山东省地震重点监视防御区管理办法(节选)

(2008 年 12 月 24 日省政府第 31 次常务会议通过;2009 年 1 月 6 日
山东省人民政府令第 207 号公布;2009 年 3 月 1 日起施行)

第八条　地震重点监视防御区内的县级以上人民政府及地震行政主管部门和其他有关部门,应当采取下列措施,建立和完善与震情形势相适应的地震监测设施和技术手段,提高地震监测能力和预报水平:

(一)制定并组织实施地震监测预报方案,强化短期与临震跟踪监测措施;

(二)编制地震监测台网规划,优化台网布局,提高台网密度,消除地震监测弱区和盲区,提高地震实时监控和速报能力;

(三)建立大中城市地下深井观测网、近海海域地震监测台网,完善卫星定位观测系统,形成立体监测体系;

(四)加强地面强震动监测设施建设,提高地震灾情速报和评估能力,为抗震救灾决策提供依据;

(五)加强核设施、超限高层建筑、特大型桥梁、大型水库大坝等特定建(构)筑物和生命线工程的强震动观测与建(构)筑物健康诊断研究,为重大建设工程地震安全和次生灾害预报预警提供服务;

(六)完善流动式地震监测手段,根据震情形势扩大动态监测范围,加密观测次数,提高地震短期与临震跟踪监测能力;

(七)健全短期与临震震情跟踪会商制度,建立适应本地区特征的地震预测判定指标体系;

(八)建立地震预报风险决策机制;

(九)加强地震监测设施与地震观测环境保护,划定保护范围,设置保护标志,落实保护措施。

第十三条 地震重点监视防御区内的县级以上人民政府及地震行政主管部门和其他有关部门,应当采取下列措施,加强地震应急与救援体系建设,提高地震应急与救援能力:

(一)健全地震应急预案体系,建立应急联动协调机制;

(二)组织、指导机关、学校、企业、社区定期开展地震应急疏散和自救互救演练;

(三)完善地震应急基础设施,建立地震应急指挥系统及信息传递与处置、灾情速报、基础数据库等辅助决策技术系统;

(四)建设地震现场应急指挥系统,并配置卫星通讯、卫星定位、自备电源、信息实时采集与传输设备和越野交通工具等;

(五)组建地震灾害紧急救援队伍和地震应急救援志愿者队伍,配备救援技术装备并进行培训和演练;

(六)在高速铁路、城市轻轨、枢纽变电站、燃气站(线)等生命线工程以及可能发生严重次生灾害的重大建设工程中,设置地震紧急自动处置技术系统;

(七)安排地震应急救援专项资金,建立地震应急物资储备库和应急物资储备与调用机制;

(八)在发布地震短期与临震预报的地区,组织落实地震应急储备专项资金、应急救援设备和专用救生用血、医疗器械、药品、饮用水、食品等应急必需品;

(九)组织开展铲车、挖掘机、吊车等大型机械设备调查登记,建立地震应急救援装备数据库与紧急征用机制;

(十)完善地震应急监督检查制度,组织开展地震应急监督检查。

山东省无线电固定台站和通信工程管理暂行规定(节选)

(根据1998年4月30日山东省人民政府令第90号关于修订《山东省无线电固定台站和通信工程管理暂行规定》的决定进行修正;1998年4月30日起施行)

第二条 凡在我省境内设置使用通信、广播、电视、微波、卫星、导航、雷达、观测、侦测、遥控以及业余、科学试验等无线电固定台站和通信网的党政机关、企业、事业单位及个人,均应遵守本规定。

河南省

河南省实施《校车安全管理条例》办法(节选)

(2014 年 1 月 10 日省政府第 21 次常务会议通过;2014 年 1 月 28 日
河南省人民政府令第 162 号发布;2014 年 3 月 15 日起施行)

第二十一条 省辖市或者县(市、区)人民政府公安机关交通管理部门收到教育部门送来的征求意见材料后,应当按照下列程序办理:

(一)在 1 个工作日内通知申请人交验机动车;

(二)自申请人交验机动车之日起 2 个工作日内确认机动车,查验校车标志灯、停车指示标志、卫星定位装置以及逃生锤、干粉灭火器、急救箱等安全设备,审核行驶线路、开行时间和停靠站点。属于专用校车的,还应当查验校车外观标识。审查机动车所有人的身份证明、机动车行驶证、校车安全技术检验合格证明、校车运行方案、校车驾驶人的机动车驾驶证。

公安机关交通管理部门应当自收到教育部门征求意见材料之日起 3 个工作日内向教育部门回复意见,但申请人未按规定交验机动车的除外。

湖北省

湖北省校车安全管理办法(节选)

(2015 年 7 月 27 日湖北省人民政府常务会议审议通过;2015 年 8 月 1 日
湖北省人民政府令第 381 号发布;2015 年 9 月 1 日起施行)

第十二条 接送学生的校车应当按照规定配备带有卫星定位功能的汽车行驶记录仪。校车服务提供者和配备校车的学校应当建立卫星定位汽车行驶记录仪监控平台,对校车运行情况进行实时监管。

县级以上人民政府应当建立校车监控平台,对运行情况进行统一监管。

湖北省危险化学品安全管理办法(节选)

(2013 年 8 月 26 日省人民政府常务会议审议通过;2013 年 9 月 9 日
湖北省人民政府令第 364 号发布;2013 年 11 月 1 日起施行)

第四章 运 输 安 全

第三十一条 危险化学品运输车辆应当符合国家标准要求的安全技术条件,安装使用具有行驶记录仪功能的卫星定位装置,配备有效的通信工具以及安全防护用品、消防设施等。

危险化学品水路运输船舶应当符合国家标准要求的安全技术条件,安装使用具有行驶记录仪功能的卫星定位装置和防撞自动识别系统,配备有效的通信工具以及水上逃生、安全防护用品、消防设施等。

第三十二条 危险化学品运输单位,应当通过卫星定位系统,对危险化学品运输车辆、船舶进行全程监控。

湖北省测绘项目登记管理办法(节选)

(2011 年 7 月 4 日省人民政府常务会议审议通过;2011 年 8 月 6 日
湖北省人民政府令第 346 号公布;2011 年 10 月 1 日起施行)

第四条 省人民政府测绘行政主管部门负责下列测绘项目的登记:

(一)经国务院测绘行政主管部门批准的外国的组织或个人从事的测绘项目;

(二)省外测绘单位在本省从事的测绘项目;

(三)各等级的卫星定位、三角、天文、重力和水准测量等大地测量项目;

(四)各种比例尺的测绘航空摄影和遥感项目;

(五)测区跨市(州)行政区域的测绘项目;

(六)市(州)以上行政区域界线的测绘项目;

(七)范围涵盖整个市(州)行政区域以上的地理信息系统工程测绘项目;

(八)全国、省及涉及两个以上市级行政区域的地图编制项目;

(九)导航电子地图制作、互联网地图服务项目;

(十)国家和省重大建设工程的测绘项目。

湖北省测绘成果管理办法(节选)

(2007 年 3 月 26 日省人民政府常务会议审议通过;2007 年 4 月 19 日
湖北省人民政府令第 300 号发布;2007 年 6 月 1 日起施行)

第一章　总　　则

第二条　在本省行政区域内使用、保管、汇交、提供测绘成果,适用本办法。

本办法所称测绘成果,包括下列基础测绘成果和非基础测绘成果:

(一)天文测量、大地测量、卫星大地测量、重力测量的数据和图件;

(二)航空和航天遥感测绘底片、磁带;

(三)各种地图(包括地形图、普通地图、地籍图、行政区划界线图和其他有关的专题地图等)及其数字化产品;

(四)工程测量数据和图件;

(五)其他有关地理信息数据;

(六)与测绘成果直接有关的技术资料等。

第二章　测绘成果汇交

第八条　基础测绘成果应当汇交成果副本,非基础测绘成果应当汇交成果目录。测绘成果副本和目录实行无偿汇交。

省测绘行政主管部门主要管理本省行政区域内的下列基础测绘成果:

(一)国家三等、四等平面控制网、高程控制网和空间定位网建立、复测及维护的成果;

(二)1∶10000、1∶5000 国家基本比例尺地图、影像图和数字化产品测制和更新的成果;

(三)省级基础地理信息系统的建立和更新的成果;

(四)全省基础航空摄影及遥感测绘项目的成果;

(五)国务院测绘行政主管部门和省人民政府认为应当由省测绘行政主管部门管理和组织实施的其他基础测绘成果。

市(州)、县(市)测绘行政主管部门主要管理本行政区域内下列基础测绘成果:

(一)国家四等以下(不含四等)平面控制网、高程控制网和空间定位网建立、复测及维护的成果;

(二)1∶2000 至 1∶500 国家基本比例尺地图、影像图和相应数字化产品测制和更新的成果；

（三）建立和更新本级基础地理信息系统的成果；

（四）上级测绘行政主管部门委托管理和组织实施的其他基础测绘成果。

广东省

广东省通信设施建设与保护规定（节选）

（2018年10月16日第十三届广东省人民政府第26次常务会议通过；2018年11月2日广东省人民政府令第256号公布；2019年1月1日起施行）

第五章　附　　则

第六十条　本规定下列用语的含义：

（一）通信设备，包括基站、中继站、微波站、直放站、海缆登陆站（点）、室内分布系统、无线局域网系统、有线接入设备、公用电话终端、路由器、交换机、无线电导航设备（含差分台站、船舶自动识别系统基站、船舶交通管理系统基站）、卫星定位设备等设施；

（二）通信线路，包括通信光（电）缆、电力电缆、配线、交接箱、分（配）线盒、管道、槽道、人井（手孔）、杆路（电杆、拉线、吊线、挂钩）等支撑加固和保护装置，以及标石、标志标牌、井盖等附属设施；

（三）通信配套设施，包括通信铁塔（含铁塔基础和平台）、铁架（含支撑杆、增高架、楼面抱杆）、斜拉杆、天线（含收发信天线、馈线、天线外罩、天线支臂）、公用电话亭、信息传感设备，用于维系通信设备正常运转的通信机房、防盗门、机柜、电信间、设备间、空调、蓄电池、开关电源、不间断电源、太阳能电池板、油机、变压器、防雷接地设施、走线架、馈线窗、爬梯、消防设备、技防设备、动力环境设备等附属配套设施。

广东省出租汽车经营管理办法(节选)

(2017年9月21日广东省人民政府第十二届第114次常务会议修订通过;2017年12月22日广东省人民政府令第247号发布;2018年2月1日起施行)

第二章　经营许可

第九条　出租汽车应当安装应急报警装置和具有行驶记录功能的车辆卫星定位装置。

巡游车应当按照要求喷涂专用标识和安装巡游车标志灯、空车待租标志、计程计价设备。

未取得巡游车《道路运输证》的车辆不得喷涂巡游车专用标识和安装巡游车标志灯、空车待租标志、计程计价设备。

广东省实施《校车安全管理条例》办法(节选)

(2015年1月19日广东省人民政府第十二届第41次常务会议通过;2015年2月13日广东省人民政府令第208号发布;2015年3月16日起施行)

第二章　学校和校车服务提供者

第十三条　校车应当按照规定配备带有卫星定位功能的汽车行驶记录仪。学校、校车服务提供者应当建立卫星定位汽车行驶记录仪监控平台,对校车运行进行实时监管。

地级以上市人民政府建立的重点车辆监控平台,应当对校车运行进行统一监管。

广西壮族自治区

广西壮族自治区气象设施和气象探测环境保护管理办法(节选)

(2015 年 12 月 10 日广西壮族自治区人民政府令第 110 号发布;2018 年 8 月 9 日广西壮族自治区人民政府令第 128 号修正并发布;2018 年 8 月 9 日起施行)

第五条 下列气象设施和气象探测环境应当予以保护:

(一)国家基准气候站、国家基本气象站、国家一般气象站、区域气象观测站等地面气象观测站的气象设施和气象探测环境;

(二)高空气象探测站、天气雷达站、气象卫星接收站等气象台站的气象设施和气象探测环境;

(三)大气成分观测站、太阳辐射观测站、酸雨监测站、农业气象观测站、空间天气观测站、自动土壤水分观测站、负离子观测站等气象台站的气象设施和气象探测环境;

(四)无人值守的自动气象站、雷电监测站、地基全球定位系统气象探测设施、风能资源观测站、海洋气象观测设施等气象设施;

(五)气象专用频道、频率、线路、网络及其设施;

(六)其他应当保护的气象设施和气象探测环境。

广西壮族自治区实施《危险化学品安全管理条例》办法(节选)

(2013 年 1 月 16 日自治区第十一届人民政府第 115 次常务会议修订通过;2013 年 1 月 31 日广西壮族自治区人民政府令第 85 号发布;2013 年 4 月 1 日起施行)

第四章 运输安全

第二十条 危险化学品道路运输单位应当取得道路危险货物运输许可证,其运输车辆应当按照有关规定设置明显标志、标识,安装使用符合国家标准的具有行驶记录功能的卫星定位装置,并按规定配置和使用安全防护、环境保护和消防等设施设备。

广西壮族自治区无线电管理办法(节选)

(2005年11月11日自治区十届人民政府第36次常务会议审议通过;2005年11月21日广西壮族自治区人民政府令第15号公布;2006年1月1日起施行)

第三章 台站管理

第十六条 各级人民政府及其有关部门应当按照国家有关规定,对下列无线电台站的电磁环境给予特殊保护:

(一)无线电导航、遇险以及与安全通信有关的无线电台站;

(二)射电天文等无源业务的无线电台站;

(三)其他涉及国家安全和人民生命财产安全的无线电台站。

第八章 附则

第三十八条 本办法下列用语的含义:

无线电发射设备包括无线电通信、导航、定位、测向、雷达、遥控、遥测、广播、电视等各种发射无线电波的设备。

非无线电设备包括可辐射电磁波的工业、科学、医疗设备、电气化运输系统、高压电力线及其他电器装置。

海南省

海南省基础测绘管理办法(节选)

(2017年8月14日六届海南省人民政府第90次常务会议审议通过;2017年9月14日海南省人民政府令第267号发布;2017年11月1日起施行)

第七条 县级以上人民政府测绘地理信息主管部门应当加强基础测绘应急保障能力建设,建立基础测绘应急保障体系,制定基础测绘应急保障预案。

自然灾害等突发事件发生后，县级以上人民政府测绘地理信息主管部门应当立即启动基础测绘应急保障预案，采取有效措施，开展基础地理信息数据的应急测制和更新，及时提供地图、基础地理信息数据等测绘成果，做好遥感监测、导航定位等应急测绘保障工作。

县级以上人民政府有关部门和单位应当对测绘地理信息主管部门的信息收集工作予以支持和配合。

第十一条 省人民政府测绘地理信息主管部门负责组织实施下列基础测绘项目：

（一）建立、维护与国家测绘基准相统一的全省现代测绘基准；

（二）建立、维护全省卫星导航定位基准服务系统，并提供导航定位基准信息公共服务；

（三）统筹获取全省基础地理信息遥感资料，组织实施全省基础航空摄影，提供航空航天遥感影像分发服务；

（四）测制和更新全省 1∶10000 至 1∶5000 国家基本比例尺地形图、影像图和数字化产品；

（五）组织实施全省地理国情监测；

（六）建立、维护与更新省地理信息公共服务平台；

（七）建立、维护与更新省基础地理信息数据库及其分发服务系统；

（八）组织实施省域内大比例尺海岸带测绘、重要港湾水下地形测绘和海岛（礁）测绘，建立、维护与更新省海洋基础地理信息系统；

（九）编制全省综合地图（集）和普通地图（集）；

（十）组织实施省级基础测绘应急保障；

（十一）国家和本省规定的其他基础测绘项目。

第二十一条 卫星导航定位基准站建设单位应当按照国家有关规定向省人民政府测绘地理信息主管部门进行备案。

省人民政府测绘地理信息主管部门应当会同军队有关部门对卫星导航定位基准站建设进行安全风险评估，并及时反馈备案人。

第二十二条 卫星导航定位基准站建设和运行维护单位应当建立符合要求的数据接收、处理、存储、传输、使用安全保障制度，并遵守国家保密法律、法规的规定。

卫星导航定位基准站的建设和运行维护不得危害国家安全。

第二十三条 县级以上人民政府测绘地理信息主管部门应当会同有关部门，加强对卫星导航定位基准站建设和运行维护的规范和指导。

市、县、自治县人民政府以及相关部门已建成符合国家标准和要求的卫星导航定位基准站，应纳入全省卫星导航定位基准服务系统。

海南省海洋渔船安全生产管理规定(节选)

(2008年11月6日海南省人民政府令第218号发布;根据2017年10月9日《海南省人民政府关于修改〈海南省海洋渔船安全生产管理规定〉的决定》修正;2017年10月9日海南省人民政府令第273号发布;2017年10月9日起施行)

第七条　渔船应当配备无线电通讯设备,非钢质船船长15米以上、钢质船船长12米以上或者主机功率44.1千瓦以上的渔船配备单边带电台、无线电对讲机以及卫星导航等设备;非钢质船船长15米以下、钢质船船长12米以下,且主机功率44.1千瓦以下的渔船配备无线电对讲机或者其它移动通讯设备。

重庆市

重庆市无线电管理办法(节选)

(2019年10月21日市第五届人民政府第67次常务会议审议通过;2019年11月19日重庆市人民政府令第331号公布;2020年1月1日起施行)

第五章　无线电监测和电波秩序维护

第三十四条　已建射电天文台、气象雷达站、卫星测控(导航)站、机场的使用单位或者管理单位应当按照国家有关规定,制定重要无线电台(站)的电磁环境保护需求,报送市无线电管理部门。

市无线电管理部门应当根据电磁环境保护需求会同规划自然资源部门和其他相关单位制定电磁环境保护措施,并向社会公布。

重庆市网络预约出租汽车经营服务管理暂行办法(节选)

(2016 年 11 月 4 日市人民政府第 146 次常务会议通过;2016 年 12 月 21 日重庆市人民政府令第 309 号公布;2016 年 12 月 21 日起施行)

第三章 网约车车辆和驾驶员

第十二条 拟从事网约车经营的车辆,应当符合以下条件:

(一)7 座及以下乘用车;

(二)安装具有行驶记录功能的车辆卫星定位装置、应急报警装置;

(三)车辆技术性能符合运营安全相关标准要求;

(四)机动车行驶证由本市公安机关核发,且机动车行驶证登记的车辆所有人地址所属区域与拟经营区域一致;

(五)车辆具体标准应当符合本办法第十三条的规定。

第十四条 申请《网络预约出租汽车运输证》的,应当向机动车行驶证上登记的车辆所有人地址所属区县(自治县)道路运输管理机构提出申请,并提交以下资料:

(一)网络预约出租汽车运输证申请表;

(二)《机动车行驶证》《机动车登记证书》原件及复印件;

(三)机动车缴纳购置税的《税收完税证明》发票原件及复印件;

(四)车辆卫星定位装置、应急报警装置合格证;

(五)车辆彩色照片或者照片电子文档;

(六)车辆所有人为企业法人的,提交营业执照、经办人身份证原件及复印件;车辆所有人为个人的,提交车辆所有人身份证原件及复印件。

车辆所有人委托网约车平台公司代为提交申请的,除以上资料外,还应当提供双方签订的有效委托协议。

第十六条 从事网约车经营的车辆应当遵守以下规定:

(一)不得设置与巡游出租汽车相同或者相似的车辆外观颜色和车辆标识;

(二)不得安装顶灯、空载灯、计价器等巡游出租汽车专用服务设施设备;

(三)网约车车辆安装的卫星定位装置与政府监管平台实现直接对接。

车辆为个人所有的,车辆所有人应当取得《网络预约出租汽车驾驶员证》,并具体从事网约车服务。车辆所有人不得将车辆转租、转包给其他人从事网约车经营服务活动。

第六章　法 律 责 任

第四十四条　网约车车辆违反本办法规定,有下列情形之一的,由道路运输管理机构责令改正,对车辆所有人处5000元以上10000元以下罚款:

(一)设置与巡游出租汽车相同或者相似的车辆外观颜色和车辆标识的;

(二)安装顶灯、空载灯、计价器等巡游出租汽车专用服务设施设备的;

(三)车辆安装的卫星定位装置与政府监管平台没有直接对接的;

(四)车辆为个人所有的,车辆所有人将个人所有的车辆转租、转包给其他人从事网约车经营服务的;

(五)通过未取得经营许可的网络服务平台提供运营服务的。

重庆市出租汽车客运管理办法(节选)

(2007年12月27日重庆市人民政府令第210号公布;根据2013年4月11日《重庆市人民政府关于修改〈重庆市出租汽车客运管理暂行办法〉的决定》修正;2013年4月11日重庆市人民政府令第271号公布;2013年5月1日起施行)

第二章　特 许 经 营

第十六条　出租汽车客运车辆应当符合下列条件:

(一)符合本市规定的车型、技术等级、排气量、环保要求,车辆技术性能完好;

(二)符合本市出租汽车色度和标识管理规定,车身明显部位按规定设置经营者名称、投诉电话;

(三)按照规定安装、配备、使用出租汽车顶灯、计价器及空车待租标志、专用座套、电子真伪识别装置、营运服务数据信息采集传输系统和带有卫星定位功能的智能终端等设施设备,并保持完好、有效;

(四)车容整洁,营运标志完好,证牌齐全;

(五)新投入或更新的出租汽车,应当是出厂新车;

(六)法律、法规、规章规定的其他条件。

四川省

四川省地理信息交换共享管理办法(节选)

(2017年1月9日省政府第140次常务会议审议通过;2017年1月18日四川省人民政府令第318号公布;2017年2月18日起施行)

第二条 在四川省行政区域内开展地理信息资源开发利用和交换共享,航空航天遥感影像统筹,卫星导航定位基准站和地理信息公共服务平台的建设、运行维护等活动,适用本办法。

第七条 卫星导航定位基准站实行统一管理并提供服务,提供的相关数据信息纳入地理信息交换共享范围。

第八条 省测绘地理信息行政主管部门负责制定卫星导航定位基准站相关技术标准,提供空间基准与高精度导航定位信息服务;会同省发展改革、经济信息化等部门规划、建设卫星导航定位基准站。

第九条 卫星导航定位基准站建设应当符合有关法律法规、发展规划、标准规范和保密规定,避免重复建设。

第十条 省测绘地理信息行政主管部门负责全省卫星导航定位基准站建设的备案管理,按照国家有关规定对卫星导航定位基准站建设备案信息进行核查,并做好说明和指导工作。

卫星导航定位基准站建设单位应当按照国家有关规定报省测绘地理信息行政主管部门备案。

第十六条 县级以上测绘地理信息行政主管部门应当建立突发事件应急处置地理信息保障机制,并制定相关应急预案,根据需要及时组织提供空间基准与高精度导航定位、航空航天遥感影像、地理信息数据等服务。

第十九条 县级以上地方人民政府应当按照事权划分,将应当由本级政府承担的卫星导航定位基准站、地理信息公共服务平台建设与运行维护、航空航天遥感影像获取与处理、地理信息数据交换处理等地理信息交换共享工作所必需的相关经费纳入本级财政预算。

第二十条 从事地理信息交换共享、航空航天遥感影像、公共服务平台以及卫星导航定位基准站等工作,涉及国家秘密的,按照国家保密法律法规执行。

第二十一条 县级以上测绘地理信息行政主管部门应当建立卫星导航定位基准站动态监管机制,会同公安、国家安全、保密等部门(单位)对卫星导航定位基准站数据获取、传输、提供、使用和存储等环节进行监督管理，对卫星导航定位基准站系统建设、数据传输、应用服务、运营情况等开展抽查、巡查。

第二十六条　本办法所称地理信息是指与地理空间位置及其时态有关的自然、经济、社会等信息。

本办法所称卫星导航定位基准站是指对卫星导航信号进行长期连续观测，获取观测数据，并通过通讯设施将观测数据实时或者定时传送至数据中心的地面固定观测站。

本办法所称地理信息公共服务平台是指实现地理信息服务所需的信息数据、地理信息交换共享和应用服务功能及其运行支撑环境的总称。

四川省《校车安全管理条例》实施办法（节选）

（2015年6月29日省政府第90次常务会议审议通过；2015年7月1日四川省人民政府令第299号公布；2015年8月1日起施行）

第十三条　校车应当按照规定配备并开启具有卫星定位功能的汽车行驶记录仪。学校或校车服务提供者应当建立卫星定位汽车行驶记录仪监控平台，并与校车所在地县级人民政府教育行政部门监控平台联网，对校车运行情况实时监控。

县级人民政府教育、交通运输行政部门或公安机关交通管理部门按照各自职责对校车运行情况进行监管。

四川省测绘成果管理办法（节选）

（2007年5月18日四川省人民政府第118次常务会议通过；2007年6月20日四川省人民政府令第213号公布；2007年8月1日起施行）

第一章　总　　则

第三条　本办法所称测绘成果，是指通过测绘形成的数据、信息、图件及其相关技术资料。测绘成果分为基础测绘成果和非基础测绘成果。

下列测绘成果为基础测绘成果：

（一）为建立全国统一的测绘基准和测绘系统及全省统一的平面控制网、高程控制网、空间定位网所进行的天文测量、三角测量、水准测量、卫星大地测量、重力测量所获取的数据和图件；

（二）城市相对独立平面坐标系统的相关数据和图件；

（三）基础测绘航空摄影所获取的数据和影像资料；

（四）遥感卫星和其他航天飞行器对地观测所获取的基础地理信息遥感资料；

（五）国家基本比例尺地形图、影像图及其数字化产品；

（六）基础地理信息系统的数据和信息等。

非基础测绘成果，是指除基础测绘成果以外具有专业内容的测绘成果。

第三章　成果提供与使用

第十一条　国家秘密基础测绘成果的提供使用，除由国务院测绘行政主管部门审批的以外，省测绘行政主管部门负责受理审批下列国家秘密基础测绘成果的提供使用：

（一）国家四等以上平面控制网、高程控制网以及 C 级以上空间定位网的数据、图件；

（二）1∶10000、1∶5000 国家基本比例尺地形图、影像图及其数字化产品；

（三）多张连续、覆盖范围超过 20 平方千米的大于 1∶5000 的国家基本比例尺地形图、影像图及其数字化产品；

（四）基础测绘航空摄影所获取的数据、影像等资料以及获取基础地理信息的遥感资料；

（五）基础地理信息数据；

（六）国务院测绘行政主管部门委托管理的基础测绘成果。

其他国家秘密基础测绘成果的提供使用，由市（州）测绘行政主管部门审批。

贵州省

贵州省测量标志保护管理办法（节选）

（1999 年 5 月 25 日省人民政府常务会议通过；1999 年 5 月 27 日
贵州省人民政府令第 41 号发布；1999 年 7 月 1 日起施行）

第四条　本办法所称的测量标志包括：建设在地上、地下或者建筑物上的各种等级的三角点、基线点、导线点、军用控制点、重力点、天文点、水准点的木质、钢质觇标和标石标志，全球卫星定位控制点，以及用于地形测图、工程测量、行政区划界线测量、地籍测绘和形变测量的固定标志等永久性测量标志；测量中正在使用的临时性测量标志。

云南省

云南省测量标志保护规定(节选)

(1999 年 12 月 21 日省人民政府第 29 次常务会议通过;1999 年 12 月 27 日云南省人民政府令第 92 号公布;1999 年 12 月 27 日起施行)

第三条　本规定所称测量标志,是指测量控制点位置的觇标、标石、标志,包括设置在地上、地下或者建(构)筑物上的三角点、基线点、导线点、军用控制点、重力点、天文点、水准点、全球卫星定位控制点,以及用于地形测量、工程测量、形变测量、地籍测绘、房产测绘、境界勘测、野外长度检定的固定标志等永久性测量标志;测量中正在使用的临时性测量标志。

陕西省

陕西省基础测绘管理办法(节选)

(陕西省政府 2016 年第 3 次常务会议通过;2016 年 3 月 20 日陕西省人民政府令第 189 号公布;2016 年 5 月 1 日起施行)

第九条　〔实施基础测绘〕省人民政府测绘地理信息行政主管部门负责组织实施下列基础测绘项目:

(一)在国家统一的测绘基准基础上,建立、维护全省统一的平面控制网、高程控制网、重力控制网和卫星导航定位连续运行基准站网;

(二)获取测绘分级管理中省级基础测绘航空影像和卫星遥感影像;

(三)测制与更新全省 1:5000、1:10000 基本比例尺地形图、影像图和数字化测绘产品;

（四）建立、维护与更新省级基础地理信息数据库和系统；

（五）编制出版全省基础地理底图和基本地图集（册），会同有关部门编制出版全省行政区地图；

（六）监测本省地理国情；

（七）省人民政府根据全省经济建设、社会发展和公共应急需要所确定的其他基础测绘项目。

第十条 〔实施基础测绘〕市、县人民政府测绘地理信息行政主管部门负责组织实施本行政区域内下列基础测绘项目：

（一）建立、维护统一的平面控制网、高程控制网和卫星导航定位连续运行基准站网；

（二）获取测绘分级管理中市、县级基础测绘航空影像和卫星遥感影像；

（三）测制与更新1∶500、1∶1000、1∶2000基本比例尺地形图、影像图和数字化测绘产品；

（四）建立、维护与更新本级基础地理信息数据库和系统；

（五）编制出版本行政区地图和基本地图集（册）；

（六）根据实际需要监测市、县地理国情；

（七）本级人民政府根据本行政区域内经济建设、社会发展和公共应急需要所确定的其他基础测绘项目。

陕西省实施《校车安全管理条例》办法（节选）

（陕西省政府2012年第20次常务会议通过；2012年12月12日
陕西省人民政府令第164号公布；2013年2月1日起施行）

第二十条 校车应当配备逃生锤、干粉灭火器、急救箱等安全设备。安全设备应当放置在便于取用的位置，并确保性能良好、有效适用。

校车应当按照规定配备具有行驶记录功能的卫星定位装置。

青海省

青海省测绘地理信息市场管理办法(节选)

(2018 年 1 月 10 日省人民政府第 88 次常务会议审议通过;2018 年 1 月 13 日青海省人民政府令第 120 号公布;2018 年 3 月 1 日起施行)

第十二条　测绘地理信息主管部门应当会同其他有关部门,加强对卫星导航定位基准站建设和运行维护的规范和指导。

卫星导航定位基准站的建设单位在开工建设 30 日前,应当按照国家规定向省测绘地理信息主管部门备案。

第十三条　卫星导航定位基准站建设、运行维护应当符合国家标准和要求,建立数据接收、处理、存储、传输、使用以及安全保障制度,遵守保密、国家安全等法律法规的规定。

宁夏回族自治区

宁夏回族自治区校车安全管理办法(节选)

(2016 年 8 月 24 日自治区人民政府第 71 次常务会议讨论通过;2016 年 9 月 2 日宁夏回族自治区人民政府令第 86 号公布;2016 年 11 月 1 日起施行)

第十八条　对取得校车标牌的校车,校车服务提供者应当安装、使用具有行驶记录功能的卫星定位装置,接入公安监控平台,实时监控。

宁夏回族自治区道路货物运输管理办法(节选)

(2011年12月8日宁夏回族自治区人民政府令第39号公布;根据2019年12月4日《自治区人民政府关于废止和修改部分政府规章的决定》修正;2019年12月4日宁夏回族自治区人民政府令第108号公布;2019年12月4日起施行)

第三章 经营管理

第十八条 危险货物运输经营者应当在危险货物运输车辆上安装使用具有行驶记录功能的卫星定位装置,并建立企业监控平台,配备专职人员负责监控。

宁夏回族自治区基础测绘管理办法(节选)

(2002年12月2日宁夏回族自治区人民政府第102次常务会议审议通过;2002年12月16日宁夏回族自治区人民政府令第53号公布;2003年2月1日起施行)

第八条 下列基础测绘项目由自治区管理测绘工作的部门组织实施:

(一)布设全区统一的平面控制网、高程控制网和空间定位网;

(二)测制1:10000基本比例尺地形图;

(三)建立1:10000比例尺地形图数据库;

(四)建立自治区基础地理信息系统;

(五)对基础地理信息进行定期或者适时更新;

(六)自治区重点建设工程的前期测绘;

(七)为社会服务的航空、航天和遥感测绘;

(八)其他应当由自治区管理测绘工作的部门组织实施的基础测绘项目。

第九条 下列基础测绘项目由市、县(区)管理测绘工作的部门组织实施:

(一)布设平面控制网、高程控制网和空间定位网;

(二)测制1:2000、1:1000、1:500基本比例尺地形图;

(三)建立本行政区域基础地理信息系统。

第十条 基础地理信息按照下列规定更新:

(一)由自治区管理测绘工作的部门组织布设的平面控制网、高程控制网和空间定

位网,在十年内进行复测改造;

(二)由自治区管理测绘工作的部门组织测制的1∶10000的山区和川区基本比例尺地形图,分别在十年内和五年内进行更新;

(三)由市、县(区)管理测绘工作的部门组织布设的平面控制网、高程控制网和空间定位网,在五年内进行复测改造;

(四)由市、县(区)管理测绘工作的部门组织测制的基本比例尺地形图,在四年内进行更新。

第十一条　管理测绘工作的部门,应当充分利用卫星定位系统、遥感、地理信息系统等先进技术手段,实现基础地理信息的快速获取与更新,实现智能化处理和网络化生产管理以及分发服务。

新疆维吾尔自治区

新疆维吾尔自治区民用爆炸物品安全管理办法(节选)

(2009年3月23日自治区第十一届人民政府第7次常务会议讨论通过;2009年4月7日新疆维吾尔自治区人民政府令第161号公布;2009年6月1日起施行)

第十九条　经由道路运输民用爆炸物品的,应当遵守下列规定:

(一)携带《民用爆炸物品运输许可证》;

(二)按照许可证载明的品种、数量以及时间、地点、路线运输;

(三)运输车辆安装行驶记录仪或者卫星定位仪;

(四)采取必要的安全防范措施,并配备押运人员;

(五)民用爆炸物品丢失、被盗或者被抢的,应当采取应急处置措施,并立即向当地公安机关报告;

(六)法律、法规、规章规定的其他条件。

民用爆炸物品由库房运至作业地点的,应当使用防暴箱或者专用运输车辆。

第八部分　涉及卫星导航的地方政策性文件

北京市

中共北京市委、北京市人民政府关于加快培育壮大新业态新模式促进北京经济高质量发展的若干意见(节选)

(2020 年 6 月 9 日)

二、重点任务

(三)建设生态系统基础设施

16. 共享开源平台。依托信创园,提升研发底层软硬件协同研发能力,建设“两中心三平台”信创应用生态。支持搭建支持多端多平台部署的大规模开源训练平台和高性能推理引擎,形成面向产业应用、覆盖多领域的工业级开源模型库。鼓励企业研发、运营开源代码托管平台,支持基于共享平台开展共享软件、智能算法、工业控制、网络安全等应用创新,促进形成协同研发和快速迭代创新生态。推动国家北斗创新应用综合示范区建设,打造“北斗 +”融合应用生态圈。(责任单位:市经济和信息化局、市科委、中关村管委会、北京经济技术开发区管委会、海淀区政府、顺义区政府)

四、重点任务

(一)面向智能交通,构建绿色安全智慧出行体系。丰富自动驾驶开放测试道路场景,在北京经济技术开发区、海淀区等重点区域部署 5G 车联网路侧基础设施,建设云平台,率先实现 L4/L5 级自动驾驶在城市出行、物流运输等场景应用,促进智慧城市、智能交通、智能汽车一体化融合发展。聚焦城市交通管理智能化体系建设和出行服务质量提升等相关应用场景,围绕交通计算、绿色交通一体化和公交线网优化等需求,推动大数据、云计算、人工智能、北斗导航等技术在全市交通综合治理中的应用示范。聚焦智慧轨道交通建设与运营等典型应用场景,围绕智慧车辆、智能维护、智慧建设、智慧制造等,推动机器人、非降水施工、环境智能感知及控制、智能安检、北斗导航、5G、建筑信息模型(BIM)等技术在轨道交通 13 号线扩能改造、11 号线、19 号线等项目中推广应用,服务保障市民安全、便捷、绿色、舒适出行。(责任单位:市交通委、市重大项目办、市公安局公安交通管理局、市科委、市经济和信息化局、中关村管委会、北京经济技术开发区管委会、海淀区政府)

中共北京市委、北京市人民政府关于印发加快科技创新构建高精尖经济结构系列文件的通知(节选)

(京发〔2017〕27 号)

北京市加快科技创新发展新一代信息技术产业的指导意见

二、主要任务

(六)引领第五代移动通信(5G)相关技术发展

做好 5G 关键技术和标准的研发布局。支持基带芯片、高频高速通信等 5G 关键技术研发和产业化。加快推进 5G 通信网络建设试点。推进北斗、窄带物联网(NB - IoT)、智能传感器在智慧城市、共享经济、工业互联网、物联网等领域应用。鼓励科研单位和企业积极参与 5G 技术研发与国际标准研制。

北京市人民政府关于印发《北京市"十四五"时期高精尖产业发展规划》的通知(节选)

(京政发〔2021〕21 号)

三、打造面向未来的高精尖产业新体系

(一)做大两个国际引领支柱产业

1. 新一代信息技术

(6)北斗。以完善北斗产业生态为目标,组建北斗产业创新中心,建设全国领先的产业公共服务平台;建设高水平、国际化、智能化的北斗产业创新基地,打造北斗产业创新创业孵化平台和集聚发展的核心枢纽。鼓励北斗与 5G、物联网、地理信息、车路协同、无人系统等技术融合创新应用,建设"北斗 + "和" + 北斗"重大应用场景,提升北斗应用的产业赋能和综合服务能力,探索通信、导航、遥感一体化应用,培育综合时空信息产业生态。

四、优化区域协同发展新格局

(四)构建京津冀产业协同发展新格局

立足京津冀整体谋划高精尖产业发展,发挥北京"一核"辐射带动作用和先进制造、数字资源优势,以氢能、智能网联汽车、工业互联网等产业为突破口,推动创新链产业链供应链联动,加速科技赋能津冀传统产业,协同推进数字化、智能化、绿色化改造升级。采取“产业基金+智能制造”方式,鼓励北京企业通过“母子工厂”等模式在津冀布局一批带动力强的项目,吸引上下游企业聚集,共同完善区域产业生态,构建分工明确、创新联动的产业协同发展格局。

1. 推动三个重点产业协同率先突破

(2)智能网联汽车产业协同发展示范。完善以智能网联汽车为核心的京津冀汽车产业生态圈,加快有条件自动驾驶的智能网联汽车研发生产和示范应用,提高自动驾驶功能装备率。北京重点突破传感器、处理器芯片等关键核心零部件,巩固车载计算平台、信息安全、车路协同等优势技术;支持天津建立比较完备的整车及重要零部件研发制造产业体系;支持河北发展车载光学系统、定位系统、互联网终端、集成控制系统等模块。

北京市人民政府关于印发《北京市“十四五”时期乡村振兴战略实施规划》的通知(节选)

(京政发〔2021〕20 号)

三、推进都市型现代农业高质量发展

(二)建设农业“中关村”

服务国家农业科技自立自强,把农业科技创新纳入北京国际科技创新中心建设战略,着力推进自主创新和原始创新,强化现代农业科技和物质装备支撑。

3. 发展智慧农业

大力推进应用场景建设,加快人工智能、5G、物联网、北斗、大数据、区块链等新一代信息技术在农业领域应用,推进农业生产经营和管理服务数字化改造。建设北京市农业农村大数据平台,构建全市农业农村数据资源“一张图”。发展数字田园、智慧养殖、智慧农园。开展以清洁能源和现代信息技术为基础的智能农机研究与示范应用。实施高效设施、畜禽水产、初加工、农业废弃物处理装备提升四大工程,加大农机装备信息化、智能化升级改造,全面提升设施农业、生猪养殖设施装备智能化水平。到 2025 年,主要农作物耕种收综合机械化率以及秸秆综合利用率达到 98% 以上,畜牧养殖机械化率达到 75%,设施农业机械化率达到 55%。

北京市人民政府印发《关于新时代深化科技体制改革加快推进全国科技创新中心建设的若干政策措施》的通知（节选）

（京政发〔2019〕18号）

五、优化创新创业生态

25. 统筹推进应用场景建设

聚焦人工智能、5G、区块链、大数据、云计算、北斗导航与位置服务、生命科学、前沿材料、新能源、机器人等重点领域搭建应用场景。建立市级层面应用场景建设统筹联席会议制度，完善前置咨询评议、供需对接机制，定期发布应用场景项目清单，建设一批应用场景示范区（或试验区）。对经过市场检验的应用场景创新成果，包括首台（套）重大技术装备，通过首购、订购等方式予以支持。

北京市人民政府关于培育扩大服务消费优化升级商品消费的实施意见（节选）

（京政发〔2017〕20号）

四、创新扩大有效供给，改善优化消费环境

（十九）持续优化消费市场环境

42. 强化信息基础设施网络支撑。提升公共网络服务水平，实现本市用户签约带宽50兆起步、100兆普及，推动电信企业提速降费，促进大规模公共网络和移动互联网向下一代互联网升级。推广“北京通”，实施一批智慧惠民工程。加快城市副中心光纤城市建设，支持2022年冬奥会场馆、2019年世界园艺博览会园区等重点区域开展第五代移动通信（5G）试点。推进北斗多模卫星导航等应用。建设多功能路灯杆、综合管廊等新型物联网集成载体。（市经济信息化委、市交通委、市城市管理委按职责分工负责）

北京市人民政府关于印发《北京市“十三五”时期现代产业发展和重点功能区建设规划》的通知(节选)

（京政发〔2017〕6号）

第二章　优化发展符合首都城市战略定位的现代产业

（二）融合发展信息服务业。全面推进“三网融合”，大力推广应用云计算、大数据、物联网、移动互联网等新一代信息技术，加快向互联网协议第六版（IPV6）演进升级。培育壮大首都大数据产业，不断拓展北斗应用服务领域，发展位置服务、智能导航、智能终端等新型运营业务，拓展信息集成服务、内容增值服务、智慧城市新兴产业等领域。依托国家通信设施、广电网络等领域总部资源，高标准建设信息传输网络，不断提高基础设施网络化水平，实现提速降费。完善大数据存储、信息安全维护等技术领域基础设施，推动下一代互联网根服务器的研发与落地应用，实现电信基础设施共建共享。支持基于互联网的产业组织变革、商业模式创新、供应链和物流链整合，拓展开放共享的网络经济空间。支持有条件的企业建设跨行业物联网运营和支撑平台，开展以城市运行、市民生活、企业运营和政府服务等为主要内容的“智慧北京”建设。

北京市人民政府关于印发《北京市“十三五”时期信息化发展规划》的通知(节选)

（京政发〔2016〕57号）

二、完善信息基础设施

（二）优化物联网感知设施

完善智能运行感知设施。优化地下管线智能感知监测体系和城市公用设施、建筑、重点公共场所等的视频监控设备布局，加快建设城市环境感知和自动监测设施，加强对大气、水、噪声、辐射、土壤等生态环境要素的物联网监测。推进智能停车场、多功能路灯杆、综合管廊等新型物联网集成载体建设，推进以北斗为主体的导航和位置服务终端布局。建设完善公共和政务物联网应用支撑平台，加强对物联管理对象和感知设备的规范管理，实现各类感知数据的共享汇聚和整合应用。

建设智慧生活感知设施。整合公共事业、政务、便民生活等服务资源，推动基于数字电视的智慧生活综合服务云平台和终端设施建设。推动基于互联网和智能硬件的智慧生活服务设施建设，支持在社区、公共场所、办公楼等区域部署智能服务终端和可穿戴设备应用环境，支持智能机器人、智能支付、虚拟现实等智能化应用。

五、构建融合创新生态

（二）推动融合升级

推动农业发展创新。深化应用物联网、大数据、北斗导航、智能设备等新一代信息技术，推动农业发展改造升级，实现农业生产、经营、管理和服务的精准化智能化。发展农业农村大数据，推进数据资源开放共享，鼓励社会资本深度开发和利用农业数据资源，增强农业综合信息服务能力。构建农产品质量安全追溯公共服务平台，实现农产品从农田到餐桌的全过程可追溯。

（三）推进信息产业发展

培育信息产业发展新增长点。加快信息物理系统、人工智能、认知计算、增强现实、第五代移动通信、未来网络、空天地一体化网络等前沿共性关键技术的攻关和产业化，培育产业发展新潜力。加快车联网、工业互联网、能源互联网等标准研制、推广应用和产业化，培育一批具有国际竞争力的行业领军企业。培育发展移动互联网、北斗卫星导航产品、云终端、新一代健康诊疗等信息消费新热点。

北京市人民政府关于进一步优化提升生产性服务业加快构建高精尖经济结构的意见（节选）

（京政发〔2016〕25 号）

二、优化产业结构

（四）巩固提升优势主导行业，支撑构建高精尖经济结构

融合发展信息服务业。全面推进“三网融合”，大力推广应用云计算、大数据、物联网、移动互联网等新一代信息技术，强化系统集成应用；不断拓展北斗系统应用服务领域，发展位置服务、智能导航、智能终端等新兴运营业务。依托国家通信设施、广电网络等领域总部资源，加快宽带网络等电信设施共建共享，实现提速降费；推动下一代互联网根服务器在北京经济技术开发区落地应用，完善信息安全维护等技术领域基础设施。推动软件业从产品向服务转型升级，积极承接国家重大科技专项，着力在新型计算、高速互联、先进存储、第五代移动通信等核心技术研发方面取得突破，加快智能设计与仿真、工业大数据处理等工业软件高端发展。支持基于互联网的产业组织变革、

商业模式创新、供应链和物流链整合，拓展开放共享的网络经济空间；加快以城市运行、市民生活、企业运营和政府服务等为主要内容的“智慧北京”建设。

北京市人民政府关于积极推进“互联网+”行动的实施意见（节选）

（京政发〔2016〕4号）

三、重点领域

（一）推进产业转型升级，为经济内涵式发展提供新支撑

6.“互联网+”农业。利用互联网提升农业生产、经营、管理和服务水平。加快推进多元化现代农业信息服务模式，构建现代农业信息数据库，建设农业大数据开放共享平台，通过移动互联网向农民提供政策、科技、市场等信息服务。加强物联网、大数据、北斗导航、智能设施设备等在农业生产各环节的应用，提高农业节水节地、控温控湿水平，实现播种、灌溉、施肥等作业精准化。完善农产品质量安全监管、检测、追溯体系，探索农产品二维码管理，构建从农田到餐桌可追溯的全过程监管体系。建立农产品市场监测预警中心，构建全市统一的农产品市场监测预警信息发布平台。搭建农业电子商务综合服务平台，推进农产品电子商务仓储物流设施建设，完善农村支付服务环境。推广休闲农业电子商务，提供乡村旅游一站式服务。（市农委牵头，市发展改革委、市经济信息化委、市商务委、市旅游委负责）

（二）增强城市运行管理智慧化程度，为治理能力现代化提供新手段

7.“互联网+”城市交通。强化交通运输信息共享，利用大数据技术挖掘分析人口迁徙规律、公众出行需求、枢纽客流规模、车辆行驶特征等，为优化交通运输设施规划与建设、安全运行控制、交通运输管理决策提供支撑。利用互联网加强对交通运输违章违法行为的智能化监管，不断提高交通运输治理能力。提升交通运输服务品质，健全多种出行方式信息服务对接和一站式服务，推进重要交通枢纽信息服务设施建设，增强轨道交通安全运行和保障极端天气下交通顺畅等能力。加强北斗导航定位系统在公交车、出租车等车辆上的应用，研究推进全市停车资源共享平台和停车诱导系统建设。培育移动交通服务新业态，稳妥推进网络约车等服务业态发展。（市交通委牵头，市公安局公安交通管理局、市经济信息化委、市发展改革委负责）

9.“互联网+”生态环境。构建多污染物综合防治和环境治理体系，推进生态环境数据互联互通和开放共享，促进区域环境协同治理。建设基于北斗导航定位系统的生态环境监测平台，实现对水、大气、森林等各类生态要素的动态监控。推动京津冀及周

边地区大气污染防治信息共享平台建设,提高联防联控保障能力。加强生态大数据开发利用,建立环境资源信息中心,整合数据资源,提高环境综合分析和预警预测能力。建设汛情、水资源、水环境、水生态监测平台,实现对地表水、地下水、再生水、雨洪水、外调水等的动态监控。发展固体废弃物电子商务,打造绿色回收产业链。建立自然资源资产管理信息系统,研究推进利用二维码加强对林地、农田、草地、水面、荒山荒地等资源的管理工作。(市环保局牵头,市发展改革委、市水务局、市园林绿化局、市气象局、市农委、市经济信息化委、市商务委负责)

四、保障措施

(一)夯实产业发展基础

构建集成电路高端产业链条,增强高清显示芯片、存储芯片、工业控制芯片、物联网芯片、移动通讯芯片等核心应用芯片研发能力,推动高端服务器、智能手机、平板电脑、可穿戴设备等智能硬件产品高端化发展。大力发展以网络运营服务为核心的开源操作平台软件、大数据管理软件、应用平台软件和面向消费终端的应用软件,加快推进移动互联网、云计算、大数据、物联网、北斗导航定位、虚拟现实等新技术突破,促进新产品、新服务的研发和产业化。推动未来网络技术标准制定,加大对软件定义网络(SDN)、网络功能虚拟化(NFV)、量子通信等技术研发的支持力度。大力发展互联网集成化解决方案,推动工业生产技术、网络技术和人工智能技术集成融合和应用创新。(市发展改革委、市经济信息化委、市科委、中关村管委会、北京经济技术开发区管委会负责)

(二)提升网络基础设施建设水平

加快推进宽带普及和提速降费工作。积极发展移动互联和新一代移动通信,推动4G网络全覆盖,率先启动5G试验网建设,进一步扩大城市公共场所热点区域内免费WiFi覆盖范围,推动基站、通信管道等通信基础设施共建共享。加大网络光纤化改造力度,加快下一代互联网根服务器建设,促进大规模公共网络和移动互联网向下一代互联网升级。加快广播电视网数字化和智能化改造,发展交互式网络电视和有线电视网宽带服务等融合性业务。研究完善北斗地基增强系统,打造北斗导航与位置服务产业公共服务平台。加快建设张北云计算产业基地,打造京津冀大数据走廊。(市经济信息化委、市发展改革委、市通信管理局、市新闻出版广电局、市网信办负责)

北京市人民政府关于印发《〈中国制造2025〉北京行动纲要》的通知(节选)

(京政发〔2015〕60号)

四、聚焦发展五类产品,全力打造"北京创造"品牌

(一)创新前沿产品。聚焦新一代信息技术、新材料技术、智能制造、生命科学等创新前沿领域,率先布局,加快突破,取得一批拥有自主知识产权的原始创新成果。重点布局领域包括:超导材料、纳米材料、石墨烯、生物基材料等新材料产品;高端软件、智能硬件、高性能集成电路等信息技术产品;干细胞、靶向药物、医学影像精密仪器等生物医药产品;北斗导航、无人智能航空器等尖端航空航天产品。

五、组织实施八个专项,带动实现重点领域突破

(八)通用航空与卫星应用专项。以通用航空运营体系建设、卫星技术转化应用为切入点,在航空航天领域主要围绕关键技术与产品、城市及区域服务保障、通用航空消费等重点,聚焦发展研发试制、运营服务、商务金融等高端环节,开发通用航空安全运行监管系统、自主安全可信的无人机飞控系统等产品,完善应急救援、商务飞行等运营服务体系。在卫星应用领域主要围绕低轨卫星宽带通信、卫星遥感、卫星导航技术的产业化,提高军民两用技术研发转化能力,大力发展卫星地面设备和卫星应用服务,开发空天地一体化信息网络、多源融合高精度遥感应用等技术。通过实施本专项,建立覆盖高端研发、系统集成、关键子系统制造、技术示范应用和服务保障的产业技术和价值链,建成特色鲜明、体系健全、重点突出、融合发展、国际领先的航空航天研发应用中心。

北京市人民政府关于创新重点领域投融资机制鼓励社会投资的实施意见(节选)

(京政发〔2015〕14号)

二、重点领域

(七)"高精尖"产业

31. 加强民用空间基础设施建设。重点实施北斗卫星导航与位置服务产业公共平台、高分专项数据与应用公共服务平台、卫星遥感公众云服务平台建设,大力推进基于北斗卫星导航技术的环卫保障车辆监控、应急预警、出租车运行管理、智能公交、蔬菜安全管理、电子商务物流服务等项目的应用示范。

北京市人民政府关于印发《北京技术创新行动计划（2014－2017年）》的通知（节选）

（京政发〔2014〕11号）

专项六：新一代移动通信技术突破及产业发展

重点组织实施技术突破与标准研发，芯片、终端与系统设备研发与产业化，移动通信与互联网大数据应用服务等任务。到2015年，在第五代移动通信技术（5G）、大数据、自防御网络（SDN）等领域突破一批关键技术，参与国际标准制定，巩固本市在移动通信与互联网领域排头兵地位。到2017年，关键技术取得标志性成果，抢占国际标准制高点，形成全球领先的移动通信与互联网领域技术群与产品群，培育、聚集核心研发团队，催生可持续输出原创性核心技术及创新产品的龙头企业，加速新一代移动通信技术与各行业的广泛融合。

重点任务分解：

1. 技术突破与标准研发。市科委、市质监局牵头组织开展以下重点工作：一是开展第五代移动通信技术预研与标准制定。二是开展云计算及大数据关键技术攻关与标准突破。

2. 芯片、终端与系统设备研发与产业化。市经济信息化委、市科委牵头组织开展以下重点工作：一是突破核心芯片关键技术并实现产业化。二是突破新型显示关键技术并实现产业化。三是推进智能终端研制与产业化。四是加快推进系统设备产业化及网络基础设施建设。

3. 移动通信与互联网应用服务。市科委、市经济信息化委牵头组织开展以下重点工作：一是促进龙头企业开放应用服务平台资源。二是拓展云计算与大数据应用服务。三是开展以北斗导航为主的空天信息应用服务。四是推动智能终端与网络系统的信息安全服务。

北京市人民政府关于促进信息消费扩大内需的实施意见(节选)

(京政发〔2014〕5号)

二、主要任务

(二)高起点培育信息消费需求。发挥中关村国家自主创新示范区先行先试政策优势和新兴产业创新资源优势,推动企业开展商业模式创新和业务融合创新,推出一批符合信息技术发展趋势的新产品、新服务和新业态,使本市成为我国信息消费的引领示范基地和产品创新中心。加快发展移动互联网、网络视频、社交网络、数字电视等信息服务,促进智能手机、智能电视、平板电脑等新型信息消费终端的普及,推动居民信息消费产品升级换代。启动大数据应用示范工程,扩大北斗卫星导航、物联网等应用示范工程的实施范围,继续实施移动互联网工程和祥云工程,培育北斗卫星导航产品、云终端等信息消费新热点。

北京市人民政府办公厅关于印发《北京市进一步扩大和升级信息消费持续释放内需潜力的行动计划(2019—2022年)》的通知(节选)

(京政办发〔2019〕21号)

二、重点任务

(四)推动信息基础设施建设及服务优化

2. 优化重点场景信息配套设施及服务。以2022年北京冬奥会筹办为契机,促进本市信息消费产业发展。在北京大兴国际机场、北京城市副中心、首都功能核心区等区域开展信息配套服务设施建设,实现重点区域5G网络全覆盖。探索开展超高清显示、北斗导航、人工智能等信息消费典型示范应用,多渠道完善交通路况、出行规划、停车及充电设施引导等信息服务。(市经济和信息化局、市科委、市通信管理局、市国资委、市广播电视局、冬奥组委技术部、市发展改革委按职责分工负责)

北京市人民政府办公厅关于印发《北京市全民科学素质行动计划纲要实施方案(2016—2020年)》的通知(节选)

(京政办发〔2016〕31号)

二、重点任务

(二)实施农民科学素质行动

2.措施。加强农村科普信息化建设。积极开展信息技术培训,增强农民使用电子设备和互联网的兴趣与能力。开展“三农”网络书屋建设、农民科学素质网络知识竞赛、新农民微视频展播等线上线下相结合的科技教育和科普活动,帮助农民提高科学素质。统筹农村数字家园、尚农网、爱农信息驿站等“三农”信息服务资源,开展智慧乡村建设。强化以物联网、云计算、移动互联网、北斗导航为代表的信息技术在农业生产领域中的应用。

北京市经济和信息化局关于印发《北京市支持卫星网络产业发展的若干措施》的通知

(京经信发〔2021〕6号)

卫星网络是国家新型基础设施建设的重要领域,其技术密集、资本驱动、商业化运作特征明显,是新的经济增长点。北京市商业航天产业基础雄厚,资源丰富,在产业决策、科研攻关、核心制造等环节优势明显,为卫星网络产业发展提供有力支撑。

为培育壮大新业态新模式,加快推动商业航天领域高端制造,激发企业创新活力,挖掘数字经济新动能,助力“两区”建设,北京市将抢抓卫星网络及相关产业发展的战略机遇,加强政策支持,创新投融机制,发挥央企和头部企业的引领示范作用,优化产业空间布局,促进产业集聚发展,推动卫星网络产业成为北京经济增长的新高地。

一、产业发展目标

以建设具有全球影响力的国际科技创新中心为引领,立足北京航天领域基础雄厚、人才集聚、技术创新等资源禀赋,巩固和发挥“南箭北星”基础优势,加强卫星网络关键技术和核心部件研发攻关,加快推进星座组网,布局地面应用终端和运营服务等产业,丰富和推广应用场景,赋能智慧城市建设,服务城市管理。以卫星网络、北斗应用引导技术、人才、资本、服务等创新要素在京聚集,加快培育卫星网络优势企业,带动

5G 通讯、电子信息等相关产业协同发展。

"十四五"末，构建具有引领性的卫星网络星座和运营平台，形成卫星网络标准体系，拓展一批卫星网络重大应用场景，打造覆盖火箭、卫星、地面终端、运营服务及核心软硬件、系统运控的卫星网络全产业链，培育北斗创新及融合应用的产业生态，支撑"十四五"北京经济高质量发展。

二、重点任务

（一）支持卫星网络企业发展，激发市场主体活力

1. 支持央企在京发展。落实"四个服务"功能定位，支持卫星网络系统研究，商业液体火箭、商业卫星、地面终端设备、核心软硬件研制，系统运控、运营服务等卫星网络和北斗产业关键环节在京布局，鼓励央企率先在京开展运营示范，加强央企人才落户、总部用地、职工住房、基础设施配套等需求保障。（责任单位：市经济和信息化局、市发展改革委、市科委，海淀区、丰台区、石景山区、顺义区、昌平区、大兴区、怀柔区政府，北京经济技术开发区管委会）

2. 支持民营企业和中小企业在京发展。支持民营企业、中小企业开展卫星星座建设，推动商业火箭和卫星、地面终端设备、核心软硬件、系统运控、网络运营等产业环节在京落地。发挥头部企业示范引领作用，联合配套企业打造产业集群，建立多元、敏捷、垂直的产业供应体系，提高在京配套率，维护卫星网络产业链安全。支持头部企业建设总部工厂，加大生产性服务业布局，在示范应用、标准建立等方面树立业内标杆，以"制造业 +"模式延展产业链，丰富总部业态，提升总部经济能级。除国家有明确限制的产品领域外，鼓励企业开展国际合作。（责任单位：市经济和信息化局，海淀区、丰台区、顺义区、昌平区、大兴区政府，北京经济技术开发区管委会）

3. 鼓励市属国有企业深度参与卫星网络产业发展。支持市属国有企业充分发挥技术、资金、空间、人才等优势，采用市场机制，通过股权投资、技术联合攻关、合作共建等方式参与卫星网络产业发展。（责任单位：市国资委、市经济和信息化局，海淀区、丰台区政府，北京经济技术开发区管委会）

（二）支持优势产业发展，培育特色产业集群

4. 支持商业火箭产业。进一步巩固和提升企业在火箭研发、制造方面的优势，重点围绕垂直回收、低成本可重复使用、大推力等火箭技术瓶颈，鼓励原始创新、集成创新和消化吸收再创新并举，提升商业火箭智能制造、协同制造能力，培育核心价值节点，支撑新技术向产品快速迭代。（责任单位：市经济和信息化局、市科委，丰台区、大兴区政府，北京经济技术开发区管委会）

5. 支持商业卫星产业。发挥央企主力军作用，巩固提升民营企业卫星研发、制造能力。围绕卫星总体及主要分系统，开展低成本制造、智能化与全电化设计等关键技术攻关和产品研制试验，加快推动卫星关键器件自主可控和国产化替代，打造商业卫

星产业集群，为在京研发、制造商业卫星提供完整配套，支撑形成卫星的低成本、高可靠、大批量生产能力。（责任单位：市经济和信息化局、市科委，海淀区、丰台区、昌平区政府，北京经济技术开发区管委会）

6. 支持地面终端相关产业。以北京电子信息等优势产业为基础，提前引导布局信关站，液晶相控阵天线，船载、车载、机载和手持设备等地面终端产业，抓住产业融合发展机遇，与5G通讯、电子信息相关技术相互促进、迭代发展。（责任单位：市经济和信息化局、市科委，海淀区、丰台区、昌平区政府，北京经济技术开发区管委会）

7. 推动卫星网络建设，拓展运营服务。支持卫星网络和运营平台建设，开展北斗应用运营服务。鼓励企业开发新技术、新产品，创新和推广卫星网络通讯和空间信息的增值服务，推动系统运控、空间大数据等领域数字产业化、平台化。（责任单位：市经济和信息化局、市科委、市通信管理局，西城、丰台等各有关区政府）

（三）加强协同发展，打造科技创新新高地

8. 推动卫星网络和5G通讯协同发展。把握新一代通信技术发展趋势和方向，支持企业开展星地异构网络互联、大容量多信关站协同组网、星地网络融合、链路覆盖增强、网络资源分配、休眠唤醒等关键技术攻关，推动卫星网络与5G网络、地面设备和运营服务的全链条互联互通、互为补充，探索以卫星网络为显著特征的新一代通信技术。（责任单位：市科委、市经济和信息化局、市应急管理局、市通信管理局）

9. 培育"卫星网络+"新业态。加快成果转化，拓展应用领域，鼓励企业和科研院所、高校，依托电子信息等优势产业，在体制、网络、管理、频谱、业务、平台、终端等方面，开展基础共性技术研究及关键设备研制，形成具有自主知识产权的卫星网络核心产品，推动卫星网络与电子信息等高精尖产业协同发展，探索卫星网络与北斗卫星导航系统一体化应用模式。（责任单位：市科委、市经济和信息化局、市国资委）

10. 建立新型研发机制。面向国家重大工程需求，探索联合创新模式和成果转化机制，推动建设新型研发平台，鼓励卫星网络和北斗企业与在京央企、科研院所、高校共同建设实验室、公共平台、创新联盟、产业创新中心等。优化科研力量布局，强化产业技术供给，从配套资金、人才引进、空间保障等多维度，支持卫星网络战略前沿技术研发和关键核心技术攻关，联合申报国家技术创新中心等。（责任单位：市科委、市经济和信息化局，中关村管委会）

（四）丰富应用场景，加快示范应用

11. 创新应用场景。支持卫星网络试验示范系统建设，推动卫星网络与智能网联汽车技术及产业融合发展，拓展在交通物流、航空航海、石油电力等领域示范应用。建设北斗应用重大场景，打造一批可实用、可体验、可复制的北斗创新融合应用"样板间"，提升北斗应用综合服务能力。（责任单位：市经济和信息化局，丰台区、顺义区、大兴区政府，北京经济技术开发区管委会）

12. 强化示范应用。坚持“能用尽用”推广原则，鼓励交通、民生服务等领域新上项目，采购相关技术及产品，助推卫星网络及北斗产业发展。加快在防灾减灾、水务监测和城市管理等领域示范应用。（责任单位：市经济和信息化局、市财政局、市应急管理局、市水务局、市交通委、市城市管理委、市国资委）

（五）打造特色产业园区，促进产业集聚发展

13. 建设卫星网络产业基地。紧密结合北京城市更新和当前商业航天发展格局，充分利用现有园区“腾笼换鸟”，先期以“南箭北星”引领辐射，打造卫星网络总部、系统研发，总装集成、核心关键部件制造，系统运控、运营服务等产业基地。在大兴区、经开区建设商业航天产业基地以及商业火箭创新中心等，做强“南箭”；在海淀区建设商业卫星产业基地和星座运控、运营平台，做强“北星”；丰台区明确发展空间规划，发挥央企、军工优势，承接溢出项目。各区错位发展，形成协作互补，吸引地面终端、核心软硬件等相关产业集聚，形成示范效应，向石景山、顺义、昌平、怀柔等地辐射。探索代建回购、前租后让等方式，保障企业的空间需求。对于新设企业，在土地出让、房租补贴方面给予政策支持，推进园区尽早产生规模效益。在项目入驻时，本着避免重复建设的原则，实施空间开放共享，适当调整项目评价考核标准，在扶持新兴产业发展的同时，探索同类型企业协同发展新模式。（责任单位：海淀区、丰台区、石景山区、顺义区、昌平区、大兴区政府，北京经济技术开发区管委会，市经济和信息化局、市发展改革委）

14. 建设北斗产业创新基地和应用示范基地。加强技术创新，建设产业集群，共同打造具有全球影响力的北斗卫星导航产业园。（责任单位：顺义区政府，北京经济技术开发区管委会，市经济和信息化局）

15. 加强配套设施建设。优先支持卫星网络园区项目，鼓励各区和社会力量，建设完善产业园区基础设施，做好水、电、气、环保、物流等生产要素保障。（责任单位：市发展改革委、市财政局，海淀区、丰台区、石景山区、顺义区、大兴区政府，北京经济技术开发区管委会）

（六）深度对接津冀地区，推动卫星网络产业协同布局

16. 提高区域创新能力。北京要承担起科技创新中心对区域创新发展的引领使命，强化创新要素在京聚集，服务央企、科研院所、高校的创新资源在京成长，全力支持卫星网络技术研发和系统建设。加快向津冀地区成果转化，促进创新链、产业链紧密结合。（责任单位：市经济和信息化局、市发展改革委、市科委，中关村管委会）

17. 跨区域协同产业布局。按照京津冀协同发展三地总体定位，以央企产业布局为先导，加快创新迭代，协同布局先进材料、高端制造、产品试验、综合应用等产业环节，完善和丰富区域内全产业链，打造京津冀一体化产业新业态，巩固和提升商业航天产业在全国的领军地位。（责任单位：市经济和信息化局、市发展改革委、市科委，中关村管委会）

18. 推出一批协同应用场景。以 2022 年冬奥会为重大应用场景，推广卫星网络先进技术。推动卫星网络在雄安新区等京津冀智慧城市建设中先试先行，赋能城市全域感知、数字运营和智能决策等。加快卫星网络成熟产品在三地应用，推动航天领域数字产业化，提升区域经济能级。（责任单位：市经济和信息化局、市发展改革委、市科委，中关村管委会）

19. 创新一体化服务机制。探索政策会商、资质互认，推动支持措施衔接。研究利益三地分享、便于企业发展的工作机制，协调推进基础设施、重大平台等共建共享，进一步提升服务效率。（责任单位：市经济和信息化局、市发展改革委、市科委，中关村管委会）

（七）完善投融资机制，增强产业发展吸引力

20. 加强基金支持。针对卫星网络产业前期投资大、回报周期长等特点，充分发挥北京市高精尖产业发展基金、科技创新基金以及中小企业创业投资引导基金，对成长期和初创企业的引导作用，支持社会投资机构合作设立卫星网络及北斗创新应用领域子基金。在基金清算时，按政府出资超额收益的 10% –20%，给予基金管理团队奖励。（责任单位：市经济和信息化局、市财政局）

21. 加强资金支持。对企业在京开展厂房及生产线建设、技术改造、制造业服务业融合、产业服务平台及中试检测平台、星座组网、地面系统集成、重大应用场景等建设项目，卫星网络前沿关键技术研发等给予资金支持。（责任单位：市经济和信息化局、市财政局、市科委、市财政局，各有关区政府）

22. 加强融资支持。落实货币信贷政策，用好直接融资、间接融资、监管容忍等多种政策组合，用足再贷款再贴现额度、延期还本付息、信用贷款支持计划等专项政策，鼓励金融机构创新更多金融产品服务，组织精准、高效、便捷的融资对接服务，解决企业融资问题。做好前置服务，将符合条件的企业纳入北京企业上市综合服务平台，支持企业科创板、新三板、主板上市融资。探索知识产权保险、证券化等，推动金融机构设计专利、著作权、商标权等知识产权差异化金融服务方案，扩大知识产权质押融资规模。（责任单位：市金融监管局、市发展改革委、市经济和信息化局、市财政局）

23. 实施保险贴费。有效分散和降低商业航天企业创新发展风险，对在京依法从事商业火箭、卫星研发、生产或发射经营等活动的企业，给予商业航天发射保险不超过 50% 的贴费。（责任单位：市经济和信息化局、市财政局，各有关区政府）

（八）提升服务质量，营造良好的营商环境

24. 建立服务“绿色通道”。密切协调国家有关部门，建立企业精准服务常态化机制。发挥“两区”建设叠加优势，在无线电频率台站、电信运营许可等卫星网络企业核心关切的政策上，向国家有关部门争取政策突破和在京先试先行。指导企业加快申办和认定保密资格、科研生产许可、民用航天发射许可、高新技术企业等。（责任单位：市

国家保密局、市经济和信息化局、市科委)

25. 支持人才队伍建设。加强国内外人才、毕业生引进,通过户口、工作居住证、子女教育、所得税奖励、住房保障等措施,吸引优秀人才在京服务卫星网络及北斗产业发展。将卫星网络及北斗产业优秀人才,纳入高层次专家人才库,优先推荐参加市级以上人才工作奖项评选。(责任单位:市人才局、市人力资源社会保障局,各有关区政府)

26. 推送定制化服务。本着“接诉即办”原则,定期走访调研卫星网络和北斗企业,了解园区企业发展诉求,实施一企一策定制化服务,向企业推送产业政策、项目信息、支持措施等服务。(责任单位:市发展改革委、市科委、市交通委、市城市管理委、市经济和信息化局、市财政局、市应急管理局、市水务局,各有关区政府)

三、工作保障

1. 强化责任落实。各有关区和部门根据工作实际,研究分解工作任务,把支持措施量化、细化、具体化、项目化,加强协调,统筹推进,加快构建北京市卫星网络和北斗应用产业生态。(责任单位:各有关单位)

2. 加强业务对接。主动对接国家有关部门,跟踪了解并及时发布卫星网络和北斗应用产业有关政策和项目信息等。开展省际合作对接,为企业共享共用发射场等设施提供支持。组织政策宣贯、项目对接、交流培训等活动,开展“一站式”服务。(责任单位:市经济和信息化局、市委军民融合办、市发展改革委、市科委,中关村管委会)

3. 建立信息共享机制。编制发布北京市卫星网络和北斗应用企业名录,指导各区、各部门支持入库企业,培育和支持一批卫星网络和北斗应用企业。(责任单位:市经济和信息化局,各有关区政府)

北京市交通综合治理领导小组关于印发《2021 年北京市交通综合治理行动计划》的通知(节选)

(京交综治发〔2021〕1 号)

二、重点工作任务

(一)优化供给

9. 提升地面公交网络化运营调度水平。完成基于“北斗 +5G”的网络化智慧公交调度平台设计,提升运营调度中心功能,加强调度系统与大数据平台互联互通。优化调度层级,逐步实现三级调度向二级调度过渡,指挥系统更加扁平高效。建设动物园等 10 处区域调度分中心,采取区域智能调度发车的线路达到 80% 以上。

责任单位:市交通委、公交集团

完成时限:12 月底前

22. 建设智慧地铁。构建智慧客服、智慧运行、智慧维护、智慧管理等综合集成平台示范和完整线路示范工程。加快“首都轨道交通系统高效运输与安全服务关键技术”国家重点课题研究。完成无人化智能交互装备、客流全场景智能感知装备、智能人体一体化进站装备、智能车辆段、北斗 +5G 时空基准网络等技术。构建面向全网的安全保障与主动防控平台、协调调度平台、综合服务平台、网络化运维增强平台和综合决策平台。

责任单位:市交通委、市经济和信息化局、京投公司、地铁公司、京港地铁公司

完成时限:持续推进

北京市市场监督管理局关于印发《北京市重点发展的技术标准领域和重点标准方向(2021 版)》的通知(节选)

(京市监发〔2021〕28 号)

附件

北京市重点发展的技术标准领域和重点标准方向(2021 版)

一、高精尖产业标准

(一)新一代信息技术

5. 北斗

北斗与 5G、物联网、地理信息、智能网联汽车等技术的融合标准;通信、导航、遥感一体化应用标准。

(六)航空航天

2. 航天

商业液体火箭、卫星、地面终端设备、核心软硬件研制和系统运控、运营服务等标准;空间计算平台设计、智能化制造、空间大数据应用等标准;卫星互联网、卫星物联网技术及安全标准;载人航天与探月工程、重型运载器、新一代运载火箭研制与试验技术标准;空间基础设施、新型卫星等空间平台与有效载荷、空间天文、空间环境、空间生命科学标准;高分辨率对地观测系统、卫星通信应用系统、卫星导航应用服务系统、卫星遥感应用系统、卫星技术综合应用系统标准。

三、城市规划建设与管理标准

（三）城市交通

4. 交通安全

交通工程质量监督、事故预防检测、应急处置等标准；交通运输服务车辆运行安全、运输安全设备与装备、危险品运输、事故预防监测、应急处置等标准；大数据、云计算、人工智能、北斗导航等交通综合治理标准。

六、服务业标准

（二）贸易和物流服务

2. 物流

智慧物流技术开发和应用标准；物联网新技术标准；国际物流、多式联运标准；网络优化、智能标签自动识别、信息表征和交换、供应链全程质量跟踪和检测、智能交通服务等技术标准；集装单元化技术标准；智慧物流配送、冷链物流标准；网络以及智能快件箱等智能、绿色、高效的现代物流服务及评价标准；应用北斗导航、物联网、云计算、大数据、移动互联等物流技术标准；物流指挥系统、产品质量追溯系统标准；优化逆向物流网点布局新技术标准；“互联网＋回收”模式创新标准；快递包装绿色转型相关标准；快递业包装废弃物污染控制、快递包装回收、循环标准；面向共享经济的物流综合服务标准。

北京市经济和信息化局关于印发《北京市关于促进北斗技术创新和产业发展的实施方案（2020年—2022年）》的通知（节选）

（京经信发〔2020〕4号）

附件

北京市关于促进北斗技术创新和产业发展的实施方案（2020年—2022年）

北斗卫星导航系统是国家重要的空间基础设施，随着全球组网时代的到来，北斗技术应用已进入产业化、规模化、大众化、国际化全面发展的新阶段。北京是我国北斗卫星导航系统的发源地，产业创新资源集聚，发展优势明显。近年来，我市北斗导航与位置服务产业发展环境不断优化，产业规模保持高速增长，在全国具有领先优势。未来几年，我市将紧紧围绕“四个中心”城市战略定位，抓住北斗迈向综合时空体系升级跨越发展的新机遇，打造全新亮点，推动卫星导航产业发展实现新突破。为加强全国科技创新中心建设，推动本市北斗技术创新和产业发展，特制定本实施方案。

一、总体要求

（一）指导思想

贯彻落实习近平新时代中国特色社会主义思想，以建设具有全球影响力的科技创新中心为引领，充分发挥北京在北斗导航与位置服务技术创新方面的资源优势，加强关键技术和核心部件研发攻关，引导北斗导航与位置服务领域的技术、人才、资本、服务等创新要素聚集发展，加快培育优势企业，建设新一代空间基础设施和重大应用场景，构建良好产业生态，以技术创新带动产业发展，为加快构建高精尖经济结构提供有力支撑。

（二）基本原则

需求引领，创新驱动。面向经济社会发展的重大需求，加强技术创新、商业模式创新和机制创新，不断提升产业发展水平和竞争力，促进北斗技术在国民经济和社会生产生活中发挥更重要的作用。

产用协同，融合发展。坚持“政产学研用”五位一体协同发展，以典型场景示范应用为切入点，带动北斗与新一代信息技术的创新应用；坚持多维度融合发展，构建技术成果转化机制，推进资金、技术等资源要素融合，辐射带动京津冀北斗产业发展。

政府引导，企业主导。发挥政府统筹引导作用，通过加速资源集聚、优化创新创业环境等方式，为北斗产业发展营造良好环境；发挥企业在产业创新中的主体作用，鼓励北斗产业链各环节优势企业做大做强，引导全市软件和信息服务企业及其合作伙伴采用北斗技术和产品。

（三）发展目标

到 2022 年，我市北斗导航与位置服务产业总体产值超过 1000 亿元，建设 1 个具有全球影响力的北斗产业创新中心，形成 1 套北斗产业融合应用的标准体系，建成时空信息服务覆盖超亿级的城市应用节点，实施 100 个左右精品应用解决方案和具有国际显示度及影响力的北斗应用服务样板，打造 1 个国际领先的新一代时空信息技术应用示范区，实现北斗系统在关系国家安全与国计民生的关键行业领域全面应用。

二、重点任务

（一）构建“两网两平台”服务体系，强化基础支撑保障

1. 提升“高精度 + 室内外”定位服务能力

建设高精度信号服务网。基于我市现有的北斗连续运营参考站，建设具备高稳定、高可靠、高连续、可扩展及服务多样性的高精度信号服务网络，并做好相应的高精度空间数据服务，保障全市室外实时精密定位精度优于 1 米，重点区域优于 5 厘米。（市经济和信息化局、市财政局）

建设重点区域室内定位网。基于多源信号融合与地标特征匹配、室内空间特征表征与位置服务、GIS(地理信息系统)与BIM(建筑信息模型)的深度整合等核心技术,并与我市5G规划布局有机融合,建设室内定位与位置服务网络,保障我市顺义、亦庄等重点区域室内定位精度优于3米。(市经济和信息化局、顺义区政府、北京经济技术开发区管委会)

2. 发挥"服务+数据"公共平台价值

完善北斗导航与位置服务产业公共平台。加强北斗导航与位置服务产业公共平台能力建设,提升公共开发环境、服务运营环境及室内外定位信号性能测试评估环境水平,为北斗应用提供实时连续的高精度信号服务、短报文运营服务以及位置信息增值服务。采取"插线板"式的开发模式,结合北斗示范工程建设,实现百万级的北斗终端应用及千万级活跃用户群的位置服务网络。(市经济和信息化局)

打造空间数据运营服务云平台。建设基于"北京二号"的空间数据运营服务云平台,统筹全球主要的对地观测数据,建设面向产业服务的智能化地球空间数据应用基础设施平台,提供卫星观测能力在线、空间海量数据在线、处理分析能力在线等功能,形成数据共享、信息流动的空间数据和卫星遥感应用产业创新运营服务模式,为北斗、地理信息、遥感等领域创新创业提供空间数据支撑。(市经济和信息化局、海淀区政府、顺义区政府)

(二)运用两种技术创新模式,推动产业融合发展

1. 北斗+位置服务

基于位置服务技术的授时定位、地图服务、个性化位置服务等产业是时空信息产业发展的核心驱动力。在授时定位方面,突破高精度低成本安全可信智能终端,推进高精度服务体系的应用,支持北斗技术的创新与产业化,改造提升金融、电力、轨道交通等涉及国家信息安全的传统产业,探索融合共享经济、工业互联网等新业态的新机遇。在地图服务方面,突破高精度室内外无缝导航地图、实时动态高精度导航地图,构建多样化出行服务体系,打通地图"最后一公里"服务。在个性化位置服务方面,以重点行业应用为牵引,推动大众消费的规模化应用,通过创新社会治理模式、深化大众生活位置服务应用、探索新的商业模式等,打造我市万亿规模的位置服务产业集群和信息消费集群,建立基于北斗时空信息服务的智能、便捷、精准、高效的现代生活空间。(市经济和信息化局、市委网信办、市科委、中关村管委会、海淀区政府、顺义区政府)

2. 物联网+北斗

突破结合窄带物联网协议的系列低功耗北斗技术,以及利用北斗B2a信号宽带特性进行多路径检测和消除技术,大幅提升复杂场景的定位精度。研发超低功耗、低成本、快速定位的北斗芯片及其IP核,形成物联网+北斗产品模组以及一体化芯片解决方案,并具备支持多个细分领域的后台协议,实现在智慧城市、智能物流、安防监控、智

慧农业、资产监管、环境监测等领域的规模应用，为物联网产业高效连接赋能。（市经济和信息化局、市科委、中关村管委会、海淀区政府）

3. 人工智能＋北斗

突破北斗芯片与陀螺仪、里程计等多传感器融合定位技术，全面提升 PNT（定位、导航、授时）服务的定位精度、可用性和抗多路径能力。研发适用无人系统的高性能、高精度、小型化并符合 AECQ100（汽车电子系统通用标准）的多模多频北斗/GNSS（全球导航卫星系统）芯片，形成北斗高精度技术在智能网联汽车、无人机和小型机器人等领域深度应用解决方案，为人工智能产业连接未来赋智。（市经济和信息化局、市科委、中关村管委会、海淀区政府、北京经济技术开发区管委会）

4. 5G＋北斗

突破 5G 融合北斗的室内外无缝定位技术，持续提升室外到室内、地面到地下的无缝连接时空信息服务。研发面向 5G 手机的多传感器融合定位软件 IP 核及云端性能增强技术，构建高精度室内外无缝导航新型商业模式，形成面向大型活动现场服务和管理、大型展览馆、体育场及商场、停车场等场所，组合导航技术在行人和车辆等物体超前应用的解决方案，为 5G 产业建设生态赋力。（市经济和信息化局、市科委、中关村管委会、海淀区政府、顺义区政府）

（三）实施七大应用示范工程，打造智慧城市标杆

我市围绕"城市精细管理、城市安全运行、便捷民生服务、高效产业提升"已形成一批典型北斗应用示范，七大应用示范工程将通过增强高精度定位、助力万物互联，深化我市北斗技术创新应用成果，辐射带动京津冀北斗产业发展，形成一批"用得好"的应用服务样板，加快环首都经济圈建设。

1. 北斗＋城市生命线保障示范工程

在市政管网领域，深度推广"北燃经验"。重点利用北斗实时快速的精准时间和空间位置获取技术，结合物联网、大数据、AR/VR 等技术，依托建设的基于北斗的市政物联网平台，实现市政管线（水、电、气、热等）基础信息获取、动态更新，以及在智能巡检、作业管理、设施普查、应急救援、灾害预警等环节的全面应用，实现城市综合管网资源管理数字化、可视化、智能化，全面提升市政管网全生命周期管理、风险管控水平和防灾减灾能力。（市经济和信息化局、市国资委、市城市管理委、市水务局）

2. 北斗＋城市精细化监控示范工程

在公共车辆方面，积极推进高精度应用。充分发挥我市在公交车、出租车、互联网租赁自行车、环卫车辆等领域形成的创新应用成果，进一步面向公共交通和城市管理各个领域，深入推进北斗高精度位置服务技术在城市交通管理、垃圾分类收集运输处理、精细化城管等方面的精准化应用，推动北斗高精度时间同步技术在我市轨道交通运营管理的普及化应用。（市交通委、市城市管理委、市国资委、市经济和信息化局）

3. 北斗 + 城市安全运行示范工程

在安全监测领域，突破传统实现全过程管理。针对北京部分地区易发地质灾害和地表沉降灾害等问题，建设我市桥梁、隧道、大型和重要建筑物等城市基础设施的城市信息模型网（Internet of CIM）数据平台；突破传统监测方法，利用北斗高精度监测技术，建设全过程动态监测预警信息化网络，实现对城市基础设施、滑坡灾害、地面沉降、重大活动区域的实时安全监测、风险管控及精细管理。（市住房城乡建设委、市交通委、市经济和信息化局）

4. 北斗 + 城市生态环境保护示范工程

在生态环境领域，建立城市综合监控体系。充分利用北斗导航定位、短报文通信等功能，结合遥感地理信息技术和物联网技术，搭建面向京津冀区域的“北斗 + 高分 + 生态环境”卫星应用服务平台，形成 PM2.5 监测和气象信息等精准保障产品，提升大气污染监测和气象信息保障的精度和时效性。在京津冀、冬奥会等相关区域进行示范应用，建立“定量遥感监测普查 + 北斗终端详查”的综合城市生态环境综合监控体系和服务模式。（市经济和信息化局、市气象局）

5. 北斗 + 智慧出行服务示范工程

在公共交通领域，集成信息提供智行服务。依托我市北斗高精度室内外无缝定位信号播发服务网络，完善实时公交、实时轨道交通数据，为用户提供覆盖全市公交、地铁、驾车、骑行、步行等混合出行方式的门到门一体化智行服务，提升智能化公共交通服务水平。采集并构建大型商场、运动场馆、交通枢纽等人流密集的重点公共区域高精度室内图，结合智能手机提供具有良好公众体验的室内外无缝导航服务。（市交通委、市经济和信息化局）

6. 北斗 + 高效物流提升示范工程

在高效物流领域，率先推动无人配送、冷链运输。通过对具备条件的物流无人机、配送机器人、无人配送车等设备安装北斗定位/状态监控，结合惯性、视觉、动力等传感器，实现对无人设备的高精度定位和运行状态的实时监控，保障配送任务正确、高效、可控地完成。推动冷链物流运输车辆使用北斗监控系统，结合温度传感器、门磁传感器、视频监控等设备应用，实现运输状态、温度及作业场景实时监控，切实提高冷藏、冷冻食品安全保障水平。（市经济和信息化局）

7. 北斗 + 智慧冬奥示范工程

在智慧冬奥领域，示范一批先进成果。围绕冬奥场馆搭建高精度位置服务网络，建设室内场馆及室外园区数字化地图及 VR 全景，实现精准的室内实时导航和人员实时定位，方便观众快速找到对应座位。建立冬奥赛区全空间信息系统及北斗智慧冬奥服务系统，实现针对冬奥场馆建设施工管理、物资储运、赛场与场馆运行、赛事服务保障等方面的北斗综合应用示范，并推动形成赛后可持续发展的商业模式。围绕冬奥会应用需求，在交通运行、安保服务、环境质量监测等重点领域推动一批先进成果示范。（市经济和信息化局、朝阳区政府、延庆区政府、北京冬奥组委相关部门以及相关场馆业主单位）

（四）打造两个北斗特色基地，加快产业资源整合

1. 建设北斗产业创新基地

加强技术创新建设产业集群。以亦庄合众思壮卫星导航产业园区为核心，通过建设“一院两馆四平台”，即北斗新时空研究院、卫星导航应用体验馆及博物馆，以及协同创新平台、快速制造平台、位置数据运营服务平台、众创空间平台，形成产业创新发展综合服务能力，组织联合产业链各环节优势企业和机构力量，共同建设具有全球影响力的北斗卫星导航产业园，打造成为高水平、国际化、智能化的国家北斗时空产业核心集聚区。（北京经济技术开发区管委会、市经济和信息化局）

2. 建设北斗应用示范基地

加强应用示范带动成果转化落地。以顺义国家地理信息科技产业园为基础，通过建设“一中心、一基地、一园区”，即全国北斗综合应用示范展示中心、北斗科技教育培训实训基地、北斗领域科技成果转化孵化产业园区，形成北斗创新成果转化推广服务支撑能力，吸收引进卫星导航领域创新应用成果，实现北斗在“城市精细管理、城市安全运行、便捷民生服务、高效产业提升”的开放应用，成为国家“北斗 +”融合应用生态圈的核心示范区。（顺义区政府、市经济和信息化局）

三、保障措施

（一）加强统筹协调

由主管市领导牵头，市委网信办、市发展改革委、市科委、市经济和信息化局、市财政局、市人力资源社会保障局、市住房城乡建设委、市城市管理委、市交通委、市水务局、市国资委、中关村管委会、北京冬奥组委相关部门、市人才局、市气象局、朝阳区政府、海淀区政府、顺义区政府、延庆区政府、北京经济技术开发区管委会等部门共同参与，组成跨部门的创新管理机制和产业推进机制，在规划引导、政策支持、环境营造等方面加强指导，协调解决本市北斗产业发展过程中存在的重大问题。（各有关单位）

（二）建立多渠道资金扶持体系

充分利用现有财政资金渠道，发挥高精尖资金、区级财政资金作用，重点支持创新载体和重大应用场景建设。设立北斗产业发展基金，以并购、重组等方式支持北斗新企业的培育、创新型企业的成长和典型应用解决方案企业。积极拓宽融资渠道，支持市属国有企业引入多元投资主体参与北斗产业建设。（市财政局、市经济和信息化局、市国资委）

（三）加大应用推广政策支持力度

用好用足政府购买服务、首台套/首购等政策措施，推动重点领域、重点行业北斗

产品的国产化替代和标配化应用。实施“北斗+”创新应用场景示范工程专项，推动北斗技术的深度应用。支持北斗与5G、物联网、人工智能、区块链等新兴产业的融合应用，建设新一代时空信息技术应用示范区。（市财政局、市发展改革委、市经济和信息化局）

（四）完善人才引进和培养机制

引进北斗领域科研产业创新人才，用好高精尖人才引进政策以及领军人才引进计划，支持北斗领域高端人才引进。发挥首都科技创新资源集聚优势，鼓励校企进一步合作，培养一批具有国际竞争力的北斗领域高端技术人才和综合应用类人才。（市人才局、市人力资源社会保障局、市经济和信息化局）

（五）筑牢位置信息安全防护

构建北斗位置信息安全保障体系，促进北斗终端、服务平台与安全产品的全方位多维度对接，实现终端使用、平台运行、运营服务、应用流转、数据存储等环节的安全防护，保护国家重要信息资源安全。（市经济和信息化局、市委网信办）

（六）加强产业宣传和科普

依托产业联盟和行业协会，加强宣传和交流，引导企业用足用好各项政策。建立北斗科普教育基地，弘扬传承北斗精神和内涵，提升北斗的知名度和品牌影响力。（市经济和信息化局、市科委）

北京市经济和信息化局关于印发《北京市智能网联汽车创新发展行动方案（2019年-2022年）》的通知（节选）

（京经信发〔2018〕9号）

三、重点行动

（二）加快建设智能路网设施

4. 大力发展以车路协同为核心的智能路网技术。发挥我市智能交通、北斗导航、位置服务的技术优势，进一步突破交通状态精细化感知技术和多源交通数据融合技术，建立“车基-路基”全域感知的技术体系。

（五）大力发展高精度地图产业

9. 建设动态高精度地图基础数据平台。面向智能网联汽车高级自动驾驶地图应用需求，整合地图服务商、汽车厂商、零部件供应商、基础设施供应商、科研院所以及交通管理数据资源，推动北斗高精度定位、多源辅助定位及相关新型定位定姿技术的深度融合,建设动态高精度地图基础数据平台。支持地图服务商基于地图基础数据平台,开展个性化深度处理和自定义应用。

北京市商务委员会、北京市发展和改革委员会、北京市规划和国土委员会等关于推进北京市物流业降本增效的实施意见(节选)

(京商务物流字〔2018〕15 号)

二、重点任务

(八)实施创新驱动,提升物流智慧化水平

15. 大力发展智慧物流。加强北斗导航、物联网、云计算、大数据、移动互联等先进信息技术在物流领域的应用。支持物流新技术自主研发,支持有条件的物流企业申请高新企业资质。支持商贸物流企业采用货物跟踪定位、无线射频识别、电子数据交换、温度控制等关键技术,加快物流企业设施设备改造升级步伐。支持大型物流企业开发应用企业资源管理系统、供应链管理、客户关系管理等先进管理系统,提高运行管理效率。(市商务委)

北京市质量技术监督局关于印发 2017 版北京市重点发展的技术标准领域和重点标准方向的通知(节选)

(京质监发〔2017〕81 号)

四、服务业标准

(一)生产性服务业

2. 现代物流标准

智慧物流技术开发和应用标准;物联网新技术标准;国际物流、多式联运标准;网络优化、智能标签自动识别、信息表征和交换、供应链全程质量跟踪和检测、智能交通服务等技术标准;新一代移动通信、道路交通信息通讯系统、自动导引车辆、不停车收费系统等集装单元化技术标准;智慧物流配送、冷链储运系统标准。智能、绿色、高效的现代物流服务标准;应用北斗导航、物联网、云计算、大数据、移动互联等技术标准;突破异构信息集成和交换技术标准;物流指挥系统、产品质量认证及追溯系统标准;优化逆向物流网点布局新技术标准;“互联网 + 回收”模式创新标准;物流仓储配送与包装的绿色化标准；面向共享经济的物流综合服务标准。

北京市商务委员会关于印发《北京市“十三五”时期电子商务发展规划》的通知（节选）

（京商务电商字〔2017〕4 号）

第四章　重 点 任 务

四、鼓励电子商务创新创业，助力大众创业万众创新

（三）推动电子商务科技创新

鼓励企业利用大数据、云计算、物联网、北斗导航、人工智能等技术，提升数据处理和分析能力，捕捉消费者个性化消费需求，提高企业运营效率和营销水平。支持电子商务企业积极利用虚拟现实、自动识别等技术，创造沉浸式购物体验，提供更为智能、便捷和安全的网购方式，提升客户服务水平。

北京市经济和信息化委员会关于印发北京市北斗卫星导航应用示范项目管理办法的通知

（京经信委发〔2015〕53 号）

各有关单位：

为贯彻落实《中国第二代卫星导航系统重大专项民用示范项目管理办法（试行）》（卫导专〔2015〕14 号），加强北京市北斗卫星导航应用示范项目管理工作，特制定《北京市北斗卫星导航应用示范项目管理办法》，现印发给你们，请认真贯彻执行。

特此通知。

北京市经济和信息化委员会

二〇一五年十一月四日

北京市北斗卫星导航应用示范项目管理办法

第一章　总　　则

第一条　为培育北京市北斗卫星导航产业，规范和加强北京市北斗卫星导航应用示范项目管理，根据《中国第二代卫星导航系统重大专项实施方案》、《北京市推进北斗导航与位置服务产业发展实施方案》（京经信委发〔2012〕130号）和《国防科研项目计价管理办法》（〔1995〕计计字第1765号）的相关规定和要求，制定本办法。

第二条 本办法所称“北京市北斗卫星导航应用示范项目”（以下简称“示范项目”），是指总装备部和北京市人民政府联合批复我市经济和信息化委员会组织实施的项目。

第三条 示范项目经费来源包括中国第二代卫星导航系统重大专项经费（以下简称“专项经费”）、北京市配套经费（以下简称“市配套经费”）和社会自筹经费。

第二章 组织管理

第四条 北京市经济和信息化委员会作为示范项目主管部门（以下简称“主管部门”），负责示范项目的总体统筹和监督指导。

第五条 北京国际工程咨询公司作为示范项目实施管理单位（以下简称“管理单位”），负责与总装备部航天装备总体研究发展中心（以下简称“航天研发中心”）签订《北京市北斗卫星导航应用示范项目合同》（以下简称“示范项目合同”），对示范项目的建设进度、资金到位及运用情况、技术指标实现情况、标准及规范制定情况、成果及应用情况进行跟踪管理，并及时向主管部门汇报相关情况。

第六条 示范项目实施单位作为示范项目各子项目的承担主体，负责推进各子项目实施。示范项目管理单位应与示范项目实施单位签订《北京市北斗卫星导航应用示范子项目合同》（以下简称“子项目合同”），并依据子项目合同要求对各示范子项目进行过程管理、节点检查、专项经费拨付和项目验收。示范项目实施单位应积极配合主管部门开展宣传交流，扩大示范效果。

第七条 主管部门和项目管理单位按照《中国第二代卫星导航系统重大专项项目合同》和本办法的要求实施项目管理工作。

第三章 项目实施

第八条 示范项目实施单位应建立健全责任制，依据项目进展阶段，执行招标、政府采购、合同管理等制度。示范项目实施单位应按照《中华人民共和国招标投标法》等相关法律法规要求组织项目实施。

第九条 示范项目实施单位应确定项目责任人，并建立健全项目管理制度。开展示范项目文档管理工作，确保示范项目文档的完整、准确、系统和安全。项目管理单位每季度应组织召开项目调度会，并编制项目工作简报。示范项目实施单位应按时总结项目进展（参见附件一），包括合同约定的里程牌节点完成情况、终端安装数量、标准编制情况及经费使用情况等并报送示范项目管理单位和主管部门。

第十条　示范项目实施单位应建立专用账户，示范项目管理单位按照示范项目实施单位合同中提供的开户银行账户支付专项经费，并书面通知示范项目实施单位。示范项目实施单位应保证专项经费和市配套经费专款专用，不得弄虚作假、挪用、挤占示范项目经费或违反相关法律法规。

第十一条　专项经费主要用于北斗终端设备的购置，示范项目实施单位应依据《国防科研项目计价管理办法》（〔1995〕计计字第1765号），按照项目合同约定，进行专项经费列支。市配套经费主要用于基于北斗的终端系统、平台软硬件购置等，示范项目实施单位应依据《国家发展改革委、建设部关于印发建设项目经济评价方法与参数的通知》（发改投资〔2006〕1325号）、《国家电子政务工程建设项目管理暂行办法》（国家发展和改革委员会，2007年第55号令）以及项目合同，进行经费列支。

第十二条　示范项目实施单位必须严格按照合同约定和北京市人民政府批复的初步设计方案和投资概算推进项目实施。如有特殊情况，导致项目主要负责人、主要建设内容调整、建设地点变更、建设进度滞后半年以上、投资概算调整超过10%，示范项目实施单位必须向主管部门提交项目变更请示，获得主管部门批复的项目调整变更批复意见书后，书面告知示范项目管理单位。

第四章　监 督 检 查

第十三条　示范项目管理单位应按照合同约定的节点对示范项目进行跟踪检查。主要检查项目的实施过程是否符合国家和北京市有关法律、法规的要求，是否按照合同约定的节点完成相应内容，以及专项经费、市配套经费和社会自筹经费的使用情况等。

第十四条　对监督检查过程中发现有违反国家有关规定及合同要求的，示范项目管理单位可要求示范项目实施单位限期整改或遵照有关规定进行处理。对拒不整改或整改后仍不符合要求的，项目管理单位上报主管部门确认后，将根据国家相关法律、法规进行处理，停止资金拨付并保留追回资金的权利。

第十五条　示范项目实施单位应当积极配合项目管理单位的监督管理工作，如实提供示范项目实施的有关资料和情况，不得拒绝、隐匿、瞒报。

第五章　项 目 验 收

第十六条　示范项目验收分为子项目验收和示范项目整体验收两个阶段。子项目验收指示范子项目实施单位向项目管理单位和主管部门申请验收；示范项目整体验收指所有子项目验收完成后，项目管理单位向航天研发中心申请验收。

第十七条　示范项目实施单位按期完成项目合同约定的建设内容，达到相关技术指标要求，项目完成投资额不低于批复投资的90%，并通过第三方项目经费审计后，应向示范项目管理单位和主管部门提出子项目验收申请，由示范项目管理单位和主管部门组织子项目验收。涉及项目变更,并取得主管部门变更批复的,可按变更后的批复内容进行验收。子项目验收实施方案参见附件二。

第十八条 子项目提出验收申请的同时,需提交有资质的第三方审计机构出具“项目经费审计报告”。

第十九条 子项目提出验收申请的同时,需提交有资质的第三方终端测试机构/软件测评机构出具“终端/平台测试报告”,或专家评审意见、用户鉴定意见,标准规范等。

第二十条 示范项目实施单位未按期提出子项目验收申请的,应向示范项目管理单位提出延期验收申请并说明理由,报主管部门同意。

第二十一条 所有子项目验收完成后,项目管理单位编制“示范项目经费使用和管理情况报告”、“示范项目总结报告”(附各子项目“经费审计报告”和“终端/平台测试报告”或者专家评审意见、用户鉴定意见,标准规范等),报主管部门同意后,按照《关于开展中国第二代卫星导航系统重大专项示范项目验收的通知》,向航天研发中心申请示范项目整体验收。

第六章 附 则

第二十二条 本办法由北京市经济和信息化委员会负责解释。

第二十三条 本办法自发布之日起施行。

北京市质量技术监督局关于印发北京市贯彻计量发展规划实施意见行动计划的通知(节选)

(京质监函〔2015〕190 号)

四、在能源资源管理、环境保护、食品检测、医疗卫生、新能源应用方面,加强测量关键技术和方法研究,推动计量科技创新与成果转化,服务经济发展

北京市经济信息化委员会关于印发《北京市推进北斗导航与位置服务产业发展实施方案》的通知

(京经信委发〔2012〕130 号)

各有关单位:

为加快推进我市北斗导航与位置产业发展,市经济信息化委在国家及我市相关单

位的指导和支持下，组织编制了《北京市推进北斗导航与位置服务产业发展实施方案》，现印发你们，请结合实际，组织实施。

北京市经济和信息化委员会

2012年11月7日

北京市推进北斗导航与位置服务产业发展实施方案（2012－2015年）

根据《北京市关于加快培育和发展战略性新兴产业的实施意见》、《智慧北京行动纲要》和《北京市软件和信息服务业"十二五"发展规划》，为加快推进本市北斗应用产业化进程，建成国际领先的导航与位置服务综合应用示范城市，结合北京实际，特制定本实施方案。

一、指导思想与发展原则

（一）指导思想

深入贯彻落实科学发展观，从建设中国特色世界城市的高度谋划布局，紧抓军民融合发展的重大契机，面向北京经济社会发展的重大需求，坚持创新驱动、加强统筹协调、突出要素聚集、积极先行先试、加快成果惠民，充分发挥北斗作为战略性新兴产业的突破尖兵作用，打造自主创新的导航与位置服务产业集群，促进和引领本市产业转型升级，为北京率先形成创新驱动的发展格局做出贡献。

（二）发展原则

创新引领，兼容并举。加强技术创新、应用创新和商业模式创新，采用以北斗为核心的兼容技术路线，带动软件、硬件和位置信息服务融合发展，推进军民融合式发展。

聚焦两头，协同推进。围绕导航与位置服务产业链关键环节，"抓两头带中间"，即优先发展核心芯片和应用服务，带动元器件、终端、基础软件、导航地图、运营平台等环节的发展。深化产学研用合作，加强上下游企业协同，整体推进导航与位置服务产业的发展。

培育龙头，集群发展。优先支持具有一定产业基础、以北斗导航与位置服务为核心业务的龙头企业，强化对产业链重点企业的"一企一策、一事一策"服务，聚集创新资源，加强业务合作，打造产业集群。

示范引领，深化应用。按照"智慧北京"建设总体要求，推动北斗导航位置服务的普及，提升城市管理服务能力和水平。

二、发展目标

保持北京导航与位置服务产业在全国的领先优势。到2015年，全市导航与位置服务产业实现营收超过500亿元，开展行业典型应用示范超过100个，培育形成50亿级营收规模的企业，将北京打造成为全国最具影响的北斗产业聚集区，建成国际水平的导航与位置服务应用示范城市，为2020年形成千亿元量级的产业打好基础。

三、主要任务

（一）加强自主创新，突破关键技术

依托国家重大科学研究计划和国家重大科技专项，加快北斗关键技术研发，解决制约产业发展的技术瓶颈问题。重点突破高集成度、小体积、低功耗的卫星导航芯片及系列模块，服务规模化应用；突破室内外融合无缝导航技术，实现位置导航的全方位自由切换；攻克全息位置地图获取与更新技术，适应更精确、更智能的服务要求；发展大数据、物联网、云计算、下一代互联网、移动互联网等技术与导航位置服务的融合，满足海量用户智能化、个性化服务需求。

（二）壮大优势产品，健全产业链条

依托重点骨干企业，加速北斗科技成果转化与产业化，提高本市优势产品的产能与市场份额。重点发展"两芯两端一件"，即高精度高性能系统级芯片和通用导航芯片，导航终端和授时终端，3S（遥感技术、地理信息系统、全球定位系统）软件，带动产业链整体发展。加快芯片及相关的天线、板卡的产业化步伐，显著缩短与国外产品的差距。推进终端制造企业加大技术改造力度，增强产品生产能力，建成全国重要的终端生产和系统集成产业基地。进一步支持3S软件企业扩大规模，丰富产品，积极向服务一体化方向转型，并加强向海外市场的拓展。

（三）发展运营平台，打造新型业态

发展一批以云计算技术为支撑，以新型智能终端为载体，集成导航定位、通信、信息增值服务的位置运营服务平台。优先支持基于自主地图搜索引擎的移动互联网位置平台，丰富信息内容，创新业务模式，突出特色服务。重点面向交通管理、物流、渔业、农业等领域，建设一批服务全国的行业性位置运营平台。加快建设和完善车联网运营平台。

（四）推广典型应用，提升城市智能

发展和推广北斗导航与位置服务行业解决方案，重点在城市运行保障、智能交通、现代物流、重要系统授时、环境资源管理、精准农业等六大领域开展行业位置服务应用，在公众出行、社会网络、旅游娱乐等开展公众位置服务应用，在智能搜救、灾害救援及重大活动等开展区域位置服务应用，整体提升北斗应用水平，支持重点企业综合北斗导航技术和信息技术提升企业两化融合水平，支撑智慧北京。

（五）建设特色园区，促进产业聚集

以中关村国家自主创新示范区为核心，推进"一城两园"（中关村科学城，国家北斗产业园、国家地理信息科技产业园）的产业发展格局。中关村科学城依托特色产业园丰富的创新资源，加强体制机制创新，形成北斗技术创新和标准创制中心，辐射带动全国北斗产业的发展。国家北斗产业园和国家地理信息科技产业园围绕国家重大信息基础设施建设,聚集国内外优势创新资源,完善基础服务和增值服务,强化创新创业孵化功能,培养创新型领军人才,建成中关村国家自主创新示范区知名专业化基地。

四、重点工程

(一)应用示范工程

围绕北京特大型城市数字化、智能化、精细化管理需求,以地理位置和时间信息为纽带,开展基于北斗的试点示范,并重点建设一批面向全国服务的示范项目,促进城市运行服务水平和应急能力的提升。政府投资的相关项目优先采用北斗系统,鼓励和引导社会用户积极应用北斗系统,推广超过10万个北斗行业应用终端,每年实施超过20个北斗导航与位置服务示范应用项目。在试点示范中探索形成行业应用规范,推动形成行业应用标准。

(二)知识产权工程

开展北斗导航与位置服务产业的专利研究,大力推进北斗产业知识产权的创造、运用、保护和管理。加强专利和软件著作权申请资助,提高北斗企业申请专利和软件著作权的数量和质量。依托现有产业联盟,组建北斗知识产权联盟,探索北斗专利池建设。

(三)公共平台工程

积极吸引和支持国家级导航与位置服务公共平台落地北京,面向全国提供基于空间、位置、导航、时间的一系列公共数据和技术支撑服务。鼓励产业联盟等机构建立面向中小软件开发者的开放平台,通过提供创新创业孵化服务,营造开放共赢的产业生态环境,促进新型服务业态健康可持续发展。根据国家总体部署,建设提高导航与定位精度的地面信息基础设施,增强高精度位置服务的能力。

五、保障措施

(一)加强组织协调服务

成立本市北斗导航与位置服务产业协调机制,由主管市领导牵头,相关委办局参加,负责制订促进北斗导航与位置服务产业的相关政策,协调北斗应用与产业化重大事项,加强与国家部委和部队等北斗相关单位的对接服务。

(二)加大政府支持力度

建立北京市导航与位置服务项目库,将北斗导航与位置服务产业重大技术研发与产业化项目纳入本市重大科技成果转化和产业化项目统筹资金支持范畴,将北斗项目纳入中关村现代服务业试点支持范畴,并积极争取国家相关资金的支持。将北斗相关技术和产品纳入中关村新技术新产品(服务)认定目录。对于进行北斗试点示范的项目,探索推行对基础元器件的集中采购。将北斗企业优先纳入“四个一批”工程,集中资源扶持大企业、新型企业和快速成长企业。

（三）拓宽投资融资渠道

完善科技金融服务，鼓励面向创新创业型企业提供“投资+全方位孵化”等产业培育服务，支持基于打通北斗产业链的集群投资。引导北斗产业链上下游企业之间的合作，推动企业资源整合和兼并重组，促进北斗产业做大做强。

（四）完善创新联盟建设

支持建立企业、科研院所和高等院校相结合的北斗产业创新联盟，加强关键技术和共性技术的联合攻关，推动高水平的企业研发中心建设，形成完整的产业技术创新链。支持产业创新联盟以项目为纽带，以解决方案和技术标准为支撑，以开放协作为标志，推进北京资源向全国的辐射。

（五）加快人才培养与引进

鼓励企业与高校建立企业实践实训基地，加强实用型人才的培养。鼓励北斗企业参加计算机信息系统集成高级项目经理培训，推荐企业高管参加“科技北京”领军人才和科技新星的评选。建立北斗专家库，为北京智慧城市建设和产业发展提供咨询服务。运用中央“千人计划”、本市“海聚工程”等人才政策，加快高端芯片设计、位置运营平台体系构架设计、地理位置海量数据分析等方面高层次人才的引进。

（六）做好新闻宣传与推广

利用中国（北京）国际软件博览会、智慧城市高层论坛等会议活动，加强北斗政策法规、技术创新、解决方案、典型应用、商业模式等方面的宣传力度，营造良好的产业发展环境。加大对北斗应用的宣传推广，增强公众对北斗的认知。征集、遴选北斗应用最佳实践并进行推广。

北京市经济和信息化委员会办公室

2012 年 11 月 8 日

北京市交通委员会关于印发《省际客运车辆卫星定位监控系统应用管理规定（试行）》的通知（节选）

（京交运省发〔2012〕317 号）

（一）本市省际客运企业，是车辆卫星定位监控系统应用管理的主体，承担系统产品选用、安装、维护和系统应用管理的主体责任。

（二）凡申领和持有省际班车客运道路运输证的车辆（以下简称省际客车），应当安装使用卫星定位监控系统车载终端设备和影像设备。

（三）省际客车安装的车载终端设备，应当符合《道路运输车辆卫星定位系统车载终端技术要求》(行业标准 JT/T 794－2011);车载影像监控设备,应当符合《关于省际客运车辆安装使用影像监控设备的通知》(京交运省发〔2012〕96 号)要求。

委托企业与被委托企业的车载终端和车载影像监控设备,其品牌、型号应当一致。

客运企业建设的系统监控平台,应当符合《道路运输车辆卫星定位系统平台技术要求》(行业标准 JT/T 796－2011)。

(五)在执行上述标准和要求的同时,客运企业应当优先选用科技含量较高、技术性能领先、综合功能较强、工作状况稳定、售后服务和维修方便的卫星定位车载终端、车载影像监控设备及其支持系统。

(十)监控人员应每日对岗位监控信息进行整理归档;客运企业应每周对监控信息进行汇总梳理,每月 5 日前向辖区行业主管部门填报上月度《省际客运车辆卫星定位监控情况月报表》(详见附件 2)。

(十三)省际客运车辆卫星定位监控系统应用管理情况,纳入企业年度质量信誉考核内容,具体考评事项和评分标准另做规定。

天津市

天津市人民政府办公厅关于印发天津市综合交通运输“十四五”规划的通知(节选)

(津政办发〔2021〕35 号)

七、建设融合创新、先进适用的智慧交通体系

(三)构建高层次创新发展体系

推进智能网联全场景试点应用。支持天津(西青)国家级车联网先导区、京津中关村科技城 5G 智能网联创新智慧城建设,支持有条件的区域构建典型应用场景,开展共享汽车、公交车等智能化、网联化示范应用。支持智能网联汽车在开放道路测试,支持港口、轨道交通、物流快递等领域无人集卡、船联网、自动驾驶地铁、无人配送车、无人机等智能装备试点应用,逐步实现智能交通全场景接入。

加强关键技术创新和转化应用。建立以企业为主体、产学研用深度融合的技术创新机制,鼓励交通行业各类创新主体建立创新联盟。推动交通运输基础设施、运载工具数字孪生技术应用,支持先进轨道交通装备、车联网等技术研发,形成具有自主知识产权的应用产品。推进5G、北斗等在交通运输领域的研发应用。积极申报科技示范工程，推动科技创新成果公开共享、示范应用。

天津市人民政府办公厅关于印发天津市应急管理“十四五”规划的通知（节选）

（津政办发〔2021〕34号）

二、发展环境

（二）发展机遇

一是党和政府高度重视为应急管理事业发展提供新动力。习近平总书记多次就应急管理、安全生产和防灾减灾救灾工作作出重要指示批示，指出“安全是发展的前提，发展是安全的保障”，为应急管理事业指明了发展方向、提供了基本遵循。市委十一届九次全会提出“防范化解重大风险体制机制更加健全，突发公共事件应急能力显著增强，发展安全保障更加有力”的发展目标，对天津应急管理工作作出部署。二是社会主义现代化大都市建设为应急管理事业发展带来新契机。市委十一届九次全会提出到二〇三五年基本建成社会主义现代化大都市的远景目标。经济社会快速发展带来重大发展机遇，将有利于高质量安全发展因素不断积累，不利因素逐步消除，为天津市应急管理体系和能力现代化建设带来新契机。三是科技创新为应急管理事业发展提供新支撑。应急管理领域完成一系列重大科技创新平台建设，突破一批关键核心技术。北斗技术与卫星遥感、5G通信、人工智能等高科技手段深度融合，将促使生产工艺、技术、装备和产能加快升级改造。作为全国智慧应急建设试点，发展智慧应急，有利于提高本市应急管理工作科学化、专业化、智能化、精细化水平。四是京津冀协同发展重大国家战略为应急管理事业发展拓展新空间。京津冀区域应急资源共建共享、应急救援协同作战、应急物资联储联调等工作机制建设，为京津冀区域应急管理事业发展拓展新空间，可充分发挥京津冀区域协同优势，锻长板、补短板、强弱项，全面提升应对各类自然灾害和事故灾难处置能力，维护区域经济社会安全稳定。

天津市人民政府办公厅关于印发天津市科技创新“十四五”规划的通知（节选）

（津政办发〔2021〕32 号）

二、着力推动关键核心技术攻关

（五）新能源汽车及智能网联车

围绕汽车强国建设，加强新能源汽车和智能网联车等技术与装备研发，加速突破新型动力电池与管理系统、驱动电机与电力电子、网联化与智能化等关键核心技术，大力发展氢燃料电池汽车，探索无人驾驶社会治理与安全规范，推动汽车产业向电动化、智能化、网联化方向发展。

1. 新能源汽车技术。研究高性能高安全动力电池及控制系统、新体系动力电池关键材料、绿色高效回收及梯次利用技术，燃料电池及其关键核心零部件技术，高效驱动电机、自动变速箱、燃料电池发动机等驱动系统技术，研发整车轻量化、控制、集成、测试评估与试验验证等技术及装备。

2. 智能网联车技术。研究汽车雷达、摄像头、红外夜视、人机交互等融合感知技术，高精度定位导航、高精度地图等定位导航技术，高阶次智能驾驶、辅助驾驶等决策控制技术，研发车辆与外界、车路协同等车网融合技术，车载芯片、操作系统、信息安全等车载计算平台技术。

天津市人民政府办公厅关于印发天津市海洋经济发展“十四五”规划的通知（节选）

（津政办发〔2021〕25 号）

七、促进海洋经济创新发展

（一）突破海洋重大关键技术

瞄准海洋领域重大需求，加强海洋科技创新的系统谋划，增强基础研究和原始创新能力，重点围绕海洋工程装备、海水淡化与化学资源提取、海洋油气、海洋能利用、海洋环境保护与监测技术进行研发攻关。面向深海资源勘探开发，重点研发深海环境保障和资源开发工程新型高端装备，突破水下导航定位、水下生产系统、海洋装备防污防腐等基础共性关键技术。持续推动海水淡化与综合利用技术攻关，重点发展反渗透/

纳滤膜及组件、高效大容量高压泵和能量回收装置、耐腐蚀高效率新型传热材料等关键设备及材料。围绕海水化学资源提取和高值化利用,研发海水苦卤高效分离溴化物及资源综合利用新技术,构建苦卤资源的绿色高效利用示范工程。攻关海洋能高效开发与多能互补技术,建立精确、可靠、可控的波浪、潮流及波流耦合试验测试环境。破解稠油、低渗等边际油田和天然气田开发技术难题,开展海上稠油热采膜法水处理、海上低渗油田采出水膜精细处理和海上气田开采膜等膜过程强化系统装备技术研究。围绕美丽海湾建设和渤海环境治理,开展生物资源养护繁育、海岸带生态修复等关键技术研究。开展北斗/GPS 探空系统、大气波导探测系统等研制,建设海洋大气环境探测设备实验室,带动传感器国产化研发应用进程。

关于印发天津市车联网(智能网联汽车)产业发展行动计划的通知(节选)

(津先进制造办〔2019〕1 号)

三、重点任务

(二)加强基础设施建设,夯实产业发展基础

4. 加速高精度地图和定位技术应用。依托重点辖区车联网应用示范场景,加快开展高精度地图数据存储格式、数据交换接口和车道级导航算法研究。推进高精度地图和北斗高精度定位、超宽带(UWB)室内定位及相关新型定位定姿技术深度融合,形成高精度地图众包测绘、自动标注和标准化生产能力,推进基于第三代北斗卫星导航系统的高精度差分基站等设施建设。鼓励具备基础条件的企业建设动态高精度地图基础数据平台,实现地图数据快速更新和精准。

河北省

中共河北省委办公厅、河北省人民政府办公厅印发《关于进一步加强人防物防技防切实做好森林草原防灭火工作的意见》的通知（节选）

（2020 年 5 月 22 日）

二、强化技防体系建设，提升防火科技支撑能力

（二）加强巡查信息化建设。充分利用北斗卫星定位技术，在我省北斗导航定位网基础上，建立全省统一的巡护力量北斗定位管理平台，为生态护林员、护草员、森林草原消防员、巡护车辆等配备北斗定位终端，实现巡护力量、巡护装备实时动态网络调度、指挥、管理。推广应用无人机防火巡护，增加巡护无人机装备数量，强化使用技能和操作规程培训，确保合法合规开展巡护。探索推广出入山扫码登记管理技术，建立统一的数据管理监控平台，实现全省林区进出口站点人员流动信息化管理，全面精准掌握林区人员进出情况，落实“不接受教育不放行、不检查登记不放行、不扣留火种不放行”制度，坚决把火源堵在山下林外。（责任单位：省林业和草原局，各市党委、政府）

（三）加强扑救科学化建设。按照扑救科学化要求加快建设“卫星小站 + 无人机 + 北斗定位 + 三维地图”全要素指挥系统，各防火重点设区市、雄安新区至少配备 1 台卫星小站和 2 台无人机，并把原有的各类辅助支撑系统和业务平台融入其中，实现全省“一平台一张图”指挥调度作业。到 2022 年，全省通信覆盖率增至 85%，火灾现场通信覆盖率达到 90% 以上，实现卫星电话和移动通信全覆盖，森林防火重点县（市、区）和直属林场森林防火指挥中心建设率达到 100%，满足森林草原防灭火通信需要。加强高压远程消防水车、灭火水泵、运兵车、机具车、指挥车等特种作业车辆装备配备，提高以水灭火和科技灭火能力。推广无人机、机器人等先进技术在森林草原防灭火中应用，试点组建无人机中队，经验成熟后向全省推广。

河北省人民政府关于印发河北省数字经济发展规划（2020—2025年）的通知（节选）

（冀政字〔2020〕23号）

三、区域布局

（二）推动京津冀大数据综合试验区创新发展。深化与京津数字经济领域的合作，协同建设新一代信息基础设施，支持电信运营、制造、IT等行业龙头企业协同开展产品研发、服务创新及综合应用示范；加强数据中心和存算资源的协同布局，谋划建设京津冀信息枢纽港；加强京津冀现代化测绘基准体系建设，推动卫星导航定位基准服务系统互联互通。

（三）打造一批特色鲜明、示范性强的重点园区。围绕培育数字经济核心产业，推动一批产业园区创新发展。支持三河燕郊高新技术产业开发区、鹿泉经济技术开发区发展半导体材料、信息通信、卫星导航、集成电路等产业，形成上下游配套的新一代信息技术产业集群。

四、主要任务

（六）加快发展新一代信息技术产业。

2. 培育壮大半导体器件产业。大力发展第三代半导体材料及器件，支持碳化硅、氮化镓单晶及外延研发产业化，推进高端传感器、光机电集成微系统（MEMS）、光通信器件等产品研发及产业化，壮大功率器件及微波集成电路产业。推动第三代北斗导航高精度芯片、太赫兹芯片、卫星移动通信射频终端芯片研发及产业化。

五、发展生态

（一）建设新型基础设施。

1. 改造提升宽带网络。实施省级北斗导航定位与位置服务网系统升级改造，推动京津冀北斗导航定位网联网运行；规划建设低轨卫星互联网地面信关站，推动卫星互联网与5G的融合应用。实施省级北斗导航定位与位置服务网系统升级改造，推动京津冀北斗导航定位网联网运行；规划建设低轨卫星互联网地面信关站，推动卫星互联网与5G的融合应用。

（三）构建数字经济市场治理体系。

5. 组织开展车联网和车路协同创新应用试点。支持省内汽车制造骨干企业与互联网、人工智能龙头企业合作，在雄安新区、沧州开发区建设示范项目，推动视觉系统、北斗高精度定位、车载雷达、操作系统等创新成果产业化。建设智能网联汽车创新中心，推进前沿关键技术研发，发展智能网联汽车及信息服务。

河北省人民政府关于加快推进农业机械化和农机装备产业转型升级的实施意见（节选）

（冀政发〔2019〕4 号）

三、推进农业生产机械化全程全面发展

（九）实施智慧农机提升行动。加快物联网、大数据、移动互联网、智能控制、卫星定位等信息技术在农机装备和农机作业上的应用，建设大田作物精准耕作、智慧养殖、设施园艺作物智能化生产等智慧农机示范基地，到 2020 年建设智慧农场 80 个。到 2025 年实现渔船通信导航设施全覆盖。开展农机关键作业环节"无人驾驶"试验示范。

河北省人民政府关于印发《河北省旅游高质量发展规划（2018—2025 年）》的通知（节选）

（冀政字〔2018〕57 号）

第五章　产业协同，拓展融合发展新领域

六、旅游 + 未来产业

（一）推动未来科技应用，培育新兴业态

鼓励 5A 级旅游景区、国家级旅游度假区和高等级旅游咨询中心、博物馆等旅游场所率先应用人工智能等未来科技。推进物联网技术在旅游场景的应用。推动机器人在导游导览、景点解说、信息咨询等方面的应用。推动人工智能在旅游危险领域、事故现场作业等方面应用。推进景区无人驾驶汽车、游艇等方面的应用。利用人脸识别、指纹识别、虹膜识别等技术改进用户体验，如通过辨别游客浏览网页时的情绪变化，帮助改进行程预订体验等。推动北斗系统在山岳型、高原型、滨海型等旅游景区的紧急救援中的应用，包括导航定位、通讯通话、足迹跟踪、危险预警、事故报警及事故救援服务等。推进智能眼镜、智能手表、智能手环等可穿戴设备在信息查询、定位导航、随行翻译、电子导游等方面的应用。推进可穿戴设备在跟踪游客旅游过程的应用，记录旅游时间、旅游距离、步行速度等，提升游客旅行体验。推进可穿戴技术在监测游客身体健康状态方面的应用，跟踪监测游客脉搏、血压等健康指标，帮助游客健康出行。

河北省人民政府关于加快推进现代服务业创新发展的实施意见(节选)

(冀政发〔2018〕14号)

四、加快转型,增强竞争新优势

(一)现代物流。加快建设“全国现代商贸物流重要基地”,提升“一环两通道多节点”产业集聚能力,实现现代物流产业比重高于全国、业态引领全国、服务覆盖全国的目标要求。充分利用云计算、物联网、北斗导航及地理信息等技术,推动建设京津冀物流枢纽等公共信息平台。

河北省人民政府关于推动互联网与先进制造业深度融合加快发展工业互联网的实施意见(节选)

(冀政发〔2018〕8号)

二、主要任务

(五)促进工业互联网相关产业发展。

促进工业互联网软硬件产业壮大。围绕工业互联网网络、平台、安全三大功能体系建设,推动现有相关产业产品创新、产业链延伸和规模化发展,深化军民融合,布局发展工业互联网前沿新兴产业。通信导航产业。依托驻冀国家科研院所,做大做强导航及通信芯片、光通信器件等产品,建立卫星导航设备和应用系统测试认证平台,拓展北斗导航应用服务;抓住5G移动通信试商用和IPv6规模部署契机,引进一批国内外知名IT企业,围绕支撑工业系统互联和工业数据传输交换,加快开发高端传感器、新型网络路由、RFID、边缘计算、安全防护等产品。智能装备产业。以唐山机器人产业基地、香河智能机器人产业孵化基地、廊保数控机床基地、光启新型转子发动机创新产业基地为载体,围绕设备互联、数据采集和在线服务需要,加快智能传感、智能控制、工业级芯片与网络通信模块在数控机床、工业机器人、大型动力装备等领域的集成应用创新,发展具备联网、计算、优化功能的新型智能装备。软件与大数据产业。加快推进京津冀国家大数据综合试验区建设,推动数据向张承廊大数据产业基地集聚;围绕机器设备、运营管理、资源要素动态优化,引进培育一批工业软件开发、高端服务器制造、数据海量存储分析挖掘、数据可视化、数据保护等高成长性企业,加强数据分析算法与工业知识、机理、经验的集成创新，大力推进工业控制、数据集成管理、工业大数据分析、人工智能、工业信息安全等软件与系统开发。到2020年，通信导航、软件与大数据、新型显示等产业主营业务收入达到2500亿，智能装备产业主营业务收入达到1000亿。（省工业和信息化厅、省财政厅牵头，省发展改革委、省科技厅、省国防科工局参加）

河北省人民政府印发关于进一步扩大和升级信息消费持续释放内需潜力实施方案的通知（节选）

（冀政发〔2018〕7号）

二、主要任务

（一）提升新型信息产品供给能力。

通信和卫星导航发展工程。依托骨干企业，推动氮化镓、碳化硅、功能陶瓷、导航及通信芯片、高端晶振、光通信器件等产品做大做强，加快北斗导航推广应用。

（四）开展新型信息消费试点示范。

北斗导航与位置服务应用示范。依托中国电科54所卫星导航国家级工程技术中心、国家级通信导航监督检验中心、卫星导航运营服务中心与卫星导航产业基地，推动产业聚集发展。实施京津冀协同推进北斗导航与位置服务产业发展行动，在安全应急保障、交通与物流、健康养老等领域示范应用，拓展在平安校园、船舶监控、民爆品监管、精细农业、高精度位置服务、无人机应用、气象灾害预警等领域应用。

河北省人民政府关于加快推进工业转型升级建设现代化工业体系的指导意见（节选）

（冀政发〔2018〕4号）

二、优化区域产业布局

一核：打造雄安新区高端高新产业发展核心区。

坚持高端引领，瞄准当前处于国际前沿领域，具有战略性、前瞻性的产业，优先布局人工智能、大数据、云计算、物联网、移动互联网等新一代信息技术产业，生物药研发、基因工程、高端医疗设备研发等生命科学和生物医药产业，先进电子材料、北斗卫星通信导航、信息安全、智能机器人、高端新材料等军民融合产业，工业设计、科技服务、智慧物流等高端服务业。

三、构建现代工业产业链体系

（一）集中培植7个战略性新兴产业链。

1. 高端装备产业。

节能与新能源汽车和智能网联汽车。

推动车载智能终端、高端传感器、先进辅助驾驶系统（ADAS）、车辆协同控制技术、北斗高精度定位等关键技术攻关，推进京冀国家基于宽带移动互联网的智能汽车与智慧交通应用示范建设。

2. 新一代信息技术产业。

通信产品与网络设备。

支持发展嵌入式芯片、射频识别（RFID）、智能传感器和网络设备等物联网设备制造业，加快物联网运营服务平台建设，推动北斗导航、窄带物联网（NB－IoT）、智能传感器的推广应用。

河北省人民政府关于推进“互联网＋”行动的实施意见（节选）

（冀政发〔2015〕51号）

四、实现农业管理数据化

（二）健全农情分析预警平台。积极应用遥感技术、地理信息系统、北斗卫星定位系统和农业物联网技术装备，统筹布设基层信息监测采集点，加强对重要农产品生产、自然灾害、重大动植物疫情等的监测预警和应急防控。

河北省人民政府关于推进国内贸易流通现代化建设法治化营商环境的实施意见（节选）

（冀政发〔2015〕50号）

四、创新流通发展模式

（二）实施“互联网＋”流通行动计划。

加快移动互联网、大数据、物流网、云计算、北斗导航、地理位置服务和生物识别等现代信息技术在流通领域的应用推广，提高内贸流通智能化水平。

河北省人民政府关于贯彻落实环渤海地区合作发展纲要的实施意见（节选）

（冀政发〔2015〕49号）

四、推进产业协同协作发展

（二）促进工业转型升级。

2. 培育壮大战略性新兴产业。

推进建设石家庄集成电路封装测试产业基地、北斗卫星导航产业园等园区建设，联合京津打造中关村数据研发、天津数据装备制造、张承廊数据存储应用为主线的京津冀大数据走廊，积极推进在我省建立区域大数据中心。

河北省人民政府关于加快科技服务业发展的实施意见（节选）

（冀政发〔2015〕18号）

二、主要任务

（一）重点发展领域。

1. 研究开发服务。加强关键共性技术攻关。围绕产业发展“有中生新”和“无中生有”，实施钢铁产业技术升级、物联网、北斗导航、新能源汽车、科技治霾、制造业信息化、文化科技创新等重大科技专项，支撑全省产业发展向中高端迈进。

河北省人民政府关于加快发展生产性服务业的实施意见（节选）

（冀政发〔2015〕7号）

二、发展重点

（二）信息服务业

大力推进卫星导航相关产业发展，重点建设北斗区域性增强系统及位置服务平台、地理信息公共服务平台，拓展北斗导航服务新兴业态。

河北省人民政府关于促进信息消费的实施意见(节选)

(冀政〔2014〕3 号)

二、主要任务

(二)大力发展电子信息产业,增强信息产品供给能力。

2. 培育发展物联网产业。

加强基础材料与芯片、射频识别、二维码、传感器等物联网相关领域科技成果转化和集成创新……大力推进卫星导航相关产业发展,重点建设北斗区域性增强系统及位置服务平台、地理信息公共服务平台,拓展北斗导航服务新兴业态,形成信息服务新的增长点。

河北省人民政府关于加快军民结合产业发展的意见(节选)

(冀政〔2011〕145 号)

三、发展重点和主要任务

卫星产业快速成长工程。以北斗卫星导航系统产业化应用为核心,吸引有关军工集团的民用项目、能力和设施向我省转移。支持省内高技术企业参与卫星设计、研发、制造和发射服务,加快发展卫星地面应用设备制造及系统集成。大力推动卫星应用产业发展,重点推进卫星地面运营服务、通信与遥感服务、导航与授时等业务领域,争取国家卫星导航定位运营和授权中心落户我省。

河北省人民政府办公厅关于加快推进新型智慧城市建设的指导意见(节选)

(2019 年 2 月 1 日)

二、加强顶层设计和统筹协调

(四)积极运用新技术、发展新业态。

促进云计算和大数据健康发展。在教育、医疗卫生、劳动就业、社会保障等民生领域,推广低成本、高质量、广覆盖的“冀云”服务,鼓励企业及公众充分利用公共云资源。在电子商务、工业设计、科学研究、交通运输等领域,创新大数据商业模式,加强基于云计算的大数据开发与利用。

加快重点领域物联网应用。加快物联网在城市管理、交通运输、节能减排、社会保障、医疗卫生、民生服务、公共安全、应急管理、产品质量等领域的推广应用,构建全面感知物理社会和网络空间运行态势的感知体系,提高城市管理精细化水平。

推动信息技术集成应用。面向公众实际需要,重点在物流、灾害防范与应急处置、智能家居、智慧社区、智慧养老、旅游娱乐等领域,加强移动互联网、遥感遥测、北斗导航、地理信息、人工智能、深度学习、区块链等技术的集成应用,创新服务模式,为城市居民提供方便、实用的新型服务。(省委网信办、省发展改革委、省科技厅、省工业和信息化厅、省住房城乡建设厅、省教育厅、省卫生健康委按职责分工负责)

河北省人民政府办公厅关于加快集成电路产业发展的实施意见(节选)

(冀政办字〔2018〕67 号)

二、总体要求

(二)发展目标。到 2020 年,全省集成电路产业主营业务收入年均增速 30% 以上,引进 5 - 10 家集成电路上下游企业,培育 3 - 5 家具有国内领先水平的集成电路设计服务及集成电路专用材料企业。新建 3 - 5 家省级以上重点实验室、企业技术中心、工程(技术)研究中心、工程实验室等研发平台,六氟化钨、硅外延片、碳化硅晶片、氮化镓等基础材料技术继续保持国内领先水平,北斗导航、卫星通信等重点领域集成电路设计技术达到国内领先水平,在微机电系统(MEMS)、高端传感器、系统级封装、智能计算芯片等领域取得突破。力争打造全球集成电路创新高地、国内最大的电子特气研发生产基地、带动作用明显的集成电路产业军民融合示范基地。

三、重点任务

(一)实施集成电路产业聚集工程。雄安新区认真落实中共中央、国务院批复的《河北雄安新区规划纲要》精神,按照国家科技创新基地总体部署,积极引进京津及国内外科研单位、高等学校和知名企业,在雄安新区布局建设国家实验室、国家重点实验室、工程研究中心等一批集成电路领域国家级创新平台,聚集全球集成电路产业高端人才,围绕下一代通信网络、北斗导航、物联网、人工智能、工业互联网、网络安全等开展集成电路芯片关键工艺技术研发设计,核心装备与新型材料研发及产业化,努力打造全球集成电路创新高地。

（六）提升集成电路技术创新能力。巩固提升通信软件与专用集成电路设计国家工程研究中心、砷化镓集成电路和功率器件国家重点实验室、高密度集成电路封装技术国家地方联合工程实验室等国家级研发创新平台建设水平。支持企业加强与国内外集成电路领域知名科研院所及企业合作，建设省级以上重点实验室、企业技术中心、工程（技术）研究中心、工程实验室等研发平台，建立以企业为主体、市场为导向、产学研深度融合的技术创新体系，围绕第五代移动通信、北斗导航、卫星通信、人工智能、量子通信等关键核心芯片，以及第三代半导体材料、高端封装测试材料与设备等关键技术、前沿技术开展研发攻关，突破一批核心技术。（责任单位：省科技厅、省发展改革委、省工业和信息化厅，各市政府）

（七）实施集成电路军民融合发展工程。加快建设邯郸（军民融合）国家级新型工业化产业示范基地和石家庄军民融合产业示范园，积极推进"军转民"，加快省内军工科研单位民品产业化，重点推进电子特气、微机电系统（MEMS）器件、高端传感器及太赫兹芯片、模块，以及第三代北斗导航与位置服务产业链应用等科技成果产业化步伐，积极推动微机电系统（MEMS）器件及高端传感器在汽车电子、工业控制、物联网、智慧城市等领域的应用，第三代北斗导航在雄安新区、2022 年冬奥会开展应用。鼓励"民参军"，支持芯片设计、第三代半导体材料等领域具有先进技术的民口单位承担军工科研生产任务，建设带动作用明显的集成电路产业军民融合发展基地。（责任单位：省发展改革委、省科技厅、省工业和信息化厅，各市政府）

河北省人民政府办公厅关于印发河北省安全生产"十三五"规划的通知（节选）

（冀政办字〔2017〕83 号）

二、主要任务

（三）深化重点行业安全治理，有效防范遏制重特大事故。

渔业船舶：按照"属地管理、分级负责"的原则，建立健全渔业船舶安全生产责任体系，强化地方政府的领导责任、主管部门的业务监管责任、渔业从业人员的主体责任。针对重点区域开展渔船隐患排查整改，加大对涉渔三无船舶打击力度，维护正常的海上生产秩序，推进减船转产和渔船更新改造工作，加强渔船渔港动态监控系统建设，规划期内实现海洋捕捞渔船自动识别、北斗终端等通信导航设备和渔港监控系统安装全覆盖，提升渔船装备和信息化管理水平。

河北省人民政府办公厅关于印发河北省综合交通运输体系发展“十三五”规划的通知(节选)

(冀政办字〔2017〕69号)

一、总体要求

(三)发展目标。

智能技术广泛应用。交通基础设施、运载装备、经营业户和从业人员等基本要素信息全面实现数字化。所有设区的市城市交通“一卡通”与京津实现联网。二级及以上公路客运站联网售票。ETC用户比例、营运车辆北斗卫星导航系统使用率大幅提升。

二、主要任务

(九)推进管理服务智能化。

推广智能化服务应用,加快推进涵盖轨道交通、公交车、出租汽车、公共自行车等出行方式的京津冀交通“一卡通”,提升高速公路ETC车道比例,加快京津冀货运不停车电子收费系统开发建设,重点推进标准箱式货车、集装箱车辆使用ETC,着重提升在道路客运车辆、出租汽车等各类营运车辆上的使用率。研究使用汽车电子标识。加快出行信息服务平台、物流公共信息平台、“公交都市”平台、“智慧港口”建设。鼓励和支持企业开发推广交通信息服务手机APP产品,实现信息服务“一点通”。鼓励芯片银行卡(金融IC卡)、手机移动支付在交通领域扩大应用,拓展交通“一卡通”、ETC卡生活消费功能,提高交通支付工具的应用便捷性。推动北斗系统在通用航空、飞行运行监视、列车运行控制、车辆监管、船舶监管、海上应急救援、机载车载导航等方面应用。

河北省人民政府办公厅关于推进“互联网+”现代农业行动的实施意见(节选)

(冀政办字〔2017〕59号)

四、实现农业管理数据化

(二)健全农情分析预警平台。积极应用遥感技术、地理信息系统、北斗卫星定位系统和农业物联网技术装备,统筹布设基层信息监测采集点,加强对重要农产品生产、自然灾害、重大动植物疫情等的监测预警和应急防控。完善省级农产品市场监测预警平台,整合农产品生产数据和主要批发市场流通数据,采集农产品特别是供京津农产品主要产地生产、气象、交通等数据,形成农产品供应趋势预测,及时发布市场风险预警信息。建立农田小气候气象信息监测系统,与新型农业经营主体平台实现互联互通。建立动植物疫病监测预警信息体系,整合疫病防控、执法监管、应急处置等信息,实现重大疫情数据的实时收集、自动分析和区域共享。完善农产品分析会商制度,加强信息分析队伍建设。鼓励引导科研机构、企业、服务组织主动采集并开放数据,实现数据共享。(责任单位:省农业厅、省商务厅、省国土资源厅、省统计局、国家统计局河北调查总队、省气象局、石家庄海关)

河北省人民政府办公厅关于印发河北省“十三五”时期应急体系建设规划的通知(节选)

(冀政办字〔2017〕39 号)

五、重点建设项目

(四)省级自然灾害救助应急指挥系统建设项目。依据《河北省民政事业发展第十三个五年规划》《河北省综合防灾减灾规划(2016－2020 年)》,运用卫星、遥感、北斗导航、互联网等现代科技手段,提高灾害信息获取、模拟仿真、分析预测、应急通信保障等方面能力,增强灾害监测预警、灾害风险与灾害损害评估、社会影响评估、应急处置与恢复重建等工作的科技含量,全面提升我省应对重大自然灾害的应急反应能力、决策能力和指挥水平。

河北省人民政府办公厅关于进一步做好防震减灾工作的通知(节选)

(冀政办字〔2016〕45 号)

一、扎实做好地震监测预报工作

进一步完善地震台网布局,丰富观测手段。

充分运用卫星遥感、北斗导航、大数据、云计算、倾斜摄影等新技术,加强地震科技应用研究和技术研发,推动重点地区强震背景跟踪、可控震源、地下结构探测等重点项目实施。

河北省人民政府办公厅关于促进地理信息产业发展的实施意见(节选)

(冀政办函〔2014〕61号)

二、推动重点领域发展

(四)大力发展北斗导航定位及位置服务。改善卫星导航应用基础条件,推进我省卫星导航地面增强网络多模兼容改造;加快推进北斗卫星高精度导航与位置服务项目建设,建立基于北斗的高精度导航与位置综合服务平台,积极开发推动国民经济建设和方便群众日常生活的导航定位与移动位置服务产品,不断培育新的经济增长点。

河北省人民政府办公厅关于推进卫星导航产业快速发展的意见

(冀政办函〔2014〕8号)

各设区市人民政府,定州、辛集市人民政府,省政府有关部门:

为贯彻落实《国家卫星导航产业中长期发展规划》,推进我省卫星导航产业快速发展,结合我省实际,提出如下意见:

一、认真落实国家规划在我省的各项任务

卫星导航与移动通信、互联网并称三大信息产业技术,可广泛应用于交通运输、海洋渔业、防灾减灾等领域。卫星导航产业主要包括卫星定位导航授时系统及用户终端设备制造产业、各类应用系统运营维护和数据处理、产品设计及检测认证等相关服务业,发展潜力大,市场前景广阔。

按照国家部署,做好国家规划确定的基础工程、创新工程、安全工程和大众工程等重大工程在我省的落地实施,为国家卫星导航基础设施的布局落户提供相关条件,配合做好北斗卫星导航系统在能源(电力)、通信、金融、公安等重点领域和行业的应用推广工作,组织有关单位申报国家卫星导航重大科技和产业化专项。根据国家在行业准入、标准体系建设等方面的政策措施,配套制定我省的落实意见和实施细则。利用我省兼具山区、丘陵、平原、湖泊和海洋的地理特点,试点卫星导航在各种地理环境中的典型应用,探索卫星导航新的应用领域和方式。(省发展改革委牵头负责)

二、规划建设石家庄卫星导航产业园

依托石家庄市鹿泉信息产业基地，发挥中国电子科技集团公司在卫星导航领域的技术、人才和检测、实验条件方面的优势，推进河北汉佳电子科技公司北斗卫星导航应用产业基地等重点项目建设，在鹿泉市规划建设卫星导航产业园，促进产业集聚发展，打造技术和产品应用示范中心、技术创新和成果转化中心、数据和信息服务中心及装备制造业基地（“三中心一基地”），引领和支撑全省卫星导航产业发展。技术和产品应用示范中心，要通过建立集室内外各种典型地理条件于一体，针对车辆、人员、物品不同对象的卫星导航应用演示环境，展示各类卫星导航应用系统和产品，集中示范卫星导航技术在各领域的应用。技术创新和成果转化中心，要鼓励支持省内外研发设计、产品测试、检测认证等卫星导航领域各类创新服务平台和相关企业、单位向园区聚集，吸引一批高水平创新人才和机构落户，促进资源共享，提升科技成果产生和转化效率，不断催生新的技术、产品和服务。数据和信息服务中心，要支持集中建设各行业、各领域卫星导航及位置服务运营平台，鼓励电信运营企业和有条件的企业建立专门针对位置服务的数据服务平台，加速卫星导航信息服务业发展。装备制造业基地，要支持德海电子、远东华强、晶禾电子、银河微波等卫星导航终端生产企业提高技术层次、扩展生产规模，完善周边基础设施条件和产业发展配套环境，吸引省内外相关企业和项目入驻，壮大产业规模。（石家庄市政府负责）

三、加快卫星导航示范应用建设

推进卫星导航应用示范城市建设。依托中电科卫星导航运营服务公司等位置服务平台，加快石家庄市平安校园、老人关爱、渣土环卫车辆管理等应用示范建设和市政设施管理、大型商场人员位置服务、景区搜救等方面的应用试点建设，逐步建成综合、统一的位置服务平台体系，形成城市位置服务整体解决方案，向省内外其他城市推广。组织实施一批面向行业和重大工程的应用示范。交通运输方面，重点推进货运车辆、重点桥梁状态监测等方面的应用；农林水利方面，重点推进海洋渔业、精准农业、森林资源监测、森林防火、水文监测、防灾预警、水土保持监控、水利综合利用等方面的应用；环保气象方面，重点推进大气和水流质量监测、污染源治理、地质灾害监测、气象观测等方面的应用；文化旅游方面，重点推进野外文物监管、大型景区管理及散客自助游等方面的应用。支持曹妃甸、张家口申办冬奥会、高速铁路、南水北调等省内重大工程根据自身需要应用卫星导航定位技术，提高工程建设和运行效能。改善卫星导航应用基础条件。推进我省卫星导航地面增强网络多模兼容改造，完善基础地理信息数据，加强电子地图建设，为高精度位置服务提供基础数据。支持建设一批为地区或行业提供服务的卫星导航运营平台，为卫星导航各类业务开发和规模化应用提供支撑。（石家庄市政府、省交通运输厅、省农业厅、省林业厅、省水利厅、省环境保护厅、省气象局、省文物局、省旅游局、省地理信息局负责）

四、支持卫星导航技术、产品的研发

突破一批关键技术。集中力量突破北斗导航授时芯片、多模导航芯片、室内外组合定位、高性能多模组合导航、高精度定位、智能位置服务、系统及终端性能测试检测与评估等一批关键技术，保持我省在全国卫星导航领域的技术优势。促进重点产品技术升级和应用创新。支持系统级专用设备、天线、应用终端等已具备一定市场规模的卫星导航重点产品生产企业积极实施技术改造，提高产品的技术层次，降低成本，扩大生产规模。鼓励卫星导航企业与环境监测、运输车辆、医疗电子、安防电子等生产企业技术合作，拓展产品的应用领域。强化核心软件产品开发。重点支持应用终端嵌入式软件、运营与管理平台软件、地图及地理信息系统软件、面向位置服务的大数据挖掘软件等卫星导航核心软件产品的开发推广，提高我省软件行业技术水平，壮大产业规模。（省科技厅、省发展改革委、省工业和信息化厅负责）

五、加强卫星导航创新平台和服务体系建设

支持卫星导航相关领域企业、高等院校和科研院所建设工程（技术）研究中心、重点实验室、工程实验室、企业技术中心、工业设计中心等创新平台，争创卫星导航技术国家重点实验室，完善省级卫星导航工程实验室、卫星导航技术与装备工程技术研究中心的建设条件，提高卫星导航技术和产品的研发设计能力。支持国家通信导航与北斗卫星应用产品质量监督检验中心提高服务水平，拓展服务范围，扩大国内外影响，为卫星导航产品的行业准入提供服务。在卫星导航产业发展或应用较为集中的石家庄等市，建设一批专业性的生产力促进中心、科技企业孵化器等科技中介服务机构，着力提升其规范化、标准化、专业化服务水平，完善科技服务体系。支持国家导航定位芯片与终端产业技术创新战略联盟建设，鼓励骨干企业牵头，建立我省卫星导航技术创新和产业发展联盟，加强企事业单位间沟通合作，推动行业技术进步。（省科技厅、省发展改革委、省工业和信息化厅、中国电子科技集团公司第54所负责）

六、扩大对外合作

进一步密切与中国电子科技集团公司、中国航天科技集团公司等大型企业集团在卫星导航领域的合作，推进与我省合作项目的顺利实施，拓展新的合作领域，谋划新的合作项目。做好“百家央企进河北”、“百家院所进河北”合作协议及签约项目的后续落实工作，吸引相关领域研发、生产项目来我省落户。鼓励企业针对我省卫星导航产业的薄弱环节，引进京津智力资源，培育发展一批具有较强竞争力的中小型地图提供商、数字内容提供商、位置信息集成商和应用服务提供商，完善产业链条。（省发展改革委牵头负责）

七、优化卫星导航产业发展环境

统筹省内卫星导航重大基础设施建设，布局重大应用，协调解决重大问题。完善专家咨询机制，跟踪国内外卫星导航产业发展动态，为我省卫星导航产业政策研究、重大项目咨询等提供智力支持。在现有电子信息行业统计基础上，建立卫星导航行业统计制度，为行业发展监测、分析提供数据支撑。将卫星导航相关技术产品研发、产业化、创新能力建设和重大应用示范列入省科技、战略性新兴产业资金支持范围，发挥高技术创业投资基金的资金聚合作用，吸引更多社会资金投向卫星导航相关领域。从卫星导航研发设计、生产制造、运营服务等方面选择一批重点企业和优势产品，在建设资源配置、项目资金安排、应用市场推广等方面给予重点支持。鼓励省内卫星导航应用系统优先采用省内技术、产品和服务，鼓励省内设备生产企业优先采用省内零部件和原辅材料。加强对卫星导航新技术、新产品、重大应用示范的宣传，提高社会公众对卫星导航的认知，营造有利于产业发展的良好氛围。（省发展改革委、省工业和信息化厅、省科技厅、省财政厅负责）

2014 年 2 月 15 日

河北省人民政府办公厅关于推进信息化与工业化深度融合促进现代产业体系建设的意见（节选）

（办字〔2012〕59 号）

一、工业和建筑业领域

（九）信息产业。以两化融合为契机，实现信息产业与两化融合互动发展。进一步做大做强通信网络设备、平板显示、半导体照明等优势产业链，加快智能网络、移动消费、数字视听等数字产品产业化发展，大力推进安防、医疗、电力、交通、汽车、工业控制等行业电子发展和应用，支持重点领域工业软件开发，推进嵌入式软件和行业应用解决方案的开发应用，为两化融合提供支撑。大力推广卫星导航技术在交通、物流、测绘、港口、应急指挥等领域的应用，带动北斗卫星导航产业取得突破；鼓励原创动漫作品的创意和生产，加快石家庄、保定等动漫产业园区建设，推出一批动漫游戏精品，促进游戏动漫产业快速发展；积极推进电信网、广播电视网、互联网三网融合，加强信息资源开发利用，发展云计算和存储、移动互联网、物联网等新一代信息技术的应用和服务，培育网络增值服务、数字内容和服务外包等新兴信息服务业，促进产业结构优化。

河北省住房和城乡建设厅印发《关于进一步规范土方开挖回填作业的管理措施》的通知(节选)

（冀建质安函〔2021〕286 号）

四、加强土方开挖运输扬尘污染防治

（十）严格土方运输扬尘污染防治。施工单位必须在施工现场出口处设置车辆清洗设施并配套设置排水、泥浆沉淀设施，车辆冲洗干净后方可驶出。施工车辆运输土方、渣土，应采取密封、覆盖措施，避免泄露、遗洒，并按指定地点倾卸，防止固体废弃物污染。各地建设主管部门要将渣土车辆信息全部纳入城市管理网络平台，实施网络化监控和管理，加大日常督导检查力度，对未纳入城市管理网络平台、无牌无照、未安装密闭装置和卫星定位系统的渣土运输车辆要坚决淘汰，严禁上路行驶。全面推行限时段、限路段运输管理，严禁运输过程中沿途遗洒和随意倾倒建筑渣土。

河北省发展和改革委员会、河北省财政厅关于 2015 年省战略性新兴产业专项资金补助项目申报工作的通知(节选)

（冀发改高技〔2015〕443 号）

一、申报方向

（三）应用示范项目。卫星导航应用示范。重点支持北斗卫星导航系统兼容产品和服务在公共安全、交通运输、防灾减灾、农林水利、气象、国土资源、环境保护、公安警务、测绘勘探、应急救援等重要行业和领域的规模化应用，推进卫星导航与物联网、移动互联、三网融合等融合联动，促进形成行业综合应用解决方案，提升行业运行效率，拉动省内相关产业发展。

（四）应用示范项目。物联网应用示范项目和卫星导航应用示范项目中所使用的主要终端设备应由省内单位研发生产。项目可由应用单位和终端设备研发生产单位联合申报，项目建设内容和投资构成应以推广应用为主，申报材料应附相关合作协议，对双方承担的工作任务、投资比例等做明确约定。

河北省工业和信息化厅、河北省发展和改革委员会、河北省科学技术厅关于印发《关于加快应急产业发展的实施意见》的通知(节选)

(冀工信运行〔2015〕176 号)

三、主要任务

(二)提升应急产业技术研发和创新能力

2. 推进公共安全应急通信实验室建设。

进一步加快应急通信平台综合应用系统、小型移动应急平台、智能融合通信系统、卫星及移动通信终端、北斗一号指挥型用户机等产品的研发和推广应用,提高公共安全科技创新体系建设和科技应用水平,推动产品产业化发展。

河北省科学技术厅、河北省财政厅关于印发《河北省国家科技惠民计划项目管理和实施细则(试行)》的通知(节选)

(冀科社〔2012〕5 号)

第三章 评 审 推 荐

第九条 申报的项目应当符合国家和河北省科技经济社会发展战略及科技政策和产业政策。优先支持范围:

(三)公共安全领域。优先支持基于北斗系统的警务应用、重大突发事件应急、食品安全检测预警、重大自然灾害监测预警、重大生产事故预防等技术的转化应用。

山西省

山西省人民政府关于印发山西省国民经济和社会发展第十四个五年规划和2035年远景目标纲要的通知(节选)

(晋政发〔2021〕7号)

第三章　实施换道领跑战略,抢占“六新”发展制高点

第一节　适度超前布局新基建

专栏5　新型基础设施建设重大工程

大数据中心建设重大项目。推进一体化数据中心建设,重点推动国家先进计算产业创新中心山西产业基地、国家超级计算太原中心、国家北斗导航位置服务数据中心山西分中心等项目建设。全省在用数据中心机架规模达到23.35万架。

第五节　发挥优势做强新产品

提升改造先进新产品。聚焦产业链“建补强固”,做大做强一批先进新产品。积极拓展煤层气高效合成金刚石、北斗卫星导航、高精度煤机装置导航等优势领域产品,推动向产业链高端迈进。做强抗生素类化学原料药、幽门螺杆菌疫苗、人源化胶原蛋白、经典中成药系列等高附加值生物医药和大健康产品。完善节能环保产业、再制造产业等静脉产业链,积极发展资源能源消耗少、污染物排放低、低毒少害、易回收处理和再利用、健康安全和质量品质高的绿色产品。

山西省人民政府关于印发山西省大数据发展规划(2017—2020年)的通知(节选)

(晋政发〔2017〕5号)

五、重大工程

(三)实施“云殖山西”工程,促进大数据产业快速发展。

3.构建政产学研用协同创新链。充分发挥政府在创新进程中的润滑剂、孵化器作用,搭建大数据创新平台,制定鼓励引导政策,创优创新环境。推进省内高校、科研机

构、企事业单位共同探索大数据产业创新合作模式和新成果转化机制，支持省内有实力的企业在大数据采集、挖掘、处理、展现等领域推进创新成果转化项目落实，支持数据库、数据仓库、数据管理平台等传统软件向云计算架构迁移的技术研究、工程实践和相关服务创新。加快推动空间信息技术研发创新和成果转化进程，推动基于北斗卫星导航和高分遥感卫星与大数据的应用结合，在地质灾害预报预警、自然资源普查、国土资源利用开发、交通运输监管、智慧旅游等方面，开展应用成果示范，拓展位置信息服务（LBS）业务。建立以政产学研用合作为基础，以市场为导向的大数据技术研发体系、公共创新平台、测试验证及示范基地，促进政产学研用协同创新链不断完善。

山西省人民政府关于印发山西省深化制造业与互联网融合发展实施方案的通知（节选）

（晋政发〔2016〕63 号）

二、主要任务

（六）不断强化融合发展基础保障。

产业基础。加快电磁信息安全防护技术、可信密码模块和可信算法、虹膜识别技术、大数据开发技术、物联网中间件等技术创新，提升产业链整体竞争力和安全可控发展能力。协同云计算发展布局，组织实施大数据关键技术产品产业化项目，支持用于整合、处理、管理和分析大数据的关键技术产品产业化。支持面向云计算、移动互联网、工业控制系统等关键领域安全技术研发与产业化，加快安全可靠的通信设备、网络设备等终端产品研发与应用。鼓励发展自动控制和感知、工业核心软件、工业互联网、智能服务平台等工业“新四基”。依托山西省 3D 数字化制造行业技术中心等，构建 3D 金属打印中心、3D 打印云服务平台、机器视觉和 3D 打印技术研发实验室等。推动发展北斗卫星导航应用产业链。加快推进“宽带山西”建设，推进光纤宽带网络、新一代移动通信网络和下一代数字电视网络、4G 和 5G 网络建设发展，完善光纤网、移动通信网和无线局域网等网络基础设施，优化网络设计，加大带宽配置。

山西省人民政府关于印发山西省“十三五”工业和信息化发展规划的通知（节选）

（晋政发〔2016〕56号）

2. 新兴融合产业。

适应信息技术向制造、金融等行业渗透融合，推动云计算、大数据、物联网、空间信息产业等新兴融合产业发展。

云计算。依托百度（阳泉）云计算中心、吕梁高性能云计算中心、中电科涉密云计算中心、罗克佳华物联网云服务基地、灵石北斗导航智慧应用云计算服务平台等云计算中心，统筹布局云计算数据中心建设。加强虚拟化、高性能存储、云安全、云操作系统等云计算核心技术和产品研发，建立云计算安全保障和防护体系，发展云存储、云平台和云计算外包等云计算服务，开展面向电子政务、电子商务、工业制造、中小企业信息化、交通物流、环境保护、医疗卫生、文化教育、质量监管、国土资源管理、社会公共服务等重点行业和重点民生领域的云计算重大应用示范，培育和扶持一批具有竞争力的云计算产业链核心企业，带动相关产业快速发展。

大数据。依托云计算、物联网、移动互联网、北斗导航等产业的发展，促进数据资源集聚，推进数据、应用、技术、产业协同发展。加快推进政府数据开发共享，优先推动交通、医疗、就业、社保等民生领域政府数据向社会开放；强化政策支持，建立大数据市场化应用机制，推动大数据在政府治理、商业活动以及工业、农业、服务业等各行业的创新应用和示范；推进应用、数据、技术协同发展，培育若干领先的大数据龙头骨干企业，引导鼓励大中小企业加强合作，构建大数据产业生态圈，探索构建大数据产业园区。

物联网。以太原罗克佳华物联网园为核心，加强招商引资，形成太原物联网产业基地。重点发展物联网基础软件、行业应用软件、智能传感器、系统模块等软硬件产品，围绕我省工业、农业、物流、交通、环保等领域，开展物联网应用示范和规模化应用，鼓励有条件的企业建设跨行业物联网运营和支撑平台。

空间信息产业。以国家北斗导航位置服务数据中心（山西）分中心、高分辨率对地观测系统山西数据与应用中心为重点，研发包括北斗导航芯片、终端、系统集成服务、运营服务等相关产品，形成涵盖装备制造、软件研发、系统集成和地理信息获取、处理、应用、服务的完整产业链；融合北斗云计算、大数据技术，形成数据分析处理、信息提取的北斗大数据平台，建成一个特色鲜明、辐射带动和聚集作用强的省级空间信息产业园。

到2020年,全省信息产业主营业务收入达到1700亿元,年均增长11%。其中,电子信息制造业1300亿元,年均增长13%;软件和信息服务业100亿元,年均增长16%;通信业300亿元,年均增长5%。全省信息产业形成"一带两群"的产业格局,形成以太原为中心,覆盖晋中、阳泉、吕梁、长治的新一代信息技术产业带,建设光伏、LED两大产业集群。

山西省人民政府关于积极推进"互联网+"行动的实施意见(节选)

(晋政发〔2015〕57号)

二、重点任务

(二)推动互联网创新成果与经济社会各领域的深度融合,培育经济社会发展新业态。

7."互联网+"高效物流。加快物流公共信息平台建设,整合各类物流信息资源,提高物流供需信息对接和使用效率。鼓励重点物流园区和骨干物流企业开展物流信息化示范工程,鼓励现有仓储和转运设施的信息化改造,推广深度感知智能仓储系统建设。鼓励和引导企业应用智能化物流装备,推进云计算、物联网、北斗导航及地理信息等技术在物流智能化管理方面的应用,提升仓储运管水平和作业效率。(省发展改革委、省商务厅、省交通运输厅等有关部门负责)

山西省人民政府关于大力发展电子商务加快培育经济新动力的实施意见(节选)

(晋政发〔2015〕56号)

二、主要任务

(一)加快电子商务支撑体系建设。

2.发展现代物流体系。合理规划布局物流基础设施,在重要物流节点加快整合和推进新型物流配送中心建设,形成层级合理、规模适当、需求匹配的物流仓储配送网络。加快物流企业信息化建设,推进物流技术装备现代化,加强北斗导航、物联网、云计算、大数据、移动互联等先进信息技术在物流领域的应用。加快物流公共信息平台建设，积极推进物流信息资源的开发共享利用，提高物流业信息化水平；大力发展第三方物流，引导传统仓储、运输、快递等企业采用现代物流管理理念和技术装备，提高商品配送能力和服务能力。

山西省人民政府关于率先基本实现气象现代化的实施意见（节选）

（晋政发〔2013〕20号）

四、重点工程

（十七）突发事件预警信息发布工程。在省级发布中心的基础上，建成11个市级和108个县级分中心；建设电子显示屏、大喇叭预警系统，提高省级手机预警信息群发能力；建设全省应急广播体系，完善省级突发预警信息发布网和市、县子站等，利用北斗卫星和无线广播通信技术建设基层预警信息接收传播系统，形成覆盖全省的预警信息综合发布系统，确保全省自然灾害、事故灾难、公共卫生事件三大类突发事件预警信息在第一时间向社会发布。

山西省人民政府办公厅关于印发山西省推进北斗卫星导航系统应用产业发展若干措施的通知

（晋政办发〔2021〕4号）

各市、县人民政府，省人民政府各委、办、厅、局：

《山西省推进北斗卫星导航系统应用产业发展的若干措施》已经省人民政府同意，现印发给你们，请认真贯彻执行。

山西省人民政府办公厅

2021年1月12日

山西省推进北斗卫星导航系统应用产业发展的若干措施

为加快我省北斗卫星导航系统（以下简称“北斗”）应用规模化、产业化进程，推动通信、导航、遥感等卫星应用产业融合发展，促进信息技术应用创新产业、大数据产业快速发展，制定以下措施。

一、支持北斗大规模深化应用

（一）推进北斗在关键行业领域全面应用。在能源、电力、通信、广电、交通、金融、公安、水利、自然资源、地震、气象、测绘、农业、林业、粮食等领域涉及到定位导航授时（PNT）等功能需求时，实现以应用北斗为主，开展示范应用，提升政府管理效能和治理能力。把北斗作为新型智慧城市和数字乡村建设的基础支撑，打造基于北斗时空信息服务体系的示范标杆。（责任单位：省政务信息局）

（二）推进北斗在大众消费领域普及应用。加快教育科研、健康养老、住房建设、旅游出行、特殊群体关爱等社会事业领域的北斗普及应用，创新社会治理模式。在电子商务、物流配送等紧贴百姓生活的新兴领域推广北斗应用，营造基于北斗时空信息服务体系的智能、便捷、精准、高效的现代生活空间。鼓励在营运车辆、城市公交车、出租汽车和轨道交通上应用北斗，多渠道服务公众出行。（责任单位：省工信厅、省交通厅、省商务厅、省文旅厅等相关部门）

（三）支持北斗产业示范应用。支持省内企业申报国家级北斗应用示范项目，对获得国家资金支持的企业按有关规定予以配套。鼓励企业积极拓展省外市场，对我省企业与省外签订北斗产业合同的，按合同完成金额的5%给予奖励，同一企业每年最高奖励500万元。同一年内企业享受过支持信息技术应用创新发展同类政策的不再享受本政策。〔责任单位：省委军民融合办（省国防科工局）、省工信厅、省财政厅〕

二、扶持北斗产业化发展

（四）开展协同创新。建立以企业为主体、市场为导向、产学研相结合的协同创新体系，鼓励北斗企业与高等院校、科研机构共建各类科技创新平台。加快北斗科技成果孵化、转化和产业化，对通过山西科技成果转化和知识产权交易管理服务平台、军民融合科技成果交易平台交易科技成果并在省内转化的省内北斗企业，按其技术合同成交并实际到账额（以转账凭证为依据），给予技术输出方5%的奖励，单个科技成果最高奖励100万元。对省内企业购买省外先进技术成果并在省内转化、产业化的，按其技术合同成交并实际支付额（以转账凭证为依据），给予省内购买企业5%的奖励，单个科技成果最高奖励100万元。〔责任单位：省科技厅、省委军民融合办（省国防科工局）、省财政厅〕

（五）完善产业链条。吸引、鼓励国内北斗产业头部企业通过联合、并购等方式加强与我省合作，争取中上游企业来我省进行产业布局，推动全省北斗芯片、模组、器件、终端、系统及应用全产业链发展。（责任单位：省商务厅、省工信厅）

（六）推动产业集聚。支持建设集办公、科研、中试、加工制造、典型应用、数据服务于一体的北斗产业园区（产业基地）。对首次认定的“北斗产业园区（产业基地）”给予项目投资补助。对在年度运营中引入企业数量多、带动就业明显、示范引领作用强的产业园区（产业基地），给予项目投资补助，单个产业园区（产业基地）补助总额最高不超过 1000 万元。享受过省级技改资金支持的产业园区（产业基地）不再享受此项补助。支持北斗产业园区（产业基地）引进专业化运营服务团队，对引入方按照支出服务费用的 50% 给予奖励，每个产业园区（产业基地）每年不超过 200 万元。〔责任单位：省委军民融合办（省国防科工局）、省工信厅、省财政厅〕

（七）推进产业融合。推进通信、导航、遥感产业融合发展，为我省信息社会发展提供便捷支持。推进北斗与大数据、物联网、云计算以及 5G、人工智能、区块链等新一代高新技术深度融合、创新发展，推进基于“北斗 +”的智能化服务在关键领域和重要行业融合应用。〔责任单位：省委军民融合办（省国防科工局）、省科技厅、省工信厅〕

三、培育壮大市场主体

（八）培育龙头企业。围绕北斗全产业链和北斗融合产业，引进国内头部企业与我省开展资本层面合作，培育省内北斗产业龙头企业，带动专业性中小企业发展，对带动作用强、发展潜力大的企业加大技改等政策支持力度。〔责任单位：省委军民融合办（省国防科工局）〕

（九）引导企业“专精特新”发展。支持我省北斗产业企业创新发展，对认定的省级“专精特新”北斗产业中小企业给予最高不超过 30 万元的一次性奖励，培育一批具有竞争力的“小巨人”北斗产业企业。对我省企业北斗业务收入首次达到 1000 万元、3000 万元、5000 万元的，分别给予一次性奖补 50 万元、200 万元、500 万元。〔责任单位：省委军民融合办（省国防科工局）、省小企业局、省工信厅、省财政厅〕

四、强化产业发展统筹

（十）统筹基础设施建设。按照统筹建设、资源共享的原则，整合全省现有的北斗连续运行基准站，建立全省统一的基准服务系统，规范统一数据源头，建设具备高稳定、高可靠、高连续、可扩展及服务多样性的高精度信号服务网络，保障全省室外实时定位精度优于 1 米，重点区域优于 5 厘米，并支持相应企业做好高精度定位服务应用，为产业发展提供可靠的高精度定位数据保障。对企业建设的目前已有的基础设施评估合格后以政府购买方式优化整合，对牵头整合并提供基础服务的重点市场主体根据其服务情况给予奖励。〔责任单位：省自然资源厅、省委军民融合办（省国防工局）〕

五、落实金融财税支持

（十一）加大金融信贷支持。提高对北斗产业企业授信额度，积极为符合条件的企业提供信贷支持，特别是对国家及我省重大北斗研发和产业项目积极给予信贷支持。对北斗产业企业执行优惠贷款利率政策，原则上不得上浮利率。（责任单位：省地方金融监管局）

（十二）鼓励企业多渠道融资。鼓励各类政府基金、社会基金支持北斗产业发展。鼓励金融机构利用知识产权质押以及股权质押等融资方式，建立风险分担机制，加强对中小企业的担保服务。支持北斗产业企业上市融资，积极发展私募基金、中小企业集合债券，推动高新园区内非上市股份公司进入全国中小企业股份转让系统挂牌。对以专利质押贷款方式融资达到300万元及以上的北斗产业企业，一次性补助贷款利、担保、评估等费用总额的50%，最高补助20万元。（责任单位：省小企业局、省市场监管局、省地方金融监管局）

（十三）落实税收优惠政策。对符合条件的北斗产业企业，落实固定资产加速折旧、研究开发费用税前加计扣除、软件和集成电路产业企业所得税优惠、小微企业税收减免及军民融合类企业支持等政策。经认定取得高新技术企业资格的北斗企业，减按15%的税率征收企业所得税。落实股权激励和技术入股有关所得税政策。（责任单位：省税务局）

六、加强产业发展人才支持

（十四）加大高端人才引进力度。采取“一事一议”“一人一策”的办法，解决来晋工作的北斗产业高端人才及其团队的分类认定、岗位设置、职务职称、科研立项、经费支持、薪酬待遇、服务保障等事项，实现即时申报、限时认定。对当选“两院”院士、国家级人才计划和国家级人才计划青年项目者，一次性分别给予200万元、100万元、50万元特殊津贴；对来晋工作的博士后研究人员，一次性给予20万元安家费、10万元项目资助；其他高端人才享受我省现行人才支持政策。（责任单位：省委组织部、省科技厅、省财政厅）

（十五）加大应用型人才培训力度。支持高等院校、职业院校开设北斗产业相关课程或专业，培养专业性基础型人才。鼓励产学研协同建设北斗产业学院和实习实训基地，培养应用型人才。对院校建设北斗产业实训基地的，按照我省现行财政支持政策执行。对其他单位建设实习实训基地的，根据建设情况，择优按照其建设费用的30%给予一次性奖励，最高不超过500万元；开展公益性交流培训的，经审核后按培训费用的50%给予奖励。〔责任单位：省教育厅、省工信厅、省财政厅、省委军民融合办（省国防科工局）〕

山西省人民政府办公厅关于推动交通物流发展的实施意见（节选）

（晋政办发〔2017〕130号）

五、推进智能交通建设

（三）交通物流大数据工程。充分运用云计算、大数据和国家北斗导航位置服务数据中心（山西）分中心提供的北斗导航等信息技术手段，加强资源整合，依托中鼎物流云平台,建设综合交通物流大数据中心,为交通物流服务提供精准、可靠的数据支持,为交通物流决策提供基础支撑。

山西省人民政府办公厅关于印发山西省促进大数据发展应用2017年行动计划的通知(节选)

(晋政办发〔2017〕15号)

三、重点行动

(二)实施大数据基础支撑能力提升行动。

5.加快大型数据中心建设。加快推进山西联通、山西移动、山西电信、百度(阳泉)公司、吕梁军民融合协同创新研究院、北斗山西分公司等存量云计算大数据中心建设和应用推广;推动浪潮集团、华为公司、新华三通信公司等互联网企业数据中心和云平台项目在我省落地建设;广泛发动省直部门和社团组织的力量,采取多种形式引进国内大型互联网信息服务企业、专业数据中心运营企业、金融保险等自身产生数据的企业到我省投资建设基础数据中心和备份数据中心。采用PPP方式建设全省大数据中心,汇集政府、企业、社会等各方数据资源,实现数据整合、开放、共享和应用,提升政府治理能力和社会服务水平。(牵头单位:省经信委,配合单位:省直有关部门)

(四)实施大数据产业链培育行动。

13.构建大数据产业生态体系。引导大、中、小企业协同合作构建大数据产业生态圈,努力构建大数据产业集聚区。加快推进百度(阳泉)二期工程,2017年底完成10万台以上服务器布局应用,并带动相关产业链发展应用。加快推进国家北斗导航位置服务数据中心山西分中心建设,推动北斗卫星导航数据在各行业领域的应用。积极推进大数据产业联盟发展,构建完善大数据产业链,建立完善政产学研用联动机制。(牵头单位:省经信委、省发展改革委,配合单位:各市人民政府)

山西省人民政府办公厅关于印发山西省标准化体系建设发展规划(2016—2020年)的通知(节选)

(晋政办发〔2016〕122号)

三、重点领域

(一)加强三次产业标准化,支撑创新发展。

专栏 1　工业标准化:其他服务业

不断完善商贸、运输、金融、会展、节能服务、住宿、餐饮等其他服务业标准体系。重点构建民航机场服务标准体系,制定候机楼服务质量、旅客及行李货邮服务规范、航空器服务保障规范、贵宾服务质量、投诉处理指南等服务质量标准。制定测绘地理信息标准体系,重点研制北斗卫星导航、移动位置服务、网络地图产品、遥感影像产品、三维地理信息应用等产品标准和地理信息实时获取、自动处理、网络化服务等技术标准。加强档案管理标准化建设。

责任单位:省商务厅、省测绘局、省民航机场管理局、省档案局、省质监局

山西省人民政府办公厅关于加快应急产业发展的实施意见(节选)

(晋政办发〔2015〕65 号)

二、应急产业发展重点

在国家明确的监测预警、预防防护、处置救援、应急服务四个应急产业重点方向的基础上,立足我省产业基础和特点,确定以下应急产业发展重点:

(十一)灾害保险、北斗导航应急服务。

山西省人民政府办公厅关于印发物流业发展中长期规划(2015—2020 年)的通知(节选)

(晋政办发〔2015〕53 号)

三、主要任务

(四)积极推进物流信息化建设。

1. 加强物流先进信息技术的应用。加强北斗导航、物联网、云计算、大数据、移动互联等先进信息技术在物流领域的应用。重点支持电子标识、自动识别、信息交换、智能交通、物流经营管理、移动信息服务、可视化服务和位置服务等先进适用技术的研发和应用,研发物流信息管理系统解决方案。推动在企业生产、配送、仓储、供应链管理等物流主要作业环节的示范应用,实现物流信息的自动采集、标识与识别以及货物可靠配送、安全保管和可视化跟踪,探索利用物联网技术对物流环节的全流程管理。开展物流行业的物联网应用示范和规模化应用。发挥核心物流企业整合能力,打通物流

信息链,实现物流信息全程可追踪。

山西省人民政府办公厅关于促进地理信息产业发展的实施意见(节选)

(晋政办发〔2014〕69号)

二、发展重点

(五)大力发展卫星导航定位与位置服务。结合北斗卫星导航的民用化应用,完善卫星定位基础设施,改造升级全省卫星定位连续运行综合服务系统,提升卫星定位系统综合服务能力。推动导航定位及位置服务与通信网、互联网、物联网的融合发展,建立山西导航与位置数据综合服务中心,大力开发基于北斗卫星导航定位及位置服务的相关产品,促进地理信息在智慧旅游、智能交通、物流监控、电子商务等涉及民生领域的广泛应用。

山西省人民政府办公厅关于印发山西省现代物流业发展"十二五"规划的通知(节选)

(晋政办发〔2012〕94号)

四、主要任务

(四)推动物流标准化和信息化建设。

加强物流信息化建设。整合各部门物流相关信息资源,推进与物流相关的政务信息系统的协调与开放。推动重点行业、重点物流园区公共信息平台建设,实现资源共享、数据共用、信息互通。大力发展物联网,建立物流信息系统对接和物流信息共享机制,利用条形码、电子定货系统、电子数据交换、货物跟踪系统、配送需求计划、自动分拣系统、中国北斗系统、地理信息系统、管理信息系统、企业资源计划、射频识别装置等先进的物流技术,提升物流产业的管理水平和层次,降低货运车辆空驶率,减少企业库存,有效缓解热点线路的交通拥堵状况,提高物流效率,降低物流成本。

内蒙古自治区

内蒙古自治区党委、内蒙古自治区人民政府关于新时代加快完善社会主义市场经济体制的实施意见(节选)

(2021年3月26日)

三、完善要素市场化配置制度

(十一)推进商品和服务市场提质增效。围绕食品药品、特种设备、重要工业产品等重点领域,建立风险管控信息化平台,构建风险点智慧监管体系,完善打击假冒伪劣商品长效机制。建立优势互补、协作配套的现代服务市场。借助物联网、北斗导航等新技术,推进物流基础设施智能化改造,建立自治区智慧物流信息平台,促进“互联网+流通”发展。积极探索消费者公益诉讼,强化消费者权益保护。

内蒙古自治区人民政府关于印发自治区国民经济和社会发展第十四个五年规划和2035年远景目标纲要的通知(节选)

(内政发〔2021〕1号)

第十七章　培育壮大数字经济

以争创国家级数字经济创新发展试验区为契机,加强数字基础设施建设,完善数据资源体系,推进数字化转型,提升数字化生产力。

第一节　完善数字经济基础设施

实施5G网络建设工程,实现盟市旗县主要城区、重点乡镇、产业园区、工矿企业全覆盖。实施千兆固网普及工程,实现城镇家庭网络接入普遍超千兆,企业商用网络接入普遍达万兆。加强农村牧区光纤、广播电视网络建设。提升完善呼和浩特国家级互联网骨干直联点。加快建设工业互联网平台和标识解析二级节点。加强物联网基站建设与信号覆盖,加快全域数据中心、政务服务网站等关键基础设施和重要应用的IPv6升级改造。探索运用区块链技术,提升行业数据交易、监管安全及融合应用效果。加快北斗高精度定位应用落地,支持建设北斗数据中心、共性应用支撑、共享网络等平台,引导互联网企业、电信运营商与电力企业协同合理布局大型、超大型数据中心。加快内蒙古高性能计算公共服务、东方超算等平台建设,强化人工智能算力生产供应,面向国内外提供高性能、易获取的多样化算力。

第二节　提升数字产业化水平

建设呼和浩特、乌兰察布、鄂尔多斯等大数据清洗加工基地,围绕大数据核心业态,发展海量数据存储设备、高性能计算机、网络设备、数据采集产品以及大数据一体机等大数据硬件产品制造。推进高频器件、新型印刷电路板、高纯硅材料、物联网传感器等产品的研发生产,积极布局下一代显示技术。重点支持能源、冶金、化工、新材料等产业计算机辅助设计与仿真、制造执行系统、企业管理系统等特色软件产品及应用解决方案的研发。支持北斗产业化及规模化应用,大力布局和发展智能语音识别技术,建设内蒙古数字小语种人工智能翻译中心、云端机器人运营中心。

第十八章　加快数字社会建设步伐

提升公共服务、社会治理数字化智能化水平,建设新型智慧城市和数字乡村,构建美好数字生活新场景。

第三节　加快建设智慧城市

强化数字技术在城市规划、建设、治理等领域应用,构建覆盖城乡的智能化治理体系。支持城市统筹图像采集终端和感知终端公共基础设施布局,实现公共服务和管理基础设施的数字化、网络化。推动地上建筑物、构筑物、市政设施和地下管线、管廊等数字化展示、可视化管理。加快传感器、地理空间信息、卫星定位与导航、新一代信息网络等技术在智慧城市建设中的应用。实施新型智慧城市示范工程,重点建设乌兰察布智慧城市人工智能开放创新平台,将呼包鄂乌打造成为全国新型智慧城市,其它盟市提升城市交通、公共安全、民生服务、城市管理等智慧应用水平,打造新型智慧城市"样板间",建设"城市大脑"。

内蒙古自治区人民政府关于推进数字经济发展的意见(节选)

(内政发〔2019〕23号)

二、重点任务

(三)完善数字经济基础设施。

2. 积极打造算力中心。积极推进和林格尔超算中心建设,鼓励开展云计算、边缘计算应用，打造呼包鄂、乌兰察布大型数据中心基地，加快建设国家政务云北方节点、北斗内蒙古分中心。建设绿色数据中心，降低能耗水平，充分开放数据中心算力空间，面向国内外、政府机关、企事业单位和社会提供应用承载、数据存储、容灾备份等算力和存储服务，着力将自治区建设成为支撑大数据、人工智能发展的国内外知名算力中心。

三、保障措施

（十二）深化对外合作。

积极参与“一带一路”数字经济合作，围绕大数据存储、分析、跨境电商、北斗导航、数据交易、支付结算等前沿技术开展形式多样的投资和服务合作。

内蒙古自治区民政厅关于加快推进“互联网+”工作的指导意见（节选）

（内民政发〔2016〕39号）

三、重点项目

（二）“互联网+”防灾救灾

认真实施北斗卫星导航系统国家综合减灾与应急示范项目，完善自然灾害应急救助指挥平台，配置应急通讯指挥车、卫星电话等必要装备，实现灾情、决策、指挥、物资调运等各类信息的及时发送与传递，提高应对突发性自然灾害的处置能力。依托国家和自治区减灾遥感系统、地理信息系统、网络通信系统等现有相关系统，推进关键技术在防灾减灾领域的应用研究。

内蒙古自治区人民政府办公厅关于印发《内蒙古自治区大数据发展总体规划（2017—2020年）》的通知（节选）

（内政办发〔2017〕185号）

五、重大工程

（二）大数据基础设施升级工程

空间信息基础设施建设工程。面向卫星遥感系统，建设遥感卫星接收站网、数据中心、共性应用支撑平台、共享网络平台等基础设施。面向卫星通信广播系统，建设测控站、信关站、上行站、标校场等基础设施。面向卫星导航定位系统，建设北斗连续运行基准站、北斗位置数据中心和服务中心等基础设施。

内蒙古自治区人民政府办公厅关于印发《内蒙古自治区“十三五”科技创新规划》的通知(节选)

(内政办发〔2017〕114 号)

十、新一代信息网络和大数据技术

专栏 24　云计算研发应用与大数据基础平台

推进大数据与新一代信息技术的集成应用创新。

支持云服务企业、物联网企业积极开发面向市民出行、公交线路优化、视频监控网络、能源消耗监测、环境监测、健康医疗、旅游等领域的系统解决方案，推广基于北斗系统平台开发的应用系统、全新体验的移动办公整体解决方案，支持基于海量用户行为的数据集成互动服务。

专栏 25　“互联网 + ”技术集成示范

电子信息制造技术。发展新型显示器件及光电子产业，加强新一代半导体材料和器件工艺技术研发，重点支持大尺寸薄膜晶体管液晶显示、LED 关键材料、LED 封装研发及产业化。掌握新一代移动通信、数字电视、北斗导航、卫星遥感、下一代互联网等关键技术，形成国内先进水平的卫星移动通信服务系统。

内蒙古自治区人民政府办公厅关于印发《内蒙古自治区贯彻落实〈国家创新驱动发展战略纲要〉实施方案》的通知(节选)

(内政办发〔2017〕51 号)

三、主要任务

(二)实施重点领域关键技术攻关工程

7. 基于移动互联网、云计算、大数据等的新一代信息技术。推进“互联网 + ”与经济社会各领域的融合，促进云计算、大数据、移动互联网、物联网、微电子与光电子等新一代信息技术的开发和应用。突破云计算协同技术、中间件与平台、云安全等核心技术，加快建设国家级云计算数据中心和超算中心。围绕大数据采集、传输、存储、管理、处理、分析、应用、可视化和安全等关键技术加大支持力度，促进大数据关键技术产品产业化；加快建设一批大数据企业技术中心、工程(技术)研究中心、重点实验室和应用中心,开展大数据关键技术、解决方案研究,推进大数据分析、理解、预测及决策支持与知识服务等智能数据应用和技术创新,加快推进内蒙古国家大数据综合试验区建设。推动金融电子、远程医疗、信息通信、北斗导航、高分辨对地观测为主的卫星应用技术、可穿戴设备和智能终端等信息制造业和服务业加快发展。加快企事业单位专有云的研发和应用,开展智慧城市城域网建设。(自治区大数据发展管理局牵头,自治区发展改革委、经济和信息化委、科技厅、通信管理局配合)

内蒙古自治区人民政府办公厅关于印发《内蒙古自治区气象事业发展“十三五”规划(2016—2020年)》的通知(节选)

(内政办发〔2016〕191号)

第四章 重点项目

第一节 气象防灾减灾体系建设项目

三、建设内容和投资

9. 气象信息网络系统建设。投资匡算7560万元。中央投资6010万元,占79%,各级政府投资1550万元,占21%。以国家和行业标准为框架,细化完善涵盖数据资源、基础设施资源、业务应用、政务管理、信息安全、运维保障的自治区信息化标准、规范,夯实信息化建设基础。基于“全国综合气象信息共享平台”,规范数据服务接口,实现对业务、服务、科研、培训及行业数据的质量控制、产品生成、存储管理及共享服务,形成全区统一的气象数据环境。应用虚拟化、分布式存储、分布式计算等技术,集约整合现有资源,构建自治区级气象信息基础设施资源池,实现资源的集中管理、动态调配、按需供给。基于标准、统一的数据环境,建设并完善观测、预报、预测、服务、信息等集约化的气象业务平台,部署政务办公系统。依托公有云资源,开展同水利、农牧业、国土、环保、民航等政府部门行业信息资源的交换和共享,建立面向部门内外的气象信息共享和公共气象服务平台。构建全区气象信息网络安全体系,建设核心信息系统灾备中心,实现突发状况下核心业务和数据的快速恢复。升级自治区、盟市、旗县三级气象信息高速网络,构建基于北斗卫星系统的全区应急通信网络。完善全区高清视频会议会商系统。构建一体化、可视化的业务运维管理平台,提高科学管理运维能力。

第三节　突发事件预警信息发布系统建设项目

二、建设目标和预期效益

项目将以提高公共气象服务均等化为终端建设目标，通过预警收音机、农村大喇叭、电子显示屏和北斗预警信息接收终端等建设，有效解决信息发布“最后一公里”的问题，建立全区畅通、有效的公共信息和预警信息发布渠道，实现预警终端覆盖全部行政村和分散牧户，信息覆盖率达90%以上。

内蒙古自治区人民政府办公厅关于推进线上线下互动加快商贸流通创新发展转型升级的实施意见（节选）

（内政办发〔2016〕138号）

二、激发实体商业发展活力

（六）转变物流业发展方式。

大力发展智慧物流，运用北斗导航、大数据、物联网等技术，构建智能化物流通道网络，建设智能化仓储体系、配送系统。

内蒙古自治区自然资源厅关于加强内蒙古自治区卫星导航定位基准服务系统管理工作的通知

（2021年2月3日）

各盟市自然资源局，自治区测绘地理信息局，各有关单位：

依据《中华人民共和国测绘法》、《中华人民共和国保守国家秘密法》和《内蒙古自治区测绘管理条例》等有关法律法规的规定，按照自然资源部关于卫星导航定位基准服务的工作部署，结合自治区实际，现就加强“内蒙古自治区卫星导航定位基准服务系统”（以下简称内蒙古基准服务系统）的使用和管理工作提出如下要求：

一、内蒙古自治区卫星导航定位基准服务系统的使用必须严格遵守《中华人民共和国测绘法》、《中华人民共和国保守国家秘密法》和《内蒙古自治区测绘管理条例》等有关法律法规。内蒙古自治区行政区域内使用和监督管理内蒙古基准服务系统，应当符合本文件要求。

二、内蒙古自治区自然资源厅负责建立全区统一的内蒙古基准服务系统，并向社会提供基准服务,在自治区从事测绘地理信息活动,应当采用国家规定的测绘基准和测绘系统,使用全区统一的基准服务。内蒙古自治区自然资源厅委托内蒙古自治区测绘地理信息中心负责实施基准站建设、运行维护、服务管理与推广应用等工作。

三、内蒙古基准服务系统不得以盈利为目的,坚持公益性原则。除使用内蒙古基准服务系统用于政府管理、国防建设和公共服务的无需提供测绘资质外,任何申请使用内蒙古基准服务系统的单位需具备测绘资质。不对境外组织和个人提供服务。

四、无测绘资质的部门申请使用内蒙古基准服务系统需提供以下材料:

(一)提供"关于申请使用内蒙古基准服务系统的申请函",说明因何种工作需求在何时何地需使用内蒙古基准服务系统的原因,使用时间段,联系人等信息,并加盖部门公章。

(二)按要求填写《内蒙古自治区卫星导航定位基准服务系统用户申请表》(附件1)、《内蒙古自治区卫星导航定位基准服务系统技术和安全保密协议》(附件2)。以上文件一式两份,在相应的区域加盖公章、法人代表签字。

五、具有测绘资质的单位申请使用内蒙古基准服务系统需提供以下材料:

(一)填写《内蒙古自治区卫星导航定位基准服务系统用户申请表》(附件1)、《内蒙古自治区卫星导航定位基准服务系统技术和安全保密协议》(附件2)。以上文件一式两份,加盖公章、法人代表签字。

(二)自治区内用户需提供测绘资质证书复印件、法人代表和经办人身份证复印件及联络方式。

(三)自治区外用户需要在自治区内使用内蒙古基准服务系统的,除准备以上材料外,还需提供测绘项目备案通知书。

六、申请注册按本管理规定填写有关材料,经内蒙古自治区测绘地理信息中心审核通过后,即可办理注册。注册账户使用期限分年度注册用户和临时用户两类。年度用户指所有自治区内取得测绘资质的单位均可申请年度用户注册。临时用户指内蒙古自治区外的测绘资质单位只能注册为临时用户,账户有效期为项目备案作业期有效期。用于政府管理、国防建设和公共服务的用户视工作情况注册。

七、原则上一个单位开通一个账户,能同时容纳十台仪器在线使用。如因单位业务需求,需额外增加客户端数量的,向内蒙古自治区测绘地理信息中心申请办理。使用内蒙古基准服务系统所获取或产生的数据,属于国家秘密的,注册用户应采取保密措施,严防泄密,禁止利用内蒙古基准服务系统从事非法测绘活动。内蒙古基准服务系统账户和密码不得转让、转借,一经发现,对相关账户进行封号处理,并对资质单位依规处理,相关单位三年内不得重新申请注册。

八、各地区测绘地理信息主管部门要高度重视此项工作,做好宣传贯彻,加强对辖区内卫星导航基准站的监管工作。内蒙古自治区卫星导航定位基准服务系统运维单位要做好系统的建设、维护更新、系统升级，用户服务工作。

附件：1. 内蒙古自治区卫星导航定位基准服务系统用户申请表(略)

2. 内蒙古自治区卫星导航定位基准服务系统技术和安全保密协议(略)

辽宁省

中共辽宁省委、辽宁省人民政府关于印发《辽宁老工业基地振兴规划》的通知(节选)

(2005 年 1 月 14 日省十届人大二次会议审议通过)

三、辽宁老工业基地振兴的发展重点

(四)积极发展以信息产业为代表的高新技术产业，使其成为重要的支柱产业

1. 重点建设高新技术产业基地，大力发展特色高新技术产业软件产业基地。

电子信息产品制造业基地。要以沈阳、大连为产业区域中心，以优势产品为龙头，以结构调整为主线，依托大连大显、中国华录、沈阳长白、沈阳三宝、沈阳 LG、辽宁无线电二厂、大连环宇等骨干企业，发展计算机及外部设备、数字电视、通信及网络产品、汽车电子、集成电路等电子信息产品，使其规模和水平进入全国前列。一是坚持引进消化吸收国外成套生产线及技术，重点发展 TFT(薄膜晶体管)、小尺寸硬盘及可擦写 DVD 驱动器等计算机零部件；二是加快自主知识产权的通信网络设备研发，重点发展第三代复合移动通信系统；三是以合资合作方式，建立集成电路设计、加工、封装产业链，重点抓好专用集成电路芯片设计制造；四是继续保持汽车电子、数字电视等消费类产品在全国的优势地位，积极扩大手机等产品的市场份额，重点发展数字电视发射机、卫星导航设备等产品。到 2010 年，计算机、打印机、手机、数字电视机、汽车音响、激光视盘机等主导产品分别预期达到 400 万台、300 万台、1500 万部、800 万台、1000 万台、800 万台规模；电子信息产品制造业销售收入预期达到 1200 亿元，把辽宁建成我国电子信息产品的重要基地之一。

辽宁省人民政府关于大力发展现代物流业的实施意见(节选)

(辽政发〔2018〕30号)

二、主要任务

(四)推动物流智慧化发展。

大力发展以无线射频识别(RFID)、传感器、激光扫描、移动终端、北斗卫星导航系统(BDS)/全球卫星定位(GNSS)、地球信息系统(GIS)、电子数据交换(EDI)、智能交通系统(ITS)等现代信息技术支撑的"物联网+物流",加强机器人与自动分拣、二维码、免提扫描(智能眼镜)、自动驾驶货车、无人机、3D打印、智能快递柜等技术设备的研发应用。鼓励适应"互联网+"现代制造、现代农业、现代商业的智能集成物流模式发展,着力提升装备制造业、战略性新兴产业智慧供应链物流服务,培育发展一批智慧供应链城市配送中心和智慧供应链物流企业。到2020年,培育100家以上供应链重点企业。(责任单位:省工业和信息化委、省交通运输厅、省科技厅、省商务厅、中国铁路沈阳局集团有限公司、民航东北管理局、省机场集团、大连机场集团,各市政府)

辽宁省人民政府关于印发辽宁省国民经济和社会发展第十三个五年规划纲要的通知(节选)

(辽政发〔2016〕20号)

第六章　加快转型升级　构建现代工业发展体系

第三节　培育壮大战略性新兴产业

新一代信息技术产业。加快发展工业软件研发及服务、高性能集成电路设计、IC装备、下一代互联网、数字视听、下一代通信网络与设备、云计算与大数据、物联网、卫星导航与位置服务等产业,推进规模化产业化。

辽宁省人民政府关于印发促进城市配送发展的实施意见（节选）

（辽政发〔2016〕17号）

二、重点任务

（六）改造升级配送设施装备与技术。

鼓励和引导城市配送园区和企业应用条形码、射频识别、电子数据交换、电子订货、库存控制、集装单元、全球卫星定位系统、北斗卫星导航定位系统、地理信息系统、配送路径优化等物流新技术。

辽宁省人民政府关于优化产业布局和结构调整的指导意见（节选）

（辽政发〔2015〕68号）

五、工作方向和重点任务

2. 积极培育壮大新兴产业。

（2）新一代信息技术产业。加快发展工业软件研发及服务、高性能集成电路设计、IC装备、下一代互联网、数字视听、下一代通信网络与设备、云计算与大数据、物联网、卫星导航与位置服务等产业，推进规模化产业化。

（4）大力发展现代物流业。培育一批具有较强服务能力的生产型物流园区和配送中心。培育一批交通、商贸物流骨干企业。重点推进云计算、物联网、北斗导航机地理信息等技术在物流领域应用。

（5）大力发展信息技术服务和科技服务业。以“互联网+”为契机，加强产业发展统筹规划和社会公共资源整合，以应用为牵引，实现特色服务产品、解决方案、公共服务平台等项目的研发和产业化，推动物联网、云计算、大数据等新一代信息技术应用。推进信息技术服务外包快速发展。大力发展移动互联网产业，重点支持沈阳建设中国位置服务基地、卫星导航产业基地和视频应用基地。

辽宁省人民政府关于印发辽宁省中长期科学和技术发展规划纲要(2006—2020年)的通知(节选)

(辽政发〔2006〕31号)

三、中长期科技发展的重点任务

1. 突出重点,大力发展八大领域高新技术及其产业

——民用航空。加强仿真设计方法与试验手段、航空制造工艺、数控加工参数优化仿真等技术研究,开发具有自主知识产权的通用飞机发动机;加快系列化通用航空产品的研制,建成全国通用飞机研发和制造基地;大力推进飞机转包生产形成产业。利用航天技术的宏观、快速、准确、适时等特点,在自然资源开发利用、空间技术、环境监测、灾害控制、远程教育、卫星导航、遥感监测等方面加大开发力度,使航天技术更好地为地方经济建设服务。

辽宁省人民政府办公厅关于对接国家重大区域发展战略的实施意见(节选)

(辽政办发〔2021〕1号)

二、主要任务

(二)强化产业对接合作

4. 推进军民融合发展。加强军民两用技术双向转移和应用,加快实施自主化燃气轮机、海洋核动力平台、通用航空、高分及北斗卫星资源推广应用等军民融合示范工程及项目,促进军民融合产业集聚提升。围绕省内重点军工单位,按照“小核心、大配套”模式,深化军地合作,提高军工配套本地化率。(牵头单位:省委军民融合办,责任单位:省工业和信息化厅、省发展改革委、省科技厅、省自然资源厅、省交通运输厅、沈抚示范区管委会,各市政府)

辽宁省人民政府办公厅关于印发辽宁省经济开发区发展规划(2017—2020年)的通知(节选)

(辽政办发〔2017〕67号)

三、功能定位和产业布局

(二)产业布局。

3. 培育壮大战略新兴产业。优先发展新一代信息技术、生物医学、节能环保、新能源、新材料、新能源汽车等重点产业,引导社会各类资源集聚,使之成为带动经济开发区增长的新动力。

(1)新一代信息技术产业。加快发展工业软件研发及服务、高性能集成电路设计、IC装备、下一代互联网、数字视听、下一代通信网络与设备、云计算与大数据、物联网、卫星导航与位置服务等产业,推进规模化产业化。

辽宁省人民政府办公厅关于促进地理信息产业发展的实施意见(节选)

(辽政办发〔2014〕55号)

二、发展重点

(二)大力发展北斗导航定位与位置服务。以辽宁省卫星导航定位连续运行基准站系统为基础,为工程建设、城乡规划、环境监测、车船导航、个人位置服务等领域提供测绘基准信息服务。加快推进地理信息技术与北斗卫星导航定位系统的技术融合,面向交通、物流、电子商务、渔业、农业等领域提供服务。开发基于北斗卫星的导航电子地图服务,加大导航电子地图的覆盖范围和信息含量,提高导航电子地图的精准度。

(五)积极推动地理信息技术装备制造业发展。重点发展地理信息软件、低空遥感平台载体、车载导航模块硬件等技术装备,培育具有自主知识产权的先进技术装备研发与制造企业。

三、主要措施

(三)加快现代测绘基准体系建设。加快构建辽宁省卫星导航定位连续运行基准站系统、BC级卫星定位测量控制网、全省二等水准高程控制网以及似大地水准面精化工作,建成覆盖全省、陆海统一的新一代测绘基准体系。

辽宁省人民政府办公厅关于印发辽宁省海洋经济发展“十二五”规划的通知(节选)

(辽政办发〔2011〕66号)

四、“十二五”海洋经济总体布局及发展重点

(四)“十二五”海洋经济发展重点。

9. 建设现代海洋服务产业基地。

海上导航。……充分利用现有军用和民用船只,配备适宜海上救援作业的拖航船、救护船、打捞船、疏浚船、漏油回收船以及消防船等,组建紧急救援队伍,合理布局搜救网点,完善海上救助通讯网络,采取先进的卫星导航定位系统,强化以直升机、搭载型巡逻艇和各种船只为骨干的海空联合搜救体系建设,提高我省海洋救护能力。

辽宁省农业农村厅关于印发辽宁省海洋渔业船舶北斗船载终端设备安装使用管理办法的通知

(辽农渔〔2021〕8号)

沿海各市农业农村局,各相关单位:

《辽宁省海洋渔业船舶北斗船载终端设备安装使用管理办法》业经厅党组会审议通过,现印发给你们,请认真贯彻执行。

辽宁省农业农村厅

2021年1月19日

辽宁省海洋渔业船舶北斗船载终端设备安装使用管理办法

第一章 总 则

第一条 为加强我省海洋渔业船舶北斗船载终端和动态管理系统管理,规范运行秩序,提高效能,切实保障渔民群众生命财产安全,根据《中华人民共和国渔港水域交通安全管理条例》《中华人民共和国渔业船员管理办法》《辽宁省渔业管理条例》《辽宁省海洋渔业安全管理条例》《辽宁省渔船管理条例》《辽宁省渔港管理条例》等有关要求，结合我省实际，制定本办法。

第二条 凡是船籍港为我省的海洋渔业船舶应遵守本办法。

第二章 北斗船载终端设备的安装使用管理

第三条 所有船籍港为我省的海洋渔业船舶均应安装北斗船载终端设备，未安装北斗船载终端设备的渔业船舶，不得出海生产作业。

第四条 渔业船舶检验部门应将北斗船载终端设备作为渔业船舶检验的主要项目之一。对未按规定要求安装，或已安装但不能正常使用的渔业船舶，船检部门不予签发或签署检验证书。

第五条 海洋渔业船舶所有人应向船籍港所在地的渔业行政主管部门提供船舶真实、合法、有效的信息，并积极配合北斗船载终端设备的实船安装及调试工作。北斗船载终端设备供应商负责设备的实船安装、调试以及使用操作培训，保证设备能够正常投入使用。

第六条 北斗船载终端设备是海洋渔业船舶配置的重要安全生产设备，应固定安装在船舶合适位置，且实行专船专用，不得转借、转卖它船使用。

第七条 任何单位和个人不得随意移动、拆卸已安装好的北斗船载终端设备。如因维修或更换设备等原因确需拆卸的，须向船籍港所在地的渔业行政主管部门报备。

第八条 海洋渔业船舶北斗船载终端设备北斗 ID 码应纳入辽宁省渔船渔港动态管理系统。

（一）由我省统一组织实施的北斗船载终端建设项目，北斗 ID 码由省级渔业行政主管部门会同北斗船载终端设备供应商和我省渔船渔港动态管理系统运维方统一在我省渔船渔港动态管理系统进行注册录入，各市渔业行政主管部门要配合做好辖区内船舶信息的采集工作，确保北斗船位正常监视。

（二）海洋渔业船舶发生新建、买卖、更新、改造、报废拆解或灭失等情况，船舶所有人应填写《渔业船舶北斗船载终端入网、变更、注销申请表》（详见附件），经市、县级渔港监督部门审核，报省级渔港监督部门核准，核准后进行信息变更。报废拆解的船舶，其北斗船载终端设备由船籍港所在地渔港监督部门进行收回。

第九条 海洋渔业船舶所有人、船长应当始终保持北斗船载终端设备处于正常工作状态，并定期保养和维护，不得故意屏蔽、关闭、损毁设备，不得擅自拆卸或更换其它设备，确保设备正常使用，渔船能够准确定位。

第十条 因设备故障或其它原因导致无法定位的，海洋渔业船舶所有人应当第一时间（在港 24 小时或第一到港 24 小时内）报告船籍港所在地渔港监督部门并及时联系北斗船载终端设备供应商，尽快排除设备故障。

第十一条 海洋渔业船舶所有人应督促船长履行渔船安全生产直接责任，并要求船长加强渔船日常管理和检查，确保北斗船载终端设备能够正常使用。

第三章 渔船渔港动态管理系统的管理

第十二条 各级渔业行政主管部门要积极推进渔船渔港动态管理系统的建设。应在以下几方面加强管理，尽快实现对渔业船舶的动态监控：

（一）系统的安装、运行、维护、培训等管理。

（二）渔业船舶静态数据读写修正等管理。

（三）系统监管部门和终端用户运行管理的协调。

（四）系统终端用户的监督管理。

（五）系统平台操作人员和终端安装维护使用人员的业务培训。

（六）系统出现问题的解决及协调处理。

第十三条 沿海各级渔业行政主管部门、涉渔乡镇（街道）应安装渔船渔港动态管理系统，各级渔业主管部门要在账号分配、管理权限划分、人员培训、系统运维等方面提供支持。

第十四条 沿海各渔港要加强基础设施建设，安装渔船渔港动态管理系统，协助属地政府和渔业行政主管部门做好进出本港渔船的动态管理工作，未安装渔船渔港动态管理系统的渔港，禁止渔业船舶进出港作业。

第十五条 安装渔船渔港动态管理系统的单位、部门要建立24小时值班制度，并根据所管辖渔业船舶数量配备足以保障监控管理工作能够履职到位的应急值守人员。

主要职责有：

（一）建立健全渔船渔港动态管理系统规章制度。

（二）利用系统对管辖渔业船舶进行监控和应急响应。

（三）遇有大风恶劣天气，利用系统预警，掌握管辖渔业船舶动态，指挥调动渔业船舶避险。

（四）管理系统接收遇险报告后，按指令调动抢险救助工作。

（五）管理系统接收拆卸报警和离线报警后，及时核实报警渔业船舶状况，对疑似故意关闭、拆卸、移动北斗船载终端设备和故意遮挡北斗信号的，通报船籍港所在地渔业行政执法部门。

第十六条 渔船渔港动态管理系统工作人员应严格遵守各项规章制度，严禁利用系统传递与渔业船舶监管服务信息无关的内容，不得泄露通信资料以及渔业船舶信息。

第十七条 各级渔业行政主管部门应建立系统安装、维修服务保障体系，及时更新完善系统软件扩容，确保系统安全运行。

第四章 法 律 责 任

第十八条 各级渔业行政主管部门应通过渔船渔港动态管理系统加强对北斗船载终端设备的日常监督管理,发现渔船北斗船载终端设备在线监控异常或不能联通的,应督促渔船所有人查明原因,必要时应责令渔船限期返回船籍港进行整改,整改未完成前,按照《中华人民共和国渔港水域交通安全管理条例》等有关规定,禁止渔船离港。

第十九条 未按规定开启和使用北斗船载终端设备的,各级渔业行政主管部门将依据《中华人民共和国渔业船员管理办法》第四十四条处20000元罚款;情节严重的,并可暂扣渔业船舶船长职务船员证书6个月以上2年以下;情节特别严重的,并可吊销渔业船舶船长职务船员证书。

第二十条 各级渔业行政主管部门及其工作人员,违反本办法规定,情节轻微的,应当给予批评教育;造成工作重大失误或者产生严重后果的,应当依照有关规定给予行政处分;构成犯罪的,依法追究其刑事责任。

第五章 附 则

第二十一条 本办法由辽宁省农业农村厅负责解释。

第二十二条 我省界江及内河渔业船舶可参照本办法由属地渔船管理部门制定具体的北斗船载终端管理办法。

第二十三条 本办法自颁布之日起施行。

附件:渔业船舶北斗船载终端入网、变更、注销申请表(略)

吉林省

吉林省人民政府关于推进乡村旅游高质量发展的实施意见(节选)

(吉政发〔2021〕10号)

三、重点任务

(四)完善基础设施,推进乡村旅游品质化发展。

13. 推进智慧旅游发展。推进乡村旅游智慧管理和信息化建设,逐步在高等级乡村旅游经营单位和乡村旅游重点村内实行数字化管理。建设乡村旅游监管信息平台，推动线上旅行商与乡村旅游企业合作，实现信息智能推送和网络营销、预订、支付等互联网服务，完善导游、导航等智慧旅游服务。（省文化和旅游厅、省科技厅、省通信管理局按职责分工负责）

吉林省人民政府关于加快推进农业机械化和农机装备产业转型升级的实施意见（节选）

（吉政发〔2019〕10 号）

三、重点工作

（七）加快推进农业机械信息化发展。

2. 推动智慧农业示范应用。推进农业机械化与互联网、大数据、人工智能深度融合，以信息化智慧化武装农业机械化。促进移动互联网、物联网、云计算和智能控制、卫星遥感、北斗导航、手机 App 终端等信息化技术在农机装备和农业机械化作业等方面推广应用。编制高端农机装备技术路线图，引导智能高效农机装备加快发展。

吉林省人民政府关于积极推进吉林省“互联网＋”行动的实施意见（节选）

（吉政发〔2016〕15 号）

三、重点行动

（九）“互联网＋”便捷交通。

加快交通运输领域信息化建设，大力推广北斗、GPS、车载导航等产品应用，发展基于互联网平台的便捷化交通运输服务，提高交通运输资源利用效率和管理精细化水平，提升交通运输行业服务品质和科学治理能力。

吉林省人民政府关于印发中国制造2025吉林实施纲要的通知(节选)

(吉政发〔2016〕6号)

二、重点领域

(三)航空航天装备。

发展卫星及应用产业。提升“星载一体化”设计、研制、生产、总装与测试的整星制造能力,加快推动建设吉林遥感卫星星座系统,强化遥感信息获取与应用基础设施建设,打造卫星遥感和航天信息集成应用两大产业链。加快60颗卫星组网运行的星座系统和地面系统建设,形成全球化商业服务能力。统筹建设北斗地基增强系统、高分吉林数据中心、吉林遥感数据应用平台,加快智能综合应用终端产品和软件产品的开发应用。发展图像传感器、光学相机、星敏感器、太阳敏感器、碳纤维构件、飞轮控制力矩陀螺等核心部件。发展通用航空产业。推进通用航空基础设施建设,推进固定翼轻型飞机、机载设备、地面设备等通用航空装备产业化,积极培育飞行员培训、飞行器维修保养等通用航空服务业发展。加快吉林航空产业园区建设,打造集研发设计、生产制造、维修养护、运营服务、教育培训“五位一体”的通用航空产业基地。发展无人机产业。围绕整机－关键部件－关键载荷－综合信息服务布局,加快新型无人机产品研发及产业化,推动建立无人机遥感地面应用系统和信息获取系统,拓展服务增值业务。推进远距离、长航时、实时数据传输固定翼无人机加快发展,推进多功能、重载荷、智能化多旋翼无人机加快发展,推进数据处理、航空物探、航空遥感、电力巡线、应急救援、海事边防等关键载荷开发与应用。

吉林省人民政府关于加快发展生产性服务业促进产业结构调整升级的实施意见(节选)

(吉政发〔2015〕23号)

四、主要任务

(四)信息技术服务。

大力发展信息技术服务业。积极培育物联网、云计算、“北斗”卫星应用等新业态,围绕设施农业、规模化养殖、公共安全等领域,组织实施物联网重大应用示范工程;统筹布局云计算产业基地,加快建设开放式云计算中心;支持发展“北斗”卫星应用,加快在交通运输、能源监测、车联网等重点领域应用,创新商业模式,拓展增值服务。

吉林省人民政府关于促进互联网经济发展的指导意见(节选)

(吉政发〔2015〕10号)

三、主要任务

(五)培育互联网新兴产业,形成新的经济增长点。

4. 培育发展卫星及地理信息产业。发展卫星导航位置服务产业链,完善北斗导航基础设施,建设北斗高精差分网、北斗导航数据中心及导航综合服务平台,在车载导航、室内导航、城市三维导航、智能交通、实时气象、安全监控等方面引进装备制造企业和系统集成商,培育导航与位置服务新兴产业。发展卫星技术研发制造产业链,依托长春光机所研发和制造优势,开发卫星设计、分析与仿真验证一体化系统,建设遥感信息获取、处理和运营服务产业链,打造卫星研制、在轨交付、图像处理分发、航天信息产品服务商业化卫星产业链条,带动相关配套产业发展。发展航天信息服务业,依托云计算技术,加强对航天信息、影像数据存储、加工处理、分发服务、计算分析、数据挖掘的应用开发,促进卫星视频图像数据在土地森林和水资源勘测、矿产和石油勘探、农作物估产、自然灾害监视、环境动态监测、国土资源保护、城市规划、精准农业、应急监测处理等领域的规模化应用。

吉林省人民政府关于加快建设装备制造支柱产业的意见(节选)

(吉政发〔2014〕35号)

二、发展方向

(一)加快发展高端装备制造业。

2. 卫星及应用。依托中科院长春光机所在卫星载荷研发制造和航天光学遥感领域的技术基础和优势,围绕卫星流量经济、卫星载荷与测控、自主遥感信息获取处理和运营服务、高精定位终端及位置服务、北斗卫星空间基准授时、卫星宽带多媒体六大产业链构建创新及配套体系,建设集“卫星研制—在轨运营—图像处理、分发—图像产品营销”为一体的商业化卫星及应用产业基地。加快“星载一体化”制造生产能力布局，提高卫星载荷与商用遥感卫星制造能力，引导社会各方面资源向卫星及应用产业集聚，推进产业链上下游对接，带动复合材料、精密机械、光学加工、光学传感器等省内配套产业发展，使省内配套率达到80%以上。加快发展遥感卫星商业化应用服务，加快北斗应用系统终端产品的研发与市场化，带动一批遥感应用企业的发展。2020年前，发射4颗遥感卫星和12颗视频成像卫星，完成组网并实现商业化应用。

吉林省人民政府办公厅关于促进吉林省道路客运行业高质量发展的意见（节选）

（吉政办发〔2021〕23号）

二、重点任务

（六）提升运输服务水平。

18. 加快智慧客运体系建设。树立“出行即服务”理念，加快智慧客运体系建设，对公交车、定制客运车辆、客运班车等多种运输方式统一组织和调度，积极向社会提供车辆定位、线路跟踪、到站预测等出行信息，建立道路通行状况与客运站的信息联动机制，实现人力、运力资源在更大范围内的动态优化和配置。

吉林省人民政府办公厅关于以新业态新模式引领新型消费加快发展的实施意见（节选）

（吉政办发〔2020〕34号）

一、提高优势产业消费品质

（一）大力发展冰雪消费。……3. 创新冰雪消费模式。大力发展冰雪智能体验、冰雪体育培训、冰雪赛事表演等新业态，推行“冰雪＋互联网＋流通＋服务”模式，建立冰雪旅游全链条智慧技术应用和管理体系。开发虚拟现实技术冰雪产品，打造沉浸式全景在线冰雪旅游产品。采用VR技术，发展智能冰雪装备模拟和体验。利用5G、北斗卫星、云服务平台等高新科技手段，开展咨询、搜索、体验、预订、支付、导航等综合服务，全面提升冰雪消费体验。

吉林省人民政府办公厅关于印发吉林省进一步深化农村公路管理养护体制改革推动“四好农村路”高质量发展实施方案的通知(节选)

(吉政办发〔2020〕18号)

三、重点任务

(三)构建长效机制,推动“四好农村路”高质量发展。……2.加快建立农村公路管理智慧监管工作机制。坚持智慧发展,加强5G、北斗、互联网、物联网、大数据、卫星遥感及区块链等新技术的应用,实现全要素管理数字化、业务管理智能化、行业监管信息化。

吉林省人民政府办公厅关于印发吉林省落实推进运输结构调整三年行动计划(2018—2020年)实施方案的通知(节选)

(吉政办发〔2018〕55号)

二、主要任务

(五)信息资源整合行动。

14.加强公共信息交换共享。依托综合交通大数据交换和共享平台,实现公路、水路、铁路、民航、邮政等综合交通运输大数据与全省政务审批平台、市场监管等监管部门信息交换共享,为企业提供资质资格、认证认可、违法违章、信用评价、政策动态等一站式综合信息服务,提升物流信息服务水平。实施“互联网+物流”工程,加强北斗导航、物联网、云计算、大数据、移动互联等先进信息技术在物流领域的应用。重点抓核心物流企业,积极发展“互联网+货运”新业态,规范培育无车承运人等现代物流市场新主体,发挥资源整合能力,打通物流信息链,实现资源共享、数据共用、信息互通,提高物流增值服务能力。(省交通运输厅、中国铁路沈阳局集团公司牵头,省市场监管厅、省政务服务和数字化局、民航吉林监管局、省邮政管理局参与)

吉林省人民政府办公厅关于进一步扩大和升级信息消费的实施意见(节选)

(吉政办发〔2018〕13 号)

二、主要任务

(一)提升信息消费供给能力。

1. 推进智能网联汽车发展。加快国家智能网联汽车应用(北方)示范区建设,支持一汽集团在智慧路网、宽带移动互联网基础设施环境、智能汽车关键核心技术、核心应用软件等方面开展示范区建设。突破环境感知、智能决策、协同控制等关键技术,利用第五代移动通信(5G)、北斗高精定位、传感器、V2X 通信及安全控制技术,开展智能汽车、智慧交通等产品、服务和解决方案的开发与应用,打造国家标准智能网联汽车。

2. 推进"吉林一号"大数据综合应用。推动卫星高端装备制造发展,提高卫星研发和生产能力,加快"吉林一号"卫星星座组网进程。发展星载一体化、凝视视频成像、夜光等数据采集技术,提升遥感数据供给质量。促进与北斗系统、高分吉林数据中心协同创新,提供高空间、高时间分辨率和可叠加的图像、视频遥感数据资源。

吉林省人民政府办公厅关于印发吉林省综合防灾减灾规划(2016—2020 年)的通知(节选)

(吉政办发〔2017〕62 号)

一、现状与形势

(一)"十二五"时期防灾减灾救灾工作成效。

4. 防灾减灾科技支撑能力逐步增强。积极开展吉林省地理国情监测工程、北斗综合减灾示范工程和吉林一号卫星遥感观测项目,推动省级自然灾害应急救助指挥信息化建设,提高自然灾害应急指挥科技水平和应急处置能力。

吉林省人民政府办公厅关于发挥品牌引领作用推动供需结构升级的实施意见（节选）

（吉政办发〔2016〕73 号）

三、推动新业态、新模式发展

（五）提高信息技术支撑能力。

30. 推进信息基础设施建设。深入实施“宽带吉林”工程，推进 4G（第四代移动通信技术）无线网络覆盖，积极参与 5G（第五代移动通信技术）移动通信试点，全面推进“三网融合”。加快空间遥感数据综合应用与服务平台建设，促进遥感数据深度开发和推广应用。推动北斗位置导航应用平台和系统建设，促进空间遥感信息与北斗定位信息集成应用。加快国家高分辨率对地观测系统吉林数据中心建设。（省工业和信息化厅、省发展改革委、省科技厅、省通信管理局负责）

五、推动需求结构升级

（一）积极培育信息消费。

48. 推动信息产品应用。加快推进空间信息服务市场开拓，围绕空间遥感数据和北斗卫星授时定位信息，面向国土资源、防灾减灾、环境保护、农林水利、交通运输等领域，开发信息产品，引领空间数据服务、互联网接入流量等信息消费快速增长。支持智能终端产品应用，发展桌面云终端等交互式网络智能产品，带动消费业态升级。（省发展改革委、省科技厅、省工业和信息化厅、省财政厅、省农委、省国土资源厅、省环境保护厅、省交通运输厅负责）

吉林省人民政府办公厅关于深化制造业与互联网融合发展的实施意见（节选）

（吉政办发〔2016〕71 号）

二、主要任务

（二）发展跨界融合新产业。

2. 加快发展卫星数据及航空信息应用产业。依托地理信息科技产业园，建设遥感卫星应用示范基地、北斗卫星应用示范基地、地理信息高新装备制造示范基地，形成基于卫星及新一代信息技术融合的持续创新能力；发展“吉林一号”等卫星应用，促进集数据获取、加工、服务、高新装备制造的产业链发展，推进吉林系列卫星信息服务新产品研发；推进空间数据信息服务，支持软通动力信息技术（集团）有限公司与长光卫星在遥感数据、渠道推广等领域合作并推出新产品，促进“吉林一号”卫星数据及产品的高效检索、查询、订购与分发，提供信息增值服务。

吉林省人民政府办公厅关于促进旅游业改革发展的实施意见（节选）

（吉政办发〔2015〕35 号）

三、优化旅游发展环境

（八）完善旅游公共服务。

4. 制定旅游信息化标准，加快智慧旅游建设。在重点景区建立旅游数据中心，充分利用北斗卫星地基增强系统，构建智慧旅游综合管理体系，增强我省景区服务综合协调能力和应急突发事件处置能力。积极开展旅游在线服务、网络营销、网络预订和网上支付，构建旅游数据中心，加快推进智慧旅游企业、景区建设。

吉林省人民政府办公厅关于加快应急产业发展的实施意见（节选）

（吉政办发〔2015〕25 号）

二、重点方向

（四）应急服务。围绕提高突发事件防范处置的社会化服务水平，创新应急服务业态。在事前预防方面，发展风险评估、隐患排查、消防安全、安防工程、应急管理市场咨询等应急服务；在社会化救援方面，发展紧急医疗救援、交通救援、应急物流、工程抢险、安全生产、航空救援、网络与信息安全等应急服务；在其他应急服务方面，发展灾害保险、北斗导航应急服务等。

吉林省人民政府办公厅关于促进地理信息产业发展的实施意见（节选）

（吉政办发〔2014〕15号）

三、重点项目

（九）大力发展卫星导航定位与位置服务。提升我省卫星定位综合服务系统功能，大力开发基于北斗卫星导航定位及位置服务的软件平台和网络地图等相关产品，综合集成地图与地理信息、遥感数据信息、交通信息、气象信息、环境信息等基础信息，建立位置数据综合服务系统，增强位置服务能力。推动导航定位及位置服务与通信网、互联网、物联网的融合发展，促进导航与位置服务在农业、交通、矿山、安全、旅游、电子商务等领域的广泛应用，拓展深度与广度，培育地理信息消费市场。

吉林省交通运输厅、吉林省发展和改革委员会、吉林省农业农村厅等关于深入推进农村物流高质量发展的实施意见（节选）

（吉交联发〔2021〕22号）

二、主要任务

（三）创新农村物流运营模式，打造农村物流服务品牌

9. 推广应用新技术新设备。各地要引导农村物流企业加大农村物流设备投入力度，推广应用条形码、射频识别技术、车载卫星定位装置等先进技术，加强农村物流运输动态监控和数字化管理，实现农村物流信息化运作，提高运营管理效率。鼓励运输企业应用新能源运输车辆、冷藏运输车辆，推动标准化托盘、周转箱和笼车循环共用，促进物流快递包装绿色转型，降低农产品运输损耗。

吉林省发展和改革委员会、中共吉林省委网络安全和信息化委员会办公室、吉林省科学技术厅等关于印发《吉林省推进智能汽车产业发展实施方案》的通知(节选)

(2020 年 7 月 22 日)

附件一

吉林省推进智能汽车产业发展实施方案

8. 推进智能化道路基础设施规划建设

建设智慧道路及新一代国家交通控制网。

基于获批的智慧高速公路示范试点,争取了部补助资金支持,开展高速公路技术设施数字化建设,推动北斗高精度定位、物联网、云计算、大数据、人工智能,车路协同等技术在示范路段创新应用。组织“互联网 +”路网综合服务及技术设施数字化相关技术在吉林省高速公路上应用。

10. 建设覆盖全国的车用高精度时空基准服务能力

充分利用已有北斗卫星导航定位基准站网,推动全国统一的高精度时空基准服务能力建设。加强导航系统和通讯系统融合,建设多元导航平台。推动北斗通信服务和移动通信双网互通,建立车用应急系统。完善辅助北斗系统,提供快速辅助定位服务。在连续运行卫星定位参考站系统中进一步融合兼容北斗卫星系统。提供更加准确、可靠的定位基准服务。

吉林省交通运输厅关于公布《吉林省交通运输综合行政执法事项指导目录(2021年版)》的通知(节选)

(吉交法规〔2021〕102号)

附件1

吉林省交通运输综合行政执法事项指导目录(2021年版)

序号	事项名称	职权类型	实施依据	实施主体	
				责任部门	第一责任层级
120	对道路运输货运和物流运营单位未实行安全查验制度,对客户身份进行查验等行为的行政处罚	行政处罚	1.《中华人民共和国反恐怖主义法》第八十五条　铁路、公路、水上、航空的货运和邮政、快递等物流运营单位有下列情形之一的,由主管部门处十万元以上五十万元以下罚款,并对其直接负责的主管人员和其他直接责任人员处十万元以下罚款:(一)未实行安全查验制度,对客户身份进行查验,或者未依照规定对运输、寄递物品进行安全检查或者开封验视的;(二)对禁止运输、寄递,存在重大安全隐患,或者客户拒绝安全查验的物品予以运输、寄递的;(三)未实行运输、寄递客户身份、物品信息登记制度的。第九十三条　单位违反本法规定,情节严重的,由主管部门责令停止从事相关业务、提供相关服务或者责令停产停业;造成严重后果的,吊销有关证照或者撤销登记。2.《道路货物运输及站场管理规定》第六十五条　违反本规定,有下列行为之一的,由县级以上道路运输管理机构责令限期整改,整改不合格的,予以通报:(一)没有按照国家有关规定在货运车辆上安装符合标准的具有行驶记录功能的卫星定位装置的;(二)大型物件运输车辆不按规定悬挂、标明运输标志的;(三)发生公共突发性事件,不接受当地政府统一调度安排的;(四)因配载造成超限、超载的;(五)运输没有限运证明物资的;(六)未查验禁运、限运物资证明,配载禁运、限运物资的。	交通运输主管部门	设区的市或县级

续表

序号	事项名称	职权类型	实施依据	实施主体	
				责任部门	第一责任层级
161	对危险货物承运人未按照规定对运输车辆、罐式车辆罐体、可移动罐柜、罐箱及设备进行检查和记录的行政处罚	行政处罚	《危险货物道路运输安全管理办法》第二十五条　危险货物承运人在运输前,应当对运输车辆、罐式车辆罐体、可移动罐柜、罐式集装箱(以下简称罐箱)及相关设备的技术状况,以及卫星定位装置进行检查并做好记录,对驾驶人、押运人员进行运输安全告知。第六十条第(三)项　交通运输主管部门对危险货物承运人有下列情形之一的,应当责令改正,处2000元以上5000元以下的罚款:(三)违反本办法第二十五条,未按照要求对运输车辆、罐式车辆罐体、可移动罐柜、罐箱及设备进行检查和记录的。	交通运输主管部门	设区的市或县
175	对道路运输经营者使用卫星定位装置出现故障不能保持在线的运输车辆从事经营活动行为的行政处罚	行政处罚	《道路运输车辆动态监督管理办法》第三十七条　违反本办法的规定,道路运输经营者使用卫星定位装置出现故障不能保持在线的运输车辆从事经营活动的,由县级以上道路运输管理机构责令改正。拒不改正的,处800元罚款。	交通运输主管部门	设区的市或县级
176	对破坏卫星定位装置以及恶意人为干扰、屏蔽卫星定位装置信号等行为的行政处罚	行政处罚	《道路运输车辆动态监督管理办法》第三十八条　违反本办法的规定,有下列情形之一的,由县级以上道路运输管理机构责令改正,处2000元以上5000元以下罚款:(一)破坏卫星定位装置以及恶意人为干扰、屏蔽卫星定位装置信号的;(二)伪造、篡改、删除车辆动态监控数据的。	交通运输主管部门	设区的市或县级

吉林省交通运输厅关于印发《2021年全省道路运输工作要点》的通知(节选)

(吉交运〔2021〕71号)

三、推动货运物流降本增效,服务支撑经济社会发展

11.积极推动国际运输互联互通。一是继续做好经珲春公路口岸开展进口运输俄罗斯液化石油气试运输工作,进一步深化国际能源合作,支持我省运输企业“走出去”

参与能源运输。二是落实国家"一带一路"和我省长吉图开发开放战略,与罗先经济开发区陆海联运局协商就加强两省区国际运输合作签订备忘录,促进圈河－罗先国际道路运输有序进行。三是做好中俄国际道路运输车辆北斗导航车载终端安装工作。

关于印发《吉林省连续运行卫星定位参考站综合服务系统运行使用管理办法》的通知

(2018 年 9 月 18 日吉林省测绘地理信息局发布;2018 年 10 月 1 日起施行)

各有关单位:

为加强吉林省连续运行卫星定位参考站综合服务系统管理,更好的提高系统服务水平和使用效率,吉林省测绘地理信息局修订了《吉林省连续运行卫星定位参考站综合服务系统运行使用管理办法》,自 2018 年 10 月 1 日起发布施行,请遵照执行。

附件:《吉林省连续运行卫星定位参考站综合服务系统使用管理办法》

吉林省测绘地理信息局

2018 年 9 月 18 日

吉林省连续运行卫星定位参考站综合服务系统使用管理办法

第一条 为加强吉林省连续运行卫星定位参考站综合服务系统(英文译为 Jilin-Continuously Operating Reference Station,以下简称 JLCORS)管理,更好的提高系统服务水平和使用效率,根据《中华人民共和国测绘法》、《吉林省测绘条例》,制定本办法。

第二条 申请使用 JLCORS 的单位和运维部门须遵守本办法。

第三条 JLCORS 是吉林省测绘地理信息局会同其他有关省直部门,按照统筹建设、资源共享的原则,建立的卫星导航定位基准服务系统,提供导航定位基准信息公共服务。

JLCORS 利用数字通信网络面向全省范围内播发 GNSS 差分信号,播发协议为 Ntrip 协议,播发格式为 RTCM 格式。在理想情况下,用户采用网络 RTK 测量技术,可在全省范围内获得 2000 国家大地坐标系下相对 JLCORS 参考站水平优于 3 厘米、垂直优于 5 厘米的定位服务。

第四条 吉林省测绘地理信息局是 JLCORS 的主管部门,负责 JLCORS 运行与维护的规划制定,账号申请的授权管理。

吉林省测绘地理信息局委托吉林省基础地理信息中心为 JLCORS 的运维部门，负责 JLCORS 的运行与维护、对用户提供服务、核查用户账号申请材料，每季度对 JLCORS 运行统计分析，为精细管理提供数据支撑。

第五条　JLCORS 的主管部门提供账号、密码对用户进行授权使用。

第六条　拥有测绘资质且确有需要的单位可申请 JLCORS 账号。

申请账号的数量以使用目的文件为准，原则上每个项目申请账号数量不超过 5 个。

申请账号的使用时间以使用目的文件为准，且不超过一年，如需延长使用时间的应提交申请。

第七条　申请使用 JLCORS 服务及延长使用时间的用户应通过吉林省测绘地理信息服务与管理平台向吉林省测绘地理信息局提出申请，填写基本信息并提交以下材料：

（一）与申请 JLCORS 账号数量相符的仪器设备检定证书；

（二）说明申请 JLCORS 账号使用目的的文件，包括项目合同等。为多个项目申请账号的需分别提供使用目的文件。

（三）JLCORS 用户使用与保密承诺书。

第八条　使用 JLCORS 的用户享有以下权利：

（一）在账号有效期内，在申请项目范围内接受 JLCORS 所提供的服务；

（二）根据需要持申请单位法人身份证修改密码。

第九条　使用 JLCORS 的用户负有以下义务：

（一）遵守法律、行政法规、有关管理规定及本办法；

（二）管理账号信息，不向他方提供，不用于其它测绘地理信息项目。

第十条　运维部门应确保 JLCORS 系统播发数据的正确性。用户应按相关作业规定进行网络 RTK 测量作业并进行有效校核。

第十一条　因不可抗力（包括但不限于如国家政策调整、长时间停电、通讯线路损坏、雷电及其他自然灾害、电磁干扰等）或升级维护等原因而使 JLCORS 不能正常使用时，运维部门经主管部门同意及时发布相关公告。

第十二条　JLCORS 优先为应急保障、国家及省重点项目提供服务。JLCORS 主管部门根据需要，有权限制或关闭 JLCORS 的相关服务，但应及时发布相关公告。

第十三条　发生用户提供虚假证明材料、向他方提供账号、使用目的与申请材料不符，主管部门应注销该用户账号，并追究相关责任。

第十四条　本办法自发布之日起执行。

第十五条　本办法由吉林省测绘地理信息局负责解释。

吉林省药品监督管理局关于印发医疗器械第三方物流服务监管工作指南(试行)的通知(节选)

(2021 年 5 月 17 日)

附件

《吉林省医疗器械第三方物流企业服务细则》

第二章　特 殊 要 求

2.2　仓储条件

2.2.8　具有运输车辆及设备。配备与经营规模相适应的运输车辆,运输车辆配备卫星定位系统,可实现对车辆运输监控。根据运输医疗器械的数量、路程、运输时间、储存要求,选择适合的运储车辆。冷藏运输车辆能够对运输医疗器械在途温度数据进行实时采集;冷藏箱(保温箱)配备移动温湿度监测仪,实时采集、记录运输医疗器械在途温度数据,并具备温度外显的功能。

黑龙江省

黑龙江省人民政府关于印发黑龙江省通用航空产业“十四五”发展规划的通知(节选)

(黑政规〔2021〕9 号)

三、发展重点和举措

(一)打造国内一流通用航空制造集群。

6. 推动通航制造业集聚发展。

培育通航制造产业链集群。以哈尔滨整机制造产业为牵引,带动各类配套企业围绕整机制造龙头企业集聚,加强技术、信息、资源、需求互通共享,协同提升关键零部件、成附件和机载设备工艺制造水平,稳步拓展产品品类,扎实提升通用飞行器产品省内零部件配套能力，重点发展航空精密齿轮、盘轴类零件、机体结构、航空电子设备及元器件、通用航空空中及地面保障设备等配套产品加工制造，打造国内领先的通用航空配套产业集群。

积极推动跨行业合作。发挥电子信息和先进装备制造产业优势，鼓励哈工大、电子49所、航天科技、专用车生产企业等科研单位或产业关联企业积极开展通用航空项目攻关，推动航空专用传感器、仪器仪表、地空通信导航监视等特种设备，以及牵引车、应急电源车、升降平台等各类地面保障装备的研究、试制和产业化。

（三）构建基础完善的综合保障体系。

3. 提升通航飞行保障能力。

完善通航飞行服务保障体系，确保通航“飞的便捷”。提升黑龙江飞行服务站服务能力，完善通航飞行动态通报机制，实现空域信息发布、飞行计划处理、气象信息、飞行情报及动态监视等低空飞行“一站式”服务。构建覆盖全省的通航油料保障网络，鼓励各通用机场根据业务量、服务类型自建或合作运营不同规模、种类的通用航空油料储存设施，提升通航油料保障能力。

运用新一代信息技术，确保通航“飞的精准”。运用云计算、大数据、物联网、人工智能等新技术完善通航信息网络建设，推进5G通讯、北斗导航、ADS－B在通信、导航、监视等领域应用，实现通航飞行数字化、精准化、智慧化。

黑龙江省人民政府关于印发黑龙江省国民经济和社会发展第十四个五年规划和二〇三五年远景目标纲要的通知（节选）

（黑政发〔2021〕5号）

第三章　率先实现农业农村现代化，全面推进乡村振兴

专栏5　现代种业提升工程

加快智慧农业建设。全面实施数字农业发展战略，建设农业生产数字化示范基地，打造农业物联网应用示范省、全国数字农业先导区，智慧化水平全国领先。加快构建农业生产数据采集体系，开展农业物联网标准化建设试点，建设一批智慧农牧业特色示范区。建立农业气象灾害、生物灾害、生态环境灾害、供需严重失衡等风险数字化预警监测平台，建设农业应急指挥数字化体系。提高农机装备智能化水平，发展高精度农机作业导航监测、植保无人机航化作业，做大做强农机装备产业。健全农产品质量安全检验检测体系，强化农产品质量安全风险监测和评估，完善省农产品质量安全

溯源公共服务平台,强化与国家平台对接。

专栏6　智慧农业重点工程

现代农业数据采集体系,构建北斗、5G和物联网等农业生产数据采集设施,无人植保作业数据采集体系,建设农业大数据中心。

黑龙江省人民政府关于印发“数字龙江”发展规划(2019—2025年)的通知(节选)

(黑政规〔2019〕7号)

一、基础与形势

(一)发展现状。

初步建成卫星制造与应用产业园、北斗导航产业园、地理信息产业园。发挥我省北斗卫星应用、机器人、无人机等优势,逐步在防灾减灾、应急救援、城市治理、环境监测、土地确权等领域广泛开展应用。

二、总体要求

(五)总体框架。

1.“数字龙江”建设任务框架。

以政务数据共享、卫星应用壮大、人工智能培育、智能制造示范、全域智慧旅游、数字农业升级、智慧供暖建设、智慧矿山建设、营商环境优化为九大突破口,形成“469”的“数字龙江”总体框架。

三、主要任务

(一)完善基础支撑体系。

前沿布局天地一体化网络建设。建设遥感数据服务云平台、卫星应用数据中心、自然资源与地理空间信息大数据中心等基础支撑平台,进一步提升卫星通信和应用服务能力。

(二)加快发展数字经济。

1.壮大电子信息产业。

发展北斗卫星导航定位产业,加强卫星导航定位基准站建设,推进省卫星定位连续运行综合服务系统与北斗地基增强系统的融合升级,完善导航位置服务平台建设,引进和培育北斗卫星基础数据、基础软件和基础器件企业,打造全产业链条,做大做强终端集成和系统集成产业,加快北斗卫星导航系统在精准测量、精确定位和位置服务等方面的应用。

（四）创新数字社会治理。

1. 提升数字化生态治理水平。

加快北斗卫星技术在防汛抗旱、森林防火、水资源监测和水土保持等领域的数字化应用。建设重大灾害预警分析与应急救援指挥平台，提升全省生态环境预警、决策分析、防灾减灾、应急救援指挥、灾情评估等数字化水平。

四、优先行动

遵循信息化发展规律，区分轻重缓急，坚持循序渐进，围绕政务数据共享、卫星应用壮大、人工智能行动、智能制造示范、全域智慧旅游、数字农业升级、智慧供暖建设、智慧矿山建设和营商环境优化实施九大优先行动，打造“数字龙江”特色亮点，带动经济社会数字化转型升级。

（二）卫星应用壮大行动。

行动目标：到2020年，支撑卫星应用和产业发展的基础设施和公共服务不断完善，加密建设北斗导航CORS站，优化卫星导航高精度定位基准服务能力，构建卫星遥感资源共享服务体系。

夯实卫星应用基础设施。发挥我省地缘优势，充分利用现有项目、产品基础，加密建设卫星导航定位基准站，升级国家资源卫星数据异地备份中心，强化遥感数据服务云平台建设，开展国家级卫星示范工程，完善卫星定位连续运行综合服务系统、卫星遥感定标场、定量遥感真实性检验场等空间基础设施。

推进卫星在重点领域应用。开展北斗卫星应用示范项目建设。深化北斗卫星在资源环境动态监测、预警、评估、治理、重大省情普查、省内生态保护红线划定、自然保护区界限核准及生态环境监测、“河长制”测绘服务等领域应用。围绕重特大自然灾害监测预警、应急反应、综合评估和灾后重建等任务，推动北斗卫星在森林防火、洪涝干旱预警等领域应用，开展森林防火卫星监测扑救、日常管理、指挥通信等系统建设。面向社会精细化管理与公共服务需求，融合物联网、大数据、人工智能等技术，在智慧交通、安全生产、公众出行服务、口岸物流、数字边防等领域开展卫星应用。全省推广基于北斗导航、高分影像分析处理等技术的农情监测和农业植保系统，为农情监测、土壤分析、灾害预警、农务安排等提供信息服务。

加速卫星应用产业化。建设省级北斗高精度位置综合服务平台，为交通运输、智慧城市、精准农业、生态环保、应急指挥、公共安全等行业的应用系统提供基于位置的综合信息服务。以哈尔滨新区为载体，推进政产学研用结合，构建北斗卫星应用创新中心，引入一批北斗终端制造、软件研发、应用服务的中小企业和院校创新团队。

（五）全域智慧旅游行动。

推进全域智慧景区建设。推动北斗系统在景区电子导览、电子地图等方面应用，对旅游车、旅游船进行实时监测和定位，为游客自驾、徒步提供定位导航服务。

黑龙江省人民政府关于印发黑龙江省工业强省建设规划（2019—2025年）的通知（节选）

（黑政规〔2019〕8号）

三、发展方向与重点

（二）优先发展四大战略性产业。

2. 高端装备。

（1）发展重点。

卫星应用设备及服务。

①北斗通信及应用。着重突破核心关键技术，重点发展自主遥感信息获取处理和运营、卫星数字文化传播等服务。重点发展北斗导航系统应用，与移动互联网、物联网、大数据、云计算等新一代信息技术相融合，推进基于北斗导航系统的智慧农业、智慧林业、智慧城市、智能交通、跨境物流等领域的发展。推动高分数据应用增值服务，满足道路规划、城区监测、水情分析、抢险救灾、国土资源监测和林业资源调查等应用需求。

（三）重点培育三大先导性产业。

1. 新一代信息技术。

（1）发展重点。

云计算与大数据服务。完善大数据基础设施建设，统筹推进省内云计算数据中心发展，重点建设一批公共服务、互联网应用、重点行业和大型企业云计算数据中心，引导数据中心向规模化、集约化、智能化、绿色化方向发展。加强适应行业特点和企业需求的技术、产品、服务的应用推广，加快推动企业管理、服务、设备、产品等上云。推动大数据、云计算、人工智能等新一代信息技术在扶贫、养老、旅游、交通、教育、医疗、北斗卫星等领域的进一步应用。

（2）实施路径。

推动新一代信息技术与工业深度融合。加强新一代信息技术在机器人及智能装备、航空航天装备、轨道交通装备、卫星应用设备及服务、农机装备、电力装备、生物医药、绿色食品、石油石化等重点领域的应用，以本地工业转型升级需求为支撑，加快新一代信息技术产业发展。

四、重点任务与工程

（七）加快军民深度融合。培育壮大军民融合重点产业。着力推动已初步形成规模、具备集群化发展潜力的直升机、通用飞机、航空发动机、燃气轮机、核电装备、卫星应用、增材制造、机器人等重点产业发展；积极服务推动具备龙头企业竞争优势的特种车、钛合金、铝合金、镁合金、传感器、人影发射装置及弹药等产业发展；积极培育推动高分子复合材料、高分子胶合材料、高性能金属及合金材料、石墨及石墨烯等新材料的应用开发，拓展在军民融合领域的应用。

黑龙江省人民政府关于印发黑龙江省制造业转型升级“十三五”规划的通知（节选）

（黑政发〔2017〕11号）

一、“十二五”时期制造业发展回顾及“十三五”时期展望

（一）“十二五”时期制造业发展回顾。

1. 规模实力不断壮大。

在神舟系列载人航天器、嫦娥探月工程、北斗导航、蛟龙载人潜水器等国家重大工程中，“龙江制造”综合实力得到充分展示。

三、发展重点

（一）对接《中国制造2025》发展重点，我省具有优势的产业。

2. 航空航天装备。

加快卫星技术及应用产业园建设，重点发展北斗导航系统应用，与移动互联网、物联网、大数据、云计算等新一代信息技术相融合，推进基于北斗导航系统的智慧农业、智慧林业、智慧城市、智能交通、跨境物流等领域的发展。

黑龙江省人民政府关于印发黑龙江省国民经济和社会发展第十三个五年规划纲要的通知（节选）

（黑政发〔2016〕13号）

第三篇　加快创新发展，切实提高发展质量和效益

第四章　构建产业新体系

第二节　多领域多角度发展服务业

布局建设现代物流基础设施，打造华南城等重点物流园区，构建社会化、专业化、

信息化现代物流体系。发展多式联运、农产品冷链物流等方式,提升专业化水平。推进邮政、物流(快递)配送站建设,促进快递业发展。加强物流信息系统建设,推广北斗导航、物联网等信息技术应用,实现物流信息全程可追踪。

黑龙江省人民政府办公厅关于印发黑龙江省河道采砂管理办法的通知(节选)

(黑政办规〔2021〕13 号)

第二十九条 县级以上人民政府水行政主管部门应当对采砂现场实行旁站式管理,建立河道采砂计量、监控、登记等制度,加强河道采砂现场的监督管理。积极推行河道砂石采运管理单制度,强化采、运、销全过程监管。

加强河道采砂管理信息化建设,河道采砂管理部门应当对采砂现场、临时堆砂场建立管理监控系统,利用卫星定位、影像监控等设备对采砂作业区、出入口等重点部位实行实时监控。

黑龙江省人民政府办公厅关于印发黑龙江省推进卫星应用产业发展专项行动计划(2017—2020 年)的通知(节选)

(黑政办发〔2017〕61 号)

二、发展思路

深入落实《中共中央、国务院、中央军委关于经济建设和国防建设融合发展的意见》(中发〔2016〕12 号)、《国家发展改革委、财政部、国防科工局关于印发国家民用空间基础设施中长期发展规划(2015—2025 年)的通知》(发改高技〔2015〕2429 号)、高分辨率对地观测系统重大专项、北斗卫星导航产业重大应用示范发展专项。

三、主要任务

(三)推动在重点行业领域推广应用。

1. 智慧城市。服务国家新型智慧城市建设要求,以高分辨率遥感与北斗导航定位技术为基础,融合物联网、云计算及大数据技术,解决在城市管理中的基础数据更新、实时状态监测等问题,提升政府在城市规划、环境与大气污染治理、节能增效等方面的管理效能。继续推动哈尔滨、伊春等地智慧城市时空信息云平台及智慧管网、智慧照明、智慧城管等项目建设，完善形成一批系统化、标准化、模块化成熟产品，向省内外复制推广。

2. 智慧农业。服务我省大力发展现代化农业需求，应用北斗导航技术、高分影像分析处理技术，解决农机自动化作业、农情产量监测、旱涝灾害监测评估、无人机植保、农机高精度定位等大田精细化作业技术难题，大幅提升我省农业耕作精细化程度和管理水平，进一步提升我省农业经济优势。利用卫星遥感、地理信息系统、移动互联网等关联技术，建设黑龙江省农业保险投保与理赔平台，形成基于卫星应用的农业灾害理赔国家或行业标准。高质量完成“基于北斗的哈尔滨精准农业示范项目”建设和“基于遥感与气象等多源数据的农业种植结构优化方案”研究，成果率先在齐齐哈尔、牡丹江、绥化等地开展应用推广。

7. 高端装备制造。围绕行业应用需求，开展面向行业的高端装备制造。开展特种领域北斗超高精度导航定位设备、地基增强系统终端设备、精准农业设备、林业终端、生态监察设备及安全应急设备等多个领域的多类型终端设备研制，重点提升设备性能及可靠性，提升我省卫星应用高端装备的设计、制造能力，带动上下游产业发展。

黑龙江省人民政府办公厅关于印发黑龙江省国民经济和社会发展信息化“十三五”规划的通知（节选）

（黑政办发〔2017〕53 号）

三、主要任务和重点工程

（一）加快推进信息基础设施建设。

加强空间信息基础设施建设。加快推进黑龙江省卫星定位连续运行综合服务系统（HLJCORS）建设与运行维护，完善黑龙江省地理信息公共服务平台。加强北斗导航定位服务能力建设，提供高精准导航定位服务。加强地理信息资源建设，构建政府及行业应用的地理空间载体，提升信息集成共享服务能力。

推广货运“电子运单”，开展“一票制”多式联运试点示范，利用北斗导航、物联网等技术实现货物全程追踪。建设省、市（地）、县（市）三级联网的道路运输综合管理系统、交通综合管理系统、重点物资运输监控与信息服务平台以及综合交通运行协调指挥中心，对重点营运车辆和船舶监测监控系统进行升级改造。

黑龙江省人民政府办公厅关于印发黑龙江省地理信息产业发展规划(2016—2020年)的通知(节选)

(黑政办发〔2016〕122号)

二、主要任务

(二)卫星导航与位置服务应用。

2.发展北斗导航定位产业。充分利用省内促进北斗导航与位置服务产业发展的相关优惠政策,加快北斗卫星导航系统在精准测量、精确定位和位置服务等方面的应用,积极承接政府主导投资的北斗卫星应用产业在重点行业、领域的应用示范工程,做好早期市场培育。引进北斗卫星数据软件和终端制造企业,支持北斗“产学研用”一体化研发、生产及应用服务,开发北斗产业链条的上游产品。完善包括数据获取、数据传输、信息融合和应用服务四大环节的卫星导航定位与遥感为核心的天地一体化信息产业链条。到2020年,培养2家至3家智能导航、智能交通等领域的卫星导航与位置服务骨干企业,力争以北斗卫星导航定位应用服务为主营业务的中小型公司达到100家,上市企业1家,服务总值达到50亿元。

三、保障措施

(二)夯实产业基础条件。一是加强现代地理信息基准服务。建立省卫星导航定位服务系统等基础设施的维护与更新机制,持续优化数据传输、接收、处理、存储系统,加强基准站使用的动态监管,保障运行维护经费;建立、维护与国家基准相统一的高精度、三维、动态测绘基准和似大地水准面模型;不断完善北斗地面基础设施,建立省北斗导航与位置服务中心,加强与邻省及各行业在卫星导航方面的资源共享,提供高精度的卫星定位应用服务。二是丰富地理信息基础数据。实现省级基础测绘数据全覆盖,建立省级基础地理信息数据库动态更新机制,实现城市大比例尺地形图动态更新;加快省地理信息公共服务平台向云平台升级改造,建设“天地图”区域数据中心。深化“天地图”在不动产登记、多规合一、地名普查等方面应用。

黑龙江省人民政府办公厅关于印发
黑龙江省防震减灾“十三五”规划的通知(节选)

(黑政办发〔2016〕87号)

三、主要任务

(一)有效提升监测预报水平。

在镜泊湖火山台网增加GPS/北斗和测震监测手段,五大连池地震火山监测站增加GPS/北斗监测手段,提高火山监测、预测能力。

四、重点项目

(七)火山监测系统升级改造。

在五大连池和镜泊湖火山区各建8个地壳形变(GPS/北斗)观测站,利用精密的全球定位系统,测量火山区微小地壳变形,辨识五大连池火山地区岩浆活动,从而预测火山活动情况。

黑龙江省人民政府办公厅关于促进
地理信息产业发展的实施意见(节选)

(黑政办发〔2014〕53号)

二、推动重点领域发展

(四)促进地理信息多样化、深层次开发利用。完善现代化测绘基准设施,推进基于北斗、GPS等多模连续运行卫星定位服务系统建设,提高动态、高精度定位基准服务水平;

(五)大幅提高地理信息软硬件国产化水平。鼓励拥有知识产权的高端地理信息技术装备生产企业与本地配套零部件生产企业合作,提升装备制造的专业化、精细化、特色化水平;扶持北斗终端和软件研发,促进卫星导航、位置服务产业的跨越式发展;

(七)发展地理信息与导航定位融合服务。结合北斗卫星导航产业的发展,提升导航电子地图、互联网地图等基于位置的服务能力,打造一批卫星导航与位置服务骨干企业,积极发展推动企业信息化管理和方便群众日常生活的移动位置服务产品,培育新的经济增长点。推动北斗导航定位及位置服务与通信网、互联网、物联网融合发展,促进在精准农业、智慧旅游、智能交通、物流监控、电子商务等领域的广泛应用。

四、加大政策扶持力度

（十三）加大财政支持力度。逐步建立基础地理信息分级投入机制。将地理信息产业纳入鼓励发展的战略性新兴产业、现代服务业等专项资金支持范围，重点支持地理信息产业基地建设、智慧城市试点、卫星遥感应用、北斗导航与位置服务等产业关键环节，逐步形成财政资金的引导放大效应和企业投资风险的分散补偿机制。进一步加大各级地方财政对公益性地理信息产品生产的投入力度，鼓励地理信息及其技术服务外包。

黑龙江省民政厅关于印发《黑龙江省民政救灾应急专用车辆使用管理暂行办法》的通知（节选）

（黑民救〔2015〕123号）

第四条 车辆标识和车载装置由民政部统一规范。车身两侧用反光材料统一喷涂“民政救灾”文字标识，任何单位和个人不得擅自更改车辆标识。车载装置包括北斗导航定位车载终端、行车记录仪、逆变电源、外接电源系统以及应急通讯装备等。

黑龙江省应急管理厅关于印发《关于开展2019年全省应急管理信息化建设工作的指导意见》及《黑龙江省应急管理信息化建设工作2019至2021年总体规划》的通知（节选）

（黑应急发〔2019〕31号）

三、优化网络环境，夯实发展基础

（八）建立通信网络，全域覆盖保障

2. 无线通信网建设。无线通信网建设要实现全省各级指挥平台与移动终端的联系快捷畅通，确保灾情上报和指挥调度畅通。应急管理部负责建设无线通信管理系统，采取多级部署、多级应用模式。省应急管理厅负责指导全省各级应急管理部门部署窄带无线集群系统应用管理节点，接入省级指挥信息网；建设3G/4G图传系统、移动指挥系统网络节点，支撑现场监控、可视指挥、应急管理日常办公、执法勤务等移动应用；建设时空统一服务系统，实现应急管理业务系统间的时间基准统一，对接和使用应急管理部统一提供的综合位置服务，汇集和传输各类人员、车辆、设备、物资等要素的动态位置信息。各市（地）应急管理局、县级应急管理部门负责按需为应急救援人员配备无线通信终端和配件、3G/4G 图传终端、移动指挥终端、北斗专用终端，开展应用演练。

上海市

中共上海市委、上海市人民政府关于进一步加快智慧城市建设的若干意见（节选）

（2020 年 2 月发布）

六、优化提升新一代信息基础设施布局

（十九）推动网络连接增速。推动 5G 先导、4G 优化，打造“双千兆宽带城市”。率先部署北斗时空网络，深化 IPv6 应用。推进信息基础设施与城市公共设施功能集成、建设集约。

上海市人民政府关于印发《上海市综合交通发展“十四五”规划》的通知（节选）

（沪府发〔2021〕8 号）

七、加快新型基础设施建设

（一）大力推进交通领域新基建

4. 部署交通信息基础网络

加快推进物联网、5G 等技术与交通融合，推动新建设施感知系统与基础设施同步规划、同步建设。深入推动北斗系统在交通行业的应用，探索在车路协同、港口作业等领域的应用。积极探索量子通讯、区块链等技术在出行服务、航运物流等多主体、多环节场景应用。

上海市人民政府关于印发《上海国际航运中心建设“十四五”规划》的通知(节选)

(沪府发〔2021〕7号)

四、“十四五”主要任务

(三)凝聚发展合力,建设品质领先的世界级航空枢纽

8.强化航空枢纽运行管理和资源保障

优化调整上海地区空域结构和空中航路网络规划,提高上海地区空域精细化管理水平。积极争取增加上海两场航班时刻资源供给,提升资源管理能力和利用效率,巩固提升航班正常率水平。推动在浦东国际机场扩大与相关国家和地区的航权安排。支持建设华东空管局生产运行中心工程、上海终端管制中心二期工程,构建一体化空中交通管理保障体系,满足上海航空枢纽运行增效、长三角机场协同运行需求。建设智慧空中管理示范区,有效对接北斗系统应用等战略要求。支持增强航空口岸一线执法力量,适应航空枢纽业务增长需求。提升航空煤油储运设施能力,强化军民用航空运输的航油配套保障。

上海市着力优化营商环境加快构建开放型经济新体制行动方案(节选)

(上海市人民政府2017年12月22日)

四、营造更具活力的创新创业环境

(三)优化“四新”经济发展环境。

落实《关于加快推进本市“四新”经济发展的指导意见》,推出促进新技术、新产业、新业态、新模式发展和有效监管的政策措施。深入推进国家大数据综合试验区、云计算示范城市、下一代互联示范城市、北斗卫星导航区域示范等一批国家重大示范试点。推动互联网、大数据、人工智能与实体经济深度融合,在中高端消费、创新引领、绿色低碳、共享经济、现代供应链、人力资本服务等领域培育新增长点、形成新动能。推进张江孵化器建设,鼓励成立跨国联合孵化器。支持外资企业设立联合创新平台,协同本土中小微企业推进创新成果产业化项目,培育“专精特新”中小微企业,推动商业银行开展金融产品创新,加大对中小微企业的信贷投放。推进银税互动工作,为小微企业

提供覆盖信贷业务全流程，贯穿贷前、贷中、贷后全环节的银税互动产品。进一步发挥创业投资引导基金、天使投资引导基金、中小微企业政策性融资担保基金等作用，引导社会资本投向初创期和种子期的创新型企业。支持保险资金参与创业创新，发展相互保险等新业务。

上海市人民政府印发《关于创新驱动发展巩固提升实体经济能级的若干意见》的通知（节选）

（沪府发〔2017〕36号）

二、提升实体经济质量和核心竞争力

（四）加大重大项目推进力度

9. 加快重点产业项目建设和储备。积极引进一批引领性强、成长性好、带动性大的产业项目，统筹推进全市10亿元以上重大产业项目，加快项目落地、开工和竣工投产，提升项目数量和质量，确保产业投资规模适度增长。瞄准国家战略和产业发展制高点，加快推进集成电路、民用航空发动机及燃气轮机、大飞机、智能制造、先进传感器及物联网、新型显示、北斗导航及空间信息、创新药物与高端医疗装备等领域重大项目组织实施。加快推进国际旅游度假区、世博园地区、虹桥商务区等标志性区域和服务业集聚区的重大项目建设，深化"互联网+生活性服务业"创新试验区建设。

上海市人民政府印发《关于全面建设杨浦国家大众创业万众创新示范基地的实施意见》的通知（节选）

（沪府发〔2016〕95号）

四、重点工程

（二）建设一批共性关键技术研发公共服务平台

加快建设北斗位置示范服务平台、太赫兹波谱与影像技术产业化平台、基于微谱分析技术的食品质量控制与安全性评价服务平台、超高压及特种线缆技术创新服务平台、TI智能制造（机器人）联合实验平台、音视频通讯应用技术验证与再研发云平台、基于"三网融合"的新能源汽车家庭充电产品与服务平台、基于工业大数据的智能生产平台、精准医学大数据公共服务平台等，支撑战略性产业实现加速发展。

（三）推动一批创新中心和创新研究院

加快推进国家北斗产业创新中心、国家兴奋剂检测技术研究中心、上海市信用大数据联合实验室、复旦大学全球创新中心、上海类脑智能研究院、上海国际知识产权学院、湖泊水污染治理与生态修复技术国家工程中心、污泥安全处置与资源化技术国家工程中心、数字出版技术创新产业中心、医疗创新概念验证中心、上海科技金融创新谷、波谱与影像技术实验室等项目建设。

上海市人民政府关于印发《上海市科技创新“十三五”规划》的通知（节选）

（沪府发〔2016〕59号）

三、培育良好创新生态，激发全社会创新创业活力

（四）提升科技创新开放协同水平

9.促进各区错位发展

利用中心城区和郊区不同区位条件和资源禀赋优势，加强各区创新主体间的协同创新，促进创新资源流动更畅通、创新协作更高效、创新溢出更丰富。

加强市、区联动。完善市、区联动机制，发挥各区的区位和资源禀赋优势，围绕区域重点产业发展和重大创新任务，培育创新集群。以张江科技城为核心，着力打造浦东中部创新走廊。结合汽车、大飞机、北斗导航、传感器与物联网等高端制造产业基地建设，推动形成若干特色产业创新中心。聚焦紫竹、杨浦、漕河泾、嘉定、临港等一批特色鲜明的创新功能集聚区，集中布局一批重大科技项目，培育一批引领发展的创新型企业，使创新功能集聚区成为上海创新发展的新增长极。

促进各区之间协同发展。借助联席会议、联动平台等，促进各区之间优势互补、资源共享与功能辐射，为形成中心城区发展知识密集型服务业，城区外围发展轻资产、高附加值的创新创业基地，郊区发展先进制造业的功能布局，提供各类创新要素支撑。

五、打造发展新动能，形成高端产业策源

（二）支撑智慧服务发展

8.导航与遥感

开展新一代导航卫星、厘米级广域增强、亚米级室内定位、高精度三维地图、高分辨率三维影像定位、高分数据应用中心快速生成与更新等前沿技术攻关，掌握未来高精度导航产业技术制高点。突破低功耗高精度北斗系统级芯片、智能位置服务软件与解决方案、位置大数据分析等关键共性技术，加强米级/厘米级高精度定位网络与位置服务系统、多源实时导航控制等应用基础技术研发,掌控国际主流技术,加快影像定位导航系统和高分专项成果应用转化,为导航产业规模化发展提供重要支撑。创建未来都市和大众北斗智慧应用综合试验区,形成具有国际水平的高精度位置服务的创新优势和新型商业模式的策源能力,推进上海成为北斗导航产业走向国际化的重要引领者。

上海市人民政府关于印发《上海市贯彻〈国务院关于促进信息消费扩大内需的若干意见〉行动纲要（2014—2017年）》的通知（节选）

（沪府发〔2014〕3号）

三、聚焦发展重大专项,增强信息消费供给能力

（八）卫星导航专项。以北斗系统为重点,加快发展全球导航卫星系统（GNSS）智能导航应用解决方案。支持多模导航与通信、多媒体音视频等融合的芯片及相应模块研发;突破卫星导航与移动通信、互联网、遥感等领域的融合应用等技术;突破室内外一体化融合定位技术和三维地理信息系统（GIS）应用技术;提高定位应用服务的稳定性与安全性。基本建成覆盖全市的高精度地基增强网,拓展长三角区域设施建设。重点推进卫星导航在海事航运、智能交通、城市安全、城市物流、社会服务等方面的应用。

上海市人民政府办公厅关于转发市经济信息化委制订的《上海市智能网联汽车产业创新工程实施方案》的通知（节选）

（沪府办发〔2017〕7号）

二、产业创新行动

（二）产业链培育行动

4. 加速创新成果产业化。支持政产学研联合攻关,完善成果转移机制,推动智能网联汽车共性及关键技术研发成果转化。积极推动移动通信（LTE－V、5G等）、北斗高精度定位、高精度地图等技术在智能网联汽车中的应用,鼓励整车企业积极发挥主导作用,推动技术创新产业化。实现芯片、操作系统、先进传感器及配套软件研发成果工程化和产业化应用,满足自主智能网联汽车产业化规模需求。

上海市人民政府办公厅印发《关于本市推动新一代人工智能发展的实施意见》的通知(节选)

(沪府办发〔2017〕66 号)

三、加强人工智能科研前瞻布局

(三)推进功能型平台建设

围绕国家战略和产业需求,重点建设若干重大创新平台。强化布局基础创新平台,加大资源要素投入,推进上海类脑智能科学研究基地建设。着力建设通用创新平台,建设关键技术专利数据库,筹建上海类脑芯片和片上智能系统研发与转化功能型平台。加快部署应用创新平台,在智能制造、智能汽车、智能医疗、机器人、北斗导航、工业物联网、工业控制安全等重点领域,建设一批瞄准应用需求、主体多元和市场化运作的功能型平台。

五、营造人工智能多元创新生态

(六)完善基础服务支撑体系

增加适应人工智能发展的基础服务供给,夯实人工智能发展基础。加强标准制定及测试认证,支持企业参与人工智能综合标准、基础共性技术标准制定,建立公共领域人工智能应用安全测试与认证制度。加强知识产权运用和保护,加大对人工智能新技术、新业态和新模式的知识产权保护力度,支持有条件的企业申请国内外专利,开展知识产权评议和专利导航。建设智能计算设施,布局超级计算、分布式计算、云计算相结合的高性能计算应用环境,部署空天地一体化的网络,加快下一代移动通信、物联传感、北斗通信等网络基础设施建设。建立健全人工智能相关制度规范。加强人工智能伦理道德、法制保障和社会问题研究,建立保障人工智能健康发展的制度规范和伦理道德框架。

推动新一代人工智能发展是本市立足新一轮科技发展,抢占创新制高点的重要举措,各部门、各区要高度重视,加强统筹协调。建立由市经济信息化委、市科委、市发展改革委牵头,相关部门、单位参与的协同推进机制,统筹推进人工智能发展的各项工作。各区结合区位优势和资源特点,加强市区联动,做好人工智能应用推广、产业发展、科技研发重大项目的落地实施。

上海市人民政府办公厅关于加快本市应急产业发展的实施意见(节选)

(沪府办发〔2017〕48 号)

一、发展目标

力争到 2020 年,建成 3－5 个国家级应急产业示范基地。在应急智能机器人、北斗导航救援系统、城市公共安全应急预警物联网、应急救援装备等方面的关键技术和产品的研发和制造能力达到国际先进水平。培育一批在国内外有影响力的应急产业企业,逐步实现高端应急装备核心产品的进口替代,实现应急产业工业产值与服务业产出达到 1600 亿元。

二、重点领域

(二)发展预防防护类应急产品,提高个体和重要设施保护的安全性和可靠性

在个体防护方面,发展应急救援人员防护和危险化学品安全避险、家用应急防护等产品;在设备设施防护方面,发展火灾防护、视频人脸检索以及多通道视频监控和自动监测报警系统、地下管网等重要基础设施风险识别和防御设备;在城市建筑物防护方面,发展基于北斗技术的高层楼宇、老旧楼房及高架桥梁等建筑的安全监测与防御。

(四)创新应急服务业态,提高突发事件防范处置的社会化服务水平

在事前预防方面,发展风险评估、隐患排查、消防安全、安防工程、应急管理市场咨询等应急服务;在社会化救援方面,发展紧急医疗救援、交通救援、应急物流、工程抢险、安全生产、航空救援、网络与信息安全等应急服务;在其他应急服务领域,发展灾害保险、北斗导航应急服务等。

三、重点任务

(一)推动应急产业示范基地建设

结合上海产业优势和区域特点,重点建设北斗导航、智慧消防、智慧安防、公共安全应急物联网、应急重工装备等应急产业示范基地。北斗导航产业基地重点发展符合应急救援要求的智能控制系统、物联网智能应用设备、一体化卫星终端、卫星专网服务设施、地面设备等。智慧消防产业基地重点发展消防全过程监管、火灾预测预警、指挥决策、监控响应等方面的智能化系统。智慧安防产业基地重点发展覆盖办公、住宅、商场、财产、信息等多领域的智慧安防系统。公共安全应急物联网产业基地重点发展公共安全方面信息采集、数据分析、安全预警等系统。应急重工装备基地重点发展特种消防车辆、大型工程机械等抢险救援装备。(责任单位:市经济信息化委、市发展改革

委、市商务委、市规划国土资源局、市环保局、市国防科工办、相关区政府）

上海市人民政府办公厅关于印发《上海市标准化体系建设发展规划（2016—2020年）》的通知（节选）

（沪府办发〔2016〕34号）

三、重点领域

（一）加强产业经济标准化建设，服务提质增效升级

专栏2　战略性新兴产业和先进制造业标准化重点

卫星导航

聚焦实时精密单点定位技术（PPP）、北斗地基增强系统、车联网、辅助和智能驾驶、航空应用等领域，开展大众型高精度授时、定位和导航产品等技术标准的研究，制定测量型GNSS设备性能要求及测试方法、北斗卡式终端等联盟标准和通信辅助的北斗/GNSS（A－GNSS）相关国际标准，继续发挥上海市卫星导航联盟标准化示范作用，加快引进具有卫星导航知识背景的标准化专业人才，加大培育标准化研究团队的创新能力。

上海市市场监督管理局关于印发《2021年上海市计量工作计划》的通知（节选）

（沪市监计量〔2021〕74号）

二、主要任务

（一）构建计量支撑体系，全力服务国家战略

1. 加强计量科技创新与转化应用。围绕航空航天、海洋装备、集成电路、高端装备、生物医药、智能控制、仪器仪表等重点领域，提升核心测量领域自主可控水平，服务上海科创中心建设。聚焦高端制造领域，开展快速无损三维高精度形貌测量技术研究攻关，提升核心基础零部件（元器件）制造水平；聚焦飞机制造领域，开展大尺寸测量和溯源技术研究攻关，逐步解决多仪器协同测量质量评价等技术难题；聚焦生命科学基础领域，开展人类表型组学数据计量技术研究攻关，探索人类表型组学前沿科技。建设上海地区守时授时光纤网络，开展北斗共视和GPS共视高精度时间频率传递方法技术研究，努力打造国际一流的时间频率实验室，全力服务上海城市数字化转型。（牵头

部门:市计测院、在沪产业计量测试中心等,全年)

(四)聚焦战略性新兴产业发展,赋能上海质量高地发展

11.推进产业计量测试中心建设和服务。全力做强科技创新的计量测试引擎,提升高端产业链现代化水平。支持在沪国家级产业计量测试中心能力升级,推进"国家民用航空发动机产业计量测试中心"批筹落地、"国家海洋动力装备产业计量测试中心"筹建申报,继续培育智能测控装置系统领域国家级产业计量测试中心(牵头部门:相关国家级产业中心申报单位,全年)。实现医疗器械、氢能储能装备、电光源、分布式能源等市级产业领域计量测试中心批筹建设(牵头部门:相关市级产业中心申报单位,全年)。研究集成电路、生命科学、节能减排、北斗导航等国家战略发展领域的产业计量测试需求,助力产业发展,提升产业发展质量(牵头部门:市计测院,全年)。汇编市级部门相关政策,鼓励地方政府出台产业计量支持政策,不断发展壮大计量测试服务业(牵头部门:各区市场监管局、临港新片区市场监管局,全年)。联合浦东新区政府,举办第二届产业计量(上海)论坛,分享交流产业计量先进经验(牵头部门:计量处,配合部门:浦东新区市场监管局,5月)。

(五)落实人民城市建设理念,提升现代化城市治理水平

13.提升计量治理能力现代化水平。继续推广新型智能计价器试点应用,指导崇明区出租车远程调价,编制新型计价器地方检定规程,推动北斗导航在巡游出租车计价器计量计价中的技术应用,赋能出租车行业改革升级(牵头部门:计量处,配合部门:市计测院、崇明区市场监管局,9月)。探索开展电动汽车充电桩领域"两检合一"与抽样检定结合的计量授权和监管模式研究,服务本市新型基础设施建设(牵头部门:计量处,配合部门:市计测院,9月)。会同药品监管部门探索制定药品包装减量团体标准,减少包装废弃物污染(牵头部门:计量处,配合部门:市质检院,9月)。

上海市农业农村委员会等关于印发《关于加快推进农业机械化和农机装备产业转型升级的实施意见》的通知(节选)

(2020年3月4日发布)

各相关区人民政府、各相关部门:

经市政府同意,现将《关于加快推进农业机械化和农机装备产业转型升级的实施意见》印发给你们,请结合实际,认真抓好贯彻落实。

上海市农业农村委员会
上海市经济和信息化委员会
上海市发展和改革委员会
上海市财政局
上海市科学技术委员会
上海市规划和自然资源局
2020 年 3 月 4 日

关于加快推进农业机械化和农机装备产业转型升级的实施意见

二、重点工作

（三）大力推广先进适用农机装备与机械化技术

2. 推动智慧农机提升发展。推进移动互联网、物联网、大数据、智能控制、卫星定位导航等信息技术在农机装备和农机作业上的应用。结合上海智慧农业的“一网、一图、一库”建设，加快构建上海农机装备信息化管理平台，完善农机作业监测、维修诊断、远程调度等信息化服务，提高农业机械化管理水平和效率。积极探索水稻生产无人农场、蔬菜生产、畜禽水产养殖智能化农场等现代绿色农业示范基地建设。大力支持以北斗导航为技术支撑的无人驾驶系统，采摘、除草机器人，农用无人机等先进农机装备以及温室智能控制系统、蔬菜林果花卉作物专家系统的研发、示范和推广应用，加快农业现代化发展进程。（市农业农村委、市经济信息化委、市科委等负责）

上海市经济和信息化委员会关于公布《上海市无线电台（站）分级管理目录》的通知（节选）

（沪经信规范〔2019〕8 号）

五、对列入三级管理目录的无线电台（站）：

（三）在核发电台执照后，我委将随机对台（站）无线电发射设备进行核查，并结合重大活动要求开展台（站）检查，设置、使用单位应当予以配合。

（四）对于卫星移动通信系统终端地球站，按照《卫星移动通信系统终端地球站管理办法》要求进行管理。

上海市民政局关于印发2018年度社会救助和防灾减灾工作要点的通知(节选)

(沪民救发〔2018〕9号)

二、防灾减灾工作

(二)提升科技减灾备灾能力。一是以上海建设具有全球影响力的科技创新中心为契机,进一步在灾情快速获取和传输技术、灾害损失快速评估方法体系、空间技术减灾应用、灾后需求救助精准评估技术等方面,推进减灾救灾领域的科学研究、技术开发,加大科技成果转化和推广应用力度,引导防灾减灾救灾新技术、新产品、新装备、新工具、新服务发展。二是推进“北斗”省级平台建设和使用,指导各区做好“北斗”手持终端设备的使用、维护、管理工作;依托“北斗综合减灾应用示范工程”建设,提升本市灾情统计和上报的准确性、规范性和及时性。

上海市民政局关于印发《上海民政防灾减灾“十三五”规划》的通知(节选)

(沪民救发〔2017〕51号)

一、“十二五”时期本市防灾减灾工作概况

“十二五”期间,上海市民政局面对防灾减灾工作面临的新形势、新挑战,按照建设现代民政的新要求,进一步转化思路,调整重点,充分发挥自然灾害应急管理协调职能和社区管理职能,确立了“聚焦两头”的工作思路,“一头”抓“科技备灾”,瞄准国际救灾领域的高端技术,抢占救灾减灾技术的高地;“一头”抓“社区减灾”,发挥民政部门在社区建设中的职能优势,夯实救灾减灾工作的基层基础,探索建立符合国家要求,具有上海特点的城市救灾减灾工作体系,立足上海,面向华东,服务全国。

一是加强体制机制法制建设,建立“上海市民政减灾中心”,为落实部市合作协议和司局合作协议提供了重要的组织保障、人员保障和技术保障,强化了防灾减灾组织保障。2012年修订并发布《上海市自然灾害救助应急预案》,各区县民政局在2013年完成了本辖区自然灾害应急救助预案的修订工作,实现与市级预案的有效衔接。

二是发挥科技优势,承担了民政部“北斗综合减灾应用示范工程项目”和“高分辨率对地观测重大专项”这两项工程的试点工作，提升了防灾减灾技术优势。

三是依据法定职责，培训灾害信息员队伍 8348 名，形成了一支覆盖城乡、规模适度、结构合理、管理规范的灾害信息员队伍体系，并每年开展 1－2 次“自然灾害灾情管理系统模拟演练”，提升了灾害信息员队伍报灾核灾的实际操作能力。每年汛期期间，全市民政系统严格执行灾情零报告制度，确保灾情收集和上报工作责任落实到人。同时，会同气象、防汛、地震、海洋、规土、农委等部门，形成了自然灾害预测预防的多部门会商机制。

四是整合各方资源，充分发挥民政部门社区管理的职能优势，坚持以群众需求为导向，发挥政府的主导作用、社区的主体作用和社会的协同作用，以社区为单位，整合各方减灾资源，积极推动全社会共同参与防灾减灾工作，每年组织开展“5.12 防灾减灾日”宣传周系列活动，完成全市 218 个社区的自然灾害隐患排查工作，全市共创建 163 个“全国综合减灾示范社区”（其中街、镇、乡社区 25 个，居村委会社区 138 个），制定并发布了上海地方标准《城镇社区防灾减灾指南》。

五是加强救灾物资保障能力，与闵行区合作建设上海市民政局救灾物资闵行储备库。按照“边建设边储备”的工作要求，闵行储备库目前已接收入库帐篷、棉被、棉大衣、折叠床等各类救灾储备物资近 3000 件，改变了上海民政救灾物资零储备的局面。

六是积极开展应急援助，修订《本市对兄弟省（区、市）受灾的援助应急响应和兄弟省（区、市）对本市慰问的鸣谢应对响应的有关工作方案》，进一步规范了对口支援工作。“十二五”期间，共对 8 省（市、区）应急援助 6470 万元。

三、“十三五”时期本市防灾减灾工作基本原则和目标

（三）规划目标

1.“十三五”末，完成“北斗综合减灾应用示范工程”省级平台建设，并在本市 208 个街镇、5634 个居（村）委部署报灾终端。

上海市经济信息化委、江苏省经济信息委、浙江省经济信息化委、安徽省经济信息化委关于印发《长三角区域信息化合作“十三五”规划(2016—2020年)》的通知(节选)

(沪经信外〔2017〕770号)

三、“十三五”发展重点和任务

(三)推进区域社会信息化融合发展

1.加强区域公共服务信息化统筹协调

完善交通智能化服务水平。整合区域城市道路、交通运行、停车泊位、视频监控、卫星导航等数据,提升交通运输智能化水平。持续拓展长三角高速公路不停车收费系统基础设施和服务网络建设。继续推进公共交通一卡通建设,合力打造一体化智能公交系统,统一异地刷卡优惠政策、享受同城待遇。积极推进区域“互联网+道路客运”试点工作,加强省际班线数据的交换共享。加强客运信息系统的衔接,推动出行互联网共享经济租赁服务模式,提高资源利用率,减少拥堵。建立新能源汽车充电基础设施互联互通平台,实现充电基础设施有效连接,运营平台间信息共享和结算体系标准化,为政府监管和为民服务提供有效支撑,有力促进新能源汽车的应用推广。

上海市民政局关于印发《2017年上海民政减灾救灾工作要点》的通知(节选)

(沪民救发〔2017〕9号)

三、不断提高自然灾害灾情管理能力

9.完成北斗减灾示范工程省级应用平台建设和终端部署,做好三类北斗灾情报送终端的应用培训。

上海市规划和国土资源管理局关于印发《上海市基础测绘“十三五”规划》的通知(节选)

(沪规土资测〔2016〕1030号)

一、发展现状与面临形势

(一)“十二五”主要成效

1. 现代空间定位基准不断优化

“十二五”期间,对已建的9个连续运行卫星导航定位参考站(SHCORS)的接收机进行升级改造,实现了与中国北斗导航定位系统兼容。崇明东滩站点与国家连续运行参考站进行了联测,并纳入国家现代测绘基准体系,实现了全市陆域范围厘米级精度导航定位的全覆盖。完成了全市5256公里3290个点水准控制网的新一轮复测。首次对浦东至长兴岛、崇明岛进行了常规一等水准联测。建立了上海平面坐标系统与国家2000大地坐标系统的高精度转换关系。

三、重点任务

(一)进一步优化现代测绘基准体系

1. 构建覆盖全市陆海一体的新一代连续运行卫星导航定位服务系统

进一步完善基站基础设施,全面建成能与我国北斗、美国GPS、俄罗斯GLONASS、欧洲GALILEO等卫星导航定位系统兼容,覆盖全市陆海一体的多源、多频、高精度连续运行卫星导航定位服务系统(SHCORS),提供基于北斗系统的实时米级/分米级的差分导航定位大众化服务和实时厘米级、事后毫米级的精准定位专业服务。加快省、市间的有效衔接、资源利用和数据共享,为“数字海洋”上海示范区和智慧上海建设等提供实时、精准的位置服务。

3. 完善现代化平高基准体系

对上海市卫星定位服务系统(GNSS)首级网进行优化升级,基于北斗卫星系统进行全市首级GNSS网联测,获取最新的首级网成果,确保测绘基准在极端条件和特殊情况下保持正常服务。进行上海市一、二、三等水准网复测,为上海市各项工程建设和城市管理提供精确的高程基准服务。推进国家2000大地坐标系统的全面应用。

(六)形成地理信息科技创新体系

2. 突出引导原始创新和核心技术攻关

根据信息化测绘体系的生产技术特点,加大多源影像快速获取、自动处理等方面的基础研究和应用研究。鼓励本市科研院所、高校和企事业单位开展基础理论研究,对大地测量基准、位置智能感知、遥感机理、数据挖掘与地理信息网络安全等研究重点及公益性研究方向确保稳定投入。加强北斗卫星导航系统应用，强化地理信息安全保密技术研究，加强测绘地理信息技术与物联网、云计算、大数据等技术的交叉融合研究。

上海市交通港口局、市公安局、市安全监管局、市经济信息化委关于进一步加强道路运输车辆动态监管工作的通知（节选）

（沪交规〔2011〕467 号）

一、加强领导，广泛宣传

根据国家四部局《通知》要求，本市所有旅游包车，三类以上班线客车和运输危险化学品、烟花爆竹、民用爆炸物品的道路专用车辆（以下简称“两客一危”车辆）安装符合《道路运输车辆卫星定位系统终端技术要求》（JT/T 794 - 2011）的卫星定位装置，接入符合《道路运输车辆卫星定位系统平台技术要求》（JT/T 796 - 2011）的监控平台，并实现与全国重点营运车辆联网联控系统对接。

三、强化监督，明确主体

（二）管理要求，本市各道路运输企业要按规定为所属车辆安装符合 JT/T 794 - 2011 标准的卫星定位装置，并接入符合 JT/T 796 - 2011 标准的监控平台；制定和完善卫星定位装置安装使用规定，建立动态监控工作台账，根据车辆行径道路的实际情况，设置相应的车辆行驶速度限速标准；配备专职人员负责监控车辆行驶动态，分析处理动态信息；充分运用卫星定位监控手段，加强对所属车辆和驾驶员的日常监督，按照有关规定及时纠正和处理超速、疲劳驾驶等违法驾驶行为；对多次存在违法驾驶行为的人员，按照有关规定从重处理；相关违法驾驶信息要留存在案，并至少保存 1 年时间；定期检查车载卫星装置的使用情况，确保车辆在线时间；对于不按照规定使用、故意损坏卫星定位装置的单位和个人，以及不按规定严格监控车辆行驶动态，有关部门要按相关规定给予处分；造成严重后果的，依法追究企业负责人和相关责任人的法律责任。

上海市交通运输和港口管理局关于发布《上海市道路危险货物运输车载卫星定位系统使用和管理规定》的通知

（沪交〔2008〕47号）

各区（县）交通行政主管部门，市城市交通运输管理处，市城市交通行政执法总队：

《上海市道路危险货物运输车载卫星定位系统使用和管理规定》已经上海市交通运输和港口管理局2008年11月24日局长办公会议审议通过，现予发布，自2009年1月1日起施行。

上海市交通运输和港口管理局

二〇〇八年十一月二十七日

上海市道路危险货物运输车载卫星定位系统使用和管理规定

第一条 （目的和依据）

为了规范本市道路危险货物运输车载卫星定位系统的使用，加强对道路危险货物运输单位使用车载卫星定位系统的监督管理，保障运输安全，根据《上海市危险化学品安全管理办法》和国家有关规定，制定本规定。

第二条 （定义）

本规定所称的车载卫星定位系统，是指道路危险货物运输单位通过卫星定位系统对其道路危险货物运输专用车辆实施运输过程全程监控管理的系统（以下简称车载GPS系统）。包括车载GPS系统终端设备和单位监控信息系统。

本规定所称的车载GPS系统终端设备，是指安装在专用车辆上，用于采集处理并无线传输车辆位置、行驶路线、行驶速度等相关数据的设备。

本规定所称的单位监控信息系统，是指道路危险货物运输单位用于实现运输过程监管、运输安全监管和调度管理等功能的计算机信息系统。

第三条 （适用范围）

本规定适用于本市道路危险货物运输单位和外省市驻沪道路危险货物运输单位车载GPS系统的使用以及相关的管理活动。

第四条 （管理部门）

上海市交通运输和港口管理局是本市道路危险货物运输车载GPS系统使用管理

的行政主管部门，浦东新区以及闵行、宝山、嘉定、金山、松江、南汇、奉贤、青浦、崇明等区（县）交通行政主管部门（以下简称区（县）交通行政主管部门）负责组织领导本行政区域内道路危险货物运输车载GPS系统使用管理工作。

上海市城市交通运输管理处和浦东新区以及闵行、宝山、嘉定、金山、松江、南汇、奉贤、青浦、崇明等区（县）城市交通运输管理署（所）（以下统称市、区（县）交通运输管理机构）按照规定的职责负责道路危险货物运输车载GPS系统使用的日常管理与监督工作。

上海市城市交通行政执法总队和浦东新区城市管理行政执法局以及闵行、宝山、嘉定、金山、松江、南汇、奉贤、青浦、崇明等区（县）城市交通行政执法大队（以下统称市、区（县）交通执法机构）按照规定的职责负责道路危险货物运输车载GPS系统使用的监督检查与行政处罚工作。

第五条 （系统设备配置）

道路危险货物运输单位应当按照本市危险货物运输车辆车载监控系统地方标准和本规定，配置车载GPS系统。

第六条 （企业监控要求）

道路危险货物运输单位应当按照下列规定，履行车载GPS系统的使用与监控责任：

（一）建立车载GPS系统使用与监控责任制，包括明确分管领导、责任部门、专职人员、监控职责、责任追究制度等；

（二）专用车辆离开本单位危险品专用停车场地时都应当开启车载GPS系统进行监控；

（三）专用车辆从事运输业务时应当实施全过程的实时监控；

（四）对专用车辆的行驶路线、行驶速度、停车地点、事故等情况进行监控；

（五）加强车载GPS系统的日常维护，发现故障立即向系统运营商报修，确保系统设备正常、完好。禁止在系统设备故障情况下安排出车。

第七条 （报警处置）

车载GPS系统监控人员发现有下列报警情形之一的，应当及时输入警告信息；如果驾驶员未纠正违规行为，监控人员可以通过电话形式纠正违规行为：

（一）专用车辆在高速公路行驶时速超过80公里、一般道路行驶时速超过60公里的；

（二）专用车辆偏离行驶路线或驶入禁行区域的；

（三）专用车辆停放在非指定停车地点或者禁停区域的；

（四）专用车辆在道路危险货物运输车辆维修企业进行二级维护的时间少于4小时的。

第八条 （监控记录）

道路危险货物运输单位应当如实做好车载GPS系统监控记录。记录内容包括专用车辆号牌、进出场时间、起讫地、货物品名及数量、报警情况、处置情况、故障维修情况等。

道路危险货物运输单位应当将车载 GPS 系统监控记录保存不少于一年。

第九条 （监督检查）

市、区（县）交通运输管理机构应当加强对道路危险货物运输单位车载 GPS 系统使用和运输全程监控情况的日常监督和检查。在监督检查时发现道路危险货物运输单位有违反本规定的行为，应当责令改正；对于构成行政处罚的，应当移送市、区（县）交通执法机构依法处理；对于尚未构成行政处罚的，可以记入道路危险货物运输行业诚信档案。

市、区（县）交通运输管理机构和交通执法机构在监督检查时可以随时调查道路危险货物运输单位车载 GPS 系统使用与监控情况及历史轨迹，可以通过交通行业监管平台要求道路危险货物运输单位报送相关专用车辆的营运及报警数据，进行信息比对。道路危险货物运输单位应当予以配合。

第十条 （技术监督手段）

市交通运输管理机构可以通过交通行业监管平台向道路危险货物运输单位监控信息系统发出监督询问指令，高危等级危险货物运输单位应当在 15 分钟内给予回复，一般等级危险货物运输单位应当在 30 分钟内给予回复。超时未回复并经调查证实未履行车载 GPS 系统运输全程监控责任的，依法追究相应的法律责任。

第十一条 （行政处罚）

道路危险货物运输单位违反本规定有下列情形之一的，由市、区（县）交通行政主管部门责令改正，并依据《上海市危险化学品安全管理办法》第五十三条第一款的规定和下列规定予以处罚：

（一）有下列情形之一的，处以每辆次 2 万元的罚款，最高不得超过 10 万元：

1、专用车辆未按规定配置车载 GPS 系统终端设备的；

2、在车载 GPS 系统终端设备故障情况下安排出车的。

（二）有下列情形之一的，初次发生的处以 2 万元的罚款，第二次发生的处以 4 万元的罚款，发生三次以上或者情节严重的处以 5 万元以上 10 万元以下的罚款：

1、未按规定开启车载 GPS 系统进行监控的；

2、未按规定通过车载 GPS 系统对从事运输业务的专用车辆进行运输全程监控的；

3、未按规定对专用车辆超速行驶、偏离行驶路线、违规停车进行警告处置的；

4、未按规定如实填写车载 GPS 系统监控记录的；

5、在单位监控信息系统故障情况下安排出车的。

市、区（县）交通行政主管部门可以依据《交通行政处罚程序规定》，委托其所属的市、区（县）交通执法机构实施前款规定的行政处罚。

第十二条 （施行日期）

本规定自二〇〇九年一月一日起施行。

江苏省

江苏省政府关于印发江苏省国民经济和社会发展第十四个五年规划和二〇三五年远景目标纲要的通知(节选)

(苏政发〔2021〕18号)

第二十章　构建新型基础设施体系

第一节　优先布局新型数字基础设施

构建高速、移动、安全、泛在的新一代信息基础设施,推动新型数字基础设施与生产生活紧密衔接,提升利用效率,努力成为全球信息网络重要枢纽节点。大力推进5G网络建设,加快5G与制造、能源、交通、农业等实体经济各个领域融合发展。加速光纤网络扩容,实现光纤千兆家庭、商务万兆固网接入能力全覆盖,积极建设双千兆宽带城市。推进IPv6规模部署和示范应用,统筹骨干网、城域网、接入网建设,提升南京国家级互联网骨干直联点辐射力和影响力。将物联网感知设施、通信系统纳入公共基础设施统一规划建设,建立健全数据感知和物联网技术标准体系。布局高效协同计算设施。建设全国一体化大数据中心体系长三角枢纽节点,在中国(江苏)自由贸易试验区探索离岸数据中心试点,支持长江以北地区因地制宜建设绿色、高能效大数据中心。前瞻研究布局6G和低轨道卫星通信。

江苏省政府关于进一步扩大和升级信息消费持续释放内需潜力的实施意见(节选)

(苏政发〔2018〕58号)

二、优化提升信息消费供给水平

(五)大力发展信息产业。加快物联网关键核心产业发展,建设无锡物联网产业核心区,重点培育物联网芯片与器件、传输与终端等产品与应用,打造世界物联网产业发展新高地。推进软件和信息服务业规模发展,大力支持"软件名城"建设,培育一批互联网独角兽企业,发现和支持一大批互联网初创企业。支持地方结合实际发展大数据产业，建设大数据公共服务平台和大数据产业（交易）中心，建设一批特色鲜明的大数据产业园。推进集成电路产业高端发展，建设22/20纳米、16/14纳米等先进生产线，开发移动智能终端芯片、下一代网络通信芯片、智能可穿戴设备芯片以及工业控制、北斗导航、汽车电子、医疗电子、金融电子等行业芯片。重点发展5G、量子通信、卫星通信，加快研制下一代互联网设备，打造天地一体现代通信产业链。积极引导新一代人工智能产业发展，突破人工智能关键技术，集中产学研高端资源重点培育智能识别、智能协作、智能硬件、智慧家庭产品等新型人工智能新产品。推动各类应用电子产品向数字化、网络化、智能化方向发展，在市政、交通、环保、能源等领域开展新型应用示范。积极发展新能源汽车服务网络，推动节能型和新能源汽车发展，促进新一代信息技术在智能网联汽车领域的推广应用。

（六）提升信息技术服务能力。在重点行业领域大力发展"互联网＋"人工智能平台，提升消费级和工业级智能硬件产品及服务支撑能力。全面兼容北斗导航系统，建设现代测绘基准体系，基于天地图·江苏等位置服务平台，为公众提供空间定位服务。面向公众实际需要，在联程联运、物流、应急防灾、家居智能、智慧健康、智慧体育、智慧养老、智能建筑、智慧社区、智慧旅游等领域，加强移动互联网、地理信息服务、虚拟增强现实等技术的集成应用，创新服务模式，为城市居民提供方便、实用的新型服务。大力培育移动商务、移动支付和位置服务等新业态、新模式，激发市场创新活力。支持社交平台发展，发挥体验式消费与口碑营销的作用，构建中小企业网上营销平台。推广面向企业全流程、网络化、智能化的信息技术服务，支持工业大数据平台建设，面向中小企业提供产品研发、生产制造、市场营销等服务。加快软件服务、制造资源、标准知识的开放共享，推动形成基于消费需求动态感知的研发、制造和产业组织方式。鼓励企业、科研机构、社会组织和个人积极融入国际开源社区。

三、培育扩大信息消费覆盖面

（十一）加快信息基础设施提档升级。深入推进"光网城市"工程，大力实施"光网乡村"工程，大幅提升城乡光纤覆盖水平。加快实现4G网络广度和深度覆盖，加快推进5G网络、未来网络、量子通信网络试点工程。在南京国家级互联网骨干直联点基础上加大带宽扩容力度，加快互联网国际通信专用通道建设，打造面向区域级骨干网络互联的区域交换中心、信息交互中心。加快城域网、接入网、互联网数据中心等信息基础设施的IPv6升级改造。支持南京、苏州等下一代互联网示范城市建设，建设第五代移动通信产业化基地。推进物联网感知设施规划布局，推进NB－IoT省域全覆盖和商用服务，面向室内、交通路网、地下管网等应用场景实现深度覆盖，推动华为、中兴、亨通等IT企业与电信运营企业协同创新，形成窄带物联网产业生态核心能力。利用5G、移动物联网、北斗导航等新一代信息技术，在全省开发区、高新技术产业园区加快部署下一代信息基础设施。完善"网＋云＋端"的工业信息基础设施，建设低时延、高可靠、广覆盖的工业互联网。大力实施"企企通"工程,加快推进宽带网络进企业、入车间、联设备。推动国家级数据服务中心、呼叫中心、云计算中心、广电网络枢纽等功能性平台建设,打造超级计算中心和超级数据中心。

（十八）切实提升信息消费体验。切实提升信息消费体验。组织各地开展信息消费体验周、优秀案例展示等体验活动,推进和完善"线上软博会"平台,实现信息消费线上体验,扩大信息消费影响力。积极培育、拓展信息消费新业态、新模式,大力发展以互联网为载体、线上线下互动的新兴消费。推广基于移动互联网入口的城市服务,构建本地化生活服务 O2O 平台,培育线上线下结合的社区服务新模式,加快发展医疗、健康、养老、教育、旅游、体育、社会保障等新兴服务,培育金融租赁、节能环保、电子商务、现代物流、家庭服务、文化体育等新型业态。鼓励企业积极开展差异化细分市场需求分析,丰富移动智能终端、可穿戴设备、虚拟增强现实、人工智能设备等产品的应用服务及形态,提升用户体验。加快培育物联网信息服务新模式,重点实施物联网应用示范工程,拓展物联网运营服务和增值服务。推动北斗导航、地理信息产业等新型服务业发展。

江苏省政府关于创新重点领域投融资机制鼓励社会投资的实施意见(节选)

（苏政发〔2015〕86 号）

七、推进信息和民用空间基础设施投资主体多元化

（二十八）鼓励民间资本参与民用空间基础设施建设。

鼓励社会资本投资地理信息产业,推进北斗卫星导航与位置服务产业公共平台、航空航天遥感数据与应用公共服务平台、遥感数据公众云服务平台等建设,基础地理信息实行免费或低收费政策,促进地理信息高效广泛应用。（责任单位:省测绘地理信息局、发展改革委）

江苏省政府关于加快发展生产性服务业促进产业结构调整升级的实施意见(节选)

(苏政发〔2015〕41号)

二、重要任务

(七)现代物流。

加强核心技术开发,重点推进云计算、物联网、北斗导航及地理信息等技术在物流智能化管理方面的应用。加强综合性、专业性物流公共信息平台和货物配载中心建设,衔接货物信息,匹配运载工具,提高物流企业运输工具利用效率,降低运输车辆空驶率。依托一批重点物流基地(园区),推进物流过程可视化智能管理调度中心、智能化物流配送中心、智能化口岸物流等物联网物流应用示范基地建设。在汽车、钢铁、医药等重点行业,推进智能物流数据中心和分析应用中心建设,打造一批区域和行业智能物流公共信息平台。优化物流配送网络,鼓励统一配送和共同配送,实现交通物流、产地物流和城市配送物流无缝衔接,形成成本最低、时间最短、效率最高的物流运作网络。推广甩挂运输和多式联运,推进新能源汽车、仓库太阳能发电、托盘共用系统应用,实现物流产业低碳绿色发展。充分利用重大技术装备"首购首用"政策,推动物流新技术在港口物流、冷链物流、产品溯源管理等重点领域的应用,实现物流全过程监控和管理。(责任单位:省经济和信息化委、省发展改革委、省商务厅、省交通运输厅、省邮政管理局、省公安厅)

江苏省政府关于推进智慧江苏建设的实施意见(节选)

(苏政发〔2014〕103号)

二、重点任务

(六)培育壮大新兴智慧产业。

5.发展智慧服务业。组织实施重点领域物联网重大应用示范工程,加快物联网在城市管理、交通运输、节能减排、食品药品安全、社会保障、医疗卫生、民生服务、公共安全、产品质量等领域的推广应用。发挥智慧江苏平台在服务民生方面的作用。加强移动互联网、遥感遥测、北斗导航、地理信息等信息技术集成应用和服务模式创新。大力推动互联网接入服务、信息内容服务、网络应用服务等增值业务发展和跨界融合创新,促进社会保障卡、市民服务卡、居民健康卡、智慧旅游卡、金融 IC 卡(集成电路卡)在公共服务领域的应用集成和跨市一卡通用,加快培育移动电子商务、移动支付、移动网游和位置服务等新业态新模式。加快铁水联运信息服务平台推广应用,优化物流企业供应链管理服务,逐步推进多式联运信息服务一体化,大规模、高起点提升物流服务信息化、智能化、精准化水平。

江苏省政府关于促进信息消费的实施意见(节选)

(苏政发〔2013〕168 号)

四、支持提升信息产品供给能力

(三)组织核心技术研发攻关。坚持高端引领,支持企业集中力量研发通用高端芯片、新一代移动通信、新型显示、基础软件等核心关键技术和新产品。大力支持北斗芯片、终端的研发和产业化,在交通运输、电力、通信等行业组织开展应用示范,加速北斗卫星导航系统推广应用,建成省级北斗位置网服务中心和地基增强系统。开展物联网重大应用示范工程,加快物联网技术进步和产业化进程。强化重点集成电路产品的开发应用,突破重点整机系统的关键核心芯片,着力发展集成电路设计业,开发高性能集成电路产品,发展高端专用设备、仪器和关键材料,不断完善集成电路产业链。加强智能测控、信息安全等关键软件的开发应用,突破核心业务信息系统等关键技术。面向企业信息化需求,开发基于开放标准的嵌入式软件和应用软件,加快工业软件产业化,加强工业控制系统软件的开发应用,提高国产软件产品和信息服务的政府采购支出比例。围绕曙光计划“410”工程确定的重点领域,组建软件产业技术联盟,加强跨领域、跨行业的协同创新和集成创新,实现技术创新链和产业链的有机融合,抢占技术与产业制高点和价值链高端。

五、培育扩大信息消费需求

(六)促进信息服务业态模式创新。促进制造业企业、软件与信息服务企业及信息内容服务企业深化合作、垂直整合。大力推进信息服务商业模式创新,基于移动互联网、云计算、物联网、大数据等新技术应用,积极培育、拓展新兴信息服务业态。全面推进广电、通信运营商与三网融合产业链企业深度合作,积极开展融合技术、融合产品、融合业务和合作模式创新。推进北斗导航服务模式和产品创新,支持位置信息服务(LBS)市场拓展。

江苏省政府关于印发创新型省份建设推进计划（2013—2015年）的通知（节选）

（苏政发〔2013〕110号）

三、重点任务

（二）促进产业转型升级。

10.加强前瞻性产业培育。面向国际科技前沿、江苏战略需求与未来产业发展，在纳米材料、石墨烯、大数据、未来网络、三维打印、北斗通讯、小核酸和抗体药物等十大重点高技术领域超前部署，组织实施100个重大前瞻性技术研发项目，取得一批具有自主知识产权的原始创新成果并加快产业化。建设一批支撑产业持续创新的重大科技平台，与科技部、教育部合作建设一批科教结合产业创新基地。到2015年，若干产业关键技术实现重要突破并达到国际先进水平，部分领域成为全国重要的产业研发创新高地。（责任单位：省科技厅、发展改革委、教育厅、食品药品监管局，各市人民政府）

江苏省政府关于加快推进信息通信基础设施建设的意见（节选）

（苏政发〔2011〕149号）

三、加快推进信息通信基础设施建设的保障措施

（二）加大政策扶持

应加大对新一代信息技术及“两化融合”、“三网融合”、物联网、云计算、北斗定位技术研发和应用等项目的资金支持。对云计算等新兴信息通信基础设施在电力建设方面给予支持，吸引国家级云数据中心落户江苏。

江苏省政府关于印发江苏省旅游发展总体规划（2001—2020年）的通知（节选）

（苏政发〔2002〕90号）

第十六章　信息化规划

第八十九条　积极应用信息技术

根据旅游发展的阶段和条件，有计划的引进国际先进的信息技术，建立和完善基于计算机网络的旅游信息系统。如采用电子门票，对导游进行IC卡智能管理，提供卫星导航系统的汽车，提供自动化、智能化和特色化的服务设施和设备，客房预设网络和传真接口，发展电子导游系统，开展网上虚拟旅游等。

江苏省政府办公厅关于印发江苏省生态空间管控区域调整管理办法的通知（节选）

（苏政办发〔2021〕3号）

第三章　管 控 要 求

第十四条　单个用地面积不超过100平方米的输变电工程塔基、风力发电设施、通信基站、安全环保应急设施、水闸泵站、导航站（台）、输油（气、水）管道及其阀室、增压（检查）站、耕地质量监测站点、环境监测站点、水文施测站点、测量标志、农村公厕等基础设施项目，涉及生态空间管控区域的，经县级以上人民政府评估对生态环境不造成明显影响的，视为符合生态空间管控要求。

江苏省政府办公厅关于印发江苏省地震应急预案的通知(节选)

(苏政办函〔2020〕10号)

5　应急响应

5.1　特别重大或重大地震灾害应急响应

5.1.3　灾情收集与报送

(5)省自然资源厅、省水利厅、省气象局等有关部门利用卫星导航定位、航空遥感、卫星遥感和地理信息等技术系统,获取、制作灾区影像和地图资料,并及时报告省政府和省抗震救灾指挥部。

江苏省人民政府办公厅关于印发智慧江苏建设行动方案(2014—2016年)的通知(节选)

(苏政办发〔2014〕77号)

四、智慧民生服务保障行动

(八)智慧交通综合服务工程。建设交通信息感知基础设施和全路网智能监控体系,优化交通组织诱导,提高路网通行能力。加快建设高速公路智能化运营服务平台,实现路网调度智能化、运营管理科学化、出行服务优质化和安全应急快速化。加快推进公路ETC苏通卡与道路运输证IC卡融合应用、内河船舶便捷过闸系统(水上ETC)推广、机动车驾培智能化管理与服务系统应用、公路客运联网售票系统升级,试点开展公路客运售票实名制登记工作。加快拓展建设公铁水空多式联运信息服务平台和交通物流公共信息服务平台,加快实施跨地区交通运输信息共享交换、“船联网”、“营运车联网”等工程。积极推动北斗卫星定位、RFID身份识别、基于IPv6/IPv4的无线自组织网络系统等技术在公路、水路交通管理服务中的融合应用。推进城市交通管理智能化,加快交通信号公交优先试点和应用推广,加强智慧公交系统建设与功能完善。加快推进全省城市公共交通“一卡通”工程建设。规范手机召车应用,推广全省出租汽车96520一号召车服务,实现本地电召平台对手机召车软件统一接入和管理。加强综合客运枢纽换乘信息服务系统和城市交通诱导系统、停车诱导系统建设,提升交通运输服务能力。(省交通运输厅、省公安厅等)

六、智慧产业倍增发展行动

以高端引领、创新驱动，重点突破、集约集聚为目标，着力发展一批战略性、创新性、成长性、导向性的智慧产业集群。突出市场主体、产学研用相结合，发展壮大平台经济和网络经济，加快发展大数据、云计算、物联网、集成电路、高端软件、北斗导航等新兴智慧产业，着力突破一批关键核心技术、研发一批高端智能产品、培育一批知名自主品牌、打造一批领军龙头企业，不断提升智慧产业核心竞争力。

（四）现代信息产业高端发展工程。重点培育和发展物联网、云计算、集成电路、高端软件等现代信息技术核心产业和关联产业，打造国际知名的创新示范区和产业高地。加快推进无锡国家传感网创新示范区建设，组织实施智能电网、智能安防、智能医疗、智能家居等应用示范工程，实现物联网在经济社会各领域的典型示范应用。积极推进具有自主知识产权的云主机、云存储、云终端及其他硬件或软硬件一体化产品的研发和制造。针对用户移动化、需求个性化、服务差异化等新特点，围绕交通、医疗、社区、气象等热点领域，充分发挥“云端服务”优势，支持企业积极创新云应用和云服务模式，不断改善民生服务水平。加快发展高端软件，对接国家核高基重大专项计划，巩固发展行业应用软件、嵌入式软件等优势软件产品，加强智能操作系统、大数据管理等基础软件开发应用。大力支持北斗芯片、终端的研发和产业化，在交通运输、电力通信等行业开展示范应用，加快北斗卫星导航系统推广应用。大力推进北斗导航服务模式和产品创新，推动 LBS（位置信息服务）市场加速拓展。（省经济和信息化委、省发展改革委、省科技厅、省测绘地理信息局等）

（五）智慧服务业提速工程。加快推进现代物流、商务服务、工业设计、创意设计、节能服务、检验检测等知识型、技术型服务业智能提速发展。加快物流发展模式转变，重点推进云计算、物联网、北斗导航及地理信息等技术在物流智能化管理方面的应用，完善智能物流基础设施，建设全国物流示范基地，提供一体化、智能化综合物流服务。推广面向企业全流程、网络化、智能化的信息技术服务，大力发展数字化工业设计服务。支持第三方大数据平台建设，面向中小企业提供精准营销、互联网金融等生产性服务，推进产业金融、产业商贸协同发展。推进智慧服务业集聚配套发展，加快推进一批具有重大支撑作用、带动性强的重点示范园区、各类公共服务平台、智能化应用示范项目，培育一批创新能力强、服务体系完善、具有较高知名度和影响力的重点企业，推动服务企业与制造企业、工业园区联动发展。（省经济和信息化委、省发展改革委、省商务厅、省质监局等）

江苏省政府办公厅关于促进地理信息产业发展的实施意见（节选）

（苏政办发〔2014〕87号）

一、总体要求

（二）发展目标。培育一批充满活力的中小企业，建成国内有影响的省级地理信息产业园和国内知名的北斗卫星导航产业化基地。

二、重点任务

（四）培育地理信息产业发展基地。大力支持南京北斗卫星导航产业联盟建设，将南京北斗产业基地打造成全国知名的卫星导航、卫星通信及卫星遥感应用产业园区。

（六）发展高端地理信息软件和测绘装备。支持企业自主研发兼容北斗及其他卫星数据的软件、芯片、天线、模块和终端，鼓励开发基于北斗的导航定位及位置服务相关软硬件产品。

（七）大力提升地理信息与导航定位融合服务。抓住国家大力发展北斗卫星导航应用的机遇，全面改造升级与北斗、GPS等系统相兼容的我省全球导航卫星连续运行参考站综合服务系统（JSCORS）。加快建设与国家互联互通的北斗数据中心平台、导航与位置服务综合运营平台、时空信息云平台等基础平台，提升卫星定位系统综合服务能力。推动导航定位及位置服务与通信网、互联网、物联网的融合发展，在我省"智慧城市"建设、地理国情普查与监测、国土空间优化、灾害监测、不动产登记、农村土地承包经营权确权登记等领域，推进北斗导航、授时和监控等多内容的示范工程建设和规模化应用。积极发展移动位置服务产品，加快培育新的经济增长点。

江苏省财政厅关于印发2021年省级政府购买服务目录的通知(节选)

(苏财购〔2021〕33号)

附件

2021年省级政府购买服务目录

四、技术性服务

编代码	品目名称	说明
C0904	测绘服务	包括:大地测量服务;测绘航空摄影服务;摄影测量与遥感服务;地籍测绘服务;房产测绘服务;行政区域界线测绘服务;地理信息系统工程服务;地图编制服务;海洋测绘服务;航道测绘服务;导航及位置服务;其他测量、测绘服务。

浙江省

浙江省人民政府关于印发浙江省海洋经济发展“十四五”规划的通知(节选)

(浙政发〔2021〕12号)

四、建设世界级临港产业集群

(三)积极做强若干百亿级海洋产业集群。

1. 百亿级海洋数字经济产业集群。深入实施数字经济“一号工程”2.0版。加强国家卫星海洋应用系统、海洋信息感知技术装备的研发制造,加快形成海洋感知装备、卫星通信导航、海洋大数据、船舶电子等海洋信息产业集群。积极参与建设海上北斗定位增强及应用服务系统,推动海洋卫星服务产品产业化。谋划实施一批船联网应用项目，推动国家应急通信试验网、省智慧海洋大数据中心等重大项目建设，打造海洋数字产业生态。

浙江省人民政府关于支持中国（浙江）自由贸易试验区油气全产业链开放发展的实施意见（节选）

（浙政发〔2020〕16号）

一、推动油气全产业链开放发展

（十）加强信息互联互通。推动舟山江海联运服务中心公共信息平台与浙江省国际贸易“单一窗口”信息交换。推进海上智控平台和综合治理体系建设，建立海上交通联合指挥调度中心，搭建口岸联检单位综合应用平台和数据共享中心。推进建设安全便利的国际互联网数据专用通道，探索打造“数字海岛”。构建国际海事服务电子商务平台，推动北斗系统应用，打造海事服务互联网生态圈。加快国家智慧海洋试点示范工程建设，推动数字技术和海洋产业深度融合，谋划发展海洋电子信息产业，加快推进浙江省智慧海洋大数据中心建设。选择合适区域布局一批知识密集型产业。

浙江省人民政府关于印发浙江省促进大数据发展实施计划的通知（节选）

（浙政发〔2016〕6号）

三、示范工程

（八）空间地理大数据应用示范工程。基于全省地理空间数据交换和共享平台、市县数字城市地理信息公共服务平台和天地图·浙江，构建全省统一的时空信息云平台；集成整合全省基础地理信息、政务地理信息、多源遥感影像、北斗导航定位、地理国情监测等数据，建成全省空间地理大数据库；依托浙江政务服务网，建立完善标准统一、实时精准的空间地理数据服务体系。（牵头单位：省测绘与地理信息局）

浙江省人民政府关于印发《浙江省“互联网＋”行动计划》的通知（节选）

（浙政发〔2016〕2号）

二、重点任务

（九）着力推进“互联网＋海洋港口”转型发展。

1. 推进“智慧港”建设。加快建设宁波舟山港信息一体化工程，推进舟山江海联运数据中心建设。以提升公共服务能力和效率为核心，重点推广运用北斗或全球定位系统（GPS）卫星导航、船舶自动识别系统（AIS）、雷达探测监控等技术，加强港口船舶智能化管理。完善港口电子数据交换（EDI）系统，运用无线射频识别（RFID）、光电识别与跟踪等技术，实现码头与监管部门视频资源共享，推进车辆、货物的智能化管理。

浙江省人民政府关于印发中国制造2025浙江行动纲要的通知（节选）

（浙政发〔2015〕51号）

三、产业发展重点

（六）专用集成电路与新型元器件。重点发展面向网络通信、工业控制、应用电子、智能终端等领域的专用集成电路设计、制造和产业应用，形成第二代半导体微波射频集成电路产业优势，扩大国产嵌入式CPU（中央处理器）市场份额，提升发展集成电路关键装备、配套材料。积极发展新型传感器件、光电器件等高端电子元器件，建成我国重要的新型电子元器件产业基地。提升各类电子元器件及材料、嵌入式产品的开发应用水平，大力发展工业控制、汽车电子、海洋电子、金融电子等，以及基于北斗卫星导航的应用电子产品。

浙江省人民政府关于促进地理信息产业加快发展的意见(节选)

(浙政发〔2012〕51号)

二、发展重点

(四)大力发展卫星导航定位与位置服务。结合北斗卫星导航系统民用化应用,改造升级全省卫星定位连续运行综合服务系统,完善卫星定位基础设施,提升卫星定位系统综合服务能力。自主研发接收处理兼容北斗和其他卫星数据的软件、芯片和终端,丰富、优化并及时更新导航地图、互联网地图等电子地图产品,增强位置服务的能力。大力开发应用导航定位及位置服务相关产品,推动导航定位及位置服务与通信网、互联网、物联网的融合发展,促进地理信息在智慧城市、智能交通、物流监控、电子商务等领域的广泛应用。

浙江省人民政府办公厅关于印发浙江省数字经济发展“十四五”规划的通知(节选)

(浙政办发〔2021〕35号)

七、构建数字生态,激发主体创新活力

(四)提升高能级平台支撑能力。

2. 推进重大产业平台建设。聚焦集成电路、5G、北斗卫星导航、新型显示、工业互联网等领域,加快标志性项目、行业领军企业、未来产业集群集聚,培育一批“万亩千亿”新产业平台,高水平打造数字经济领域2.0版特色小镇40个左右,布局一批未来产业先导区。

八、建设数字基础设施,夯实数字经济发展基石

(一)全面升级网络基础设施。

3. 布局泛在物联网络。推进高、中、低速物联网协同部署。建设北斗时空智能服务平台,推动北斗技术与三维实景重建、高分遥感等的集成应用。加强感知神经元在数字城市、社区、乡村基础设施部署,建成全域感知的智能化终端设施,实现智能服务终端城乡覆盖。

(三)建设融合型智能化基础设施。

4. 加快生态环境海洋设施智能化升级。推动智能化环保、水利、气象等基础设施建设，构建生态环境数字化监测体系，优化环境治理与灾害应急设施支撑。综合应用海底光缆、5G、高通量卫星、北斗卫星导航、水声通信、船舶无线通信等技术，统筹部署近海岸智慧海洋基础设施。

浙江省人民政府办公厅关于印发浙江省突发地质灾害应急预案的通知（节选）

（浙政办发〔2021〕8 号）

2　组织指挥体系及职责

2.2　省联席会议（省应急指挥部）组成及主要职责

省自然资源厅：负责组织开展群测群防、专业监测和预报预警等工作；承担地质灾害应急救援技术支撑工作；派遣专业技术队伍参与现场救援；提供受灾区域测绘成果资料和地理信息服务；开展卫星导航定位、遥感信息获取和灾区地图制作；参与灾情评估分析和提供地质灾害应急调查技术报告；开展因突发地质灾害造成的林业资源损害调查、评估和恢复工作。

7　应急保障

7.5　通信与信息保障

加强地质灾害监测、预报、预警信息系统建设，充分利用现代通信手段，将有线电话、卫星电话、手机终端、移动单兵及互联网等有机结合起来，建立覆盖全省的地质灾害防治和应急信息网络，利用微信公众号、钉钉群等实现信息共享。

浙江省人民政府办公厅关于加快军民融合产业发展的实施意见（节选）

（浙政办发〔2018〕24 号）

二、重点任务

（一）聚焦发展重点产业。立足我省产业基础，发挥特色优势，围绕新兴产业培育和传统产业改造提升，打造若干技术水平高、带动力大、辐射能力强的军民融合产业链。瞄准与我省合作的军工央企集团，重点推动卫星应用及通信、智慧安防、人工智能、高端电子元器件及产品、软件等信息产业军民融合，提升柔性电子、北斗卫星导航、射频集成电路等产品规模化生产能力；加快高端船舶和海洋工程装备、民用航空航天装备、民用核电装备、智能制造装备、军事物流等高端装备制造业军民融合发展，大力发展民用无人机、通用飞机、航空电机、航空标准件紧固件、高端轴承、民用航空发动机零部件等产业；促进高性能合金材料、高性能复合材料、新型无机非金属材料等前沿新材料产业军民融合。抓住军队后勤改革契机，推动军用特种纺织品、特种机械零部件、特种五金工具、特种电器件等传统产业领域的军民融合。鼓励各地结合实际，明确重点主攻产业，优化空间布局，依托现有产业平台，推动军民融合产业集聚发展。在各类开发区、高新园区等建设军民融合产业发展核心区块。根据各地产业特色和优势，打造一批新型特色军民融合产业基地，建设一批核电关联、通航制造、航空航天、地理信息等军民融合产业特色小镇，建设国家新型工业化产业示范基地（军民融合）和国防科技工业军民融合创新示范基地。

（三）引进集聚军工资源。落实省政府与工业和信息化部共同推进“中国制造2025”浙江行动战略合作协议，加强与中央军民融合发展委员会办公室、中央军委装备发展部、中央军委科学技术委员会、国防科技工业局等的合作，建立长期合作机制，深化合作内容。跟踪军工集团战略布局与技术发展趋势，深化战略合作，积极争取在我省设立区域性总部、转化基地或研发机构，布局宽带与智慧海洋工程、北斗卫星导航应用、商业航天发射基地、民用航空发动机配套、大飞机重要部件配套、民用无人机系列、新一代超算中心、量子通信和测控等一批重大产业化项目。建立军民融合产业项目库，每年谋划和实施一批有重大带动作用的重大产业项目。吸引省外军工企业参与我省军民融合产业发展，合作建设一批军民融合重大产业项目。发挥浙江科技大市场的作用，搭建军民融合技术成果交易平台，支持军工央企集团举办专场“军转民”技术竞价（拍卖）活动，促进军民两用技术成果转化产业化。支持省内高校积极参与军民融合产业发展，承担军工项目。依托国家、省“千人计划”“万人计划”和省领军型创新创业团队引进培育计划等人才项目，培育引进军民融合高端人才。制定鼓励军工技术成果转化民用的政策和分配激励机制，多渠道、多途径引进高端领军人才和管理团队。建立人才柔性使用机制，通过项目合作、互聘兼职等方式，促进高层次人才共享共用。支持各地与军工央企集团开展干部相互挂职交流，围绕合作领域，选派干部定向挂职。落实高水平建设人才强省行动纲要相关政策，创造有利于人才发展的环境。

浙江省人民政府办公厅关于加强测绘与地理信息工作的意见(节选)

(浙政办发〔2017〕149号)

二、着力提升测绘与地理信息产品供给能力

(一)率先建成新型基础测绘体系。以提高基础测绘生产效率和服务能力为目标,建立省市县分级负责、信息逐级推送的增量更新和联动更新机制。完善全省陆海统一的现代大地基准体系,建立卫星导航基础设施一体化管理和协同服务机制,推进北斗卫星导航系统的社会化应用。到2020年,率先建成以陆海统筹、分工采集、联动更新、开放共享、综合服务等为特征的新型基础测绘体系。

三、不断提高测绘与地理信息保障服务水平

(四)推进测绘与地理信息军民深度融合发展。积极推进军民测绘与地理信息标准融合,围绕测绘基准、数据资源、信息平台等开展军民标准融合试点。着力推进北斗卫星导航系统、测量标志等军民测绘与地理信息基础设施共建共享。开展基础地理、航空航天遥感、海洋测绘等信息资源的联合获取,互通成果信息,深化共享应用。开展军民技术合作研究攻关,加强无人机测绘、多源传感器和高分辨率影像数据应用等方面协作,促进科研成果转化应用。

浙江省人民政府办公厅关于印发浙江省突发地质灾害应急预案的通知(节选)

(浙政办发〔2017〕58号)

3.3　指挥部成员单位职责。

省测绘与地理信息局:负责提供受灾区域测绘成果资料、地理信息服务,开展卫星导航定位、遥感信息获取和灾区地图制作,参与灾情评估分析等应急保障工作。

浙江省人民政府办公厅关于印发《浙江省海洋港口发展"十三五"规划》的通知(节选)

(浙政办发〔2016〕42号)

一、总体要求

(四)发展目标。

到2020年,浙江海洋港口主要目标为:

全球一流航运服务基地初步形成。全省海上运力达2200万载重吨,其中远洋运力达250万载重吨;建成东亚地区重要的保税燃油供应和船用LNG加注基地,保税燃油加注量达400万吨;航运电商年交易额突破500亿元;船舶交易总额达到60亿元;航运保险总额达到60亿元;海上丝路集装箱指数全球影响力不断提升。依托正在建设的国家北斗监测中心,建立江海联运数据中心和云服务平台,完善江海联运信息与数据服务体系,实现江海联运船舶北斗应用安全、管理、服务一体化。

二、港口发展布局

(一)强化宁波舟山港主体地位。

3. 提升强港地位。积极推进智慧港建设,进一步完善港口物流、贸易、航运服务功能,有效提升港口现代化水平和国际影响力,推动由大港到强港的转变,切实发挥宁波舟山港对全省港口一体化的龙头带动作用。

升级建设智慧港。以提升公共服务能力和效率为核心,依托国家交通运输物流公共信息平台,推动港口信息数据联网和标准化建设,实现港口信息互联互通,加快提升港口信息化水平。完善在线接单、移动查询、电子支付、即时跟踪等服务功能,建设"码头网上营业厅"和"物流服务交易厅"。推广运用北斗/全球定位系统(GPS)、卫星导航、船舶自动识别系统(AIS)、雷达探测监控等技术,加强港口船舶智能化管理。完善港口电子数据交换(EDI)系统,运用无线射频识别(RFID)、光电识别与跟踪等技术,实现码头与监管部门视频资源共享,推进车辆、货物智能化管理。同时,积极推进绿色港、卫生港、安全港建设。

四、港口经济圈构建

(一)发挥宁波舟山港及其依托城市核心作用。

聚力建设舟山江海联运服务中心。充分发挥区位条件、资源禀赋、发展基础等综合优势,优化发展大宗散货联运片区、集装箱联运片区、现代航运服务集聚区。着力打造以水水中转为特色的铁矿石、石油及制品、煤炭、粮食等大宗商品和集装箱中转运输体系，打造国家重要的大宗商品储运加工基地。培育大宗商品市场交易体系，加快建设大宗商品交易中心，研究设立大宗商品期货交易所，创新交易品种和交易模式，提升交易规模和影响力。加快中国船级社浙江分社建设，开展船舶检验服务。加快江海直达船舶研发与设计、北斗海事导航系统研发与应用，不断提升现代航运服务功能。积极创新江海联运管理体制机制，加快推进江海联运重大项目与平台建设，努力建设成为21世纪海上丝绸之路与长江经济带的战略支点。

浙江省人民政府办公厅关于创新重点领域投融资机制鼓励社会投资的实施意见（节选）

（浙政办发〔2015〕111号）

二、拓宽鼓励社会投资的领域

（七）信息基础设施领域。包括宽带接入网络建设和业务运营，移动通信转售业务试点；研制、发射和运营商业遥感卫星，卫星导航地面应用系统建设；智能城市、智能交通等应用开发建设和运营等。

浙江省人民政府办公厅关于进一步推进地理信息产业发展的实施意见（节选）

（浙政办发〔2014〕127号）

二、加快重点领域发展

（三）推进北斗卫星导航与位置服务。

1.完善现代测绘基准体系，充分利用已建成的全球卫星定位连续运行综合服务系统，建设北斗卫星导航及其多星兼容的地基增强系统和北斗时空服务平台、导航与位置综合服务平台，构建统一、协调、完整、开放的卫星导航基础设施，夯实应用基础。（责任单位：省测绘与地理信息局、省经信委、省气象局、省地震局）

2.完善北斗卫星导航与位置服务产业链，在北斗芯片、天线、模块、终端及其运营系统等核心技术方面实现突破。支持研发、生产北斗卫星导航定位及位置服务相关的芯片、天线及终端产品。（责任单位：省测绘与地理信息局、省发改委、省经信委、省科技厅）

3.开展北斗卫星导航综合示范工程建设，推进北斗卫星导航在智慧城市重点工程及社会相关领域应用。促进北斗卫星导航与位置服务产业与相关行业深度融合发展，培育新的经济增长点。（责任单位：省测绘与地理信息局、省发改委、省经信委、省科技厅）

三、加快省地理信息产业园建设

（一）促进产业集聚发展。

2. 加快推进联合国全球地理信息管理德清论坛永久会址建设。创建省级战略性新兴产业示范基地、国家级地理信息产业园、中国北斗产业浙江基地、高新技术产业化基地和省级服务业集聚示范区。建立和完善省地理信息产业园管理体制和机制。（责任单位：德清县政府、省发改委、省经信委、省科技厅、省测绘与地理信息局、湖州市政府）

浙江省人民政府办公厅关于促进信息消费扩大内需的实施意见（节选）

（浙政办发〔2014〕9 号）

四、培育信息服务业态，拓展信息消费领域

（九）培育新兴信息服务业态。

5. 发展地理信息产业，推进服务模式和产品创新，加快北斗导航核心技术研发和产业化，发展基于北斗的车载（船载）导航、智能手机等终端。2014 年一季度启动实施北斗导航基础设施建设，形成北斗导航综合信息服务支撑体系。（责任单位：省测绘与地理信息局、省发改委、省经信委等）

浙江省人民政府办公厅转发省交通运输厅等四部门关于加强道路运输车辆动态监管工作实施方案的通知（节选）

（浙政办发〔2011〕89 号）

二、工作目标

（一）确保 2011 年 12 月 31 日前，所有旅游包车、三类以上班线客车和运输危险化学品、烟花爆竹、民用爆炸物品的道路专用车辆（以下简称“两客一危”车辆）安装、使用具有行驶记录功能的卫星定位装置（以下简称卫星定位装置）工作全部完成。

（二）建立“两客一危”车辆联网联控信息平台，实现与全国重点营运车辆联网联控系统的联网，交通运输、公安、安全生产监管等部门要充分利用信息共享平台，依据法定职责，实施联合监管，加强对车辆卫星定位装置安装、使用的监督检查，强化企业对车辆的动态监管，实现三个“明显”（即营运车辆卫星定位装置安装、使用率明显提高，营运车辆事故死亡人数明显减少，营运车辆超速违法行为明显减少）的目标。

四、职责分工和工作措施

（一）交通运输部门的主要职责：牵头建立由交通运输、公安、安全生产监管、经济和信息化部门组成的工作机制，制定实施方案，定期通报工作进展情况；负责建立“两客一危”车辆动态信息公共服务平台，督促本辖区企业营运车辆卫星定位装置接入信息共享平台，实现与全国重点营运车辆联网联控系统的联网，并向公安、安全生产监管等有关部门开放数据接口；组织对辖区道路运输企业卫星定位装置安装、使用情况的督查；对安装、使用卫星定位装置的“两客一危”车辆核发道路运输证。

五、工作要求

（一）加强领导，建立协调机制。各级政府要加强对“两客一危”车辆安装使用卫星定位系统工作的组织领导，建立协调合作机制，形成监管合力，确保按时完成四部局《通知》明确的任务要求。要充分利用运输车辆卫星定位等装置，加强道路运输安全管理，有效遏制重特大事故的发生。

浙江省2021—2023年农机购置补贴实施意见（节选）

（浙农机发〔2021〕3号）

一、总体要求

（三）实施原则。坚持稳产保供，将粮油、生猪等重要农产品所需机具全部列入补贴范围，实现应补尽补，提升畜牧、渔业、菌果蔬茶等主导产业机械化、设施化水平；坚持突出重点，加大对丘陵山区机械化和小型化、轻量化农机具应用的支持力度，稳定提高重点作物、关键环节和智能高效绿色环保机具补贴标准，对保有量明显过多、技术相对落后的机具品目或档次实施“退坡”处理；坚持创新导向，强化对新技术、新机具的推广力度，重点支持具有自主知识产权的高端农机产品，通过补贴政策引导推动创新产品质量标准建设；坚持数字赋能，鼓励北斗、5G、AI人工智能等技术与农机装备融合，加大无人驾驶、自动感知、智能终端等数字化装备推广力度，提高农机补贴数字化管理能力，确保农业生产数据安全。

六、工作要求

（二）优化服务效能。各地要以数字化改革为牵引，加强部门协同沟通，全面运用农机购置补贴申请办理服务系统、浙里办移动端、北斗智能终端等数字化技术手段，探索创新受理审核、机具核验、资金兑付等数字化应用场景。鼓励各地通过集中受理、预约上门等方式，提供申请、核验、登记“一站式”线下服务，探索开展补贴机具第三方独立抽查核验和信息化技术核验，有效落实补贴办理时限和机具核验要求。

附件1：

2021—2023年中央农机购置补贴机具范围

14.2.10　农业用北斗终端及辅助驾驶系统（含渔船用）

浙江省应急物资保障领导小组办公室关于印发《浙江省应急物资分类指导目录（2021年）》的通知（节选）

（浙应急物资办〔2021〕1号）

附件：

浙江省应急物资分类指导目录（2021年）

应急通信和指挥

无线通信：卫星通信设备（便携式卫星终端、海事卫星电话、具备短报文功能的北斗通信设备等）；微波收发通信机；散射通信设备；通信导航定向设备；通信传输设备零件；无线电台；数据终端设备（对讲机、应急通信车、通信调度机等）；数字蜂窝移动电话系统设备；集群通信系统设备（手持台、车载台等）

浙江省发展改革委、浙江省商务厅关于印发《浙江省国内贸易发展“十四五”规划》《浙江省自由贸易发展“十四五”规划》的通知(节选)

(浙发改规划〔2021〕171号)

浙江省自由贸易发展“十四五”规划

四、重点任务

(四)打造数字经济发展示范区

加快数字基础设施建设。推进互联网协议第6版(IPv6)、卫星互联网、北斗等网络基础设施建设。推进“云上浙江”建设,统筹以杭州、宁波、金华等区域为核心节点,增加数据中心与国家骨干网的互联带宽,开展传统数据中心整合改造试点。积极推动杭州城西科创大走廊、宁波甬江科创大走廊与自贸试验区改革联动、创新联动。推进之江实验室、阿里达摩院、国科大杭州高等研究院等研发机构建设。推进“1+N”工业互联网平台体系建设,搭建5G基站,集中开展IPv6规模化应用。招引国内外顶尖的云制造、人工智能、大数据等领域企业,打造全球工业互联网研发应用基地。加快建设攻防实验室,增强风险防范。

浙江省自然资源厅关于印发《全省自然资源数字化改革工作方案》的通知(节选)

(浙自然资厅函〔2021〕182号)

二、主要任务

——效能大提升。聚焦增强国土空间基础信息平台数据现势性,建立健全高清影像等各类数据及时更新归集制度,实现最新变更数据一个中台汇交归集,各类应用场景数据一个中台交互调用。综合运用卫星遥感、无人机、摄像头、北斗定位等信息采集终端和城市数模、建筑数模等数字孪生技术,融合图斑分类提取、数学建模分析等智能计算手段,着力构建数据即时生成、逼近客观实际的数字空间,全面、动态、及时、准确掌握全省自然资源利用现状变化情况,加快形成主动发现、智能分析、自动预警、响应及时的工作闭环，提升监管效能。

浙江省发展改革委关于印发《浙江省“万亩千亿”新产业平台建设导则（试行）》的通知（节选）

（浙发改产业〔2019〕212 号）

第二十三条 附件

附件 1

“万亩千亿”新产业平台产业发展方向

序号：1

重量级未来产业：数字经济核心领域

细分领域：云计算、大数据、物联网、集成电路、新一代人工智能、5G 通信技术、工业互联网、工业软件、信息安全、柔性电子、区块链、虚拟现实、量子信息、北斗导航等

安徽省

安徽省人民政府关于印发支持数字经济发展若干政策的通知（节选）

（皖政〔2018〕95 号）

七、完善信息基础设施

按照国家统一部署，推进北斗系统建设、产业、应用等各层面发展。加强网络安全事件的监测预警、防护处置、态势感知等系统设施建设，全面提升安全保障能力。

安徽省人民政府关于印发安徽省“十三五”信息化发展规划的通知（节选）

（皖政〔2017〕86号）

三、主要任务和重大工程

（一）积极推广，加速融合，全面提升信息化应用水平。

2. 推进新一代信息技术应用和产业化。培育和支持信息产业加快做大做强。打造以新型显示、集成电路、智能终端为主体的“屏－芯－端”核心产业链条，建设世界级新一代信息技术产业集群。加快关键配套环节突破，大力发展新型电子材料及元器件、电子专用设备和仪器仪表等基础产业。促进智能穿戴设备等新型智能硬件、太阳能光伏等绿色节能电子产品创新发展。加快推进量子通信、高端信息设备、智能传感器、北斗导航和低空通航等新兴领域的技术突破和产业化进程。加快推进软件与信息服务业发展，做大做强国家软件产业园以及动漫游戏、数字出版、信息外包服务、云计算、大数据、物联网等新型业态创新示范区。打造“中国声谷”，把我省建设成为全国语音产业发展示范区域。大力推进人工智能、虚拟现实、3D打印、新型人机交互、新一代感知、轻量级操作系统等关键技术创新，加快工业控制、汽车电子、智慧家居、健康医疗电子等新兴应用领域发展。支持北斗技术和产品研发与应用。

四、重点行动

（二）应用基础设施建设行动。

推进北斗系统建设与应用。按照国家统一部署，推进北斗系统建设、产业、应用等各层面发展，推动北斗产品在交通、测绘等重点领域应用，促进北斗导航产业链发展和完善。

安徽省人民政府关于推进商贸流通创新发展转型升级的实施意见（失效）（节选）

（皖政〔2016〕26号）

二、重点任务

（三）推进商贸流通创新发展。

1. 鼓励线上线下互动融合。支持实体店通过互联网展示、销售商品和服务，提升线下体验、配送和售后等服务,发展体验消费。开展合作消费,提高闲置资源配置和使用效率。鼓励技术应用创新,加快移动互联网、大数据、物联网、云计算、北斗导航、地理位置服务、生物识别等现代信息技术在认证、交易、支付、物流等商贸环节的应用推广。促进产品服务创新,鼓励企业利用互联网逆向整合各类生产要素资源,按照消费需求打造个性化产品。深度开发线上线下互动的可穿戴、智能化商品市场。鼓励第三方电子商务平台与制造企业合作,利用电子商务优化供应链和服务链体系,发展基于互联网的装备远程监控、运行维护、技术支持等服务市场。(责任单位:省商务厅、省发展改革委、省经济和信息化委、省网信办等)

安徽省人民政府关于印发《中国制造 2025 安徽篇》的通知(节选)

(皖政〔2015〕106 号)

四、重点产业和领域

(一)积极培育发展高端制造业领域。

1. 新一代电子信息。

发展重点:智能终端和信息设备。笔记本及平板电脑、智能手机、可穿戴设备、智能电视、数字家庭、北斗导航、物联网设备等智能终端,网络通信、量子通信、移动通信、光通信、卫星通信等信息通信设备及配套产品,高效能服务器、智能终端操作及应用系统等信息存储、处理设备与系统。

9. 航空航天装备。

发展重点:航空装备及零部件,航天装备及零部件。

发展路径:积极参与国产大飞机、支线客机研制及产业化,突破新型航空材料、航空发动机关键部件、液压系统、燃油系统、雷达系统、航空电子等关键核心技术。鼓励研制民用支线飞机、直升机、无人驾驶飞机等,力争实现中小型飞机整机制造技术的新突破。发展先进卫星遥感、通信、导航等技术,加快开发北斗导航接收、发送等关键设备和部件。

安徽省人民政府关于促进云计算创新发展培育信息产业新业态的实施意见(节选)

(皖政〔2015〕84号)

三、主要任务

(二)增强服务能力。建设基于"云、管、端"的计算、存储和网络资源等云计算项目,发展个性化、订制化云计算服务。落实省物联网产业技术路线图,加强射频识别、传感器元件、北斗终端、无线传感器网络等技术攻关,发展智慧家居、智慧城市等集成应用,培育信息消费新热点,推进国家和省级信息消费试点城市建设。推动集成电路、智能硬件、体感交互等核心技术研发和产业化,发展基于云计算的个人信息存储、在线工具、生活娱乐等服务。支持数据中心和网络资源等租用业务,积极开发灾难备份、网络加速、数据挖掘、信息安全等增值服务。加快第三方测评认证服务,发展面向云计算领域的设计研发、生产制造和售后维护、分析、测试、计量、检验等服务。

附件

重点任务分工及进度安排

任务4:……落实省物联网产业技术路线图,加强射频识别、传感器元件、北斗终端、无线传感器网络等技术攻关,发展智慧家居、智慧城市等集成应用,推进国家和省级信息消费试点城市建设。

责任单位:省经济和信息化委、省发展改革委、省科技厅等

时间进度:2015—2017年实施

安徽省人民政府关于深入推进高成长性产业加快发展的意见(节选)

(皖政〔2014〕58号)

二、总体目标

(三)智能终端产业。

——发展目标:到2017年,力争实现销售收入500亿元。

——发展重点:笔记本电脑、平板电脑、智能手机、智能电视等智能家电、数字家庭终端、可穿戴设备、北斗导航应用产品等。

安徽省人民政府关于促进信息消费扩大内需的意见(节选)

(皖政〔2014〕26号)

三、重点任务

(六)实施信息新技术推广工程。支持建设数字内容生产、转换、加工、投送平台,鼓励基于4G技术开展数字文化内容产品和服务开发。大力培育和发展基于北斗导航、量子通信、未来网络、3D打印等技术的新产品、新服务、新应用。鼓励建设高端装备、煤炭、家电、食品、药品等重点行业和领域大数据平台,开展数据分析和咨询服务。

安徽省人民政府办公厅关于促进畜牧业高质量发展的实施意见(节选)

(皖政办〔2021〕5号)

四、实施屠宰管理升级行动,加快构建现代加工流通体系

(三)提升畜牧业信息化水平。加强大数据、人工智能、云计算、区块链、物联网、移动互联网、北斗等技术在畜牧业的应用,提高圈舍环境调控、精准饲喂、动物疫病监测、畜禽产品追溯等智能化水平。加快畜牧业信息资源整合,建立完善畜牧业信息化管理平台。支持生产经营主体建立健全电子档案,实行生产经营信息直联直报,实现全产业链信息化闭环管理。加大支持力度,推进生猪等产业互联网建设。(省农业农村厅、省发展改革委、国家统计局安徽调查总队等按职责分工负责)

安徽省人民政府办公厅关于推动国防科技工业军民融合深度发展的意见(节选)

(皖政办〔2019〕27 号)

二、重点任务

(九)推进卫星数据中心建设。加快国家北斗导航位置服务安徽数据中心(阜阳)、高分辨率对地观测系统安徽分中心等项目建设。推动"北斗""高分"系统等卫星资源在矿山、交通运输、农业、水利、林业、气象、救灾、应急救援等领域的应用。(牵头责任单位:省委军民融合办,配合单位:省交通运输厅、省农业农村厅、省水利厅、省应急厅、省能源局、省林业局、各市人民政府等)

安徽省人民政府办公厅关于印发安徽省营造良好市场环境推动交通物流融合发展实施方案的通知(节选)

(皖政办秘〔2016〕230 号)

二、打通衔接一体的全链条交通物流体系

(五)优化一体化服务流程。

强化一体化服务保障。推动北斗导航、物联网、云计算、大数据、移动互联等技术在产品可追溯、在线调度管理、全自动物流配送、智能配货等领域的技术创新与融合发展。研究实施对赋码货物单元从起运地经运输仓储环节至目的地的全程监督服务,对物流各环节及时进行动态调整和应急处置,确保衔接顺畅。建立政府服务、企业管理、第三方监督的保障体系,确保企业对用户需求及时响应和反馈。(责任单位:省经济和信息化委、省科技厅、省交通运输厅、省商务厅等)

安徽省人民政府办公厅关于印发《安徽省战略性新兴产业“十三五”发展规划》的通知(节选)

(皖政办〔2016〕53 号)

二、战略重点

(一)新一代信息技术。

1. 集成电路。大力发展芯片设计业。重点突破北斗导航、移动通讯、数字处理器等集成电路芯片设计,大力发展显示控制与驱动、电源管理、变频控制等专用集成电路芯片设计。

三、主要抓手

(三)积极培育一批重大新兴产业专项。

6. 智能汽车与车联网。推动汽车企业与互联网企业设立跨界交叉的创新平台,开展自主车联网通信系统研发与应用示范。加快区域车联网大数据中心与行业应用服务平台建设,推动北斗智能车载终端在汽车领域规模化应用。

安徽省人民政府办公厅关于印发安徽省“十三五”物流业发展规划的通知(节选)

(皖政办〔2016〕18 号)

五、重点工程

(七)物流信息平台工程。

改造提升安徽物流公共信息平台,进一步整合商务、交通、邮政、工商、税务、海关、检验检疫、银行、保险等部门的信息资源,构建形成物流公共管理信息、物流业务信息交换和物流企业信息处理三级架构的覆盖市县的物流公共信息平台。加强北斗导航、物联网、云计算、大数据、移动互联、智能交通、自动识别等先进信息技术在物流领域的应用。积极构建通联各地、覆盖全省、线上线下一体的物流云平台。鼓励物流园区和物流龙头企业搭建面向中小物流企业的信息服务平台,推动实现多种运输方式间信息互联与共享,促进货源、车源和物流服务等信息的高效匹配,有效降低货车空驶率。支持物流企业开发应用内部信息管理系统,形成集物流信息发布、在线交易、数据交换、跟踪追溯、智能分析等功能为一体的综合物流信息平台,提高企业信息化水平。

安徽省人民政府办公厅关于促进内贸流通健康发展的实施意见(节选)

(皖政办〔2015〕13号)

二、加快发展物流配送。

加强北斗导航、物联网、云计算等先进信息技术在物流领域的应用,加快物流信息系统建设,打造全省统一的物流综合信息服务平台。被认定为高新技术企业的第三方物流和物流信息平台企业,享受15%的企业所得税优惠税率,用于新产品、新工艺、新技术的研发费用支出可50%加计税前扣除,形成无形资产的可150%摊销税前扣除。

安徽省人民政府办公厅关于促进地理信息产业发展的实施意见(节选)

(皖政办秘〔2014〕175号)

二、重点任务

(四)发展地理信息与导航定位融合服务。大力推进卫星定位综合服务系统和CGCS2000坐标系的推广应用,结合北斗卫星导航产业发展,不断改善我省卫星定位综合服务系统,提升各类地图基于位置的服务能力,积极发展推动国民经济建设和方便群众日常生活的移动位置服务产品,培育新的经济增长点。

安徽省人民政府办公厅关于加快集成电路产业发展的意见(节选)

(皖政办〔2014〕18号)

三、发展重点

(一)优先发展集成电路设计业。引导芯片设计与应用结合,加大对重点领域专用集成电路的开发力度,有重点地突破自主超大规模集成电路、北斗导航、移动通讯、数字处理器等关键集成电路设计,大力发展模拟电路家电图像显示、变频控制、电源管理以及显示控制与驱动、智能卡、汽车电子等专用集成电路，打造集成电路设计产业化基地。培育和引进设计企业 40 家以上，重点培植 1 – 2 家国家级集成电路设计中心。

四、主要任务

（一）推动重点领域应用。坚持应用引领，以设计为核心，实施重点芯片国产化工程，促进集成电路系统应用。以新型显示和相关面板驱动芯片设计公司为主体，实现面板驱动芯片的设计、制造和使用一体化发展。针对全省家电行业所需的图像显示芯片、变频智能控制芯片、电源管理芯片、功率半导体模块、特色存储器芯片，实施家电核心芯片国产化工程。在汽车电子、计算机、通信、北斗卫星导航、智能交通等领域，推动产学研用结合，逐步形成芯片设计制造和应用的联动发展。

安徽省人民政府办公厅关于印发安徽省综合防灾减灾规划（2011—2015 年）的通知（失效）（节选）

（皖政办〔2012〕47 号）

一、“十一五”时期全省综合防灾减灾工作主要成就

（六）防灾减灾科技支撑作用有效发挥。加强对自然灾害发生、发展机理和演变规律的研究，灾害监测预警、风险评估、应急处置等技术水平不断提高，遥感、卫星导航与通信广播等技术在重特大自然灾害应对过程中发挥重要作用，科技支撑平台基本形成。

四、主要任务

（二）加强防灾减灾信息管理平台建设。充分利用卫星通信、广播电视、互联网、导航定位等技术和移动信息终端等装备，提高信息获取、远程会商、公众服务和应急保障能力，推进“数字减灾”工程建设。

（七）加强防灾减灾科技支撑能力建设。建设国家减灾卫星安徽地面应用中心。

安徽省自然资源厅关于印发 2019 年测绘地理信息管理工作要点的通知（节选）

（皖自然资测函〔2019〕9 号）

一、强化测绘地理信息行业监管

3. 加强地理信息安全监管。根据技术发展和需求，探索新型测绘成果的安全监管工作。联合有关部门组织开展涉密测绘成果保密检查。加强卫星导航定位基准站备案管理,联合有关部门开展基准站安全重点检查。组织开展测绘资质单位和领取涉密测绘成果较多的单位涉密人员保密教育,保障国家地理信息安全。

三、加快基础测绘转型升级优化成果管理与开发利用

13. 提高应急测绘保障服务水平。修订应急测绘工作预案,继续做好自然灾害和突发事件应急测绘保障服务,为应急处置提供地理信息数据和遥感监测、导航定位等支撑,逐步建立部门联动的应急测绘保障服务机制和应急地理信息资源共享机制。

安徽省“十三五”软件和大数据产业发展规划(失效)(节选)

(皖经信规划函〔2017〕56 号)

四、发展重点

(五)培育新兴产业,抢占发展先机。积极布局云计算、大数据、电子商务、物联网、移动互联网等新产业,创新和发展软件和大数据服务的新业态、新模式,加速培育一批新的增长亮点。加快云计算大数据发展和应用。构建云计算大数据产业发展生态体系,培育骨干企业,加强数据采集,存储等关键技术研发,统筹推进“一中心两基地多园区”的云计算大数据产业布局,支持有条件的市、县建设云计算大数据产业园区,形成以数据中心为核心的配套产业群。推进云计算大数据重点项目建设,大力发展各类云应用服务,促进信息系统向云计算平台的迁移。深化大数据共享,推动政府信息资源跨部门整合与共享,推进公共数据资源逐步向社会开放,鼓励大数据在政府管理与民生服务中的智慧应用,建设数据交易平台,推进大数据有序流通和服务增值。支持物联网示范应用平台建设,推进物联网在工业生产、农业生产、商贸物流、城市管理、社会民生服务领域应用。支持北斗导航位置服务数据园、北斗二代 CAPS 研发生产基地、星空北斗公共信息服务平台重点项目建设,推动基于北斗导航的位置信息服务(LBS)市场拓展。积极推进移动互联网技术与传统产业的跨界融合,促进移动互联网产业向特色化、集群化方向发展。促进企业向软硬件一体化转型,积极培育智能穿戴、智能家居等产业新增长点,打造智能终端产业生态圈。

安徽省国土资源厅
关于印发2008年测绘工作要点的通知(节选)

(皖国土资〔2008〕34号)

四、加强测绘统一监管。

2. 加强对测绘成果质量的监管。……开展对房产测绘、导航电子地图和重大测绘项目等的质量监督,保证成果质量,维护公共利益,提供公共服务。

3. 加强对地图市场的监管。……严格地图审核制度,规范地图编制出版,把好地图审查关,重点做好导航电子地图和网上地图的监管,依法加强动态检查和专项检查工作。

五、积极推进测绘科技创新体系和测绘队伍建设。紧紧围绕经济发展对测绘的迫切需求,大力加强自主创新,加快测绘科技进步,优先解决测绘事业发展中的重大科技问题,支撑测绘事业持续发展。要在总结合肥市建立卫星导航定位综合服务系统经验的基础上,积极推进卫星导航定位综合服务系统的建设,加快建立覆盖全省卫星导航定位综合服务系统的前期论证和实施工作。

福建省

福建省人民政府、国家航天局关于印发
卫星应用助力数字福建创新发展总体方案的通知(节选)

(闽政文〔2018〕108号)

为推进国家通信、导航和遥感等卫星系统开发利用和相应数据资源共享应用,加快发展卫星应用相关产业,助力数字福建创新发展,推动机制活、产业优、百姓富、生态美的新福建建设,深化福建与21世纪海上丝绸之路(以下简称海丝)沿线国家合作交流,特制定本方案。

一、实施背景

在习近平总书记“探索浩瀚宇宙、发展航天事业、建设航天强国”的伟大号召鼓舞和引领下,我国的航天事业迅猛发展,通信、导航、遥感卫星类型和数量迅速增多,正加快赶超国际先进水平,在轨卫星已达200颗。其中,通信卫星在轨18颗,移动通信覆盖我国、周边及海丝沿线,宽带通信覆盖全球主要地区,“虹云”工程、“鸿雁”星座等商业通信卫星计划蓬勃发展、服务能力不断提升;北斗系统导航卫星在轨25颗,为我国和亚太地区提供定位精度优于10米、测速精度优于0.2米/秒、授时精度优于50纳秒的导航定位服务,并正形成全球服务能力;遥感卫星在轨超过50颗,气象遥感可提供全球小时级、我国及其周边地区分钟级服务,海洋遥感可2次/天观测我国周边乃至全球海域、并业务化提供水温、水色、盐度、浪高、洋流、海面风场等信息服务,陆地遥感0.5~2.5米分辨率数据可按月覆盖我国、周边区域及海丝沿线,8米以上分辨率数据最多4天重返、按旬覆盖全球。但是,我国卫星应用和市场化水平与国际先进水平相比尚有差距,大量在轨卫星资源利用率和天空地一体化数据处理、应用水平偏低。

二、总体要求

(二)基本原则

——坚持立足福建,面向海丝。立足福建海天丝路建设,建设“一带一路”空间信息走廊,推进我国航天通信、导航、遥感等成果率先在福建省区域转化与应用推广。

三、主要任务

(四)建设海丝空间信息港

1. 建设空天地海基础设施。围绕保障福建省天空地一体化空间数据资源的完善及其有效调度与获取,建立虚拟卫星系统、虚拟接收站,实现卫星资源的有效调度与数据接收;建立大型飞机、飞艇、无人机等航空观测系统,实现空中灵活机动观测;建立陆基、海基观测站网,配合卫星、航空,形成天空地立体观测网。

完善北斗定位基准站网。在现有测绘、地震系统建立的站网基础上,完善福建省北斗多模连续运行参考站网(FJCORS),实现增强系统信号全覆盖,为不同需求用户分别提供厘米级、分米级、亚米级、米级精确定位服务。对福建省基准站系统进行北斗化改造,为区域级北斗导航位置服务平台提供数据。完善融合通信系统。依托福建应急通信保障能力工程资源,推进地面集群网络与国产移动卫星通信、广播通信卫星系统融合接入,建设省应急通信集群网北斗授时系统,扩大卫星通信终端配发范围,服务公安、武警、应急、人防、气象、地震、水利、交通、国土、住建、海洋渔业、海事、电力等行业应急应用。

2. 建设海丝卫星数据服务中心。海丝卫星数据服务中心负责卫星数据、信息和海峡两岸、海丝沿线等区域经济、社会、地理信息相关数据信息的汇总、清洗、存储、基础处理、分发服务与应用等。对福建省现有高分中心、北斗位置平台、北斗CORS站网、政务空间信息云服务平台等卫星应用平台进行整合共享。构建全省标准地址等地理信息共享库,为社会公众提供便民服务。形成从中国科学院遥感所、中国卫星资源中心等国家相关卫星数据中心到海丝卫星数据服务中心，以及从海丝卫星数据服务中心到省内各级政务信息中心、服务大众信息枢纽或平台的高速数据传输网、遥感数据真实性检验场和室内外导航信息增强网。建成空间信息集输平台、多源异构空间信息数据仓库、综合服务平台等基础设施，形成卫星资源有效调度和各类数据及时获取、有序管理、标准化处理、高效分发等能力，为海峡两岸和海丝沿线各种应用提供有力支撑。

3. “卫星＋”智慧城市应用工程。践行以人民为中心的思想，面向福州、厦门、泉州等城市，推进时空大数据和人工智能、云计算、物联网等结合市政业务的创新融合应用，提升城市治理水平、运行效率和服务能力，从城市精细化管理与脉动分析、城市智能交通、智慧社区服务、公共安全与应急、地下空间管理、现代物流管理、智慧医疗保障等方面推进卫星应用。

（五）实施“卫星＋”示范应用工程

1. “卫星＋”数字政务应用工程。

（4）公共安全与应急卫星应用。充分利用北斗导航定位、室内外一体化位置服务、高分辨率遥感以及遥测、三维实景、地理信息系统等技术和手段，为城市视频监控、预案管理与事件分级处理、应急处置辅助决策、应急指挥、调度与在线会商、现场信息在线标示/标注等提供强大支持，并形成完善系统。

（5）地下空间管理卫星应用。结合卫星和网络通信、物联网、空间数据库、地理信息系统、三维可视化与虚拟现实、BIM 等先进技术，对城市地下空间设施进行精准定位、有效监测，为城市地下空间安全闭合管理、辅助决策，以及“海绵城市”建设等提供有力支撑。

4. “卫星＋”闽台融合应用工程。落实国家有关海峡两岸经济文化交流合作的政策与导向，开展多方位卫星应用合作，提升闽台融合发展水平，从防灾减灾与应急救援、现代农业与农产品、电子商务与物流、文化与旅游、海洋经济与海洋生态等方面推进卫星应用，并积极开辟卫星应用高端制造合作领域。

（1）防灾减灾与应急救援卫星应用。针对台海地区易发的台风、地震等重大自然灾害，综合利用卫星技术，为灾害预警预报、应急响应、救援与重建等提供强大支持，包括孕灾要素监测与灾害预警预报、灾区应急导航服务、次生灾害监测与预警预报、灾区污染与疫情防控、灾区应急通信服务、灾情监测与评估、人员疏散与安置保障、灾后重建规划与成效评价等。

（4）文化与旅游卫星应用。建设航天文化创意基地，建设航天科普体验馆并拓展太空科技乐园，太空农业观光园等项目，逐步构建成集科普、展示、娱乐、休闲等为一体的完整产业形态体验园。结合虚拟现实、可穿戴设备等，多维多媒体展示和宣传闽台传统文化、特色旅游资源与景点，或开辟虚拟旅游体验业务，并为具体游览提供精细导航服务；对旅游环境监测与整治、景区承载能力评估与维护等提供支持；结合航天文化、通导遥卫星应用和海洋、海丝等元素，加强主题游乐设施与场所建设，推进动漫、影视、手游开发制作和电竞活动，多角度、多领域推进闽台文化交流和旅游资源联合开发。

5.“卫星+”海丝走廊应用工程。结合国家“一带一路”空间信息走廊建设，开展重点国家和地区的卫星综合应用示范，推进海上丝绸之路空间信息走廊（即“海丝走廊”）建设，从沿线重要基础设施建设与运行保障、沿线海上安全与综合救援、沿线气象和海洋环境监测与服务、海上贸易和港口智能管理、重点国家和区域时空信息服务等方面推进卫星应用。

（2）沿线海上安全与综合救援卫星应用。综合利用卫星手段，为海丝沿线的海洋安全监控、船舶安全监控、渔业/货运/旅游船只定位导航、通信、管理、监测与紧急救援，海事应急保障与搜救等，提供必要支持和保障。

（六）打造卫星应用产业集群

2. 卫星及应用技术与装备制造。结合我国卫星系统规划、建设、运行和应用推广需求，积极在卫星宽带互联网通信终端和芯片、卫星 L 波段移动多媒体广播终端和芯片、卫星部件、单机或载荷、导航终端与地面设备、遥感数据处理与应用终端等方面大力发展智能制造，推进福建相关卫星乃至航天工业跨越式发展。研制智慧海洋渔业卫星船载产品，推进相关产业发展。

3.“卫星+”互联网运营服务。结合出行服务、共享经济、移动支付等新经济新业态，综合应用卫星数据或技术手段，在综合位置服务（包括地图导航、物流跟踪、差分校正信息转发等）、面向智能终端的即时通信和电子邮件服务、民生关爱与康养、医疗和教育、智能交通、远洋渔业等方面推进产业发展。

4. 空间信息资讯服务。以遥感数据增值服务为内涵、以卫星通信为渠道和手段，结合导航、地理信息系统等，积极发展面向政府和大众的气象信息资讯服务、海洋信息资讯服务、大宗作物期货交易空间信息资讯服务、碳交易空间信息资讯服务、保险空间信息资讯服务、物流空间信息资讯服务、旅游空间信息资讯服务等。

福建省人民政府关于印发福州都市圈发展规划的通知（节选）

（闽政〔2021〕11 号）

第五章　共建安全韧性、智慧高效的基础设施网络

第一节　共同推进“数字都市圈”建设

共同推进都市圈的城市管理、企业运营、民生服务数字化。加快布局新型基础设

施,协力打造智慧应用场景。协同开展5G综合应用示范,促进互联网与经济社会各领域的深度融合,支持企业开展5G智慧小镇、5G智慧园区、5G智慧交通、5G远程医疗等应用。推动北斗导航系统综合应用示范。集约建设数据中心,提高区域协同应用大数据水平。依托数字福建(长乐)云计算中心建设,统一都市圈的数字城市建设标准,搭建跨区域的行业信息、部门信息、地理信息、物联网公共服务平台,建设全面覆盖、泛在互联的智能感知网络以及数字城市时空信息云平台、空间信息服务平台等信息基础设施。推进新型城市基础设施建设,加快建设城市信息模型(CIM)基础平台,协同发展智慧城市与智能网联汽车,推进智慧社区、智慧园区、智慧建筑建设,推动智慧建造与建筑工业化协同发展。依托国家健康医疗大数据中心与产业园试点工程、海峡两岸生技和医疗健康产业合作区建设,大力发展数字医疗,同时发展数字交通、数字能源等数字应用。

第六章　共建创新驱动、区域协同的现代产业体系

第二节　提升都市圈外围地区综合发展实力

推进山海协同创新走廊和沿海协同创新走廊发展。山海协同创新走廊要发挥沿海地区的创新辐射带动能力,加强与山区协同创新发展,聚焦大生态、大农业、大旅游,构建绿色产业协作体系。加快南平“武夷智谷”软件园建设,强化与福州高新技术产业园区合作,建立产业梯度转移合作机制,引导劳动密集型产业向山区县转移,推动合作模式从产业转移向创新成果转化发展。沿海协同创新走廊要充分激活福州中心城区的创新主体积极性,整合区域内科研院所、技术转移中心等创新资源,聚焦区域产业发展共性需求,推动技术协同创新。加快大数据、海洋经济、新能源、新材料、智能制造等战略性新兴产业的协同发展,共同构建区域产业链。打造区域创新高地、完善区域创新布局,加快都市圈创新型城市和创新园区的培育建设,重点推进福厦泉国家自主创新示范区福州片区的发展,加快推进平潭、长乐、福清、福安、莆田中心城区等创新中心的发展。推进全省北斗综合应用示范项目。推动优势产业集群向创新集群转型升级,形成一批具有区域影响力和市场掌控能力的专业化创新产业园区。围绕绿色发展,立足山区特色,充分发挥旅游、文化、生态和地域特色产业优势,规范发展特色小镇。提升都市圈农业科技水平。以农业科技园区、新农村发展研究院、科技特派员服务站等为载体,打造一批支撑特色农业和乡村创业发展的“星创天地”。

福建省人民政府关于印发国家数字经济创新发展试验区(福建)工作方案的通知(节选)

(闽政〔2021〕5号)

二、重点任务

(一)加快提升数字产业化,培育新产业新业态新模式

5. 培育发展卫星应用产业。实施海丝空间信息港工程,加快建设海丝卫星数据服务中心、国家北斗导航位置服务数据中心福建分中心和省级自然资源卫星应用技术中心,推动全球商业遥感卫星地面接收站网福建站建设。开展北斗综合应用示范工程和“一带一路”高通量通信卫星应用,为“一带一路”沿线国家和地区提供卫星通导遥服务能力。建立卫星服务与应用体系,推进卫星数据开放共享和开发利用,拓展卫星数据在智慧城市、数字政务、闽台融合、乡村振兴等领域的示范应用,促进北斗卫星导航终端设备产业化,培育卫星应用服务企业,完善卫星应用服务产业链。推进国家地球空间信息福州产业化基地建设,推动莆田建设具有示范效应的北斗综合应用城市,培育漳州华晴卫星应用产业园等卫星应用产业基地,构建“卫星 + ”产业发展生态圈。到2022年,建成多级卫星数据分发管控体系,行业卫星数据应用成效显著,形成标准规范完备的空天地一体卫星数据服务能力。

福建省人民政府关于推动新一代人工智能加快发展的实施意见(节选)

(闽政〔2018〕5号)

三、重点任务

(一)加强人工智能产业核心技术研发

物联网。加快海量连接、深度覆盖、低功耗、低成本窄带物联网技术的试验和试点,推进北斗卫星导航系统、智能互联互通网关、物联网操作系统、低功耗广域网等关键技术研发和应用。

智能交通。发挥福州、厦门、泉州市在北斗导航与智慧交通领域的优势,重点支持基于5G的车路协同技术、城市交通地铁系统和公交系统协同联动技术研发。建立复杂场景下的多维交通信息综合大数据应用平台,发展交通智能监控、智能调度和智能

协同系统，实现综合交通的智能化控制、诱导与协同，达到安全高效运行。

五、保障措施

（四）营造创新生态，增加适应人工智能发展的基础服务供给，布局超级计算、分布式计算、云计算相结合的高性能计算应用环境，加快下一代移动通信、物联传感、北斗通信等网络基础设施建设。开展人工智能知识产权评议和专利导航，加强人工智能产业的知识产权保护，在人工智能产业园区建设知识产权保护中心，建立人工智能产业专利数据库，促进相关专利技术的利用与推广。

福建省人民政府关于印发积极推进“互联网+”行动实施方案的通知（节选）

（闽政〔2016〕9号）

三、重点领域“互联网+”行动

（八）“互联网+”高效物流

2. 主要任务

加快物流企业信息化。大力推广射频识别、多维条码、卫星定位、货物跟踪等信息技术在物流企业中的应用，建设面向第三方应用的物流信息平台，鼓励物流企业建设深度感知智能仓储系统，对物流基础设施及信息系统进行升级改造和综合集成。构建物流信息共享互通体系。大力推广应用物联网等技术，实现商品来源可追溯、去向可查证、流程可视化，基本建成全省统一共享的物流信息数据库。加快建设跨行业、跨区域物流信息服务平台，形成集物流信息发布、在线交易、数据交换、跟踪追溯、智能分析等功能为一体的物流信息服务中心，推进物流供需信息对接，提高物流企业智能化水平和运转效率。

（十）“互联网+”便捷交通

2. 主要任务

完善交通基础设施智能化建设。推进智慧路网建设，建设交通运输行业大数据应用中心，构建全省交通基础设施、运输装备的智能交通的感知与传送网络。推进位置信息服务公共平台应用。优化各类智能终端在公路、铁路、航道、港口、机场、城市公交线网等交通基础设施网络的布局与应用，加强对车辆、船舶等运载装备的卫星定位、智能监测和无线网覆盖，推进营运车辆、渔船终端北斗化改造，提升交通运输服务品质。提升交通出行信息服务能力。推进交通运输资源在线集成，发展实时交通信息查询、实时精确导航、交通事故预警、道路快速救援等智能交通服务，为公众提供覆盖全省交通信息的“一站式”服务。

福建省人民政府关于创新重点领域投融资机制鼓励社会投资的实施意见(节选)

(闽政〔2015〕69 号)

二、重点领域

(六)推进信息和民用空间基础设施投资主体多元化

2. 引导社会资本参与信息和民用空间基础设施投资。落实数字福建公共平台开展政府和社会资本合作建设运营管理暂行办法,鼓励社会资本参与投资建设宽带乡村、中小城市基础网络、基站机房、通信塔、超级计算、云计算中心、大数据中心等信息基础设施和公共平台。引导社会资本参与卫星导航地面应用系统和地理空间框架平台社会化应用建设,推进北斗导航、地理信息、通信集成一体化应用。

责任单位:省数字办、国防科工办、通信管理局等

福建省人民政府关于印发推进内贸流通现代化建设法治化营商环境实施方案的通知(节选)

(闽政文〔2015〕482 号)

二、健全内贸流通统一开放的发展体系

(五)加快智慧物流配送体系建设

1. 提升物流配送水平。运用北斗导航、大数据、物联网等技术,构建智能化物流通道网络,建设智能化仓储体系、配送系统。支持商贸流通企业和第三方物流企业优化配送模式,发展统一配送、集中配送、共同配送。加快推进快递公共服务,形成快递综合服务站点、智能快件箱、标准化网点建设“三位一体”新型配送模式。

福建省人民政府关于产业龙头促进计划实施方案的通知(节选)

(闽政文〔2014〕26 号)

三、实施重点

(二)电子信心产业——软件产业。以中海创、上润仪表、三元达、福富、瑞芯、优迅等企业为龙头,大力发展工业控制系统、通讯网络、金融终端、服务外包、集成电路设计等优势产业;支持榕基、南威、邮科、易联众、亿力、雅迅、三五互联等企业,在电子政务、北斗导航、移动互联等领域进一步开拓市场、扩大份额,形成在全国具有特色和影响力的海西软件产业集群,发挥福州软件园、厦门软件园的集聚效应。

福建省人民政府关于数字福建智慧城市建设的指导意见(节选)

(闽政〔2014〕14 号)

二、主要任务

(二)建设智慧城市公共平台

1. 建设感知平台,深度感知城市运行

(1)视频感知系统。整合公安、交通、城管、运营商等视频信息,建设统一视频接入平台、图形图像分析处理平台,实现城市可视化管理。(各设区市政府、平潭综合实验区管委会牵头,相关部门配合)

(2)识别感知系统。统筹建设感知终端,强化感知终端集成,实现目标对象的连续识别和相关信息的获取、处理、传送、共享,普遍满足气象、水环境、污染源、危险源等领域的监测、预警、处置需要。(各设区市政府、平潭综合实验区管委会数字办牵头,相关部门配合)

(3)位置感知系统。建设全省位置信息公共平台,汇聚基于北斗、GPS、通信站点等多种定位信息,统筹满足位置应用需要。(省电子信息集团牵头,相关部门配合)

(4)感知传输网。建设统一的智慧城市感知网络,规范末端网络传输模块和技术标准,确保感知传输网络的安全可靠运行。(省发改委、省数字办牵头,各设区市、平潭综合实验区管委会数字办负责)

福建省人民政府关于印发 2013 年数字福建工作要点的通知(节选)

(闽政〔2013〕13 号)

二、积极与央企合作建设公共服务平台

(二)与中国航天科技集团、中国电子科技集团等央企合作,制定《福建省 2013－2015 年卫星应用实施方案》,整合全省遥感影像和北斗卫星导航应用,建设统一的卫星应用服务平台。组织实施海洋渔业北斗应用等示范工程,支持卫星对地观测在我省的应用。开展卫星芯片生产及北斗/GPS 多模导航、通讯、预警集成终端设备制造,带动卫星应用产业发展(省电子信息集团牵头,省海洋和渔业厅、省经济信息中心、省空间信息工程研究中心配合)。

三、加快构建先进的信息基础设施

(五)推动数字福建产业园建设,加快园区规划选址等前期工作。吸引北斗导航定位终端制造、云计算运营与服务、电子商务、物联网、地理信息、软件服务外包等相关高技术企业入驻,推动央企项目落地产业园(省经济信息中心负责)。

福建省人民政府关于印发福建省“十二五”建设海峡两岸产业合作基地专项规划的通知(节选)

(闽政〔2011〕57 号)

三、增强电子信息产品制造业竞争力

抓住国家组织实施三网融合,新一代网络、北斗导航卫星应用等重大工程建设的机遇,运用新一代信息技术,强化集成创新,促进电子信息产品制造由外延型向内涵型、由加工组装为主向集研发、生产、服务、应用一体化转化,培育壮大计算机和网络产品、新一代宽带移动通信产品、新型显示产品、数字视听产品、LED 和光伏产品等产业集群,在做大产业规模的同时,促进电子信息产品制造业向高端发展。

(二)新一代宽带移动通信产品制造

依托福州、厦门、泉州等国家级高新技术产业园,巩固直放站及系统设备、微波通信射频组件等优势产品,大力开展具有自主知识产权的 TD—SCDMA 关键技术以及 TD—LTE、4G、宽带无线接入等后续技术的研发和产业化,加快形成新一代移动通信网络系统设备生产新优势;推进对讲机“模转数”工程,形成数字对讲机及系列对讲终端设备规模生产和配套能力;实施北斗卫星导航系统系列应用产品研发和产业化,带动我省GPS和数据通信产品升级。重点推进莆田光谷光纤陶瓷插芯及光纤连接器项目、三元达4G家庭基站及网关项目、泰克通信WCDMA数字光纤直放站项目、大唐通信设备通信层接入系统项目,着力打造以厦门、福州、泉州为重点的移动通信产业集群。

福建省人民政府关于印发福建省“十二五”信息产业发展专项规划的通知(节选)

(闽政〔2011〕81号)

第三章　主要任务

二、大力发展软件及信息技术服务产业

(二)集成电路(IC)设计产业

到2015年,全省IC设计业销售收入争取实现100亿元以上,开发一批具有自主知识产权的高水平集成电路产品,形成IC设计与整机互动发展新格局,提升IC设计水平和产业竞争力。

重点方向:加快IC设计在移动互联网、新一代通信网、物联网、“三网融合”的智能终端等领域的产业化应用,扶持移动通信芯片、数字电视芯片等领域的优势企业,以消费类电子、通信、计算机、光电与平板显示、工业控制、汽车电子、信息安全等福建省产业发展亟需及全国市场潜力大的技术领域为重点,在应用电子产品芯片设计领域形成优势。大力发展高性能专用芯片设计技术,重点突破数字音视频、高清数字电视、3D电视、新一代宽带通信、卫星导航、RFID(射频识别)、三网融合等IC设计开发技术,鼓励企业研究先进SoC设计技术、低功耗设计技术、软硬件协同设计技术等IC设计新技术。继续扶持福州和厦门等地IC设计公共服务平台建设,通过共性工艺技术开发、工艺知识产权(IP)库建设及测试技术开发等方式提高平台服务能力,缩小制造能力和设计能力之间的差距、降低企业研发成本。

重点项目:个人移动信息终端SoC核心处理芯片、高集成及超低功耗多媒体播放器核心芯片、多功能网络数字媒体终端芯片、数字对讲机SoC芯片、物联网感知与信息识别芯片、通信终端芯片、智能仪器仪表芯片、光通讯芯片、高性能多功能视频监控图像处理SoC芯片、应用于新型显示器件的驱动芯片、面向三网融合的智能终端芯片、高可靠性的汽车电子或工业控制SoC芯片、北斗卫星导航系统芯片等研发和产业化。

三、做大做强信息产品制造业

（二）新一代宽带移动通信产业集群

重点方向：以新一代通信网络建设为契机，抓住三网融合、宽带城市和云计算等新兴产业网络基础设施及相关设备升级机会，巩固直放站及系统设备、微波通信射频组件等优势产业，加快新一代通信网络系统设备、关键芯片的研发和产业化，不断提高产品性能，构建涵盖功能模块、无源器件、线性功放、高频头、天线、电源、软件及测试分析仪器等产业链配套环节，集开发、生产、工程建设和技术服务为一体的较为完整的移动传输及覆盖设备产业体系，形成新一代移动通信网络系统设备生产新优势；实施对讲机“模转数”工程，形成数字对讲机及系列对讲终端设备规模生产和配套生产能力，带动数字集群产业链发展。实施北斗卫星导航系统系列应用产品研发和产业化，带动GPS 和数据通信产品升级。

重点项目：先创通信 TD—SCDMA 增强型室内分布系统研发生产、光微电子智能无线电新技术研究平台、联拓数字对讲机芯片和系统研发生产、数字对讲机终端产品生产、三元达 TD—LTE—Advanced 无线中继试验设备开发和基于 MIMO 技术的FDD—LTE 数字直放站研发生产、泰克通信微波通信及北斗军转民系列产品生产、雅迅卫星定位系列产品生产、星海通信北斗卫星导航系统民用产品研发和产业化等项目。

福建省人民政府关于印发福建省“十二五”战略性新兴产业暨高技术产业发展专项规划的通知（节选）

（闽政〔2011〕71 号）

一、做大做强信息产业

抓住国家组织实施三网融合、新一代网络、北斗导航卫星应用等重大工程的机遇，突出数字化、网络化、国际化发展特点，强化集成创新，大力促进电子信息产品制造由外延型向内涵型、由加工组装为主向集研发、生产、服务、应用一体化转化，在做大产业规模同时，促进产业向高端、融合应用方向发展。

（一）软件和集成电路：加快海量数据处理软件、云计算软件、智能终端软件、信息安全软件的开发，重点支持面向电子政务、电子商务、农村信息化等领域的应用软件开发，支持软件出口及服务外包。大力扶持福州、厦门、泉州软件园建设，重点发展大尺寸芯片、集成电路陶瓷封装、大功率数模混合集成电路。发展高性能专用芯片设计技术，重点支持个人移动信息终端 SoC 核心处理芯片、音视频处理芯片、数字对讲机 SoC

芯片、物联网感知与信息识别芯片、面向三网融合的智能终端芯片、高可靠性的汽车或工业控制 SoC 芯片、北斗卫星导航系统芯片等研发和产业化。继续扶持福州、厦门等地 IC 设计公共服务平台建设。

（四）高端通信设备：推动 3G 增强型技术的研发和相关产品的产业化；重点支持具有自主知识产权的 TD？—LTE、4G、宽带无线接入等后续技术的研发和产业化，发展移动通讯关键配件及元器件，各种基站和直放站，微波通信直放站核心模块，射频无线电通信设备，移动通信功率放大器，密集型波分复用器，可视电话，卫星通信配套设备，导航定位系统设备等产品；推动对讲机“模转数”工程；实施北斗卫星导航系统系列应用产品研发和产业化；推广数字化广播电视网络建设和 4C（计算机、通信、消费电子、内容）融合。

福建省“十二五”战略性新兴产业暨高技术产业重大项目表

“北斗二代”卫星导航终端与核心器件的研制：研制生产“北斗二代”关键器件，包括天线、射频模块及基带 ASIC，并在此基础上，研制生产各类“北斗二代”军民应用终端。项目正在建设，建成后预计年销售收入达 3 亿元。

福建省人民政府关于印发福建省“十二五”建设海峡西岸先进制造业基地专项规划的通知（节选）

（闽政〔2011〕57 号）

三、增强电子信息产品制造业竞争力

抓住国家组织实施三网融合，新一代网络、北斗导航卫星应用等重大工程建设的机遇，运用新一代信息技术，强化集成创新，促进电子信息产品制造由外延型向内涵型、由加工组装为主向集研发、生产、服务、应用一体化转化，培育壮大计算机和网络产品、新一代宽带移动通信产品、新型显示产品、数字视听产品、LED 和光伏产品等产业集群，在做大产业规模的同时，促进电子信息产品制造业向高端发展。

（二）新一代宽带移动通信产品制造

依托福州、厦门、泉州等国家级高新技术产业园，巩固直放站及系统设备、微波通信射频组件等优势产品，大力开展具有自主知识产权的 TD—SCDMA 关键技术以及 TD—LTE、4G、宽带无线接入等后续技术的研发和产业化，加快形成新一代移动通信网络系统设备生产新优势；推进对讲机“模转数”工程，形成数字对讲机及系列对讲终端设备规模生产和配套能力；实施北斗卫星导航系统系列应用产品研发和产业化，带动我省 GPS 和数据通信产品升级。重点推进莆田光谷光纤陶瓷插芯及光纤连接器项目、三元达 4G 家庭基站及网关项目、泰克通信 WCDMA 数字光纤直放站项目、大唐通信设备通信层接入系统项目，着力打造以厦门、福州、泉州为重点的移动通信产业集群。

中共福建省委办公厅、福建省人民政府办公厅印发《关于全面推行林长制的实施意见》（节选）

（2021 年）

五、主要任务

（十）加强森林资源监测监管。加快智慧林业建设，构建“天空地”一体化森林资源监测平台，不断完善森林资源管理“一张图”、“一套数”动态监测体系，逐步建立重点区域实时监控网络，及时掌握资源动态变化，提高预警预报和查处问题的能力。开发巡护信息系统，为专业护林员配备具有北斗定位功能的手持终端，切实提升资源监管信息化水平。

福建省人民政府办公厅关于推动远洋渔业高质量发展八条措施的通知（节选）

（闽政办〔2021〕31 号）

三、提升远洋渔船装备水平。鼓励引进北斗卫星导航系统、电子渔捞日志、船位监控、远程视频监控、公海转载监管、先进渔具、超低温冷冻、渔获物自动分拣加工、环保与卫生等设备，提升远洋渔船的履约能力、监管效率、安全保障、装备水平、绿色和环保能力。对新造、更新改造、配置现代化装备的远洋渔船，由渔船所属企业注册地市、县（区）根据实际需要，统筹上级补助资金和本级财政预算资金予以适当补助。

责任单位：省海洋渔业局

福建省人民政府办公厅
关于印发2021年数字福建工作要点的通知（节选）

（闽政办〔2021〕26号）

三、加快数字社会建设

（二十四）建设海丝空间信息港。新建国家北斗导航位置服务数据中心福建分中心、全球商业遥感卫星地面接收站网福建站。培育福州、漳州等卫星应用产业基地。加强“海丝一号”遥感卫星在农业、林业、海洋等领域的应用。（责任单位：省数字办，省电子信息集团，福州市、泉州市、漳州市人民政府）

福建省人民政府办公厅关于印发福建省
自然资源领域省与市县财政事权和支出
责任划分改革实施方案的通知（节选）

（闽政办〔2021〕25号）

二、主要内容

（一）自然资源调查监测

将全省性自然资源信息系统的建设与运行维护，全省性、跨区域、海域的基础性、公益性、战略性地质调查，全省性基础测绘、省级地理信息和地图管理及公共服务，全省性重大测绘地理信息工程的组织实施，全省性卫星导航定位基准服务系统的建设与运行维护、安全监管，全省地理国情调查监测，国家组织的森林、草原、湿地和野生动植物等资源动态监测与评价，全省性自然资源科技创新能力和标准体系建设等事项，确认为省级财政事权，由省级承担支出责任。

将全省性、跨区域的土地、森林、草原、湿地、海域海岛、野生动植物、渔业资源等自然资源调查监测的组织实施，海洋生态预警监测，全省种质资源调查等事项，确认为省与市县共同财政事权，由省与市县共同承担支出责任。

将市县组织实施的自然资源调查监测、成果管理，自然资源信息系统的建设与运行维护、科技创新能力建设，基础测绘、地理信息和地图管理，地理信息公共服务平台建设，卫星导航定位基准服务系统的建设与运行维护、安全监管，市县基础性、公益性、战略性地质调查等事项，确认为市县财政事权，由市县承担支出责任。

福建省人民政府办公厅关于印发福建省新型基础设施建设三年行动计划（2020—2022 年）的通知（节选）

（闽政办〔2020〕32 号）

二、主要任务

（一）统筹部署新网络基础设施

4. 积极发展空天地一体化卫星互联网。深入实施数字福建“151”卫星应用工程，加快建设海丝卫星数据服务区域分中心和行业分中心、基于人工智能的卫星数据智能解译平台、国家北斗导航位置服务数据中心福建分中心。建设省遥感卫星地面站、卫星互联网通信关口站等卫星地面基础设施以及空间信息集输平台、多源异构空间信息数据仓库、综合服务平台等，构建海量空间信息数据体系。建设省级自然资源卫星应用技术中心。

福建省人民政府办公厅关于印发 2018 年数字福建工作要点的通知（节选）

（闽政办〔2018〕24 号）

一、建设新一代基础设施

（六）建设卫星资源共享开发工程。积极争取国家国防科工局支持，构建从陆上数字福建向海上数字福建、海外数字福建拓展的立体化战略信息保障体系。（责任单位：省发改委牵头，省直有关部门配合）推进北斗卫星技术在应急领域的全面应用，在卫星通信领域开展军民融合试点工作。（责任单位：省应急办牵头，省电子信息集团负责）争取国家授牌北斗导航位置服务数据中心福建分中心。（责任单位：省发改委牵头，省电子信息集团负责）建设政务空间信息云服务平台以及省标准地址库。（责任单位：省空间信息工程研究中心）建设海上丝绸之路卫星数据应用支撑中心，对接海洋、国土、交通、气象、环保等多类卫星遥感资源，按照一数据一平台一公司的思路，推进卫星数据市场化运营。（责任单位：省电子信息集团牵头，省基础地理信息中心、省空间信息工程研究中心，省直有关部门配合）

福建省人民政府办公厅关于加快全省工业数字经济创新发展的意见(节选)

(闽政办〔2018〕9号)

二、夯实工业数字经济产业基础

(一)做强做优电子信息制造业

加快计算机与信息通信产业升级。鼓励省内企业加快终端产品研发升级,巩固提升平板电脑、金融智能POS机、移动通信等智能终端产品的优势地位。拓宽与华为公司的合作领域,布局建设5G、IPv6等新一代网络通信项目。深化军民融合,加大北斗卫星导航、位置服务产品开发与应用推广。

福建省人民政府办公厅关于印发促进通用航空业发展实施方案的通知(节选)

(闽政办〔2017〕54号)

二、加快通用机场建设

(三)强化通航保障

通航保障服务设施是通用机场建设的重要内容,各通用机场特别是一、二类通用机场在项目规划建设中,要统筹考虑配套保障设施的规划建设。重点加强地面固定基地运营商(FBO)、专业维修站(MRO)以及飞行服务站(FSS)建设,依托中国民航福建空管分局和民航厦门空管站,加快规划建设通用航空飞行服务站,加强通航空管、情报、导航、气象等保障能力建设,推进通航航空器检修、航油储运库等服务保障设施建设。"十三五"期间,争取建成若干通航维修基地,确保通航飞行保障能力达到1.2万架次以上。

四、大力发展通航产业

(二)促进通航产业集聚

结合运输机场和通用机场的规划建设,规划布局通用航空产业园,重点加快建设厦门翔安航空城、福州长乐临空经济区、三明沙县机场和武夷山新机场等运输机场临空产业园,以及福州福清、泉州惠安、漳州东山、龙岩长汀、三明永安、泰宁、莆田涵江、宁德福安等通航产业园区,促进产业集聚发展。积极引入一批通用航空研发、制造维修及技术培训等企业,大力发展通用航空发动机、机载系统、航空电缆以及通信、导航、监视、气象等核心装备研发制造,推广应用北斗导航、广播式自动监视等新技术,培育一批通航研发制造产业集中区。支持高校、科研机构、通航企业建立通航技术研发中心。

福建省人民政府办公厅关于印发2017年数字福建工作要点的通知(节选)

(闽政办〔2017〕34号)

一、建设新一代基础设施

(五)启动国家北斗数据福建分中心建设,推进北斗导航、地理信息、通信集成一体化应用。(责任单位:省发改委牵头)推进遥感平台建设,推广高分遥感影像示范应用。(责任单位:省测绘地信局)

福建省人民政府办公厅关于印发《福建省"十三五"海洋经济发展专项规划》的通知(节选)

(闽政办〔2016〕80号)

第一章　发展形势

(四)海洋基础设施和公共服务能力持续提升

全省沿海港口五年新增万吨级及以上深水泊位40个,新增港口货物吞吐能力1.3亿吨,其中集装箱144万标箱。实施省海洋防灾减灾"百个渔港建设、千里岸线减灾、万艘渔船应急"的"百千万"工程项目建设,建成各类渔港45个,其中中心渔港1个、一级渔港1个、二级渔港10个、三级渔港33个,渔船就近避风率达71%。海洋北斗应用工程顺利实施,完成7310艘60马力以上海洋渔船北斗海事一体化船载终端设备安装。海洋立体监测网建设进一步完善,在位运行的海洋观测设施设备具备对沿海核电、重点工程和重要航线目标的保障能力。海洋预警预报能力显著提高,完成33个沿海岸段警戒潮位核定工作和454条、总长1439.25公里沿海千亩以上海堤高程实测。

第四章　推进海洋产业转型升级

三、推进现代海洋服务业高端化发展

培育发展海洋信息服务业。加快推进互联网、云计算、大数据等信息技术向海洋产业渗透，培育发展海洋信息服务业，推进海洋导航、通信、气象、应急响应、航运管理、海陆空联运、海洋物联网、跨国海洋电子交易等信息系统建设，为海洋经济重大项目建设和海洋产业集群发展提供数据与应用信息支持。

第七章　健全海洋基础设施和公共服务体系

二、提升海洋信息化水平

加强港口信息化建设。提高泊位装卸机械化、自动化水平，加强港口通信、生产调度、安全保障、导航监管、海事海关、检验检疫等系统建设，健全港航服务保障体系。争取在港口物流信息化建设上取得新突破，在港口集装箱运输体系中，广泛应用智能标签、无线视频识别（RFID）及电子数据交换（EDI）技术、货物跟踪技术和港口货物快速分拣技术，大力发展和应用物联网技术，全面提高货物港口物流周转运营效率，努力提高港口信息系统网络化水平和普及率。

福建省人民政府办公厅关于印发《福建省“十三五”数字福建专项规划》的通知（节选）

（闽政办〔2016〕71号）

第三章　主 要 任 务

一、建设新一代基础设施

（五）建设卫星应用设施

统筹建设遥感数据平台，提高卫星遥感数据和航空遥感数据获取、应用和增值服务能力，扩大行业应用。建设位置信息服务平台，提供实时动态定位、导航与授时服务，推进行业应用。建设政务空间信息共享云服务平台，为各部门提供地理信息公共支撑服务。建设天地一体化卫星通信平台，实现多方式融合通信。建设北斗地基增强系统以及卫星应用工程研究中心、高分辨对地观测系统分中心和北斗数据分中心。推进北斗导航、地理信息、通信集成一体化应用。

福建省人民政府办公厅关于印发福建省“十三五”综合防灾减灾专项规划的通知(节选)

(闽政办〔2016〕68号)

第一章 发展基础与环境

一、“十二五”主要成就

(一)防灾减灾基础设施进一步夯实

3. 海洋防灾减灾设施持续完善。继续推进海洋防灾减灾“百千万”工程项目建设,全省立项建设各类渔港292个。在全国率先完成了33个沿海岸段警戒潮位核定工作和454条、总长1439公里沿海千亩以上海堤高程实测,完成6700艘60马力以上海洋捕捞渔船北斗海事一体化船载终端安装配备。

第三章 建设任务

九、综合减灾保障体系

(二)加强物资保障。加强救灾物资以及供电、道路、通讯、广电等基础设施配套。建成省级救灾物资储备二期工程,全面完成市、县(区)救灾物资储备库建设任务。完善救灾农资储备,完成省级救灾化肥储备3万吨、农药储备1000吨。建设南平、宁德林业有害生物应急防治物资储备库。构建基于北斗、4G通信为主的应急备份通信,加强多功能、智能化的气象无人机、海上应急救援直升机(2~3架)等现代化应急救援设备运用,提高环境条件恶劣地区的应急救灾水平。

第四章 保障措施

三、深化科技创新

防灾减灾科技是民生科技的重要组成部分。要支持我省高水平大学和科研院所加强基础研究、应用技术和高新技术研究及应用,鼓励企业开展防灾减灾救灾方面的应用设备研发。加强国内外交流合作力度,引进吸收先进技术和设备,借鉴国内外先进科技成果和管理经验,不断提升我省防灾减灾救灾科技水平。充分运用卫星遥感、网络通信、地理信息系统、导航定位等高新技术手段,开展灾害远程监控和灾害应急救援,高效采集、有效整合、充分运用预报预警监测信息,提高灾害资料和预警信息可视化水平。充分运用大数据、云计算等现代信息技术,推进“互联网+”林业、“互联网+”海洋经济等现代化、精细化、网络化项目建设。建立科技支撑常态化机制,强化科技条件平台、研究基地和人才队伍建设。强化物联网与防灾减灾工作的融合,提升安全应急管理效率。

福建省人民政府办公厅关于印发《福建省“十三五”安全生产专项规划》的通知(节选)

(闽政办〔2016〕65 号)

三、主要任务

(四)深入开展重点行业领域安全专项整治

渔业船舶:强化落实渔船安全生产监督责任,健全完善渔船事故隐患排查治理监管机制。加大渔港建设力度,提升渔业船舶技术质量,提高渔船渔工保险覆盖面。推进海洋渔业北斗一体化船载终端项目建设,到 2018 年底前全省完成 1 万艘海洋渔船北斗海事一体化船载终端安装任务。升级改造海上渔业安全应急指挥系统,开发“福建省海洋与渔业应急指挥决策支持系统”,推进海洋渔业 RFID 渔船身份识别及进出港监管系统建设,力争到 2018 年底完成系统平台建设并与渔船数据库系统、北斗系统、AIS 等系统形成无缝对接。

(九)加强公路交通安全防控体系建设

2. 形成完整的全省公路交通安全指挥体系。建成以省、市、县公安交通指挥中心(指挥室)为依托,以机动车缉查布控系统(公路交通安全设施)为基础,集交通运行监测、安全风险研判、重点车辆管控、应急指挥调度、勤务监督考核等功能为一体的省、市、县三级公安交通集成指挥平台。完善高速公路电子地图服务、北斗位置服务和提升交通信息大数据分析服务,实现可视化指挥调度。建成布局合理、覆盖全面的高速公路沿线数字集群系统(PDT)和无线视频指挥调度系统。

福建省人民政府办公厅关于印发《福建省“十三五”战略性新兴产业发展专项规划》的通知(节选)

(闽政办〔2016〕61 号)

二、“互联网 +”与新一代通信产业

新一代通信产业,发展移动通讯关键配件及元器件、基站和直放站、微波通信直放站核心模块、射频无线电通信设备、移动通信功率放大器、密集型波分复用器、可视电话、卫星通信配套设备、导航定位系统设备等产品；实施北斗卫星导航系统系列应用产品研发和产业化，推进数字对讲机转型升级；推广数字化广播电视网络建设，促进4C（计算机、通信、消费电子、内容）融合。计算机及终端产品，重点发展具有自主知识产权、掌握核心技术的计算机产业，重点发展高端容错计算机、工业控制计算机、嵌入式计算机以及海量存储设备等产品。结合互联网、移动互联网和消费市场发展趋势，优先发展便携式、低功耗笔记本计算机，以及大尺寸、高性能、触摸型一体式平板计算机，积极培育终端、内容、服务一体化产业链。

第十一章　着力开发海洋高新产业

五、邮轮游艇业

专栏九　海洋高新产业发展重点

加快开发海洋工程装备产业，大力发展海洋生物与医药。推动石狮海洋船舶北斗卫星导航系统及通讯设备生产基地建设，加快建设厦门（海沧）、福州、泉州（石狮）、漳州（诏安）等4个海洋医药和生物制品研发生产基地。

福建省人民政府办公厅关于印发《实施创新驱动发展战略行动计划工作任务分工方案》的通知（节选）

（闽政办〔2016〕39号）

一、重点工作和任务

（二）新技术

2. 积极研发前沿新兴技术

跟踪国际科技前沿，支持开展石墨烯、增材制造、机器人、智能可穿戴设备、人工智能、无人机、生命信息、基因检测、北斗导航及应用等新技术的研发，加快新技术、新产品、新成果产业化应用，抢占未来产业发展制高点。着力突破3D打印材料研发、过程控制、数字化建模、后处理等环节的共性关键技术。突破机器人本体、伺服电机、控制器、传感器、驱动器、生物芯片等关键零部件技术。积极开发石墨烯在复合材料、电池/超级电容、储氢材料、场发射材料以及超灵敏传感器等领域的应用。促进计算机视觉、智能语音处理、生物特征识别、智能决策控制及新型人机交互等人工智能关键技术的研发和产业化。（责任单位：省科技厅、经信委、发改委、教育厅）

发展航拍、电力巡线、林业监测、环保监控等系列无人机。拓展北斗导航技术在海洋监管、水文监测、交通运输、生态红线区域监管等民用领域的应用。加快可视化、环境构造、仿真等虚拟技术研发应用，发展头盔式虚拟现实显示、可视化眼镜、数据手套等虚拟显示和交互产品。（责任单位：省经信委、发改委、科技厅、教育厅）

福建省人民政府办公厅关于印发《福建省“十三五”国土资源开发利用专项规划》的通知（节选）

（闽政办〔2016〕32号）

一、现状与形势

（一）“十二五”现状

——基础测绘现状。现有大地控制点17705个，二等、三等水准路线1.1万千米，厘米级似大地水准面成果及省级连续运行卫星定位基准站系统（CORS）覆盖全省。馆藏不同时期基础航空影像超过30万平方千米、卫星影像超过130万平方千米。测制全省陆域1∶1万比例尺、1.2万平方千米1∶5000比例尺、79个县（市）建成区1∶2000－1∶500比例尺和4000多个行政村约3500平方千米1∶1000比例尺的基础地理信息数据和地形图。基础地理信息数据为全省经济社会发展和重大工程建设提供了测绘地理信息保障。

（二）“十二五”主要成效

——地理信息保障能力不断提升。建成全省连续运行卫星定位基准站系统，测绘基准体系更加完善。首次实现1∶1万比例尺基础地理信息核心要素年度更新、全省中分辨率遥感影像年度覆盖，开展海洋测绘、新农村测图、1∶5000比例尺地形图测绘等工作，地理信息资源日益丰富。全面开展地理国情普查，建成“天地图·福建”公共服务平台，基本完成9个设区市、平潭综合实验区数字城市地理空间框架建设，无人机应急保障成效初显，地理信息公共服务能力进一步增强。

六、提升基础测绘保障能力

（一）升级测绘基准体系

持续完善测绘基准体系。改造和复测全省卫星大地控制网和高程控制网，建立高精度的重力基本网，进一步完善全省似大地水准面模型，精化精度达到5厘米。将现有空间定位、高程、重力基准向海域延伸，形成陆海一体及大地、高程、重力控制网三网结合的高精度测绘基准体系，实现我省空间地理信息基准现代化。

实施卫星定位基准站北斗化改造。完成73个北斗地基增强连续运行卫星导航定位基准站建设，建成以北斗卫星导航系统为主的全省连续运行卫星导航定位基准站和服务系统（FJ—BDCORS），促进传统测绘基准服务向实时卫星导航定位服务转变，提升测绘基准数据处理、分析和社会化服务能力。加强卫星导航定位基准站管理，确保基准站网安全稳定运行。

福建省人民政府办公厅关于进一步加强林业有害生物防治工作的实施意见（节选）

（闽政办〔2015〕61号）

二、主要任务

（五）提升应急能力。进一步完善突发林业有害生物灾害应急预案，加快建立科学高效的应急工作机制，制订严密规范的应急防治流程，组建专群结合的应急防治队伍。每个设区市要建设1个以上防治应急物资储备库，各县（市、区）应储备必要的应急防治设备、药剂。定期开展防治技能培训和应急演练，全面提高应急响应和处置能力。加大航空防治、地面远程施药、物联网、卫星导航定位等先进技术推广应用力度，建设应急防治指挥系统，提升灾（疫）情应急处置水平。

福建省人民政府办公厅关于印发全面深化农村改革加快农业现代化发展的若干意见工作任务分工方案的通知（节选）

（闽政办〔2014〕42号）

四、促进农业可持续发展

14. 提升农田水利设施和防灾减灾能力建设。推进防洪防潮、蓄水、引调水、流域综合整治等重大水利项目建设。实施15座大中型水库、180座小Ⅱ型水库和大中型病险水闸除险加固，推进74个县（市、区）山洪灾害防治项目建设，完成50公里海堤强化加固。深化农村小型水利产权制度改革，推进农民用水户协会组建工作，完善农田水利建设管护机制，保证建设和建后管护资金。新建高标准农田70万亩，推进中低产田改造和烟基项目建设，开展灾毁耕地复垦和损毁工程修复。加快建设自然灾害避灾点。推进海洋渔业北斗卫星通讯系统建设。完善农村气象灾害防御体系和农业气象服务体系。

福建省人民政府办公厅关于印发城乡基础设施提升行动计划实施方案(2014—2015年)的通知(节选)

(闽政办〔2014〕10号)

五、信息提升工程

(二)公共服务平台。两年力争完成投资16亿元。2014年,建成闽台物联网应用示范服务中心,建成北斗位置信息服务平台,带动我省终端制造等北斗卫星产业发展。2015年,全省电子政务公共平台基本建成,市、县政务业务信息化率分别超过60%、50%;建成超算中心二期、大数据公共技术服务平台。加快建设数字福建产业园。

福建省人民政府办公厅关于印发福建省加快物联网发展行动方案(2013—2015年)的通知(节选)

(闽政办〔2013〕46号)

二、重点任务

(三)促进产业聚集发展

福州物联网信息识别产业基地,以二维码、RFID、GPS/北斗等代表性信息识别基础技术为核心,带动端末设备产业、行业规模应用与商业模式创新,推进移动电子支付、冷链物流安全、溯源食品安全、交通车联网等物联网信息识别应用。

福建省人民政府办公厅关于印发福建省现代海洋服务业发展规划的通知(节选)

(闽政办〔2012〕177号)

第三章　发展方向与重点

五、加快发展海洋信息服务业

(二)发展重点

2. 发展海洋信息技术服务业。大力发展涉海信息服务研发平台,新建一批海洋信息技术方面的国家级和省级工程(技术)研究中心、工程(重点)实验室、国家级和省级科技成果转化基地、企业技术中心。大力发展海洋产业信息技术应用,推进涉海企业产品设计制造、生产过程控制和管理信息化、实施北斗卫星导航系统系列应用产品研发和产业化。培育发展海洋信息技术服务外包,推进涉海政务、沿海通信、海上航运、船舶(游艇)修造、港口物流、滨海旅游等行业的信息技术运维、呼叫中心等业务服务。

3. 发展海洋信息内容服务业。积极推动基础电信运营企业与媒体行业、增值电信企业之间的合作,发展海上通信增值服务。推进面向涉海企业的互联网数据中心、数据处理、容灾备份及数据库服务,推动以产业链为依托的信息发布、价格指导、网上交易等公共信息平台建设,重点开发涉海中小企业电子商务和港口物流平台,建设渔村信息服务站点。加强公益性海洋信息服务体系建设,完善海洋动力环境立体实时监测网,推进台湾海峡海洋及周边海域的地理信息服务系统建设,开展北斗卫星导航系统在海上位置服务的示范应用,继续完善渔业船舶自动识别系统建设,提供海洋经济信息服务。

福建省人民政府办公厅转发省海洋与渔业厅关于福建省“十二五”期间加强渔船管理控制海洋捕捞强度实施意见的通知(节选)

(闽政办〔2011〕240号)

二、保障措施

(四)加快标准化建设,提高信息化水平。

四要完善渔船信息化系统建设。各级渔业主管部门应进一步完善渔船防碰撞监控管理系统、全省渔业船舶信息化管理系统、渔业船舶应急指挥系统等信息化系统,加强与海事、公安边防等涉海相关部门在科技成果上的互换,有效整合科技信息管理资源,实现资源共享,进一步提升科技管海水平。要加快大中型渔船配备安装北斗卫星导航通信系统船载终端建设的步伐,实现渔船管理信息化。

福建省人民政府办公厅关于印发全省营运车辆推广应用卫星定位安全服务系统工作意见的通知

（闽政办〔2007〕80号）

各设区市人民政府，省人民政府各部门、各直属机构，各大企业：

《全省营运车辆推广应用卫星定位安全服务系统的工作意见》已经省人民政府同意，现印发给你们，请认真组织实施。

福建省人民政府办公厅

二〇〇七年四月二十七日

全省营运车辆推广应用卫星定位安全服务系统的工作意见

为有效预防和减少道路交通事故，充分发挥卫星定位安全服务系统在营运车辆管理和服务中的作用，保障道路交通运输安全和广大驾乘人员人身安全，进一步提升道路交通运输管理和服务水平，现就全省营运车辆推广应用卫星定位安全服务系统提出以下工作意见：

一、加强领导，精心组织。为确保营运车辆卫星定位安全服务系统建设工作顺利开展，建立省营运车辆卫星定位安全服务系统推广应用工作联席会议（以下简称“省联席会议”）制度，省交通厅为联席会议召集单位，省信息产业厅、财政厅、公安厅、建设厅、“数字福建”办、质监局、通信管理局、安监局、交警总队等相关部门参加。联席会议办公室设在省交通厅，负责日常工作；主任由省交通厅分管厅长兼任，各成员单位派一位处级干部担任联络员。各设区市应尽快成立相应工作机构，制定工作方案，并组织实施。

二、明确职责，密切协作。全省营运车辆推广应用卫星定位安全服务系统，是一项政策性、技术性、业务性强且涉及面广的工作。各相关部门要按营运车辆管理的各自职能，在各负其责的基础上，密切配合，通力协作，共同抓好系统建设各项工作。省联席会议负责全省营运车辆卫星定位安全服务系统建设的规划、组织、协调。省联席会议办公室负责制订并下发全省营运车辆卫星定位安全服务系统建设方案、技术规范和技术要求，指导省中心平台建设，指导、督促、检查全省营运车辆卫星定位安全服务系统推广应用工作的落实。各设区市负责落实管理分中心和工作站建设、车载终端配置与安全服务的协调、管理工作。各级交通主管部门会同公安、安监、建设、信息产业、通信管理等部门，积极推广应用卫星定位安全服务系统。

三、积极引导，稳步推进。在总结试点工作经验的基础上，按照“政府引导、行业管理、市场运作、统筹规划、分步推进、确保稳定”总体思路，从今年5月1日起全面启动全省营运车辆卫星定位安全服务系统推广应用工作。全省危货运输车辆、省际客运车辆、市际客运车辆、旅游客运车辆、重型载货汽车（总质量12000千克以上）、半挂牵引车必须按照国家规定配置卫星定位车载终端，同时积极引导出租汽车配置卫星定位车载终端，力争到2008年5月底前，全省上述所有车辆全部配置卫星定位车载终端。省联席会议办公室要组织力量对全省卫星定位安全服务系统应用工作进行评估，及时分析情况，解决存在的问题，并注重总结经验。条件成熟时，全省所有客运车辆和城市公交车辆都配置卫星定位车载终端。

四、统一规范，互联互通。福建省卫星定位安全服务系统由省中心、设区市管理分中心、工作站、车载终端组成，严格按照《福建省营运车辆卫星定位安全服务系统技术要求》和《福建省营运车辆卫星定位安全服务系统车载产品和接口规范》进行建设，确保系统的正常运行。省中心平台建在省交通厅，设区市管理分中心由设区市政府组织建设，工作站由道路运输企业自行建设。设区市管理分中心、工作站与省中心平台应实现系统的互为链接，确保数据信息的互联互通。省中心平台、各设区市管理分中心、工作站都要无偿为同级政府相关公安、交通、建设、安监等部门提供平台接口和信息服务，实现资源共享。

五、分级负责，资金保障。各级政府每年应安排相应的预算经费，保障全省卫星定位安全服务系统正常运营及维护。省卫星定位安全服务系统平台建设从省交通规费收入中安排一次性补助资金。各设区市政府应视情况安排资金适当补助市管理分中心平台建设和终端应用推广工作。出租汽车配置卫星定位车载终端的费用，由出租汽车企业负责，不得向出租汽车司机摊派。危货运输车辆、省际客运车辆、市际客运车辆、旅游客运车辆、重型载货汽车、半挂牵引车等营运车辆配置卫星定位车载终端的费用由运输经营者自行承担。营运车辆已安装不符合技术要求、接口规范的行车记录仪的，可采取自然过渡、技术改造或更新改装的方式，逐步将行车记录仪更新改装为卫星定位车载终端。鼓励为营运车辆服务的相关企业采取“存话费送车载终端”、“车辆保险送车载终端”、“分期付款购车载终端”等方式和利用广告收入，促进营运车辆卫星定位安全服务系统推广应用工作。

六、加强管理，确保实效。各级各相关部门在积极推动营运车辆配置使用卫星定位车载终端的同时，要督促道路运输企业建立卫星定位安全服务系统的各项使用管理制度，强化对车载终端的动态管理，教育驾乘人员正确使用和妥善保管车载终端，确保其数据、信息传送的及时、准确,充分发挥卫星定位应用于公共管理和服务领域的作用。

福建省林长办公室关于印发《福建省林长制省级会议制度(试行)》等五项配套制度的通知(节选)

(闽林长办〔2021〕3号)

福建省林长制省级会议制度(试行)

三、考核内容

(二)目标责任考核

2. 发展性指标

(4)森林资源监测监管。加快智慧林业建设,充分应用遥感影像、视频监控、无人机调查等感知平台,强化森林资源管理动态监测,及时掌握资源动态变化,提高预警预报能力。及时发现并查处问题(包括及时查处环保督察涉林问题、森林督查反馈问题、护林员发现上报问题以及群众举报、媒体曝光等问题,不得漏报、瞒报存在的问题)。应用护林员巡护信息系统,为专业护林员配备具有北斗定位功能的手持终端。

福建省海洋与渔业局关于加强渔船安全生产“五不出海”管理的通知(节选)

(闽海渔〔2021〕21号)

二、工作任务

(一)加强日常检查维护,安全设备配备不齐的不出海。船东、船长对渔船安全生产负全面责任和直接责任。各级渔业行政主管部门及其执法机构要加强执法巡查,督促船长定期检查渔船及其安全设备,确保消防、救生、信号、通讯、导航等设备符合安全及适航要求,不断加强船员安全技能以及自救、互救能力。海洋渔船应当按规定安装安全救助终端设备,配备适当的气胀式救生筏、救生衣、救生圈等救生设备,乡镇管理的养殖生产辅助船必须按作业人数配全救生衣等救生设备。要重点加强对载员10人以上渔船的生产监管。强化渔船安全救助终端设备的安装和正确使用,严厉打击擅自屏蔽、拆卸、损坏安全救助终端设备等违法行为。

福建省加快海洋经济发展领导小组办公室关于印发福建加快海洋强省建设 2018 年工作要点的通知(节选)

(闽发改区域〔2018〕388 号)

四、推进海洋科技创新发展

(一)实施“智慧海洋”工程。研究出台《福建省“智慧海洋”工程实施方案》,在重点领域组织若干海洋信息服务平台项目。启动海洋大数据中心建设,依托数字福建(长乐)产业园、中国国际信息技术(福建)产业园等基地,吸引一批海洋信息服务企业和机构落户,推动北斗导航信息系统在海洋开发领域应用,打造“智慧海洋”福建示范区。

福建省农业厅、福建省财政厅关于印发《2018—2020 年福建省农业机械购置补贴实施意见》的通知(节选)

(闽农综〔2018〕67 号)

二、补贴范围与补贴对象

(一)补贴范围。福建省农机购置补贴机具种类范围包括中央财政资金农机购置补贴机具种类范围(以下简称“中央补贴范围”)和省级财政资金农机购置补贴机具种类范围(以下简称“省级补贴范围”),其中:中央补贴范围为 14 大类 35 个小类 76 个品目(详见附件 1),重点支持粮食等主要农产品生产所需机具和高效植保、节水灌溉、高效施肥、秸秆还田离田、残膜回收、畜禽粪污资源化利用、病死畜禽无害化处理等农业绿色发展所需机具;省级补贴范围为 5 大类 8 小类 10 个品目(详见附件 2),重点支持福建特色优势农业生产所需机具,其中,机库补贴实施方案由省农业厅、财政厅另行制定。补贴范围内全部机具实行敞开补贴、应补尽补。补贴范围有进有出,总体稳定,调整工作原则上按年度进行。

(二)补贴对象。农机购置补贴政策覆盖全省所有农业县(市、区)。补贴对象为从事农业生产的个人和农业生产经营组织(以下简称“购机者”),其中农业生产经营组织包括农村集体经济组织、农民专业合作经济组织、农业企业和其他从事农业生产经营的组织。

附件 1:

福建省 2018—2020 年中央财政资金农机购置补贴机具种类范围
(14 大类 35 个小类 76 个品目)

14.2.2　农业用北斗终端(含渔船用)

福建省海洋与渔业厅关于加强海洋渔业捕捞辅助船管理工作的通知(节选)

(闽海渔〔2017〕183 号)

六、加强辅助船安全监管

各级海洋与渔业行政主管部门及其执法机构应加强辅助船海上安全监管。大中型辅助船要安装北斗 + 海事卫星、AIS 系统等安全终端,小型辅助船要安装手持安全终端。辅助船在航行作业过程中必须开启安全终端。严禁辅助船进入外国海域或敏感海域。

福建省发展和改革委员会关于印发《福建省卫星应用产业发展实施意见》的通知(节选)

(闽发改数字〔2015〕391 号)

二、主要任务

(三)建设卫星应用基础平台

2. 卫星导航与位置信息服务公共平台

依托北斗等国产卫星,综合 GPS、GLONASS 等多种导航卫星资源,构建全省统一的位置服务公共平台,为终端用户提供实时动态定位、导航与授时服务,开展行业应用示范。争取获得国家北斗卫星导航民用分理服务资质,在福建省设立北斗区域服务运营中心。(省电子信息集团负责,厦门信息集团协办)

建设福建省北斗多模连续运行参考站网(FJCORS),实现增强系统信号全覆盖,根据用户对精度要求不同,提供厘米级、分米级、亚米级、米级精确定位服务。(省测绘地理信息局牵头,省电子信息集团配合)

引入科技部高精度室内外定位导航系统（羲和系统），融合广域实时精密定位和室内定位技术，实现室内外协同实时精密定位，建设全省统一的标准地址库和米级室内外导航全息地图，争取纳入国家羲和系统示范工程。（省空间信息工程研究中心牵头，省民政厅、公安厅、测绘地理信息局、厦门大学配合）

（四）大力开展卫星应用

2. 卫星导航应用

重点在智能交通、海洋渔业、精细农业、重要设施安全监测、特种车辆监控、大型城市广场位置服务、车道及车辆位置监控与导航等领域开展卫星导航规模化应用。（省直有关单位，各设区市政府、平潭综合实验区管委会负责）

（五）实施卫星应用重点工程

4. 社会管理卫星应用重点工程

应急管理卫星应用。建设福建应急通信保障能力建设示范工程，建立卫星电话通信网、北斗短报文通信系统、车载卫星移动通信系统等，支撑突发公共事件应急预案和决策的实施。（省应急办牵头，省直有关单位、各设区市政府、平潭综合实验区管委会配合）

公安消防卫星应用。建设应急位置服务终端、应急车辆指挥与调度、犯罪案事件分析与预警等系统，服务于打击犯罪和火灾救援等。（省公安厅负责）

“两违”综治卫星应用。建设土地利用和地表建筑物变化检测系统，解决“违法占地、违规建房”取证和监视难题，服务于“两违”综合治理。（省住建厅负责）

5. 公共服务卫星应用重点工程

旅游卫星应用。建设省级旅游规划系统、旅游综合信息服务系统、旅游信息感知与通信网络、北斗智能导游终端，实现智能位置服务游客旅游应用、北斗短报文户外探险应急应用、智能交互导讲和物联网景区监管服务应用等功能。（省旅游局负责）

养老卫星应用。建设可穿戴老年人移动健康监护终端和老年人移动健康监护系统，实现老年人位置信息、生理信息等健康状态信息的采集、接收与处理，为服务老年人提供健康状况监控。（省民政厅负责）

教育卫星应用。建设中小学校园监控和位置服务系统，结合视频监控、电子学生证、位置服务、校车安全监控等，为平安校园建设提供服务。（省教育厅、电子信息集团负责）

（七）促进地面终端设备制造业发展

依托我省企业在终端设备制造领域的优势，重点研制北斗车载终端、行车记录仪、北斗与通信卫星一体化船载终端、军用数传终端、电视机顶盒、卫星电视接收天线和固定式、移动式、手持式卫星通信终端设备等产品，并在卫星终端产业相关领域与央企合作开展研发，推进国产卫星应用设备的普及应用。依托“国家火炬计划”（泉州）微波通信产业基地，推动建设高水平研发中心，加大在射频部件、移动通信设备、微型化多层天线的研发、制造和推广。同时，积极将福建省卫星终端设备产品在全国进行推广应用，做大卫星终端设备制造业。【省经信委（省国防科工办）负责】

三、保障措施

（三）制定标准规范

加快建立支撑卫星应用产业健康发展的标准体系，鼓励产学研用各方联合研制技术标准，建立涵盖信息分类、数据格式、技术流程、设备配置、终端及元器件等一系列相互配套的标准规范，确保资源共享和互联互通。主动对接北斗卫星导航标准委，鼓励骨干企业和研发机构参与国家相关标准的制定，促进卫星应用产业与其他信息产业的兼容发展。（省信标委牵头，各有关单位负责）

福建省交通运输厅关于福建省道路运输动态监控平台和卫星定位装置检测备案的通知（节选）

（闽交运〔2014〕267 号）

一、开展道路运输车辆动态监控平台对接工作

进行对接的监控平台需提交以下材料：

（一）部标符合性审查机构颁发的《道路运输车辆卫星定位系统平台标准符合性技术检验报告》复印件及原件扫描件；

（二）通过计算机信息安全等级保护三级后所颁发的《信息系统安全等级保护备案证明》复印件及原件扫描件；

（三）《道路运输车辆卫星定位系统省级公共服务平台对接登记表》纸质并加盖公章及电子文档。

由省交通通信中心负责技术支持，对接审查意见报厅运输处，经确认通过后在省交通运输厅政务网站向社会公告。

二、服务商实行备案制度

凡在我省从事社会化道路运输车辆动态监控服务的服务商，必须完成道路运输车辆动态监控平台对接工作后，再送交备案申请表，经省交通通信中心技术审查后，报厅运输处确认纳入名单并向社会公告。服务商应提供以下备案申请材料：

3. 部标符合性审查机构颁发的《道路运输车辆卫星定位系统平台标准符合性技术检验报告》，且报告中平台过检申请单位必须与向省级公共服务平台提交营业执照的公司名称一致；

5. 提供履行卫星定位监控服务的格式条款、服务承诺并加盖公章；

三、车载卫星定位装置信息报备

服务商在省内所售部标终端须向省厅提请车载卫星定位装置信息报备，省交通通信中心应及时受理并给予技术支持。

福建省交通运输厅关于加快推进全省卫星定位安全服务系统县级平台建设工作的通知（节选）

（闽交运〔2011〕229 号）

各设区市交通局（委）、平潭综合实验区交建局、漳州开发区交通局，省运管局、省交通通信中心：

根据交通运输部、公安部、安监总局、工信部《关于加强道路运输车辆动态监管工作的通知》（交运发〔2011〕80 号）和省政府办公厅《关于印发全省营运车辆推广应用卫星定位安全服务系统工作意见的通知》（闽政办〔2007〕80 号）精神，为进一步加快推进全省卫星定位安全服务系统县级平台建设，实现全省三级联网联控要求，省厅组织制定了县级平台建设工作方案，现印发给你们。同时就建设有关事项通知如下：

一、县级平台建设任务

根据交运发〔2011〕80 号要求，各级交通运输主管部门要建立营运车辆动态信息公共服务平台，并实行联网，且向同级公安、安全监管、通信等有关部门完全开放，为政府有关部门和运输企业加强动态监控提供有效的技术手段。为了更好地满足营运车辆的动态监管需要，实现省市县三级联网联控，为此要加大力度在全省推进县级平台建设。

二、县级平台建设资金

根据省厅制定《县级平台建设工作方案》，每个县级平台需建设经费 5 - 6 万元。为了加快推进县级平台建设，各县级平台建成并经省厅组织验收合格，达到县级平台建设工作方案要求的，省厅给予一次性补助 3 万元，其余建设资金各县（市、区）自筹解决。省级补助资金按照有关规定管理和使用，实行专款专用，不得挪用。

三、县级平台建设时间

各设区的市级交通运输主管部门要督促县级交通局抓紧时间建设县级平台，按照交通运输部和省厅有关通知要求，今年年底前要完成县级平台建设，未完成建设任务的省厅不予补助，并予以通报批评，限期完成县级平台建设任务。

县级平台建设工作方案

一、总体要求

县级平台能够实现对辖区内营运车辆实行动态监管监控,包括实时位置信息获取,车辆历史轨迹查询、客运车辆照片抓拍、电话语音监听,企业及车辆超速情况统计通报等,并与省管理中心平台和设区市管理分中心平台联网联控。

二、职责分工

(一)省厅负责指导和统筹规划县级平台建设;各设区的市级交通运输主管部门负责组织建设、协调和督促检查县级交通局落实县级平台建设。

(二)福建省交通信息通信中心作为县级平台建设的技术保障部门,负责各“县级平台”建设的技术支持、软件部署以及运维指导等。

(三)各县(市、区)交通局作为县级平台建设主体,负责主要建设任务,包括场地建设、软硬件设备采购、人员配备、运维管理制度完善、经费落实,以及卫星定位装置推广应用、协调等工作,卫星定位装置应符合《道路运输车辆卫星定位系统车载终端技术要求》(JT/T 794 - 2011)标准。

福建省交通厅关于印发《福建省交通系统营运车辆卫星定位安全服务系统管理办法(试行)》的通知

(闽交运安〔2009〕143 号)

各设区市交通局(委),漳州开发区交通局,省运管局,省交通信息通信中心:

为进一步规范我省营运车辆卫星定位安全服务系统建设和车载终端安装,确保全省数据信息的互联互通,保障道路运输安全和广大驾乘人员人身安全,进一步提升道路运输管理和服务水平,根据《福建省人民政府办公厅关于印发全省营运车辆推广应用卫星定位安全服务系统的工作意见的通知》(闽政办〔2007〕80 号)和省政府《关于印发政府及有关部门安全生产监督管理职责暂行规定的通知》(闽政文〔2009〕33 号)文件精神,省厅组织制订了《福建省交通系统营运车辆卫星定位安全服务系统管理办法(试行)》,经厅务会议审议通过,现印发给你们,请认真遵照执行。执行中如遇有问题,请及时反馈省厅。

二〇〇九年七月十一日

福建省交通系统营运车辆卫星定位安全服务系统管理办法(试行)

第一条　为进一步规范我省营运车辆卫星定位安全服务系统建设和车载终端安装,确保全省数据信息的互联互通,根据《福建省人民政府办公厅关于印发全省营运车辆推广应用卫星定位安全服务系统的工作意见的通知》(闽政办〔2007〕80 号)规定,特制定本办法。

第二条　按照省政府《关于印发政府及有关部门安全生产监督管理职责暂行规定的通知》(闽政文〔2009〕33 号)的精神,交通部门负责督促客运车辆按照规定安装卫星定位安全服务系统车载终端。

第三条　福建省营运车辆卫星定位安全服务系统由省中心平台、设区市管理分中心平台、工作站、车载终端组成。省管理中心、设区市管理分中心、工作站、道路运输企业及从业人员应遵守本办法。

第四条　省际客运车辆、市际客运车辆、旅游客运车辆、危货运输车辆、出租汽车必须按照国家规定安装车载终端。同时积极推动重型载货汽车(总质量 12000 千克以上)、半挂牵引车安装车载终端和积极鼓励县际及农村客运等营运车辆安装车载终端。

第五条　省管理中心(设在福建省交通信息通信中心)负责组织制订全省营运车辆卫星定位安全服务系统建设方案、技术规范和技术要求,指导督促、检查平台建设,制订系统管理办法及系统运行的日常工作要求,统一开发全省系统管理软件和路网电子地图,与各成员单位建立信息联动机制。福建省运输管理局负责全省营运车辆车载终端安装的推动工作。

第六条　省中心平台按照闽政办〔2007〕80 号文以及《福建省营运车辆卫星定位安全服务系统建设方案》、《福建省营运车辆卫星定位安全服务系统技术要求》进行建设。省中心平台应保障 10 万辆以上营运车辆数据的存储,具有总面积不低于 $70m^2$ 的独立监控室和机房,配备日常管理人员和值班人员,并公布对外服务电话。

第七条　各设区市管理分中心负责规划、组织、协调和推动本辖区营运车辆建立卫星定位安全服务系统建设,督促、协调本辖区工作站的建设和管理、车载终端的安装和应用,并对本辖区内的营运车辆入网信息进行审核。

第八条　设区市管理分中心平台按照省联席会议办公室印发的《福建省营运车辆卫星定位安全服务系统管理分中心建设指导意见》进行组织建设。分中心平台应保障 5000 辆以上营运车辆数据的存储,具有总面积不低于 $30m^2$ 的独立监控室和机房,配备日常管理人员和值班人员,并公布对外服务电话。

第九条　工作站负责对车载终端的安装和维护,对平台、车辆监控管理和车载终端的使用进行培训,提供车载终端每天工作状态报表等服务,确保接入在网车辆的报警等各项监控功能处于正常的工作状态。

第十条 工作站由道路运输企业(即运输企业工作站)或委托经过审核的运营商(即运营商工作站)按照《福建省营运车辆卫星定位安全服务系统平台》(DB35/T 832 - 2008)的要求进行建设。工作站应保障2000辆以上营运车辆数据的存储,具有总面积不低于12m^2的监控室,配备日常管理人员和值班人员,并公布对外服务电话。

第十一条 工作站的新建、合并或变更需经过所在地管理分中心审查,上报省管理中心审核。跨设区市接入营运车辆的运营商工作站应在车辆所在地市内设有监控和服务中心,并上报车辆所在地的管理分中心,同时报备省管理中心。省管理中心及各设区市管理分中心应无偿提供工作站接入。

第十二条 省管理中心对全省工作站从传输比例、连线率、传输频率及平台功能等运行情况进行评估,每季度公布一次评估结果。

第十三条 自本办法实施之日起,为2000辆以上营运车辆提供运营服务的运营商工作站方可接入管理中心平台。本办法实施之前,运营商工作站已接入省中心平台未达到2000辆的,鼓励通过兼并、联合等方式积极拓展业务,增加市场竞争力。

第十四条 省管理中心、设区市管理分中心、工作站都要无偿地为同级政府相关公安、安监、安全、建设等部门提供平台接口和信息服务,实现资源共享。

第十五条 各级交通部门每年负责落实相关预算经费,以保障卫星定位安全服务系统正常运行及设备维护。

第十六条 各级管理中心和工作站要协调并确保通讯运营商提供的无线及网络通讯服务必须符合国家有关标准,不得中断通讯信号。道路运输经营者应当按时支付有关通讯费用,对于逾期未支付有关通讯费用而造成相关后果的,将依法追究其相应责任。

第十七条 省管理中心与全省三大通讯营运商(移动、电信、联通)统谈统签系统的通信费,以降低通讯费用。并定期公布各运营商服务费和车载终端价格,供运输经营者比较选择,通过市场手段调节服务费和车载终端的合理价格。

第十八条 道路运输经营者要切实落实企业安全生产管理的主体责任,应当建立健全卫星定位监控管理平台的管理制度,确保车辆运营时车载终端各项功能均处于正常工作状况。

第十九条 道路运输经营者安装使用的车载终端应符合《福建省营运车辆卫星定位安全服务系统终端》(DB35/T 833 - 2008)、《福建省营运车辆卫星定位安全服务系统终端通讯协议及数据格式》(DB35/T 834 - 2008)相关标准,特别要保证终端具有DB35/T 833 - 2008标准中有关汽车行驶记录仪方面的功能;同时必须包括业户名称(以运输证上车辆所属名称为标准数据)、法定代表人、联系电话、通讯地址、车辆号牌、号牌颜色、车辆类型、吨(座)位、营运线路、道路运输证号、驾驶员姓名、身份证号、从业资格证号、从业资格证核发地和起讫站点等基础信息的内容。达不到以上标准的车载终端须在本管理办法实施后三个月内完成升级改造。

第二十条　营运车辆安装使用的车载终端应当具备定位坐标、车速、车向三个位置汇报参数,并具有监听、报文、紧急报警、超速报警、超时报警、线路报警、区域报警等功能;其中客运车辆的车载终端还必须具备开关门感应、摄像头功能,出租汽车的车载终端还必须具备空重车感应功能。

第二十一条　出租汽车配置卫星定位车载终端的费用,由出租汽车企业负责,不得向出租汽车司机摊派。省际客运车辆、市际客运车辆、旅游客运车辆、危货运输车辆、重型载货汽车、半挂牵引车等营运车辆配置卫星定位车载终端的费用由营运车辆经营者自行承担。

第二十二条　营运车辆已安装不符合技术要求、接口规范的行车记录仪的,可采取自然过渡、技术改造或更新改装的方式,逐步将行车记录仪更新改装为卫星定位车载终端。

第二十三条　营运车辆从业人员应当正确使用车载终端,不得擅自修改终端参数、移动掩盖摄像头等终端配套设施,确保车载终端处于正常的工作状态;车载终端出现故障时,应当及时通知工作站进行维修。

第二十四条　营运车辆的位置传输频率在车辆运行时不得超过 20 秒/次,熄火后不得超过 600 秒/次,其中出租汽车的位置传输频率在车辆载客运行时不得超过 15 秒/次,未载客运行时不得超过 20 秒/次。

第二十五条　工作站负责将营运车辆的数据信息同步传送到相应设区市分中心平台及省中心平台。数据内容应符合第十九和二十条规定。

(一)营运车辆超出卫星信号区域时,工作站须按正常频率汇报最后一个有效位置汇报点信息,重新获得卫星信号时恢复正常汇报。

(二)营运车辆超出通信网络覆盖区域时,车载终端须将位置汇报信息本地存储,恢复通信网络后及时将位置汇报信息补传至工作站,并由工作站将数据传送省、市两级平台。

第二十六条　营运车辆应将因设备检修、事故等非技术原因导致车载终端与工作站断线的情况及时报告工作站。工作站应及时恢复并于每月底前将所接入的所有营运车辆的断线情况汇总报告当地设区市管理分中心,设区市管理分中心于次月 5 日前汇总后报备省管理中心。

第二十七条　营运车辆应将因报废、经营不善等原因导致退出营运市场的情况及时报告工作站。工作站应于每月底前将所接入营运车辆的退出市场情况汇总报告当地设区市管理分中心,设区市管理分中心于次月 5 日前汇总后报备省管理中心。

第二十八条 工作站与设区市分中心平台及省中心平台断线的，应及时向设区市管理分中心、省管理中心报告情况，恢复正常后及时补传车辆信息。

第二十九条 营运车辆从业人员有恶意关闭、覆盖、破坏或私接开关控制车载终端等行为，由运输企业视情节轻重对其采取批评教育、安全告诫、停岗学习及经济惩罚等；其行为情节严重的，道路运输企业应上报设区市管理分中心，由相关道路运输管理机构依据《国务院关于特大安全事故行政责任追究的规定》、《国务院安委会办公室关于进一步加强道路旅客运输企业安全生产管理工作的通知》（安委办〔2008〕21 号）以及《福建省安全生产条例》等法律法规，依法撤销其从业资格。

第三十条 营运车辆有下列情况之一的，各级道路运输管理机构按照《国务院安委会办公室关于进一步加强道路旅客运输企业安全生产管理工作的通知》（安委办〔2008〕21 号）规定，在车辆营运证年审、企业质量信誉考核、文明评比等予以严格核查。

（一）不按本办法要求安装车载终端的。

（二）车载终端不具备第二十条规定的参数或功能的。

（三）车载终端位置汇报未按照第二十四条规定的频率进行汇报的。

（四）车辆在运营过程中，车载终端由于非技术原因断线的。

（五）车载终端不按照第二十五条第（一）项规定汇报位置的。

（六）车载终端不按照第二十五条第（二）项规定汇报位置的。

第三十一条 工作站具有下列情况之一的，由管理分中心责令其限期整改，并报省管理中心。省管理中心同时向社会公布被责令限期整改的工作站。

（一）工作站建设不符合第十条规定的。

（二）工作站由于人为原因与设区市分中心平台及省中心平台断线的。

（三）接入的车载终端断线的，无法说清具体原因且未向管理分中心备案的。

（四）工作站为营运车辆安装的车载终端不符合第十九条、第二十条、第二十四条规定的。

被责令限期整改的工作站，期限届满仍整改不到位的，管理中心取消其接入平台的资格。其所涉及的营运车辆由所属运输企业另行委托其它具备条件的工作站接入系统平台。

第三十二条 本管理办法自下发之日起实施。

江西省

中共江西省委、江西省人民政府关于新时代进一步推动江西革命老区振兴发展的实施意见(节选)

(2021 年 4 月 21 日)

四、增强内生发展动力

(九)培育壮大优势产业。加快推动产业基础高级化、产业链现代化,提升新材料、新能源汽车、现代家居、电子信息、生物医药、纺织服装等特色优势产业层次和能级,支持符合条件的地区建设承接产业转移示范区。推进“中国稀金谷”建设,争取国家中重稀土和钨资源收储政策。实施数字经济“一号工程”,加快完善第五代移动通信(5G)网络、工业互联网、物联网等新一代信息基础设施,支持有条件的地区创建国家数字经济创新发展试验区,鼓励打造第五代移动通信(5G)网络制造产业基地,大力推进第五代移动通信(5G)网络规模商用,开展北斗系统应用。规划建设稀土、铜、旅游等行业大数据中心,鼓励互联网企业在革命老区发展运营中心、呼叫中心等业务。实施“江西风景独好”旅游品牌提升计划,支持符合条件的地区创建国家 5A 级旅游景区、国家旅游度假区、国家全域旅游示范区。打造一批乡村旅游重点村镇和精品线路。

中共江西省委办公厅、江西省人民政府办公厅关于印发《江西省天然林保护修复制度实施方案》的通知(节选)

(2020 年 4 月 17 日)

二、建立天然林管护制度

(五)完善天然林管护体系。加强天然林管护能力建设,依托现有乡镇林业工作站建设天然林管护站点,逐步完善天然林管护网络。建立国有天然林专业化管护队伍,探索建立集体和个人所有天然林公共管护、家庭管护和个人管护等多种管护形式,鼓励向社会购买管护服务。结合精准扶贫、全面推行林长制,建立覆盖天然林的专职护林员队伍。建立天然林管护人员培训制度,不断提高管护人员工作水平。充分运用卫星遥感、北斗定位等现代技术,构建全方位、多角度、运转高效、天地一体的天然林管护网络,实现天然林保护相关信息获取全面、共享充分、更新及时。建立天然林防灾监测预警体系，加强天然林防火及有害生物监测、预报、防治工作。

江西省人民政府关于下达江西省2020年国民经济和社会发展计划的通知（节选）

（赣府发〔2020〕4号）

二、深入实施创新驱动发展战略，加快推动新旧动能转换。坚持以提高供给体系质量为主攻方向，突出创新第一动力引领作用，着力提升产业基础能力和产业链现代化水平，加快推动产业转型升级。

（四）推进军民融合深度发展。深入实施国家工业基础军民一体化工程，加快发展航空、军民两用电子信息、北斗应用等军民融合重点产业，打造一批重点企业、龙头工程、精品项目。完善军地对接机制，力争在军民融合科技创新、军队后勤保障社会化等方面取得新进展。以创建国家（昌景）军民融合创新示范区为引领，支持新余、赣县、吉水等创建省级军民融合创新示范区，认定一批省级国民经济动员中心。

江西省人民政府关于印发新时代江西省非公有制经济五年发展规划（2019—2023年）的通知（节选）

（赣府发〔2019〕7号）

第四章　战略行动——推进非公有制经济发展"五大突破"

第四节　推进军民融合突破

——促进军民融合产业发展。立足我省军工比较优势，围绕航空、航天、船舶、核、军民两用电子、卫星应用、民爆器材、汽车等八大军民融合产业，重点打造南昌航空城等十大军民融合产业基地。培育壮大军民融合企业，打造一批龙头企业，力争将军民融合产业打造成新的支柱产业。充分发挥北斗产业示范带动效应，建设北斗高精度综合服务平台，推进北斗技术在通用航空、"五河一湖"生态监控、全域旅游、智慧动员领域的广泛应用。开展省级军民融合产业基地认定，在军民融合基础较好、发展潜力较大的省级以上开发区、高新区，以军民融合龙头企业为依托，着力建设一批新的省级军民融合产业基地，促进军民融合产业集聚发展。整合军民科研力量资源，加快军民两用技术创新平台体系建设，开展军民两用技术协同攻关。加强军民融合企业干部培训,加快培养军民融合领域专业人才,引进一批掌握关键技术、带动产业发展的领军人才和创新团队。

江西省人民政府关于加快建设物联江西的实施意见(节选)

(赣府发〔2018〕29号)

三、重点任务

(三)大力推广示范应用。

16.加快重点服务业应用。加快商贸、流通、金融、营销、设计、咨询等生产性服务业向网络化、专业化发展转型,提升服务水平。鼓励物联网、区块链技术在金融、民生、商务等领域探索应用。大力推进基于物联网的医疗、健康、物流、养老、文化、教育、旅游、社会保障等新兴服务业的发展。鼓励金融机构运用物联网技术,推动金融业经营模式转型升级,创新金融产品和服务。支持企业发展众包设计、云设计、协同设计等新服务模式。围绕昌九等物流集聚带,加强北斗导航、NB—IoT、eMTC、无人机等先进技术在物流行业的应用,推进智能化仓储及配送体系建设,实现仓储、运输、配送等环节的适时跟踪及动态管理。(责任单位:省发改委、省政府金融办、省工信委、省卫生计生委、省文化厅、省教育厅、省旅发委、省人社厅,各设区市人民政府)

江西省人民政府关于印发进一步扩大和升级信息消费持续释放内需潜力实施方案的通知(节选)

(赣府字〔2018〕22号)

三、主要任务

(二)提高信息产品供给水平。

开展信息产品应用示范。发展北斗导航应用及服务,推动北斗导航与移动通信、地理信息、卫星遥感、移动互联网等融合发展,支持位置信息服务(LBS)市场拓展,推进北斗导航在交通、减灾、电信、能源、金融等重点领域的示范应用。推进智慧城市建设,以时空信息云平台为基础,结合现代化测绘技术和手段,推动地理信息在社会方方面面的应用。支持利用物联网、大数据、云计算、人工智能等技术推动各类应用电子产品智能化升级,在农业、交通、能源、市政、环保等领域开展新型应用示范。推进新型传感器、射频识别(RFID)、摄像头等智能感知设备在智能制造、交通物流、市政环保等重要行业领域的应用。深入推进农业物联网示范基地建设,积极推动环境实时监测、智能节水灌溉、畜禽疾病自动诊断等智能设备应用。

江西省人民政府关于印发江西省国民经济和社会发展第十三个五年规划纲要的通知(节选)

(赣府发〔2016〕14 号)

第二章　加快构建新型工业体系

第二节　推动战略性新兴产业跨越发展

围绕打造“领跑方阵”,推动电子信息和新型光电、生物医药、航空等产业爆发式增长,部分领域进入全球领先行列。电子信息和新型光电产业,推动由加工装配生产向研发制造服务转型,加强硅衬底 LED 技术等自主知识产权和系统集成能力建设,加快发展通信设备、半导体照明、数字视听、北斗卫星导航等产业,着力打造“南昌光谷”和“吉安电子城”,建成中部地区重要的电子信息制造业产业高地。

江西省人民政府关于贯彻落实《中国制造 2025》的实施意见(节选)

(赣府发〔2016〕3 号)

二、重点领域

(三)推进培育型产业加快发展

3. 集成电路产业。以移动智能终端、数字视听、可穿戴设备芯片等设计行业为切入点,以南昌为重点,九江、吉安等地联动,加快引进研发设计龙头企业以及国内外先进的集成电路生产和封装测试技术,重点突破移动互联网芯片、光通信芯片、射频芯片、北斗导航芯片以及高端通用芯片等产品的关键生产技术。

三、主要举措

(四)推进两化融合,促进智能转型。深化物联网、云计算、大数据等新一代信息技术在制造业各领域、各环节的应用、渗透和融合,推动制造业向数字化、网络化、智能化转型。

实施两化融合示范工程。发展基于互联网的智能制造新模式,推进研发设计数字化、经营管理智能化、市场营销网络化,积极探索工业控制软件、信息安全软件、控制系统集成等工业软件在企业中的应用,着力培育100个两化深度融合示范标杆企业,带动提升企业信息化水平。实施"互联网+"行动计划,建设中国电信江西云计算基地、江西航天云网、中华工业云等服务平台,拓展大数据产业链,积极发展物联网、北斗卫星导航等大数据应用产业。提高产业集群信息化应用能力和水平,建设20个两化深度融合示范园区,重点培育一批"智慧园区"。

江西省人民政府关于创新重点领域投融资机制鼓励社会投资的实施意见(节选)

(赣府发〔2015〕20号)

二、鼓励社会资本进入重点领域

(八)信息基础设施领域。执行国家新修订的电信业务分类目录。积极争取宽带接入网业务开放试点,研究出台我省具体实施办法,鼓励和引导民间资本投资宽带接入网络(包括有线电视网)建设和业务运营。扶持民营企业开展移动通信转售业务,开拓新的增值服务。支持民间资本进入"三网融合"、"宽带中国"、通信普遍服务、智慧城市、信息惠民、云计算、物联网应用等领域,并享受相关政策。推动省铁塔股份有限公司向混合所有制发展,鼓励民间资本参股。支持民间资本参与国家民用空间基础设施建设,开展商业遥感卫星、地面卫星导航领域的研制和应用。

江西省人民政府印发关于加快推进"互联网+"行动实施方案的通知(节选)

(赣府发〔2015〕43号)

四、夯实发展基础

(二)建设集聚园区。依托省级以上工业园区、现代农业示范园区和现代服务业集聚区,建设"互联网+"产业孵化器、集聚区、大数据中心等重点项目,突出发展金融、电商、物流、资源环境、健康、新媒体和物联网、北斗卫星等大数据应用产业。对入驻政府投资建设的"互联网+"企业用房,由所在地政府给予3年的租金减免;对租用非政府投资建设的"互联网+"企业用房,由所在地政府给予不超过30元/平方米的月房租补助。(责任单位:省工信委、省发改委、省农业厅、省财政厅、省商务厅,各设区市政府)

江西省人民政府
关于促进信息消费扩大内需的实施意见(节选)

(赣府发〔2013〕36 号)

三、发展现代信息服务产业

(七)推进信息服务新兴业态发展。创新我省互联网信息服务,加快家庭网络业务、移动通信转售业务、互联网增值应用、信息通信技术(ICT)集成、数字电视等业务发展,促进数字内容与新型终端、互联网服务相结合,扩展信息消费数字内容产业链。加快推进北斗导航与移动通信、地理信息、卫星遥感、移动互联网融合发展,通过示范带动,逐步推进北斗导航和授时的规模化应用,促使北斗导航成为车载、智能手机等终端的基础功能。大力发展地理信息产业,完善全省地理信息公共服务平台和交换平台建设,整合城市信息和地理信息,形成多级互动的信息资源实时综合服务能力,拓宽地理信息服务市场。

江西省人民政府办公厅关于印发
江西省推进北斗产业发展若干措施的通知

(赣府厅字〔2021〕43 号)

各市、县(区)人民政府,省政府各部门:

《江西省推进北斗产业发展若干措施》已经省政府同意,现印发给你们,请结合实际认真贯彻落实。

2021 年 6 月 11 日

江西省推进北斗产业发展若干措施

为加快推进我省北斗产业高质量跨越式发展,着力培育经济增长新动能,现结合我省实际,制定以下措施。

一、支持北斗示范应用

1. 推动公共服务领域示范应用。大力推广北斗技术在公务用车、航空、船舶、特种作业、防灾减灾、应急救援、安防、无人作业、智慧医疗、智慧城市等公共服务领域应用,推动机关事业单位、国有企业加装北斗设备。鼓励将北斗设备和产品优先纳入政府采购电子卖场。(责任单位:省委军民融合办、省交通运输厅、省应急厅、省文化和旅游厅、省财政厅等相关部门)

2. 拓展大众消费领域场景应用。加快北斗技术向教育科研、健康养老、住房城乡建设、旅游出行、特色群体关爱等社会事业领域延伸,推动社会服务模式、业态创新。在电子商务、物流配送、残疾人辅助等紧贴百姓生活的新兴领域推广北斗应用,营造基于北斗时空信息服务体系的智能、便捷、精准、高效的现代生活空间。(责任单位:省委军民融合办、省交通运输厅、省商务厅、省文化和旅游厅等相关部门,各设区市政府)

3. 支持北斗基础设施建设。以提升卫星导航服务性能为目标,围绕区域和重点领域应用需求,鼓励各地加快建设北斗地基区域增强站等基础设施。对符合条件的项目,优先纳入省重点项目,予以重点调度。(责任单位:省发展改革委、省工业和信息化厅)

二、支持北斗技术创新

4. 加强北斗领域科技创新。依托省级科技计划,支持省内具有研发能力的创新主体围绕北斗芯片、模组、器件、终端等重点环节开展研发活动,对立项项目给予相应经费支持,着力突破一批北斗产业发展关键技术。(责任单位:省科技厅,各设区市政府)

5. 支持北斗创新平台建设。支持北斗卫星导航技术系统应用、产品和设备制造企业(以下简称北斗企业)牵头建设重点实验室、工程研究中心、技术(制造业)创新中心、产业技术研究院、企业技术中心、工程设计中心、博士后科研工作站等创新平台。对新认定的国家级科技创新平台(含国家级制造业创新中心)给予500万元-1000万元支持,新认定的国家级科技创新平台预备队给予100万元-130万元支持,新认定的省级科技创新平台按相关规定给予支持。(责任单位:省科技厅、省发展改革委、省工业和信息化厅、省人力资源社会保障厅)

6. 推动北斗科技成果转移转化。支持北斗企业通过"江西省网上常设技术市场"线上技术交易平台,开展科技成果交易和技术服务。对技术受让方,按线上实际技术交易额的2.5%给予补助,每个项目补助最高不超过30万元,每家单位每年最高补助100万元;对技术转让方,按线上实际技术交易额的1.5%给予补助,单个项目最高不超过20万元,每家单位每年最高总额50万元。(责任单位:省科技厅)

7. 支持首台(套)北斗设备及产品研制。对北斗企业生产国家首台(套)推广应用指导目录装备产品,首次获得国家首台(套)保险补偿的,一次性奖励首台(套)生产企业300万元-500万元。统筹省级工业发展专项资金,对企业生产国家首台(套)推广应用指导目录装备产品,投保首台(套)重大技术装备综合险并获得国家实际投保年度保费80%补贴的,省级财政再给予实际年度保费15%的补贴;对企业投保省级首台(套)推广应用指导目录的产品,给予保险费金额90%的补贴,单个企业获批的保险补

偿累计金额不超过 100 万元。(责任单位:省工业和信息化厅、江西银保监局)

三、培育壮大市场主体

8. 鼓励新创办企业。自本政策正式发布之日后,在我省新注册成立并实缴注册资本金 100 万元(含)-500 万元的北斗企业,给予一次性奖励 5 万元;对于实缴注册资本金 500 万元(含)-1000 万元的,给予一次性奖励 10 万元;对于实缴注册资本金 1000 万元(含)以上的,给予一次性奖励 30 万元。(责任单位:各设区市政府)

9. 鼓励企业做大做强。对产值首次超过 1000 万元(含)、3000 万元(含)、5000 万元(含)的北斗企业,分别给予一次性奖励 30 万元、50 万元、100 万元;首次超过 1 亿元(含)、3 亿元(含)、5 亿元(含)的北斗企业,适当给予一次性奖励。(责任单位:省委军民融合办、省统计局,各设区市政府)

10. 培育特色龙头北斗企业。对首次入选的江西省北斗领域独角兽企业、潜在独角兽企业、种子独角兽企业、瞪羚企业、潜在瞪羚企业给予 400 万元、150 万元、100 万元、20 万元、10 万元的一次性奖励用于科技创新活动。对认定的国家级、省级制造业单项冠军企业、专业化"小巨人"企业,按相关规定给予支持。(责任单位:省科技厅、省工业和信息化厅)

11. 支持企业境外参展。鼓励北斗企业参加省级商务主管部门组织的境外重点展会,对参展企业的展位费、人员费和展品运输费等按相关规定给予资金补贴。(责任单位:省商务厅)

四、推进产业集群发展

12. 完善产业链条。吸引、鼓励国内北斗产业头部企业通过联合、并购等方式加强与我省合作,争取中上游企业来我省进行产业布局,推动全省北斗芯片、模组、器件、终端、系统及应用全产业链发展。(责任单位:省委军民融合办、省工业和信息化厅,各设区市政府)

13. 推动产业集聚。支持建设集办公、科研、中试、加工制造、典型应用、数据服务于一体的北斗产业园区(产业基地)。(责任单位:省委军民融合办、省发展改革委、省工业和信息化厅,各设区市政府)

五、落实金融财税支持

14. 加大金融信贷支持。鼓励金融机构提高对北斗企业授信额度,积极为符合条件的企业提供信贷支持,特别是对其承担的国家及我省重大北斗研发和产业项目积极给予信贷支持。对北斗企业执行优惠贷款利率政策,原则上不得上浮利率。(责任单位:省金融监管局)

15. 扩大企业融资渠道。鼓励金融机构利用知识产权质押以及股权质押等融资方式,建立风险分担机制,加强对中小企业的担保服务。以专利质押贷款方式融资的北斗企业,按规定享受对贷款利息、担保、评估等费用补助政策。支持北斗企业上市或在新三板挂牌,鼓励符合条件的北斗企业通过发行公司债、企业债等扩大融资渠道,支持北斗企业引入股权投资。(责任单位:省金融监管局、省市场监管局、省财政厅)

16. 落实财税支持政策。落实租金减免工作。省财政统筹现有资金对国家级和省级北斗产业园区(产业基地)、可推广可复制北斗应用场景落地项目以及北斗相关产业链发展等予以支持,相关资金从既有专项中统筹安排。对符合条件的北斗企业,全面落实研发费用加计扣除、固定资产加速折旧、企业兼并重组、小微企业税收减免等税收优惠政策。(责任单位:省财政厅、省发展改革委、省工业和信息化厅、省税务局)

17. 设立北斗产业发展基金。鼓励各类政府基金、社会基金支持北斗产业发展。省发展升级引导基金以市场化方式与社会资本合作发起成立北斗产业发展子基金,为江西北斗产业发展提供金融支撑。(责任单位:省财政厅、省发展改革委、省委军民融合办)

六、强化人才支撑

18. 支持引进高端人才。以"高精尖缺"为导向,重点吸引北斗产业高端人才及其团队来赣创新创业。对引进的院士给予1000万元的项目资助和300万元安家费;对引进的国家海外引才计划入选者,给予500万元-1000万元的创新创业项目资助;对引进的国家杰出青年科学基金获得者、教育部"长江学者奖励计划"特聘教授、中科院"百人计划"A类人选,优先入选我省"院士后备人选支持计划",对入选者给予300万元-500万元的项目经费支持。上述人员名单按规定报相关部门备案。对在赣卫星导航领域博士后研究人员,在日常经费资助和科研项目择优资助的评审中给予倾斜。(责任单位:省委人才办〔设在省委组织部〕、省人力资源社会保障厅、省国家安全厅)

19. 加大应用型人才培训力度。支持高等院校、职业院校成立北斗学院、建设实验室、开设北斗相关专业,培养专业性基础型人才。鼓励产学研协同建设北斗学院和实习实训基地,培养应用型人才。引导社会资本注入,鼓励地方、企业采取多种方式建设北斗科普教育基地,充分发挥社会科普资源作用,积极面向社会公众开展北斗科普教育活动,普及北斗科技知识。(责任单位:省委军民融合办、省教育厅、省科协,各设区市政府)

20. 落实北斗人才引进配套政策。对引进的北斗行业领军人才、专家学者按要求由相关部门做好人才认定工作,其随迁子女入学,由教育部门按照相关就学政策统筹协调落实,其随迁父母按规定享受医疗保障转诊关系接续等优先医疗待遇,其随迁配偶就业由人力资源社会保障部门牵头负责。(责任单位:省委人才办〔设在省委组织部〕、省人力资源社会保障厅、省教育厅、省医保局,各设区市政府)

江西省北斗应用推进工作领导小组办公室(设在省委军民融合办)要发挥统筹协调作用,建立健全北斗产业发展调度机制,定期调度北斗产业进展情况。要加强对北斗产业发展措施的督导落实和绩效评估,将其纳入省直单位绩效考核、全省高质量发展综合绩效考核评价。要强化行业和企业自律,发挥行业协会等专业机构的引导、协调、服务作用,努力为全省北斗产业发展营造良性竞争环境。

江西省人民政府办公厅关于印发“智联江西”建设三年行动方案(2021—2023年)的通知(节选)

(赣府厅字〔2021〕31号)

二、主要任务

(一)网络基础设施提升行动。

3. 推动卫星互联网建设。推进北斗卫星导航定位基准服务系统建设,建成全天候、高精度、高并发、大容载服务系统,为系统授时、精准定位、数据处理等提供基础服务。建设卫星互联网地面设施,加快“互联网+航天+通信”融合创新,打造全域天地空一体化通信网络,初步形成卫星互联网信息服务能力。(责任单位:省委军民融合办、省工业和信息化厅、省通信管理局、中国电信江西公司、中国移动江西公司、中国联通江西省分公司、中国铁塔江西省分公司)

(四)智联应用服务创新行动。

1. 经济领域。

智慧农林。加强新一代信息技术在农林业全产业链应用,围绕特色优势农林产品,鼓励南昌市、吉安市、赣州市等地开展智慧农林试验区建设,积极发展精准农林、智慧农林,推动农林业生产经营和管理服务数字化、智能化改造。进一步丰富“赣农云”建设内涵,依托现有省级智慧农业建设政府和社会资本合作(PPP)项目,推进农林大数据平台建设,深化大数据协同创新,推动“北斗+农林应用”,促进数据融合、业务融合和管理服务融合,逐步形成覆盖全省、统筹利用、统一接入的数据共享开放平台。强化全省农林业一体化大数据挖掘分析和利用,全面构建智慧农林生产经营和管理服务体系。到2023年,建成智慧农场、智慧林场200个以上。(责任单位:省农业农村厅、省林业局、省委军民融合办,各设区市政府、赣江新区管委会)

智能制造。增强国家工业互联网标识解析综合型二级节点,加快推动重点和特色产业工业互联网标识解析二级节点建设。加快工业互联网高质量外网建设,推动重点行业龙头企业、地方骨干企业开展工业互联网内网改造升级和示范应用。聚焦我省“2+6+N”产业,围绕有色金属、电子信息、汽车、航空、绿色食品、中医药等重点产业链,构建行业级工业物联平台,促进数字化与产业链、供应链深度融合。大力实施智能制造升级工程行动计划,开展设备换芯、生产换线、机器换工为核心的智能化改造,发展基于互联网的网络协同研发、个性化定制设计、共享制造等新模式新应用，实现数字化采集、网络化联接、智能化管控，培育5G、物联网、北斗、虚拟现实（VR）、人工智能等新一代信息技术赋能的数字化车间、智慧工厂。推动智能装备产品创新与应用推广，培育智能制造领域的行业性区域性公共服务平台、创新服务综合体。到2023年，培育100个左右智能制造标杆企业，形成2－3个具有全国影响力的工业互联网平台，带动5万家企业上云上平台。（责任单位：省工业和信息化厅、省通信管理局，各设区市政府、赣江新区管委会）

2. 生活领域。

智慧教育。推进各级各类学校智慧校园建设，充分利用"5G＋VR""北斗＋5G"等新技术推动建设智慧教室、智慧实验室、全息课堂等具有实践性和互动性的学科教室，加快建设在线智能教室、虚拟工厂、数字图书馆等智能学习空间，形成泛在化、智能化学习体系，实现教育资源的均等化和普惠化。充分整合全省优质课程资料、教学视频、教学方法等，完善省级智慧教育数据资源库，建立以个性化应用为基础的智慧校园生态体系。发展线上线下融合教学，依托数据资源库，打造以学生为中心的智慧学习平台。以人工智能等技术推动学习主题数据库和学科知识图谱构建，推进数据赋能的精准教学、因材施教。在南昌等地探索以VR等技术开展实景式、沉浸式教学，加快智慧教学课堂改造，促进复杂教学内容的可视化，激发学习兴趣和提升教学效果。到2023年，基本实现全省智慧校园全面覆盖。（责任单位：省教育厅、省委军民融合办）

智慧文旅。加快文化设施数字化更新，推进文化大数据体系建设，建立数据标准，实现文化大数据产业在社会各领域融合发展。深入推进数字图书馆、数字文化馆、数字博物馆和数字非物质文化遗产等智慧场馆建设，提升公共数字文化服务水平。建设景区智能监测设施和大数据平台，深化文化和旅游大数据的汇聚共享及协同创新，推进"一部手机游江西"提质升级，构建形成覆盖全省景区的智慧旅游监管平台、"云游江西"智慧旅游服务和推广平台，全面提升全省文化和旅游产品层次和服务品质。推动文化和旅游服务应用场景的智能化设施部署，充分运用数字技术发展沉浸式体验、虚拟展厅、高清直播等新型文化和旅游服务，推进"VR全景智慧旅游地图"、北斗智能讲解、"北斗＋VR"等智慧旅游项目。鼓励景区推出云游览、云观赏等线上数字化体验产品，提升市民游客参与旅游的便捷度。到2023年，全省4A级以上旅游景区、市级博物馆实现智慧应用服务全覆盖。（责任单位：省文化和旅游厅、省委军民融合办）

智慧交通。整合公路、铁路、民航等各类交通数据，推动建设全省交通大数据中心平台，深化数据协同创新和应用，构建"安全、便捷、高效、绿色、经济"的现代综合交通运输体系、公共信息服务平台、票务平台。支持各市建设城市交通大脑，强化交通大数据分析、交通视频人工智能分析等能力，建设标准统一、开放共享的智能网联汽车大数据基础平台。推进智慧道路基础设施建设，加快车用无线通信网络（LTE－V2X）部署实现区域覆盖,推进新一代车用无线通信网络(5G－V2X)在部分城市道路、高速公路重点路段应用。继续推广基于北斗技术的自有流高速公路应用,搭建公共区域交通监控服务系统,将公共区域车辆、线路、人员等信息纳入系统,推动实时数据分析,服务市民出行。推进基于北斗和5G的公路桥梁检测监测云智平台建设和应用,实现桥梁安全监测数据的集成化分析与共享,为全省公路桥梁结构安全监管提供技术保障。优化居民出行"最后一公里"体验,提升共享单车、电单车智慧化服务水平,完善租借服务、引导正确停放,提升道路通行效率。到2023年,建成各类智慧交通工程10个。(责任单位:省交通运输厅、民航江西监管局、南昌铁路局、省机场集团公司、省公安厅、省住房城乡建设厅、省委军民融合办,各设区市政府、赣江新区管委会)

智慧养老。推动现有养老机构开展智能化改造,支持各类主体新建智慧养老机构,运用北斗等新一代信息技术和智能穿戴设备,对涉老数据信息进行采集、汇总、分析研判,实现机构智慧化运作和管理。制订完善智慧养老相关产品和服务标准,开展家庭、社区、养老机构等多种场景应用,开发与传感器、智能设备、医疗设备对接的云边协同的智联网养老系统,探索"智慧养老服务平台＋呼叫中心＋居家养老服务中心＋养老服务组织"的智能服务模式,推进智慧养老服务中心建设。鼓励企业开发智慧养老综合服务平台,到2023年,培育智慧养老示范机构100个。(责任单位:省民政厅、省工业和信息化厅、省卫生健康委、省委军民融合办、省人力资源社会保障厅)

3. 治理领域。

智慧水利。网格化部署水文监测、水资源监测、水土流失等水环境监测设施;推进已建和在建水利工程的安全监测、视频监控、取水计量、雨水情等监测和预警设施部署;开展北斗卫星导航系统在重要水文站测报通信、坝体形变监测的试点应用,逐步整合水利数据资源,推进采集数据汇聚、共享和利用,优化再造水利业务流程,打造水利综合业务管理平台,逐步形成"一张网、一张图、一个平台"的省市县智慧水利应用体系。打造省市县三级洪水风险综合管理平台、河湖综合管理平台等,推进水利业务流程优化再造。力争到2023年,实现智慧水利应用覆盖全省大中型水库及骨干输水工程,为水利部门实施水资源调配、异常事件预报和突发事件应急处理提供科学决策依据。(责任单位:省水利厅、省科技厅、省委军民融合办、省发展改革委、省财政厅)

江西省人民政府办公厅关于加快推进海峡两岸产业合作区（江西）建设的实施意见（节选）

（赣府厅发〔2021〕12 号）

三、打造国家政策倾斜重要对接平台

（九）深化省部合作。加强与国台办、国家发展改革委、工业和信息化部、商务部等部委的互动，积极开展省部对接，用好国家支持原中央苏区振兴发展各类资源，加强与对口支援的中央和国家部委沟通联络，积极争取支持，加快培育壮大工业互联网、VR、物联网、北斗等产业，加快建设“物联江西”“智联江西”，力争在产业政策、资金项目等方面向合作区倾斜。推动中央“31 条措施”“26 条措施”“11 条措施”“农林 22 条措施”和“江西 60 条”等惠台措施以及江西省优化营商环境政策措施落地见效，促进台资企业同等享受中央和地方的各类纾困惠企政策，降低企业费用、融资、物流、制度交易等成本。（责任单位：省台办、省发展改革委、省工业和信息化厅、省商务厅、省财政厅、省金融监管局、人行南昌中心支行、江西银保监局、江西证监局，南昌市、赣州市、吉安市人民政府）

江西省人民政府办公厅关于江西省“十三五”期间综合性应急救援队伍建设的意见（节选）

（赣府厅发〔2016〕26 号）

三、加强应急救援设施装备建设

（三）深入推进应急救援信息化建设应用。进一步完善城市消防无线通信网、消防地理信息系统和应急指挥系统体系建设。城市政府专职消防队接警分别纳入设区市应急救援支队集中接警或县（市）应急救援大队统一接警；乡镇应急救援队通过有（无）线通信接受辖区应急救援大队调度指令。加快推进北斗卫星导航系统应用。2016 年底前，所有执勤车辆安装北斗定位终端，实现消防地理信息系统与公安警用地理信息系统的互联互通、信息共享，城市消防无线通信网覆盖辖区 80% 以上面积。

江西省人民政府办公厅
关于促进北斗卫星导航应用产业发展的意见

（赣府厅发〔2015〕33号）

各市、县（区）政府，省政府各部门：

北斗卫星导航应用产业（以下简称北斗产业）是军民结合高科技产业，也是国家鼓励发展的战略性新兴产业。为落实《国家卫星导航产业中长期发展规划》，推动我省北斗产业加快发展，进一步深化军民融合，带动产业转型和信息消费升级，经省政府同意，现提出如下意见：

一、总体要求

（一）发展思路。坚持政府引导、市场运作、创新发展、打造特色的原则，围绕挖掘消费潜力、增强供给能力、激发市场活力，扩大产业规模，优化产业结构，增强核心竞争力，逐步形成以芯片研发、终端制造以及数据获取、处理、应用为主，具有明显市场竞争优势的产业链，促进北斗产业快速健康发展。

（二）主要目标。到2020年，全省北斗产业主营业务收入达到400亿元以上，培育若干个实力雄厚、国内领先的龙头企业和一批充满活力的中小企业，形成一批关键核心技术和自主创新成果，使北斗产业成为我省战略性新兴产业发展的新亮点。

二、重点任务

（一）加强基础设施建设。加快构建全面覆盖江西地区的北斗地基增强系统，提升北斗系统导航定位和时空服务性能，为创新北斗系统应用模式和商业模式提供条件。整合互联网、云计算、移动通信、地理信息等资源，构建以时间和位置为主线，能提供高效数据存储、海量数据挖掘、泛在精确定位、智能位置服务，能支撑大规模、多样性、实时性、高并发应用的北斗时空服务平台。

（二）推动芯片及智能终端研发制造。积极研制基于北斗的车载智能终端芯片及智能应用解决方案，推动北斗产业与相关产业的融合发展。加强与手机芯片商合作，研发与第四代移动通信相结合、基于北斗的手机芯片及智能化系统芯片系列。加大民生领域应用芯片和智能终端研究，推出基于北斗的文化、教育、卫生等智能服务终端。重点打造芯片及智能终端研发核心团队，瞄准信息市场，着力研制满足市场需求的北斗芯片及智能终端产品，带动产业快速发展。

（三）拓展信息消费领域。发展基于时空信息云的各类数据加工、处理、分析、可视化和位置服务等平台软件建设，加强智能终端、智能语音等关键软件的开发应用。研发基于北斗的公共服务云平台，支持北斗智能终端企业、电信和广电营运企业、互联网企业、软件企业等发挥优势参与营运。加快自主可控智能应用系统研发推广，开发基于北斗的各类智能化服务产品，实现智能终端与智能化服务一体化发展，形成相应的商业运营模式，拓展信息消费市场。

（四）扶持企业做大做强。重点培育军工电子、软件和汽车电子等北斗导航应用型骨干企业。按照“一企一策”的原则，聚焦政策和资源，加大对领军企业的培育力度。支持以企业为主体，规划并建设北斗产业园。通过市场化运作，引入成熟的孵化管理团队，加快建设企业孵化器等基础配套设施。鼓励国内外知名企业在产业园设立研发总部，建设芯片及智能终端研发制造基地。大力推进央企入赣，加强与中央军工集团的战略合作，推动相关北斗项目落户。

（五）增强技术创新能力。建立以企业为主体、市场为导向、产学研相结合的协同创新体系，鼓励北斗卫星导航应用企业（以下简称北斗企业）与高等院校、科研机构共建各类科技创新平台。发挥重大科技专项的引领作用，支持北斗产业重点领域创新发展。加快北斗企业创新成果孵化、转化和产业化，促进科技成果的资本化和市场化，增强企业可持续发展能力。加强与省外高校、科研机构的合作交流，促进卫星导航系统的技术合作与应用。

（六）推进北斗应用示范。抢抓北斗重大专项示范机遇，争取国家有关部门支持，在农业、林业、旅游、交通等行业和领域开展北斗卫星导航应用示范，重点推动精准农业、生态林业、智慧旅游、车载物联网和昌九一体化等方面的应用示范工程。通过应用示范，探索北斗商业运作模式，引领全社会广泛参与，带动新技术、新业态的推广。

（七）加强人才队伍建设。鼓励北斗企业与国内外知名企业、科研院所加强战略合作，重点引进关键技术性人才及经营管理型人才。依托省内高校、科研院所及其他社会力量，多渠道联合培养北斗产业相关专业人才。组建北斗产业发展专家团队，积极研究和分析省内外北斗产业发展现状，提供产业发展方面的意见和建议，为制定产业发展规划、推进应用示范等提供政策咨询和技术服务。

2015 年 6 月 17 日

江西省人民政府办公厅关于深化军民融合加速推进军民结合产业发展的意见(节选)

(赣府厅发〔2015〕14 号)

二、主要任务

(一)打造军民结合特色产业。

5. 卫星应用产业:发展北斗应用芯片及智能终端设备,加强应用软件开发,形成以芯片研发、终端制造以及数据获取、处理、应用、服务为主,具有明显竞争优势的产业链。推动高分辨率对地观测系统重大专项的应用示范,促进高分数据在国土资源、农林、水利、环境监测、城乡建设等领域的应用。

(二)建设军民结合产业基地

8. 赣州卫星应用产业基地:以卫星导航产品制造和卫星应用服务为特色,建成要素聚集、规模集中、配套齐全的卫星应用产业基地。

江西省人民政府办公厅关于培育发展机器人及智能制造装备产业的意见(节选)

(赣府厅发〔2014〕63 号)

二、发展重点

(二)智能制造装备。重点发展高档数控机床,新型传感器、智能仪表及控制系统、高端光学仪器、卫星导航地面设备、高速铁路轨道数字化测量设备等智能测控装置,伺服驱动装置、精密传动装置、复合切削工具等关键基础零部件,分布式智能微电网中枢配电控制系统等集成智能装备。

江西省人民政府办公厅
关于促进地理信息产业发展的实施意见（节选）

（赣府厅发〔2014〕56号）

一、明确产业发展目标

（一）重要意义。地理信息产业是以现代测绘技术和地理信息系统、遥感、卫星导航定位等技术为基础，以地理信息开发利用为核心，从事地理信息获取、处理、应用的高技术服务业和战略性新兴产业，具有科技含量高、环境污染少、市场前景好、吸纳就业能力强等特点。地理信息产业是对经济社会全局和长远发展以及国家安全具有重大引领带动作用、技术知识密集、资源消耗少、产业链长、成长潜力大、拉动效应强的朝阳产业，是当今世界主要国家抢占未来发展制高点的战略重点，对于推进经济结构调整、加快经济发展方式转变、服务保障民生、扩大劳动就业、维护国家安全具有重大意义。

（二）工作思路。以体制机制创新为动力，全面提升我省遥感影像数据获取处理和应用能力、地理信息与导航定位融合服务能力、地理信息深层次开发应用能力和地理信息规范监管能力，加快形成“市场主导、企业推进、政府引导、社会参与”的发展格局，提高全省地理信息产业水平，更好地满足经济社会发展和人民群众需求。

二、突出产业发展重点

（六）发展地理信息与导航定位融合服务。提升我省卫星定位综合服务系统功能，大力开发基于北斗卫星导航定位及位置服务的软件平台和网络地图等相关产品，综合集成地图与地理信息、遥感数据信息、交通信息、气象信息、环境信息等基础信息，建立江西省导航应用综合服务平台。推动导航定位及位置服务与通信网、互联网、物联网的融合发展，积极开发推动国民经济建设和方便群众日常生活的导航定位与移动位置服务产品，不断培育新的经济增长点。

三、优化产业发展环境

（十二）加快科技创新和产业转化。完善以企业为主体的科技创新体系，鼓励符合条件的地理信息企业建立各类科技创新平台。发挥重大科技专项引领作用，组织实施产业重点领域创新发展工程。产学研用协同创新，联合开展科技攻关，推进地理信息深层次应用。支持和引导企业、高等院校、科研机构共建重点实验室、工程技术中心、技术研发中心等科技创新平台，提升防灾减灾、国情监测、导航定位、应急保障、现代农村等地理信息服务能力和水平。加快科技创新成果孵化、转化和产业化，提升产业核心竞争力。

江西省人民政府办公厅
关于加快电子信息制造业发展的意见(节选)

(赣府厅发〔2014〕16号)

三、发展重点和产业布局

(一)发展重点。

3.北斗卫星导航产业。利用军工电子企业在卫星导航领域及频谱管理应用领域技术优势,积极研发北斗卫星导航应用产品。依托汽车电子企业和整车企业,加强北斗产业协作配套,支持车载导航产业发展,推动北斗导航技术在车载电子领域的广泛应用。支持赣州重点发展卫星导航、授时、通信等以北斗卫星导航系统推广应用为基础的高新技术产业链,重点培育赣州北斗产业园项目,逐步引进北斗导航核心芯片研制、应用软件开发和应用终端机元器件制造等北斗卫星导航系统相关企业。

(二)产业布局。

以南昌、吉安、赣州、九江等设区市为重点,结合当地产业特色,规划产业布局。南昌重点发展LED产业及配套产品、新型电子元器件、触控屏、通信终端、数字视听等;重点培育南昌高新区光电及通信产业集群、南昌经济技术开发区光电产业集群。吉安重点发展通信设备、计算机及其外部设备、数字视听、新型显示器件等;重点培育井冈山经济技术开发区通讯终端设备产业集群、吉州区通讯传输系统产业集群、吉安县数字视听产业集群、泰和县触控显示器产业集群。赣州重点发展新型电子元器件、数字视听产品和LED产业及配套产品,大力培育北斗卫星导航产业及相关配套产业等;重点培育信丰县数字视听产业集群。九江重点发展手机通信终端、无线电接收机、北斗导航、计算机及其外部设备和电子材料;重点培育共青城市手机产业集群。其他设区市基于自身产业基础,依托产业基地和工业园区,加快电子信息制造业的重点培育、集群发展。

四、主要任务

(二)精心培育一批龙头企业。

选择一批发展前景好,有技术优势和市场潜力的龙骨干企业重点加以扶持,推进产业链整体协调发展,引领产业做大做强。半导体照明领域重点培育芯片制造企业与芯片封装及应用产品等上中下游产业链骨干企业;智能终端领域重点培育有品牌影响力的龙头整机企业;北斗导航领域重点培育军工电子、软件企业和汽车电子等北斗导航应用型骨干企业;基础元器件领域重点培育触控屏、高端线路板和电容器等优势基础元器件企业，进一步推动资源向重点企业集中，尽快做大规模、增强实力。

（五）大力促进一批特色企业转型升级。

引导电子信息制造企业淘汰落后技术，实现转型升级。推动江西智能终端企业从低端制造向高端智能制造发展，形成“整机＋关键元器件”带动发展的多极多层产业格局；积极整合优势资源，打造江西智能终端制造产业名牌；加快节能灯生产企业向 LED 产业转型升级，重点在九江和鹰潭等节能灯集聚区优选一批企业转产或扩产 LED 灯具，引导企业向半导体照明产业应用产品方向发展，实现产品升级换代；重点引进北斗导航终端和芯片开发等北斗导航领域企业，支持现有北斗导航企业向地理位置信息、软件系统集成、本地运营服务等新兴领域延伸。

江西省人民政府办公厅关于印发江西省地理信息产业发展规划（2013—2020 年）的通知（节选）

（赣府厅发〔2013〕12 号）

地理信息产业是生产性服务业，也是以现代测绘和地理信息系统、遥感、卫星导航定位等技术为基础，以地理信息资源的开发和利用为主体的战略性新兴产业。地理信息产业，包括测量产业、地图产业、导航定位产业、遥感产业及地理信息系统产业等主要内容。发展地理信息产业对于推动经济增长、转变经济发展方式、提高信息化水平、维护国家安全利益具有重要意义。为促进我省地理信息产业快速健康发展，根据《国务院关于加强测绘工作的意见》、《江西省国民经济和社会发展第十二个五年规划纲要》、《江西省地理信息服务体系建设“十二五”规划》以及国家关于促进地理信息产业发展的有关政策规定，制定本规划。规划期为 2013—2020 年。

一、产业发展面临的基本形势

（二）面临的形势。

1. 全球地理信息产业进入爆发式增长期。以 GPS 为代表的卫星导航应用市场已成为继移动通信和互联网之后的第三大信息经济新增长点。我国北斗卫星系统的快速组网和北斗民用化的快速推进，给地理信息产业发展带来了强劲的动力。2010 年，全球车用 GPS 硬件市场高达 219 亿美元。美国 GIS 市场规模近年来的年增长率接近 35%，纯商业化应用的年增长率高达 100%。我国地理信息产业在“十一五”期间以每年超过 25% 的速度持续快速增长。已有 10 多家地理信息企业上市，有 50 多家公司正步入上市进程。

2. 党和政府更加重视地理信息产业发展。近年来，党和国家领导人多次到地理信息企业考察并作出重要指示。国务院印发了《“十二五”国家战略性新兴产业发展规划》，提出了“大力推进卫星遥感、通信广播、导航定位等空间信息资源产业化应用”，国家把地理信息产业作为战略性新兴产业来发展。省委、省政府主要领导多次对加快地理信息产业发展作出指示和批示。我省2013年政府工作报告也明确提出“要积极发展新一代信息技术产业和生产性信息服务业，大力发展地理信息产业”。

二、总体思路

（二）基本原则。

2. 科技创新，对外合作。建立我省地理信息科技创新体系，研发卫星导航、卫星遥感应用等关键技术，加强国际交流与合作，提升自主创新能力。

三、目标任务

（二）发展重点。

3. 优先发展导航与位置服务业。加快本省导航数据体系建设，逐步形成我省全息导航地图获取、融合与更新工艺。建立本省的导航与位置服务中心，研发接收处理兼容北斗和其他卫星数据的多模式软件。加快推进现代测绘基准的广泛使用和北斗卫星导航的社会化应用。推动导航与位置服务和通信网、互联网、物联网应用的融合发展，深化导航电子地图、互联网地图等基于位置的服务应用，促进地理信息在智能交通、物流监控、电子商务、智慧医疗、智能养老等涉及民生领域的应用，培育新的经济增长点。形成3－5家在车船导航、手机导航、智能交通等方面的导航与位置服务骨干企业。

4. 繁荣地图及地理信息文化产品市场。鼓励地图产品制作单位开发新颖实用的地图产品。大力推进地理信息在网络地图服务、车载导航、手机定位、物流配送、移动目标监控、定位服务、电子商务等新型地图服务业态中的广泛应用，使地理信息与大众日常生活紧密结合，提升人民群众生活品质。支持企业开展地理信息文化研究，引进和培育1－2家地名文化创意龙头企业，在现有地理信息基础上，充分挖掘地名、地址的历史文化内涵，加载形式多样的文化信息内容，形成以地理信息为核心的动漫、网游、智力、教育等文化产品，培育地理信息文化创意产品市场。

四、重点工程

（五）综合地理信息平台建设与应用推广工程。

建成省级地理信息公共服务平台，完成11个设区市及20个县地理信息公共服务平台的建设，实现国家、省、市、县（区）节点互联互通。利用基础地理信息数据库和综合地理信息数据库，结合导航与位置服务，支撑或辅助开发交通、物流、电子商务、医疗等有关行业专题地理信息平台系统。积极培育地理信息消费市场，加大平台在移动终端的开发力度，增强平台与物联网的契合程度。

江西省促进开发区改革和创新发展领导小组关于印发《江西省开发区总体发展规划》的通知(节选)

(2018 年 11 月 12 日)

第三章　产业导向与空间布局

一、万亿级产业(2 个)

2. 电子信息及新型光电产业。以南昌高新区和赣江新区电子信息产业集聚区为核心、吉泰走廊至赣州为配套,做大做强 LED 与智慧照明、数字终端、新型显示、智能触控、多层电路板等优势产品,大力发展移动智能终端、平板电脑、可穿戴设备产品,培育北斗导航、集成电路产业。

第四章　重点产业与发展路径

第一节　推进新兴产业倍增

一、电子信息及新型光电产业。主攻光电、通信设备、数字视听等核心领域,拓展北斗导航、集成电路等高端产品领域,打造具有较强竞争力的电子信息及新型光电产业链。

1. 打造主导产品集群。聚焦光电 LED、通信设备、数字视听三大主导产品体系,加快补链延链强链,构建完整产品体系。光电 LED 领域依托全国首批国家半导体照明产业化基地和全国唯一具有全部知识产权的硅衬底 LED 技术,打造"南昌光谷"核心集聚,打通从衬底材料、外延、芯片、封装、终端应用的完整产业链。通信设备领域依托南昌高新区、赣江新区、吉泰走廊电子信息产业集群等,大力提升新型显示材料、触控屏模组、摄像模组、电声组件、多层电路板等关键环节技术能力,积极探索生物识别、人工智能等前沿领域,壮大手机整机生产规模,力争将我省打造成为全国重要的智能终端生产研发基地。数字视听领域重点发展中大尺寸网络智能液晶电视、网络高清视频摄像机等整机产品,拓展车载视听导航、数字音响、数字播放器等车载影音设备。同时,大力发展平板电脑、可穿戴设备、虚拟现实 VR 等新型智能终端,培育北斗导航、集成电路产业。

江西省发展和改革委员会、江西省经济贸易委员会、江西省科学技术厅、江西省信息产业厅关于印发《江西省高技术产业发展“十一五”专项规划》的通知(节选)

(赣发改高技〔2006〕986号)

四、重点领域建设

(三)电子信息终端产品

推进移动通信终端产业化,形成年产400万台以上的规模。巩固发展专用通讯设备、无绳电话机、光端机等产品,继续进行无线接入网设备、北斗卫星导航定位接收机、电子标签等项目的研制和生产。发展血细胞分析仪、纸币清分机、税控机、无刷无槽稀土微电机及控制器、电子电度表、电子水表、电子装备专用发电机组、智能卡、智能空调和冰箱等医疗、金融、电力、家电等产品。计算机类产品以出口和加工为主形成微型计算机和笔记本电脑的规模生产能力,发展与计算机配套的显示器、键盘、内存条等产品。实施汽车电子工程,重点发展智能化车载信息终端、MEMS车胎压力检测系统和传感器、面向汽车电子的嵌入式可视化集成开发环境、电涡流缓速器以及智能防撞系统等,实现产业化,扩大市场占有率,培育知名品牌。

江西省发展改革委、江西省测绘地理信息局关于印发《江西省测绘地理信息发展与应用“十三五”规划》的通知(节选)

(2016年11月7日)

一、规划背景

(一)“十二五”取得成绩

1. 测绘基准体系进一步完善。完成了全省第二次测量标志点普查,摸清了全省测量标志情况;完成了江西省卫星导航定位服务系统(JXCORS)的北斗升级改造,提升了站网稳定性,扩充了站网容量,实现覆盖全省的北斗卫星厘米级高精度导航定位服务;开展了二等水准点及GNSSB级点选埋、观测和数据处理工作,全省GNSS大地控制网及高程控制网得到整网完善,基本完成了现代大地基准完善项目。

（二）面临的形势

2. 技术进步。测绘地理信息新技术新成果不断涌现，科技创新能力逐步提升，随着测绘地理信息技术与移动互联网、物联网、大数据、云计算为代表的新一代信息技术加速融合，各种基于位置和地理信息的新应用、新业务继续加速出现，产业活动更加繁荣，以企业为主体的创新体系加速构建，"大众化"趋势更为明显。北斗卫星系统、卫星对地观测体系、现代化测绘基准体系、测绘地理信息处理、管理及服务等基础设施加速完善，不同领域地理信息数据共享、集成应用以及产业化开发日趋活跃。

二、总体思路

（三）总体目标

——基础地理信息资源供给能力显著增强。维护覆盖全省基于北斗卫星基准站点的卫星导航服务系统；前3年完成第三代1∶1万3D产品更新建库，后续2年全省1∶1万基础地理信息数据库重点要素每年更新1轮、重点城区半年更新1轮；全省优于2.5m分辨率、重点变化区域优于1m分辨率DOM每年更新1轮；完成全省0.2m分辨率DOM生产。

三、主要任务

（一）丰富更新基础地理信息资源，运维和完善现代测绘基准体系。统筹整合国家、省、市、县现有的多模GNSS基准站资源，建立统一管理和协同服务机制，建立覆盖全省的集平面、高程信息于一体的综合性基础控制网，持续运维和优化江西省卫星导航定位服务系统（JXCORS），规范全省卫星定位基准站建设，做到互联互通、数据共享、全省一张网，向政府部门和社会提供统一的空间基准数据服务。加快国产导航卫星位置服务的应用，维护数据传输网络，提供实时定位精准服务，加大基于北斗卫星系统的推广应用；构建能提供高效数据存储、海量数据挖掘、泛在精确定位、智能位置服务的北斗时空服务平台。

四、重点工程

（一）基础地理信息资源建设与更新工程

1. 现代测绘基准完善与维护。继续完善以JXCORS为骨干，GNSSA、B级点为框架，C级点为补充的江西省现代测绘基准体系，维护覆盖全省基于北斗卫星基准站点的卫星导航服务系统，保障数据传输网络的正常运转，保证基准站点全天候接收的卫星导航数据，为全省注册入网用户提供24小时的高精度实时定位服务。综合利用已有的水准资料、重力资料、DEM模型等资料，加密点位，进一步提高江西省似大地水准面精化模型精度，并将其与JXCORS相结合，真正实现GNSS技术在几何和物理意义上的三维定位功能。开展北斗卫星导航应用示范，重点推动公安警务、精准农业、生态林业、智慧旅游、车载物联网等应用示范工程。

（七）测绘地理信息科技创新工程

1. 提升科技创新与应用能力。加强流域生态与地理环境监测国家测绘地理信息局重点实验室创新载体建设，加强基础理论研究和能力建设，重点开展鄱阳湖流域生态与地理环境监测、地理信息综合服务、大数据挖掘与分析、地理信息交换和共享、北斗导航定位与位置服务、空天地一体化实景三维、遥感影像变化自动发现、移动测量应用等方面的关键技术研究，持续支持开放基金课题研究，提升科技对重大工程实施的支撑保障能力。每年支持测绘科技推先与科技创新项目，提高实际生产的效率，为今后拓展业务领域作技术储备，培养锻炼科技人才和项目管理人才。每两年开展 1 次全省测绘地理信息行业职业技能竞赛，激励测绘地理信息行业从业人员提升职业技能和技术创新能力。

江西省工信委、江西省发改委关于印发江西省“十三五”信息化发展规划的通知（节选）

（赣工信信推字〔2016〕497 号）

三、主要任务和重点工程

（三）推进两化深度融合和智能制造

专栏四　信息产业发展工程

1. 电子信息产业。主攻通信产业、半导体照明产业和数字视听产业三大方向，积极培育集成电路产业、北斗卫星导航产业等新兴领域，重点培育 3－5 家主营收入过百亿的龙头企业，推动制造业向服务领域延伸，围绕集成电路、云计算、物联网、移动互联网等新兴领域，强化集成电路设计、软件开发、系统集成、内容与服务协同创新，培育一批新型电子信息产品制造企业。

江西省工信委关于印发江西省电子信息制造业三年行动计划（2016—2018 年）的通知（节选）

（赣工信电子字〔2016〕8 号）

四、重点领域和发展方向

（三）数字视听产业

2. 不断拓展车载视听产品种类，丰富汽车电子产品体系。重点支持车载数字影音导航系统、高保真音响系统和智能穿戴产品发展，推动吉安车载数字视听产业集聚区的发展壮大。鼓励车载北斗导航系统、汽车胎压监测等汽车电子产品发展。

（四）集成电路产业

以移动智能终端、数字电视、可穿戴设备等应用芯片设计为切入点，在南昌、吉安、九江等地规划布局，着力在触控显示用集成电路、LED驱动用集成电路等领域实现突破，重点引进移动互联网芯片、光通信芯片、射频芯片、北斗导航芯片以及高端通用芯片等产品的关键生产技术。

江西银保监局关于银行业保险业支持江西工业强省战略实施的指导意见（节选）

（赣银保监发〔2021〕5号）

四、具体举措

（三）助力打造数字经济新动能。数字经济正成为驱动经济高质量发展的重要引擎，银行保险机构要全力对接江西数字经济“一号工程”建设，促进科技与金融深层次结合。

6. 培育发展专业服务机构。鼓励在鄱阳湖国家自主创新示范区和数字经济资源集聚区新设或改造部分分（支）行作为从事中小科技企业金融服务的专业分（支）行或特色分（支）行，为VR、物联网、大数据和云计算、集成电路、人工智能、北斗、区块链等数字产业提供专业化金融服务。

江西省交通运输厅关于加强和规范事中事后监管的实施意见（节选）

（赣交法规字〔2021〕6号）

二、工作措施

（三）创新和完善监管方式

7. 加强信息化监管。推进交通运输“互联网+监管”，充分利用互联网、大数据、云计算等新技术，在客运车辆和危险货物运输车辆加装主动预警装置，对运输企业、车辆、船舶及各类经营行为进行精准监管。要充分运用信息化手段创新监督方式，加强跟踪指导，压实监管责任。依托道路运政管理信息系统、车辆卫星定位系统政府监管平台、危货运输安全监管系统、汽车维修电子健康档案管理系统以及驾驶培训监管服务系统，利用大数据分析和业务协同等技术手段，加强对道路运输企业、从业人员、车辆的经营行为、服务质量、安全生产等情况进行全过程、精准化监管。加强普通公路不停车检测点设施建设，积极推广网络监测、视频监控等非现场监管方式，研究制定非现场执法工作制度。加大江西省交通运输厅综合信息服务系统、综合行政执法信息管理系统、政务服务“好差评”系统、信用交通等信息系统建设力度，及时总结综合行政执法信息管理系统试运行情况，适时全面推广。建立综合交通运输信息资源共享交换机制，推动实现日常监管、行政处罚信息实时流转、实时抄告、实时监控、实时共享。强化与省政府、交通运输部各业务平台监管信息的对接与共享。

江西省交通运输厅关于印发《江西省道路运输车辆卫星定位系统社会化动态监控服务商备案管理办法（试行）》的通知

（赣交运输字〔2021〕1 号）

各设区市、省直管试点县（市）交通运输局、赣江新区城乡建设和交通局，省公路运输管理局：

现将《江西省道路运输车辆卫星定位系统社会化动态监控服务商备案管理办法（试行）》印发给你们，请遵照执行。

江西省交通运输厅

2021 年 1 月 12 日

江西省道路运输车辆卫星定位系统社会化动态监控服务商备案管理办法（试行）

第一章　总　　则

第一条　为规范江西省道路运输车辆卫星定位系统社会化动态监控服务商的备案工作，确保道路运输车辆动态监控管理高效、科学，依据《江西省道路运输条例》、《道路运输车辆动态监督管理办法》（交通运输部、公安部、国家安全生产监督总局 2016 年第 55 号令）的规定，制定本办法。

第二条　在江西省内从事“重点营运车辆”（旅游客车、包车客车、三类以上班线客车、农村客运和危险货物道路运输车辆）、“半挂牵引车以及重型载货汽车”（总质量为 12 吨及以上的普通货运车辆）卫星定位系统社会化动态监控的服务商（以下简称“服务商”）备案活动适用本办法。

第三条　服务商在开展经营活动前，须向省级交通运输管理部门备案。

第二章　备 案 申 请

第四条　从事道路运输车辆卫星定位系统社会化动态监控服务的申请人，应当向江西省行政中心集中办事大厅的省交通运输厅窗口提出备案申请。

第五条　省级交通运输管理部门应当对备案申请内容和材料进行实质性审查，出具审核意见。

第六条　服务商申请备案时须提交以下材料（A4 纸质材料和 PDF 电子版扫描件各一套。

（一）道路运输车辆卫星定位系统社会化动态监控服务商备案申请材料（见附件1）；

（二）法人营业执照（若非本省法人企业还应提供在江西设立分公司的营业执照）（申请人无需提供法人营业执照材料，相关基础信息由审查部门从有关政府部门网站获取）；

（三）车载终端设备检测报告（需符合交通运输部和我省相关技术规范）原件的扫描件或盖有申请单位鲜章的复印件；

（四）江西省道路运输车辆卫星定位系统社会化动态监控服务商备案申请承诺书（见附件 2）；

（五）履行服务能力的相关证明材料。

1. 企业办公场所产权证明或租赁合同原件的扫描件或盖有申请单位鲜章的复印件（若非本省法人企业还应提供江西公司办公场所证明）；

2. 系统平台硬件（设备设施）部署在江西境内的证明材料，包括：机房信息、设备照片及设备清单等；若系统平台硬件设施设备托管给第三方的还须提供托管合同（或协议）原件扫描件或盖有申请单位鲜章的复印件。从事“重点营运车辆”动态监控服务的须提供以上材料。

3. 如申请备案的服务商使用其他公司所属的系统平台（软件），则需提供系统平台（软件）所属公司给予服务商在江西境内运营服务资格的平台使用授权书；

4. 维护服务和培训制度，包括：维护服务方案、技术培训方案等内容。

第三章　审核公示与决定

第七条　省级交通运输管理部门在 7 个工作日内进行审核，审核通过后将审核结果在省级交通运输管理部门网站上公示 5 个工作日，接受社会监督。公示期结束后，省级交通运输管理部门向申请人出具审核意见。

第八条 省级交通运输管理部门依据审核意见,将准予备案服务商名单在省级交通运输管理部门网站公布;同时,还将从事“半挂牵引车以及重型载货汽车”车型服务的服务商名单报送至中国交通通信信息中心,以便准予备案单位完成与全国道路货运车辆公共监管与服务平台的对接工作。

第九条 准予备案的“重点营运车辆”动态监控服务商应在15个工作日内安排专业技术人员到省级交通运输管理部门完成系统平台和江西省道路运输车辆卫星定位系统政府监管平台的数据与专线的对接及校验工作,并提供专线(带宽不低于10M)租赁合同,完成后由对接校验人员出具意见。如因服务商原因未在规定时间内完成数据对接及校验工作,视为自动放弃,取消该备案资格。

第四章 服务履行与考核

第十条 服务商应为相关运输企业提供相应的道路运输车辆卫星定位系统动态监控服务,满足运输企业的安全管理需求。

第十一条 服务商应主动接受各级交通运输管理部门的服务监督和考核,积极配合各级交通运输部门做好道路运输车辆动态监控数据对接工作。

第十二条 服务商应按照省级交通运输管理部门的备案管理要求,实现服务商系统平台和江西省道路运输车辆卫星定位系统政府监管平台的数据对接,并提供符合行业技术标准的系统平台和设备,确保服务商系统平台功能满足行业安全监管需要。

第五章 备案变更、服务暂停及退出

第十三条 服务商在备案材料发生变更时,应在备案事项发生变更后10个工作日内向省级交通运输管理部门提交变更备案申请或按要求补充报送备案材料(见附件3),省级交通运输管理部门将对备案材料进行更新完善。

第十四条 服务商申请暂停从事服务的,需提前做好平台上现有车辆的注销、转网等工作,并向省级交通运输管理部门提交《暂停从事“重点营运车辆”动态监控服务申请表》(见附件4),自审核同意之日起,不再参加年度考核评价。

第十五条 服务商申请退出运营服务的,应提前做好平台上现有车辆的注销、转网等工作,并向省级交通运输管理部门提交《退出从事“重点营运车辆”动态监控服务申请表》(见附件5),省级交通运输管理部门将按照相关流程终止其服务资格。

第十六条 服务商因存在重大违法违规行为等原因,被省级交通运输管理部门按规定撤销其备案资格的,应积极配合平台现有车辆的注销、转网等工作。

第六章 附 则

第十七条 本办法自印发之日起施行,原《江西省公路运输管理局关于印发〈江西省道路运输车辆卫星定位系统社会化动态监控服务商备案管理办法〉的通知》(赣运科技字〔2017〕23 号)同时废止。

附件(略)

江西省交通运输厅关于印发《江西省道路运输重点营运车辆社会化动态监控服务商考核评价办法(试行)》的通知(节选)

(2021 年 1 月 12 日)

第二章 考 核 内 容

第五条 服务商技术考核内容包括:平台连通率、车辆上线率、轨迹完整率、数据合格率、卫星定位漂移车辆率,数据参考范围标准详见附件 1 表一。

(一)平台连通率:统计期内,下级平台与上级平台之间保持正常数据传输的时间总和占统计期间总时长的比率;

(二)车辆上线率:统计期内,至少向上级平台传输一次合格动态数据的重点营运车辆数占本企业处于营运状态且已入网的重点营运车辆数的比率;

(三)轨迹完整率:统计期内,重点营运车辆完整轨迹与本企业上线重点营运车辆轨迹的比率。轨迹完整是指轨迹点连续;

(四)数据合格率:统计期内,下级平台上传的合格数据条数占上传数据总条数的比率。合格数据包括车牌号、车牌颜色、时间、经度、纬度、定位速度、行驶记录速度、方向、海拔、车辆状态、报警状态等符合《道路运输车辆卫星定位系统平台数据交换》(《JT/T 809》协议)相关信息数据体结构规则,且在合理范围内的车辆动态数据;

(五)卫星定位漂移车辆率:统计期内,车辆定位数据存在高频度远距离漂移车辆总数占本企业重点营运车辆上线总数的比率。

江西省自然资源厅关于加强自然资源保障支持民营经济健康发展的实施意见(节选)

(2019 年 3 月 8 日)

8. 鼓励民营企业参与地理信息产业发展。除基本比例尺地形图测绘、测绘基准体系建设等因涉及国家秘密,须由基础性、公益性的事业单位承担外,鼓励民营企业在航空航天遥感影像获取、地图编制、地理信息系统开发、数字城市和智慧城市建设、地理信息数据生产、界限测绘和工程测量等业务领域，平等参与市场竞争。引导和支持民营资本投入测绘行业的软件开发、仪器制造、科技自主创新和成果转化，培育一批具有较强竞争力的龙头企业和较好成长性的创新型中小企业，形成一批具有影响力的自主品牌。扶持行业协会发展，给民营企业提供更多参与行业自主管理的机会和空间。积极支持测绘地理信息民营企业使用江西省卫星导航定位服务系统，推动地理信息在位置服务、电子商务、电子政务、智能交通、现代物流等方面的深度开发应用。

江西省交通运输厅关于印发《2018年全省交通运输工作要点》的通知（节选）

（赣交法规字〔2018〕3号）

五、加快行业提质增效

加快建设智慧型行业。推进大数据、云计算、物联网和北斗导航等技术应用，构建“一个中心、三大平台”，实现大数据应用能力显著提升、政务管理协同化水平明显提高。推进行业公共数据资源开放共享，逐步向社会开放交通运输数据资源。推进城市公共交通智能调度、综合客运枢纽智能化建设，引导多种运输方式顺畅衔接和协调运行。依托宁定高速公路推进部科技示范路建设，争创全国“互联网+”高速公路运营管理示范品牌。依托昌九高速公路改扩建工程开展交通运输部新一代国家交通控制网与智慧公路前期试验。

江西省交通运输厅关于印发《江西省公路水路交通运输科技“十三五”发展规划》的通知（节选）

（赣交科教字〔2017〕5号）

三、主要任务

（一）关键实用技术研发

1. 重大科技专项

（3）基础设施智能管控与协同运营关键技术

——重要结构物运营监测大数据平台关键技术。研究并推广应用基于北斗卫星定位系统的重点桥梁、边坡和隧道安全监测系统、交通无线传感技术、水上无线电通信技术与设备、船联网终端、车路协同系统、民用车船载北斗卫星导航终端等技术和装备。

(二)科技成果推广应用

1. 成果推广的重点领域

信息化领域。重点推广城市“一卡通”互联互通，航标同步闪、遥测遥控，北斗卫星导航系统在交通运输领域的应用，ETC 联网不停车收费等。

山东省

山东省人民政府关于印发山东省“十四五”综合交通运输发展规划的通知(节选)

(鲁政字〔2021〕127 号)

四、完善“四个体系”，加快行业治理体系和治理能力现代化建设

(二)完善科技创新体系。

3. 推进三个领域智慧化升级。加快基础设施、公众出行、物流运输等三个领域的智慧化升级，推进交通新型融合基础设施、一体衔接的数字出行和多式联运的智慧物流三个网络建设。结合人工智能、人脸识别、车辆识别、建筑信息模型(BIM)等多项新型技术，建设智慧高铁站；以济南、青岛、烟台三大枢纽机场为依托，建设智慧管理、智慧引导、智慧安保的全方位智慧机场体系；依托京杭运河、小清河复航工程推进智慧港航规划建设，推进济宁港梁山港区铁水联运无人化港口示范工程。推动货运物流数字化发展，鼓励网络平台道路货运、车货匹配、智能航运等“互联网 + 货运物流”新模式发展；积极拓展北斗卫星定位系统在物流运输方面的应用；深入开发 ETC 在其他领域拓展应用。促进出行服务创新应用，鼓励各类市场主体培育“出行即服务(MaaS)”新模式，以数据衔接出行需求与服务资源。鼓励开展交通旅游服务大数据创新应用试点。加强道路客运电子客票推广应用，实现二级及以上公路客运站和定制客运线路电子客票全覆盖，实现“刷脸”进站乘车。加快城市智慧公交建设，推动智能网联与智慧交通融合发展，探索开展无人驾驶公交试验。

山东省人民政府关于大力推进“现代优势产业集群+人工智能”的指导意见(节选)

(鲁政字〔2019〕84号)

二、重点工程

(四)现代海洋产业智能提升工程。加快建设海洋超算和大数据平台,构建海洋综合立体观测网,提高海洋事务决策科学化、智慧化水平。推进人工智能技术与港口服务监管融合,建设智能化无人码头,打造智慧港口。综合运用人工智能、大数据、云计算、卫星遥感等先进技术,打造智慧型海洋牧场。

重点任务专栏4

2.智慧海洋信息技术装备

建设海上北斗定位增强及应用服务系统,构建海上无线高精度定位网络。

(九)精品旅游产业智能提升工程。开展智慧旅游景区、智慧旅游饭店创建工作,完善旅游信息公共服务体系,建设集导游、导览、导航、导购等功能为一体的公共服务平台。加快建立山东旅游大数据平台,提高预测预警、应急处置、舆情监控等水平。

三、专项行动

(五)人工智能基础设施升级行动。

1.加快新型网络基础设施建设。重点推进第五代移动通信网(5G)、国际互联网协议第六版(IPv6)、北斗卫星导航、工业互联网、车联网等网络设施建设,建设陆海空一体化信息网络。

山东省数字山东发展规划(2018—2022年)(节选)

(2018年12月)

三、夯实数字山东基础新支撑

(一)建设现代数字基础设施。加快构建高速畅通、覆盖城乡、服务便捷的通信网络,提前部署下一代数字基础设施,增强大数据基础支撑能力,打造国际信息通信桥头堡,建设服务新旧动能转换的信息高速公路。

1.加快升级信息通信网络。不断提高骨干网和城域网出口带宽,增强高速传送、灵活调度和智能适配能力。大幅提升光宽带网络接入能力和品质,实现“光纤入户、千兆示范”引领,城乡普遍提供千兆级接入服务能力,基本实现20户以上自然村光纤网络通达,满足城乡家庭灵活多样信息服务需求。推进4G网络在城市、农村地区全面深度覆盖,加快建设无线城市,提升城市公共场所和热点区域WiFi免费接入服务能力。推动农村和边远地区电信普遍服务全覆盖,鼓励和引导电信运营企业大幅度降低家庭宽带、企业宽带和专线使用费。加快建设天地一体化信息网络,增强空间设施应用能力,推进量子通信、北斗导航、遥感卫星系统建设。

四、培植壮大数字经济新动能

(一)壮大新一代信息技术产业。聚焦核心基础、高端优势、融合创新和前沿新兴四大领域,加快壮大产业规模,不断提升创新能力,持续优化产业结构,将新　代信息技术产业打造成为我省支柱产业。

1. 做强核心引领产业。

(4)地理信息。依托省内高校和科研院所,重点研发核心芯片、广域实时高精度定位/授时、海量用户位置服务、时空数据融合应用、位置信息安全保障等技术。扩大车载、船载等导航终端生产规模,提升卫星导航与位置服务产品检测能力。加快建设北斗数据中心和数据运营服务平台,提供北斗卫星数据综合服务。实施一批北斗和遥感应用示范项目,深化在交通物流、智慧海洋、星基授时、资源环境监测与调查、地理测绘和应急保障等重点领域应用。

六、实施重点突破行动

(四)国际数字合作突破行动。

4. 提升科技创新合作水平。推动建立跨国技术转移中心,统筹开展技术研发、标准制定、技术合作等活动,推动形成相互确认的电子认证、电子签名和云计算可信服务、机房绿色节能、大数据服务、北斗导航与位置服务等交流合作。围绕跨境电商、智能制造、智慧城市等信息技术创新热点领域,形成一批示范性强、带动性强的重大技术合作项目,不断完善数字丝路技术合作配套政策体系。

山东省人民政府关于印发《山东省“互联网+”行动计划(2016—2018年)》的通知(节选)

(鲁政发〔2016〕14号)

三、保障措施

(一)完善基础支撑,提高服务能力。

3. 强化信息产业支撑。着力突破核心芯片、高端服务器、高端存储设备、数据库和中间件等产业重点环节的技术瓶颈，加快推进云操作系统、智能终端操作系统的研发和应用。积极发展云计算、智能制造等解决方案以及高端传感器、工控系统、人机交互等软硬件基础产品。运用互联网理念，构建以骨干企业为核心、产学研用高效整合的技术产业集群。大力推进北斗产业体系建设，增强北斗卫星服务能力，为构建天地一体化互联网络提供保障，催生信息技术产业新的增长点。（省经济和信息化委、省科技厅、省发展改革委等负责）

山东省人民政府关于贯彻国发〔2014〕60号文件创新重点领域投融资机制鼓励社会投资的实施意见（节选）

（鲁政发〔2015〕12号）

二、重点领域和进入方式

（六）信息和民用空间基础设施领域。以打破行业垄断和市场壁垒为突破口，鼓励民间资本参与宽带接入网络设施建设和运营，支持民营企业开展宽带接入网业务试点，以参股方式投资宽带接入网络建设，参与卫星导航地面应用系统等国家民用空间基础设施建设。推进民营企业开展移动通信转售业务试点，支持社会资本开展电信增值业务。加强政府采购服务，鼓励民间资本研制、发射和运营商业遥感卫星，提供市场化、专业化服务。支持民间资本参与建设和运营包括公用基础数据平台（中心）、政府管理信息化、民生服务信息化和智慧产业在内的智慧城市综合项目。

山东省人民政府办公厅关于印发山东省防震减灾事业发展第十四个五年规划的通知（节选）

（鲁政办字〔2021〕42号）

四、重点项目

实施“山东省防震减灾公共服务现代化建设工程”项目，具体包括重点地区地震灾害风险调查和重点隐患排查、地震监测预警能力建设、地震应急技术装备保障和防震减灾公共服务信息系统建设等4个分项工程，由省地震局牵头组织实施。

（二）地震监测预警能力建设分项工程。

1. 智能地震监测站网建设。实施地震监测台网设备升级换代。优化地震监测站网布局，对重点地区进行加密观测，布设流体和气体地球化学观测点，完善流动地磁场观测系统，开展北斗卫星地壳变形及断层面应力等监测。增建近海地区的地震监测站点，形成海岛地震观测链。建设地震台网运行管理综合平台，提高站网运维、数据质检和计量校标的智能化水平。

山东省人民政府办公厅关于加快推进世界一流海洋港口建设的实施意见（节选）

（鲁政办字〔2021〕19号）

二、夯实基础，深入推进智慧绿色平安港口建设

3. 提升港口智慧化水平。深入开展交通强国智慧港口建设试点，推进自动化码头、智慧管理平台等重点项目建设，深化5G、北斗、物联网等港口场景应用。到2025年，5万吨级以上干散货专业化码头作业基本实现自动化。（牵头单位：省交通运输厅，参与单位：省科技厅、省国资委、山东海事局）

山东省人民政府办公厅关于山东省数字基础设施建设的指导意见（节选）

（鲁政办字〔2020〕34号）

二、重点任务

（一）建设泛在连接的信息通信网络。

1. 发展新一代移动通信网络。高质量建设5G网络，全面推进各市5G网络试点和规模组网，推动5G与重点垂直行业深度融合。2020年新开通5G基站4万个，到2022年年底，基本实现县级以上城区、重点乡镇（街道）5G网络覆盖。深化4G网络建设，加快实现20户以上自然村4G全覆盖。（省通信管理局、省工业和信息化厅、省大数据局分工负责）推动智慧广电网络建设，建立面向5G的移动交互广播电视传播网络，实现广电网络超高清、云化、IP化、智能化发展。（省广电局、省通信管理局分工负责）加快建设天地一体化信息网络，积极参与国家低轨通信卫星、浮空平台通信系统建设，完善卫星互联网地面设施，争取国家海上卫星发射母港落地。丰富“天地图·山东”空间定位基础平台功能，提供北斗卫星导航定位基础性服务，面向重大国情国力调查、电子政务、防灾减灾、生态环境保护等领域开展示范应用。（省科技厅、省工业和信息化厅、省自然资源厅分工负责，省发展改革委、省统计局、省应急厅、省生态环境厅、省大数据

局、有关市政府配合）

（四）升级智能融合的传统基础设施。

2. 全面推广智慧能源基础设施。推进能源互联网建设，鼓励建设基于互联网的智慧能源运行云平台，强化电力、天然气、热力管网等各类能源网络信息系统的互联互通和数据共享，构建能源形态协同转化、集中式与分布式能源协同运行的综合能源网络。大力推广“多表合一”，实现电、气、热等多种能源消费信息的集中自动采集和跨行业数据共享。统筹石油、天然气管道智能化发展，加快油气管道综合管理信息平台建设，推进新建管道数字化交付、智能化应用和在役管道数字化恢复、智能化改造。推进“互联网＋”充电设施建设，打造全省统一的智能充电服务平台，依托加油站、公交站场、停车场等场所，构建车桩相随、智能高效的充电基础设施体系。到2022年年底，全省智能充电桩保有量达到10万个以上。开展“多站融合”建设试点，依托变电站建设分布式数据中心站、储能站、5G基站和北斗卫星地面基准站，促进变电站闲置空间资源共享利用。（省能源局、省大数据局、省通信管理局、省住房城乡建设厅、省交通运输厅分工负责）

山东省人民政府办公厅关于印发山东省地理信息产业发展规划（2017—2025年）的通知（节选）

（鲁政办字〔2018〕7号）

一、形势分析

（三）我省产业发展面临的机遇。

科技创新日新月异。在物联网、互联网、大数据、航空航天和人工智能等新技术的驱动下，地理信息获取、处理和服务手段更加先进。北斗卫星导航定位向多系统融合、高精度定位快速发展，具备了服务亚太并向全球推进的能力和条件。高分辨率、高光谱对地观测、多时相合成孔径雷达（SAR）、机载多角度倾斜摄影和集群化遥感处理等技术获得广泛应用，地理信息系统更加注重空间和属性信息的精细化管理，产品内容和形式向社会化、三维化、动态化、泛在化和智能化发展，科技创新为地理信息产业持续发展提供了强有力支撑。

三、重点领域和主要任务

（三）推动导航位置服务。

5. 建成全省卫星导航定位基准站“一张网”。优化全省卫星导航定位基准站网，建成覆盖全省的北斗卫星导航定位地基增强系统，形成北斗、GPS、格洛纳斯、伽利略相互兼容，全天候、高精度、自主可控的全省卫星导航定位基准站“一张网”。综合集成地图与遥感数据、交通、气象、环境等信息，基于智慧山东时空信息云平台，为各行业应用提供综合定位、导航、授时、短报文服务，将卫星导航技术、产品和应用辐射至全省陆地和海域，推动卫星导航产业规模化发展，向社会公众提供开放实时的动态位置服务。加快建设辅助定位系统，推进量子导航定位、泛在测量、室内外无缝导航定位等新技术在重点区域的应用。

山东省人民政府办公厅关于贯彻国办发〔2014〕26 号文件进一步加强林业有害生物防治工作的意见（节选）

（鲁政办发〔2015〕2 号）

一、主要目标和任务

（五）加强防治基础和应急防治能力建设。各级要加强林业有害生物防治发展规划的编制和实施工作。要重点加强基层防治检疫机构基础设施和应急防治能力建设。省林业主管部门要深入调查研究，制定县级林业有害生物防治检疫测报示范站建设标准，市、县级政府要按照标准落实示范站建设任务，力争到 2020 年，每个县（市、区）建成 1 个县级示范站，大幅度提升防治检疫测报能力。各地要进一步完善突发林业有害生物灾害应急预案，制定严密规范的应急防治流程，纳入公共应急管理体系。充分利用物联网、卫星导航定位等信息化手段，建立应急防治指挥系统，组建专群结合的应急防治队伍，建设应急物资储备库。定期开展防治技能培训和应急演练，提高应急响应和处置能力。

山东省人民政府办公厅转发省经济和信息化委关于加快促进信息消费扩大内需的实施意见的通知（节选）

（鲁政办发〔2014〕9 号）

三、着力增强信息产品供给能力

8. 大力发展“北斗”应用产业。积极参与国家“北斗导航基础设施工程”，尽快形成完整的卫星导航综合应用基础支撑体系。积极参与“北斗导航大众工程”，融合交通、气象、地理等信息服务，推动卫星导航功能成为车载导航、智能手机等终端的标准配置。积极参与“北斗导航安全工程”，分阶段推行北斗导航及其兼容产品的应用。加快推进北斗卫星导航产业化，以交通运输、城市管理等领域为重点推进北斗卫星导航系统应用。到2015年，全省培育2－3个北斗产业与应用园区。

山东省发展和改革委员会关于印发《山东省“十四五”战略性新兴产业发展规划》的通知（节选）

（鲁发改高技〔2021〕575号）

三、重点产业

（二）拓展新兴产业发展领域和空间，培育壮大新动能

2. 航空航天。深度参与国产大飞机制造，进一步完善提升航空航天产业链条，积极发展空间探测技术，加快建设国内重要的航空航天科技创新和产业发展高地。

飞机关键零部件。聚焦航空发动机关键技术、关键工艺的研发，支持通用飞机发动机、发动机叶片、涡轮机叶片等航空发动机及关键零部件研发制造，打造青岛航空发动机配套制造产业基地、潍坊航空航天零部件及发动机制造产业基地、枣庄航空发动机叶片制造基地、日照关键零部件研发制造维修基地。以国产民航飞机北斗导航应用项目为依托，推动北京航空航天大学东营研究院开展北斗机载设备研发和应用示范。加强高品质航空轮胎研发，推动我省大型轮胎企业向航空轮胎制造转型。加快建设特色鲜明的临空经济区、航空产业园、航空小镇、飞行营地。

地理信息。主动参与低轨通信卫星、浮空平台通信系统建设，提供北斗卫星导航定位基础性服务，加快构建天地一体化信息网络骨干节点。加强航空航天遥感影像数据统筹获取和应用。积极推广应用山东省北斗卫星导航定位基准站网，推动北斗定位授时在自然资源、交通运输、农林渔业、水文监测、气象测报、电力调度、救灾减灾、公共安全等领域广泛应用。加强地理信息软件研发和装备制造，促进卫星导航与位置服务产业化发展。支持建设国家北斗产业化应用示范基地（济宁）。

山东省农业农村厅关于开展家庭农场高质量发展整县提升试点的通知（节选）

（鲁农经字〔2021〕1号）

二、试点内容

（四）进一步推动家庭农场发展“互联网＋”。充分利用农村基础网络、新基建等建

设机遇,加快推动农业大数据、物联网、人工智能、北斗导航等技术向家庭农场延伸。支持有条件的家庭农场进行信息化改造,探索发展云农场,促进家庭农场转型升级。大力发展农产品线上营销,鼓励发展电子商务、直播带货和作为线上供货基地等新业态、新经济,促进农产品出村,增加农产品销售渠道。

山东省发展和改革委员会关于印发《山东省生产性服务业发展布局规划》的通知(节选)

(鲁发改服务〔2018〕1475 号)

二、软件和信息技术服务业

(二)产业布局

信息技术服务业。强化“三核一廊两翼”协同发展布局,以济南、青岛、烟台为核心节点,发挥沿胶济铁路科技创新走廊的高端引领作用,推动鲁西南与鲁西北两翼联动发展,重点布局发展人工智能、区块链等 12 个产业方向,着力培育大数据、云计算、高端软件、虚拟现实、量子科技、智能家居、集成电路和北斗卫星导航、工业互联网八大千亿级产业集群;开展北斗导航与地理信息产业应用示范,建设国家北斗导航数据山东分中心、国家高分数据与应用中心山东分中心;大力推进国家健康医疗大数据北方中心、电信运营企业数据中心建设。

山东省发展和改革委员会关于印发《山东省服务业创新发展行动纲要(2017—2025 年)》的通知(节选)

(鲁发改服务〔2017〕1553 号)

二、创新引领,培育服务业发展新动能

(二)以新产业为示范,推进智慧产业化。坚持包容创新、鼓励探索、积极培育的发展导向,促进各种形式的商业模式、产业形态创新应用,实现新兴服务业提规模。

2. 加快信息经济发展。充分利用现有信息网络基础设施,依托宽带光纤、新一代移动通信网、下一代互联网、数字电视网等信息基础设施建设,推动智慧、技术、创意加速向现实生产力转化,发展壮大人工智能、大数据、云计算、物联网、移动互联网、虚拟现实、量子通信、北斗导航、创意设计等信息服务产业,有关行业主管部门及时研究出台相关领域发展规划和实施意见，积极开展示范基地创建工作，培育一批国际知名的百亿千亿级信息服务经济领军企业。（责任单位：省经济和信息化委、省发展改革委、省有关部门）

山东省经济和信息化委员会关于印发山东省信息化和工业化深度融合专项行动方案（2014—2018年）的通知（节选）

（鲁经信信推〔2014〕255号）

一、主要目标

3. 两化融合衍生新兴产业的能力不断提升。物联网、云计算、大数据、电子商务、北斗等新技术得到广泛应用，驱动新型生产性服务业发展，中小企业应用电子商务开展采购、销售等业务的比例由2012年的33.3%提高到60%。

二、重点任务

（三）发展两化融合衍生产业，培育新的经济增长点。加快信息化与生产性服务业融合，积极培育新型信息消费，促进产业结构优化升级。

3. 北斗产业化应用。做大做强青岛胶州北斗卫星导航应用产业园、济宁高新区国家北斗产业化应用示范基地，引入芯片研制、功能模块、元器件制造、终端机生产及其他产业链上下游企业，发展北斗卫星导航应用整体产业链，打造重要的北斗产业基地。完善北斗导航基础设施，推进北斗导航服务模式和产品创新。推动北斗导航与移动通信、地理信息、卫星遥感、移动互联网等融合发展，支持位置信息服务（LBS）市场拓展。在工程机械行业开展北斗卫星定位导航系统示范应用。发展基于北斗导航技术的车辆动态信息平台，支持山东北斗货运动态信息平台建设，推动北斗卫星定位导航系统在交通运输、智能配货等企业运营管理方面的规模化应用。

河南省

河南省人民政府关于印发
河南省国民经济和社会发展第十四个五年规划和
二〇三五年远景目标纲要的通知（节选）

（豫政〔2021〕13号）

第十章　建设先进制造业强省

第三节　培育发展战略新兴产业链

实施战略性新兴产业跨越发展工程，力争实现产业规模翻番。以链长制为抓手，强化建链引链育链，动态实施重点事项、重点园区、重点企业、重点项目清单，构建新型显示和智能终端、生物医药、节能环保、新能源及网联汽车、新一代人工智能、网络安全、尼龙新材料、智能装备、智能传感器、5G等产业链。积极发展硅碳、聚碳、电子玻纤等新材料。聚焦产业链关键环节，培育引进100个具有核心技术支撑的引领型企业和100个高水平创新平台。开展国家和省级战略性新兴产业集群创建，创新组织管理和专业化推进机制，加快完善创新和公共服务综合体，重点培育10个千亿级新兴产业集群。前瞻布局北斗应用、量子信息、区块链、生命健康、前沿新材料等未来产业，积极抢占发展先机。

第十三章　做大做强数字经济

第二节　推进产业数字化转型

突出数字化引领、撬动、赋能作用，全方位推进工业、农业、服务业创新转型。实施"5G+工业互联网"工程，加强工业互联网平台引育，争取工业互联网企业分类分级试点，创建国家工业互联网应用创新推广中心。发展数字农业、智慧农业，加强5G、北斗导航、遥感和物联网等技术应用。发展"互联网+"车货交易、无车承运人等物流新业态，推动数字化金融等产品服务创新，推广在线交互研发设计、众包等新模式。推进企业"上云用数赋智"全覆盖，打造数字化转型企业标杆和典型应用场景。

第三十五章　系统布局引领未来的新型基础设施

第三节　加速构建融合基础设施

推进传统基础设施数字化改造，提升智慧化管理和运营水平。加快交通基础设施智能化升级，建设智慧枢纽、智慧机场、智慧港口、智慧公路，推进重要路段和节点的交通感知网络覆盖，开展车路协同网络示范推广，布局建设车联网。推动“5G + 北斗卫星”高精度定位及高分卫星遥感技术应用，开展多用途综合服务。建设智慧能源基础设施，完善省能源大数据中心功能，加快电网基础设施智能化改造、智能微电网和充电桩建设，强化电力、天然气、热力、油品等能源网络信息系统互联互通和数据共享。

河南省人民政府关于加快推进农业高质量发展建设现代农业强省的意见（节选）

（豫政〔2020〕21 号）

四、发展举措

（七）实施数字农业建设行动。加快农业农村信息基础设施建设，推进“全光网河南”全面升级，建设农业生产经营、管理服务、农产品流通等大数据平台。发展智慧农业，推动 5G、北斗导航、遥感和物联网等技术在农业农村应用，建设智慧农（牧）场，推广精准化作业。培育壮大农业农村数字经济，支持骨干优势企业做大做强，引进国内外知名数字经济龙头企业，鼓励企业加快农业农村数字化技术创新和产品研发，打造 20 家以上行业领先、技术优势明显、市场占有率高的领军企业。到 2025 年，建设一批数字农业试点县和数字乡村示范县。（责任单位：省农业农村厅、通信管理局、大数据局、发展改革委、工业和信息化厅、科技厅、气象局、林业局）

河南省人民政府关于实施创新驱动提速增效工程的意见（节选）

（豫政〔2019〕4 号）

二、重点任务

（五）大力实施一批创新引领型项目。

2. 新布局一批重大科技专项。按照竞争力最强、成长性最好、关联度最高的原则，突出我省产业发展优势和方向，加强产业链条中关键领域和薄弱环节的重大技术攻关，重点在高端装备制造、智能制造、功能性新材料、新一代信息技术、工业互联网、生物技术与创新药物、高端医疗器械、生态环境治理与资源综合利用、现代食品、现代农业等领域，围绕产业链部署安排一批重大科技专项，力争在新型电力装备、机器人与智能装备、可见光通信、北斗导航等方面取得原创性重大突破，研制出具有国际市场竞争力的重大产品，以优势领域的局部突破带动产业整体提升，加快向价值链中高端攀升。（责任单位：省科技厅、发展改革委、财政厅，各省辖市、省直管县〔市〕政府）

河南省人民政府关于印发中国制造2025河南行动纲要的通知（节选）

（豫政〔2016〕12号）

二、重点领域

（一）智能终端及信息技术产业。

——智能终端及信息通信设备。加快发展智能手机设计、研发、制造及应用服务，推动平板显示、高端屏组件、摄像模组、电池等零组件本地化生产，积极发展平板电脑、智能电视和可穿戴智能终端产品，研发智能车载、智能教育、移动医疗、移动执法等行业应用智能终端设备，建设全球重要的智能终端研发生产基地。大力引进和培育集成电路设计及专用设备、通用芯片、信息通信设备等核心技术和产品，突破国产化瓶颈，提升PLC光分路器芯片领先优势。加快北斗导航定位、高分辨率对地观测等应用产品的研发推广。

——云计算、大数据和物联网。加快云计算、大数据技术与物联网、移动互联网集成创新，突破资源管理、大数据存储、数据分析挖掘、信息安全等核心技术，推出先进、实用的一体化解决方案。支持拥有规模数据的企业发展大数据产业，推动信息技术企业向云计算产品和服务提供商转型，发展大数据产业链和交易市场。加强射频识别、传感元器件、北斗终端、无线传感器等技术攻关，突破物联网感知领域、组网和协同处理核心技术，完善物联网技术研发平台和产业体系，发展物联网信息安全技术和产品，组织物联网应用示范。

河南省人民政府关于推动生产性服务业加快发展的实施意见（节选）

（豫政〔2015〕38号）

二、重点领域

（一）现代物流。

1. 发展方向：积极融入国家“一带一路”战略，依托航空港、铁路港和内陆无水港，加快构建对接国内外市场的空运、陆运、海运枢纽和网络,形成全国重要的物流通道枢纽。加强物流基础设施建设,完善物流园区、分拨中心和配送网络,加快发展陆空、陆海、公铁等多式联运,积极推行集装箱运输、甩挂运输等先进方式。大力发展第三方、第四方物流,培育具有核心竞争力的物流骨干企业。推进制造业与物流业联动,鼓励制造企业剥离外包物流业务,引导物流企业提升供应链服务能力。大力发展智慧物流,支持云计算、大数据、物联网、北斗导航及地理信息等技术应用,提升物流行业信息化、标准化水平。建立健全城乡物流配送网络,鼓励发展共同配送,完善物流配送“最后一公里”机制和设施。

(二)信息技术服务。

2. 重点任务:……加快推动北斗导航与地理信息产业发展。鼓励企业参与网络与信息安全新技术、新产品研发、生产和推广应用,培育一批具有较强竞争力的信息安全企业和拥有自主知识产权的创新产品。四是推进基地园区建设。加快建设郑州、洛阳2个省级物联网产业基地,培育一批具有全国影响力的物联网骨干企业。推进中国联通中原数据基地、中国移动(郑州)数据中心、阿里云计算和大数据中心、百度云计算中心、奇虎360数据中心、洛阳景安云计算和互联网数据中心等建设,加快国家基于云计算的电子政务公共平台试点建设。支持具备条件的省辖市、省直管县(市)建设信息技术服务专业园区,加快推进郑州航空港台湾软件园、郑州北斗云谷产业基地、郑州软件园、中原国际软件园、惠普(洛阳)国际软件人才及产业基地等建设。

河南省人民政府关于建设高成长服务业大省的若干意见(失效)(节选)

(豫政〔2014〕42号)

二、推动服务业重点行业提速升级

(一)现代服务业提速工程。

2. 信息服务。以服务平台建设为基础、新兴业态培育为抓手,加快发展信息传输、计算机服务和软件业,大力发展电子商务,推动信息服务业跨越式发展……发展北斗卫星导航与地理信息产业。

河南省人民政府关于印发“宽带中原”战略及实施方案的通知（节选）

（豫政〔2014〕19号）

专栏16　战略性新兴产业培育工程

位置信息服务产业。加快建设以北斗卫星导航系统技术为核心，结合全球定位系统（GPS），融合移动通信、互联网、卫星通信、卫星遥感、地理信息等技术的中部位置服务基地建设。项目建成后，将满足在各种环境下运输、生产车辆、人员的精准定位、导航、调度、通信、图像传输、安全保障和管理等信息服务需求。

河南省人民政府关于加快推进信息化促进“四化”同步发展的意见（节选）

（豫政〔2013〕68号）

四、扩大信息消费需求

（二）积极拓展新兴信息服务业态。抢抓新一代信息技术发展机遇，积极培育壮大物联网、云计算、大数据、移动互联网、卫星导航等新兴信息服务业规模。大力发展移动互联网产业，发挥智能终端制造优势，积极引进国内外知名的移动软件及应用企业，推动移动互联网和各种终端、行业融合，培育智能终端、软件及应用研发、内容与服务一体的产业链。发挥产业联盟协同创新优势，建设物联网技术支撑、公共服务和统一标识资源管理三大平台，面向企业供应链管理、交通、环保、物流、食品药品溯源、精准农业等领域开展物联网重大应用示范，探索建立物联网产业链上下游协作共赢的新型商业模式。积极开发满足不同需求的云服务模式，推动云计算服务在智慧城市、电子政务、工业制造等领域商业化运营，支持云计算服务创新和商业模式创新。开展大数据应用，鼓励行业、企业深度加工应用数据库，提供数据挖掘分析、精准营销和商业智能等大数据应用服务。完善北斗卫星导航基础设施，推进北斗卫星导航和授时规模化应用，拓展位置信息服务和地理信息服务市场。

七、创新体制机制

（四）着力科技创新。加快构建以企业为主体、以市场为导向、产学研相结合的信息技术创新体系，实施项目带动战略和重大科技专项，加大对信息技术创新的扶持力度。强化企业在技术创新中的主体地位，充分发挥高校、科研院所的科研实力，重点加强信息技术领域协同创新平台、公共检测中心、产业联盟建设，培育创新型企业和高新技术企业，提高中小企业创新能力。加强标准和规范建设，推动建立和实施电子商务、电子政务、信息安全、大数据、北斗导航等标准规范，完善信息资源交换与共享规范，加快重点及新兴信息消费领域产品、服务标准体系建设。加强信息技术和产业领域的知识产权创造、运用和保护，营造信息技术创新环境。支持省内具有自主知识产权和行业知名度的企业“走出去”。

河南省人民政府关于加快推进产业结构战略性调整的指导意见（节选）

（豫政〔2013〕65 号）

三、做大服务业，建设高成长服务业大省

（九）大力发展高成长性服务业。

信息服务业。紧紧抓住国家支持信息消费的机遇，坚持基础设施先行，加快电子商务、新型业态、智慧城市发展，实施“建云扩管促端”云管端发展促进计划，带动信息技术在各行业各领域渗透应用。把电子商务发展作为扩大信息消费重要支撑点，大力引进电子商务零售巨头在豫建立区域总部，培育壮大中小网商队伍，大力发展第三方网络零售平台，推进郑州跨境贸易电子商务服务试点规模化运行。加快“宽带中原”建设，推进“三网”（电信网、广播电视网、互联网）融合，积极推进郑州国家级互联网骨干直联点建设，开展下一代互联网示范城市、智慧城市试点示范，实施信息惠民工程。深入推进基础信息服务平台建设，加快洛阳、信阳呼叫产业基地、中原数据基地和郑州中国移动安全基地建设。创新技术和商业模式，培育发展物联网、云计算、大数据、移动互联网等新兴业态，发展北斗卫星导航位置和地理信息服务，推动信息服务业集群化、规模化、高端化发展。

河南省人民政府关于印发河南省自主创新体系建设和发展规划（2009—2020 年）的通知（失效）（节选）

（豫政〔2009〕78 号）

五、自主创新的重点任务

（三）加快高新技术产业化。重点研究虚拟计算环境的机理，海量信息处理及知识挖掘的理论与方法，人机交互理论，网络安全与可信可控的信息安全理论，电磁波探测理论、技术，地理空间信息技术，卫星导航定位技术，宽带信息网理论与工程，网络信息系统隐私保护关键技术，信息系统灾备与可生存性技术，公共安全应急平台建设，纳米尺度的集成电路技术等。

河南省人民政府办公厅关于印发河南省推进新型基础设施建设行动计划（2021—2023 年）的通知（节选）

（豫政办〔2021〕18 号）

二、加快建设信息基础设施

加快 5G、工业互联网、物联网等新一代网络基础设施建设，稳妥推进大型数据中心、人工智能等信息技术基础设施建设，构建高速、泛在、智能、融合、安全的信息基础设施体系。

（一）新一代网络基础设施。

5. 卫星系统。推进高分遥感卫星应用保障能力建设，建成多源卫星数据一体化综合服务平台。推进北斗二代地基增强系统基准站网向北斗三代升级改造，融合现有北斗地基增强系统基准站网资源。开展生态环境、自然资源、智慧城市、智慧农业、智慧文旅等领域应用。实施北斗智能时空数字产业基地、北斗卫星导航定位基准服务公共平台等项目，建成全天候、高精度、高并发、大容载服务系统。（责任单位：省委军民融合办、省工业和信息化厅、发展改革委、自然资源厅）

河南省人民政府办公厅关于印发河南省地震应急预案的通知（节选）

（豫政办〔2021〕17 号）

5　应急响应

5.1　特别重大地震灾害事件应急响应

5.1.2　灾情收集与报送

（5）省指挥部有关成员单位利用卫星导航定位、航空遥感、卫星遥感和地理信息等技术系统，获取、制作灾区影像、地图、重要工程设施资料，并及时报告省指挥部。

5.2 重大地震灾害事件应急响应

5.2.2 灾情收集与报送

(5)省指挥部有关成员单位利用卫星导航定位、航空遥感、卫星遥感和地理信息等技术系统,获取、制作灾区影像、地图、重要工程设施资料,并及时报告省指挥部。

河南省人民政府办公厅关于加快推进农业机械化和农机装备产业高质量发展的意见(节选)

(豫政办〔2020〕28号)

四、大力推广绿色先进适用农机装备与机械化技术

(七)开展智慧农机提升行动。加快人工智能技术在农机领域的应用,大力发展无人驾驶机械、农业机器人及智慧农业相关装备。注重农机装备数字化改造,推动北斗导航、智能监控等系统在农机上装载应用。

河南省人民政府办公厅关于加快推进新型智慧城市建设的指导意见(节选)

(豫政办〔2020〕27号)

三、重点任务

(二)推进城市治理精细化。

1.发展智慧交通。建设全面覆盖、泛在互联的交通基础设施体系、运载装备运行状态感知体系和智慧交通服务体系,聚焦城市交通拥堵、停车难等问题,开展实时路况、公交、地铁、铁路、航班、长途客运、停车场等数据获取和挖掘分析,推动“5G+北斗卫星”高精度定位应用,为社会公众提供预防拥堵、优化路径等出行服务。推进“5G+智慧公交”建设,探索车路协同一体化交通模式。

河南省人民政府办公厅关于加快推进农业信息化和数字乡村建设的实施意见(节选)

(豫政办〔2020〕10号)

二、重点任务

(一)加强农业农村信息基础设施建设,增强信息保障能力

1. 加快新一代信息基础设施建设。实施新一代农业农村信息基础设施建设工程,推进“全光网河南”全面升级,构建覆盖农村的高速光纤宽带网,实现20户以上自然村百兆以上宽带网络接入和4G网络全覆盖。加快窄带物联网建设,推进互联网协议第六版规模部署,推动5G在农村地区应用。大力推进北斗卫星导航系统和农业遥感技术在农业农村应用。加大农业农村信息基础设施保护力度。(责任单位:省通信管理局、省委网信办、省工业和信息化厅、农业农村厅)

河南省人民政府办公厅关于印发河南省新型显示和智能终端产业发展行动方案等8个方案的通知(节选)

(豫政办〔2018〕85号)

河南省汽车电子产业发展行动方案

二、重点任务

(三)培育发展车联网及智能驾驶产业。

1. 重点方向。积极拓展车用智能传感器、车载嵌入式软件、车载智能处理平台、智能交通管理、车用网络信息安全、汽车大数据分析应用等领域,大力引进车联网技术提供商、平台运营商、网络运营商、应用服务商等优势企业。发挥军工网络通信技术优势,加强军民融合创新,积极谋划实施车载雷达、车载通信终端、北斗高精度时空服务等军转民产业化项目。规划实施郑州航空港经济综合实验区智能网联汽车试验示范基地,发挥5G(第五代移动通信技术)商用试点等政策优势,加强与智能驾驶优势企业对接,支持重点关联企业参与关键共性技术攻关,争取在多类别传感器融合感知、车用无线通信网络、车辆智能算法、车载智能芯片、云控基础平台、自动驾驶系统等领域落地一批研发生产企业和成果转化项目。

河南省5G产业发展行动方案

二、重点任务

（五）建设5G信息安全基地。

3. 积极推进5G安全保密终端研发和产业化，大力发展安全可靠家庭信息终端、北斗终端、安全路由交换等产品。

河南省人民政府办公厅关于印发河南省大数据产业发展三年行动计划（2018—2020年）的通知（节选）

（豫政办〔2018〕28号）

三、保障措施

（四）完善信息基础设施。加快窄带物联网（NB—IoT）建设应用，积极推进基于互联网协议第六版（IPv6）的下一代互联网规模部署和第五代移动通信技术（5G）大规模商用。加快城市热点公共区域无线局域网（WLAN）全覆盖。加快城市和重要行业感知基础设施建设，面向物联网、工业互联网应用需求，推动企业内网络和公众通信网络技术改造和演进升级，推广部署低时延、高可靠、广覆盖的物联网网络设施和先进的计算与存储设施。积极推进北斗导航地面设施建设，探索建立大容量、多层次、高动态的天地一体信息通信网络。（省通信管理局、工业和信息化委负责）

河南省人民政府办公厅关于印发河南省进一步扩大和升级信息消费持续释放内需潜力实施方案（2018—2020年）的通知（节选）

（豫政办〔2018〕17号）

二、主要任务

（二）实施新技术应用专项。加强大数据挖掘、云计算存储、数据可视化、人工智能、物联网等技术研发，推动各类应用电子产品智能化升级，开展新型应用示范。聚焦光通信核心芯片领域，巩固光分路器领先地位，推动光通信产业链式发展，重点建设百亿级鹤壁光电子产业基地，打造有“芯”的中原光谷。聚焦物联网、移动终端、智能硬件等重点应用领域，推动智能传感器和传感终端研发及产业化，建设百亿级郑州智能传感器及终端产业集群。加快国家物联网重大应用示范工程试点省建设，到 2020 年，建设 100 个物联网应用示范点，培育一批物联网产业基地和集群。推动智能网联汽车与智能交通示范区建设，发展辅助驾驶系统等车联网相关设备，发展基于北斗位置大数据的新型服务应用。（责任单位：省工业和信息化委、国防科工局、发展改革委）

河南省人民政府办公厅关于印发河南省电子信息产业转型升级行动计划(2017—2020 年)的通知(节选)

（豫政办〔2017〕140 号）

三、做优六个特色产业

（六）提高软件和信息技术服务业发展水平。推动软件和信息技术服务企业向整体解决方案提供商转型，引导和支持产业集聚发展。

3. 推动北斗产业发展。按照基础、芯片、终端、平台、应用和安全六位一体的产业发展格局，打造国内领先的北斗产业。推动郑州国家高新技术开发区河南北斗产业园、郑州航空港区北斗智能终端产业园、信阳北斗卫星产业园建设。

河南省人民政府办公厅关于推动实体零售创新转型的实施意见(节选)

（豫政办〔2017〕91 号）

二、重点任务

（四）创新经营机制。鼓励零售企业改变柜台租赁、联营扣点等传统经营模式，加快从零售商向零售制造商和经销商转型，提高自主经营比重。鼓励零售企业开发自有品牌产品，提升利润空间，丰富经营特色。引导实体零售企业与供应商构建信息和利益共享、风险和责任共担的新型零供关系，提高供应链资源整合和管控协同能力。支持大型零售企业以电子商务、信息技术和物流配送为依托，建立集中采购分销平台，增强联合采购、共同配送和统一分销能力。鼓励零售企业应用射频识别、传感器、卫星导航、智能投递等现代技术，加强人员、货源、车源和物流服务信息有效匹配，建立自动化物流仓储中心，整合物流市场资源，开展城市共同配送，完善智慧化物流分拨调配系统。

责任单位：省商务厅、发展改革委、工业和信息化委、交通运输厅，各省辖市、省直管县（市）政府。

河南省人民政府办公厅关于印发
河南省“十三五”信息化发展规划的通知（节选）

（豫政办〔2017〕15号）

三、主要任务

（一）坚持创新发展，强化网络经济产业支撑

推动电子信息产业快速发展。加快北斗卫星导航技术产品研发和示范应用，形成集聚发展的北斗产业体系。加强网络与信息安全核心技术、产品研发和自主创新，发展移动网络信息安全产业，推进安全技术成果转化和产业化，打造以郑州市为核心的国家级信息安全产品研发生产基地。

（二）坚持协调发展，统筹推进城乡信息化建设

加快信息基础设施建设。实施信息基础设施投资倍增计划，进一步提升网络覆盖接入能力。加大移动通信网络基础设施建设力度，加快4G网络向乡镇和行政村延伸，实现4G网络行政村全面深度覆盖，推进主要公共场所无线网全覆盖，提升网络访问速率和质量。积极申请国家5G（第五代移动通信技术）试验网建设，适度超前布局5G网络。加快下一代互联网大规模商用，推动IPv6（互联网协议第6版）改造和建设。全面推进“三网”（电信网、广播电视网、互联网）融合，加快电信传输网和广播电视传输网建设、升级改造，建设下一代广播电视宽带接入网，推进网络资源共建共享；实施“高清河南”发展战略，建设地面高清数字电视网络，加快广电、电信业务应用与融合基础平台建设，提升支持“三网”融合业务的能力。充分发挥郑州国家级互联网骨干直联点作用，扩大直联点疏通覆盖范围，推进省域传输网络技术改造和扩容升级，积极参与国家互联网骨干网络架构优化调整，建设通达世界、国内一流的现代信息通信枢纽。统筹推进全省公共数据中心、北斗区域数据中心建设，搭建产业云平台，为企业提供基础设施即服务、平台即服务、软件即服务等应用。

河南省人民政府办公厅关于印发《河南省“十三五”现代服务业发展规划》的通知（节选）

（豫政办〔2016〕228号）

第五章　推动服务业创新开放发展

第一节　实施创新驱动战略

推进数字化、智能化、绿色化发展。加快移动互联网、大数据、物联网、云计算、北斗导航、地理位置服务、生物识别、人工智能等现代信息技术在服务领域的应用推广。丰富基于移动智能终端、可穿戴设备、虚拟/增强现实等的服务产品，在交通物流、商贸流通、网络安全、环境保护等领域开展人工智能应用示范。加快发展基于互联网的健康医疗、教育、养老、旅游、社会保障等民生领域智慧型服务，培育一批示范企业和项目。加强服务企业资源利用全过程管理，支持服务业企业使用新能源材料和节能产品设备，着力推进高耗能、高耗水服务业改造，推动服务设施用地集约利用。以交通物流、商贸流通等领域为突破口，推动绿色服务替代传统服务。

河南省人民政府办公厅关于加快地理信息产业发展的实施意见（节选）

（豫政办〔2016〕145号）

二、突出发展重点

（六）加快推动北斗导航示范应用。要高度重视北斗导航示范应用专项建设工作，在完善空间信息基础设施，在平战结合、军民融合基础上，以北斗导航应用为核心，以全球定位系统为补充，与有关部门合作，建设我省北斗导航应用大数据综合信息平台。测绘地理信息行政主管部门要重点推进北斗地基增强系统、北斗时空地理信息云平台、遥感影像服务平台等项目建设，培育北斗技术研发和产业化骨干企业，推动北斗导航规模化应用。全面改造提升北斗系统与GPS（全球定位系统）等系统的兼容性，积极发展推进国民经济建设和方便群众日常生活的导航定位服务产品，促进地理信息在规划、交通、环保、旅游、教育、医疗等领域广泛应用，不断培育新的经济增长点。

（七）大力发展核心技术和先进装备。依托我省优势，重点发展北斗应用芯片、北斗授时系统、航摄无人飞行器、测绘设备、导航设备、地下管网探测等核心技术，研发一批具有自主知识产权的先进技术装备。积极开发地理信息系统软件和系统集成产品，推进其在国土资源、农业、民政、医疗、人力资源社会保障、规划、环保、旅游、教育、交通、公安、应急等领域广泛应用。

河南省人民政府办公厅关于转发河南省北斗导航产业三年(2016—2018年)发展行动计划的通知

(豫政办〔2016〕61号)

各省辖市、省直管县(市)人民政府，省人民政府各部门：

省国防科工局制定的《河南省北斗导航产业三年(2016—2018年)发展行动计划》已经省政府同意，现转发给你们，请认真贯彻执行。

河南省人民政府办公厅

2016年5月3日

河南省北斗导航产业三年(2016—2018年)发展行动计划

(省国防科工局　2016年5月)

根据《国家卫星导航产业中长期发展规划》和《国家民用空间基础设施中长期发展规划》，为加快我省北斗导航产业发展，培育战略性新兴产业，结合我省实际，制定本行动计划。

一、总体要求

(一)内涵意义。北斗导航系统具有导航、定位、授时和短报文通信功能，可广泛应用于国民经济和社会管理的诸多领域。北斗导航产业是以卫星导航和地理空间信息为基础、以具有时空特征标识的各类数据为资源、以面向市场需求提供智能化服务产品为主要特征的国家战略性新兴产业，具有技术含量高、适用领域广、创新依赖度高、产业链条长、带动性和技术扩散性强等特点。卫星导航应用与移动通信、互联网并称为三大基础性信息技术产业，是信息时代的基础性和先导性产业，是提升产业智能化水平、培育新兴高新技术产业的生长点。加快北斗导航产业发展，有利于推动北斗导航产业集聚发展，带动产业转型升级，培育发展相关新兴产业；有利于推动北斗导航系统在智慧城市、港口物流、交通运输、政府管理等方面广泛应用，提升经济社会智能化管理服务水平;有利于促进国家安全、社会安全和民生安全,对促进我省经济社会持续稳定发展和三大国家战略实施具有重要意义。

(二)指导思路和基本原则。全面贯彻落实国家军民深度融合发展战略。坚持需求牵引和产业发展并重,坚持军民融合和产业融合并举,以完善产业链和培育产业集群为主要途径,抓好两项基础工程,构建三个创新平台,建设三个产业园,实施十大重点项目。营造产业环境,创新发展模式,扩大产业规模,提升创新能力。加快形成具有较强竞争力的基础产品研发生产、终端产品制造推广、市场运营服务完整的产业链,努力实现我省北斗导航产业跨越式发展。基本原则是:

——统筹规划,协调发展。编制《河南省空间信息产业发展“十二五”规划》,明确加快北斗导航产业发展的重点方向和关键领域,强化“一企一策、一事一策”服务,聚集创新资源,加强业务合作,加强部门协同,做好与国家和省科技重大专项的衔接工作,统筹推进北斗导航产业发展。

——创新驱动,融合发展。围绕产业链部署创新链,充分发挥解放军信息工程大学、郑州大学等高校和军工科研院所的人才技术优势,开展北斗自主可控关键技术研究与高端产品研发,鼓励技术创新、生产和经营模式创新、产业业态创新,构建以企业为主体、市场为导向、产学研相结合的创新体系,加快军民融合深度发展。

——龙头带动,集聚发展。发挥龙头企业的辐射、示范、引领和支撑作用,积极引进和培育关联度高、主业突出、创新能力强、带动作用大的龙头企业,支持龙头企业整合供应链、资金链和物流链,建设配套产业园,培育竞争力强的行业骨干企业和创新型中小企业,构建以龙头企业为中心的北斗区域产业集群。

——示范应用,合力发展。以市场需求为牵引,以行业、区域应用带动社会服务及大众应用,以示范应用引领产业发展,围绕重点行业和重点领域开展智能化服务示范应用,以应用聚集行业龙头企业和高端技术人才,形成北斗导航产业发展合力。

(三)发展目标。到2018年,基本完成北斗导航产业在重点领域的部署,应用能力和产业化水平不断提升,产学研用一体化的研发、生产、应用服务产业链条基本完善,基础设施不断完善,北斗导航产业集聚发展的区域格局基本形成。2018年北斗导航产业预计实现产值600亿元,形成3个百亿以上产业集聚区,培育、引进2－3个百亿级龙头企业,提高产业集中度,提升龙头引领带动作用。

二、发展方向

按照国家要求和产业发展需要,强化推进行业、区域应用,带动大众应用。以应用促进北斗产业的全面发展,促进发挥北斗技术提升相关产业智能化水平的引领作用,提高社会管理服务的智能化水平。

(一)特殊领域推广应用。

为保障国家、社会公共安全,保障国民经济稳定安全运行,在特殊领域推广使用北斗导航技术与产品。

1. 能源(电力)方面。建设基于北斗导航系统的电力系统高精度授时及全网时间同步系统,实现全网时间同步管理以及重点电力设施系统的自主可控安全监测,保障变电站和传输线路安全;建设基于北斗导航系统的故障测距系统,提高故障信息的提取效率和定位精度,准确及时查找故障位置,为抢修提供信息支持;建设基于北斗导航系统的远程抄表系统,实现与现有用电信息采集系统的完全兼容,完成远程抄表和缴费;利用北斗导航系统的精准定位功能,通过在电力抢修车辆上安装北斗接收机和数据发射机,实现电力巡检抢修智能化,提高抢修时效。

2. 通信方面。利用北斗导航系统精准授时功能,在通信系统安装使用北斗授时终端,实现通信系统全网时间同步,保证计费时间准确一致,保障系统安全稳定运行。

3. 金融方面。利用北斗导航系统高精度授时功能,实现金融结算信息系统全网时间同步,保障系统安全稳定运行。通过安装北斗定位终端,实现对运钞车行驶路线规划、定位查询、跟踪和可视化视频监控。

4. 公安方面。围绕警员、车辆、特种设备的位置监控和警力调配,搭建融合北斗技术的多警种统一作战指挥系统,实现位置监控和运动轨迹查询,优化警力配置和调动,实施网格化监管,提高对突发事件的应急处置能力和水平,提升公安系统自主信息保障能力。

(二)重点行业示范应用。

1. 交通方面。围绕车船监控、车船调度、车船违章、事故救援处置以及城市智能交通等,构建基于北斗导航系统的高精度定位监控调度系统,实现车船动态监管、远程可视化监控和运行轨迹查询。

2. 农业方面。围绕农机移动监控与调度管理、农机自驾、农田信息采集、农业普查、土地确权、精准农业等开展应用,实现农机全天候无人驾驶精准作业(耕、播、收)、精准灌溉、精准施肥,为粮食安全提供保障。

3. 林业方面。围绕森林资源、湿地资源、荒漠化和沙化土地监测管理、森林防火、森林病虫害防治、林业工程、林业信息化建设、林业碳汇监测评估分析等方面开展应用,实现林业资源调查、监测评估、防灾减灾信息化管理。

4. 水利方面。围绕水政执法监察、水文测报、防汛水调、水质监控、南水北调综合管理等,利用北斗终端和传感器实现无人值守和远程水信息采集上报,提高防灾减灾能力和输送水安全度。

5. 安全生产与应急救援方面。利用北斗卫星及地基增强系统精准定位的功能对库坝、桥梁、隧道及尾矿库等目标的位移、变形情况进行实时监测监控和预报;在煤矿、非煤矿山及复杂环境中,利用北斗手持和穿戴终端及应用平台,实现对作业人员及工作面情况的实时监控。结合北斗导航系统短报文功能,可迅速勘察救援现场,及时准确掌握现场人员位置及状况，为安全生产和事故救援提供及时、准确的信息支持。

6. 行政执法方面。围绕警务执法、水利巡检执法、违章建筑执法、土地执法、工程机械远程控制和施工管理、监视居住和社区矫正等开展应用，提高执法能力和监管水平。

（三）社会服务鼓励应用。

1. 智能交通方面。建立基于北斗导航系统的城市智能公共交通运营调度管理平台，推广应用北斗智能终端，实现对公交车辆的智能调度、公交运营的网络优化和服务评价、公交信息实时发布以及电子站台信息实时推送等功能，改善城市交通状况。

2. 市政精细管理方面。构建基于北斗导航系统的市政车辆管理平台，推广应用各类北斗终端，实现对环卫作业车辆、垃圾运输车辆、城管车辆等市政车辆的实时监控，提高应急处理能力和精细化管理水平。

3. 地下管网安全方面。构建基于北斗导航系统的城市地下管网位置服务平台，推广应用北斗终端，实现城市重点区域给排水和燃气管线探测、监测和预警，有效减少地下管网事故，促进和谐城市与和谐社会建设。

4. 城市物流配送方面。构建基于北斗导航系统的城市物流配送和信息管理服务系统，推广应用各类北斗定位终端，实现城市共同配送物流的全过程监控，降低物流成本，提高流通效率。

5. 消防救援方面。构建城市消防救援管理平台，推广应用具有室内外定位能力的北斗终端，提高城市消防救援的快速应对和处置能力。

6. 智慧旅游方面。构建北斗智慧旅游和信息管理服务平台，推广应用旅游专用北斗终端，实现便民自助导游、导览、导购、导航，以及景区安全与生态环境监控及预警、应急事件快速处置等功能，促进智慧旅游产业发展。

（四）大众消费推广应用。以位置服务为主线，创新商业模式和服务模式，构建位置信息综合服务体系，重点推动北斗导航功能成为车载导航和智能手机终端的标准配置，促进车辆监控、导航和旅游出行、智能家庭服务、特殊群体关爱等个人位置服务规模化应用。构建基于北斗导航系统的城市民生关爱服务和管理平台，实现基于室内外快速定位的意外危险救助、远程实时监护、入离校（家）告知、失踪追查等服务功能，为老人和儿童提供智能化关爱服务。

（五）装备制造融合应用。推进北斗导航系统与移动通讯、互联网及高端装备制造深度融合，推动装备制造业转型升级。在船舶与海洋工程装备、工业机器人技术、3D打印、航空航天、高速铁路、能源开采、工程机械等高端装备制造领域开展研发应用，提升智能化水平，提高加工、施工精度，降低劳动强度和生产成本，提升工作效率，增强核心竞争力。

三、重点工作

（一）打造北斗导航产业数据挖掘、研发创新、终端制造和应用服务产业链。发挥郑州作为国家级互联网骨干直联点、全国通信网络交换枢纽优势，依托中国联通集团中原数据基地、国家北斗导航位置服务数据中心河南分中心，融合北斗云计算、大数据技术，形成北斗数据分析处理、信息提取的基础环节。发挥解放军信息工程大学、中电科27所、中电科22所人才和技术优势，形成以芯片、模块、天线研发为主的高端研发环节。发挥国智恒集团、郑州市神阳科技有限公司、郑州威科姆科技有限公司等制造基础优势，形成以应用终端制造和配套产品共同发展的中端环节。发挥河南北斗卫星导航平台有限公司、河南宇通信息技术有限公司、河南北斗卫星平台运营有限公司等服务平台基础优势，形成北斗导航应用服务末端环节。

（二）抓好两项基础工程。

——国家北斗导航位置服务数据中心河南分中心项目。依托河南省国防科技情报信息站（高分河南数据与应用中心），建设基于北斗导航系统的时空基准数据中心，数据包括地理空间数据、高分影像数据、具有空间标识的经济社会信息数据和智能终端随机实时数据。到2018年，建成具备强大的多维数据处理和分析功能的可视化地理空间数据库。

——北斗（河南）信息综合服务平台项目。由解放军信息工程大学与河南北斗卫星导航平台有限公司合作建设，建设区域北斗地基增强系统、北斗联合实验室、北斗应用综合服务中心、北斗产品检测认证中心等。到2018年，形成容纳千万级用户，可为各类行业、领域及社会大众提供实时导航、精准定位、授时、短报文通信等时空信息服务和数据高速精密计算服务、北斗产品检测服务。

（三）构建三个创新平台。

——以解放军信息工程大学为主组建北斗导航军民融合研究院，重点开展卫星精密导航定位、北斗应用国产化、北斗信息安全保密、北斗导航大数据、低成本导航芯片与模块、多模组合导航定位、位置服务信息安全与认证等关键技术攻关和研发，提升北斗导航产业自主创新能力。

——依托中电科27所建立河南省空间信息应用工程技术研究中心，着力开展北斗、高分行业和区域应用总体解决方案、专题应用研发和应用服务，围绕各行业对北斗导航、高分等空间信息应用需求，融合北斗导航、高分遥感、地理空间信息、行业专业应用数据信息，形成统一的空间信息数据获取、处理、融合、生产、分发体系，构建河南省空间信息综合应用体系框架。

——发挥"产、学、研、用"联合优势，组织高校、科研院所、骨干企业、重点用户等组建河南省北斗导航产业联盟，开展技术合作、联合攻关，突破北斗导航关键技术；打造技术创新平台，推进技术应用和成果转化；突破产业发展瓶颈，形成产业核心竞争力，推动产业快速发展。

(四)建设三个产业园。

——河南北斗产业园。依托郑州国家高新技术产业开发区,主要建设北斗专业孵化器、北斗企业加速器、北斗制造基地、核心功能区和生态人文区五部分。到2018年,力争培育和引进北斗导航相关企业300家以上,预计实现销售收入300亿元。

——郑州航空港区北斗智能终端产业园。依托郑州航空港经济综合实验区,主要建设北斗中部地区运营中心、国家级卫星导航产品认证分中心、国家级卫星导航研发工程技术中心、北斗卫星导航产品质量监督检验区域中心、河南北斗位置服务中心、应用终端生产中心,到2018年,力争培育和引进北斗导航相关企业200家左右,预计实现销售收入200亿元。

——信阳北斗卫星产业园。依托信阳市南湾湖风景区,围绕北斗导航、定位、授时产品、智能学生终端等研发生产,主要建设北斗应用平台控制管控中心、数据中心、北斗展示体验中心、研发中心、生产中心、管理中心等。2018年建成后可实现年销售收入100亿元。

(五)实施十大重点项目。围绕北斗导航产业发展,谋划实施十个技术含量高、市场前景好、带动能力强的重点项目。其中北斗导航基础设施3项,包括国家北斗导航位置服务数据中心河南分中心项目、北斗(河南)信息综合服务平台项目、全网北斗/GPS/GPRS/3G/LTE综合信息平台项目;终端制造3项,包括军民融合综合应用终端生产制造项目、北斗智能手机和平板电脑及车载终端生产制造项目、北斗通用手机生产制造项目;示范应用4项,包括北斗交通示范项目、北斗农业示范项目、北斗水利示范项目、北斗行政执法示范项目。

四、保障措施

(一)加强组织领导。建立由省政府统一领导,省工业和信息化委、国防科工局牵头,省发展改革委、科技厅、财政厅、测绘地理信息局等有关部门协调推进的工作机制。省国防科工局要统一规划,科学布局,避免重复建设。发挥军地高校、军工科研院所和智库作用,邀请有关专家、学者、企业家参与编制《河南省空间信息产业发展“十三五”规划》(含卫星导航、卫星遥感及地理信息等),研究制定产业发展政策,推进重点项目建设,抓好应用服务推广,培育北斗导航新业态,营造良好发展环境。

(二)强化人才支撑。充分利用解放军信息工程大学、郑州大学、河南大学、中电科27所等军地科研院所资源,多层次、多渠道、全方位培养和聚集人才;大力引进国内外知名研发团队以及高层次管理人才和创新型人才,为北斗导航产业发展提供强有力的人才支撑。成立河南省空间信息技术专家委员会,承担省政府空间信息技术决策咨询和技术支持工作。建立以政府奖励为导向、社会奖励和用人单位奖励为主体的激励机制,强化人才政策保障。

（三）强化财税政策支持。探索设立北斗导航产业发展基金，运用政府和社会资本合作模式，引导社会资本参与北斗导航产业发展，逐步建立以政府投入为导向、企业投入为主体、社会投入为重要渠道的多元化投融资体系。省重大科技专项、各类科技和产业资金（基金）要优先支持北斗导航产业发展，落实重大技术装备首台（套）鼓励政策和保险补偿机制，全面落实高新技术企业所得税优惠、进口设备减免税、企业研发费用税前扣除等税收优惠政策。

（四）加大政府采购支持力度。建立北斗导航产业与省内重点项目、重大工程对接机制，交通、农业、水利、电力、环保、国土、地矿、林业、旅游、智慧城市、行政执法、信息化等行业和领域重点工程，在同等条件下要优先选购和使用本省产品。将北斗导航智能终端和应用服务纳入我省政府采购范围，在项目建设政府招标采购中，同等条件下优先选用本省骨干企业的产品。

（五）积极参与标准制定。制定北斗卫星导航产业基础标准和通用标准，加快卫星应用与相关领域关键技术和重要基础性标准研发，加大知识产权保护力度。积极参与制定北斗导航国家标准。

河南省人民政府办公厅
关于加快应急产业发展的意见（失效）（节选）

（豫政办〔2015〕144号）

二、重点领域

（二）潜力领域。瞄准新兴需求，加快发展空间信息、航空应急、智能机器人、农业安全、食品药品安全、家庭应急、应急服务等七大潜力领域。一是在空间信息领域，重点围绕北斗卫星导航系统的导航、定位、授时及短报文功能，支持北斗芯片、模块、天线等高端产品研发，及北斗车载、船载、手持终端研发生产，积极支持北斗卫星在重点行业、重点领域、重点地区推广应用；积极推进国家高分辨率对地观测卫星遥感应用，加快河南数据与应用中心建设，扩展数据获取渠道，提升数据处理和和应用能力。

河南省人民政府办公厅
关于印发《先进制造业大省建设重点产业发展2015年实施方案》的通知(节选)

(豫政办〔2015〕70号)

二、工作重点

(一)做大做强高成长性制造业。

1. 电子信息。积极推进北斗导航在消费电子行业的应用,加快郑州“北斗云谷”建设,支持上下游企业联合研究支持北斗功能的智能终端产品。组织申报中国第二代卫星导航系统重大专项区域示范项目,选取农业、安全、旅游文物、水利、交通运输、智慧城市等重点领域推动北斗导航应用示范。

河南省人民政府办公厅
关于印发2015年河南省服务业重点领域发展行动方案的通知(节选)

(豫政办〔2015〕17号)

二、重点任务

(二)信息服务业。围绕信息消费热点,大力推进信息基础设施建设和信息技术应用示范推广,积极培育新技术、新业态、新模式,不断扩大信息消费规模。

1. 加快信息基础设施建设。实施“宽带中原”战略,推广光纤入户改造,全省8兆以上宽带用户占比达到50%,3G/LTE(第三代移动通信及其长期演进技术)用户普及率达到50%,培育10个“宽带中原”示范试点县(市)。加快郑州国家下一代互联网示范城市建设,持续推进IPv6(互联网协议第6版)在郑州、洛阳、平顶山等地的试点工作。积极推进“三网”(电信网、广播电视网、互联网)融合,落实省政府与三大电信运营商签订的战略合作框架协议,确保通信行业全年完成投资230亿元以上。加快建设中原云计算和大数据产业园、中国联通中原数据基地、中国移动(洛阳)呼叫中心、北斗(河南)信息综合服务平台等重大项目,提高信息消费服务能力。(省通信管理局、工业和信息化委负责)

河南省交通运输厅关于加强交通运输领域安全生产重大风险防范化解工作的通知(节选)

(豫交文39)

附件

河南省交通运输领域安全生产重大风险清单

一、道路运输

风险6:道路运输车辆动态监控未发挥作用存在的风险

主要致险情景:1.道路运输车辆卫星定位系统终端存在故障;2.车辆卫星定位装置人为破坏;3.监控人员未及时发现和纠正驾驶员有关违法违规行为;4.监控人员数量不满足要求。

河南省发展和改革委员会关于印发2021年河南省数字经济发展工作方案的通知(节选)

(豫发改数字〔2021〕177号)

三、重点工作

(二)实施数字经济核心产业提速工程

7.北斗、区块链、量子通信等前沿产业。推进北斗智能时空数字产业基地、国家北斗产业产品质量监督检验中心建设,加快金融、能源、电力、水利、气象、减灾防灾等领域北斗国产化替代,标准化配置,开发北斗导航、位置服务、授时、应用系统集成等北斗技术和产品终端,加快交通、物流、城市管理、医疗、文旅等领域北斗导航技术产业化应用。推进量子通信、"区块链+"在公共安全、民生服务等领域的示范应用。(责任单位:省委军民融合办、省发展改革委、工业和信息化厅、科技厅、大数据局,各省辖市政府、济源示范区管委会、各省直管县〔市〕政府)

(四)实施新型基础设施建设工程

2.推进传统基础设施智能化升级。加快推进智能感知、5G、高精度定位等技术在公路工程和路网管理中的应用。推动公路重要节点、重要路段感知网络覆盖和智慧高速公路试点建设。加快推动省能源大数据中心提档升级，推出“能源 + 政务”“能源 + 交通”“能源 + 智慧城市”“能源 + 金融”等系列产品，加速能源数字化发展、精确化管理，构建共建共享共赢的能源大数据生态圈。依托省智能充电服务平台，搭建覆盖全省、功能完善的智能充电服务网络。（责任单位：省发展改革委、交通厅，各省辖市政府、济源示范区管委会、各省直管县〔市〕政府）

河南省发展和改革委员会关于印发《河南省大数据产业发展引导目录（2017 年本试行）》的通知（节选）

（豫发改高技〔2017〕169 号）

四、大数据产业基础支撑

大数据产业基础支撑，包括发展大数据产业所需要的新一代信息网络、北斗导航、数据中心、大数据特色产业园区、大数据智力支撑。

（十四）卫星导航基础设施

92. 北斗连续运行基准站建设与运维。

93. 北斗位置数据中心和服务中心建设与运维。

94. 北斗设备的检测认证系统。

95. 通信卫星运营服务。

河南省商务厅关于印发《河南省推进商贸物流标准化三年行动计划》的通知（节选）

（豫商流通〔2016〕92 号）

一、总体要求

（三）发展目标

——商贸物流企业信息标准化程度明显增强。到 2019 年底，争取建成并运营全省商贸物流标准化信息服务平台，扶持 50 个商贸物流标准化示范企业（园区、机构）；示范企业基本普及使用物流代码、物流标识标准、自动识别与分拣跟踪、数据库结构标准、电子数据交换、北斗/GPS 车辆货物自动跟踪、物联网等先进物流技术。

河南省交通厅关于认真贯彻落实《交通运输部关于贯彻落实国务院关于加强道路交通安全工作的意见的通知》的通知(节选)

(豫交文〔2013〕29号)

二、进一步落实运输企业安全生产主体责任

(六)加强营运车辆和驾驶员动态监控。道路运输企业要按照交通运输部、公安部、安全监管总局、工业和信息化部《关于加强道路运输车辆动态监管工作的通知》(交运发〔2011〕80号)要求,认真做好卫星定位装置安装、使用工作,并把监控数据接入全国卫星定位联网联控系统。完善卫星定位装置安装使用和监控平台值班制度,落实监控值班人员,确保车辆实时在线,及时处理监控报警信息和向驾驶员预警,及时发现和纠正超速行驶、疲劳驾驶、不按规定线路行驶等违法违规行为,建立违法违规监控信息台账,及时对营运车辆和驾驶员违法违规行为进行处罚。

六、进一步加强营运车辆动态监管

(一)继续推进营运车辆卫星定位装置应用。确保旅游包车、危险品运输车辆、三类以上班线客运车辆安装符合标准的终端产品,并全都接入联网联控系统。农村客运车辆要逐步安装使用卫星定位装置,卧铺客车必须加装车载视频监控装置。推进重型载货汽车和半挂牵引车的出厂前安装卫星定位装置工作,进入运输市场的重型载货汽车和半挂牵引车必须安装符合标准的卫星定位装置,并接入道路货运车辆公共监管与服务平台(www. gghypt. net)。凡未按要求接入公共监管与服务平台的,不予市场准入审批。对在用的重型载货汽车和半挂牵引车,要逐步引导安装卫星定位装置,接入道路货运车辆公共监管与服务平台。

(三)规范卫星定位装置使用行为。要尽快实现向公安、安全监管等有关部门开放数据传送,充分利用动态监控手段,依法实施联合监管,共同加强对企业动态监控工作的监督,督促运输企业利用好监控平台,切实加强对车辆和驾驶员违法行为的处理力度。制定和完善卫星定位装置安装使用规定,定期检查车载卫星定位装置使用情况,对不按规定使用、故意损坏卫星定位装置的单位和个人,以及不严格监控车辆行驶动态的值守人员,要依照相关规定严肃处理;造成严重后果的,依法追究企业负责人和相关责任人的法律责任。

河南省交通运输厅关于印发《河南省交通运输信息化“十二五”发展规划》的通知（节选）

（豫交文〔2012〕464 号）

四、主要任务

（一）完善安全监管和应急处置平台体系建设，支撑交通运输安全畅通发展

2. 完善公路水路交通运输安全监管。

（1）开展重点营运车辆全球定位系统（GPS）联网联控系统建设，与部级公共平台互联互通，实现 GPS 动态数据与运政数据传输交换功能。

五、重点工程

（三）全省“智能高速公路”建设工程

加强物联网、云计算、高速传输、卫星导航及各种先进信息技术在高速公路管理和服务中的应用，打造智能高速公路。结合交通运输安全管理与应急指挥平台建设，建成高速公路智能感知系统、高速公路智能监控系统和高速公路综合信息管理平台，对高速公路气象、灾害及重要路段、特大型桥梁、长大隧道运行环境和运行状态进行智能实时监测；对高速公路路面交通状态、重要路段、施工作业点及收费站、服务区、治超检测站等重要节点进行智能实时监控；对重点客运车辆和危险货运车辆进行动态定位和跟踪监测；对高速公路监测监控信息和各类相关信息进行汇总、整合，实现信息共享交换。建设高速公路智能管理和决策分析系统，基于监测监控信息和交通流量进行高速公路车辆通行指挥调度和公众出行决策分析。结合全省交通运输公众信息服务系统建设，建成先进的高速公路交通信息服务系统，通过显示屏、车载终端、手机、广播等各种手段为出行公众提供气象、道路开放情况、交通状况、路径引导及其他与高速公路出行有关的信息和服务。建设智能化高速公路运营管理系统，对全省高速公路运营进行联网智能管理。

湖北省

中共湖北省委、湖北省人民政府关于新时代推动湖北高质量发展加快建成中部地区崛起重要战略支点的实施意见（节选）

（2021年6月21日中国共产党湖北省第十一届委员会第九次全体会议通过）

三、加快产业转型升级，构建以先进制造业为主导的现代产业体系

（九）推动产业集群化发展。培育打造5个万亿级支柱产业、10个五千亿级优势产业、20个千亿级特色产业集群，构建“51020”现代产业体系。坚持先进制造业主导，推进制造强省建设，着力打造汽车制造、现代化工及能源、现代农产品加工3个万亿级产业；巩固提升高端装备、绿色建材、低碳冶金、现代纺织4个五千亿级产业；培育壮大新能源与智能网联汽车、新能源、北斗及应用、航空航天、高技术船舶与海洋工程装备、高端数控装备、轨道交通装备、智能制造装备、智能家电、安全应急等10个千亿级特色产业集群。坚持战略性新兴产业引领，实施战略性新兴产业倍增计划，着力打造以“光芯屏端网”为重点的新一代信息技术和大健康2个万亿级产业；巩固提升先进材料、节能环保2个五千亿级产业；培育壮大光通信及激光、集成电路、新型显示、智能终端、信息网络、软件及信息服务、人工智能、电子信息材料、生物医药及医疗器械、数字创意等10个千亿级特色产业集群，集中力量建设四大国家战略性新兴产业集群。坚持现代服务业驱动，实施现代服务业提质增效工程，着力打造现代金融、现代物流、研发设计和科技服务、商务服务4个五千亿级服务产业。推进荆州国家承接产业转移示范区建设，创建一批省级承接产业转移示范区。

湖北省人民政府关于推进更高水平气象现代化助力湖北高质量发展的意见（节选）

（鄂政发〔2019〕28号）

二、工作任务

（五）加强气象技术装备工程体系建设，提高气象现代化支撑能力。

11. 大力推进气象装备工程建设。建设气象灾害监测预警信息化工程，加强卫星、雷达、高性能计算机和综合观测、人工影响天气等气象装备建设，构建气象信息大数据云平台，创新应用大数据、云计算、人工智能、区块链、北斗卫星、5G 等新技术，提高暴雨、龙卷风等突发气象灾害监测预报预警能力。

湖北省人民政府关于推进数字政府建设的指导意见（节选）

（鄂政发〔2019〕4 号）

二、工作任务

（一）基础支撑一云共享。

1、加快网络设施升级改造。加快建设网络强省，继续开展网络提速行动，进一步提升网络供给能力。加快城市社区和农村地区光纤改造，加强工业互联网建设，发展高速移动互联网，提高农村地区网络带宽。促进互联网、电信网、广播电视网等基础设施共建共享，完善农村综合信息服务体系。提高 4G 覆盖水平，积极跟进 5G 发展。加快 IPv6（互联网协议第 6 版）改造、物联网规模部署以及北斗卫星等在数字政府建设中的应用，推进下一代互联网在经济社会各领域深度融合。

湖北省人民政府关于积极发挥新消费引领作用加快培育形成新供给新动力的实施意见（节选）

（鄂政发〔2016〕74 号）

四、优化消费环境

（五）强化信息网络建设。全面落实“宽带中国”战略和网络提速降费任务，加快高速宽带网络建设。深入推进“三网融合”。加大“光进铜退”改造力度，加快提升全省高速光通信能力。推进北斗高精度位置服务“一张网”与移动、联通等各类信息传输网络融合，加快智慧湖北时空信息云平台建设。推动物联网基础设施建设。加强农村和偏远地区信息基础设施建设，深化信息通信普遍服务。推进广播电视“村村通”向“户户通”升级。（牵头单位：省经信委，参加单位：省发展改革委、省新闻出版广电局、省通信管理局等）

（六）完善综合交通网络。积极发展多式联运，实现铁、水、公、空多种运输方式的无缝衔接和零距离换乘。大力推行基于北斗高精度位置服务的农村客运公交化改造，推进服务品质提档升级。发展运游一体化，规范旅游客运企业的车辆经营服务行为，提升旅游客运服务品质。推广汽车客运站联网售票,丰富互联网应用功能。进一步优化长江、汉江运输,推动建立汉江口或运河口过驳基地,引导港航企业提升服务水平。(牵头单位:省交通运输厅,参加单位:省发展改革委、省旅游委等)

(七)构建现代物流体系。加强城乡物流基础设施建设,推进全省商贸物流标准化示范及全省北斗卫星导航应用示范项目城市配送应用示范。加快推进物流企业信息化建设,加强多式联运信息系统建设推广,推进物流园区互联互通。建设农产品产地冷藏设施,创新推广农产品冷藏技术,支持龙头企业发展冷链物流,完善农产品冷链物流设施体系。健全农村物流的末端网络,实现农村物流"最后一公里"的高效配送。建设共同配送一站式服务系统,推广批量北斗终端,实现货源信息与车源信息的共享与对接。完善快递投递终端设施,打造便民利民的城市快递末端配送服务体系。(牵头单位:省发展改革委,参加单位:省交通运输厅、省农业厅、省商务厅、省质监局、省邮政管理局等)

湖北省人民政府关于印发
湖北省教育事业发展"十三五"规划的通知(节选)

(鄂政发〔2016〕70 号)

四、推进教育协调发展

(十四)推进教育与经济协调发展。

2. 加快学科专业结构调整。

专栏 7:服务湖北现代产业的新兴学科专业集群建设

加快培养急需工程技术人才,扩大新一代显示技术、大规模集成电路、智能装备、新能源汽车和专用汽车、生物医药和高端医疗器械、新材料、海洋工程装备及高技术船舶、航空航天装备、北斗卫星导航系统、轨道交通装备、节能环保和资源循环利用等重点领域和信息网络、生命科学、空天海洋、核技术等战略性新兴产业人才培养规模。

湖北省人民政府关于印发湖北省大数据发展行动计划（2016—2020 年）的通知（节选）

（鄂政发〔2016〕49 号）

三、重点工程

（三）产业经济领域。

3. 现代农业大数据应用示范。建立完善的农业数据信息资源共建共享制度，加强农业资源要素数据共享。推进农业物联网、卫星遥感、北斗导航等现代信息技术监测数据的采集应用，促进农业生产、环境、气象、生态等信息共享，构建农业资源要素共享平台，为政府、经营主体和农户提供农业数据服务。鼓励各类主体充分发掘平台数据，推广应用农业生产信息综合管理服务系统，融合集成测土配方、农机调度、气象预警、农资购销等多种服务。强化农产品质量安全信息服务，建立农产品生产的生态环境、生产资料、生产过程、市场流通、加工储藏、检验检测等数据共享机制，推进数据实现自动化采集、网络化传输、标准化处理和可视化运用，为生产者、消费者、监管者提供农产品质量安全信息服务，促进农产品消费安全。利用大数据的科学预测和精准营销功能，以发展农村电商、跨境电商为抓手，加快推动全省农产品供给侧与需求侧结构性改革。（牵头单位：省农业厅、省科技厅）

湖北省人民政府关于印发湖北省科技创新“十三五”规划的通知（节选）

（鄂政发〔2016〕23 号）

三、主要任务

（一）加强科技创新能力建设。

2. 加强基础研究，强化创新源头供给。空间科学与北斗卫星。围绕重力生物学、复杂流体和分散体系、微重力金属合金、空间超冷原子物理、宇宙灯塔、卫星导航芯片、时空信息、遥感影像信息处理、智能导航、星间链路等相关领域的重点科学问题开展研究。

湖北省人民政府
关于加快推进“互联网+”行动的实施意见(节选)

(鄂政发〔2015〕80号)

二、重点行动

(二)“互联网+”现代农业。

2.开展智慧农业示范应用。推进北斗导航技术在农业生产中的应用,在全省大范围推广基于北斗的农机装备,建设农业精细耕作服务系统和精准调度系统,实现对农业生产的实时监控、科学调度和精准服务。

三、重点工程

(一)基础设施提升工程。

建设覆盖全省的北斗卫星导航地基增强系统,推动相关行业应用向北斗系统迁移。支持武汉等有条件的城市开展国家下一代互联网示范城市建设,推动武汉、襄阳、宜昌率先成为光纤网络全覆盖的“全光网城市”,支持黄石、鄂州等城市创建“宽带中国”示范城市,发挥示范引领作用,促进宽带网络应用普及。

湖北省人民政府关于加快推进智慧湖北建设的意见(节选)

(鄂政发〔2015〕52号)

二、主要任务

(五)加快培育信息经济

1.发展云计算大数据产业。支持云计算大数据与物联网、移动互联、北斗导航、智能汽车、智能制造等技术和服务的创新应用与融合发展。建设云数据产业聚集区,支持呼叫中心建设发展,探索建立省级大数据交易所,打造第三方数据交易平台,促进大数据的深度挖掘和流通应用。

2.发展高端电子信息产业。加快北斗卫星导航应用产业链整体推动,将武汉建成北斗芯片及智能终端产品的高端制造基地,打造千亿元北斗产业集群。

湖北省人民政府关于创新重点领域投融资机制鼓励社会投资的实施意见（节选）

（鄂政发〔2015〕51号）

二、着力吸引和鼓励社会资本进入重点领域

（九）鼓励社会资本进入信息基础设施领域。支持民营资本开展移动通信转售业务、接入网业务试点和用户驻地网业务、网络托管业务、增值电信业务，试点参与机房、铁塔等设施建设和经营。鼓励支持社会力量参与智慧城市、信息惠民、数据中心、物联网应用相关基础平台建设和运营。探索建立民间资本参与研制、发射和运营商业遥感卫星的激励和补贴机制，适当扩大参与范围和比例。鼓励民间资本参与全遥感卫星影像分发服务中心建设。采用财政资金引导、民间资本补充、市场化运营服务的模式，吸引民间资本参与北斗卫星导航地基增强网、省北斗卫星导航产品检测平台的建设和运营服务。鼓励省高新技术产业投资有限公司设立湖北北斗产业投资基金，采取"专业化管理、市场化运作"模式，引导和带动民间资本参与北斗产业发展。

湖北省人民政府关于国家长江经济带发展战略的实施意见（节选）

（鄂政发〔2015〕36号）

四、建设产业转型升级支撑带

（十五）培育发展具有世界先进水平的产业集群。实施创新驱动发展战略，做大做强食品、电子信息、装备制造、资源循环利用、船舶和海洋工程装备以及医药等六大重点优势产业，发展壮大智能制造、集成电路、新材料、新能源、节能环保、生物医药、新能源汽车、北斗导航、海洋工程、航空航天等十大新兴产业。重点推进集成电路产业基地（武汉）、武桥重工桥梁与海洋工程装备产业园等项目和十堰—襄阳—随州—孝感—武汉汽车工业走廊建设，培育形成光电子信息、高端装备制造、汽车等具有国际先进水平的产业集群。（牵头单位：省经信委、省发展改革委；参加单位：省科技厅、省国防科工办，有关市州政府）

湖北省人民政府关于推进文化创意和设计服务与相关产业融合发展的实施意见(节选)

(鄂政发〔2015〕16号)

二、重点任务

(二)促进文化与科技融合,加快数字内容产业发展。推动文化产品和服务的生产、传播、消费的数字化、网络化进程,强化文化对信息产业的内容支撑、创意和设计提升,加快培育双向深度融合的新型业态。充分发挥武汉东湖新技术开发区的政策、人才、科技优势,壮大动漫游戏、网络文化信息服务等产业,打造地理信息、创意体验等核心品牌,培育北斗导航、数字教育、数字出版、影视制作、书画艺术研究与开发应用等新兴产业,构建高端文化装备制造与创意设计、内容服务及应用商店模式融合发展的产业集群。

湖北省人民政府关于印发湖北省集成电路产业发展行动方案的通知(节选)

(鄂政发〔2014〕44号)

三、主要任务

大力实施武汉新芯跃升工程,促进企业转型升级,突破核心技术,提升创新能力,发展自主品牌产品,努力形成以芯片设计为引领、芯片制造为支撑、封装测试与材料为配套的较为完整的集成电路产业链。围绕我省光通信、光显示、红外传感、北斗导航等特色优势领域,以整机应用和信息消费需求为牵引,推动整机与芯片联动、硬件与软件结合、产品与服务融合发展,开发生产一批量大面广的特色芯片。

(一)芯片设计业领先发展。

发展重点:2. 北斗导航重点开发国际领先的北斗/GPS多模亚米级定位芯片,研发北斗与应用处理器或传感器结合的集成芯片,并加快芯片推广应用。

湖北省人民政府关于贯彻落实“宽带中国”战略及实施方案的意见(节选)

(鄂政发〔2014〕34 号)

一、总体思路和工作目标

到 2020 年底,固定宽带用户达到 1500 万户,其中光纤到户(FTTH)用户 700 万户。行政村通宽带比例达到 99%,城区用户具备 50Mbps、部分达到 1000Mbps 接入能力,农村用户具备 12Mbps 接入能力。全省基本实现光纤、3G、4G 网络全覆盖,3G、4G 用户达到 4200 万户。北斗卫星导航地面应用基础设施基本完善。全省有线电视网络互联互通平台覆盖用户比例达到 95%。宽带省际出口达到 20000Gbps 以上。基本建成覆盖城乡、服务便捷、高速畅通、技术先进的宽带网络基础设施。

二、主要任务

(二)促进文化与科技融合,加快数字内容产业发展。推动文化产品和服务的生产、传播、消费的数字化、网络化进程,强化文化对信息产业的内容支撑、创意和设计提升,加快培育双向深度融合的新型业态。充分发挥武汉东湖新技术开发区的政策、人才、科技优势,壮大动漫游戏、网络文化信息服务等产业,打造地理信息、创意体验等核心品牌,培育北斗导航、数字教育、数字出版、影视制作、书画艺术研究与开发应用等新兴产业,构建高端文化装备制造与创意设计、内容服务及应用商店模式融合发展的产业集群。

湖北省人民政府办公厅关于印发光谷科技创新大走廊发展战略规划(2021—2035 年)的通知(节选)

(鄂政办发〔2021〕10 号)

五、加强联动发展,打造高精尖创新产业带

(一)打造世界级光电子信息产业带。

1. 发展重点。

“芯”:重点发展三维存储芯片、硅基光电芯片、光通信芯片、红外芯片、北斗导航芯片等,加快发展新型存内计算芯片、智能语音识别芯片、量子芯片、光子芯片、太赫兹超高速芯片等。推进开发国产化芯片设计工具,布局光刻机等芯片制造核心设备、先进封装与测试设备及材料，推进芯片级封装、系统级封装、芯片测试等技术研发应用，提高设备和材料国产化率，实现设备、材料、设计、制造、封测等全产业链发展。

“网”：布局下一代物联网，发展物联网系统集成及运营服务，发展面向不同行业的专用光纤传感器、激光传感器、高端CMOS图像传感器等传感器产品。推动北斗在公共服务和新兴消费领域应用，提升地理空间大数据智能实时服务能力。培育发展文化与科技融合、互联网教育等在线新经济。

九、完善设施配套，塑造高品质宜创宜居环境

（二）建设新型基础设施。

完善陆空天一体化网络基础设施体系，加速推进5G基站建设，加快5G规模组网，加速光纤网络扩容，加快部署北斗通信、物联网系统，提升工业互联网标识解析国家顶级节点（武汉）服务能力。加快布局超算中心、数据中心、分布式计算平台等算力基础设施，支持武汉建设算力城市。应用新一代信息技术推动传统基础设施转型升级，建设智慧交通、智慧城市、智慧能源、智慧医疗教育等融合基础设施。

湖北省人民政府办公厅关于加快推进农业机械化和农机装备产业转型升级的实施意见（节选）

（鄂政办发〔2019〕40号）

三、保障措施

（五）实施农机精准作业示范工程。大力推广应用北斗终端等信息化技术，加快建设数字农业示范基地和农机信息化服务平台，推进智能农机与智慧农业、云农场等融合发展，提高农机作业质量与效率。

湖北省人民政府办公厅关于印发湖北省进一步扩大和升级信息消费持续释放内需潜力实施方案的通知（节选）

（鄂政办发〔2018〕85号）

三、主要任务

（一）提高信息消费供给水平。

2. 推广信息终端产品。推进湖北国家“数字家庭”应用示范产业基地建设，推动家电企业和互联网企业跨界合作，开展4K电视+电商、休闲娱乐等新型增值服务，提高数字家庭产品供给能力。利用北斗、物联网、云计算、人工智能等技术推动各类应用电子产品智能化升级。加快武汉智能汽车与智慧交通应用示范区和襄阳智能网联汽车测试项目建设,开展智能驾驶、智能路网、智能泊车等典型应用,构建5G、智能汽车与智慧交通融合发展的产业生态,带动电子信息、移动互联网、物联网、汽车制造等相关产业发展。实施“万千百”质量提升工程,开展消费品工业增品种、提品质、创品牌专项行动,推动消费品创新升级,形成经济增长新动能。(责任单位:省经信厅、省发展改革委、省交通运输厅、省市场监督管理局、省广播电视局、省通信管理局,各市、州、县人民政府)

湖北省人民政府办公厅关于印发湖北省促进中部地区崛起“十三五”规划实施方案的通知(节选)

(鄂政办发〔2017〕70 号)

三、重点任务

(一)加快全国重要先进制造业中心建设,着力构建现代产业新体系。

2. 培育壮大新兴产业。

主要目标:推动制造业与网络信息技术融合发展,推动新技术、新产业、新业态、新模式孕育发展,激发制造业创新活力、发展潜力和转型动力,打造全球先进制造业集群核心区,建设网络经济强省。到 2020 年,电子信息产业产值超过 1 万亿元,生物产业产值达到 8000 亿元,新材料产值达到 4500 亿元,智能装备产值达到 2000 亿元,海洋工程装备及高技术船舶、航空航天装备、北斗产业产值分别达到 1000 亿元,新能源汽车和专用汽车产值达到 1000 亿元。

工作任务:(1)培育壮大战略性新兴产业。围绕新一代信息技术、生物、高端装备、新材料、绿色低碳、数字创意等重点领域,突出集成电路、光通信、新能源汽车、高端数控装备、北斗等优势行业细分领域,培育壮大战略性新兴产业。到 2020 年,打造 10 条产值过千亿元的高新技术产业链,战略性新兴产业产值占 GDP 的比重达到 17% 以上,形成一批具有全球竞争优势的特色产业集群。支持武汉发展光电子产业,打造平板显示产业链,建设国家存储器基地。支持武汉、襄阳、宜昌、十堰、荆门等加大新能源汽车研发和推广力度,形成从关键零部件到整车的完整创新体系,打造新能源汽车生产基地。支持武汉建设国家航天产业基地。支持武汉推动生物医药产业技术创新,加快生物医药产业规模化、集群化、国际化发展。加快推进荆门全国通用航空产业综合示范区建设。抓好 50 家国家级和省级智能制造试点示范,推进 14 个国家级、26 个省级新型工业化示范基地建设。

湖北省人民政府办公厅关于印发
湖北省促进科技成果转移转化行动方案的通知(节选)

(鄂政办发〔2017〕47 号)

二、重点任务

(三)激发高校院所研发平台科技成果转化活力。

组织实施“高校院所研发平台重大科技成果转移转化专项行动”,推进高校院所以研发平台为重点,面向新一代显示技术、大规模集成电路、智能装备、新能源汽车和专用汽车、生物医药和高端医疗器械、新材料、海洋工程装备及高技术船舶、航空航天装备、北斗卫星导航系统、轨道交通装备、节能环保和资源循环利用等重点领域产业,实施一批具有自主知识产权、市场竞争优势明显、支撑经济社会持续发展的科技成果转移转化示范项目。到 2020 年,实现省级以上工程技术研究中心、产业技术研究院与本省企业产学研合作的全覆盖和向本省企业输出科技成果的全覆盖,省内高校院所省级以上工程技术研究中心每年向本省企业转移转化首创重大科技成果不低于 50 项。

湖北省人民政府办公厅关于印发
湖北省综合防灾减灾“十三五”规划的通知(节选)

(鄂政办发〔2017〕23 号)

三、主要任务

(二)加强自然灾害风险综合防范能力建设。

加快推进北斗综合减灾示范工程应用,推进省、市、县三级联动的救灾应急指挥体系建设,建立多部门联动的区域性自然灾害应急技术体系、预警平台、指挥平台,提高救灾应急响应能力。

四、重大项目

(一)自然灾害综合信息服务系统工程。

结合北斗综合减灾工程,开展三峡库区自然灾害综合防灾减灾信息工程和湖北省减灾救灾应急指挥平台建设,重点建设省、市、县三级自然灾害应急救助指挥平台,加强灾情报送、分析和灾情会商、应急救灾、指挥调度等能力建设,实现灾情、决策、指挥、物资调运等各类信息的融合与智能管理。

湖北省人民政府办公厅关于印发消费品标准和质量提升规划(2016—2020 年)湖北行动纲要的通知(节选)

(鄂政办发〔2017〕9 号)

三、重点领域

(七)“互联网 +”信息云服务产品。

紧抓国家促进云计算和大数据创新发展的战略机遇,构建创新活跃、服务全面、应用深入、安全保障有力、基础设施完善的云计算大数据产业发展格局,带动相关产业转型升级,为湖北经济社会发展提供科技支撑和创新驱动。依托湖北北斗产业技术创新战略联盟等机构和芯片生产企业,重点突破北斗卫星导航智能芯片的关键技术和芯片研制生产,抢占北斗导航和地理信息服务新业态标准话语权,带动湖北在数据获取、加工与处理、相关软硬件研发等方面优势的发挥,形成湖北面向智慧城市提供智能化服务为主的高端服务业竞争优势。

湖北省人民政府办公厅关于印发湖北省标准化体系建设发展规划(2016—2020 年)的通知(节选)

(鄂政办发〔2016〕99 号)

四、重大工程

(一)湖北装备智能制造标准升级工程。

贯彻落实《中国制造 2025 湖北行动纲要》精神,建立我省装备“智造”标准体系。在智能制造装备、智能化生产线和数字化车间、智慧工厂、智能传感器、高端仪表、智能机器人、工业通信、工业物联网、工业云和大数据、工业安全等领域,引导具有技术优势和知识产权的产业技术联盟与企业主导和参与国际、国家、行业标准制(修)订工作。围绕激光产业发展,制(修)订光辐射安全检验检测标准,建立国家级的光辐射安全检验检测试验中心。围绕新型显示技术应用发展,在激光显示、LED、OLED 等领域研究制(修)订关键技术和共性基础标准,推动相关优势标准转化为国家、国际标准,提升国际影响力。围绕光纤产业发展,加大行业标准国际输出力度,不断提升国际竞争力。围绕推进我省北斗导航和位置服务应用建设,研究制(修)订北斗导航与位置服务类标准体系,加快编制通用基础类、用户设备标准类、系统服务类等标准,加强北斗产业化发展过程中的标准应用。

湖北省人民政府办公厅关于加快转变农业发展方式的实施意见（节选）

（鄂政办发〔2016〕2号）

六、提升农业物质装备和信息化水平

（十九）大力推进农业信息化。充分利用农村网格化管理的基础资源，推进信息进村入户工程，加强农村信息示范省建设。推动农业互联网技术运用，加快发展精准农业、智能农业和数字农业。建立完善全省“12316”农业综合信息服务体系。推进北斗导航等现代信息技术在农业生产和服务领域的应用，提高农业智能化和精准化水平。开发建立完备高效的省级农业大数据系统。积极发展农村电子商务，培育一批在国内外有较强竞争力的农产品电商企业，推动“一村一品”、“一产一业”。

湖北省人民政府关于印发湖北省北斗卫星导航应用产业发展规划（2014—2020年）的通知

（鄂政发〔2013〕58号）

各市、州、县人民政府，省政府各部门：

现将《湖北省北斗卫星导航应用产业发展规划（2014—2020年）》印发给你们，请结合实际，认真组织实施。

湖北省人民政府

2013年12月11日

湖北省北斗卫星导航应用产业发展规划（2014—2020年）

北斗卫星导航应用产业（以下简称北斗产业）是以卫星导航和地理空间信息为基础、以具有时空特征标识的各类数据为资源、以面向市场需求提供智能化服务产品为主要特征的战略性新兴产业。

随着全球信息技术特别是利用时空标识的信息技术不断创新，新产品、新服务、新业态大量涌现，不断激发新的消费需求，成为日益活跃的消费热点，市场发展潜力巨大。以基于位置的智能化服务为切入点，大力发展北斗产业，能有效拉动需求，加快居民消费升级，是一项既利当前又利长远、既稳增长又调结构的重要举措。

为促进我省北斗产业快速发展，根据《国务院关于促进信息消费扩大内需的若干意见》、《国家战略性新兴产业发展规划纲要》、《国家卫星导航产业中长期发展规划》，结合我省实际，编制本规划，规划期为2014年—2020年。

一、发展现状与面临形势

北斗卫星导航系统于2012年完成组网，实现亚太地区全覆盖并正式投入使用，2012年12月27日，我国正式公布北斗ICD文件，拉开了北斗产业化、全球化帷幕。目前在我国已形成五大有明显特征的发展区域，其中，以北京为中心的环渤海地区，依托国家部委、相关研究院所集中的优势，开始形成以引进技术设备、重大装备制造为主的产业格局；以西安为主的川渝陕地区，主要依托所在地航天、航空部门的技术、设备、人才等优势，发展以卫星零部件制造为主的产业格局；以上海、南京为主的长三角地区，利用资金、市场等优势，发展以芯片制造、天线制造为主的产业格局；以广州、深圳、中山为主的珠三角地区，依托区位、资金、机制等优势，发展以引进、组装、制造卫星导航终端产品为主的产业格局。

以我省为主的中部地区，依托测绘地理信息领域拥有的人才和技术优势，形成了以武汉为中心的高精度定位服务和地理信息采集、处理、分析等为主的产业发展格局，是全国五大区域中同时拥有人才优势、技术优势、产业优势的重要区域。

2012年，全国卫星导航与地理信息相关产业的总规模是2000亿元（国家测绘地理信息局统计），据我省不完全统计产值达到190亿元。由于我省人才培养与使用、科研与产业转化衔接不够，政、研、企之间协调不够，体制、机制创新不够，导致企业强而不大，企业已有的优势没有形成产业优势，现有的企业没有形成具有整体竞争优势的产业链条，再加上市场还没有完全形成，特别是地理空间及具有时空特征标识的各类数据不足，制约了北斗卫星导航应用产业跨越式、爆发式发展。

促进信息消费扩大内需为北斗产业发展提供重大机遇。卫星导航及位置服务已经成为人们日常生活中不可或缺的重要资源，越来越多的人使用车载导航定位服务、手机移动位置服务、互联网地图服务以及老人儿童监护等服务，教育、医疗等智能社会管理和社会保障体系对导航及位置服务的需求也越来越迫切。增加信息的位置和时间属性，使信息服务能力成倍提高，满足人民群众对信息化服务的多样化需求，是提高信息化建设水平、全面建成小康社会的重要保障。2013年8月8日，国务院发布了《关于促进信息消费扩大内需的若干意见》，强调指出以北斗导航及相关领域发展拓展新兴信息消费领域，培育发展新兴信息消费业态，提升信息产品、服务、内容的有效供给，挖掘和释放消费潜力。加快推动北斗导航核心技术研发和产业化，是我省促进信息消费扩大内需的必由之路和关键产业。

实施“五个湖北”战略为北斗产业发展提供强大动力。省第十次党代会提出湖北要坚持以构建重要战略支点为统领、实施“一元多层次”经济发展战略、全面建设“五个湖北”的重大战略部署。面对国内外经济发展形势，要解决湖北重化工业占工业比重大、现代服务业发展相对滞后和资源环境制约进一步凸显等矛盾和问题，迫切要求加快产业结构优化和发展方式转变。北斗产业以北斗芯片研制为核心环节，带动我省在数据获取、加工与处理以及相关软硬件研发等方面加快发展，可形成我省面向智慧城市提供智能化服务为主的高端服务业竞争优势。必将推动我省智慧城市等领域智能化应用及相关服务业的跨越式发展，必将促进科技创新，提高创业就业水平，丰富信息消费内容，必将拉动关联产业发展、推动经济结构调整、促进经济社会转型。因此，发展北斗产业是我省产业结构调整和发展方式转变的主要路径。

智能化服务为北斗产业拓展巨大的市场空间。从发达国家看，卫星导航已经深入到社会的各个方面，智能化的社会管理、智能化的传统产业升级、智能化的大众服务、智能化产业的自身发展，形成了庞大的市场。我国经济社会正处于全面转型的时期，信息化建设已从数字化阶段走向智能化阶段。一方面政府需要运用这些技术推动经济社会加速转型，另一方面在这些技术的应用过程中又会形成满足政府、企业及大众需求的智能化服务的巨大市场。我国已制定“四化同步”的发展战略，推进以人为本的城镇化离不开智能化；解决城市发展中的各种问题离不开智能化；转变政府职能创新社会管理离不开智能化；改善民生、满足人们日益增长的物质文化要求离不开智能化；改造传统产业、发展战略性新兴产业更离不开智能化。国家有关部门预测到 2020 年，北斗及相关智能应用产业规模将突破万亿元。

我省北斗产业发展的优势条件。我省在人才及人才培养、科学技术研究等方面具有明显优势，在基础设施建设、产业园区及平台建设等方面具有相当优势。一是以武汉大学为重点的世界一流人才培养基地，每年培养测绘、导航、地理空间信息及相关专业人才 5000 余人。二是科研机构、科技创新平台达到 30 多个，是全国少有的省份。其中国家、省部级重点实验室 18 个，国家和部级工程技术研究中心 7 个，在导航与定位、地理空间信息技术两大领域处于国际先进水平，先后获得国家科技进步一、二等奖 16 项。三是在全国率先建成北斗地基增强系统，为北斗卫星导航应用产业化奠定基础；拥有以数字湖北为基础的全省地理空间数据和各类专题数据资源，是对导航定位，各类数据获取、加工与处理、分析与应用进行科技研究和技术创新实力较强的省份之一。四是建成了“一基地三园区”（国家地球空间信息产业化基地，武汉大学科技园区、光谷软件园区、未来城科技园区）。其中，武汉东湖高新区国家地球空间信息及应用服务创新型产业集群于 2013 年 6 月入选科技部第一批创新型产业集群试点，初步形成了包括政策支持、技术咨询、技术评估、相关标准制定、项目孵化等在内的服务体系，营造了产业发展的良好环境。

面临 GPS 先发优势挑战。目前 GPS 系统占据卫星导航市场 95% 以上的份额，而北斗卫星导航定位刚刚起步，如果没有技术上的进步和强有力的政策支持，现有市场的格局很难改变。北斗在国家军事安全、经济安全和社会安全方面的重要作用，必然要求在所有领域取代或兼容包括 GPS 在内的其它卫星导航系统。但是我国在关键技术，尤其是芯片制造技术上相对落后，没有完全摆脱发达国家的控制，成为制约产业发展的瓶颈。同时，社会对无缝定位的需求，对定位可靠性、完备性、精确性和实时性的需求，对基于位置的智能化服务需求，使导航系统新技术的竞争日趋激烈。如何适应竞争、形成核心技术优势、抢占新的市场，是产业发展面临的严峻挑战。

具有时空特征标识的各类数据资源严重不足的挑战。北斗产业发展的资源是具有时空特征标识的各类数据。现有数据，特别是基础地理空间数据，包括地上、地下可视化三维数据严重不足，不能满足产业发展的要求；已有各类专题数据各自为阵、难以共享，造成数据孤岛，制约了产业发展；为大众服务的各类专题数据基本是空白，制约了产业发展的市场需求；缺乏各类数据以时空为基准的统一标准，缺乏各类数据整合管理的载体，缺乏各类数据实时更新、分析运用的有效技术手段，各类数据难以成为支撑产业快速发展的有效资源。

区域竞争日趋激烈的挑战。目前，全国各省市都在打“北斗”旗、建北斗园，北京、上海、广东、湖南、深圳都制订了北斗产业发展规划，出台了相关的具体政策，抢抓北斗产业发展先机，区域竞争十分激烈。从一般发展规律看，该产业在全国的格局 3 - 5 年内就会基本形成，因此我省在这个关键时期要发挥优势，立足创新，从体制、机制、政策扶持、政府引导、开放合作等各方面采取强有力的措施，拓展新兴信息服务业态，培育信息消费需求，促进该产业在我省的爆发式发展。

二、指导思想、发展原则和目标

(一)指导思想。

把握北斗产业发展的重大契机，面向经济社会发展的重大需求和智慧城市、智能化社会服务的需要，加强统筹协调，以改革创新为动力，以科技创新为支撑，以企业为主体，建立政府引导、市场主导的发展机制。围绕挖掘消费潜力、增强供给能力、激发市场活力，强化基础设施建设，开拓信息消费领域和提高信息服务能力，加强基于北斗的智能系统开发应用与技术创新，扩大开放合作，形成北斗产业链在关键环节的核心技术和竞争力。大力丰富信息消费内容，打造北斗产业集群，促进北斗产业爆发式增长，为全面建设“五个湖北”作出新贡献。

(二)发展原则。

示范应用，引导市场。结合国家相关引导政策，以政府应用带动社会应用，以示范应用推动产业发展。推进北斗导航服务模式和产品创新，在重点区域和交通、减灾、电信、能源、金融等重点领域开展智能化服务示范应用，在有条件的城市开展智慧城市试点示范建设。

培育龙头,完善链条。重点支持龙头企业,孵化小微创新企业,鼓励兼并重组。培养企业之间合作活跃、互动高效、立足创新的产业集群,在若干领域形成快速规模化发展的态势,促进产业跨越式发展。

开放合作,融合发展。结合我省实际,与其它四大发展区域错位竞争,形成差异性发展,利用我省在人才技术方面的优势开展与国内外大型企业和投资主体的合作,建设产业全球研发中心。发挥产业技术含量高、产业链条长、带动性和技术扩散性强优势,推进我省产业融合互动式发展。

(三)发展目标。

经济发展目标。到2020年主体产业产值达到1000亿元。其中:北斗智能芯片等核心部件和各类智能终端、芯片模组等装备制造达到100亿元规模;可透视三维地理空间信息、导航电子地图等多维时空信息、具有时空标识的各类数据信息获取与处理产值300亿元规模;地理空间信息数据库软件、平台类管理软件、数据挖掘分析和行业应用等软件类产值达到100亿元规模;智能系统、智慧城市和大众应用等服务类产值达到400亿元规模;其它类产值达到100亿规模。到2015年,产值达到400亿元;到2020年,产值达到1000亿元,带动其他行业的产值规模达到3000亿元。

自主创新目标。建设北斗工程研究中心、重点实验室和产业技术创新联盟,搭建创新服务平台,促进北斗产业发展。到2020年,累计申请专利数量达到1000项,参与制定国家、省部标准30项,关键技术和创新成果100项。

产业集群目标。构建较完善的产业集群,新增10万以上就业岗位,在产业上中下游分别形成具有带动性和引导作用的重点龙头企业,发展100亿元以上龙头企业1－2家,50亿元以上龙头企业达到3－5家,1亿元以上企业上百家,一批高科技上市公司。

应用推广目标。北斗卫星导航各类应用的规模和水平明显提升,北斗卫星导航技术在经济和社会各领域得到广泛应用,基本满足经济社会发展需求。到2020年,在能源(电力)、金融、通信等重要领域,全面应用北斗等卫星导航系统;在重点行业和个人消费市场以及社会公共服务领域,实现北斗等卫星导航系统规模化应用。

三、主要任务

采取需求牵引、创新发展的方式,完善产业链、解决产业发展中的关键技术、促进基于北斗的智能化服务信息消费市场增长。

(一)完善产业链。

以基于北斗的片上系统芯片研制为核心发展环节,带动我省在数据获取、加工与处理,相关软件研发等方面优势的发挥,形成我省面向信息消费、提供智能化服务的高端服务业上中下游协同发展的产业链条和核心竞争优势。

在基于北斗的片上芯片为核心的高端制造业方面,研发制造满足智能化需求的各类芯片和终端产品。

在数据获取、加工与处理方面，重点发展为信息消费和智能化应用奠定基础的、包含地理空间信息、具有时空标识的经济社会信息数据和智能终端随机实时数据的大数据中心，现代信息化测绘生产系统及各类数据实时获取、更新和处理系统。

在相关软件业方面，大力发展基于时空信息云的各类数据加工、处理、分析、可视化和位置服务等平台软件建设，加强智能终端、智能语音、信息安全等关键软件的开发应用。

在高端服务业方面，开发基于北斗卫星时空基准的各类智能化服务产品，丰富信息消费内容，实现智能终端与智能化服务一体化发展，形成相应的商业运营模式。

（二）解决产业发展中的关键技术。

在北斗卫星导航应用产业化进程中，要着力解决北斗卫星导航智能芯片的关键技术，高精度定位智能终端产品的关键技术，室内外无缝定位的关键技术，地理空间信息可视化、一体化、实时化的关键技术，大数据融合与挖掘的关键技术，核心业务智能信息系统开发的关键技术。

（三）促进基于北斗的智能化服务信息消费市场增长。

推动政府部门开放信息资源，在北斗卫星时空基准下实现各类信息的时空关联、整合、开发、应用；鼓励引导各类市场主体从事基于北斗卫星时空基准的各类专题数据的采集加工。

推动北斗卫星应用技术与基于第四代移动通信（TD－LTE）的移动互联网、云计算等新一代信息技术的深度融合，构建安全、精准、实时、开放、智能的信息消费基础设施。支持北斗智能终端企业、电信和广电营运企业、互联网企业、软件企业和广电播出机构发挥优势，参与基于北斗卫星时空基准的公共服务云平台营运。

加快推进我省基于北斗卫星时空基准的政务信息化工程建设，建立完善的基础信息资源和政府信息资源。建立政府公共智能服务信息平台，大幅提高政府公共服务水平和人民群众的物质文化生活水平。

四、重大项目

加强基于北斗卫星时空基准的基础设施建设，着力智能芯片及智能终端产品研发，促进智能终端产品产业化，在全省有条件的城市开展智慧城市智能化服务应用示范建设，促进信息消费。

（一）基于北斗卫星时空基准的数据建设工程。

建设适应产业发展和智能化应用的大数据中心。大数据中心的数据内容包括地理空间数据、具有时空标识的经济社会信息数据和智能终端随机实时数据。

开展地理空间数据建设，采取可视化地理空间一体化技术，汇集整合传统 GIS 数据、街景影像、地下管线数据等，构建在三维可视化与逼真的视觉表现方面能力突出、具备强大的多维数据处理和分析功能的可视化地理空间数据库。推动相关数据采集、处理技术发展。

开展具有时空标识的经济社会信息数据库建设。通过资源共享机制,采集、整合各类经济社会专题应用数据,将其统一到北斗时空基准下,与可视化地理空间信息数据相结合,为基于北斗的智慧城市和智能化应用提供可视化时空环境和相应的具体环境信息。

开展智能终端随机实时数据的集存。在统一的北斗卫星时空基准下通过各类智能终端如手机、汽车、个人电脑等采集海量的随机实时数据,建设随机实时数据库对其进行存储和管理,开展深度数据挖掘、拓展智能化等的应用。

通过大数据中心带动我省相关企业迅速壮大,形成参与全国智慧城市建设的核心竞争力。

建设和完成我省北斗地基增强系统。实现全省范围的厘米级实时精密定位服务。以此为基础,开发厘米级高精度定位智能终端产品,在智慧城市地理空间框架建设、地理国情普查及监测、基础测绘等方面的深度应用,为增强北斗卫星导航服务能力、形成我省运用北斗卫星导航促进产业发展的巨大带动力和核心竞争力创造条件,参与承担覆盖全国、统一运营的国家北斗地基增强系统的建设,实现北斗地基增强系统应用产业化。

(二)北斗智能芯片及智能终端设备制造产业化工程。

北斗卫星导航智能芯片研制。以我省卫星导航智能芯片开发能力为基础,重点设计研发车载智能片上芯片、手机智能芯片;研发如交通、物流、农业、城市管理、医疗、社区养老服务以及基于国情监测的土质、水质等领域相关的专业应用智能芯片,为北斗应用智能终端提供支撑。到 2020 年实现生产销售北斗应用各类智能芯片 1 亿套。

北斗高精度应用终端产品制造。利用多系统多频率集成导航定位技术,研制及销售基于北斗的多模卫星定位终端设备,快速解决终端设备小型化、兼容性和功耗、成本等问题。研制及销售北斗/GPS 参考站接收机(双频、三频),北斗/GPS 流动站接收机(单频、双频、三频),北斗/GPSCORS 管理和服务软件系统;研制及销售北斗/GPS 区域增强系统管理和定位服务软件;研制及销售基于北斗/GPS 的定位定向、测姿产品;研究基于北斗/GPS 的授时管理产品。

北斗卫星授时终端。针对 GPS 系统授时带来的重大隐患,利用北斗卫星导航系统在精密授时方面的安全性、可靠性,建立全省北斗统一授时中心,率先在政府机关、交通、通信、广电、电力、金融、公安等关乎国家安全、经济安全和社会稳定的部门、行业领域进行推广,进而拓展到社会各领域,最终实现时间统一。同时,大力推动北斗卫星授时板卡、北斗卫星授时终端的产业化,全面推广北斗卫星授时系统的应用。到 2015 年实现北斗卫星授时系统在主要行业领域覆盖率 75% 以上,生产销售北斗授时终端 10

万台;到 2020 年实现北斗卫星授时系统在主要行业领域全覆盖,生产销售北斗授时终端 30 万台。

车载智能终端制造。以我省汽车行业为重点,推动北斗卫星导航与其他相关产业融合发展,促进制造业信息化、服务化,实现安全应用。加强汽车控制信息系统和应用的关键技术研发,提升汽车综合集成应用水平,促进终端与服务一体化发展。研制基于北斗的车载智能终端,加速研发并量产集交互式、网络化、智能化功能于一体,融合数字电视、第四代移动通信(TD－LTE)、3D 触控操作、音视频播放、智能语音控制等功能的北斗车载智能终端。到 2015 年形成各类北斗车载智能终端规模化生产能力,到 2020 年形成年生产销售各类北斗车载智能终端 400 万台的能力。

(三)具有时空标识的各类数据获取、处理软硬件产业化工程。

开发生产基于北斗卫星导航及位置服务、以属性特征分层的具有时空标识的各类数据获取实时化、处理自动化、服务网络化的平台软件。开发北斗时空信息云平台产品,采用云计算的思想和 WebService 技术,以北斗卫星时空基准和能大幅度提高北斗智能终端定位精度、灵敏度和定位速度的智能位置服务平台为基础,构建以时间和位置为主线,面向地理空间数据、具有时空标识的经济社会数据和智能终端随机实时数据提供高效数据存储、海量数据挖掘、泛在精确定位、智能位置服务,为智能化应用提供准确、安全、高效的运行、开发和运营环境。

以现有硬件制造企业为基础,大力引导现代高端地理空间信息装备制造业集聚发展,扩大移动测量系统装备、道路检测系统装备、水下测量装备、三维激光扫描仪、小型无人机制造等生产规模,实现具有时空标识的各类数据采集装备的升级换代。

(四)基于北斗的智能化服务应用工程。

智能交通。基于北斗定位技术和视频处理等技术,研发高精度车载导航定位终端与辅助传感器,实现城市复杂环境下的车道级导航定位,为车辆安全、车辆监控、物流调度等应用提供智能终端支持。基于云存储和计算技术,建立交通信息数据共享交换平台,实现海量多源异构交通信息的有效共享和交换,为省际、城际交通的实时监控、高效管理、科学规划等提供有力支撑。研发基于多源异构信息融合的交通信息采集处理与发布技术,准确地估计和预测交通实时路况和公共交通运行状况,面向公众提供多模式多标准实时在线导航服务,大幅降低事故,降低排放,提高交通通畅率。基于交通信息共享与交换平台,研发城市交通事件检测技术、车辆人群疏散仿真等技术,建立多部门联动的城市交通应急响应平台,实现突发灾害下的有效应急响应。

智慧物流。基于城市共同配送体系及北斗高精度、无缝定位技术,搭建由通信服务子系统、物流配送子系统、导航服务子系统、WEB 服务子系统组成的城市精准配送综合服务平台,实现各企业之间物流数据交换、物流监控与智能导航。针对城市精准配送的特定应用场景,通过研发基于高精度、无缝定位技术的导航模块和数据处理模块,研制城市物流领域专用的北斗车载及手持终端,实现“最后一公里”配送的标准化、集中化和精准快速配送。

现代农业。建设智能农业综合管理平台,主要包括四个应用系统:精细耕种与农机精确调度系统、土质/水质智能监测系统、农业重大动植物疫病监控与应急指挥调度应用系统和食品安全监控系统。精细耕种与农机精确调度系统主要是基于北斗定位技术、遥感技术、多媒体技术,实现农机供需信息自动精确匹配、调度方案快速生成、全天候精细耕种指挥等功能。土质/水质智能监测系统主要是利用北斗高精度定位终端、土质/水质监测仪等建设若干固定监测站,定期采集监测站土质/水质等重要农业参数,结合流动数据采集点,形成土壤、水体质量及分布数据,实现土质/水质智能监测、作物施肥、灌溉智能决策、作物种植种类智能分析等功能。农业重大动植物疫病监控与应急指挥调度应用系统主要是依托北斗导航系统,随时随地通过数据采集终端定位疫病地点和范围,实现对动植物疫病的实时监测、预警、诊断,制定科学的防控策略。食品安全监控系统主要是依托智能农业综合管理平台,基于视频监控、二维码查询、室内外无缝定位,建设食品安全监控系统,通过与物流配送平台对接,针对重点农产品从生产、采购、储存、销售、配送进行全程智能化监控,为政府相关职能部门提供食品来源信息、流向信息、检测信息、数量价格统计汇总分析信息,为公众提供食品流通安全信息。

智慧林业。建设高精度的林业基础地理信息数据库,实现林业各系统互联互通、信息共享,建成三维智能化的林业地图服务系统,实现林企、林农科学植树造林,为林业管理部门实时了解各区域情况提供支撑。利用北斗导航技术、3S 技术、自动识别技术、多媒体视频技术、物联网、移动互联网等建立感应层,结合林业基础地理信息数据库构建林业智慧感知体系,搭建林业智能巡检系统,全天候、立体化的实时监控林区状况,提高林区保护力度和利用程度。建设集约整合的林业办公网,实现资源整合及服务的统一,提升林业政务部门管理效率及便捷度。建成一流的林业综合信息服务平台,为林农、涉林企业和广大社会用户提供林业方面最权威、最全面的信息、知识及电子商务服务,实现线上、线下相结合的林业智慧商务新模式。

智慧航运。建设智能航运管理平台,基于高精度三维电子航道图、专题基础地理信息数据等开发航标遥测遥控系统,实现对长江干线航道航标的遥测遥控;开发船舶高精度导航与监控系统,为长江航道运行船舶提供优于 1.5 米的高精度定位服务;开发长江海事、公安执法船舶智能调度系统,结合海事、公安执法船舶及警力分布信息,实现智能化执法调度,加快长江警务反应速度,及时查处长江航道非法运输、肇事逃逸等违法行为。通过项目建设,大幅提升长江航道运输能力,降低安全事故,快速应急救援,提高航运科学管理水平。

智慧社区。以三网融合、导航定位等信息技术为基础,以融合服务平台为纽带,建立覆盖居民生活方方面面的社区融合智能服务系统，保障社区安全和居民健康，维持社区的稳定，提升居民的生活品质。包括智能物业系统、智能家居系统、生活服务系统、健康服务系统及养老服务系统等。为广大居民提供个性化、主动式、自助式的物业服务；实现家居安防的远程监控和远程智能化管理；建立社区电子商务系统和食品安全溯源系统；通过与医疗机构联网，为老年人、残疾人提供包含定位、报警、身体机能异常监控、远程健康咨询及社交互动等智能化功能的健康服务及养老服务系统。

智慧城市。选择有条件的城市和区域开展智慧城市建设，以大数据中心为基础，采集、整理城市的地理空间数据、具有时空标识的经济社会信息数据和智能终端随机实时数据，支持公用设备设施的智能化改造升级，加快智慧交通、精准物流、精细农业、智慧城管、智慧社区等各方面在城市中的区域性综合应用，增强城市的智能化水平。

五、推进措施

（一）加强统筹协调，形成发展合力。

建立完善北斗产业发展协调机制，促进军地融合、加强部门沟通协调以及统筹省市和其它社会资源，研究制定产业化促进政策，引导产业布局优化，申请国家支持产业发展的重大专项，推动产业重大项目的组织、申报与实施。充分发挥行业协会等专业机构的行业引导、协调、服务作用，鼓励建立产业联盟，强化行业和企业自律制度，构建产业发展的良性竞争环境。

（二）完善法规政策，优化发展环境。

健全和完善促进北斗产业发展的法规、规章，加快地理空间信息数据交换和共享等立法工作。实行适度宽松的北斗相关企业市场准入政策。加大北斗产业知识产权保护力度，完善地理信息安全保密政策。在政府采购活动中，同等条件下，优先使用或采购自主知识产权并经检测认证合格的北斗卫星数据、产品和服务。大力扶持具有自主知识产权创新成果产业化。发挥政府的引导作用，大力开展市场培育与应用示范，充分发挥市场主体的创造活力，鼓励应用服务和商业模式创新，加大实施相关重大工程的力度，推动北斗卫星导航系统的规模化应用。

（三）加强标准建设，提升发展水平。

加大北斗卫星导航产业基础标准和通用标准的制修订力度，加快卫星应用与相关领域关键技术和重要基础性标准的研发，并做好标准宣贯和市场监督检查，更好地服务、支撑和引领该领域标准化产业发展。加大知识产权保护力度，引导标准、专利等产业联盟健康有序发展。积极参与制定国家标准，提高我省在国家北斗卫星导航产业应用标准制定中的话语权。

（四）加大公共投入，鼓励产业创新。

加大财政、税收及金融支持力度，完善多元化投资与运营模式，创新金融服务模式，拓宽企业融资渠道。坚持园区化、集约化发展模式，建设北斗产业园，鼓励引进国际国内知名企业在产业园区设立研发总部。扶持优势企业做大做强，通过实施兼并重组等方式，提高产业集中度和竞争力。依托龙头企业、高校及科研机构，建立产学研用一体化的科技创新体系。将湖北打造成北斗卫星导航应用领域重要的芯片研发中心、核心终端制造中心、智能化服务中心，形成完整的共生型产业发展业态。

（五）加强交流合作，拓展发展空间。

创建国内外卫星导航企业合作交流机制，促进多模卫星导航系统的技术合作与应用。积极开拓国内外市场，支持科研机构、高等院校和各类企业参与全球及区域性北斗卫星导航投资合作计划，推动拥有自主知识产权的高新技术装备、软硬件产品以及技术服务进入国际市场。积极营造良好的商务环境和诚信环境，吸引国内外大中型企业来我省投资兴业，提升我省北斗产业的国际地位。

湖北省人民政府关于印发《湖北省战略性新兴产业发展“十二五”规划》的通知（节选）

（鄂政发〔2012〕40号）

二、重点方向与主要任务

（二）高端装备制造产业。

3. 发展重点。

（4）航空航天设备与卫星应用。重点依托三江航天、中航航宇、武汉航空仪表、中航工业特种飞行器研究所等单位，加快发展通用航空部件、机载设备、灭火救援水陆两栖飞机和浮空飞行器及其关键部件。大力发展基于北斗卫星导航系统、全球定位系统（GPS）的导航终端、监控终端，高精密、高智能化地球科学仪器，测量、测绘通用仪器设备，个体防护装备、弹射救生装置等航空防护救生装备。

湖北省人民政府关于印发湖北省测绘地理信息发展“十二五”规划的通知（节选）

（鄂政发〔2011〕58号）

四、主要任务

（二）加速推进测绘基准体系现代化。

继续加强和完善全省现代化测绘基准体系，实现三维、高精度、动态、地心、覆盖全省国土、实用并与国家接轨的目标。加强全省平面和高程基础控制网复测和检测，进一步精化全省大地水准面，提高全省大地水准面的整体精度。加快推进2000 国家大地坐标系（CGCS2000）的推广使用。继续推进全省连续运行卫星定位服务系统建设。建立全省测绘基准数据处理、分析与服务中心，建设省级测绘基准数据库，提升测绘基准社会化服务能力。继续加强对全省测量标志的日常管理和维护工作。

（五）加强全省卫星导航及位置服务建设。

保证全省连续运行卫星定位服务系统的正常运行，为单位及公众提供综合服务，充分发挥国家基础设施在经济社会发展中的作用。卫星导航及位置服务建设的主要任务是进一步加强全省连续运行卫星定位参考站的整合，完善运行维护及管理机制，建立社会化服务机制。通过全省连续运行卫星定位服务系统为气象部门的气象预报、地震部门的地壳运动研究及地质灾害预防等提供数据服务，在全省范围内提供多种精度的实时定位服务，满足国土测绘、城市建设、地籍管理、灾害防治、水利、电力、交通等基础设施建设以及政府在突发事件应急管理等方面的需求。同时基于全省连续运行卫星定位服务系统和湖北省地理信息公共服务平台开发相应的增值服务功能，满足电子政务、电子商务、智能交通、现代物流及公共服务等需求。

五、重点项目

（一）“数字湖北”与数字城市地理空间框架建设工程。

1. 测绘基准体系现代化。在国家高精度高程基准框架下，完善全省高程基准建设，布设与省连续运行卫星定位服务系统相适应的高程控制网，同时利用空间定位技术和重力测量手段获取相关数据和资料，并进行数据合成处理，进行高精度大地水准面精化。完成已有的测绘地理信息成果向2000 国家大地坐标系的转换。建设省级测绘基准数据处理与服务中心，进一步完善湖北省连续运行卫星定位服务系统，构建足够数量、均衡分布、兼容 GPS 和北斗卫星定位系统的全省连续运行卫星定位服务系统。

（五）湖北省卫星导航及位置服务工程。建立湖北省导航与位置服务中心及若干分中心，加强对全省连续运行卫星定位服务系统统一建设与维护，同时开发相关的增值服务平台。建设内容包括服务中心及分中心基础设施建设、运行设备维护、全省参考站维护、网络通信维护、系统数据备份、用户设备配置服务等。同时利用全省连续运行卫星定位服务系统和地理信息公共服务平台，将 GPS 和 GIS 结合，开发建设网络用户终端在线定位服务系统，为不同导航定位精度需求和多类型移动终端的用户提供移动定位、动态连续的导航位置服务和信息服务。服务内容包括提供各种精度测绘地理信息数据、地理底图、定位请求等地理位置服务；同时能够提供相应的增值服务，包括紧急救助援助服务、地理位置社交服务、交通气象信息服务、防灾减灾信息服务及为电子政务和电子商务平台服务等。

湖北省人民政府办公厅关于印发湖北省北斗卫星导航应用产业发展行动方案(2015—2020年)的通知

(鄂政办发〔2015〕74号)

各市、州、县人民政府,省政府各部门:

《湖北省北斗卫星导航应用产业发展行动方案(2015—2020年)》已经省人民政府同意,现印发给你们,请结合实际,认真组织实施。

2015年9月27日

湖北省北斗卫星导航应用产业发展行动方案(2015—2020年)

一、抢抓机遇,增强加快发展北斗产业的紧迫感和责任感

北斗卫星导航应用产业(以下简称北斗产业)是战略性、先导性和支柱性产业,承载着国家发展战略和湖北“十三五”发展的希望,是一个重大的科技创新增长点,是我省信息化、工业化融合的核心,是大众创业、万众创新的引擎,是抢抓《中国制造2025》、“互联网+”等机遇的重要抓手。《国家卫星导航产业中长期发展规划》要求,到2020年,我国北斗卫星导航系统及其兼容产品在国民经济重要行业和关键领域得到广泛应用,在大众消费市场逐步推广普及,对国内卫星导航应用市场的贡献率达到60%,重要应用领域达到80%以上。发展北斗产业既是国家重大战略,也是湖北实现转型发展的历史性机遇,必须将北斗产业作为我省“十三五”规划和实施长江经济带战略的支柱性产业加以推进。

要认真总结和汲取我省在发挥科教技术优势和应用现有科研成果等方面的经验教训,强化机遇意识,心往一处想、劲往一处使,协同会战,全力以赴支持北斗产业由重点突破转向整体推进,形成新的增长极。要发挥北斗产业在调整经济结构、转变发展方式中的重要作用,形成我省在新一轮经济发展中的核心竞争力和整体带动力,力争“十三五”期末实现北斗产业弯道超车、超常规发展的目标。

二、完善基础设施

以提升承载能力和服务水平为目标,加快构建融合、安全、泛在的产业发展基础设施,增强我省北斗企业参与全国“一张网”、“一张图”建设及运营的核心竞争力,支撑湖北北斗产业快速发展。

（一）加快全省北斗高精度位置服务“一张网”建设。依托我省自主研发的核心软、硬件技术，2016 年建成由 91 个基准站、1 个主控中心和 3 个分中心构成，覆盖全省及周边地区的北斗地基增强基准站网，为高精度导航和专业定位应用提供实时动态位置服务，形成我省北斗高精度位置服务“一张网”，满足北斗高精度应用需求。运用核心自主技术，积极争取参与全国导航与位置基准服务系统的建设，为我省北斗产业发展走向全国营造良好的环境。（责任单位：省测绘地信局、省发展改革委）

（二）推动城市重点区域“多网融合”。将北斗高精度位置服务“一张网”与移动、联通等各类信息传输网络融合，促进互联互通、优势互补，提升网络竞争力，促进高精度位置服务和智能服务企业发展。2018 年完成市州城区重点区域多网融合，实现室内、室外无缝连接、一般精度与高精度有机融合。（责任单位：省测绘地信局、省发展改革委、省经信委）

（三）加强全省基础时空信息数据采集与更新。充分利用国情普查的丰富数据，进一步完善数字湖北地理空间框架的内容，构建集中使用、管理、共享、更新的服务网络。进一步加大公益数据采集投入力度，全省基础时空信息数据每 3 年更新一次，一般地区每年更新一次，重点地区（重点领域、重大工程）按需更新。杜绝重复采购、重复投入的现状，省测绘地信主管部门要统筹全省航天航空遥感影像资料的获取、处理、保管及服务。（责任单位：省测绘地信局、省发展改革委、省财政厅）

（四）加快智慧湖北时空信息云平台建设。积极推广智慧老河口建设成果，加快智慧湖北时空信息云平台建设，丰富、提升天地图・湖北数据和服务功能。2015 年底启动 10 个县市时空信息云平台建设，2016 年完成市州数字城市地理空间框架向智慧城市时空信息云平台的升级改造。力争用 3 年左右时间，实现县市全覆盖、行业数据全融合，构建全省平面到立体、室外到室内、地上到地下、历史到现在、高精度、可感知的时空信息云平台“一张图”。（责任单位：省测绘地信局、省发展改革委、省经信委）

（五）建设适应产业发展和智能应用的时空信息大数据中心。为“楚天云”提供丰富、基础、权威的时空信息。研究制定大数据、云计算相关标准规范，云架构下信息安全标准、规范。制定《湖北省时空信息数据交换共享管理办法》，编制开放目录指南，明确开放权限、共享范围，满足政府机关、企事业单位信息共享和业务协同需求。统一基础时空信息数据、具有时空标识的经济社会信息数据和智能终端随机实时数据的标识。建立跨部门、跨行业、跨层级的大数据融合共享机制，推进重要部门及省市县互联互通。争取到 2017 年形成支撑“楚天云”的时空信息大数据中心，满足湖北发展“互联网 +”和北斗产业的基础数据服务能力。（责任单位：省测绘地信局、省政府法制办、省发展改革委、省经信委、省公安厅、省国土资源厅、省住建厅、省交通厅、省农业厅、省水利厅、省林业厅）

三、北斗芯片及其应用终端产业化

研发各类北斗智能芯片和终端产品关键技术，形成我省芯片研发优势的竞争力和带动力，使武汉成为国内领先、国际一流的北斗芯片研制基地，带动我省智能制造业的快速发展。

（六）打造北斗芯片龙头企业和北斗芯片研制基地。发挥北斗芯片核心企业集聚效应，营造发挥人才作用的各类软硬环境，吸引国内外高科技人才进入我省北斗芯片领域。加强基于北斗位置的 SoC 芯片性能、功耗、工艺等方面的技术创新，推动北斗核心技术不断升级，确保我省在芯片研发领域的领先地位。2015 年到 2016 年，推广应用启梦 TM 芯片（基带射频一体化芯片），重点开发时空信息芯片，带动生产系统板卡、智能位置终端等产品；2016 年到 2017 年，重点开发、应用北斗通信可穿戴 SoC 芯片，带动生产系统板卡、车载导航安全终端等产品；2017 年到 2019 年，开发应用智能汽车 SoC 芯片，带动智能汽车、无人机的中枢控制系统等产品研制。到 2020 年，成为面向物联网、车联网市场的高集成度 SoC 芯片的重要生产供应基地。（责任单位：武汉市政府、省发展改革委、省经信委、省科技厅、省测绘地信局）

（七）促进基于北斗芯片的各类终端制造业发展。推动北斗芯片、模块、终端在行业领域和大众市场的广泛应用，使芯片设计与终端制造互促互动、协同发展。大力开展面向手机、平板电脑市场的终端设备授权业务和终端制造。到 2020 年，成为各类北斗车船载导航定位监控终端、可穿戴定位监控终端、便携式手持导航定位监控终端、北斗精密授时和时间同步终端设备的现代智能制造业生产基地。（责任单位：省经信委、省发展改革委、省测绘地信局）

四、优化升级数据加工应用服务业

研发时空信息数据获取、处理、应用的软件产品，大力提升数据采集加工处理能力，推动时空信息服务业升级改造，促进可透视三维地理空间信息、导航电子地图等多维时空信息、具有时空标识的各类数据信息获取与处理上规模、上档次。

（八）研发时空信息数据获取、处理、应用的软件产品。充分利用湖北科研技术优势，大力开展各类时空信息数据获取实时化、处理自动化、服务网络化软件的研制。加强软件研发、设备制造和数据采集加工等企业联合，打通研发、制造和应用关键环节，加快科技成果产品化进程。努力发展基于互联网的按需定制、众包设计等软件研发模式，大幅提升软件研发成果转化率，形成一批时空信息数据的快速获取、高效存储、海量挖掘、精准定位的软件产品，开展软件产品示范应用。（责任单位：省科技厅、省测绘地信局、省发展改革委、省经信委）

（九）数据采集加工处理能力升级改造。加快装备设施建设和更新换代。开展空间对地观测技术和时空信息处理、管理、显示、服务、应用技术创新，形成信息化的时空信息数据采集加工处理技术体系。到 2020 年，完成“空天地海一体化”的时空信息数据获取装备设施更新换代，基本完成时空信息工艺流程优化改造，建成网络化、流程化、智能化的时空信息生产管理平台，实现数据采集加工全业务流程信息化。

推动数据采集加工企业兼并重组，通过资源、技术、政策、资金等方式，支持、培育、打造龙头企业。到2020年，基本解决湖北数据采集加工企业规模小、竞争力不强、同质化发展等问题。（责任单位：省测绘地信局、省发展改革委、省经信委、省科技厅）

（十）培育时空信息服务业。深度挖掘时空信息数据应用价值，不断拓展数据应用领域。推出内容丰富、逻辑先进、流程顺畅的数据产品、软件产品和整体解决方案。到2020年完成由提供时空信息数据，向全方位提供时空信息服务的发展方式转变。

加强政策引导，开展时空信息服务的应用创新、商务创新，拓展服务业态，扩大服务对象范围，提升服务智能化水平。到2020年，形成时空信息服务技术咨询设计、集成实施、系统解决方案、运行维护、测试评估和信息安全服务能力。

以政府行业部门应用带动社会化应用，形成企业差异化服务模式。鼓励和引导企业在技术创新的同时，注重自主品牌的创新。把我省产业区位优势、资源优势、技术优势转化成品牌优势。形成集群化品牌创建基地，用品牌占领市场、推动发展。到2020年，力争打造一批著名的时空信息服务商及知名品牌。（责任单位：省测绘地信局、省发展改革委、省经信委、省科技厅、省工商局、省质监局）

五、推进北斗产业与信息化建设深度融合

以北斗高精度位置服务为重点，创新科技研发、企业实施、行业应用一体化的体制机制，促使信息化建设和北斗产业相互促进、共同发展，形成北斗产业发展的良好生态。通过重点领域的示范应用，在满足各行业信息化建设服务需求的同时，拓展应用范围，促进北斗高精度应用进入大众领域。

（十一）以国家级北斗应用示范为基础，推进示范项目的深度应用。积极参与国家北斗卫星导航产业重大应用示范发展专项，到2016年，完成基于北斗高精度位置服务平台的水上交通、现代农业、现代林业、城市配送、农村客运、民生关爱等6个国家级行业示范建设，形成我省企业的差异化发展优势。（责任单位：省测绘地信局、省交通厅、省农业厅、省林业厅、省商务厅）

（十二）推动省内行业部门应用。加快部署安全生产物联网，构建重点行业和企业远程在线监测体系。强化重大危险源实时监控，普及重点危险品运输车辆、船舶跟踪定位系统。加大对大型建筑体、地质灾害变形的自动监测。

推动基于北斗高精度位置服务的物联网、云计算、大数据等新一代信息技术在农业生产、管理、决策的应用开发与示范推广。推动实施“互联网 + 现代农业”行动计划，推广成熟可复制的农业物联网应用模式，发展精准化生产方式。构建全省农业综合管理服务平台，完成以12316“三农”综合信息服务平台为基础的全省智慧农业云平台建设，推进农业大数据应用，提升农业监测预警水平，实现农业过程监控和管理决策的智能化。

在全省林业“四网一平台”（天网、地网、林网、人网和全省林业综合智慧监管平台）工程建设以及全省林业大数据工程建设的基础上，建成基于高精度位置服务的全省林业资源监管体系，实现对林业资源的实时、动态监管，守住绿色“红线”，为森林资源管护、湿地监管、营造林工程、林业灾害防治及森林公安执法等林业治理的现代化提供支撑。

建设完善基于北斗高精度位置服务的防汛抗旱指挥系统体系，加强山洪预警和湖泊卫星遥感监测等工程信息化建设，提供基于北斗位置的实时信息监控、洪水预报、水库预警、防汛会商、人力物力调度等服务。

基于北斗高精度位置服务，实时采集和处理交通运行动态信息和客流数据，整合全省交通基础设施时空信息，发展基于位置的交通信息服务，形成全省统一的交通时空信息数据库。

整合公安内部多警种信息资源，建成基于北斗高精度位置服务的全省时空信息警用系统，推进公安大数据跨部门共享，提高社会治安防控的预警预判能力。实现警用装备领域北斗对于 GPS 的逐步替代。

在全省国土信息“一张图”工程建设以及不动产登记的基础上，基本建成基于北斗高精度位置服务的国土资源信息系统综合监控系统、不动产交易平台及不动产登记信息管理基础平台。

推进地下综合管线数据库建设，利用基于北斗高精度位置服务的物联网技术，加快城市各类公用设施的数字化编码工作，提高对主要部件的精准管理。加快推进房屋建筑数字编码和虚拟实景构建，提高对治安防控、消防救灾和人口普查等业务的技术支撑能力。整合社区管理、公共服务、便民服务等各类信息资源，打造集家居安防、远程医疗、智慧养老、信息民生为一体的智慧社区，构建智慧社区综合应用平台。（责任单位：省测绘地信局、省交通厅、省水利厅、省农业厅、省林业厅、省公安厅、省国土厅、省住建厅）

（十三）在大众领域推广北斗高精度位置服务。与互联网相互融合，开展北斗市场化应用，实施“北斗 +”战略，延伸北斗产业链，实现“北斗 +”位置服务的各种新型服务模式。

以时空信息大数据为依托，到 2017 年，力争实现国家及省市县四级联通的“北斗 + 天地图”位置服务平台，为大众提供位置服务。

到 2020 年，通过 GPS 与向北斗用户迁移，实现“北斗 +”手机、车船、电子商务、医疗、地图等各类服务，大幅提升在大众位置服务领域的北斗卫星导航系统贡献率。（责任单位：省测绘地信局、省经信委）

六、创新投融资模式

加大财政、税收及金融等政策对北斗产业的支持力度，完善多元化投资与运营机制,不断创新金融服务模式,激发社会资本投资活力,拓宽企业融资渠道,通过发挥财税政策作用,支持北斗关键技术研发和核心企业培育。

(十四)加大对北斗产业重点项目的投入力度。积极争取国家新兴产业创投计划参股设立创业投资基金,引导创投机构投资初创期的中小微北斗企业。用好湖北北斗产业创业投资基金,支持北斗芯片研发制造及产业链延伸。发挥省级股权引导基金、长江经济带产业投资基金对社会资本的带动作用,支持芯片研发和智能制造、数据加工应用、示范工程项目、实施"走出去"战略等重点项目建设和骨干企业发展。(责任单位:省发展改革委、省财政厅、省政府金融办、省国资委、省科技厅、省测绘地信局)

(十五)拓展融资渠道。采取政府和社会资本合作(PPP)模式,撬动更多社会资本投入到北斗产业发展中。大力发展债权、股权、资产投资支持计划等融资工具,采用企业债券、项目收益债券、公司债券等方式,推动发行短期融资券、中期票据、区域集优债券等银行间市场直接债务融资工具,引导社会资金、金融资本、风险投资及民间资本投向北斗产业。服务北斗中小企业成长,采取政府推荐需求企业,银行优先审批及安排额度、适当给予利率优惠、综合授信审批,企业抵押承诺、过渡期责任约定等模式,打造一条北斗企业贷款的"绿色通道",加大信贷支持力度。创新北斗产业金融服务,提升服务质量和水平。(责任单位:省财政厅、中国人民银行武汉分行、省发展改革委、省测绘地信局)

(十六)培育北斗核心企业上市。建立具有良好发展前景的北斗核心企业进入上市公司储备库。实施北斗中小微企业新三板挂牌培育计划。扶持具有持续盈利能力、主营业务突出、规范运作、技术含量高、成长性好的北斗企业上市。对在上海证券交易所、深圳证券交易所和在海外成功上市的企业,按有关政策规定给予奖励。(责任单位:省政府金融办、省发展改革委、省财政厅、省测绘地信局)

七、确立北斗产业差异化发展领先优势

开展北斗关键技术研发、前沿问题和专利技术研究,不断提升产业发展核心竞争力,形成可持续发展的推动力,大力营造良好的北斗产业生态环境,确立我省北斗产业差异化发展领先地位和优势。

(十七)推进北斗关键技术和前沿问题研发创新。充分发挥测绘遥感信息工程国家重点实验室、国家卫星导航工程技术研究中心、国家地理信息系统工程技术研究中心等在鄂创新平台的优势,以武汉导航与位置服务工业技术研究院、武汉遥感与空间信息工业技术研究院、智慧城市时空信息湖北省工程研究中心等科研机构为技术支撑,加快北斗卫星导航应用与相关领域关键技术、前沿问题和重要基础性标准的创新研究。围绕北斗高精度产业标准,开展标准化课题研究。积极参与国家北斗卫星导航应用产业各类标准的制定、修订和研发,参与国家北斗标准体系建设,不断提升我省北斗产业发展的领先优势。(责任单位:省科技厅、省测绘地信局、省质监局、省知识产

权局）

（十八）搭建北斗产业自主创新及技术交易平台。支持企业参与关键共性技术项目的研发，通过技术交易、技术入股等方式进行产学研合作，搭建产业自主创新及技术交易平台，有效引导和支持创新要素向企业聚集，促进重大创新科技成果转化。（责任单位：省科技厅、省测绘地信局）

（十九）加强北斗专利技术创造与保护。围绕北斗智能芯片、终端产品和智能应用服务系统、嵌入式导航电子地图和智慧城市嵌入式软件等，在技术创新中实施专利战略，将企业技术标准与专利工作有机结合，加强对产业核心技术专利的保护研究，推进湖北省北斗卫星导航应用产业的专利信息数据库和服务平台建设，加大对北斗产业知识产权的保护力度，促进北斗产业健康有序发展。2020 年，实现累计申请专利数量位居全国前列。（责任单位：省知识产权局、省科技厅、省测绘地信局）

（二十）搭建北斗卫星导航产品公共检测平台。组建由湖北省测绘产品检验鉴定所、湖北省计量测试技术研究院等科研机构主导的“湖北北斗卫星导航产品检测认证中心”，开展线上线下卫星导航应用产品综合性能测试评估研究，形成规范化的测试认证方法，为卫星导航应用产品的入网提供测试、认证和保障环境，检测认证达到国内领先水平。建立卫星导航接收机测试认证体系。积极争取国家在我省建立“通信导航与北斗卫星应用产品质量监督检验中心”。建设国家计量基标准和社会公用计量标准，完善导航领域量值溯源体系，提高静、动态和低速、高速、超高速计量测试服务能力。（责任单位：省质监局、省测绘地信局）

八、开放合作集群发展

扩大开放合作，打造北斗产业集群，拓展北斗产业的新业态、新领域，促进产业爆发式增长。

（二十一）建设北斗产业园。整合现有相关园区，加快武汉东湖新技术开发区“湖北省北斗卫星导航应用产业园”建设，深入推进“军民融合创新中心”建设。加强省市联动，推动各项政策、措施、项目落地。借鉴国际先进经验，创新体制机制，搭建小微企业孵化平台，孵化、引进一批有特色、专业化、高附加值的中小企业，吸引、引进一批国际国内知名企业落户湖北，发挥龙头企业集聚效应。到 2020 年，将光谷北斗产业园建设成为国内一流的北斗卫星导航应用技术研发和产业示范基地。（责任单位：武汉市政府、省测绘地信局）

（二十二）拓展国际国内市场。围绕实施“一带一路”战略，积极支持我省北斗企业开拓国内外市场，建立国内外北斗企业合作交流机制，促进技术合作与应用推广，提高产业能力和量级。大力促进我省北斗企业“走出去”，支持省内科研机构、高等院校和各类企业参与全球及区域性北斗卫星导航投资合作计划，推动拥有自主知识产权的高新技术装备、软硬件产品以及技术服务进入国际市场。积极推进北斗产业海外布局，引导、支持有条件的省内北斗企业在境外建设北斗导航应用产业园区，扩大我省北斗产业国际影响力。（责任单位：省商务厅、省科技厅、省测绘地信局）

（二十三）承接国家重大项目。发挥我省在北斗芯片、高精度定位服务等方面的科研、人才和技术优势，积极申报、承接、实施国家支持北斗产业发展的重大基础设施建设、重大科技研发等项目，加强部门与部门之间、部门与企业之间的联动配合，采取优先推荐、重点支持等方式，为企业牵线搭桥。省直相关职能部门要积极争取并承接国家级北斗重大项目落户湖北。（责任单位：省发展改革委、省经信委、省科技厅、省交通厅、省公安厅、省农业厅、省林业厅）

（二十四）研究探索吸引人才、留住人才的政策机制。建立北斗产业"特聘专家"制度，对北斗产业做出突出贡献的领军人才和杰出团队，实行特殊奖励。创新人才工作机制，鼓励和支持我省北斗企业引进、聘用高层次、高技能人才。坚持政府引导、市场主导原则，加强对北斗产业人才、资金和政策的梳理整合，着力推动各类资金、重大人才工程与北斗产业项目的对接。大力发挥市场配置资源的决定性作用，促进人才流、资本流、项目流、技术流向北斗产业集聚。形成人才政策一体化、扶持资金规模化的发展环境。（责任单位：省人社厅、省测绘地信局）

（二十五）加强组织领导。进一步完善北斗卫星导航应用产业发展联席会议制度，强化对产业发展重大问题的研究、决策、协调和落实力度。建立北斗重大项目的监督管理和绩效考核制度，确保按照职能分工共同推动我省北斗产业发展。（责任单位：省政府办公厅、省政府目标办、省测绘地信局）

湖北省人民政府办公厅关于印发
湖北省加快信息基础设施建设工程行动方案的通知（节选）

（鄂政办函〔2015〕72 号）

三、主要任务

（二）移动互联网工程。加快 4G 网络升级，增加人口密集地区基站数量，实现 4G 网络乡镇和行政村全覆盖。提高频率资源使用效率，在边远山区开展低频段 4G 移动试验网建设。推进城市热点区域内 WiFi 全覆盖，在机场车站、旅游景点、图书馆、医院、学校、公园、广场、政务服务中心等公共场所提供免费公共 WiFi 接入服务，提升网络服务质量。积极发展城市公交系统移动 WiFi 接入服务。2016 年武汉市新建 1 万个 WiFi 接入点，为移动互联网用户免费提供应用服务。建设覆盖全省的北斗卫星导航地基增强型系统，推动相关行业应用向北斗系统迁移，提供高精度导航和定位服务。（省

经信委、省通信管理局、省发展改革委、省测绘局、省交通运输厅、基础电信运营企业，各地方政府）

湖北省人民政府办公厅关于印发
湖北省航空产业发展规划(2015—2020年)的通知(节选)

（鄂政办发〔2015〕57号）

三、发展布局与建设重点

（四）通用航空基础配套产业。

一是统筹军航与民航的使用特点，形成服务于低空空域的通信、导航、监视和航空气象的信息网络，建立综合性通用航空飞行服务平台，构建低空空域综合服务保障系统。立足省内试用，面向全国推广。其产品组成主要包括：基于北斗卫星、VHF语音通信的通用航空通信导航系统；融合ADS—B、雷达、卫星、红外、光电等多种传感器的低空监视系统；服务通用航空飞行的气象服务系统；面向通用航空的飞行服务站以及为救援应急指挥提供通信、导航、监视服务的地面应急救援支持平台等。

湖北省人民政府办公厅关于印发
《加快推进智慧湖北建设行动方案
(2015—2017年)》的通知(节选)

（鄂政办发〔2015〕55号）

一、信息基础设施提升行动

（二）发展移动互联。

建设覆盖全省的北斗卫星导航地基增强型系统，推动行业应用向北斗系统迁移，提供高精度导航和定位服务。构建移动互联城市建设产业生态圈，促进产业链上下游企业协同开展建设、运营和商业合作。（责任单位：省经信委、省通信管理局、省国土资源厅、省住建厅、省交通厅、省旅游局、省测绘局等）

（十五）安全生产智能监管。

建设全省安全生产监管云服务网络平台，联通省、市（州）、县（市、区）、乡镇各级承担安全生产监管职能的部门（单位），推动监管资源向云平台集中，提高部门间业务协同水平。加快部署安全生产物联网，广泛利用视频监控、GIS、RFID、北斗导航等信息技术，构建重点行业和企业远程在线监测体系。建设煤矿、非煤矿山监测监控和职业病危害因素在线监控系统，完善隐患排除治理“标准化、数字化”信息系统，强化重大危险源实时监控，普及重点危险品运输车辆跟踪定位系统。

（十九）智慧交通综合服务。

建设交通云和基于云构架的省级交通运输数据中心，推进交通运输各行业信息资源整合、共享和交换。加快交通物联网应用，推进车联网部署。建立和完善航道电子地图。推进公交客流实时信息采集和公交电子站牌建设。加大在火车站、地铁站、港口码头、公交站点、旅游景点等重要交通换乘枢纽和人员集散地交通信息服务设施建设，加快全省客运联网售票，实现人员无缝换乘和车辆智能调度。扩大公共交通WLAN覆盖范围，加强“两客一危”车辆北斗卫星导航示范应用。大力发展基于移动互联网的交通信息服务，通过网站、微信、微博、移动应用等多种渠道，为公众提供道路通行状况、公交车辆、周边停车诱导等动态交通信息服务。探索综合交通出行信息服务政企合作模式，加强与互联网企业在大众出行交通信息服务智能诱导方面的合作。推进高速公路不停车收费系统（ETC）的全省覆盖和全国联网，逐步扩展到停车收费电子化和监管智能化应用等领域。充分利用大数据等新技术提高对交通事件的预警预判能力。（责任单位：省交通厅、省公安厅、省国土资源厅、省安监局、省测绘局等）

专栏6 交通出行综合信息服务专项工程发展目标：到2017年，建成多种运输方式协同、多部门信息共享的一体化服务平台，形成多渠道、多层次、多方式的交通出行综合信息服务体系，政企合作的建设与运维模式初见成效。

发展重点：一是交通信息采集模块。完善交通信息感知基础设施和全路网智能监控体系，推进车联网建设，在桥梁、隧道、危险路段、景区周边路段等重点目标广泛部署摄像和智能感知设备，推动北斗卫星导航示范应用，实时采集和处理交通运行动态信息和客流数据。二是建设交通运输大数据中心。依托空间地理基础数据库，整合全省公路、高速公路、桥梁、站场、航道、港口、城市道路等交通基础设施的空间信息和属性信息，整合气象、旅游景点、酒店、通信等信息，形成全省统一的交通地理信息数据库。三是信息发布模块。重点开发基于移动互联网的交通信息服务，通过移动应用APP、网站、微信、微博公众服务号、12328、12122服务号等多种渠道，为公众提供道路通行状况、公交车辆信息、周边停车诱导等动态交通信息服务。四是交通管理和监测预警模块。面向交通、公安、安监等部门，深入挖掘大数据在交通管理决策中的应用，拓展交通指挥调度、事故应急处理系统功能，动态监测并及时发布预警预报，提高交通指挥协调能力，提升交通管理水平。

专栏9 电子信息产业倍增工程发展思路及目标：坚持市场牵引、创新驱动，大规划、大投入、大发展，到2017年，电子信息产业实现倍增发展，规模突破8000亿元，基本建成“智能终端－集成电路及平板显示－光通信及激光－软件及信息服务－北斗应用”较为完整的产业链,打造国内重要的产业基地和增长极。

发展重点:一是推进智能终端产品创新发展。围绕富士康、联想等龙头企业,引进和培育一批上下游配套企业。推进国家数字家庭应用示范产业基地建设,发展智能手机、计算机、平板电脑、投影仪、高清播放器等终端产品。二是推动集成电路和平板显示产业做大做强。以推进国家存储器产业基地建设为抓手,推动芯片设计、制造、封装测试与材料业发展,打造世界级产业集群。以武汉华星光电、天马微电子等企业为核心,推进第六代低温多晶硅显示(LTPS)面板生产线建设,扩大中小尺寸 TFT - LCD 产业规模,打造国内重要的中小尺寸面板基地。三是促进光通信和激光产业领先发展。实施“光通信产业领先工程”,促进产业链向上游关键材料及核心器件延伸,向网络设备等产业链下游领域拓展。实施“激光产业链创新工程”,大力发展激光器、激光加工设备、激光应用系统等,打造国内最大的激光产业基地。四是促进软件及信息服务业跨越发展。加快创建武汉“中国软件名城”,以光谷软件园、武汉软件新城等园区为支撑,发展工业应用软件、信息技术服务、地理信息软件、信息安全软件等。支持各市州发展特色软件,加快推进园区建设。五是发展北斗卫星导航应用产业。研发满足智能化需求的北斗芯片和终端产品,实施北斗地基增强系统示范项目,拓展应用产业链。

湖北省人民政府办公厅关于印发湖北省物联网发展专项行动计划(2014—2017 年)的通知(节选)

(鄂政办发〔2014〕4 号)

三、主要任务

(三)积极构建三大产业公共平台。发挥已有基础优势,着力搭建网络基础、技术、资源等虚实结合的产业公共平台,支撑全省物联网产业发展。

3. 物联网企业集聚发展园区。将武汉东湖国家自主创新示范区建设成为国家级物联网技术创新基地和产业化示范基地。在宜昌、襄阳、孝感、荆州、鄂州等地建设磁电产业园、北斗产业园、汽车电子产业园、云计算产业园、电力电子产业园、无线通信产业园、电子标签产业园等专业园区。

四、保障措施

(一)强化组织协调。将物联网产业发展和示范应用纳入省战略性新兴产业发展领导小组的议事协调范围,协调解决跨地区、跨部门、跨行业的重大问题,为全省物联网产业发展和应用推广提供组织保障。推动物联网与移动互联网、第四代移动通信、云计算、大数据、北斗卫星导航等新兴业态的融合发展。各地、各相关部门要高度重视，充分发挥积极性和主动性，抓紧制定具体措施，务实推动相关工作。

湖北省人民政府办公厅
关于促进北斗卫星导航应用产业发展的意见

（鄂政办发〔2013〕78 号）

各市、州、县人民政府，省政府各部门：

为促进我省北斗卫星导航应用产业（以下简称北斗产业）快速发展，带动产业转型和信息消费升级，催生新的经济增长点，按照《国务院关于促进信息消费扩大内需的若干意见》（国发〔2013〕32 号）、《国家卫星导航产业中长期发展规划》（国办发〔2013〕97 号）等相关要求，结合我省实际，提出如下意见：

一、充分认识发展北斗产业的重大意义

（一）发展北斗产业是贯彻落实国务院关于促进信息消费扩大内需重大决策的重要举措。北斗产业是以卫星导航和地理空间信息为基础、以具有时空特征标识的各类数据为资源、以面向市场需求提供智能化服务产品为主要特征的战略性新兴产业。随着全球信息技术特别是利用时空标识的信息技术不断创新，新产品、新服务、新业态大量涌现，不断激发新的消费需求，成为日益活跃的消费热点，市场发展潜力巨大。我省以基于位置的智能化服务为切入点，大力发展北斗产业，能有效拉动需求，加快居民消费升级，是一项既利当前又利长远、既稳增长又调结构的重要举措，是我省促进信息消费扩大内需的重要产业，在信息消费领域发挥着举足轻重的作用。

（二）发展北斗产业是推动我省产业结构调整升级和发展方式转变的迫切需要。北斗产业以北斗芯片研制为核心环节，带动我省在数据获取、加工与处理，相关软硬件研发等优势的发挥，可形成我省面向智慧城市提供智能化服务为主的高端服务业竞争优势。必将推动我省智慧城市等领域智能化应用及相关服务业的跨越式发展，促进科技创新，提高创业就业水平，丰富信息消费内容，是拉动关联产业发展、推动经济结构调整、促进经济社会转型的关键产业，是我省产业结构调整和发展方式转变的“助推器”。

（三）发展北斗产业是提升我省信息化服务水平，全面建成小康社会的重要支撑。位置信息已经成为人们日常生活中不可或缺的重要资源，越来越多的人使用车载导航定位服务、手机移动位置服务、互联网地图服务以及老人儿童监护等服务，教育、医疗等智能社会管理和社会保障体系对导航及位置服务的需求也越来越迫切。加快发展北斗产业，增加信息的位置、时间属性，通过智能化应用，能使信息服务能力成倍提高，满足人民群众对信息化服务的多样化需求，有利于促进“四化同步”发展，有利于改善民生,有利于提高人民群众生活品质和幸福指数,是提高我省信息化建设水平,全面建成小康社会的重要保障。

二、总体要求

(四)抢抓“黄金十年”重要战略机遇,以转变经济发展方式为主线,以改革创新为动力,以市场需求为导向,围绕挖掘消费潜力、增强供给能力、激发市场活力,培育壮大产业主体,扩大产业规模,优化产业结构,促进科技创新,深化开放合作,推动产业集聚发展,提升产业在关键环节的核心竞争力,逐步形成以武汉为重点,以芯片研发、终端制造、数据获取、处理、应用、服务为主具有明显市场竞争优势的产业链。到2020年,实现我省北斗产业产值1000亿元以上,培育一批充满活力的中小型企业和若干个实力雄厚、国内领先并具有国际竞争力的龙头企业,形成一批关键核心技术和自主创新成果,基于北斗应用的智能化服务在关键领域和重要行业得到广泛运用,并形成一定规模的大众消费市场,使北斗产业成为我省转变经济发展方式的重要引擎。

三、发展重点

(五)加快北斗应用芯片的研发和智能终端产品制造。研发制造基于北斗应用满足智能化需求的各类芯片和终端产品,培育若干拥有自主知识产权的北斗芯片研制及智能终端制造大型企业。研制基于北斗的车载智能终端芯片及智能应用解决方案,推动北斗产业与相关产业的融合发展;加强与手机芯片商合作,研发与第四代移动通信(TD－LTE)相结合、基于北斗的手机芯片及智能化系统芯片系列;加大民生领域应用芯片和智能终端研究,推出基于北斗的教育、医疗等社会保障智能服务终端;按照国际通行规则,打造芯片及智能终端研发核心团队,着重瞄准信息市场,研制满足市场旺盛需求的北斗芯片及智能终端产品,带动整个产业链快速发展。

(六)加强基础设施建设。重点建设全省范围的多层次、多用户实时精密定位服务的北斗地基增强系统。加快推进地理国情普查、数字城市、智慧城市建设,扩大数据获取、加工的产业规模,重点发展为信息消费和智能化应用奠定基础包含地理空间数据、具有时空标识的经济社会信息数据和智能终端随机实时数据的大数据中心,建设可视化实景地理空间信息系统和北斗时空信息云平台。鼓励引导各类市场主体从事基于北斗卫星时空基准的各类专题数据的采集加工,推动北斗卫星应用技术与新一代信息技术的深度融合,构建安全、精准、实时、开放、智能的信息消费基础设施。加快推进我省基于北斗卫星时空基准的政务信息化工程建设,丰富完善基础信息资源和政府信息资源。

(七)大力开拓信息消费领域。发展基于时空信息云的各类数据加工、处理、分析、可视化和位置服务等平台软件建设,加强智能终端、智能语音、信息安全等关键软件的开发应用,支持北斗智能终端产品在湖北国家数字家庭应用等示范产业中的推广应用。研发基于北斗卫星时空基准的公共服务云平台,支持北斗智能终端企业、电信和广电营运企业、互联网企业、软件企业和广电播出机构发挥优势参与营运。加快自主可控智能应用系统研发推广，开发基于北斗卫星时空基准的各类智能化服务产品，实现智能终端与智能化服务一体化发展，形成相应的商业运营模式，拓展信息消费市场，提升信息消费供给能力，满足海量用户智能化、个性化服务需求。

四、推进措施

（八）统筹规划北斗产业发展。加强对北斗产业发展的顶层设计，按照促进北斗产业发展的总体要求和发展重点，编制北斗产业发展规划，加强与相关规划、政策的衔接，明确一批有专项资金支持的重大项目及今后一个时期推进北斗产业发展的主要任务和措施。根据规划制定操作性强的实施方案，明确建设目标、建设内容、实施路径、建设周期、承担单位及责任单位。制定与推广各行业与北斗产业应用领域相结合的关键技术标准，积极参与国家北斗卫星应用标准和重要基础性标准的研究制定。

（九）建设北斗产业园。将产业园区建设项目列入省重点工程，在政策支持、土地等方面给予保障，建成辐射全国的北斗产业园区。争取国家相关部门在我省设立以技术研发、标准制定、产品认证、质量检测为主要内容的“国家级产业联盟中心”和“国家北斗卫星导航产品（湖北）质量检测中心”；积极创造条件，建设军民融合创新中心；建设湖北省北斗卫星导航与地球空间信息服务中心、北斗产业创新技术孵化基地，不断扩展服务领域，形成产学研用一体化的科技创新及技术孵化体系；鼓励引进国际国内知名企业在产业园区设立研发总部，建设芯片及智能终端研发制造基地，将园区打造成全球卫星导航领域重要的研发中心、制造中心、服务中心，形成完整的共生型产业发展业态，促进企业集聚发展。

（十）加快北斗应用示范建设。抢抓北斗重大专项示范机遇，利用可提供实时精密定位服务的北斗地基增强系统，在航运、农业、商务、交通、林业、减灾等重点领域和武汉等地区开展示范应用，选择数字城市建设基础较好的城市开展智慧城市试点示范建设，实施北斗导航大众工程和安全工程，以应用示范推动产业发展。加快智能平台建设，形成基于北斗导航技术的各行业、区域智能管理解决方案和标准体系，逐步推进北斗导航和授时的规模化应用。

（十一）扶持企业做大做强。积极发展混合所有制经济，鼓励各种所有制资本联合重组，优化资源配置，扩大企业规模。推动一批科技含量高、成长性好的企业上市，培育发展我省北斗名牌企业及名牌产品。支持企业进行体制机制创新，鼓励企业设立应用开发创新基金，推进技术与服务模式融合创新。加快引进和培育一批拥有自主知识产权、掌握核心技术、市场占有率高、具有国际经营管理水平，对产业链具有重大带动作用的北斗产业龙头企业，带动中小企业以及相关行业的整体发展。加大对领军企业的扶持力度，按照“一企一策”的原则，聚焦产业做大做强的核心环节，集成优惠政策予以保障。

（十二）促进北斗产业科技创新。建立健全科技创新市场导向机制，充分发挥市场对技术研发方向、路线选择、各类创新要素配置的导向作用和我省高校、科研院所技术创新优势，加大北斗科技创新力度，提高科技经费投入水平。加快北斗芯片及智能终端产品、各类信息数据融合、相关软件和智能化服务的科技创新，发挥重大科技专项的引领作用，实施产业重点领域创新发展工程，开展核心技术科技攻关。加快产学研协同创新，强化企业在科技创新中的主体地位，鼓励符合条件的企业建立北斗科技研发中心，加快企业创新成果孵化、转化和产业化，促进科技成果的资本化和市场化，增强企业的可持续发展能力。

（十三）加大人才引进培养力度。全面落实引才优惠政策，推动我省人才计划向北斗产业倾斜。以促进科技创新和产业升级为重点，着力引进和培养高层次、创新型的核心技术研发人才和科研团队；以提高北斗产业综合竞争能力为核心，加快引进和培育具有国际视野的经营管理人才。建立和完善有利于优秀人才发展的收入分配制度，完善技术或知识产权参股、入股等产权激励机制，营造良好的人才发展环境。

（十四）加强国际交流合作。创建国内外卫星导航企业合作交流机制，促进多模卫星导航系统的技术合作与应用。积极开拓国内外市场，支持科研机构、高等院校和各类企业参与全球及区域性北斗卫星导航投资合作计划，推动拥有自主知识产权的高新技术装备、软硬件产品以及技术服务进入国际市场。积极营造良好的商务环境和诚信环境，吸引国内外大中型企业来我省投资兴业，提升我省北斗产业的国际地位。

（十五）规范北斗产业市场秩序。加大北斗产业市场培育，完善市场统一监管机制，引导企业诚信经营，切实履行社会责任，强化行业自律机制，依法查处违法违规行为。加强北斗产品和服务的监测和认证，支持建立第三方安全评估与监测机制，建立健全北斗市场招投标、信用评估、咨询服务、统计制度及工程监理、监督检验等服务保障体系。完善北斗及地理信息市场信用评价体系建设及发布、使用工作，形成公平、开放、守法、诚信的市场竞争环境。

五、完善支持政策

（十六）完善政策法规支持体系。健全和完善促进北斗产业发展的法规、规章，加快地理空间信息数据交换和共享等立法工作。减少行政审批，分批取消和下放行政许可审批事项，简化重大项目审批流程，缩短审批时间，提高审批效率。实行适度宽松的北斗相关企业市场准入政策，推行联合审批、一站式服务、限时办结和承诺式服务。加大北斗产业知识产权保护力度，完善地理信息安全保密政策。

（十七）加大财政支持力度。统筹省级财政资源，整合全省支持工业发展专项资金重点支持北斗产业发展。为国家北斗重大专项实施提供配套资金，为重大核心技术攻关和产业化重点项目提供保障资金，为加快北斗社会化应用服务提供贴息贷款和补贴资金，为龙头企业优化组合提供杠杆资金，为小微企业技术创新提供融资担保和补助资金，为重点新产品新工艺研究提供产业孵化资金。充分发挥财政资金的引导作用，积极争取国家相关专项资金的支持，完善以政府投入为引导，企业投入为主体，社会资金广泛参与的多元化、多层次、多渠道的投资与运营模式。

（十八）加强税收金融支持。各级政府和有关部门应认真落实相关税收优惠政策，切实减轻企业负担。加大对企业的信贷支持和金融服务力度，进一步拓宽企业融资渠道。推动有条件的龙头企业上市融资，为龙头企业的并购重组提供金融支持。鼓励金融机构针对企业特点创新金融产品和服务方式，开展知识产权质押融资。鼓励融资性担保机构帮助北斗小微企业增信融资，积极支持符合条件的企业采取发行股票、债券等多种方式筹集资金，拓宽直接融资渠道。银行业金融机构要在控制风险的前提下，积极拓宽抵质押品范围，对其合理信贷需求给予支持。积极整合各类社会资金，鼓励民营资本和各种类型的风险投资、产业资金进入北斗产业市场。

（十九）加快各类信息资源的整合。以北斗时空标识为基础，整合各部门专题数据，提升信息资源的开发和应用价值。以政府财政为主投入产生的各类专题信息数据，必须在统一的北斗卫星时空基准下加入时空标识，实现时空关联、整合、开发，以满足信息化深度服务和产业发展的需要；各部门要按照《湖北省地理空间信息数据交换和共享暂行办法》的规定，加大交换和共享力度，将已有专题数据，增加北斗时空标识，并进行整合，新采集的数据必须具有北斗时空标识；地理信息服务机构负责统一整理保管，并按照规定提供使用。

（二十）加大政府采购支持力度。各级政府、各部门要积极支持北斗产业的发展，在智慧城市等涉及时空信息服务的重大项目建设中，同等条件下，优先采购满足北斗产业发展需要的各类服务产品。在涉及卫星导航及位置服务应用领域政府投资项目评审中，相关评审机构要加强安全审查，增加对自主知识产权北斗卫星数据、产品和数据支撑服务平台的可行性评价，大力扶持具有自主知识产权创新成果产业化。

六、加强组织领导和工作协调

（二十一）加强组织领导。由省政府和相关部门组成湖北省北斗卫星导航应用产业发展专项领导小组。具体协调和指导产业发展工作，研究制定促进产业快速发展的优惠政策及措施，负责北斗产业发展资金的管理，积极申请国家支持北斗产业发展的重大专项（基金、重大项目），推动产业重大项目的组织、申报与实施，促进产业健康快速发展。领导小组下设办公室，负责日常工作，办公室设在省测绘局。形成各部门齐抓共促北斗产业发展的良好局面。

（二十二）成立北斗产业发展专家顾问组。建立定期沟通机制，根据北斗产业发展的需要，为产业发展规划和北斗重大项目的评审、验收、评奖工作提供咨询和服务；积极研究分析省内外北斗产业发展现状，提供产业发展方面的意见和建议，为重大项目的实施提供技术支持。

（二十三）强化协调配合。各级政府要将发展北斗产业列入转变经济发展方式、产业结构调整升级的重要内容，加强对基础性、公益性地理空间信息的建设投入，建立健全促进北斗产业发展的体制机制，确保产业发展规划、重大项目在跨部门、跨区域的顺利实施，建立与企业间的双向沟通平台，及时获取、传递、反馈信息，及时发现和解决产业发展中存在的各种问题，确保各项工作的顺利开展，共同推进我省北斗产业科学发展、跨越式发展。

2013 年 12 月 17 日

湖北省自然资源厅关于印发 2021 年湖北省自然资源工作要点的通知（节选）

（鄂自然资发〔2021〕1 号）

八、提高测绘地理信息管理和服务水平

（二十六）增强地理信息公共服务能力。加强国家版图意识宣传教育、地图市场监管和涉密测绘地理信息成果安全保密工作。持续开展互联网地图监管，严肃查处“问题地图”。做好辅助决策用图和公共地图服务保障工作。做好地理信息应急保障，推动以现代化技术为有力支撑的应急测绘保障体系建设。推动“全域北斗高精度导航、无人机航片与 5G 深度融合应用试验区”试点项目落地。研究制定省测量标志管护工作方案。

湖北省农业农村厅、湖北省财政厅关于印发 2021 年湖北省油菜轮作试点工作实施方案的通知（节选）

（鄂农发〔2021〕8 号）

二、基本原则

（四）加强监管，确保落实。加强组织领导和监督管理，确保试点任务落实，在试点区域整体推进，不得降低摊薄补贴标准，确保油菜种植面积稳定扩大，确保不引发政策性攀比，确保专款专用和资金安全。实行耕地质量监测，跟踪耕地地力变化。运用北斗农机终端智能管理系统等信息化平台，对轮作试点作业面积进行实时监测。强化项目实施绩效评价，逐步退出试点效果一般、地方积极性不高的轮作任务。

四、操作程序

（二）组织政府采购。县级农业农村部门主导政府采购工作，采购内容为试点任务实施所需的种子、肥料、药剂等物化产品和机械化作业服务。采购的种子应达到《NY414－2000 低芥酸低硫苷油菜种子》质量标准，不含转基因成分，优先采购高产高油多抗的优质高效油菜品种。肥料、药剂优先采购油菜专用配方肥、缓（控）释肥等绿色高效肥料。农机作业服务采购优先支持安装有北斗农机终端与播种设备的新型经营主体，要切实提升同一区域内农机作业标准化水平，务实保障作业质量。

五、工作要求

（四）加强监督检查。各地要加强工作调研、指导督办、监督检查，综合运用农机北斗监测平台、卫星遥感等途径，实时掌握作业进度。要组织好耕地质量监测评价，掌握耕地质量变化情况。要做好以村组为单位的试点区域四至信息填报工作，探索运用卫星遥感技术对试点面积进行辅助监测，做到任务落实、技术落实和指导服务落实。要扎实开展项目实施绩效评价，强化绩效结果应用，加强项目资料、资金台账专项管理。

湖北省自然资源厅关于印发 2020 年湖北省自然资源工作要点的通知（节选）

（鄂自然资发〔2020〕4 号）

六、提高测绘地理信息管理和服务水平

（十九）增强测绘地理信息公共服务能力。加强地理信息安全和地图市场监管，强化“问题地图”治理。深入开展国家版图意识宣传教育，举办第五届国家版图知识竞赛和少儿手绘地图大赛。继续推进“天地图·湖北”一体化建设，稳妥开展涉密测绘成果应用开发。完善测量标志保护机制，提升测量标志运维信息化水平。完成国家应急测绘保障能力建设湖北单项工程验收，探索推动中航时固定翼无人机试运维模式。探索卫星导航基准站社会服务新模式，鼓励支持企业参与卫星导航定位基准站运营。

（二十）推进地球空间信息产业发展。完善地球空间信息产业发展规划，以武汉（东湖新技术开发区）为重点区域，积极跟踪对接一批重点企业，围绕空天地智能装备及应用、自主可控软件研发与应用、地球空间大数据应用服务三大重点领域，加快推动实施。完成北斗导航应用示范项目第一阶段验收，推进第二阶段实施。

湖北省自然资源厅办公室关于做好疫情防控期间测绘地理信息工作的通知（节选）

（2020 年 2 月 29 日）

六、积极做好测绘地理信息服务，鼓励、支持相关单位利用北斗导航、智慧城市等技术，研究开发如北斗网格城市、智慧园区疫情防控平台（APP）、复工复产健康码等地理信息产品，助力疫情防控及复工复产工作。

湖南省

中共湖南省委、湖南省人民政府关于贯彻落实《中共中央　国务院关于新时代推动中部地区高质量发展的意见》的实施意见（节选）

（2021 年 7 月 14 日中国共产党湖南省第十一届委员会第十三次全体会议通过）

二、坚持创新发展，构建以先进制造业为支撑的现代产业体系

（三）打造国家重要先进制造业高地。统筹全省先进制造业区域布局，实施先进装备制造业倍增等“八大工程”，建设具有全国竞争优势的先进制造业示范引领区。加快工程机械智能化发展，提升大型、超大型、特种工程机械产品竞争力；加快新一代轨道交通整车及控制系统、关键部件研发和产业化，推进新型动车组、电力机车、磁悬浮列车等规模化发展；扩大中小型航空发动机和地面燃气轮机生产能力，加快飞机起降系统和通用飞机制造产业化，强化关键零部件配套，不断推动技术和产品迭代创新，努力打造以工程机械、轨道交通、中小航空发动机及航空航天装备为重点的长株潭装备制造世界级产业集群。着重发展电子信息、先进材料、新能源和智能网联汽车、生物轻纺、智能装备等产业，建设国内一流的重要生产基地，形成全国产业竞争新优势。积极推进量子信息、6G 技术、北斗卫星导航、卫星互联网、类脑智能、氢能核能利用、合成生物、低维材料、超材料、深海深地深空等领域创新发展，超前布局未来产业，抢占战略制高点。深入实施制造业重大技术改造升级工程，推进冶金、石化、化工、建材、轻工纺织等传统产业高端化、智能化、绿色化、服务化升级改造，促进产业链优化升级，把湖南建成全国一流的冶金基地。持续推进湖南中部（株洲－湘潭－娄底）国家级产业转型升级示范区建设。做好产业链供应链战略设计和精准施策，努力锻造新兴产业链长板，不断弥补产业链短板，推动重点产业链主配协同发展，推动上下游供应链多元化布局，建立重要产品和供应渠道的替代来源，围绕产业链打造产业集聚区，提升产业链供应链自主可控能力。打造集研究开发、检验检测、成果推广等功能于一体的产业集群（基地）服务平台。

湖南省人民政府关于印发《湖南省国民经济和社会发展第十四个五年规划和二〇三五年远景目标纲要》的通知（节选）

（湘政发〔2021〕7号）

第五章　打造国家重要先进制造业高地

第四节　推动数字经济发展

专栏4　先进制造业高地八大工程

国防现代化工程。深入推进国防建设重点区域和创新示范基地建设，加快国防建设在协同创新、人才培养、公共服务网络体系建设等领域的深度发展。实施重点相关企业培育计划。聚焦航空航天、军用电子、关键材料、海洋装备、人工智能等领域，推进新型动力、电磁能、北斗卫星导航、中小航空发动机等项目建设。

第十六章　打造现代基础设施支撑体系

第五节　推进新型基础设施建设

加快新一代信息基础设施建设。高水平建设5G和固网“双千兆”宽带网络，扩大5G建站规模，实现全省各市州城区5G连续覆盖，重点城区、产业园区、部分工矿区深度覆盖，用户体验和垂直应用场景形成规模效应。深入实施IPv6规模化部署，建设域名根镜像服务器、国家顶级域名解析节点。统筹全省卫星导航定位基站建设与应用，提升卫星导航定位服务能力，推动北斗二号向北斗三号稳步过渡，强化北斗地基增强系统建设，创建航空航天遥感应用示范省。加快部署千万级智慧感知网络，推进各地“城市超级大脑”对接互联，建成全域智慧感知网络综合服务平台。打造一流人工智能算力设施,提升算力使用效率和算法原始创新能力,升级国家超级计算长沙中心。

湖南省人民政府关于印发《湖南省2021年国民经济和社会发展计划》的通知(节选)

(湘政发〔2021〕6号)

三、聚焦打造内陆地区改革开放高地,为经济社会发展拓展新空间。围绕推动更深层次改革,激发要素市场的活力。加快土地要素市场化配置改革,提高土地利用率和产业效益。深化科技成果使用权、处置权和收益权改革。加快培育数据要素市场,完善数据资源产权、交易流通等制度。推进峰谷分时电价和居民阶梯电价改革,抓好排污权、用能权有偿使用和交易试点。增强营商环境的吸引力。着力打造法治化、国际化、便利化的营商环境。继续深化"一件事一次办"改革,推进跨域跨层办理、全省通办、跨省通办。全面实施政务服务"好差评"制度,推进建设全省统一的中介服务超市。持续深化工程建设项目审批制度改革,推广"三零"审批。开展营商环境评价,发布营商环境指数。挖掘电价、气价降价空间,加强涉企收费行为管理,进一步降低企业营商成本。持续深化招投标突出问题专项整治。提升重点改革的带动力。实施国有企业改革三年行动方案,加快国有企业战略性重组和专业化整合,继续推进国有企业混合所有制改革。完善预算管理制度,全面推进零基预算改革。推进全域低空空域管理改革、长沙数字人民币等试点。推进统计现代化改革。围绕推动更高水平开放,增强开放平台的承载力。高标准推进湖南自贸区建设,探索一批可复制可推广的创新成果,着力打造"一产业、一园区、一走廊",出台自贸试验区条例。办好第二届中非经贸博览会、中国国际轨道交通和装备制造产业博览会等系列经贸活动。积极对接RCEP,加强与东亚、东盟的深度合作,统筹推进综保区、跨境电商综合试验区、保税物流中心等协同发展。挖掘招商引资的潜力。大力引进总部经济项目、"三类500强"企业、产业龙头企业。围绕"三个高地"开展精准招商,加快补齐关键产业短板。把握低空空域管理改革机遇,大力引进航空发动机、航空器整机、北斗导航低空监视等相关产业。提升开放通道的通达力。支持长沙机场增开国际航线和常态化货运班机,加快构建以长沙为中心的"四小时航空经济圈"。推进国际陆路通道建设,打造中欧班列(长沙)集结中心。进一步优化湘江流域港口功能布局,依托长江黄金水道,打造对接"一带一路"的现代综合水运服务网络。

湖南省人民政府关于加快推进
农业机械化和农机装备产业转型升级的实施意见(节选)

（湘政发〔2019〕22号）

二、主要任务

（六）提高农机社会化服务水平。……将先进农机装备推广应用到农田、林地重金属污染治理、农村人居环境整治、农产品质量安全等领域，采取机械化手段有效控制农业面源污染。促进物联网、移动互联网、智能控制等信息技术和卫星导航、高分辨率对地观测等航空航天技术在农机装备及农机社会化服务上的应用，加快推进“互联网+农机作业+农机维修+农机监测”。

湖南省人民政府关于进一步加强
地质灾害防治工作的意见(节选)

（湘政发〔2018〕12号）

一、总体要求

（十一）开展地质灾害专业监测。依托天地图基础地理信息平台和地质灾害调查与风险区划成果，采取引进社会资本、政府购买服务的方式，探索运用北斗卫星、互联网+、大数据、云计算等先进技术，建设监测数据智能采集、自动分析和即时发送的天空地一体化和政府管控、群众巡防、专业监测相结合的地质灾害监测预警体系。有序推进重大工程、交通干线及其他重要设施的地质灾害隐患专业化监测，提高地质灾害监测预警专业化水平。

湖南省人民政府
关于加快质量发展建设质量强省的实施意见(节选)

（湘政发〔2017〕22号）

二、实施质量提升工程

（一）大力提升产品质量。围绕实施“工业强基”、“智能制造”、“绿色制造”三大工程，大力开展以“增品种、提品质、创品牌”为核心的质量提升行动。针对我省制造业12大重点领域和全省20个新兴优势产业链，建立完善全省食品加工、烟花爆竹等传统优势产业，轨道交通、工程机械、汽车制造等高端装备制造产业，以及信息安全、北斗卫星应用等战略性新兴产业的标准体系。

湖南省人民政府关于印发《湖南省贯彻〈中国制造2025〉建设制造强省五年行动计划（2016—2020年）》的通知（节选）

（湘政发〔2015〕43号）

二、主要任务

（九）突出放大特色优势，加快重点领域突破。

5. 航空航天装备。抢抓国家大力推进航空航天装备国产化、军民融合和发展通用航空产业的战略机遇，充分发挥湖南航空航天高端制造的比较优势，以军用产品和整机制造为引领，关联民用产品为突破，航空航天关键零部件和材料为支撑，航空服务业为拓展，加快建设全国重要的中小航空发动机产业基地、航空关键零部件生产基地、北斗卫星应用产业示范基地和通用航空全产业链发展示范基地，力争将长沙建成亚洲最大、世界第三的飞机机轮及刹车系统制造核心基地。重点发展轻型飞机、直升机、小型公务机、先进无人机等整机产品并逐步系列化。加快发展系留飞艇、平流层飞艇及新概念太阳能飞行器等临近空间飞行器产品设计与集成制造，着力突破高质量中小航空发动机和各型起落系统、核心芯片设计与制造、北斗卫星导航应用、高分辨率对地观测应用等关键技术。

湖南省人民政府关于印发《湖南省电子信息产业振兴实施规划（2009—2011年）》的通知（节选）

（湘政发〔2009〕21号）

三、发展重点

3. 振兴消费类电子整机产业。

抓住全球电子信息产业结构大调整的机遇，利用产业转移、联合开发、资产重组等多种方式，引进和扶持龙头企业，带动数字视音频产品和通信产品的发展。重点发展第三代移动通信产品、数字电视和下一代互联网产品。加快卫星导航定位等通信产品产业化。积极推进移动电视、网络电视产品的发展。围绕整机，加快发展配套产业，形成数字整机产品产业链，到2011年消费类整机产业实现主营业务收入200亿元。

主要建设内容：

(4)加强与国防科技大学的合作，密切跟踪“北斗”二号的技术发展，推进卫星定位、导航、遥感、通信、电子对抗等领域产品的产业化与推广应用。

湖南省人民政府办公厅关于印发《湖南省“十四五”现代化综合交通运输体系发展规划》的通知(节选)

(湘政办发〔2021〕50号)

第六章　提高现代化交通可持续发展水平

第一节　加快智慧技术深度推广应用

推动先进交通装备应用。加快推进北斗导航、高精地图等在交通运输领域的应用。支持运输飞机零部件及通用航空器的研发、制造和运营。提高装备标准化水平，加快轻量化挂车推广应用，推广使用经济、安全、适用的道路客运乘用车车型。加快推进内河船型标准化。推进先进交通技术集成运用于交通基础设施建管养运全过程。

湖南省人民政府办公厅关于印发《湖南省“十四五”战略性新兴产业发展规划》的通知(节选)

(湘政办发〔2021〕47号)

三、产业发展重点方向

(三)航空航天产业。

加快突破“北斗＋第五代移动通信”“北斗＋物联网”等基础芯片模组国产自主、精密授时定位和终端低成本小型化技术，大力开展北斗导航系统规模应用，不断拓展应用场景，提升应用整体水平。

专栏3　航空航天产业

北斗应用。积极与北斗应用示范及低轨卫星导航增强系统建设，构建完善“材料、芯片、天线、模块、终端、测试、监测、解决方案”完的北斗卫星应用系统产业链。推进北斗授时、导航对抗等技术产业化。实现北斗三代卫星导航技术在低空监视中的全面应用。

湖南省人民政府办公厅关于印发《湖南省无障碍环境建设五年行动计划(2021—2025年)》的通知(节选)

(湘政办发〔2021〕24号)

四、主要任务

(二)实施品质提升行动。

8.推动信息交流无障碍。推动无障碍领域产业尤其是信息产业发展,不断完善信息无障碍建设发展环境,融入智慧城市发展,拓宽互联网、大数据、人工智能等新技术在无障碍环境领域的应用,推广应用手语视频交流、手机导航、电子地图等无障碍信息服务功能。进一步加大视力、听力、言语残疾人信息消费资费优惠幅度,促进其参与社会交流。省、市级电视台分别至少在一个电视新闻栏目定期配播手语。2023年前,市州和有条件的县市区人民政府、市州人民政府部门和各级残疾人组织网站达到无障碍网站设计标准。逐步完善12345社会求助、报警、火警、交通事故报警、医疗急救等公共服务系统,逐步具备文字信息传送和语音呼叫功能,方便残疾人、老年人等社会成员报警、呼救。(责任单位:市州、县市区人民政府,省工业和信息化厅、省公安厅、省广电局、省通信管理局、省残联,其他相关单位)

湖南省人民政府办公厅关于推进服务业创新发展的意见(节选)

(湘政办发〔2018〕59号)

二、主攻方向

2.发展新产业。抢抓新一轮科技革命和产业变革机遇,创新发展并应用高性能计算、人工智能、虚拟现实、基础软件等战略新兴技术,积极发展北斗导航、信息安全、移动互联网、大数据、软件服务、现代供应链管理等新兴服务业,加快提升新兴服务业规模能级,推动服务业向产业链高端价值环节跨越。

湖南省人民政府办公厅关于转发省发改委《湖南省物流业降本增效专项行动方案（2017—2020年）》的通知（节选）

（湘政办发〔2017〕37号）

二、行动重点

（五）实施创新驱动战略，提升物流智能化水平。

2. 推进信息资源共享。建立健全金融、税收、海关、检验检疫、交通运输等部门物流信息共享共用机制，加快湖南电子口岸公共平台建设，完善“单一窗口”功能。加强北斗导航、物联网、云计算、大数据、移动互联等先进信息技术在物流领域的应用，实现运力与货源的有效对接，降低货运车辆的空载率。

湖南省人民政府办公厅关于印发《湖南省电子政务“十三五”规划（2016—2020年）》的通知（节选）

（湘政办发〔2017〕11号）

三、主要任务和重点工程

（二）提升政府公共服务水平。

14. 建设旅游文化综合监管工程。加强对旅游风景区、文化旅游区、乡村旅游景区进行全方位的展示和信息服务，为市民、游客提供集虚拟旅游体验、在线购物、文化创意为一体的综合性配套服务。建设智慧景点景区，加强旅游文化监管，建立全省基于北斗导航和移动通信大数据为基础的旅游监管服务系统和全省旅游监督指挥中心。

湖南省人民政府办公厅关于印发《湖南省积极发挥新消费引领作用加快培育形成新供给新动力实施方案》的通知(节选)

(湘政办发〔2016〕64 号)

四、全面改善消费条件

(二)构建现代物流体系。加强北斗导航、物联网、云计算、大数据等先进技术在物流领域的运用,促进物流信息互联互通。统筹规划 6 条物流大通道和物流节点建设,全面推进多式联运、城乡共同配送、冷链物流等十大物流工程建设,进一步降低物流成本,提升全省物流企业规模化、集约化水平。认真落实省农产品冷链物流三年实施计划,进一步完善农村物流基础设施,推广农村物流"货运班线"模式。(责任单位:省发改委、省交通运输厅、省商务厅等相关部门)

湖南省人民政府办公厅关于印发《湖南省实施"互联网+"三年行动计划》的通知(节选)

(湘政办发〔2015〕86 号)

二、主要任务

(三)推进互联网与服务业融合发展,培育产业发展新业态。

5. 加快发展互联网新兴服务业。大力支持信息系统集成、信息技术咨询、网络中介服务等信息服务业发展。支持基于北斗导航系统的产品与服务,大力发展地理信息服务产业,积极发展网络支付、位置服务、社交网络服务等基于网络的新兴信息服务。大力发展便民服务新业态,支持利用互联网技术,在餐饮、娱乐、家政等领域培养线上线下结合的社区服务新模式。积极推广移动互联网入口的城市服务,让老百姓足不出户享受便捷高效服务。

(四)发展互联网民生应用,提升社会管理服务民生新水平。

2. 发展互联网公共交通服务。建成全省统一的"两客一危"卫星定位监控平台,实现重点运输过程监控。发展智慧交通,支持开展汽车电子标识、智能感知、导航定位、车载诊断、诊断预警和智能调度等技术研究和创新服务。

湖南省人民政府办公厅关于加快农业互联网发展的指导意见(节选)

(湘政办发〔2015〕61 号)

二、重点任务

(二)促进农业互联网广泛应用。加快农业基础设施与互联网深度融合,研制推广智能节水灌溉系统,积极发展节水农业,不断提高农田水利信息化水平;研发和推广基本农田整理、复垦和耕地质量、森林资源、湿地资源、野生动植物资源监管保护信息化技术与装备,扩大测土配方施肥信息系统建设,提高测土配方信息系统的知晓率和利用率,提升耕地、林地产出率;建设一批集智能感知、智能传输、智能控制为一体的设施化畜禽、水产养殖场,提高畜禽水产养殖的智能化及自动化水平,促进畜禽水产增产增效。加快农机及农业装备与互联网融合,发展智能作业机具及装备,开展农业数字化综合应用示范基地建设,提高农业生产设施装备数字化、智能化水平。以大宗农产品生产为突破口,逐步探索农业生产的数字化设计、智能化控制模型,推进精细化管理和科学决策,促进农业产业优化升级和农业持续、高效发展。以全球卫星定位系统、地理信息系统、北斗导航、物联网、互联网、遥感遥测等技术应用为基础支撑,开展农业云计算应用,实施农业大数据分析,智能指导农业灾害应对和产业化布局优化。

湖南省人民政府办公厅关于促进地理信息产业发展的实施意见(节选)

(湘政办发〔2014〕72 号)

二、产业发展原则和目标

(四)产业发展目标。到 2020 年,扶持一批实力雄厚、竞争力强的地理信息龙头企业,培育形成一批机制灵活、创新能力强、充满活力的地理信息中小型企业;着力打造 3 个以上优势突出、特色鲜明的地理信息产业园;全省地理信息及相关产业年总产值超过 1000 亿元,年均增长率超过 30%,带动就业超过 10 万人;形成以航空航天遥感、卫星导航定位与位置服务、软件研发、地理空间大数据计算与处理、终端设备和装备制造、地理信息应用服务、三维地理信息等领域为主导的成熟地理信息产业链。

三、着力搭建支撑产业发展各类平台

（九）卫星导航定位公共服务平台。加快升级改造湖南省卫星定位连续运行基准系统（HNCORS），全面兼容北斗导航定位系统，实现全省县级以上城市无缝定位骨干网络的全覆盖。依托基础地理和地名地址信息资源，建成覆盖全省的导航电子地图数据库，并持续联动更新。对接国家北斗导航卫星应用的总体规划，完善升级卫星导航定位公共服务平台，为全省卫星导航应用提供综合导航位置服务。

四、加快推进产业重点领域的发展

（十二）发展北斗导航定位和位置服务。做好全省现代测绘基准设施的建设和维护工作，进一步精化全省似大地水准面，全面推广应用2000国家大地坐标系，完善北斗卫星定位基础设施，提高北斗系统的精度和综合服务能力。积极推进地理信息与导航定位融合服务，提升导航电子地图、互联网地图等基于位置的服务能力。全面推广岳阳市北斗卫星导航示范城市建设的经验，创新应用服务模式，加强北斗卫星导航在城市管理、交通运输、现代物流、防灾减灾、农林水利、国土资源、气象观测、环境保护、公安警务、国防动员指挥等领域的应用，持续推进北斗位置服务规模化应用。

（十四）提升地理信息装备制造能力。依托我省优势，大力发展北斗芯片、模块、天线等元器件以及各类卫星导航定位和授时终端、航摄无人机、高性能传感器等硬件装备，扶持一批自主创新能力强的地理信息装备制造企业。

湖南省人民政府办公厅关于印发《湖南省现代服务业发展行动计划（2014—2017年）》的通知（节选）

（湘政办发〔2014〕47号）

二、主要任务

（一）培育服务业重点产业

3. 信息消费……二是加快发展移动互联网。深化国家移动电子商务示范省试点，引进总部型移动互联网企业，规划布局移动互联网产业园（集聚区），促进移动互联网与文化创意、云计算、大数据、北斗导航、地理信息等产业融合，推动移动互联网在工农业、社会管理、民生等领域的广泛应用。三是加快发展物联网。普及IPv6网络，争取国家物联网重大应用示范工程区域试点，建设卫星地面增强系统、北斗卫星运营服务、高分辨率空天地一体化对地观测数据处理产业发展平台和基地，培育壮大车联网、远程测试诊断、安防等移动物联网服务。

湖南省人民政府办公厅
关于加快发展高技术服务业的实施意见(节选)

(湘政办发〔2013〕43号)

二、重点任务

(一)加快发展三大优势领域。

1. 信息技术服务。加快发展信息基础设施服务业,建设新一代网络基础设施,以长株潭为试点进一步推进三网融合。构建信息技术公共服务体系,加快智能交通、智能电网、智慧城市等建设,进一步推进人口、地理、医疗、社保等公共信息资源开发和社会化服务。加快发展嵌入式软件和行业应用软件服务,开发一批具有行业和专业特点的工业软件,促进传统工业设计研发数字化、制造装备智能化、生产过程自动化和经营管理网络化,实现产业优化升级。以国家超算长沙中心为依托,开发运营面向优势行业、社会公共服务的云计算服务平台,积极拓展市场应用,完善服务体系。建设北斗卫星运营服务平台、高分辨率对地观测数据处理平台,促进北斗导航和高分遥感技术在交通运输、国土资源、农业、林业和邮政等方面的应用。加快推进前沿信息技术和业务创新,培育壮大基于移动互联网、云计算、物联网、大数据等新技术、新模式、新业态的创新服务。

湖南省交通运输厅关于印发《基于信息化支撑的
湖南公路治超体系建设总体方案》的通知(节选)

(湘交养管〔2021〕46号)

四、实施与保障体系

(一)构建一套技术支撑体系

2. 建设一张公路超限检测网。

——路面管控。

(1)实施固定治超站引道建设与信息化改造。对我省已经批准建设的135处固定治超站开展货运车辆引导、相关标志标线建设,建设安装高清视频监控与电子抓拍卡口,并接入公安信息平台,对违反标志标线规定、不进站内接受检测的闯禁货车禁行抓拍处罚,实现固定治超站的信息化高效治超。相关数据实时上传至省治超联网管理信息平台。(2)加快高速公路入口称重检测系统联网。将全省已建的高速公路入口治超检测系统进行的联网升级,以满足按规定接入省治超联网管理信息平台的需要。(3)完善流动执法点及执法终端设备。根据实际情况布设流动执法点,作为治超数据采集的重要补充,并为执法人员配置执法终端设备,按照治超业务规范的相关要求,实现查询治超执法相关信息、辅助执法取证、接收预警信息和调度信息等功能,设备具备音视频信息采集、数据传输、卫星定位等功能。(4)联通公安交警相关电子卡口等监控点数据。联通公安交警相关电子卡口等监控点数据。根据治超工作的需要,实现将社会面视频监控点、"平安乡村"视频监控点、公安交警电子卡口等数据接入省级治超联网管理信息平台,作为不停车超限检测治超网构建的重要补充。

湖南省工业和信息化厅关于印发《湖南省软件产业振兴计划(2021—2025年)》的通知(节选)

(湘工信信软〔2021〕64号)

四、重点任务

(四)培育新兴业态,抢占产业先机

3.深化"云大物"领域创新应用

推动软件架构迭代更新,加速云计算的发展和推广,大力发展远程办公、在线教育,云游戏、云电脑等基于云计算的新业态、新产品,丰富软件产品和服务维度。加速云端融合的大数据采集、协同、分布式处理和挖掘分析等技术的应用,加快培育安全可靠的大数据产品体系。支持大数据在工业领域的应用创新和试点示范,重点研发面向制造业关键环节的大数据分析技术和平台。大力发展车联网、北斗导航等基于物联网的新型应用,发展基于5G的软件产品与解决方案,形成满足不同应用需求的定制化软件、服务和解决方案。

湖南省自然资源厅关于印发《湖南省卫星导航定位基准站建设与服务管理办法》的通知

(湘自然资规〔2020〕6号)

各市州、县市区自然资源主管部门,厅直属各相关单位:

现将《湖南省卫星导航定位基准站建设与服务管理办法》印发给你们,请认真贯彻执行。

湖南省自然资源厅

2020 年 11 月 19 日

湖南省卫星导航定位基准站建设与服务管理办法

第一章　总　　则

第一条　为规范卫星导航定位基准站的建设、维护和服务，避免重复和无序建设，满足经济建设、国防建设和社会发展的需要，维护国家地理信息安全，根据《中华人民共和国测绘法》等法律法规和国家有关规定，结合本省实际，制定本办法。

第二条　湖南省行政区域内的基准站建设、维护、服务及监督管理活动，应当遵守本办法。

第三条　省人民政府自然资源主管部门负责本省行政区域内基准站建设、维护和服务的统一监督管理。市州、县市区人民政府自然资源主管部门负责本行政区内基准站的监督管理，加强对基准站的保护和信息安全的宣传。

第四条　基准站建设与服务实行分类管理。

国务院、省人民政府自然资源主管部门在湖南省境内建设的用于维持全省测绘基准框架的基准站，可用于提供基准服务和社会服务；相关单位和社会机构建设的基准站，只限用于提供社会服务。

基准服务是由省级以上人民政府自然资源主管部门提供的统一测绘基准信息公共服务。社会服务是相关单位面向本单位、行业或社会公众提供的导航定位与位置服务。

第五条　基准站建设、维护和服务应当符合国家相关法律法规和技术标准。

第二章　规 划 建 设

第六条　省人民政府自然资源主管部门负责制定全省卫星导航定位基准站空间布局专项规划，并纳入全省国土空间规划体系。基准站建设应当符合规划，不得重复和无序建设。

第七条　基准站建设单位应当依法取得相应的测绘资质。

第八条　基准站建设实行备案制，建设单位应当在开工建设 30 日前，通过基准站建设备案管理系统向省人民政府自然资源主管部门备案。备案时应当明确基准站建设标准和服务范围。其他法律、行政法规对基准站备案制度另有规定的，依照其规定。

跨省建设的基准站，应当向国务院自然资源主管部门备案，同时告知省人民政府自然资源主管部门，并与本省基准站空间布局专项规划相衔接。

第九条 省人民政府自然资源主管部门建立全省统一的卫星导航定位基准服务系统(以下简称基准服务系统)。

第三章 运 行 维 护

第十条 基准站运维单位负责基准站、数据中心的相关维护工作,应当建立基准站保管、维护和数据安全保障制度,遵守相关法律法规保密规定。

第十一条 省人民政府自然资源主管部门委托直属单位负责基准服务系统的运行维护工作,包括以下内容:

(一)国务院、省人民政府自然资源主管部门建设的基准站、数据传输网络和数据中心的建设和运行维护;

(二)全省坐标框架的维持和更新;

(三)运行维护技术指导和培训。

第十二条 基准站建设与运维单位应当按照国家规范要求,采用专网或者商用密码加密保护后实时传输观测数据,并定期对基准站数据进行备份;建立相应的应急保障制度,确保基准站数据安全。

第十三条 进行工程建设,应当避开卫星导航定位基准站;建设电力、广播电视、通信设施等电磁波发射装置系统的,应当避让卫星导航定位基准站,避免受电磁波发射干扰的安全控制距离不少于二百米。确实无法避开,需要拆迁卫星导航定位基准站或者使其失去使用效能的,应当经建设基准站的部门同意后,由省级以上人民政府自然资源主管部门批准。所需迁建费用由工程建设单位承担。

第四章 应 用 服 务

第十四条 基准站运营服务单位应当依法取得相应的测绘资质,并在测绘资质等级许可的范围内提供服务。

第十五条 除省人民政府自然资源主管部门外,其他单位不得擅自提供基准服务。

从事测绘地理信息活动,应当使用国家规定的测绘基准和测绘系统,使用全省统一的基准服务。

第十六条 提供社会服务时,应当采取用户审核注册的方式提供服务。其中提供优于 1 米精度服务的,应当向省级以上人民政府自然资源主管部门报备用户及使用目的等信息。

第十七条 基准站数据涉及国家秘密的,应当按照国家保密要求进行管理和使用。

使用导航定位系统获取或者产生的数据,涉及国家秘密的,应当按照国家有关保密法律法规的要求采取保密措施。

第十八条　基准服务用于政府决策、国防建设和公共服务的,应当无偿提供。

各级地方人民政府及有关部门和军队因防灾减灾、应对突发事件、维护国家安全等公共利益需要,使用基准服务的,可以无偿提供。

第十九条　按照保障安全、资源共享的原则,由省人民政府自然资源主管部门统筹开展基准站数据的共享交换,建立基准站共享交换协调机制,建立基准站数据共享交换平台。

第五章　监 督 管 理

第二十条　省人民政府自然资源主管部门应当向社会公开基准站规划、建设与服务信息。

国家规定需要保密的内容及情形除外。

第二十一条　省人民政府自然资源主管部门应当定期对本行政区域内基准站备案手续、建设标准、安全保密情况进行监督检查;对基准站存在安全隐患的,责令限期改正,发生安全保密责任事故的,按照国家有关法律法规处理。

第二十二条　基准站建设单位应当提交规范完整的备案资料。备案内容有变化的,应当自变化之日起7日内重新提交备案,基准站开工建设时间顺延,未按时提交的按未备案处理。备案信息不齐全的,省人民政府自然资源主管部门应当一次性告知补齐相关信息,基准站建设单位应当在被告知之日起7日内提交补充备案信息,未按时提交的按未备案处理。

第二十三条　基准站建设未按规定备案的,按照《中华人民共和国测绘法》第五十三条的规定进行处理,同时记录相关单位行业信用不良信息。

基准站实际建设、服务范围与备案信息不一致的,由省人民政府自然资源主管部门责成有关单位停止建设活动,限期整改;逾期不整改的,应撤销备案文件,按照未备案进行处理。

第二十四条　基准站的建设和运营服务不符合国家标准、要求的,按照《中华人民共和国测绘法》第五十四条的规定进行处理。

第二十五条　违反本办法第十五条第二款的,相应测绘成果质量判定为不合格,并按照《中华人民共和国测绘法》第六十三条的规定进行处理。

第二十六条　违反本办法第十条、十二条、十六条和十七条规定,获取、持有、提供、利用属于国家秘密的地理信息的,按照《中华人民共和国测绘法》第六十五条第二款的规定进行处理。

第二十七条　任何单位或者个人对基准站建设、运行和服务中的违法违规行为,有权向县级以上人民政府自然资源主管部门举报。

第六章　附　　则

第二十八条　本办法实施前已建设、运行的基准站,参照本办法规定执行。

第二十九条　本办法自印发之日起施行,有效期5年。

湖南省科学技术厅关于印发《湖南省高新技术产业开发区创新驱动发展提质升级三年行动方案(2017—2019年)》的通知(节选)

(湘科发〔2017〕82号)

二、重点工程

(一)创新型产业集群培育工程。

2.突破制约产业集群发展技术瓶颈。

——前瞻部署先导产业。把握新一代信息技术、新材料技术、生物技术、新能源技术、智能制造技术等颠覆性群体技术突破的战略机遇,超前部署前沿技术研发,加快培育移动互联网、大数据、高性能数字芯片、新一代光纤通信器件、北斗导航、传感器、新能源汽车、能源互联网、工业机器人、3D打印、石墨烯、碳化硅等新增长点。

——发展军民融合产业。抢抓国家军民融合创新示范区建设有利契机,深入推进军民融合产业在高新区集群集聚发展。长沙市重点发展智能制造、自主可控信息技术、北斗导航和航空航天,株洲市重点发展轨道交通和航空装备制造,湘潭市重点发展海洋和特种装备制造,衡阳市重点发展核装备,益阳市重点发展高技术船舶和特种装备制造,岳阳市重点发展卫星应用,使其在行业内成为军民融合创新型企业聚集高地,构建军民融合产业区域发展新格局。

湖南省经济和信息化委员会关于印发《关于促进湖南卫星应用产业发展五年行动计划》的通知

(湘经信军品研管〔2017〕43号)

各市州经信委、各有关单位:

为加速以卫星导航、卫星遥感、卫星通信应用为核心的卫星应用产业发展,现将《关于促进湖南卫星应用产业发展五年行动计划》印发给你们,请结合实际认真组织实施。

附件:关于促进湖南卫星应用产业发展五年行动计划

湖南省经济和信息化委员会

2017 年 1 月 21 日

关于促进湖南卫星应用产业发展五年行动计划

为贯彻落实《湖南省贯彻〈中国制造 2025〉建设制造强省五年行动计划(2016—2020 年)》的通知(湘政发〔2015〕43 号)及《关于促进地理信息产业发展的实施意见》(湘政办发〔2014〕72 号)等相关要求,加速以卫星导航、卫星遥感、卫星通信广播应用为核心的卫星应用产业发展,建立卫星地面设备与用户终端制造、卫星应用系统集成及信息综合服务产业链,培育和壮大卫星应用产业规模,更好服务经济社会发展和国防现代化建设,特制定本行动计划。计划执行期至 2020 年。

一、意义和必要性

卫星应用主要包括卫星导航、卫星遥感、卫星通信等三大板块。我国自主建设的北斗卫星导航系统、高分辨率对地观测系统等卫星系统走在了世界前列。加快卫星应用产业发展,既是支撑国家重大需求的战略任务,也是实现政府治理能力现代化和提高人民生活水平的重要手段,对国民经济可持续发展及国防现代化建设具有重要意义。

1. 服务制造强省。航天产业在世界主要国家得到高度重视,也是《中国制造 2025》的重要内容。它包括航天装备制造、航天发射和航天技术的地面应用等。卫星应用是航天技术地面应用的主要内容,占航天产业规模 70% 以上的份额。预计到 2025 年,全国卫星应用产业规模将突破 1 万亿元。

2. 促进两化融合。卫星系统是一国重要的空间信息基础设施,它使信息技术从地面发展到空中,从平面网络发展到立体网络,是互联网产业的一次重要升级,也因此孕育了一批新的业态,拓展了信息产品消费空间。

3. 助力经济发展。卫星技术广泛渗透到各个产业领域,卫星导航和授时已经大幅度提高了国防建设、装备制造、各类信息系统的智能化水平和精准度,在交通运输、精准农业、远洋渔业、电力、银行等领域发挥重要作用,甚至改变了部分传统产业的整体面貌。

4. 提高治理能力。卫星导航技术和卫星遥感技术,在环境监测治理、城市规划、防灾减灾、水利、退耕还林、农村土地流转等领域,能够高效获取相关信息、准确监测相关领域全局状态,因此能够显著提升相关领域的科学决策水平和政府治理能力。

二、总体目标

1. 引导发展方向。湖南卫星应用产业起步时间不长,仍处在产业发展初期。力争利用5年时间,进一步结合湖南特色,梳理和明确湖南卫星应用产业的发展方向,形成既具有湖南特色、又与全国卫星应用产业发展相协调的产业发展格局。

2. 夯实发展基础。依托国家高分系统湖南数据与应用中心、地理信息产业园、中电软件园、岳阳军民结合卫星应用产业园等基础平台,在已经起步的北斗卫星导航芯片、导航终端、导航应用示范、地理测绘、农村土地确权等卫星应用产业领域,进一步加强产学研用深度合作,经过5年努力,为产业的快速发展夯实基础。

3. 壮大产业规模。力争5年内在全省培育100家以上的卫星应用规模企业,卫星应用产品和服务的主营业务收入突破200亿元。形成50个卫星导航典型应用解决方案和50个卫星遥感典型应用解决方案。

三、基础条件

我国卫星应用产业主要集中在广东、江苏、北京、上海等地,四省市的卫星应用产业占全国80%以上的市场份额。我省卫星应用产业发展较快,一直紧跟沿海发达地区的步伐,有一定发展基础。

1. 有科研优势。国防科技大学的人才技术优势是湖南发展卫星应用产业最有力的支撑。卫星应用产业相关的技术,包括北斗核心芯片、天线、终端、遥感影像处理平台、基础应用软件等,国防科技大学均有国内领先的科研团队从事相关研究;中南大学、湖南大学、湘潭大学、中南林业科技大学、湖南农业大学、湖南科技大学等省内高校,也在各自特色领域开展了一系列国内领先的应用研究。

2. 有平台支撑。目前,省内已经建设了国家超级计算长沙中心、国家高分辨率对地观测系统湖南数据与应用中心、地理测绘湖南CORS网、卫星导航技术检测中心、湖南无线电公共技术服务平台等基础平台;依托中电软件园建设了长沙北斗卫星导航产业园,依托岳阳临港新区建设了湖南省军民结合卫星应用产业园(简称岳阳卫星应用产业园)。

3. 有示范带动。自2011年开始,我省先后承担了总装备部支持的邮政物流、工程机械、环洞庭湖城市应用、客运和危险物运输、林业生态监测、长株潭交通路网规划等国家卫星应用示范工程,示范工程导航终端推广安装量已经超过8万台套。启动了基于高分遥感技术湘江流域水资源监测研究和"一湖四水"遥感监测论证。

4. 有产业基础。在示范工程的带动下,省内已经形成了一批从事北斗卫星应用和高分遥感卫星应用的专业化企业,湘邮科技、长城信息、岳阳国信军创、中森通信、海格通信、北云科技、中科星图等一批企业迅速成长壮大。2015年,全省卫星应用相关企业已超过30家,产业主营业务收入超过50亿元。

四、主要任务

坚持"政府引导、强化基础,重点扶持、促进集聚,优化环境、完善服务"的原则,以服务制造强省建设为主线,以应用示范为牵引,以技术创新为动力,着力推动军民融合深度发展，积极拓展卫星技术在经济、社会、生态、军事等领域应用的广度和深度，加快成果转化和产业化，力争能够在部分领域引领全国卫星应用产业发展，逐步形成兼具标准制定、高端研发、产品制造、公共服务和应用示范协调发展的产业格局。未来五年着力推进10项具体任务。

1. 建设和完善全省卫星导航定位地面增强网。争取国家支持，在省内123个连续运行卫星定位基准站（CORS）的基础上，通过设备替换升级，建设和完善基于北斗系统的卫星地面增强网，使省内卫星定位精度由10米级精确到厘米级，在全省境内具备用北斗系统替代GPS系统的能力。

2. 建设和完善国家高分系统湖南数据与应用中心。在现有国家高分辨率对地观测系统湖南数据与应用中心的基础上，进一步引入多元投资主体，拓展中心的服务能力。形成实时连接国家资源卫星应用中心获取卫星数据的能力；建设云服务平台，实现时空信息的共享交换，具备为政府部门、行业应用、空间信息应用企业和公众提供平台化动态监测及时空大数据服务的能力。

3. 建设和完善卫星应用工程中心等创新平台。依托国防科技大学、中南大学、湘潭大学、中南林业科技大学等省内高校，建设基于北斗卫星系统的导航产品工程（技术）研究中心和基于高分对地观测系统的卫星数据处理工程研究中心；依托省内龙头企业，建设5－10家卫星应用技术领域的省级企业技术中心；依托湖南无线电公共技术服务平台等机构，建设卫星应用产品检测服务体系。以此为基础，择优选择1－3家企业，建设省级国防重点实验室，开展军用北斗导航产品和数据产品的研发，推进卫星应用军民融合深度发展。

4. 培育形成卫星应用企业集聚区。重点支持长沙北斗卫星导航产业园和岳阳卫星应用产业园建设，引导卫星应用企业向长沙、岳阳两个园区集聚。支持长沙北斗卫星导航产业园建设卫星产品检测中心、电磁兼容实验室等试验平台；鼓励符合国家军用标准要求的环境试验平台开放共享和军民融合创新中心，为军用卫星应用终端提供全面检测服务。支持湖南省地理信息产业园，建设北斗卫星导航与地球空间信息服务中心、北斗产业创新技术孵化基地，推动形成产学研用一体化的科技创新及技术孵化体系；积极对接央企，力争引进1－3家国内知名企业在产业园区设立研发总部，形成完整的产业共生发展态势。

5. 继续推进国家级卫星应用示范工程。继续推进“两客一危”车辆（旅游客车、长途客车、危险物品车）、工程机械、邮政物流、洞庭湖城市等北斗应用示范，按国家批复要求完成全面示范任务；启动林业生态监测、“一湖四水”流域高分遥感监测示范、湘西重点地区路网动态监管等领域示范，突破多云多雨地区高分遥感卫星数据处理关键技术。

6. 制定卫星导航和高分遥感典型应用解决方案。抢抓北斗重大专项和高分遥感重大专项的示范机遇，在航运、农业、商务、交通、林业、减灾等重点领域及环洞庭湖地区开展示范应用，选择数字城市建设基础较好的城市开展智慧城市试点示范建设，形成基于北斗导航技术和高分遥感技术在各行业、各区域的典型解决方案和标准体系。

7. 扩大全省卫星应用示范领域和范围。实施卫星应用的大众工程和安全工程，以应用示范推动产业发展，逐步推进北斗导航、授时和高分遥感的规模化应用。

(1)卫星应用示范城市(县)建设。通过高分辨率卫星对城市土地利用现状、城市基础设施沉降情况、城市道路网络、城市污染源分布、城市绿化现状、城市旧城改造、城市违章建筑现状等方面进行调查，为我省“两型社会”生态环境质量提供预测服务，研究并提供“两型社会”试验区边界、内部结构及区域土地利用、大气、水、土壤、点源(面源)污染等方面的变化信息，分析试验区生态环境变化规律及对经济、社会的影响，为政府宏观决策提供空间数据支撑。重点支持 1－3 个卫星应用示范县(县级市)的建设。

(2)洞庭湖水资源管理及水旱灾害防治。以洞庭湖及四水流域为主要研究对象，突破关键技术，完成高分遥感技术在水利工程的应用模型及监测软件研制，建成高分辨率遥感数据水利应用系统(包括水资源监测、评价和管理、水旱灾害监测、湖泊环境、河湖治理等)，形成适用于洞庭湖区并能推广到其他湖泊的典型的高分遥感水利应用服务网络和服务平台，形成基于高分遥感水利业务应用综合信息服务能力。

(3)耕地遥感动态监测和粮食安全预警。实现对耕地、作物播种面积的连续动态监测，及时掌握作物播种类型、数量、长势和灾害等情况和产地环境(主要是耕地)质量状况；结合估产模型估算粮油果蔬等主要作物产量，分析粮食(食物)安全状况；根据湖南省在全国粮食生产中的地位，建立粮食安全预警系统，为农业生产的科学决策提供依据。

(4)有色金属矿床边深部高分辨率遥感精确找矿。通过卫星遥感图像直接获得关键区域地表特征信息，结合地质成矿理论分析和图像信息，提取隐藏的地质构造和矿产资源信息。以高分遥感技术为主要手段，结合野外调查，对地质、物探信息进行综合分析，圈定成矿远景区和找矿靶区，探索卫星遥感在地质勘查应用中的快速高效新方法。

(5)湖南省交通运输物流大通道经济社会效益评估。利用大范围、多时相的遥感影像数据，通过对比交通线路建设前后沿线人口、经济总量、土地利用、基础设施等变化情况，对省内高速公路网沿线和铁路沿线经济社会发展水平、环境、资源及生态使用情况进行综合评估，评价高速公路网等交通基础设施对经济繁荣、社会进步的作用和贡献。

(6)重要交通基础设施形变监测。利用高分遥感和卫星导航技术，融合气象、地质、水文等信息，针对桥梁、路域边坡、路基等重要交通基础设施，开展持续性的形变监测;识别坍塌、滑坡、泥石流等灾害事故易发点,排查分析全省重要交通基础设施安全隐患;统计分析灾害规律,为灾害预防及日常养护提供辅助支持,提高交通运输行业安全响应能力。

(7)路网健康状况遥感检测与评估。通过高分遥感技术获取沥青混凝土路面的健康状况信息,依靠地面光谱测量和特征提取手段建立路面光谱特征数据库,构建沥青路面光谱特征提取与识别的新技术方法,从而形成沥青道路健康状况遥感检测与评价新模式,为基于遥感信息的辅助交通设施管理与维护提供新技术途径。

(8)森林资源辅助调查和生态评估。利用高分遥感技术快速识别森林树种、树高、林地砍伐和人畜破坏、有害生物破坏等信息,建立森林郁闭度、蓄积量等计算模型,为森林资源调查、森林经营管理、森林防火与应急管理提供新的技术方法,提高生态和经济效益。

8. 扶持卫星应用关键技术和核心产品开发制造。研发制造基于卫星应用、满足智能化需求的各类芯片和终端产品,推动北斗产业与相关产业的融合发展。加强与手机芯片商合作,研发与第四代移动通信(TD - LTE)相结合、基于北斗的手机芯片及智能化系统芯片系列;加大民生领域应用芯片和智能终端研究,推出基于北斗的教育、医疗等社会保障智能服务终端。加强多云多雨地区遥感处理、分析和应用关键技术攻关,加强针对性载荷、遥感采集平台和数据共享平台等基础条件建设。推动国防科技大学 HiGIS 技术在湖南产业化。

9. 培育和壮大核心企业和龙头企业。围绕北斗产业链和高分遥感产业链建设,在产业链的上中下游,分别择优选取若干拥有自主知识产权、有明显技术优势的企业予以重点扶持,支持企业提升自主研发能力和市场竞争能力,逐步形成北斗卫星芯片研制、智能终端制造、卫星数据采集存储、北斗应用和高分遥感应用服务企业龙头企业。

10. 组织产学研用金对接。以每年 5 月举行的中国北斗导航年会为平台,组织省内卫星应用企业,积极参与技术和服务成果展示,加强企业与用户的对接、企业与银行基金等投资人的对接,为企业搭建资本、技术、应用的桥梁和网络。

五、政策措施

1. 理清产业边界,规范行业统计。在推进卫星应用向经济、社会各领域渗透的过程中,尽量明晰卫星应用产业的范围,为制定和实施相关扶持政策、规范统计口径奠定基础。规模较大、经营范围较广的大中型企业,若相关卫星产品和服务收入占企业总收入的比重超过 10%,视作卫星应用企业,享受相关卫星应用的产业政策。围绕初步界定的产业边界,制定科学合理、规范可行、实施高效的统计口径和统计方案;联合省市统计部门,定期对卫星应用企业发展状况进行监测,及时引导企业适应技术和市场的快速变化。

2. 定期沟通交流,加强组织协调。以湖南省北斗卫星导航应用产业发展管理办公室(2011 年在原省国防科技工业局设立)为基础,具体协调和指导产业发展。研究制定促进产业快速发展的优惠政策及措施,积极申请国家支持卫星应用产业发展的重大专项,推动产业重大项目的组织、申报与实施,促进产业健康快速发展。成立专家顾问组,建立定期沟通机制,研究分析省内外卫星应用产业发展现状,加强全省卫星应用产业发展顶层设计,提供产业发展方面的意见和建议,为重大项目的实施提供技术支持;根据卫星应用产业发展的需要,为产业发展规划和重大项目的评审、验收、评奖工作提供咨询和服务。

3. 完善政策法规,加大支持力度。争取省级财政加大支持力度,省本级支持工业发展的制造强省、军民融合、信息化建设等专项资金重点支持卫星应用产业发展。在政府投资项目中,增加对自主知识产权国产卫星产品和数据的应用。健全和完善促进卫星应用产业发展的法规、规章,加快推动地理空间信息数据交换和共享等立法工作,完善地理信息安全保密政策。研究制定开拓卫星技术领域信息消费的政策措施和整合卫星数据资源的政策措施,以政府财政支付的各类卫星信息数据,应在统一时空基准下加入时空标识,统一存放,满足信息化深度服务和产业发展的需要。

湖南省经济和信息化委员会关于印发《湖南省软件和信息服务业发展规划》(2016—2020 年)的通知(节选)

(湘经信软件〔2016〕565 号)

附件:

《湖南省软件和信息服务业发展规划》(2016—2020 年)

四、主要任务和发展重点

(四)以自主可控、应用替代为牵引,发展信息安全和北斗卫星导航应用产业

1. 集成电路设计

充分发挥国科微电子、景嘉微电子等集成电路设计龙头企业的带动作用,重点加强数字多媒体、下一代宽带通信、北斗卫星导航、射频识别(RFID)、平板显示驱动、能源管理、工业控制、汽车电子、医疗电子、电力电子等集成电路产品的研发设计,形成一批拥有核心技术和自主知识产权的企业和产品。进一步提升集成电路设计产品测试与

认证、标准研究与制定、专利申请与保护等服务能力。鼓励和支持集成电路设计企业、嵌入式软件企业和整机制造企业的合作,促进全省基础软硬件产业发展与升级。

2. 自主可控信息系统

依托全省高校、科研院所以及骨干企业的智力资源,加强对国产操作系统、数据库、中间件等基础软件的研发创新,面向特定行业应用需求,开展集成适配优化等关键技术攻关,提升关键基础软硬件的性能和可靠性,加强自主可控系统体系化建设。加强面向移动互联网、云计算、大数据、物联网以及工控系统等领域信息安全技术的研发和创新。

3. 北斗卫星导航应用产业

重点突破北斗导航智能芯片、高精度定位智能终端产品、室内外无缝定位等关键技术,加强北斗卫星模拟源、导航芯片、功能模块及终端产品的研发及产业化。大力推动北斗导航兼容终端的配备与替代。吸引卫星导航定位应用服务相关企业入驻,引入芯片研制、系统开发、功能模块、元器件制造、终端机生产及其他有关产业链上下游企业,促进产业集聚发展,推进基于北斗导航的信息服务模式创新。

大力发展基于北斗导航的各类数据加工、处理、分析、可视化和位置服务等平台软件建设。优先面向工程机械、现代物流、车载系统等三大重点领域开展试点示范应用及产业化,率先发展北斗导航定位在三大重点领域物联网中的示范应用服务,并基于现有 GPS 系统的应用逐步实现替代或兼容,力争率先形成工程机械、现代物流、车载系统三大领域的北斗应用产业集群。

五、重点工程

(六)北斗导航应用产业发展壮大工程

重点加强对北斗卫星导航应用产业智能芯片、嵌入式系统、核心业务信息系统、智能终端等关键技术和核心产品的研发和产业化,对产业发展提供有效支撑。优先面向工程机械、现代物流、车载系统等三大重点领域开展试点示范应用及产业化,力争率先形成工程机械、现代物流、车载系统三大领域的北斗应用产业集群。建立北斗导航芯片设计及软件研发、应用新产品开发、相关前沿技术研究等工程技术研究中心,完善产业技术创新体系。加强北斗导航技术检测和安全评测中心建设,完善技术保障体系。大力支持基于北斗导航的公共服务平台建设,进一步完善北斗卫星导航应用综合服务体系。

到 2020 年,基于北斗导航产业链的企业数量达到 50 家左右,产值达到 500 亿元。

(七)龙头企业培育和引进工程

着力培育一批创新能力强、规模效益好、市场竞争力强的湖南省名牌企业。围绕工业软件及服务、行业应用服务、信息安全、北斗导航等重点领域,每年择优确定一批主导型龙头企业进行重点扶持,促使其尽快做强。推动企业建立产业技术创新战略联盟,开展联合创新和应用推广,并通过示范引领,迅速在国内外树立良好的产品认知度与企业知名度。

湖南省国土资源厅办公室
关于加快卫星导航定位公共服务平台建设与应用的通知

(湘国土资办发〔2014〕80号)

各市州国土资源局,各有关单位:

湖南省卫星导航定位公共服务平台〔即湖南省卫星定位连续运行基准站(HNCORS)〕,是全省现代测绘基准体系的重要组成部分,为广大用户提供实时、动态、优质的位置服务,包括数据服务、实时定位服务、数据后处理服务及成果坐标转换服务,可以有效地降低高新技术应用门槛和成本,提高生产效率,提升经济效益,促进科技创新,实现产业转型升级。为大力推进我省卫星导航定位公共服务平台的建设和应用,现将有关事项通知如下:

一、加快推进服务平台的完善升级

通过一期工程建设,我省卫星导航定位公共服务平台已初步建成覆盖全省的卫星定位连续运行基准网,由94个基准站组成。自2011年5月试运行以来,为全省20多个行业200多家单位提供应用服务,取得了良好的社会和经济效益。2013年底,经专家组认真研究和论证,确定了卫星导航定位公共服务平台二期工程建设方案,将在全省范围内新增15个基准站点,配置数套备份设备,升级核心解算软件,融合北斗导航定位服务。由省测绘科研所依照工程建设方案要求承担实施二期工程建设,在2014年底前完成卫星导航定位公共服务平台完善升级,全面提升服务保障能力。

二、切实做好服务平台的运营维护

省厅负责卫星导航定位公共服务平台建设与应用的综合协调和统一管理,省测绘科研所具体承担服务平台的运营维护、技术服务、日常管理、用户注册、技术创新等工作,要确保卫星导航定位公共服务平台运行质量,重点做好以下工作:

(一)提高持续服务保障能力。要建立完善值班、技术服务、突发应急等工作制度,认真履行服务协议,确保用户正常作业时间遇到的技术问题及时解决,突发应急事件迅速得到处理,不断提升平台持续保障服务能力和服务水平。

(二)做好用户注册管理。注册用户可登陆省测绘科研所主页(http://www.hncks.cn),查询注册账号流程,到省测绘科研所申请注册,提交申请材料、经办人身份证明材料及单位有效证件(测绘资质证书或营业执照、法人证书),签署保密协议。省测绘科研所要认真审核用户注册资料，符合条件的予以办理，并加强资料和用户的管理。

（三）健全技术培训体系。要针对全省用户的特点与需求，开展系统的技术培训，以满足不同类型、不同层次用户的需求。技术培训指导性要强，要以用户需求为导向，达到系统化、网络化、视频化、简单化的要求，便于用户快速学习、理解、吸收和掌握。

（四）维护好服务网站。要建立卫星导航定位公共服务平台专门网站，作为卫星导航与定位科普学习、宣传推广及应用交流的重要平台。网站内容要有专人定期维护和及时更新。

三、大力推进服务平台的广泛应用

随着服务平台的完善升级和服务保障能力的不断增强，各市州局和有关单位要结合实际，组织学习，认真研究，切实做好卫星导航定位公共服务平台的广泛应用。

（一）认真学习掌握服务平台的功能。各市州局要认真学习卫星定位、导航、现代测绘、地理信息、信息化等现代测绘地理信息新知识、新技术，全面掌握卫星导航定位公共服务平台的功能和特点，结合工作实际，研究制定切实可行的推广应用方案，认真组织实施。

（二）广泛开展宣传工作。除测绘资质单位外，各市州局要利用多种方式和途径，广泛深入、积极主动地向城建、规划、农林、水利、交通等政府部门和单位推介卫星导航定位公共服务平台，宣传其导航、定位等位置服务的作用，宣传其便利、高效、实时和全天候的优势。

（三）切实推动重点领域的应用。各市州局要认真组织调研，广泛听取意见，了解国土资源、城市规划、工程建设、农林水利、交通电力、社会管理等重点领域对卫星导航定位公共服务平台的应用需求，引导和推动一批有示范作用的典型应用，深化其在土地开发利用监管、地质灾害监测和特殊车船管理等方面的应用。

（四）及时做好应用情况反馈。各市州局要协助省测绘科研所全面了解辖区内各县市区卫星导航定位公共服务平台的应用情况，收集记录相关意见和问题，并按作业区域和时段统计汇总，以便及时处理，消除服务盲区，提升系统全天候 24 小时服务保障能力。

四、切实做好基准站的保护工作

作为全省现代测绘基准体系的重要组成部分，卫星导航定位公共服务平台布局建设的基准站是重要的永久性测量标志，是确定地理空间信息位置和时空分布的重要基础。各市州局和有关单位要认真做好卫星导航定位基准站的保护工作。

（一）明确保护职能。各市州局要把卫星导航定位基准站作为重要的永久性测量标志来保护和管理，健全和完善测量标志保管员制度，明确保管人和责任人。要针对基准站所在地周边群众做好普法宣传工作，普及《中华人民共和国测绘法》、《中华人民共和国测量标志保护条例》等有关法律法规，宣传测绘地理信息工作在经济建设和社会发展中的基础性作用，促进当地群众共同做好卫星导航定位公共服务平台基准站保护工作。附表2保管人和责任人名单于2014年9月1日前报省厅测绘行业管理处。

（二）开展定期巡查。各市州局要建立和完善定期巡查机制，及时发现和处理可能影响基准站功效的问题，确保基准站保持良好的卫星通视条件并远离电磁干扰。基准站200米范围内（或地平高度角10°内），不得有高层建筑、无线电发射基站、高压线路、变压器等设施，若有异动，立即将情况上报。

（三）健全沟通机制。省测绘科研所要积极主动与各市州局和有关单位联系，建立顺畅的沟通渠道，确保基层和用户反映的问题得到及时有效地解决。省测绘科研所通过技术手段监测到的基准站服务异常问题，需要市州局配合检查或解决的，也要及时沟通处理。

湖南省国土资源厅办公室

2014年5月28日

附表略

湖南省经济委员会、湖南省国防科学技术工业办公室关于印发《湖南军民融合产业发展规划》的通知（节选）

（湘经投资〔2009〕254号）

三、湖南军民融合产业发展重点

3. 军民两用航天产业

产业发展目标：以“湖南航天科技工业城”建设为契机，重点培育发展无人飞艇、惯性技术与卫星应用和高新材料三个领域，研制开发光学惯性器件、惯性制导装置、定位定向、卫星通信与导航产品、磁性材料、超硬材料。规划到2015年工业总产值106亿元，增加值18亿元。

产业发展重点：一是无人飞艇（近空间飞行器），主要用于侦察预警、指挥控制、应急通信、城市规划等领域；二是卫星应用，包括数字电视广播、卫星导航、环境监测、地面遥感等；三是卫星地面装备，包括北斗手持用户机、北斗快速定位定向系统、北斗授时系统等。以068基地为核心，拓宽航天技术民用应用范围，扩大省内辐射面，进一步加快产业化进程。

广东省

广东省人民政府关于印发
广东省新一代人工智能发展规划的通知(节选)

(粤府〔2018〕64号)

四、构建开放协同的创新平台体系

(六)加快人工智能多领域多场景示范应用。

2.智能终端产品。加快智能终端核心技术和产品研发,推动物联网、大数据、云计算、北斗导航等新兴技术在智能终端的应用,发展智能手机、智能翻译机、车载智能终端等产品和设备。鼓励智能终端技术和产品与手机游戏、视频应用、位置服务、社交网络等领域深度融合,创新商业模式。进一步推进深圳、珠海、佛山、惠州、东莞、中山等地的北斗卫星应用产业基地建设,开发交通、家居、城市管理等领域的北斗智能终端产品,加强北斗卫星技术在各大领域的应用。

广东省人民政府关于印发广东省扩大和升级信息消费
实施方案(2018—2020年)的通知(节选)

(粤府〔2018〕27号)

二、主要任务

(四)发展新型信息消费

4.扩大北斗导航信息消费。推进广州北斗产业园建设,发展多模融合芯片和具有定位导航等功能的终端产品,扩大导航、授时、精密测量等应用,形成"芯片—终端—系统—服务"全产业链。完善北斗导航基础设施,推动北斗导航与移动通信、地理信息、卫星遥感、移动互联网融合发展,扩大位置信息服务消费。加快东莞市北斗公共运营服务平台建设,建立北斗导航公共服务平台体系,拓展导航定位、数字报文和基于位置的增值信息服务。

广东省人民政府
关于贯彻落实《中国制造 2025》的实施意见（节选）

（粤府〔2015〕89 号）

二、重点领域

（二）先进装备制造业。

8. 卫星应用。发展卫星通信、导航、遥感三大领域，拓展卫星在应急救灾、气象监测、通用航空、智能交通、物联网等领域应用，开发北斗卫星空间基准授时、高分辨率高光谱遥感图像处理及应用、空间信息三维显示等技术装备。

广东省人民政府关于印发
《广东省智能制造发展规划（2015—2025 年）》的通知（节选）

（粤府〔2015〕70 号）

三、主要任务

（五）提升工业产品智能化水平。

3. 大力发展智能交通电子信息产品。重点发展汽车智能仪表、智能交通工具等产品和设备，整合应用传感、数据通信传输、计算机处理和系统工程等技术，提升地面交通管理系统智能化水平。面向电动汽车发展需求，发展高性能的电动汽车动力电池管理、锂电池制造检测自动化系统及信息化系统，发展大功率永磁同步电机及其控制系统，发展电力电子模块、高可靠控制器、传感器、智能仪表、能量优化管理系统等配套产品。积极发展航空机载电子设备及其相关计算机辅助设计和应用系统。研发船载全球定位系统（GPS）产品系统集成、船舶自动识别、北斗卫星导航终端及位置服务产品。

广东省人民政府关于印发广东省信息化发展规划纲要(2013—2020年)的通知(节选)

(粤府〔2013〕48号)

二、总体要求

(二)战略定位。

坚持立足广东、面向世界,先行先试、重点突破,将我省建设成为国际信息网络枢纽中心、国际电子商务中心、世界高端新型电子信息产业重要基地,发展成为全国互联网创新创业高地、智慧城市建设示范区、大数据应用先行区和北斗卫星综合应用试验区。

四、大力推进信息技术创新与产业发展

(四)优化信息技术产业布局。

进一步优化"两核三圈三带"的信息技术产业布局,打造以广州、深圳两个国家创新型城市为核心的高端信息产业发展高地,提升珠三角地区"广佛肇"、"深莞惠"和"珠中江"三大信息产业主体圈,辐射带动粤东、粤西、粤北地区三大信息产业发展带,推动产业梯度集聚,实现全省信息技术产业协调发展。在建设完善现有10个国家级信息技术产业基地的基础上,到2015年建成20个省级高端新型电子信息产业基地,进一步推动产业集聚发展。大力建设广州、深圳中国软件名城,打造一批"名园、名企、名牌、名人"。建设珠三角国家级北斗卫星综合应用示范区。

六、推动信息化和城镇化加快融合

(二)推进城镇基础设施智能化。

加快传感器技术、地理空间信息技术、卫星定位与导航技术、新一代信息网络技术在城镇化建设中的应用。

广东省人民政府关于进一步加强突发事件预警信息发布工作的意见(节选)

(粤府〔2011〕130号)

二、主要任务

(二)依靠科技,加快建设预警信息发布系统。

强化广东省应急气象频道的传播预警信息功能,实现全省落地覆盖,各类预警信息全天播出。全力推动建设覆盖全省行政村和自然村的农村应急广播系统,充分利用卫星数字音频广播、北斗卫星短信息等新媒介技术,扩大突发事件预警信息发布的覆盖面。

广东省人民政府办公厅关于印发广东省加快半导体及集成电路产业发展若干意见的通知(节选)

(粤府办〔2020〕2号)

七、推动产业合作发展

(十四)加快自主关键技术和产品推广应用。通过终端应用牵引芯片发展,聚焦5G、人工智能技术,面向通信、超高清视频、汽车、卫星应用、工业互联、智能家居、智慧医疗、电子办公设备等重大应用,组织开展"芯片—整机"交流对接活动。加强政策引导和产品宣传,推动技术先进、自主安全可控的芯片、基础软件及整机系统在经济社会重点领域的应用。推动高校在教学实践中使用国产教材教具。推动芯片企业在新产品开发中,应用国家核高基(核心电子器件、高端通用芯片及基础软件产品)等专项的成果。

广东省人民政府办公厅关于印发广东省战略性新兴产业发展"十三五"规划的通知(节选)

(粤府办〔2017〕56号)

三、发展重点

(三)高端装备与新材料产业。

3.做大做强卫星应用产业。加快发展先进卫星遥感、通信、导航技术,支持开发具有自主知识产权的北斗卫星导航芯片、北斗/GPS双系统兼容芯片和多模芯片、多模接收终端系统以及导航传感一体化核心部器件。支持发展高精度测量型天线、高性能导航基带、高分辨率传感器、高精度卫星定位/导航/测绘终端等产品。积极拓展北斗系统在应急、救灾、气象监测、通用航空、智能交通、能源电力、公安国防等领域的综合应用,推动卫星及应用产业链不断向上下游延伸。

广东省人民政府办公厅关于印发
广东省现代物流业发展规划(2016—2020年)的通知(节选)

(粤府办〔2016〕120号)

三、主要任务

(五)推进"互联网+"高效物流发展。加强北斗导航、物联网、云计算、大数据、移动互联等先进信息技术在物流领域的应用,推进全程透明、可视、可追踪、智能管理。

(六)推进物流技术装备现代化。鼓励物流企业加强先进仓储配送技术应用,支持企业建设智能化立体仓库,围绕产品可追溯、在线调度管理、智能配货等重点环节,推动机器人、货物跟踪定位、二维码、无线射频识别、集成传感、可视化、移动信息服务、导航集成系统等技术装备在物流领域应用,提升仓储、运输、分拣、包装等作业效率和仓储管理水平。(省经济和信息化委、科技厅、交通运输厅、商务厅负责)鼓励建设物流配送云服务平台,依托北斗导航、云计算、大数据等技术采集交通路况、气象等信息,加强对物流配送车辆、人员、温控等要素的实时监控,统筹利用相关数据资源,优化配送路线和运力,并依据实时路况动态调整,做好供应商、配送车辆、网点、用户等各环节信息的精准对接,提高配送效率。(省商务厅、交通运输厅、经济和信息化委,广铁集团、民航中南管理局负责)支持企业开展物流核心技术装备研发,对物流技术装备进行原始创新、集成创新和引进消化吸收再创新,推动关键技术装备产业化。(省科技厅、经济和信息化委负责)

广东省人民政府办公厅
关于加快应急产业发展的实施意见(节选)

(粤府办〔2016〕65号)

二、重点领域

(四)应急服务。

重点发展紧急医疗救援、交通救援、航空救援、网络与信息安全、巨灾保险、北斗导航应急、安检全通道设备检测、灾害现场信息快速获取、应急模拟演练、灾害及应急辅助决策情景构建、风险及应急能力评估、隐患排查、应急体验与宣教培训及各类应急产品租售等服务。

广东省人民政府办公厅
关于推动卫星导航应用产业发展的指导意见

（粤府办〔2016〕56号）

各地级以上市人民政府，各县（市、区）人民政府，省政府各部门、各直属机构：

为贯彻落实《国家卫星导航产业中长期发展规划》，推动我省北斗卫星导航应用产业加快发展，经省人民政府同意，现提出以下意见：

一、总体要求

坚持统筹规划、市场主导、创新驱动、开放兼容的发展原则，以市场需求为导向，培育壮大产业主体，扩大产业规模，优化产业结构，加快推动北斗卫星导航系统在国家安全、经济建设、社会发展等领域的应用。到2020年，全省北斗卫星导航产业产值达1200亿元以上；培育若干实力雄厚的龙头企业和一批创新型中小企业，形成一批关键核心技术和自主创新成果；基于北斗卫星导航系统应用的智能化服务在关键领域和重要行业得到广泛运用，对卫星导航应用市场的贡献率达到80%以上。

二、重点任务

（一）加强基础设施建设。重点推进位置数据中心、公共服务云平台建设，加快推进数字城市、智慧城市建设，扶持空间信息、位置信息基础与应用研究中心和实验室建设。鼓励基于北斗卫星时空基准的各类专题数据的采集加工，推动北斗卫星导航系统应用技术与新一代信息技术深度融合，开展“空天地一体化”建设，构建安全、精准、实时、开放、智能的信息消费基础设施。加快推进我省基于北斗卫星时空基准的政务信息化工程。

（二）扩大北斗卫星导航系统应用示范。依据国家相关产业发展规划与我省“十三五”规划纲要，选择智慧城市建设基础较好的地市，以政府服务需求、大众需求与安全需求为导向，在交通、海洋、城市管理、行政执法、林业、气象、应急等领域开展北斗卫星导航系统应用示范，通过应用示范推动产业发展。开展一批区域、行业与领域应用示范工程建设，形成完善的示范工程体系，探索促进北斗卫星导航系统应用发展的引导扶持方式与商业发展模式。

（三）促进技术创新。发挥重大科技专项的引领作用，加大对北斗卫星导航系统应用技术创新的支持力度，集中力量突破一批支撑卫星导航产业发展的核心关键技术。支持创新成果加快向知识产权转化，推动北斗卫星导航系统产业技术领域的专利导航及信息利用。鼓励卫星导航企业建立创新平台，构建技术创新与产业转化服务体系。

鼓励企业、高校和科研机构联合建设重点实验室、工程实验室、产业技术研发机构、工程(技术)研究中心、协同创新中心、院士工作站等创新平台,联合开展技术攻关,形成可持续的技术创新机制。支持龙头企业主导产业技术创新战略联盟,推动高价值专利在产业链上下游企业和研发机构间的协同运用、许可转化和价值实现。积极建立联合开发、优势互补、成果共享、风险共担的技术创新合作机制,聚集知识产权资源,共同防御知识产权风险,应对知识产权诉讼。

(四)提升北斗卫星芯片和终端产品制造水平。依托我省制造业和卫星导航终端产品产业优势,进一步整合技术资源,加强芯片、天线、智能终端等技术研发,形成一批具有自主品牌、达到国际水平、自主创新能力强的北斗卫星导航芯片与终端研发和制造企业,鼓励企业推出手机、穿戴、车载、船载、机载等不同产品形式的芯片、技术解决方案及终端产品,带动相关配套零部件生产企业向“专、精、特”方向发展,提升装备制造的专业化、精细化、智能化水平。

(五)推动产业融合发展。紧密结合战略性新兴产业、先进制造业、现代服务业等产业发展,重点推动交通运输、电子商务、工程机械、海洋渔业、卫生保健、旅游休闲等产业与北斗卫星导航系统应用相融合。积极扩展北斗卫星导航系统应用领域,推动北斗卫星导航系统软硬件产品市场化,利用互联网促进北斗卫星导航系统与其他产业融合发展,打造“互联网＋”和“北斗卫星＋”产业发展模式。

(六)扶持卫星导航企业做大做强。依托珠三角地区良好的经济基础和独特的区位优势,完善配套设施建设,落实相关扶持政策,引导卫星导航企业加快集聚,推动企业集约化管理、规模化经营、集聚化发展,打造珠三角卫星导航产业集群。鼓励骨干企业以优势品牌为纽带,开展强强联合、上下游整合等多种形式的并购重组。积极构建我省卫星导航产业交流合作平台,促进卫星导航产品、技术的交流与推广。积极发展混合所有制经济,鼓励各种所有制资本联合重组,优化资源配置。推动一批科技含量高、成长性好的企业上市,培育发展我省卫星导航名牌企业和名牌产品。鼓励企业设立应用开发创新基金,推进技术与服务模式融合创新。将符合条件的卫星导航企业纳入大型骨干企业扶持政策重点支持范围。

三、保障措施

(七)完善配套政策措施。将北斗卫星导航产业纳入战略性新兴产业、先进制造业和现代服务业等发展规划,确定产业发展目标任务和重点领域,并对卫星导航产业集聚区和列入省规划的重大项目建设给予重点保障。制定适应卫星导航产业发展的数据采集、数据处理、交换共享、应用服务、信息安全、质量管理、知识产权运用和保护等政策措施。实行适度宽松的卫星导航相关企业市场准入政策,简化项目审批流程,推行联合审批、限时办结、一站式服务。加强卫星导航芯片、终端、系统、服务及信息安全等各类标准建设,建立完整的卫星导航系统应用标准体系。健全卫星导航产品与服务市场监管机制和信用评价体系，加强招标投标、咨询服务、工程监理、监督检验等服务保障，营造公平、开放、守法、诚信的市场竞争环境。

（八）加大财政支持力度。充分发挥财政资金的引导作用，积极争取国家相关专项资金的支持，完善以政府投入为引导，企业投入为主体，社会资金广泛参与的多元化、多层次、多渠道的投资与运营模式。优先支持装备制造、软件研发、系统集成和信息服务等重点领域、关键环节和新兴业态发展。鼓励政府部门向社会购买北斗位置信息服务。鼓励各地加大对公益性北斗位置信息产品和服务的投入力度。统筹用好财政相关产业扶持资金（基金），重点对北斗社会服务应用、小微企业技术创新、新产品新工艺研发、龙头企业优化组合等给予支持。

（九）落实税收优惠政策。卫星导航企业可按规定享受国家有关战略性新兴产业、高新技术产业、软件产业、中小企业等税收优惠政策。卫星导航企业为开发北斗卫星导航系统新技术、新产品、新工艺发生的研究开发费用，可按税法规定在计算应纳税所得额时加计扣除。从事技术转让、技术开发业务及相关技术咨询、技术服务获得的收入，可按规定免征增值税。切实落实国家和省有关减免企业行政事业性收费的政策措施。

（十）提升金融服务水平。加大对卫星导航企业的信贷支持和金融服务力度，进一步拓宽企业融资渠道。推动有条件的卫星导航龙头企业上市融资，为龙头企业的并购重组提供金融支持。鼓励金融机构针对企业特点创新金融产品和服务方式，开展知识产权质押融资。鼓励融资性担保机构帮助从事北斗卫星导航系统应用产业的小微企业增信融资，支持符合条件的企业采取发行股票、债券等多种方式筹集资金，拓宽直接融资渠道。鼓励银行业金融机构在风险可控的前提下，积极拓宽抵质押品范围，对企业的合理信贷需求给予支持。鼓励民营资本和各种类型的风险投资、产业资金进入北斗卫星导航系统应用产业市场。

（十一）加强人才支持保障。全面落实人才引进优惠政策，结合产业发展需求积极引进高层次、创新型核心技术研发人才和科研团队，鼓励海外优秀人才来粤申请和承担政府科技计划、基金项目和产业化项目。鼓励省内高等学校调整专业学科设置，满足卫星导航产业发展人才需求。成立卫星导航产业发展专家顾问组，建立定期沟通机制，为北斗卫星导航系统应用重大项目的评审、验收、评奖等工作提供咨询建议，为重大项目实施提供技术支持。建立完善有利于优秀人才发展的收入分配制度，完善技术或知识产权参股、入股等产权激励机制。

广东省人民政府办公厅
2016 年 6 月 20 日

广东省人民政府办公厅关于印发《广东省促进大数据发展行动计划（2016—2020年）》的通知（节选）

（粤府办〔2016〕29号）

二、重点行动

（三）推动产业转型升级和创新发展，打造新经济增长点。

2. 运用大数据促进创业创新

——推动大数据与移动互联网、云计算、物联网、智慧城市融合发展。支持企业在大数据与移动互联网融合集成领域的创新，研发推广社交、娱乐、学习、出行、餐饮、新闻资讯、广播影视等领域的移动互联网应用。发展物联网大数据采集、挖掘等物联网增值服务，以及融合大数据技术的云计算专业服务和增值服务。运用大数据推动“车联网”发展，提供餐饮酒店预定、道路救险、车辆维修等增值服务。支持各地与互联网企业合作，推动大数据、云计算、物联网在城市管理和民生服务领域的应用，开展智慧城市试点示范建设。支持广州时空信息云平台试点、中山北斗城市大数据应用示范项目建设。重点推动广州、深圳、珠海等国家智慧城市和粤东西北地区智慧城镇建设。（省经济和信息化委，省发展改革委、教育厅、科技厅、民政厅、住房城乡建设厅、交通运输厅、商务厅、文化厅、新闻出版广电局、食品药品监管局、旅游局、金融办）

广东省人民政府办公厅关于印发广东省“互联网+”行动计划（2015—2020年）的通知（节选）

（粤府办〔2015〕53号）

二、重点行动

（三）互联网+现代农业。

2. 重点任务。

——互联网+农业生产。建设农业信息化示范市县，推进信息进村入户，带动全省智能农业发展。推进农业生产智能化，加快智能传感器、卫星导航、地理空间系统等技术应用，增强对温湿度、光照、土壤等农业生产环境的精确监测能力，提高测土配方施肥、疫病防控、防灾减灾等智能化水平。

（五）互联网 + 现代物流。

2. 重点任务。

——互联网 + 物流服务。利用移动互联网、大数据、物联网、北斗定位系统等技术，推进制造业物流、农村物流、电子商务物流、城市配送、冷链物流和国际物流等智能化，发展精准服务、体验服务、聚合服务等物流新模式。

广东省人民政府办公厅
关于促进地理信息产业发展的实施意见（节选）

（粤府办〔2015〕33 号）

二、重点任务

（七）发展卫星导航定位与位置服务。统筹以北斗卫星为主、多模卫星定位连续运行综合服务系统的建设和维护工作，提供高精度、全覆盖、三维、动态基准服务。完善北斗卫星定位基础设施，提高北斗系统的精度和综合服务能力，开发基于北斗卫星导航定位的位置服务产品，推广应用于交通运输、国土资源、环境保护、公安警务、应急救援等领域。推动卫星导航定位、报文通信、授时、位置服务与通信网、互联网、物联网深度融合发展，促进地理信息在智能交通、公安警务、物流监控、电子商务、消费娱乐等领域的产业化、规模化应用。

广东省人民政府办公厅关于印发
《珠江西岸先进装备制造产业带布局
和项目规划（2015—2020 年）》的通知（节选）

（粤府办〔2015〕5 号）

三、发展重点和布局

（八）卫星及应用。

以中山市为主，重点发展卫星通信、卫星导航、卫星遥感三大领域，不断推进应用概念和应用模式创新，积极拓展卫星在应急、救灾、气象监测、通用航空、智能交通、物联网等应用领域，着力发展卫星导航终端及位置服务、卫星通信广播、自主遥感信息等卫星应用产业链，培育开发北斗卫星空间基准授时、高分辨率高光谱遥感图像处理及应用和空间信息三维显示等技术和装备。到 2017 年，培育形成 10 家以上销售额超亿元的卫星应用企业，初步建立区域卫星应用产业体系。

中山市加快建设北斗物联网产业基地、北斗地基增强网络系统、北斗应用居家养老示范屋等项目，培育发展卫星导航终端及位置服务、卫星通信广播、自主遥感信息获取处理和运营服务以及北斗卫星空间基准授时产业链。

佛山市以电子口岸的车辆、船舶监控平台为切入点，建立北斗卫星应用示范项目，积极解决北斗民用化推进过程中一系列共性技术、应用及管理问题。

广东省人民政府办公厅关于印发广东省物联网发展规划（2013—2020年）的通知（节选）

（粤府办〔2013〕51号）

六、推进物联网在生产和商贸服务领域应用

（二）推进农渔业生产领域物联网应用。

依托智慧农业综合示范区，开展农业生产物联网示范应用，推进农机及农业装备物联网技术应用和改造，支持在农业种养领域应用动植物环境、生命信息、成熟度、营养组分等智能传感器，开展生长过程智能化监测，发展精准农业。推广船舶自动识别、鱼群探测、卫星导航等智慧海洋渔业应用系统。借助传感网络技术，构建农业农村信息采集、处理、管理、决策智能信息系统。建立基于物联网的农村物流与供应链服务平台。建设农产品物联网监管溯源体系，构建广东省农村特色产品信息化溯源公共服务平台，加强食品安全监管。

广东省人民政府办公厅印发广东省装备制造业调整和振兴规划实施意见的通知（节选）

（粤府办〔2009〕121号）

三、发展重点

（二）通用专用基础装备。

3. 通信与电子设备。

（1）通信及计算机设备。

重点发展3G/4G移动通信设备、全球卫星导航设备和北斗星系统、船用与通信导航设备。在无线宽带接入领域，重点发展接入网关、基站、终端、芯片等接入层设备；在传输交换领域，重点发展自动交换光网络（ASON）设备、下一代网络（NGN）以及软交换设备等。

广东省公安厅关于印发《广东省公安厅关于机动车驾驶人考场管理的规定》的通知（节选）

（粤公规〔2021〕2号）

第二章　考场规划建设

第十七条　考试车辆应当按照相关标准要求安装副制动装置、辅助后视镜和音视频监控系统。用于大型客车、牵引车、城市公交车、中型客车、大型货车、小型汽车、小型自动挡汽车、残疾人专用小型自动挡载客汽车等准驾车型科目三道路驾驶技能考试的车辆，应当安装卫星定位系统。

考试车辆应当设置考试用车标志，进行夜间考试的车辆，还应当安装考试车辆灯箱、粘贴车身反光标识。考试用车标志式样由省公安厅交通管理局统一规定。

广东省应急管理厅、广东省公安厅、广东省交通运输厅、广东省市场监督管理局关于印发《广东省道路运输车辆智能监控数据综合应用管理办法（试行）》的通知（节选）

（粤应急规〔2021〕3号）

第一章　总　　则

第四条　本办法所称智能监控数据包括道路运输车辆卫星定位动态监控、智能视频监控、危险货物电子运单、交通违法行为及处置等数据。在道路运输车辆上安装的卫星定位装置应符合《道路运输车辆动态监督管理办法》及有关规定要求，智能视频监控装置应符合省交通运输厅负责牵头制定的智能视频监控装置技术标准。

第二章　数据归集

第七条　省应急管理厅负责牵头会同省公安厅、交通运输厅、市场监督管理局、政务服务数据管理局等部门依托政务大数据中心建设车辆智能监控预警融合平台（以下简称融合平台），分级部署至相应的省、市、县级部门（机构）应用；通过融合平台归集整合公安、交通运输、市场监管等部门有关运输企业和车辆基础信息、卫星定位动态监控报警及处置、智能视频监控报警及处置、车辆违章、交通违法及电子运单、车辆承压罐体登记检测等数据,综合分析道路运输企业、车辆、驾押人员和区域性安全风险,交互共享安全风险分析数据。

第八条　省公安厅负责建设车辆动态监管与预警信息服务系统(以下简称预警信息服务系统),分级部署至省、市、县公安机关交通管理部门三级应用;制定系统应用管理办法,建立车辆动态监管信息报警处置规则和分级考核通报制度;交互共享车辆卫星定位动态监控报警及处置、车辆违章、交通事故等数据;接收融合平台有关车辆安全风险分析、省交通运输厅智能监管系统报警及处置信息数据和交通运输部门(包括交通运输部通信信息中心和省交通运输厅等)推送的在本省范围内运行的道路运输车辆卫星定位监控等数据,并依照职责及时处置和向融合平台反馈结果信息。

第十三条　道路运输企业负责按照国家和广东省有关技术标准规定对所属道路运输车辆安装使用卫星定位、智能视频监控报警装置,确保车辆运行数据实时、有效上传至智能监管系统。

第三章　数 据 应 用

第十五条　省应急管理厅牵头制定风险分级标准,基于融合平台应用卫星定位报警及处置、智能视频监控报警及处置、车辆违章、交通违法等数据,构建风险分析模型,综合评定道路运输企业、车辆、驾押人员的风险等级,划分为红色、橙色、黄色和蓝色四级,红色为最高级;分别对应重大风险、较大风险、一般风险、低风险。

第十九条　危险货物装货人在开展危险货物装载业务时,应核查承运人及车辆按规定安装、使用卫星定位、智能视频监控装置、危险货物电子运单等情况,审慎选用红色风险等级的道路运输企业、车辆。

第四章　监 督 管 理

第二十五条　对未按要求安装卫星定位报警装置,或者已安装但未能在智能监管系统正常显示的车辆,由交通运输主管部门依据《道路运输车辆动态监督管理办法》等有关规定处理。未按照规定对所属道路运输车辆安装并使用智能视频监控装置的道路运输企业,交通运输主管部门应当开展重点监督检查,并依据有关规定处理。

第二十七条　车辆未按照规定安装并使用卫星定位汽车行驶记录仪、有关智能监控信息数据证实道路运输车辆驾驶人有违反道路交通安全相关法律法规的,由县级以上公安机关依法予以警示教育或行政处罚。

第二十八条　工业和信息化、交通运输、住房城乡建设、生态环境、应急管理、市场监管等部门在依照职责对相关危险货物装货人进行安全监督检查时,应当督促其加强危险货物源头充装安全条件查验，指导其委托按要求安装并正常使用卫星定位、智能视频监控报警装置的运输车辆装载危险货物，引导其审慎选用红色风险等级的道路运输企业、车辆。

广东省交通运输厅关于印发《广东省交通运输厅实施〈道路旅客运输及客运站管理规定〉办法》的通知（节选）

（粤交〔2021〕3号）

九、道路客运安全管理

（二）客运车辆应根据国家相关要求和标准配备卫星定位装置、智能视频监控装置、内外视频监控系统、安全带、破玻器、胎压监测或胎压报警装置等安全与监控装备，客运经营者应加强监控管理。

广东省交通运输厅、广东省工业和信息化厅、广东省公安厅等转发交通运输部等6部局关于深入推进道路运输安全专项整治切实加强道路运输安全协同监管的通知（节选）

（粤交运函〔2021〕183号）

二、深化部门协同，形成共享共治工作合力

各地要按照《通知》要求，树牢"一盘棋"思想，加强部门间的沟通协调和协同，加快建立健全联合会商、联合约谈、联合执法、信息共享、线索移送、行刑衔接等工作机制，真正形成"权责一致、分工负责、同频共振、综合治理"道路运输安全监管工作格局。

（三）各地交通综合执法部门要积极协调和会同公安交管、市场监管、文化旅游、应急管理等部门，加强对各类非法营运行为的执法检查和打击力度，严厉查处不符合条件车辆和人员的非法经营行为；加强对客运经营者超越许可事项经营、客运班车不按照批准站点停靠、客运包车未持有效包车客运标志牌和包车合同经营，以及重点货运源头放行超限超载车辆等违法运输行为的查处；加强春运、五一、十一等重大节假日时段旅游集散中心、旅游景区（点）等重点区域的旅游客运监督管理，从严查处破坏卫星定位装置以及人为干扰、屏蔽卫星定位装置信号、旅游包车线路两端不在车籍所在地、未持有效包车牌运行、包揽合同外旅客乘车等违法行为。

广东省交通运输厅关于道路运输车辆卫星定位监控系统应用的管理办法(失效)(节选)

(粤交运〔2014〕48号)

第一章　总　　则

第二条　本办法所称道路运输车辆卫星定位监控系统是指使用卫星定位技术、无线传输技术和地理信息技术,实时记录和传输道路运输车辆所在位置、行驶路线、行驶速度等数据,具有定位、监控、记录、警示、指挥调度等综合功能的汽车行驶记录监控管理系统。由监控平台和车载终端组成。

本办法所称的道路运输车辆是指道路旅客运输车辆、重型货车(总质量超过12吨的货物运输车辆)、危险货物运输车辆、教练车、汽车列车等,以及省交通运输主管部门认为需进行监管的重点营运车辆。

县级以上交通运输主管部门自建或者委托建设的道路运输车辆卫星定位监控系统(以下简称交通运输主管部门监控系统)、道路运输企业自建或者委托建设的道路运输车辆卫星定位监控系统(以下简称企业监控系统)的应用和管理,均应遵守本办法。

第二章　省交通运输主管部门监控系统

第七条　省交通运输主管部门应当建设和维护省交通运输主管部门监控系统。重点道路运输车辆卫星定位数据应当纳入省交通运输主管部门监控系统。

第四章　企业监控系统的应用和管理

第十七条　道路运输企业应当自建或者委托建设企业监控系统,对所属需强制安装卫星定位监控系统的道路运输车辆进行监控。道路运输企业应当落实企业监控系统的管理部门、专职人员,明确岗位职责,确保企业监控系统的正常运行。

第五章　监督与考核

第二十五条　地级以上市交通运输主管部门监控系统不按要求将辖区内重点道路运输车辆卫星定位数据纳入监管、不按规定将卫星定位数据上传到省交通运输主管部门监控系统,按有关规定追究相关责任人和单位的责任。

关于印发《广东省高端新型电子信息产业发展“十二五”规划》的通知(节选)

(粤经信创新〔2012〕179 号)

三、产业发展重点

(二)新型业态。

5. 地理空间信息系统。

(1)发展空间信息产品和服务。重点围绕我国北斗卫星系统,研发卫星应用关键核心技术,形成卫星定位导航、遥感遥测、地理信息系统等重点产品,发展面向全社会的智慧型卫星应用信息服务等新兴产业。

(2)加快数字广东空间服务平台设施建设。建设数字广东、广东省基础地理信息和连续运行卫星定位服务系统应用与维护等公共服务平台,依托省部级卫星导航和卫星综合应用等重大产业基地,推动构建数字广东空间服务支撑体系。

广西壮族自治区

广西壮族自治区党委、广西壮族自治区人民政府印发《关于推进北钦防一体化和高水平开放高质量发展的意见》和《广西北部湾经济区北钦防一体化发展规划(2019—2025 年)》的通知(节选)

(2019 年 7 月 28 日)

关于推进北钦防一体化和高水平开放高质量发展的意见

三、加快建设一体化综合交通枢纽

(八)加快建设国家物流枢纽承载城市。加快建设钦州—北海—防城港港口型和防城港(东兴)陆上边境口岸型国家物流枢纽承载城市,推进北部湾港口型国家物流枢纽一体化建设,培育协同高效运营主体,集约整合物流设施,统筹物流服务资源,提升物流组织效率，构建一体化运作、网络化经营、专业化服务的物流运行体系。重点建设云桂沿边铁路、广西沿海铁路钦州至防城港段扩能改造和南宁—北海、横县—灵山—钦州港、南宁—上思—峒中高速公路等项目，畅通出海出边大通道。构建多式联运一体化网络，充分发挥玉林至铁山港铁路联通作用，联动北部湾港和西江，发展江铁海联运；规划建设平陆运河，发展江海联运；加快北海机场改造和防城港机场新建前期工作，培育航空货运航线，发展陆空联运；加快港口5G系统和北斗卫星系统基础设施建设，完善多式联运综合信息服务平台。

广西北部湾经济区北钦防一体化发展规划（2019—2025年）

第四章　提升交通互联互通水平

第四节　建设智能绿色交通系统

构建北钦防智能交通体系，将大数据、云计算、人工智能等新兴技术广泛应用于区域协同运输、安全保障、智能服务。建设数字化智能交通基础设施，探索建立数据驱动的智能化协同管控系统，提供一体化智能交通服务。加快港口5G系统和北斗卫星系统基础设施、北部湾港口服务系统建设，完善多式联运综合信息服务平台，逐步实现集装箱码头自动化、港口基础设施智慧化、运营管理智能化。加强港口节能减排，大力推动船舶靠港使用岸电，打造绿色港口。实现北钦防中心城区绿色出行比例达到70%以上，建设公交都市示范城市。

第五章　合力构建现代产业体系

第二节　共同打造产业集群

一、共同打造七大临港工业集群

电子信息。以北海工业园、北海综保区、北海高新区、中马钦州产业园区、钦州高新区等为载体，以惠科、三诺、京东、合丰泰等企业为龙头，推动智能终端及新型显示器、人工智能设备、新型电子、计算机整机、电子元器件、集成电路、北斗信息、光通信及微波通信设备等集群化发展，加快推进5G技术产业发展，扎实推进5G标准化、研发和应用。

广西壮族自治区人民政府关于印发中国(广西)自由贸易试验区建设实施方案的通知(节选)

(桂政发〔2020〕3号)

三、主要任务

(五)打造向海经济集聚区。发挥北部湾港航体系和海洋资源优势,吸引新制造、新能源、新材料等产业或跨国公司向沿海集聚,优化向海经济空间布局,构建向海经济现代产业体系,推动向海经济跨越发展。

31.发展电子信息和智能制造产业。创新利用产业投资引导基金,支持电子信息和高端制造业集群式发展。加强与东盟国家在大数据、人工智能等产业合作,推动发展液晶显示器、新型元器件、计算机整机及配件、第五代移动通信技术(5G)基础设备及应用终端、机器人等产业。推动国家新一代信息网络技术标准在东盟国家的开发应用,建设面向东盟的北斗卫星导航应用与运营服务中心和卫星导航生产制造基地。

(六)打造现代服务业开放创新区。激发现代服务业发展新活力,推动数字经济、文化创意、医疗康养等现代服务业集聚发展,形成现代服务业与先进制造业相互支撑、相互带动的产业发展格局。

33.推进中国—东盟信息港建设。争取国际通信设施建设取得政策性突破,提升广西信息通信基础设施能力和水平,将南宁打造成为服务东盟的区域性通信枢纽。加强与东盟国家北斗导航、大数据、人工智能等产业合作。

39.加强教育科技交流合作。打造中国—东盟国际教育优质资源集聚区,打响"留学广西"品牌。支持各院校与东盟国家院校联合办学,推动与粤港澳大湾区建立区域优质教育资源共建共享机制,联合培养高层次人才。支持各片区建设国际化教育培训基地,积极拓展国际化职业教育培训。支持设立外商独资经营性教育培训和职业技能培训机构。支持与东盟国家共建联合实验室、创新平台、科技园区。引进国际大健康、大数据、卫星导航、人工智能等领域的高水平研发平台。

广西壮族自治区人民政府关于推进经济技术开发区创新提升打造改革开放新高地的实施意见(节选)

(桂政发〔2019〕44号)

三、推动现代产业集聚发展

(四)提升产业创新发展能力。引进国际大健康、大数据、智慧城市、卫星导航等领域的高水平研发平台,引导国内外创新主体在经开区设立国际研发中心。

广西壮族自治区人民政府关于加快推进广西现代特色农业高质量发展的指导意见(节选)

(桂政发〔2019〕7号)

二、主要任务

(五)实施现代农业科技创新行动。

3. 推进科技与产业化深度融合。……深入推进农业生产全程机械化、智能化的技术研究,加快建设基于北斗卫星技术的智慧农机系统,加强园艺果树机械化生产创新应用。

广西壮族自治区人民政府关于印发广西数字经济发展规划(2018—2025年)的通知(节选)

(桂政发〔2018〕39号)

第二章　总 体 要 求

(三)发展目标。

——信息通信产业竞争力大幅增强。全区信息通信产业规模大幅增长,建成一批产业链完善、创新能力强、特色鲜明的产业集聚区,培育形成一批具有核心竞争力和产业带动性的骨干企业。关键核心技术研发取得重大突破,大数据、云计算、物联网、北斗卫星导航等新兴信息产业进一步壮大,人工智能、区块链、未来网络等前沿信息产业快速成长。

——数字经济开放发展优势基本形成。中国—东盟信息港数字经济合作高峰论坛影响日益扩大，跨国界、跨地域的数字经济联盟成为推进双边、多边数字经济合作发展重要载体；商贸投资、信息交换、协作创新等活动更加活跃；以中国—马来西亚“两国双园”为引领，建成一批数字经济合作发展产业园区。广西数字经济“走出去”取得显著成效，大数据、人工智能、数字内容、北斗导航服务等特色产业加速拓展东盟市场。

第三章　推动数字产业化加快发展

（二）加快发展智能终端制造业和软件与信息技术服务业。

2. 培育发展集成电路产业。围绕广西智能终端制造业发展和传统产业数字化升级需求，积极培育完善集成电路产业链，夯实基础支撑能力。面向智能可穿戴设备、北斗导航、工业控制等领域，积极引入芯片设计企业，提升芯片设计能力。持续扩大芯片生产能力，积极引入微机电系统、射频电路等芯片制造先进生产线和先进工艺。依托大型企业建设集成电路封装测试平台，推动系统级封装，提升和完善集成电路芯片、模块、系统的测试水平。依托重点产业园区，支持集成电路产业链中各环节的企业联合构建公共测试平台和公共应用平台，完善公共服务体系。

第八章　打造面向东盟的数字经济高地

（二）推动面向东盟的数字经济产业集聚。

4. 建设面向东盟的北斗导航服务基地。推动北斗导航信息技术服务产业的统筹布局和联动发展，在南宁、柳州、钦州等市布局发展北斗软件产品研发、系统集成、信息技术服务、终端产品、应用展览展示中心等。把握中国—东盟在环境治理、城市管理等领域全方位合作的契机，积极开展相关的北斗应用示范，带动产业发展和服务输出。深化与上海北斗导航创新研究院、中国北斗产业技术创新西虹桥基地等机构合作，推动北斗学院建设。充分利用中国—东盟博览会平台举办相关论坛及展览，加强北斗导航信息技术服务产品体系宣传和展示，让东盟各国更多了解北斗、应用北斗，让北斗导航更好服务东盟市场。

广西壮族自治区人民政府关于印发北部湾城市群发展规划广西实施方案的通知（节选）

（桂政发〔2018〕2号）

二、重点任务

（二）促进城市群产业联动发展。

6. 壮大军民融合产业。依托南宁、防城港、钦州优势产业创新平台，打造北斗卫星导航技术产业园，推动卫星导航系统应用核心元器件产业化。依托广西北斗综合应用示范项目工程，加快建设面向东盟的北斗卫星导航应用与运营服务中心和卫星导航生产制造基地，加快形成集产品研发、推广应用、技术服务于一体的北斗导航产业链。推进玉林军民融合示范基地建设。推进海上船舶观测和航路管理、海底海面海上低空立体观测、岛礁建设与综合管养、人工浮岛、海水淡化、水陆两用飞行器、海洋卫星、船联网、船载功能模块等项目的开发建设，加快海洋动力环境卫星应用。（责任单位：自治区工业和信息化委、发展改革委、科技厅、海洋和渔业厅、北部湾办，广西北部湾经济区6市人民政府等）

广西壮族自治区人民政府关于印发广西构建面向东盟国际大通道实施方案的通知（节选）

（桂政发〔2016〕25号）

三、主要任务

（五）打造信息国际大通道。

1. 搭建基础设施平台。加快建设中国—东盟信息港，争取在南宁设置互联网国际业务出入口和设立国家级互联网骨干互联节点，提升国家顶级域名系统北海节点服务能力，大力建设跨境海陆光缆、北斗天/地基导航增强系统、西江信息枢纽港等国际通讯基础设施，构筑以我区为区域性枢纽，连通东盟各国的信息高速公路。协助东盟各国加快通信基础设施建设，推动北斗参考站网、高速无线通讯技术（TD－LTE）在东盟区域的整体部署和覆盖，推动云计算、大数据、高精度卫星导航等信息服务在东盟区域的加快发展和应用。

广西壮族自治区人民政府关于印发工业跨越发展十大行动计划的通知(节选)

(桂政发〔2013〕40号)

三、主要任务

(一)工业结构优化调整振兴行动计划。

3.加快发展消费品工业。……电子消费品:重点发展台式计算机、笔记本电脑、平板电脑、节能型液晶模组平板显示器、液晶电视、电声产品、智能手机、便携式存储产品、北斗导航产品等。

(五)战略性新兴产业突破发展行动计划。

1.强力推进基础优势明显的战略性新兴产业发展。……高端装备制造业:重点发展大型、智能化、节能型工程机械,数控加工中心、核心智能测控装置等智能制造装备,海洋工程装备,大功率内燃机,航空、卫星应用装备及零部件。

广西壮族自治区人民政府关于加快信息服务业发展的实施意见(节选)

(桂政发〔2010〕75号)

四、主要任务

(四)培育和扶持信息内容服务业。

鼓励电信运营商与有关单位合作建设空间地理公共信息数据库,重点发展卫星导航、电子地图、空间地理定位等信息服务,加快开发海量地理信息快速获取、集成管理等关键技术和应用,促进空间地理服务、手机定位与互联网、手持终端、嵌入式软件的紧密结合,推进空间地理信息资源的增值开发和商业化发展。

广西壮族自治区人民政府
关于加快信息化与工业化融合的意见(失效)(节选)

(桂政发〔2009〕106号)

四、发展重点

(一)大力发展电子信息产品制造业

数字化整机产品:着重发展网络计算机、移动传真机、商务智能手机、汽车卫星导航终端。

广西壮族自治区人民政府办公厅
关于印发广西打击近海非法捕捞专项治理行动
工作方案的通知(节选)

(桂政办电〔2021〕142号)

三、行动步骤

(二)专项整治阶段(2021年9月1日至9月30日)。

1. 开展"净港"专项执法行动。

查处渔船安装、携带的违规渔具。组织农业农村(渔业主管部门)、公安、海警、行政综合执法等部门开展联合行动,凡是安装、携带电鱼、高压水枪等禁用工具或禁用渔具的,一律拆除没收并依法从重处罚。

清理整治渔船标识和渔业无线电设备。组织农业农村部门(渔业主管部门)对渔船标识和渔业无线电设备配备使用情况进行清理整治,凡是标识不明或船名不规范,未按规定安装、擅自拆卸、故意关闭船载北斗终端,擅自擦写篡改渔船九位码,以及存在"船码不符、一船多码、一码多船"等违法行为的渔船,一律禁止离港,只有在整改完毕后方可出海作业。

清理整治"僵尸船"和无主船。对无人认领的"僵尸船"、无主船要依法拖离,依法没收或依法扣押在港的渔船应在2021年8月底前处理完毕。

广西壮族自治区人民政府办公厅关于印发广西城市内涝治理实施方案的通知(节选)

(桂政办发〔2021〕66 号)

二、重点工作

(四)加强排水防涝设施建设与改造。

4. 推进城市排水设施地理信息系统建设。各城市要积极应用地理信息、全球定位、遥感应用等技术系统,开展城市地下设施(含地下建筑、管线等)三维测绘,依托自治区数据共享交换平台和壮美广西·政务云平台,建立完善城市排水设施地理信息系统,整合各部门防洪排涝管理相关信息,在排水设施关键节点、易涝积水点布设必要的雨量计、液位计、流量计、监控视频等智能化感知终端设备,满足日常管理、运行调度、灾情预判、预警预报、防汛调度、应急抢险等功能需要。有条件的城市,要与城市信息模型(CIM)基础平台深度融合,与国土空间基础信息平台充分衔接。(牵头单位:自治区住房城乡建设厅、自然资源厅;配合单位:自治区相关部门)

广西壮族自治区人民政府办公厅关于印发进一步加快珠江—西江经济带(广西)重大基础设施建设三年行动计划(2019—2021 年)等 6 个文件的通知(节选)

(桂政办发〔2019〕61 号)

广西战略性新兴产业城(贵港)建设三年行动计划(2019—2021 年)

二、重点任务

(一)构建战略性新兴产业发展集群。

2. 壮大发展新一代信息技术产业。大力发展新一代移动通信、下一代互联网、物联网、云计算设备,积极对接引进智能手机整机制造龙头企业,持续引进一批精密手机连接件、电子传输数据线、蓝牙耳机等手机配件项目,加快推进智能手机研发制造、化合物半导体、年产 200 万平方米印刷电路板等项目建设,重点培育发展半导体晶片、柔性多层印制电路板、节能电子变压器、手机主板贴片等产品。大力发展信息终端设备，加快推进汽车智能充电系统、智能全景影像摄像设备等项目建设，积极发展车载智能设备和智能家电等终端产品。培育发展新型显示器件，支持研发生产基于北斗导航系统的终端产品。培育大数据及信息服务产业，支持“大数据＋”和“互联网＋”新业态发展。到2021年，力争实现新一代信息技术产业产值达200亿元以上。

广西壮族自治区人民政府办公厅关于推动国防科技工业军民融合深度发展的实施意见（节选）

（桂政办发〔2018〕124号）

二、重点任务

（一）聚焦发展军民融合产业。

八是发展卫星应用产业链。发展北斗卫星导航服务产业，在卫星导航、天线与微波、位置服务、大数据计算等前瞻性和原创性探索方面取得突破与进展，推动卫星导航服务在高铁、渔业、电力、林业、减灾、智慧城市建设和社会治理等方面的应用。发展高分卫星遥感数据应用产业，满足广西农业、林业、国土、规划、交通、水利、环保、测绘等领域对地理空间信息的需求。

（二）着力推动军民融合集聚发展和重大项目实施。

二是推动军民融合重大项目实施。争取国家国防科技工业局等单位的支持，有效提高广西军民融合创新水平。推动在研在建重大项目深入实施，确保按时按质按量完成各类项目建设任务。推动中船钦州大型海工修造及保障基地、中国电科桂林光电子光通信科技创新与产业化项目、高分辨率对地观测系统重大专项应用、中国电科北斗卫星导航运营服务、柳州航天军民融合产业园等重大项目建设，尽快形成产业化能力。

广西壮族自治区人民政府办公厅关于印发推进柳州市工业高质量发展建设现代制造城实施方案（2018—2022年）的通知（节选）

（桂政办发〔2018〕106号）

三、大力发展重点新兴产业

（二）大力发展新一代电子信息技术产业。

依托柳州市达迪通信设备有限公司等企业,积极发展应用于公共交通管理、糖业蔗区管理、汽车导航、物流、林业、城市管理等领域的卫星导航终端设备、应用系统开发与系统集成。加快发展北斗卫星导航系统的元器件制造、核心芯片研发等新一代电子信息产品。

广西壮族自治区人民政府办公厅关于印发广西数字经济发展三年行动计划(2018—2020年)的通知(节选)

(桂政办发〔2018〕95号)

二、主要任务

(一)加快发展新一代电子信息技术产业。

5.发展北斗卫星导航产业。依托桂林电子科技大学,推进位置信息、高性能组合导航、终端检测认证等关键技术攻关和新型北斗导航产品及系统研发。建设中国—东盟北斗智能产业园,重点发展遥感遥测、无人航空器和移动导航信息系统应用产品。整合地理信息资源,构建面向东盟的北斗导航与位置信息公共服务平台、基础信息库和国际推广体系,开展应急救援、海上搜救、车辆导航、高精度定位等服务。积极申请建设北斗导航国家数据中心广西分中心。加快建设南宁、柳州、钦州等北斗导航科技产业园和示范基地。到2020年,全区北斗导航生产、应用企业达到10家以上。

(五)推动数字经济向海发展。

22.发展智慧远洋捕捞。建设海洋大数据平台,开展海洋信息咨询、防灾减灾、远洋渔业作业等应用服务。支持科研院所联合远洋渔业企业开展远洋渔业资源探捕研究,提高远洋渔业自动化、信息化和数字化水平。推广应用北斗卫星导航技术,建立陆地与海域卫星通信网,提升空天通信保障能力。推动物联网、大数据技术在远洋渔业捕捞的广泛应用,建立集调度指挥、鱼情分析、实时作业监控、数据采集、资源分配和捕捞协同为一体的管理决策系统,提高捕捞智能化水平。到2020年,全区远洋捕捞产值达到50亿元以上。(牵头单位:自治区海洋和渔业厅;配合单位:北海、防城港、钦州市人民政府,自治区工业和信息化委、北部湾办等)

广西壮族自治区人民政府办公厅关于印发加快推进糖料蔗生产机械化发展实施方案（2018—2022年）的通知（节选）

（桂政办发〔2018〕84号）

二、重点工作

（三）创建糖料蔗生产机械化示范点。

三是开展糖料蔗生产机械智能化服务试点工作，推广应用北斗远程监控和卫星导航自动驾驶系统，建设糖料蔗生产农机服务开放性数据平台，探索推广高新科技领域参与糖料蔗生产机械化途径，提高作业精度、土地利用率和作业效益。

广西壮族自治区人民政府办公厅关于印发贯彻落实创新驱动发展战略打造广西九张创新名片工作方案（2018—2020年）的通知（节选）

（桂政办发〔2018〕9号）

二、工作任务

（三）新一代信息技术。

8. 加快示范推广，培育面向东盟的北斗产业。……加快建设完善广西北斗高精度基准站网，建成具有北斗高精度导航定位能力的空间基础设施（责任单位：自治区测绘地信局）。建设中国—东盟北斗/全球导航卫星系统（GNSS）展示中心及双创平台，推动北斗/GNSS面向东盟的民用推广。

9. 承接产业转移，打造电子信息支柱产业。推动物联网和北斗卫星导航技术研发与应用示范，开展通信与网络设备、新型显示技术与数字音视频电子产品、核心电子元器件、智能电子终端、高端软件等关键技术攻关和产品研发。

广西壮族自治区人民政府办公厅关于印发广西北部湾经济区发展规划(2014 年修订)的通知(节选)

(桂政办发〔2014〕97 号)

第四章 产 业 发 展

第一节 工 业

三、战略性新兴产业

高端装备制造。培育发展现代航空装备、卫星及应用产业、智能制造设备。规划建设面向东盟合作的北斗导航产业基地。

第九章 开 放 合 作

第一节 国 际 合 作

加强产业合作。推进农业优良品种和技术研发、实用技术推广和农产品深加工等重点领域的农业合作,加快推进中国—东盟(南宁)现代农业科技合作园区建设。拓展能源合作领域,共同开发太阳能、风能、潮汐能和木薯酒精、棕榈柴油等生物质能源及利用技术。加强与东盟沿海国家的海洋产业合作,推进海洋综合开发,打造新的投资合作平台。加强与东盟国家的新兴产业合作,建设面向东盟合作的南宁轨道交通装备制造基地、北斗导航产业基地。积极与东盟国家、港澳台地区培育共同旅游市场,打造环北部湾旅游圈。建设中国—东盟技术转移中心和中国—东盟智力市场。

广西壮族自治区人民政府办公厅关于印发广西推进北斗导航产业发展工作方案的通知

(桂政办发〔2014〕82 号)

各市、县人民政府,自治区农垦局,自治区人民政府各组成部门、各直属机构:

《广西推进北斗导航产业发展工作方案》已经自治区人民政府同意,现印发给你们,请认真组织实施。

广西壮族自治区人民政府办公厅
2014 年 8 月 8 日

广西推进北斗导航产业发展工作方案

北斗导航产业是以卫星导航和地理空间信息为基础、以具有时空特征标识的各类数据为资源、以面向市场需求提供智能化服务产品为主要特征的国家战略性新兴产业,是未来信息产业的基础产业。目前,我国北斗导航产业已进入产业化快速发展阶段,并成为各地区加快经济转型升级、提升信息化水平的重大战略选择。为加快推进我区北斗导航技术应用及产业化发展,根据国家战略部署和《中共广西壮族自治区委员会　广西壮族自治区人民政府关于加快新型工业化实现跨越发展的决定》(桂发〔2013〕11 号)要求,结合我区实际,特制定本方案。

一、重大意义

卫星导航应用与移动通信、互联网并称为三大信息技术产业,是信息时代的基础性和先导性产业。加快北斗导航技术应用及产业化发展,推动北斗导航产业集聚发展,有助于带动产业转型升级,培育发展新兴产业增长点,提升城乡生活品质和发展活力;有助于交通运输、海洋渔业、船舶监管、精细农业、移动通信、生态保护、水文监测、电力保障、气象测报、灾害监测、增雨飞机等领域实现自动化、数字化、智能化管理;有助于充分发挥我区海陆兼并的区位优势,积极融入中国—东盟自贸区升级版建设进程,对加快建成我国西南中南地区开放发展新的战略支点和全面参与 21 世纪海上丝绸之路建设具有重要的支撑作用。

二、发展现状和面临的形势

(一)发展现状。

我区电子信息制造业和信息服务业正处于快速发展阶段,具备了发展北斗导航产业所需要的技术和产业环境。我区北斗卫星导航产业的技术水平在国内处于中游,能够提供除北斗卫星产业顶层设计和部分芯片设计制造环节以外的其他产业链环节。南宁、柳州、桂林、北海等城市拥有一批具有一定技术开发能力和市场开拓能力的企业,具有较好的制造业基础和卫星导航应用基础。目前,南宁、柳州、桂林、钦州、贵港等城市在交通、物流、旅游、农业、糖业、林业、城市管理和海事管理等领域已广泛应用卫星导航技术。桂林电子科技大学、广西大学等高校和研究机构在北斗导航技术研究领域具有一定实力。

随着国家西部大开发战略的深入实施、中国—东盟自由贸易区升级版和海上丝绸之路的建设,广西北部湾经济区和珠江—西江经济带上升为国家战略,我区作为西南中南地区开放发展新的战略支点作用将日益突出,有利于发展基于北斗卫星导航技术和终端应用推广示范，有利于深化我国和东盟的区域合作。

（二）面临形势。

1. 北斗卫星导航系统应用产业化竞争日趋激烈。《国务院办公厅关于印发国家卫星导航产业中长期发展规划的通知》（国办发〔2013〕97 号）明确，到 2020 年，我国卫星导航产业规模将超过 4000 亿元。为推进北斗卫星导航系统的应用，解放军总装备部已与全国部分省级政府联合启动建设北斗卫星导航应用示范省区。

2. 北斗导航产业区域发展格局正在加快形成。目前，北斗导航产业已经形成五大有鲜明特征的分布区域：以北京为中心的环渤海地区，依托国家部委、卫星研究院汇聚的优势，形成以引进技术设备、重大装备制造为主的产业格局；以西安为主的川渝陕地区，主要依托所在地航天、航空部门的技术、设备、人才等优势，形成以卫星零部件制造为主的产业格局；以上海、南京为主的长三角地区，利用资金、市场等优势，形成以芯片、天线制造为主的产业格局；以广州、深圳、中山为主的珠三角地区，依托区位、资金、机制等优势，形成以引进、组装、制造卫星导航终端产品为主的产业格局；以湖南、湖北为主的中部地区，依托测绘地理信息领域拥有的人才和技术优势，形成以高精度定位服务和地理信息采集、处理、分析为主的产业发展格局。

3. 我区北斗导航产业具有广阔的市场空间，但面临多重压力。在具备较好发展条件的同时，我区北斗导航产业面临核心技术掌握不足，统筹规划有待加强，基础设施建设薄弱，创新能力有待加强，龙头企业偏少，产业规模偏小，产业集中度偏低，产业发展环境有待加强等问题。

三、指导思想、基本原则和发展目标

（一）指导思想。

深入贯彻落实科学发展观，加快转变经济发展方式，大力促进信息化与工业化的深度融合，推进落实加快新型工业化实现跨越发展的战略部署，把握北斗系统应用产业化重大机遇期，按照两化融合、军民融合、产业融合、技术融合的发展方向，聚焦重点领域和重点项目，以完善产业链建设和培育产业集群为主要途径，营造产业环境，创新发展模式，引导产业集聚，扩大产业规模，提升创新能力，提高产品质量，支持联盟发展，推动行业应用，加快形成具有较强竞争力的基础产品研发、终端产品推广、科技运营服务完整的产业链，努力实现我区北斗导航产业的跨越发展。

（二）基本原则。

1. 统筹规划，协调发展。尽快编制《广西北斗导航产业发展规划》，明确加快北斗导航产业发展的重点方向和关键领域，优化产业布局，加强部门协同，做好与国家相关科技重大专项和规划的衔接，统筹推进北斗导航产业发展。

2. 市场主导，政府推动。以市场需求为导向，充分发挥市场配置资源的决定性作用，理清我区北斗导航产业的市场需求。加强政府引导推动作用，积极营造良好的产业发展环境，促进北斗卫星导航系统在交通、制糖、渔业、农业等领域的应用。

3. 夯实基础，强化创新。加强重大基础设施建设、计量标准体系建设、知识产权保护利用和人才培养，夯实北斗导航产业发展基础。强化技术与应用、商业模式与产业组织创新，推动形成融合发展的新模式。

4. 开放兼容，合作共进。实施积极的北斗产业发展战略，着力加强与江苏、上海、北京等先进地区的合作，采用区部共建、区省合作、政企合作等形式积极引进行业龙头企业和高端技术人才，形成北斗导航产业发展合力。

（三）发展目标。

到2020年，基本形成具有广西特色的集产品研发、推广应用、技术服务于一体的北斗导航产业链，完成北斗导航产业在重点领域的部署，导航应用能力及产业化发展能力不断增强，基础设施建设不断完善，北斗导航产业集聚发展的区域格局基本形成。

——到2020年，构建形成较为完善的基础设施、卫星导航信息服务平台等，形成年产100万台（套）导航终端和芯片制造能力，北斗导航产业实现年销售收入超过100亿元。

——到2020年，重要行业领域应用推广取得显著成效，开展行业典型应用示范超过20个，建成具备中南半岛区域性辐射能力的北斗导航应用及产业化省级示范。

——到2020年，将南宁市打造成为“立足广西、面向东盟”、以北斗卫星导航为主、多系统兼容发展的大区级综合位置服务中心；将桂林、柳州、北海、钦州等市建成区域性车联网、船联网、北斗终端、船舶监管、高精度定位服务等示范中心。

四、主要任务

（一）建设北斗卫星导航应用与运营服务中心。

建设卫星导航位置服务公共服务平台和行业应用服务运营平台，建立公共信息运营机制和支撑平台，支持子系统二次开发，针对不同的应用系统提供相应的智能服务。引导从事北斗应用系统开发的企业在服务内容和服务模式上不断创新，推动一批从事全球定位系统（GPS）服务和位置服务（LBS）的企业快速向北斗位置服务转化，聚集从事其他应用系统开发的企业通过北斗技术移植和融合，不断扩大北斗产品和服务的应用范围；开展应用技术服务环境建设，提供北斗导航应用服务原型系统，支持应用系统和用户终端试验验证，提供卫星导航产业化开发和售后服务。（牵头单位：自治区工业和信息化委；参与单位：自治区发展改革委、科技厅、财政厅、交通运输厅，各市人民政府）

（二）建设卫星导航生产制造基地。

围绕卫星导航产业的“基础设施、产品制造”进行规划和建设，走高技术制造产业路线，重点建设以北斗为主的多模卫星导航终端和芯片生产制造基地，完成导航终端及芯片系列产品研发、生产制造、测试的基础设施建设，形成具有自主知识产权的年产

100 万台(套)导航终端和芯片制造能力,打造形成比较完整的导航终端和芯片产业链。具体包括:

1. 卫星导航终端设备及芯片开发与制造。包含测量型接收机、软件导航接收机、位置服务(LBS)终端、抗干扰地面监测接收机、多模导航终端(BD－1/GPS 终端、BD－2/GPS/Galileo 接收机)。

2. 卫星导航测试终端开发与制造。包含卫星导航接收机测试系统、高精度授时测量系统、时间同步测量终端。通过卫星导航产业生产制造基地的建设,完成 BD－2/BD－1、BD－2/GPS 兼容导航终端全芯片化产品生产线建设,达到年产 100 万台套的生产和销售能力;突破 BD－2/GPS/Galileo 关键技术,形成 BD－2/GPS/Galileo 多模系列化主机板年产 500 万片(组)能力。通过行业应用示范项目建设,拓展北斗导航终端在我区各领域的应用,全面推进卫星导航技术和系统装备在各行业领域的深入应用,实现产品国内市场占有率达到 20% 以上。(牵头单位:自治区工业和信息化委;参与单位:自治区发展改革委、科技厅、财政厅、国土资源厅、交通运输厅,各市人民政府)

(三)积极申报国家级北斗导航应用及产业化省级示范。

积极争取工业和信息化部、北斗办等国家相关部门对我区北斗导航产业发展的大力支持,积极申报国家级北斗导航应用及产业化省级示范。重点支持柳州北斗产业联盟、桂林电子科技大学、广西大学等高校及科研机构参与并争取主导部分国家标准的制定工作,提高我区在国家卫星导航应用标准制定中的份量。(牵头单位:自治区工业和信息化委;参与单位:自治区发展改革委、科技厅,广西大学、桂林电子科技大学,各市人民政府)

(四)积极开展北斗导航产业应用。

争取国家财政资金支持,启动和实施一批北斗典型示范应用工程。实施将 GPS 等卫星导航产品改换为北斗导航系统的“换芯工程”,推动北斗/GPS/GLONASS(格洛纳斯)兼容应用。选择海洋渔业、林业、糖业、交通运输、减灾、旅游、物流等开展示范应用。在新增大客车、旅游包车和危险品运输车辆上逐步推广安装符合标准的北斗兼容车载终端。积极开展航运船只报到系统、船只定位、运力调配、船闸预约调度、应急救援系统、公务车辆、农用运输车辆的示范应用。支持依托北斗导航技术对船舶全天候、远距离、全方位监管跟踪的技术应用工程。加快形成导航、通信、地理信息系统配套应用服务体系以及完整的产业链,重点推动核心芯片与模块、板卡、终端、用户、卫星建设运载、遥控遥测等产业链的发展,大力扶持并鼓励在园区开展北斗卫星导航接收仪、LED 显示仪、手持机、授时服务器、各类北斗电子原件等产品的技术研发。

重点在智慧旅游、交通运输、海洋渔业、珠江—西江黄金水道船舶通航、智慧农业(糖业)等领域开展北斗应用示范,积极发展相关行业终端用户,推动原有 GPS 终端用户展开基于北斗双模终端的改造或替换。

1. 智慧旅游。基于北斗卫星导航技术、云计算技术、物联网技术等高端技术，建立广西智慧旅游平台，统一旅游资源管理，提高旅游资源利用率，减少旅游业人工成本，促进旅游市场消费，提升旅游业效益。在导游助手、数字景区、景区搜救等领域开展北斗导航终端的应用。（牵头单位：自治区旅游发展委；参与单位：自治区工业和信息化委、科技厅、财政厅，各市人民政府）

2. 交通运输。重点针对广西境内的“两客一危”车辆和物流载货车辆、公交车、出租车、公务/特种车辆、校车和120急救车等车辆的实际管理需求，解决交通管理问题。建设基于北斗卫星导航系统的统一车辆监管平台，打破行业内部或行业之间的车辆管理信息孤岛，提高道路交通信息化和智能化水平，加强政府对各类车辆的监管能力。（牵头单位：交通运输厅；参与单位：自治区发展改革委、工业和信息化委、科技厅、财政厅，各市人民政府）

3. 海洋渔业。建设集成与兼容船舶自动识别系统（AIS）技术的远洋渔业监控系统，研制终端设备，建立和完善动态监控机制，充分利用信息技术手段，推进海洋渔船和内河船舶的信息化监管，开展北斗卫星导航终端的应用，渔船在跨区捕鱼时实现无盲区监控，并实现紧急情况下对遇险渔船的及时营救；帮助管理部门有效利用科技手段对从事渔业捕捞的企业和渔民进行监管，从根本上减少渔业安全生产事故的发生，提高对渔业的管理水平。（牵头单位：自治区水产畜牧兽医局；参与单位：自治区发展改革委、工业和信息化委、科技厅、财政厅、交通运输厅、自治区海洋局，广西海事局，各市人民政府）

4. 珠江—西江黄金水道船舶通航。依托北斗卫星导航定位与通信、电子海图、地理信息系统（GIS）、无线通讯、AIS 等现代化技术，实现对船舶的实时监控、安全预警、信息服务等功能，实现船舶过闸的远程申报和审批，实现对辖区内所有船舶和船闸的高效管理，提高船舶过闸效率。（牵头单位：自治区交通运输厅；参与单位：自治区工业和信息化委、科技厅、财政厅，各市人民政府）

5. 智慧农业（糖业）。在特色水果、甘蔗和林产品等经济作物种植等方面，开展基于北斗卫星导航定位技术的农业智慧化应用，使广西农业系统的运转更加有效、更加智慧，农产品竞争力更强。（牵头单位：农业厅；参与单位：自治区科技厅、财政厅、林业厅、糖业局，各市人民政府）

6. 智慧林业。在生物多样性、湿地及自然保护区、野生动植物监测和管理、森林防火与应急指挥、高山林业规划设计、森林资源监测和管理、森林灾害预警等领域，开展基于北斗卫星导航定位技术的林业智慧化应用，建立智慧林业信息平台，提高林业管理效率，确保生态安全。（牵头单位：林业厅；参与单位：自治区工业和信息化委、科技厅、财政厅，各市人民政府）

(五)组建广西北斗导航产业联盟。

积极组建广西北斗导航产业联盟,推动产业链上下游的合作,推动企业间以联盟为纽带,共同开展研究开发、市场推广、项目申报等横向联合。鼓励企业参与全国性的产业联盟,参与相关行业组织和活动,快速提高产品研发能力和市场推广能力。充分发挥桂林电子科技大学、广西大学和南宁高新区、桂林高新区的资源优势,促进北斗导航产业科技创新成果孵化,全面推进北斗卫星导航产业的标准化、产业化、国际化建设。充分发挥各参与主体的市场和技术优势,实现协作发展和资源共享。(牵头单位:自治区工业和信息化委;参与单位:自治区发展改革委、科技厅、交通运输厅、旅游发展委、海洋局,桂林电子科技大学、广西大学,南宁高新区管委会、桂林高新区管委会)

(六)引进培育骨干企业。

鼓励引进国内拥有核心关键技术的龙头企业,引入具有高附加值的位置服务企业,为各个应用行业提供高质量的综合信息服务,实现交通物流、旅游、糖业、林业、矿业、汽车、工程机械等行业的转型升级和快速发展。实施骨干企业培育计划,整合现有财政资金和手段,落实相关政策措施,重点扶持中国电子科技集团等创新能力强、拥有核心竞争力、经营状况良好的骨干企业,充分发挥示范带动作用。(牵头单位:自治区投资促进局;参与单位:自治区发展改革委、工业和信息化委、科技厅、财政厅、商务厅、地税局、金融办、国税局,各市人民政府)

(七)促进产业集聚发展。

根据现有的产业布局和发展基础,统筹规划,布局在南宁推动软件产品研发、系统集成、信息服务,在桂林推动人才培养、系统应用及产业化示范,在北海推动终端产品制造,在柳州推动产业化示范应用和终端产品制造,在中马钦州产业园区建立北斗核心技术及产品的研发制造基地、面向东盟的数据监测与处理中心、应用展览展示中心,实现产业布局联动发展。积极推动钦州、柳州、桂林等市北斗产业园区建设,形成要素集中、配套齐全、特色明显的产业集群,培育一批市场开拓能力强、具有发展潜力的中小企业。(牵头单位:自治区工业和信息化委;参与单位:自治区国土资源厅、投资促进局,桂林电子科技大学、中马钦州产业园区管委会,各市人民政府)

(八)完善基础设施建设。

尽快启动我区的北斗地基增强系统建设,通过标准化、规范化的建设标准,完善北斗行业应用的基础设施。规划和建立北斗连续运行卫星定位服务综合系统(CORS)站,为北斗的高精度应用奠定基础。统筹规划交通、物流、航运等行业的省级数据中心和处理中心,提高资金和设备使用效率。(牵头单位:自治区工业和信息化委;参与单位:自治区发展改革委、国土资源厅、交通运输厅,各市人民政府)

(九)积极开拓东盟市场。

强化对东盟的区位和贸易优势,积极向东盟出口北斗卫星导航终端产品,利用地缘优势,向东盟输出系统集成等增值服务,开展相关产业合作。加快中国北斗东盟产业园建设,打造北斗系统应用及产业化示范基地,加强与东盟国家在北斗产业领域的合作。以中国—东盟物流基地及国际间物流体系建设为契机,鼓励开发并推广北斗导航、定位系统应用,扶持北斗系统拓展东盟市场。充分利用中国—东盟博览会平台举办论坛及展览,面向东盟国家宣传北斗、展示北斗,让东盟国家更多地了解北斗、应用北斗,更好地开拓东盟市场。(牵头单位:商务厅;参与单位:广西博览局,自治区发展改革委、工业和信息化委,各市人民政府)

五、进度安排

(一)第一阶段:(2014 年 8 月—2015 年 9 月)。

全面调研广西北斗产业发展现状,到先进地区学习考察;成立广西北斗导航产业推进工作领导小组,研究编制《广西北斗导航产业发展规划》,分解相关任务;建设广西北斗导航产业联盟,积极引进国内高端龙头企业,打造我区北斗导航产业园区;积极开展北斗导航产业前期项目对接,完善项目前期投入,加快项目开工建设。

(二)第二阶段:(2015 年 10 月—2018 年 6 月)。

重点推进广西北斗导航应用及产业化工作,加快重点项目实施;完善基础设施建设,加快北斗导航产品在相关领域的推广应用,加快相关配套服务业发展;落实《广西北斗导航产业发展规划》各项政策措施,开展中期评估,对存在的问题进行调整;加强我区北斗导航产业科研创新发展,推动产业联盟、科研机构创新应用。

(三)第三阶段:(2018 年 7 月—2020 年 12 月)。

深入推进北斗导航产业发展,确保完成《广西北斗导航产业发展规划》制定的各项任务和发展目标;总结考核各单位目标任务完成情况,总结我区北斗导航产业发展成果及存在的问题,研究部署下一阶段加快北斗导航产业发展的重点任务及领域;进一步提升我区北斗导航产业的创新发展能力。

六、保障措施

(一)加强北斗产业发展组织领导。

由自治区工业和信息化委牵头,自治区发展改革委、科技厅、财政厅、国土资源厅、交通运输厅、商务厅、地税局、旅游发展委、金融办、投资促进局、测绘局、水产畜牧兽医局和南宁海关、自治区国税局、广西海事局等相关单位共同组成广西北斗导航产业推进工作领导小组,负责编制产业发展规划,制定相关政策,开展宏观管理,协调资源处理等工作,协调解决产业发展中项目建设、应用推广的重大问题,制定产业发展优惠政策,加强财税、金融、土地等配套政策的衔接,完善工作机制,形成工作合力,落实工作责任,为我区北斗导航产业创造良好的发展环境。

(二)编制北斗导航产业发展规划。

加强顶层规划,深化需求论证,在深入研究发展战略的基础上,按照国家和我区支持战略性新兴产业、信息服务业的有关政策，研究编制《广西北斗导航产业发展规划》。围绕北斗导航、授时、通信、定位、信息监测等产品的开发、生产与系统集成为一体的产业链，重点加强在海洋、渔业、林业、糖业、交通、减灾、旅游、物流等领域的规划部署。

（三）积极争取和加强政策扶持。

积极争取国家在政策配套、资金扶持、项目建设、技术攻关、税收、金融、市场拓展、外贸、人才等方面对我区北斗导航产业发展的支持。加快制定多个层面的产业政策，激励研发、生产、销售和应用基于北斗系统的产品，用好自身资源，发展北斗导航产业。研究推动将具有自主知识产权的北斗导航产品及服务纳入政府采购。鼓励和引导社会资本参与北斗导航产业发展，积极探索北斗导航应用及产业化新模式。

（四）加大财政资金扶持。

从自治区工业和信息化发展、战略性新兴产业发展、科技研发和创新等专项资金中安排一定额度，用于北斗导航产业重点项目建设、国家级北斗导航应用及产业化省级示范申报、技术研发及产业化、推广应用、招商引资、基础设施建设、产业园区建设、市场开拓、产业联盟组建、规划编制、人才队伍建设及落实国家配套资金等。自治区财政进一步加大对战略性新兴产业专项资金的投入力度，倾斜扶持我区北斗导航产业发展。落实金融促进经济发展的有关政策，鼓励和引导金融机构加大对北斗导航产业自主创新、成套设备出口等信贷支持。

（五）加强人才队伍建设。

充分发挥桂林电子科技大学、广西大学等高校院所的研究力量，加强北斗导航产业领域创新型人才培养，为产业化发展做好人才储备。充分利用八桂学者、特聘专家和百人计划等现有人才引进合作机制，依托现有重点实验室和工程技术中心，大力引进具有领先水平的产业技术领军人才和产业发展创新人才，增强我区北斗导航产业人力资源保障能力。开展校企、校校协同创新，联合培养技能型创新人才，增强我区北斗导航产业的人才支撑。

广西壮族自治区人民政府办公厅关于印发广西推进信息服务业发展工作方案的通知（节选）

（桂政办发〔2011〕44 号）

三、工作目标及主要任务

（二）主要任务。

4. 培育和扶持信息内容服务业。

——鼓励电信运营商与有关单位合作建设空间地理公共信息数据库，重点发展卫星导航、电子地图、空间地理定位等信息服务，加快开发海量地理信息快速获取、集成管理等关键技术和应用，促进空间地理服务、手机定位与互联网、手持终端、嵌入式软件的紧密结合，推进空间地理信息资源的增值开发和商业化发展。

广西壮族自治区人民政府办公厅关于建设广西海洋渔船安全救助信息系统的通知（节选）

（桂政办发〔2010〕232 号）

四、建设内容

渔船救助信息系统由 1 个自治区通信控制中心、1 个自治区级通信指挥中心、3 个市级通信指挥中心、8 个县级通信指挥中心、1 个自治区级移动指挥台和船载终端组成。其中，20 马力以下（不含 20 马力）的小型渔船（排、筏）或养殖船、渔业辅助船，统一安装具有定位功能的公网移动通信终端；20～60 马力（不含 60 马力）渔船，统一安装超短波渔用通信终端；60 马力以上的大中型渔船，统一安装船载北斗卫星通信终端；所有渔船加装身份识别标识。

广西壮族自治区科学技术厅、广西壮族自治区工业和信息化厅印发关于加快推动广西产业链与创新链融合发展的实施方案的通知（节选）

（桂科高字〔2021〕153 号）

四、重点方向

（一）汽车产业链。

围绕汽车智能化、网联化、绿色化、低碳化发展目标，着力加强汽车关键零部件及整车产品技术研发，提升汽车产业链自主创新能力。

1. 整车方面。重点发展高品质乘用车、新一代中重型卡车、重型卡车、物流用中轻型卡车、混合动力商用车、专用车等产品。突破整车 NVH 技术、轻量化技术、节油减排技术、仿真测试技术、高性能 T－BOX 技术、北斗高精导航定位技术、5G＋C－V2X 车路协同技术、云控平台系统技术、人工智能车载多模交互技术、多源传感信息提取与融合技术、多场景智能决策技术、纵向和横向最优控制策略等关键技术，开展汽车芯片的封装、测试、电路设计等集成应用研究,推进芯片国产替代及车用芯片集中度提升。

(二)机械产业链。

1. 工程机械整机方面。重点发展新能源工程机械、5G 遥控挖掘机、3D 引导与辅助驾驶挖掘机、无人驾驶挖掘机、特定场景下的智能遥控和无人驾驶装载机等新产品,突破新能源工程机械整机及关键部件节能技术、能量回收技术、5G 传输应用技术、智能网联技术、大数据应用技术、工程机械燃油/燃气供给技术、振动噪声智能检测与诊断、典型工况载荷测试分析技术、整机混合动力液压系统设计与动力匹配技术、高精度定位技术、远程精准控制技术、作业环境自动识别及动态监控技术、智能人机交互技术等关键技术,推进工程机械绿色节能、低噪声轻量化发展。

(三)电子信息产业链。

围绕芯片设计、传感器制造、智能终端、软件和信息技术服务业等重点领域开展技术攻关,加快推出新一代信息技术与重点产业深度融合产品,发展核心器件、智能终端、高端软件、工业应用软件等产品。

1. 芯片设计及传感器制造方面。重点发展北斗导航芯片、WiFi6 射频前端芯片、高性能低功耗电源管理芯片、图像传感器芯片、高精度室内定位芯片、智能降噪芯片、安全控制芯片、微波光子器件、扭矩传感器、六轴力传感器、高精度压敏电阻和高速高精度低功耗模数转换器等核心芯片及电子器件产品,突破基于 SoC 的数字芯片设计、光电集成芯片设计、射频芯片设计、半导体集成工艺、半导体封装及测试等关键技术。

(十)第五代移动通信(5G)设备及应用产业链。

重点布局基站、核心网络设备、行业专网等 5G 通信关键设备,加快推进“5G+”产业发展,促进 5G 与工业制造、智能交通、医疗健康、文教旅游等领域的融合创新。

2. “5G+”应用方面。重点发展基于 5G 的工业互联网平台、物联网平台、车联网平台、无人驾驶系统、远程医疗平台等系统平台以及 AR/VR、高清显示等终端产品,突破高精度室内定位技术、物联网技术、车联网技术、交通智能管理和控制技术、数字图像处理技术、视频传输技术等关键技术。

(十一)高端装备制造产业链。

4. 无人机方面。重点发展动力系统、飞控系统、小型化通用化荷载设备等关键零部件及长航时大载重无人机,突破实时精准定位技术、动态场景感知与避让技术、面向复杂环境的自主飞行技术、集群作业技术、数据高效采集处理应用技术等关键技术。开展新型低空飞行器装备研制、自动驾驶、起降平台、远程控制、智能无人机自动避障、自主飞行、遥感摄影图像处理、姿态测量与控制系统等技术研究。

广西壮族自治区科学技术厅、广西壮族自治区工业和信息化厅、广西壮族自治区大数据发展局关于印发《广西人工智能产业协同创新实施方案》的通知(节选)

(桂科高字〔2021〕104 号)

二、重点任务

(五)智慧交通应用示范。

【方向 14】智慧交通一体化平台及应用。开展智慧交通一体化关键技术和应用研究,充分运用新一代信息化技术、拓展高速公路基础设施效用,通过全生命周期高精度多模态空间数据获取等技术,构建带状高性能北斗高精度增强网、车路协同数据互联、全程可追踪的物流平台与云管控平台等高度智能化的信息服务网络系统,形成实时、准确、高效的交通运输、物流配送综合管理体系,使人、车、路密切配合达到和谐统一。

主要技术要求:建成高速管养智能调度指挥中心,2 个示范路段,总里程大于 350km;建成交通智能管理平台,支持对超过五大类 10 - 15 种异构、容量超过 1000TB 数据进行融合、计算及管理;建成道路养护智能管理平台,可有效识别 8 种以上路面灾害情况;建成高速智能收费稽查平台,可有效识别并研判 8 种偷逃费类型,监控处理 270km 收费稽查数据。建成智慧高速公路示范路段,具备数字出行服务、物流全程数字化、适应自动驾驶、行业综合治理等数字交通应用;建成高速公路车载全景激光移动采集系统、路网运行状态检测系统、高速公路智慧服务区试验系统;支持实时动态数据、地理信息数据、业务管理数据与应用主题数据等不少于 12 种数据的接入;视频智能引擎提供 10 类以上高速视频交通事件智能分析算法。

三、保障措施

(三)完善信息网络基础设施建设。

大力建设高度智能化的新一代信息网络基础设施,加快建设高速率大容量低时延的 5G 网络、快速高精度室内外一体化定位的导航网络及高效互联的天地一体化信息网开展工业互联网、车联网建设,逐步形成智能化网络基础设施体系,提升支撑服务能力。

广西壮族自治区住房和城乡建设厅关于进一步做好房屋建筑和市政基础设施工程雷电防护装置检测机构办理“桂建云”信息入库及加强检测质量监管有关工作的通知(节选)

(桂建函〔2021〕287 号)

二、规范房屋建筑市政基础设施工程防雷检测程序

(三)雷电防护装置检测过程中,检测人员应使用在“桂建云”登记的手机号码登录“广西现场检测”微信公众号进行人脸识别身份验证,同时实时上传 GPS 定位及现场检测照片。

广西壮族自治区市场监管局办公室关于印发《广西重点工业产品质量安全监管目录(2021 年版)》的通知(节选)

(广西壮族自治区市场监督管理局 2021 年 4 月 20 日)

附件

广西重点工业产品质量安全监管目录(2021 年版)

110	交通用具及相关产品	道路运输车辆卫星定位系统(车载视频终端、车载终端)
111	交通用具及相关产品	车载卫星导航

广西壮族自治区安全生产委员会关于印发加强全区水上运输和渔业船舶安全风险防控工作实施方案的通知(节选)

(桂安委〔2021〕4 号)

二、主要任务

(二)进一步强化商渔船安全治理。

4. 开展商渔船碰撞隐患整治工作。深入排查商渔船碰撞方面问题隐患,集中整治网箱养殖碍航等"老大难"问题。规范海上渔业生产活动,落实休闲渔业船舶属地管理责任。推动商船和渔船分别按规定安装北斗系统和 AIS 系统。对靠泊我国港口的外籍船舶进行安全提醒,宣传商渔船防碰撞要点。持续开展进渔村、进渔岛、进渔业码头、进社区、进校园等"五进"安全宣传教育活动。(有关设区市级人民政府,自治区农业农村厅、交通运输厅及广西海事局按职责分工负责,2021 年底前完成)建立海岸电台定期向沿海航行船舶播放有关商渔船安全信息警示制度。(交通运输部南海航海保障中心南宁通信中心负责,2021 年底前完成)

5. 加强渔业船舶安全源头监管。加快出台实施渔业船员违规记分办法。实施船员实名制保险,梳理更新渔业船舶、渔业船员信息。健全和完善渔港港章,在二级及以上渔港施行"港长制"管理,强化监管执法力量,整合执法力量驻港监管。强化渔港水域船舶航行、停泊、作业安全监管,优化渔港水域通航秩序。进一步明晰渔船船籍港和靠泊港的安全监管责任,加强对帆张网、蟹笼等高危渔船的登检频度和执法力度,严防"人证不符"等现象,严把渔船出港安全关口。建立靠泊港和船籍港共管机制,加强对非船籍港渔船的安全监督管理,严格执行渔船进出港报告制度,加强登船检查力度,重点检查渔船适航状态、职务船员配备、雷达和 AIS 安装使用、号灯号型显示等情况,严厉打击超员超载超风级超航区出海作业等违法违规行为。船籍港要建立长期在外作业渔船定期检查机制。支持老旧、木质渔船减船转产,加强渔船救生消防、通信导航设备配备。加强渔船编组生产和"定时点验"管理,严防渔船单船出海作业、无人值守、疲劳驾驶等行为。(有关设区市级人民政府,自治区农业农村厅按职责分工负责,2022 年底前完成)加强渔船检验工作,严格按照相关规定开展建造、改造渔业船舶检验,严格落实救生消防、通信导航等设备设施规范要求。(自治区交通运输厅,有关设区市级人民政府按职责分工负责,2022 年底前完成)

（四）进一步提升安全技防水平和水上救助能力。

11. 保障水上无线电畅通有效。加快海事和渔政部门相关船舶管理信息互通、北斗等数据共享。实现航行安全和海上搜救信息共享，规范船舶水上无线电设备及 MMSI（海上移动通信业务标识码）使用，严厉打击"一船多码"、"一码多船"、篡改 MMSI 等不按规定使用 AIS 的行为。加快推动渔船"插卡式 AIS"应用。对网位仪 AIS 使用实施专项治理，严厉打击非法使用行为。（有关设区市级人民政府，自治区农业农村厅、工信厅及广西海事局按职责分工负责，2021 年底前完成）

广西壮族自治区自然资源厅办公室关于印发《广西市县基础测绘"十四五"规划编制导则》的通知（节选）

（桂自然资办〔2020〕379 号）

二、规划主要内容

（四）重点工程。

1. 测绘基准建设与维护工程。

结合本地区需求，开展本行政区域内卫星导航定位基准站、GNSS 控制点、水准点等平面和高程控制网点的加密、复测与维护工作。对接自治区级北斗地基增强系统，根据需求，通过补充加密卫星导航定位基准站点，建设或完善本区域卫星导航定位基准站网，提升本地区的卫星导航位置服务能力。

广西壮族自治区工业和信息化委员会关于印发《广西壮族自治区北斗综合应用示范项目管理办法》和《广西壮族自治区北斗综合应用示范项目经费管理办法》的通知（失效）

（桂工信规范〔2018〕3 号）

各有关单位：

为规范和加强中国第二代卫星导航系统重大专项—广西壮族自治区北斗综合应用示范项目管理，根据《中国第二代卫星导航系统重大专项实施方案》、广西壮族自治区人民政府办公厅《关于印发广西北斗综合应用示范项目工程实施方案（2017—2018

年)的通知》(桂政办电〔2017〕89号)、《国防科研项目计价管理办法》(〔1995〕计计字第1765号)、《广西壮族自治区人民政府办公厅关于进一步加强中央预算内投资管理的若干意见》(桂政办〔2017〕35号)等国家和地方相关法规,我委制定了《广西壮族自治区北斗综合应用示范项目管理办法》和《广西壮族自治区北斗综合应用示范项目经费管理办法》(详见附件),现印发给你们,请认真贯彻执行。

附件:1.广西壮族自治区北斗综合应用示范项目管理办法

2.广西壮族自治区北斗综合应用示范项目经费管理办法

3.各有关单位名单(略)

广西壮族自治区工业和信息化委员会

2018年10月31日

附件1

广西壮族自治区北斗综合应用示范项目管理办法

第一章　总　　则

第一条　为培育广西北斗卫星导航产业,规范和加强广西壮族自治区北斗综合应用示范项目管理,根据《中国第二代卫星导航系统重大专项实施方案》、广西壮族自治区人民政府办公厅《关于印发广西北斗综合应用示范项目工程实施方案(2017—2018年)》(桂政办电〔2017〕89号)、《国防科研项目计价管理办法》(〔1995〕计计字第1765号)、《国家电子政务工程建设项目管理暂行办法》(国家发展和改革委员会,2007年第55号令)等国家和地方相关法规,制定本办法。

第二条　本办法所称"广西壮族自治区北斗综合应用示范项目"(以下简称"广西北斗示范项目"),是指中央军委装备发展部和广西壮族自治区人民政府联合批复并由广西壮族自治区工业和信息化委员会(以下简称"自治区工业和信息化委")牵头组织实施的项目。

第三条　广西北斗示范项目经费来源包括中国第二代卫星导航系统重大国拨专项经费(以下简称"国拨专项经费")、广西壮族自治区配套经费(以下简称"自治区配套经费")、企业自筹经费和其他用于北斗示范项目建设的经费。

第二章　组 织 管 理

第四条　自治区工业和信息化委作为广西北斗示范项目主管部门,负责广西北斗示范项目的总体统筹、实施管理和监督指导。广西北斗示范工程推进厅际联席会议(桂政办电〔2017〕89 号)负责统筹协调解决广西北斗示范项目实施中遇到的重大问题。

第五条 自治区工业和信息化委与中央军委装备发展部信息系统局签订《中国第二代卫星导航系统重大专项项目合同》(合同编号:JZX2018 - 0004/B001)(以下简称《重大专项项目合同》)。自治区工业和信息化委下设广西壮族自治区北斗综合应用示范项目管理办公室,负责对广西北斗示范项目的建设进度、经费到位及运用情况、技术指标实现情况、标准及规范制定情况、成果及应用情况进行跟踪管理,对各子项目进行过程管理、节点检查、专项经费拨付和项目验收。

第六条 广西北斗示范项目各子项目建设单位(参见桂政办电〔2017〕89 号文,以下简称"项目建设单位")负责配合自治区工业和信息化委推进各子项目实施、开展宣传交流、扩大示范效果。

第七条 自治区工业和信息化委根据项目特点选用相应采购方式确定广西北斗示范项目各子项目具体承建单位(以下简称"项目承建单位"),并与项目承建单位签订"广西壮族自治区北斗综合应用示范项目子项目合同"(以下简称"子项目合同")。项目承建单位按照子项目合同约定负责落实企业自筹资金,开展项目建设,做好项目经费使用情况结算,按时向自治区工业和信息化委汇报项目实施情况,主动配合接受相关部门的监督检查和管理。

第三章　实 施 管 理

第八条 项目承建单位应确定项目责任人,并建立健全项目管理制度,做好广西北斗示范项目文档管理工作,每季度将项目最新进展、经费使用管理情况,以及合同约定的里程牌节点完成情况、终端安装数量、标准编制情况等以工作简报形式上报项目建设单位、自治区工业和信息化委。自治区工业和信息化委每季度编制项目工作简报,报国家北斗办备案。

第九条 项目承建单位严格按照按照桂工信投资〔2018〕198 号文件、《重大专项项目合同》、《国防科研项目计价管理办法》(〔1995〕计计字第 1765 号),《国家发展改革委、建设部关于印发建设项目经济评价方法与参数的通知》(发改投资〔2006〕1325 号),以及子项目合同等相关文件,进行国拨专项经费和自治区配套经费列支。

第十条 项目承建单位必须严格按照合同约定推进项目实施。如有特殊情况,导致项目主要负责人、主要建设内容调整、建设地点变更、建设进度滞后三个月以上、投资概算调整超过 10% 的,项目承建单位必须向自治区工业和信息化委提交项目变更申请。

第十一条 项目承建单位自筹资金无正当原因未能到位,自治区工业和信息化委有权中止合同执行并停拨国拨专项经费和自治区配套经费,由此造成的经济损失由项目承建单位承担。

第四章　监 督 检 查

第十二条　自治区工业和信息化委应按照合同约定的时间节点联合相关部门对广西北斗示范项目进行跟踪检查。主要检查项目的实施过程是否符合国家和广西有关法律、法规的要求,是否按照合同约定的时间节点完成相应内容,以及国拨专项经费、自治区配套经费和企业自筹经费的使用情况等。

第十三条　对监督检查过程中发现有违反国家有关规定及合同要求的,自治区工业和信息化委可要求项目承建单位限期整改或遵照有关规定进行处理;对拒不整改或整改后仍不符合要求的,将根据国家相关法律、法规进行处理,停止经费拨付并保留追回经费的权利。

第十四条　项目承建单位应当积极配合自治区工业和信息化委的监督管理工作,如实提供子项目实施的有关资料和情况,不得拒绝、隐匿、瞒报。如项目承建单位有拒绝、隐匿、瞒报等行为的,将暂停后续经费拨付,直至项目承建单位改正为止。

第五章　项 目 验 收

第十五条　广西北斗示范项目验收分为子项目验收和广西北斗示范项目整体验收两个阶段。子项目验收指子项目承建单位向自治区工业和信息化委提出申请,由自治区工业和信息化委组织验收;广西北斗示范项目整体验收指所有子项目验收完成后,由自治区工业和信息化委向国家北斗办申请验收。

第十六条　项目承建单位按期完成子项目合同约定的建设内容,达到相关技术指标要求,完成投资额不低于批复投资的90%,可向自治区工业和信息化委提出验收申请。涉及项目变更,并取得变更批复的,可按变更批复的内容进行验收。

第十七条　子项目验收需提交材料如下:

(一)项目工作总结;

(二)项目技术总结;

(三)第三方审计机构出具的专项审计报告;

(四)第三方终端测试机构/软件测评机构出具"终端/平台测试报告",或专家评审意见、用户鉴定意见,标准规范等;

(五)其他材料。

第十八条　项目承建单位未按期提出子项目验收申请的,应向自治区工业和信息化委提出延期验收申请。

第十九条　自治区工业和信息化委接到项目验收申请后,应对子项目验收条件进行审核，对符合验收条件的项目，组织专家对项目进行验收，验收标准参照子项目合同和《重大专项项目合同》要求执行。

第二十条 所有子项目验收完成后，自治区工业和信息化委编制“广西北斗示范项目经费使用和管理情况报告”、“广西北斗示范项目总结报告”（附各子项目“经费审计报告”和“终端/平台测试报告”或者专家评审意见、用户鉴定意见，标准规范等），向国家北斗办和广西壮族自治区人民政府申请广西北斗示范项目整体验收。

第二十一条 对验收中发现未经批准擅自变更建设内容、规模、财政国拨专项经费用途等重大问题，应当追究有关人员的责任，触犯法律的，由司法机关依法处理。

第六章 保密要求

第二十二条 子项目合同各方及其有关人员均应遵照《中华人民共和国保守国家秘密法》、《中国第二代卫星导航系统重大专项保密规定》的要求，对列入国家秘密的建设内容，以及其他有关信息，承担保密责任，并应采取相应的保密措施。

第二十三条 如子项目合同实施过程中有涉密成果形成，项目承建单位应及时报自治区工业和信息化委审定后，按照保密规定进行管理。

第二十四条 项目承建单位应按照《中国第二代卫星导航系统重大专项保密规定》的要求，对项目组成员在参加国内外学术交流活动中包括讲学、访问、参加会议、参观、咨询、通信等的有关保密问题严格按照《中国第二代卫星导航系统重大专项保密规定》执行。

第七章 附则

第二十五条 本办法由广西壮族自治区工业和信息化委员会负责解释。

第二十六条 本办法自发布之日起实施。

附件2

广西壮族自治区北斗综合应用示范项目经费管理办法

第一章 总则

第一条 为加强中国第二代卫星导航系统重大专项—广西壮族自治区北斗综合应用示范项目（以下简称“广西北斗示范项目”）经费的管理，规范项目经费会计核算工作，提高经费使用效益，根据《国防科研项目计价管理办法》（〔1995〕计计字第1765号）、《中国第二代卫星导航系统重大专项民用示范项目管理办法》（试行）、《广西壮族自治区工业和信息化发展专项资金管理办法》（桂工信投资〔2018〕198号）、《中央预算内投资补助和贴息项目管理办法》、《广西壮族自治区人民政府办公厅关于进一步加强中央预算内投资管理的若干意见》(桂政办发〔2017〕35 号)等国家和地方相关法规,按照"集中资源、突出重点、精打细算、合理安排、注重效益、专款专用"的原则,结合广西北斗示范项目经费实际情况,特制定本办法。

第二条 自治区工业和信息化委作为广西北斗示范项目主管部门,负责广西北斗示范项目的总体统筹、实施管理和监督指导。广西北斗示范工程推进厅际联席会议(桂政办电〔2017〕89 号)负责统筹协调解决广西北斗示范项目实施中遇到的重大问题。

第三条 自治区工业和信息化委与中央军委装备发展部信息系统局签订《中国第二代卫星导航系统重大专项项目合同》(合同编号:JZX2018 - 0004/B001)(以下简称《重大专项项目合同》)。自治区工业和信息化委下设广西壮族自治区北斗综合应用示范项目管理办公室,负责对广西北斗示范项目的建设进度、经费到位及运用情况、技术指标实现情况、标准及规范制定情况、成果及应用情况进行跟踪管理,对各子项目进行过程管理、节点检查、专项经费拨付和项目验收。

第四条 广西北斗示范项目各子项目建设单位(参见桂政办电〔2017〕89 号文,简称"项目建设单位")负责配合自治区工业和信息化委推进各子项目实施、开展宣传交流、扩大示范效果。

第二章 经 费 来 源

第五条 广西北斗示范项目经费来源包括:

(一)国家中国第二代卫星导航系统重大专项经费(以下简称"国拨专项经费");

(二)自治区财政厅、工业和信息化委按照自治区人民政府办公厅出具的《配套承诺函》配套的经费(以下简称"自治区配套经费");

(三)企业自筹经费;

(四)其他用于广西北斗示范项目建设的经费。

第三章 拨 付 程 序

第六条 国拨专项经费拨付程序。

(一)自治区工业和信息化委依据《重大专项项目合同》约定的子项目国拨专项经费预算金额和功能技术指标,确定采购需求,涉及政府采购的项目按政府采购相关采购方式确定中标单位后(以下简称"项目承建单位"),自治区工业和信息化委与项目承建单位签订"广西壮族自治区北斗综合应用示范项目子项目合同"(以下简称"子项目合同")。

(二)项目承建单位在达到子项目合同约定的拨款条件后,向自治区工业和信息化委提出拨款申请。自治区工业和信息化委审核通过项目承建单位拨款申请后,将资金拨付至项目承建单位。涉及政府采购项目资金支付,按照国家有关财政资金支付管理的规定执行。

第七条 自治区配套经费拨付程序。

(一)自治区工业和信息化委以国拨专项经费招标确定的项目承建单位为补助对象,依据《重大专项项目合同》约定的子项目自治区配套经费预算金额,拟定自治区配套经费补助方案,并会同自治区财政厅行文下达。

(二)自治区配套经费的拨付方式按照《广西壮族自治区工业和信息化发展专项资金管理办法》(桂工信投资〔2018〕198 号)要求执行。

第四章 财务管理

第八条 国拨专项经费与自治区配套经费应专款专用,应设置项目核算,专款专用,以反映项目资金的收入、支出和结存情况,并依照项目预算内容严格做好使用管理工作,不准擅自调项、扩项、缩项,更不准拆借、挪用、挤占和随意扣压。

第九条 自治区工业和信息化委负责督促项目承建单位按子项目合同及实施进度执行预算,落实自筹经费;企业自筹经费由子项目承建单位按相关规定负责管理。

第十条 国拨专项经费与自治区配套经费均以无偿补助方式补贴至子项目承建单位。

第五章 开支范围

第十一条 广西北斗示范项目经费严格按照桂工信投资〔2018〕198 号文件和《重大专项项目合同》要求进行开支,开支范围包括(但不限于以下方面):从项目论证阶段到试生产阶段所发生的设计费、监理费、材料费、外协费、专用费、试验费、固定资产使用费、工资费、管理费等内容。

(一)设计费。指项目研制过程中需要发生的论证费,调研费,计算费,技术资料的购买费,设计用品费,设计评审费,设计跟产费等。

(二)材料费。指科研项目研制中研制产品:必须耗用的各种原材料、辅助材料、外购成品和元器件的费用(包括购买、运输和整理筛选所发生的费用),以及专用新材料应用试验费、型谱外专用电子元器件研制费和燃料动力费等。

(三)外协费。指项目研制中由于研制单位自身的技术、工艺和设备等条件的限制,必须由外单位协作所发生的协作加工费用。包括工艺外协和工件外协等(不含项目承包单位拨付分承包单位的科研费)。

(四)专用费。

1. 专用测试设备仪器费。指项目研制过程中确需购买或自制的专用测试设备仪器的费用,包括购置费、运输费、安装调试费,自制设备仪器的料工费等。

2. 专用工艺装备费。指为项目研制进行工艺组织所发生的费用。包括工艺规程制定费、专用工艺研究费、工艺装备购制费。

3. 零星技术措施费。指为完成研制任务而必须对现有设施条件进行的单项价值在10万元以下的零星技术改造或零星土建工程费。包括设计、施工、材料消耗、器件购置等费用。

4. 样品样机购置费。指为项目研制必须购置的并能反映研制项目整体或部分性能、特征、结构、原理及技术指标的实物所需的费用。

5. 技术基础费。指为配合本科研项目需直接开支的标准、计量、情报等技术基础费用。

(五)试验费。指项目研制过程中用于工艺试验、仿真试验、综合匹配试验、例行试验、可靠性试验、阶段性试验、定型试验、储存试验等各种试验验证费用,包括试验过程中所消耗的动力燃料费,陪试品、消耗品的费用,研制单位外场试验的技术保障及参试人员补助费用。

(六)固定资产使用费。指项目应分摊的研制单位按规定比例分类计提的固定资产使用费。

(七)工资费。从事广西北斗示范项目人员的工资、奖金、津贴、补贴和职工福利费等工资性支出。

(八)管理费。指研制项目应分摊的管理费,包括劳保用品费、办公费、公用水电费、会议费、差旅费、外事费、交通运输费、图书资料费、科研及办公用房屋建筑物修缮费、专用设备仪器维修费、环境保护费、低值易耗品摊销费、科研器材毁损和报废(盘亏减盘盈)、科技培训费、保险费、审计费、业务招待费等。

第十二条　有关主要科目的使用说明、会计核算规定未尽事宜按照国家财政法规和规章,以及《国防科研项目计价管理办法》(〔1995〕计计字第1765号)执行。

第六章　监督管理

第十三条　项目承建单位接受自治区工业和信息化委及其他相应机构的监督检查,并按要求提供项目经费预算执行情况和有关财务资料。对骗取、挪用、截留、挤占国拨专项经费和自治区配套经费的行为,财政、审计等部门有权制止,并依法收回已拨付的专项资金,同时依照《财政违法行为处分条例》予以处理;涉嫌犯罪的,移交司法机关依法追究刑事责任。按照《广西壮族自治区本级财政性资金管理使用领域信用负面清单管理办法》,将存在失信失范行为的违规单位列入负面清单予以惩戒,并将相关失信信息推送至自治区公共信用信息平台,供相关职能部门依法实施联合惩戒。

第十四条　工信部门、财政部门在专项资金审批、支付、使用管理等工作中,如存在违反办法规定的行为，以及其他违法违纪行为的，按照《预算法》、《公务员法》、《监察法》、《保守国家秘密法》、《财政违法行为处罚处分条例》等国家有关规定追究相应责任；涉嫌犯罪的，移送司法机关处理。

第七章　附　　则

第十五条　本办法由广西壮族自治区工业和信息化委员会负责解释。

第十六条　本办法自发布之日起实施。

广西壮族自治区农业机械化管理局关于印发广西基于北斗卫星导航自动驾驶系统技术指导意见（试行）的通知

（桂农机办〔2018〕124 号）

为落实自治区人民政府办公厅《关于印发广西北斗综合应用示范项目工程实施方案（2017—2018 年）》和《广西壮族自治区农业机械化管理局关于印发广西北斗综合应用示范项目工程实施方案（2017—2018 年）的通知》要求，经充分讨论研究，形成《广西基于北斗卫星导航自动驾驶系统技术指导意见》（试行），现予以印发，各地请参考本指导意见，结合糖料蔗生产机械化实际，加快推广应用。

广西壮族自治区农业机械化管理局

2018 年 5 月 31 日

根据广西壮族自治区人民政府办公厅发电《广西壮族自治区人民政府办公厅关于印发广西北斗综合应用示范项目工程实施方案（2017—2018 年）的通知》要求，结合深入贯彻落实国家四部委《推进广西甘蔗生产全程机械化行动方案》，从建设农机、农艺、信息化高度融合的“双高”基地入手，积极先行先试，加快广西糖料蔗机械深耕深松、种植、开行、植保、收获等环节基于北斗的智慧农机应用，推动广西北斗综合应用项目示范工程建设，针对广西实际，特制定本指导意见。

一、指导思想

紧抓糖业发展的重大契机，面向蔗糖生产的重大需求，坚持创新驱动、加强统筹协调、突出要素聚集、积极先行先试、加快成果惠民，充分发挥北斗作为战略性新兴产业的突破尖兵作用，打造自主创新的导航与位置服务产业集群，促进和引领自治区蔗糖产业转型升级，为广西糖料蔗生产机械化率先形成创新驱动的发展格局做出贡献。

二、主要目标

（一）实现标准化种植，提高联合机收效率。利用北斗导航系统，实施拖拉机、甘蔗收获机、甘蔗种植机组自动驾驶，达到甘蔗种植开行直且行距均等，提高蔗地利用率；提高甘蔗中耕培土、植保、收获作业机具行间行驶精准度，确保蔗株、宿根免受碾压；提高甘蔗联合收获效率，降低作业成本。

（二）实现远程监控。利用北斗导航系统、移动通讯系统配套技术和系统软件，实现对配置自动驾驶系统的拖拉机、甘蔗收获机、甘蔗种植机组、自走式植保机、植保无人机的远程定位监控，了解作业情况。

三、北斗农机自动导航驾驶系统的特点

（一）农机作业误差在 2.5 厘米内。

（二）减轻驾驶员的疲劳，节省燃油的用量。

（三）自动计算播种的面积，是否有重播漏播。

（四）不受天气的影响，24 小时都可以作业。

（五）地块储存，工作过的地块不需要重新设定路线。

（六）触摸屏操作，简单快捷的操作。

（七）除地边需要人工操作，采用全程自动控制的模式。

四、应用领域

（一）应用领域。目前，基于北斗卫星导航自动驾驶系统技术主要应用于全区糖料蔗生产全程机械化，为其他作物机械化应用打下基础。

（二）配套机具。该技术主要与拖拉机、自走式植保机、植保飞机、联合收获机等专门用于糖料蔗生产机械化耕种管收作业的机具配套使用。

五、装备建设

（一）平台建设。积极争取和整合各类资金，在各级农机主管部门、种植农场、农机专业合作社等发展建设一批以室内计算机办公软件为远程监控平台和 LED 大屏幕，以新型智能终端为载体，集成导航定位、自动驾驶、作业实时监测、信息采集服务的位置运营服务平台。综合采用 GIS 地理信息技术、北斗定位、WEB、APP 等多种信息技术手段，结合车载智能终端实时上传的数据，可以对平台内所有的农机车辆，进行实时的位置监控及运行工况监控，并自动保存历史作业轨迹，随时查看作业机具、亩数、作业质量（深松作业深度）、合格率、作业时长等数据，让农机业主及相关管理人员可以随时了解机械设备运行状态和作业数据。平台建设将统一规划技术体系架构，统一设计终端硬件标准，统一设计数据传输协议及数据存储模型，统一设计平台外部接口，采用适当的技术手段及管理手段，保证平台数据不被非法窃取，尽量保证平台网络不会因黑客攻击而受到影响，或将影响降至最低。平台数据在传输过程中，要对机密信息进行必要的加密处理，防止数据被非法窃听或篡改。既满足平台未来发展的需要，也充分考虑当前实际情况,做到立足当下,放眼未来。

(二)基站建设。整合各类资金建设基站,包括固定基站和移动基站建设,总体加大北斗卫星信号强度,基本做到机械作业区域信号全覆盖,信号源稳定有效。

(三)装配终端。主要加快糖料蔗生产机械化基于北斗导航自动驾驶系统技术应用,推进机械深耕深松、种植、开行、植保、收获等环节应用基于北斗导航自动驾驶系统技术,扩大高效机收蔗地作业面,进一步提高机收作业水平。

六、安装调式及达到基本功能指标

(一)农机信息化管理平台。通过安装计算机办公软件远程监控平台和 LED 大屏幕,实现农机信息、农机全生命周期、农机实时位置管理和农机综合调度指挥、历史轨迹跟踪、作业工时统计分析、基础信息管理等功能的运营服务平台。

1. 农机信息管理。建立健全广西农机、各地各级农机主管部门和单位信息基础数据库,通过人工录入、批量导入、数据接口传入等手段,对数据库进行不断地完善。农机信息管理模块对如下信息内容进行有效管理,如:农机类型、型号、车架号、最大功率、出厂日期、车主姓名、身份证号码、主要作业区域等。

2. 农机全生命周期管理。根据准确的农机基础信息,对农机的生命周期进行精细化管理。管理人员实时了解处于不同生命周期阶段的车辆信息,并根据相关政策法规做出相应的管理。

3. 农机实时位置管理。通过综合采用 GIS 地理信息技术、GPS 定位、WEB、APP 等多种信息技术手段,结合车载智能终端实时上传的数据,可以对平台内所有的农机车辆,进行实时的位置监控及运行工况监控。让农机业主及相关管理人员可以随时了解每一辆农机车辆运行状态。

4. 农机综合调度指挥。在遇农忙或抗灾时,平台管理人员可以通过平台对所辖区域所有农机车辆分布进行动态灵活调度,完成对调度指令/信息的准确下达,同时可以在 GIS 地图上实时查看监控农机车辆运行情况。各级管理人员可以根据实际情况在 GIS 地图上标记调度方案,用以完成与各子级单位之间的信息共享及交互。农机手通过手机终端接收统一调度指令/信息,并可以根据实际情况做出适当的回应。

5. 历史轨迹跟踪。系统记录每一台农机车辆运行的数据,农机业主及相关管理人员可以通过本平台随时对车辆的历史运行情况进行了解及分析。具体的包括:历史运行轨迹分析、历史运行状况分析等。

6. 作业面积统计分析。平台管理人员可以对农机的实时作业面积情况进行了解,并且作业面积信息还将作为农机业主进行结算的重要依据。本系统对农机作业面积进行统计。可以及时了解到每一次作业的面积信息,便于结算。同时,该作业面积信息还会上传至平台数据库,为后续的统计分析提供数据基础。通过平台提供的作业面积统计分析功能,可以及时了解总体的农业机械化作业情况,为后续的分析决策提供最准确的数据依据。

7. 作业工时统计分析。对于那些不适合用作业面积来进行衡量的作业，车载终端还会记录下每一次的有效作业工时，为用户提供准确的工时统计分析。

8. 基础信息管理。平台提供了多种基础信息的管理功能，具体包括：车辆信息管理、农机操作手资质管理、车载终端信息管理等。

（二）基站安装。基站首次组装要有专业技术人员负责安装和培训，管理人员要了解基站组装程序、各种操作、按键说明、指示灯类别、波特率设定、基站注册、设置主板，注意检查电台频道和波特率设置、信号相关状态等内容。一般分为固定基站和移动基站。

1. 固定基站安装。糖料蔗种植相对集中的片区建设区域固定基站，每个基站辐射信号为半径 10 公里以上，建设固定机房库，架设天线，水电供应到位，安排专人管理。

2. 移动基站安装。在偏远作业地区随机携带移动基站，用以增强北斗信号，信号覆盖半径 3 平方公里以上，信号盒和天线需架设稳定，稳定 12 伏直流电源。

（三）北斗农机自动导航驾驶安装。北斗农机自动导航驾驶系统利用高精度的卫星定位导航，由行车控制器对农机液压系统进行控制，农机可以按照设定的路线自动行驶，并在车载显示器上显示相关图形化信息。作业拖拉机根据位置传感器（GNSS 卫星导航系统等）设计好的行走路线，通过控制拖拉机的转向机构（转向阀或者方向盘），进行蔗地全程机械化作业，可用于机械化整地、起垄、开行、种植、培土、喷药、收割、宿根管理等，达到作业精准的目的。以转向阀控制为例，安装包括：

1. 显示器的安装。显示器的安装位置选取应便于驾驶员操作。

2. 天线的安装。GNSS 卫星天线的安装：在保证两天线安装位置连接线与后轴平行，两天线距离为 1.2（含）以上的前提下，选择合适的位置（可以靠近车辆后轴）。电台天线的安装：安装在车顶水平位置即可，不要离卫星天线太近。

3. 控制器（ECU）的安装。将 ECU 按照垂直于任意一个轴（90 度）的方式进行安装，先安装固定好 ECU 固定板，再进行 ECU 的安装，将两根线缆连接后再进行固定 ECU，不要将工具箱或其他物品放置在 ECU 上面。

4. 角度传感器的安装。由于安装位置以及车辆转向角度这些选项的可能性是多种多样的，安装人员的职责是确认好每一端要用到的准确长度并切割连接杆。如果没有提前核实好车辆本身转向方面的情况就安装，在轮子转动时有可能会损坏传感器部件或者车辆。

5. 液压阀的安装。要求液压阀总成安装稳固，进出油路线路对应连接，无渗漏。

七、导航的设置

安装完成后，在专业技术人员的指导下进行导航设置，依次进行导航注册、差分设置、电台设置、车辆设置、水平校准、转向校准、零曲率等操作。

八、作业的建立

校准完成后，进入作业模式，首先进行作业管理，创建新的作业。新安装车辆需先新建田块，进入新建地块界面，创建地块，然后在创建的地块里创建作业，取农具与车辆的数据，设置 A 点，手扶方向盘，保证车辆空跑到地的另一头，把车停正，点“B”图标设置 B 点，则 AB 线设置完成。

九、测试作业效果及调试

测试作业效果及调试主要就是天线偏移的校正，用导航控制车辆跑一个来回，根据始发点和导航返回到达点的距离，左右调整天线，以最终车辆挂上农具后，达到标准数据范围内为准。

十、注意事项

(一)安装天线时注意电源线与蓄电池正负级不要接反。

(二)电台设置、频道要与基站相对应。

(三)自动驾驶作业时注意地头地块中坟头、线杆、石块、沟渠等。

海南省

海南省人民政府关于印发海南自由贸易港享受个人所得税优惠政策高端紧缺人才清单管理暂行办法的通知(失效)(节选)

(琼府〔2020〕41 号)

附件：

海南自由贸易港行业紧缺人才需求目录(2020 年版)

13. 航运领域技能技术骨干和管理人才，包括港口土建项目管理员、港口及航道规划建设运营人才、航运管理人才、船舶服务人才、涉外港口业务员、涉外法务专员、港口现场指导员(调度员、中控员、计划员)、外事代表、注册验船师、船员资格人员(含船员、渔业船员)、飞行员、航空人员资格人员(空勤人员和地面人员，包括民用航空器外国驾驶员、领航员、飞行机械员、飞行通信员、航空安全员、民用航空电信人员、航行情报人员、气象人员、空乘人员等)、推进器研发人才、卫星导航开发人才、气动设计工程师、建模计算工程师、空天信息科技人员等。

海南省人民政府关于印发
海南省促进大数据发展实施方案的通知(节选)

(琼府〔2016〕111号)

三、主要任务

(一)加快大数据基础设施建设。

2. 加快推进海洋信息基础设施建设。加快铺设海南岛至西沙及其他岛屿的海底光缆,建设覆盖有居民岛屿的中继传输和固定宽带网络,发展海上移动通信,优化完善西沙、南沙移动通信基站布局,扩大西沙、南沙移动通信覆盖范围,推广"北斗卫星"海上服务和应用。(牵头单位:三沙市政府、省海洋与渔业厅;责任单位:省通信管理局、省工业和信息化厅、省发展改革委、各电信运营企业、中国铁塔海南分公司,中国有线海南分公司等广电企业)

(六)推动大数据产业发展,助力经济转型升级。

35. 推动大数据和海洋产业融合发展。加快建设中电科海洋信息产业基地项目,搭建国内领先的海洋电子创新平台,推进蓝海信息网络国家重大专项,开拓海洋信息应用系统和智慧海岛集成运营业务,发展海洋信息系列关键装备,逐步形成海南海洋互联网自主创新体系。推进海洋大数据应用,依托北斗卫星导航系统、全球定位系统地基增强系统和海上移动互联网建设,逐步开放涉海公共服务数据,推动大数据在海洋特色旅游、海上交通运输、海洋渔业、临港工业、南海油气业等海洋产业的融合应用。(牵头单位:省工业和信息化厅、省海防与口岸办、省旅游委、省交通运输厅、省海洋与渔业厅、三沙市政府;责任单位:省有关单位)

海南省人民政府关于创新重点领域投融资机制
鼓励社会投资的实施意见(节选)

(琼府〔2015〕120号)

二、鼓励和引导社会资本进入七大重点领域

(六)推进信息和民用空间基础设施投资主体多元化。

5. 鼓励民间资本参与民用空间基础设施建设。通过特许经营、投资补助、政府购买服务等多种方式,鼓励社会资本参与国家民用空间基础设施建设。鼓励社会资本投资地理信息产业,推进北斗卫星导航与位置服务产业公共平台、航空航天遥感数据与应用公共服务平台、遥感数据公众云服务平台等建设,基础地理信息实行免费或低收费政策,促进地理信息高效广泛应用。

海南省人民政府
关于进一步加强安全生产工作的意见(节选)

(琼府〔2012〕77 号)

七、构建完善安全生产保障体系

(二十五)推进安全生产科技兴安工程。积极推广应用安全性能可靠、先进适用的新技术、新工艺、新设备和新材料,促进企业提升本质安全水平。2015 年年底前,交通运输部门要建立省、市县、企业三级联网的 GPS 监管网络,对全省客运、危险品运输车辆实现视频动态监管;公安、交通运输部门要建立高速公路安全管理"一路两方"协作机制,完善高速公路监控设施,实现统一指挥调度;海洋渔业部门要建设北斗卫星导航通信系统工程,建成省和市县联网的指挥控制中心,对海上渔业作业实时监控;安全监管部门要建立全省覆盖的"两重一高"(重大事故隐患、重大危险源和高风险点)信息督导监管平台,一手抓事故预防、一手抓应急处置。建立安全生产专家队伍和专业服务机构,加快安全检测检验实验室建设,为安全生产提供智力和技术支撑。企业必须增加安全投入,加快各项安全系统和装备建设,提高生产安全防护能力。

海南省人民政府办公厅关于印发
《海南省以超常规手段打赢科技创新翻身仗
三年行动方案(2021—2023 年)》的通知(节选)

(琼府办〔2021〕24 号)

二、主要任务

(二)打赢区域创新布局攻坚战。

9. 打造航天科技创新高地。依托文昌国际航天城,统筹国内外创新资源,规划建设航天领域重大科技创新产业基地、空间科技创新战略产业基地、航天技术应用产业基地、航天科技服务产业基地。建成航天科技创新公共平台、卫星运营中心等科技创新载体,引进一批航天领域高端科研机构、高等院校落地建设科技创新平台。加快发展空间大数据、空间信息应用产业,建设通讯、导航、遥感为一体的空间大数据应用和信息服务云平台,打造空间信息产业集群,培育引进高新技术企业 30 家,营业收入达到 50 亿元,建设航天领域重大科技创新基地,打造空间科技创新战略高地。(责任单位:省委军民融合办、文昌市政府、省发展改革委、省科技厅、省自然资源和规划厅)

海南省人民政府办公厅关于加快推动休闲渔业试点促进休闲渔业健康发展的指导意见(节选)

(琼府办〔2020〕31 号)

二、休闲渔船管理

(五)休闲渔船设施设备。

休闲渔船应当配备自动识别系统(AIS)船载设备、渔业船舶船载北斗终端、渔业船用甚高频无线电装置(VHF)及其他按规定应当配备的通讯导航设备,在航行期间全程开启上述设施设备并确保正常运行。

海南省人民政府办公厅关于印发海南省加快推进物流降本增效促进实体经济发展实施方案的通知(节选)

(琼府办〔2017〕221 号)

五、加快发展智慧物流

(二十)加快推进“互联网 + 物流”。依托互联网、大数据、云计算、物联网、区块链等信息技术,大力推进北斗卫星导航系统(BDS)、地理信息系统(GIS)、电脑辅助拣货系统(CAPS)、仓库管理系统(WMS)、电子数据交换(EDI)、运输管理系统(TMS)在物流领域的推广和应用,创新基于“互联网 + 物流”新业态、新模式。

海南省人民政府办公厅关于印发海南省2017年促进大数据发展工作要点的通知(节选)

(琼府办函〔2017〕107号)

四、推动大数据应用与产业融合发展

(十五)推动大数据和海洋产业融合发展。加快中电科海洋信息产业基地建设;加快推进北斗卫星导航系统、全球定位系统地基增强系统和海上移动互联网建设,依托导航定位系统和移动互联网,推动大数据在海洋产业的融合应用。

海南省人民政府办公厅关于印发海南省互联网产业“十三五”发展规划指导意见的通知(节选)

(琼府办〔2016〕316号)

三、重点领域

(八)民用空间基础设施应用。

1.卫星导航应用。

依托北斗星通、中稷北斗行业应用和产业化等项目,加快建设海南省北斗导航应用服务主体,推动形成区域北斗导航运营服务体系。鼓励省内骨干企业与国内技术优势企业开展合作,建设北斗高精差分网、北斗导航数据中心及导航应用服务平台,促进基于卫星导航数据的价值挖掘和增值服务。在个人位置服务领域,发展城市三维导航、路径查询及优化、精准定位等各类新型服务。在车联网服务领域,发展车载导航、车辆救援、公交监控、消防调度等各类增值服务,推动形成成熟的行业应用解决方案。在船联网服务领域,发展船舶导航、渔业管理、船位监控、紧急救援等各类服务,推动天气、渔汛等增值服务的研发及应用。

四、主要任务

(四)推动应用创新和商业模式创新。

1.促进“互联网+重点行业”融合创新“互联网+海洋”。着眼南海战略,推动国家智慧海洋工程重点布局海南,加大北斗卫星导航系统、全球定位系统地基系统和海上移动互联网建设,推进蓝海信息网络国家重大专项,发展海洋信息系列关键装备。

海南省人民政府办公厅关于印发海南省突发事件应急体系建设“十三五”规划的通知（节选）

（琼府办〔2016〕307 号）

二、指导思想、建设原则和建设目标

（三）建设目标。

2. 分类目标。

（4）社会协同应对能力明显改善。公共安全与应急管理知识科普宣传受众率超过80%，专业性应急志愿者队伍快速发展，物联网、大数据、北斗导航等新技术在应急领域广泛应用，社区、村居等社会基层单位先期处置突发事件能力大大增强。

四、重点建设项目和工程

（三）海上应急处置能力建设工程。

2. 海上安全监管能力建设工程。……在西沙、中沙、南沙建立差分北斗和 GPS 综合台站以及 AIS 基站、海上遇险与安全通信基站，提高我省水上安全信息播发、遇险报警信息接收与处理，提升我省海上安全监管能力。

海南省人民政府办公厅关于印发海南省综合防灾减灾十三五规划的通知（节选）

（琼府办〔2016〕113 号）

四、重大项目

（三）海洋防灾减灾建设工程。

3. 海洋与渔业防灾减灾公共服务平台。建立集海洋观测预报、海洋灾情预警、海洋渔业安全生产指挥、渔船管理、海上执法指挥等多功能为一体的全省海洋与渔业指挥管理系统。实现风暴潮漫滩、海浪灾害精细化预警报，积极推进北斗二期工程；继续推进警戒潮位核定工作，开展海洋渔业生产安全环境保障服务系统的建设工作，实现集中显示我省全部中心渔港 72 小时的预报产品的工作目标。实施全省重点海域、滨海浴场和滨海旅游区的精细化预报升级改造工作，完成节目改版，增加发布平台，通过网络、告示牌、报纸、微信平台、手机 APP 平台等多个渠道，实现向社会公众及渔民发布海洋预警预报信息的工作目标。

海南省人民政府办公厅关于印发海南省综合防灾减灾“十二五”规划的通知(节选)

(琼府办〔2011〕200 号)

四、重大项目

(四)海洋防灾减灾建设工程。

2. 继续推进海洋渔业安全生产北斗卫星导航通信系统建设。购置一批监控平台软、硬件及北斗终端,逐步把监控终端安装在我省大中型渔船上,进一步提高我省渔船的远航和外海作业能力,促进我省渔业生产稳步、健康、可持续发展。

6. 建立海南省海上漂移数值预报系统。基于风、浪、流数值模型的运算成果,通过Linux 集群计算,对各类海上突发事件,进行漂移轨迹预报;建立事故信息输入端口,在相关部门设立基础信息录入或自动获取省海洋与渔业厅北斗星系统、通讯救助系统和港内监视数据,经过数值预报模型计算后,以图像、文字信息将结果显示出来,并通过LED 屏、电视、手机、传真等方式通知相关行政管理部门和社会公众,提高海上突发事件应急处置能力。

重庆市

重庆市人民政府关于印发重庆市制造业高质量发展“十四五”规划(2021—2025 年)的通知(节选)

(渝府发〔2021〕18 号)

三、产业发展方向

(一)建设具有全国影响力的战略性新兴产业集群。

2. 新能源及智能网联汽车。

设施体系。加快充换电基础设施布局,积极推广以智能有序慢充为主、应急快充为辅的居民区充电服务模式,加快形成适度超前、快充为主、慢充为辅的高速公路公共充电网络。结合老旧小区改造、房地产开发、城市更新、路网建设等工作，引导各方联合开展充电设施建设运营，积极探索换电、社区多车一桩、社区邻近车位共享等商业模式。科学合理推进加氢设施规划布局，有序开展高压气态、深冷气态、低温液态及固态等多种形式储运技术示范应用，积极探索油、气、氢、电综合供给服务路径。加快车联网先导区建设，开展高速公路车路协同示范，推进交通标志标识等道路基础设施数字化改造升级，促进交通信号灯、交通标志标线、通信设施、智能路侧设备、车载终端之间的智能互联，加快 V2X（车辆与车外其他设备间的无线通信）标准制定（修订）和技术升级，加快差分基站建设，推动北斗等卫星导航系统在高精度定位领域应用。

3. 高端装备。顺应装备高端化、智能化、成套化发展趋势，推动传感器、通信模组、控制系统等组件在整机中植入和有色合金、合成材料等新材料应用，进一步完善关键零部件本地配套体系，增强总承包和系统解决方案供给能力，建设国家重要的中高端数控机床、城市轨道交通车辆、新能源装备产业基地和西部领先的工业机器人、增材制造装备产业基地。

工业机器人。推动现有工业机器人企业加快现有产品优化设计、性能评估、误差修正，提升系列化、批量化设计制造能力；面向人机协同作业方向，加强冗余自由度机器人规划及控制、人机友好交互、非结构环境移动机器人导航/定位、动态不确定环境操作定位误差补偿、本体柔顺性控制、反应式行为在线重规划等关键技术研发布局，加快协作机器人产品开发。聚焦本地企业焊接、喷涂等工艺环节需求，积极引进焊接机器人、喷涂机器人、高速柔性抛光机器人等领域企业，进一步丰富工业机器人产品谱系。以机器人本体需求为牵引，积极引育伺服电机、减速器、控制系统和传感器等领域企业，进一步完善关键零部件本地配套体系。

（三）加强未来产业前瞻谋划。

1. 空天开发。发挥内燃机领域技术积累优势，持续做大通航发动机及关键零部件产业。面向全球低轨卫星移动通信与空间互联网项目建设运维需求，依托现有小型运载火箭产业基础，加强总体设计、试验验证、小型化高带宽数据传输、高精度组合导航、任务智能规划等关键技术研发，争取形成快速、廉价、可重复使用的小载荷天地往返运输系统研发制造能力。加强超高分辨率、超高精度时空基准、超高速安全通信、高性能星上处理等技术研发布局，积极引进遥感系统、通信广播系统、基于北斗的卫星导航定位系统等领域企业，探索防灾减灾、环境监测、城乡规划、资源勘探等领域卫星遥感技术应用场景，争取形成“设备 + 服务”的综合解决方案提供能力。

专栏 13　制造业技术攻关部分重点领域

二、新能源及智能网联汽车领域

新能源汽车。高能量密度高安全性电池、电池隔膜、高效电动空调、氢气循环系统、电动化底盘、制动能量回收系统等。

汽车电子。核心零部件:车载激光雷达、智能座舱、下一代电子电气架构平台、车路协同相关技术等。操作系统:多核操作系统架构设计、操作系统设计标准等。软件架构:软件架构标准、软件建模等。设计工具:编译器技术、电子电气架构设计技术、整车功能测试技术等。网联通讯:车联网技术、智能天线、定位导航、智能网联汽车人机交互技术等。

重庆市人民政府关于新形势下推动服务业高质量发展的意见(节选)

(渝府发〔2020〕10号)

三、重点任务

(八)检验检测服务。

依托国家检验检测高技术服务业集聚区建设,壮大检验检测服务业。持续建设重庆高新区金凤检验检测产业园、两江新区检验检测认证公共服务平台示范区,加快建设北斗导航产品质量检测中心,继续申报建设各类国家级检验检测中心。发展一批融合分析试验、标准研制、技术研发、培训咨询等多功能的检验检测服务机构,鼓励建设公益性检验检测机构和平台。到2025年,全市检验检测机构达750家,营业收入达70亿元。

重庆市人民政府关于印发重庆市“十三五”信息化规划的通知(节选)

(渝府发〔2017〕32号)

三、重大任务和重点工程

(四)加快完善现代信息产业生态体系。

加快发展电子制造业。坚持产业集群化发展,以结构调整为主线,以重大项目为载体,以服务保障和招商引资为抓手,以补链强链为重点,打造中西部地区最大的电子制造业基地。打造电子核心零部件产业集群,以大尺寸芯片制造和高世代液晶面板生产为突破,加强引进上游原材料配套企业,培育完善集成电路(IC)设计和封装测试、显示模组和终端,打造全流程产业体系。重点发展4G/5G移动通信终端和新一代智能网络传输与交换设备,打造通信产业集群。提升笔记本电脑、手机等智能终端产品的附加值和零部件本地化配套率，继续做大做强计算机产业集群和手机产业集群。积极发展智能家电、智能安防、智能手环、虚拟现实设备等，培育智能家居和智能穿戴产业集群。大力发展智能仪器仪表、医疗电子、汽车电子产业，壮大应用电子产业集群。

加快发展软件信息服务业。顺应新一代信息技术创新发展和变革趋势，着力开发云计算、大数据、移动互联网、物联网等新兴领域关键软件产品和解决方案，鼓励平台型企业、平台型产业发展，加快培育新业态和新模式，形成“平台、数据、应用、服务、安全”协同发展的格局。推动各行业信息系统向云平台迁移，促进基于云计算的业务模式和商业模式创新。支持大型企业开放云平台资源，推动中小企业采用云服务，打造协同共赢的云平台服务环境。面向重点行业领域，开发推广大数据产品和解决方案，促进大数据跨行业融合应用，助力重点行业转型发展。加快发展移动互联网应用软件和服务，鼓励建立分享经济平台，支持发展基于软件和移动互联网的移动化、社交化、个性化信息服务，积极培育新型网络经济模式。加强物联网运行支撑软件平台、应用开发环境等研发应用，进一步深化物联网软件技术在智能制造、智慧农业、交通运输等领域的融合应用。加快发展车联网、北斗导航等新型应用，支持智能网联汽车、北斗导航软件技术及应用平台发展。

推动产业技术创新。布局前沿技术研究和发展，加快研究开发应用5G、光电子、量子通信、下一代集成电路、柔性显示、智能传感、电子专用材料及设备等关键核心技术。以大数据可视化、虚拟化云服务、区块链、人工智能、量子通信、机器学习、语义识别等前沿领域为重点，引进和培育一批创新型、成长型企业，抢占产业发展制高点。加强信息技术服务创新，形成面向新型系统架构及应用场景的工程化、平台化、网络化信息技术服务能力，发展微服务、智能服务、开发运营一体化等新型服务模式，提升信息技术服务层级。加强产业创新机制和载体建设，瞄准信息产业关键环节和重点领域，引进、建设智能网联汽车等国家级、市级制造业创新中心。引导和支持产学研用深度融合，推动龙头企业和科研机构成立开源技术研发团队，支持科技型中小企业发展，构建产学研用协同创新集群。充分发挥本地龙头企业带动作用，组建功率半导体、汽车电子、医疗电子等产业技术创新联盟，鼓励企业积极参与、优化创新资源配置，打造全产业链协同创新机制。鼓励企业加大研发创新投入力度，建立研发准备金制度，积极开展科技创新活动，推进创新成果商品化、产业化。

专栏6　信息产业提升工程

物联网产业。发展新型敏感材料、MEMS 传感器、测量和数据处理、信息传输、多源信息处理等关键技术，拓展射频识别、通信传输、多媒体采集、导航定位、运营服务等技术和服务应用；发展开源开放开发平台。

重庆市人民政府办公厅关于印发重庆市防震减灾“十四五”规划(2021—2025年)的通知(节选)

(渝府办发〔2021〕62号)

一、现状与形势

(二)“十四五”时期面临的形势。

科技创新和开放合作注入新动力。云计算、大数据、5G、人工智能等现代信息技术,深井、卫星等地震监测技术,基于物理基础的地震预测模型、成灾机理的数值模拟方法,地震情景感知、地震预警、余震预测等创新产品,为大力推进防震减灾事业现代化建设注入新动力。

三、主要任务

(五)增强地震科技支撑。

强化科技攻关。围绕我市经济社会发展规划布局和地震风险区、防震减灾业务发展需求,重点开展地震活动区应力状态与介质性质时空变化过程的监测与研究,开展地震精准定位、非天然地震事件识别等研究,采用数字地震学方法研究震源物理特征,探讨诱发地震的灾害特点和危险性,形成具有我市地域特色的地震科研优势领域。

重庆市人民政府办公厅关于印发重庆市建设国家新一代人工智能创新发展试验区实施方案的通知(节选)

(渝府办发〔2020〕78号)

四、重点任务

(四)实施人工智能融合应用行动,提升城乡智能化水平。

5. 智慧交通。加强交通信息化设施设备建设,高度集成融合全时空、全要素交通数据,依托大数据、云计算平台,深度应用机器学习、计算机视觉、人脸识别、智能信息检索、智能控制等人工智能前沿科技,构建山地城市“交通大脑”,为山地立体城市的交通规划、设计、建设、管理、出行等提供服务。推动现代综合交通运输装备和系统的北斗导航及定位、4G/5G、IPv6、物联网等技术集成应用。(牵头单位:市公安局;配合单位:市科技局、市交通局)

重庆市人民政府办公厅
关于加快汽车产业转型升级的指导意见(节选)

(渝府办发〔2018〕183号)

二、主要任务

(三)加强公共平台建设。

2. 建设汽车数据平台。

建立和完善专利数据中心,拓展研发导航功能,促进已有资源整合,实现创新知识和工程数据共享。支持企业建立数据平台,提升企业大数据智能化应用水平。进一步完善共享出行公共服务APP,强化出行数据的分析和运用。

重庆市人民政府办公厅关于印发
重庆市集成电路技术创新实施方案
(2018—2022年)的通知(节选)

(渝府办发〔2018〕136号)

二、发展目标和方向

(二)重点方向。

2. 物联网领域:北斗/全球定位系统(GPS)卫星导航SoC芯片、射频标签芯片、窄带物联网(NB-IoT)芯片、短距离传输芯片、WIFI/蓝牙SoC芯片、物联网存储芯片等。

3. 汽车电子领域:车规级微处理器及SoC芯片、辅助/无人驾驶高精度卫星定位芯片、车联网芯片、车用传感器芯片、功率集成电路、新能源汽车电池管理芯片、车规级存储芯片等。

重庆市人民政府办公厅关于印发重庆市突发事件应急体系建设“十三五”规划的通知(节选)

(渝府办发〔2017〕45号)

第二章　指导思想、基本原则和建设目标

三、建设目标

(二)分类目标。

4. 社会协同应对能力明显改善。专业性应急志愿者队伍快速发展。应急产业产值较快增长,物联网、大数据、北斗导航等新技术在应急领域广泛应用。

重庆市人民政府办公厅关于印发重庆市测绘地理信息发展“十三五”规划的通知(节选)

(渝府办发〔2016〕114号)

四、主要任务

(一)推进基础测绘保障建设。

1. 完善现代测绘基础设施。

(1)进一步完善现代测绘基准框架基础设施。建成基于北斗卫星系统、覆盖全市域的连续运行基准站网,推动全市连续运行基准站网整合,实现全市“一张网”管理,加强与周边地区卫星定位连续运行基准站网资源共享合作。推动北斗、GPS(全球定位系统)、GLONASS(格洛纳斯)等多种定位技术的融合应用。进一步完善高程基准建设,建立重点区域1厘米级似大地水准面精化模型。

3. 推进智慧城市建设。

(3)城市智能感知及大数据分析云平台建设。依托北斗卫星导航定位系统,推进地下管网、市政桥梁、隧道及大型场馆等城市基础设施生命周期安全监测的智能感知设施及相关配套设施建设,推动城市基础设施智能感知大数据平台建设。

专栏1　基础测绘保障建设重点任务

基准体系及全市2000基准“一张网”建设:建成基于北斗,覆盖全市域的连续运行基准站网,开展北斗、GPS、GLONASS等多种定位技术的融合应用;推动全市连续运行

基准站网整合,实现全市“一张网”管理;开展与周边地区连续运行基准站网资源共享合作;完成基本比例尺地形图、历史遥感影像等测绘成果2000国家大地坐标系转换;建立重点区域1厘米级似大地水准面精化模型。

(四)促进地理信息产业发展。

2. 推动地理文化创意基地建设。重点围绕地图创意、地理设计、测绘装备、文化科普、众创空间等方向,努力打造中国“地理文化创意基地”。

(3)测绘装备。借助“互联网+”和《中国制造2025》发展东风,培育一批具有自主知识产权的测绘地理信息装备研制企业,鼓励高新装备研制,支持高端装备引进再创新,促进装备示范应用。推动本土现代装备制造企业与测绘地理信息产业的跨界融合,形成以北斗芯片和终端、无人机及航摄装备(如倾斜摄影仪、高光谱、机载激光雷达、轻小型合成孔径雷达等传感器)、航测遥感数据处理系统、移动测量系统、现代工程测量与监控系统等现代测绘地理信息技术装备研发制造为支撑的重庆测绘地理信息装备产业。

专栏4　地理信息产业发展重点任务

测绘地理信息产业发展建设:积极引导相关投资基金投入,支持测绘地理信息发展。

地理文化创意基地建设:扶持一批地图创意企业、工作室,开发一批新型创意地图产品,打造一批国内知名地图创意品牌;推动地理设计创新研发平台建设,延展地理信息产业链,推动地理设计在城乡规划、工程建设、生态文明等方面的服务示范应用;培育一批具有自主知识产权的测绘地理信息装备研制企业,推动北斗、无人机等企业跨界融合;开展测绘文化科普主题园建设,促进测绘地理信息文化产业化;搭建测绘地理信息众创园,培育一批测绘地理信息创新企业,创造一批就业岗位。

附件1

重庆市测绘地理信息发展“十三五”规划重点项目表

序号:1

项目名称:推进基础测绘保障建设

基准体系及全市2000基准“一张网”建设

主要建设内容:建成基于北斗,覆盖全市域的连续运行基准站网,开展北斗、GPS、GLONASS等多种定位技术的融合应用;推动全市连续运行基准站网整合,实现全市“一张网”管理;开展与周边地区连续运行基准站网资源共享合作;完成基本比例尺地形图、历史遥感影像等测绘成果2000国家大地坐标系转换;建立重点区域1厘米级似大地水准面精化模型。

建设年限(年):2016 — 2020

项目总投资(万元):8000

序号:14

项目名称:促进地理信息产业发展

地理文化创意基地建设

主要建设内容:扶持一批地图创意企业、工作室,开发一批新型创意地图产品,打造一批国内知名地图创意品牌;推动地理设计创新研发平台建设,延展地理信息产业链,推动地理设计在城乡规划、工程建设、生态文明等方面的服务示范应用;培育一批具有自主知识产权的测绘地理信息装备研制企业,推动北斗、无人机等企业跨界融合;开展测绘文化科普主题园建,促进测绘地理信息文化产业化;搭建测绘地理信息众创园,培育一批测绘地理信息创新企业,创造一批就业岗位。

建设年限(年):2016 — 2020

项目总投资(万元):105000

重庆市人民政府办公厅关于印发重庆市深入推进智慧城市建设总体方案(2015—2020 年)的通知(节选)

(渝府办发〔2015〕135 号)

四、智慧城市社会管理

专栏 2　智慧城市社会管理重点

十三、城乡建设管理。建立城乡建设领域工程项目、行业企业和从业人员综合信息平台,以及建筑工程质量安全与诚信信息管理工作平台。加大建筑信息模型(BIM)技术、北斗卫星技术、物联网技术等在城乡建设领域中的应用,大力推进传统建造模式向建筑产业现代化转变,推广智慧建筑、智慧小区、绿色建筑等,提高城乡建设综合管理水平和效率,提升建筑品质,改善居住环境。(市城乡建委)

六、智慧城市新兴产业发展

顺应"互联网 +"和"中国制造 2025"的发展趋势,全面推进信息化与工业化深度融合,加快发展工业互联网、现代农业装备制造、智能物流、大数据、物联网、北斗导航等新兴产业,突出市场主体、政产学研用相结合,着力突破一批关键核心技术、研发一批高端智能产品、培育一批知名自主品牌、打造一批领军龙头企业,不断提升产业核心竞争力,推动新兴产业集群发展。

专栏4　智慧城市新兴产业发展重点

六、北斗导航产业发展。大力促进北斗芯片、终端的研发和产业化，构建形成基础产品（包括导航天线、终端芯片、板卡、导航地图等）、导航终端产品和运营服务等北斗导航三大产业链条体系。加快北斗卫星导航系统推广应用，大力推进北斗导航服务模式和产品创新，推动LBS（位置信息服务）市场加速拓展。（市发展改革委牵头，市规划局、市经济信息委配合）

重庆市人民政府办公厅转发市经济信息委关于加快重庆市智能电网装备产业发展实施意见的通知（节选）

（渝办发〔2011〕196号）

二、发展重点

智能电网装备包括发电装备、特高压输变电装备、配网装备、用电装备、调度及监控系统等。结合我市电力装备产业现状，确定“10＋3”发展模式，即重点发展抽水储能发电设备、大容量化学储能设备、新型电力电缆、电力铁塔及相关输电设施、变压器、成套开关设备、智能用电终端设备、自动化控制系统及设备、智能仪表及电子芯片、智能电网装备试验检测设备等10个产业集群，构建以重庆机电集团（含重庆ABB变压器有限公司）、国家电网公司及其他国家级科研院所、在渝企业（重庆亚东亚变压器有限公司、重庆渝能泰山电线电缆有限公司等）为骨干的高压输变电，以中国四联集团为骨干的智能仪器仪表，以重庆新世纪电气有限公司、重庆北斗导航应用技术股份有限公司、重庆华洋电器有限公司等民营企业为骨干的成套开关及自动控制系统等三大发展板块，形成特色鲜明、配套完善的智能电网装备产业体系。

（九）智能仪表及电子芯片。

充分发挥我市仪器仪表生产研发优势，支持企业重点发展高级智能电表、采集器、集中器、传感器、智能变送器、射频识别系统（RFID）等智能仪器仪表以及电力负荷管理终端系统；结合物联网技术发展趋势，大力引进发展嵌入式芯片等控制系统关键零部件。

重庆市经济和信息化委员会关于印发重庆市无线电干扰投诉和查处工作暂行办法的通知(节选)

(渝经信规范〔2021〕4号)

第六条 要求干扰保护的频率或台站应具备无线电管理机构颁发的在有效期内的频率使用许可或无线电台执照。

射电天文、气象雷达站、卫星测控(导航)站、机场等需要电磁环境特殊保护的,投诉人还应提交在工程选址前征求并采纳无线电管理机构意见的电磁兼容分析和论证报告。

第九条 接到干扰投诉后,市无线电管理机构应当及时进行审查,主要审查以下内容:

(一)是否属于无线电管理机构职权范围;

(二)投诉人提交的《无线电干扰投诉单》相关内容;

(三)投诉人提交的频率许可或无线电台执照的真实、有效性;

(四)射电天文、气象雷达站、卫星测控(导航)站、机场等需要电磁环境特殊保护的,需审查工程选址前是否征求并采纳无线电管理机构意见;

(五)其他法律法规规定的情况。

符合受理要求的,应按流程下达无线电干扰排查任务;不符合投诉受理要求的,应告知投诉人具体原因;投诉资料不全的,应一次性告知投诉人予以补全。

重庆市交通局关于切实做好道路运输车辆动态监控平台备案与管理工作通知(节选)

(渝交规〔2021〕10号)

各区县(自治县)交通局,万盛经开区交通局,两江新区、高新区城市管理局,市道路运输事务中心、有关道路运输企业、监控平台服务商:

经2021年局长办公会第4次会议审议通过,为切实做好我市道路运输车辆动态监控平台(以下简称监控平台)备案工作,依据《道路运输车辆动态监督管理办法》(交通运输部令2016年第55号)、《交通运输部办公厅关于贯彻落实习近平总书记重要指示批示精神切实加强道路运输安全监管工作的通知》(交办运〔2019〕101号)等精神,现将有关事项通知如下：

二、备案条件

监控平台备案须符合以下条件：

（一）备案申请人应是在市场监管部门注册登记的企业法人或分支机构。

（二）备案企业具有履行车辆动态监控的服务能力。一是对部署的监控平台软件具有开发、维护和升级的能力。二是取得通信运营商增值业务许可证，其经营服务范围必须在重庆市内合法有效。三是具有自主管理或托管的服务器，必须具备各自独立的应用服务器、数据服务器、接入服务器、存储以及相应网络设备、安全设备，平台达到信息系统安全等级保护三级要求。四是具有卫星定位装置售后服务能力。五是监控平台符合《道路运输车辆定位系统平台技术要求》《道路运输车辆卫星定位系统平台数据交换》等相关标准。

重庆市规划和自然资源局关于印发《重庆市测绘资质管理办法》的通知（节选）

（渝规资规范〔2021〕5 号）

第五条　测绘资质分为甲、乙两个等级。测绘资质的专业类别分为大地测量、测绘航空摄影、摄影测量与遥感、工程测量、海洋测绘、界线与不动产测绘、地理信息系统工程、地图编制、导航电子地图制作、互联网地图服务。

第六条　导航电子地图制作甲级测绘资质由自然资源部受理和审批。除导航电子地图制作甲级测绘资质外，市规划自然资源主管部门负责中心城区甲、乙级测绘资质申请受理和全市甲、乙级测绘资质审批；中心城区外各区县（自治县）规划自然资源主管部门负责本行政区域内甲、乙级测绘资质申请受理并提出初审意见，报市规划自然资源主管部门审批。

第二十二条　测绘单位应当实时在全国测绘资质管理信息系统中更新测绘项目清单，作为测绘单位申请变更的测绘业绩来源。

市规划自然资源主管部门对定期报送测绘项目清单的测绘单位提供卫星导航定位基准服务系统接入、测绘项目质检和测绘成果服务。

四川省

四川省国民经济和社会发展第十四个五年规划和二〇三五年远景目标纲要(节选)

(2021年2月2日四川省第十三届人民代表大会第四次会议批准)

第三篇　突出创新引领,建设具有全国影响力的科技创新中心

第八章　优化创新能力布局

第三节　推动中国(绵阳)科技城突破性发展

坚持服务国家战略与经济社会发展紧密结合,聚焦创新驱动与融合发展,建设绵阳科技创新先行示范区。争取国家支持国防科研院所企业化改制、军工企业混合所有制改革、军工投资和资产管理改革。加快重点领域关键核心技术突破,建设国家国防科研生产的重要基地和成渝地区双城经济圈的创新高地。加快协同创新示范平台和高水平新型研发机构建设,推动技术转化应用和工业领域标准通用化,培育一批融合发展示范单位。实施高技术产业集聚发展工程,提升卫星导航、信息安全、智能装备等重点产业创新能力。制定绵阳科技城条例。

第十章　提高创新链整体效能

第三节　促进科技成果转化

加快建设成德绵国家科技成果转移转化示范区,大力引进和培育技术转移示范机构和示范企业。设立四川院士科技创新股权投资引导基金,推动“两院”院士和中央科研单位科技成果在川转移转化,开展中试放大、技术熟化、工程化配套和产业化示范。加速科技成果大规模应用和迭代升级,培育具有核心竞争力的高新技术产业集群。依托国家技术转移西南中心,建设成渝地区一体化技术交易市场。培育壮大技术经纪人队伍,建立完善对成果转化人的激励机制。依托川藏铁路等重大项目、重大工程,带动科技成果转化和关联产业发展。加快推动高分、北斗卫星技术成果在防灾救灾、应急管理等领域转化应用。

第九篇　强化支撑保障，构筑现代基础设施体系

第三十四章　着力推进新型数字基础设施建设

第四节　促进传统基础设施数字化升级

专栏 16　数字基础设施重大工程

新型卫星互联网。加快建设“星河”智能卫星互联网、西部北斗产业园等重大项目，建设人工智能卫星总装工厂、地基 AI 卫星运控网、卫星网络应用服务平台等，拓展“卫星 + 智慧城市”“卫星 + 安全服务”、北斗位置服务等创新应用。

四川省人民政府关于印发进一步扩大和升级信息消费持续释放内需潜力实施方案的通知（节选）

（川府发〔2018〕32 号）

三、重点任务

（二）推进信息消费产品创新发展。

拓展电子产品应用。加快智能硬件在旅游、健康养老、交通、工业生产等行业领域的应用推广，扩大信息终端消费。加快中德合作智能网联汽车、车联网标准及测试验证试点示范试验基地等项目实施，争创智能网联汽车示范区与智能交通示范区。推进四川省北斗综合应用示范工程，加速北斗应用终端推广普及。深入实施四川省高分辨率对地观测系统数据应用综合示范工程，逐步实现高分卫星观测数据在公共服务领域的普及和商用。持续推进农业物联网示范基地建设，推动农业智能设备应用，提高农业现代化水平。（省经济和信息化委、省发展改革委、科技厅、农业厅、交通运输厅、省卫生计生委、省国防科工办）

四川省人民政府关于加快电子商务产业发展的实施意见（节选）

（川府发〔2016〕4 号）

三、保障措施

（十五）加快基础设施建设。加快宽带基础设施建设，加快下一代广播电视网建

设，推进网络提速降费。到2017年底，4G网络覆盖范围进一步扩大，基本实现全省宽带无线网络全覆盖。加快云计算、大数据等现代信息技术在商务环节的应用推广。支持发展面向企业和创业者的平台开发、网店建设、代运营等第三方服务，为线上线下互动创新发展提供专业化的支撑保障。推进电子商务与物流快递协同发展。推动城市配送车辆的标准化、专业化发展，按照城市配送需求，科学规划和建设城市物流配送体系，制定配送车辆运行管理办法，保障配送车辆便利通行。争创"国家快递服务农村电子商务典型示范"。加快推进智能快递箱（柜）、快递网点进社区、进学校、进办公楼、进乡村，完善物流末端配送网络。推进四川保税物流中心项目建设，积极争取专项口岸政策。推进智慧物流平台建设，运用北斗卫星定位、大数据、物联网等技术，建设全省物流大数据中心，构建智能化的物流通道、仓储体系和配送系统，提供精准、可控、高效、集约的物流服务。优先保障国家、省电子商务重点项目用地，鼓励盘活闲置厂房、物流仓库等为电子商务创业者提供低成本办公场所。鼓励工业企业改造现有厂房兴办电子商务集聚区（基地），可暂不办理土地用途变更手续，不增收土地出让价款。新建省、市电子商务集聚区（基地）优先列入建设规划、优先纳入省、市重点项目管理、优先予以用地保障。在不改变用地主体、规划条件的前提下，各类市场主体利用存量房产、土地资源发展线上线下互动业务的，可在5年内保持土地原用途、权利类型不变，5年期满后确需办理变更手续的，按有关规定办理。〔省发展改革委、省经济和信息化委、省通信管理局、商务厅、财政厅、省邮政管理局、省政府口岸物流办、公安厅、交通运输厅、教育厅、住房城乡建设厅、省供销社、成都海关、四川出入境检验检疫局、国土资源厅，各市（州）、县（市、区）人民政府〕

四川省人民政府关于创新重点领域投融资机制鼓励社会投资的实施意见（节选）

（川府发〔2015〕41号）

六、推进信息和民用空间基础设施投资主体多元化

（二十一）吸引民间资本加大信息基础设施投资力度。将通信基础设施建设作为城乡基础设施建设、产业园区建设的重要组成部分，加强通信基础设施建设规划、城乡规划、产业园区规划间的衔接。在通信基础设施建设的规划选址、用地指标等方面给予优先安排和倾斜支持。进一步加大我省"宽带中国"战略实施力度，加快推进4G网络建设，进一步扩大通信基础设施建设投资空间，鼓励和支持民间资本进入通信基础设施建设、维护等领域。鼓励和支持民间资本进入地理信息增值服务、北斗导航与位

置服务等领域,开展“互联网+地理信息+”相关研究和应用推广。(省发展改革委、省通信管理局、省经济和信息化委、省测绘地理信息局、住房城乡建设厅、国土资源厅等负责)

(二十二)鼓励民间资本参与国家民用空间基础设施建设。统筹全省高分辨率遥感卫星数据管理,完善民用遥感卫星数据政策,加强高分辨率对地观测系统四川数据与应用中心建设。加强政府采购服务,鼓励民间资本研制、发射和运营商业遥感卫星;鼓励民间资本开展遥感卫星数据应用研究,进入遥感卫星数据服务领域。引导民间资本参与卫星导航地面应用系统建设。(省国防科工办、省经济和信息化委、国土资源厅、农业厅、林业厅、水利厅、环境保护厅、民政厅、交通运输厅、住房城乡建设厅、省统计局、省安全监管局、省旅游局、省气象局、省测绘地理信息局、四川航天管理局等负责)

四川省人民政府印发
关于促进信息消费扩大内需的实施方案的通知(节选)

(川府发〔2013〕61号)

三、增强信息产品供给能力

(二)增强电子基础产业创新和应用能力。加速显示器件、集成电路等核心产品的研发并实现产业化。加快推动高世代平板显示器件项目建设。支持成都、绵阳、乐山等地大力发展智能传感器及系统核心技术的研发和产业化。支持遂宁、内江等地电子产业配套基地建设。推进“四川省北斗卫星导航综合应用示范工程项目”建设,在自然灾害预警与救助、公共安全综合应用、城乡建设、智慧景区管理、林火预警应急与野生动物监护等领域开展应用。(责任单位:省经济和信息化委、省发展改革委、财政厅、住房城乡建设厅、省国防科工办、公安厅、国土资源厅、林业厅、省旅游局等)

# 四川省人民政府办公厅关于印发
2018年绵阳科技城建设重点工作安排的通知(节选)

(川办函〔2018〕44号)

三、重点工作

(五)大力发展高端产业。

15. 加快产业融合发展。重点推进制造业与服务业融合发展,数字经济和实体经济融合发展,推进360企业安全集团全国安全服务运营总部、网络空间安全军民融合创新中心绵阳分中心建设。加快发展北斗卫星导航、信息安全、物联网等新兴产业。培育共享经济、数字经济、现代供应链等新模式,大力发展网络购物、移动支付等新业态。加快建设国家电商示范城市,确保电商交易额突破2800亿元。确保服务业增加值增长9%、力争增长10%。(责任单位:绵阳市,省发展改革委、省经济和信息化委、科技厅、商务厅、省国防科工办、省投资促进局等)

四川省人民政府办公厅
关于加快应急产业发展的实施意见(节选)

(川办发〔2016〕55号)

二、重点领域

(六)催生应急服务新业态,提高突发事件防范处置的社会化服务水平。在事前预防方面,开展风险评估、应急预案编制、隐患排查、消防安全、安防工程、应急管理市场咨询等应急服务;在社会化救援方面,发展紧急医疗救援、交通救援、应急物流、工程抢险、安全生产、航空救援、网络与信息安全等应急服务;在其他应急服务方面,发展灾害损失评估、灾害保险、北斗导航应急服务、高分辨率对地观测系统等。

附件

四川省重点发展应急产品和服务指导目录

3.1.3　应急指挥调度系统:基于北斗指挥调度平台,无线应急多媒体指挥决策系统,应急指挥多源遥感影像应用服务平台等。

4.3.2　北斗导航应急服务。

车辆北斗定位监控系统。

高分辨率对地观测系统。

四川省人民政府办公厅关于进一步加强林业有害生物防治工作的实施意见（节选）

（川办发〔2015〕43号）

二、主要任务

（五）提高应急防治能力。结合防治工作实际，进一步完善重大、突发性林业有害生物灾害应急预案，加快建立科学高效的应急工作机制，制订严密规范的应急防治流程。充分利用物联网、卫星导航定位等信息化手段，建设应急防治指挥系统。组建专群结合的应急防治队伍，每年定期组织开展防治技能培训和应急演练，提高应急响应和处置能力。加强应急防治设备和药剂储备。

四川省人民政府办公厅关于促进地理信息产业发展的实施意见（节选）

（川办发〔2014〕38号）

二、发展重点

（二）大力发展北斗卫星导航定位与位置服务。完善现代测绘基准基础设施，推进北斗卫星导航的社会化应用，以国家统一多模连续运行基准网站为基础，建成我省卫星导航与位置服务基础平台，提升卫星定位系统综合服务能力。大力开发基于北斗卫星导航定位及位置服务的软件平台和网络地图等相关产品，增强位置服务能力。推动北斗导航定位及位置服务与通信网、互联网、物联网融合发展，促进北斗导航与位置服务在智慧旅游、智能交通、物流监控、电子商务等涉及民生领域的广泛应用，培育地理信息消费市场。

（四）积极推动地理信息技术装备制造业发展。加强产、学、研、用结合，引进和培育一批地理信息技术装备制造企业，加强地理信息技术装备研发。重点发展航摄低空飞行器、航摄相机、高性能传感器、北斗卫星接收机、雷达系统、导航仪、自动监测仪器等技术装备，形成一批具有自主知识产权的先进技术装备。

三、夯实产业发展基础

（九）推进地理信息技术创新。加大对地理信息技术创新的政策引导，全面提升企业自主创新能力，构建以企业为主体、市场为导向、产学研用相结合的协同创新体系，着力发展具有自主知识产权的地理信息技术。组织实施产业重点领域创新发展工程，开展关键共性技术攻关。建立以企业为主体的地理信息产业技术创新联盟和产业技术研究院，大力研发地理信息软件平台和系统集成产品。支持和引导企业、高等院校、科研机构共建防灾减灾、国情监测、导航定位、应急保障、现代农村地理信息服务等重点实验室、工程技术中心、技术研发中心等科技创新平台。加快科技创新成果孵化、转化和产业化，提升产业核心竞争力。

四川省人民政府办公厅关于印发四川省2014年度促进信息消费扩大内需重点任务分工及计划的通知（节选）

（川办函〔2014〕65号）

三、培育信息消费需求

（三）推进“四川省北斗卫星导航综合应用示范工程项目”建设，发挥我省北斗技术的优势，壮大产业规模。2014年重点在自然灾害预警与救助、公共安全综合应用、城乡建设、智慧景区管理、林火预警应急与野生动物监护等领域开展应用。（省经济和信息化委、省发展改革委、财政厅、住房城乡建设厅、交通运输厅、省国防科工办、公安厅、国土资源厅、林业厅、省旅游局等部门）

四川省经济和信息化厅、四川省发展和改革委员会、四川省科学技术厅等关于推进智能网联汽车产业发展的通知（节选）

（川经信汽车〔2020〕91号）

二、建设基础设施

（四）构建智能道路基础设施。促进网络通信技术、人工智能技术与道路交通基础设施的深度融合，为车联网、自动驾驶等新技术应用提供必要条件。面向典型场景和热点区域部署边缘计算能力，构建低时延、大带宽、高算力的车路协同环境。支持北斗卫星导航系统和差分基站等设施建设，提升车用高精度时空服务的规模化应用水平，满足车辆的高精度定位导航需求。在部分高速公路和部分城市主要道路，支持构建集感知、通信、计算等能力为一体的智能基础设施环境。

四川省经济和信息化委员会办公室关于印发《战略性新兴产业(产品)发展指导目录(2016年)》的通知(节选)

(川经信办新兴〔2016〕110号)

一、新一代信息技术产业

1. 宽带通信与泛在网设备

卫星地面接收机、甚小型天线地球站(VSAT)、卫星地面站终端机、微波收发通信机、微波终端机、电力线载波机等通信传输设备,无源光网络(PON)设备、有源光网络(AON)设备等通信接入设备,基于4G、5G演进技术的新一代移动通信网络设备,基于IPv6以及过渡的下一代互联网关键设备,4G及以上移动通信终端(包括智能手机、智能穿戴设备等),下一代广播电视网(NGB)设备,光通信设备,智能信息处理设备,泛在网络设备,大尺寸、高性能、触摸型一体式新型计算机,手持平板电脑,高可靠、低功耗的高端服务器,北斗卫星导航授时设备、北斗卫星导航终端等。

高性能多业务承载网技术,宽带无线、4G、5G移动通信技术,量子通信技术,业务控制与媒体处理技术,宽带多媒体网络技术,光通信技术,家庭网络技术,智能终端技术,智能穿戴技术,智能信息处理和泛在网络技术,数字内容与应用开发技术,基于三网融合的关键技术,嵌入式系统技术,超高速、超小型、并行处理、人性化、智能化技术,北斗卫星导航应用技术等。

5. 集成电路设计制造

通用的、新结构的中央处理芯片(CPU),图像处理芯片(GPU),数字信号处理芯片(DSP),数/模、模/数转换器,存储芯片(RAM),可编程芯片,感光芯片(CCD/CMOS)、北斗卫星导航芯片、微型系统级芯片(SoC)产品,应用于计算机、网络和通信、数字音视频的关键IP核产品,电子标签芯片,信息安全芯片及系统芯片,非接触式IC卡芯片,通信、视频消费电子、智能家电、信息安全等领域应用的芯片。

三、高端装备制造产业

1. 航空装备

国产大飞机、支线客机、通用飞机等民用飞机整机及关键部套件,自主开发的民用航空发动机系统及部附件,自主开发的航管应答、通讯、导航、监控、空管等关键航空电子信息技术装备等。

2. 航天与卫星应用装备

大型航天器、空间飞行器关键部套件，航天电子设备，光机电一体化设备，北斗卫星通讯、导航应用设备等。

四川省测绘地理信息局办公室关于印发 2014 年四川省测绘地理信息工作要点的通知(节选)

(川测办〔2014〕9 号)

五、围绕实施创新驱动发展战略，推进北斗卫星导航与位置服务应用

(十八)推进北斗卫星推广应用。贯彻落实国家卫星导航产业发展规划，充分发挥自身优势和产业发展联盟作用，积极推进北斗卫星导航与位置服务应用示范和产业化发展，重点抓好旅游应用示范、地质灾害应用示范。

(二十一)打造优势品牌和核心竞争力。提升新型多源遥感影像获取与数据处理、灾害应对与应急测绘、卫星导航与位置服务、地理信息动态更新与地理国情监测四大能力，夯实技术支撑，打造各具特色的优势品牌，形成核心竞争力。

贵州省

贵州省国民经济和社会发展第十四个五年规划和二〇三五年远景目标纲要(节选)

(2021 年 1 月 29 日省十三届人大第四次会议通过)

第三篇 大力推进新型工业化，构建高质量发展工业产业体系

第七章 加快发展先进装备制造和大数据电子信息产业

深入落实制造强国战略，强化技术创新，夯实产业基础能力，提升产业链供应链现代化水平，增强市场竞争力，打造高端装备制造基地。

第一节 发展壮大航空航天装备制造业

加大核心技术研发力度，推动产品技术升级换代，推进航空航天装备制造业高端

化、智能化、集群化发展。大力发展教练机、无人机、通用飞机、航空发动机等整机产品及核心零部件，加快发展精密铸锻件、航空电机等基础件。大力发展精密微特电机、高端齿轮及精密传动系统、精密传感器及测控装备等航天配件制造。积极参与载人航天、探月工程、火星探测、北斗卫星等国家重大工程和重大科技专项任务配套，扩大配套规模和层级。深度参与商业航天地面发射装备、核心系统研发与制造。推进安顺民用航空国家高技术产业基地建设。到2025年，航空航天产业产值达到630亿元。

第六篇　大力推进新型工业化，构建高质量发展现代化服务业体系

第二十二章　加快发展现代物流业

第二节　着力提升物流信息化、标准化水平

加快推进物流大数据“聚通用”，加强北斗导航、物联网、云计算、大数据等先进信息技术在物流领域的应用。进一步推进交通运输物流公共信息平台发展，整合铁路、公路、水路、民航、邮政、海关、检验检疫等信息资源，实现区域间和行业内信息共享，鼓励物流重点企业与政府公共信息平台实现物流公共数据互联互通。制订一批适用性强的地方物流标准，促进物流企业和物流园区标准化运行，开展城乡高效配送、城市物流标准化试点。到2025年，物流企业信息化率达到95%以上，全社会标准化物流载具使用率达到30%以上。

第七篇　坚持创新驱动发展，高质量建设国家大数据综合试验区

第二十七章　大力推动数字产业化

第一节　大力培育大数据产业生态

加快“享链”推广应用，打造贵阳贵安区块链产业核心区。以三大运营商、磷化集团、振华集团等企业为重点，深入推进5G与工业互联网、全域旅游等行业深度融合应用，培育发展“5G+”智能产业。加快推进华为鲲鹏产业生态建设，推动本地有实力的企业融入华为鲲鹏战略及全省信创体系。积极推动平台经济、共享经济创新发展，打造省级平台经济创新发展示范区，建设直播电商产业基地。推进物联网在智慧城市、智慧家居、智能制造、智慧农业等领域的融合应用和北斗卫星大数据创新应用，加快中国（遵义）特色物联网产业基地建设。推进人工智能大数据云服务平台、人工智能高端语音云呼叫产业园、人脸识别系统等项目建设。加强大数据网络安全，推进贵阳大数据及网络安全示范试点城市建设，加快建设国家大数据安全综合靶场和工业信息安全创新中心。

第十篇　加大现代化基础设施建设力度，增强高质量发展支撑能力

第四十六章　加快推进新型基础设施网建设

加快第五代移动通信、大数据中心、工业互联网、物联网、人工智能、区块链、北斗等新型基础设施建设，推动创新能级迈向国内一流水平。

第四节　加快创新技术服务平台建设

加快人工智能技术研发创新平台、智能语音开放创新平台、自动驾驶和智能机器人研发平台等建设，推进深度学习框架、智能芯片产品研发和应用，建设人工智能实验室。加快部署区块链设施，打造以“享链”技术为核心的城市级自主可控主权区块链平台，推动在“云上贵州”平台部署标准化、模块化的区块链底层基础服务。加强北斗卫星大数据基础设施建设，建成高精度区域基准站网，推进建设新型基础测绘体系。加快国家北斗导航位置服务数据中心贵州分中心建设，全面提升北斗应用服务能力。加快数字基础设施核心技术和应用技术协同攻关平台建设，推进 5G 增强技术、6G 技术研发和 5G 极简链接、超大宽带、超低时延等关键技术验证。

贵州省人民政府关于推动创新创业高质量发展打造“双创”升级版的实施意见（节选）

（黔府发〔2019〕5 号）

四、推动支撑能力升级，激发科技创新强大势能

（二十一）持续提升数字创新基础设施支撑力。持续开展数字基础设施提升行动，利用 5G、北斗导航、IPv6、物联网等新技术推进数字基础设施改造升级，建成全光网省，加快构建高速、移动、安全、泛在的新一代信息基础设施体系。推进中国南方数据中心示范基地和全国一流的信息存储交换枢纽建设，积极争取国际互联网数据专用通道、国家顶级域名服务器节点落户贵州。

贵州省人民政府关于促进大数据云计算人工智能创新发展加快建设数字贵州的意见（节选）

（黔府发〔2018〕14号）

五、推动数字设施升级，加快缩小数字鸿沟

（二十三）推进北斗导航、物联网基础设施建设。推进北斗导航等空间信息技术发展，加快推进国家北斗导航位置服务数据中心贵州分中心建设，发挥北斗地基增强系统的作用，在地灾防治、道路交通、全域旅游等领域推广北斗导航系统应用，进一步提升位置服务精度。加大窄带物联网（NB—IoT）部署力度，增强接入支撑能力。开展物联网试点示范，结合智慧城市建设，以水、电、气表智能计量、公共停车管理、环保监测等为切入点，逐步拓展应用行业和领域范围。到2020年，全省物联网基础网络基本建成，物联网应用成效明显。

七、完善支撑体系

（二十七）开展前沿技术攻关创新。

围绕数据库、区块链、量子通信、国产密码升级改造、可复用软件模块构件仓库及共享平台、数据共享开放、移动互联网、物联网等领域的先进数字技术，推动北斗导航、遥感等空间信息技术发展。

贵州省人民政府关于印发贵州省深化制造业与互联网融合发展实施意见的通知（节选）

（黔府发〔2017〕23号）

三、重点工作

（三）打造制造业与互联网融合发展样板。依托全省产业发展实际和资源禀赋，加快发展智能制造装备和产品，推进制造过程智能化，逐步向全流程和全产业链智能化发展。以贵阳国家高新技术产业开发区、遵义新蒲新区、毕节金海湖新区、贵安新区等为核心，支持和推动工业机器人本体、控制器、减速器、伺服电机等关键零部件产品的研发和应用。以贵州航天高新技术产业园、毕节国家新能源汽车高新技术产业化基地、贵阳高新·白云发动机产业园、安顺民用航空产业国家高技术产业基地等为核心，加快发展北斗卫星导航、新能源汽车、无人机等产业。在贵阳、贵安新区等地率先布局和建设一批省级互联网工业设计中心，大力发展网络协同设计、众包设计、3D 打印等新服务。（责任单位：省经济和信息化委、省科技厅，各市〔州〕人民政府，贵安新区管委会）

贵州省人民政府 关于加快发展新经济培育新动能的意见（节选）

（黔府发〔2017〕11 号）

二、加快发展以数字经济、绿色经济、旅游经济等为重点的新经济产业

（五）大力发展以现代新技术应用为重点的军民融合高端装备制造业。

1. 大力发展以无人机、航空发动机及关键零部件等产品为重点的航空航天装备制造业。

积极争取《中国制造 2025》项目落户贵州，加快贵州航天高新技术产业园、贵阳高新·白云发动机产业园、安顺民用航空产业国家高技术产业基地建设，积极发展大飞机配套产业，开发先进无人机、航空电机、航空标准件紧固件等优势产品，突破航空发动机等关键技术，推进航空航天技术、装备、系统和关键零部件产品研发和产业化，构建航空零部件及维修产业集群，建设国家中小推力航空发动机设计、制造、试验、修理和服务基地。加快实施《贵州省通用机场布局规划》，大力发展通用航空产业。

积极发展北斗卫星导航等产业，大力发展北斗卫星地基增强系统、终端、应用服务等，加快建设北斗基准站网络、数据处理系统、运营服务中心等，建成北斗产业园。（责任单位：省经济和信息化委、省发展改革委）

（十）大力发展智慧物流业。

2. 大力发展智能化物流。推进云计算、物联网、北斗导航及地理信息等技术在物流领域广泛应用，推进货物跟踪定位、无线射频识别、电子数据交换、物流管理软件等关键技术在企业生产、配送、仓储、供应链管理等物流主要作业环节发挥示范应用。开展智能仓储信息系统建设试点，建立智能化的物流和仓储服务平台，推进智能仓储、分拣、配送设施建设和运用，实现仓库立体化、分拣自动化、搬运机械化、管理智能化。（责任单位：省发展改革委）

贵州省人民政府
关于推进“互联网+”行动的实施意见（节选）

（黔府发〔2015〕34号）

三、保障措施

（一）基础保障

1. 夯实网络应用基础。加快实施“宽带贵州”、“信息基础设施建设三年会战”战略。建成贵州省互联网交换中心，积极争取开通国家级互联网骨干直联点，构建宽带、融合、安全、泛在的新一代信息基础设施，到2018年，互联网出省带宽扩容至5000Gbps以上，城市50Mbps以上宽带接入能力达到40%，农村12Mbps以上宽带接入能力达到30%。鼓励电信运营企业采用共建共享模式加快宽带网络建设和升级改造，支持电信运营企业制定宽带资费优惠政策，有效降低互联网企业宽带使用成本。围绕建设“贵州大数据综合试验区”的目标，全面实现政府数据及应用向“云上贵州”系统平台迁移，加强数据资源招商，实施“数据贵州”工程，打造全国数据集聚应用新高地。着力发展云计算、物联网、北斗卫星系统应用和呼叫中心等特色信息产品，加快基础软件和应用软件的开发及产业化，强化新一代信息技术对“互联网+”的支撑作用。（牵头单位：省经济和信息化委）

贵州省人民政府关于贵州省创新重点领域
投融资机制鼓励社会投资的实施意见（节选）

（黔府发〔2015〕25号）

二、重点领域

（六）信息和民用空间基础设施领域。

26. 鼓励民间资本参与国家民用空间基础设施建设。加快贵州北斗卫星产业示范区建设，多渠道引进民营企业和民间资本发展基于北斗的地质灾害监测应用示范工程、矿区安防技术应用示范工程、交通和通信应用示范工程、大中型水库防灾工程，推进公共区域视频监控系统平台、北斗卫星导航与位置服务产业公共平台等项目的建设。

贵州省人民政府关于印发贵州省信息基础设施建设三年会战实施方案的通知(节选)

(黔府发〔2014〕31 号)

三、主要任务

(八)实施导航位置服务工程。实施贵州“导航和位置服务网”和贵州(毕节)北斗卫星导航产业示范区建设,2015 年开展全省北斗卫星导航系统连续运行基准站综合服务网建设。利用北斗卫星系统短报文功能,提升应急通信能力和偏远地区通信水平。继续扩大北斗终端应用范围和用户数量。(责任单位:省经济和信息化委、省国土资源厅、省交通运输厅、省旅游局、毕节市人民政府)

贵州省人民政府关于加快现代服务业发展的意见(节选)

(黔府发〔2014〕18 号)

二、突出重点领域,提升发展水平

(四)加快发展重点生产性服务业

——软件和信息技术服务业。突出发展大数据服务、行业应用软件、嵌入式软件、软件技术服务、集成电路设计和系统集成等,促进工业生产流程再造和优化;大力发展云计算、物联网、北斗卫星系统应用和呼叫中心等特色信息产品,推动动漫游戏与虚拟仿真技术在设计、制造等领域的集成应用。加快推进“三网”融合,扎实推进国家级文化和科技融合示范基地、贵安新区电子信息产业园、中关村贵阳科技园大数据基地、黔南自治州超算中心和凯里物联网科教产业园等产业基地建设,努力建成全国领先的大数据资源集聚地和应用服务示范基地。(牵头单位:省经济和信息化委;责任单位:省科技厅、省通信管理局,各市〔州〕人民政府、贵安新区管委会)

贵州省人民政府印发《关于加快大数据产业发展应用若干政策的意见》、《贵州省大数据产业发展应用规划纲要(2014—2020年)》的通知(节选)

(黔府发〔2014〕5号)

贵州省大数据产业发展应用规划纲要(2014—2020年)

三、重点任务

(二)实施五大计划,推动信息产业"蛙跳式"发展

2. 产业技术创新和成果转化计划

支持建立和引进大数据研发中心、工程技术(研究)中心等技术创新和产业化机构。组织实施大数据关键技术产品产业化项目,支持用于整合、处理、管理和分析大数据的关键技术产品产业化。加快推动以北斗导航为核心的技术研发和产业化进程,深化与大数据的结合,推动基于北斗卫星导航的地质灾害预报预警、交通运输监管、智慧旅游等应用示范,支持位置信息服务(LBS)业务发展。在产品、市场及产业链分析研究,产业共性关键技术研究,大数据、云计算及相关领域重点实施一批行业应用示范项目。

四、重大工程

(一)信息基础设施提速工程

——加快重点地区北斗增强系统设施建设。率先在贵安新区、贵阳市、遵义市和安顺市建设北斗多模连续运行参考站网,实现增强系统信号全覆盖,提供事前分米级、事后厘米级精确定位服务。

贵州省人民政府办公厅关于印发贵州省道路交通安全专项整治方案的通知(节选)

(黔府办函〔2021〕36号)

二、主要任务

(七)全面提升交通应急救援能力

1. 提升道路交通应急引导能力。行业管理、执法监管部门及高速公路经营管理单

位要依托互联网地图导航,及时共享气象变化和突发事件信息,将团雾、雨雪凝冻、交通事故、占道施工、交通管制、事故多发点段等信息通过导航终端实时发布预警提示,引导导航用户合理选择出行线路,提醒驾驶人安全谨慎驾驶,防范化解驾驶人不熟悉山区道路、雨雾凝冻等恶劣气候带来的行车安全风险。对因恶劣气候不具备通行条件的,要及时采取交通管制措施并引导分流。

贵州省人民政府办公厅关于印发贵州省自然资源领域省以下财政事权和支出责任划分改革方案的通知(节选)

(黔府办发〔2021〕2 号)

一、主要内容

(一)自然资源调查监测

将全省性自然资源信息系统建设与运行维护、安全监管等事项,全省基础性、公益性、战略性地质调查,全省基础测绘及地理信息服务与管理,省级重大测绘地理信息工程的组织实施,确认为省级财政事权,由省级承担支出责任。

将全省性自然资源调查监测评价、石漠化调查的组织实施,全省卫星导航定位基准服务系统建设与运行维护、安全监管等事项,确认为省、市、县级共同财政事权,由省、市、县共同承担支出责任。

贵州省人民政府办公厅关于进一步扩大和升级信息消费的实施意见(节选)

(黔府办发〔2018〕20 号)

二、提升新型信息产品供给水平

(六)拓展电子产品应用。积极申请智能交通示范区建设,加快推进车联网、北斗导航等应用。加快贵州省“智能交通云”应用,提升车载移动终端本地化生产能力,推进智能网联汽车试验场建设,加快发展北斗导航等汽车电子产品。

贵州省人民政府办公厅
关于加快发展现代物流业的若干意见(节选)

(黔府办发〔2015〕3号)

三、着力提升物流业创新发展能力和水平

(八)进一步促进物流技术开发应用。

推动北斗导航、物联网、云计算、大数据、移动互联等技术在产品可追溯、在线调度管理、全自动物流配送、智能配货等领域的应用。

云南省

云南省委、云南省人民政府
关于贯彻落实国家创新驱动发展战略的实施意见(节选)

(云发〔2016〕20号)

四、主要任务

(一)推动产业技术体系创新,创造发展新优势

1. 发展新一代信息网络技术,增强经济社会发展的信息化基础。以实施"云上云"行动计划、支撑"宽带云南"为目标,加快"互联网+"与经济社会各领域的融合,推动信息产业发展。促进云计算、大数据、移动互联网、物联网、微电子与光电子等新一代信息技术的应用、开发和智慧城市建设。推动金融电子、远程医疗、信息通信、北斗导航、高分辨对地观测为主的卫星应用技术、可穿戴设备和智能终端等信息制造业和服务业加快发展。加大集成电路、工业控制等自主软硬件产品和网络安全技术攻关和推广力度,为我省经济转型升级和维护网络安全提供保障。(省工业和信息化委、省发展改革委、省科技厅、省住房城乡建设厅、省国防科工局、省通信管理局按照职能牵头负责,省金融办、省安全厅、省商务厅、省卫生计生委等配合)

(四)深化军民融合,促进创新互动

2. 广泛开展军民协调创新。立足光电子和信息产业、自动化物流、航天高效节能

装备、民爆装备、高低压开关设备、汽车零部件、贵金属材料、核工业和矿产等重点领域的军民融合优势产业，加强军民融合科研项目和任务的研究和立项，从基础研究到关键技术研发、集成应用等创新链一体化设计，构建军民共用技术项目联合论证和实施模式，建立产学研相结合的军民科技创新体系。加强与国家部委的科技项目对接，加快以北斗导航、高分辨对地观测为主的卫星技术等国家重大项目和专项在云南的应用，发挥军民融合科技项目的带动作用和军民结合特色产业示范基地的聚集优势，构建军民融合发展产业格局。（省国防科工局、省工业和信息化委、省科技厅、省发展改革委按照职能牵头负责）

五、保障措施

（三）全方位推进开放创新

提升面向南亚东南亚科技辐射能力。建立健全对外开放辐射机制，强化中国－南亚技术转移中心、中国－东盟创新中心、大湄公河次区域农业科技交流合作组、中国－南亚农业科技交流合作组的示范带动作用，促进北斗导航、高分辨对地观测为主的卫星技术、铁路、生物种业、新能源、机械等优势技术、标准、装备、产能、服务向南亚东南亚输出。面向南亚东南亚布局创新网络，建设面向南亚东南亚的科技大数据，开展区域性重大科学问题研究与技术联合攻关。（省科技厅、省发展改革委、省国防科工局、省工业和信息化委按照职能牵头负责，各有关部门单位配合）

云南省人民政府关于印发云南省新一代人工智能发展规划的通知（节选）

（云政发〔2019〕27号）

三、主要任务

（一）大力推动人工智能示范应用

2. 全面推进公共服务智能化。应用物联网、人工智能、大数据等新兴技术和产品，推进智慧政务、数字公安、智慧城市、数字医疗、智慧教育、智慧交通、数字环保、数字林业等领域示范带动，逐步构建较为完备的智能化服务体系，为公众提供多元化、便捷化、个性化、安全化的高品质服务。

（6）智慧交通。建设基于建筑信息模型（BIM）的高精度、全要素数字化路网。加快推进智能传感器、计算机视觉、复杂环境识别、导航定位等技术在交通领域的应用。建设智能路侧设施、监测设施，推广交通工具安装智能安全管理装备，加强信息采集处理，提升交通基础设施建管养智能化水平。打造互联互通交通信息系统和公共数据共享平台，推广建设综合交通大脑，实时监测道路交通运行情况，采用异常检测、图像识别、视频分析等技术，辅助开展以数据为基础的智能交通管理和决策，加强交通风险隐患主动安全预警。以数字化手段掌控各停车泊位情况，实现"智慧停车"，促进城市和县城静态交通效能整体优化。依托数字化路网，探索车路协同自动驾驶应用试点，推广公路收费站 ETC + 无感智能支付，探索基于北斗技术的无站自由流收费试点。结合我省道路交通特点，探索建立城市路网运行指数评价体系。

（二）积极培育智能新兴产业

3. 智能驾驶产业。结合新能源汽车发展导向，积极承接东部电子信息产业转移，发展车载导航、车载音响、车载显示屏等车载电子和车联网产品，推动道路识别系统、驾驶员分析系统、车辆控制系统等智能辅助驾驶系统的研发和应用推广。推进北斗高精度形变监测在大型结构体的应用以及北斗地基增强站的建设，满足无人驾驶厘米级高精度需求，依托 5G 网络部署和全省高精度高分辨率影像数据资源，发展智能无人驾驶产业。

云南省人民政府关于印发中国（昆明）跨境电子商务综合试验区实施方案的通知（节选）

（云政发〔2019〕6 号）

二、主要任务

（四）建设跨境智能物流体系

3. 引导企业建设一批网上智慧物流平台。积极支持物流信息公共服务平台建设，提升物流体系智能化服务水平。推进大数据、云计算、物联网、人工智能、北斗导航及地理信息等技术应用，促进传统仓储物流企业转型升级，建设智能化物流仓储、智能化订单处理中心和智能化物流配送网络，提升物流服务水平。支持有条件的物流企业向提供一体化解决方案和供应链集成服务的第四方物流发展，为企业提供物流路径优化、库存优化等服务。

牵头单位：省发展改革委、省商务厅。

责任单位：省工业和信息化厅、省财政厅、省交通运输厅、省通信管理局、省邮政管理局，昆明市人民政府。

完成时限：2019 年 6 月 30 日前。

云南省人民政府关于印发云南省进一步扩大和升级信息消费持续释放内需潜力实施方案的通知(节选)

(云政发〔2018〕13号)

三、重点任务

(二)创新生活信息消费业态,提升便民惠民信息服务水平

开展智慧高速试点。以昆明—大理—丽江高速公路为试点段,按照"自动感知、高效协同、智慧服务、运营创新"的原则,通过大数据、物联网、"互联网+"等一系列技术集成创新应用,服务于高速公路运营、管理和公众出行信息等业务,实现具有云南特点的智慧公路建设与运营管理模式创新。加强重点营运车辆运行状态及运行环境全过程安全闭环信息化系统建设,升级全省25万辆客运车辆定位、监控一体化监测终端;加快推进全省重型货车动态监管终端安装工作,推动北斗模块成为车载导航设备的标准配置,提高重型货车动态监管终端在线率,到2020年,实现全省3万辆"两客一危"车辆安全闭环全面监管,初步建成"人便其行、货畅其流"的综合交通信息服务平台。

(五)增加多样化新型信息产品供给,推动新型信息消费升级

发展电子信息产品制造。大力培育面向南亚东南亚的信息通信设备、物联传感设备、北斗导航设备、电子产品、机电产品、电子元器件、机器翻译产品等制造业,做大电子基础材料、金融电子、光电子等优势特色产业,提高产业辐射能力。依托省内优势龙头企业和引进外部企业,进一步提升金融、财税专用设备整机方案设计能力,大力发展手机支付系统、联机交易、中间业务处理、联网智能化自助服务及指纹识别、智能卡系统集成等技术,开发多应用支付终端系列产品和金融自助服务终端新设备、新型专用打印机、金融电子设备核心功能部件等产品。积极推动以卫星通信、卫星导航、卫星遥感为主的卫星技术应用,着力开发应用芯片及智能终端,加强应用软件开发,形成芯片开发、终端制造、数据应用产业链,促进卫星数据在国土资源调查、农业综合开发、林业管理、环境保护、防灾减灾、道路交通管理、城市管理、公共安全等行业的应用。

加快发展区域通信增值服务、信息内容服务、数字内容服务、互联网运用服务。加强与区域间各国合作开发信息服务内容,推进区域信息门户、社交网站、跨境电商、数字信息内容分发、文化旅游、北斗导航、空间地理信息、机器翻译、呼叫中心等平台建设,合作开发服务内容,扩大业务种类、创新服务模式,做大做强区域大数据服务和信息技术服务业。

云南省人民政府关于贯彻落实国务院深化泛珠三角区域合作文件的实施意见(节选)

(云政发〔2016〕84 号)

二、促进区域经济协同发展

(二)培育先进产业集群

打造装备制造业产业集群。发挥企业主体作用,促进信息化与制造业深度融合,突破关键技术、核心技术和系统集成技术,推进装备制造业集群、协同发展,大幅提升装备制造业技术创新能力。加快交通运输设备、电器机械及器材、通用设备、专用设备、仪器仪表、金属制品等传统优势装备制造业的结构调整和转型升级,推动区域内企业和研发机构合作,提升产品质量和水平。加强先进高端装备制造业合作,重点推进机器人技术、智能制造、3D 打印、医疗器械、能源科技装备、现代农业机械、新能源(电动)汽车等领域合作。推进集成电路、光伏产业、LED 半导体照明、消费类电子产品、北斗卫星导航等生产领域合作,延伸产业链条。支持东部装备制造龙头企业将我省作为开拓南亚东南亚市场的前方基地,在我省建厂、组装、生产、销售大型成套设备。(省工业和信息化委牵头;省发展改革委、质监局、科技厅、能源局、国资委、商务厅等按照职责分工负责)

云南省人民政府关于积极发挥新消费引领作用加快培育形成新供给新动力的实施意见(节选)

(云政发〔2016〕69 号)

二、重点领域和方面

(五)推动信息消费

加快信息消费优化升级,推动面向生产和生活的信息消费快速健康增长。全面推进三网融合,提高城乡宽带网络普及水平和接入能力。加快光纤入户,推动城市宽带升级提速,扩大乡镇 4G 网络覆盖,推进"智慧城市""宽带乡村"建设。加快互联网数据中心(IDC)等大数据基础设施建设,积极推动云计算服务商业化运营。加强智能终端、智能语音、信息安全等关键软件的开发应用,加快安全可信关键应用系统推广,大力支持软件应用商店、软件即服务(SaaS)等服务模式创新。促进北斗导航服务模式和产品创新,推动北斗导航与移动通信、地理信息、卫星遥感、移动互联网等融合发展,促进位置信息服务(LBS)消费。加强基于互联网的新兴媒体建设,推动优秀产品网络传播,鼓励提供健康向上的信息内容。拓展移动电子商务应用,积极培育城市社区、农村电子商务,建设跨境电子商务公共服务平台,鼓励电子商务“走出去”。

西藏自治区

西藏自治区人民政府关于印发2018年《政府工作报告》任务分解方案的通知(节选)

(藏政发〔2018〕9号)

2018—2022年“七大产业”

工作任务:(七)推动高新数字产业创新发展。力争到2022年高新数字产业产值达到300亿元以上。

(12)推动大数据、云计算、物联网、移动互联等新一代信息化技术和人工智能、生物工程、新材料应用等高新技术与一二三产融合发展;发展电子商务,实施网络扶贫;推进北斗卫星导航和全球定位系统、新能源汽车、高寒探险旅游装备制造等技术应用和发展;推进拉萨高新区数字经济示范建设。

分管主席(排名不分先后):姜杰

配合主席(排名不分先后):汪海洲

牵头单位负责人:徐飞、赤来旺杰

牵头单位分管负责人:郭翔、达顿、丁明勤

牵头、协办单位:工业和信息化厅、科技厅、自治区产业建设领导小组高新技术产业专项推进组

完成时限:2022年

陕西省

陕西省人民政府关于印发国民经济和社会发展第十四个五年规划和二〇三五年远景目标纲要的通知(节选)

(陕政发〔2021〕3号)

第十三章　发展壮大战略性新兴产业

融入国家战略性新兴产业集群发展工程体系,推动新一代信息技术、高端装备、新能源、新能源汽车、新材料等支柱产业提质增效;抓紧布局人工智能、氢能、未来通信技术、北斗导航、生命健康等新兴未来产业,着力壮大新增长点。

高端装备制造。航空,推进大型运输机系列化研制生产,推进运8、运9系列产能提升。加快MA700飞机国产化研制取证并进入市场,开发多用途飞机。大力发展无人机产业。围绕C919/CR929、ARJ21、AG600等重大机型开展配套,推动航空发动机、机载系统、关键部件、专用设备等产业自主发展。积极发展飞机维修,壮大航空产业规模。航天,围绕载人航天、深空探测等重大专项,加快新一代航天运载动力系统研制,推动航天液体、固体火箭发动机的系列化发展,探索未来单级入轨飞行器及新型混合动力系统。强化商业航天卫星测运控能力建设,积极推进商业航天发展。卫星及应用,依托中科院西安光机所、航天五院、中电科二十所、陕西省测绘地理信息局等单位,发展北斗终端、核心芯片研发制造、测控运营、通信应用、位置服务等产业。推动地基增强技术覆盖,加大在自然资源利用、勘察测绘、交通运输、应急管理、现代农业、智慧物流等领域应用,积极构建泛在、融合、智能的北斗卫星应用服务体系。增材制造,发挥国家增材制造创新中心技术领先优势,加大耐高温树脂、铸造用材料、钛合金等新材料的研发,突破激光选区熔化送粉一体化控制、成形精度和成形稳定性等关键技术,加快发展金属材料、非金属材料、医用材料等增材制造装备以及增材制造精密元器件、数控软件研发及应用。数控机床,支持秦川机床等技术改造,发展高精、高速、高效、柔性数控机床,提升机床可靠性、精确保持性,提升市场竞争力。

陕西省人民政府关于印发 2016 年国民经济和社会发展计划的通知(节选)

(陕政发〔2016〕1 号)

经济社会发展的主要任务:

(三)加快推进产业结构调整,全力打造经济升级版。一是大力发展现代农业。继续抓好农业生产,保障口粮安全,确保粮食播种面积 4500 万亩、总产超过 1100 万吨。实施“藏粮于地、藏粮于技”战略,组织实施新增 25 亿公斤粮食生产能力规划和高标准农田建设规划。支持新型经营主体和新型经营体系发展。在猕猴桃、苹果、茶叶等优势领域,依托龙头企业和示范园区,实施“互联网 + 农业”行动计划。支持杨凌建设世界知名农科城,发挥杨凌示范区先进适用技术倡导者、先进经营模式引领者、农业走出去开拓者的作用,促进特色现代农业提质增效。二是促进工业稳产升级。开展消费品供给、降企业成本、制造业升级三个专项行动,保住优势产业基本盘,提升产业链竞争力。科学合理确定石油、煤炭产量,不断开拓销售市场。扩大天然气产能和下游产业。加快建设神华榆林循环经济煤炭综合利用、华电榆横煤制芳烃等一批深度转化项目,加速推动能源化工产业高端化发展。改造提升传统产业,促进装备制造、有色冶金、食品医药、电子信息等产业向高端化、智能化发展,推进一批千亿元产业集群建设。实施 150 个技改项目,并按税收贡献增量以奖代补。支持钢材、水泥等建材企业紧抓棚户区改造、易地扶贫搬迁、城市地下综合管廊建设等重大机遇,加大对接力度,扩大产品销售。继续推进省内直供电、直供气,做好 300 个新增产能重大项目跟踪服务。三是培育壮大战略性新兴产业。继续放大“三星”效应,加快推进集成电路、高纯度电子级硅材料等一批重点项目建设。加快智能手机、8.6 代液晶面板、中兴深蓝科技产业园等重大项目建设。支持强生全球供应链项目建设,构建全国高水平针剂和疫苗生产基地。以新舟 700、通用飞机、无人机、北斗卫星导航应用平台项目为牵引,推进国家民机试飞基地、汉中航空智慧城等建设,促进军民融合发展。加快 3D 打印及智能制造研发和产业化,在数字化设计、快速成型等领域突破一批关键技术。发展钛及钛合金、镁锂合金等新材料,加快构建核心产业链条。四是推动服务业上档升级、占比提高。积极发展研发设计、融资租赁、信息技术服务、制造业服务化等生产性服务业。出台促进生活性服务业加快发展的实施意见和加快培育新供给新动力的实施意见。加大力度支持航空运输、文化创意、品牌服务、众创众筹等十大服务业新业态。全力打造“三网两港”核心骨干物流体系,支持西安国际港务区建设陆路物流大通道,建成国内一流陆路口岸,支持西安航空城试验区发展航空服务业，构建货运航线网络，打造中国“孟菲斯”，支持安康建设综合交通物流枢纽，打造“秦巴明珠”。加快推动物流信息化发展，构建便捷高效的物流配送网络。推进陕西大剧院、石峁石城等省重大文化项目开工建设。启动实施优秀中青年作家“百优计划”，系统打造红色文化、历史文化和大遗址保护、自然山水、丝路文化、文艺陕军等文化品牌。抓住“一带一路”建设机遇，加快丝绸之路风情城、岐山周文化景区、黄河壶口文化景区等旅游项目建设，积极构建以西安为起点的丝绸之路风情体验旅游走廊。支持牛背梁、南宫山等景区提档升级、创建国家森林公园。启动渭北旅游小火车轨道项目建设。支持西咸新区能源金融贸易中心加快建设。大力发展网络经济，加快推动微软、阿里巴巴、京东等重大项目落地建设，新建一批互联网数据中心、电子政务数据中心和云计算创新服务公共平台。实施“互联网+”计划，积极创建国家网络经济示范区。

陕西省人民政府
关于加快发展生产性服务业的实施意见（节选）

（陕政发〔2015〕58 号）

二、重点任务

4. 研发设计。一是加强重点领域研发设计。建设关中国家自主创新示范区，组织实施科技创新重大工程，大力推进我省能源化工、装备制造等优势产业关键、共性技术的研究设计，加快技术密集、附加值高、成长空间大的新材料、新产品、新工艺的研发和应用，支持生物医药、钛钼钒新材料、3D 打印、北斗导航技术应用等产业做大做强。二是完善科技成果转化应用体系。以统筹科技资源改革为抓手，发挥企业创新主体作用，推动校企、院企组建创新联盟，发展产学研用合作，促进科技成果交流和推广应用。强化重点实验室和重点企业工程技术研究开发中心的对外开放和服务功能。鼓励建立专业化、开放型的工业设计企业和服务中心，并向高端综合设计服务转变。强化各类高新区和产业园区的承载功能，引导各类创新要素向园区流动集聚，实现技术、资本、企业的有效对接和良性互动。加强物联网技术应用。大力推动“双创”（大众创业、万众创新）平台建设，构建产业园区、创新基地、公共研发平台、加速器、孵化器、众创空间等多层次、全体系的创新创业载体和空间，营造有利于创新创业的发展环境。支持科研、教育、工业协同创新，推进沣东新城科技资源统筹基地建设。三是建立主要由市场评价创新成果的机制。完善知识产权交易和中介服务体系，发展研发设计交易市场，开展面向生产性服务业企业的知识产权培训、专利运营、分析评议、专利代理和专利预警等服务，加快研发设计创新转化为现实生产力。重点建设陕西煤业西安研发基地、西安高新区军民融合产业园及企业孵化器、西安浐灞生态区科研创意基地、西安航天基地卫星应用产业集群、西安软件新城研发基地、西咸新区空港临空商务总部基地、杨凌农业创意与研发设计基地等项目。到 2020 年，全省新建各类科技企业孵化器 60 个、产业技术创新战略联盟 30 个、国家级和省级工程（技术）研究中心 60 个、国家级和省级企业技术中心 100 个、国家级和省级重点实验室 50 个，自主创新能力大幅提升，科技竞争力和国际影响力显著增强，重点领域核心关键技术取得重大突破。（省科技厅、省工业和信息化厅负责）

6. 信息技术服务。一是建设丝绸之路经济带大数据中心。面向丝路沿线国家和主要贸易伙伴国家，建设云计算和大数据服务中心，推动建设网上“丝绸之路”。引进云服务器、云存储和网络设备生产企业，共建信息产业聚集区，打造物联网应用创新中心。加快西安软件新城、西咸新区大数据产业园等建设。二是全面完成“宽带陕西”和三网融合工程。支持西安国家下一代互联网示范城市建设、西安－西咸新区云计算服务创新发展、西安信息惠民城市试点示范。完善综合信息基础设施建设，推进三网融合，加快信息进村入户。三是积极推动信息技术服务应用。发展移动宽带通信业务、远程教育、医疗等信息增值服务，建设“西部云谷”。加快工业机器人、北斗卫星导航、3D 打印等先进技术应用。充分运用“互联网＋”，大力发展面向制造业的信息技术服务，提高重点企业信息应用方案设计、集成开发能力，实现制造与服务业的无缝对接，推动制造业的智能化、柔性化，促进定制生产等模式创新发展。支持信息服务机构面向工业行业和社会提供专业化服务，促进工业生产业务流程再造和优化。推动工业企业与软件提供商、信息服务提供商联合提升企业生产经营管理全过程的数字化水平。加快发展基于智能终端的应用开发和信息增值服务，拓展信息服务新业态。重点建设西咸新区云谷二期、信息产业基地及大数据处理与应用中心、西咸新区统筹科技资源改革示范基地、中俄丝绸之路高科技产业园、中兴深蓝科技产业园、菜鸟中国智能骨干网西北核心节点等项目。到 2020 年，全省信息服务业主营业务收入达到 1000 亿元，全面完成“宽带陕西”工程和三网融合，基本构筑“数字陕西”格局。（省工业和信息化厅、省科技厅负责）

陕西省人民政府
关于促进信息消费扩大内需的实施意见(节选)

(陕政发〔2013〕55号)

二、重点任务

(四)信息消费新型业态发展工程。

3. 发展北斗卫星导航产业和应用。加快推动北斗导航核心技术研发和产业化,推动北斗导航与移动通信、地理信息、卫星遥感、移动互联网等融合发展,支持位置信息服务应用。重点推进北斗导航应用综合服务平台建设,推动陕西宽带卫星通信骨干网、卫星遥感应用综合服务平台等支撑平台发展。以国家北斗导航应用示范项目在陕实施为契机,在重点区域、重点民生领域和重点行业开展北斗导航示范应用。到2017年,形成3家国内领先的北斗导航技术和应用龙头企业,带动省内北斗产业集群初具规模。

附件

重点任务分工及时间进度

四、信息消费新型业态发展工程

序号:15

工作任务:发展北斗卫星导航产业和应用。实施"陕西北斗卫星应用示范项目",建设北斗信息综合服务平台和核心技术研发共享平台。以示范项目实施为契机,带动省内北斗导航的研发和产业发展。

责任部门:省工业和信息化厅

时间进度:持续推进

陕西省人民政府关于贯彻落实国务院工业转型升级规划的实施意见(节选)

(陕政发〔2013〕18号)

二、实施工业转型升级十大工程

(三)装备制造业提升工程。坚持发展汽车产业,重型汽车按照国内第一方阵(20万辆)规模和新能源、高环保要求确定发展纲要,彻底解决陕重汽资本金不足和缺少发动机的问题,加大省内零部件配套能力建设力度,将省内配套率提高到50%以上。加快比亚迪二期工程建设,尽快形成70万辆规模。进一步吸引全国、全球知名品牌汽车企业落户陕西。积极支持航空、航天产业发展,保持大运、中运、新舟系列飞机、航空发动机、航空电子在国家战略中的重要地位。抓好北斗卫星应用示范项目建设,逐步形成"核心芯片与模块/基础软件与地图-终端-系统集成-运营服务"北斗导航产业链。加快发展海洋工程装备、轨道交通设备以及智能电网设备、大型高精度冶金成套设备、大型智能工程机械、大型煤炭综采设备等智能制造装备,积极发展高效农业机械、高效环保及资源综合利用设备等产品,不断培育形成一批新的增长点,打造"国际知名、国内一流"高端装备制造业基地。(省工业和信息化厅牵头,省发展改革委、省科技厅、省国资委、省中小企业局等配合)

陕西省人民政府办公厅关于进一步加强文物安全工作的实施意见(节选)

(陕政办发〔2018〕11号)

四、保障措施

(三)强化科技支撑。

开展文物保护单位安全风险评估及编制安全防范系统建设规划。加大对文物保护单位、博物馆等风险单位的安全防护设施建设、运行及维护经费的保障。应用先进技术和装备,完善提升既有安全防护设施。加快推进运用无人机、北斗系统等高科技手段辅助对我省长城和帝陵等重要田野文物进行监控的试点和推广工作。

陕西省人民政府办公厅关于印发大数据与云计算产业示范工程实施方案的通知(节选)

(陕政办发〔2016〕50 号)

二、四大示范工程

(三)大数据应用示范工程。

8. 时空信息数据云平台项目。依托北斗导航应用示范项目,建设时空信息数据云平台,实时监测大范围自然资源变化数据,通过数据采集、挖掘、比对及分析,为国土、农业、水利、城建、绿化、测绘、林业等部门和企业提供数据服务,推进自主高分遥感卫星数据应用的产业化发展。(省工业和信息化厅、陕西北斗金控公司负责)

建设方式:企业投资建设并运营,政府购买服务。

实施时间:2016 年 1 月—2016 年 12 月。

陕西省人民政府办公厅关于分解落实2013 年工业系统主要目标任务的通知(节选)

(陕政办发〔2013〕8 号)

二、主要工作任务

(十四)抓好北斗应用西北中心、三大通信运营商数据中心、华为全球交换技术中心和爱立信全球服务中心西安分部等重大项目。加快发展航空航天、新材料、生物技术、节能环保等产业。(牵头部门:省工业和信息化厅,负责人:许蒲生、王虹安、赵东等)

陕西省发展和改革委员会关于印发《陕西省“十二五”卫星应用产业发展专项规划》的通知(节选)

(陕发改高技〔2011〕751号)

一、发展现状

(一)技术国内领先、国际先进

陕西是我国航天领域实力最为雄厚的地区之一,科教资源丰富,科研生产条件良好,技术实力雄厚,成果丰硕,为我省加快发展卫星应用产业奠定了坚实的基础。以空间电子信息技术研究院、航天恒星空间技术有限公司、中电二十所、中国兵器北方雷达电子科技集团二〇六所等为代表的优势企事业单位,以西北工业大学、西安交通大学等为代表的高等院校长期从事卫星应用研究和市场开发工作。卫星通信广播领域的“动中通”跟踪技术、组网技术、视频处理技术,卫星导航领域的北斗终端设计制造技术、芯片设计技术,卫星遥感领域的图像获取、传输、处理与应用技术等均处于国内领先水平。

(二)产业基础雄厚、配套完整

陕西作为我国重要的航天工业基地,已经形成了配套完整的科研、试验和生产、教育体系,先后参与我国各种卫星包括神舟飞船在内的100多个航天器的研制与生产,具有雄厚的产业基础。全省现有航天企事业单位80余家,其中卫星应用企业和机构50余家。2010年,陕西航天产业产值约240亿元,卫星应用市场规模达到150亿元,产业体系初步形成。

我省拥有一批国家级核心企事业单位,形成了卫星载荷、航天动力、卫星测控和卫星应用的完整产业链。在卫星通信广播领域,“动中通”卫星通信系统、烽火集团组网系统、西芯公司视频处理芯片等处于国内领先水平;在卫星导航领域,北斗卫星导航终端已占国内市场1/4以上,省内企业占据国内军用导航领域95%以上市场,中科院国家授时中心研制并建设了具有我国自主知识产权的中国区域定位系统;在卫星遥感领域,西安测绘研究所承担测绘导航卫星发展战略、新技术、新装备研究,拥有我国首颗自主高分辨率立体测绘卫星“天绘一号”立体测绘卫星数据源和整套地面处理系统,陕西测绘局、中煤航测遥感局在图像处理及应用处于国内领先地位,西北工业大学在高光谱遥感图像的高分辨处理技术、西安交通大学在成像光普偏振探测技术等方面处于国际先进水平。西安国家民用航天产业基地聚集了一批国内外知名单位,搭建了良好的产业发展承载平台,产业聚集效应初步显现,为带动我省卫星应用产业集群化发展奠定了良好基础。

(四)应用市场巨大、前景广阔

近年来,全球卫星应用产业市场规模快速增长,据统计和预测,2010 年达到了 1755 亿美元,平均增速 20% 以上。随着我国"北斗卫星导航系统"和"高分辨率对地观测系统"等科技重大专项计划的实施,未来国内卫星应用产业将迎来高速发展期,2015 年市场规模将达 4000 亿元以上。我省卫星应用产业基础占到全国 1/3 以上,西部是我国卫星应用的重点区域,我省是西部开发的桥头堡,依托国家重大专项的实施以及民用领域的拓展,我省卫星应用产业将得到快速发展。

二、总体思路和发展目标

(二)发展目标

"十二五"我省卫星应用产业发展的主要目标是:

——核心关键技术取得重大突破。在卫星通信领域:重点突破宽带多媒体通信、卫星电视直播、卫星组播、移动数字音频/视频/数据广播、因特网内容投送、远程教育、远程监控、小型智能化用户终端等方面的关键技术。在卫星导航领域:重点突破高性能卫星导航芯片、导航软件、导航模块、多系统组合导航、时空基准导航终端,具有卫星通信、地面网通信等功能的数字化终端,卫星导航增强系统、卫星导航测试评估,多种技术综合应用的导航运营服务等方面的关键技术。在卫星遥感领域:重点突破国产高分辨率宽覆盖卫星精密定轨与卫星管理、信息智能提取、空间信息三维显示、遥感一体化综合处理和分发应用,特别是高分辨率高光谱遥感图像处理与应用等关键技术。

三、重点任务

围绕卫星通信、卫星导航、卫星遥感三大领域,组织实施"4633"工程,重点推进研究院、产业联盟、产业创新、公共服务等四大创新工程,着力打造卫星通信广播、卫星导航终端及位置服务、北斗卫星空间基准授时、自主遥感信息、卫星载荷与测控、航天特色旅游等六大卫星应用产业链,重点建设陕西宽带卫星通信骨干网、卫星导航应用综合服务平台、卫星遥感应用综合服务平台等三大支撑平台,加快实施卫星数字文化传播、基于北斗系统的物流车辆监控与管理、卫星遥感应用等三大示范工程,不断拓展卫星应用领域,促进卫星应用国际合作与交流,推动我省卫星应用产业快速发展。

(一)加强创新能力建设

完善产业创新平台。组织卫星应用优势企事业单位申报成立卫星导航、卫星通信、卫星遥感应用等国家和省级工程(技术)研究中心、工程实验室、重点实验室 3 - 5 个;建立卫星通信有效载荷、卫星导航载荷、微波遥感有效载荷、光学遥感载荷、卫星通信地球站设备、卫星导航芯片及终端、遥感信息处理、大容量卫星数据传输、卫星遥测遥控等 8 - 10 个企业技术中心,保持产业技术领先优势,为产业可持续发展提供源动力。

（二）打造六大卫星应用产业链

卫星通信广播产业链。围绕卫星电视广播、应急通信、远程教育、远程医疗、公共数据广播、数据投递等应用领域，依托航天恒星、中国卫通、兵器二〇六所、省电子集团等骨干企业，重点发展卫星通信调制解调器、室外单元、多功能抗干扰组合天线、天地一体化综合通信网、宽带卫星通信网、卫星多媒体通信、卫星高速 Internet 接入系统等产品，大力推广卫星通信运营服务和数字文化传播、呼叫中心、卫星通信外包业务、数据挖掘与利用等增值业务，构建卫星通信广播产业链。

卫星导航终端及位置服务产业链。围绕航空、航天、航海、物流、交通等行业，依托中电二十所、兵器二〇六所、省电子集团、航天恒星、西安华讯、四维图新、西北工业大学等骨干企业和高校，重点发展具有自主知识产权的高灵敏度、抗干扰、高动态、P 码直捕终端机，多星座、多模融合接收机，BD/INS 深耦合接收机、基带芯片、射频芯片、微型天线等关键元器件和电子地图，积极推动智能交通、现代物流、110 联网报警服务、基于北斗卫星的救生系统、危运车辆监控、出租车/医疗急救车/公交车监控与调度管理等行业应用，构建卫星导航终端及位置服务产业链。

北斗卫星空间基准授时产业链。围绕通信、电力、金融、自动控制等工业领域和国防领域，依托国家授时中心、航天恒星、西安光机所等骨干企业，重点发展具有自主知识产权的卫星授时关键设备、小型化高性能地面授时终端、高性能星上时钟等设备与系统、地面监控和用户接收设备与系统，推动我国自主知识产权的授时产品在通信、电力和交通等领域的广泛应用，构建北斗卫星空间基准授时产业链。

自主遥感信息获取、处理和运营服务产业链。围绕基础地理信息测绘、数字陕西地理空间框架建设、农业、林业、国土资源、矿产资源勘探、气象、海洋、水利、防灾减灾、生态环境监测、交通运行监测以及区域开发、城乡规划、重大工程项目等重要行业和领域中的推广应用，依托中煤航测遥感局、总参测绘研究所、西安光机所、兵器二〇六所、西北工业大学、西安交通大学等骨干企业和高校，重点开发高分辨、高识别能力光学、微波、多光谱遥感信息探测、接收、处理、存储、传输分发与遥感定标等硬件设备与软件产品，构建自主遥感信息获取、处理、传输和运营服务产业链。

卫星、载荷与测控产业链。围绕未来国际国内应用卫星开发、研制、组网和发射需求，依托陕西省微小卫星工程实验室、西安卫星测控中心、空间电子信息技术研究院、西安光机所、航天七七一所、中电三十九所、兵器二〇六所等骨干企业，重点发展遥感、通信、数据中继等具有广阔前景的微小型卫星及通信、导航、遥感卫星有效载荷，星（箭）载专用微计算机与集成电路、卫星姿态测量、卫星遥控遥测天线、微波及光学卫星遥控遥测等设备与系统，建设卫星遥测参数自动监视预警系统、卫星异常处置综合数据库、应急处理决策专家系统和多星管理自动化系统，创新遥控组织指挥模式。构建卫星、载荷与测控产业链。

航天特色旅游产业链。利用陕西省航天运载动力、航天发射、航天测控、卫星应用等航天产业链条比较齐全的优势，联合其他国内航天领军单位和部门，依托西安国家民用航天产业基地，成立陕西航天特色旅游服务中心（包含航天博览馆、体验馆、服务中心），打造集航天动力试车、航天发射、航天测控现场参观以及卫星应用业务展示（卫星影院）、太空之旅过程体验于一体的世界一流的陕西航天特色旅游产业链，把航天特色体验旅游产业建成陕西航天工业旅游的特色名片和国家航天爱国主义教育平台。营造良好的航天产业氛围，扩大、增强我省卫星应用产业的影响力和凝聚力。

（三）建设卫星应用三大支撑平台

陕西宽带卫星通信骨干网。建设西安 VSAT 宽带卫星通信主站，在各地级市、县建设虚拟主站，构建陕西宽带卫星通信骨干网。组织实施卫星数字文化传播等示范应用工程，逐步满足全省范围内 IP 电话、互联网接入、IP 电视、远程教育、应急救援等应用需求。主站扩容后，逐步辐射邻省乃至西北地区。积极引导专业制造商突破关键技术，开发、生产具有自主知识产权的卫星通信核心设备，构建我国首个具有自主知识产权的低成本卫星通信网，推动行业、企业应用，逐步扩大用户群，促进我省卫星通信产品制造业快速成长。

陕西卫星导航应用综合服务平台。建设陕西卫星导航应用综合服务平台，成为全国卫星导航应用综合服务系统的组成部分。该平台主要包括卫星导航数据处理中心和卫星导航应用综合服务中心。数据处理中心接收原始观测数据，处理提供实时高精度定位、高精度导航应用、区域气象测报等服务；综合服务中心以位置信息为基础，以数据链路为纽带，通过因特网、移动通信网、卫星通信网，提供地图影像、交通路况、搜索救援、气象等基础信息，以及车辆船舶、各类兴趣点、灾害情况等信息服务。利用陕西卫星导航应用综合服务平台，组织实施基于北斗系统的物流车辆监控与管理等示范应用工程，为我省各行业、部门、人员提供跨区域、跨行业信息共享的卫星导航综合应用服务。

陕西卫星遥感应用综合服务平台。建设陕西卫星遥感应用综合服务平台，主要包括遥感图像接收处理站、气象卫星云图接收处理站、遥感应用产品生产中心和遥感应用服务中心等。以国家高分对地观测系统和测绘卫星系统建设为切入点，建立卫星遥感数据的共享机制，构建以卫星遥感图像获取、接收、处理和应用为核心的各类遥感产品生产和服务产业集群，不断提高卫星遥感数据应用效益和水平，为我省基础地理信息测绘、数字陕西地理空间框架建设，以及农业、林业、水利、生态环境监测、防灾减灾等提供服务。

甘肃省

甘肃省人民政府关于印发甘肃省国民经济和社会发展第十四个五年规划和二〇三五年远景目标纲要的通知(节选)

(甘政发〔2021〕18号)

第三篇 加快推动产业转型升级，着力提升产业竞争力

第十章 发展壮大新兴产业

积极谋划未来产业。在有基础、有优势、有市场、有空间的产业领域提前谋划，率先布局，抢占发展先机。加快推进大健康产业系统设计和实施、靶向药物开发、真空镀膜技术延伸利用、凹凸棒产业发展，逐步形成上下游配套的产业发展体系。对接国家石墨烯"一条龙"应用计划，发展功能齐备、可靠性好、性价比优的石墨烯化工材料、晶质石墨产业。积极加强高分卫星、北斗导航技术延伸应用开发，培育一批未来产业。积极对接量子通信等尖端产业，抢占发展制高点。

甘肃省人民政府关于印发《甘肃省推进绿色生态产业发展规划》的通知(节选)

(甘政发〔2018〕17号)

第三章 加快绿色生态产业发展

八、积极培育数据信息产业

加快发展软件和信息服务业。围绕智能制造和"互联网+"应用需求，以发展具有自主知识产权的软件技术和产品为突破口，全面提升我省软件产业的整体竞争实力。加快工业软件的研发和产业化应用，积极推进嵌入式软件开发平台和嵌入式操作系统的研发与产业化，提升两化融合水平。加快推进"互联网+教育""互联网+旅游""互联网+医疗""互联网+交通"等行动，在政务服务、社会管理、教育医疗、文化旅游、交通运输、精准扶贫等重点领域开发具有品牌优势的行业特色应用软件，带动应用软件产业发展，不断提升服务质量和水平。推动建设北斗地基增强系统、北斗导航定位基

准信息服务平台，形成覆盖西北、辐射丝绸之路经济带的空间数据服务与应用示范，打造空间信息产业链与产业集群。建设中医药信息服务平台，打造可辐射丝绸之路沿线国家的医疗信息服务产业。

专栏8　数据信息产业培育工程

4. 北斗技术及应用产业。以甘肃众力厚德北斗公司和甘肃中寰卫星导航公司为依托，推动北斗导航与移动通信、地理信息、卫星遥感、移动互联网的融合发展。开发北斗应用增值服务、软硬件产品及导航定位设备，推动在智慧城市、交通运输、应急救援、防灾减灾、测绘勘探、社会服务等重点行业及领域的规模化应用。

甘肃省人民政府关于印发甘肃省国民经济和社会发展第十三个五年规划纲要的通知（节选）

（甘政发〔2016〕23 号）

第三篇　突出创新发展，加快产业结构调整和转型升级

第五章　深入实施创新驱动发展战略

第四节　推动大众创业万众创新

专栏 4：陇原“双创”5 大专项行动

2. 创业创新示范园建设提速行动。依托骨干企业和优势行业，建设微电子、二次电池及电池材料、有色金属新材料、粉末冶金材料、风电装备制造、生物医药、军工电子、水性材料、蓝宝石晶体、北斗卫星应用、绿色清真产业等 20 个省级创业创新示范园。

第四篇　提升支撑保障，构筑现代基础设施网络

第十一章　大力推进信息基础设施建设

第二节　推进大数据和云服务平台建设

围绕实施大数据战略，加强云服务和大数据平台建设，整合第三方数据中心通信、存储、软硬件基础设施等资源，支持数据采集、清洗、认证、计算、挖掘、测试、安全等服务企业发展，争取国家在我省布局建设云计算数据中心，加快西北中小企业云服务平台、北斗卫星导航综合服务平台、云计算软件研发应用中心平台、现代物流与信息技术服务平台、信息安全智能管理与虚拟防护平台等建设，建设兰州新区等大数据产业园

区和云计算数据中心,支持甘肃广电“云上陇原·智慧甘肃”云平台发展,加大政府部门采购云计算服务力度。开展物联网技术研发和应用示范,推动物联网技术在安防、交通和物流领域率先示范应用,逐步向工业制造、节能环保、城市管理和民生服务等领域拓展。按照大数据要求,建立数据资源开放共享机制,制定共享规范,建立开放接口,逐步整合各领域信息资源。完善全省人口基础信息库、法人单位信息资源库等,积极发展数字档案。加强基础测绘,实现省级基础测绘成果省域更新,开展地理国情监测,建立地理信息大数据共享交换平台。加强信息安全基础设施建设,强化互联网管理和信息安全保障。

甘肃省人民政府关于印发甘肃省深入推进“互联网+”行动实施方案的通知(节选)

(甘政发〔2015〕97号)

二、重点任务

(六)深化物流信息资源互通共享,推动“互联网+”现代物流。

专栏6:“互联网+”现代物流行动计划

2016—2017年:推动大数据、云计算等先进信息技术在物流领域的运用,加快建设兰州集装箱中心站和东川国际物流园区,推进中国兰州自由贸易区建设,提升大兰州国际陆路航空港和物流集散中心地位。建设公铁联运信息平台、区域物流信息平台、行业物流信息平台,实现物流信息资源的互通共享。建设完善甘肃北斗物流云综合服务平台,提高物流供需信息对接和使用效率。积极推广应用二维码、无线射频识别等技术的仓储设施的应用,实现仓储设施与货物的实时跟踪、网络化管理以及库存信息的高度共享。推进“生产基地+加工企业+第三方物流”冷链物流系统与蔬菜溯源系统的结合,提高以兰州高原夏菜为重点的生鲜农产品保鲜储运效率。

专栏9:“互联网+”便捷交通行动计划

2018—2020年:加强移动互联网、北斗卫星导航、GPS定位、无线射频识别、IC卡电子证件等技术应用,实现城市公交、出租车和轨道交通数据互联互通。推进互联网技术在拥堵预防、节能减排、通行能力提升等方面的应用,提升城市交通管理水平。强化大数据技术应用,为交通运输设施规划与建设、安全运行控制、交通运输管理决策提供支撑。

甘肃省人民政府关于印发《中国制造2025甘肃行动纲要》的通知(节选)

(甘政发〔2015〕90号)

二、发展重点和突破方向

(二)突破方向

3. 公共安全应急装备和产品。加快推动矿难逃生仓、无人侦察机、高炮防雹人工影响天气系统、抢修抢护保障方舱、车辆北斗定位监控系统、高分辨率对地观测系统、多普勒雷达监测系统和气象灾害预报预警系统等具有相对技术优势的应急装备和产品产业化,发展自然灾害、事故灾难、公共卫生和社会安全等监测预警类产品,个体和设施设备等预防防护类产品,现场保障、生命救护和抢险救援等处置救援类应急产品,逐步形成监测预警—预防防护—处置救援的应急装备和产品制造产业链。

甘肃省人民政府关于加快发展生产性服务业促进产业结构调整升级的实施意见(节选)

(甘政发〔2014〕129号)

三、主要任务

(二)现代物流。

大力提升物流专业化、社会化服务水平。加强物流业核心技术开发,加快云计算、物联网、北斗导航及地理信息等技术在物流智能化管理方面的应用,优化物流企业供应链管理,鼓励企业推广零库存管理等现代企业管理模式,提高物流企业配送的信息化、智能化、精准化水平。

甘肃省人民政府
关于加快推进气象现代化的意见(节选)

(甘政发〔2014〕83号)

三、加强综合气象观测和信息装备保障体系建设

(七)增强气象信息网络支撑和装备保障能力。改造升级全省气象通信网络系统,实现省、市、县气象数据高速传输共享。建成省内县级气象台站基于北斗卫星通讯系统的气象应急通信系统。逐步实现气象与应急、环保、水利、农牧、国土资源、交通、林业等相关部门的数据共享和应急会商。探索建立社会化保障机制,建设省、市、县三级气象装备保障体系。建设省、市两级气象设备运行维修平台。开展市、县气象计量检定标校系统试点建设。推进市级移动气象装备保障系统建设。完善气象装备运行实时监控系统。

甘肃省人民政府关于贯彻落实
国务院促进信息消费扩大内需若干意见的实施意见(节选)

(甘政发〔2013〕121号)

二、促进信息消费的重点任务

(四)实施信息应用推广行动计划。

加快北斗卫星技术推广应用。推动北斗导航与移动通信、地理信息、卫星遥感、移动互联网的融合发展,大力发展位置信息服务。完善北斗导航基础设施,推进卫星导航产品和服务在公共安全、交通运输、防灾减灾、农林水利、气象、国土资源、环境保护、公安警务、测绘勘探、应急救援等重点行业及领域的规模化应用。适应重点行业和领域的应用需求,推动北斗导航卫星系统应用,发展高品质、差异化、多层次的交通信息增值服务。(省工信委、省发展改革委、省财政厅、省公安厅、省科技厅、省民政厅、省国土资源厅、省环保厅、省交通运输厅、省水利厅、省农牧厅、省测绘局)

甘肃省人民政府办公厅关于印发
甘肃省数据信息产业发展专项行动计划的通知（节选）

（甘政办发〔2018〕88号）

二、重点任务

（三）实施大数据、物联网、互联网创新应用工程。

10. 推动信息技术服务平台建设。

按照应用导向、合作共建、开放共享原则，支持信息技术服务平台建设，鼓励平台企业开展研发设计、第三方物流、检验检测、信息服务、咨询策划、资源优化、信息服务、技术支撑等方面服务，引导平台企业积极探索服务产品定制等互联网服务新模式。研究制定省级信息技术服务平台管理办法，组织认定一批省级信息技术服务平台，开展示范试点和推广应用。拓展西北中小企业云服务平台、三维数字社会管理服务平台、甘肃省精准扶贫大数据平台、云计算软件研发应用中心平台、现代物流与信息技术服务平台、北斗卫星导航综合服务平台、信息安全智能管理与虚拟防护平台、电子招标投标公共服务平台、物联网感知交通公共信息服务平台、农村产权确权抵押交易服务平台、新农村园林综合体服务平台等应用领域和市场空间，孕育和培育新业态发展。完善飞天智慧养老平台、百合智慧养老云平台、医联体及分级诊疗服务平台、互联网＋甘肃省农业大数据管理平台、互联网＋甘肃省政务云精准扶贫大数据平台、甘肃省智慧城市移动应用服务平台、气象大数据服务平台、基于医疗体制改革的分级诊疗管理信息平台、“读者云图书馆”云计算技术支撑平台、食品安全社会综治等平台。到2020年，建成30个以上省级信息技术公共服务平台，为全省政务管理、民生服务、行业转型升级提供基础支撑服务。

牵头部门：省工信委

配合部门：省委网信办、省发展改革委、省科技厅

（五）实施信息产业发展培育工程。

31. 培育产业发展新模式、新业态。

通过推进大数据、物联网、互联网等新一代信息技术在工业经济、农业农村、社会保障、医疗卫生、生态环保、教育科学、精准扶贫、金融服务、交通物流、文化旅游、社区服务、精准扶贫、社会治理、网络安全等领域的广泛应用，通过数据融合创新应用，创造和延展一批新服务、新应用、新产品，培育和发展一批新技术、新模式，带动和培育数字金融、数字医疗、数字交通、数字旅游等数字经济发展。积极培育应用软件、云计算、物

联网、北斗导航、地理信息、移动互联网、空间信息产业等新模式、新业态。推动北斗导航与移动通信、地理信息、卫星遥感、移动互联网的融合发展。开发北斗应用增值服务、软硬件产品及导航定位设备,培育北斗导航产业。建设中医药信息服务平台,打造可辐射丝绸之路沿线国家的医疗信息服务产业。加快高分辨率对地观测系统甘肃数据与应用中心建设,推进空间信息技术在灾害预警、资源调查、农业监测、环境保护和智慧城市建设等领域广泛应用,形成覆盖西北、辐射丝绸之路经济带的空间数据服务与应用示范,打造空间信息产业链与产业集群。到2020年,物联网、移动互联网、北斗导航、地理信息、空间信息产业等新业态实现业务收入100亿元。

甘肃省人民政府办公厅关于印发
甘肃省"十三五"西部大开发实施意见的通知(节选)

(甘政办发〔2017〕92号)

第七章　转型创新,构建现代产业体系

第一节　大力发展战略性新兴产业

专栏8　战略性新兴产业发展重点

4.信息技术。实施"互联网+"行动,推进信息技术应用和产业化发展,大力发展特色软件业和信息技术服务业。着力打造集成电路及配套、软件及服务、北斗应用技术及产品开发、大数据技术及应用等产业链。重点实施兰州新区北大众志"中国芯"项目,建设兰州、天水集成电路设计中心与重点产品生产基地。建成兰州新区大数据产业和云计算中心、物联网产业园、敦煌软件产业园等。

甘肃省人民政府办公厅关于印发
甘肃省综合防灾减灾规划(2016—2020年)的通知(节选)

(甘政办发〔2017〕46号)

三、主要任务

(二)建立健全防灾减灾救灾体制机制。

进一步强化各级减灾委的统筹协调职能,全面细化各级减灾委成员单位职责分工,建立由减灾委统一协调、分级负责、各涉灾部门协同应对的防灾减灾救灾管理体

制,完善涉灾部门协同配合、上下联动、社会参与、分工合作的防灾减灾救灾机制。进一步强化各级政府的防灾减灾救灾责任意识,提高各级领导干部的风险防范能力和应急决策水平。建立健全防灾减灾救灾各个环节的协同联动机制和责任体系,加强市县乡三级自然灾害救助体系之间的衔接,形成纵向到底、横向到边的自然灾害救助预案体系。健全省市县三级自然灾害应急指挥系统,为省市县乡四级民政救灾人员配备北斗手持报灾终端设备。建立健全部门联动、救援力量调配、物资储备调运等应急协调联动机制,提高自然灾害救助应急反应能力。建立灾后救助、灾损评估、恢复重建与社会动员等长效机制。完善防灾减灾基础设施建设、生活保障、物资装备等方面的财政投入机制,健全恢复重建资金筹措和应急征用补偿等机制。完善自然灾害监测预警预报和群测群防机制,健全灾害监测预警、灾害风险、灾害损失、救援救助、资源环境、人口、房屋、基础设施、经济社会等综合防灾减灾信息资源的获取和共享机制。

甘肃省人民政府办公厅关于印发《甘肃省“十三五”交通运输发展规划》的通知(节选)

(甘政办发〔2016〕179 号)

一、规划背景

(一)发展基础。

5. 交通运输发展方式有效转变。

以现代交通运输发展战略需求为导向,以科技进步和信息化为引领,以发展绿色低碳交通运输体系为重点,强化科技创新,转变发展方式,交通运输现代化水平不断提高。启动“互联网 + 交通”工程,推进互联网与交通运输业的深度融合。建立科研与生产紧密结合、成果有效转化的推广应用体系,探索实践了湿陷性黄土筑路技术、旧油皮全再生利用等一批关键性技术。开展交通运输信息化建设,建成了资金监管、计划统计、应急处置和北斗物流云等重大信息化项目。实现了全省道路客运联网售票,覆盖全省 14 个市州中心城区、58 个县区、75 家三级以上汽车站。清洁能源公交、CNG 出租汽车应用、公路隧道绿色照明等得到大力推广,兰州市成功入围交通运输部绿色交通城市建设,绿色低碳交通发展水平不断提升。

甘肃省人民政府办公厅关于印发《甘肃省“十三五”工业转型升级规划》的通知(节选)

(甘政办发〔2016〕151号)

第三章 发展方向和重点

十二、公共安全应急产业

(一)监测预警产品。鼓励应用北斗导航系统、互联网和物联网技术,研发与我省应急管理需要的各种监测预测预警产品,加强各种信息平台建设,建立和完善应对各种自然灾害、安全事故、卫生事件和公共安全事件的监测(检测)预测预警系统;支持应用光电雷达、穿墙雷达、特种机器人技术、无人飞行技术、各种感应技术,研发适用于特殊极端天气、有害危险场所、突发事故现场、高空地下水下等极端环境的现场探测、检测、图像判别的装备和产品;突出指挥调度体系快速反应能力建设,加大社会普遍关注的食品药品安全、交通事故和各类地质灾害监测报警装备和产品的开发应用力度。

第五章 主要任务

一、实施“中国制造2025甘肃行动纲要”

(六)加强军民产业融合。强化战略规划,加快形成全要素、多领域、高效益的军民融合深度发展格局,丰富融合形式,拓展融合范围,提升融合层次,推动军民融合深度发展。

1.加快军民结合产业发展。以高分辨率对地观测及北斗导航系统应用推广为抓手,全面推动空间信息产业快速发展。发展高品质无人机生产,加快开发轻型载人飞机和无人飞机。发展航空高端装备制造产业,积极发展飞机维修、改装和解体等航空工业循环产业。在兰州新区打造国内一流的真空装备研发制造基地。拓展军民结合产业领域,积极推进我省与军工企业战略合作,促进我省核产业链进一步延伸和房车制造产业化发展,在参与船舶制造、海工装备制造等领域取得深度突破。

甘肃省人民政府办公厅关于印发《甘肃省“十三五”信息化发展规划》的通知(节选)

(甘政办发〔2016〕139 号)

一、发展基础与形势

(一)发展基础。

5. 社会信息化稳步推进。城市管理信息化取得突出成绩。

“三维数字社会服务管理系统”成为惠民软件品牌,并在全国推广应用,《信息技术社会服务管理三维数字社会服务管理系统技术规范》被确定为国家行业标准。教育信息化成绩显著。到 2015 年底,全省小学、初中、高中生机比分别达到 10∶1、7.4∶1、9.3∶1,全省中小学“宽带网络校校通”、“优质资源班班通”、“学习空间人人通”比例分别达到 84.11%、73.3%、92%,实现了 3142 个教学点数字教育资源全覆盖。人口健康和养老信息化建设有序推进。建成甘肃省全员人口信息系统,建成卫生信息专网并投入使用,建成全省新农合省级平台、甘肃省基层医疗信息化系统等平台。“惠农一卡”实现了以乡为单位 100% 的覆盖,发卡率达到 90% 以上。全省城乡居民养老保险信息系统上线试运行。旅游、物流、交通、环保信息化取得长足发展。全省智慧旅游建设全面启动,“北斗物流云综合服务平台”建成并投入运营。全省道路客、货运信息化监控服务平台逐步完善,高速公路 ETC 实现全国联网,“12328”交通运输服务电话开通运行。环境监管信息化能力建设项目启动实施。

三、主要任务和重点工程

(一)完善信息基础设施,打造丝绸之路经济带信息通道。

专栏 1　基础设施提升工程

——网络服务支撑能力升级。

加快甘肃省新型互联网交换中心试点建设,实施下一代互联网、下一代广播电视网推进工程。主干网络全面支持 IPv6,拓展城域网络 IPv6 覆盖率,推动新建云平台和大数据中心接入网络支持 IPv6。升级扩容 IPTV、全球眼、商务领航平台。推进北斗卫星导航综合服务平台、现代物流与信息技术服务平台建设。

(四)壮大信息产业,优化产业结构。

专栏 4　信息产业壮大工程

——产业集聚发展。扶持天水华天、长风、甘肃万维、甘肃紫光、中寰卫星甘肃公司、丝绸之路大数据公司等电子信息龙头企业,带动产业链上下游联动和行业合作。

针对集成电路、通信、软件及软件服务、空间信息、无人机、大数据、物联网等产业领域，制定招商引资计划和路线图，引培一批重点企业，建设完善兰州高新区、天水等软件产业园和敦煌文化创意产业园、兰州物联网产业园等特色园区。面向电子元器件、电子专用设备仪器、半导体照明、通信设备及空间信息技术产品，建设兰州新区电子信息产业园和甘肃北斗卫星导航产业园。实施“高分辨率对地观测数字接收系统”国家重大专项，实施兰州新区北大众志“中国芯”、华天集成电路封装生产线改造等产业化项目。搭建产业数据汇集共享平台，推动企业之间实现精准协同，提高产业对市场的响应能力。

——品牌培育推广。培育工业企业品牌，制定工业企业品牌管理体系实施指南和评价指南，争取国家工业企业品牌培育试点和示范企业认定。定期举办企业营销培训和交流，推广网络营销、口碑营销等新型手段及相关分析工具，指导企业调整营销策略，定制产业链联合营销计划。定期举办电子信息产业年会和高峰论坛，面向全国推广我省三维数字社会服务管理、北斗卫星导航综合服务、芯片封装等软硬件产品与技术，塑造产业品牌。申报实施国家级重大专项，建设大数据产业、集成电路产业和物联网产业等国家级电子信息产业基地。

（五）推进“智慧甘肃”建设，加速社会服务智能化。

构建智能化社会公共服务体系，拓展和全面推广三维数字社会服务管理系统。依托兰州、敦煌、酒泉、嘉峪关、白银、天水等城市，加速推进国家级“智慧城市”示范试点工作，推动我省“中国优秀旅游城市”的智慧城市建设。加快甘肃省智慧旅游项目建设步伐，构建智慧旅游营销、服务、管理体系。到2020年，全省4A级以上旅游景区建成智慧旅游景区，全省主要乡村旅游专业村建成智慧旅游乡村。着力发展智慧教育、智慧医疗、智慧养老、智慧交通、智慧金融等智慧民生服务，开展信息惠民新业态培育发展行动。依托互联网和大数据技术，推动“能源互联网”发展，实现煤、风电、光电等能源资产的整合以及全生命周期管理，有效控制新能源投资风险。推进我省安全生产信息化国家试点项目的实施。加强北斗导航、物联网、云计算、大数据、移动互联网等先进信息技术在物流领域的应用。依托张掖、甘南等地区，加速“互联网＋生态建设”，健全完善生态数据分类体系，采集和整合生态数据，挖掘影响我省生态的关键节点和因素，对关键节点和生态要素实施智能监测，推进生态保护的科学决策。依托兰州、敦煌、酒泉、嘉峪关、张掖、武威、天水、平凉等地区，推动智慧旅游和文化传承，加速旅游资源的数字化整合，推进旅游产品优化，支持智能决策，提高旅游区的智能化监管和智慧化应急联动，加强基于旅游文化资源的信息化产品和应用开发。依托“智慧甘肃”建设的全面开展，推行智能化社会服务。

甘肃省人民政府办公厅关于印发
甘肃省“十三五”战略性新兴产业发展规划的通知（节选）

（甘政办发〔2016〕124号）

第三章　重点领域及产业发展路线

四、信息技术

（三）信息服务业。围绕实施“宽带中国”战略，加快宽带光纤、新一代移动通信网、下一代互联网、数字电视网等信息基础设施建设，培育基于移动互联网、云计算、物联网等新技术、新模式、新业态的信息服务。加快兰州、嘉峪关、白银、敦煌等国家级信息消费试点，推进新型智慧城市建设。开发整合数据资源，加快推进甘肃省大数据有限公司和大数据研究院建设，在交通、旅游、工业、安监、工商等领域推进大数据创新应用，培育数据服务消费市场。积极培育数字媒体、数字创意等网络内容服务新业态，发展基于互联网的数字创意产业。结合国家物联网重大应用示范工程区域试点建设，加快推进工业、农业、交通、环保等重点领域的物联网应用示范。推进北斗导航基础设施建设，加快北斗卫星技术推广应用。

专栏4　信息技术产业发展路线

3. 北斗应用技术及产品开发产业链：以甘肃众力厚德北斗公司和甘肃中寰卫星导航公司为依托，推动北斗导航与移动通信、地理信息、卫星遥感、移动互联网的融合发展。开发北斗应用增值服务、软硬件产品及导航定位设备，推动在智慧城市、交通运输、应急救援、防灾减灾、测绘勘探、社会服务等重点行业及领域的规模化应用。

甘肃省人民政府办公厅关于推进线上线下互动
加快商贸流通创新发展转型升级的实施意见（节选）

（甘政办发〔2015〕176号）

一、鼓励线上线下互动创新

（二）创新技术应用。加快移动互联网、大数据、物联网、云计算、北斗导航、地理位置服务、生物识别等现代信息技术在认证、交易、支付、物流等商务环节的应用推广。鼓励建设商务公共服务云平台，为中小微企业提供商业基础技术应用服务。探索开展商品流通全流程追溯和查询服务。支持大数据技术在商务领域深入应用,利用商务大数据开展事中事后监管和服务方式创新。支持商业网络信息系统提高安全防范技术水平,将用户个人信息保护纳入网络安全防护体系。(省工信委、省发展改革委、省商务厅、各市州政府)

甘肃省人民政府办公厅关于加快公共安全应急产业发展的实施意见(节选)

(甘政办发〔2015〕99 号)

二、重点领域

(四)催生应急服务新业态,提高突发事件防范处置的社会化服务水平。在事前预防方面,开展风险评估、编制应急预案、隐患排查、消防安全、安防工程、应急管理市场咨询等应急服务;在社会化救援方面,发展紧急医疗救援、交通救援、应急物流、工程抢险、安全生产、航空救援、网络与信息安全等应急服务;在其他应急服务方面,发展灾害保险、北斗导航应急服务、高分辨率对地观测系统等。

甘肃省人民政府办公厅关于印发《促进云计算创新发展培育信息产业新业态的实施方案》的通知(节选)

(甘政办发〔2015〕30 号)

二、重点任务

(六)推进现代服务业发展。

推动云计算与物联网、电子商务、互联网金融、移动互联网等现代服务业融合发展。建立跨区域分拨中心、公共配送中心和末端配送三级网络体系,支持重点企业建设物流交易服务平台,支持社区开设购物投递场所。依托武威保税物流中心建设甘肃国际陆港,带动发展外向型经济,促进全省及周边省市现代国际商贸物流业发展。依托甘肃外经贸服务网络平台,建立向西开放项目及贸易数据库,积极与中亚西亚国家开展电子商务合作,培育跨境电子商务。充分利用云计算、大数据、移动支付等新技术,通过互联网金融为资金供求双方提供低成本、高效服务模式。加强移动互联网、遥感遥测、北斗导航、地理信息等技术的集成应用,重点在交通运输联程联运、城市共同配送、灾害防范与应急处置、家居智能管理、居家看护与健康管理、集中养老与远程医疗、智能建筑与智慧社区、室内外统一位置服务、旅游娱乐消费等领域创新服务模式。大力推动面向云计算的信息系统规划咨询、方案设计、系统集成和测试评估等服务。（省发展改革委牵头，省工信委、省科技厅、省商务厅、省通信管理局配合）

（七）培育信息产业新业态。

以需求为导向，以应用为牵引，坚持培育与引进并举，推动云计算服务发展，提升软件和信息技术服务业系统集成能力，形成一批云计算服务业企业。加快资源整合，推进兰州新区大数据产业园区、西北中小企业云服务平台、三维数字社会服务管理平台、北斗卫星导航综合服务平台、云计算软件研发应用中心平台、现代物流与信息技术服务平台、信息安全智能管理与虚拟防护平台、敦煌软件及动漫产业园等一批产业集聚区和发展载体建设，着力培育云平台、云软件、云服务、云终端等云计算产业链。加快重点行业和重点民生领域的应用示范，提升云计算产业发展水平。推进云计算、物联网、移动互联网与传统产业融合，创新行业运营模式、企业管理模式，培育产业发展新业态。（省工信委牵头，省发展改革委、省科技厅、省人社厅、省民政厅、省商务厅、省交通运输厅、省卫生计生委、省新闻出版广电局配合）

甘肃省人民政府办公厅关于印发
甘肃省加快新能源汽车推广应用实施方案的通知（节选）

（甘政办发〔2014〕167号）

三、新能源汽车推广应用扶持措施

（三）积极引导企业创新商业模式。

3.提高现代信息技术在新能源汽车商业运营模式创新中的应用水平。鼓励互联网企业参与新能源汽车技术研发和运营服务，加快智能电网、移动互联网、物联网、大数据、北斗卫星导航等新技术在新能源汽车研发、生产、运营等环节的推广应用。加快车联网建设，建成覆盖所有新能源汽车、充换电基础设施和服务设备、全省联网的统一服务网络，实现数据实时采集和信息交互。（省工信委、各市州政府负责）

甘肃省人民政府办公厅
关于进一步加强人工影响天气工作的实施意见(节选)

(甘政办发〔2012〕250 号)

三、加强能力建设

(三)加强业务综合系统建设。形成集综合监测、作业指挥、效果检验评估、信息传输等为一体的综合业务平台。建设由雨滴谱仪、移动 X 波段多普勒雷达、微波辐射计、风廓线仪、GPS 探空系统、闪电定位仪、大气电场仪等构成的综合监测系统;加强综合观测资料的应用,建立基于雷达资料反演、三维显示系统、降水潜势预报等为内容的决策指挥系统;建设一定规模的 1×1 公里外场试验区,开展作业效果检验评估;建设北斗导航系统,适时指挥和掌握跨区域作业;建设基于 GPS/GPRS 的通讯传输系统。

甘肃省住房和城乡建设厅关于印发《甘肃省房屋市政工程工地常态化大气及噪声等污染防治工作方案》的通知(节选)

(甘建质〔2021〕78 号)

四、防治措施

(一)扬尘污染防治措施

6. 垃圾收集和密闭运输。建筑物内垃圾应采用容器或搭设专用封闭式垃圾道的方式清运,严禁临空抛掷,建筑垃圾按不同产生源、种类、性质分类收集存放并及时清运,按可回收和不可回收分别处置,易扬尘建筑垃圾应及时湿润或覆盖存放,严禁焚烧各类废弃物,应设置专门的吸烟处,严禁随意吸烟。建筑工地应采取节材措施,减少建筑垃圾的产生,工程渣土宜场内周转使用,减少外运量。施工单位应核查运输企业的建筑垃圾处置核准文件,委托有资格的运输企业进行建筑垃圾运输和处置。运输垃圾、渣土、砂石、土方、灰浆等散装、流体物料的车辆应当采取密闭或者其他措施防止物料遗撒,并按照规定路线行驶;装卸物料应采取密闭或者喷淋等方式减少扬尘,工地出口处要定人、定岗进行检查和登记,密闭或覆盖不严密不得驶离工地。建筑垃圾运输车宜安装卫星定位系统。

甘肃省信息化领导小组办公室关于印发甘肃省数字城市建设规划（2012—2016年）的通知（节选）

（甘信息化办发〔2012〕1号）

四、建设重点

（四）建设数字城市应用服务系统

2. 面向企业的应用系统建设

——积极推进物流信息化体系建设。积极推动全球定位系统（GPS）/北斗卫星导航系统（CNSS）、无线射频识别（RFID）、条形码（BC）、电子数据交换（EDI）等技术的产业化应用，实现物流业务处理、仓储、运输信息化。支持重点企业或龙头企业为依托的企业物流信息平台建设，以建立综合运输信息平台和大宗商品交易平台为突破口，整合城市电子政务、电子商务和金融、税务、海关、商检、交通运输、邮政以及产品质量技术监督等行业信息系统和信息资源，形成统一的公共物流信息平台，实现跨部门、跨行业物流信息共享、业务协同以及国际通关的电子化管理，集管理、服务、交易为一体，紧扣省委省政府“建立以兰州为中心的大流通产业发展格局”战略，建设西北区域现代物流中心，构建面向全社会的物流信息服务体系，实现物流信息资源的规范化管理与高效利用。

青海省

青海省国民经济和社会发展第十四个五年规划和二〇三五年远景目标纲要(节选)

(青海省第十三届人民代表大会第六次会议审议批准;
2021 年 4 月 22 日发布)

第六篇　努力推动经济社会数字化转型

第二十三章　推动高水平全光网青海建设

第二节　促进传统基础设施智能融合

加快交通设施数字化改造,推进城市道路、高速公路、铁路、机场及附属设施智能化升级,提升综合交通信息枢纽功能,建设和应用覆盖全域的“数字地图”。开展车联网示范,建设遥感数据平台、位置信息服务平台、北斗地基增强系统等卫星应用基础设施。推进能源互联网建设,促进电力、天然气、热力管网等能源网络信息系统互联互通,推广“多表合一”。建设智能充电服务平台,构建车桩相随、智能高效的充电基础设施体系。加快数字水利设施建设,实现对江河湖泊、水利工程等动态监测,构建水利感知网。

第二十四章　布局建设数字新型基础设施

第二节　打造大数据中心

利用冷凉气候条件和丰富清洁能源优势,申请建设北斗导航国家数据中心青海分中心、大数据云计算和容灾备份基地,争取建设国家大数据中心、超算中心和战略性数据资源备份中心,创建青藏高原大数据产业集聚区。加快建设新能源大数据平台,建设地理空间大数据交换和共享平台,吸引一批国内外大数据云计算核心企业及关联企业落户。推进云计算、大数据等在各领域深度融合和推广应用,启动建设大数据产业园、软件园,带动大数据分析处理、大数据交易等业态发展。

青海省人民政府关于加快推进农业机械化和农机装备产业转型升级的实施意见(节选)

(青政〔2019〕32号)

四、加快推广先进适用农机装备与机械化技术

(十)积极推进农业机械化信息化融合。加快推进物联网、大数据、人工智能等现代信息技术在农机装备和农机作业上的应用。推进高分系统、北斗卫星定位系统、物联网、大数据等信息技术与农机装备结合。大力推进"互联网+农机作业",实现数据信息互联共享,提高农机作业质量与效率。建立农业机械技术推广机构主导,科研单位、高等院校、农机服务组织广泛参与的基层农业机械技术推广体系,鼓励农机科研人员与农机生产企业、新型农业经营主体开展技术合作。(牵头单位:省农业农村厅。责任单位:省发展改革委、省工业和信息化厅、省商务厅、省自然资源厅)

青海省人民政府关于进一步扩大和升级信息消费持续释放内需潜力的实施意见(节选)

(青政〔2018〕29号)

二、重点工作

(一)大力提升信息基础服务水平。

2. 加强无线网络覆盖与优化。进一步拓展光纤宽带和第四代移动通信(4G)网络覆盖的深度和广度,在城镇热点公共区域推广WLAN接入,形成多制式和多系统共存、高速与安全稳定的接入网络和立体式无缝化网络全覆盖。依托西宁"宽带无线城市"建设,加快推进东部城市群信息通信一体化建设工作。统筹卫星通信系统建设,与地面信息基础设施实现优势互补融合发展,开展空间信息资源建设工程,促进北斗卫星导航与位置服务等基础设施建设。提早布局5G、下一代广播电视无线网(NGB-W)等新一代无线网络,促进TD-LTE、LTE-FDD、WLAN融合发展,争取新一代移动通信试点示范工程,开展5G站址规划和获取工作,推动5G商用。(责任单位:省通信管理局、省发展改革委、省经济和信息化委、省广电局、基础电信运营企业)

青海省人民政府
关于积极推进“互联网+”行动的实施意见（节选）

（青政〔2017〕12号）

二、重点领域

（八）“互联网+”绿色生态（牵头单位：省环境保护厅；责任单位：省发展改革委、省国土资源厅、省水利厅、省农牧厅、省林业厅、省商务厅、省测绘地理信息局、省气象局，各市（州）政府、各园区管委会）

专栏八：“互联网+”绿色生态重点工程

——地理生态信息平台与系统建设工程：整合各类环境地理信息资源，以云计算技术为基础，建立地理信息公共服务平台与资源共享平台，提供“一站式”地理信息服务；建设省级环境地理系统，整合改造环保专题信息资源，推动北斗导航应用，拓宽地理信息服务市场，为上层环保业务信息系统和终端用户提供空间信息服务；建设生态管理信息系统，全面整合各类环境数据，依托大数据实现深度应用。

（十三）“互联网+”公共安全（牵头单位：省综治办；责任单位：省有关单位）

专栏十三：“互联网+”公共安全重点工程

——可视化指挥平台建设工程：依托PGIS平台，运用有线、无线、卫星等通信手段和北斗定位等技术，建设青海省公安厅可视化指挥平台（一期），配备适当数量的终端，选择试点单位进行推广应用。

青海省人民政府办公厅
关于加快推动5G产业发展的实施意见（节选）

（青政办〔2020〕36号）

二、重点任务

（二）大力发展5G产业，推进应用创新。

11. 5G+智慧农牧业。推进3S（GIS地理信息系统、GNSS全球卫星导航系统、RS遥感技术）及5G网络在农业基地、畜牧养殖基地、水产养殖基地的应用。选取牦牛、藏羊、冷水鱼养殖及果蔬、药材种植等特色领域，以农情监测、智能灌溉、防灾减灾等应用为重点，推动标准化规模化生产，提升智能化、精准化、数字化水平，推进5G物联网应

用与农业生产、经营、管理、服务各环节融合。（省农业农村厅、省自然资源厅、省生态环境厅、省应急厅）

12. 5G + 智能交通。选取有代表性的道路场景，开展车路信息交互、风险监测及预警、交通流监测分析等应用拓展。结合传感器、高精度地图、北斗定位等技术提升路网安全与运行效率，为智能驾驶奠定基础，推进高速公路、铁路、民航等交通干线和枢纽的人脸识别进站、移动支付等应用。（省交通运输厅、省公安厅、中国铁路青藏公司、青海机场公司）

青海省人民政府办公厅
关于加快全省农牧区客运发展的指导意见（节选）

（青政办〔2019〕101 号）

三、主要任务和措施

（八）严格落实农牧区交通安全监管责任。

各市（州）、县级人民政府将农牧区客运安全工作纳入政府安全生产考核管理体系，加大监管力度，充分发挥县、乡（镇）人民政府对农牧区客运的安全监管作用，在全省统一实行“县管、乡（镇）包、村落实”的政策，建立健全县级人民政府主导、乡（镇）人民政府具体落实的农牧区客运安全工作机制。公安交通管理部门要严厉整治农牧区道路交通违法行为；交通运输部门要切实加强客运源头安全监管，督促企业落实安全生产主体责任，保障农牧区客运安全发展。支持和鼓励农牧区客运经营者推广应用农牧区客运车辆视频监控和北斗卫星定位装置等设施设备，对农牧区客运车辆实施动态监控管理。

青海省人民政府办公厅关于印发
青海省气象事业“十三五”发展规划的通知（节选）

（青政办〔2016〕192 号）

一、“十二五”青海气象事业发展成就

（二）气象现代化建设进步明显。

信息化水平显著提升。优化完善省市县三级局域网，建立 52 套气象数据卫星广播系统，实现气象数据快速、准确、安全传输。建立了基于北斗卫星通信的偏远台站和国家级有人值守站应急通信系统，建成车载式、便携式应急通信系统和省市县高清视频会商系统。建立省级气象数据中心虚拟化数据应用平台，推进基于 CIMISS 的集约化数据共享服务。建立了青海基础气象数据集，构建了气象资料一体化业务平台（MDOS），开展了实时资料质量控制业务。

青海省人民政府办公厅转发省经济和信息化委关于加快推进物联网发展实施意见的通知（节选）

（青政办〔2014〕96 号）

二、重点任务

（二）智能农业。重点围绕七大现代农牧业示范区，从种植业、养殖业、农产品加工企业三个层面推进物联网应用示范。搭建省级农牧业物联网应用平台，按照平台上移、服务下延的原则，建立农牧业地理信息系统、遥感中心、北斗定位系统应用平台和物联网服务平台，面向涉农基地、示范园区和企业提供基础服务。开展种植业物联网应用示范，在西宁、海东、海西重点建设基于设施农业数据采集、监控、远程控制等物联网应用系统；开展大田土壤墒情、园区气象监控、测土配方施肥管理、作物长势监控、病虫害监测预报、智能灌溉等物联网应用试点示范。开展养殖业物联网应用示范，开展规模养殖场环境监控、动物疫病防控预警、饲料等投入品监管和配方辅助决策、动物检疫和屠宰监管等物联网应用示范。开展农畜产品加工企业物联网应用示范，重点支持农牧业产业化龙头企业，围绕特色农畜产品质量监管和精深加工，开展物联网示范应用；整合建设农牧业电子商务平台，开展农畜产品供求信息发布、竞价、交易、物流等服务。

青海省交通运输厅关于印发《青海省交通运输信息化发展指导意见》的通知（节选）

（青交科〔2015〕296 号）

四、主要任务

（五）加强智能交通技术集成创新和应用。

加快物联网、新一代移动通信、遥感遥测、北斗卫星导航、云计算、大数据和移动互联网等现代信息技术在交通运输领域的集成创新与应用。重点开展客运电子客票、公共交通综合调度、多式联运、甩挂运输、货运电子运单、主动安全预警等领域智能系统研发、技术集成与推广。加快推进公共交通一卡通、金融IC卡和移动支付在交通领域的推广应用。推进车联网技术在运行监测、拥堵预防、节能减排、通行能力提升等方面的应用。

宁夏回族自治区

宁夏回族自治区党委、宁夏回族自治区人民政府关于全面推进乡村振兴加快农业农村现代化的实施意见(节选)

(2021年1月27日)

三、加快推进农业现代化

13. 大力发展数字农业智慧农业。发展宁夏农业大数据,以县为单位整合分散在各部门的数据,建设以农业农村为基础的资源数据库。以五大农业特色产业和新型农业经营主体为重点,推动产业数据、农村集体经济、农业种质资源、农业投入品在线监管、农产品质量安全追溯监管、农产品价格等数据库建设,统一农业数据标准规范、数据接口,推进智能感知、智能分析、智能控制、智能决策。实施“互联网+现代农业”行动,推广集农业遥感、精准控制、远程诊断等功能于一体的智能精准农业生产系统,建设农业物联网、农业监测预警云平台,实现生产全过程可监可控。加快推进北斗卫星导航系统在农业农村领域应用。完善农业气象综合监测网络,提升气象灾害预警防范能力。支持农民合作社、家庭农场、农业社会化服务组织以及农产品加工园运用现代信息技术打造智慧农业示范点。

宁夏回族自治区人民政府关于印发宁夏回族自治区数字政府建设行动计划(2021年—2023年)的通知(节选)

(宁政发〔2021〕11号)

三、主要任务

(二)加快打造政府应用两大移动入口。顺应移动互联网发展趋势,推进政务服务、社会治理、政府运行等政府职能性应用向移动端集中，构建两大共用移动通道，以共性应用支撑体系带动数字政府应用一体化、标准化建设部署。

3. 加快共性应用支撑体系建设和部署。以“我的宁夏”APP、“宁政通”APP 为牵引，持续建设和完善全区统一的身份认证、电子证照、电子签章、公共支付等共性应用支撑系统，与社会信用、地理空间信息等共性应用支撑系统一体化部署，提升数字政府集约集成建设水平。凡自治区统一建设的共性应用支撑系统，各地各部门应纳入相关项目规划设计并及时部署，并根据需要深化应用，不得重复建设。

(9)空间地理信息系统。丰富自然资源和空间地理基础数据，完善统一权威、精准可靠的“底板底图”，结合北斗卫星定位系统和高分卫星应用服务，加快数据对接，强化能力输出，为空间规划、耕地保护、红线管控、资源开发、河道管线、防灾减灾和交通运输、生态环境、应急救援、社会治理等领域提供实时的定位、遥感等地理信息数据服务。

宁夏回族自治区交通运输厅关于印发《加强和规范全区交通运输事中事后监管三年行动实施方案(2021—2023 年)》的通知(节选)

(宁交办发〔2021〕23 号)

二、主要任务

(三)创新完善监管方式。

10. 深入推进“互联网 + 监管”。全面推行宁夏交通运输行政执法综合管理信息系统应用，构建业务领域全面覆盖、面向各层级的综合执法系统，形成全区交通运输综合执法“一张网”。推进信息共享与应用平台、治超站联网系统及非现场执法试点、远程指挥调度系统、电子围栏系统等建设和升级改造，提高交通执法信息化水平。探索北斗、5G、大数据、人工智能、无人机等信息技术和科技装备在交通运输执法领域的广泛应用。按照交通运输部工作安排和《交通运输政务信息资源共享管理办法》要求，配合部开展部省联动“互联网 + 监管”系统建设和对接，建立综合交通运输信息资源共享交换机制。(厅政策法规处、科技处牵头，各市、县〔区〕交通运输主管部门，自治区交通运输综合执法监督局、自治区路网监测与应急处置中心分工负责，2023 年完成)

附件 2

全区道路运输领域事中事后监管三年行动工作任务

五、加强重点营运车辆动态监管

（十四）加快推进重点营运车辆使用北斗车载定位装置，加强对“两客一危”车辆、12 吨及以上重型货车等重点营运车辆动态监控。（厅运输服务处牵头，自治区道路运输事务中心配合，各市、县〔区〕交通运输主管部门具体负责，2023 年完成）

宁夏回族自治区交通运输厅、宁夏回族自治区公安厅、宁夏回族自治区商务厅等关于进一步加强和改进旅游客运安全管理工作的通知（节选）

（宁交办发〔2021〕24 号）

三、强化事中事后监管

（四）严格旅游包车和团组监管。各地文化和旅游、交通运输部门要分别督促旅行社、旅游包车企业在包租车辆环节，通过查阅有关证照材料、登录互联网道路运输便民政务服务系统和旅游监管服务平台校验等方式，查验旅游包车企业、车辆、驾驶员和旅行社、导游资质资格。各地文化和旅游部门要全面推行旅行社用车“五不租”制度，即不租用未取得相应客运经营许可的经营者车辆、未持有效道路运输证的车辆、未安装卫星定位装置的车辆、未投保承运人责任险的车辆、未签订包车合同的车辆，要逐步推进跨省旅游团组电子行程单制度。交通运输、文化和旅游部门要逐步建立健全衔接机制，推动实现旅游包车客运标志牌（以下简称包车牌）和旅游团组行程单信息共享比对，鼓励具备条件的地区通过设立集中办公场所、打通相关信息化系统等方式，为旅行社和旅游包车企业建立合作平台，促进双方高效对接、良性互动、合法经营、规范服务，加快形成“正规社”“正规导”“正规车”市场格局。

（五）强化旅游客运监管执法。各地交通运输、公安、文化和旅游部门要强化节假日、旅游旺季等重点时段，旅游集散中心，旅游景区（点）等重点区域的旅游客运监督管理，加强执法协作和违法行为移送，从严查处各类违法行为。交通运输主管部门要从严查处破坏卫星定位装置以及恶意人为干扰、屏蔽卫星定位装置信号、旅游包车线路两端均不在车籍所在地，未持有效包车牌运行、招揽包车合同外的旅客乘车等违法行为。公安机关要从严查处驾驶员疲劳驾驶、超速、超员、行车中使用手机、不按规定使用安全带等道路交通违法行为，积极探索利用旅游包车动态监控平台记录信息查处疲劳驾驶等违法行为，并加强旅游集散中心巡逻防控，严厉打击涉旅犯罪行为，维护旅游治安秩序。文化和旅游部门要依法查处未经许可经营旅行社业务、出租或者出借旅行社业务经营许可证、未取得导游证从事导游活动、向无相应许可资质的客运企业等不合格供应商订购产品和服务等违法行为。

（六）打击旅游客运非法营运。各地交通运输主管部门要结合日常监督检查和社会举报，对本地无道路运输证的大中型客车、频繁出入本地的外地大中型客车实施重点监管，依法从严查处非法营运。要加强有关客运服务网络平台的监督管理，对接入无合法资质资格的企业、车辆和驾驶员非法经营的，依法严肃查处。对查处的存在非法营运等违法行为外地客运车辆，查处地交通运输主管部门要及时通报车籍地同级管理部门，车籍地有关管理部门要及时依法严肃处理。各地依托互联网道路运输便民政务服务系统开放省际包车牌信息核验功能，为地方相关部门联合打击旅游客运非法经营提供技术支持。公安机关在执勤执法中发现旅游包车涉嫌非法营运或者破坏卫星定位装置以及恶意人为干扰、屏蔽卫星定位装置信号的，要及时移送交通运输主管部门依法处理。

宁夏回族自治区科技厅关于印发《自治区电子信息产业高质量发展科技支撑行动方案》的通知（节选）

（宁科发〔2021〕28 号）

二、重点任务

（一）开展电子信息产业关键技术攻关。

在智能终端、云计算与大数据、工业互联网技术的转化应用方面，引进转化消费电子零部件、新型可穿戴智能设备、汽车电子产品的生产制造技术。依托中卫西部云基地、电科西部云基地、中科宁夏超级云计算中心等开展云超算、云储存、虚拟器、边缘计算等技术的研发与引进转化。依托国家医疗健康大数据中心、智慧银川大数据中心、中西部时空信息大数据中心、国家北斗导航位置服务数据中心宁夏分中心等平台，开发大数据分析、挖掘、可视化工具等新产品。

新疆维吾尔自治区

新疆生产建设兵团关于加快推进农业机械化和农机装备产业转型升级的实施意见(节选)

(新兵发〔2019〕33 号)

三、推进农业生产全程机械化

(四)巩固提升种植业全程机械化水平。围绕国家粮食安全战略,推动玉米、小麦、水稻、马铃薯、油菜等大宗作物机械化装备更新换代和转型升级,加快高效能、精准化、复式作业等绿色机械化技术的推广应用,重点推广制种玉米去雄、玉米籽粒直收、粮食烘干、秸秆覆盖免耕播种、深松整地技术装备,不断提高作业质量与效益。进一步完善机采棉种植模式,加大数字化技术在棉花全程机械化中的应用,推广卫星导航精量播种、高效精准施药(脱落叶剂喷施)、残膜回收、籽棉高效清理加工等绿色机械化技术,扩大化学打顶技术试验示范区域,提高落叶、采收质量,优化提升全程机械化水平,全面提高棉花产业的质量效益。(兵团农业农村局、发展改革委、财政局等负责)

新疆维吾尔自治区人民政府办公厅关于进一步加强道路运输车辆动态监管工作的通知(节选)

(新政办发〔2011〕74 号)

二、安装车辆范围

强制安装使用具有行驶记录仪功能的卫星定位装置(以下简称卫星定位装置)道路运输车辆范围为:旅游包车、三类以上班线客车和危险品化学品、烟花爆竹、民用爆炸品的道路专用车辆以及重型货车(车辆总重 14 吨以上)、半挂牵车。各地、各单位可结合本地、本单位实际确定其他安装卫星定位装置车辆范围。已安装卫星定位装置但不符合国家规定的,两年内逐步升级、更换完毕。

四、监管部门职责

(一)交通运输部门职责。

1. 负责督促、指导运输企业按照规定安装使用卫星定位装置、接入自治区道路运输车辆动态监控管理系统,建立、落实道路运输车辆动态监控管理制度,运用动态监控管理系统对道路运输车辆实施动态监控管理。

2. 将应安装卫星定位装置车辆纳入道路运输证审查范围。为车辆办理道路运输证时，要检查车辆卫星定位装置的安装和工作情况，凡未安装卫星定位装置或未接入自治区监控管理系统的新增车辆，交通运输部门不予核发道路运输证。

（二）公安部门职责。

1. 将应安装卫星定位装置车辆纳入检验范围。对未按规定安装使用卫星定位装置的车辆或未接入自治区道路运输车辆动态监控管理系统的车辆，不予通过定期审验。

2. 运用自治区道路运输车辆动态监控系统，根据符合标准的卫星定位装置采集的监控记录资料，严格依法查处超速行驶、疲劳驾驶等道路交通违法行为。

（三）安全生产监管部门职责。

1. 负责道路运输车辆安装使用卫星定位装置重大事项的协调工作。

2. 将推广应用道路运输车辆卫星定位装置工作情况纳入安全生产目标管理考核范围。

五、企业职责

（一）企业主要负责人对本单位所属道路运输车辆动态监控工作全面负责。按规定为其所属道路运输车辆安装符合标准的卫星定位装置，接入自治区道路运输车辆动态监控管理总平台。

（二）制定完善本企业道路运输车辆卫星定位装置安装使用管理制度，建立动态监控工作台账，根据车辆行经道路的实际情况，设置相应的车辆行驶速度限速标准。

（五）定期检查车载卫星定位装置使用情况，确保车辆在线时间。对不按规定使用、故意损坏卫星定位装置的单位和个人，以及不严格监控车辆行驶动态的值守人员，依照规定给予处理。

做法治北斗追梦人

（代后记）

本书成稿之时，正值北斗全球服务开通一周年。两年前，北斗三号系统最后一颗全球组网卫星成功发射，习总书记向世界宣布北斗三号全球卫星导航系统正式开通。为北斗成就所激励，历经反复修改，书稿终于付梓出版。

20世纪90年代，为了摆脱时空信息受制于人的被动局面，党中央、国务院、中央军委决策建设中国人自己的卫星导航系统。一代代北斗人披荆斩棘，克服了各种难以想象的艰难险阻，在陌生的领域从无到有、白手起家。仅用26年，就走完了其他卫星导航系统半个世纪走过的历程，成为世界上第三个独立拥有全球卫星导航系统的国家，终于把国家时空信息安全牢牢掌握在了自己手中。如今的北斗，已成为战略性新型基础设施，成为中国向世界贡献的全球公共服务产品，成为彰显我国综合实力的重要标志，在世界上发挥着重大影响力。

北斗系统建设发展的过程，也是不断探索实践卫星导航法治工作的过程。2016年，《中华人民共和国卫星导航条例》列入国务院立法工作计划，卫星导航立法正式启动。这是我国卫星导航法治建设的里程碑。出台专门的卫星导航法律法规，既是北斗系统发展到一定阶段的客观要求，也是我国参与卫星导航国际竞争与合作的迫切需要。孙家栋院士提出“法治护航北斗”的殷切希望，北斗卫星导航系统工程总设计师、中国工程院院士杨长风担任条例起草工作组组长。

顺应中国卫星导航事业发展要求，我们北京航空航天大学北斗政策法规研究中心开始了卫星导航立法研究工作。然而，当时国内卫星导航的法学研究尚处于空白，国内法学界对卫星导航还涉之不深，对于法学研究者而言，“北斗系统”“卫星导航”还是较陌生的术语，卫星导航立法研究任务艰巨。由于当时世界上仅有美、俄和欧拥有全球卫星导航系统，我们便将法学研究的参考借鉴对象聚焦于这些国家和国际组织。

撰写“卫星导航法治文库”的想法，也就在这一研究过程中萌生。通过研究，我们认识到，法治建设与卫星导航建设密不可分、相生相长。美国1994年全面建成了GPS，1996年出台了《美国全球定位系统政策》总统令，目前已形成相对完善的卫星导航法律制度体系；俄罗斯1996年投入使用格洛纳斯系统，1999年年初出台专门的总统令，并制定了多部卫星导航相关法律；欧盟自伽利略系统开发建设之初，制定了规范卫星导航活动的法律。通过研究，我们深切感受到，我国卫星导航法治建设应当与卫星导航大国的地位相匹配，“中国的北斗，世界的北斗，一流的北斗”，必然也是“法治的北斗”。同时深刻地意识到，未来，卫星导航领域的大国合作竞争，不仅是技术之争、服务之争、应用之争，还体现为制度之争、治理权之争、软实力之争。我感受到一种深深的使命感，那就是，作为北斗法治工作者，我们应主动作为、积极探索，让更多人开展卫星导航法治研究、参与卫星导航法治工作，为卫星导航的法治建设作贡献。

撰写书稿的过程，得到杨长风总设计师的有力支持和指导，正是这种充分的信任、严格的要求和热情的鼓励，给了我们撰写这套文库的动力和勇气。卫星导航法律制度研究，具有很强的跨专业和跨领域性，要感谢来自中国法学会、中国卫星导航系统管理办公室、北京航空航天大学、国防大学、中国法学会世界贸易组织法研究会、西北政法大学等单位的专家学者的专业帮助，特别感谢王其江、陶智、李祖洪、杨军、李小历、陈谷仓、李作虎、王慧林、傅达林、杜英杰、毛国辉、郭树人、高为广、卢鋆、王莉、舒洪水、闫欢、李立京、蔡劲松、陈文博等领导和专家对我们工作的支持和对该套文库撰写提供的专业帮助，特别感谢王黎红、丁向荣、刘宇等有关部门的领导和同志对我们的热情鼓励和悉心指导帮带。我们这个团队是一个团结战斗的集体，主要包括北京航空航天大学北斗政策法规研究中心的杨静帆、张文清、于辰，他们承担了全书的资料搜集、整理统稿和校对工作，以及北京航空航天大学北斗政策法规研究中心硕士研究生牛琳琳、樊小萌、闻玉颖、朱晴，实习生位换换、魏宇辰、邵晨，他们参与了本书部分的资料收集、整理和校对工作。最后，感谢法律出版社慕雪丹、章雯编辑，如非得益于她们的认真、专业和细致，本书亦难以如期呈现。

本书所有收录的政策法规文件均通过官方网站等公开渠道获取。这只是开启了我们关于卫星导航法律制度研究的一个窗口，很多问题还有待更加深入的研究讨论。受限于能力水平，缺陷和不足一定存在，敬请各位同仁批评指正！

仰望星空，北斗璀璨；展望未来，征途漫漫。千淘万漉虽辛苦，吹尽狂沙始到金。道阻且长，行则将至；行而不辍，未来可期。我们将不懈努力！

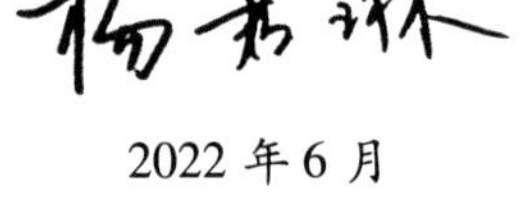

2022 年 6 月